第四卷
司法场域

法律、资源

与时空建构

1644—1945
年的中国

Law, Resources and Time-space Constructing: China in 1644—1945

增订本

张世明　著

SPM
南方传媒
广东人民出版社
·广州·

图书在版编目（CIP）数据

法律、资源与时空建构：1644—1945年的中国/张世明著.—增订本.—广州：
广东人民出版社，2022.3
ISBN 978-7-218-15402-2

Ⅰ.法… Ⅱ.张… Ⅲ.①中国历史—研究—1644-1945 Ⅳ.①K249.207
②K250.7

中国版本图书馆 CIP 数据核字（2021）第 235737 号

FALÜ ZIYUAN YU SHIKONG JIANGOU：1644—1945 NIAN DE ZHONGGUO
法律、资源与时空建构：1644—1945 年的中国
张世明 著

出 版 人：肖风华

责任编辑：陈其伟 赵 璐
原版责任编辑：卢家明 柏 峰 林 冕 张贤明 陈其伟 喻春兰
装帧设计：书窗设计
责任技编：周星奎

出版发行：广东人民出版社
地　　址：广东省广州市海珠区新港西路 204 号 2 号楼（邮政编码：510300）
电　　话：（020）85716809（总编室）
传　　真：（020）85716872
网　　址：http://www.gdpph.com
印　　刷：广州市豪威彩色印务有限公司
开　　本：787 毫米×1092 毫米　1/16
印　　张：207.5　字　数：3100 千
版　　次：2022 年 3 月第 1 版
印　　次：2022 年 3 月第 1 次印刷
定　　价：598.00 元（全五卷）

如发现印装质量问题，影响阅读，请与出版社（020-85716849）联系调换。

目　　录

第一章　费肯杰"推参阐述"
法学方法刍议

第一节　研究的缘起

笔者的研究主要集中在经济法学方面。众所周知，中国法学界过去民法和经济法之间聚讼纷纭。笔者的《经济法学理论演变研究》2002年第一版主要利用德、日、英三种文字对国外经济法学研究学术史进行梳理，尽管由于语言局限而投入成本较大，但总体反映甚好。尽管笔者小心谨慎，但笔者所提出的经济法学研究的本土资源问题仍被业内人士认为是一家之言而或褒或贬。学术意见不同是正常现象，但由于个人秉性不愿凑热闹，认为学问关键不在简单的对错争论，而在于绵密细致的论证，只愿如笔者在该书中所说，桃李不言，下自成蹊，旨在谢彼虚谈而敦兹实学而已，以自己特有的方式诠释自己的学术追求。① 高道蕴（Karen Turner）与高鸿钧、贺卫方合编的《美国学者论中国法律传统》，于1994年由中国政法大学出版社出版，在中国法学界和史学界产生了深远影响。2007年，笔者主编《世界学者论中国传统法律文化》，组织美国、英国、德国、日本、法国等国家研究中国传统法律卓有成就的学者，其中包括法兰西学院院士魏丕信（Pierre-Étienne Will）、日本京都大学大学院法学研究科教授寺田浩明（てらだひろあき）、英国阿伯丁大学法学院教授杰弗里·麦科马克（Geoffrey D. MacCormack）、美

---

① 张世明：《经济法学理论演变研究》（第二次全面修订版），中国民主法制出版社2009年，第366—367页。

国哥伦比亚大学中国学主任教授曾小萍（Madeleine Zelin）等重量级人物，基本上把目前国际上研究中国法律文化的学者网罗殆尽。由于中国学术界关于黄宗智与寺田浩明等人的学术争论可以称之为"公共事件"，笔者在这本书导论中尽管作为主编对此不能不提及，但仍采取了不予评论的态度，不愿像某些学者那样思出其位。笔者在这里所从事的工作似乎很有卷入目前中国法学界沸沸扬扬的法学方法论争论之虞，但笔者一直如履薄冰，战战兢兢，只不过为了廓清自己的学术思路，为推进自己所限定的学术目标进行一些基础性的铺垫，抛砖引玉，以期教正于方家。

　　法学方法研究目前在中国大陆学术界的确方兴未艾，被称为显学绝不为过。拉德布鲁赫说："某些科学如果必须忙于从事探讨自己的方法论，就是有病的科学。"① 学术经典的名言一旦说出，就相对于文本作者具有独立性，令解读者具有"我注六经"的权利。在目前中国大陆法学界的特定语境中，这句话可以从两方面加以诠释：一方面是发生学的解释，即诚如拉德布鲁赫所言，就像因自我观察而受折磨的人多数是病人一样，有理由去为本身的方法论费心忙碌的科学也常常缘起于该科学的病态，健康的人和健康的科学并不如此操心去知晓自身。恰如身体内部细菌作怪引起发烧一样，中国法学的方法觉醒肇始于严重病态的法学，是出于对自身研究发展诸多病症的反思和矫正而盍然大兴的。另一方面是现象学的解释，即借用毛泽东《贺新郎》中的话来说，"人有病，天知否？"这种方法论讨论高烧不退，其间的确也存在浮躁媚俗、附庸风雅的从众行为。笔者不敢矫情地特立独行，但认为也许应该对于这种法学方法论的讨论本身从方法论上加以省察。

　　工欲善其事，必先利其器。这是在儒家文化涵化下识文断字者尽知尽晓的常识。在当年做博士论文期间，最初通过杨仁寿的《法学方法论》（当时大陆尚无简体版）粗浅检视了一些日文关于法律解释等方法论论著。2001 年，笔者在写作本书第二卷时，通过关系辗转复印到台

---

① Gustav Radbruch, *Einführung in die Rechtswissenschaft*, Zweigert, Konrad. 12. Aufl., Stuttgart：Koehler, 1969, S. 253.

北五南图书出版公司出版的陈爱娥女士所译拉伦茨（Karl Larenz，1903—1993）名著《法学方法论》（*Methodenlehre der Rechtswissenschaft*），并从国家图书馆复印了该书原版对读，深深为该书的内容所吸引。2007年，我已经接到马克斯－普朗克知识产权、竞争法和税法研究所（Max-Planck-Institut für Geistiges Eigentum，Wettbewerbs-und Steuerrecht）邀请赴德从事学术研究，已经知道在国际上研究法学方法论最有名的权威是费肯杰教授。如果我们稍微留心便可以发现，陈爱娥女士在该书导读（代译序）开篇就谈及萨维尼和费肯杰的学说，拉伦茨虽年长于费肯杰，但对他的著作①不吝赞词并详细介绍、征引之处比比皆是，誉之为"里程碑式不朽之作"（monumentalen Werk）②。台湾学者在法学方法论方面研究起步远早于大陆，受德国影响亦更深，蔡志方教授等人开设法学方法论课程时因拉伦茨的著作已有中译本，自然置于教学参考书之首，但又特别提及费肯杰教授"有着五巨册之法律方法论，其中第一册探讨早期法律与罗马法系之法学方法；第二册探讨英美法系之法学方法；第三册探讨中欧法系（社会主义法系）之法学方法；第四册就法学方法之教义论作探讨；第五册为补述与索引"，以之为深入研究的资粮。③ 在阿图尔·考夫曼（Arthur Kaufmann，1923—2001）、温弗里德·哈斯默尔（Winfried Hassemer）主编的《当代法哲学和法律理论导论》（*Einführung in Rechtsphilosophie und Rechtstheorie der Gegenwart*）中，开篇的"法哲学的问题史"是阿图尔·考夫曼亲自所撰，将

①　Wolfgang Fikentscher，*Methoden des Rechts in vergleichender Darstellung*，Band I：Frühe und religiöse Rechte，Romanischer Rechtskreis，Tübingen：Mohr-Siebeck，1975；Band II：Anglo-amerikanischer Rechtskreis，Tübingen：Mohr-Siebeck，1975；Band III：Mitteleuropäischer Rechtskreis，Tübingen：Mohr-Siebeck，1976（Nachdruck 2002）；Band IV：Dogmatischer Teil，Tübingen：Mohr-Siebeck，1977；Band V：Nachträge-Register，Tübingen：Mohr-Siebeck，1977.

②　见拉伦茨：《法学方法论》，陈爱娥译，台北五南图书出版公司1999年版，第4、19—26、34、132页等处。拉伦茨《德国民法通论》（王晓晔等译，法律出版社2003年版）在上册开篇第一章第16页等处又引述费肯杰教授的《法律方法比较论》。

③　资料来源：http://iteach.ncku.edu.tw，访问时间：2009年7月6日。

费肯杰教授倡导的法人类学方法意识纳入自康德以来整个法哲学问题的脉络中进行考察，这是极具睿识卓见的。① 关于这一问题史在下文还会谈及。

卡尔·拉伦茨、阿图尔·考夫曼与费肯杰教授均长期在慕尼黑大学法律系任教，系同事关系。拉伦茨在第二次世界大战期间就在学术和政界崭露头角，年长于费肯杰，思想上属于新黑格尔主义（der Neuhegelianismus），这和当时一代人的时代风尚有关。费肯杰教授是在第二次世界大战后成长起来的德国法学家，较早留学美国，所以拉伦茨在《法学方法论》中谈及对于法官如何借助法律获致正当的个案裁判问题专门阐述了两位"曾经深入研究英美法的思考方法"的法学家的学说，其中一位是约瑟夫·埃赛尔（Josef Esser）②，另一位就是沃尔夫冈·费肯杰（Wolfgang Fikentscher）。德国新自由主义（der Neoliberalismus）第一代是弗赖堡学派（Freiburger Schule，也被称为奥尔多自由主义或新自由主义）的奥肯（Walter Eucken，1891—1950）、伯姆（Franz Böhm，1895—1977）、米勒·阿马克（Alfred Müller-Armack，1901—1978）、米克施（Leonhard Miksch，1901—1950）、哈耶克（Friedrich August von Hayek，1899—1992）等人，这些学术大师早已为人们所熟悉，而费肯杰则是德国新自由主义第二代代表人物之一，与拉伦茨在思想倾向上存在较大差异。如费肯杰的弟子、目前台湾法学界声名卓著的苏永钦大法官所言，费肯杰教授乃"是以债法、经济法和法律方法论享誉"③。费肯杰教授成名颇早，在 20 世纪 50 年代末期即已经在法学界建立了自己牢固的学术地位，《竞争与工业产权保护》（*Wettbewerb und gewerblicher*

① 阿图尔·考夫曼、温弗里德·哈斯默尔主编：《当代法哲学和法律理论导论》，郑永流译，法律出版社 2002 年版，第 141 页。

② 此外，可参见 Johannes Köndgen, Josef Esser — Grenzgänger zwischen Dogmatik und Methodologie, in: Stefan Grundmann, Karl Riesenhuber（Hrsg.），*Deutschsprachige Zivilrechtslehrer des 20. Jahrhunderts in Berichten ihrer Schüler*, Band 1, Berlin: de Gruyter, 2007。

③ 苏永钦：《超越注释进入立论——专访政治大学法律系苏永钦教授》（本文是苏永钦教授接受《月旦民商法杂志》专访的记录稿），资料来源：http://www.civillaw.com.cn/article/default，访问时间：2010 年 11 月 26 日。

Rechtsschutz, München und Berlin, 1958）等即是其成名之作。费肯杰教授的代表作除前述《法律方法比较论》之外，还有《债法》（*Schuldrecht*, Berlin und New York, 1965）和前述笔者所翻译的两卷本《经济法》。其《债法》早在王泽鉴和乃师拉伦茨的《德国民法通论》（*Allgemeiner Teil des deutschen Bürgerlichen Rechts*, München, 1960）① 等著作中多所引述；费肯杰教授的两卷本《经济法》是自经济法学诞生以来20世纪德国最有名的两部鸿篇巨制之一，另外一部是弗里茨·里特尔此前的《经济法》（Fritz Rittner, *Wirtschaftsrecht mit Wettbewerb-und Kartellrecht*, Heidelberg-Karlsruhe, 1979）。费肯杰教授担任过联合国和欧洲共同体的法律顾问，是世界著名法学家，虽然年幼于拉伦茨，但在慕尼黑大学法律系长期担任领导职位，并且迄今耄耋之年辞掉诸多职位后仍担任慕尼黑大学所在的德国巴伐利亚州社会科学家协会主席。费氏一篇重要文献《诚信与背信：从目前审视格劳秀斯"国家平行"中的诚信思想》（De fide et perfidia, Der Treuegedanke in den „Staatsparallelen" des Hugo Grotius aus heutiger Sicht），即是费肯杰教授在巴伐利亚科学院哲学和历史分院（Bayer. Akademie d. Wissenschaften, PhiI. -Hist. Klasse）的会议报告。世界上有两部国际性法律的起草与费肯杰教授密不可分：一个是国际技术转移行为规范（Code of Conduct on the Transfer of Technology, TOT-Code），一个是联合国卡特尔行为规范（The UNCTAD Restrictive Business Practices Code；UN-Kartell-Kodex），该法具体工作是由其助手、现任马克斯－普朗克知识产权、竞争法和税法研究所所长约瑟夫·德雷克舍（Josef Drexl）教授完成。正如费肯杰教授所说，其推参阐述理论是自己参与国际立法活动的经验总结，又是力图为国际立法提供一个行动指南。

笔者在写作《经济法学理论演变研究》和《中国经济法历史渊源原论》的时候还属于血气方刚的愣头青，因此言辞不免圭角峻嶒，曾在两本书中批评中国经济法学界有些人连经济法学最发达的德国目前头号

① 例如参见拉伦茨：《德国民法通论》，王晓晔等译，法律出版社2003年版，第853页。

权威费肯杰都不知不晓的局面，但笔者本人对于费肯杰教授的学术理解也是非常浅薄的。后来，笔者在德国翻译完费肯杰教授的巨著《经济法》两卷本共计两百多万字后，知道对于费肯杰教授渊深的学问几乎尚未登堂入室。在德国弗赖堡大学法律系访学期间，中德法学家交流学会主席乌韦·布劳洛克（Uwe Blaurock）教授以研究经济法、比较法等著称，因为笔者当时尚在紧张翻译《经济法》两卷本，问笔者为何不翻译费肯杰教授的五巨册之《法律方法比较论》，并介绍说这是在德国的法律系大学生中流传非常广泛的必读书，如果翻译为中文，那将是对中国学术界的一个重大贡献。笔者当时回答有机会必定要完成此项宏大的工程。其实，笔者当时已经向费肯杰教授提及在翻译完两卷本《经济法》之后有心尝试进军这部当之无愧的经典之作，但费肯杰教授一般不肯轻易承诺，估计还在观察笔者是否能够肩此巨任，所以此事在其不置可否后便一直处于悬而未定状态。事实上，完成此项宏大工程不仅牵扯到时间、资金，知识储备严重不足也是此项工程迟迟不能纳入日程的关键所在。在弗赖堡大学法律系的一位中国留学生就感叹："费肯杰先生那么厉害，我们不要说写，就是翻译也翻译不了。"这并非妄自菲薄，的确是我们学力不济的实情。笔者翻译费肯杰教授的两卷本《经济法》就发现这样一个问题：引证浩繁，人名、地名、书名、机构名称等有二十万条，仅注释就达约五十万字，足足可以成为一本专著，而且涉及英语、法语、意大利语、丹麦语等十几种文字，对于译者无疑是极大的挑战，有时连哪国语言都分不清楚，只好一点一点查找。而翻译法哲学、法律方法论著作必然涉及无形的思想，何况涉及各个文明，翻译难度可想而知。在两卷本《经济法》翻译初稿完成后，费肯杰教授专门抽出时间回答笔者的疑难问题，每次从中午一点半至下午六点钟左右，每周两次，大约持续了两个月。费肯杰教授不仅细心讲解，而且在关键部分均用笔在稿纸上一行一行地写。在此期间，虽然笔者翻译了其《经济法》中世界部分对 Synépeia analysis 的阐述，因为这是费肯杰教授独创的一个概念，在许多法哲学著作中都有人征引、阐发和袭用，笔者就此专门向费肯杰教授求教。费肯杰教授作了详尽的解释，足足在稿纸上写了半页对此解释的关键语汇，谈了自己的思想发展历程。在费肯杰教授的点拨下，笔者后来在马克斯－普朗克知识产权、竞争法和税法研究所图书馆找到了其《推参阐述：在法律和正义中》（*Synepeik, in Recht und Gerechtigheit*）、《推参阐述和法律的推参阐述性定义》（*Synepeik und eine synepeische Definition des Rechts*）和《在法律和正义中的思想模式：关于法律人类学研究的初步报告》（*Modes of Thought in Law and Justice: A Preliminary Report on a Study in Legal Anthroplogy*）等著作，一下子就被这几本精粹的小册子所吸引。因为此系费肯杰教授在五卷本《法律方法比较论》的基础上深入研究、提炼，通过若干次会议的研讨打磨，最终形成的一生最精华的思想结晶，和波普尔的《猜想与反驳》（Karl Raimund Popper, *Conjectures and Refutations: The Growth of Scientific Knowledge*, London：Routledge，1963）、约翰·塞尔的《心灵、语言和社会》（John Searle, *Mind, Language and Society: Philosophy in the Real World*, New York：Basic Books，1998）一样短小精悍而魅力摄人。笔者当时就暗自下决心，即便暂时不能翻译其世界名著《法律方法比较论》，但可以先翻译这种精彩的小册子，以便为今后学问的深入奠定基础。所以，在回国时，尽管德国复印资料价格不菲，笔者虽然也可以在马克斯－普朗克知识产权、竞争法和税法研究所无限量免费复印，但笔者除复印了三本国内难得一见的工具书之外，就是将《推参阐述：在法律和正义中》和《推参阐述和法律的推参阐述性定义》两部文稿复印装入行囊，回国后与我的博士生冯永明、孙喆利用一年时间将其译成了中文。

第二节　问题史与问题意识

赖欣巴赫（Hans Reichenbach，1891—1953）说："哲学的进步不应当从问题的解决中去寻找，而应当在哲学家所提的问题中去寻找。"[①] 18 世纪英国经验主义哲学家休谟（David Hume，1711—1776）认为，

---

① 赖欣巴赫：《科学哲学的兴起》，伯尼译，商务印书馆 1983 年版，第 76 页。

事实知识有真假之分，可以由经验证明，价值知识则无真假可言，不可以由经验证明；科学对于道德问题是无能为力的，只能回答"是什么"的问题，而不能告诉我们"应该怎样"的问题。他在《人性论》（*A Treatise of Human Nature: Being an Attempt to introduce the experimental Method of Reasoning into Moral, 1739 – 1740*）中这样写道："在我所遇到的每一个道德学体系中，我一向注意到，作者在一个时期是照平常的推理方式进行的……可是突然之间，我却大吃一惊地发现，我所遇到的不再是命题中经常的'是'与'不是'等联系词，而是没有一个命题不是由一个'应该'或一个不'应该'联系起来的。这个变化虽是不知不觉的，却是有极其重大的关系的。因为这个应该或不应该既然表示一种新的关系或肯定，所以就必须加以论述和说明；同时对于这种似乎完全不可思议的事情，即这个新关系如何能由完全不同的另外一些关系推出来的，也应当举出理由加以说明。不过作者们通常既然不是这样谨慎从事，所以我倒想向读者们建议要留神提防；而且我相信，这样一点点的注意就会推翻一切通俗的道德学体系……"① 按照休谟的观点，人们从事实推导不出价值，从表述事实的语句推不出表述价值的语句，亦即从"是"中无法推导出"应该"，纯事实的描述性说明凭其自身的力量只能引起或包含其他事实的描述性说明，而绝不是做什么事情的标准、道德准则或规范。休谟提出的问题对后世哲学家产生了广泛的影响，英国著名分析哲学家黑尔（Richard Mervyn Hare，1919—2002）把休谟关于价值判断绝不能从事实判断中推导出来这种思想概括为"休谟法则"（Hume's Law），亦有人称之为"休谟铡刀"。所谓"休谟问题"涉及因果关系问题、归纳问题、事实与价值的关系问题、"是"与"应该"的关系问题等诸多方面，学术界对于其内涵尚存在众多分歧，见解各异。

由于休谟把因果关系说成是习惯性的联想，其只能建立在经验的基础上，仅仅是一种心理上的事实，而不是一种客观的事实，这一结论使得事实的真理完全丧失了必然性的根基，对康德的思想造成巨大的震

---

① 休谟：《人性论》下册，关文运译，商务印书馆 1991 年版，第 510 页。

动。沉睡在"独断论迷梦"中的康德被休谟关于实然与应然"分野"之论述所惊醒，受到其所坚持的怀疑论的启发，开始了对"人类理性"的艰难的审查。独断论武断地用有限的范畴去认识无限的存在，错误地把现象与本体混淆起来，被康德称为"专制主义"；怀疑论把知识局限在感觉经验的范围内，反对超出感官经验，被康德称为"无政府主义"。在康德看来，怀疑主义者类似于游牧民族，由于藐视一切生活的安定，总是憎恶一切地面的牢固建筑，以全部摧毁不留下一点痕迹为目的，所以，康德坚持"在反对独断主义时，我们必不能让假借通俗化的名义纵容乱说一通的肤浅行为，也不能纵容把一切形而上学迅速处理掉的怀疑主义"①。康德所致力于建立的是一种不同于唯理论的独断论和经验论的怀疑论的"批判论"。其所谓"批判"就是考察分析，因为在康德看来唯理论和经验论者犯的错误在于在得出自己的结论之前，没有批判地考察一下人的认识能力，所以康德将对理性认识能力的批判作为其哲学思想的基础。他通过对理性的全部领域分析考察，从而形成了由《纯粹理性批判》（*Die Kritik der reinen Vernunft*，KrV，1781）、《实践理性批判》（*Die Kritik der praktischen Vernunft*，KpV，1788）和《判断力批判》（*Die Kritik der Urteilskraft*，KdU，1790）组成的将知、行、意综合于一体的完整"批判哲学"体系，其中，第一批判主要考察理性的认识能力，即康德所谓"理论理性"；第二批判考察理性的实践能力或者说意志能力，即康德所谓"实践理性"；第三批判考察的"判断力"则是理论理性与实践理性之间起沟通作用的中间环节。康德认为，人是有限的理性存在，既是一种自然存在，又为一种理性存在。这种两重性决定了其同时受到自然法则和理性法则两种法则的支配。自然法则是人不得不服从的法则，体现为以"是"为系词的叙述式；而理性法则则是人应该遵从但不一定遵从的法则，是由"应该"联结起来的命令式，对人表现为命令其"应该做什么"的道德法则。在康德那里，道德法则不是"假定命令"，而是"绝对命令"，即一种强制的，先验的、形

---

① 康德：《纯粹理性批判》，韦卓民译，华中师范大学出版社1991年版，第28页。

式的思维意识化"纯粹理性"。换言之，唯有按照"绝对命令"办事，才是"善的意志"和道德的行为。对于人们，道德法则要求的是"应当"而非"自然"，是"必须"而非"实际"，不渗入任何感情和欲望，不问效果如何。为道德而行道德，为义务而尽义务，为"善的意志"而保持"善的意志"。这一观点与其说是让法律从属道德，毋宁说让道德服从法律。①

实然与应然、现实与价值的关系是法哲学最基本的问题。法学上自然法与实证法的对立正是由于人们主观上将应然与实然的概念加以区别所致，并以"事实（facts）—规范（norms）""正当性（legitimacy）—合法性（legality）"等问题形式贯穿于整个西方法学知识论传统②。自然法和实证法的区分可以追溯至亚里士多德。亚里士多德怀疑法律的完美性和绝对性，认为"制定法上之不法"是可能的，对自然正义与实证正义作了区分，并首度对自然法和实证法加以定义。斯多葛派（der Stoizismus）代表人物西塞罗（Marcus Tullius Cicero，前 106—前 43）则在其名著《论共和国》（De Republica，《论国家》）中也对自然法如是描述："真正的法律是正确的理性与自然的一致；它适用于一切且永存不变……试想要改变这个法是一种罪恶，想要去取消它其中一部分也是不被允许的，更不可能全盘废除它。元老院或民众无法使我们可以免于遵从此法的义务，而我们也用不着在我们自身之外去寻找对这个法律的阐明者或解释者。在雅典及罗马或者在过去及未来，绝对不会有不同的法律；而是只有一个永恒、不变的法律，其对一切民族、一切时代都有

---

① 吕世伦主编：《西方法律思潮源流论》，中国人民公安大学出版社 1993 年版，第 124 页。

② 但需要注意的问题是，应然、实然的两分概念，本身就是含混不清的，如果不在语境中区分应然与实然，那么这种区分则毫无意义。在西方法哲学学说史上，人们一般习惯于这样区分：第一，将规则（或秩序）两分，即作为应然的自然法（或良好秩序）与作为实然的实证法（或实有秩序）；第二，将规则（或秩序）本身认作应然，而将规则（或秩序）引导下的事实认作实然。见朱志昊：《通过范式的转变来消解悖论——论法学方法论两个基本难题与其出路》，资料来源：http://www.bloglegal.com/blog/cac/900005025.htm，访问时间：2009 年 7 月 10 日。

效……"① 在西塞罗看来，自然法具有高于一切人类社会立法的权威，是衡量人定法的唯一标准，本身即是正义的同义语。罗马法学家普遍将法分为自然法、市民法和万民法三种。中世纪的自然法不外乎是神的理性所构思或神的意志所欲的秩序（Ordo）。在这一时期，斯多葛派认为自然法普适的思想遗产被继承，但与古时代自然法与实证法的二分法不同，确立了上帝法、自然法与人为法之三分法。奥古斯丁（Augustinus von Hippo，亦作 Augustinus von Thagaste，354—430）认为，自然法是永恒的上帝律法在人的意识中的复现，自然法之于上帝法，如同蜡印图案之于印章。实证法只有以"永恒法"为支撑才有约束力，不公正的"法律"绝不是法律，一如不具正义的国家不啻是一个大强盗团伙而已。托马斯·阿奎那（Thomas von Aquinas，1225—1274）融合奥古斯丁的神学法律思想与亚里士多德的自然主义自然法思想，把法分为永恒法（lex aeterna）、自然法（lex naturalis）、人定法（lex humana）和神法（lex divina，《圣经》）四种，认为"一个与自然法相悖的法律，是对法律的摧毁"②，价值与现实不分，应然与实然相连，"善与存在可以互文"（bonum et ens convertuntur）③。尽管阿奎那和奥古斯丁对于如何区分永恒法、自然法与实证法见解不同，但在以下两点的看法是一致的：其一，两者都认为人类的规范若与自然法或上帝法相矛盾，则为恶法（legis corruption）而不具效力；其二，人们对上帝法与自然法的把握，最终可追溯到一个抽象的、形式的应然实体。近代自然法的最根本的特征，就在于它是理性主义的。可以说，"近代自然法完全沉浸于唯理论的科学理解之中。在此，理性（Ratio）不仅是正确的法之认识工具，也是其源泉。理性，人的理性！赋予人以自然律法。不存在所谓逻各斯，自在存在的观念，永恒法，没有经院哲学中的所谓预设真理（但

① Cicero, *De re publica* III 22/33.

② 阿奎那：《神学大全》，转引自阿图尔·考夫曼、温弗里德·哈斯默尔主编：《当代法哲学和法律理论导论》，郑永流译，法律出版社2002年版，第71页。

③ Denis J. M. Bradley, *Aquinas on the Twofold Human Good: Reason and Human Happiness in Aquinas's Moral Science*, Washington, DC: Catholic University of America Press, 1997, p. 276.

人们不仅仅针对经院哲学），人完全是受自身的认识能力引导"①。降及近代，唯理论自然法尽管否认了"上帝之存在"，但自然法仍是绝对的、一般性的且超历史的，不同且优于实证法，对所有人在所有时间都是有效的。唯理论的绝对主义自然法受到了历史法学派的冲击，不过，其在科学上最终是由康德批判主义（Kritizismus）所驳倒的。康德通过晦涩的哲学证明：抛开经验，仅仅从形式的先天原理中不可能推导出形而上学，即自然法的内容。据此，不存在一个适于所有时代所有人的、在理性上可认识的自然法，内容的形而上学从不可能是普适的和十分精确的。正是这样，那种从"自然"中可以建构一个适于所有人所有时代的、具有明确内容的自然法之主张遂被康德所驳倒。新康德主义（der Neukantianismus）代表施塔姆勒（Rudolf Stammler，1856—1938）只承认法律形式的普遍正当性（因为其表现为"应当"），而不承认法律内容的普遍正当性（因为其变动不居），提出"内容可变的自然法"（Naturrecht mit wechselndem Inhalt），强调"法律理想"或"社会理想"对于法律价值判断方向的指示作用，开创了相对自然法的先河。德国法学家卡尔·恩吉施（Karl Engisch，1899—1990）在《凝结我们时代的法和法科学精神中的概念》（Die Idee der Konkretisierung in Recht und Rechtswissen-schaft unserer Zeit，Heidelberg，1953）一书中便精确地把相对自然法概括为"'现在，在这里'的自然法"。所谓"现在"，讲的是时间性；所谓"在这里"，讲的是空间性。这种具有时间和空间限定性的自然法与强调超越时空限制的古典自然法截然相反。

明希豪森三重困境（das Münchhausen-Trilemma，亦称阿格里帕三重困境，Agrippa-Trilemma）反对存在主张可以成立可能性论断的论据。其可以还原为无限后退、循环和教义（infiniter Regress，Zirkel und Dogma）三种可能的基本情形，并作为不可接受加以拒绝。18 世纪德国汉诺威有一名叫明希豪森（Baron Münchhausen，1720—1797）的乡绅，早年曾在俄罗斯、土耳其参与过战争，退役后为家乡父老讲述其当兵、

---

① 阿图尔·考夫曼、温弗里德·哈斯默尔主编：《当代法哲学和法律理论导论》，郑永流译，法律出版社 2002 年版，第 79 页。

狩猎和运动时的一些逸闻趣事从而名噪一时，后人进一步加工整理了许多版本的关于明希豪森的滑稽故事，而且于 1991 年改编为著名电影《明希豪森男爵的奇遇》（*Les Aventures de baron de Munchhausen*）。明希豪森男爵其中讲过这样一个荒诞故事：他有一次行游时不幸掉进一个泥潭，四周旁无所依，于是其用力抓住自己的辫子把自己从泥潭中拉了出来。汉斯·阿尔伯特（Hans Albert）在其《批判理性读本》（*Traktat über kritische Vernunft*，Tübingen：Mohr Siebeck，1968）创造了"明希豪森三重困境"（Münchhausentrilemma）这个概念，在每一个论述的证立中，我们都会遇见三个问题：（1）无限倒退：每个句子 P 所依据的论断必须又被证立，导致无限地倒退。（2）逻辑循环：一个现象的理由已经在现象本身中包含，人们在相互支持的论点之间进行循环论证。（3）教条主义（Dogmatismus）：不是证立，而是简单地声称现象已经是清楚的。逻辑循环不是证立，而可以被称为"恶性循环"（Teufelskreis）。教条主义不外乎是在无限后退中任意中断，诸如通过宗教信条、政治意识形态或其他方式的"教义"来结束论证的链条。但如果人们要想证立这种中断，那么又会陷入一个三重困境。所以，阿尔伯特认为，任何科学的命题都可能遇到"为什么"之无穷追问的挑战。

　　法律实证主义（Rechtspositivismus）的所有不同分支的共享的一般观点是，在法律是什么和法律应该是什么之间、在实证法和正义或者说在法律和道德之间不存在必然的联系。这种将法律终极价值的思考从法律学说中排除出去的研究路径被德国法学家称为分离论纲（Trennungsthese）①。在这种范式之下，实证主义反对先验的思辨，将为什么的问题作为形而上学的思辨切割出去，以便使自己的任务限定于经验材料的范围之内，只讲合法性（妥当性）问题而不讲合理性（正当性）问题，认为伦理命令只不过是"吼吼叫叫"或"激动"的语词而已，毫无认知价值。根据应然与实然分离的二元方法论，法律实证主义可以分为这样两大部派，即规范逻辑实证主义（normlogischer Positivismus）和经验

---

　　①　Herbert Hart, Der Positivismus und die Trennung von Recht und Moral, in：H. L. A. Hart, *Recht und Moral*, *Drei Aufsätze*, aus d. Engl. übersetzt und mit einer Einleitung versehen von Norbert Hoester, Göttingen：Vandenhoeck & Ruprecht, 1971, S. 14 ff.

实证主义（empirischer Positivismus）。前者关注于应然，关注于规范的形式结构而将规范的内容置之度外；后者集矢于实然、法的事实。在经验实证主义中，恩斯特·鲁道夫·比尔林（Ernst Rudolf Biering，1843—1919）为代表的法心理学倾力研究的对象是主观事实，而源自马克斯·韦伯的法社会学则以客观事实为探求对象。①　在规范逻辑实证主义中，凯尔森的纯粹法学理论（reine Rechtslehre，the Pure Theory of Law）建立在新康德主义哲学基础上，建立在把世界分为“应当”（必然）与“实际”（自然）的二元论和不可知论的基础上，致力于尽可能避免形而上学与意识形态的污染。凯氏纯粹法学的研究方法基本上是形式逻辑的方法，即法律概念的推理和判断的方法，而不是因果方法，即实际的因果关系的方法。在凯尔森看来，限定法学的功能和研究范围恰如康德之限定理性的范围，是为了使其更为确定、有效，阻止法学扩张的野心与阻止利用法学和削弱法学的企图同等并重。凯氏的纯粹法学理论对于其研究客体的自律性以及自身的独特性颇具自觉，其所要解决的问题恰恰在于区分法律的“to be”（是）和“ought to be”（应当是）。凯尔森认为，自然法学采取的是一种前康德主义的形而上学思路，是典型的经验主义的形而上学，将经验材料形而上学化，将主观利益（或主张）客观化，以至于对法律的道德批判或证明变成个人或政治判断的问题，不属于客观的科学问题，也不涉及法律的科学性。实在法规范仅仅是表示人们应当或必然怎样，而不是实际或自然怎样。正义在凯尔森看来是一个意识形态概念，是一种反映个人或群体的主观倾向或价值偏爱的“非理性的理想”（irrational ideal）②，根本无法用科学的方法加以回

---

①　此处论述主要依据阿图尔·考夫曼、温弗里德·哈斯默尔主编：《当代法哲学和法律理论导论》，郑永流译，法律出版社 2002 年版，第 115 页。博登海默《法理学：法律哲学与法律方法》（Edgar Bodenheimer, *Jurisprudence: The Philosophy and Method of the Law*, Cambridge, Massachusetts: Harvard University Press, 1967）主要阐述的是分析实证主义（analytical positivism）。社会学实证主义（sociological positivism），见该书第 93 页。

②　See Kelsen, The Pure Theory of Law, 50 *L. Q. Rev.* 474, at 482（1934）；See also Kelsen, *General Theory of Law and State*, Cambridge, Massachusetts: Harvard University Press, 1945, p. 13.

答。所以，凯尔森纯粹法学仅仅是关于由大量相关的应然命题或规范组成的国家法律体系的实然理论，而不是探讨"应然"的理论。

凯尔森的一位追随者把凯尔森纯粹法学建构的图像称之为"法律的阶梯结构"（Stufenbau des Rechtes），但是，搂诸凯尔森纯粹法学中关于法律效力金字塔的顶端的"基本规范"（Grundnorm），其依凯氏言系法律思想所预设的一种规范而非实际规范，为同一法律体系中所有规范得以有效的终极渊源，而该基本规范却仅仅作为一种脆弱的、透明的"空壳"吃力地维系着所有辐辏于斯的"效力链条"。尽管凯氏宣称基础规范是超验的而非经验的，足以保证法律的纯粹性，但这种纯粹法学体系最顶端的基础规范的性质与来源既不堪追逼拷问，其效力亦不能援引其他法律规范或法律制度得以认定，因此，凯氏曾经严厉拒绝自然法的"杂质"遂在其纯粹法理论中从后面又悄悄溜回来了，纯粹法学最终丧失了其纯粹性。这种纯粹法学努力的无效性，正如斯通（Julius Stone，1907—1985）所言，是妄想抓住某人的鞋带把他拎起来。一些学者批评"纯粹法学"并不"纯粹"且过于"神秘"①，可谓言之甚谛。此外，凯尔森的基础规范与建基于其上的法律规范之间实际上存在着一个循环论证的问题。因为，按照凯尔森的理论，只有借助基本规范来确认一般的法律，而基础规范又只有在一般法律确定后才能得到确认。假如承认基础规范与一般法律之间的这种循环，则除在某种程度上诉诸人为的"认定"外，无从对法律予以界定；而一旦诉诸"认定"，则又势不可能保障法律的纯粹性。爱尔兰著名法学家凯利（John Maurice Kelly，1931—1991）曾如是言：尽管凯尔森"将法律秩序化约为作为一系列前后相继的互赖规范的最低程度的实质内容，在其初始假设点上，凯尔森的模式恰恰不得不进入了下述等级越低越是激烈地拒斥的学科的领地，即心理学、伦理学、社会行为等。……为了衡量法律秩序得以存在以及基本规范得以预设的有效性，凯尔森又一次不可避免地要诉诸外部因素"②。正是这样，力图将法律打造成精神数学的法学家凯尔

---

① See R. W. M. Dias, *Jurisprudence*, 4th edition, London：Butterworths, 1976, p. 497, p. 495.

② J. M. 凯利：《西方法律思想简史》，王笑红译，法律出版社2002年版，第368页。

森不得不将基础规范理解为假设的公理，坦言基本规范"像一个自然法的规范"般有效，不反对别人将基础规范视为"最低限度的自然法"。由是观之，基础规范成了凯氏断然拒绝向上回溯的论证中止符，凯氏的应然最终仍系伦理学的范畴，纯粹法学依然陷溺于明希豪森三重困境而难以自拔，其批判意识形态本身的意识形态性也是昭然可见的。

拉尔夫·德莱尔（Ralf Dreier）等人将拉德布鲁赫的《法哲学》（Gustav Radbruch, *Rechtsphilosophie*, Studienausgabe, herausgegeben von Ralf Dreier und Stanley L. Paulson, Heidelberg：C. F. Müller, 1993）和凯尔森的《纯粹法学》（Hans Kelsen, *Reine Rechtslehre*, Leipzig and Vienna：Deuticke, 1934）并称为 20 世纪最经得起考验的著作。由于凯尔森也是以康德的先验哲学作为其学说的思想基础，所以在国内外学术界一般也往往和拉德布鲁赫一样被列入新康德主义法学派。[①] 新康德主义的所有分支具有这样一个共同的论纲，即在实然和应然之间存在着一个范畴的鸿沟，并且从"是"不能推导出"应该是"（二元方法论）。新康德主义法学派的共同特征在于突出康德哲学中的不可知论，将法学和对法的评价对立起来，认为"已有、曾有、将有"均非"应有"，不能从"实然"中推导出"应然"（Aus einem Sein könne niemals ein Sollen abgeleitet werden）。因而这种法学又被称为相对主义法学。正如马克斯·韦伯所说，在"世界祛除迷魅"后，上帝已死，所有规范与价值问题被斩断了源头，人们已经不再具有某种处于当然优势地位的道德观念，一个人所尊奉的"神"很可能在另一个眼里只不过是"魔"而已，形成了价值的多神并立，由此进入一个"诸神与诸魔"的时代。如前所说，凯尔森纯粹法学认为，价值并不内在于事物，不能从"存在"（is）中逻辑地推导出"当为"（ought），从自然事实中推导出道德或法律价

---

① Stefan Hammer, A Neo-Kantian Theory of Legal Knowledge in Kelsen's Pure Theory of Law? in Stanley L. Paulson/Bonnie Litschewski Paulson（eds.）, *Normativity and Norms. Critical Perspectives on Kelsenian Themes*, Oxford：Clarendon Press, 1998, pp. 177 - 184. 关于拉德布鲁赫像凯尔森一样也采用基本规范（Gnmdnorm）这一概念及两者的异同，可以参见 Stanley L. Paulson, Läßt sich die Reine Rechtslehre transzendental Begründen? *Rechtstheorie* 21（1990）, pp. 155 - 179。

值。事实上，存在许多差异极大的道德体系与法律体系，同一行为在不同的价值体系中可能会有迥然不同的评价，各种价值不管其是否与既存的道德秩序或法律秩序相一致，都具有相对性。① 凯尔森的解决办法如前所说将价值评价严格加以摒弃，但是，拉德布鲁赫虽然以"客观的解释理论"著称，却很早就超越了正统的法实证主义，清楚地认识到了从"纯法学的专业"（Nur-Juristische）走向法学工作领域以外伸展的现实。拉德布鲁赫在《法哲学》中指出，在黑格尔一体性哲学中，凡是合乎理性的东西都是现实的，反之，凡是现实的东西都是合乎理性的。黑格尔在这里把实然和应然合而为一，但是，当他把现实看作理性的自我发展的时候，他就将应然视为合一的决定性方面，而实然为合一的被决定性方面了，而卡尔·马克思同样坚持了将应然和实然合而为一，但已经将黑格尔的辩证法头足倒置，应然（或者说意识）在历史唯物主义中是由实然（或者说存在）所决定的。② 拉德布鲁赫坚持社会法律现实思考和法律价值思考的二元论，反对乃师弗兰茨·冯·李斯特（Franz von Liszt，1851—1919）将未来实然（Kommende）和已定应然（Gesollte）等量齐观的观点，主张应然的论断是不可认知的，价值思考和实然思考各自位于其并置的闭合圈界内（Wertbetrachtung und Seinsbetrachtung liegen als selbständige，je in sich geschlossene Kreise nebeneinander）。③ 这一点正是拉德布鲁赫相对主义的核心所在，也是将其与马克斯·韦伯、格奥尔格·耶利内克（Georg Jellinek，1851—1911）和汉斯·凯尔森联系起来的关键所在。拉氏在其名著《法哲学》中提出的"价值和价值判断会受到历史和社会条件的限制"这种价值相对主义，就是受到了马克斯·韦伯的影响。

拉德布鲁赫于1945年以语录体写成的不到两千字的精粹短篇《五

---

① Hans Kelsen, The Natural-Law Doctrine before the Tribunal of Science, in Hans Kelsen, *What Is Justice? Justice, Law and Politics in the Mirror of Science*, Berkeley：University of California Press, 1957, pp. 140 – 141.

② 拉德布鲁赫：《法哲学》，王朴译，法律出版社2005年版，第20—23页。

③ Radbruch, *Rechtsphilosophie*, herausgegeben von Ralf Dreier und Stanley L. Paulson, 2. Aufl., Heidelberg：C. F. Müller, 2003, S. 13.

分钟法哲学》（*Fünf Minuten Rechtsphilosophie*）和 1946 年在《南德意志法律家报》（*Sueddeutsche Juristen-Zeitung*）上发表《法律的不法与超法律的法》（*Gesetzliches Unrecht und übergesetzliches Recht*）一文①，是 20 世纪罕见的最具影响力的法哲学著作，② 被很多法学人士视为战后自然法学派复兴（die Renaissance des Naturrechts）的标志。被学术界概括为著名的"拉德布鲁赫公式"（Radbruchsche Formel）就源于拉氏在《法律的不法与超法律的法》中的名言："如果实证法与正义之间的矛盾达到了一个如此令人难以忍受的程度，那么作为'不正当法'的法律则必须向正义让步。"（Wenn der Widerspruch des positiven Rechts zur Gerechtigkeit so unerträglich ist, dass das Gesetz als unrichtiges Recht der Gerechtigkeit weichen muss.）"凡是正义根本不被追求的地方，凡是构成正义的核心——平等在实在法制定过程中有意不被承认的地方，法律不仅仅是不正确的法，甚至根本就缺乏法的性格。"（Wo Gerechtigkeit nicht einmal erstrebt wird, wo die Gleichheit, die den Kern der Gerechtigkeit ausmacht, bei der Setzung positiven Rechts bewußt verleugnet wurde, da ist das Gesetz nicht etwa nur "unrichtiges Recht", vielmehr entbehrt es überhaupt der Rechtsnatur.）因此，该公式其实主要包括两个公式：一个是难以容忍公式（Unerträglichkeitsformel），另一个是否定公式（Verleugnungsformel）。其中，否定公式属于拉德布鲁赫的法律概念学说（die Lehren vom Rechtsbegriff），难以忍受公式属于其法律有效性学说（die Lehren der Rechtsgeltung）。

　　基于拉德布鲁赫对于自己学说的部分修订，弗赖堡大学教授弗里兹·冯·希佩尔（Fritz von Hippel，1897—1991）在 1951 年发表的《作为法哲学思想家的古斯塔夫·拉德布鲁赫》（Fritz v. Hippel, Gustav Radbruch als rechtsphilososphiseher Denker）一文中最早提出，在前期拉

---

① Gustav Radbruch, Gesetzliches Unrecht und übergesetzliches Recht, in: *Rechtsphilosophie*, ed. E. Wolf, 4th ed., Stuttgart: K. F. Koehler, 1950, S. 353.

② Ralf Dreier und Stanley L. Paulson, Einführung in die Rechtsphilosophie Radbruchs, in: *Gustav Radbruch*, *Rechtsphilosophie*, Studienausgabe, 2. Aufl., Heidelberg: C. F. Müller, 2003, S. 247 ff.

德布鲁赫和后期拉德布鲁赫之间，经历了一次类似禅宗顿悟的"大马士革体验"（Damaskuserlebnis）①。自此以后，许多学者均论证支持这种存在"实质性断裂"（a substantial break）的观点，认为拉德布鲁赫在二战以前坚持价值相对主义（或实证主义）法哲学立场，战后则转向至自然法学。② 例如，博登海默就指出，在第二次世界大战以前，拉德布鲁赫对法律与正义基本上持一种相对主义的观点，而其在经历了纳粹时期巨大的社会变动和第二次世界大战中德国的战败以后，开始修正他以前的理论观，使自己转向了一种形式较为温和的自然法理论。③ 但是，另外一些学者则执持"连续说"的观点，否认存在"拉德布鲁赫转向"问题，认为拉德布鲁赫虽然前后论述小有出入，但其理论主要元素在所有时期的著作中都是保持一致的，只是侧重点不同而已。④ 例如，拉氏弟子阿图尔·考夫曼教授就指出，必须完整地理解拉德布鲁赫的作品和人格，否则就会错误地归纳拉德布鲁赫思想的特征。当人们把拉德布鲁赫打上新康德主义者、实证主义者、相对主义者、现代主义者、自然法学者或其他什么印鉴时，就绝不会获得完整的拉德布鲁赫形象。只有掌握了拉德布鲁赫二律背反、亦此亦彼（Sowohl-als-Auch）的思维方式，才能正确地评价他。一旦把实证主义和自然法看作是"非此即彼"（Entweder-Oder）的认识模式、在"麻木不仁"的意义上来解释拉德布鲁赫的实证主义，就自然会在拉德布鲁赫的思想中发现裂变，看到"初期的实证主义的拉德布鲁赫"与"晚期的基督教自然法学的拉德布鲁赫"之间的不同。持"非此即彼"观的人们，认为法学家要么只能是

---

① 弗里茨·冯·希佩尔：《作为法哲学思想家的古斯塔夫·拉德布鲁赫》，转引自阿图尔·考夫曼：《古斯塔夫·拉德布鲁赫传》，舒国滢译，法律出版社2004年版，第20页。

② Erik Wolf, Revolution or Evolution in Gustav Radbruch's Legal Philosophy, 3 *Natural Law Forum* 1 (1958). Lon L. Fuller, American Legal Philosophy at Mid-Century, 6 *Journal of Legal Education* 457 (1954).

③ Edgar Bodenheimer, *Jurisprudence: The Philosophy and Method of the Law*, Cambridge, Massachusetts: Harvard University Press, 1967, pp. 132 – 134.

④ 例如：Stanley Paulson, Radbruch on Unjust Laws: Competing Earlier and Later Views? *Oxford Journal of Legal Studies*, 1995, pp. 489 – 500。

彻底的实证主义者，要么只能是彻底的自然法学者，不但"根本没有考虑到问题的点子上"①，而且正是拉德布鲁赫经常严厉批评的观点。如果问拉德布鲁赫是不是一个实证主义者，或是不是一个自然法学者，这一提问立场本身就是错的，拉德布鲁赫总是同时属于两者，但随时又各有侧重，因而归根结底，他是超越于自然法和实证主义的。② 阿图尔·考夫曼既认为拉德布鲁赫的《法哲学》是绳继康德《法的形而上学原理》（*Metaphysische Anfangsgründe der Rechtslehre： Metaphysik der Sitten，Erster Teil*，F. Nicolovius，1797）③、黑格尔《法哲学原理》（Georg Wilhelm Friedrich Hegel，*Grundlinien der Philosophie des Rechts，oder Naturrecht und Staatswissenschaft im Grundrisse*，Berlin，1821）"古典"模式的一部殿军之作，又认为拉德布鲁赫这个人们乐意称其为实证主义主要代表的学者其实是实证主义的克服者，把连接自然法和实证主义的渡桥首先建立在他的法律概念之上，拓展出了"第三条道路"，法哲学翻开超越自然法和实证主义这一新的篇章洵与拉德布鲁赫的名字相联系在一起。

拉德布鲁赫法哲学的新康德主义特点体现在他构想的两个核心部分，即法律概念学说和法律理念学说。其法哲学思想建立在康德"事实与价值的二分法"之上，认为：事实和价值的关系在经验中有四种表现形式：自然科学的价值无涉立场（die wertfreien Haltung）、伦理中价值立场（die wertenden Haltung）、文化科学中的价值关联立场（die wertbeziehenden Haltung）和宗教的超越价值立场（die wertüberwindenden Haltung）。因为法律是人为的，是人对自身的照料，故而必然牵涉目的和价值，所以法律作为人类的作品，是一个有意识服务于法律价值与法律理念的现实，必须视为一种文化事实，只有从它的理念出发，只有在涉及价值的立场框架中，才可能被理解。易言之，法律概念只能作为追

---

① 陈灵海：《诗与真：拉德布鲁赫法哲学转向的当代诠释》，《浙江社会科学》2008 年第 2 期。

② 舒国滢：《古斯塔夫·拉德布鲁赫法哲学思想述评》，资料来源：http://article1. chinalawinfo. com，访问时间：2009 年 7 月 20 日。

③ 其英文版为 Immanuel Kant，*The Metaphysical Elements of Justice： Part I of The Metaphysics of Morals*，translated by John Ladd，Indianapolis：Bobbs-Merrill，1965。

求法律理念的现实来确定。实证主义认为，因为法律享有使自己得以施行的权力，所以法律的效力也就已经被证明了。而按照拉德布鲁赫的观点，在权力基础之上可以建立的可能是必然（Müssen），但是绝不可能是应然和效力（Gelten），唯有那些与正义相连、并朝向正义的规范方具有法的品质。因为事物不会因为它现在存在、或过去存在、或将来会存在而成为其存在的理由是新康德主义学说的基本观点，拉德布鲁赫法律的概念正是与这种基本观点一以贯之的。拉德布鲁赫认为，涉及价值的法律思考，是作为文化事实的法律思考，构成了法律科学（Rechtswissenschaft）的本质；评判价值的法律思考，是作为文化价值的法律思考，法哲学通过它得以体现；超越价值法律思考，是本质的或者无本质的空洞思考，这则是法律宗教哲学（Religionsphilosophie des Rechts）的任务。从应然实然的二元论出发，在拉氏的理论中，法社会学（Rechtssoziologie）是对法律社会现实的、经验和解释性的研究，将经验性现实里的法律作为研究对象；法哲学（Rechtsphilosophie）是一种法律价值论，其研究对象是依照法律的理念，法律应该是怎样的（也包括法律的概念究竟是什么）；而法律教义学（Rechtsdogmatik）则是指一定法律体系中的实证法与价值相关的理论，介乎法社会学和法哲学的中间位置。在研究对象上，法律教义学指向作为社会现实出现的实证法（das positive Recht），而在方法论上，它则指向通过一个与价值相关的解释的手段来阐明的法律客观应然意义（objetiv gesollter Sinn）。拉氏理论一直被视为是最重要的反对凯尔森的构想，是法律与正义之间存在一种必然联系论纲的影响最大的主要代表，但另一方面，其所谓"正确的法"学说也不属于自然法的阵营，因为从其法的概念中没有导引出"绝对正确的法"，根据拉德布鲁赫的价值理论观，自在之价值属于精神世界，不归现实世界。自然法和实在法、"好"与"是"、"应然"与"实然"、理想与现实，在拉德布鲁赫的理论中从来没有被放到完全割裂的位置，既非盟友，亦非敌手，其关系始终处于变化之中。自然法有时用作实在法的深固堡垒，有时又反过来对抗实在法。①

---

①　拉德布鲁赫：《法律智慧警句集》，舒国滢译，中国法制出版社 2001 年版，第 25 页。

拉德布鲁赫主张法律的价值目标不是单一的，而是多元的，即法律的理念由三项价值构成：正义、合目的性和法的安定性。在这个法律理念的价值序列中，没有任何一项价值占据绝对的、排他性的主导地位，根据具体的条件和环境的不同，在某一特定的历史时期，可能侧重于其中的一项价值。如何在各种相互冲突的价值观和世界观中作出取舍，不属于认识领域，而属于信仰问题。不同社会的法律，可以基于自身的价值选择而决定具体的法律目的。法律目的属于价值判断的范畴，具有不可证明性。正如拉德布鲁赫所言："因为不能断定什么是公正的，所以我们必须判断什么应当是合法的。假如真理是不可能的，那么就有必要代之以权威的行为。相对主义属于实证主义。"① 尽管如前所述拉氏弟子阿图尔·考夫曼教授强调必须全面把握拉德布鲁赫的学说，强调拉德布鲁赫的学说不属于实证主义的阵营，因为价值被包含在其中，但是阿图尔·考夫曼教授也指出拉德布鲁赫的学说付出了相对主义的代价。在这种弹性系数很大的相对主义背后，固然存在着自由、宽容和民主之伦理，但由于在独裁时期对这些伦理的背叛，相对主义也在法哲学中被抛弃。② 另外，阿图尔·考夫曼教授还批评拉德布鲁赫过早地交枪了，就是因为拉氏未能清楚地验证法的最高价值，一开始就放弃了与所有不相信这些东西的人交往，将哲学认识全然视为一个独白式的过程。然而，哲学认识发生在与其他学说进行哲学沟通的行动中，要求协同努力。早在柏拉图创建的雅典学园中相互探讨的沟通就是其来有自的。这也后来哈贝马斯"理性对话"、费肯杰"推参阐述"所企图极力解决的问题。

　　如前所述，按照马克斯·韦伯的看法，现代社会是一个理性化的过程，其特征之一就是"世界祛除迷魅"，宗教的教义不再是主体间相互

---

① 拉德布鲁赫：《法律智慧警句集》，舒国滢译，中国法制出版社 2001 年版，第 20 页。

② 可以参阅阿图尔·考夫曼、温弗里德·哈斯默尔主编：《当代法哲学和法律理论导论》，郑永流译，法律出版社 2002 年版，第 22、133 页。这一点也可以从如下的例证得到某些启示：20 世纪的实用主义对新康德主义关于价值的观点加以进一步发展，公开反对价值一元论而主张价值多元化，认为具体选择何种价值则要以现实情境为基础，其选择标准则是"效用""满意"。

理解的基础，社会日渐世俗化。特别是在第二次世界大战之后，民族独立的浪潮势不可遏，正如费肯杰教授在其两卷本《经济法》中所说，所谓"B 集团"（B-Gruppe）的西方工业国家在联合国中相对于发展中国家数量上庞大的"77 国集团"（Gruppe der 77）以及社会主义国家的所谓的"D 集团"（D-Gruppe）而言，在投票表决的数量上每每处于劣势，以致费肯杰教授认为格劳秀斯时代的国际法原则已经无法适用。①哈贝马斯两卷本《沟通行动理论》（Jürgen Habermas, *Theorie des kommunikativen Handelns, Bd. I: Handlungsrationalität und gesellschaftliche Rationalisierung; Bd. II: Zur Kritik der funktionalistischen Vernunft*, Frankfurt/Main: Suhrkamp, 1984）是其代表作，于 1981 年出版，几乎与费肯杰教授两卷本《经济法》（Wolfgang Fikentscher, *Wirtschaftsrecht, Bd. I: Weltwirtschaftsrecht, Europäisches Wirtschaftsrecht; Band II: Deutsches Wirtschaftsrecht*, München: Beck, 1983）同时。哈氏自言该书出版的时代动机就在于 20 世纪 60 年代末西方社会的实际状况，即"西方理性主义的遗产已不复是无可争议地适用"（in dem das Erbe des okzidentalen Rationalismus nicht mehr unbestritten gilt）②。面对多样的文化传统、多极的政治主张和多元的价值共存的现实，人类往往很容易甚至已经陷入相对主义和特殊主义的诉求。相对主义和特殊主义的最大危险就在于否定普遍的正义法则和普遍的道德原则，认为任何意志的决断（不管是政治决断，还是经济决断，抑或其他意志决断）都受制并依存于具体的和局域的情境，而没有任何需要无条件遵循与维护的普遍原则。拉德布鲁赫基本上就是这样一种观点。由于任何原则均被视为相对的和特殊的，都不过是个人或利益群体的最高利益的表达，个体之间、群体（诸如阶层、民族等）之间除了寻求权宜的利益妥协外，真诚与公正的对话和沟通关系遂成为不可能的奢望。这样一来，伦理学的普遍主义诉求不能不陷入前所未有的危机之中。法兰克福学派（Frankfurter Schule）第一代

---

① 参见沃尔夫冈·费肯杰:《经济法》，第 1 卷，第一部分世界经济法，张世明、袁剑、梁君译，中国民主法制出版社 2009 年版，第 49—135 页。

② Habermas, *Theorie des kommunikativen Handelns*, Bd. I, Frankfurt a. M.: Suhrkamp, 1981, S. 9.

的主要代表人物阿多尔诺（Theodor Adorno，1903—1969）认为认识和价值是没有最终的基础的，在这一点上与其同辈人拉德布鲁赫的观点甚为契合，拉德布鲁赫也认为追求的价值不能被认知，只能对此服膺（Werte können demzufolge nicht erkannt werden，man kann sich zu ihnen nur bekennen）；而作为法兰克福学派第二代的哈贝马斯则坚持认为基础的问题（也就是为批判理论提供可靠的、标准的根据的问题）是可以解决的，具有和费肯杰教授的"推参阐述"相似的理论志趣。

在 20 世纪 70 年代中期，哈贝马斯哲学出现"语言学转向"①。这主要是由于语言哲学家奥斯汀（John Langshaw Austin，1911—1960）和约翰·塞尔（John Rogers Searle）等人的倡导。在此基础上，哈贝马斯发展出了其普遍语用学（Universalpragmatik）和真理合意理论（Konsenstheorie der Wahrheit）。哈贝马斯区分了三种依据不同的"沟通模态"（Kommunikationsmodus）而形成的三种普遍言说行动，即：第一，指述言说（Konstativa）涉及认知层面，其致力于在外部世界导向体系中事实关系的说明，其有效性尺度是真实性（Wahrheit）；第二，表意言说（Expressiva），也称为 Repräsentativa，这涉及意图和态度，为主观世界经验的表达，其有效性尺度是真诚性（Wahrhaftigkeit）；第三，规约言说（Regulativa），涉及社会规范和制度，致力于共同生活世界状态的生产，其有效性尺度是正确性（Richtigkeit）。为了能够获致被论证的共识，必须具有理想的话语环境（ideale Sprechsituation）。任何人在从事沟通行动时，都具有一定的理想性要求，哈贝马斯将这种理想性要求称之为"假设性前提"。按照哈贝马斯的理解，这种假设性前提也可以理解为"规范""应然""理念""合法性"或"有效性"（Gültigkeit）。这种前提是沟通行动者所不得不采取的，除非人们不进行沟通。它之所以是理想性的，是因为理想的沟通情境作为现实沟通行动基础之确立本身又依赖于一个奠基的过程，有待于从事沟通行动的人对所涉"可批判性的有效性要求"的主体间认可。在哈贝马斯看来，理想并非存在于现

---

① Albrecht Wellmer, Communications and Emancipation. Reflections on the Linguistic Turn in Critical Theory, in John O'Neill（edt.），*On Critical Theory*，New York：Seabury Press，1976，pp. 230 – 265.

实的彼岸，而是存在于现实的沟通中，并在其中起作用。此外，理想的东西也构成了现实的基础，或者说是使现实得以成为可能的前提条件。① 借助于沟通行动的基本概念（Grundbegriff des kommunikativen Handelns），哈贝马斯在《沟通行动理论》中拓展出三个主题群："沟通理性概念"（Begriff der kommunikativen Rationalität）的发展、与生活世界和体系的范式相联系的社会双重性概念（ein "zweistufiges Konzept der Gesellschaft，welches die Paradigmen Lebenswelt und System" verknüpft）、现代性理论（Theorie der Moderne）。在对马克斯·韦伯、卢卡奇（Georg Lukács，1885—1971）、阿多尔诺、奥斯汀、卡尔·马克思、米德（George Herbert Mead，1863—1931）、涂尔干、帕森斯、卢曼（Niklas Luhmann，1927—1998）等人的理论加以"重构性吸收"（rekonstruktive Anverwandlung）基础上，哈贝马斯发展出其独特的行动和社会理论。哈贝马斯刻意与波普尔的"三个世界理论"（Drei-Welten-Theorie）相区分，将行动的形式区分为四种。其行动理论的出发点是"行动合作"（Handlungskoordinierung），其既可以通过结果取向（Erfolgsorientierung）也可以通过理解取向（Verständigungsorientierung）得以实现。在此，哈贝马斯将"工具性行动"（instrumenteller Handeln）和"策略性行动"（strategischer Handeln）作为结果取向行动，将"沟通行动"（kommunikativer Handeln）作为理解取向行动。哈贝马斯将社会行动视为语言表述行动。准此，工具性行动不属于哈贝马斯所思考的社会行动范围之内。在策略性行动中，行动合作仅仅是结果取向性的，话语行动仅仅在此作为通过对他者施加影响以实现目标或目的的单纯的手段。与此相反，沟通行动通过合意的产生进行合作。从其对于普通语用学的思考出发，哈贝马斯从 1980 年开始在与阿佩尔（Karl-Otto Apel）的对话中构建出其独特对话伦理学（Diskursethik）。他将自己的对话伦理学的特征概括为一种"去本体论的、认识论式的、形式主义的和普遍的伦理"（eine „deontologische，kognitivistische，formalistische und universalis-

---

① 夏宏：《哈贝马斯法哲学研究》，浙江大学博士学位论文，2004 年，第 22 页。

tische Ethik "）①，其所谓沟通理性具有程序性、形式性、话语性、生成性等特征。哈贝马斯所理解的道德规范具有真实类似的特征。道德规范的"应然有效性"（Sollgeltung）尽管建立在理性论证基础上，但其有效性仅仅是真实类似。哈贝马斯将道德正当性（moralische Richtigkeit）与理论真实性（theoretische Wahrheit）相区分。普遍化原则（Universalisierungsgrundsatzes，U 原则）的形式原则处于对话伦理学的中心。据此原则，"只有当所有受到影响的人都能接受某个规范的一般性遵守所带来的后果和副作用，而这种一般性遵守可以被预期符合每个人的利益"（Wenn die Folgen und Nebenwirkungen，die sich aus einer allgemeinen Befolgung der strittigen Norm für die Befriedigung der Interessen eines jeden Einzelnen voraussichtlich ergeben，von allen zwanglos akzeptiert werden können）②，现实对话参与者之间存在争议的规范方能谋求一致性。

哈贝马斯对话伦理的最大特色在于将主体间性（Intersubjectivität）提高到中心位置，其基本原则运用不是独白式的，而是对话式的。哈贝马斯从主体之间互动的角度出发而不是从孤立的个人角度出发寻以求确保合法之法生成的途径，摆脱了原子化的个体主义视角，通过主体间性的程序主义范式，以规范为纽带建立起行动者与生活世界的关联，将法律在其产生和运作过程中的张力消解于对话和商谈中，从而跳出了韦伯式的"政治合法性源于合法律性，法律的合法性源自政治合法性"这种封闭性、反复循环式的牢笼。他在《在事实与规范之间》（Jürgen Habermas，*Faktizität und Geltung，Beiträge zur Diskurstheorie des Rechts und des demokratischen Rechtsstaates*，Frankfurt am Main：Suhrkamp Verlag，1992）一书中强调，现代法律秩序只能从自决的观念中获得其合法性：

---

①　Habermas，Treffen Hegels Einwände gegen Kant auch auf die Diskursethik zu? in：Habermas，*Erläuterungen zur Diskursethik*，Frankfurt am Main：Suhrkamp，1991，S. 9 – 30，hier S. 11.

②　Habermas，Diskursethik-Notizen　zu　einem　Begründungsprogramm，in：*Moralbewußtsein und kommunikatives Handeln*，Frankfurt a. M.：Suhrkamp，1983，S. 103.

公民应当总能够把自己也理解为他们作为承受者所服从之法律的创制者。① 在哈贝马斯看来，一个合法性的法律规范要具有其合法有效性，不能通过单一的主体而形成，而只有按照合理的程序，经过公共的辩论和理性的审察，在主体间的共识基础上才能获得。这种基础是"后形而上学"的、世俗的，只有通过沟通理性才能达到。此外，哈贝马斯将对话伦理界定为一种普遍伦理，这种道德原则不是仅仅为特定文化和时代所显现出的直觉，而是具有普遍适用性的。对于传统理性哲学而言，理性本身就是生活世界的终极的准则和根据。有理性即等于说是显示其拥有的根据。而对于哈贝马斯这样的合理性主义者而言，根据仅仅存在于持据而辩（Begründungen）的过程中。也就是说，基础就在奠基过程中。只有通过辩护和奠基行动，根据和基础才是有效的、可接受的。这样的观念用论辩行动和奠基行动取代了传统理性哲学中的"基础"和"根据"概念，从而也消解了人们对所谓"终极基础"和"终极根据"的期待。② 但是也应该看到，Begründungen（辩护或奠基）也已经将有效地防范合理化过程滑向相对主义的功能包含在内。哈贝马斯的对话伦理学肯定社会的多元现实，承认个体价值追求的正当性，却力图避免相对主义，仍然坚持普遍主义的要求，指出："共识并不像利奥塔所说，必定会抹杀个性，取消话语的多元性；相反，是建筑在对个性和多元性的承认之上的。但承认多元性和个性并不意味着异质多元的对话可以不遵守任何规则，超越语言沟通有效性的要求。"③ 他认为，主体间性不是主体之间某种超越主体的共同属性，而是人的个体性在人和人之间的一种延伸；真正的主体间性的确立乃是以自由个体的独立自主为前提，个体主体性的发展对于公平合理的主体间性的建立具有决定意义。现代社会已不再依靠单一的价值模式以维持整个社会整合。离开了主体间性，便无法为规则的正当性提供辩护。假如没有合理的对话程序和规

---

① Habermas, *Faktizität und Geltung. Beiträge zur Diskurstheorie des Rechts und des demokratischen Rechtsstaates*, Frankfurt am Main: Suhrkamp Verlag, 1992, S. 449.

② 盛晓明：《话语规则与知识基础——语用学维度》，学林出版社 2000 年版，第 172 页。

③ 章国锋：《哈贝马斯访谈录》，《外国文学评论》2000 年第 1 期。

则，自由的对话就不可能形成，个性就不可能得到保障，强权政治、意识形态的控制就不可能消除，一个自由、全面、发展的个人和真正民主、平等的社会亦便渺不可期。① 如果说分析实证论者和社会实证论者每每坚持经验合法化的论说，主张在法律与道德相分离的前提下，悬置法律在规范上的可接受性，探讨法律在事实上被接受的状态及其条件，法律系统被想象为一种回溯性地返回自身并赋予自身以合法性的循环过程，而自然法论者倾向于规范合法化的路径，主张参照道德性标准探究法律在规范上的可接受性，那么，哈贝马斯的合法化论说并不是直接主张一种规范性的合法化路径，而是一种以"重构性进路"间接捍卫规范性的合法化论说，所以哈贝马斯将自己的普通语用学立场定位为"准先验的"（quasitranszendental）。由于语用学的真理观简而言之就是一种"同意说"，自说自话的人成不了真理的代言人，因此，人们不再讨论纯粹符合论和实体本体论思维，而是坚持程序立场，将有关规范性的知识视为认知者的产品。然而，同意对真理而言是必要的，但绝非是充分的条件，用金岳霖教授的话来说不是"真的意义"问题。福柯甚至明确提出，真理就其本身而言不是对自由精神的回报，而是各种权力或强制性因素制限下的产物。故此，阿图尔·考夫曼认为，真理合意论必须被拓展至真理一致论（Konvergenztheorie der Wahrheit）；求真程序不应像明希豪森所做的那样用自己的辫子将自己拔出泥潭；谁认为他只是从形式、从纯程序中获得内容，谁就落败于自我欺骗。实践性、规范性商谈也必须有自己的"对象"，但在哈贝马斯的模式中却是看不到的。② 学术界有人批评哈贝马斯的理性沟通为"空洞的原则"的原因即在于此。

阿图尔·考夫曼在《当代法哲学和法律理论导论》中法哲学的问题史一章的文献举要中列举的第一本书是卡尔·奥古斯特·埃姆盖（Carl August Emge，1886—1970）《法哲学史》（Carl August Emge，*Ge-*

---

① 可以参阅洪波：《哈贝马斯商谈伦理学的基本理路》，《浙江学刊》2007 年第 1 期。

② 阿图尔·考夫曼、温弗里德·哈斯默尔主编：《当代法哲学和法律理论导论》，郑永流译，法律出版社 2002 年版，第 198 页。

schichte der Rechtsphilosophie，Darmstadt：Wissenschaftliche Buchgesell-schaft，1936，Nachdruck 1976），第二本书便是费肯杰教授的五卷本《法律方法比较论》（Wolfgang Fikentscher，*Methoden des Rechts in ver-gleichender Darstellung*，5Bde.，Tübingen：Mohr Siebeck，1975 – 1977）。阿图尔·考夫曼在书中阐述近代法律方法学说时这样写道："应毫不迟疑地强调指出，沃尔夫冈·菲肯齐尔已对早期和外国（罗马法国家和英美）法的方法作了详尽的介绍，有兴趣者从中可受到大量的教益。"①由于如前所说阿图尔·考夫曼和费肯杰均长期执教于慕尼黑大学法学院，而且在这所在德国总是排名第一的最著名的大学，费肯杰教授是作为慕尼黑大学决策机构的十人教授评议会（ten "Professor Senator"）成员之一。② 依费肯杰教授的资历和学术地位，阿图尔·考夫曼对于费肯杰的推崇自然是可以理解的。但我们感兴趣的却是阿图尔·考夫曼从法哲学历史长流的角度高瞻远瞩对于费肯杰学术致思的问题意识和企图的揭示。作为拉德布鲁赫的学术衣钵传人，阿图尔·考夫曼指出：一个在近代非常流行并为法的变革作出贡献，也经常是在克服自然法与实证主义的对立意义上的学科，是法人类学（Rechtsanthropologie）。如前所述，阿图尔·考夫曼认为乃师拉德布鲁赫掀开了超越自然法与实证主义对立的序幕，但又认为拉德布鲁赫"过早交枪"了。在阿图尔·考夫曼梳理的法哲学问题史中，哈贝马斯的理性对话和费肯杰从法人类学角度的努力均是继拉德布鲁赫之后的进一步努力和学术发展，旨在超越自然法与实证主义的对立而克服相对主义缺陷。因为教义法学在很大程度上是一个自足的体系，意味着其回答不了某些终极性的追问，"应然"对我们来说绝不是昭然的已知（Gabe），而依然是一个有待论证的复杂课题（Aufgabe），所以法律人类学不失为一种扩展思维版图的有效途径。比较法学的鼻祖莱布尼兹早就希冀有朝一日能够借助于上帝的冥助，收集

---

① 阿图尔·考夫曼、温弗里德·哈斯默尔主编：《当代法哲学和法律理论导论》，郑永流译，法律出版社 2002 年版，第 155 页。

② *Festschrift für Wolfgang Fikentscher zum 70. Geburtstag*，herausgegeben von Grossfeld，B / Sack，R / Möllers，Th J，Tübingen：Mohr Siebeck，1998，S. 4.

整理古今各国的法律，从而描绘出法律全景图（theatrum legale）。① 阿图尔·考夫曼指出，拉德布鲁赫的正义学说始终不渝地指向一切法的根据和目标的人类，因而，同时指向法人类学，但拉德布鲁赫自己对法人类学没有研究。长期以来，虽有诸多"人的形象"，但不存在人类学。突破发端于弗德里希·威廉·谢林（Friedrich Wilhelm Schelling，1775—1854），生命哲学（Lebensphilosophie）此后接过了这个论题，阿图尔·叔本华（Arthur Schopenhauer，1788—1860）也曾提及，但只是由于埃德蒙德·胡塞尔（Edmund Husserl，1859—1938）的现象学（Phänomenologie）方法才可能使人类学成主题，开创了现代哲学人类学。阿图尔·考夫曼引述费肯杰的话说，法人类学的方法意识尚在阐发之中，人们未曾一次在一个具体的法人类学的设问上取得一致。其中主要有两大派别，一是以阿希姆·兰珀（Ernst-Joachim Lampe）等为主要代表的一种思路，突出法人类学的法哲学倾向，试图从上帝给人规定的目的出发，使法律合法化，而另一个派别的最重要的领军人物是莱奥波德·波斯比西（Leopold Pospisil）。②

　　在与费肯杰教授的对话中，旧金山黑斯廷斯法学院（Hastings College of the Law）法学教授杰罗姆·霍尔（Jerome Hall）是被综合法学派代表人物 E. 博登海默引为同道的著名法理学家。③ 他将法定义为"实际伦理权力的规范"（actual ethical power norms）④，将法律视为"形式、价值和事实的一种特殊结合"（distinctive coalescence of form，value，and fact）⑤，而将"纯粹权力的规范"（sheer power norms）排除在

　　① Gottfried Wilhelm Leibniz，*Nova methodus discendae docendaeque iurisprudentiae*，1667，4th opera ed. Dutens. p. 191.

　　② 阿图尔·考夫曼、温弗里德·哈斯默尔主编：《当代法哲学和法律理论导论》，郑永流译，法律出版社 2002 年版，第 140—141 页。

　　③ 参见 E. 博登海默：《法理学、法律哲学与法律方法》，邓正来译，中国政法大学出版社 2001 年版，第 198 页。

　　④ Jerome Hall，*Living Law of Democratic Society*，Indianapolis：Bobbs-Merrill，1949，pp. 138–139.

　　⑤ Jerome Hall，*Living Law of Democratic Society*，Indianapolis：Bobbs-Merrill，1949，p. 131.

外，主张一种整合性的法理学（integrative jurisprudence）①，严厉地批判了法理学中以单一因素阐明复杂现象的谬误，尤其是将法理学中的价值因素、事实因素和形式因素彼此孤立起来的企图，力图对法律的分析研究同对法律有序化的价值成分的社会学描述和认识结合起来。杰罗姆·霍尔在超越自然法学说和实证主义法学对立这一点上和费肯杰教授的理论旨趣如出一辙，但他在与费肯杰教授的对话中这样指出："费肯杰教授对奥斯汀、庞德、哈特以及富勒（Lon Luvois Fuller，1902—1978）没有任何提及的原因，可能在于其对人类学的关注。"② 揆其义，杰罗姆·霍尔教授在这里似乎主要抱怨费肯杰教授没有对于当时美国的自然法学复兴等学术现象予以足够的关注，所以他在接下来的一大段文字对自己的法理学以及法律理论的背景予以陈述。费肯杰教授在与诸位学者进行辩论时对自己的知识背景则这样加以介绍说："我研究的领域是比较法律，主要涉及契约、民事侵权行为、反垄断和著作权。当我把比较法作为方法教学时，我囊括了诸如伊斯兰教及佛教的宗教法和诸如部落社会的早期文化。1977 年与来自慕尼黑马克斯－普朗克研究所的小组合作，我就开始集中于对发展中国家的技术转移。在这样做时，我不断遇到了使我们西方法律概念对于非西方文化变得可理解、可接受的困难。当我寻找一个参考点来驾驭这些困难时，我在思维模式这一人类学概念中找到了一个参考点。"③ 费肯杰教授这段比较低调的自我陈述真实地反映了其推参阐述理论创立的动机和背景。

费肯杰教授主要以债法、经济法和法学方法论研究著称于世，他依托慕尼黑马克斯－普朗克知识产权、竞争法和税法研究所，为联合国起草国际技术转移行为规范、国际限制商业性行为规范，必须协调"根本不同文化"的法律价值观念、制度和实践活动。而其从世界名著《法

---

① Jerome Hall，Integrative Jurisprudence，in *Studies in Jurisprudence and Criminal Theory*，New York：Oceana Publications Inc.，1958，pp. 25–47.

② 费肯杰：《推参阐述和法律的推参阐述性定义》，张世明、冯永明、孙喆、张顿译，未刊稿。

③ 费肯杰：《推参阐述和法律的推参阐述性定义》，张世明、冯永明、孙喆、张顿译，未刊稿。

律方法比较论》（*Methoden des Rechts in vergleichender Darstellung*）标题和五卷的划分就可以看出，这样囊括世界主要法律文化的鸿篇巨制采取的是比较法的路径。法律制定实践和法学研究的积累使费肯杰教授对于新兴的法人类学格外关注，企图通过不同法律文化的比较、对话找到人类共同的法律价值，从不同文化的实证法的经验研究绅绎出普适性的法律原则和规则。费肯杰教授尽管坦承对自己生于斯、长于斯的文化情有独钟，但其开阔的学术视野和在国际立法活动中的跨文化交流沟通经验使对于他者文化价值观念尊重有加。此外，费肯杰教授受到严格的人类学训练，尽管年届耄耋，也躬亲人类学田野调查，绝非单纯坐而论道的摇椅人类学家（arm-chair-anthropologist）。苏永钦论及自己学术博杂问题时提及费肯杰教授，云："比起我的恩师，七十岁退休后还在慕大讲授人类法学，而且经常还远赴美加印第安保留区作田野调查，后生小子这两下子，实在不过略闻雅意而已。"① 费肯杰教授在帮助我国台湾地区立法期间还专门对台湾原住民（Altvölkern Taiwans）进行了田野调查。在与笔者交谈中，费肯杰教授谈起泰雅人、布农人、排湾人、阿美人、雅美人等部落的情况时如数家珍，连笔者这样从研究中国边疆少数民族走上治学之路的人都自愧逊之甚远。费肯杰教授告诉笔者，其推参阐述理论受到法人类学家莱奥波德·波斯比西等人的影响很大。这一点从《推参阐述和法律的推参阐述性定义》一文中也是昭然可见的。

　　人类学兴起伊始，学者们受到笼罩当时学术界的知识型的影响每每执持进化的观点，所以这时期的人类学开创巨擘 E. B. 泰勒（Edward Burnett Tylor，1832—1917）、L. H. 摩尔根（Lewis Henry Morgan，1818—1881）和 A. 巴斯蒂安（Adolf Bastian，1826—1905）等被称为进化学派。进化学派是与人类学同时诞生的，把人类学创建者的桂冠授予进化学派可谓名副其实。英国人类学家马瑞特（Robert Ranulph Marett，1866—1943）认为："人类学是达尔文的孩子，达尔文学说使人类学成为可能。取消了达尔文式的观点，就是同时取消人类学。"② 进化论学

---

① 《超越注释进入立论——专访政治大学法律系苏永钦教授》，资料来源：http://www.fsou.com/html/text，访问时间：2009 年 8 月 8 日。

② 马瑞特：《人类学》，吕叔湘译，商务印书馆 1931 年版，第 2 页。

派在理论和方法论上以全人类在心理方面的类同性为大前提，认为人类同源同质，有共同心理，因此产生共同的文化，社会发展有共同途径，各族都经历相同的道路，由低而高、由简而繁地逐渐进化。他们对世界各族文化进行比较和排队，并按进化阶段的时间序列，将资本主义文化排列在发展的顶点。梅因被认为是法人类学创立的鼻祖，其名著《古代法》（Sir Henry Maine，*Ancient Law*，1861）的核心命题被概括为"从身份到契约"（from status to contract）就是这种进化论知识型的明显例证。又如，巴斯蒂安在其代表作《在人类知识建构中的民族思想》（Adolf Bastian，*Der Völkergedanke im Aufbau einer Wissenschaft vom Menschen*，1881）、《人学中的民族根本观念》（Adolf Bastian，*Der ethnische Elementargedanke in der Lehre vom Menschen*，1895）中均强调人的一致性（die Gleichheit aller Menschen），主张人类具有普遍的精神能力上的一致性（eine Einheitlichkeit der seelisch-geistigen Fähigkeiten），所有民族都有某些共同的基本观念。尽管每个民族"自身会发展一定的观念"，因而各有自己的"文化模式"，这被巴斯蒂安称为民族观念（Volkergedanken），但人类有相同的心智过程，对相同的刺激产生相同的反应，这被巴斯蒂安称为基本观念（Elementargedanken），这些观念是普世的、跨文化的和跨历史的。但是，这种人类学初期的求同趋向在后来的研究中遭遇挫折。

被誉为美国人类学之父（Father of American Anthropology）的博厄斯（Franz Boas，1858—1942）认为："企图建立一个适用于任何地方的任何事例并能解释其过去与预见未来的概括性结论是徒劳的。"[1] 博厄斯认为每一种文化及其组成部分能够保留下来，都有其价值或有用性，正是这种价值的存在才能保留下来。但是价值观是相对的。博厄斯在《人类学和现代生活》（Franz Boas，*Anthropology and Modern Life*，New York：W. W. Norton & Company，Inc.，1928）一书中非常充分地阐明了与种族平等相关的文化相对主义思想，指出："从离现代文明之外的

---

[1] F. Boas，*Race*，*Language and Culture*，New York：Macmillan，1982，p. 268.

文化去加以考察……例如中部非洲的黑人、澳大利亚人、爱斯基摩人、中国人的社会理想，同我们的社会理想是如此不同，以致他们对人的行为的评价是无法比较的，一些人认为是好的，另一些人则认为是不好的。"① 这种文化相对主义拒绝承认存在一个对一切社会都适用的绝对价值标准，涉及特定的认识论和方法论的主张。博厄斯认为可以由此得出一条极其重要的方法论规则，即每种文化都是相对的，只能从其本身出发加以理解，对社会文化的科学研究要求研究者不受以自身文化为基础的任何评价的束缚。博厄斯的学生赫斯科维茨（Melville Jean Herskovits，1895—1963）所著《文化人类学》第 19 章 "文化相对论与文化价值" 堪称文化相对论的代表作，该书将文化相对论的原则概括为 "基于经验下判断，而经验是由每个个人按照自己的文化传承加以说明的"（Judgements are based on experience，and experience is interpreted by each individual in terms of his own enculturation）②。作为一种哲学，文化相对论认为，每一种文化都会产生自己的价值体系，文化价值没有共同的一般等价物，对不同文化的价值及其产生的文化背景的估价应该是相对的。赫斯科维茨指出："文化相对论是有关文化价值性质的哲学"③，"它承认由各个社会为引导人们生活而产生的价值，理解它们的对于靠它们而获生存者所具有的价值，虽然它们彼此之间存在区别"④。按照赫斯科维的观点，每一种文化都是孤立自备的体系，不会重复，不同文化的传统和价值体系是无法比较的，应该采取其所属的价值体系来评价，即基于一种主位的视角（Emische Sichtweise）加以观察。人们透过文化传承的屏幕辨认物质世界的事实，因而时间、距离、重量、大小和其他现实的概念都是各该群体约定俗成的结果。文化相对论强调许多个

---

① 博厄斯：《人类学和现代生活》，杨成志译述，商务印书馆 1985 年版，第 148 页。

② M. J. Herskovits, *Cultural Anthropology*, New York：Alfred A. Knopt，1964，p. 351.

③ M. J. Herskovits, *Cultural Anthropology*, New York：Alfred A. Knopt，1964，p. 365.

④ M. J. Herskovits, *Cultural Anthropology*, New York：Alfred A. Knopt，1964，p. 364.

而不是一个生活方式的价值，肯定每种文化的不同价值，所以成为文化多元主义（Multikulturalismus）的重要组成部分。第二次世界大战以后，随着民族解放运动的迅速发展，民族中心主义（Ethnozentrismus）、特别是欧洲中心论受到冲击，对各民族文化价值的评价就成为迫切需要解决的现实问题。这种世界局势对于博厄斯学派的文化相对论在20世纪50年代初得到广泛传播无疑提供了适宜的外部环境。

近年来，法律人类学在中国也开始逐渐受到学术界的关注。特别是日本法人类学者千叶正士（ちばまさじ，1919—2009）教授的《法律多元——从日本法律文化迈向一般理论》（Masaji Chiba, *Legal Pluralism : Toward a General Theory Through Japanese Legal Culture*, Tokyo：Tokai University Press, 1989）被译成中文，其思想和观点也曾在中国法学界产生较大的影响。由于受到学术传播管道的限制，加之对于千叶正士"法律多元"思想理解存在偏颇，中国学术界目前似乎一谈起法律人类学，就认为这是为法律多元提供理论资源的有力工具，将法律多元主义视为法律人类学取得自己地位的依据所在。但是，千叶正士教授该书副书名就是"从日本法律文化迈向一般理论"，其理论志趣并非仅仅局限于对法律多元现象的描述，而是在于通过法人类学的研究创建一套普遍理论，即"多元法律的三重二分法"，认为任何国家的法结构都可以利用"三重二分法"加以观察和分析。在这种意义上，千叶正士的志趣实际上是以突破西方中心论法学的狭隘性和开拓一般法学理论为旨归。事实上，法人类学研究在德语法学国家首推维也纳大学法律系。据维也纳大学法律系对于法人类学研究范围的界定可以看出，法人类学研究主要包括以下几个领域：法律多元（Legal Pluralism）、土著民族法律（Rechte der indigenen Völker）、发展合作法律（Recht der Entwicklungskooperation）、跨文化冲突治理（Interkulturelles Konfliktmanagement）。可见，除集中于法律多元研究以外，对于不同法律文化的冲突的消解、协调从而致力于全人类的和平发展，对于法人类学而言才是更加任重而道远的宏大课题。费肯杰教授的研究正是从法律多元的现实出发，通过法人类学研究为人类共同的合作和发展提供理论依据和政策指导，只是比千叶正士的研究走得更远，其推参阐述理论中的推参阐述Ⅳ是在千叶正士的考虑之外的。易言之，千叶正士的理论仅限于法律分析，而费肯杰的推参阐述理论最终落脚于经世，是世界治理的理论，是一个试图适用于跨文化的比较、比较法、发展援助、国际理解等等的元理论尝试。

伯克利联合神学研究院宗教与社会学教授约翰·A. 科尔曼（John A. Coleman）在对费肯杰教授推参阐述理论的评论中指出："费肯杰便向我们展示了比较研究中解释学的常见困境。其困境的进退维谷分明呈现于兹：文化相对主义 VS 文化帝国主义（cultural relativism vs cultural imperialism）。在费肯杰寻求超越此两难境地的出路时，他提出了推参阐述Ⅲ，即最小公分母、高度形式化且极为抽象的'元语言''元思维'以及元推理，即费肯杰所假定的'文化无涉的自立思维'（think-way i. e. , cultural free independent）。然不知何故，这一'元思维'对读者而言却并未表现为像其主张者所表明的那样是'本元'的。'寻求价值中的互相尊重权''个人的评价能力'、一种'寻求价值的开放身份'以及'互相尊重恰恰将价值寻求中的互相保障涵摄在内'，这些所期望的'思维独立'词语似乎具有康德的气味。"[1] 约翰·A. 科尔曼在这里公开坦承自己更为倾向于克利福德·吉尔兹的深描策略。依据克利福德·吉尔兹的理解，对我们所有人而言，某人就具有特殊的可能性。谈及人类学中对普适性的探求，吉尔兹认为，普适性主张将要求，"（1）此类所主张的普适性应是真实存在而非虚无缥缈的；（2）它们应该具体地建立在特定的生物学、心理学或社会学进程之上，而非仅仅与'基本现实'模糊性的存有关联，以及（3）相对于显然处于次重要性的更为众多的文化特征而言，对此类普适性作为人类定义中核心元素的辩护应令人信服"[2]。依据所有这三点，约翰·A. 科尔曼认为普遍同意（the consensus gentium）方法似乎是失败的，它并不是朝向人类境遇的本质移动，而是同其相背离。约翰·A. 科尔曼援引吉尔兹的观点，认为文化分析的职责"并非整理抽象规则，而是尽可能地进行深描，并非

---

① 费肯杰：《推参阐述和法律的推参阐述性定义》，张世明、冯永明、孙喆、张顿译，未刊稿。

② 费肯杰：《推参阐述和法律的推参阐述性定义》，张世明、冯永明、孙喆、张顿译，未刊稿。

通过事例进行归纳，而是于事例内部予以归纳"①。与世界正在向更加沉闷的现代方向成长的观点相反，吉尔兹在《地方性知识——阐释人类学论文集》（Clifford Geertz, *Local Knowledge: Further Essays In Interpretive Anthropology*, New York: Basic Books, 1985）中认为，事物看来更像是各奔东西而不是会齐聚拢，不同文化之间的对话可能越来越发音不和谐而使得任何有秩序的思想变得不可能，更远远谈不上将法律意识的各种形式转变成彼此通用的注解并相互深化。面对这个严肃的现实，而不是在无力、一般化、不真实的安慰这种糊涂认识中一厢情愿地把现实消解，用科学的方式和其他的方式，我们要获得很多的认识。在吉尔兹看来，着手建立一种普遍的法律理论是比着手建造一个永动机更为冒险的尝试，法律体制的相对主义者致力于"从其具体的文化附加条件中抽取纯粹的结构"②，不啻是一种把金子变成铅的反常的炼金术。吉尔兹似乎对于现代国际法律原则和制度采取一种否认的态度，声称现代国际法的这些特征都既不是世界法律观点目录中的最低共同标准，也不是作为所有法律观点基础的普遍性前提，而是投射到世界舞台上的我们自己法律的某些方面。吉尔兹的理论固然不乏睿见，但其明显的片面性也是毋庸讳言的。这一点在大量的学术评论中也早有人提及。③

---

① 费肯杰：《推参阐述和法律的推参阐述性定义》，张世明、冯永明、孙喆、张顿译，未刊稿。

② 田成有主编：《西儒论语：西方法律思想中的智慧》，法律出版社 2007 年版，第 187 页。

③ 例如，华裔资深人类学家黄树民著有《林村的故事》等为人所熟知的作品，就这样批评道：吉尔兹带着哗众取宠的倾向，先把人类学定义为一种"解释性"的学科，随之又以批评所谓的人类"文化中立概念"（cultural free conceptions）或"场景独立概念"（context-independent conception）而对比较方法发起含沙射影的攻击。尽管他承认"相对论"是个定义未清的概念，不值得作为一种概念工具加以捍卫，但却对由"反相对论"阵营酝酿出的"恐惧"相对论的种种苗头穷追猛打。任何在具体文化的禁制之外寻求意义，或对普通人性做理论概括的企图都被他打成嫌疑对象。按照吉尔兹的公式，全体人类学家都只能埋头于自己所研究的独特文化的蚕茧，并且满足于做庄子在濠梁之上所见到的河中之鱼，无论其乐与不乐。黄树民：《比较方法的运用与滥用：学科史述评》，张海洋译，《广西民族学院学报（哲学社会科学版）》2003 年第 3 期。

　　理查德·A. 爱波斯坦（Richard Allen Epstein）在其论著中多次以英格兰法官布莱姆威尔男爵（George William Wilshere，1st Baron Bram-well，1808—1892）当年审理过的一个邻里侵权纠纷的案件（班福德诉特恩利）为例，这个案例的审理可以和吉尔兹关于"巴厘岛斗鸡"的深度描写相映成趣。在这个案例①中，一个当事人在自己庄园的烧砖造成浓烟弥漫，邻居们苦不堪言，遂将其告上法庭。在审理过程中，像其他法官一样，布莱姆威尔男爵在面对具体家长里短的琐碎问题的同时，又不得不去思考涉及政治理论和法律理论的基本原则，他写下了这样的文字："社会是由个人组成的。每个人都有自己的损失和收益。在做一件事情时，如果平衡了所有这些损失和收益，并以此作为基础去追求每个人的福善，那么，这件事情的唯一目的就通向了社会利益。在这个意义上，一个人只要是既承受了所有的损失也享有了所有的收益，其在总体上依然是一个受益者。"（The public consists of all the individuals in it, and a thing is only for the public benefit when it is productive of good to those individuals on the balance of loss and gain to all. So that if all the loss and all the gain were borne and received by one individual he, on the whole, would be a gainer.)② 理查德·A. 爱波斯坦在《简约法律的力量》（Richard A. Epstein, *Simple Rules for a Complex World*, Cambridge, Mass.：Harvard University Press, 1995）中译本序言中认为，尽管当时的批评者大多认为布莱姆威尔男爵是个心胸十分狭窄的人，但实际上，这里提出了一个普适性的基本原则。它是一个阐述社会利益意义何在的一般性原则，并不仅仅适用于维多利亚时代的英格兰和近代北美大陆的文化和传统，也可以适用于任何时代任何文化，自然包括了今天中国的时代与文化。据此，理查德·A. 爱波斯坦得出的结论就是：文化相对主义是没有说服力的。法律纠纷也许起源于并未吸引世界许多人注意力的、与地

①　Bamford v. Turnley, 122 Eng. Rep. 27, 32 – 33（Ex. 1863）。

②　Burn, William Laurence Burn, *Age of Equipoise*, London：Taylor & Francis, 1994, p. 102. 亦见 S. M. Waddams, *Dimensions of Private Law：Categories and Concepts in Anglo-American Legal Reasoning*, Cambridge：Cambridge University Press, 2003, p. 88。

方性利益相关的具体事实，可是，解决法律纠纷的过程，论证这一解决过程的正当性，却依然迫使人们必须随之说明一些普遍原则，而这些基本原则，同时还必须经受理性的检验和时代的检验。① 理查德·A. 爱波斯坦在此的分析对于我们反思吉尔兹关于"巴厘岛斗鸡"的深度描写具有重要的启迪意义。如果没有元层面的可沟通性，则对于"巴厘岛斗鸡"的深度描写也是不存在可能性的。与吉尔兹的理论相反，费肯杰教授的推参阐述理论恰恰旨在对存在于不同时间、地点和社会形态中的各种人类社会的法律文化进行比较研究，使得以经验为依据和跨文化比较研究的法律科学的确立成为可能，追求一种元本质上的"新自然法"（das „neue Naturrecht"）。

第三节　推参阐述理论

费肯杰教授在《推参阐述和法律的推参阐述性定义》（Synepeik und eine synepeische Definition des Rechts）② 中这样写道：

---

① 理查德·A. 爱波斯坦：《简约法律的力量》，刘星译，中国政法大学出版社2004年版，中文版序言第2页。

② Synepeik 是费肯杰教授独创的一个核心概念，很难用汉语准确移译。译者就此专门向费肯杰教授求教，费肯杰教授作了详尽的解释，足足在稿纸上写了半页对此解释的关键语汇，谈了自己的思想发展心路历程。这一概念初见于费肯杰《法律方法比较论》第5卷第30、32页。费肯杰教授自言其深受古希腊哲学的影响，此概念源于希腊 synépeia（相当于德语 Folgerung，Konsequenz，abgeleitet）。在英语中，复数 synepeics 被使用，类似于"ethics"（伦理学）、"cybernetics"（控制论）等，在德语中多用做单数（如同 Ethik，Kybernetik），即 Synepeik。传统的语文学要求在-ics（例如 esoterics，ethics）之前有一个辅音，但新的正字法允许破除此公例（例如 photovoltaics，galileics）。费肯杰教授在对译者解释时，为了使笔者对此不致误解，在稿纸上提笔如是写道：Synepeik = consequential reasoning/arguing。在笔者看来，费肯杰教授的 Synepeik 词尾为 ik，按照德语习惯，ik 一般指实践与方法，自然与一般所谓学（ologie）不同，与作为对永恒本质沉思的理论（Theorie）是对立的。笔者结合费肯杰教授的现身说法与拜读其著作将该术语译为"推参阐述"。

这一想法以及术语提议见费肯杰《法律方法比较论》，卷五，图宾根，1977 年，第 30、32 页（在该处错误转写为"Synepik"，正确的形式是"Synepeik"）。该词源于希腊语 Synépeia，等义于后果一致（consequence）。此文旨在详细阐述"推参阐述"（synepeics）一词的一般寓意，创造该词语的目的，在于展示应用于《法律方法比较论》一书中法律方法问题的方法。然而，尽管《法律方法比较论》一书所关注的是不同的法律方法，但此文却试图定义"推参阐述"的概念本身，以求将其应用于法律以及正义的概念。这在《法律方法比较论》一书中的卷一以及卷四中有所准备，但并未实施。"非西方"的法律思想并不包含在卷四（第 36 章 VI 以及第 37 章 VII）之内，这一讨论仅局限于"西方的"法律方法中。就此而言，这一主题于此处得以接续进行。问题在于，当定义出推参阐述的定义后，是否有一个包含不同法律方法在内的单一法律概念以及（随之而来的）各种法律文化中一种共同的正义理解。"Synepeics"这一复数形式的使用等同于"ethics""cybernetics"以及"topics"等词。德语中较喜爱用单数形式的"Synepeik"（如 Ethik, Kybernetik, Topik）。德语中的正确书写要求分音符号，如 Synepëik，但是英语中并不存在这一符号，因此此处将其省略。即便在现代德语的正确拼法中，这一符号似乎可以忽略不计（如，Äneis, pythagoreischer, Lehrsatz）。

费肯杰教授在《推参阐述和法律的推参阐述性定义》中仍然是以休谟问题作为切入点进行分析。如前所述，现代哲学把因果关系问题、归纳问题、事实与价值的关系问题、"是"与"应该"的关系问题均称为"休谟问题"。休谟是近现代哲学史上拒斥形而上学的第一人，只相信经验而不相信所谓的形而上学理性直觉，其哲学的出发点是经验主义，其直接目的是试图摧毁玄奥虚假的形而上学，坚持不可能从实然推导出应然。尽管休谟并不见得已经如有些人所说的那样走向了非理性主义，他声称即便"毁灭整个世界也不愿意碰伤我的指头并不和理性相违背"①，但此后的哲学家不得不应对"休谟难题"所带来的威胁和危机。休谟一方面唤醒了康德的独断论迷梦，而其秉持的怀疑论同时又赋予康德以启发。康德力图拯救被休谟怀疑论所摧毁的理性主义和经验主义的知识和理想，建立一种不同于唯理论的独断论和经验论的怀疑论的"批判论"。归纳法事实上在许多人眼里是很不中用的方法，据此得出的似乎最可靠的各种结果往往被每天层出不穷的新发现所推翻。恩格斯赞同休谟的观点，认为"单凭观察所得的经验，是绝不能充分证明必然性的。Post hoc［在这以后］，但不是 propter hoc［由于这］……这是如此正确，以致不能从太阳总是在早晨升起来推断它明天会再升起……"②，不过，恩格斯又认为："必然性的证明是在人类活动中，在实践中，在劳动中：如果我能够造成 post hoc，那么它便和 propter hoc 等同了。"③按照马克思主义的观点，只有客观地又是能动地改造物质对象的实践活动才是确证客观的因果必然性，以及作为其反映的知识的普遍必然性的标准，即我们通常所说的实践是检验真理的唯一标准。马克思早在1845 年就明确指出："人的思维是否具有客观的真理性，这并不是一个理论的问题，而是一个实践的问题。人应该在实践中证明自己思维的真理性，即自己思维的现实性和力量，亦即自己思维的此岸性。关于离开实践的思维是否具有现实性的争论，是一个纯粹经院哲学的问题。"④正如费肯杰教授在《推参阐述和法律的推参阐述性定义》中引用的马克思的名言，马克思主义一向主张"不是人的意识决定其存在，而恰恰相反是其社会存在决定其意识"（Es ist nicht das Bewußtsein der Menschen，das ihr se sondern umgekehrt ihr gesellschaftliches Sein，das ihr Bewußtsein bestimmt）⑤，在存在与意识的关系上坚持存在是第一性、意

---

① 威廉·B. 艾尔文：《欲望》，董美珍译，中国青年出版社 2008 年版，第 92 页·

② 《马克思恩格斯选集》第 3 卷，中共中央马克思恩格斯列宁斯大林著作编译局编译，人民出版社 1972 年版，第 550 页。

③ 恩格斯：《自然辩证法》，人民出版社 1976 年版，第 202 页。

④ 《马克思恩格斯选集》第 1 卷，中共中央马克思恩格斯列宁斯大林著作编译局编译，人民出版社 1972 年版，第 16 页。

⑤ Karl Marx，Vorwort zur Kritik der Politischen Ökonomie（1859），*Marx-Engels-Werke*（MEW），Bd. 13，Berlin：Karl Dietz-Verlag，1972，S. 9.

识是第二性的观点，从物质实践出发来解释观念的东西乃与其基本立场是相互贯通的。费肯杰教授表明自己并不在这里关注休谟和马克思这些思想伟人的观点孰是孰非，但他提出了一个非常有意思的问题，即：将前提与结果联结起来的一致思考（consequent thinking）的作用问题。如果断定人在历史长河中能独立行动，服膺"程运之星在你胸中"（in deiner Brust deines Schicksal Sterne）这种信念，那么，人们就会组织一个社会，寻求个人以及共同行为合适的道德标准，并且这种寻求意味着在实践中会追求民主、人权、分权和在间接意志中产生的代议政府。如果人们从"人类仅仅提出那些在现行的物质条件下能够予以解决的任务"① 这一信条出发，那么自由便完全变成了黑格尔所谓"对必要性的洞察"（Einsicht in das Notwendig）②，服膺这种信念的人将屈从于在政治上前定的历史决定论的行政管理，陷于决定论（determinism）、宿命论（fatalism）而难以自拔。费肯杰教授指出，推参阐述思想没有资格审查是休谟还是马克思在"逻辑上"或者"判定上"正确，它感兴趣的是能被观察、感觉和触觉到的经济、政治、法律、历史结果。其试图表明这样一种法则：如果你从一定的先决条件出发，你就可能预期以一定的结果告终，通过推理方法的简单转换（例如，从系统的推理方法到主题的推理方法），结论也应该不可能避免。用严复的表述来说："体用者，即一物而言之也。有牛之体则有负重之用，有马之体则有致远之用，未闻以牛为体以马为用者也。"③

费肯杰教授的这个观点在法律上实乃厥有明征，可以从以下现象得到佐证，即：（1）大陆法系以成文法典为法的主要形式，如"法国六法"包括宪法、民法、民事诉讼法、商法、刑事诉讼法、刑法，并且在法典的编制上注重理论概括，强调总则的作用，而且在体系排列上，讲

---

① 费肯杰：《推参阐述和法律的推参阐述性定义》，张世明、冯永明、孙喆、张頔译，未刊稿。

② 费肯杰：《推参阐述和法律的推参阐述性定义》，张世明、冯永明、孙喆、张頔译，未刊稿。

③ 严复：《与外交报主人书》，《严复集》第 3 册，王栻主编，中华书局 1986 年版，第 558—559 页。

究逻辑严谨，概念明确和语言的精炼；而英美法系以判例法为主要形式，其制定法大都是单行法规，没有系统的统一法典，法律内容主要是分则，并且常有变动。（2）大陆法系原则上不承认法官有创制法的职能，判决只是法律适用的结果，不能作为适用的依据，因而审理案件没有遵循先例的原则，在法的适用方法上采取演绎的方法，即根据法典的规定的一般原则作为大前提，结合具体案情做出判决；相反，英美法系在法的适用上有遵循先例的原则，上级法院的判决对下级法院有约束力，一般采用归纳的方法，即从过去案例中归纳出一般规则适用于本案和做出判决。（3）大陆法系在诉讼中采取职权主义诉讼模式（litigation system）即讯问式的审理方式，法官处于主导地位。英美法系在诉讼上采取的是对抗制诉讼模式（adversary system），即抗辩式的审理方式，法官处于仲裁者的地位，由控诉人和被告人及其辩护人双方进行辩论，最后由法官做出判决。英美法系和大陆法系之所以存在如此鲜明的差异就在于，前者以近代经验主义为基础，先例的确立和判例的适用奉行从具体到抽象、从实践到理论的经验论原则，后者以近代理性主义为基础，法典的编制和法律的适用奉行从抽象到具体、从理论到实践的唯理论原则。理性认识的方法路线与大陆法体系的认识方法具有一脉相承的共同特点，法国启蒙思想家的理性主义哲学和德国的思辨哲学理论，深刻地渗透于大陆法系的理论之中，而贝克莱（George Berkeley，1685—1753）、休谟、培根（Francis Bacon，1st Viscount of St. Alban，1561—1626）等人引导的近代英国经验论与英美判例法制度之间存在密切关联，所以德国历史法学派提出的"法律是民族精神的体现"的观点实属深为有理。不唯如此，这种思维方式的差异还表现于政治制度、经济制度。诸如法国和德国等欧洲大陆国家历史上偏向于集权体制，以致出现纳粹暴政，而英美的自由主义的政治特色则一直非常突出。在经济体制方面，欧洲大陆国家往往更强调宏观调控，偏向于福利主义，被称为"儿童和老年人的天堂，年轻人的地狱"[①]，法国的"计划化"（planifi-

---

① 袁震：《死者人格保护的比较法观察》，沈四宝主编：《经贸法律评论》3，对外经济贸易大学出版社 2008 年版，第 218 页。

cation）、德国的"社会市场经济"（soziale Marktwirtschaft）即其显例。而英美国家的自由市场经济更加倚重于亚当·斯密所说的"无形之手"。

笔者在本书第四卷一开始就指出，当笔者在马克斯－普朗克知识产权、竞争法和税法研究所图书馆看到费肯杰教授的三本关于推参阐述的小册子时，第一反应就是觉得和笔者过去读过的波普尔《猜想与反驳》、约翰·塞尔《心灵、语言和社会》一样短小精悍而魅力慑人。事实上，费肯杰教授也是在《推参阐述和法律的推参阐述性定义》以波普尔的批判理性主义为争辩的对手。费肯杰教授指出："推参阐述"与"批判理性主义"（kritischer Rationalismus）看似相像，但实则不然。推参阐述与批判理性主义具有这样的共识，即：裁定理论正确或错误并非仅仅由选定的公理中推阐所能济事，因为对于推参阐述和批判理性主义而言，其他理论亦是从其他公理中推衍出来。不过，"推参阐述"却不会与批判理性主义的做法一样仅仅试图在逻辑上重新检视某一既定理论，而是揭示某一既定理论所设定的目的、所选定的原点及结果中隐藏的协调与冲突。对公理以及结果间前后关联的尝试性发掘会发生在推参阐述中，如有必要还可"自况而下"及于历史结论及后果。推参阐述有意识地跨越演绎的（和尽可能证伪的）逻辑界线而进入评判经验领域。就此而言，推参阐述超越了批判理性主义的框架，扩展到了历史经验之中。因此，推参阐述绝不满足于逻辑证伪。通过在可观察的时间及现实中展示实际结果，推参阐述敢于展现虚假，因此超越了在批判理性主义意义上"理论"的理解。① 波普尔也是从休谟问题入手建立其批判理性主义的科学哲学体系。他对休谟的逻辑问题（das Humeschen Induktionsproblem）进行了改造，通过对休谟学说的倒转来解决休谟问题。改造后的休谟问题被表述为如下三个问题：其一，"解释性普遍理论是真的这一主张能由'经验理由'来证明吗？也就是说，能由假设某些试验陈述或观察陈述为真来证明吗？"［L1，Lässt sich die Behauptung,

---

① 费肯杰：《推参阐述和法律的推参阐述性定义》，张世明、冯永明、孙喆、张頔译，未刊稿。

eine erklärende allgemeine Theorie sei wahr, mit „empirischen Gründen" rechtfertigen, das heisst dadurch, dass man bestimmte Prüfaussagen oder Beobachtungssätze (die sozusagen „auf der Erfahrung beruhen") als wahr annimmt?]① 其二，用"是真的或是假的"来代替 L1 中的"是真的"，得到如下比 L1 更普遍化的陈述："解释性普遍理论是真的或是假的这一主张能由'经验理由'来证明吗？即假设试验陈述是真的，能够证明普遍理论是真的或者证明它是假的吗？"（L2, Lässt sich die Behauptung, eine erklärende allgemeine Theorie sei wahr oder sei falsch, mit „empirischen Gründen" rechtfertigen? Das heisst, kann die Annahme, bestimmte Prüfaussagen seien wahr, entweder die Behauptung rechtfertigen, eine allgemeine Theorie sei wahr, oder die Behauptung, sie sei falsch?）" 其三，"在真或假方面，对某些参与竞争而胜过其他理论的普遍理论加以优选曾经被这样的'经验理由'证明过吗？"（L3, Können solche „empirische Gründe" jemals rechtfertigen, einige von mehreren konkurrierenden allgemeinen Theorienanderen unter dem Gesichtspunkt der Wahrheit oder Falschheit vorzuziehen?）这三个问题相互关联，其中 L1 是对休谟问题的重述，L2 和 L3 是对 L1 的引申和扩展。波普尔对第一个问题 L1 和休谟一样予以果断的否定回答：经验不能证明理论，不论现代经验主义如何进行改进，均无法改变这一点。"没有任何真的试验陈述会证明解释性普遍理论是真的这一主张。"② 因为试验陈述是特殊的，而解释性普遍理论是普遍的，特殊是有限，普遍是无限，所以有限的特殊事例证明不了无限的普遍理论。波普尔对 L2 的回答则是肯定的，认为：假设试验陈述是真的，有时允许我们证明解释性普遍理论是假的这种主张。这就是说，虽然特殊的事例不能证明普遍理论为真，却能证明其为假，即虽不能证明它能否证它（Man kann nicht mehr wissen, als man weiβ）。

---

① Karl R. Popper, *Objektive Erkenntnis. Ein evolutionärer Entwurf Abgrenzungsproblem*, Hamburg: Hoffmann und Campe Verlag, 1974, S. 7.

② 波普尔：《客观知识：一个进化论的研究》，舒炜光等译，上海译文出版社 1987 年版，第 8 页。

赵元任说"言有易，言无难"①，说的就是这个道理。在此，L3 要说明的问题是，如果存在着相互竞争的理论，人们会进行选择，所要选择的理论就是通过了经验检验而还未被经验否证的理论，即由经验"确证"的理论。波普尔反休谟之道而行之，主张理论对观察的逻辑在先性，②提出了包含四个环节在内的著名的科学知识增长的动态模式，即：（1）科学始于问题；（2）针对问题提出尽可能多的各种大胆猜测或者理论；（3）各理论之间展开激烈竞争和批判，筛选出逼真度较高的新理论；（4）确证了的新理论仅仅是比其他与之竞争的理论更好的理论，具有潜在的可证伪性，将继续经受更严格的检验。波普尔将这个模式用公式来表示，即 P1-TT-EE-P2，认为这个循环往复周而复始的"四段式"表明：普遍有效的科学理论并不来自经验归纳，科学理论是通过不断的证伪、否定、批判而向前发展的。易言之，科学的根本方法是"猜测与反驳"（Vermutungen und Widerlegungen）的方法或"试错法"，即"尝试与消错"的方法。

其次，批判理性主义追求的是一种多元文化理论，这一点和费肯杰教授的推参阐述存在某种契合。按照批判理性主义的观点，通过批判并与其他知识的比较，可以使我们的知识获得增长并变得更为准确。如果没有比较，理论就缺少足够的支持。批判对每一种科学命题都是必不可少的，一切对于批评都是开放的。费肯杰教授在其与批判理性主义划清界限时对批判理性主义在法学界的代表人物汉斯·艾尔伯特的观点格外重视。如前所述，汉斯·艾尔伯特在《批判理性读本》中最早提出并论证了"明希豪森三重困境"。他在这本名著中就指出："批判主义的方法论被认为是必要的，不仅是因为它在寻找着相反的事实，而且因为

---

① 张双栋：《王力传略》，《晋阳学刊》编辑部编：《中国现代社会科学家传略》第 7 辑，山西人民出版社 1985 年版，第 2 页。

② 波普尔说："只要人们能够说，科学或者认识是在某个地方开始的，那么人们也就可以说：认识不是随着对数据或事实的感知、观察或积累开始的，而是随着问题开始的。" Popper, Die Logik der Sozialwissenschaften, in: Theodor W. Adorno u. a., *Der Positivismusstreit in der deutschen Soziologie.* 6. Aufl., Darmstadt/Neuwied: Luchterhand, 1978, S. 104.

它也在寻找着可供选择的其他理论，以便构建和应用各种竞争的理论框架来形成对一个合理的、全面的批判。除此之外，这种方法论还能为问题的解决提供新的方式。"①

再次，推参阐述和批判理性主义采取的方法都是从根诊断而延伸至社会建设。波普尔声称其认识论与科学哲学、政治哲学的联系是自身理论的特征。他将"方法论"与"政治应用"合为一体，把"猜测与反驳"方法应用于社会、历史和政治的研究，反对历史决定论，认为社会改革只能是一种零碎工程。在 1957 年出版的《历史决定论的贫困》（Karl Popper, *The Poverty of Historicism*, Routledge and Kegan Paul. Ltd., 1957, dt: *Das Elend des Historizismus*）中，波普尔首先基于其方法论对于马克思和黑格尔予以解剖。这和第二次世界大战后德国等西方国家知识分子在痛定思痛之际反思历史经验、与苏联极权体制相辩诘的特定时空背景相联系。波普尔认为极权思想首先起源于决定论的历史主义，这种历史决定论认为人类不可避免地向着某一历史阶段前进，其与"乌托邦社会工程"相结合时就会产生极权主义。波普尔将其所反对的历史决定论（historicism）视为探讨社会科学的一种"拙劣的方法"，他用形式逻辑上的归谬法反驳历史决定论，认为："历史是人创造的，人的行为是由意志支配的，而人的意志又是自由的，因此精确的社会科学预测是一种自相矛盾的概念。"在波普尔看来，历史决定论的缺陷就是归纳法的缺陷，历史命题永远不能上升为全称命题，只能是关于个别事件的单称命题。名副其实的历史规律必须具备普遍有效性，适用于人类历史的一切时期，而不只适用于某些时期，其逻辑表述形式是全称命题，是对某个不变秩序的断定，即对某一属类的全部过程的断定。波普尔在历史决定论与历史唯物主义之间画等号，将矛头指向马克思主义历史观。马克思在《资本论》第二版跋中针对指责他的人说的话，即他们似乎在等待着这本书"为未来的食堂开出调味单（孔德主义的吗?)"②，便成

---

① Hans Albert, *Treatise on Critical Reason*, translated by Mary Varney Rorty, Princeton: Princeton Uiniverity Press, 1985, p. 68.

② 《马克思恩格斯全集》第 23 卷，中共中央马克思恩格斯列宁斯大林著作编译局编译，人民出版社 1975 年版，第 19 页。

为了波普尔断言"历史决定论"学说在政治上和实践上都毫无用处的额外论据。与其"反历史决定论"相一致，波普尔的从其批判理性主义出发反对"封闭社会"（die geschlossenen Gesellschaften）而将一种"开放社会"（offene Gesellschaft）作为人类的理想社会，通过方法论的论证模式在逻辑上证明"乌托邦社会工程"的不可能。按照波普尔的观点，乌托邦社会工程是指一种总体主义的社会改革计划，旨在按照一个确定的方案或蓝图改造整个社会，并要求立即着手建设尽善尽美的社会，即在尘世建立天堂。这种计划虽然很吸引人，却与科学态度水火不容，与历史决定论有着天然联系。"乌托邦社会工程"的思想支柱是假设可以找到合理的方法，一劳永逸地设计出理想社会的蓝图以及实施这个蓝图的各个步骤。如果这一假设能够成立，那么乌托邦就不是子虚乌有。然而，事实上，这个蓝图及其实现手段至少在目前的知识水平上是无法用科学方法认识和证明的。波普尔指责乌托邦主义者企图用一种不可能的方法来研究整个社会，认为乌托邦主义的方法论模式的必然结果是极权主义，即权力的高度集中和国家计划。他认为，国家计划是一个悖论，不可避免地会陷入一种无法克服的认识论的困境之中，"如果我们计划得太多，如果我们赋予国家太多的权力，那么自由就会丧失，那将是计划的终结"①。这是波普尔对国家计划进行认识论上的批判。与此相反，开放社会不是在绘图板上所规划出来的，而应该是在多元的改良尝试和纠错过程中进化的，是一种零碎的社会工程。汉斯·阿尔伯特也在《批判理性读本》中强调证伪主义和自由主义的紧密联系，明确地指出"批判主义的理性模式"就是"生活方式的设计"②。如果我们将批判理性主义的主张和费肯杰在《推参阐述和法律的推参阐述性定义》中关于黑格尔"凡是存在的即是合理的"（Was vernünftig ist，das ist wirklich；und was wirklich ist，das ist vernünftig）这一命题与历史决定论的关系、法律体系的"开放"（Offenheit）问题的论述进行对勘，就不难发现两者之间的共同之处。

---

① 卡尔·波普尔：《开放社会及其敌人》第 2 卷，陆衡等译，中国社会科学出版社 1999 年版，第 207 页。

② Hans Albert, *Traktat über kritische Vernunft*, Tübingen：Mohr, 1968, S. 41.

哈耶克在其《法、立法与自由》(F. A. Hayek, *Law*, *Legislation and Liberty*, Volume 1:Rules and Order, University of Chicago Press, 1973;Volume 2:The Mirage of Social Justice, Chicago:University of Chicago Press, 1976)一书中将英美的经验主义传统名之曰"进化理性"(evolutionary rationalism),而把法德的理性主义传统称之为"建构理性"(constructivist rationalism)。这两种不同的传统仍然是基于彼此对"实然"和"应然"(事实和价值)的不同趋向而诱发的。近代经验主义的始祖弗兰西斯·培根认为,经验主义者好像是蚂蚁,他们只是收集起来使用。理性主义者则好像是蜘蛛,他们自己把网子造出来。但是蜜蜂则采取一条中间的道路,他们从花园和田野里的花采集材料,却用自己的一种力量改变和消化这些材料(Those who have handled the sciences have been either Empiricists or Rationalists. Empiricists, like ants, merely collect things and use them. The Rationalists, like spiders, spin webs out of themselves. The middle way is that of the bee, which gathers its materials from the flowers… but then transforms and digests it by a power of its own)。培根将蜜蜂式的工作视为真正的哲学工作。① 如前所说,费肯杰教授是第二次世界大战后新成长起来的较早赴美国留学的德国法学家,所以其思想明显受到英美经验主义、实用主义传统的影响。费肯杰教授本人的理论志趣也在于经验主义与理性主义的联姻(The marriage between rationalism and empiricism),超越自然法学和实证法学对立。实证主义研究"确实的"东西,追求凭感觉经验获得的知识。以此为方法的分析实证法学严格划分开"实际上是这样的法律"和"应当是这样的法律",强调对法律概念的分析,依靠逻辑推理来确定可适用的法律。和当时各种各样的分析法学无不以实证分析的思维方式思考法律现象和法律问题的趋势相吻合,费肯杰教授之所以倚重法人类学,就是旨在立足于人类学观点,立足于经验和感受,立足于跨文化的比较,对传统法学的法概念、研究方法进行批判,试图建立全新的法学认识论体系。正是这样,

---

① Francis Bacon, *Novum Organum*, tr. and ed. by Peter Urbach and John Gibson, Chicago:Open Court, 1994, p. 105.

费肯杰教授指出，推参阐述和批判理性主义看上去相似，都主张不从公理出发，因为别的理论可以从别的公理出发，但不像批判理性主义那样单纯地从逻辑上重新检讨一个既定的理论，而是试图发现一个既定理论的预设的目的、所选择的出发点与结论之间所隐藏的一致和不一致，延伸到历史经验，绝不满足于错误的逻辑证明。推参阐述绝不满足于逻辑证伪，而是有意识地跨越演绎的和尽可能证伪的逻辑界线并进入评判经验领域。就此而言，推参阐述超越了批判理性主义的框架，超越了在批判理性主义意义上"理论"的理解，以史为鉴，扩展到了历史经验之中。推参阐述思想不仅开始考察其逻辑的一致性，而且也开始考察目的和结果的吻合性及其在历史、经济、法律中的结果。为了获得断言，推参阐述思维只有返回到此种状态：这种或那种理论能够产生这样或那样的结果，这些结果只有服从于这一理论才能出现。如果现在这些结果遭到异议，这本身便是反对理论的论据。费肯杰教授在对译者解释时，引证了一句谚语，意谓人不能吃一个蛋糕而又拥有它，后查证其德文应为：Man kann nicht einen Kuchen aufessen und ihn dennoch behalten。或者，这可以用另一句德语谚语表达：Es gibt keine Kälber mit sieben Beinen（任何一头小牛都不会有七条腿）。用中国习语言之，即是不同思维方式，"道不同不相为谋""鱼与熊掌不可兼得"。

费肯杰教授在美国留学，对于美国人的实用主义文化传统具有切身的体会，而且其当时为德国、欧共体、联合国的诸多立法实践工作服务，需要协调各方意见，打开对话的管道，所以推参阐述理论的建构的经世致用取向是不言自明的。"实用主义的方法不是什么特别的结果，只不过是一种确定方向的态度。这个态度不是去看最先的事物、原则、范畴和假定必需的东西；而是去看最后的事物、收获、效果和事实。"[①]早在 1933 年，杜威在其《我们怎样思维》（John Dewey，*How We Think: A Restatement of the Relation of Reflective Thinking to the Educative Process*，New York：Heath and Company，1933）一书中就对反思型思维做过这样

---

① 威廉·詹姆斯：《实用主义》，陈羽纶、孙瑞禾译，商务印书馆 1979 年版，第 31 页。

的界定："反思是问题解决的一种特殊形式，它不仅涉及一系列观念，也包含其结果。它是一个连贯的观念序列，其排列方式使每个观察将其后续的观念作为它决定下的恰当的结果，而且每一个结果又反过来依赖于或指涉它前面的观念。"① 依杜威之见，序列（sequence）和后果（consequent）这两个术语是反思型思维的核心，思想在逻辑上是有序的并且包含对决策后果的考虑，这才能称得上是反思的。杜威的这种观点和费肯杰教授的推参阐述理论在这一点上所见略同。费肯杰教授在《法律方法比较论》中借用雅斯贝尔斯（Karl Theodor Jaspers，1883—1969）的"轴心时代"（Achsenzeit）概念，试图描绘在伦理启蒙下旧的神明信仰崩溃之时从直布罗陀到日本在文化思想上的这种重要变化，以求从对那种启蒙做出不同反应中推导出现代法律制度。在《推参阐述和法律的推参阐述性定义》中，费肯杰教授依然对于"轴心时代"思想的转折和分流对于世界主要文明法律制度的影响高度关注。

笔者从庄春波的研究中发现，费肯杰教授的推参阐述理论其实和墨子的"三表法"非常契合。《墨子·非命上》云："言必立仪。言而毋仪，譬犹运钧之上而立朝夕者也，是非利害之辨，不可得而明知也。故言必有三表。何谓三表？子墨子言曰：有本之者，有原之者，有用之者。于何本之？上本之古者圣王之事。于何原之？下原察百姓耳目之实。于何用之？废（发）以为刑政，观其国家百姓人民之利。此所谓言有三表也。"② 按照墨子的观点，凡言谈思想不可不先立仪法，即标准、法则，若言而无仪，则判定是非无从措手，虽有巧工，必不能得正焉。墨子提出了归纳推理和模拟推理的步骤和方法，认为判断言说是否正确的标准有三：一则上本于古者圣王之事，二则下原察百姓耳目之实，三则发以为刑政，观其国家百姓人民之利。在这里，所谓"本

---

① 杜威：《我们怎样思维：经验与教育》，姜文闵译，人民教育出版社1991年版，第6页。

② 语出《墨子·非命》。引自吴龙辉等译注：《墨子白话今译》，中国书店1992年版，第169页。相关研究可以参考胡适：《中国哲学史大纲》，耿云志等导读，上海古籍出版社1997年版，第114—118页；张岱年：《张岱年文集》第2卷，刘鄂培主编，清华大学出版社1990年版，第565—571页。

之"，是指根据前人的经验教训，其依据是求之于古代的典籍；所谓"原之"，就是言必据实，诉诸"百姓耳目之实"，从普通百姓的感觉经验中寻求立论的根据。所谓"用之"，是指将言论应用于国家的政令政策和法度，看其是否符合国家百姓人民的利益，来判断真假和决定取舍。第一表、第二表解答"如何思"的问题，第三表实际上解答"为何思"的问题。墨子所谓思必有所本、必有所原，意思是说：思想一定要有根据，思维一定要合乎逻辑。"本之"是间接经验，"原之"是直接经验，均是属于归纳法的范围。所谓"古者圣王之事"和"百姓耳目之实"，乃墨子为人之思维所确定的两个逻辑前提。凡离开这两个前提而进行的思维，即被视为不合逻辑的思维，属于无效思维。因此，本、原、用是墨子三表法的基本范畴，也是墨学的基本方法论工具。庄春波认为，墨子的"三表法"是中国"轴心期"理性文化的精华，堪与同时代古希腊亚里士多德著名的形式逻辑三段式相媲而言，同时也有自己的特点。《吕氏春秋·不二》概括说，老子"贵清"，孔子"贵仁"，墨子"贵兼"[①]。这可谓抓住了三家学说在逻辑形态方面的基本特征。从逻辑学的发生学关系方面来看，老子言"道"，是"本"（天道，本体论），守一观复；孔子主"仁—礼"，是"原"（人道，人性论），扣二执中；墨子论"兼"，是"用"，天人之道与器用之道，兼三尽用。道家的"守一观复"、儒家的"扣二执中"、墨家的"兼三尽用"构成了中国传统思维方式的三大维度。费肯杰教授的推参阐述和墨子的三表法均表现出鲜明的功利主义色彩。墨子所谓的"是非利害之辨"也可以说是"志功之辨"，其实包含两种性质不同的价值准则，一是"是非"，二是"功利"。"是非"系认知领域的价值，"功利"系应用领域的价值，前者属于墨子所说的"志"的范畴，后者属于墨子所说的"功"的范畴。墨家"志功之辨"主张"合其志功"[②]，属于主观动机和客观效果统一的志功合观论。只有合其"志"（目的）和"功"（效

---

① 参见陈奇猷释：《吕氏春秋新校释》下，上海古籍出版社 2002 年版，第1134 页。

② 语出《墨子·鲁问》，引自吴龙辉等译注：《墨子白话今译》，中国书店1992 年版，第 242 页。

果）加以考查，才能对一个事物的是非做出正确判断。既要看到主观形态的"志"，又要看到主观见诸客观的"功"，要把主观和客观的统一作为衡量标准。① 这和西汉扬雄所说"无验而言之为妄"② 是同一个道理。

当然，费肯杰教授的理论资源并非来自墨子的三表法。费肯杰教授在与讨论者交流时介绍说："我以不同于美英道德哲学中的'结果主义'（consequentialism）术语的技术意义的方式使用了'consequence'和'consequential'的术语。本人只作为推断性思考的思维方式缩写的推参阐述，在认识论的元层面上，在源于行为指导准则之思维方式前提的意义上，使用了'consequence'这一术语。"③ 在学术史上，西方伦理学的进路大致有三种：（1）道义论（又称"义务论"，deontology），以康德的伦理学为代表；（2）后果论（又称"结果主义"，consequentialism），以边沁（Jeremy Bentham）与穆勒（John Stuart Mill，1806—1873）的功利主义为代表；（3）德性论（virtue ethics），以亚里士多德的伦理学为代表。这三种进路的核心词分别是义务、幸福和德性。作为一种道德哲学，功利主义属于结果主义（consequentialism）的范畴。结果主义理论又被称作客观目的论（teleological theories），是一些哲学家企图靠诉诸经验而非诉诸内心直觉或一系列颇成问题的义务来获得从道德上评估行为的一种便捷方法。结果主义主张，行为的最终后果是道德上的唯一决定因素，一种行为只有其结果较为有利时才能说在道德上是正当的，正确的道德行为只能通过对行为结果的利益成本分析来决定，相当于中国人常说的"让结果说话""靠事实证明""通过实践检验"。结果主义有三种基本形态：一为伦理上的利己主义（ethical egoism），主张只有行为的结果对行为者较为有利时，方具有道德正当性；二为伦理上的利他主义（ethical altruism），认为只有行为的结果对除行为者外

① 庄春波：《论墨子的"三表法"》，《齐鲁学刊》1998年第4期。
② 语出扬雄：《法言·问神》，引自郭绍虞：《中国历代文论选》上，中华书局1962年版，第68页。相关研究或可参见王青：《扬雄评传》，第五章，"《法言》及其思想学说"，南京大学出版社2000年版，第181—241页。
③ 费肯杰：《推参阐述和法律的推参阐述性定义》，张世明、冯永明、孙喆、张頔译，未刊稿。

的其他每个人都较为有利时，方具有道德正当性；三为功利主义（又称效用主义，utilitarianism）①，把法律、道德看作一种功利衡量体系、一种交易规则体系，认为只有行为的结果对所有的人都有利时，方具有道德正当性。功利主义主张作"效用最大化"（maximize utility）的选择，是结果论道德理论家族里的一员，是一种特殊的结果主义形式，但不是其唯一的形式。此种模式的目的是为最大多数的人带来最大的利益，并以此作为行为的选择。长期以来，康德"义务论"以"每一个人都是目的"的普遍主义伦理预设为基石的伦理学叙说与英美传统的"效果论"的伦理学叙说之间的冲突在某种程度上被绝对化，但现在的研究每每对此加以调和。② 事实上，只由行为的结果来评断行为的道德性，或完全忽视后果性逻辑（logic of consequentialism），按照黑格尔的说法都是片面的抽象理性。马克斯·韦伯也敏锐地意识到，在现实政治中，任何从绝对的伦理价值出发的政策，都无视"后果伦理"（ethics of conse-

---

① 据台湾学者盛庆琜介绍，功利主义包括边沁与穆勒的传统功利主义（又称为行动功利主义、快乐论的功利主义，traditional utilitarianism, act-utilitarianism, hedonistic utilitarianism）、拉什道尔（Hastings Rashdall, 1858—1924）的理想功利主义（ideal utilitarianism）、西奇威克（Henry Sidgwick, 1838—1900）的直觉功利主义（intuitive utilitarianism）等诸多流派。降及 20 世纪 50 年代，许多功利主义者认为功利主义的主要缺点在于其从行动的层次来进行道德判断，所以主张从行动的层次转移到道德规则的层次来进行道德判断，即像道义论一样制定许多道德规则。符合道德规则的道德行动，被认为是对的；不符合道德规则的，则认为是错的。如果发生规则间的冲突，例如：若行动 A_1 符合道德规则 R_1，但不符合道德规则 R_2，行动 A_2 符合道德规则 R_2，但不符合道德规则 R_1，则比较 R_1 与 R_2 的效用而决定 A_1 与 A_2 的是与非。若 R_1 的效用大于 R_2，则 A_1 为是而 A_2 为非，反之，则 A_2 为是而 A_1 为非。这种新的功利主义被称为规则功利主义（rule-utilitarianism）。规则功利主义在 20 世纪 50 年代到 70 年代间颇为流行，但后来人们发现它也有缺点，所以又渐趋沉寂。按弗雷（Raymond Gillespie Frey）的说法，现在伦理学家们说到功利主义，大多指的还是传统的功利主义。参见盛庆琜：《综论效用主义》，《浙江大学学报（人文社会科学版）》2009 年第 3 期。

② 例如，这样的新近著作有：David Cummiskey, *Kantian Consequentialism*, Oxford：Oxford University Press, 1996；Samuel Scheffler, *The Rejection of Consequentialism: A Philosophical Investigation of the Considerations Underlying Rival Moral Conceptions*, Oxford：Oxford University Press, 1994。

quentialism），将沦为一种泛道德主义，沉湎于一些陈旧或者空洞的观念而无视所面对的历史命运、生存的现实与条件。正是这样，古伦（Charles E. Curran）致力于综合目的论（mixed teleology）或综合效果论（mixed consequentialism），以别于严格目的论（strict teleology）或严格效果论（strict consequentialism），麦考密克（Richard A. McCormick，1922—2000）标举温和目的论（moderate teleology），以图与绝对效果论（absolute consequentialism）和绝对义务论（absolute deontology）划清界限。

如果说理性可以分为认知的理性（epistemic rationality）、工具性的理性（instrumental rationality）和延伸的理性（extended rationality）三个层次，那么费肯杰教授只是以不同于美英道德哲学中的"结果主义"（consequentialism）术语的技术意义的方式使用了"consequence"和"consequential"的术语，其所说的推参阐述（Synepeik = consequential reasoning/arguing）不仅具有理性推论的含义，而且具有一以贯之的继起的（consequent）后效推论含义。费肯杰教授似乎认为一种信念（理论假设）会引起继起意志（consequent will），总是超越当下经验而指向未来，所以将信念（理论假设）的原初性（primordiall nature）逻辑与在现实社会、政治和经济制度中的后效性（consequent nature）延伸加以合观会通。正如美国的霍姆斯实用主义法学所主张的那样"法律的生命并非逻辑而系经验"（The life of law has not been logic it has been experience）①，费肯杰教授的推参阐述理论不仅深入经验的腹地，而且和庞德将法律视为社会工程那样对于不同的思维方式进行一以贯之的推阐。按照这种理论，事实便成了诸哲学的裁判（Tatsachen werden zu Richtern von Philosophien），法律的"有效性"（validity）意味着与基本的假定规则中所描述的程序相符。② 从费肯杰教授推参阐述理论总体上看，这

---

① 可以参见 Julius Stone，*Legal System and Lawyers' Reasonings*，Stanford，California：Stanford University Press，1964，p. 57。

② 以卡尔·卢埃林为代表的现实主义法学与以庞德为代表的社会法学在这一点上基本思想是一致的，也认为法律是达到社会目的的一种手段，而不是目的本身，主张应不断研究各部分法律的目的和效果，坚持从法律效果来评价法律。

种法学方法也可以说具有统合结果主义、兼摄社会法学的理论建构目的。

　　费肯杰教授在这里关注的是思维方式或者说思维模式（Denkungsart，mode of thought）①。在费肯杰教授早期讨论这一主题的德语论著中，其使用的是"Denkart"这一术语，效仿恩斯特·拉贝尔（Ernst Rabel，1874—1955）的"nationale Denkart"和卡尔·卢埃林（Karl Nickerson Llewellyn，1893—1962）的"law-way"，Denkart 英语译名为"think-way"。后来，费肯杰教授以"mode of thought"取代"准卢埃林"术语"think-way"。不过，"think-way"这一术语仍然在上述广义上加以使用于无文字社会和有文字社会。② 笔者认为费肯杰教授所说的"思维方式"固然与卢埃林的思想有一定关联，但其似乎和康德与"感觉方式"（Sinnesart，mode of sense）相对的"思考方式"（Denkungsart，mode of thought）的概念不无关系。Denkungsart 是康德人类学理论中的独特概念。在康德人类学理论中，准则必须确实是行为与思考最基本的规则，是生命的规则（Lebensregel），是相对甚至绝对恒常的，永远必须涉及一个持恒的道德行为者，也只有预设了行为者，准则才有意义。品格不能建立在感觉上，必须永远以理性的准则为基础，具有一定的方向。如果我们确切认识一个理性行为者的准则，那么我们便对这个道德行为者本身也有相当的认识。准则不仅能够表现理性行为者是什么样的人，而且在某种意义下，甚至本身构成了那个人。至少以康德的眼光来看，准则造就了我之所以为我，其一旦阙如，则我便丧失了主体性。易言之，人类的特征就是他的品格，品格以准则的支配为基础，拥有一套准则和拥有品格是同一件事，人必须为自己立法。康德关于"思考方

---

　　① 按照人类学大师、结构主义之父列维 - 斯特劳斯（Claude Lévi-Strauss）的论述，结构与模式是两个概念，但在各自不同的层次上，两者具有同一性。结构一定是模式，但不是一般的模式，而模式却不一定是结构，只有最简单、最抽象、最真实的模式才是结构，一般的模式则永远只是模式。所谓最简单、最抽象、最真实的模式，是指存在于深层心理构成其他模式的基础。

　　② 费肯杰：《在法律和正义中的思想模式：关于法律人类学研究的初步报告》，张世明译，未刊稿。

式"与特定实践准则的人类学讨论无疑对于费肯杰教授推参阐述理论影响甚深且远。

凯因斯指出："通常说逻辑是形式的，这是仅就思想形式而言，亦即我们的思维方式而言，而不管我们思维的各种特殊对象。"[1] 思维方式是人们在一定知识、观念的基础上形成的思维形式、思维方法、思维程序和思维框架的总和。人的认识活动并不是消极地反应外界客体的信息，而是主体主动地参与其中。不同文化中思维方式的差异是显而易见的事情，而思维方式偏向往往决定了人们在认识事物及处理相关关系时的方式和方法。例如，在与费肯杰教授讨论推参阐述理论时，杰罗姆·霍尔就提及鲁思·本尼迪克特（Ruth Benedict，1887—1948）《菊与刀》（*The Chrysanthemum and the Sword: Patterns of Japanese Culture*, Boston: Houghton Mifflin, 1946），这部世界名著解析了日本人的思维方式，对美国政府在第二次世界大战后期及战后处理对日政策产生了重要影响。笔者在德国弗赖堡大学法律系学习期间就思维方式的差异对于法律的影响深有体会。在与弗赖堡大学法律系布劳洛克（Uwe Blaurock）交谈时，笔者就提出一个观点：德语的特殊性对于德国法学的发达具有密切关联。费肯杰教授在其两卷本《经济法》中论述欧洲共同体的官方工作语言时指出，英语不仅在联合国，而且在共同体组织中能够因为其灵活性和相对易学性而有着明显的优势[2]。由于德语较诸英语有更多的变格、有复杂的名词的性属等，所以在法律文献中通过各种语法的规则使意思的表达极为精确。这种语言导致德国人法律思维缜密的现象是许多法律人都颇有同感的。成中英在谈到西方语言对于思维和文明的影响时曾经说过："西方拼音文字因为表达声音不能形象化，因此必须形成抽象概念。声音应该有意义，要掌握声音在心灵主体中的，就形成了概念思维和观念思维。声音一方面指向对象，另一方面指向意义。此外，声音语言以形成概念和观念为目的。因此，定义就显得非常重要，而定义

---

[1] 转引自卢卡西维茨：《亚里士多德的三段论》，李真、李先焜译，商务印书馆 1991 年版，第 21 页。

[2] 参见费肯杰著，张世明等译《经济法》第 1 卷欧洲经济法部分。

与推理就是理性。"① 对哲学概念确定性的追求是西方哲学思维的传统，这与西方"确意语言"的导向密不可分，所以有学者说西方自古就有语言哲学的潜质。与此相反，被爱德华·萨丕尔（Edward Sapir，1884—1939）誉为五大文化语言之一的古典汉语所采用的象形文字业已确定是迄今唯一仍在广泛使用的自源文字。② 中国文字被学术界称为"会意语言"，从形式上看为单音节，从结构上看为"视觉图画"，注重空间上的展开。它的意义化、经验性、内隐性和多义性等特点更多的是传达给人们一种"神蕴"，留给人们一种"会意"的感悟，这种语言特性潜在地规范、引导着中国传统的哲学思维方式，使中国人在描述、理解、解释人与世界及其关系时，在概念框架的组合与运作上形成了带有意向性和具象性的思维模式，所以李约瑟博士就曾指出中国人的思维方式很可能与汉字有关。尽管千里不同风，百里不同俗，中国各地存在不同方言，即便各地方言之间听起来迥异，但在秦始皇统一中国之后便一直"书同文"，所以中国的象形文字与中国历史上大一统格局密切相关，而不像欧洲那样从拉丁文这种拼音文字被各地方言不断固化，由于发音不同而拼写随之大相径庭，沟壑渐深而最终在民族国家建构时期完全分道扬镳，欧洲政治上百衲衣般支离破碎的格局与拼音文字的这种特征密不可分。这种差异对于法律制度的区别必然造成一定影响。从思维方式上看，西方人讲的自我是"独立的自我"（independent self），中国人讲的自我是"互倚的自我"（interdependent self）。"物我两忘"乃被中国古人视为人生最高的理想境界，"至人忘己"③ 云云即是之之谓也。按照这样的思维方式，无怪乎西方近代法律上的权利观念难以在中国古代化蛹为蝶。

①　成中英：《中国语言与中国传统哲学思维方式》，张岱年、成中英等：《中国思维偏见》，中国社会科学出版社 1991 年版，第 195 页。

②　爱德华·萨丕尔：《语言论》，陆卓元译，商务印书馆 1985 年版，第 174 页。

③　《中华大典》编纂委员会编纂：《中华大典》，哲学典，诸子百家分典，2，云南教育出版社 2007 年版，第 1432 页；《康有为全集》第 6 集，姜义华、张荣华编校，中国人民大学出版社 2007 年版，第 437 页。

费肯杰教授在《推参阐述和法律的推参阐述性定义》中指出："自从前苏格拉底时代的哲学家开始把现实展现给他们的有关自然、社会生活的条目汇编减至为共同特点的基本单位并且据此能再次重建的结构大厦以来，系统思维和主题思维似乎是西方科学中两个最重要的思维方式。显然，这两种方法不可能穷尽所有的思维方式。改革，尤其是16世纪下半期的改革，依赖了系统思想并引述柏拉图对此的支持（前苏格拉底时代的作品几乎全部丢失）来反对亚里士多德的主题。"[1] 在费肯杰教授看来，思维模式是一种文化实存，每一种哲学思维方式都有它自己的逻辑规则，不能说某一哲学比另一哲学好；大多哲学家对事实、时间、因果关系都有其自己的理解。正是这样，美国学者苏珊·罗弗·布朗（Susan Love Brown）将费肯杰教授的推参阐述理论解释为"文化依赖认识论"（culture-dependent epistemology）[2]，杰罗姆·霍尔认为费肯杰教授的论著在许多方面近似于批评与比较各种独特的民族精神（Volksgeist）的萨维尼的历史法学。费肯杰教授的推参阐述理论坚决反对认识理论的合一化（erkenntnistheoretisches Synkretism），反对任何类型的哲学调和论以及无所不包却不清晰思考的愿望。对于婆罗教—印度教的哲学、佛教的"否定逻辑"[3]、隐藏在神裁法背后的因果性的神秘观

---

[1] 费肯杰：《推参阐述和法律的推参阐述性定义》，张世明、冯永明、孙喆、张頔译，未刊稿。

[2] Susan Love Brown，Modes of Thought：A Study in the Anthropology of Law and Religion，*Political and Legal Anthropology Review*，Vol. 22，9 Jan 2008.

[3] 佛教和婆罗门教中均存在否定形态的思维方式。这种思维方式最初形成于吠陀奥义书中，其后在佛教和婆罗门教主要哲学流派中有不同程度的发展。佛教虽然不承认吠陀奥义书的圣典地位，但实际上自产生伊始就受到吠陀奥义书否定形态的思维方式的影响。释迦牟尼针对当时印度思想界讨论的种种关于世界和人生现象的问题或观念采取了一种"无记"的态度，即认为对许多问题不能明确地作出判断。在大乘佛教的发展中，否定形态的思维方式有着更为鲜明的表现。大乘佛教突出强调事物的"空"，以空来说明事物的实相。否定形态的思维方式在大乘佛教的一些重要经典中被明确看成是一种固定的把握真理的模式。例如，在《般若波罗蜜多心经》中，"是诸法空相，不生，不灭，不垢，不净，不增，不减"云云，就是通过一系列的否定以表明诸法的空相。佛教著名经典《金刚经》中的"说……即非……是名……"的句式更显示出作者在使用这种思维方式上的明确 （续下注）

念，简单地说，对于从米利都的泰勒斯（Thales of Miletus，约前624—前546）和阿那克西曼德（Ἀναξίμανδρος，Anaximander，约前610—前546）时代被习惯称为"哲学"者不能涵括的非希腊的—西方国家哲学陈述，费肯杰教授推参阐述思想并不局限于一个特定的论证方式，它可以是一个系统的、主题的、不可思议的、神秘的或者推理的等等方面的理论，有意识地从一种思维方式转移到另外一种思维方式，区隔和体系化这些思维方式，但承认它们全部都是人类思想获得结果的可能性工具。推参阐述意味着"思维方式的比较"（thought-modal comparison），远离与价值认识论（Werterkenntnistheorie）和其他认识论的争论，使认识论成为认识论的认识客体（Es macht Erkenntnistheorie zum Gegenstand von Erkenntnistheorie），使比较哲学和比较法学成为可能，在世界范围进行哲学探究。作为一种辑合主义，推参阐述思维可以从一种思维方式进入到另一种思维方式，每种思维方式都有其自身的合乎逻辑的思考［Als Synkretismus kann es von einer Denkweise in die andere übergehen；jede habe ihre eigenen Folgerichtigkeiten（synépeia Konsequenz）］。①因而，如同约翰·库恩斯（John E. Coons）所说，推参阐述鼓励一种认知上的容忍力，"与任何此类的帝国主义诱惑无染。其构想宏大，但却是巴洛克大教堂式的规划，并且我们可以自由地添加所选择的修饰物。至于任何恰当的修饰，其洞识并不主宰任何我们理解法律的方法，除了其间所指引的精神以外。在世界观点的拼盘之中，费肯杰已经提供了一种永久性对话的范围。当意识到人类特性的共同处之时，他便如此做了，不过我们希望表达那种意念。他已经为有时会被寻到真正道路者剔除在外的难以预料的情形留下了空间"②。推参阐述理论至关重要的优势之一即

（续上注）自觉性。在印度后世，婆罗门教哲学中的吠檀多派、瑜伽派和数论派也颇为推崇否定形态思维方式。参见姚卫群：《佛教与婆罗门教中的否定形态的思维方式》，《北京大学学报（哲学社会科学版）》2009年第1期。

①　Arnold Köpcke-Duttler，Recht und Frieden：Gedanken zu einem interkulturellen Recht，资料来源：http://www. linksnet. de/de/artikel/17952，访问时间：2009年9月26日。

②　费肯杰：《推参阐述和法律的推参阐述性定义》，张世明、冯永明、孙喆、张頔译，未刊稿。

在于此。①"推参阐述"在费肯杰教授的理论建构目标即在于使其成为一个在"世界范围哲学探讨"（和比较法相似）可能的基础的普适元理论。

培根在他的《新工具》（*Novum Organum*）第二卷详细地阐述了他的"科学归纳法"，构成对亚里士多德《工具论》（*Organum*）非常关键的更新，得到艾萨克·牛顿（Isaac Newton）的赞同，并被托马斯·布朗（Thomas Browne，1605—1682）爵士和稍后的穆勒（John Stuart Mill）所扩展，通常被称为培根方法（the Baconian method），或简单地称为科学方法（the scientific method）。这种本质上的经验方法（empirical method）的目的就是从若干个别事例中发现普遍的因果规律。培根的"三表法"包括三个主要步骤：第一步，收集材料，对事实的描述，准备一部充足、完善的自然的和实验的历史。第二步，运用"三表法"来整理材料。培根提出的三种例证表分别是：（1）"具有表"（tables of presence），把具有所要考察的某种性质的一些例证列在一起。（2）"接近中的缺在表"（tables of absence），在这里列举出与上表中的例证情形近似却没有出现所要考察的某种性质的一些例证。（3）"程度表"或称"比较表"（tables of comparison or of degrees），即根据某一事物或数种事物中的某种性质的量之增减和程度之差异，把各种例证搜集起来，进行比较，进一步考察事物的性质和形式之间的关系。第三步，进行真正

---

① 钱锺书1962年在《文学评论》上发表了其著名论文《通感》，将西方心理学的"通感"（synaesthesia）这一概念首次介绍到中国，并在文艺研究领域加以运用。"通感"这一概念最早由亚里士多德在《心灵论》里提到，即在文学和日常生活中从这一种感官向另一种感官挪移的现象。钱锺书在对中国文学中的通感现象进行了一番梳理之后，又对西方文学中的通感现象进行了溯源疏流，甚至把道教和佛教神秘经验中的通感现象予以了辨析。"通感"（有人译为"联觉""移觉""通喻"）不仅是一种单纯的修辞手段，而且也是人类认识世界的一种强有力的工具。人类本能地把两个不同的感知域（perceptual domains）连接起来，并显示出两者之间的相似性，"不涉理路，不落言筌"，具有非逻辑性和非语法性，借助感官的相互沟通把握世界真谛，从而有利于其更深层次地把人们导入无限的感知空间。通感之所以能"通"，就是因为各种感官感受之间存在着某种相似性。"通感"这一概念对于我们理解费肯杰的"推参阐述"（Synepeik）不无启迪意义。

的合法的归纳。培根这里所谓真正的归纳又包含三个小步骤：（1）排除法，即排除和拒绝这样一些性质：这些性质是在有给定的性质存在的例证中不存在的；或在给定性质不存在的例证中存在的；或者在这些例证中给定性质减少而它却增加，或给定性质增加而它却减少的。（2）根据三表所列示的事例，正面地试探着来解释自然，亦即通过排除之后得出正面的结论。（3）纠正解释偏差的若干帮助。培根服膺知行合一（making is knowing and knowing is making）的理念。当代学者称赞其对归纳理论的奠基，但不能否认，培根是用排除法即排除偶然相关的方法来确定本质相关，再去发现规律或"形式因"。其归纳法的程序包括在否定和排除基础上的演绎和抽象面相。该方法的第三步集中在排除程序，这一程序的目的是减少经验的体验特性（the reduction of the empirical character of experience），使分析收敛于事情的解剖。排除在这里作为确定程序起作用。培根在《新工具》中明确声言"反例更有力"（major est vis instaniae negativae）。他关于否定情形对归纳程序自身的强调可以说对于获取知识至关重要，并已成卡尔·波普尔在伪证法方面的先行者。19 世纪英国逻辑学家穆勒进一步发展和改进培根方法，提出一种系统地寻求事物因果联系的"穆勒五法"（Mill's methods），即：（1）求同法（契合法、统同术，Method of agreement）①；（2）求异法（别异术，Method of difference）；（3）同异并用法（同异合术，Joint method of agreement and difference）；（4）剩余法（Method of residues）；（5）共变法（消息术，Method of concomitant variations）。约翰·杜威则认为，思想的任务不是去符合或再现对象已有的特征，而是去判定这些对象通过有指导的操作以后可能达到的后果；"知识的准绳在于用来获得后果的方法而不在于对实在的性质具有形而上学的概念"②。他将思维过程规定为五步：（1）疑问的产生；（2）确定疑问之所在；（3）提

---

① 求同法由阿维森纳（Avicenna，又名阿布·阿里·辛纳·巴勒希，Abu Ali Sina Balkhi）在其 1025 年《医典》（*The Canon of Medicine*，阿拉伯语为 الطب في القانون，中译本题名为《回回药方》）一书中描述过。

② 杜威：《确定性的寻求：关于知行关系的研究》，傅统先译，上海人民出版社 2005 年版，第 170—171 页。

出解决疑问的假设；（4）推绎出假设所包含的结果；（5）通过验证以接受或抛弃这种假设。① 这一思维过程论既是其探索理论的具体化，又具有方法论的意义。知识的价值取决于操作结果。胡适在《实验主义》一文中，则着重从方法论的角度对"杜威思维五步法"加以详尽的介绍和阐释，而其"大胆假设，小心求证"的研究程序在某种意义上，可以视为五步法的一种简化形式。

和过去的诸位前贤一样，费肯杰教授提出了自己独特的按部就班的法律思维方法，其推参阐述方法包括四个步骤，即：第一步，推参阐述Ⅰ（Synepeik Ⅰ），仅仅承认特定的思维模式在认知价值上的平等性，在一个思维方式内部致力于推参阐述性的、后效一致性的思考。第二步，推参阐述Ⅱ（Synepeik Ⅱ），通过比较限定于依据另一种模式或思维而对某一思维或模式进行批评的否定。第三步，推参阐述Ⅲ（Synepeik Ⅲ），是一种"共同性的剩余状态"（Restbestand von Gemeinsamkeiten）、元理论的形式，其从通用的标准出发并且由此使思维方式比较的评价得以可能。对于通用的评价基础的最小公分母。第四步，推参阐述Ⅳ（Synepeik Ⅳ），则是建立于第三步基础之上的政策问题。

一、作为第一步的推参阐述Ⅰ

费肯杰教授认为，思维模式可以确定一种文化参与者的时间概念、因果关系、凌乱因素和历史。他以法律上的无因管理人（negotiorum gestor）所遭受损失的补偿问题为例加以说明。在（通常奖励取向的）大陆法中，无因管理人可以对其所遭受的损失主张补偿（参见《德国民法典》第六百八十一条、第六百七十条），但是，普通法的"清教徒"的态度从这样的原则出发：帮助你的邻居是基督徒的义务，当帮助者在履行义务时遭遇灾害，无权要求补偿。这就是不同的思维模式造成法律制度设计迥然不同的显例。这意味着结果必须在特定思维模式内推

---

① John Dewey, *How We Think: A Restatement of the Relation of Reflective Thinking to the Educative Process*, New York: Houghton Mifflin Company, 1910, pp. 72 – 78.

导。对于阿伦塔人（Arunta）而言，通过"点骨"（bone-pointing）① 的巫术程序，被魔法攻击的人死去，这中间的逻辑是前后一贯的，但按照西方人的思维，这可能被视为不合乎逻辑。因而，"对"和"错"没有绝对标准，而是命题与特定的思维模式相关联，并由此获得其意义。评价性思想，无论肯定的抑或否定的，均显然在观念上与文化关联。这种文化关联性甚至适用于三个问题：（1）特定的思维模式是否根本上知道"后效一致"的概念；（2）在特定的思维模式中何为"后效一致的"；（3）何种前提与一个结论是后效一致的。所有这些后效一致性问题，用费肯杰教授早期的表述来说，都是"思维方式限定的"（think-way definite），或者用费肯杰教授在《在法律和正义中的思想模式：关于法律人类学研究的初步报告》中的术语来说，都是"思维模式被限定的"（mode-of-thought defined）。不难看出，当论据是从另一种思维模式中信手拈来的时候，批评一种思维方式所限定的推理结果是"错误的"或者"可反对的"，这都是不正确的。一个穆斯林（其信仰建立在宗教和政治观念统一的概念之上）不应批评从主流基督徒信奉的真理对话性质所绅绎出来的政教分离原则。当然，这个穆斯林可能会批评这一原则，但他应该意识到，这不能从一个穆斯林的观点出发粗鲁地加以批评。他的批评必须建立在超越特定思维模式的方法之中。这样一种与思维方式无关的批评、这种跨文化的比较，服从于其他规则。这些规则正是费肯杰教授在这里加以讨论的"推参阐述"方法要解决的问题。②

长期以来，"种族中心主义"（Ethnozentrismus）所造成的认知偏颇为学术界所警惕。法国汉学家李比雄（Alain Le Pichon）在反省西方对人类状况的认识局限性时就说：西方人一头撞进了纯工具化的人类学研

---

① 点骨是澳大利亚的原住民所使用的一种古老的诅咒，复仇者用袋鼠骨头在两端各雕刻一点，钻一个洞连接这两个点，然后将受害者的一根头发穿过洞并固定起来。将骨头指向受害者，该人便会立即倒下生病，并不久死去。赫伯特·巴泽（Herbert Basedow，1881—1933）博士在 1925 年出版的著作《澳大利亚土著》（*The Australian Aboriginal*）最早记载了这种仪式。

② 费肯杰：《在法律和正义中的思想模式：关于法律人类学研究的初步报告》，张世明译，未刊稿。

究之中，"我们孜孜不倦地以我们的尺度、我们的标准丈量周遭的世界，对参照物的普遍性深信不疑，对标准尺度深信不疑，而这些工具和尺度是我们自己在精神游戏、语言游戏中铸造的。就因为我们曾将它们施用于异国人群中，我们便以为它们是放之四海而皆准的"①。事实上，培根早在《新工具》里就认为，如果我们要得到真正的知识，必须有赖于两种方法齐头并进，一方面要用新的归纳法，一方面要消除四种偶像，即种族偶像（Idola tribus；idols of the tribe）、洞穴偶像（Idola specus；idols of the cave）、市场偶像（Idola fori；idols of the market-place）和剧场偶像（Idola theatri；idols of the theatre）。德国文化哲学家斯宾格勒在《西方的没落》（Oswald Spengler, *Der Untergang des Abendlandes: Umrisse einer Morphologie der Weltgeschichte*, Band 1：Wien, 1918, Band 2：München, 1922）一书中将整个人类划分为若干彼此独立的文化系统，采取"观相式"的直觉加以把握，认为它们都有自己的准绳，并且无法相互取代。斯宾格勒的这种文化观借用佛教的术语来说就是认为"诸法平等"，费肯杰教授的推参阐述也是以这样的态度为出发点。两者都是源于建立在"实然"与"应然"二元分离基础上的文化相对主义立场。大卫·S. 斯图尔德（David S. Steward）在学术对话中即将费肯杰教授的方法同纳尔逊·古德曼（Nelson Goodman, 1906—1998）《关于思想和其他事情》（Nelson Goodman, *Of Minds and others Matter*, Cambridge, MA：Harvard University Press, 1984）、杰罗姆·布鲁纳（Jerome Bruner）《事实的思想和可能的世界》（Jerome Bruner, *Actual Minds and Possible Worlds*, Cambridge, MA：Harvard University Press, 1985）所支持的方法进行对比。尽管大卫·S. 斯图尔德认为这些作者的方法同费肯杰教授的推参阐述极为不同，但这些作者都关注于承认使我们分离之世界的差异以及寻求理解这些差异间的交流是如何可能的。古德曼以其著名的"绿蓝悖论"（the grue paradox）而声名远播，是现代唯名论和新实用主义的主要代表人物。他观察到每一个人都出生在这个或那个

---

① 乐黛云、李比雄主编：《跨文化对话》第 1 册，上海文化出版社 1998 年，第 6 页。

已经建构的文化中，强调世界的多元性，把"世界"认为是存在着多个真实的世界，而不是对于一个唯一真实的世界。如古德曼所言，"我们的宇宙与其说是由一个或多个世界构成，倒不如说是由这些方式构成"①。古德曼的"世界构造"理论相对主义色彩也非常明显，认为真理具有相对的适合与可接受性，在任何重要的事物中达到普遍一致的任何办法都是独特的。这是因为，虽然在我们看来真理和正确性是永恒的，但是检验的结果却是暂时的，通过多种样式的检验只是增加其可接受性，但稍后就不再被接受了，比如一个拉斐尔（Raffaello Sanzio，1483—1520）世界里的错误设计在修拉（Georges Seurat，1859—1891）的世界里可能是正确的，就像关于一个女乘务员移动的描述一样，在控制塔上看是错误的，而在乘客座位上看可能是正确的，是一种相对性的正确。

持这种相对主义立场者所依赖的理据都是建立在历史先在给定性基础上，承认认知主体必然有其自身的视角并受到工具（即便这种工具拥有超越的透视功能）等条件的制约。迦达默尔（Hans-Georg Gadamer）哲学诠释学（die philosophisch Hermeneutik）中的"效果历史"（die Wirkungsgeschichite）② 就是一个典型的例子。依迦达默尔所说，所谓视界也就是视域的区域，这一概念本质上就属于处境概念。一个根本没有视界、没有偏见的人是不能充分远眺的，相反，一个人具有视界，就意味着不局限于近在眼前的东西，而能够超出这种东西向外去观看。研究主体的理解背景是由教化传统而来的知识结构，是一种合理的偏见，必须依靠偏见这种积极因素，才能为解释者提供特殊的视界。我们的前见并非使我们与过去相分离，而是使过去开始向我们开放，是使与人的有限性相吻合的历史理解得以进行的积极条件，即"视界融合"（Horizontverschmelzung）。传统调动了解释者的偏见以促成积极的理解，因而解释的任务就是进行一种生产性的努力。过去和现在永远是生动活泼的融汇于当下理解的经验之中的，否则，"过去"只不过是一个"死人的

---

① 纳尔逊·古德曼：《构造世界的多种方式》，姬志闯译，上海译文出版社2008年版，第3页。

② Hans Georg Gadamer, *Wahrheit und Methode: Grundzüge einer philosophischen Hermeneutik*, 2. Aufl., Tübingen: Mohr, 1965, S. 289 f.

王国"。由此可见，对于迦达默尔和费肯杰而言，认知主体自身的视角及其所受到的工具（即便这种工具拥有超越的透视功能）等条件的制约均不被视为必须克服的消极因素。

在后现代主义对现代哲学的批判中，思维方式是其中一个主要目标。后现代哲学在法兰克福学派猛烈批判"整体性"思维的基础上继续推进，倡导"差异性"思维，极力将差异从整体性的"同一逻辑"中加以解放出来。德勒兹（Gilles Deleuze，1925—1995）便向一切中心化和总体化企图都发起了暴风骤雨般的攻击，将传统的形而上学视为一种"纵向性"（la verticalité）思维方式。这种思维方式把一切都安排在一个条纹空间中，这个空间以点为基础，在点和点之间画出水平的和垂直的线，并把一切都安排在其坐标中，力图从某种不证自明的第一原则出发演绎出其他事物并建立起一种体系，其所遵从的是统一性原则，在根本上是一种"再现思维"。与传统形而上学的"纵向性"思维方式相反，德勒兹强调自柏拉图以来在西方哲学发展历程中始终被压制的差异式的、非概念的、无意识的、非表象的思维方式，倡导一种"横向性"（l'horizontalité）思维方式，甚至还提出"差异逻辑"（logique de la différence）以期抵抗形而上学同一性思维中的概念逻辑。按照德勒兹的理论，传统形而上学的纵向性思维方式，只能使同一性之间边界得到进一步加强；而横向性思维方式则引导边界间相互渗透。德勒兹将自己的哲学任务定位于，拒斥传统形而上学所追求的那种稳定的同一性而肯定事物之间的差异与区别，驱逐整个哲学传统中同一（le Même）、相似（le Semblable）、类同（l'Analogue）和对立（l'Opposé）四大幻觉，反对普遍化的秩序、总体化、等级体系、基础主义和表象论，尊重即刻性和偶然，倡导差异、机遇、混沌、流动和生成，创造思想与生活的新形式。既然每一个事物都与它物存在着区别，那么，在区别面前，所有的物均应是平等的。同一不是差异的原因，相反，差异却应该是第一性的。可以说，"存在即是差异"，没有差异的世界乃是一个非常孤寂的世界，没有差异的人也只是一尊丧失个性的木偶。差异决定同一，同一只是差异的产物。重复也总是具有差异的重复，而非同一物的再现。德勒兹试图通过创建一种以差异在时空中无限延伸为基础的"延异"逻辑，来为这种思维方式提供哲学思想基础。

和德勒兹一样，福柯认为，认识的目的并不是去找出差异之下的共同因素，而是应当要"差异地"理解差异，因而差异就不再让位于导致产生概念的普遍性特征，而是要使关于差异的研究本身成为当然的东西，成为题中应有之义，即着眼于有差异的思想、有关差异的"流浪汉"思维。但笔者感兴趣的是福柯接下来的论述，即流浪汉也有其自身的逻辑，而不是没有逻辑。它不说"非此即彼"，也不说"两者……都"，甚至不说"既非此也非彼"，但它同时又不抛弃上述中的任一种。它什么都不曾说，但同时说明了一切。这表现出它对现存思想作出了"跳跃性的处理"，它并不要求"思想和表达的连贯性"，并不要求去说明一个"东西"，其言说本身就是这个"东西"。① 正如祖哈比切维利（François Zourabichvili，1965—2006）所指出的那样，"思维（la pensée）的最一般的问题大概就是它的必然性问题：不是思（penser）的必然性，而是如何获得一种必然的思想"②。例如，赫伯特·斯宾塞按其认定的社会进化和发展标准将人类分为优等民族与劣等民族，宣称盎格鲁—撒克逊为优等民族，并认为"物竞天择，适者生存"，优等民族侵略、统治和淘汰劣等民族是天经地义的。按照这种思路，这种进化论势必通向奴役之路（the road to serfdom），纳粹的种族主义用毒气室来淘汰犹太人便是其不足为怪的理论可能性。

按照德勒兹的说法，人类最大的嗜好就在于喜欢滥用自己的否定能力。否定性的滥用通常导致我们从一开始就远离了差异本身。通过否定，我们不可能"从差异开始"，致使类成为个体死亡的杀手，类成为群体对个体的吞噬。实际上，开端应该意味着取消一切前设（tous les présupposés），寻根问底，回溯到一个不再需要基础的"基础"。正是这样，所有学者在切入问题突破口的选择均关乎其后探索成败。法国汉学家、哲学家弗朗索瓦·于连（François Jullien）采取"迂回"的研究策

---

① 张世远：《形而上学危机与后现代主义思维方式》，《辽宁师范大学学报（社会科学版）》2007 年第 1 期。

② François Zourabichvili，etc.. *La Philsophhie de Deleuze*，Paris：Quadrige/PUF，2004，p. 15.

略，假道于研究中国传统文化而返回于希腊哲学传统，目的是在促进西方理论的更新。弗朗索瓦·于连关于中国文化意义发展方向的基本特征的诠释颇为有趣。他认为，欧洲哲学的历史就是一部追求"真理"的历史。追求真理的意志产生了对观念的固执：立场、视角、论证、辩驳、分析，一种对"意义"之类似于神经官能症的刻意追求和执著。而中国文化意义发展的方向却是"智慧"。智慧不以"观念"为"意义"。"圣人头脑中不会先有一个观念（'意'），作为原则，作为基础，或者简单地说就是作为开始，然后再由此而演绎，或者至少是展开他的思想。"① "原则"或"始基"一经提出，其他的就会自然而然地演绎开来。但"这恰恰是个陷阱，圣人所担心的，正是这样一开始就定出方向，然后再由这一方向统霸一切的局面"②。因为你在提出某个观念的同时，已经把其他观念压了下去，准确地说，提出的观念暗地里已经扼杀了其他的观念。所以，圣人把所有的观念统统摆在同等的地位上，认为所有的观念都有同样的可能性，其中的任何一个都不比其他的优先。③ 从意义产生、分化的角度看，"中庸"实际坚守的是一种意义尚未分化而可以为各种意义的状态，是各种立场、观点可以在其中得到领会的状态，是"不偏不倚"、不陷入任何一种"立场"之片面性的状态，是哲学尚未从其中分化出去的意义的原始状态（"智慧"）。④ 按照中国古人说法，蔽于一曲，势必暗于大理。故而，荀子言："精于道者兼物物。"⑤ 费肯杰教授一直恪守自由主义的立场，反对独断论，力图通过法人类学的实证研究将经验主义成分融入理性主义，所以坚持这样

---

① 转引自吴兴明：《"迂回"与"对视"——弗朗索瓦·于连中西比较的路径分析》，《西南民族大学学报（人文社科版）》2007 年第 7 期。

② 弗朗索瓦·于连：《圣人无意——或哲学的他者》，闫素伟译，商务印书馆2004 年版，第 7 页。

③ 弗朗索瓦·于连：《圣人无意——或哲学的他者》，闫素伟译，商务印书馆2004 年版，第 7 页。

④ 吴兴明：《"迂回"与"对视"——弗朗索瓦·于连中西比较的路径分析》，《西南民族大学学报（人文社科版）》2007 年第 7 期。

⑤ 语出《荀子·解蔽》，引自杨任之译：《白话荀子》，岳麓书社 1991 年版，第 459 页。

的预设前提：每一个思维方式都应有一个值得尊重的权利，对于各种思维方式均在推参阐述一开始尊重其价值，避免所谓具体性相失位的谬误（the fallacy of misplaced concreteness），既不专己自闭，也不强物从我，虚壹而静地进行思维方式上后效一致的思考，从思维方式前提判断思维方式上的结果（Denkartlich konsequentes Denken, Beurteilung denkartlicher Konsequenzen aus denkartlichen Prämissen）。费肯杰教授反复强调：一个思维模式首先只能从本身出发对其内在的一致性加以考察。结果是正确的还是错误的，不依据通用的标准（诸如"西方的理性"，westlich Rationalität），而是根据一个既定思维模式设定的前提条件。结果仅仅适用于在模式内部。约翰·A.科尔曼教授将推参阐述Ⅰ和推参阐述Ⅱ的考察分别对应于文化人类学主位（emic）和客位（etic）考察。主位和客位这两个术语原本是肯尼思·派克（Kenneth Lee Pike, 1912—2000）在1954年从语言学的术语音位的（phonemic）和语音的（phonetic）类推出来的。人类学家将"位"和"非位"引入人类学视野调查中，并形成主位研究（位研究，自观）和客位研究（非位研究，他观）两种研究法，或者说"被观察对象之观点"和"观察者之观点"、当局者视角和旁观者视角的二元论。主位研究是指研究者不凭自己的主观认识，尽可能地从当地人内部的世界观乃至其超自然的感知方式去理解文化，通过听取当地报道人所反映的当地人对事物的认识和观点进行整理和分析的研究方法。主位研究将报道人放在更重要的位置，把他的描述和分析作为最终的判断，要求研究者采取被研究者的知识体系、分类系统，通过深入的参与观察，尽量像本地人那样去思考和行动，反对用研究者的价值标准从外部去审视一个社会的文化，反对以在其他文化研究基础上形成的理论、规律等为框架去分析被调查民族的文化。与此相反，客位研究是研究者以文化外来观察者的角度来理解文化，通常运用研究者自己或他人创立的理论和方法对被研究者行为的原因和结果进行解释，也就是研究者使用像国际音标那样的、适用于任何文化的理论、概念、术语和分析框架，用比较的和历史的观点看待民族志提供的材料，分析世界各民族的文化，提出自己的看法和解释，并通过这种比较、分析和检验自己所掌握的理论正确与否，进而产生的新理论和方法。塞巴斯蒂安·库克在《德国法人类学的开端》（Sebastian Kuck，*Die Anfange der deutschen Rechtsanthropologie*，Regensburg：S. Roderer Verlag，2001）一书中专门有一章探讨费肯杰教授的推参阐述理论，并且专门有一节分析主位—客位争论与推参阐述的关系（Verhältnis der Synepeik zur emic-etic-Problematik），① 兹不赘述。

二、作为第二步的推参阐述 II

在特定思维模式内部的后效一致推理称之为"推参阐述 I"。思维模式的结论（推参阐述 I）不能阻止思维模式超越性论据。"推参阐述 II"则是思维模式的"朴素比较"（navie comparison = Synepeics II），包括从另一思维模式的价值体系拿来的评价论据进行的思维模式之批判。

费肯杰教授所举出的推参阐述 II 的一个例子是（非）宽容。阿图尔·考夫曼写道："如果人具有未被分割之真理以教育感到被召唤的人类……那么迄今为止，仍存在一个承认在同情的真诚上这并非宽容的强大机构：天主教会。"② 阿图尔·考夫曼引用了马克斯·普利比拉（Max Pribilla，1874—1954）这样的话："天主教会从未许诺对错平分秋色，或者使莱辛《智者纳旦》③ 中哪个戒指是真的问题搁置；这是那种被天

① Sebastian Kuck，*Die Anfange der deutschen Rechtsanthropologie*，Regensburg：S. Roderer Verlag，2001，S. 217.

② Wolfgang Fikentscher，*Mode of Thought in Law and Justice*，*A Preliminary Report on a Study in Legal Anthropology*，Berkeley：The Center for Hermeneutical Studies，1988，p. 7. 此书已由笔者翻译为中文，即将出版。

③ 典出莱辛（Gotthold Ephraim Lessing，1729—1781）于 1779 年完成的最后一部著名戏剧《智者纳旦》（*Nathan der Weise*）。莱辛憎恶任何宗教的偏执狂，宣扬宗教间的宽容，认为"任何启示宗教都同样是真的，也同样是假的"。真正的宗教不在于信仰的是什么，而在于博爱。故事发生在十字军第三次东征时代的耶路撒冷。一个信仰基督教的圣殿骑士被伊斯兰教的苏丹俘虏，犹太人纳旦是城中一个富商，一日外出，家中失火。年轻的基督教徒救出了纳旦的养女莱霞（Recha），并在交往中产生了爱情。但两人的信仰不同，不能结婚。是时，苏丹财政拮据，求助于纳旦。在著名的第三幕第七场中，当苏丹问纳旦基督教、伊斯兰教和犹太教中，哪一种是真正的宗教时，纳旦用三个戒指的典故（Ringparabel）向苏丹说明，各种宗教应该彼此容忍，不应互相敌视。

主教会频频诟责的独断论式非宽容的立场，只不过仅仅显示信以为真的各个教会而言哪些是不证自明的……因此，事实就是不能不承认每个教会不得不独断论地不宽容。"① 阿图尔·考夫曼对此不同意。事实上，普利比拉是在推参阐述 I 的层面上论述，而考夫曼是在推参阐述 II 的层面上论述。这意味着在论及思维模式或者宗教时，不宽容推定人决心局限于推参阐述 I。大多数宗教都是这样做的。

费肯杰教授还以"解释"为例进行说明。费肯杰教授指出，"解释"某些事情意味着什么？解释总体上是局限于思维模式的推论方式。思维模式随其范畴而变易。范畴（categories）不能被解释。它们仅仅能被指向。从范畴的前提出发，解释是可能的。思维模式因此在范畴和可解释概念（concept）的相对分散中色色相异。这样，在一种文化中可以解释的可能在另一种文化中无法解释。这甚至意味着，在某种思维模式中解释某些事情在另一种思维模式中可能是无意义的。阿拉伯文化的一位顶尖专家告诫费肯杰教授："一个穆斯林总是喜欢向你解释你询问的每件事情，但往往这种解释什么都没有解释。"② 这一说法有几分刻薄。但是，费肯杰教授认为，如果这位言说者考虑到（通常）解释的思维模式的确定性，其失望就没有道理了。一个穆斯林的解释毫无解释力正是这位阿拉伯文化专家的错误。联想的、思辨的、主题的、神秘的以及其他的解释事情方式与西方理性的解释方式相竞存。无人可以声称其解释方式是"正确的"或者"最好的"。

在费肯杰教授看来，推参阐述 II 不外乎一种跨文化的比较，确切地说是"从外部"跨思维模式的比较。就此而言，这是对于直接反对另一种思维模式的价值体系和推理的非反省拒绝的朴素"反对"。但在此费肯杰教授告诫我们必须牢记的是，屠宰他人的圣牛不仅徒劳无益，

---

① Wolfgang Fikentscher, *Mode of Thought in Law and Justice, A Preliminary Report on a Study in Legal Anthropology*, Berkeley：The Center for Hermeneutical Studies, 1988, p. 7. 此书已由笔者翻译为中文，即将出版。

② Wolfgang Fikentscher, *Mode of Thought in Law and Justice, A Preliminary Report on a Study in Legal Anthropology*, Berkeley：The Center for Hermeneutical Studies, 1988, p. 8. 此书已由笔者和一些同仁翻译为中文，即将出版。

而且是不允许的（It is of not only of no use but it is impermissible to butcher the holy cows of others）。推参阐述 II 并不证明元理论的必要性，它还不是元理论。思维模式的比较和批评的元理论需要一个公分母的武库（推参阐述 III）。

费肯杰教授认为自己的推参阐述方法也适用于自然科学。他指出，在自然科学中，托马斯·库恩考察了"科学革命"，这可以被视同诸如导致可识别的（自然）科学思想模式的新"范式"（paradigm）的引入。文字上的反应集中于库恩似乎极端的相对主义，其质疑对于真理的科学探求，代之以不可通约的范式：并不是托勒密（Ptolemaios，约85—165）是"错误的"而开普勒（Johannes Kepler，1571—1630）是"正确的"，而是均提出了与其时代相适应的需求和知识能力。库恩后来愉快地拒绝了这种"相对主义"，但并没有完全放弃其基本的观察。费肯杰教授认为，库恩的观察是正确的，其只不过是在推参阐述 II 的层面在自然科学中不同模式的对立。库恩对于公分母探求（推参阐述 III）的置之度外导致了上述相对主义的谴责。

推参阐述 II 并不缔构思维模式，它们仅仅将其加以排比。因此，从推参阐述 II 不能得出结论，一种思维模式应该尊重另一种思维模式。对于一个穆斯林来说，推参阐述 II 告诉的是，在"dar'al islam"（即伊斯兰的绥服世界）之外，还有一个"dar'al harb"，即外部纷扰的未底定区域。对于胡果·格劳秀斯而言，推参阐述 II 所讲的是，在作为真正宗教的基督教规则的外部，还存在一个"传教士区域"（terra missionaries）。但费肯杰教授的推参阐述 II 并未告诉穆斯林和胡果·格劳秀斯，穆斯林应该让"dar'al harb"不受触动地凭借其本身资格自存，基督教徒应该让传教士区域不受触动地凭借其本身资格自存。宽容、尊重、世界革命的重新统一等，是附加于推参阐述 II 的基本原理。依据 1966 年 12 月 19 日《公民权利和政治权利国际公约》（International Pact on Civil and Political Rights，ICCPR）和《经济、社会和文化权利国际公约》（International Pact on Economic, Social and Cultural Rights，ICESCR）的第一条，每个人都具有采取、保持和改变其思维模式的权利。这些公约的潜存哲学预设应该是这样一个假定：一个现存的思维模式作为现存文化的一部分，应该被其他文化的参与者所尊敬。①

三、作为第三步的推参阐述 Ⅲ

费肯杰的推参阐述方法受雅斯贝尔斯的影响很大。按照汉纳·阿伦特（Hannah Arendt，1906—1975）的说法，雅斯贝尔斯是完全独立的，他所代表的并不是德国人，而是德国人中仅存的 humanitas。雅斯贝尔斯对于建立在技术化的沟通手段和暴力之上的人类的一体化深感忧虑，认为其摧毁了所有的民族传统，埋葬了所有人生存的本真起源，造成人的浅薄化。这种"可怕的浅薄一统天下"最终不只是降低到人们所共有的"最小公分母"为止，而将抵达的是一种我们在今天无法想象的平面状态。与现代的外国中国学研究仍然在汲汲于探求超越西方中心观和中国中心观的二元困境相比，雅斯贝尔斯的著名的"轴心时代"（die Achsenzeit）理论可以说便是这方面研究的先驱。按照雅斯贝尔斯"轴心时代"理论，在公元前 800 年到公元前 200 年这五个世纪中，中国出现了孔子和老子，印度出现了《奥义书》和佛陀，波斯出现了查拉图斯特拉，巴勒斯坦出现了先知，希腊出现了荷马和一批哲学家和悲剧作家。这一时期在不同文化中发生的事件时至今日仍然是我们赖以生存的人类精神的基础，是所有人意识中的历史的轴心。作为历史中伟大的世界性文明的起源，它们彼此之间完全没有联系，然而这些起源在它们各自的差异中，却包含着某种独特的共性。雅斯贝尔斯讨论轴心文明的目的并非在于支持文化相对论，而是要强调不同文化的共性。雅斯贝尔斯的普世主义思想在 1919 年的《世界观的心理学》（Karl Jaspers，*Psychologie der Weltanschauungen*，Berlin：Springer，1919）中就已经初露端倪。尽管雅斯贝尔斯对于中国历史的具体细节的理解可能远逊于当代国外的许多中国学研究者的渊博知识，但这种历史哲学高度却是后来者难以望其项背的。汉纳·阿伦特指出，"无限的沟通"（grenzenlose Kommunikation）是雅斯贝尔斯哲学的另一核心概念。在雅斯贝尔斯所言说

---

① 费肯杰：《在法律和正义中的思想模式：关于法律人类学研究的初步报告》，张世明译，未刊稿。

的这种无限沟通系统中，"具有不同起源的人类可以在某种'同一性'（sameness）中展示他们自己。但是这种同一性根本不同于'划一性'（uniformity）。正如男人和女人只有通过彼此之间的绝对差异才能成为同一者，也就是说，成为人，同样，每个国家的国民只有通过保持并坚守自身的政治身份，才能进入到人性的世界历史之中。一位世界公民，如果他是生活在一个世界帝国的僭政之下，用一种所谓的'世界语'来说话和思考，那么他就会是像'两性人'那样的怪物。使人们联结起来的纽带，从主观上说乃是'无限沟通的意愿'，在客观上则在于普遍的可理解性这一事实。人类的统一及团结，不可能建立在对一种宗教、一种哲学或一种政府形式的普遍一致的赞同之上，而在于这样一种信念：'多'（manifold）总是指向着一种'一'（oneness）——多样性隐藏、同时又显示着这个'一'"①。雅斯贝尔斯及其挚友汉纳·阿伦特的思想在费肯杰教授的推参阐述方法中均可以找到其跃动的影子。费肯杰教授所论述的基督教、伊斯兰教、佛教和中国儒家等世界文明中不同思维模式问题、"世界内政"问题、信任问题、人的条件（conditio humana）均可以说与雅斯贝尔斯、汉纳·阿伦特的思想一脉相承，他是在吸取这些前辈思想家的养分中成长起来的。

费肯杰教授的推参阐述方法旨在使一种可能略微类似于比较法的比较哲学方式成为可能。哲学家研究的对象则是融入了价值因素的"生活世界"，"生活世界"是一个意义的世界，其意义是多元的，不存在唯一标准化的世界意义。任何一种哲学理论自身都可以是"自洽的"，但在不同的哲学理论之间却可能存在着矛盾和冲突。在某种意义上，比较哲学可以被视为跨文化的哲学对话，而作为"对话，特别是宗教及意识形态领域的对话，并不单只是一系列的会谈，而是一种全新的思维方式，一种领会和反映世界及其意义的方法"②。通过对话，"走出对世界及其他对我们的意义的绝对化理解，走出绝对的思维方式，我们已经开

---

① 汉娜·阿伦特：《黑暗时代的人们》，王凌云译，江苏教育出版社 2006 年版，第 67 页。

② L. 斯维德勒：《全球对话的时代》，刘利华译，中国社会科学出版社 2006 年版，序言第 1 页。

始发现一个远为丰富、远为'真实'得多的理解世界的方式，这就是对话的思维方式"①。在这一点上，费肯杰教授的推参阐述方法可能和哈贝马斯的理性交往颇为类似。费肯杰教授在论述推参阐述Ⅲ时以罗马天主教会（而非梵蒂冈）最高法院立法会（the Apostolic Signature）为例。该法院的审判恪尽其"道德保障"（the "moral assurance"）的职守，以便能够审断提交到法院的案件，这种可以讨论某些类型事务的"能力理论"（theory of competence），让人联想起哈贝马斯的进行一种不受到扭曲的对话能力理论。费肯杰教授认为：在哈贝马斯理论中，准确与证成的要求被反映为进行对话的平等分配的机会的客观条件、将对话进行到底的互惠（亦即非特权地）行为预期。但是，平等互惠仍然有待于加以判断。无论如何，法律判断拒绝这样削足适履，因为法律在哈贝马斯看来取决于争辩而非对话。争辩并不旨在于真理，而在于在法庭上取得成功。对话旨在真理。这样，哈贝马斯被重新依赖于这一立场，即要求他成为不受到扭曲的对话条件或者善良、公平和正义意识的法官。② 在法律中，正义的许多原则——各得其所（Suum cuique）、黄金规则（Goldene Regel）、绝对命令（Kategorischer Imperativ）、公平原则（Fairnessprinzip）、宽容要求（Toleranzgebot）以及其他，被认为超越了一切历史经验，实际上为"空洞的公式"。这些原则被视为只是在形成中，即它们如何在各自的时代背景下展现内容，才具有含义和顺序。③ 在世界开始祛除迷魅之后，正义理论要指望在一个多元主义社会中被人们接受，就必须仅仅局限于一个严格来说是后形而上学的观念，避免介入彼此竞争的诸生活方式和世界观之间的冲突。正如哈贝马斯所说，即使对理性的公共运用，在许多理论问题上，尤其是实践问题上，也并不导致所追求的合理共识（Einverstandnis），故而对话的沟通成为

① L. 斯维德勒：《全球对话的时代》，刘利华译，中国社会科学出版社2006年版，导言第1页。

② 费肯杰：《在法律和正义中的思想模式：关于法律人类学研究的初步报告》，张世明译，未刊稿。

③ 阿图尔·考夫曼、温弗里德·哈斯默尔主编：《当代法哲学和法律理论导论》，郑永流译，法律出版社2002年版，第53页。

解决价值体系和思维模式差异的必经之路。但是，在费肯杰教授看来，对话的形式规则也不可以成为在内容上何者为"正确"的保证。费肯杰教授的推参阐述方法企图致力于元理论层面探求的旨趣，即在于如同阿图尔·考夫曼所说的从真理合意论拓展至真理一致论。当然，这样的理论挺进势必面临不小的困难和风险。

方法论（methodology; methods）也称方法学，它以方法（manner; craft）为研究对象，是对方法的研究。方法论研究本身就可以分成两个层面，其一是研究各学科具体方法的，其二是研究有关方法的元理论（metatheory）、认识论依据的；后者与哲学的认识论（epistemology; theory of knowledge）部分相交叠。μετά（metá）在希腊语中不仅指"在……之后"，也有"超越的""元"（基础）等含义，其与某一学科名相连所构成的名词意味着一种更高级的逻辑形式。具体言之，可区分为两层含义：一是指这种逻辑形式具有超验、思辨的性质。公元前 1 世纪时，安德罗尼柯（Andronicus of Rhodes，生卒年月不详）着手编纂亚里士多德的手稿，在编辑完《物理学》（phusika）之后，由于编辑亚里士多德关于第一哲学（first philosophy）的手稿一时找不到合适的名称冠之，遂权且称为"物理学之后诸卷"（τὰμετὰ τὰ φυσικὰβιβλία, ta meta ta phusika），后人去掉其中冠词，就成为 metaphusika，此即"形而上学"（metaphysics）一词的由来。metachemistry、metapsychology、metaanthropology、metapolitics 等词与之相似。一是指这种新的更高一级的逻辑形式，将以一种批判的态度来审视原来学科的性质、结构以及其他种种表现。这以元数学（metamathematics）和元逻辑学（metalogic）为先声。哈贝马斯把语言看作生活世界的一种"元制度"，而西方哲学在 20 世纪的一个重要趋势即所谓"语言学转向"。尽管"元哲学"（metaphilosophy）一词并未在语言分析哲学家的笔下出现，但这种分析哲学以哲学为自身对象，而不以具体的哲学问题为对象，注重对语言的形式化研究，从而分析、检验和判断以往哲学的合理性和有效性，恰是具有元理论性质的哲学。语言分析哲学的诞生使许多学科开始了元理论研究的进程。例如，社会学是一门多元范式的科学（multiparadigm science），元社会学（metasociology）被称为"社会学的社会学"（sociology of sociology）。瑞泽尔（George Ritzer）分析了元理论的使用和误用，将社会学的元理论化划分为三个分支：一是作为获得对理论更深刻理解手段的元理论化（metatheorizing as a means of attaining a deeper understanding of theory，Mu），即努力发展既存社会学理论的潜在结构；二是作为理论发展之前奏的元理论化（metatheorizing as a prelude to theory development，Mp），即研究理论是为了产生新的理论；三是作为涵摄观点之来源的元理论化（metatheorizing as a source of overarching theoretical perspectives，Mo），即研究理论的目的是为了产生一种成为部分或全部社会学理论的涵摄观点。所有这三个分支都将既存的社会学理论作为其研究题材，并反思性地考察这些理论。按照瑞泽尔的分析，社会学的元理论化已完成了元研究的整个程序：开始于描述性考察既存理论的潜在结构（Mu），进入到对症探索未来理论发展的新方向（Mo），然后终结于实际建构新的社会学理论（Mp）。Mu 是 Mo 的前提，而 Mo 则是 Mp的先决条件。①

　　元理论研究的必要性在于认知范式的差异性，所以瑞泽尔（George Ritzer）利用范式搭桥（paradigm bridging）等元理论工具对社会学理论加以反思的、后设的统合分析，通过语言分析指陈理论的矛盾，并宣布理论的合理或破产。批判理性主义也以元理论研究为己任，波普尔（K. Popper）、库恩（T. Kuhn）、拉卡托斯（I. Lakatos）等均以科学为对象，对科学知识和科学活动的反思，或是分析科学知识的逻辑结构和概念，或是分析科学知识发展中的发现逻辑，或是分析科学发展中的社会和心理基础。费肯杰教授认为，对于所有思维模式共同的概念项数集合，在初看之下必须由地地道道的形式理念组成。诸如因果关系、时间、风险等概念如何一起工作，（文化）参与者从一种思维模式到另一种思维模式大相径庭。但文化的多重性（multiplicity）或多元性（plurality）并未使我们在自己的文化的囚笼里面被判处无期徒刑，因为有一个世界文化——人是文化的产物——我们能把一种具体的文化翻译为

------

① George Ritzer, Sociological Metatheorizing and A Metatheoretical Schema for AnalyzingSociological Theory, in Ritzer, G., *Sociological Theory*, New York：McGraw-Hill, 1996, Appendix.

另一种具体的文化，但那是在元层面上。那里必须有这样一些在不同思维模式中的共同元概念：历史事件是否和如何彼此（无论其是“西方人的”、神秘的、业力轮回的或者其他因果关系）联系在一起，一个特定思维模式是否和如何处理时间（诸如直线的、循环的、反复的、无未来的、末世的等），是否和如何处理灾难、被预见的灾难、风险，共同的任务是否和如何在根本上被确信；如果被确信，又是否和如何解决；是否和如何、在多大程度上参与者被视为个体的。为了清晰起见，有必要讨论元因果关系、元时间、元风险［包括神义论问题（the theodicy issue）］和在推参阐述Ⅲ层面讨论这些问题的元合作。文化的普遍性是在较高等级上的文化特性。不仅是语言学或解释学问题而且也是能从方法上加以探查的实体（entities，Dinge des geistigen Seins），然后他们也能够表达和理解——但仅仅是然后。从逻辑上说，由于所有可比性、可兼容性、可通约性都建立在理解别的文化的可能性之上，所以要切入这个领域，首先应当提出跨文化的理解的可能性，而不能当头一棒以不可比较决然断言之。两个互不通约的体系仍然可能是可比的（comparable）。中文里所谓“驴唇不对马嘴”时，也并不是说这两者不可比，而是说它们没法和谐地放在一起；英文里所谓“you cannot compare an apple with an orange”（你不能拿苹果来比橘子），也不是说它们不可比，而是说由于它们不一样，需要用不同的标准来判断它们的优劣。① 实际上，正是在加以比较以后，我们才能看到其不同或不可通约性，无比较的涉入即无不可比较的结语。不同文化思维模式的比较问题又可以从不同文字之间的翻译的可能性入手。在费肯杰教授看来，一旦进行不同文化之间的翻译时，人们便在使用元概念。无论如何，只要在一种思维模式中言说的语言可以被翻译为在另一种思维模式中所使用的语言，那么必然存在可以定义的公分母。即便这种翻译可能不充分，也不能改变这种性质。跨文化的元概念的运用是不可避免的，但仅处在（并将驻足于）元概念背后的不同的文化意义仔细反思之后。借助参与者的文化观点，推参阐述思想研究某一文化“思维方式”内特定理论之下的前提

①　倪培民：《探涉比较哲学的疆域》，《学术月刊》2006年第6期。

和后果。推参阐述需要的不是某一特定社会中的唯一理论，抑或特定理论。人们必须要遵循一种思维方式。但这一理论导致了结果 A 和那一理论导致结果 B 的判断，却是一个元理论意义上的判断。因此，在这个意义上，推参阐述是社会科学中的一个元理论。①

如同分析哲学力图通过语言分析探讨元哲学问题一样，分析法学也有着同样的理论品格。费肯杰教授将推参阐述Ⅲ作为寻求概念的公分母的思想应该说受到霍菲尔德（Wesley Newcomb Hohfeld，1879—1918）寻找法律概念"最小公分母"（the lowest common denominators of the law）思想的影响，也和哈特（Herbert Lionel Adolphus Hart，1907—1992）所谓最低限度的自然法的意思颇为类似。著名人类学家霍贝尔（E. Adamson Hoebel，1906—1993）从其在耶鲁大学的同学卢埃林那里受到霍菲尔德的影响，并将霍菲尔德的方法用于自己的著作《初民的法律》（Edward Adamson Hoebel，*The Law of Primitive Man：A Study in Comparative Legal Dynamics*，Cambridge，Mass.：Harvard University Press，1954）。费肯杰教授在《推参阐述和法律的推参阐述性定义》中对于法的定义的分析法学路径研究虽然直接以利奥波德·波斯比西（Leopold Pospisil）为参照物，但这种方法显然和霍菲尔德对于法学革命性的理论贡献（revolutionary theoretical contribution to the legal science）是密不可分的。费肯杰教授认为，反映相似和不相似需要比较的公分母，否则比较停留于"朴素的"层面（推参阐述Ⅱ）。可以说，在进化论的语言学进路下，从推参阐述Ⅱ到推参阐述Ⅲ的转换就如同认知步骤从"朴素的"的二元（"存在……的一对"）到"现代的"二进制（"存在其中的很多，但仅仅只有这样两种"）的跃进。这是为了将各项数带入加以比较在某些秩序（并不一定但可能是一种制度）的被确信的共同"依赖"特性的步骤。不过，在推参阐述Ⅲ层面，什么是公分母最终仍有待定义。费肯杰教授引述一位巴西贸易联合会领导人的报告说："我们的问题在于，我们不得不学会：我们必须赋予有权利者权利，

---

①　费肯杰：《推参阐述和法律的推参阐述性定义》，张世明、冯永明、孙喆、张頔译，未刊稿。

也必须赋予和我们不那样想和行动的其他人权利，因为，否则我们将不能保证恰好具有权利。"（Our problem is that we have to learn that we must grant the right to have right also to others who do not act and think like we do because otherwise we shall not be granted to right to have rights. ）只有"参与者"（participant）这一术语才足够宽广以在元理论上覆盖从单纯的群体成员到马克斯·施蒂纳（Max Stirner，1806—1856）非联合个人的各种个体概念。①

　　费肯杰教授认为，一切法律制度，无论其内容或形态上有何种差异，都必有一些基本的共同因素。不同思维模式的公分母或者内容的问题也可以在人的承认和基本权利的术语下研究。跨文化的元理论进入联合国的日常实践已经颇有时日。自己文化认同的权利，自己的政治、经济及社会制度的权利在 1966 年联合国的《公民权利和政治权利国际公约》和《经济、社会和文化权利国际公约》② 加以保证时，二者都是跨文化准备的（因而可译的）元概念的（推参阐述Ⅲ）策略运用（推参阐述Ⅳ）。③ 联合国公约的规定成为费肯杰教授分析的出发点，表明其

---

　　① 费肯杰：《在法律和正义中的思想模式：关于法律人类学研究的初步报告》，张世明译，未刊稿。

　　② 参见费肯杰著、张世明译《经济法》第 1 卷相关部分。

　　③ 学术界有一种观点认为：世界人权宣言的哲学基础是西方人特有的，所以其价值不能适用于西方以外的社会。例如，美国文化人类学中相对论的代表人物赫斯科维茨（Melville Jean Herskovits，1895—1963）就持这种观点。见 Executive Board of the American Anthropological Association，Statement on Human Rights，*American Anthropologist* 49（4）539 – 543，1947。不同观点可参见 Philip Alston，The Universal Declaration at 35：Western and Passé or Alive and Universal，*International Commission of Jurists Review* 31，December 1983，pp. 60 – 70。据费肯杰教授介绍，世界人权宣言产生于 1948 年 12 月 10 日。因为它仅表现为联合国大会的决议，所以立刻开始起草对联合国成员具有约束力的人权保护公约。由于首先遭到社会主义国家抵制而失败，欧洲国家自己制定了 1950 年 11 月 4 日保护人权和基本自由的公约。在联合国内部持续的努力才导致了 1966 年关于公民权利和政治权利，甚至于经济、社会和文化权利的国际公约决议（两者均在 1966 年 12 月 19 日）。1974 年 12 月 12 日国家的经济权利和义务宪章决议形成。然而其又是仅仅作为联合国大会的决议，这在最主要的西方工业国家弃权和反对情况下通过的。参见费肯杰著、张世明译《经济法》第 1 卷相关部分。

推参阐述理论带有明显的实证法学色彩。这一点和凯尔森纯粹法学奠基于非常宽泛的"基本规范"之上大不相同。推参阐述Ⅲ的元价值是，源自寻求和讨论价值的权利。追求和讨论价值的权利必须被包括在推参阐述Ⅲ。但这单独并无多大价值。另一思维模式参与者对于价值披沥的倾听、容忍的义务，正是探索价值权利的必然结果。成为追求价值、愿意讨论评价者的能力，是元层面的另一要求。这被定义为作为防御性的［"拥有价值"（possessing values）］和积极的［"能够抉择价值"（being able to decide for values）］立场的"人之价值能力"（Wertfähigkeit）。只要不阻止他人行使任其评价的权利，在自己价值评价中任其处置的权利，对于使用公分母进行思维模式比较而言是不可或缺的。较诸在当今世界拥有或者主张政治影响的许多思维模式所愿意赋予的，推参阐述Ⅲ要求更基本的权利保护，此即明证。这些基本权利不仅赋予个体（参与者）权利，而且也要求群体之人和族群权利的保护。恰如上述所言，只要其尊重其他思维模式，每种思维模式都有被尊重的权利。费肯杰教授的这种立场和其一贯坚持的自由主义立场是相一致的。①

　　对于在推参阐述Ⅲ层面元概念的认知是一种元认知或者说后设认知（metacognition），亦即"关于认知的认知"（knowing about knowing）和"认知如何认知"（knowing how to know）。对于构成分析（componential analyses）和关联分析是否适用于在推参阐述Ⅲ元层面的思维模式问题，费肯杰教授的回答是：这需要谨慎处理，因为它们是在西方的界域，即"一即一切"（hen kai pan）的"希腊"传统内发展起来的。就概念的单位建构而言，元层面必须谨慎避免不适合某一思维模式的规整概念。引导内容趋于某种概念内容的方向的在元概念中固有倾向，足以将元概念简单等同于某些假定特性的普通概念。但这又将与在这个世界上已经

----

① 拉德布鲁赫在《法哲学》中就详细分析了自由主义和民主的分歧。前者要求自由，后者要求多数；前者自由思想超越了平等思想，后者平等思想超越了自由思想。借用代数学的说法，民主认为个体只是一个有限值，而自由主义则认为个体是一个无限值。对民主而言，个体的值是乘数关系，个体群体的多数派的值大于少数派的值；与此相反，自由主义主张的无限个体价值不能被强大多数派的价值内涵所超过。

发现的和仍在被发展的大量思维模式难以允协恰切。然而，如果穷尽必要的谨慎，构成分析方法的适用也是可能的。具体言之，（1）编辑原始语汇资料和（2）会集能指以发现所指是最初的两步骤，它们被不加改动地使用。但接下来的三个步骤：（3）寻找上位概念（genus proximus）、（4）寻找属差（the differentia specifica）和（5）寻找属差之间的差异，这都是属于"希腊"系统学的范围。对于推参阐述Ⅲ元层面的调适在于，必须将最后三个步骤归并到一起，因为它们不可以被分割开来。首先它有助于概括步骤（3）：在特定思维模式中可能的"单位建构"研究结果，可能是并无被建构单位；白马根本不是马，黑马是某种如同奶牛不同于马的既不同于马又不同于白马的东西。这样，在第（3）和（4）步骤上一并的构成分析结果是，既无上位概念也无属差。分析者仅仅关注发现马、白马、黑马和奶牛为何和如何在根本上被区分开来。因此，对推参阐述Ⅲ调适性的构成分析的"技巧"在于步骤（3）和（4）的"虚化"。对于思维模式的论题程序［诸如纯粹亚里士多德式经院学派（pure Aristotelian scholastics）］，这可能是恰当的路径。[①] 这一点不仅仅是语言问题，它属于实体论和认识论。它是我们指望的人的条件（conditio humana）[②]，这种人的条件是文化条件，"笃实地"存在着，能被探索到，也能被表达出来。从无语言到无物（from no-language to no-thing）的推论是危险的。在元理论层面的"文化间基

---

① 费肯杰：《在法律和正义中的思想模式：关于法律人类学研究的初步报告》，张世明译，未刊稿。

② conditio humana（应作 condicio humana）是指人之存在或人之本质的一般条件（allgemein die Bedingung des Menschseins und die der Natur des Menschen），是哲学特别是哲学人类学以及各种社会学科中的研究对象，旨在从全人类的宏观视野出发，以全人类的未来作为共同的认同和关怀对象，厘清人之为人的必不可少的条件（conditio humana überhaupt）。康德、海德格尔（Martin Heidegger）的著作中都使用这一术语进行各自理论的论证。汉娜·阿伦特曾为海德格尔的学生、情人，被誉为历史上第一个探讨极权主义的哲学家，追溯极权主义在西方历史中的原生性与因果性，试图恢复人的真实条件以扭转现代世界"非人化"的倒逆境况，著有《极权主义的起源》（Hannah Arendt, *The Origins of Totalitarianism*）、《论革命》（*On Revolution*）与《人的条件》（*The Human Condition*）。尤其是《人的条件》比较集中地思考马克思的劳动观，在这一问题领域成为极有影响力的著作。

本价值"（interkulturellen Grundwerte）并不是简单的两个集合的公项，而是会通以求超胜，可能出现类似于萨缪尔森（Paul Anthony Samuelson，1915—2009）所说的现代经济学方法论存在总体与局部之间合成推理上的谬误（the part and the whole：the fallacy of composition），总体有可能大于各部分的加权数，或者是超出"一即一切"的西方传统而出现"白马非马"结局，在推参阐述过程必须充分考虑到个别与一般的对立统一。此外，这种元思维模式甚至可能是在推参阐述过程所构建的一个人造思维模式。这如同化学中的元素周期表中有一些空格在里面，化学家可以说出一定有一种元素，有着一定的特性，但还没在自然界中被发现。费肯杰教授对于这种元思维模式进行了性质的规定，他指出：首先，这应当是一种不属于原始宗教的思维方式——公元前 500 年之后——非万物有灵论。其次，这种思维方式应当是非东方式的，应当是不出离的，应当对世界有种积极的态度，应当是世间的而非来世的。再次，尽管这种积极的思维方式不应当具有希腊思维的悲剧性，悲剧性意味着有人遵从信仰、但接着灾难就降临了。这种被发明的思维方式，"不应当有耶稣或基督徒的信仰，让人觉得存在着上帝，他关心、热爱、宽恕世上之人，而在这样做的时候给别人带来灾难。所以不应当有外界而来的宽恕的可能性，因此，必须有一种报偿的思维方式。这是输入。输出是这种思维方式：X。现在我们进入了丛林，去查看 X 是否存在。"①

　　在本质主义的思维结构中，人被当作一个类、一种普遍性来看待，实际上也就被当作一个物或一个工具来对待，于是人被抽干了血肉情感，被当成了非人。每一个个人都成为一个与他的同类没有任何区别的点，是一个可以被称为"类"的大机器的一个环节、一个螺丝。由于这样的思维结构深深地埋下了一颗人的异化的种子，所以有人也许会处于对这种形而上学的恐怖，也认为在推参阐述Ⅲ中一个元概念（元价值、元时间等）的观念太空洞、太形式、太抽象（over-generalized）。

---

　　① 费肯杰：《推参阐述和法律的推参阐述性定义》，张世明、冯永明、孙喆、张頔译，未刊稿。

但费肯杰对此泛化过度抽象说表示无法苟同，认为自己现在做的一切都是在一个元水平上用中立语言进行的讨论，并且在此，推参阐述Ⅲ的概念绝不是空洞的、形式的，而是和法兰克福学派的批判理论一样具有强烈的价值介入意识（a strong sense of value involvement），是具有价值载荷的。元概念是精神上的真正实体，而不仅仅是程序上的倾向性。他们不应该通过超越不同文化的同化所取得，而应通过企图保持和维护这些不同文化的元思想所取得，因此"元"不意味着文化帝国主义，而是服务于跨文化。文化的差异不是"被消解的"，而是被推参阐述当下提出的结构所强调；为了文化的多元化，交谈的必要性导致了元概念。约翰·A. 科尔曼教授在学术对话中批评推参阐述Ⅲ对于元理论的分析，认为对此类事情的主张如同事实上并没有人使用的普适性语言——世界语一样。但正如倪培民在《探涉比较哲学的疆域》中所说，所谓"元哲学"并不是要在不同的哲学形态之上再建立一个"普遍哲学"、在不同的语言之上建立一套普遍语言，也不是致力于在不同的哲学形态之间寻求"同一性"，当然更不是企图消解各自的文化背景而谋求所谓准确的理解，而是建立一种"宽容"的态度，营造一种可供比较的环境。[①]"同一性"（sameness）并不等同于"划一性"（uniformity）。人类的统一及团结不能是"可怕的浅薄一统天下"，不可能建立在对一种宗教、一种哲学或一种政府形式的普遍一致的赞同之上，而如同费肯杰教授所说的那样关键在于思维模式的元理解，或者说多元的信念中具有彼此积极进行沟通和理解的这样一种信念。[②] 在推参阐述Ⅲ层面，这里所从事的元价值的绅绎旨在涵摄所有的思维模式，其包括最为教义化的和粗野的思维模式，但不赋予其价值指导能力。这是因为，并非"所有存在都是好的"（Omne ens est bonum）[③]。教条的思维方式依定义是被禁止于他们对推参阐述Ⅲ所做的贡献之外的。一种思维模式如此教义化以至于

---

①　倪培民：《探涉比较哲学的疆域》，《学术月刊》2006年第6期。

②　汉娜·阿伦特：《黑暗时代的人们》，王凌云译，江苏教育出版社2006年版，第67页。

③　Christel Fricke, *Kants Theorie des reinen Geschmacksurteils*, Berlin: Der Wissenschaftsverlag Walter de Gruyter, 1990, S. 59.

支持消灭和驱除所有其他的思维模式，这种思维模式就不能参加对于推参阐述Ⅲ具有构成性的对话。费肯杰教授在学术对话中又援引哲学家史蒂芬·培帕（Stephen C. Pepper，1891—1972）的观点来强化自己的论证。史蒂芬·培帕认为有许多哲学化方式，哲学这个大门应该为哲学的追随者或新创造的哲学敞开，但是这些哲学不被人类思想财富贡献者的论坛所接纳，这个论坛在他们打算排除所有的其他思想这个意义上是"教条"的。它们均在推参阐述Ⅲ内，并在经验意义上是可描述的，但在规范意义上作为一个准绳被摒弃。声称唯一被接受的思维方式依定义被推参阐述Ⅲ所阻止，因为它不想为对话敞开大门，因为推参阐述Ⅲ的元价值来源于要探求和讨论价值的权利。但是，解读自有其主张意见的权利，这样的推参阐述主张又被持异议者质疑为依然是一种精巧的、被遮掩的文化帝国主义版本，不过是意义有限的研究者思想的历史渗入和自我回溯。

正是费肯杰教授既在推参阐述Ⅲ层面探讨空间、时间、因果等被康德视为人脑固有的认知形式和范畴，又在推参阐述Ⅳ层面赋予人的智力以设计现实世界力量，所以有学者认为这种理论具有康德先验主义的气味。但是，我们知道，康德否定所有试图将道德和法律的一般原则建立在经验人性（the empirical nature of man）基础之上的做法，力图从一种建立在理性命令基础之上的先验的"应然"世界中发现其基础，而费肯杰教授的推参阐述恰恰是依赖法律人类学的路径企图通过经验研究为一种新的自然法建立基础。悉尼·波斯特·辛普森（Sidney Post Simpson，1898—1949）和鲁思·菲尔德（Ruth Field）曾抨击凯尔森纯粹法学中的"法"是一个没有社会内容和意义的法、没有血肉和五脏六腑的法[①]，指责其甚至算不上是一具法的僵尸，但这些阙失对于费肯杰教授的推参阐述理论是绝对无缘的。

四、作为第四步的推参阐述Ⅳ

人文社会科学每每具有改造世界的功能。诠释学传统从词源上至少

---

① S. P. Simpson, Ruth Field, Law and the Social Science, 32 *Virginia Law Review*（1946），p. 862.

包含理解、解释和应用三个要素，不仅是一种方法，而且也是亚里士多德所说的一种"实践智慧"（Phronesis），因此迦达默尔认为，诠释学作为哲学就是实践哲学①。泰勒（Edward Burnett Tylor，1832—1917）写道："我们的工作尽管尚未硕果累累，然而为了人类的幸福乃是紧迫而至关重要的。其目的即是要促进人类的进步，同时清除障碍。这种文化的科学，本质上是改革者的科学。"② 尼采在 19 世纪末又提出"重新估定一切价值"（Umwertung aller Werte）的口号，从价值观上对传统价值体系的合理性提出质疑，提醒后者应时时保持一种实践的面向。推参阐述Ⅲ追求元概念的理论与实践并非断然两截。元认知本身即是个人对其认知历程和认知结果的自我觉知、自我监控以及自我调整等之知识与能力，行动或策略运用本是题中应有之义。就本质而言，理性主义理论也具有对现实世界的建构创生性质，具有使服膺者"改宗"（proselytising）的功能，其借助于科学研究方法和人们对科学的崇拜，从而塑造对其他一切知识的话语霸权。

　　费肯杰教授的推参阐述理论并非玄之又玄的凌空虚谈，而是为了世界法律形成的现实任务。无论推参阐述Ⅰ从推参阐述Ⅱ和推参阐述Ⅲ中挑选出来和离析出来，思维模式的宽容都会出现。一旦推参阐述Ⅱ和推参阐述Ⅲ被囊括于跨文化比较，特定的（和可能宽容的）思维模式被压缩至合适的规模：众多思维模式之一。但恰切压缩至合适的规模是一种战略。导致在思维模式领域跨文化比较产生调节效果（这只不过是推参阐述Ⅱ和推参阐述Ⅲ的结合的另一种说法）意味着对特定思维模式做一些事情。这种"做一些事情"可以被称为"推参阐述Ⅳ"。使用推参阐述Ⅰ到Ⅳ是一种战略。提升至推参阐述Ⅳ意味着超越人类学分析和哲学推阐由于其自身缘故被牵扯进来。一旦实际的政治的、法律的、经济的、社会的和纯粹理论的领域被着手，就会引起极为不同的和影响

① 可以参见 Duška Dobrosavljev，Gadamer's Hermeneutics as Practical Philosophy，*Facta Universitatis-Series Philosophy，Sociology and Psychology*，Vol. 2，No 9，2002，pp. 605 – 618。

② E. B. Tylor，*The Origins of Culture*，New York：Harper and BrothersPublishers，1958，p. 539.

深远的责任。在费肯杰的理论体系中，法律人类学不是仅仅局限于人类已经造就出来的法的社会现实，也着眼于寻找法的理想完美的模式。这是其推参阐述理论的特色之一，从实然延伸至了应然的界域，将分析性与建构性融为一体。推参阐述 IV 被称为在思维模式中的"应用人类学"。推参阐述 IV 是推参阐述 III 的一种策略运用，在其整个理论体系中是具有规范意义的。如果你想改变某事，你就不得不改变某事。如果人们信仰某些东西，一个人不可能诸事皆遂其欲。如果人们（暂时假定）不相信被这些"信仰"所欲求的任何东西，也不能获得任何东西。但如果一个人要求某种东西，人就必须信奉某一前提条件。有些国家的公民可以游行示威于总统府，但有的国家却认为人权的首要含义是吃饭的权利、活着的权利。财产的不均等占有是这种局面出现的虽非唯一却是很重要的原因，思维模式在这里至关重要。费肯杰教授表示，推参阐述 IV 会排除那些声称自己唯一正确而其他都是错误的思维方式，但这包含了"文化多样性"的前提和"跨文化容忍"（cross-cultural tolerance）的呼吁，不同于诸如纳粹意识形态需要排除在外的思维方式。

费肯杰教授认为，推参阐述 IV 这种跨文化宽容的方法与其他的、更为形式和就法论法（legalistic）的方法相竞争。它们大量存在，形式多样。还有为了相同目的的其他模式和蓝图：使这个世界得以既具有维系和平的效果而参与者又尽可能自由的管理。这些就法论法的建议也许是有益的，但机会仅仅在于，一旦大多数参与者关注的思维模式的差异和合法性被认识到，它们才能被认真讨论。如果存在这样的跨思维模式的理解，法律的形成和规则尽管绝非可以泄泄视之，但可能是等而次之的事情。① 在这一点上，费肯杰教授的观点与哈耶克的见解不谋而合。哈耶克也认为，法治不是一种关注法律是什么的规则，而是一种关注法律应当是什么的规则，亦即一种"元法律原则"（the meta-legal principle）或一种政治理想。用中国成语言之：皮之不存，毛将焉附？君子务本，本立而道生。费肯杰教授在这里告诫我们勿忘大体。因为昧失本原，大

---

① 费肯杰：《在法律和正义中的思想模式：关于法律人类学研究的初步报告》，张世明译，未刊稿。

本不立，具体规则关系势必难以理顺。

在推参阐述中，显示什么行不通，已经是推参阐述Ⅳ（Synepeik Ⅳ）战略的一个实质部分。不过，如果显示何种思维方式前提被选择和何种前提必须被后置，如果某些经济（或者法律、社会）结果被期望，积极的"设计"也是可能的。这涉及实用发展政策（praktische Entwicklung-Politik）。使用推参阐述的政治结局（在最为广泛的意义上）开辟了两个不同的、在某种程度上甚至对立的战略路线。其中之一可以称为"发展路线"（development line）。它检视在政治、经济、法律等方面思维模式的矫正和变化。一个例子就是印度或禅思中心的影响日增，在传统基督教国家的有关活动导致在"理性的"西方冥思实践的急剧蔓延。另一战略路线也许更为重要。它关注发展和保守的对立。推参阐述要求个体的、族群的、社会之人的普遍的思维模式权利，亦即集矢于思维模式多元性和复杂性的保护和恪守的法律立场。屏蔽小的和不重要的思维模式被"现代化"和"发展"是推参阐述Ⅲ的核心信条，不是使之长期处于贫困落后，而是保障其传统的利益和所习惯的生活。① 思维模式既是给定的（gegeben），又是自我创设的（aufgegeben），对其"但宜推求，勿为株守"②。社会的反托拉斯（societal antitrust）、发展的反托拉斯（developmental antitrust）、去中心化是"发展援助"不可或缺的压轴要素之关键词。

推参阐述Ⅰ、Ⅱ、Ⅲ、Ⅳ在笔者看似乎可以说是菲尔姆·诺思罗普（Filmer Stuart Cuckow Northrop，1893—1992）和朗·富勒（Lon Fuller）观点的综合。当然，这只是笔者个人私见，并不见得符合费肯杰教授的原意。菲尔姆·诺思罗普主张对国家所颁布的实在法是否符合一个民族或文化的活法进行考察。他指出，只有当实在法符合一个民族的社会和法律需要并从一般意义上讲能够为他们所接受和遵循时，它才能作为一种有效的法律制度发挥作用。现在世界上各民族或族群的活法各式各样，大相径庭。但这绝不意味着一种文化在社会学上的"实然"便构

---

① 费肯杰：《在法律和正义中的思想模式：关于法律人类学研究的初步报告》，张世明译，未刊稿。

② 《戴震集》，汤志钧校点，中华书局1980年版，第54页。

成了判定其法律制度善与恶的终极标准。"判断当今人的行为和文化制度的那种规范性理想，绝不可能是人的行为和社会制度的实际意义上的'实然'，否则，现状就是完美无缺的、且不再需要进行任何改革和重构了。"① 诺思罗普没有探寻元理论、元价值的迹象，但也提出了对于思维模式、价值观念进行其自身逻辑体系内部的分析和超越该体系的"终极标准"与改革可能性。而朗·富勒更是建议用其新造的术语"尤诺米克"（eunomics）重建具有普适性的自然法。富勒把这个术语的含义定义为有关"良好的秩序和可行的安排的理论或研究"（the theory or study of good order and workable arrangements）②。他审慎地指出，"尤诺米克"并不企图传授任何具有约束力的终极目的的真理性观念或教条，相反，必须认清自己的主要任务，即提供一种有关手段方面的理论，而这些手段则是法律秩序为达到某种社会组织形式的目的所必须运用的。不过，"尤诺米克"也可以不局限于关注社会目的之手段问题，而是努力以科学的方式指出某些社会目标是不可能达到的，因为人类无法为这些目标设计出可行的、容易操作的法律形式。③ 朗·富勒新造的术语"尤诺米克"与费肯杰教授所谓的推参阐述Ⅳ的意旨颇为相似。

第四节　法律的推参阐述性定义

法律概念和法律理念的密切结合是拉德布鲁赫法哲学的特色，拉德

---

① F. S. C. . Northrop, *The Complexity of Legal and Ethical Experience: Studies in the Method of Normative Subjects*, Boston: Little, Brown and Company, 1959, p. 240.

② Robert S. Summers, *Lon L. Fuller*, Stanford, California: Stanford University Press, 1984, p. 74. 亦可参见 Joseph Lazar, Eunomics: A Behavioral-Science View of the National Railroad Adjustment Board System, *Duke Law Journal*, Vol. 1961, No. 2 (Spring, 1961), pp. 262 – 273。

③ Lon L. Fuller, American Legal Philosophy at Mid-Century, *Journal of Legal Education* 6 (1953 – 54): pp. 457 – 485.

布鲁赫对于法律的定义是：法律是一个有意识服务于法律价值与法律理念的现实。按照其观点，定义不能从单一的法律现象中归纳出来，而是要从法律理念中推导出来。它的本质不是法学的，而是"先法学的"（vorjuristisch），也就是说，是处于法律科学关系中的先验本质。法律概念不是一个平常的、偶然的一般概念，而是一个必然的一般概念，并不是因为单一法律现象能够被归入法律，法律才是法律，而是恰恰相反，是因为法律的概念包含了法律现象，法律现象才是"法律的"现象。法律的概念首先应是先验的，它不是法律科学的结果，而是法律科学的工具，它不是对经验法律现象之偶然性的体现，而是法律思想的必然性范畴，正义、合目的性和安定性构成其内在规定性。法律概念只能作为追求法律理念的现实来确定。① 拉德布鲁赫引述歌德的名言："对理念有所顾忌的人，最终亦将不复拥有概念（Wer sich vor der Idee scheut, hat auch zuletzt den Begriff nicht mehr）。"② 这是正确的，但他认为纯粹经验论的一般法学（allgemeine Rechtslehre）至多也只能被称为"法哲学的安乐死"，则在我们看来似乎言重了。拉德布鲁赫从法律理念出发高屋建瓴地界定法律概念，不无几分独断的色彩，而法律理念和价值的认知可能性又必须进一步追问，这样又会陷入无限循环的明希豪森困境之中。

康德在《纯粹理性批判》中提出的一个著名观点是，将学问中使用的概念根据其基本性质区分为神学的定义和哲学的定义。日本法学家千叶正士在《法律多元——从日本法律文化迈向一般理论》中将康德的这种区分加以这样的理解，即前者可以被称为描述性定义（delineative definition），就像神学中的"神"一样，其性质是在学理思考开始之前作为先验真理而规定的前提性概念，随着思考的深入将其内容再进行演绎；而后者则可以被称为操作性定义（operational definition），像哲

---

① 拉德布鲁赫：《法哲学》，王朴译，法律出版社 2005 年版，第 30—37 页。

② Gustav Radbruch, *Rechtsphilosophie*, *Band 2 der Gesamtausgabe der Werke Radbruch*, bearb. von Arthur Kaufmann, Heidelberg: C. F. Müller Juristischer Verlag, 1993, S. 255. 亦可参见 Ernst Lautenbach, *Lexikon Goethe-Zitate: Auslese für das 21. Jahrhundert aus Werk und Leben*, München: IUDICIUM Verlag, 2004, S. 494。

学中的"善"一样，其性质是作为首要问题先描述概念的外延，在此基础上，随着思考的进展，逐步深入到概念内涵的分析。描述性定义作为学术开始阶段时描述对象所使用的定义，其要件是在确定该对象的外延方面，判明与其他事物的区别以及与其他学说的异同。而操作性定义则是随着分析的深入不断再构成的、作为根据事实阐明其内涵的工具概念，其要件是具有任何人都可以理解并使用的客观性。千叶正士认为，因为科学的概念是工具概念（tool concept），所以其概念规定是操作性定义，这种理解被作为世界上社会科学方法论的当然前提，就相当于对康德所说的哲学的概念的再规定。"这意味着，最初，尽管概念的外延已得到描述，但内涵却仍不明确，通过学术研究的深入始得到阐明，最后终于构成为精密、准确的一般性概念。然而，因为这也还不是真正的最终定义，仍需继续研究或修正，从这个意义上说，结论性定义永远只是一种假定。科学的概念就是建立在这样的操作性定义之上的。"① 一般来说，操作性定义是指根据可观察、可测量、可操作的特征来界定变量的含义，即从具体的行为、特征、指标上对变量的操作进行描述，将抽象的概念转换成可观测、可检验的项目。操作性定义是研究变量或有关概念与实际观察或活动之间的桥梁。将研究变量的抽象化形式转变为可观察、测量和操作的具体形式。因为概念的内涵和本质是无限的，所以在法学研究中，法律概念的定义往往都通过分解为若干构成要件的方式将其加以固定。与此相反，描述性定义常常包含着规范性的成分，因而也是一个规范性定义。

　　和费肯杰教授一样，千叶正士注重法律民族性的探讨，认为日本人最有特色的行为模式是"变形虫式的思维方式"，概括出英国的绅士式的条理性、美国的法治至上、德国的日耳曼式的体系主义、法国的精神式的象征主义（espritsymbolism）、中国天道式的多元主义等本质主义特征。尽管从字面意义上讲西方法学是一回事，构成其对象的西方法又是另一回事，但它们在实质上是不可分割的，因为西方法学的目的就是为

---

①　千叶正士：《法律多元——从日本法律文化迈向一般理论》，强世功等译，中国政法大学出版社1997年，第233页。

了论证、保护和推进西方法，因此西方法是西方法学的产物。西方的法学家如果想真正面对法律与发展问题，就必须走出自己的体系，发展出一种跨文化的且内在于社会的法律多元的实证哲学。千叶正士认为，真正有资格理解一种独特的非西方文化的是本地的学者。他从非西方国家的角度最初发展出包括官方法、非官方法和基本法（basic law）在内的"法律的三层结构"。这在本质上就是由自然法、官方法和习惯法三方面所构成的结构，但千叶正士认为习惯法等术语模糊不清，所以弃之不用。后来，有人批评千叶正士把第三个层次的基本法包括价值和观念，而这不宜称之为"法"，颇滋疑义。为回应这种批评，千叶正士遂在1982 年用"法律原理"（jural postulate）、1984 年以来又用"法律原理"（legal postulate）替代了"基本法"，但定义均没有实质变化。这三个层次构成一个国家现行法律的整体结构。这三个层次的结合随社会文化的不同而不同。在现代社会中，官方法优越于非官方法，而在初民社会，情形正好相反。后来，千叶正士又进一步修正自己的概念框架，提出"法律的三重二分法"，即官方法与非官方法、法律规则与法律原理、固有法与移植法。千叶正士采取操作性定义对法作出这样的界定：法是由无数权利义务和特殊的制度，以及特有的价值理念的整体构成的一种组织性制度，由特定的社会组织创立并维持。

　　另一种和费肯杰教授推参阐述的法律定义方法具有密切关系的是，德裔美籍法学家霍菲尔德关于法律基本概念的定义方法。霍菲尔德最为重要的文章就是 1913 年和 1917 年发表在《耶鲁法律杂志》（*Yale Law Journal*）的两篇几乎同名的论文，即《司法推理中应用的若干基本法律概念》和《司法推理中应用的基本法律概念》［Wesley Newcomb Hohfeld, Some Fundamental Legal Conceptions as Applied in Judicial Reasoning, (1913) 23 *Yale Law Journal*, 16；Wesley Newcomb Hohfeld, Fundamental Legal Conceptions as Applied in Judicial Reasoning, (1917) 26 *Yale Law Journal*, 713］。[1] 霍菲尔德撰写这篇文章的主要原因在于，他对于

---

　　① 　Edward Adamson Hoebel, *The Law of Primitive Man: A Study in Comparative Legal Dynamics*, Cambridge, Massachusetts: Harvard University Press, 2006, p. 46.

当时将所有法律关系（the jural relations）僵硬地归结为权利和义务观念的不满。霍菲尔德注意到，即使是令人尊重的法学家也将不同含义的"right"一词混乱使用，有时在一句话中变换一词的含义几次。这种语言表示的不准确，伴随思想的不精确，因此也由此产生法律结论的不确定。鉴于在司法推理中由于运用具有多义或不确定含义的术语所带来的混乱，他将这些术语称为变色龙似的词（chameleon hued words）。霍菲尔德的贡献在于条分缕析的简化和提炼工作，他创造了区分基本法律概念的、然后在它们之间关系框架加以确定的一个非常精确的分析。他的分析并不是一种形而上学的思辨游戏，而是建立在司法经验之上的旨在解决司法实践中的实际问题的一种辨析。其提供了将宽泛的法律原则解构为其组成要素的精细方法，通过展示法律关系是如何相互连接，结果分析揭示政策含义，并确定在实际决策中所出现的问题。为了消除含糊不清、既方便推理和揭示裁决，他试图将"right"一词的歧义分为八个不同的基本法律概念。这些基本法律概念是特殊种类（sui generis）。霍菲尔德使这些术语相对彼此界定，将其分为四对法律上的相反关系（jural opposite）和四对法律上的相关关系（jural correlative），将各种法律关系放在由"法律上的相反关系"和"法律上的相关关系"组成的框架图式之中，接着说明其个别的范围和具体情况。霍菲尔德强调，意识到这些区别和阐明其差异具有重要的实践意义。所提出的八个术语：权利（right）和义务（duty），特权（privilege）和无权利（no-right），权力（power）和责任（liability），豁免（liability）和无权力（disability），是所有"法律变数"都可能约分的"法律的最低公分母"（the lowest common denominators of the law）。他认为其他所谓复杂的法律概念和关系只不过是"法律的最低公分母"的不同组合而已。

　　法律上的相反关系（Jural opposite）：

　　（1）权利（right）/无权利（no-right）；（2）特权（privilege）/义务（duty）；（3）权力（power）/无权力（disability）；（4）豁免（immunity）/责任（liability）。

　　法律上的相关关系（Jural correlative）：

（1）权利（right）/义务（duty）；（2）特权（privilege）/无权利（no-right）；（3）权力（power）/责任（liability）；（4）豁免（immunit）/无权力（disability）。

霍菲尔德方案的主要目的在于澄清有关各方之间的法律关系。霍菲尔德的分析提出了一个计划框架，分成四种不同类型的法律关系，列举了在不同法律状态中的一系列分析性差异。重要的是，霍菲尔德的权利分析在于通过包含和否定的逻辑关系手段彼此关联的一些法律状况描述实施。① 霍菲尔德这样开始分析：先声称"权利"使用很广泛，用来表示非常不同的概念。因此，他试图将此概念限制到一系列概念组或"关系"，霍菲尔德要求有明确和适当含义。霍菲尔德认为，权利和义务是相关概念，即一个概念必须始终与另一个概念匹配。他采取用确定权利（right）的相关概念义务（duty）的内涵来确定权利（right）的内涵的办法，利用在英语中"claim"这一近义词来说明严格意义上的权利（right），相当于德语中的"Anspruch"（请求权）这一概念。如果 X 对 Y 拥有权利，这相当于 Y 有义务尊重 X 的权利。如果 Y 没有义务，这意味着 Y 拥有自由，即 Y 可以为他或她之所欲为，因为 Y 没有义务被限制为之，X 无权禁止 Y 这样做。权利主张—义务（claim-duty）这种概念组合意味着有人（X）对于权利主张人（Y）有义务采取或不采取某种行为过程。Y 的主张 X 应该或不应该做某事等于 X 对 Y 有义务采取这一行为。霍菲尔德将同等的法律概念称为"法律上的相关关系"（jural correlatives），这意味着一个概念的存在必然意味着另一概念。如果这种概念就同样的事情而言不能一并存在于一个人，他将他们称为"相反"。霍菲尔德辨析的第二种法律关系是"特权"（privilege）和"不主张"（no-claim）之间的关系。在霍菲尔德看来，权利和特权这两个词的用法分别对应于权利主张（claim rights）和自由权利（liberty rights）的概念。"特权"意味着 X 可以为之或不为之任其选择。在同义

① Nikolai Lazarev, Hohfeld's Analysis of Rights: An Essential Approach to a Conceptual and Practical Understanding of the Nature of Rights, 资料来源：http://www. austlii. edu. au/au/journals，访问时间：2009 年 9 月 26 日。

的术语中，特权意味着 X 无义务执行某些行动，相反，他自由选择其所希望的行为。这意味着，Y 不能主张 X 应该采取一些行动，因此他的处境被称为"不主张"（no-claim）。但在另一端，Y 可能干预 X。这是可能的，因为 X 没有反对 Y 的权利（因为 Y 没有义务不干预）。霍菲尔德从格雷（John Chipman Gray，1839—1915）的著作《法律的本质和渊源》（John C. Gray，*The Nature and Sources of the Law*，New York：The Columbia University Press，1909）中借用了有名的小虾色拉问题（the Shrimp Salad Problem）作为例子来说明严格意义的权利和特权这两个概念的差异①。A、B、C、D 是小虾色拉的所有者，他们对 X 说："如果你愿意，你可以吃小虾色拉，我们允许你这样做，但是我们并不答应不干预你。"在这样的情况下，X 就有了特权（privilege）"吃小虾色拉"，结果在 X 成功吃了沙拉时，X 没有侵犯任何一方的权利（right），但如果 A 成功地牢牢抓住盘子让 X 无法吃到东西，X 的任何权利都没有被侵犯。② 霍菲尔德的第三种关系是"权力"（power）和暴露（exposure）。权力是改变法律关系的法律行为能力。它是一个人对他人在某一关系上给予肯定性控制。其他人暴露于前者的权力，也没有能力"击退"一个拥有他们所承受的权力之人决定的变化。至于可改变的关系而言，基本法律关系是第一序列的，这等于以自由—无权利关系（liberty-no-claim-relations）取代现有的义务—权利关系（duty-claim-relations）法律能力，反之亦然。不过，尽管霍菲尔德自己没有详细说明这方面的意义，"权力"也可能是改变第二序列法律关系的法律行为能力。这等于以无权力—豁免关系（disability-immunity-relations）取代现有权力—暴露关系（power-exposure-relations）的法律行为能力，反之亦然。③ 霍

①　John C. Gray，*The Nature and Sources of the Law*，New York：The Macmillan Company，1921，p. 19.

②　Wesley Newcomb Hohfeld，*Fundamental Legal Conceptions as Applied in Judicial Reasoning*，New Haven and London：Yale University Press，1964，p. 41.

③　Wim van de Griendt，A Law & Economics Approach to the Study of Integrated Management of Estuaries，资料来源：http://doc. utwente. nl/59731/1/Griendt04law. pdf，访问时间：2009 年 9 月 9 日。

菲尔德的第四种、也是最后一种法律关系是"豁免"和"无权力"之间的法律关系。豁免意味着 X 是从 Y 的权力影响排除。这表明，在 X 中所赋予的法律关系不能被 Y 的行为改变，这意味着，就 X 与 Y 或第三方当事人有关的关系改变而言，Y 是无权力的。这样，每一个人都位于与其他个人的关系矩阵。霍菲尔德的分析是从事分析和定义的行为，其目的就是要提供权利、义务等在我们实践中用法的一个概念理解，从而促进了我们对权利性质的了解。但是，这不是告诉我们权利、义务等都是或应该是什么，或者其道德基础是什么，什么可以算作一种权利、责任等。因此，他关于权利的论证并没有说任何东西。将权利的概念分解为构成要素的这种方法有许多重要的好处。正是这种明确和准确的方法，使霍菲尔德的权利的分析不仅优雅和具有吸引力，而且对任何人希望对涉及的双方法律地位加以理解评估至关重要。对于批评意见，我们应该区分反霍菲尔德批评和非霍菲尔德批评。前者是反对霍菲尔德分析的直接批评，认为霍菲尔德分析没有必要，甚至存在缺陷，因为它没有反映真正的权利传统实践。后者是本身不取决于霍菲尔德分析，根本没有在批评霍菲尔德，他们只是表述权利的竞争理论，为我们权利的概念或用法提供一个睿智的陈述。①

寻找法律的"最小公分母"的活动并非起源于霍菲尔德，实际上可以说是分析法学其来有自的一个传统。例如，奥斯汀认为，有六个基本概念是法律中的必要因素，即义务、权利、自由、伤害、惩罚、赔偿等。② 匈牙利的法学家费利克斯·索摩罗（Félix Somló，1873—1920）在《法学基础》一书中复将奥斯汀的六个主要概念归结为四个：权利、义务、主权和国家。③ 这种方法都假定所有法律制度背后均有相同的假定：在所有法律制度中均有一系列概念、区别和原理是相同的。这种元

---

① Nikolai Lazarev，Hohfeld's Analysis of Rights：An Essential Approach to a Conceptual and Practical Understanding of the Nature of Rights，资料来源：http://www.austlii.edu.au/au/journals，访问时间：2009 年 9 月 26 日。

② J. Austin，*Lectures on Jurisprudence*，vol. Ⅲ，London：John Murray，1861 - 1863，p. 351.

③ Félix Somló，*Juristische Grundlehre*，Leipzig：Felix Meiner，1917，S. 27.

认知框架似乎与法律人类学的研究路径凿枘不合，但事实上两者呈现出殊途同归的态势。

如前所说，著名人类学家霍贝尔的《初民的法律：法的动态比较研究》（E. Adamson Hoebel, *Law of Primitive Man*, *A Study in Comparative Legal Dynamics*, Harvard University Press，1954）等著作就运用了霍菲尔德的分析框架研究初民的法律。这固然与霍贝尔在步入人类学研究伊始便和美国法律现实主义运动的倡导者卡尔·N. 卢埃林相过从有关，也与当时的学术风尚密不可分。作为一位人类学家，他的田野调查工作主要是在 20 世纪 20、30 年代切依因纳印第安人的保留地中进行的。霍贝尔和卢埃林于 1941 年出版的《切依因纳人的习俗：原始法理学中的冲突案例法》（Llewellyn K., and E. A. Hoebel, *The Cheyenne Way: Conflict and Case Law in Primitive Jurisprudence*, Norman：University of Oklahoma Press，1941）对于费肯杰教授推参阐述理论的影响昭然可见。推参阐述探究将限于揭示特定"思维方式"（think-ways，后期使用的 mode of thought）便是效仿霍贝尔和卢埃林在这本书中使用的"法律方式"（law-ways）一词所自造的术语。霍贝尔认为，法律之所以有意义，就在于它是基于该文化所特有的基本假设的，要理解法律，就必须理解这些基本的文化假设。霍贝尔教授的这种研究取向是受到美国著名人类学家奥普勒（Morris Edward Opler，1907—1996）教授的影响。奥普勒所提出的"文化主旨"（cultural themes）的概念是指一项明示的或默示的基本假定或价值取向，其经常控制着人类的行为或刺激着在一个社会中被默许或公开提倡的人类活动（A postulate or position, declared or implied, and usually controlling behavior or stimulating activity, which is tacitly approved or openly promoted in a society）。① 奥普勒教授建议文化研究者应首先抽象出一个社会的文化主旨，它可以使观察者摆脱自身文化的局限性，而对所要探求的文化进行客观的描述和比较。霍贝尔从奥普勒那里接受了这种方法，但并没有像费肯杰教授那样将价值作为法律定义

---

① Morris Oppler, Themes as Dynamic Forces of Culture, 53 *American Journal of Sociology*, （198）1945.

重要因数。霍贝尔认为，用霍菲尔德的概念来描述原始材料不仅是可行的，而且运用霍菲尔德的概念来替代一切过于宽泛的和不恰当的术语词汇可以避免一些不必要的争执和混乱。他指出：我们称之为法的东西，"当在前文字社会的民族文化中被发现时，我们称之为原始法；当它在一个跨入文明门槛的古代社会的文化中被发现时，我们称之为古代法。当它在发达的文明社会的结构中被发现时，我们便称之为现代法"①。霍贝尔以美国联邦最高法院大法官本杰明·卡多佐（Benjamin Nathen Cardozo，1870—1938）对法所下的定义为蓝本而稍加改进，把法分解为四个组成要素，这其实已经开利奥波德·波斯比西（Leopold Pospisil）"法的四属性说"之先河。而费肯杰教授利用推参阐述方法重新界定法的概念正是以其好友波斯比西的"法的四属性说"为出发点展开工作的。

由于不同文化对法律术语的理解是不同的，所以，在人类学研究法律的过程中，一直伴随着这样的问题，就是如何对法律进行定义的问题。法人类学以及法理学中的法律定义多如牛毛，费肯杰教授利用波斯比西《法人类学》（Leopold Pospisil，*The Ethnology of Law*，1978）对法律定义的搜集作为描述推参阐述意义上法律定义的原点。② 波斯比西对于这些定义尽管也不能号称囊括无遗，却包含了下列"法律"的主要学说：第一种学说认为，"原始人"完全不知法律为何物，但遵循"每个人基本服从的社会规范"，③ 从而得出这样的部落中没有法律的结论。第二种学说认同"有社会就有法"（Ubi Societas，ibi jus）的理念，将

---

① 霍贝尔：《初民的法律》，周勇译，中国社会科学出版社1993年版，第5页。

② Leopold Pospisil，*The Ethnology of Law*，Menlo Park，Calif.：Cummings Pub. Co.，1978，p. 8.

③ Edwin Sidney Hartland，*Primitive Law*，London：Methuen & Co.，1924；William Halse Rivers Rivers，*Social Organization*，New York：Alfred A. Knopf，Inc.，1924；Leonard Trelawny Hobhouse，*Morals in Evolution*，London：Chapman & Hall，1906；Mervyn J. Meggitt，*Desert People，A Study of the Walbiri，Aborigines of Central Australia*，Sidney：Angus & Robertson，1962，p. 250.

法律视为一种通过有组织的社会政治强制力的系统应用而进行的社会控制。① 在埃尔利希关于"活法"存在于司法决定、商业文件、社会组织的秩序和人们的经常行动中和庞德关于法就是"依照一批在司法和行政过程中使用的权威性律令来实施的高度专门形式的社会控制"的定义和解说中，法与习惯或政策等规范的界限相当模糊。这种定义不再以狭隘的眼光看待法律，一方面固然正确地否定了国家法是唯一的法律，但另一方面却又不无动摇法的确定性、普遍性甚至规范性之嫌。第三种法律的概念是随着对有种族中心主义偏见的上述类型概念反面的回应而发展起来，可以称之为"民俗体系学说"（folk-system-theory）。其最重要的代表作首推保罗·布汉南（Paul James Bohannan，1920—2007）《提甫族的正义与审判》（Paul J. Bohannan, *Justice and Judgement among the Tiv*, London, 1957）。这一理论较为古老，可追溯至荷兰人类学家冯·沃伦霍芬（C. Van Vollenhoven），并且已经变成德·约瑟林·德·荣（P. E. de Josselin de Jong, 1922—1999）等为代表的荷兰莱顿学派（Leiden school）准则。布汉南使用的是"民俗体系"的概念，P. E. 德·约瑟林·德·荣则使用了"其文化'参与者'视野"（荷兰语为"de visie der participanten"）②。该学说强调，法律仅能通过被作为研究对象的法律体制之下人们的思维框架得到理解。如果严格执行起来，这一民俗体系学说沦陷于典型的文化唯我论（culture solipsism），或者同义于其文化参与者见解的观点并不容许比较。布汉南的研究生赞克（Sejjengo Joshua Luyimbazi Zake）在博士学位论文《无文字社会中法律

---

① Alfred Reginald Radcliffe-Brown, *Structure and Function in Primitive Society, Essays and Addresses*, London：Cohen & West, 1952, p. 212. 詹姆斯·戴维斯（F. James Davis）借用西方传统主义者的术语，将法律定义为"与规则之运用有关的社会控制的正式手段，这种规则由政治社会之法院加以解释并强制执行"。见 F. James Davis, H. Foster, C. Ray Jeffery, E. Eugene Davis, *Society and the Law：New Meaning for an Old Profession*, New York：The Free Press, 1962, p. 41. 波斯比西认为，詹姆斯·戴维斯几乎从未怀疑过这种狭隘僵硬的法律定义不仅不能适用于部落社会，甚至中国、希腊或罗马法亦不能包含在此定义之内。

② P. E. de Josselin de Jong, De visie der participanten op hun cultuur, *Bijdragen tot de Taal; Land-en Volkenkunde*, 1956, vol. 112, Nr. 2, p. 149.

体系的研究方法》中不仅赞成这一范式，而且认为大多数社会法学的研究都无可救药地沾染了种族中心主义，主张这对"无文字社会术语之使用是无可替代的"。① 第四种学说的主张者被波斯比西称为"法律悲观论者"。这类学者拒绝为法律下一个总括的定义，并且认为这一壮举几乎不可能实现。马克斯·雷丁的陈述堪称其中的典范，他这样写道："我们这些学会了谦虚的人已经放弃了为法律下定义的企图。"② 波斯比西认为，法律概念化应该是可行的，"法律悲观论者"的错误在于将法律视为一种现象。事实并非如此，应将法律视为一种（唯名论者）的概念，而非一种现象。第五种学说，按照波斯比西的归纳，是试图以单一准则定义法律概念。例如，米歇尔·巴昆将法律定义为在社会结构中起代表、模式作用的一种可操作的符号体系。③ 又如，马林诺夫斯基（Bronislaw Kasper Malinowski，1884—1942）将法律的本质归为一项义务，一项通过期望未来互惠利益的而达成的义务。然而，波斯比西却坚持法律必须以一个以上的标准确定。他自己认为，在法律理论以及在法人类学中的法律概念可以由四项标准予以重新概念化（reconceptualization）：权威（authority）、普遍适用的意图（intention of universal application）、当事人双方间的权利义务关系（obligatio）、制裁（sanctions）。④

在 20 世纪 50 年代和 60 年代，法律人类学家主要关注于法律通过实施制裁作为社会控制的面相，并将法律程序视为强制执行社会规则的手段。追随于马林诺夫斯基，法律人类学家普遍将争议解决机制认为是理性的。一个关键的辩论在此时出现在有关法律和人类学的方法之间，

---

① S. J. L. Zake, *Approaches to the Study of Legal Systems in Non-literate Societies*, Northwestern University，1962. 此系未刊博士学位论文，转引自 Leopold Pospisil, *The Ethnology of Law*, Menlo Park, Calif.：Cummings Pub. Co.，1978, p. 9。

② Max Radin, A Restatement of Hohfeld, *Harvard Law Review* 51 (1938) 1141, 1145.

③ Michael Barkun, *Law Without Sanctions*, New Haven：Conn.，1968, p. 92.

④ Leopold Pospisil, *Kapauku Papuans and Their Law*, Yale University Publications in Anthropology, No. 54, New Haven：Yale University Press, 1958, pp. 258 – 272.

特别是对法律人类学家是否应该适用英美的法律范畴研究非西方社会的问题。这次辩论主要围绕两个当时的法律人类学的领导人物马克斯·格卢克曼（Max Gluckman，1911—1975）和保罗·布汉南，尽管并非仅仅限于这两个人。这被学术界称为"格卢克曼—布汉南之争"（the Bohannan-Gluckman controversy），双方均有精彩论文问世，并吸引众多学者参与讨论。格卢克曼主张使用加解释的普通法术语来描述原始法，以照顾英语读者的阅读需要。他曾在关于赞比亚巴罗册人（Barotse）司法活动研究的著作里，借用普通法上"通情达理之人"（reasonable man）这一术语。布汉南则强烈反对格卢克曼的做法，基于其对尼日利亚梯夫人（Tiv）原始法的研究，认为采用普适的法律范畴是了解和呈现异文化的障碍，法律是有关社会的特定的一种文化组成部分，即使将另一个社会的法律概念翻译为英语词汇也是一种歪曲。① 布汉南的名著《提甫族的正义与审判》将"民俗的体系"（folk system）和"分析的体系"（analysis system）加以区分：前者是土著们自行发展的概念体系，也是一个能够直接与之沟通和交流的人类学家所掌握的东西；后者则是科学家为了研究目的而发展的概念体系，它不属于任何"民俗体系"，是社会科学家的分析工具。布汉南主张应尽量使用当地的本土语汇，依照其音节拼成专有名词，虽然这些术语不容易翻译成英文，但它们的含义可以在一个民族语境中加以解释。作为最早研究殖民非洲法院的学者，格卢克曼认为虽然洛齐规范（Lozi norms）是当地社会所独有，但洛齐司法推理所依据的"逻辑原则"却为一切法律制度所共有。布汉南将格卢克曼的结论痛斥为普适主义，强调梯夫人的法律概念，不是像英国体制所谓的 law 里面以法条来思考。格卢克曼认为布汉南的态度过于畏首畏尾，妨碍了卓有成效的比较分析。很明显，他们的辩论不是针对法律本身的性质，而是针对法律人类学的性质，提出了呈现、语言和文化比较问题。费肯杰教授指出，自从冯·沃伦霍芬（Cornelis van Vollenhoven，1874—1933）要求"从东方人视角审视东方事物"（to look on

---

① Sally Falk Moore，Certainties Undone：Fifty Turbulent Years of Legal Anthropology，1949 – 1999，*The Journal of the Royal Anthropological Institute*，Vol. 7，No. 1（2001），pp. 95 – 116.

the Eastern things the Eastern way）以来，一些人类学家便认为，有必要完全从内部来审视法律秩序，用其自己的概念准绳对其加以衡量，从内部应用概念并且使用所研究法律的制度、分类以及体系精确的探究该法律，任何"种族中心主义"都应受到抵制。这些作者都是"非比较主义者"，他们主张每一种法律文化中有其自己的法律理念、现象及概念。用布汉南的话来说，这便是"民俗体系"学说，用德·约瑟林·德·荣的话来说，便是"其文化参与者的见解"（participants' view of their culture）学说。① 民俗体系理论与推参阐述 I 的原理是相吻合的。这种对于法律定义的探讨仅仅是推参阐述 I。

　　就学科研究这一活动来说，恰如凯尔森所言："认知法律的活动，只能是一种'概念性的'法学，而不是别的什么。因为我们不可能离开概念进行构思。"② 但是，在一种思维模式中，法律的概念往往与其他概念相交织，都是由其他概念所定义的。这种法律的概念往往如同历史法学所说是民族精神的结晶。一滴水可以反映大海的光辉，而对以一种思维模式的法律概念的解读都是具有前见的。这种前见作为解读者的文化行李客观存在，很可能与被理解的法律概念是不兼容的。所以费肯杰教授的推参阐述理论并不强调所谓的"视域融合"，不要求理解者与被理解者放弃各自不同的立场和思维模式，这在操作上可能是舍己从人或者强人从己，具有泯灭个性的危险和认识论的调和主义色彩。费肯杰教授将法律人类学中客位思考方法概括为"移用学说"（transposing theories）的理论，即将某人自己有关法律的概念和学说植入外国文明之中。他指出，在跨文化的沟通中，为该方法做"辩护"并不见得是出于传教者式的短浅目光，它甚至可能是掌握这一工具以得出能为"我们国内"的人所能想象到的结果的合理反映。如果展示依据地方自身的概念

---

　　① 费肯杰：《推参阐述和法律的推参阐述性定义》，张世明、冯永明、孙喆、张顿译，未刊稿。

　　② Kelsen, *Juristischer Formalismus und reine Rechtslehre*, 58 *Juristische Wochenschrift*（1929）1724, cited from *The Jurisprudence of Interests*, trans. and ed. by M. Magdalena Schoch, Cambridge, Massachusetts：Harvard University Press, 1948, p. 54.

和体系理念运作的外国法律并且恰恰利用这些概念和体系理念对其进行解释时，每每会被读者误解。但无须赘言，对其他文化中法律问题的此类处理并不能令人满意。"移用学说"也不适宜进行比较，相当于中文中所谓"穿凿附会"。他们仅仅将某人使用自己的"民俗概念"对其正在研究的其他"民族"中的发现予以分类所得出的观点进行比较，但这并不是真正的比较。即使研究者的"民俗概念"被加上"引号"并加以放大以"适应"比较目的，但这并不能完全确定"被比较者"以及第三者能够理解它们。然而，这是每项比较的最低要求。简而言之，概念的移用并不是概念的比较，只是一种权宜之计的比附措施，其势必导致对他者思维模式中法律概念的强制性同化。尽管如此，移用某人自己的法律概念这一方法仍被广为遵循，具有其合理性。显而易见，移用者所依据以及应用于外国法律的法律理念会根据理解法律的一般可能性而有所不同。因此，某一法律概念的移用有三种主要方法：首先可能是一种自然法理念，即将某些法律定义视为一种能依据法律准则形塑现实的"现象"；其次可能是法律中赋予法律以纯粹性词语功能的一些社会资讯的学说，是一个众所周知的唯名论者（nominalists）方式的概念；第三种方法可能源自鲁道夫·施塔姆勒（Rudolf Stammler，1856—1938），即试图将法律定义为现实的控制工具，并且遵从一种介于现实形塑自然法（wirklichkeitsgestaltendes Naturrecht）与法律形塑现实（rechtsgestaltender Wirklichkeit）之间的中间方式。[1] 近代西方学者有一种情况，即从西方的法律观念与状况出发，加以或多或少的修饰后，简单置诸其他民族及其法律之上。这种定义方法不仅把西方的法律视为法律的典型代表，而且将其推阐为法的全部。例如，耶林（Rudolf von Jhering）对法律的界定即是如此。他认为，从最广义的角度来看，法律乃是国家通过外部强制手段而加以保护的社会生活条件的总和。对于法律和学说继受国而言，中国法学界有句广为流传的说法，声称大陆的法律和法学抄台湾地区，台湾地区抄日本，日本抄德国。这种说法并非空穴

---

① 费肯杰：《推参阐述和法律的推参阐述性定义》，张世明、冯永明、孙喆、张頔译，未刊稿。

来风，反映了法制建设和法学研究的梯度势差，但同时也说明了照抄照搬过程中本身存在调适工作，在层层转抄中其实就使外来的法律制度、概念和学说不服水土的排异性得以软化，事实上任何时候都不可能是纯粹的照抄照搬，而是如同费肯杰教授所说的"移用"。在费肯杰教授看来，这种移用理论的方法违反了每种思维模式都必须坚持其自身前提和结果的推参阐述 I 的原则；另一方面，他们并没有进入推参阐述 II。费肯杰教授推参阐述 II 层面的法律定义方式可以理解为将概念的思维模式纳入整体考量的体系间外部比较。

波斯比西坚定地致力于在他看来可以而且应该被用于跨文化的有效方法，强调作为一个概念范畴的"法"和作为一系列社会现象描述术语的"法"之间的区别。波斯比西并不是说，法律必须在所有的文化采取一定的形式以成为"法"。相反，他强调，法制将以那些由嵌入其中逻辑所决定的不同方式体现自身，特别是文化逻辑。正是这样，他声称：不存在卡保库社会的法律，但存在在卡保库（社会）内部的法律（there is no law of the Kapauku society, but there is law within Kapauku society）。① 他希望设立一个理论架构将形成对全球性的法律现象完整理解的基础，能避免种族中心主义和极端的文化相对主义两者的危险。波斯比西在名著《法人类学》在驳斥布汉南所主张的恪守"民俗体系"的学说时，认为从英语或其他任何语言入手并且通过不断试错（trial and error），将概念扩大，可以适应跨文化探索的需要。② 所以，他在该书开篇章节中将自己的方法解释为，以自己的民俗体系作为原点的渐进程序（step-by-step procedure）。他这样指出："民族的法概念对我而言则是指本土人民所给出的可能或不可能用术语加以表示的范畴。人类学家将这些概念作为既定事实加以研究。另一方面，分析性概念是民族学家（或其他任何科学家）因分析和比较目的而构思出的思维产物。其合理性并不在于它们于外在世界（例如民族学资料）中的表象性存在，

---

① Pospisil, *Kapauku Papuans and Their Law*, Yale University Publications in Anthropology, No. 54, New Haven: Yale University Press, 1958, p. 277.

② Leopold Pospisil, *Anthropology of Law: A Comparative Theory*, New York: Harper & Row, 1992, p. 5.

而在于它们以最大的准确性及最小的付出获得既定目的的启迪学价值。"① 对西方和非西方社会的众多民族的法律现象加以广泛的人类学研究之后，波斯比西提出了著名的法律四属性说，即：（1）法律是法律权威所做决定的表现（Law is manifested in a decision made by legal authority），（2）它包含了对纠纷（义务）双方当事人之间关系的定义［It contains a definition of the relation between the two parties to the dispute（obligation）］，（3）法律有一个应用的预定规律（It has an intended regularity of application），（4）法律具有约束力（It is provided with sanctions）。② 按照波斯比西的观点，一项规则是法律还是习俗，取决于其如何符合这一分析概念。波斯比西的跨文化的比较框架在学术界未能取得广泛的接受，其中很重要的原因就在于，在 20 世纪 60 年代中期，社会法律研究出现了范式转变，学者们呼吁将注意力远离规则系统的分析，纷纷致力于对扎根在他们社会语境中纠纷进程的分析。③

　　虽然费肯杰教授与波斯比西教授私交甚深，但在学术上仍保持自己独立的见解，不肯阿谀依人。费肯杰教授认为，如果像波斯比西那样以自己的民俗概念为原点的渐进程序开始比较，那么这些工具本身不足以敷用于所要解决的任务。因为这一试错法一直过多地承载了考察者自己的民俗概念，可能会导致凭借进一步的唯名论努力也不能发觉和消除这种方法本身的缺失。事实上，波斯比西企图驾驭在现象和通过心灵和语言范畴接近这些现象之间重要差异的理解，按照波斯比西对这一区别的认识，本应该导致其将法律进程的当地理解较诸导致了他的这种理解的概念范畴更为看重，但结果最后给读者留下的，仍然是波斯比西已经设计并在很大程度上似乎是构成当地法律含义的工具，而当地人似乎仍然处于失语状态。基于此，费肯杰教授认为，波斯比西的方法是在基于与

---

① Leopold Pospisil, *Anthropology of Law: A Comparative Theory*, New York: Harper & Row, 1992, p. 7.

② Leopold Pospisil, *The Anthropology of Law: A Comparative Theory*, New York: Harper & Row, 1992, p. 44.

③ Francis Snyder, Law and anthropology, in Philip Thomas（ed.）, *Legal Frontiers*, Aldershot: Dartmouth Publishing, 1996, p. 173.

其他理论进行比较的一种纯理论层面上得到的，虽然有助于形成推参阐述性的法律定义，但仍难以觉察地使用自己的民俗概念，它并不足以尝试性地将其自己的概念加上"引号"，并随之宣称这些概念适合再次轻而易举地撤掉引号。而推参阐述性的法律定义需要一种元理论（meta-theory）以便比较，可能会提出更好的结果。如果要替代用于比较研究的"渐进"方法，就有必要"逐步加强"或"超越"至另一层面，正如马丁·克里勒（Martin Kriele）所采取的方法那样，必须将概念性假设（conceptual hypothesis）置于元理论水平之上。费肯杰教授在致思取向上与波斯比西并无区别，只是认为渐进的趋同是难以操作的，故而采取"跳出三界外，不在五行中"的路径探求往前迈进一步的元研究。这便是费肯杰教授法律中"推参阐述定义"的关键性转折。费肯杰教授在这里其实更加大胆地倚重于系统思维的优势，较诸逐渐的试错磨合方法更为果断坚决，力图解决"本土体系"（Heim-System）与"概念移用"（Begriffstranspon）的难题，在一种元理论意义上加以比较。

在法学界，法理学越来越注意自己的方法，不再满足于围绕法律实证主义的种类和防卫性等传统的第一性问题，已经转向内部，追问第二性的问题：应该怎样研究法理学？① 传统的形而上学的观点认为，概念至少分成两类：自然型概念（natural kind concepts）和人造型概念（artefactual kind concepts）。自然型概念是指其实质是由诸如原子式或 DNA 等微观结构因素决定的。人造型概念是人类发明的产物。这些"社会建构"（social constructs）是约翰·塞尔的"制度事实"（institutional facts）结晶，其存在取决于我们的态度或者意图。② 在《法律的概念》（H. L. A. Hart, *The Concept of Law*, 1997）中，哈特极力为他所概括为"描述性法理学"（descriptive jurisprudence）的法律实证主义辩护。③

---

① Julie Dickson, Methodology in Jurisprudence: A Critical Survey, 10 *Legal Theory* 117 (2004).

② See John Searle, *The Construction of Social Reality*, New York: The Free Press, 1995, pp. 31 – 57.

③ H. L. A. Hart, *The Concept of Law*, 2d ed., Oxford: Clarendon Press, 1994, preface, i.

哈特主张的主要特点是通过其主要特点明晰的描述澄清法律实践。罗纳德·德沃金（Ronald Dworkin）作为法律实证主义的最顽固的批评者，一直质疑哈特所设想的描述性法理学可能性。其在1986年具有权威性的著作《法律的帝国》（Law's Empire）提出的中心观点之一便是，"法律"是"解释性概念"（an interpretive concept）。这是因为，为了理解这个概念，一个人需要把握其观点或者目的。① 哈特《法律的概念》分析奥斯汀的法律命令说的缺陷，把奥斯汀的法律命令说归纳为"对内至上、对外独立的个人和团体"之主权者发布的"以威胁为后盾的、被普遍地服从所支持的普遍命令"②，并认为这种法律的定义是一种所谓"持枪抢劫情形"的扩大。哈特试图用其"法律的规则说"取代或者弥补奥斯汀的"法律命令说"。《法律的概念》已经涉及法律的权威问题，但是哈特对此并没有进行详细的论证，而且权威问题也不是其理论的核心部分。作为哈特的高足和法律实证主义的当代传人，约瑟夫·拉兹（Joseph Raz）著有《法律权威：法律和道德论文集》（The Authority of Law: Essays on Law and Morality，Oxford：Oxford University Press，1979）等书，在法律与权威之间建立了概念上的关联并运用其关于法律权威的理论去解决一系列的法律哲学难题。正如朱尔斯·科尔曼（Jules Coleman）所指出的："拉兹的论述无论就其问题的深度还是解决方案的清晰明白而言都是杰出的，并且肯定也是迄今为止得到最充分阐明的、最复杂精巧的和最具有影响力的法律权威学说。"③ 拉兹把法律权威看成实践权威的一部分，认为法律必然主张权威，这是拉兹关于法律性质的判断，被人们称之为拉兹的"权威命题"。拉兹的权威理论是以"理由"（reason）为基础的权威论。按照拉兹的观点，权威是人与理由之间的媒介（Authority mediates between persons and reasons）。它涉及这样

① Ronald Dworkin，Law's Empire，Cambridge，Massachusetts：Harvard University Press，1986，p. 190.

② 哈特：《法律的概念》，张文显等译，中国大百科全书出版社1996年版，第25页。

③ Jules L. Coleman. The Practice of Principle，Oxford：Oxford University Press，2001，p. 121.

的问题，即何时以及在什么情况下应该服从于他者的指示。与朱尔斯·科尔曼等包容的法实证主义（inclusive legal positivism）不同，拉兹从其排他的法实证主义（exclusive legal positivism，ELP）立场出发坚决主张，有效法律之认定必须完全诉诸社会渊源事实的判准，因而排拒任何实质价值判断涉入的可能性。① 拉兹的权威理论实际上是对于其渊源论（the sources thesis）的辩护，正是这样，他对法律权威性质的论述尤其被视为关于"法律性质""概念"的主张。

在这里，学术界论证法律的权威性问题往往与合法性问题交织在一起。但我们所要追问的是权威与合法性究竟是什么关系，权威如何与权力的合法性等相关概念相区别。有人认为，权威包含了一定的同意（或合法性）因素，暗含了其须具有合法性基础。易言之，法律的权威性特征可以通过与暴力、权力等加以对比得到更好的说明。赤裸裸的权力、暴力不能代替法律。权力可以使人服从，但权力缺乏权威所需的"同意"并且被那些不同意的人所容忍。"如果说权力是赤裸裸的，那么权威就是穿上合法外衣的权力。"② 在笔者看来，合法性本身为不同的哲学家和学者以不同的方式定义，权威和合法性尽管在拉兹的理论中密切相关，但它们毕竟是两回事。在政治学中，术语"合法性"是用来描述一个政府的制度本身，而政府在这里可以引申为更广泛的"影响范围"的含义。合法性是一个统治政权或法律作为一个权威被广泛接受，而权威是指在被建立的政府中的特定地位。权威可以被指定，而合法性是赢得来的。对于一个权威而言，标准更依赖于信任。而合法性是指由行为者的一个规则或机构应该得到遵守的规范性信念。这是行为者和机构之间的一个主观性质关系，并由行为者对有关机构看法加以定义。一个行为者对一个规范合法性的信念以及因此服从该规范，无须与行为者是"守法的"或服从权威相关联。通常情况下恰好相反：在法律被认为与信念冲突时，一个关于合法性的规范性信念有可能导致不遵守法

① Joseph Raz, *The Authority of Law: Essays on Law and Morality*, Oxford: Clarendon Press, 1979, ch. 3.

② 李普森：《政治学的重大问题》（第10版），刘晓等译，华夏出版社2001年版，第58页。

律。另一方面，在某种程度上，行为者将规则或机构作为符合法律的，该规则或机构成为一种"权威"。而没有合法性的权威就像一个崇拜物之类，如同一个人自命为领导者而没有其他人的全力支持。这就是所谓的非法的权威（illegitimate authority）。根据韦伯的观点，整个历史上所有的人类社会均建立在三种形式的合法性基础之上，其中法理型权威（rational/legal authority）是完全非人格化的权威，传统型权威（traditional authority）是半人格化的权威，魅力型权威（charismatic authority）则是完全人格化的权威。由此可见，权威性与合法性两者之间存在交叉，但并不能混为一谈。

波斯比西也认为，法律的第一先决要素便是权威。① 权威性是法律首要的特征，也是法律规范必备的要素之一。它要求某一个人或团体拥有足够大的权力通过劝说或者心理、身体的强制来执行裁决。波斯比西将权威定义为一个群体或个人诱使或迫使在一个群体中他人符合其决定的能力。权威可以无限或有限的，取决于权威拥有权力的范围。按照波斯比西的标准，权威也可以是正式的或非正式的，取决于社会成员如何界定的权利、权威的程序和权力。② 费肯杰教授和波斯比西教授都不是在自然的法文化真空中进行玄思冥想，而是从法律实践活生生的现实阐述被拉兹称为实践概念的法律权威。费肯杰教授认为，波斯比西所给出的早期法和宗教法制度中的事例对其观点有充分的说服力，事实上，似乎难以想象到没有决定性以及必要时所需的执行性权威的法律，但依然存在往前推进的研究空间。费肯杰教授举出反例加以说明这一问题的症结所在。例如，当今的国际法、国际公法（Völkerrecht）与埃文思－普里查德（Edward Evan Evans-Pritchard，1902—1973）、西格里斯特（Christian Sigrist）等人描述为较高等级的"无领导"（frührerlos）的民族学上的情形有些相似之处，这种国际社会实际上可以称之为"离散性

---

① Leopold Pospisil, *Anthropology of Law: A Comparative Theory*, 2d. ed., New York: Harper & Row, 1992, p. 30.

② Corinne M. Davis, *Favela Justice: A Study of Dispute Resolution in a Rio Slum*, 资料来源：http://lasa. international. pitt. edu/members/congress-papers/lasa1998/files/CDavis. pdf, 访问时间：2009 年 10 月 6 日。

社会"（segmentierten Gesellschaften）。依据国际法，各国享有神圣不可侵犯的主权，此类社会中并没有约束国家的权威，但依然具有对各主权国家进行约束的法律。但我们无须放弃波斯比西所说的权威这一要素，只不过要把权威理解为正确的东西：国际法亦承认权威，即维持国际社会在国际事务中所要求的某些最低的合理要求及标准。但是，这并不是波斯比西所考量的权威和领导。权威通常是某个人、某个组织，或者是应用法律规则的某些专业人员。但情况却并非如此。尤其为了获得对国际法、教会法之类现象的理解，权威便被理解为某一特定群体（例如国际法框架内的国家之间）中指引及规范价值的有效性和设置。权威无须授予个人或多人，但假如操纵于个人手中，它也包括对改变现实价值必要性的承认。在这一意义上，作为法律先决条件的权威要素是毋庸置疑的。费肯杰教授认为，关键之处在于法律实施者与法律遵守者之间必定有一种"劳动分工"（Arbeitsteilung）。一般来说，这种劳动分工需要求助于专业人员，但是此群体的范围无法确定，其在涉及面最广泛的情况下甚至可能囊括整个群体。但即便如此，这一劳动分工依然无法抹杀，当今国际法基本上就是这样一个情形。在这种意义上，权威意味着建立于有效性概念之上的法律的执行，其执行通过法律执行力量与"有此身份个体"（Menschen als solchem）的分离来实现。这确保了使法律具有外在约束力所必需的他治性。由此可见，作为法律构成要素的权威并非至为攸关，而关键在于法律依靠其有效性对某人授权，法律的授权特征（the authorizing character）、授权性（the authorizigness，Autorisierens）而非权威本身才是法律的本质要素。这对任何思维方式之下的法律而言都是适用的。[①]

以埃文思－普里查德《努尔人：对一个尼罗特人群生活方式和政治制度的描述》（Edward Evans-Pritchard, *The Nuer: A Description of the Modes of Livelihood and Political Institutions of a Nilotic People*, Oxford: Clarendon Press, 1940）中努尔人豹皮首领（leopard-skin chiefs）为例，

---

① 费肯杰：《推参阐述和法律的推参阐述性定义》，张世明、冯永明、孙喆、张顿译，未刊稿。

波氏的法律权威包括的范围其实非常广泛，诸如法官、头人、父亲、长者议事会等，并没有仅限于我国法学界所谓的正式权威。在埃文思－普里查德笔下的努尔人的豹皮首领无疑是有权威的，村民间发生纠纷往往是杀人等重大纠纷立即会求助于豹皮首领。但是发生案件时，他只不过是特定社会情境中的一个调停人，[①] 无法强迫人们进行调解，更不能擅自裁决和执行。在这里，关键问题就根本不在于是否具有权威的要素，而在于费肯杰教授所说的缺乏授权这一要素。费肯杰教授指出，被授予的"权威"不能是超自然的（如神），它必须是今世的（this-wordly），否则法律不能区别于宗教规范。来世权威以及来世制裁会使法律领域产生这样的规范："谁不信仰一神教的上帝，谁去地狱。"（Whoever does not believe in a monotheistic God goes to hell.）然而，这样的声明属于宗教。费肯杰教授还将"授权"这一要素作为区分法律与道德规范的关键。人们通常习惯于以如下标准对道德和法律加以区分："法律的外向性，道德的内向性"（Äuβerlichkeit des Rechts，Innerlichkeit der Moral），道德是从行为人出发的（ab agenti）而法律是针对其他行为人的（ad alterum），道德要求"道德性"（Moralität）而法律只要求"合法性"（Legalität），法律属于"他律"（Heteronomie）而道德属于"自律"（Autonomie）。这种区分最初由托马休斯（Christian Thomasius，1655—1728）提出后又得到康德的详尽阐释，所以被博登海默称为"康德式理论"（Kantian theory）[②]。博登海默引述赫伯特·哈特的观点认为，在人类社会的原始阶段，道德规则与法律规则界限是不明确的，甚至就是希腊人的那种精致文明似乎也未能有效地将两者区分开来。博登海默甚至还以塞尔萨斯（Κελσος，Celsus，约前 25—50）为法律所下的定义"法律乃是善与衡平的艺术"（Jus est ars boni et aequi）[③] 含有浓重的道

---

① 埃文思－普里查德：《努尔人：对一个尼罗特人群生活方式和政治制度的描述》，褚建芳等译，华夏出版社 2002 年版，第 200 页。

② Edgar Bodenheimer, *Jurisprudence: The Philosophy and Method of the Law*, Cambridge, Massachusetts: Harvard University Press, 1967, p. 244.

③ William C. Burton, *Burton's Legal Thesaurus*, 4 th edition, New York: McGraw-Hill Professional, 2006, p. 353.

德色彩加以佐证，波斯比西则对此不以为然。不过，费肯杰教授的观点颇为独具一格。他指出，所有道德准则并不是法律，而是为了规定某一特定行为却不能凭权威执行的规范。尽管如此，道德规范依然是规范，它们可能得到认可，但缺少"授权"这一要素。例如，如果某人并没有按照其应该的行为约束自己，那么依据社会规范，他将最有可能受到"排斥"或极端情形下的为人共同排斥。这表明道德规范可能具有约束力。但是，正如任务的承载者被认为孤立于社会之外一样，"排斥"的背后以及这一可能的共同排斥之后并没有权威的痕迹。① 费肯杰教授在此明辨毫芒的功力令人折服，值得我们格外关注。

波斯比西在《法律人类学》中用于描绘法律上的约束（iuris vinculum）的第二个要素是"债"（obligatio），我国法学界有人将此译为"当事人双方间的权利义务关系"。该术语来自罗马法，优士丁尼（Φλάβιος Πέτρος Σαββάτιος Ιουστινιανός，Flavius Petrus Sabbatius Iustinianus，483—565）《法学阶梯》（Εισηγήσεις，The Institutes of Justinian）对"债"所予以的著名的定义是："债是依国法得使他人为一定给付的法锁。"（Obligatio est iuris vinculum quo necessitate adstringimur alicujus solvendae rei，secundum nostrae ciritatis iura.）② 波斯比西认为，obligatio 不要与义务（obligation）相混淆，它合宜确立特定个体之间的法律关系。双方当事人（个人或公众）因其"债"而通过法律决议联系在一起［two parties（private or public）are tied together by a legal decision］。③ obligatio 是关于"宣布争端一方当事人的权利和另一方义务决定这一部分，它定义了据称在被告的违法时存在的两个当事人之间的社会法律关系。它还描述……关系如何因被告的行为而变得不平衡"。按照波斯比西的观点，真正之"债"，是"两方之间的法律纽带，表现为

① 费肯杰：《推参阐述和法律的推参阐述性定义》，张世明、冯永明、孙喆、张顿译，未刊稿。

② 周柟将 iuris vinculum 翻译为"法锁"，参见周柟：《罗马法原论》下册，商务印书馆 1994 年版，第 628 页。

③ Leopold Pospisil，*Anthropology of Law：A Comparative Theory*，2d. ed.，New York：Harper & Row，1992，p. 30.

在一方对另一方的义务和对于一项合同或诉讼具有权利的形式之纽带"。"即使权威的属性和普遍适用的意图存在，一个没有一方赋予权利且没有说明另一方义务的权威宣告不是法律。只有在决定对一方的义务是被暗示或包括时，这种宣示成为法律。"① 易言之，"obligatio"是双向的，将原告的权利和被告的义务连接起来，如果这两个组成部分缺少了其中一个，一个决定就不被视为法律。因此，在波斯比西看来，确定一方当事人权利而不承认另一方当事人义务缺乏法律的基本前提。然而，费肯杰教授认为，波斯比西所说的"obligatio"这一要素的内涵已经包含在约束力这一要素范围之内了，"债"的强制力是制裁的固有特征。并且债作为双方当事人法律关系之间的联结，另一层含义并不适用于一些离散型社会。仅仅谈论制裁而不是"债"，其中包括在制裁范畴中的超自然执法（在部落社会并非少见），这似乎更有说服力。至少对一些特殊的法律文化而言，"债"不是法律定义所必需的要素。如果"债"意味着在纠纷当事人之间建立某种既定的联系，那么它将不适用于诸如小乘佛教以及儒家的法律，在上述两类法律中，纠纷双方于原则上并不存在关系。在中国传统的审判程序中，双方"当事人"完全面对审判官而非对方。他们并非纠纷双方，彼此之间甚至互不通话，正如中根千枝（なかねちえ）对日本法律文化的论述那样，法律被"垂直"执行。②因此，必须用此方式遵守法律的人之间无债可言。在许多案件中，原告只是提起诉讼以求审判。因此，债便仅用于确定审判者与被告之间的关系。但是，这却缺少应该通过纠纷两造或者当事人的债来确定的法律关系。因此，在垂直组织的法律文化中应用债这一要素至少存在困难并且稍涉牵强，离散型法律文化中的困难与牵强则尤多。"垂直"之债只不过是制裁、法律后果。这里需要说明的是，汉布格尔（Ludwig Hamburger）和费肯杰教授于 20 世纪 60 年代晚期在图宾根共事时彼此切磋学问，采取类型学方法在法社会学研究中使用"分裂社会"（die frag-

① Leopold Pospisil, *Anthropology of Law: A Comparative Theory*, 2d. ed., New York: Harper & Row, 1992, pp. 81 – 82.

② Chie Nakane, *Japanese Society*, Berkeley: University of California Press, 1970, revised edition Middlesex/Engl. 1973, reprint 1974, Vol. 6, p. 42 et seq.

mentierte Gesellschaft)与"组织有序社会"(die organisierte Gesell-
schaft)两个概念作为分析工具,直到 1977 年他们才知道自己的研究与
日本著名社会人类学家中根千枝的研究有很大的相似性。中根千枝早年
毕业于东京大学东洋史学系西藏史专业,后入英国伦敦大学学习社会人
类学,毕业后先后在英国伦敦大学、美国芝加哥大学、日本东京大学任
教,担任过东京大学东洋文化研究所所长等职。她提出的"纵式"
(tate)社会理论,与本尼迪克特的"耻感文化"(shame culture)理论、
土居健郎(どいたけお)的"娇宏"(amae)理论被并称为当代影响最
大的"日本人理论"。① 费肯杰教授在这里的论述受到中根千枝影响的
色彩很明显。他认为,波斯比西所说的"obligatio"这一要素便不适用
于与欧洲模式相差很远的文化,是一个过于"西方"的概念,并不能
应用在于法律及宗教中颂扬无我性(Ichlosigkeit)、无约束(Nichtbind-
ung)法律文化。②

对于费肯杰教授所胪举的中国传统法律文化的例证,我们研究中国
传统法律文化的人乍看起来似乎有些隔靴搔痒,但仔细回味又不能不承
认旁观者清的启迪功效。在中国传统社会中,原被告两者的关系的确应
该从本质上加以透视。以清代司法为例,民间在诉讼过程中形成了"图
准不图审"的博弈规则。清人王有光《吴下谚联》记述嘉定县的俗谚
"图准不图审"时,就揭示嘉定县和青浦县相邻而风气完全不同的原
因。嘉定县每年的诉讼案件总有上千件,而青浦县每年的诉讼案件不过
几百件。这是因为,在青浦县衙门诉讼方面的陋规常例一律由原告、被
告双方平摊,使百姓在提起诉讼时颇多考量成本,而嘉定县衙门的惯例
则是陋规常例悉由被告方承担,百姓在有纠纷时唯恐自己成为被告,往
往先下手为强,呈状者争先而进,而且为求批准受理,装点情词,以图

---

① 中根氏对于研究藏学的人并不陌生,她在国外藏学研究的学术史回顾中经
常被提及。其对"纵式"社会理论的阐述主要体现在《纵式社会的人际关系》《适
应的条件》和《纵式社会的力学》这三部著作中。这三部著作有内在联系,是
"纵式"社会理论的"三部曲",堪称中根氏的代表作。

② 费肯杰:《推参阐述和法律的推参阐述性定义》,张世明、冯永明、孙喆、
张頔译,未刊稿。

一准，已足泄愤，后来质审之虚实，不复及计，以致"朝廷牧民之官竟为奸棍害民之具，有司执法之地又为此辈侮法之场矣"①。在案件受理以后，对方就已经吃了亏，往往愿意和息，原告也不想把事做绝，不会真的按诉状要求进行诉讼活动，以至"图准不图审"竟成常态。② 普遍形成的刻板印象是，中国古人好面子、爱和平，如果不是情非得已，一般不会用通过对簿公堂的办法来解决纠纷。但是，我们在清代档案和文献资料中经常可以看到，在某种情况下，所谓"舍着告告"的诉讼策略可谓司空见惯，"恶人先告状"以求达到先下手为强、拖累被告泄愤的目的。一般而言，清朝官员对受理案件时的批词往往颇为简易，只需用朱笔批一个"准"字、甚至画个勾也就可以了，就表示"准状"，而不予受理的批词相对而言就复杂得多，因为按照制度规定，批词若有漏洞，就会授人以柄而向府、道、按察使司逐级上控，与考绩和仕途攸关，所以必须针对原告的起诉理由，逐条用法律或"情理"予以驳回。出于撙节司法行政资源的考量，州县官一般严格控制受理词讼的门槛，准状的难度造成各地百姓为此千方百计地竞逐，而一经控准，即审迹远飏，以至官方不得不采取遇有控案时立即管押原告的办法，清后期的班馆、待质公所等的出现就与这种"图准不图审"的诉讼规则不无关系。③ 笔者过去对于这种"图准不图审"的诉讼规则主要是从资源角度加以解读的，但从费肯杰教授的论述中可以得到这样的启示，这种规则的产生还应该从垂直型社会的结构等更深层次进行诠释，从而分析其与西方社会的特殊性。无论如何，对于法的定义必须像费肯杰教授这里所强调的那样要满足综摄各种不同类型社会的情形，不能以偏概全。

博登海默从语源学角度出发论证说，"规范"（norm）一术语源出

---

① 黄六鸿：《福惠全书》，《官箴书集成》编纂委员会编：《官箴书集成》第 3 册，黄山书社 1997 年版，第 329 页。李渔亦言："好讼之民，敢于张大其词以耸宪听，不虑审断之无稽者，以恃有投状一著为退步耳。原词虽虚，投状近实。以片语之真情，盖弥天之大妄，不患问官不为我用。"（李渔：《论一切词讼》，《官箴书集成》编纂委员会编：《官箴书集成》第 7 册，黄山书社 1997 年版，第 376 页。）

② 王有光：《吴下谚联》（与李光庭《乡言解颐》合订本），石继昌点校，中华书局 1982 年版，第 113—114 页。

③ 参见张世明《清代班房考》，《清史研究》2006 年第 3 期。

于拉丁文"norma"一词，意指规则、标准或尺度。规范的特征乃在于含有一种允许、命令、禁止或调整人的行为与行动的概括性声明或指令。在这一术语的惯常用法中，并不含有对个别的情形做完全个别性的特定处理的意思。这并不是说，法律规范必须对其所有人或者其成员的主体部分一视同仁，对一个极为狭小的范围内人群也未尝不可，关键在于其有助于建立某种行为模式或者组织框架，而不是仅仅规制个别或特殊的情形、行动。职是之故，一定程度的普遍适用性是法律规范的标志，无此则不称其为法律规范。① 博登海默将法律视为在无政府主义与专制主义两个极端之间的平衡工具，在其《法理学：法律哲学与法律方法》（Edgar Bodenheimer, *Jurisprudence: The Philosophy and Method of the Law*, Cambridge, Mass.: Harvard University Press, 1967）中单列"法的普遍适用性"一节，特别强调法律作为一种社会规范所具有的抽象的、一般性的并且可以反复适用的性质。这种观点在法学文献中俯拾皆是。例如，亚里士多德就指出，法律始终是一种一般性的陈述。托马斯·阿奎那（Saint Thomas Aquinas）把法律视为一种有关行为的标准与规则，而萨维尼也同样强调在法律概念中内在的普遍性②。与普遍流行的观点不太一样，波斯比西在文献研究和田野工作中都将普遍适用的意图（the intention of universal application）作为将法律从纯粹政治现象中分离出来的一个属性。普遍适用的意图是波斯比西关于法律定义的第三个要素。他认为，此属性要求一个法律权威做出的法律决定乃是旨在适用于所有类似或相同的情形，但未必该原则已经成为表现为规则、习惯等"现行秩序"的一部分。法律决定具有双重属性，它既代表审断的行为，同时也代表一种意念。以普遍适用的意图形式表现的意念成分将诸如官员任免、宣战等临时性的特定政治决定，与在未来可以重复运用的法律决定相区别。这种决定不仅约束特定纠纷的当事人，而且也约束包括该权威在内的社会群体的所有其他成员。波斯比西强调，法律的属性

---

① Edgar Bodenheimer, *Jurisprudence: The Philosophy and Method of the Law*, Cambridge, Massachusetts: Harvard University Press, 1967, p. 169.

② Friedrich Carl von Savigny, *System des Heutigen Römischen Recht*, Berlin: Veit und Comp. , 1840, vol. I, sec. 52.

并非霍贝尔等所谓的预设了"现行秩序"的"常规性"（regularity）或者"制度要素"（system element），而是在未来重复适用原理的意图（the intention to reapply the principle in the future）。① 费肯杰教授对于波斯比西提出的普遍适用的意图作为法律的第三个要素，认为有待于进一步完善，指出：其完全可以说它并不适用于以"类比推理"的例证方式缜密地执行法律的任何法律秩序或法律学说。哈伦·拉希德（الرشــيد هارون，Hārūn al-Rashīd，763—809）和所罗门王在各个案件中法自乾断。每一个案件均是一项面对案件本身的法律。与之相同的是霍尔姆斯的正义哲学：并没有适用于复数案件的法则。这对"马戈现象"（Phénomène Magaud）、格奥尔格·科恩（Georg Ludwig Cohn，1845—1918）以及弗伊特约夫·哈夫特（Fritjof Haft）的法哲学而言同样正确。在胡贝特·罗丁根（Hubert Rodingen）的"近边缘"世界中，全然没有普遍适用的意图。然而，不会说所有这些法律适用以及法律学说"并不是法律"。即便有人并不赞成霍尔姆斯的法律学说，但他依然是一个法学家。在按照波斯比西以及许多其他学者的观点逐步渐进比较（Schritt-für-Schritt-Verfahren）的情景下，西方的概念借助"引号"或凭借"概念假设"（Begriffshypothesen）拓展至非西方概念之中，普遍适用的意图似乎成了一个令人信服的法律要素。但如果从元理论层面上考虑到所有可能的文明以及思维方式对法律的态度，普遍适用的意图这一要素却是难以立足的。普遍适用的意图存在"于现实之中"（in der Wirklichkeit），法律的"民族理念"（heimische Ideal）是与普遍适用相背驰的，这样的反驳在论证方面并不能提供多少帮助。如果有人准备用这种反驳方法摒弃民族理念和概念，随之必定会说霍尔姆斯、马戈、格奥尔格·科恩和弗伊特约夫·哈夫特完全错了。但是，推参阐述方法却排斥应用某人自己正确及错误概念的移用方法，并且亦否认西方"现实"的概念准绳衡量对"东方"法律理解的权利。推参阐述方法亦试图对那些并不能普遍适用的法律概念

---

① 资料来源：www. centropgm. unifi. it/quaderni，访问时间：2009 年 10 月 9 日。

本身予以理解并用之于法律定义。① 较诸波斯比西将"普遍适用的意图"作为法律属性，费肯杰教授使用推参阐述的方法走得更远，认为法律甚至包含了满足于个案正义的类法律体系。这种观点在我们这些孤陋寡闻、坐井观天的人看来不啻骇世惊俗，简直不知道如何置喙评骘，但其方法应该是值得我们反思的。

波斯比西强调，obligatio 作为一种社会关系构成权威决定的事实基础不能与制裁相混淆。制裁是法律附加的属性，与 obligation 不同，通常构成裁决形式上单独的部分。制裁是法官或者其他法律权威宣布由于非法行为所产生的 obligatio 应该如何解决并使情况正常化。波斯比西对于制裁予以泛化定义，将制裁界定为取消在法律未被违反时所赋予之奖励和支持的消极措施，或者在生理或心理上予以痛苦经验的积极行为。这种广义的制裁形式被波斯比西作为法律的四个属性之一。他声称，在社会控制和整合意义上的制裁的效果较诸其形式是法律定义更为合适的标准。法律人类学家霍贝尔和波斯比西在这一点上所见略同，他说："在任何社会中，无论是原始社会还是文明社会，法律存在的基本的必备条件是社会授权的当权者合法地使用物质强制。法律有牙齿，它在必要时会咬人，尽管并不时时使用。"（The really fundamental sine qua non of law in any society — primitive or civilized — is the legitimate use of physical coercion by a socially authorized agent. The law has teeth, teeth that can bite if need be, although they need not necessarily be bared. ）② 耶林也倾向于这种强制命题，将法律界定为国家通过外部强制手段而加以保护的社会生活条件的总和，他指出："没有强制的法律则是不燃烧的火，不发亮的光。"③ 治奥·德尔·韦基奥（Giorgio del Vecchio，1878—1970）则宣称，强制力与法律这两个概念在逻辑上密不可分，"哪里没有强制

---

① 费肯杰：《推参阐述和法律的推参阐述性定义》，张世明、冯永明、孙喆、张頔译，未刊稿。

② E. Adamson Hoebel, *The Law of Primitive Man*, Cambridge, Massachusetts：Harvard University Press, 1954, p. 26.

③ Rudolf von Jhering, *The Struggle for Law*, transl. John J. Lalor, Chicago：Callaghan and Company, 1915, pp. 9 – 10.

力，哪里就没有法律"（Where coercibility is lacking，Law，too，is lacking）①。博登海默对此持论不同，认为如果上述种种论断必须被解释为意指制裁作为附属物乃是一个绝对必要的条件，亦即一项法律规范得以存在和得以有效的根本标准，则这是大有商榷余地的，因为赋予个人权利、授予组织权力的授权规范在不同的法律制度中比比皆是。对于广为流行的反制裁立场（the antisanction position），凯尔森辩解称，那些本身并未规定强制行为的规范，仅是一些依附性规范（dependent norms），只有同那些明确规定强制行为的规范相联系才会具有效力。博登海默则颇为思辨性地引述阿尔夫·罗斯（Alf Niels Christian Ross，1899—1979）在《迈向现实主义法理学》（Alf Ross，*Towards a Realistic Jurisprudence：A Criticism of the Dualism in Law*，Copenhagen：E. Munksgaard，1946）中的论断加以反驳，认为：如果说每条法律规则都必须由强制力作为后盾，那么从这个意义上讲，强制力就不可能是法律概念的必要成分。②乔治·佩顿（George Whitecross Paton，1902—1985）也曾这样写道："学术界对制裁的过于关注，导致了一种错误的法律观。健康观念使我们首先想到的并不是医院和疾病、手术和麻醉，而不论这些东西对于维护社会福利是何等必要。最好的医疗方法是预防疾病的发生，正如法律的真正益处在于其确保有序的平衡，而这种平衡能成功地预防纠纷。"③在博登海默看来，制裁论者具有本末倒置的危险，官方制裁并不是法律存在的一个绝对必要的条件（conditio sine qua non）。正如药物效用的最佳状态是人体不需要它，法律的最大成功乃在于当局对公民的生命、自由和财产所进行的令人讨厌的干涉被降至最低限度。如果人们不得不着重依赖政府强力作为实施法律命令的手段，那么这只能表明该法律制度机能失效而不是对其有效性和实效的肯定。既然人们不能根据一个社

---

①　Giorgio Del Vecchio，*Philosophy of Law*，transl. Thomas Owen Martin，Washington，D. C.：Catholic University Press of America，1953，p. 304.

②　Edgar Bodenheimer，*Jurisprudence：The Philosophy and Method of the Law*，Cambridge，Massachusetts：Harvard University Press，1967，p. 229.

③　George W. Paton，*A Textbook of Jurisprudence*，2d ed.，London：Oxford University Press，1951，p. 59.

会制度的病态表现来给该制度下定义，那么也就不宜将强制性作为法律的本质属性。费肯杰教授认为，制裁是每一种法律所必需的要素。不管如何定义，制裁亦可能在道德范围内得到应用，但这并不是反对的论据。以下事例可能会被一再援引，即全体社会联合抵制会导致完全孤立，这是一种严厉的道德制裁。道德缺乏隐藏于法律之后的权威，道德法庭与法律法庭并不相同。制裁将法律（以及道德/习惯规范）与宗教区分开来。宗教可能会借助于一个或多个权威，事实也通常如此。但是，它缺乏制裁。然而，将制裁强加给宗教（如同打破禁忌被处以死刑一样）便如波斯比西所准确描述的那样，会出现"宗教法""教会法"以及其他法律。费肯杰教授通过权威和制裁来定义法律，通过制裁但没有权威来定义道德，通过权威但没有制裁来定义宗教（I defined law by authority and sanction, morals by sanction without authority, and religion by authority without sanction）。

第五节　推参阐述方法对于中国问题研究的意义

柯文是一个非常优秀的学术评论者。他的《在中国发现历史：中国中心观在美国的兴起》（*Discovering History in China: American Historical Writing on the Recent Chinese Past*）涉及两千多位研究者的著述，对其加以深入的分析评述，反映了美国学术界良好的学术评论和研究总结机制。这是美国学术能够突飞猛进的发展动力和已经趋于成熟的重要标志之一，与中国学术界不重视学术评论机制，或者任情褒贬、有好恶而无是非的党同伐异现象，构成鲜明的对照。这种严肃认真的学术评论可以说是柯文《在中国发现历史》的主体和基础。柯文《在中国发现历史》的理论思辨色彩并不浓郁，并没有玄奥的理论，但为当时的美国中国学发展指明了努力方向。这种改弦易辙就足以使该书成为这一领域的经典，使此后的美国中国学研究具有了相当敏锐的问题意识，不啻具有启蒙的意义。在某种意义上，柯文的研究是对于美国 20 世纪 70 年代前中国学研究范式的"元研究"。但是，这种"元研究"并非归根结底的真正意义上的元研究。我们必须对这种"元研究"进行进一步的"元研究"之元研究。

实事求是地说，美国中国学研究在美国主流学术界是处于边缘的状态，绝非一般中国人从自我中心的立场对于外国的中国问题研究那样将其重要性和地位加以夸大。尽管目前中国在国际上的地位颇形显著，但在美国学术界，中国问题研究者依然属于"稀有动物"。柯文《在中国发现历史》强调突破西方中心观的重要路径之一就是，热情欢迎历史学以外的诸学科（主要是社会科学，但也不限于此）中已形成的各种理论、方法与技巧，并力求把它们和历史分析结合起来。这种突围路径选择的一个动机就是，走出美国中国学的边缘地位。事实上，在柯文的前辈费正清那里，这样的尝试就已经开始了。费正清当年在福特基金会充裕财力的支持下在美国中国学研究领域大兴土木，从而使专著源源不断从费氏学术工厂的生产线上被制造出来。费氏在此期间的一个重要举措就是举行不同学科学者进行对话的研讨班，企图吸引美国不同学科的精英学者共襄中国学研究之鸿业，最初的研讨班不乏后来获得诺贝尔经济学奖的盖世奇才参与，但这些人均作为票友客串一两回之后便兴味索然，唯有帕森斯坚持时间较长，而帕森斯的传统—现代理论也正是构成费正清冲击—反应模式的核心内容。柯文倡导中国中心取向（China-centred approach）将多学科融合作为突破西方中心观的重要路径之一，其实和费正清当年所采取的方法如出一辙，都反映了在美国主流学术中中国学研究自身从边缘走向中心的愿望。中国学术界将柯文的"中国中心观"与后现代主义联系起来，不遗余力阐发柯文"中国中心观"的后现代主义色彩。对此，笔者狐疑甚深。在柯文撰写该书的年代，后现代主义思潮对柯文的影响有多大是值得探讨的问题。不过，美国中国学界从冲击—反应模式到中国中心观的转变的的确确受到人类学在当时关于"主位"与"客位"研究方法争论的影响。人类学研究中这场旷日持久的大讨论的冲击波在美国中国学界产生的震撼，是我们在考察柯文中国中心观产生的历史背景时必须纳入视野之中的要素。正如王国维所说："为一学无不有待于一切他学，亦无不有造于一切他学。"① 历史学界的理论思维较诸其他一些社会科学存在时间上的滞后是可以理解的，从其他学科汲取营养本身也并非是羞于启齿的丑事，但我们在谈论美国中国学界所谓"中国中心观"时，应该清醒地看到美国中国学界本身积极追求学术主流化的努力趋向，标志着美国中国学走向深入、向这一领域问题核心地带挺进的努力趋向。这是美国从冲击—反应模式到中国中心观的范式转变所隐含的另一层面的"中心"与"边缘"问题，两者之间具有扯不断的关联性。

由于文化的差异与冲突，任何民族都可能具有本民族文化中心本位的思维倾向。尤其近代以来，中西文化交流互动并非是完全雍雍睦睦的太和景象，中国人在西方强势文化面前不可避免地在内心深处面临"西方中心主义"与"中国中心主义"两者之间的厮杀格斗。或谓走出"西方中心主义"与"中国中心主义"两者之间的困境是一个伪问题、虚假命题。但是，这样简单地宣布问题不存在，难免入归独断的色彩，有如明希豪森男爵那样宣称自己可以提着自己的辫子从泥潭中跳出来一样令人不可思议。汉斯·阿尔伯特在其《批判理性读本》中就认为，任何主张都可能面临被还原为无限后退、循环论证和通过某种"教义"来结束论证的链条三种可能的基本情形并因为不可接受遭到拒绝。当我们毅然决然地宣布走出"西方中心主义"与"中国中心主义"两者之间的困境是一个伪问题、虚假命题时，我们其实已经陷入了"明希豪森三重困境"之中，似乎 1 + 1 = 2 是事实昭然，无须论证，而陈景润经年累月为了证明 1 + 1 = 2 简直是愚不可及的笨伯功夫，不慧之甚矣。随便将一个问题打成伪问题，拒绝对于问题的进一步思考，就不免将自己拒之于学术殿堂的大门之外。不承认这种困境存在的去问题化者固然可以援引慧能的畿子进行反驳：菩提本无树，明镜亦非台，本来无一物，何处惹尘埃！然而，对于我们大多数慧根有限的凡夫俗子而言，志气和平，不激不厉，通过科学的一步步推阐达到醍醐妙悟也许不失为稳妥的

---

① 王国维：《国学丛刊》序，《观堂别集》（《王国维遗书》第 4 册）卷四，上海书店出版社 2011 年版，第 7 页。

选择，这也许正是费肯杰教授推参阐述思维方法的要义所在。至少在笔者看来，走出"西方中心主义"与"中国中心主义"两者之间的困境是值得认真对待的问题，这一问题一直横亘于笔者心间而挥之不去。与笔者同样具有这种困境感的人盖亦不少。退一万步言之，纵然此问题被宣判为死刑，但不屈不挠地上诉也是可以达到翻案效果的，引人入胜的探讨切磋本身或许也可以证明该问题的价值。

我们在对于一个理论分析过程中应该把偏差与偏差性作为两个概念。这些年来，由于受到柯文《在中国发现历史》的影响，中国学术界，包括笔者在内，每每对从中国内部的视野进行考察的认知路径表示赞同，但也出现了一些偏差。这些偏差固然不能完全归咎于柯文，在很大程度上是遵循此路径的研究者认识上存在误解所致，但与柯文所倡导的中国中心观理论阐述本身也具有撇不开的关联因素。而且按照费肯杰教授的推参阐述方法，这种后来者认识上的误解本身就是其理论具有缺陷的佐证，必须从其理论内在逻辑本身进行反思。借用柯文的表述，就是在这种理论框架内部发现问题症结所在，在这种理论框架内部，一似柯文摇晃费正清为代表老一辈中国学研究者缔造的冲击—反应模式内部四梁八柱那样，拷问其间支撑梁柱的可靠性。易言之，入室操戈几乎是所有对于理论进行解构最为有效的杀敌致果战术。我们应该从中国中心观范式内部加以审查，而且在从这种范式看问题的时候，必须推勘这种范式可能产生的社会效果，不单纯是完全依寄于简单的反例进行证伪的力量。

柯文主张从中国内部发现历史，这种取向是无可厚非的。因为视野的变更无疑可以产生盘活历史的效果，迈向别开生面的发现历史之旅。正如柯文自己对于该书的贡献所评价的那样，这种理论范式"打破了毫无准则和误导的'东''西'之别，削弱了西方长期以来将中国视为'离奇古怪'的'他者'的看法，使西方研究者有可能尽量不再把中国看成是充满异国风情的典型，而是一个有人性、通人情的典型"[1]。但

---

① Paul A. Cohen, *China Unbound: Evolving Perspectives on the Chinese Past*, London: Routledge Curzon, 2003, p. 13.

是，自近代以来，中国已经被深深卷入世界变革的全球格局之中，这是时人就曾惊呼的"三千年未有之大变局"①。在这种时空格局中，内外因素已经相互交织，在许多情况下已经难解难分。柯文使用"中国中心"一词时既无意用它来标志一种无视外界因素，把中国孤立于世界之外的探讨这段历史的取向，也无意恢复古老的"中国中心主义（Sinocentrism）"，即含有世界以中国为中心的意思，所以事实上对于冲击—反应模式并不构成实质性的颠覆。相反，如果说冲击—反应模式是一种显性的西方中心主义，那么柯文倡导的中国中心观在某种程度上可以说就是一种隐性的西方中心主义。正如柯文自己所说，我们中间没有任何人可以完全从紧紧裹着自己的这层"文化皮肤"（the cultural skins）中抽脱出来。②

尽管我们可以同意柯文所说，不仅包括从外部探索中国历史的美国史家，而且包括从内部研究中国历史的中国史家，所有史家在某种意义上都是局外人，局外人并不是由其出身的自然背景所完全决定，但是我们要看到，在西方文化已经渗透到被研究客体时，中国人和西方人一样，对于逝去的传统文化是"原乡人"，也难免有"局外性"（outsideness）的隔膜，而且由于现代知识生产体系与传统中国社会中士人的乡居耕读生活模式迥然不同，对于真正的中国社会情形的认知恐怕均是雾里看花。毋庸讳言，中国学术界对柯文的中国中心观亦步亦趋，很多人实际上均是将此作为找回民族自信的工具。当许多中国人这种用中国中心观赞美月是故乡明的时候，浑然忘记了皎洁的月光正是炙热的太阳的影子。因为对欧美全部的抗拒仍不得不仍在欧美的框架下进行，仍须由欧美来决定反抗者会在哪一个点上占据什么位置，所以欧美的框架简直如同无所不在的金刚罩般法力无边。在西方文化处于难以撼动的霸权地

① 语出李鸿章《筹议制造轮船未可裁撤折》，同治十一年五月十一日，《李文忠公全集·奏稿》卷十九，沈云龙主编：《近代中国史料丛刊续编》第七十辑，台北文海出版社 1980 年版，第 677 页。此系学术界目前许多论著中常见的表述，非李氏原话。可以参见本书第五卷第三章第八节所引述的原文。

② Paul A. Cohen, *Discovering History in China: American Historical Writing on the Recent Chinese Past*, New York: Columbia University Press, 1984, p. 92.

位的情况下，不仅西方学者难以超越自己的文化皮肤，中国学者本身也无法卸载以西方文化为思维运行软件的知识行李，目前中国学术界颇为流行的从中国发现历史的风尚恰恰就是柯文等人倡言的认知路径的尊西趋新反应，这种学术现象本身就是在冲击—反应的理论框架的有效解释射程之内的。

在柯文的中国中心观理论范式中，移情是柯文给我们指点迷津进入中国历史内部的关键方法。所谓移情就是要回到历史，从而尽量获得一种历史在场的感知。移情方法是人类学研究早就提倡的方法之一，目的就在于研究者能够设身处地地体会被研究者的情感、动机和认知，其预设前提是人同此心、心同此理。但是，这样的方法论前提又存在两个潜在的矛盾。其一，这种心理同构性与柯文历史相对主义和文化相对主义之间的不完全融洽性。历史相对主义与文化相对主义分别指称不同的对象。在历史相对主义看来，历史事实并非确定不移的，人人都有自己心目中的历史，这样使得研究客体主观化。而文化的相对主义又使研究主体本身的价值取向可以随心所欲，那么，客体的相对性加上主体的相对性遂将普适主义放逐于四裔之外。文化相对主义是支持中国中心观的援助力量，而历史相对主义使移情的方法具有合法性，但另一方面也造成其理论内部明显的张力，不无放纵感觉主义的嫌疑，甚至按照其逻辑推阐，在某种程度上意味着移情理解之不可能性。或者说，这种从中国内部发现历史其实就是研究者自身心理的投影，不是真正意义上的从中国内部发现历史，而是从中国学研究者内心深处发现历史，容易将自己"反西方"的意义读进研究对象之中，存在失却中国历史本真气味之虞。笛卡儿的训诫是"我思故我在"，然而，"我移情"的研究和"情移我"的非理性主观论断在柯文那里的界限是模糊不清的，最终无法判断其究竟是在陈述知识史的事实还是在伸张自己的"主义"。在用移情方法揭示中国历史的主体性的同时，研究者与被研究者之间的主体间性没有安身立命的湫隘空间。研究对象的主体性恰恰也许会在这种移情中有名无实，被虚化得弱如游丝，而西方中心观的幽灵却依然盘桓不散。无论如何，移情具有过多的主观神秘性，缺乏可操作的标准规范，是没有固定章法的方法。正是由于柯文服膺列文森"无人能掌握众规范之规范"① 的信条而唯移情是依，所以林同奇在中文版译者序中非常客气地说，柯文倡导移情方法反映了其所继承的人文主义史学思潮多于实证主义或科学史学思潮。②

这种偏向于将历史研究视为一门艺术的取向不可避免与柯文主张将各种社会科学的理论、方法大量引入的取向之间产生某种张力。与哈贝马斯的理性商谈相比，移情方法显然要相对粗糙一些，也仍然缺乏对话的交流性。即便哈贝马斯的理性商谈也仍然是对于对话形式规则的元研究，而未遑兼顾对于对话内容的元研究，所以被一些学者指责为空洞的说教，而移情所给予我们的增量信息尤形稀见。其二，移情缺乏反思与批判的精神，或者在不同的范式之间企图弥合裂缝，表现出调和主义的倾向，或者可能落入六经注我与我注六经的窠臼。我们的前见不仅是我们理解不可卸载的知识行李，而且反思与批判精神也是我们理解不可让渡的傍身武器。事实上，从中国发现历史不仅取决于视角的幡然改变所能导致的一蹴而就，亦取决于对各种丰富资料的掌握。随着资料的掌握和解读的发展，从局外人向局内人的自我异化就会不期而至。"物移我情"这种浸淫涵化所产生的移步换形，想即指此而言。

柯文虽然也主张从中国发现历史的开放性，力图克服文化本质论，从文化走向历史，将文化作为一种解释性的因素退居幕后，而对历史过程高度的敏感则被推到前台去升帐挂帅，力图使僵硬刻板的认识历史化、动态化，但是这种范式的内部指向性极为鲜明，势必导致聚焦一点而目无余子的狭隘性，在将史家的注意力引向中国历史内部因素的同时，至少存在某种程度的遮蔽研究者历史视野的偏颇。而这种中国中心观的移情方法也由于其"单向集聚"的一维性而缺乏互荡互激的内在动力，马立博（Robert Marks）之所以曾批评柯文的中国中心观"软绵

① 柯文：《在中国发现历史：中国中心观在美国的兴起》，林同奇译，中华书局 2002 年版，第 51 页。

② 柯文：《在中国发现历史：中国中心观在美国的兴起》，林同奇译，中华书局 2002 年版，译者代序《"中国中心观"：特点、思潮与内在张力》，第 22 页。

绵地像海绵（*spongy*）一般"①，亦正在此。其指导下所得出的认知必然是有限的理性，与封闭性具有天然的亲和关系。在笔者看来，这中国中心观关注于一种地方性知识，过分偏好中国问题的特殊性，成为一种片面的深刻、不幸的扭曲，在对此前种族中心主义造成的歪曲（ethnocentric distortion）进行纠偏的过程中为了自己的立场和主张呈现出另一种片面。正是柯文这种范式本身对于偏颇面临按下葫芦浮起瓢的困境，后来遵循这种研究路径者每每蜕变为一种新的狭隘主义（parochialsm），现代许多改头换面的西学中源说率多援之而起，不得不仍然在荆棘丛中转悠，难觅出路。

柯文《在中国发现历史》和费肯杰《推参阐述和法律的推参阐述性定义》都引述了奈保尔的作品。② 印裔英国作家奈保尔（Vidiadhar Surajprasad Naipaul）是 2001 年诺贝尔文学奖得主。其著作有《米格尔的街道》（*Miguel Street*，1959）、《毕司沃斯的房子》（*A House for Mr Biswas*，1961）、《幽暗的国度》（*An Area of Darkness*，1964）、《岛上的旗子》（*A Flag on the Island*，1967）、《黄金国的失落》（*The Loss of El Dorado*：*A History*，1969）、《大河湾》（*A Bend in the River*，1979）等等。在笔者看来，瑞典皇家学院之所以将 2001 年诺贝尔文学奖授予奈保尔，就是考虑到奈保尔这个特殊的世界旅游者将其游走经验形诸文字的视野是非常发人深省的，其游历观察既是外在世界的，也是内在精神的，既是旁观者的，也是身在其中的。不过，几乎与柯文《在中国发现历史》同时写作的费肯杰教授的这篇超长文章引述奈保尔的作品时看重的是其跨文化的世界眼光，而柯文引述奈保尔的作品时看重的是其反殖民主义的思想，为自己主张中国中心史观服务。

柯文后来自己也意识到该书中潜在的局限，③ 所以他对自己的主张

---

① Robert Marks，The State of the China Field：or the China Field and the State，*Modern China*（October 1985），11（4）：472.

② Paul A. Cohen，*Discovering History in China：American Historical Writing on the Recent Chinese Past*，New York：Columbia University Press，1984，p. 149.

③ Paul A. Cohen，*China Unbound：Evolving Perspectives on the Chinese Past*，London：Routledge Curzon，2003，p. 4.

进行了一些调整和修正，开始致力于大量运用人类学方法展现人类共同的经验（experience），① 反对亨廷顿的"文明冲突"理论是把文化的不同放在首要的位置。他在结集出版的文集《变动中的中国历史研究视角》（Paul A. Cohen, *China Unbound: Evolving Perspectives on the Chinese Past*, London: Routledge Curzon, 2003）导论中坦率地指出："当历史学家尝试了解其他文化的人群时，过分强调文化差异，不但使我们难以掌握文化性格复杂和互相矛盾的元素，使我们难以理解文化所经历过的变迁；同时，我们也可能会忽略了某文化群的思想和行为往往反映了跨文化的、人类与生俱来的特性，与世界上其他文化群体的思想和行为具有许多相同之处，彼此互相呼应。我认为，如果我们要对中国的过去有一个更全面、更细致、眼光更广阔的认识，我们在探讨文化差异的同时，必须注意人类社会具有诸多共通的面相。这是其中一个有效的办法，让我们突破西方和中国的历史学家以不同理由、不同方式为中国和中国历史设定界限的做法。"② 柯文在这篇导论里将王国斌的《转变的中国：历史变迁与欧洲经验的局限》（R. Bin Wong, *China Transformed: Historical Change and the Limits of European Experience*, Ithaca: Cornell University Press, 1998）和彭慕兰的《大分流：欧洲、中国及现代世界经济的发展》（Kenneth Pomeranz, *The Great Divergence: Europe, China, and the Making of the Modern World Economy*, Princeton: Princeton University Press, 2000）这两部著作作为已经突破了西方中心观和中国中心观两者之间困境的典范，认为它们谨慎地建构和发挥了一套新鲜而不偏不倚的方法来进行比较历史的研究。如果将柯文的中国中心取向概括为移情论，那么王国斌和彭慕兰坚持双向和相互的比较方法是必须的，我们不妨将其称为互视论。柯文后来的研究取向可以说回归到中西会通的道

---

① 柯文：《在中国发现历史：中国中心观在美国的兴起》，林同奇译，中华书局 2002 年版，附录，《在中国发现历史》新序，第 235 页。亦可参见周武、李德英、戴东阳：《中国中心观的由来及其发展——柯文教授访谈录》，《史林》2002 年第 4 期。

② Paul A. Cohen, *China Unbound: Evolving Perspectives on the Chinese Past*, London: Routledge Curzon, 2003, p. 14.

路。尽管柯文仍然顽强地坚持《在中国发现历史》中的基本主张，转变的幅度有限，但其所表现出的将中西历史异中之同作为发现历史的中心这一取向是昭然可见的。正是这样，在十多年后为《在中国发现历史》英文新版所作的序言中，柯文一方面对美国史学界在"中国中心观"的方向上出现的新发展和"好的趋势"表示欣慰，同时又对罗威廉（William Rowe）、罗友枝（Evelyn Rawski）等人的研究中出现的"潜在危险"引以为忧："这就是在克服了一种视中国无力自我转变而要靠西方引进现代化的偏见之后，我们是否无意中又对中国历史形成了另一种偏见，即中国历史中只有那些符合西方现代化定义的发展轨迹才值得研究？"① 柯文尤其批评了狄百瑞《自由主义传统》（William Theodore De Bary，*The Liberal Tradition in China*，New York：Columbia University Press，1983）和大陆学术界利用"公共领域"（public sphere）和"市民社会"（civil society）两个概念讨论中国问题所引发的争议，担心机械地使用欧洲史的概念会引发中国是否也有"自由主义萌芽"之类的问题。在柯文看来，这种问题的探讨同中国是否有"资本主义萌芽"的讨论一样都出于想显示中国近代性的急迫感，并非其心目中最纯正的"中国中心"式的研究，相反，可以说是"非中国中心"的研究。

中国学术界一般人对于国外理论的认识都是以传入中国的时间之先后为殿最，在有限的翻译材料框架内秉笔立论。柯文《在中国发现历史》于 1989 年即由中华书局出版，自然影响最大，几乎一度被学术界奉为圭臬。但随着学术研究的深入，美国中国学在中国学界影响一家独大倾向的纠正，重视诸如日本等国家中国学研究成为一种共识。柯文《在中国发现历史》由佐藤慎一（さとうしんいち）翻译，1988 年以《认知帝国主义——东方学与中国像》（『知の帝国主义—オリエンタリズムと中国像』）为题由平凡社出版，在目前日本学术界也引起了非常强烈的冲击。1989 年，日本研究中国思想史的沟口雄三（みぞぐちゆうぞう）出版了他的重要著作《作为方法的中国》（溝口雄三『方法と

---

① 柯文：《在中国发现历史：中国中心观在美国的兴起》，林同奇译，中华书局 2002 年版，附录，《在中国发现历史》新序，第 233 页。

しての中国』、東京大学出版会），中文译本题为《日本人视野中的中国学》，1996 年由中国人民大学出版社出版，提出"以中国为方法，以世界为目的"① 的研究理念，与柯文的中国中心取向颇多契合之处，但为中国学界所比较广泛认知则已较诸柯文的《在中国发现历史》晚了许多年。② 和柯文中国中心取向相似的这种知识论反省历程虽然出现在日本的中国学界，然而却发生于不同的时空脉络与主体需要。从笔者所接触的材料来看，目前尚未发现沟口雄三的中国中心观曾经受到柯文《在中国发现历史》影响的证据，相反柯文采用"近世"（recent）的概念来统称 19 与 20 世纪的中国历史，以此作为消解冲击—反应模式的辅助工具，这似乎恰是以日本京都学派的重要创始人内藤湖南的观点为原型。从 20 世纪 60 年代末到 70 年代期间，日本学术界对欧洲中心主义的批判就已经大行其道，甚至可以说已经成为主流、常识。沟口雄三认为，在日本，汉学来源于日本人对中国古典的兴趣，日本汉学家研究中国古典的兴趣并不是由于他们对中国的事情感兴趣，乃是从日本内部的事情、心情出发而后又将其消化于日本内部的事情、心情之中，这样导致此种汉学没有以近现代中国为媒介，是"没有中国的中国学"③。基于此，沟口雄三倡议建立一种有中国、但是又超越中国的中国学，即：以中国为方法的中国学。沟口雄三所揭櫫的"作为方法的中国"受到的影响主要来源于竹内好（たけうちよしみ，1910—1977）"亚洲的抵抗"、"作为方法的亚洲"等概念的启发，两者构成明显的批判性继承关系。和柯文力图使美国中国学进入美国学术主流一样，沟口雄三"作为方法的中国"也是在对日本中国学的焦虑中思考出来的，表现出在本

① 资料来源：http:// home. att. ne. jp/apple/tamaco/Nihonbash，访问时间：2010 年 11 月 28 日。

② 沟口雄三的代表作还有：《中国前近代思想的曲折与展开》（溝口雄三『中国前近代思想の屈折と展開』東京大学出版会、1980 年。中译本名为《中国前近代思想的演变》，台北编译馆，1994 年出版）；《中国的思想》（『中国の思想』日本放送出版协会、1991 年。中译本由中国社会科学出版社 1995 年出版）；《中国的公与私》（『中国の公と私』研文出版、1995 年）。

③ 参见汪晖：《什么是没有中国的中国学？——与沟口雄三教授的对话》，汪晖：《别求新声：汪晖访谈录》，北京大学出版社 2009 年版，第 232—237 页。

国作为"少数民族部落"的日本中国学界试图把自己放进日本学界主流讨论的努力取向，怀抱有在与现实没有交集的日益边缘化的中国研究内部空间加入日本的问题意识的信念。按照费肯杰教授在 20 世纪 70 年代末就倡导的推参阐述方法，从一种文化体系、理论体系内部进行后效一致的逻辑思考是第一个层面的研究，即费肯杰教授所说的推参阐述 I，而从体系外部的朴素的比较是第二个层面的研究，即费肯杰教授所说的推参阐述 II。推参阐述 II 并不缔构思维模式，它们仅仅将其加以排比。按照费肯杰教授的说法，屠宰他人的圣牛不仅徒劳无益，而且是不允许的（It is of not only of no use but it is impermissible to butcher the holy cows of others）。这种体系外的比较承认不同范式的平等价值，恰恰是相对主义的表现。正如王国维所言，天下之事物，非由全不足以知曲，非致曲不足以知全。在存在即合理的预设前提下，西方中心观也被推参阐述理论所认可其存在合理性，其恰恰可以成为推参阐述 III 寻求不同范式的最小公分母的元理论研究别具一格的样本，是保证我们兼听则明的不可缺席的一方面。作为一种元方法，推参阐述也可以用于对柯文中国中心观的研究。如果说我们在前面对于柯文中国中心观是从其内在理论进行后效一致的分析，属于费肯杰所说的推参阐述 I 的层面，那么我们下面还可以从其体系外部进行推参阐述 II 层面的比较。

首先，柯文深受乃师史华慈（Benjamin Isadore Schwartz，1916—1999）的影响，史华慈也是以研究思想史而声名卓著的。如果柯文没有这种师承渊源和自己对于思想史研究的偏好，恐怕也不会有《在中国发现历史》的写作。众所周知，注重史料的考据、史实的梳理而疏于框架的建构和思想的分析似乎是日本研究中国的学者们共同的特征。但沟口雄三却堪称同侪之中的异数，极为注重思想底蕴的发掘和宏观框架的探索。原因无他，就是因为其专业即是中国思想史。思想史研究的方法自来有两种取向：一种是内在理路的探索，一种是外缘解释。同样以中国思想史研究著称的余英时对这两种取向即有清晰的阐述。思想史研究者往往偏好思想流变内在原因的探求，力图展示思想变迁的自主性。余英时就是主要倾向于这种内在理路的探求，而这种内在理路的探求在观念史这一学术流派中最为明显。在笔者看来，沟口雄三的研究很有观念史研究的色彩，这可以从他深入考察自古以来中国思想史所围绕，特别是宋代以后仍然受到重视的"天""理""人欲""自然""公""私"等基本概念，以及"君主观""田制论""封建与地方分权""大同"等思想明显看出。这种思想史内在理路的研究取向很自然地导致柯文、沟口雄三等中国学研究者采取中国中心研究取向。沟口雄三认为，以往对中国历史的研究，由于仅仅将中国看作是普遍化的西方历史在东方的一个特殊范例，而且研究的方法基本是西方的，所以只是一种"外部研究"，即"非中国"的外部视野观察。事实上，外部的、局外的观察有时候能够获得"内部研究"所不可能得到的洞见。这样一种"外部研究"尽管不能说不好或是歪曲的观察，但毕竟是远远不够的。为了在"真正多元性历史观"上研究中国，有必要致力于一种"内部研究"，即以一种中国的方法，从中国本土的经验中重新建构中国的历史。易言之，不是从普世性的西方立场，而是从中国独特的价值、文化和历史中了解中国，在中国历史的内部逻辑中建立起一个观察点，从而为人类文明的发展提供多元的解释。由此可见，在内部取向上，柯文和沟口雄三可谓英雄所见略同。

其次，如前所述，柯文《在中国发现历史》出版之初并没有一种世界眼光。相反，沟口雄三尽管也呼吁把中国作为独立的对象研究，注意中国文化自身的规律，摆脱欧洲的衡量尺度，但他的思考与眼界范围始终是世界与人类，已经走出竹内好的框架，对于中国文化并不是一种简单的移情式的同情，而是力图在多元性世界文化格局中重新认识中国，在以中国为方法的同时以世界为目的。竹内好以亚细亚对抗欧洲文明，沟口雄三则以世界相对化来解消东对西的对抗关系。沟口雄三所反复强调的"历史全景的高度"尽管可能存在语义上的含糊，但其努力取向却是毋庸置疑的。沟口雄三站在人类普遍的立场，从多元世界中来考察中国思想的独特性及其价值，透过"中国"这个独特的世界来观察欧洲，借此进一步批判过去的"世界"，把中国作为理解世界多元性的一个角度、一种方法。他强调说："首先要站在人类普遍性的立场，多元性的要求和看法至上，来开始中国研究。"[1] 在沟口雄三看起来，

---

[1] 汪晖：《什么是没有中国的中国学? ——与沟口雄三教授对话》，汪晖：《真实的与乌托邦的》，江苏文艺出版社 1994 年版，第 182 页。

以前人们通常所谈的普遍性，只不过是西方历史发展的一种特殊经验而已，整个世界（无论是西方还是东方）都是将西方的特殊性误认作世界的普遍性，而将非西方的历史经验寄顿于一种特殊性的位置。这样，非欧洲文明的特殊性被湮没在欧洲文明的特殊性之中，而欧洲文明的特殊性则上升为普遍性，并且成为造就世界现有文明的唯一动力和未来发展的唯一趋势。沟口雄三认为，世界是多元的，中国和日本都是其中的"一"。为了获得多元的普遍性，必须改变以世界（即西方的话语）为方法、以中国为对象的研究，而代之以中国为方法、以世界为对象的研究，从彼此特殊性中挖掘出普遍价值。一旦中国从研究的对象转变为研究的方法，不仅中国的历史景观而且包括欧洲在内的整个图景都将获得一种新的视野和新的理解，世界的历史、世界的意义将变得真正的多元、真正的丰富，不再是欧洲中心主义，亦非亚洲中心论，而是各种文化视野平等的对话、并存与竞争。在这里，沟口雄三所理解的普遍性，不再是过去人们通常所默认的那种欧美中心主义的"普遍性"，而是各种特殊性之间的普遍性。这种对"普遍性"的颠覆性重释，无疑具有革命性的意义。不过，我们应该看到，在沟口雄三这种"异中求同"的方法论中，普遍真理之物被"个别化""相对化"，"相对"的多元世界取代了"绝对"的一元价值世界。尽管沟口雄三常常提及普遍性的存在，许多评论者也断言其并非一个相对主义者，但其所指称的"普遍性"其实已经被"特殊性"架空，而"世界性"也已经被"多元性"拆解得七零八落了，而且甚至连沟口一直在讨论的"近代"，也因为"各有各的"这种思路而瓦解。当沟口雄三用这种近乎相对主义或解构主义的方法，瓦解了欧洲经验和道路的普遍性的时候，同样也瓦解了日本、中国近代历史经验的普遍性和连带性。[①] 这构成沟口雄三《作为方法的中国》不容讳言的一个悖论，说明仍然遗留许多可兹开拓的问题。

　　再次，柯文《在中国发现历史》主张的移情方法力图心人之心，但没有清醒地认识到研究者与被研究者的认知究为有间。沟口雄三在

---

　　① 葛兆光：《重评 90 年代日本中国学的新观念》，资料来源：http:// jds. cass. cn/Article，访问时间：2009 年 10 月 19 日。

《作为方法的中国》提出的一个核心概念就是"中国基体论"。所谓"中国基体",是指"中国有中国自己的历史情况及其发展规律;这种发展规律可以从其长期绵延不断的各种丰富的历史演变中窥测到;因此中国的近代应该是可以与前近代的关联角度上把握的"①。沟口雄三的"中国基体论"旨在赋予中国历史以主体性,而这又与其"相互异别化"的方法具有相互咬合的关系。沟口雄三认为,西方框架固然不可取,但在"反框架"的运作之下同样会遭遇局限。所以,他主张一种"相互异别化"的方法。作为一种认识模式,"相互异别"是出自从事跨文化研究的自我警惕态度,勿以自身的关心而跟随他者的立场看对象。这种方法与柯文的移情大不相同,意在将中国看作一个外国的研究。具体说,要把"中国"真的作为"中国",就是要将这个"中国"相对于日本来说变为一个"外国",在日本文化与历史的研究意识中"去中国化"。和费肯杰一样,钟情于自由主义的沟口雄三注重审视个人主体性,这种人格取向使其偏好保持主体间性意识的一席之地。柯文在移情方法论层面就放弃了沟口雄三的"相对化",是因为冲击—反应模式下的西方中心主义作为前见,从中国发现历史是对于这种西方中心观划清界限,所以处于单线作战的柯文利用移情开展颠覆性工作,而沟口雄三自始处于内线和外线两面开弓,以津田左右吉(つだそうきち,1873—1961)的"相互异别化"作为元素,既反对西方中心主义在普遍主义的掩盖下对历史解释的垄断,也要在日本的汉学研究中祛除中国历史与文化的笼罩性观念和内在化感受,因此要将中国、日本和欧洲当成独立的文化单元来理解,使日本人认识到中国、日本和欧洲都是一个独立的单元,各有各的历史和传统,各有各的近代进程,各有各的问题和视角。可以说,沟口雄三中国中心观的最终目标并不是为了证明中国的独特性,而是为了给日本人认识"世界"提供一个角度。因为,在沟口雄三看来,只有把中国学中的"中国"当作"他者"(the other),才能"使日本这一独立的世界变得客观化,站到与中国以至与世界相对

① 沟口雄三:《日本人视野中的中国学》,李甦平等译,中国人民大学出版社1996年版,第184页。

的立场上来"。沟口雄三向中国投以"异"的目光，区别和确立"他者"，正是为了确立"自我"即日本的位置。

沟口雄三比我们国内一些袭取柯文中国中心观皮毛的人认识更为深刻之处在于，沟口意识到不了解他人的文化，也就不能真正地认识自己。我们中国人要真正达至所谓"中国中心观"，其实难度并不在于具有反西方中心主义的意识，而恰恰在于我们深入地了解西方文化内涵的任重道远，我们对于西方的认识实际上都是肤浅得可怜的，并未造乎其堂奥。这自然使我们的反西方中心主义有气无力，给人一种曲儿小腔儿大的感觉。西方人在一些清代中国文人眼里不也曾经是"蛮夷"的代名词，中国学术界迄今对于西方的认知中表现出以自我为中心的曲解又焉得熟视无睹？即便我们承认"在中国发现历史"的正确，那么积极向外拓展认识空间，认识他者恰恰是与反思自我相辅相成的。傅斯年过去主张与西方学术角力贵在不与之拖泥带水，但其所指仅是领域的选择而言。事实上，唯有知己知彼才可能百战不殆。与沟口以中国、亚洲等历史基体作为欧洲经验的抵抗线的策略不同，笔者前述的策略可能更为激进，这种为了与西方学术对话空间主动出击策略不是没有可行性的。笔者这种主张并不是说主动沉湎于被刘笑敢所称为的反向格义怪圈，[1]而是类似于法国哲学家弗朗索瓦·于连（François Jullien）通过中国思索西方的迂回哲学战术。于连在进行了欧洲和中国思想传统的许多间距（écarts）对照之后，仍然提出存有一种"共同的可理解性"，其对于哲学上的西方中心主义攻击是采取以退为进的战略，但为我们提供了另一种在中国发现哲学的路径。严复就洞悉中学的昌明与深入西学后反观自我之间的关系，指出："西学不兴，其为存也隐；西学大兴，其为存也章。盖中学之真之发现，与西学之新之输入，有比例为消长者焉。"[2]他满怀信心地预言中西之间争论将通过此种途径不了了之："至于其时，所谓学者，但有邪正真妄之分耳，中西新旧之名，将皆无有，而吾安得

---

① 参见刘笑敢：《"反向格义"与中国哲学研究的困境》，《中国哲学与文化》第 1 辑，广西师范大学出版社 2007 年版，第 10—36 页。

② 严复：《〈英文汉诂〉卮言》，卢云昆编选：《社会剧变与规范重建：严复文选》，上海远东出版社 1996 年版，第 144 页。

致其断断者哉!"① 殆事有急之不白者，宽之或自明，争论将如庭前春雪随着时间的推移最终归于涣然潜消。

沟口雄三说，埋头于文献，最少也得以三百年为单位看一遍，否则什么也发现不了。布罗代尔的长时段理论目前已经在学术界产生很大影响，历史学的优势也恰恰在于此。不过，历史学家受到专业分工和精力的限制，所考察的历史通常也是极为有限的，这其实就隐伏着一种狭隘性，即便有文字记载的历史也在人类历史长河中仅占很小的片段，所以历史学家所认知的丰富多彩的历史较诸人类学家的几近无时间维度的认识也未必不是一种特殊性。即使按照目前所说的狭义历史学仅仅站在当代人立场上回推立论，也只不过往往成为强化现在主义的一种工具，徒然为我们的后见之明涂抹上几许迷人的粉彩，而这种全然没有未来眼光穿透力所得出的结论也许会真正被时间所证实其虚妄，最终依然不免于朝菌不识晦朔、蟪蛄不知春秋的窘境，被前面的"时间之幕"所遮挡的未来会发生什么仍然难以意料。历史学作为一门纪事科学与其他通则科学相比的优势与劣势都不可否认。对于这一点，历史学者必须有清醒的认知。如前所述，沟口雄三存在比较简单地以相互对等的特殊性作为普遍性的倾向，这样在泛泛而论层面上固然不能说错，墨子也早就说过"同异而俱于之一也"②，但这种论述过于宽泛以致几乎不具有证伪性，那么按照波普尔的观点就是值得商榷的。就实质而言，西方中心观与中国中心观之间的对立可视为人类学上"客位"与"主位"研究方法论之争的一种泛化。历史学界非常自然而然地将中西方互视作为超越此种对立的解决之道。这方面的探索是值得肯定的，不过必须对这种言易行难的所谓互视方法进行深层的反思。现在的学者动辄利用迦达默尔解释学中的"视阈的融合"这一术语作为上述互视比较的理据，这无疑把双向互诠问题看得太简单，有些太乐观了，本身是对迦达默尔理论的简

---

① 严复:《〈英文汉诂〉卮言》，《严复集》第 1 册，王栻主编，中华书局 1986 年版，第 157 页。

② 语出《墨子·经上》。引自雷一东:《墨经校解》，齐鲁书社 2005 年版，第 11 页。相关研究或可参详邢兆良:《墨子评传》，南京大学出版社 1993 年版，第 289 页。

单援引而缺乏自我的反思精神。因为如前所述，我们的知识行李是无法卸载的，丢掉视界就无法视见，即便我们一厢情愿力图使自己保持充分开放的视阈，但充其量至多是某些方面构成"重叠共识"（overlapping consensus），在交集之外的、俗话说我们与他人"对不上眼"的视阈却总是所在多见。庄子在《齐物论》中写道："使异乎我与若者正之？既异乎我与若矣，恶能正之？使同乎我与若者正之，既同乎我与若者，恶能正之？"① 这里存在一个比较的困境，也恰恰说明了"客位"与"主位"研究方法论之争的一个悖论。按照费肯杰教授的说法，这些都不是真正意义上的比较。

以中国法律史为例，有些中国法制史研究者费尽移山心力写成的中国法律史著作，之所以不被研究现代法的学者所接受，难入其法眼，除了接受者自身现代主义的傲慢与偏见之外，这种研究本身存在两个薄弱环节：

其一，这种类型的研究都是如同冯友兰在其影响深远的《中国哲学史》开篇处所坦言的那样："今欲讲中国哲学史，其主要工作之一，即就中国历史上各种学问中，将其可以西洋所谓哲学名之者，选出而叙述之。"② 所谓"中国××学""中国××理论史"或"中西××学的比较研究"往往都只是将中国古代文献当作原始材料来切割拼凑，系从西方的"××学"视角对中国传统的理解，而使中国的历史、法律文化失去了自己的活的灵魂。③ 正如达亚·克里希纳（Daya Krishna）在《比

---

① 张耿光：《庄子全译》，内篇，"齐物论"，贵州人民出版社 1991 年版，第 41 页。

② 冯友兰：《中国哲学史》上册，中华书局 1961 年版，第 1 页。

③ 现代中国人所使用的概念绝大部分都与西方文化相关，离开这些概念，基本上任何人都不可能进行思考，问题的关键仅在于中国学者的精神是否独立，所以绝不能以为使用了古文中未曾得见的概念就是西方中心观的反应。如果我们检视那些批评别人的学者的文章，就应该明白格外惜护所有严肃从事中西文化沟通的研究成果。有些人连古文都不通，对于中国传统法律文化研究基本上可以说是门外汉，又不认真研读批判对象的论著，总以为自己是一贯正确、伟大的学术警察。然而，读古书，当明古谊，居今世，不违今人。知音真知，学贵实学，与其专以打无聊的口水仗为能事，不如用严格践履自己理念的笃实的学术产品给其他人打 　（续下注）

较哲学：是什么和应该是什么》（Comparative Philosophy：What It Is and What It Ought to Be）中所说的那样，属于非西方社会和文化的学者们"不是用他们自己的观点去看待西方社会和文化，而是全盘接受西方学者们提出的标准，并竭力证明他们自己文化的各个领域中的成就，恰好与西方的那些成就相类似，这样，人们就不会认为这些成就比西方所发现的差"①。因为在此以西学成为标准的逻辑中，中与西之间只存在"西"。这种所谓的比较研究主要是根据西方早已确定的概念结构加以依附性实证研究，将那些尚在探求答案的问题一开始就实际上根据被需要验证的理论予以事先解决了，阻碍了真正可以称为"比较的'比较研究'"的出现。事实上，用任何一边为标准去重铸另一边肯定是个吃

（续上注）个样出来躬亲垂范，否则坐而论道空谈不免有假道学的气息。洛克认为："一个明白道理的人，当是抱着几分怀疑主张己见的（a rational man will hold his opinions with some measure of doubt）。"（参见 Bertrand Russell, *History of Western Philosophy*, London：Routledge，2004，p. 553。）唯我正确的强硬在某种程度上就从反面印证了自身不可救药的颠顶。在《樊山政书》中，樊增祥"批学律馆游令拯课卷"一文极为有趣，值得回味。樊增祥指出："今之少年，稍猎洋书，辄拾报章余唾，生造字眼，取古今从不连属之字，阁合为文，实则西儒何曾有此？不过绎手陋妄造作而成。而新进无知，以为文中着此等新语即是识时务之俊杰。于是通场之中，人人如此，毕生所作，篇篇如此。不惟阅者生厌，作者自视，有何趣味乎？去年鄂闱，端中丞详加戒谕，如改良、起点、反影、特色之属，概不准阑入卷端。"从这道批文中可见，当时不仅连改良、起点、特色等我们今天的常用词被摒除于录取之卷，樊氏甚至对课卷中使用文明、野蛮等所谓不根字眼也严批痛斥，樊氏誓以天帚扫此垢污。该令在陕服官，谊当入境问禁，而竟贸贸为此，亦云不智。樊氏警告云，以后凡有沿用者必奋笔参详，绝无宽贷。（见樊增祥：《樊山政书》卷六，那思陆、孙家红点校，中华书局 2007 年版，第 161 页。）中国近代以来已经发生了翻天覆地的变化，不可能倒退复辟进行语言文字的大清洗。拿西方中心观来开帽子工厂对其他人肃反者在许多情况下恰恰是彻头彻尾以西方为教条，曾几何时对中国传统法律投畀一瞥。笔者在《经济法学理论演变研究》（第二次全面修订版）中所列举的新旧水火不相容的内讧造成中国现代大学诞生过程中历史联系被斩断的教训便堪资镜鉴。参见拙著《经济法学理论演变研究》（第二次全面修订版），中国民主法制出版社 2009 年版，第 337 页。

① 亚·克里希纳：《比较哲学：是什么和应该是什么》，《国外社会科学》1989 年第 3 期。

力不讨好的事情，既失去了自己的"原生态"特点，将自家思想元气摧折殆尽，而对方的真谛也难得其三昧，所以这种援西释中的著作并没有在充分尊重中国传统法律的思想生命原则的前提下展开阐释工作，所以在反对者看来自然是驴唇不对马嘴，不伦不类。中国现代法学自从清末修律以来，就面临全盘移植、袭取西方而仅足以作为蹩脚的学生的命运，前不着村，后不着店，两头踩空，而凡事只从半截做起，说话总依脚本而定，但源泉既已干涸，"鱼相与处于陆"①，尚有多少回旋余地可言便不难预卜了。也正是在这种意义上，张志扬感喟曰："在中西两大壁垒的夹缝里寻找现实的立足点，即个人的真实性及其限度，乃是一个几近生存悖论式的难题。"②

其二，这样的法律史研究仍然偏重于载纪，而在富有生成建设意义的通则性理论方面缺乏作为，无法做到因而通之，调适而上遂于道，以致研究历史上的中国传统法律与现实生活严重脱节。德国历史法学派代表人物萨维尼就将法律视为"民族精神"（Volksgeist）的体现乃至民族意识的一部分，认为真正的法学研究者的任务在于感受、理解这个民族精神在历史上生成、流变的情况。在中华人民共和国现行法律中，关于涉外民事和刑事司法的规定可以说是相当严格和缜密的。2007年10月28日第十届全国人民代表大会常务委员会第三十次会议通过的《中华人民共和国民事诉讼法》新修订版第二百三十九条明确规定："外国人、无国籍人、外国企业和组织在人民法院起诉、应诉，需要委托律师代理诉讼的，必须委托中华人民共和国的律师。"③《中华人民共和国刑事诉讼法》第三百二十条也有同样的规定："外国籍被告人委托律师辩护的，以及附带民事诉讼的原告人、自诉人委托律师代理诉讼的，应当

---

① 张耿光：《庄子全译》，内篇，大宗师，贵州人民出版社1991年版，第105页。

② 转引自吴兴明：《比较的悖谬——谈汉语学术语境中的中西比较》，《求索》2007年第1期。

③ 《中华人民共和国民事诉讼法》（1991年4月9日第七届全国人民代表大会第四次会议通过根据2007年10月28日第十届全国人民代表大会常务委员会第三十次会议《关于修改〈中华人民共和国民事诉讼法〉的决定》修正），彭世忠主编：《民事诉讼法学》，附录二，华南理工大学出版社2008年版，第641页。

委托具有中华人民共和国律师资格并依法取得执业证书的律师。"① 不仅如此，在中华人民共和国领域内没有住所的外国人、无国籍人、外国企业和组织委托中华人民共和国律师或者其他人代理诉讼，从中华人民共和国领域外寄交或者托交的授权委托书，需要经所在国公证机关证明，并经中华人民共和国驻该国使领馆认证，或者履行中华人民共和国与该所在国订立的有关条约中规定的证明手续后，才具有效力（见该法第二百四十条）。在民事案件司法管辖权问题上，最高人民法院关于执行《中华人民共和国民事诉讼法》若干问题的解释第十五条规定：中国公民一方居住在国外，一方居住在国内，不论哪一方向人民法院提起离婚诉讼，国内一方住所地的人民法院都有权管辖。如国外一方在居住国法院起诉，国内一方向人民法院起诉的，受诉人民法院有权管辖。第十六条又规定：中国公民双方在国外但未定居，一方向人民法院起诉离婚的，应由原告或者被告原住所地的人民法院管辖。该解释第三百零六条复言：中华人民共和国人民法院和外国法院都有管辖权的案件，一方当事人向外国法院起诉，而另一方当事人向中华人民共和国人民法院起诉的，人民法院可予受理。判决后，外国法院申请或者当事人请求人民法院承认和执行外国法院对本案作出的判决、裁定的，不予准许；但双方共同参加或者签订的国际条约另有规定的除外。这种严格而缜密的规定尚多，兹不连牍繁引。研究现代中国程序法问题的法律人自然对这些规定极为谙悉，但往往昧于其文本背后的纵深思想文化、意识乃至心态的支持。中华人民共和国现行法律规定中这种防闲綦严的背后可以清楚地看到一个民族在近代经受百年屈辱历史之后的难以泯灭的心灵隐痛。如果把这些法律规定和清朝有关领事裁判权的涉外条约加以对勘，我们不难看出其防意如城的法律文本字里行间矫枉过正的价值取向。在某种程度上可以说，这些冷峻的文字乃是近百年中国人腐心泣血之痛的结晶。为了废除领事裁判权，中国人曾经抛头颅洒热血，进行了艰苦卓绝

---

① 《中华人民共和国刑事诉讼法》（1979 年 7 月 1 日第五届全国人民代表大会第二次会议通过根据 1996 年 3 月 17 日第八届全国人民代表大会第四次会议《关于修改〈中华人民共和国刑事诉讼法〉的决定》修正），资料来源：http://www. 360doc. com/content/10/1113/10/3687216，访问时间：2010 年 11 月 28 日。

的不懈奋斗。1925 年日本纱厂资本家开枪打死工人、共产党员顾正红而引发的五卅运动，就是其明证。直到第二次世界大战爆发，各种因缘辐辏，才给取消领事裁判权的外交努力带来了机会，中国人终得摆脱领事裁判权的沉重枷锁。以反帝反封建为己任的中国共产党人在取得政权以后绝对不可能遗忘这段屈辱的历史，所以中国政府对于当年张之洞与马凯对话中所涉及的困扰中国近代历史的两个问题——基督教传教士和领事裁判权问题，在不成文的操作策略中态度极其耐人寻味。领事裁判权问题在已经站起来的中国人民的内心深处的阴影不是轻易烟消云散的。① 尤其对于法律研究而言，对于法律条文背后法意的参味宛如虽然主张即身成佛的藏密修炼步步均有证悟的参照依据一样，绝非泛滥成灾的自我感觉所能济事。目前中国的许多法律学人没有从元思维层面入手通古今之变、从法律条文探究法律背后的精神实质，来源浅觳，汲而易竭，所以其鲁莽灭裂，固宜然矣。

---

① 正是这样，1998 年的中华人民共和国最高法院关于执行《中华人民共和国刑事诉讼法》若干问题的解释第三百零八条和第三百零九条规定：涉外民事诉讼中的外籍当事人，可以委托本国人为诉讼代理人，也可以委托本国律师以非律师身份担任诉讼代理人；外国驻华使、领馆官员，受本国公民的委托，可以以个人名义担任诉讼代理人，但在诉讼中不享有外交特权和豁免权。涉外民事诉讼中，外国驻华使、领馆授权其本馆官员，在作为当事人的本国国民不在我国领域内的情况下，可以以外交代表身份为其本国国民在我国聘请中国律师或中国公民代理民事诉讼。最高人民法院关于执行《中华人民共和国刑事诉讼法》若干问题的解释（法释〔1998〕23 号，1998 年 6 月 29 日最高人民法院审判委员会第 989 次会议通过）第三百二十五、三百二十六条规定：请求和提供司法协助，应当依照中华人民共和国缔结或者参加的国际条约所规定的途径进行；没有条约关系的，通过外交途径进行。外国驻中华人民共和国的使领馆可以向该国公民送达文书和调查取证，但不得违反中华人民共和国的法律，并不得采取强制措施。在中华人民共和国领域外居住的外国人寄给中国律师或者中国公民的授权委托书，必须经所在国公证机关证明、所在国外交部或者其授权机关认证，并经中国驻该国使、领馆认证，才具有法律效力。但中国与该国之间有互免认证协定的除外。请求与我国签订司法协助协定的国家的法院代为一定诉讼行为的，必须由所在省、自治区、直辖市高级人民法院报经最高人民法院审查同意。与我国签订司法协助协定的国家的法院请求我国法院代为一定诉讼行为的，应当由最高人民法院审查后转达。

　　柯文在与狄百瑞的论战中抱怨学术领域的律师多于哲学家。① 费肯杰教授是法学家，其世界名著五卷本《法律方法比较论》等又使其足以在法哲学领域占有举足轻重的地位，比较法和人类学的视野、在联合国立法的实践更令其具有从全人类的哲学高度思考不同文化之间求同存异问题。费肯杰教授推参阐述的目的就在于使不同体系之间的哲学比较、不同的思维模式之间的比较得以成为可能。费肯杰教授的理论表现出了这样一个倾向，即对于非西方文化的认知，这不仅是坐标转移的问题，而更为重要的是衡量尺度改进的方法的元研究。费肯杰经常引述伏尔泰的这样一句名言："尽管不同意你的观点，但我希望能誓死捍卫你表达意见的权利。"（Ich bin nicht Ihrer Meinung, aber ich hoffe von mir, ich würde mein Leben für Ihr Recht einsetzen, sie zu äßern.）② 如果说柯文《在中国发现历史》突破西方中心观寄希望于多学科的研讨班，那么费肯杰教授的推参阐述方法则是通过跨文化的国际研讨班，从而达致一种类似中国人所谓"和而不同"的境界。这也是目前国际上非常流行的做法。推参阐述Ⅲ层面的元研究尽管具有共识论的味道，与柯文历史真相符合论大相径庭，但反对认识论上的一切调和主义。所以柯文表现出来的方法论训诫就是尽可能祛除研究者的历史承载，以期换位思考进入中国历史内部，而推参阐述方法则似乎没有这种如临大敌的高度紧张。尽管殷海光也将后设历史学（即元历史学，metahistory）的研究对象集矢于历史的"理论背景"（the-oretical background），但他基于其建立科学的历史学这一积极的理论目标设定，所以将削弱民族感情、政治中心观和价值评断等所谓历史学中认知以外的因子（extra-congitive factors）均作为其后设历史学的消极目标了，而怀特（Hayden White）的《元史学：十九世纪欧洲的历史想象》（*Metahistory: The Historical Imagination in Nineteenth Century*

---

　　① Paul A. Cohen, A Reply to Professor Wm. Theodore De Bary, *Philosophy East & West*, Vol. 35, 1985.

　　② 这一名言的法语原文为：Je désapprouve ce que vous dites mais je me battrai jusqu'à la mort pour que vous ayez le droit de le dire. 资料来源：http://www. citations-francaises. fr/Je-desapp，访问时间：2010 年 11 月 28 日。

Europe, Baltimore：The Johns Hopkins University Press，1973）则将这些历史意识合法化，彻底予以暴露。对于费肯杰教授而言，他将"客位"与"主位"研究方法论分别置于推参阐述Ⅰ和推参阐述Ⅱ两个层面，从而暂时化解了庄子在《齐物论》中就已经表示出来的比较的困境。然而，在推参阐述Ⅰ和推参阐述Ⅱ两个层面之后，费肯杰教授继续往前推进其思考，在推参阐述Ⅲ层面进行思维模式最低公分母的探讨，这是一种元研究。

有些评论者在高度赞誉中西方互视的研究方法对于突破西方中心观与中国中心观的作用的同时认为：中西比较研究是要找出双方在近代化经历中的"异"和"同"，并且对之做出评价，这就需要一个比较的价值标准或参照系，不过，力图寻求一个独立的、可普遍运用的价值标准或客观参照系，虽然是十分诱人的，但也将是无济于事的。因为在这些学者看来，这样一种标准不是抽象的假设（有如逻辑实证主义的前提），就是按照先入为主的原则建立的，即最终是出于西方经验的大杂烩。这中间的症结其实就是前面所说的比较困境。伯克利联合神学研究院宗教与社会学教授约翰·A. 科尔曼在与费肯杰教授的争论中也涉及这样的问题，他指出：在费肯杰寻求超越文化相对主义与文化帝国主义两难境地的出路时，其所提出的解决之道是推参阐述Ⅲ，即最小公分母，然而这种"元思维"对读者而言却并未表现为像其主张者所表明的那样是"本元"的。约翰·A. 科尔曼并不相信任何文化无涉（思维方式独立）语言的存在，将对此类事情的主张视为如同事实上并没有多少人使用的世界语一样。他甚至怀疑费肯杰教授所谓"寻求价值中的互相尊重权""个人的评价能力""寻求价值的开放身份"以及"互相尊重恰恰将价值寻求中的互相保障涵摄在内"云云似乎具有康德的气息。事实上，跨文化的哲学对话如何可能原本就是一个康德式的问题。对于前述批评者所涉及的这种比较困境问题，哲学家柏拉图在《斐多篇》（Phaedo）里已经言之甚详：应该"拒绝这样的说法：一个人比另一个人高一头是'因为（高出一个）头'，而那个比较矮的人之所以比较矮也是因为同样的原因……（可以）接受的唯一观点是，任何事物比其他事物高的原因只是因为高本身……比其他事物矮的原因只是因为矮本身"①。在这里，按照柏拉图的观点，要成功地比较，必须有比较双方所参照的或所分享的不变尺度。一个人比另一个人高或矮这个比较行为之所以能够得以实施，是靠分享了"高本身""矮本身"这样普遍性的理式（eidos, idea；或译为"理念""相"）。对两个东西的经验（比如看到或摸到甲、乙两物）本身无法完成比较，必须有一个更高级的第三者（比如"长本身"）来使得"甲比乙长"这样的认知可能。或者说，是"长本身""短本身"提供了一个甲和乙共遵的标尺或比较支点，使"甲比乙长"的经验具有可能，否则连"长本身"都不知道，即便有甲乙两根棍子乃至无数根棍子置于面前，也不会产生"甲比乙长"的感受与表达。但是，从柏拉图的论述中可以作如是推阐，即："高本身"与"矮本身"是截然不同的，凭借高本身最多只能知道"甲高"，却不会知道"甲比乙高"，因为"比……高"中除了"（甲）高"，也一定包含了"（乙）矮"的意思，不然无"比"可言。然而，如果承认"高"与"矮"同时在"比"中出现，那么按上述思路，使比较经验可能的"共遵标尺"便消失了，有意识的真实比较依然无法出现。简言之，任何比较都通过找到两方（甲/乙）之间的"同"或"异"进行。找到两方之同，即按一个共遵标尺而认同者，无关乎比较，因为比较不出现于纯粹的相同处。找到两方之异，是不可能的，因为按照柏拉图的论述，只能通过某个共遵标尺来寻找，所以，这里找到的所谓异处，诸如"高"或"矮"等均仅仅是共同点（事物的"高性"或"矮性"）而非差异，因此，真实的比较是不可能的。②

王国维对于史学和科学加以这样的殊分："凡记述事物而求其原因、定其理法者，谓之科学。求事物变迁之迹而明其因果者，谓之史学。"③正如殷海光所说，历史本质上是纪事科学，无论我们"征调"多少理

---

① 《柏拉图全集》第 1 卷，王晓朝译，人民出版社 2002 年版，第 110 页。

② 张祥龙：《比较悖论与比较情境——哲学比较的方法论反思》，《社会科学战线》2008 年第 9 期。

③ 王国维：《国学丛刊》序，《王国维文集》第 4 卷，中国文史出版社 1997年版，第 365 页。

论，总不足以穷尽地说明历史上某一事件为什么不前不后、不左不右、不在此不在彼、而恰好于某时某地发生于某人身上。无论多少理论皆不足以穷尽地说明这种历史事件的单一性（uniqueness of historical event）。这个问题与传统哲学上无论多少共相（universals）加起来都不等于一个殊相（particular）原因是相同的，因此特殊主义（particularism）有滋生之薮。然而，这并不构成对于元研究的否定，是不同层面的问题，如同我们重绘思维地图的不同比例尺所产生的问题一样。在制图学中，比例尺是地图的第一个标示/歪曲现实的机制，一个特定的现象只能在特定的比例尺中标识。相对于史学而言，通则科学更为关注于普适性的规则的探求。尤其法学，具有鲜明的规范性，所以在西方近代曾经一度以此不被列入社会科学。费肯杰教授作为法学家，面对不同的文化进行比较研究和立法活动，倾向于元理论的信念是不难理解的。文化的差异不是"被消解的"，而是被费肯杰教授的推参阐述理论所强调。但费肯杰教授强调，为了文化的多元化，交谈的必要性导致了元概念。"元概念是精神上的真正实体，而不是仅仅程序上的倾向性。再者，他们不应该通过超越不同文化的同化所取得，而应通过企图保持和维护这些不同文化的元思想所取得，因此'元'不意味着文化帝国主义，而是服务于跨文化。"① 他甚至执著地提出："让我们构建一个人造的思维模式。让我们发明一个思维方式。想象一下化学中的元素周期表——有一些空格在里面，化学家可以说出一定有一种元素，有着一定的特性，但还没在自然界中被发现。"② 在论证不同文化思维方式可比性时，费肯杰教授声称，思维模式绝非语言学概念，但是，无论如何，只要在一种思维模式中言说的语言可以被翻译为在另一种思维模式中所使用的语言，尽管这种翻译可能不充分，也必然存在可以定义的公分母。一旦在不同语言之间进行翻译，我们便是在使用元概念，否则在文化之间翻译便是不可能的。正是这样，约翰·A. 科尔曼批评费肯杰所谓推参阐述Ⅲ层面的

----

① 费肯杰：《推参阐述和法律的推参阐述性定义》，张世明、冯永明、孙喆、张頔译，未刊稿。

② 费肯杰：《推参阐述和法律的推参阐述性定义》，张世明、冯永明、孙喆、张頔译，未刊稿。

元概念、元思想是一种人为制造的世界语，暗喻其抹杀文化多元性而建构出的元思想之类落落寡合。我们姑且不论这种被指责为世界语的元思想是否行得通，但提出和费肯杰教授类似主张者的的确确不乏其人。《礼记·王制》曰："五方之民，言语不通，嗜欲不同，达其志，通其欲：东方曰寄，南方曰象，西方曰狄鞮，北方曰译。"① 这段话虽然没有讨论不同文化之间的可通约性，但是已经默认了可通约性的存在。亚里士多德更是明确指出："口语是内心经验的符号，文字是口语的符号。正如所有民族并没有共同的文字，所有的民族也没有相同的口语。但是语言只是内心经验的符号，内心经验自身，对整个人类说都是相同的，而且由这内心经验所表现的类似的对象也是相同的。"② 国际上许多当代学者都在思考如何建立一种对话的共同语言，而不像哈贝马斯那样仅仅局限于理性商谈的形式上的元规则。符号学家恩贝托·埃柯（Umberto Eco）就是主张建立这样一种语言的积极倡导者。他认为德国哲学家莱布尼茨是当代形式逻辑的先驱，曾经寻找过一种世界通用的语言，亦即一种数学语言，依靠这种语言的帮助，学者们争论问题时可以围坐桌旁，进行逻辑运算，然后找出一个大家都能接受的公理。但恩贝托·埃柯又如是云："我写了一本关于寻求完美语言的书。我注重到一个问题，即要寻求一种完美语言，一种高贵语言，方法是多种多样的。……为了在不同的文化之间，包括文化归属及硬科学的理解上设计一种语言，办法只有一个：必须建立多种语言的思想。"③ 表面上看，恩贝托·埃柯的论述似乎颇为前后矛盾。既然是"一种完美语言"，如何又是"多种语言思想"？然而，这恰恰是恩贝托·埃柯的观点有意义的要妙之处，其所谓"完美的语言"并不是指一种具体的民族语言，而是一种对话双方或是多方都可以达到理解的道德与伦理价值的话语。④

---

① 陈戍国：《四书五经校注本》第 1 册，岳麓书社 2006 年版，第 422 页。

② 亚里士多德：《亚里士多德全集》，苗力田主编，第 1 卷，中国人民大学出版社 1990 年版，第 49 页。

③ 恩贝托·埃柯：《寻求沟通的语言》，见乐黛云、李比雄：《跨文化对话》，上海文艺出版社 2000 年版，第 7 页。

④ 参见方汉文：《比较文化学》，广西师范大学出版社 2003 年版，第 314 页。

　　由于按照传统西方哲学的"观念化"思路，如前所述，真实的比较是不可能的，费肯杰教授的推参阐述方法从一开始就远离形而上的认识论争论的战场，将探索的主要方向集中于经验世界，忠于经验事实，表现出关注人的生存方式的哲学取向，所以其对于元理论、元思想的探索仍然是理性主义的，与我们当今所追逐的后现代思潮的诸多新花样基本是绝缘的。正如费肯杰教授自己所说，推参阐述有意识地跨越演绎的（和尽可能证伪的）逻辑界线而进入评判经验领域。就此而言，推参阐述超越了批判理性主义的框架，扩展到了历史经验之中。在费肯杰教授看来，构成分析和关联分析未必完全可以适用于在推参阐述Ⅲ元层面的思维模式问题，因为它们是在西方的界域，即"一即一切"（hen kai pan）的"希腊"传统内发展起来的。但是，如果穷尽一切必要的谨慎手段，这些方法的适用仍然是可能的。① 在笔者看来，费肯杰教授在推参阐述Ⅲ层面的元研究主要是通过提取公因数来求得最小公分母，以综括统握不同思维模式中的认知共相，属于一种高端思维。尽管一切真理都与时间境域和语言境域内在相关，不可能存在一种最终标准，费肯杰教授也坦承推参阐述是众多认知方式的一种，已经公开放弃了自己独掌真理的要求，但这并不意味着不存在可以用于不同思维模式之间沟通最低的可能性，并不否定推参阐述作为一种元方法的性质。在不同的文化之间发生了广泛深入的相互影响之后，比较哲学的可能性问题已经变成了一个理论问题而不是事实问题。质言之，这种比较事实上是可能的，但是理论上如何说明？关键似乎并不在于应不应该以西方作为参照系进行比较关联，而在于如何比较。关键在于这种中西比较的规则不能是从根本上就具有不利于中国传统文化的压迫性、摧残性和窒息性等特征，不能是以中国传统的死亡为代价的伪普遍化，而应当是找到富于建设性探讨的比较点。我们过去许多比较研究之所以或者"过"（以自己或对方为标准）或者"不及"（达不到比较双方的比较交合点），就在于不是以一种归纳法的推理寻找最小

---

　　① 费肯杰：《在法律和正义中的思想模式：关于法律人类学研究的初步报告》，张世明译，未刊稿。

公分母的元研究，而是采取一种极为不可靠的类比推理，这样既可以找出与西方相同或者相似的属性，也可以找出与之相反或者不同的属性，公说公有理，婆说婆有理，最终结果仍然是一笔糊涂账，成为徒然靡费大量笔墨和精力的一个死结。

清末在欧风美雨侵袭下，中国文化发生了脱胎换骨的变化，从观念到文字均与固有传统呈现出深刻的断裂。按照塞尔的说法，语言本身就是一种制度性实在，不仅被用于描述事实，而且参与建构事实。西方的法律制度和法学概念引入后，这些通过翻译而被逐步建构起来的语言和观念又成为国人认知世界的框架结构。现代西方民法的制度和概念引入后，国人关于中国古代有无民法问题争论不休，这其实关系到国人在现代化转型中因为断裂危机而发自内心的焦虑。清末至民国时期的著名法学家几乎都或多或少涉及此话题。梅仲协是持肯定说的，他谓："我国春秋之世，礼与刑相对立。礼所规定之人事与亲属二事，周详备至，远非粗陋残酷之罗马十二表法所敢望其项背者。依余所信，礼为世界最古最完备之民事法规也。"① 但是梅仲协又认为，商鞅变法以后，礼与刑之间的分界泯灭了，中国古代的民法都只是残留在律典的户婚、杂律中，"故中华旧法，以唐律为最完备。惜乎民刑合一，其民事部分，唯户婚、杂律中见其梗概耳"②。最早持中国古代民法否定说者首推梁启超。梁启超非常沉痛地这样写道："我国法律界最不幸者，私法部分全付阙如之一事也。""我国法律之发达垂三千年，法典之文，万牛可汗，而关于私法之规定，殆绝无之。""此所以法令虽如牛毛，而民法竟如麟角。"③ 王伯琦对这一论点进行了发展，认为：由于民法所规范的身份关系和财产关系在中国古代的农耕社会中不够发达，国家倾向以刑罚维持社会秩序。一些简单的社会关系则付与习惯加以调整，"观之唐律以至《大清律例》之内容，仍未脱政事法及刑事法之范围。公法与私

---

① 梅仲协：《民法要义》，中国政法大学出版社 1998 年版，第 15 页。

② 梅仲协：《民法要义》，中国政法大学出版社 1998 年版，第 16 页。

③ 梁启超：《论中国成文法编制之沿革得失》，林志钧编：《饮冰室合集》，中华书局 1936 年版，文集之十六，第 52—53 页。前揭三条史料亦见《梁启超全集》第 5 卷，北京出版社 1999 年版，第 1311、1311、1311—1312 页。

法、民法与刑法等名词，原系来自西洋，如其意义在吾国未有变更，则谓吾国在清末以前，无民事法之可言，谅无大谬"①。同时，他还针对肯定说加以辨析曰："（历代律令）中户役、田宅、婚姻、钱债等篇，虽亦含有个人与个人间应遵循之规范，但其所以制裁者，仍为刑罚。究其目的，仍在以政府之政治力量完成安定秩序之作用。其间之关系，仍为公权力与人民间之关系，仍属公法之范畴，与所谓民事法之趣旨，不可同日而语。如现行刑法有侵占、诈欺、背信、重利等罪之规定，其中无不含有民事上债权物权关系之规范在内，但其为刑事法而非民事法，固不待言也。"② 胡长清具有平衡性的观点似乎较为容易得到社会认同，即："（《大清律例》）《户律》分列7目，共812条，虽散见杂出于《刑律》之中，然所谓户役、田宅、婚姻、钱债者，皆民法也。谓我国自古无形式的民法则可，谓无实质的民法则厚诬矣。"③ 此一立论认为中国古代虽无形式民法（formal civil law），但有实质意义民法（civil law in substantial sense）。直到20世纪80年代，学术界的讨论基本上是限定在成文法的范围内。肯定说以国家律典中存在与民事相关的条文为依据，甚而提出《户部则例》是我国古代的一部单独的民事法规，或者礼是真正的民法。否定说则从一种本质精神上加以反对，认为应该整体地把握古代中国的规范系统，律典、礼制、令、例中的户婚、承继等条文固然与民事有关，但在当时都不是以一种对等的民事关系看待，而是一种治理与被治理的、今天的公法意义上的关系。中国古代的律典条文都是由罪名和刑罚结合而成，只能视为刑事法。在这种争论中，双方其实都是以现代法学中的法律关系作为划分标准。但是，现代法学中民事法律关系本身就是值得探讨的问题，而且民事关系只是相对于"民法"存在并且外在于"民法"，依据民事关系只能说明民法与世界的某种联系，并不能说明"民法"这个事物的本质。民事关系与民法的联系并不是必然的联系，而只是一种充分关系。简言之，我们说民法必然规范

---

① 王伯琦：《民法总则》，台北编译馆1963年版，第15页。
② 王伯琦：《民法总则》，台北编译馆1963年版，第15页。
③ 胡长清：《中国民法总论》，中国政法大学出版社1997年版，第16页。

民事关系，但不能反过来说，民事关系必然产生民法。① 就此而言，将财产和人身法律关系作为民法“本质”并以此作为判定古代中国有无民法的根据的学说在逻辑上不可能说是适当的，其并没有真正触及民法的本质属性；而反对说以意志自由、地位平等和权利本位等价值理念作为判断准则无疑是有其合理性的，但这种本质主义的立场不仅具有视野方面的局限性，而且以西方现代法律的理念绳墨中国古代法律，这种释读框架表现出明显的西方中心观色彩，存在时空误识的弊端。在比较法上，这种从法律理念把握问题的方法可以归纳入结构主义方法的范围内。在西方比较法学家中，19 世纪后期德国的一些法学家，如耶林（Rudolf von Jhering）和拉贝尔（Ernst Rabel）等都已倾向对比较法进行功能研究（functional approach）。茨威格特（Konrad Zweigert，1911—1996）与克茨（Hein Kötz）就指出：“所有比较法方法论的基本原则是‘功能性’（Funktionalität）原则，由此产生所有其他方法学的规则——选择应该比较的法律，探讨的范围，和比较体系的构成等等。”② 功能比较法是一种较高层次的比较法，它要从不同法律的差别中发现解决问题的不同手段。功能研究方法论者关注于对法律后面的实际状态的研究（Rechtstatsachenforschung），认为在法律上可比的只有那些实现相同功能的事物。20 世纪 90 年代以后，随着国内外学者对宝坻、淡新、巴县等一批清代州县档案和明清契约文书的研究逐渐深入，法社会学意义的法的理解被导入，中国古代法的观察视野再一次被拓展。中国古代民法肯定说获得了新的资源，通过对这些底层社会的资料解读力图证明，即使在国家制定法层面无法肯定民法的存在，但至少存在调整民事关系的某种内在规则。这是一种扩充法律研究空间的功能性比较法路径的研究。然而，这种功能性比较在“中国的 A 是西方的 B（简作中 A 是西B）”这种被刘笑敢称为反向格义的言说方式下，又会面临生出许多假问题的危险，甚至导致削足适履。林安梧所举的筷子和叉子的例子就非

① 俞江：《关于“古代中国有无民法”问题的再思考》，《现代法学》2001 年第 6 期。

② Konrad Zweigert，Hein Kötz，*Einführung in die Rechtsvergleichung auf dem Gebiete des Privatrechts*，Bd. 1，Tübingen：Mohr Siebeck，1996，S. 33.

常经典。中国人吃饭用筷子，西方人用叉子。如果我们说"筷子和叉子都是餐具"，这是正确的，但按照这种反向格义方式，我们应该说"筷子是叉子"，而这显然非常荒谬。① 正是这样，吉尔兹为了避免人类学中功能—结构学派的一些缺陷，标举阐释人类学的旗帜，提倡所谓对于地方性知识的深度描写。

借用柯文的表述，费肯杰教授的推参阐述方法为我们"在中国发现法律"提供了一种值得考虑的有益工具。郭沫若在 1929 年所写的《中国古代社会研究》的自序中有这样的一段话："只要是一个人体，他的发展，无论是红黄黑白，大抵相同。由人组成的社会也是一样。中国人有句口头禅，说是'我们的国情不同'。这个民族的偏见差不多各个民族都有。然而中国人是人不是神，也不是猴子，中国人所组成的社会也不应该有什么不同。我们的要求就是要用人的观点来观察中国的社会，但是这个必要的条件就是我们必须跳出成见的圈子。"② 郭沫若的这段话的确迄今看来都是不刊之论。1927 年国共合作破裂后，当时革命形势的发展要求对中国社会性质作出明确分析，为中国革命方向的提出奠定基础，由此在政治思想战线上引发了马克思主义者与反马克思主义者关于如何认识中国的社会性质等问题的激烈论战。当时的老一代史学家用原始社会、奴隶社会、封建社会、资本主义社会、共产主义社会（社会主义为初级阶段）的五种社会形态的历史观考察中国历史演变，对于中国现代学术的发展产生了深远的影响。这种关于五种社会形态的学说从经济形态的角度进行立论无疑是具有进步意义的，可以说代表了当时的学术前沿。但不可否认的是，与政治过于密切的关系、以西方为标准对中国进行省察所遗留下的诸多疑难及悬而未决的问题，都使后来一步

---

① 邓曦泽：《合法性、方法论、格义与言说方式之牵挂——从 2005 年 5 月香港会议谈起》，资料来源：http://www.studa.net/zhongguo/060409/09550865.html，访问时间：2009 年 9 月 5 日。

② 郭沫若：《中国古代社会研究》自序，现代出版社 1929 年版。有意思的是，在国人尚多以华夷观审视中外关系的年代，同治十三年（1874）《万国公报》发表的《耶稣会士致中国书》也曾郑重其事地告诉中国人："余西国人，亦人也，非鬼非蜮，有身体，有骨肉。"这与郭沫若的呼吁恰成一种反照。李天纲编校：《万国公报文选》，生活·读书·新知三联书店 1998 年版，第 4 页。

步被建构起来的中国封建社会漫长的理论话语存在某些先天的不足。从语源学角度考察，由于欧洲中世纪、日本 "中世" 与 "近世" 都是在封土授民的领主采邑制经济基础上建立的社会制度，而日本人自古以来即从输入的汉籍中吸纳了含义为 "封土授民，立藩建国" 的 "封建" 一词，所以在明治时期译介西洋历史学论著时，很自然地将欧洲中世纪的社会形态 "feudalism" 翻译为 "封建" "封建制度"。然而，在中国，以分封诸侯建立王国为特征的封建制度事实上早在秦汉时代就已废除，秦汉以后实行的是郡县制，继续沿用 "封建" 概念认识秦汉以降的社会性质势必造成凿枘不合、名实相乖的窘境。钱穆就曾经对中国历史的分期发表自己的看法，指出：不应该用诸如 "奴隶社会" "封建社会" 等外国对历史的概念来解析中国历史，中国的所谓 "封建" 是指 "分封制"，而西方的 "封建" 指中古时期；西方的中古是一个黑暗的时代，而中古时期在中国却是唐朝繁荣时期，两者相互见异。抗日战争期间，熊十力所撰《中国历史纲要》便直言："自夏、商迄于周为封建诸侯之世，虽戴有天子为共主，而实则诸侯有国，大夫有家，各有其土地，各以其所抚之人民为农奴而已，所谓封建社会是也"；"春秋迄于战国，渐去封建之习"，"秦废封建，改郡县，是为以大变"。① 这种制度变化在柳宗元、顾炎武、黄宗羲等人的著作中昭然可见，历来对于恢复封建古制的争论就时隐时现。直到目前，日本史学界主流仍然大多在 "封建" 本义（封土建国、封爵建藩）与 "feudalism" 西义（封君封臣、采邑领主）相兼容通约的基础上使用史学术语 "封建"，将 "封建制" 与 "郡县制" 相对应，保持了学术概念的准确性。例如，京都学派代表人物之一的宫崎市定（みやざきいちさだ，1901—1995）的《中国史》（『中国史』上下卷、岩波书店、1983 年）上部的 "总论二、时代区分论" 指出，西洋史的中世——封建时代，其领主、贵族具有鲜明的封建性，而中国史情形不一样，中国中世的贵族在皇帝权力的统制之下，封建性大为削弱，故称西洋中世为封建时代名副其实，而称中国中世为封建时代则不妥。

---

① 《熊十力全集》第 2 卷，湖北教育出版社 2001 年版，第 751 页。

　　2006 年，冯天瑜所出版的长达四十万字的《"封建"论考》，对中外古今"封建"概念的由来和发展进行了系统的考察，认为将秦汉以后的两千年称之为封建时代，违背了汉语的本义，由于史学研究关键语的失准，使数千年中国历史的宏大叙事失却构制的纽结，有必要正本清源，建立新的范式，主张以"宗法地主专制社会"代替"封建社会"这一概念。2007 年，该书又扩充到五十二万字再版，在中国学术界引起了强烈反响。2006 年 10 月，武汉大学召开"封建社会再认识"的讨论会；2007 年 10 月北京史学界召开"封建名实问题与马列主义封建观"论坛。刘志琴在 2009 年第 6 期《读书》上发表的《请为"封建社会理论研究"松绑!》一文支持冯天瑜的观点，指出："'封建'在不同的国情和语境中含义不同，中国史学对'封建'概念存在误读，是毋庸置疑的，在明知误读以后，执意不改，并不足取。按西方'封建'概念的使用实际上是将中国历史纳入西方的发展模式，按欧洲逻辑进行演绎，这对历史悠久，文化积累深厚的中国，实际上是浅近、懒惰的行为。既然在当代中国话语中，大家都认为此'封建'并非彼'封建'，这模棱两可的状态能永远不变吗？要知道概念含混，是科学研究的大忌，因而不断有人提出有必要对'封建'概念进行正本清源，这是合理的要求，也是科学发展的趋势。"① 另一方面，学术界对于冯天瑜的著作批判也颇为尖锐。总而言之，主要的观点是：不能把政治体制的"封建"和生产方式的"封建"混淆起来，20 世纪中国史学家运用"封建制度"这一范畴来思考研究中国古代社会的历史时并没有和西方中世纪混同，"封建社会"一词在中国得以使用之后已经被社会各界所广泛接受，约定俗成，没有必要加以遗弃。有学者指责冯天瑜用西方某一时期形成的狭窄的特定概念来量裁中国的历史和中国人在实践中形成的鲜活的历史观念，是真正的教条主义、"西方中心论"。冯天瑜的观点是所有人都可以进行评论的，但须在尊重其劳动成果、遵循学术研究规范的前提下，否则容易产生严重的副作用。谓之论说不无可以商榷之处，则可；谓之人品道德、政治倾向存在问题，则恐未也。

----

　　① 刘志琴：《请为"封建社会理论研究"松绑!》，《读书》2009 年第 6 期。

　　对比学术界高人们的宏论卓见，笔者所见所闻均是管中窥豹，没有资格置喙这样的重大学术问题，只能从法律史和政治史角度略抒己见。据马克·布洛赫（M. Bloch）等人考证，西方所谓"封建的"和"封建制度"最早乃源自日耳曼法学家指称易北河等地区土地法律制度的术语，后来才形成"封建主义"（feudalism）、"封建社会"（feudal society）等概念。中国学术界常常将传统中国称为"统一的多民族封建集权专制主义国家"，这个概念是颇存牴牾之处的，既谓之"封建"，则势必不可能"集权"和"专制"。这一点，前人言之已详，并非笔者孤见之明。笔者并不认为应该放弃"封建社会"这一术语，只是企图在其原本含义上加以使用。在笔者看来，如果从政治制度演变角度采取推参阐述的方法进行最小公分母的通约，则不难发现中国与西方历史发展的轨迹大体是相仿的。如果说西方社会的发展轨迹是从封建主义国家到绝对主义国家再到宪政主义国家，那么中国的历史发展轨迹则是从封建主义国家到专制主义国家到宪政主义国家。西方的绝对主义（absolutism）国家与中国的专制主义（despotism）国家在性质上无甚殊异，唯西方学术界长期以来习惯用"despotism"指称中国传统的社会政治制度特征，而用"absolutism"指称西方17—18世纪社会政治制度。[①] 从这个角度

---

　　① 刘子健《中国转向内在：在两宋之际的文化内向》一书将中央控制（the central control）、宫廷的集权（concentration of power at court）、专制（autocracy）、独裁（absolutism）、暴政（despotic）几个概念加以区分，视为一种权力集中程度上升、集中范围逐渐缩小、权力运用更加肆无忌惮的阶梯。相对于中央控制（the central control）而言，宫廷的集权是指皇帝或其代理人无论是出于个人意志还是制度使然而独立行使此种控制，官僚不过例行公事地加以襄助；再进一步，当皇帝或其代理人乾纲独断而官僚鲜得赞化其间时，此为专制。当专制君主或其出身高官的代理人大权独揽，对反对意见采取不容忍甚至压制态度（不论这反对意见来自其他官僚、退隐的知识分子还是抱道独立的民间学者），专制便上升为独裁。独裁这一模式不仅意味着对决策权的任何分享都不复存在，还意味着对不依赖于国家允准的意识形态（例如儒家思想）权威的否定。但独裁尚非暴政，仍然颁布法律，秩序犹存。参见 James Tzu-chien Liu, *China Turning Inward: Intellectual Political Changes in the Early Twelfth Century*, Harvard University Press, 1988, pp. 13 – 14。刘子健的这种概念分殊有一定合理性，说明中央集权、绝对主义和专制主义以及汉娜·阿伦特等人所批判的极权主义（totalitarianism）等概念在程度上存在差异的。这（续下注）

而言，中国真正的封建社会仅存在于西周时期。循此而论，中国封建社会不是"特别漫长"而是"特别短暂"；相反，中国专制主义国家时期持续甚长而较晚进入宪政主义国家时期，西方则表现为绝对主义国家时期颇短暂而进入宪政主义国家时间早且宪政主义非常成熟。前一个阶段的高度发达很可能就埋下了后一个阶段落后的伏笔，从而呈现出此起彼伏的历史画卷。中国目前民主法制建设之所以困难较多或即由此乎！采取这样的解释，尽管没有社会形态理论那样将经济、政治和文化等因素的全面审视，但起码在法律史角度不至于使中国历史上的许多问题治丝益棼，比较贴近笔者在阅读历史资料中得出的总体印象，容易说服自己的学术良知，自视之为在研究中便于与西方进行中观层次比较的工具。中西方之间固然存在诸多差异，这是需要我们认真体悟的，但无共不殊，无殊亦不共。正如郭沫若所说，"中国人是人不是神，也不是猴子"，应该致力于从元层面研究两者之间的共同属性。①

《圣经·旧约》上所说的通天塔的故事为世人耳熟能详。相传，人类的祖先最初讲的是同一种语言，决定修建一座可以通到天上去的高塔。上帝耶和华得知此事，立即从天国下凡视察，担心讲同样语言的人类日后无法驾驭，遂变乱了天下人的言语，使人们互相发生隔膜，散处各地。这个圣经故事即是后来不同版本"巴别塔"（the Tower of Babel）

（续上注）种概念的分析框架在孟德斯鸠等启蒙思想家的著作中就有所体现。马克思曾经指出："君主政体的原则总的说来就是轻视人，蔑视人，使人不成其为人，而孟德斯鸠认为君主政体的原则是荣誉，他完全错了，他竭力在君主政体、专制制度和暴政三者之间找区别，力图逃出困境，但是这一切都是同一概念的不同说法，它们至多只能指出在同一原则下习惯上有所不同罢了。"马克思：《摘自"德法年鉴"的书信》，《马克思恩格斯全集》第1卷，中共中央马克思恩格斯列宁斯大林著作编译局译，人民出版社1956年版，第411页。

① 在这方面，人类学的理论和方法的确能够为我们提供有益的借鉴。我们不仅应该在空间方面进行不同文化的通则性研究，而且应该在时间方面打通我们通常所说的五种社会形态之间的分隔，进行不同社会形态在时间维度上的纵向贯通研究。比如中世纪西方的教会与现代大学体制之间的关联、中国传统社会的家国同构体系与现代社会中国家—公司三权分立同构体系之间的关联、农业社会中的抑扬兼并与工业社会中的反垄断之间的关联等，都使我们看到断裂中的结构延续，值得花大力气认真研究。

故事的基本梗概。建造巴别塔的计划从象征人类学角度来释读，实际上反映了人类期望克服语言混乱障碍达到互相理解的愿望。所以，目前韩国的自愿者计划"BBB"就是 Before Babel Brigad 的缩写，意思是让人类"回到建造通天塔之前的时代"，亦即回到语言共通的时代。费肯杰教授的推参阐述方法理论呈现出步步跃进的阶梯态势，俨然法相庄严的九级浮屠直逼云霄，和《圣经》中通天塔故事一样均旨在为不同语言和思维模式的人们之间彼此沟通建立一条通道。如果说"差异逻辑"在西方后现代主义思潮被奉为圭臬，那么，基于存在意义上的共同在世的人类最低沟通性可以视为费肯杰教授推参阐述理论的帝王条款。在费肯杰教授的理论中，推参阐述Ⅳ是推参阐述Ⅲ的一种见之于行事的策略运用。与历史学的学科性质不同，法律方法讲求务实的品格在这里表现出来了。这也使得费肯杰教授推参阐述理论构成一个完整的组合体系。比较法作为一所"真理的学校"（école de vérite）[①]，具有扩充"解决办法的仓库"（Vorrat an Lösungen）[②] 的功能。费肯杰教授推参阐述方法本质上就是运用比较法在不同的文化观念中，互相比较参味，因异求同，力图整合普遍价值与特殊时空之间的矛盾，探讨对于法律问题"更好的解决办法"。在 20 世纪 70 年代，资本主义国家和社会主义国家两大世界阵营正处于冷战时期意识形态上严重对立状态，费肯杰教授重新反思自格劳秀斯以来近代国际法的诚信问题，积极致力于消解各国之间的误解与矛盾，推动了联合国关于技术转移、限制商业行为等领域的立法工作，其所依据的方法就是这种推参阐述方法论。推参阐述Ⅳ既集矢于思维模式多元性和复杂性的保护和恪守的法律立场，也同样检视政治、经济、法律等方面思维模式的矫正和变化。在当代中国转型时期，我们的社会面临诸多失范问题，一方面在大讲特讲与国际接轨，另一方面又是传统的善良风俗被大面积破坏，缺德的普遍化已经濒临危险的边缘。按照费肯杰教授的观点，这是"离散型社会"的表现症状。法学

[①]　Konrad Zweigert, Hein Kötz, *Einführung in die Rechtsvergleichung auf dem Gebiete des Privatrechts*, Tübingen: Mohr Siebeck, 1996, S. 14.

[②]　Zielmann, Aufgaben und Bedeutung der Rechtsvergleichung, *Deutsche Juristen Zeitung V* (1990), S. 329 – 332.

界现在许多人其实都已经转变了对于中国传统法律的鄙薄态度，慎重地对待前人，但有一个倾向也是应该保持警觉的，即传统经过长年累月的积淀固然说明了其充沛的生命力，我们固然不可"抛却自家无尽藏，沿门托钵效贫儿"①，但这也并不是说应该一味美化、神化传统社会，唯古是好。我们接续传统的重心不是在于对昔日辉煌的缅怀，而主要是迎迓未来，并不是对现实的敛手无为，所以没有必要对其他也敬畏传统的人拿着传统的大帽子以势相压，仿佛所有的法律移植都是太岁头上动土，冒天下之大不韪。正如费肯杰教授所说，如果你想改变某事，比如，使因纽特人远离使老人坐在雪地里以飨海豹的杀老习俗，你就不得不改变某事，必须对思维模式中某些价值取向进行重新设计。毛泽东所说的"去粗存精，去伪存真，由此及彼，由表及里"② 方法虽然对于中国当代人而言已经着实是听得洋洋盈耳，然而，是真佛只说家常话，它仍可作为我们身处逝者如斯的时间流之中渡越迷津的宝筏。

---

① 语出王阳明《咏良知四首示诸生》。引自陈汉才编著：《中国古代教育诗选》，山东教育出版社 1985 年版，第 159 页。亦可参见梁漱溟：《读阳明先生咏良知诗》，中国文化书院学术委员会编：《梁漱溟全集》第 7 卷，山东人民出版社 1993 年版，第 862 页。

② 《毛泽东选集》第 1 卷，人民出版社 1991 年版，第 268 页。

第二章 清中叶以后狱政的变化

第一节 清代监狱体制概论

中国古代称狱为监，始于大明律。清代承袭相沿，监为狱之通称且连绵成词，"监狱"一词遂被广泛使用至今。[①] 中国历朝多实行上专下总、上分下总的置狱方式。中央司法机构专设的法司狱将司法与典狱相结，有利于保障王朝国家刑罚的准确，另外则因应时代所分设的其他中央机构官署狱分别收禁辖内案犯，而地方狱制依行政区域设置的模式往往鲜有变革。

从监狱管理机构而言，清代监狱大体包括中央监狱、特别监狱和地方监狱三种。

清代法定中央监狱为刑部狱，属刑部提牢厅和司狱司直接管理，大理寺、都察院均不再设狱。清初刑部原仅有监狱一所，雍正年间复添建一所，两所监狱一南一北，故称为"南监""北监"。刑部南北两监主要拘禁外省和京师死囚及现审重犯，各分四处，每处通连五间，分内监和外监，北监另置女监一所。各监院门一道，女监两道。官犯多收北

---

① 一般学者均称清中期始出现"监狱"一词。此说似不确。参见《清太宗文皇帝实录》卷五十二，崇德五年六月，台北华文书局股份有限公司1960—1970年版，第869页。康熙四年正月，上谕兵部督捕衙门：今闻各地方奸棍结党，诈害报仇，或指逃报部，提审全虚，或指称某家窝逃，审虚复扳别家，"此等株连蔓引，冤及无辜，饿死道途，瘐毙监狱，实属可悯。何以立法，使逃人可获，奸棍不得肆恶，人民不受诈害。着议政王、贝勒、大臣、九卿科道，确议具奏"。《清圣祖仁皇帝实录》卷十四，康熙四年正月，台北华文书局股份有限公司1960—1970年版，第217页。

监，以去提牢厅相近便于监督。另置现监，禁治现审新收犯人，然从朝审到大差，重刑犯并入现监。勾决前一日，诸死囚于现监，饮食宴乐，向不加禁。设有病监，隔押安寄病囚。清朝中央刑部狱与前代尚有一区别处，即有狱官和管狱官通常采用满汉复职制度。

清代的特别监狱主要是为维护皇室宗族、满族贵族乃至一般旗民特殊法律地位而专设的监狱，且隐然承袭中国历代王朝中央官署狱的传统。其中包括：（1）盛京刑部狱。盛京乃清入关前之国都，清入关后仍为陪都。盛京刑部职掌鞫审盛京旗人和毗邻蒙古地区民人案件，所辖设监狱称为"盛京刑部狱"。乾隆三年（1738）九月，盛京刑部侍郎觉罗吴拜奏：狱囚宜量情罪轻重，设内外监房，分别监禁，女犯尤宜隔别。现今监狱只三间，请添盖七间，以五间为内监，一间拘禁女犯，四间拘禁审结重犯；以五间为外监，拘禁审结军流人犯并未审结之一切罪犯。再盖提牢厅三间，以便管狱各官起坐稽查。① 未几，得旨如所请行。嘉庆二十一年（1816）闰六月，因不敷羁禁，盛京刑部狱复动帑添建狱房、更房，并获准增设禁卒。（2）宗人府空房。中国历代王朝素有等级治狱的传统。清朝宗人府的官署不仅源自明代，其宗人府空房监禁宗室觉罗②罪犯议亲之典载诸律令，亦系承袭明朝将宗藩非法不道者削爵押发高墙之制，置司官二人，凡宗室觉罗获罪，轻则折罚，重则责惩而圈禁于空房。嘉庆帝云，凡系宗室获罪之人，原以其派属天潢，未便与寻常人犯一体在刑部拘系，是以圈禁高墙，即与监狱无异，并非减其罪名，仍加圈禁。③ 所谓"圈禁"，又称"幽禁""拘禁""锁禁""禁锢"和"禁宗人府高墙"等，即与外界隔绝，并派士兵看守，罪行严重者同样要施用刑具。清朝圈禁之制颇形复杂，圈禁有数等：有以地圈者，高墙固之；有以屋圈者，一室之外，不能移步；有坐圈者，接膝

---

① 《清高宗纯皇帝实录》卷七十七，乾隆三年九月，台北华文书局股份有限公司 1960—1970 年版，第 1244 页。

② 清显祖塔克世（努尔哈赤之父）的直系子孙称宗室，用黄带，俗称黄带子，塔克世的叔伯兄弟的后裔旁支子孙称觉罗，用红带，俗称红带子。

③ 参详《清仁宗睿皇帝实录》卷一百二十四，嘉庆八年十二月，台北华文书局股份有限公司 1960—1970 年版，第 1734 页。

而坐，莫能举足；有立圈者，四围并肩而立，更番迭换，罪人居中，不数日委顿不支矣。[1] 清法律还规定，宗室屡犯军、流，则发盛京、吉林、黑龙江等处圈禁。雍正年间允䄉被削爵交宗人府圈禁高墙和允禟被押至保定后为直隶总督李绂圈住于衙门附近，嘉庆年间和珅子丰绅殷德坐国服内侍妾生女罪罢职在家圈禁和礼亲王昭梿以刑比佃丁欠租被夺爵圈禁，道光年间奕山在鸦片战争中以援粤失机获罪圈禁宗人府空室，均为圈禁之显例。（3）内务府慎刑司监。内务府所属慎刑司衙署设于西华门外长街之北，系掌谳府属三旗刑事案件及处分本府官员、匠役、太监的机构，司下设监，称"慎刑司监"。凡监禁，男女有别。该狱由三旗章京率领兵士轮班看守，女犯则移交内管领处由年老妇人看守。光绪二十二年（1896），太监寇连才即因向慈禧太后直言苦谏而违背太监不得言政的清朝祖制而一度被囚禁于慎刑司监。（4）步军统领衙门监狱。该衙门在崇文门、宣武门、朝阳门、阜成门、东直门、西直门、安定门、德胜门各设一狱，分别拘禁镶白旗、镶红旗、正蓝旗、镶蓝旗、镶黄旗、正黄旗、正白旗、正红旗之案犯，"旗人获罪，刑部定议枷示，或步军统领衙门奏明永远枷示人犯，皆发门监羁禁"[2]。各门监狱由该衙门司务厅直接管理。（5）理事同知衙门狱。清朝版图辽阔，国内民族众多，且八旗驻防各地与汉民发生法律纠纷在所难免，故往往设立理事同知衙门，审断满汉、蒙汉之间刑民诸案。《大清律例》有司决囚等第条载，各省驻防旗人犯该斩绞者，毋庸解部，即在理事同知衙门收禁。[3] 如驻天津的八旗水师营内即设有理事同知公署狱房六间。

清代地方监狱基本辖设于按察使司、府（厅）、州、县各级官署。督抚衙门不设监狱，督抚仅对收禁于按察使司的囚犯加以审判而已。臬司下设之省监称司监、司狱、省狱等。殆清承明制并加以发展，司监可谓清朝地方监狱较前代更为司法专业化的表现。巡道对于州县刑案固有委审、驳查、巡查之案待办，但道衙一般均将批审案件之人犯发交州县

---

① 萧奭：《永宪录》卷三，朱南铣点校，中华书局 1959 年版，第 241 页。

② 《清会典事例》卷一千一百五十八，步军统领，职制，断狱，中华书局1991 年据光绪二十五年石印本影印版，第 12 册，第 534 页。

③ 张荣铮等点校：《大清律例》，天津古籍出版社 1993 年版，第 637 页。

监禁，故几乎无必要自设监狱以羁禁人犯。① 州县监狱监禁人犯主要有两类：一为初审徒刑以上刑案未结的现审案犯，一为徒刑以上经府审转、臬司、督抚覆审②咨部具题后，被押回原审州县等候部文行刑案犯。地当驿道的州县尚须暂监禁其他州县解囚途经案犯。通常省、府首县监狱往往分押府、省审转、覆审案犯，以缓解府监、司监收禁的压力。清代地方监狱的设立并不与地方政府机构的建置同时并举，所谓清代地方监狱依省、府（厅）、州、县建制均各设监狱者，乃经过长期演变形成的常例通则而已。乾隆三年（1738）十二月，湖北巡抚崔纪疏言，

---

① 陶希圣：《清代州县衙门刑事审判制度及程序》，台北食货出版社 1972 年版，第 106 页。

② 关于"覆审"与"复审"这两个概念的问题，学术界使用一般均不太注意。笔者认为王平原的博士论文《唐代死刑研究》对这两个概念的界分值得重视。该博士论文认为，"覆审"与"复审"是有区别的。复审除了包括因当事人不服而提起的"复审"（即中国传统法律中的"乞鞫"）所引起的复审外，尚包括《唐律疏议》等所规定的由司法机关因职权而提起的"覆审"。易言之，后者依据法律的规定而发生，属于自动复审。此观点见于韩玉胜主编：《刑法学博士论文精萃：2006 届》，中国检察出版社 2007 年版，第 754—757 页。王平原的观点估计受到戴炎辉《中国法制史》一书的影响，并将这层意思表述得更为明晰和详尽。参见戴炎辉：《中国法制史》，台北三民书局 1966 年版，第 182 页。那思陆《清代州县衙门审判制度》也认为，在清代审转制度下，覆审与现代上诉制度之性质并不相同，前者无须被告表示不服，上级审判衙门应自动覆审，后者则系必须当事人提起上诉，上级审判机关才予以覆审，不得自动发起该程序。参见那思陆：《清代州县衙门审判制度》，中国政法大学出版社 2006 年版，第 142 页。日本学者滋贺秀三则这样写道，此种不俟当事人之不服申诉，旨在通过若干次反复调查的程序以期不发生错案的制度，可以称为必要的覆审制。在笔者看来，上述观点主要是从现代法学理论对于包括清代在内的中国古代法律制度的反观。刘磊《刑事上诉审之构造》一文依据台湾法学界的论著加以综述云：就现代刑事诉讼法学立法例而言，刑事上诉审一般可以被分为覆审制、续审制与事后审查制三种构造。在覆审制下，第二审法院原则上依照第一审的审理方式而对案件重复进行审理，不受原审法院证据调查范围及上诉范围的限制。正如蔡墩铭在《刑事诉讼法论》所指出的那样，"覆审系反复第一审所进行之程序，故其所为之认定，可以不考虑原来第一审之认为，为此第二审重新事实之调查，亲自为实质真实之发现。由于第二审之程序无异于第一审，极易引起对于第一审审判之轻视"。见蔡墩铭：《刑事诉讼法论》，台北五南出版公司 2006 年版，第 509 页。续审制与覆审制不同，乃是以第一审之审理　　（续下注）

湖北按察使衙门黄州、郧阳二府，俱向无监狱，武昌、蒲圻、汉川、松滋、宜城、房县、竹谿、保康、兴山等九县，或向无监狱，或监狱窄小，请旨分别添建。① 顺天府拱卫京师，体制特崇，顺天府狱虽然收禁刑部所移送流徙军遣人犯，但在性质上仍属地方监狱，受刑部监督，适用关于通常监狱的规定。另外，清代承继明代之余绪尚有驿狱与军牢之设，唯卫所制在清代已趋湮废等原因，这两种监狱并不多觏，鲜为后世所知。乾隆二十六年（1761）四月，甘肃巡抚明德议奏：从前递解遣犯，屡有脱逃，缘甘省地广站长，州县之有监狱者，即行收禁，其余各站，皆系住宿坊店，易致脱逃，请于沿途各驿酌添闲房二三间，作为监房，遣犯一到，即行收禁，令在驿书役协同看守，其有营汛处所，即令该员弁巡查，如有疏虞，照州县例议处。② 诸如清代天津镇总兵官署、崇明镇总兵署等均曾设有军牢，甚至总督河道都察院公署亦于乾隆二年（1737）设立军牢以收禁河务案件人犯。

中国古代素以敬天法祖为行动准则，监狱设置多依据天文星象理

（续上注）结果为基础继续审理新事实或新证据。相对覆审制而言，这固然符合司法经济原则，却容易剥夺当事人在上诉审程序对原审证据的对质权。在事后审查审制之下，上诉审法院仅仅审查原判决自身是否存在不当，而不审理原审法院认定的事实或证据。参见刘磊：《刑事上诉审之构造》，《中国刑事法杂志》2007 年第 4 期。据笔者阅读得出的印象，清人似乎并没有现代诉讼法学这样的明晰界分。清代杨景仁辑《式敬编》卷四中这两个概念出现在同一页，言王阳明为知县时审问的一宗案件云："于后堂设案桌。桌围内藏一门子，唤三盗至案前复审……"在言典史王宗姜被杀案时又这样写道："覆审终无异辞，既数月都察院檄御史杨逢春会审……"见杨景仁辑：《式敬编》卷四，察狱，《续修四库全书》编纂委员会：《续修四库全书》974，子部·法家类，上海古籍出版社 2002 年版，第 631 页。又如，《世宗宪皇帝上谕内阁》卷六十云："今经驳回覆审，该抚将一切实情俱已审出，按律定拟，方成信案。"见允禄奉敕编：《世宗宪皇帝上谕内阁》卷六十，收入纪昀等编纂：《景印文渊阁四库全书》第四百一十四册，史部，一七二，诏令奏议类，台北商务印书馆股份有限公司 2008 年版，第 414—673 页。基于此，笔者在本书中同时使用了"覆审"和"复审"两个概念，将"复审"视为比"覆审"外延更为广的概念，仅在审转制度的特定意义上使用"覆审"一词。

① 参详《清高宗纯皇帝实录》卷八十三，乾隆三年十二月，台北华文书局股份有限公司 1960—1970 年版，第 1346 页。

② 参详《清高宗纯皇帝实录》卷六百三十五，乾隆二十六年四月，台北华文书局股份有限公司 1960—1970 年版，第 9324 页。

论，服膺昂星主掌狱事、典治囚徒之说。"昂者，天子之耳也，主西方。"① 故清朝中央政府的刑部、都察院、大理寺三法司均并列皇城之西，刑部有西曹、西垣之称②，刑部狱法天象而建，有"天牢"之称，地方监狱亦多设于府、县治仪门西侧。男女异狱早在汉代已为定制，元代以降渐讲求轻重分治的系囚制度，明代法律规定轻重分类监禁，监分内外，然在实际中并未一律实行。康熙年间，黄六鸿《福惠全书》提出，宜于犴狴门内分为四层。第一层，近狱神祠者为软监，一切重案内从轻问拟者、应追赃未完及拟徒候遣者居之。第二层，稍进者为外监，流罪及人命窝逃正犯、偷窃未结者居之。其两层专令狱卒掌管。第三层，又进者为里监，所谓重监是也，人命重犯已结拟辟及强盗审明情可矜疑者居之。③ 第四层，最深邃者为暗监，所谓黑狱是也，强盗历年缓决及新盗拟辟者居之。其两层令本监狱罪囚轮流充五长管辖，而狱卒为之总理。④

雍正三年（1725）十二月，刑部尚书励廷仪条奏：监禁罪犯，宜分别内外，以杜弊端，内监以居重囚并紧要人犯，外监以居现审轻犯并案内听审之人，其女监另作墙垣隔别，庶防范严肃，亦不致有串通口供之弊。该议得到雍正帝的允准，然是时全国各地监毙人犯颇多，三监分禁之制得能实力奉行。雍正五年（1727）十月，雍正帝谕八旗都统等云：获罪人犯俱送刑部监禁，监内人多，或致感触时气。旗人与民人不同，民人犯法，完结之日，即回原籍；若旗人罪案完结，仍供各项差役，并非弃置不用之人也。所以治其罪者，特欲其知所惩戒改悔耳。乃

① 李昉等纂：《太平御览》卷七，天部七·祆星，中华书局1960年据上海涵芬楼影印宋本复制重印版，第一册，第36页。

② 清代刑部所在并非前明刑部，而是锦衣卫所属北镇抚司旧址，即今西长安街。

③ 《清史稿·刑法志一》载："强盗分别法无可贷、情有可原，奸渠魁、赦胁从之义也。"赵尔巽等撰：《清史稿》卷一百四十二，志一百一十七，中华书局1977年版，第4185页。亦可参见倪模：《古今钱略》，《中国钱币文献丛书》第7辑，上海古籍出版社1992年版，第135页。

④ 黄六鸿：《福惠全书》卷十三，刑名部·监禁，《官箴书集成》编纂委员会编：《官箴书集成》第3册，黄山书社1997年版，第361页。

旗人一罹罪戾，即成废人，殊觉可惜。况监内拘禁者，又皆恶乱奸险之重罪人犯，一处拘禁，岂有善言相告？不但不能悛改，徒习于为恶而已。除八旗现审之罪人及审实之死罪，照常在刑部监禁外，其审结定罪缓决候审及亏空官银监追人等，着八旗各将入官房屋修筑高墙，分为三所，重犯一处，轻犯一处，犯妇一处。如此分别监禁，既可减灾病，亦无扰乱等事。包衣佐领下人等，亦照此行。宗室、觉罗等，于宗人府拘禁似为允当，着管理旗务王大臣会同内务府总管详议具奏。寻议：八旗各将入官房屋，修筑高墙分为三所，重犯、轻犯以及犯妇，分别看守。① 雍正五年上谕系清朝最高统治者出于保持八旗战斗力等政治目的所发狱制改革指示，此上谕引发一系列连锁反应，殆雍正七年刑部南北两监分设即缘此而起，故乾隆七年（1742）六月，御史邹一桂阅视刑部北监南所后奏称，南北分禁旗民，而南所实多民犯，北监又不少旗人，似此混杂互收，不无滋弊，请敕刑部堂官嗣后罪犯收禁之时逐一划归南北，以免混监之弊。② 雍正五年上谕不仅是导致奠定有清一代刑部监狱格局的缘起肇因，亦是推动全国各直省凡有监狱衙门仿照刑部狱之例将重囚轻犯分别监禁的原动力。雍正七年（1729）九月，清朝中央与地方通过反复讨论后定例，嗣后各处监狱俱分建内外两处，强盗并斩绞重犯俱禁内监，军流以下俱禁外监，再另置一室以禁女犯。不仅清朝皇帝屡降谕旨，而且刑部亦再三行文各省转饬所属实力奉行，要求将落

---

① 《清世宗宪皇帝实录》卷六十二，雍正五年十月，台北华文书局股份有限公司 1960—1970 年版，第 976 页。

② 参详《清高宗纯皇帝实录》卷一百六十八，乾隆七年六月，台北华文书局股份有限公司 1960—1970 年版，第 2479 页。关于刑部监狱的描述，除了方苞的《狱中杂记》之外，洪亮吉也有生动的描述。洪亮吉在嘉庆四年上书获罪，褫职，被刑部司官刘珏从隆宗门带出西长安门，至刑部，关入南监。据洪亮吉自述，"狱旁窄屋二间，凡官吏待罪者，例得居此，以别于众囚。初莅狱，司事者不测上意，令两吏夹持以寝。四鼓，即唤起，严加桎梏"。洪亮吉在刑部南监被关押共三日，狱中"每夕提铃喝号，及重囚缧绁桎梏之声，彻晓不绝，虽隔一巷，亦嘈杂不得寐"。洪亮吉：《更生斋文乙集》卷二，洪亮吉：《洪北江诗文集》，世界书局 1937年版，第 783 页。亦可参见陈金陵：《洪亮吉评传》，中国人民大学出版社 1995 年版，第 211 页。

实贯彻情况报部以闻。三监（即内监、外监和女监）分类监禁的狱制自此在全国各地得以推广普及，并成为清代狱政的鲜明特点之一。不过，中国古代传统监狱建筑设计在明代进展显著而臻于缜密之后，迄清代末叶受到西方影响之前，大抵一仍旧贯，几无实质性突破。

清代监狱多承前制，高筑墙垣并栽植荆棘、刺槐。狴犴为传说中的兽名，像虎似豹，力大能守，清代监狱狱门上往往刻画其形，是为自古以来监狱的象征符号，又以其形似于虎，有时以讹传讹而径直呼其为"虎头门"①，习称监狱为"虎头牢""虎头

狱门

大牢"等。光绪末年上海县狱大门栏上有"袅门"石刻，袅、孝互为雄雌凶兽，亦象征监狱为恶地之意，用以威慑犯人，使其抑恶扬善、改过自新。清代监狱大门内一般建有狱神庙，或称狱神祠、萧王殿、狱神堂、土地祠，等等。濮文暹在《提牢琐记》中云，狱有神，有总司，有分司，统尊之日狱神，中龛祀皋陶，旁龛得列祀典者包括关帝、药王等，尚别置侧殿祀前明椒山杨公，而刑部尚书王世贞等附祀其中，南则为阿公祠。盖阿公名世图，于康熙时官任满司狱，以除夕纵囚，元日悉来归，一囚偶后，公自惧而鸩，囚踵至大恸，亦撞柱自杀。濮文暹所记为刑部狱情形，各地方监狱狱神庙自然在规制上不如远甚。殆狱神庙之神，随中国古代刑狱制度的发展而不断被时人所建构，加之各狱因时因地加以损益，歧异迭见，并非直线式地自皋陶而萧何而亚孙迤逦演变。

---

① 《小五义》如是写道："（艾虎）来到监牢狱的门首……往里一走，奔正西，有个虎头门，上头画着个虎头，底下是栅子门，正字叫貔犴门。虽画着虎头，乃是龙生九种之内，其性好守，所以画在监门之上，取其有守性的意思。"见石玉昆：《小五义》，云南人民出版社 1981 年版，第 248 页。

河南内乡县衙监狱（张世明摄）

由于"诸神朔望则祀，履任则祀，报赛日（神的生日。——引者注）则祀，勾决日则祀"[1]，狱官狱卒和囚徒人犯经年累月例祀拜祭狱神庙，在囚徒则希望狱神保佑其获得公正、公平的判决，早日超脱缧绁之苦，在狱卒则亦深信狱神在冥冥苍天之中俯临监狱并庇护监狱平安无事，"一种观念在狱神庙内产生了：凡进入监狱内的囚犯在他（或她）的心理上，必须'祭拜狱神'，似乎只有虔诚依靠狱神的神灵之力，才会有免遭报应的生存空间"[2]。此外，狱神庙亦为优遇一些囚犯的囚禁场所，或为囚徒亲朋好友探监会见之场所，甚至充当囚犯接受审问时准备衣着等的临时空间、司狱官员巡监歇息之地等。从《红楼梦》脂评本可知曹雪芹在该小说已佚的后半部分有关狱神庙的情节相当丰富，贾府被抄家后，宝玉、凤姐均被系押于狱神庙内，有茜雪、红玉通过各种关系前往狱神庙探视宝玉等事。康熙四十七年（1708）曾轰动朝野近六十年

① 赵舒翘：《提牢备考译注》，张秀夫主编，法律出版社1997年版，第187页。又见震钧：《天咫偶闻》卷二，北京古籍出版社1982年版，第33页。

② 张建智：《中国神秘的狱神庙》，上海三联书店2000年版，第58页。

167

的朱三太子案告破后，隐姓避祸、在山东汶上县休致县令李朋来家中以教读糊口的朱慈焕被捕押解到杭州，由钦差大臣、户部侍郎穆丹等会审，第一次审讯完毕，主审官穆丹即吩咐浙江臬司将狱神庙收拾干净寄禁之。孟森教授所撰《明清史论著集刊》中的《明烈皇殉国后记》一文，为我们描绘和佐证了朱三太子在杭州狱神庙内被优待的情况："是晚即宿狱庙。时有委官二员一靳一陈（二姓）。又有千夫长鲁姓者，豪爽人也，见吾二老人（另一同案犯人）。而深敬之。朝夕谈笑，或对楸枰，或观杂传，聚饮欢歌，忘乎其身在图圄中也。"[①] 为防止囚犯爬上房顶逃跑，监狱院落天井有以铁丝网覆盖者，网上缀以响铃，可以起到警报作用，时人称为"天罗地网"[②]。

一、管狱制度

清代监狱管理体制的完备和法律责任的严密远迈前代。其法狱的管理结构分三个层次，即：有狱官（又称提牢官）督率管狱官和吏卒，指导狱务；司狱等管狱官具体管理监狱日常事务；吏卒担任看守、杂役。清朝关于官吏法律责任的规定极其明晰，该管官、兼辖官、统辖官等各司其职，各负其责，厘然清楚无混。狱官有有狱官与管狱官之别，乃清代狱政的特色之一。有狱官有统辖之权、无管理之责，管狱官有管理之责、无统辖之权。有狱官者，京内为刑部提牢司员，京外为按察使、知府及州厅县官；管狱官者，京内为刑部司狱，京外为按司狱、府司狱、吏目、典史等。

"提牢"之称始于元代，明朝提牢点视制度渐臻成熟，清朝将此制度进一步发扬光大，形成从中央到地方完备的有狱官提督狱政的管理体制与法律责任条规。清朝中央监狱的有狱官为刑部提牢厅满汉主事各一人，任期一年，由额外及试俸主事内选充，简称提牢。部狱提牢大多进士出身，为正六品官。通常因刑部部员拥挤，汉员备送者，尚不乏人，刑部堂官自可择优而用，多有先记名拟陪而后始拟正的情形，然满籍主

---

① 孟森：《明清史论著集刊》上，中华书局 2006 年版，第 38—39 页。

② 陈文伟修，屠继善纂：《恒春县志》卷二，建署，《中国地方志集成》，台湾府县志辑，5，上海书店出版社 1999 年版，第 162 页。

事较缺，有时只得另择刑部满籍员外充任。遇有拟陪主事资浅年轻、难胜狱事时，刑部堂官亦会择用十八司主事以兼充提牢之职，如乾隆五十二年（1787）山东司主事德宁即曾兼管提牢厅事。刑部提牢位卑责重，但只要差竣任满无过即可议叙特优，故许多人都愿意以此为过渡。清政府之所以采取刑部提牢年任制，乃因选用经科举入仕的新锐官员可以有利于避免因循疲玩，及期而代意在防止提牢官与监狱诸种腐败气习同流合污，又以职满例得优保鼓励提牢官积极进取，勤于狱务，束吏安囚，从而达到澄清部狱狱治和使刑部下层部员增益阅历经验的双重功效。先是，刑部南北二监分内外狱门二层，提牢主事总理两监，向在外厅办公，于早晚囚犯放饭时入监查察两次，及夜晚狱门封锁后乃行散署，而司狱每日轮流二员在南北两监内厅值班住宿。嘉庆二十二年（1817），御史周鸣銮奏严防监狱以杜刁健一折，刑部奉上谕妥议程章，规定嗣后满汉提牢主员每日轮流一人在外厅值宿。提牢住班始于此例，自此提牢监管部狱的力度日益加强。严立提牢处分亦不无流弊，以致提牢瞻顾考成而苟安旦夕，稍一认真，禁卒便群起舞弊，以逐其官。同治二年（1863）部狱发生监犯周六等反狱脱逃一案，即有禁卒挟嫌陷害提牢的成分在内，这不仅令革职提牢及其刑部情不能堪，而且引发御史胡庆源呈折建议请宽提牢处分之举。刑部认为："李相清越狱一案，将提牢改议从严，至今遵例办理。窃思今昔情形不同，从前监犯无多，驾驭较易，今监狱之内，收禁盗贼等犯，动至数百名，狡谲性成，暋不畏法，非提牢官破除情面，力挽颓风，难资整饬。且提牢与州县同为有狱之官，而州县官疏防越狱处分，初参止于革职留任，而提牢竟至革职。不值班者，亦至降调，殊不足以示平允。今欲整饬监务，莫如严提牢私罪之处分，而宽其公罪之处分，俾得尽其所长，无所顾忌，极力整顿以收实效。"[1] 吏部回复称："刑部为刑名总汇之区，监狱重地，与外省监狱不同。况州县官疏防越狱，初次虽止于革职留任，倘逾一年之限，分别未获名数，议以降调革职，仍留于地方协缉。至刑部提牢并无留缉，亦

---

① 赵舒翘：《提牢备考译注》，张秀夫主编，法律出版社 1997 年版，第 43 页。

无展参，与外省有狱之州县官，情形迥异，是以该提牢任满之日，议叙特优，而失事之时处分亦重。"① 不过吏部考虑到刑部的主张而加以适当的调整，规定刑部监狱如有疏失，若系公罪，值班之提牢降三级调用，不值班之提牢减为降一级调用。此一新章程的出台为部狱狱治一大转折。与此同时部狱内部的改革还有新收人犯掣签条规的设立，司狱之权愈轻，部狱提牢实际上无事不与，已不以监督自限矣。

清朝地方监狱基本上为地方行政机构的附属物，故臬司、知府及州、厅、县正印官自然而然成为负责地方属狱提牢事宜的有狱官，与部监专设提牢主事为有狱官不同。在州县一级，刑房书吏的职责之一即系管理监狱，主要进行点视狱囚、查验戒具、防止狱卒凌虐囚犯等活动，一般需要轮流值夜，当时亦被称为"提牢"或宿监史，但从法律责任上而言，州县官为有狱官，系所辖监狱直接领导责任人，刑房书吏仅为州县衙署内部机构，不具有法律上的独立地位和行为能力，其行使职权的提牢行为仅是基于州县官的委托行政行为，故由此产生的议处等法律责任不及于其身，乃由州县官自负其果。清代地方监狱有狱官的提牢行为事实上多依赖于幕友、长随等内衙助手。是时，作为州县官亲信和心腹的长随中多有"管监"名目。这些所谓"管监朋友"负责监督管理监狱及捕快控制的班房，实际上侵夺了典史、刑房书吏的权力，而幕友作为协助东家之左膀右臂亦多代官提牢巡察。此皆为地方监狱有狱官提牢的代理行政行为。

清朝监狱的有狱官对管狱官负有监察、指导的责任，但两者的履行其职的分式并不甚明确。清朝统治者从根本上倚重于有狱官的提牢而对管狱官的典掌经理狱务颇为怀疑。部监、省监、府监的管狱官俱名司狱，唯部司狱、按司狱、府司狱的品秩和职数各不相同。刑部南北两监设满汉司狱八员，分正班（守看内部）、帮班（即外围值勤差使或以备临时调遣的待命机动人员）在内厅轮班值宿，逢五、十日换班，负责处理狱内日常管理工作。部监司狱人数既多，且有专职提牢主事日夕住驻

① 赵舒翘：《提牢备考译注》，张秀夫主编，法律出版社1997年版，第43页。

在狱，不类各直省司府州县监狱责成专管于司狱、吏目、典史而相对具有独立性，加之部狱押犯甚众，其司狱官典之处分，向例原与外省管狱官之处分为轻。雍正五年（1727）定例，狱卒凌虐罪囚，其司狱官、典史等知而不举，仍照例治罪外，若非凌虐而病毙者，如系斩绞重犯，一案内监毙一人者，管狱官罚俸一月，二人罚俸三月，三人罚俸六月，四人罚俸九月，五人以上罚俸一年。如系军流罪犯，一案内监毙一人者，管狱官罚俸三月，二人罚俸六月，三人罚俸九月，四人罚俸一年，五人以上者革职。而部监司狱的处分标准则是：一案内监毙斩绞重犯三四人者，司狱罚俸一月，五六人者罚俸三月，七八人者罚俸六月，九人十人者罚俸九月，十一人以上者罚俸一年。一案内监毙军流罪犯三四人者，司狱罚俸三月，五六人者罚俸六月，七八人者罚俸九月，九人十人者罚俸一年，十一人以上者革职。① 各地方监狱的管狱官对囚犯越狱等失职疏防事故承担的责任明显重于有狱官。八年（1730）议准：斩绞重犯越狱，管狱官系专司狱务之员，应即行革职拿问，除四月限内拿获。免其拿问外，如有不能全获，留于地方协缉。五年限满不获，系禁役贿纵脱逃者，发往军台效力赎罪，若审明禁役并无贿纵故纵情事，果系依法看守偶致疏纵脱逃者，拟以杖一百、徒三年。至有狱官系兼辖之员，与专司狱务者有间，暂行革职留任。俟四月限满不获，仍留任一年督缉。如再不获，按其未获名数，议降议革，留于地方协同接任官缉捕。五年限内拿获，题请开复。② 清朝对管狱官的许多规定均惩而不奖，因此尽管成章井井，但往往严而不密，其狱政衰颓与此不无关系。

二、系囚制度

大清律规定：凡狱囚应禁而不禁，应枷、锁、杻而不枷、锁、杻，

---

① 光绪朝《钦定大清会典事例》卷八百四十，刑部，刑律断狱，淹禁，凌虐罪囚，台北新文丰出版公司 1976 年依据光绪二十五年原刻本影印版，第 15561—15562 页。

② 参详光绪朝《钦定大清会典事例》卷一百三十五，吏部，处分例，禁狱二，台北新文丰出版公司 1976 年依据光绪二十五年原刻本影印版，第 6886—6887 页。

及脱去者，若因该杖罪，笞三十；徒罪，笞四十；流罪，笞五十；死罪，杖六十。若应枷而锁、应锁而枷者，各减一等。若因自脱去及司狱官、典狱卒私与囚脱去枷、锁、杻者，罪亦如之。提牢官知而不举者，与同罪；不知者，不坐。其不应禁而禁，及不应枷、锁、杻而枷、锁、杻者，各杖六十。若受财者，并计赃，以枉法从重论。① 凡官吏怀挟私仇故禁平人者，杖八十；因而致死者，绞。提牢官及司狱官、典狱卒知而不举首者，与同罪。至死者，减一等。不知者，不坐。若因公事，干连平人在官，无招误禁致死者，杖八十。有文案应禁者，勿论。若故勘平人者，杖八十；折伤以上，依凡斗伤论；因而致死者，斩。同僚官及狱卒，知情共勘者，与同罪；至死者，减一等；不知情及依法拷讯者，不坐。若因公事，干连平人在官，事须鞫问，及罪人赃仗证佐明白，不服招承，明立文案，依法拷讯，邂逅致死者，勿论。② 凡狱卒非理在禁凌虐、殴伤罪囚者，依凡斗伤论。克减衣粮者，计赃以监守自盗论，因而致死者，绞。司狱官典及提牢官，知而不举者，与同罪；至死者，减一等。③

　　为防止和监督滥禁、淹禁，顺治十五年（1658）题准，凡各府州县官，每季将现监罪犯姓名、年月、情节并系何官未经审结缘由，造册申报司道，转详抚按，有无故禁狱淹毙人命者，按察司指名报闻，据实题参。乾隆元年（1736），清政府复进一步规定，嗣后各省各府设立循环监簿，饬令所属州县将每日出入监犯姓名填注，按月申送该府逐一查阅，其有不应收监而滥行监禁，及怀挟私仇故禁平人者，均照律拟罪，倘州县故将收禁人犯隐漏不行填注者，照蒙混造册例降一级调用，如系遗漏未造者，照造册遗漏例议处。迄道光十三年（1833），各省地方监狱通过设立循环簿进行稽查的法律规定更加完备，凡府厅州县有监狱之

---

① 沈之奇：《大清律辑注》，怀效锋、李俊点校，刑律·断狱，因应禁而不禁律，法律出版社 2000 年版，第 983—984 页。

② 沈之奇：《大清律辑注》，怀效锋、李俊点校，刑律·断狱，故禁故勘平人律，法律出版社 2000 年版，第 986—987 页。

③ 沈之奇：《大清律辑注》，怀效锋、李俊点校，刑律·断狱，凌虐罪囚律，法律出版社 2000 年版，第 993 页。

责者，除照向例设立循环簿填注每日出入监犯姓名申送上司查阅外，并令与专管监狱之司狱、吏目、典史等官，各将监禁人犯，无论新收旧管，逐名开载，填注犯案事由、监禁年月及现在作何审断之处，造具清册，按月申送该管守巡道。该管守巡道认真查核，如有滥禁、淹禁情弊，即将有狱官随时参处，仍令该道因公巡历至府厅州县之便，亲提在监人犯，查照清册，逐名点验，其有填注隐漏者，将有狱官及管狱官一并参处，并令该道每季将府厅州县所报监犯清册汇送督抚臬司查核。若府厅州县有淹禁滥禁情弊，该道未行揭报，经督抚查出，或别经发觉，即将该道一并交部议处。在该条例细密化的同时，中央权力监控在信息成本上的增大已自不讳，殆积弊日深，狱多沉滞，巡道作为抵御狱政腐败的监察倚恃力量呈现出重要的角色功能。

押赴收监

按照清代刑部监狱牌票提审制度，各司提审有手票，带差之役则递牌司狱。各州县监狱收监提禁亦须凭监牌。正面虎头起边，背面有凹塘一事，名曰滔海，应有州县印一颗。即使递解人犯过境，其各州县接递人犯移文票内按照乾隆五年例亦须注明该犯罪名、应否收监字样，不许滥行收禁。凡解来寄监过站人犯，门上饬房照票验明斗箕，标牌收监后，再拆来文，核对无错方发刑房，照缮短文解票，关签押盖印挂号，次早请官升堂点解，并发回照交前站差领。按照《大清律例》"狱囚脱

173

监及反狱在逃条例"规定，获犯到案并解审发回之时，州县官当堂细加搜检，并无夹带金刃等物，方许进监，并严格约束禁卒，不许将砖石、树木、铜铁、器皿之类，混行取入。是例定于雍正七年（1729）。"与囚金刃解脱条"复对法律责任的承担有明确规定：凡狱卒以金刃及他物可以自杀及解脱锁杻之具而与囚者，杖一百，因而致囚在逃及自伤或伤人者，并杖六十徒一年。若囚自杀者，杖八十徒二年，致囚反狱及杀人者绞。若常人以可以解脱之物与囚人，及子孙与在狱之祖父母、父母，奴婢、雇工人与在狱之家长者，各减一等。若司狱官典及提牢官，知而不举者，与同罪，至死者减一等。若受财者，计赃以枉法从重论。雍正八年（1730）定例，凡犯人出监之日，提牢官、司狱细加查问，如有禁卒人等陵虐需索者，计赃治罪，仍追赃给还犯人，提牢官、司狱不行查问，事发之日，亦照失察例议处。

凡拘禁罪囚，视犯罪之种类及轻重，有必施锁禁囚身戒具者与不施之者。施以锁禁戒具者为锁收，否则为散收。关于锁收与散收之犯罪的区别，律例并无总括的规定，惟关于官吏犯罪，"狱囚衣粮条附例"规定，官员犯私罪者，除死罪外，徒流锁收，杖以下散禁，犯公罪者自流以下皆散收。该条附例又承袭历朝颁系老幼、孕妇、废疾的怀柔传统规定，凡牢狱系囚徒，年七十以上十五岁以下，废疾散收，轻重不许混杂。《大清律辑注》云：男子犯徒罪以上，妇人犯奸及死罪，皆应收禁。若官犯私罪杖以下、公罪流以下，军民杖以下，妇人流以下，及老幼废疾，皆散收押禁。枷、锁、杻，俱拘禁狱囚之具也，徒以上应杻，军流以上应锁，死罪应枷。凡枷者兼锁、杻，锁者兼杻，惟妇人不枷、杻，禁囚之通例如此。[①] 唯此辑注之根据，未得其详。《大清律集解附例》中规定的狱具与明朝狱具一致，以后有所改变，如雍正三年（1725）定例，内外在监人犯概不用枷，俱照常用细链。清朝狱具的使用依罪行的轻重而定。康熙十二年（1673）题准，凡关系强盗人命等重罪人犯，脖项手足，应用铁锁杻镣各三条，其余人犯，用铁锁杻镣各

---

① 沈之奇：《大清律辑注》，怀效锋、李俊点校，刑律·断狱，囚应禁而不禁律，法律出版社 2000 年版，第 984 页。

一条。乾隆元年（1736），对该条例加以修订，规定更为具体，即强盗十恶谋故杀重犯用铁锁杻镣各三道，其余斗殴杀人等案罪犯及军流徒刑罪等犯用铁锁杻镣各一道，笞、杖等犯仅用铁锁一道。如狱官禁卒将轻罪滥用重锁，重罪私用轻锁，及应三道而用九道，应九道而用三道，将狱官题参，禁卒革役，受贿者照枉法从重论，任意轻重者照不应锁杻而锁杻律论罪。清朝对于违法使用的处罚规定虽然载诸律典，但实际执行中刑具颠倒临人者可谓司空见惯，巧于规避者舞弊自如，高下其手，不啻玩法于掌股之间。猾吏倚狱为市，借案讹诈，得钱脱械，解锁钱（又称摘笼头费）之类陋规乃不秘之秘；苟索不遂，施以重械或采取各种阴骘伎俩荼毒虐囚。如用锁，道数可以不变，但锁放松则长，犯人活动较方便，锁加紧则短，犯人动弹不得。除朝廷律例规定的狱具，匣床、大枷、重镣、站笼等法外狱具的使用禁而不止。乾隆十年（1745）八月，署四川按察使齐格奏报，四川各州县"仍间有私用撑棍、木闸两项刑具。其撑棍用铁为之，长尺余，以撑棍一头锁于项圈，紧挂咽喉，以一头将两臂挺直，连手杻锁住。其木闸用长大木为之，中穴十数孔，从孔之半分为二块，将一块牢钉于地，形如槛状，令罪犯并卧地上，以两踝骨排放半孔之内，又将木一块合于槛木之上，用锁锁住，数犯总锁一闸。日则止用杻镣，夜则或用撑棍，或用木闸，以防逃越，使监犯彻夜不能屈伸转动，最为惨苦"①。

清代狱政至乾隆时期逐渐形成相对于明朝而言不同的特性，以其时的监狱为审转复核制的人身保管场，加之一些府厅州县监狱条件有限或未设监狱而不得不彼此调剂挹注，各直省州县至于中央部狱之间具有递解转移的空间沟通性与层级性。然乾隆时期由于人口膨胀导致配置性资源和权威性资源紧张的捉襟见肘亦彰彰甚明，是为清代狱制转捩的一大关键。维时凡州县衙门定拟斩立决之逆匪盗案，照例将其要犯直接解省，该督抚审明题奏，概禁司监，俟奉旨后，即于省城正法；其寻常谋故杀等重案应入秋审情实之犯，与罪干立决之犯究属有间，司监窄

---

① 中国第一历史档案馆：《乾隆朝刑狱管理史料》，《历史档案》2003 年第 3 期，第 12 页。

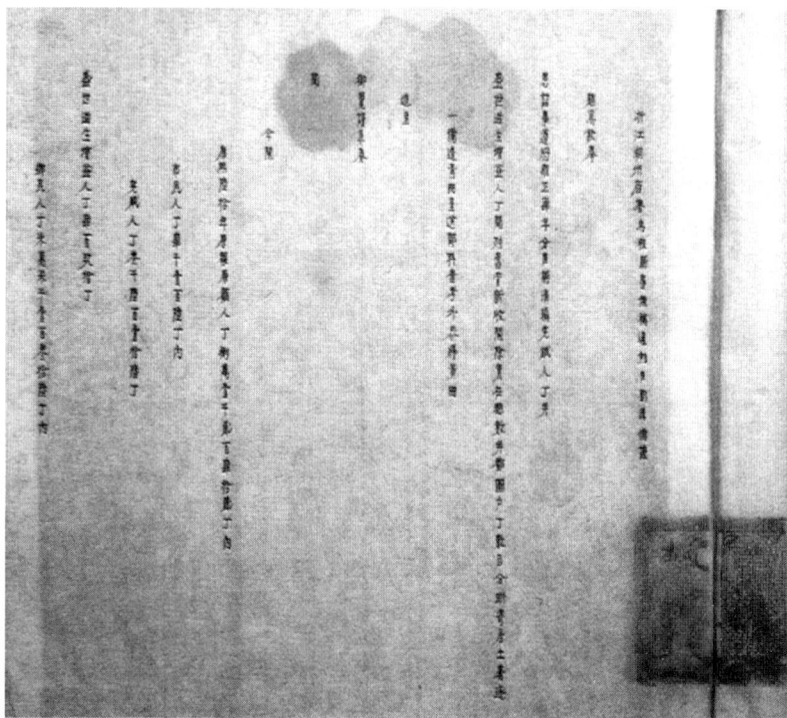

浙江乌程县万世滋生册

狭，同禁一监，恐致意外疏虞之事，且未免拥挤，解审后俱仍发回犯
事地方监禁，俟奉到部覆，分别请咨起解。乾隆四十八年（1783），
刑部议定留禁省监三十四种犯罪情形。乾隆五十一年（1786），又题
奏裁可：刑部原定三十四条，款目稍多，恐省监羁禁人犯愈众，将原
定条款核其情罪，分别应禁省监者十二条，仍发州县原监收禁者二十
二条，使囚徒散处，易于防范。然定例未及数年，发生云南宁宝县斩
犯萧光祖于解审发回途中乘间脱逃一案，清廷复于乾隆五十六年
（1791）更正前例，各省秋审情实人犯，解审后俱即留于司监羁禁，
不必发回各州县。未几，乾隆帝考虑司监空间有限，复降旨可以分禁
首府首县监狱。迄嘉庆四年（1799），省监拥挤不堪，不得已恢复旧
规将秋审情实人犯发回各籍县分禁，唯台湾府斩绞监候人犯，系远隔
重洋，照例留禁省监听候部覆。

三、恤囚制度

（一）亲属探视

大清律沿袭明朝关于功臣及五品以上官犯罪应禁者许令服亲入视的规定。雍正三年（1725），议准：凡拟死罪监候人犯之亲属，许于每月初二、十六日入监探视，逐一查明伊父母妻子嫡亲弟兄姓名年貌，登记号簿，交付狱官，遇放家口日期，严行查对放入，至未结案之犯，亲属人等一概不许入监，如不应放入之人蒙混放入者，将管狱官及该管禁卒俱从重治罪，其顶冒混入之犯，照擅入衙门例，在刑部衙门前枷号示众。此规定经雍正七年、乾隆五年修订，至嘉庆二十二年（1817）最终臻于详备。这几次修订的要点包括：其一，入视范围扩大至祖父母、父母、伯叔兄弟、妻妾、子孙，在监人犯使役之人不越两名。其二，从最初刑部监狱扩展到各直省司府州县监狱。其三，各监狱定立号簿，将某日、某案、某犯、某亲属入监探视情况逐一详讯登记，严行查稽，如有捏称犯属入监教供弊端情事，一经察觉，严拿本犯究办。其四，盗犯妻子家口均不许放入监门探视。违者，妻子家口枷号两月，责四十板，妇女照例收赎，提牢司狱等官吏参处。自汉代起，中国即有"听妻入狱"之制。盖死囚一入监牢，则与家人后会无期，悯其身死无后，允妻妾入狱住宿，使之妊身有子嗣以承继香火，故清代各地监狱多有准死囚犯人召妻留嗣的"家信房"。① 晚清时期赵舒翘《提牢备考》"下院情活"一诗云："圣朝旷典恤茕独，犴狱犹盟尘与灰。好把幽情托明月，生明生魂正初哉"，并题记称："初二、十六日，已定案犯例进家属。各

---

① 汉代以孝治天下，故有这种法外施恩。据《后汉书·吴祐传》载：吴祐任胶东侯相，安丘有一男子名叫毋丘长，因白日杀人，以械自系。祐问长有妻子乎？对曰：有妻未有子也。即移文安丘将毋妻逮至安丘，妻到，解其桎梏，使同宿狱中。妻遂怀孕。至冬尽行刑，毋丘长因感吴祐之恩，泣谓曰："妻若生子，名曰吴生。"乃投缳而死。范晔：《后汉书》卷六十四，吴延史卢赵列传第五十四，中华书局1965年版，第2101页。杨士奇在《东阿知县贝君墓志铭》中也记载了明代这种习惯法的情形。参见杨士奇：《东里文集》卷十九，中华书局1998年版，第284页。另外朱葛民《旧监狱内幕》一文以其在民国年间的经历亦证实了此 （续下注）

监有下院以备该囚与亲属情话之地也。"[1] 赵氏该文并未明言其俗，实即记其事，今人译注氏著多不详其故。清朝律例与源远流长的法律传统隐然存在曲径通幽。

（二）衣粮支给

大清律"狱囚衣粮"条规定，凡狱囚应请给衣粮、医药而不请给，患病应脱去枷、锁杻而不脱去，应保管出外而不保管，应听家人入视而不听，司狱官、典狱卒，笞五十。因而致死者，若囚该死罪，杖六十；流罪，杖八十；徒罪，杖一百；杖罪以下，杖六十，徒一年。提牢官知而不举者，与同罪。此规定袭自明代。顺治五年（1648），定矜恤狱囚之例，每日给仓米一升，冬给棉衣一袭，夜给灯油，有患病者，令医生诊视给药，并酌宽刑具。此为清代百端待举之际所制定囚粮支给条例，呈现出革故鼎新的狱政举措动向。康熙十三年（1674），覆准：凡内外监禁人犯，除有亲戚家人送饭者不给口粮外，如无亲戚家人者，囚月给米三斗，在内于户部支取，在外直省各该抚于年底开明事案、罪囚名数与给过口粮数目造册报部销算。此规定使顺治五年矜恤狱囚之例常规化、规范化，清代囚粮支给制度的大体框架由此底定。雍正十一年（1733）谕：凡系狱囚犯俱给口粮，久有定例，只因各省旧日额设之项，有无多寡不同，遂致有司奉行不一，即间有州县官自行捐助者，亦不可以为常，着通行各省督抚臬枲悉心详查，若该府州县额设之项，岁有余粮，则当分给于不足之府州县，若本地原无额设之项，或额数不敷，则应公同酌量，动支存公银两，核实散给，令各处监禁之犯，日食有资，不致饥馁。倘有刑书禁卒扣克等情弊，一经发觉，将该管官员一并议处。此规定使康熙十三年例得以更具可操作性和普遍性，嗣后乾隆

（续上注）种习惯法传统。见于中国人民政治协商会议上海市委员会文史资料工作委员会编：《上海文史资料选辑》第63辑，上海人民出版社1989年版，第192页。濮文暹《提牢琐记》又云："囚定谳者，许女属入视，皆后朔望一日。先注门籍，出入以时，别纳以屋闭户而守，余者禁窥伺。严私递，戒偶语，绝谑言。"赵舒翘：《提牢备考译注》，张秀夫主编，法律出版社1997年版，第179页。

[1]　薛梅卿、杨育棠点注：《庚辛提牢笔记》，中国政法大学出版社2007年版，第250页。

三年、五年陆续对囚粮支给对象、递解人犯口粮支给等加以补充规定，逐步形成一套完整、细密的制度章程。乾隆时期社会经济稳定发展，囚粮制度的执行从巴县档案等可见尚属差强人意。[1] 时各地为解决囚粮供支不足的方法形形色色，或僚佐共捐，或词讼罚赎，或发商生息，或广为劝助帮贴。嘉庆十九年（1814），上海县监在典史署前有官田二十四亩，征租以给囚粮。然降及清代后期，民贫国弱，朝廷上下纲纪大紊，囚粮支给渐多不堪闻问。先是，刑部监狱囚犯口粮向由户部发给，内仓勘合，关领老米煮饭散放。咸丰七年（1857），由于太平天国占据长江中下游数省，维系清朝国家命脉的漕粮断绝，御史清安奏准改放粟米，缘粟米性寒质弱，食之不能耐饥，久食则积寒内锢，以致两监人犯羸瘦多病，瘐死几无虚日。咸丰八年八月，刑部奏请仍照旧章改放老米，嗣据户部议准在案。但户部旋于咸丰十年（1860）五月再次奏称：京仓老米各项开支，以兵粮为最重，至囚粮一项，按季关支，每年向只二千石有零。近米多领至三千余石，本年南漕全数运京，虽现在足敷支放，惟杭城甫经收复，苏常一带又复被扰，明岁南漕多寡未能预定，不得不酌核情形量为变通，日前办理孤贫粮米尚搭放粟米，请将刑部、内务府、步军统领衙门、顺天府、五城各处囚粮仍照七年章程改放粟米。是为第二次改放粟米。天庾正供的漕粮既不能如数从有漕八省运至京仓，则身处仓监的囚犯只能瘐毙。迄于同治四年（1865）十一月，方因囚犯瘐毙甚多而恢复发放老米之制。影响囚粮制度的另外一个重要因素即物价上涨以致米珠薪桂，司狱官典即使欲有惠政，亦难为无米之炊，所以清末浙江海盐厅监囚犯以近时米贵而有鲜食之叹，有些囚犯不得已竟然在狱中自执炊具，以致瓦缶泥锅、竹头木屑之属，堆置遍地，纪律之不肃，实为仅见。[2] 清末监狱矜恤囚徒之典大率无暇顾及，其囚粮支给状况已成为国内外诟责集矢交加的秕政。

　　大清律"狱囚衣粮条附例"有在禁囚犯冬给絮衣一件的明确规定。乾隆二十五年（1760）正月，山东按察使沈廷芳奏称，各属解到

---

　　① 参见四川省档案馆编：《清代巴县档案汇编》（乾隆卷），档案出版社 1991 年版，第 56—60 页。

　　② 韩兆藩：《考察监狱记》，上海商务印书馆 1907 年版，第 32 页。

众囚着赭衣，乃于矜恤之中寓防闲之意，其法至善，良以罪囚服色，原应别于常人，而触目惊心，亦用以昭炯戒，且画一穿用，更能佐锁肘之所不逮，而在狱在途可无脱逃远飏之弊，较之留发刺字尤称显著，第例无明文，各直省办理未能一律，请嗣后囚衣上下表里，无论棉单，悉以红布制给，俾长附于其身，使锁肘、红衣互为标示。刑部议准：羁禁解审斩绞重犯，例着赭衣，至军流各犯，往往不尽衣红，难免疏脱，嗣后凡囚衣，于监禁解审发配时，上下表里，无论棉单，悉以红布制造。乾隆三十五年（1770），山西巡抚鄂宝奏称，该省囚衣、炭等历年遵例查明外结赎锾先行动支，如有不敷，则于藩库存公耗羡项下拨付。① 赭衣之制在实际中的执行殆始终大打折扣，并非悉如律令。在刑部监狱，囚衣由刑部广西司办理，每年八月底朝审，上班先一日，部堂派广西司司员监放，既似涉粉饰朝审、秋审大典之意，且司中交厅之衣绵薄幅小，布料纰疏，数日即破，故提牢厅每年九月后有向本部堂司措寒衣捐之例，缮写阖署同寅名号于缘薄，托各司掌印主稿代收送厅，以购买当铺出销的原当棉衣百余套，择最贫犯给之。许多州县监狱"冬夏之衣扇席等，向无定章，名为仰给县官，实皆由囚徒自带入监，故不能一律，有衣服整洁类常人者，有破损不堪蔽体者"②，甚至一些囚犯入监时稍好的衣物亦在办理入监抄身手续过程中被贪卑龌龊的胥吏洗劫一空。

（三）病囚医治

清代统治者在对比明代厂卫、汉唐酷吏之后多自矜圣朝刑政清明、治狱仁恕，然其在病囚医治的制度创新实不逮宋明时期。顺治五年大清律规定：若囚患病，提牢官检实，给药治疗。除死罪不开枷、杻外，其余徒、流、杖罪囚人病重者，开疏枷、杻，令亲人入视。笞罪以下，保管在外医治，病痊依律断决。如事未完者，复收入禁，即与归结。此规定乃完全由明律照账誊抄。雍正初年，各省监毙人犯事件频出迭见，雍

---

① 中国第一历史档案馆：《乾隆朝刑狱管理史料》，《历史档案》2003 年第 3 期，第 17 页。

② 韩兆藩：《考察监狱记》，上海商务印书馆 1907 年版，第 3、28、6 页。

正帝认为此多由羁禁之处局隘倒毙，严寒酷暑，侵骨刻肌、潮湿秽恶之气熏蒸传染所致，除谕令各处酌量刑狱繁简加以展宽盖造外，在病囚医治方面大力整饬改革，制定了以下有关保外就医制度、留养起解制度等一系列条例：其一，内外刑狱医治罪囚，各选用医生二名，每遇年底稽考优劣，如医治痊愈者多，照例俟六年已满，在内咨授吏目，在外咨授典科训科，不能医治，病死多者，责革更换。其二，徒罪以下轻罪人犯在监患病者，狱官即行报明，承审官即行赴监所验看定实，行令该佐领、骁骑校、地方官取具的保，保出调治，俟病愈即送监审结。其外解人犯无人保出者，令其散处外监，加意调治。如狱官不即呈报，及承审官不即验看保释者，俱照淹禁律治罪。如本犯无病而串通狱官、医生捏称有病者，该犯并狱官、医生，俱照诈病避事律治罪。至督抚题报监毙人犯，务将本犯所犯罪名、所患病症及有无陵虐、曾否保释，逐一声明，如有蒙混情弊，查出交部分别议处。其三，凡部发递解及外省解部并解别省军流徒罪发回按插人犯中途患病，原解即报明所在官司亲身验明，出具印结，即着该地方官留养医治，俟病痊起解，仍将患病日期报部，如不行留养，致有病故，及受财嘱托捏病迟延者，将该地方官交部议处，其取结后犯人身死者，官役免议。若未取病结在途身死者，各相关官役照例按名议处。乾隆年间，由于犯证患病得留养展限起解而患病日期得于审限之内扣除，一些州县官承审命盗案件，恃有展限三月之例，往往先以正犯患病具报，继于病限将届之期，又以要证患病申详，甲痊乙病，因循迟误，或犯证病愈，审复经驳勘，因例限已届，续又报病，以致案件辗转耽延，弊窦百出。时典狱吏固有视病不报、待囚犯垂死而递病呈，或死后倒填日期而补具者，亦有罔顾官员擅取病呈致死监犯依谋杀人造意律斩监候的厉禁，先数日立取病呈而后受仇家赇嘱谬以疾申，戕害谋死本犯抽换尸格者。清代诸州县事实上并无病室与官医供病囚居住与治疗，病囚与常囚杂居其间，徒然坐以待毙，每每呻吟之声，骇人听闻。即令向有太医院咨调官医的刑部监狱，其所派官医多系滥竽之数，适足以杀人，而买药者又私减分两，虚报价值，以致时人有言：古之民死于虐政，今之民死于仁政。嘉庆十七年（1812）定例：刑部监犯患病沉危，医生呈报救治后，提牢官回堂移会满汉查监御史，即日赴部查验。如有监毙人犯无论因病因刑，及暴病身死，不及呈报救治者，均移会满汉查监御史率领指挥一员，限一日内赴部会同刑部司官相验。倘承审官有非法拷打，及将不应刑讯之人，滥刑致毙，并禁卒有凌虐罪囚各情事，即严参究办。至步军统领、都察院、顺天府、五城各衙门，并各省送部之案，务将人犯是否患病，及曾否刑讯，受伤之处，于文内详细声明。若送到人犯，受有刑伤及病势沉重者，刑部立即咨查监御史，亦于一日内赴部查验立案。清朝律例对地方监狱瘐毙查验并无明确规定，一般囚犯病故于狱时，须取狱卒以及同牢各犯、医仵证明甘结存案，声明并无凌虐致死情由，州县官入狱亲验无虚后具文申报该管上司查核区处。至未经定案人犯在监病故，须声明该犯应拟何罪，以便部内分别议处。有亲属者，候上文批准后许具领瘗埋，结状存案。巴县档案中即有乾隆二十二年（1757）七月十一日县监囚犯胡君美患病身死后典史向知府禀文一道：

> 本年六月十一日，据禁卒徐鹏著禀前事禀明情年月，三月二十日收犯人胡君美系盗案，四月初四日得染时疫病，初六日禀在案。请医调治未愈，至五月二十日转痢泻病，二十九日复报在案。医治不效，于本月十一日酉时病故，役只得报明等情。据此，卑职查验无异，理合具文详报宪台府赐相验，为此备由，缮册同申，伏乞照详施行，须至册者。
>
> 　　右具　　　　　　　　乾隆二十二年七月十二日
> 典史　　　　王谟①

清代监狱大门只为活人打开，瘐毙囚犯只能从监狱"拖尸洞"用门板抬着推出去，故当时有"拖尸洞"一语诅咒其人将横死监狱，亦有尸属不愿其亲人受此污辱而贿通狱卒用所谓"天秤"将尸体吊出者。

---

① 《巴县档案·乾隆朝》卷二百四十五。转引自吴吉远：《清代地方政府的司法职能研究》，中国社会科学出版社1998年版，第132页。

第二节　清代班房考释

一、班馆的形式

时至今日，坐班房、蹲监狱等说法乃是中国民众的日常用语，在新闻媒体上亦时有出现。一般人都将班房等同于监狱。颇具权威性的《辞源》[①] 亦将"班房"解释为："关押犯人的监牢。"假若咬文嚼字加以仔细斟酌，这个解释实有诸多值得商榷之处。班房，又称班馆，是明末以后迄有清一代在国家正式的监狱之外由地方官吏非法设立的关押轻微未决人犯及干连人证的场所。是时，各地对此称谓形形色色，所谓差馆、押馆、卡房、便民房、自新所、候质所、知过亭、支搁亭、中公所等，均名异实同。

班房原指衙署官吏或豪宅仆役等分班值宿处所。将值房称为班房自明洎清一直相沿不替。明人汤显祖《牡丹亭》在"闹宴"一场戏中描写官衙里举办宴会时，秀才欲进衙找寻其岳丈而为差役所阻，秀才告白云："怕进见之时，考一首太平宴诗……且在这班房里等着，打想一篇，正是有备无患。"[②] 衙役值班差房正其是也。又，曹雪芹《红楼梦》第51回叙及大夫给晴雯看病，"一时出了园门，就在守园门的小厮们的班房内坐了，开了药方"[③]。是则为豪宅仆役值宿处所。嘉庆十九年（1814），嘉庆帝降旨训饬内阁、紫禁城内直班王公大臣云："遇朕驻跸御园及岁时巡幸，尤应严密稽查，夙夜罔懈。近日王大臣等多有怠玩相仍，不候接班，清晨先自散直者。其接班之人迟至薄暮始进内直宿，禁城重地每致日间虚旷无人。上年九月十五日，逆贼约于午时突入禁门，未必非豫知守卫空虚，乘间伺隙，前已降谕训饬。兹再行申谕，嗣后禁城内直班王并内大臣、文大臣、武大臣、前锋护军统领俱着恪遵定制，

---

① 《辞源》（1—4 册合订本），商务印书馆 1989 年版，第 1114 页。

② 汤显祖：《牡丹亭》，徐朔方、杨笑梅校注，中华书局 1959 年版，第 247 页。

③ 曹雪芹、高鹗：《红楼梦》，人民文学出版社 2004 年版，第 698 页。

各于辰刻至景运门内九卿朝房面行交替。接班后，仍着在景运门内外班房会集，毋许远离。至申酉之间，始准各自散归直宿处所。如有怠惰偷安、不候交班先行散去者，着接班之人立时具折参奏。无论王大臣，即将爵职斥革，虽有勋绩，概不原宥。"[①] 降及同治、光绪年间，清廷为天安门等处值班班房修葺、午门和端门等处值班章京兵丁松懈旷误而导致班房多空等问题屡颁谕旨。[②] 同治八年（1869），山东兖州府知府禀讦兖沂曹济道长赓非刑毙命一案，长赓禀称系因访查随捻焚掠之李三等涸迹府署轿班房，而府署轿班房时有府役卜衍运等聚众赌博，故率勇往拿。[③] 该禀内所称"班房"亦显然仍系差房（或俗称"皂隶房"）之属。语言交往的基本单元是言语行为，而不是记录下来的静止不变的符号和语句，因为语言的意义即在于其具体的用法，不存在离开具体言语行为的抽象含义，而话语者与接受者所具有的丰富个性使我们对一些指示符号在转义空间（tropological space）[④] 中的离散现象进行线性式变迁描述往往捉襟见肘，难赅其相。

　　班房从官吏值班差房移宫换羽而成为律所不著的羁押轻罪、干连人犯的拘留所，实乃兼具连续与断裂两重性的空间重构，并且此导致"班房"一词本身的语义重构。班房从原本官吏值班的处所演变为羁押待质人犯处所的空间重构肇因于官吏权力资源的膨胀和失范。雍正八年（1730），察察甚明的雍正帝斥责某些省份督抚藩臬不能约束书吏以致胡作非为情事，指出：诸督抚衙门胥役人等"其名有内外班之分。内班总管案件，外班传递信息，朋比作奸，种种吓诈。饱其贪壑，则改重为轻；拂其所欲，则批驳不已。即如广东各案盗犯未获，无论年月远近，不拘

---

　　① 《清仁宗睿皇帝实录》卷二百八十二，嘉庆十九年春正月，台北华文书局股份有限公司 1960—1970 年版，第 4187 页。

　　② 参见《清穆宗毅皇帝实录》卷三十四，同治元年七月，台北华文书局股份有限公司 1960—1970 年版，第 866 页；《清德宗景皇帝实录》卷九十四，光绪五年五月，台北华文书局股份有限公司 1960—1970 年版，第 857 页。

　　③ 《清穆宗毅皇帝实录》卷二百五十四，同治八年三月，台北华文书局股份有限公司 1960—1970 年版，第 5485 页。

　　④ Michel Foucault, *The Order of Things: An Archaeology of the Human Sciences*, London: Routledge, 2003, p. 126.

盗犯多寡，总督书办概于冬季写票差提承缉之吏目典史巡检齐至肇庆，示期比责，其陋规则有院房年节礼。每员到彼，各送书办银三四十两，遂准回任。若微员无力馈送，则差押不放，甚至禀请杖责。此粤省之弊端也。至于各省督抚书役则有承舍旗牌等名，皆自号为差官。该督抚给票差遣，亦用差官字样。而通省吏民遂莫不以差官目之。平日踞坐班房，包揽词状，每于府州县官谒见督抚之便，私行嘱托，滥准枉断"①。雍正帝在此所言"班房"自然尚不属于典型的羁押待质人犯处所，但其所反映出的胥役盘踞班房舞文弄法的过渡特征彰彰甚明，栩栩如生。

清代州县衙门内部书吏衙役组织有"六房三班"之说。六房指吏、户、礼、兵、刑、工六房书吏，三班指捕、壮、快三班衙役。通常的说法言称，皂班执堂役，快班司缉捕，壮班应杂差，快班又分步快、马快两种。然六房书吏与三班衙役均系概称，州县衙门除此之外设有承发房、招房、本房、堂房、刑钱房、粮房、驿房、漕房等房书吏者屡见不鲜，设有门丁、禁卒、盐差、粮差、稳婆、官媒诸种衙役者亦在所多有。作为羁押待质人犯处所的班房虽在清代多出现在州县，但并非全然系由州县三班衙役值房演变而来，州县以上衙门未尝与此全然无涉，甚至在初期有可能乃州县班馆效法的张本，唯其处于时人对班馆问题注意力的边缘。乾隆三年（1738），监察御史苏霖渤上奏：向来刑部"应发保人犯俱交五城司坊官取保，而该司坊官有暂羁人犯之所，或曰班房，或曰铺房，率皆卑隘湫湿，遇有无人保领之犯即锁禁其中。若值粜卖官米，犹可日领三四成米一升，亦止有净米三四合，不足一炊。有时即成色米亦不能继，以致饥馁愁窘，兼之暑湿熏蒸，每多病毙。缘非例设监所，诸无成规，凡一切修葺房屋以及饮食、医药、灯油、帘席、煤火、凉棚等类，俱皆无项措办，是以无保之犯一经发坊，而死者接续非一日矣"②。此奏折即将刑部锁禁现审内无保领人犯于班房病毙的黑幕予以昭然发覆揭露，启示我们在对班房缘起的考察过程中单纯采取眼光向下的研究路径殆不无一定的局限性。有清一代，普通民众将这种羁押待质

<hr />

① 《清世宗宪皇帝实录》卷九十二，雍正八年三月，台北华文书局股份有限公司 1960—1970 年版，第 1407—1408 页。

② 中国第一历史档案馆：《乾隆朝刑狱管理史料》，《历史档案》2003 年第 3 期。

人犯的非法处所朴实地称为"班房"，其中亦呈现出普通民众对衙署官吏的厌恶等心态，而官方正式文牍将其称之为"班馆"又隐喻着与官吏值班处所的班房相区别的意图与政治法律策略，意在强调形成规模、情节严重的私押班房现象，再者"班馆"一语亦较"号房"之谓更易与正式监狱相区别，私设班馆的官吏则力图淡化两种名称之间的歧异分野以为含混搪塞之计。当然，这种具有细微差异的表达并非完全是带着话语主体身份铭牌的产物，逸出话语主体身份囚牢的、自由穿梭于语言丛林的现象比比皆是，清朝官方正式文牍往往随俗为言使用"班房"一语，略带厘清意味的"班馆"终不得像"班房"那样成为人们耳口相邮的熟语习称。

作为事件时间的王朝更迭并不能成为斩断自然时间连续性链条的楔子。作为羁押人犯的班房出现的最早时间渺然难考，然清承明制殆非虚语。这种现象作为与王朝国家法定监狱并行的异质空间其来有自。《续资治通鉴长编》卷三百六十一载，宋神宗元丰八年（1085）十一月下诏严禁私置"厢狱"。宋哲宗亦有类似禁令，规定"应官司擅置狱者，徒一年；公私诸色人因公事追捕人，未解所属，私以杻锁之类关留者，杖一百"[1]。日本学者滨岛敦俊（はましまあつとし）在《明末东南沿海诸省的牢狱》等论文[2]中考证后得出结论：由于明末佃农抗租层出不穷，诉讼案件急剧增加，既有的监狱人满为患，"铺""仓"之类新的羁押人犯场所遂在各地州县普遍出现。铺即"递铺"，又称"铺递""急递铺"等，因时因地而不尽相同，肇始于唐朝末年的部分地区。降及明代，铺设铺兵负责传递公文等事务，但具有监管权力的地方长官不时差遣铺兵以负责或参与缉捕盗贼等社会治安管理，甚至将一些轻罪犯人或人证交其看管，且是时驿站递铺本身既有摆站服刑的徒刑罪犯，又有看管这些罪犯的铺兵驿卒和禁房囚室，故铺遂逐渐兼具羁押场所性质，以致清朝三令五申禁绝擅设差带官店、仓铺班馆等名目的非法羁押

---

① 李焘：《续资治通鉴长编》卷四百七十七，元祐七年九月壬午，中华书局 1986 年版，第 11354 页。

② 参见濱島敦俊「明末東南沿海諸省の牢獄」『西嶋定生博士還暦紀念・アジア史における國家と農民』山川出版社、1984 年、473—486 頁。

场所。清人周清原云："凡内外问刑衙门，设有监狱，原以羁禁重囚，其案内牵连人犯，情罪稍轻者，准取的保，不得一概滥禁，定例无复可议矣。第查各府州县于监狱之外，更设有仓有铺有所有栅有店，各处地方名目不同，其名虽将犯人暂寄公所，实则高墙密禁，杻锁巡防，与监狱丝毫不异。况监中重囚，经上司稽查，开放尚有定期。唯此羁禁仓铺者，操纵全在本官，索诈任于胥役。至有淹系数年，死而后已者。"①

古语云：储粮为仓，存物为库。明清时期各地州县衙门内或其附近多设有常平仓、官仓、学仓、架阁库、廪给库等，各仓防守力役在地方官指使下每每将未能按时完粮纳赋的花户拘而押之于斯，逼令清缴，驯至成为一种地地道道的私狱。征粮收税是州县官除刑名之外另一最重要职责，是州县官考成的依据所在。州县官为保住自己的乌纱帽，千方百计亲自或授权钱粮师爷或书吏等传唤比责拖欠赋税的花户或催头，乃司空见惯的现象。康熙年间，黄六鸿在《福惠全书》中云："抗粮顽户，及公事未完，恐其逃逸，不得已而拘系者，但须寄仓。"② 以清代为例，县衙大堂前的东厢系吏、户、礼、铺长房、东库房所在，习称"东司"或"东库"，大堂前的西厢为兵房、刑房、工房、承发房、西库房所在，习称"西司""西库"或"西仓"。百姓常谓：东司活财神，西司活阎王。钱粮刑名与钱粮各房虽职有专司，但在压榨鱼肉百姓方面每每紧密配合而沆瀣一气，滥刑催科，无弊不为。且是时监狱犹如装人的仓房，阴黑狭小，潮湿不堪，故往往泛称监狱为"仓"。一旦钱粮不能按期交纳入仓，则拖欠钱粮的百姓难免拘押于"人仓"备受蹂躏，时人多以"监仓羁所"连举并称。③ 仓的空间性质在语涉两歧的曲折绵延中

① 周清原：《清狱省刑疏》，贺长龄辑：《皇朝经世文编》卷九十三，刑政四，治狱上，沈云龙主编：《近代中国史料丛刊》第七十四辑，731，台北文海出版社1972年版，第3314—3315页。

② 黄六鸿：《福惠全书》卷十三，刑名部·监禁，《官箴书集成》编纂委员会编：《官箴书集成》第3册，黄山书社1997年版，第359页。

③ 可以参详张运青撰、隋人鹏集解：《治镜录集解》，《官箴书集成》编纂委员会编：《官箴书集成》第3册，黄山书社1997年版（张运青先生原本，道光十三年仕学斋重刊），第741页。《财经》杂志记者追踪调查披露出来的安元鼎事件被许多媒体报道，中央人民广播电台也在节目中讨论过此事。这家名为北 （续下注）

变幻多端。唯其如此，福柯认为，"语言就像一个空虚的家，其中同样的词语装饰着它潜在的空洞、沙漠和陷阱"（comme un blanc ménage dans le language，et qui ouvre a l'intérieur même du mot son vide insidieux，désertique et piégé）。这种处于语言核心的"缺场"证明了"一种存在的绝对空缺，它有必要通过纯粹的发明来加以包覆、控制和填充（combler）"①。

　　饭歇，即餐饮住宿之地。作为一种消费性公共空间的饭歇往往是各种社会势力、关系、信息和矛盾汇聚的场域。在道光五年（1825）闽浙总督赵慎畛等陈奏查办台湾清庄事宜疏中，古庙凉亭及饭歇即往往是由内地偷越私渡台岛无业游民出没的场所，故赵氏等官宪将其视为萌乱渊薮而亟图查察之法。②饭歇和明清时期的茶楼酒肆一样，与广阔的社会关系网络相联系，三教九流胥集一堂，以致形成在官府司法体制之外民间社会调停纠纷、裁断是非、了结恩怨的特殊空间。著名作家老舍《茶馆》就栩栩如生地展现了传统社会中这一幕历史风情画卷，他这样描写道："那年月，时常有打群架的，但是总会有朋友出头给双方调解；三五十口子打手，经调解人东说西说，便都喝碗茶、吃碗烂肉面（大茶

（续上注）京安元鼎安全防范技术服务有限公司（下称安元鼎）成立时间并不长，但 2008 年年检资料显示，当年的营业收入高达 2100.42 万元。其主要业务之一即是帮助各地政府拦截上访者，业务范围甚至已进入上海、成都等地。据全国各地许多受害者反映的情况来看，安元鼎的保安身穿深蓝色制服、戴"特警"帽，胸牌印有"特勤"二字。该公司的关押地点至少有三处，一处在北京南三环和南四环之间的成寿寺路；一处位于南城更偏僻的一个村庄内的废旧仓库，"高墙、大铁门"；其总部则在北京朝阳区南四环红寺桥附近。在市场经济下，这种在"黑宾馆"之外现代"班馆"即是利用仓库作为拘押场所的，说明历史的痼疾迄今仍一再发作。资料来源：http://bbs. whnews. cn/forum. php? modt，访问时间：2010 年 10 月 9 日。

　　① Hayden White，*The Content of the Form: Narrative Discourse and Historical Representation*，Baltimore：The Johns Hopkins University Press，1987，p. 110.

　　② 赵慎畛、孙尔准：《查办台湾清庄事宜疏》，赵慎畛等：《道咸同光四朝奏议选辑》上，《台湾文献史料丛刊》第四辑，70，台北大通书局 1984 年版，第 1—3 页。

馆特殊的食品，价钱便宜，做起来快当），就可以化干戈为玉帛了。"①
即便在清末上海租界西方法律文明骎骎输入时，新式法院旁边便是茶楼
里颇为兴盛的"吃讲茶"，诸如包探捉到小偷或嫌疑人盘问拷打、流氓
拆梢敲竹杠讲斤头、口角殴斗者意欲摆平相互关系等，一切事情需假茶
楼解决者悉名曰"茶会上去"②。这种传统在中国古代源远流长。宋代
所谓"茶食人"想必与此不无关系。朱熹《朱文公文集·约束榜》云：
"人户陈状，本州给印字，面付茶食人开雕，并经茶食人保识，方听下
状，若人户理涉虚妄，其犯人并书铺、茶食人一例科罪。"③《名公书判
清明集》卷十二所载判词又称："成百四，特闾巷小夫耳。始充茶食
人，接受词讼，乃敢兜揽教唆，出入官府，与吏为市，专一打话公事，
过度赃贿。小民未有讼意，则诱之使讼；未知赇属，则胁使行赇。置局
招引，威成势立，七邑之民，靡然趋之。以曲为直，以是为非，骗取财

_____

① 老舍：《茶馆》第一幕，吴祖光主编：《中国新文学大系：1949—1976》第
15集，戏剧，卷1，上海文艺出版社1997年版，第466页。

② 吃讲茶的具体做法为，争议双方在茶馆一边喝茶，一边辩论，请茶客或特
邀中人加以评断是非曲直，理屈者代偿两造之茶钱。如果达成谅解与妥协，则由中
人把两只茶壶的壶嘴相交，表示和好。若一方仍有异议，还可将自己的茶壶向后拉
开，再行叙理。若中人判一方理亏，则把一方的壶盖掀开反扣，以做裁定。黄式权
《淞南梦影录》卷一载："失业工人及游手好闲之类，一言不合，视群聚茶肆中，
引类呼朋，纷争不息。甚至掷碎碗盏、毁坏门窗，流血满面扭至捕房者，谓之吃讲
茶，后奉宪谕禁止，犯则科罚店主。然私街小弄，不免阳奉阴违。近且有拥至烟
室，易讲茶为讲烟者，益觉肆无忌惮矣。"徐珂在《清稗类钞·棍骗类·上海地棍
之吃讲茶》中对吃讲茶也做过详细的解释：此种吃讲茶未必直者果胜，曲者果负，
而两方面之胜负又各视其人之多寡以为衡，甚至有以一言不合决裂用武者，故而被
官方悬为厉禁。参见黄式权：《淞南梦影录》（与《沪游杂记》合订本），郑祖安标
点，上海古籍出版社1989年版，第110页；徐珂编纂：《清稗类钞》第40册，棍
骗乞丐，商务印书馆1928年版，第16页。

③ 朱熹：《晦庵先生朱文公文集》卷一百，"约束榜"，《朱子大全》（4），中
华书局1949年版，第1737—1738页。亦载中国社会科学院历史研究所宋辽金元史
研究室点校：《名公书判清明集》，附录六，《朱文公文集》（四部丛刊本），中华书
局1987年版，第641页。

物，殆以万计。带领凶徒，自称朝奉，狐踪鬼迹，白昼纵横。"① 明清时期，所谓三班衙役虽是官面公干人物，但他们本身被社会上视为贱民，他们（尤其是捕班）与江湖上诸如绿林刀客、惯偷飞贼、地痞讼棍、丐卜僧道等诸色人等过从往来，三班班头和重要差役有事没事时总爱在衙门附近茶馆泡坐，以为消遣休闲或打探市井风声，获取一些有价值的情报线索，亦是衙门附近饭歇之类消费场所被人延请出面疏通各种复杂关系的常客。仅靠微薄的工食银的衙役书吏们在法律上明确规定为"无禄人"，乐得如此饭局不断，视之为在社会上吃得开、玩得转的标志。光绪年间，江苏阜宁"县大街正兴字号，外系面馆，内有密室二所，一为蠹差聚处，一为讼棍聚处"②。这说明饭歇之类消费空间是衙役讼棍们如蚁附膻的场所。黄六鸿在《福惠全书》中云："乡人讼事入城，必投歇家。其歇家非包揽官司之人，即希图赚打官司入钱之人。鸿初到某任时，每公事出入，见县前酒肆饭馆甚多，馔肴丰列，樽榼横陈，意斯地之人侈于饮食也，因细访之，乃为有势绅衿所开。凡乡人讼事至，无论原被俱必寓此。其内外关厢，惧怍绅衿意，竟无留止者。乡人舍此，亦更无他驻足。且既为之居停，一切衙门料理辄有纪网之仆，至于求情嘱托，又皆主人居奇，以故乡人亦因有凭依，而群然投止焉。其酒肴饭食，值贵数倍。自告状候准以及投到听审发落，动辄浃旬累月，而所饮之食之，则干证原差在事诸人而外，又有随来之子弟、探望之亲友。因其近于县署，则原差之帮差头役、该管之承行贴写，与夫借名讲劝之市闲、插身打诨之白嚼，日不下数十人，及事完结算店账，已累至数十金，而他费不与焉。"③ 在与当代交通发达不可同日而语的清代，官府衙门的审判活动亦尚无当代民主社会明确的司法独立公开诸理

---

① 中国社会科学院历史研究所宋辽金元史研究室点校：《名公书判清明集》卷十二，"教唆与吏为市"，中华书局 1987 年版，第 476 页。陈景良《讼师、讼学与士大夫——宋代司法传统的转型及其意义》（《河南省政法管理干部学院学报》2002 年第 1 期）的研究使我们得悉有关宋代"茶食人"资料的史源信息，这是必须加以交代的。

② 丁日昌：《抚吴公牍》卷六，光绪丁丑年刊本，页六。

③ 黄六鸿：《福惠全书》卷十一，刑名部，《官箴书集成》编纂委员会编：《官箴书集成》第 3 册，黄山书社 1997 年版，第 335 页。

念，"打官司"实质上往往演变成为一种"打关系"，具有较强社会关系活动能量的地棍势豪长袖善舞，而不无垄断色彩的饭歇遂成包揽词讼的中介经纪机构和府署堂审的场外法律交易中心。《湖南省例成案》卷十如是言："兹查有歇家一项，凡乡民偶有赴官控告事件，或近在府州县，或远至省城，必借歇家以为停足之地。乃民间讼狱之兴胶葛不休，由于若辈酿成者每居其半。访得有种不法之徒，外借寄寓为名，实则包揽词状，非本身系积惯讼师，即与讼师交结勾通，互相呼应。"①

从田涛等编辑整理的浙江黄岩诉讼档案中可以发现，清末黄岩地区的状纸前端都印有"做状人、歇家、保戳"等需要填注的颇为引人注目的固定的栏目名称，② 然歇家绝不可能是指原告或被告的住所，因为做状人、歇家、保戳、原差等栏目在状纸上集中一处，稍左处又另外书有具呈人姓名、年龄与住所，且许多状纸于"歇家"一栏填作"饭店"，一般农民显然不可能以饭店为住所，有的填作诸如"叶郑风""林即中"等姓名，③ 显然住所亦不得为人名，有的甚至径直填作"奔叩"，如第五十号光绪十一年（1885）三月十三日张潘氏呈为义子强估哀求讯追事状即其一例，④ 苟以住所释之，则拟于不伦。其实载诸明崇

① 《湖南省例成案》卷十，刑律·诉讼，"教唆词讼，严查歇家息讼安民"，日本东京大学东洋文化研究所藏本。转引自夫马进：《明清时代的讼师和诉讼制度》，滋贺秀三、寺田浩明等：《明清时期的民事审判与民间契约》，法律出版社1998年版，第424页。笔者在龚汝富教授收藏的许多文献中看到"歇保人犯"的法律文书范本，略谓：在市某坊歇家某今当本县老爷台前实保得原被告犯人几名，在外伺候，听审或起解，不敢违误，其犯人委系知认，不敢脱情冒保，所保是实。可参见佚名：《法笔惊天雷》卷二，中国社会科学院法学研究所藏，"歇保人犯"，清刻本，页七。《刑台秦镜》上卷，"歇保人犯"，龚汝富教授收藏，清光绪刻本，页三十五。又如，龚汝富教授个人收藏抄本《控诉状》卷上（南州书楼藏书，徐汤殷整理，灰色线状纸面）所收录的一件水案的控词的初步处理即是，"批催差着歇家交集，并调契拟核讯质断"。

② 相关研究可以参详唐澤靖彦「清代告訴状のナラティブ：歴史学におけるテクスト分析」『中国：社会と文化』第16号、2001年6月、2—17頁。

③ 田涛、许传玺、王宏治主编：《黄岩诉讼档案及调查报告：传统与现实之间——寻法下乡》上卷，黄岩诉讼档案，法律出版社2004年版，第305、286页。

④ 田涛、许传玺、王宏治主编：《黄岩诉讼档案及调查报告：传统与现实之间——寻法下乡》上卷，黄岩诉讼档案，法律出版社2004年版，第302页。

祯十二年（1639）所刊佘健吾《治谱》的"自理状式"早已有如是规定："状中无写状人、歇家姓名，不准。审出情虚系歇家、讼师拨置者，重责。"[①] 明清时期一些地区的状式之所以要求必须写明歇家之名，殆以一旦官府传唤原告或被告时能够迅速无误，歇家既得为应官府委托留置被告的代理人，亦往往充任诉讼当事人的保证人。如果将新发现的黄岩格式诉状与台湾淡新档案中咸丰年间状式相比较，亦可以更加清楚地证明呈状人住所断非"歇家"这一概念的正诂确解。曾对淡新档案保护、整理与研究倾注巨大心力的著名法学家戴炎辉在《台湾省通志》卷三"司法篇"将其抄录如下[②]：

被告	住	抱告	总理	做状		
于证	住	认记	董事	代书		
地保	住	经承	原差	歇家		
具告状人	现年　岁住　抱　庄离城　里原籍　县					
户名	每年应纳正供　石　斗　升					
钱粮	丁耗　管事　佃户					
开牌内男妇老幼共　名　甲长　左右邻						

双行叠写　概不收阅	呈状人　年　岁住　庄　抱告系本告　住年岁
	（共计三百六十格） （从三十格）　　　　　（行二十横）
	（共计三百六十格） （从三十格）　　　　　（行二十横）
	修正　　　左邻　　　第　　　甲 甲长　　　右邻　　　第　　　牌
	牌长　　第　　户　　男女大小共　　口

---

① 佘健吾：《治谱》卷四，"自理状式"，明崇祯十二年呈详馆重刊本，页四。亦见《续修四库全书》编纂委员会编：《续修四库全书》753，史部·职官类，上海古籍出版社 2002 年版，第 535 页。

② 戴炎辉、蔡章麟、陈世荣等原修，张雄潮整修：《台湾省通志》卷三，"政事志司法篇"，台湾省文献委员会 1972 年版，第 32 页。

《西江政要》载，劣生恶监作歇包讼，"乡民赴控者必须先投歇家讲定，方可递状。经承原差悉听指挥。其议定作词出票发签以及捕牌铺堂之银钱，与书差等四六分肥"①。这种饭歇作为清代特定时空背景下的社会法律生态现象积渐既久，寝失本意，其势力日益坐大，在一些地区甚至从在法律诉讼中沟通官民关系的津梁演变成为阻隔诉讼通道的障碍。饭歇的空间性质和功能随着司法权势的转移而出现异化。光绪《桐乡县志》载，是时浙江桐乡县的"讼师皆在城中。每遇两造涉讼者，不能直达公庭，而必投讼师，名曰歇家。人证之到案不到案，虽奉票传，原差不能为政，惟讼师之言是听，堂费、差费皆由其包揽。其颠倒是非、变乱黑白、架词饰控，固不待言，甚至有两造欲息讼而讼师不允，官府已结案而讼师不结，往往有奉断释放之人，而讼师串通原差私押者，索贿未满其欲也"②。原本为餐饮住宿消费空间的饭歇不啻为赚取高额利润的黑店，而且呈现出黑狱私牢的嗜血迹象。③ 清廷一再重申

---

① 清江西按察司编：《西江政要》卷三十六，光绪年间江西按察司衙门刻本，页二十六。

② 严辰等纂修：《桐乡县志》卷二，风俗，光绪十三年刊本，页九。亦可见严辰等纂修：《浙江省桐乡县志》，《中国方志丛书·华中地方》，台北成文出版有限公司1970年版，第119页。

③ 这种画地为牢、刻木为吏的情况在目前中国某些地区仍然存在，尤其一些地方近年来出于非法暴利拆迁、压制访民上访等目的将一些宾馆、饭店变成了变相的监狱，与依法治国的理念格格不入，值得关注。笔者看到这样一篇文章："中国江苏省南通市素有近代第一城之称。……例如：南通博物苑，通州民立师范学校，南通纺织专门学校，南通盲哑学校，南通伶工社，南通唐闸育婴堂，军山气象台等皆为中国第一。如今南通城内几处宾馆的楼上特设牢房，如北阁饭店、通露大饭店等，也堪称当代中国第一。我到过北阁饭店，现代化的歌舞剧院，四周灯红酒绿，门前车水马龙，一片歌舞升平景象。令我万万没有想到的是，南通市人民政府将访民关押在这宾馆楼上的房间内，规定了作息制度，不得会见任何人，俨然是一座监狱，只不过美其名曰'南通市法制教育学习班'。进入这个南通市法制教育学习班，第一道楼梯要经过一栅铁门，从楼梯进入走廊又有一栏铁门，然后从第三道铁门才能进入房间。有专人日夜看管，插翅难飞。这不是地地道道的监狱吗？访民被政府官员抓进南通市法制教育学习班，没有任何手续，也不告知当事人有何权利义务，想抓就抓，想放就放……"资料来源：http://blog.sina.com.cn/s/blog_4a91fa2701009mld.html，访问时间：2010年9月5日。又如，原湖南省　（续下注）

不得将待质候审人收监囚禁，而包揽词讼的饭歇店家自然而然在衙吏与讼棍沆瀣一气的勾结下成为取保候审的首选对象。① 乾隆五年（1740），乾隆帝批准刑部酌议条例，规定州县遇有罪犯笞杖应递回原籍案件，犯事所在地的承审衙门不得先责后解，应于接递人犯移文票内注明该犯罪名并不应收监字样，中途接递州县将该犯押交坊店歇宿，严禁滥行收监，于移回原籍地方后查明折责。② 煌煌圣谕既已许可押交坊店歇宿，不提倡寄监过站的做法，而按清制拘传被告干证人等，歇家（即居住地）距城 15 里内者名曰传唤即到，15 里外者则称为拘留到达，故善于歪曲利用朝廷法律政策和规定的衙役遂变本加厉地以饭歇为取保候审待质之所卒成不可戡制之势。这种保押店因由官府派差看守监视应该质讯诸人又被称为差带官店、干连店等名目。许多地方的衙役书吏甚至自己开设饭歇。《福建省例》称胥役弊端的手段之一即是"私开店铺，羁候

（续上注）永州市公安局副局长王石宾，被民间称为永州"地下银行行长"，形成以永州电力宾馆为黑社会团伙窝点，在该宾馆赌场中享有干股，在"抽水"中获利，向当地企业主放高利贷，实现自己灰色收入的增值。王石宾凶焰侈张，其有一句名言曰："一根辣椒三两米，两家'宾馆'任你选。"而他的得力干将颜玉龙亦胆大泼天，目无国法，放言："只要今天不给钱，立即'双规'你。"通过这位公安局副局长的整合，湖南永州的黑、白两道真正实现了高度统一。资料来源：湖南破获涉黑案，电力宾馆成"黑窝"，http://finance. sina. com. cn/chanjing/b/20060724/0845814949. shtml，访问时间：2009 年 9 月 5 日。据笔者在某市调查，由于近年该市私家车激增，作为一个小城市，该市已经出现严重的上下班高峰交通拥堵。该市民众宴会聚餐嗜好饮酒的风尚造成的司机醉酒驾驶违章现象突出。该市公安局遂规定，凡查获酒驾违章，除按照机动车违章处罚条例处罚外，一律送至某宾馆参加交通法规学习班，住宾馆期间的食宿等费用由违章者自负，被关进去一次的费用达 8000 多元，相当于一个当地普通工人一年的工资，反正这些被关进去的大多是当地买得起车的有钱人，有关部门也想让这些有钱的违章者肉痛一下，以便吸取教训。笔者估计该宾馆与公安局存在某种经济共同利益。这种现象即是清代饭歇演化为班馆的形式之一的现代版本。

① 宋代时患病囚犯规定若无取保亲属时责成承监人安之旅舍，是为"邸店养疾"制度。歇店之类业主充任政府指定的取保候审的保人，似可由此看到一些起源的迹象。

② 《清高宗纯皇帝实录》卷一百一十九，乾隆五年六月，台北华文书局股份有限公司 1960—1970 年版，第 1800 页。

人犯，供其饭食，重利剥算"①。刘衡在《蜀僚问答》中亦云："饭店似非班房比也，然饭店人等，亦与差役通气，或即系差役开张，遇有人证到此，差之凌虐之者，无所不至，必勒令当烈日寒风之处坐卧，或以水泼地，或以尿桶粪缸一切秽物置之口鼻切近处，饮食不以时给，俟其馁渴哀求，则昂其价至数十倍，甚至百钱不得一盂饭，数十钱不得一杯水。差等与店家恣食酒肉，行令猜枚，喧呼快乐。一切店内灯油薪米，俱勒令派钱。若亲属给送饭食，则暗唆同押之匪类抢食罄尽，良民不得一粒下咽。三五日内任意索诈数十千文，不遂其欲，则受一切苦恼。迨官讯明释放，差等或仍自私押，或跟至其人之家大肆闹索，必遂其欲乃止。"② 由于胥役的黑帮化和饭歇的黑狱化，饭歇的被保押者成为胥役的刀俎鱼肉，只能在这种非狱之狱中蒙受覆盆之冤。即便京畿地居首善，然广土众民，易滋讼狱，加以旗民有交涉，二十四属有上控、兼之户部、刑部、都察院、内务府、步军统领等衙门常有移交案件，除应押外，一应候质讯诸人，有时令取保而保人难得，结案而案证未齐，羁候迁延诸弊端遂由此丛生，大兴、宛平两京县多将不应管押且不能保释之人派差看守，称为差带。因而京师百姓有"不怕宛平县，只怕到后店"③ 之谚，将清朝帝辇毂之下的灯下黑现象昭然若揭。光绪年间，丁日昌主政江苏期间札饬各县官员对词讼案内情节较轻人证，应即酌量取保，不准滥行管押，遇有必须管押之犯，应专设官饭歇两三家，承充发押，不准原差任意带押，且不得于官饭歇之外另有押犯处所，力图以政府力量介入和控制饭歇，庶几便于稽查而无贿纵私押之弊。同治七年（1868）清政府与英美等国领事订立的《上海洋泾浜设官会审章程》第一条即规定："遴委同知一员，专驻洋泾浜管理各国租地界内钱债斗殴

---

① 《福建省例》，《台湾文献史料丛刊》第七辑，141—142，台北大通书局1987年版，第891页。

② 刘衡《蜀僚问答》，盛康：《皇朝经世文编续编》卷一百零一，刑政四，治狱上，沈云龙主编：《近代中国史料丛刊》第八十五辑，831—849，台北文海出版社1972年版，第4623页。

③ 周家楣、缪荃孙等编纂：《光绪顺天府志》，北京古籍出版社1987年版，第6905页；亦见张守常辑：《中国近世谣谚》，北京出版社1998年版，第247页。

窃盗词讼各等案件。立一公馆，置备枷杖以下刑具并设饭歇。"[1] 按照当时的典章制度和语言习惯，皇帝起居、办公的地方称为"殿"，一般州县以上正印官办公处所仅得称为"堂"或"厅"，而下级的州县佐贰官办公处所则名曰"房"或"廨"。清廷设于上海外国租界内的会审公廨实为上海县衙的司法审判派出机构，长官级别仅为同知，管辖权限仅为枷杖以下罪名刑事案件与钱债交易词讼，故该章程规定设立会审公廨附属的饭歇实考虑到其品级与管辖范围而参酌当时县衙司法惯常体制所设计，在民事案件非刑化和人性化的意识支配下复呈饭歇合法化的二律背反取向。

卡房的空间性质与功能因时因地而变化。清代州县衙门兵房的具体主管事项据《吏治悬镜》所揭包括"办驿递，安腰站，立驿局。抄差牌，选差役，拨差马，应大差。饬铺司，救失火。禁私宰，捕蝗蝻。设卡房，建栅栏"[2]。卡房主要是负责社会治安和稽查走私等事宜的岗亭。时城市中晚上实行宵禁，街道巷口均竖立栅栏，步行者须到这种治安岗性质的卡房接受盘问检查乃得放行。清承明制，凡离家百里以上者须持当地官府核发的"文引"，其中，文为因公出差的公文证明，引系百姓私人出行的路引凭票。绿营的塘汛防兵和州县巡检的弓兵乃职司社会治安的武装警察性质的队伍，设卡守望于关津要隘，将查拿作奸违禁嫌犯拘押卡房，堪称极其自然的现象。乾隆元年（1736）十月，署湖广总督史贻直疏言，常宁县蜡园地方毗连行销粤盐之桂阳州，私盐易于透漏，请添建卡房，并设巡丁二十四名，此疏拟建卡房乃主要是出于查稽私盐。乾隆五十三年（1788），时值人口急剧膨胀，司法案件随之成倍增加，巡道在司法及监察所属司法行政的作用亦越来越大，加之乾隆帝对在此前后频仍发生的犯人越狱及递解人犯中途逃逸事件大为恼怒，故驻重庆的川东巡道饬令所辖州县查明邻封相距远近统于一日行走不至之处建造收禁解犯的卡房。巴县档案中遂有奉巡宪札饬查勘地址传唤约保

① 鲁子石编写：《帝国主义侵华罪行录：中国近代史上的不平等条约选编》，山东人民出版社 1986 年版，第 90 页。

② 徐文弼辑：《吏治悬镜》卷二。转引自贺卫方编：《中国法律教育之路》，中国政法大学出版社 1997 年版，第 187 页。

买料兴修卡房的诸多禀状、图说等资料，称："卑县地方为附郭首邑，路当孔道，往来递犯较多，自应查明道路远近，设立禁卡房以昭慎重。查卑县递解人犯，东路则解至江北厅交替，止系一江之隔，毋庸修造外，正南至綦江马家场界，距渝城一百一十里，中间有界石场，该处原设有卡房一所；东南至南川白沙井界，距渝城一百六十余里，中间有倒坐场、丰盛场两处，相距道路俱止五十六里，该二处旧设有卡房各一所；西北至璧山青木关界，距渝城八十里，中间有高店子场，旧设卡房一所；西南至江津双和场界，距渝城甚近，该处系江津解犯必由之路，应归江津修理。以上各处旧设卡房，围墙栅笼均各坚固，但历年已久，木料间有损坏之处。今奉札饬，卑职遵照宪谕，择于本月十二日捐俸再行，逐一照式补修。容俟补修完竣之日，出结具报，听候查验外，所有查办情形，及兴工日期，合先禀复宪台，俯赐查考。"① 清代这种称为"卡房"的律所不著的非正规监狱极易滋生流弊。道光二十八年（1848），时任四川按察使的张集馨描述四川各地的卡房情形令人触目惊心，云：大县卡房恒羁禁数百人，小邑亦不下数十人及十余人不等，甚至将户婚田土、钱债细故被证人等亦拘禁其中，每日给稀糜一瓯，终年不见天日，苦楚百倍于囹圄，通省每年瘐毙者不下一二千人。张集馨乃严檄通省各州县：凡寻常词讼人证，立刻提卡保释；而窃盗、棍徒、咽匪为从并未杀人者，查明案情分别军、流、徒、杖，一概发落；犯人即由道、府过堂，听候部咨，定地起解，卡房全行拆毁；以后如再有私设卡房者，定即严参。积重难返的四川卡房私禁现象绝非张集馨一纸公文所能轻而易举矫除的，且张集馨任职川省臬司为时仅仅一年而居官如同传舍，而从川省州县到中央朝廷均因当时川省匪盗横行以致民不安枕而多倾向于乱世用重典，故对川省卡房私禁难免些许姑息养奸的默许成分。光绪二十年（1894），谭继洵奏报奉旨查办刘秉璋督川期间所属州县设立私卡瘐毙民人等情事，称：川省盗贼最多，各州县设卡羁犯，有良卡、捕卡、外监、待质、自新大链、铁杆站笼等项，名目繁多，间有

---

① 四川省档案馆、四川大学历史系编：《清代乾嘉道巴县档案汇编》（乾隆卷），档案出版社1991年版，第54页。

非刑，历任相沿，并非今始。现委员明察暗访，如富顺等州县，每处现存卡犯，少者数十人，多者百余人，其每年瘐毙者必时有之。[①] 可见川省卡房私禁肆意虐民现象仍然甚炽如故。道光十五年（1835），有人向皇帝禀奏称：湖南宝庆府属邵阳县除监狱私立卡房三所，一名外班房，一名自新所，一名中公所，外班房凌虐最酷，往往有寻常讼案，差役传到人证即行押入，私用镣铐束缚，甚至以长绳系其右手足大指，悬于空际，名为钓半边猪。勒出钱文，差役门丁均分，始将其人押入自新所，照样勒索，再拨中公所。又索取上灶摊幕等钱，方许其做饭就寝。每年三卡内瘐毙及受刑磨毙者，不可数计。凡垂毙之人，差役投一病状，官即据以存案卸责。且有讼家仇主重许差役钱文，用好汉架、对面笑、魁点斗等酷刑凌磨至毙。[②] 卡房与班房仅仅是八方谈异、四方言殊的不同称谓。刘衡在陕西、四川等地入幕为官，具有丰富的司法实践经验与深厚的律学功底。刘氏著《蜀僚问答》云，所谓班房者，三江称之为自新所，四川称之为卡房，广东称之为羁候所。卡房和班房均是利用语言大厦的旧有建筑材料的维新而形成的新概念，这种多样性的称谓呈现出地方性与非理性特征，既是司法权力体系出现紊乱的表征，本身亦构成对专制王朝司法权力的一种烦扰与遮蔽。

世界上许多民族的司法审判实践在发轫阶段都不乏神判现象。中国汉族法律文化虽然受儒家思想等影响很早即以世俗化著称，但神判现象的历史遗绪始终依稀可见，除"獬豸"的象征符号比比皆是外，家喻户晓的西门豹治邺、"包青天"不时在审判中装神弄鬼的历史故事，若从文化人类学角度加以解读便不难发现其间神明裁判的蕴意。在实现世俗化以后，中国传统社会的司法实践就宏观而言可谓"二重空间结构"，天理在通常所谓的天理、人情、法意三者之中首居其位，从至尊的皇帝到卑微的蚁民都将司法裁判的结果终极诉求于冥冥之中的天谴报应。"法网恢恢，疏而不漏"一语又多被写作"天网恢恢，疏而不漏"，

---

① 朱寿朋编：《光绪朝东华录》，光绪二十年二月，中华书局 1958 年版，总第 3354 页。

② 参详《清宣宗成皇帝实录》卷二百六十五，道光十五年四月，台北华文书局股份有限公司 1960—1970 年版，第 4751—4752 页。

殆不无微妙幽奥的法律文化心理寓意，良以一般人悉信律令科条纵或不逮而天谴报终必不爽也。明清时期，州县衙署建筑群构成的空间范围内包括许多各式鬼神庙坛。以清代台湾新竹县署为例，史载："知县署（旧为淡水厅同知署）在县城内、头门、仪门各三间，左为土地祠，右为监狱，两进计八间，又班馆三间、大堂三间，左右科房、差馆、总勇馆各七间，又左为号房一间，右为西花厅。左科房之后，为仓廒，右科房之后为案牍祠。大堂之后有川亭，左为把衙房二间、右为茶房二间。内为宅门三间，又其内为川亭。又内为川堂，左右两廊。川堂之左为东花厅，一名小花厅，计九间；川堂之右为垂荫轩三间，又厢房三间。垂荫轩之后为树神庙；左有楼，上下各三间，又厢房一间。川堂之后有川亭；内为三堂七间，左右厢房各二间。又左有厢房三间，厨房三间，三堂之后为书房，九间。左为风神庙，又左为观音厅、天后宫、仙爷楼。"① 或谓州县衙门建土地庙肇自明太祖朱元璋。朱元璋重绳赃吏，行剥皮实草之法，州县衙门的土地庙即多为当时剥皮的刑场，有"皮场土地祠"或"皮场庙"之谓。② 降及清朝，土地庙在许多地方被奉为州县衙门的第一主庙。各州县正印主官审理讼狱遇到不能任意拘留和关押的生员等功名、身份之人，以拘于传统的"刑不上大夫"的相关条规之故，往往不能径直与庶民百姓一体对待投诸监狱或班房，但又必须由县暂行管束，典史亦无法将其关于捕厅中而影响正常办公，遂通常将这些特殊人犯先行褫革功名送至土地庙由衙役看守以待详审研鞫。清代一些官吏以土地庙等为滥刑审讯和羁押人犯的现象史不乏书。顺治十八年

---

① 陈朝龙纂：《新竹县采访册》（与《新竹县制度考》合订本）卷二，廨署，《台湾文献史料丛刊》第二辑，37，台北大通书局1984年版，第60页。

② 赵翼：《廿二史札记》卷三十三，"重惩贪吏"，中华书局1984年版，第764页。近来有学者对《廿二史札记》这段著名记载予以辨正，认为：在朱元璋以严酷手段惩贪期间，所谓官吏贪赃六十两银以上者被"剥皮实草"之说并不能成立，皮场庙是专剥赃吏之皮的场所的说法乃无根之谈，官府公座旁悬一剥皮实草之袋更是属于臆说之词。参见王世华：《朱元璋惩贪"剥皮实草"质疑》，《历史研究》1997年第2期。但也有学者对王世华的考证提出不同意见，认为其并不足以有力地推翻赵翼的这条记载，因为海瑞的上疏就曾经言及此刑所引起的社会反映。参见罗元信：《也谈"剥皮实草"的真实性》，《历史研究》2001年第2期。

（1661），江南奏销案发，江宁巡抚朱国治罗织大狱，庠序一空而囹圄人满为患，乃将名列欠册的绅衿分三等羁管，全完者羁玄妙观承天寺，完半者羁铺，全欠者监禁。张集馨《道咸宦海见闻录》中即历历如绘地描写道，时四川臬署发审局一班以刑求为能的酷吏作孽多端，竟致臬署"大堂黑夜鬼啸，差役每被迷惑，因将犯人押至东门大街城隍庙，于神前揲筊，若阳筊则免死，若阴筊则立毙。官踞于上，犯罝于下，严刑惨酷，脑裂骨折者，不知凡几"①。光绪八年（1882），周家楣等在《建设候质公所拟请按提经费疏》中申述到任后逐加搜剔吏役私设歇店的情况，但仍恐耳目未及之处或于僻静地方民舍僧寺竟作此恶庐无从遍为搜访者。② 乾隆五十六年（1791），闽浙总督兼署福抚伍纳拉奉旨查禁辖境差役设立班馆等项名目，称据各府州属结报闽省班馆一项及囤房、土地堂之名异而实同者俱已禁绝。③ 但直到道光十一年（1831），有人陈奏福建闽县等处有土地堂各名目罔法横行，然闽浙总督程祖洛等的回复却是："班馆名目，实已禁革，土地堂乃土地神祠，大小衙门皆有之，坐落头门，为听审递呈者息足之地，非拘押人证之所。"④ 疆吏的报告正可谓将欺谁乎？殆欺天欤？

二、不同类型的文献史料所反映的问题

清帝国版图辽阔，各地下情民隐上达天听势必受到信息传递渠道的官僚科层制度的束缚。班馆作为一种羁押待质人犯的非正式制度由来已久，但淹禁无辜的黑狱现象呈控奏闻于朝廷者仅是浮出水面的冰山一角。作为披露当时班馆黑幕的各种遗留性或记述性史料零落散处，钩稽

① 张集馨：《道咸宦海见闻录》，杜春和、张秀清整理，中华书局 1981 年版，第 96 页。

② 毕道远、周家楣：《建设候质公所拟请按提经费疏》，邵之棠辑：《皇朝经世文统编》卷四十四，内政部十八，讼狱，沈云龙主编：《近代中国史料丛刊续编》第七十二辑，711—720，台北文海出版社 1980 年版，第 1754 页。

③ "中央研究院"历史语言研究所编：《明清史料》戊编第 4 册，台北维新书局股份有限公司 1972 年版，第 388 页。

④ 《清宣宗成皇帝实录》卷二百一十九，道光十二年九月，台北华文书局股份有限公司 1960—1970 年版，第 3924 页。

颇难，史源既异，其文本的信息可靠性亦参差不齐。然文献即文物。笔者通过对这些不同类型的文献史料加以考订爬梳，深感清人有关班馆的信息空间［即马克斯·H. 布瓦索（Max Henri Boisot）所谓的 Information space，或 I-Space①］在形态学上具有清晰可见的环路信息链条的特征。

现存的有关班馆的史料主要集中于嘉道两朝以后。这固由于清王朝在康雍乾盛世之后江河日下，吏治废弛，官常大坏，所谓盛世的华衮被褫剥后整个统治机器的斑斑锈迹污垢遂彻底里暴露，私设班馆愈演愈厉，禁不胜禁，然嘉庆以后京控在法律规定上的弛禁，实与这种史料分布格局的形成有莫大关系。是时，各地呈控私设班馆的阴暗情形者在京控案件中占有相当可观的比例。台北"故宫博物院"藏清代军机处月折包档案中关于四川省丰都县监生陈乐山赴京叩阍一案卷宗堪称典型。陈乐山因故涉讼被充军到安徽省太湖县，于道光十四年（1834）自配所潜逃入京，伏阙上疏，以自己亲见亲历吁请皇帝即敕各省州县除捕役、毁捕卡、禁私刑、恤民命。陈氏在上疏中称：各省每年秋勾大数不过三四百人而已，几有上古刑措之风焉，然各省州县捕厅不慎刑恤命，以致捕役设私卡、用私刑，每年枉杀罪不应者数以万计。殆因捕役与盗匪狼狈为奸，"其乡间惯贼，捕役知而不获，留养偷窃良善之家，分赃肥己，城池禁地捕役或自行偷窃，以供嫖赌浪费，及事主报案，官长出票，捕风捉影，名曰黑牌，捕役或缉一面生流民，或获一初犯鼠贼，先用私刑苦考，然后收入卡房。何谓卡房？每县捕役，修一私监，内设巨练项圈木柞等刑，收人入卡，上用项圈锁其颈，生根巨练之上，下用木柞枷其足，其人欲上不能上，欲下不能下，故名曰卡房焉"②。该疏复详尽叙述了鸭儿扑水、搬地弓、放烟灯、放牌等川楚等地捕役阴损镂刻的诸种私刑以及捕役威逼利诱诬扳他人敲诈钱财等鬼蜮伎俩。因陈氏系学养不富的下层知识分子，该疏在文字表述方面无足称道，前半部分的叙述亦不够具体，但后半部分以第一人称揭露卡房内部的酷劣情形极具说服

①　Max H. Boisot, *Information Space: A Framework for Learning in Organizations, Institutions and Culture*, London and New York: Routledge. 1995, p. 5.

②　庄吉发：《故宫档案述要》，台北"故宫博物院" 1983 年版，第 143 页。

力。原文为：

> 臣道光九年因盐引事件上控，沐督宪琦，札行川东道宪嵩提讯。臣在重庆府巴县班房，禁候七月有余，听闻巴县捕卡，每年要牢死二百余人，臣犹不信，及十年八月，臣提省候质，发收成都府华阳县捕卡，臣在卡两月余，已见牢死三十余人，尚有罪不应死而必死者七十余人。十一年，臣由鄪邑发配安徽，路经湖北所属州县，问及捕卡情形，与四川无异，及与各省往来军流人犯，谈及各省捕卡情形，均大同小异。臣十二年五月到配，见太湖县捕役恶毒较四川尤甚，其总领捕役蒋元现窃本城周姓赃物，被事主查获禀官，尚收捕卡未释，有捕役潘玉将宋姓拘至伊家，私刑拷打，以致宋姓就铁链缢死伊家，有捕役曹华诬汪姓为贼，拘至新仓旅店，诈索钱财，以致汪姓畏伊私刑，身带全刑，投河自溺。又捕役胡胜教鼠贼杨三供本城东门外种菜园之聂二是伙贼，今春正月初二夜，胡胜至聂二家起赃，适值聂二之妻生产，正在临盆，胡胜入室，将其床帐衣衾并粗细器物，尽行搜空，以致聂二之母聂杨氏，情急投水溺死，均有案可查，臣在太邑未满二载，已见捕卡牢死知名军流徒犯四人，闻见牢死不知名之鼠贼疑贼一百六十余人，俱罪不应死者。臣因算四川一百三十余州县，恐每年要牢死六七千人，安徽六十余州县，恐每年要牢死三四千人，由四川、安徽推及各省州县，恐每年牢死罪不应死者，犹不下数万也。[1]

清代既有"无巧不成书"之说，亦有"无谎不成状"[2] 之谚。日本学者夫马进在美国国会图书馆藏当年四川监生陈乐山发配充军所在的安徽太湖厅清末档案中检阅到许多言过其实的诉状。当时市面上流布的讼师秘本连篇累牍教授如何使用各种耸人听闻的朱语和珥语，涉讼两造唯恐诉状被驳不准，往往尽量夸大其词，并且嘉道以后京控案件中讼棍

---

① 庄吉发：《故宫档案述要》，台北"故宫博物院"1983 年版，第 145 页。

② 韩世琦：《抚吴疏草》卷五，《四库未收书辑刊》编纂委员会：《四库未收书辑刊》第 8 辑，第 5 册，北京出版社 2000 年版，第 501 页。

如同幽灵般兴风作浪的情形亦确乎不少。京控案件揭发材料所呈现的班馆意象难免带有讼笔点染色彩，笔者将这类文本称之为"诉状体文本"，然清廷中枢机构正是借此得以最大限度地获悉各地州县班馆苛虐荼毒黎民百姓的情报资讯。

　　清廷中枢机构获悉各地州县班馆情形的另一主要信息源来自职司纠弹的御史等言官不时发奸摘伏的风闻入奏。与四川监生陈乐生以戴罪之身九死一生赴京叩阍不同，负有言责的司法监察机构官员敷陈民瘼舆情、举劾贪官污吏乃其义不容辞的天职。清朝历代皇帝为广开言路，均鼓励科道官员放胆极言直陈，各抒所见，赋予其以风闻入告之权，即便言事不当，参揭失实，亦多宽贷其愆，或仅稍示薄惩。嘉道以后，科道官员等弹章参奏使许多地方私设班馆的情形被揭发举报于朝廷。例如，湖北、湖南各州县私设班房的情形自清中叶以后即十分普遍，百姓负冤上控京师者甚多。嘉庆二十四年（1819），御史袁铣参奏云："湖北江夏、汉阳两县，均设有班房。其汉阳班房，名曰东廊、西廊。凡遇传质人证，先交饭店，县役索诈不遂，勾通门丁提押东廊、西廊，非予重资，不能释放，派管此处门丁，一岁可获数千金。江夏班房名曰自新所，又有上班房、下班房、东班房、西班房等处，各班房之外又有所谓关厅者，百姓名之曰枉死城，系曾经拐带发觉、著有罪名之刘幺监守，遇有户婚田土细故，其族邻乡保之属，无论绅士平民，一经牵连传唤到省，即于此处押禁。有财力者，犹得行贿释放；无财力者，或数月数年不得脱，往往以铁索联拴数人，缀以猴儿重石，百般困辱，甚或械其手足，昏夜叫呼，酷刑恶气与饥病交迫，瘐死其中者，相继不绝。迨押毙之后，则令县役倒提年月，书立保状，总以在保病毙为词，弥缝销案，以致小民含冤，无路控告。"[1] 嘉庆帝谕令军机大臣着庆保等确查该二县如有前项班房关厅名目立即严禁，其丁役等如有滥押索诈等数按律究治。道光十四年（1834）七月，又有人参奏湖南湘潭县知县灵秀前署龙阳县时，凡田土钱债命盗一经控告有案，靡不勒索赃私，将无辜民人

---

　　① 《清仁宗睿皇帝实录》卷三百六十五，嘉庆二十四年十二月，台北华文书局股份有限公司1960—1970年版，第5366页。

责押班房诈银遂欲后方予开释。① 光绪七年（1881）八月，御史李郁华奏劾湖南州县勒索陋规、设立私牢等弊，据称湖南新化县遇有命案，先令两造缴下厂费，制钱数百千不等，诣验时吏役动至百数十人，复有搭厂填格等费，设立东班房西班房快班房私牢数处，敲扑陵虐，瘐毙累累。无名白役，不下一二千人。每案签差多至十余人，乡民恣其鱼肉。② 次年（1882）五月，有人又奏称风闻湖南城步县知县王维屏莅任后添设班房，有诬拿商民械系西所勒索钱文等情，并劾其发差拘人竟至索费未遂纵火焚屋毙命。③ 按照语用学的意义构成理论，言语的主体乃其构成意义的情境条件。与京控案件当对班房滥押情形的"诉状体文本"信息不同，作为"天子耳目风纪之司"④ 科道官员风闻入奏的班房信息多未经亲历目验，故往往语焉不详，对清朝最高统治者而言仅属于校正司法体系运行活动的警戒信息。这种风闻入奏的"奏劾体文本"囿于其以言行事的恒常话语方式自身的局限性，往往为各省督抚蒙混辩饰辖境内班房现象留下很大的回旋空间。

清政府在信息监控方面较诸前代确乎戛戛独造。奏折制度的出现对深居九重的皇帝控制监督全国司法活动具有重要意义。定期的常规性汇题汇奏即或流于形式，然作为不可或缺的法律程序亦不失利用信息监控全国司法活动的必要手段。镇压台湾林爽文起义后，乾隆帝获悉台湾府县关役私设班房、勒贿殃民等情弊，乃传谕各督抚务严饬问刑衙门将班房等项名目永行禁革，以除奸蠹而绝弊端，如有任令差役等设立班馆、私置刑具各情事，一经发觉，不特将纵容之地方官从重治罪，并将失察

---

① 参详《清宣宗成皇帝实录》卷二百五十四，道光十四年七月，台北华文书局股份有限公司 1960—1970 年版，第 4551—4552 页。

② 参详《清德宗景皇帝实录》卷一百三十四，光绪七年八月，台北华文书局股份有限公司 1960—1970 年版，第 1233 页。

③ 《清德宗景皇帝实录》卷一百四十六，光绪八年五月，台北华文书局股份有限公司 1960—1970 年版，第 1341 页。

④ 张廷玉等撰：《明史》卷七十三，志第四十九，职官二，中华书局 1974 年版，第 1768 页。亦见谢维岳辑：《中道全书》卷二十六，《四库未收书辑刊》编纂委员会：《四库未收书辑刊》第 8 辑，第 15 册，北京出版社 2000 年版，第 391 页。

之上司一并严加议处，决不姑贷，仍着年终奏闻有无此弊。① 清政府要求各省年终汇题奏闻有无私设班房及刑具情形不唯掌握相关信息例行公事，尚深寓使各省疆吏出具甘结之意，既具警戒作用，亦是日后发觉存在此等情弊后执以问责的依据。雍正帝在奏折制度形成初期即云："今许汝等下僚亦得奏折者，不过欲广耳目之意。于汝责任外，一切地方之利弊，通省吏治之勤惰，上司孰公孰私，属员某优某劣，营伍是否整饬，雨旸果否时若，百姓之生计若何，风俗之淳浇奚似，即邻境远省以及都门内外，凡有骇人听闻之事，不必持真知灼见，悉可以风闻入告也。只须于奏中将有无确据，抑或偶尔风闻之处，分析陈明，以便朕更加采访，得其实情。汝等既非本所管辖，欲求真知灼见而不可得，所奏纵至谬误失实，断不加责。但密之一字最为紧要，不可令一人知之。"② 清代各省督抚在奏折制度下本拥有风闻奏事的特权，且和都察院左都御史一样均俗称"宪台"，殆与州县作为亲民之官不同，乃作为治官之官而对所属下级负有监察职能。但每当清政府科道官员风闻入奏某省班房现象虐民甚苦时，该省督抚往往化大为小，化有为无，百计敷衍搪塞，以所举之事子虚乌有相奏报。各省官场官网如织，上下回护，寝至积习相沿而牢不可破。时督抚以司道为外庖，司道以府厅为外庖，府厅以州县为外庖，而州县等官又总以督抚司道府厅之为外庖。清代功令繁峻，时人称京外各官殆无一人无一日不干吏议，而州县官尤有如琉璃屏触手便碎之称，动辄得咎，故惶惶然但知避罪而不肯立功，但知奉上而不肯恤下，不得不将主要精力用于奔走维系上下关节，唯以交结取悦上司寻求支援为能事。凡州县之与府厅，府厅之与司道，司道之于督抚，往往师弟相称，执礼维谨，借门生为献媚之阶梯，假执贽为行贿之捷径，甚

---

① 参详《清高宗纯皇帝实录》卷一千三百一十二，乾隆五十三年九月，台北华文书局股份有限公司1960—1970年版，第19397页。

② 《朱批谕旨》，雍正七年六月十八日陕西宁夏道鄂昌奏，引自冯尔康：《雍正传》，人民出版社1985年版，第263页。这段史料亦可参考鞠德源：《清代题奏文书制度》，见中国社会科学院历史研究所清史研究室：《清史论丛》第3辑，中华书局1982年版，第227页；杨启樵：《雍正帝及其密折制度研究》，广东人民出版社1983年版，第166页。

或旷废职责，专务逢迎，馈节贺寿，百计结欢；上官亦乐其趋承，以夤缘之巧拙为优劣而不问其才干之长短，以礼节之厚薄为殿最而不论其品谊之高下，每届大计察举，具题考语或云才情练达，或云办事勤能，往往声名平常甚至污浊不堪之人，亦滥登荐牍，至遇有人风闻举劾所辖州县存在班馆情弊，则断然不肯破除情面自认错误，非巧为弥缝，即多方回护不遗余力。殆州县官作为失察违规的主管官一挂吏议，则作为监督官、统辖官的督抚等上司在当时连带主义责任体制下，必咎责难辞，荣损与共，利害攸同，既以徇庇下属为市恩积德的乡愿之行，复瞻顾于下属情急反噬的攀扯牵控，遂不对这种风闻入奏的举劾内容认真加以推勘查究。尤其在嘉道以后，国事蜩螗，皇帝的个人权威魅力较诸康雍乾三代考祖大不如昔，诸多前所未有的矛盾与棘手的问题，令清朝最高统治者应对不暇，所以当时清帝对风闻言奏各省班馆情弊的弹章多虚声恫吓，鲜欲见其真章，善伺上意的督抚一窥其奥而虚应故事更复不者少，以致言官屡劾，谕旨屡诫，而积习一如其故。

嘉庆九年（1804）底，那彦成接篆两广总督，百龄亦于此前不久由广西巡抚任与孙玉庭对调出任广东巡抚。这种官员的流转制度瓦解了粤省原有的官场人际网络格局，私设班馆的情弊遂因下车伊始的那彦成和百龄以之为罢黜异己、树立政绩、彰显权威的突破口而东窗事发。次年闰六月，那彦成、百龄联衔会奏言：地方官私设班馆，本干例禁，粤东狱讼繁兴，省城首县即因待质人犯较多，自应禀知该管上司妥为办理，设法羁押，乃南海一县设有班馆三处，差役私馆五十处。番禺县则有带候所一处，差役私馆十二处。且任听蠹役于各馆安设木栅，四围堵塞，将讹诈不遂之人闭锢其中，竟同黑狱。致令无辜拘系，瘐死多人，甚至将各案未结女犯发交官媒收管，设立女馆名目。遇有年少妇女，官媒竟逼令卖奸得赃，该令等置若罔闻。[1] 那彦成、百龄劾罢纵容私设班馆的南海县知县王轼、番禺县知县赵兴武。嘉庆帝认为如此办理尚轻，将王轼、赵兴武均革职发往伊犁赎罪，并呵责前任督抚倭什布、瑚图

---

[1]　参详《清仁宗睿皇帝实录》卷一百四十六，嘉庆十年闰六月，台北华文书局股份有限公司1960—1970年版，第2096页。

礼、孙玉庭等近在同城，漫无觉察形同木偶，着一并交部议处，指示那彦成、百龄将该二县私设班馆起自何年何人任内详细查明，将历任知县及失察各上司查明具奏。那彦成、百龄因此受到嘉庆帝嘉勉，交部议叙，尤其百龄寻即擢升湖广总督，成为该案最大的获益者，而已革南海县知县王轼等作为该案罹罪的牺牲品被劾不甘，讦禀百龄在巡抚任内自制联枷非刑毙命，派令妾弟管门，逼勒该二首县供应什物等项款迹。[①]百龄的骤迁令那彦成亦不免羡妒交加，那彦成复疏劾百龄升任湖广总督后截留前在广东与已联衔各折，嘉庆帝传旨将百龄革职拿问，派直隶总督吴熊光驰驿前往查办，令瑚图礼暂行兼署湖广总督，而孙玉庭复摄广东抚篆。盖是案中粤省班馆情弊之所以事并上闻，实在很大程度上归因于官员权力斗争绽露出的缝隙。[②] 道光八年（1828）九月，道光帝检阅

---

① 对于被参后，已革南海县知县王轼等的辩解也很有意思，并且这种辩解在督抚之间的矛盾中得到一定支持，从而使广东班馆的存在被从文字上化为乌有。其主要说辞为：其一，"溯查乾隆四十一年前，督臣李侍尧清查两县羁押人犯，其时即有此数处，不知起自何年，因省会案件繁多，人犯例应监禁之外，必须有此羁所，以资收候。历来循照办理，后于四十六年前任南海县徐与蕃因羁犯众多，禀请将城内起云里之空闲仓屋通融收管，是此数处俱系本省查禀有案，历年久远，并非近来私设，且所押之犯多系各上司衙门提审发收及各该县自理待质一时不能释放取保者，每县各立循环二簿，逐日登注犯名，呈送臬司衙门过朱判日备案"。其二，"南海有犯之二十四处，因署内窄狭，并无差房，各差俱于衙门附近租住民房，听候差使，均照粤东人家门首标贴堂名，伊等租房住宿，亦随俗标贴，以便找寻传唤，因起云仓等处地窄人多，不敷收犯，故凡差役奉票拘传禀审，未审暂时带候，并有审后饬差取保，一时未有保人，或应提证候质，俱即于各差租馆住歇，其到案事由，各衙门俱有卷宗可据，实非县差瞒官私押。且差则住徙无常，犯亦时无时有，历任知县以其并无定所定时，未经详禀立案，其被羁人犯，仅止送给差役饭钱，并无被勒银"。其三，"从前查有收押人犯之义和堂等二十四处，俱系向民人并驻防旗人租住，内有用板壁，将一屋隔作两间，壁头用木栅以通风日，又或正屋之后另有套屋一进两进，又或正屋中间另造小阁，两边板壁前面栏以小栅，以便上下栖住。缘粤东地窄人稠，房屋不能如他省之宽敞，从前租屋时房主修造即系如此。卑职等将附近住家之房屋查看数处，似此者正复不少。其非差役因羁押人犯新造可知。等语该司等复亲赴勘查无异，是所谓囚笼黑狱之语，似涉子虚"。那彦成：《那文毅公奏议》卷十，"嘉庆十年八月初十日会同广东巡抚孙公玉庭奏为查明南海番禺二县班馆情形据实覆奏事"，道光十四年刻本，页六十二至六十六。

② 胡恩敬在《国闻备乘》中开篇卷首即将此作为同城督抚不和的典型。

乃父仁宗睿皇帝实录，仰读乃父就那彦成、百龄劾奏广东南海等县私设班馆滥羁人犯一案发布的上谕，恐各督抚日久玩生，即或省会地方有大吏查稽不敢复设，但偏僻州县亦难保仍然前弊未除，命令各督抚饬司不得设立班馆等所，如敢视为文告故事，一经查出，定不稍宽贷。① 道光帝的上谕洵称严切。

　　道光十四年（1834）四月，有人又奏疏广东州县私设班馆非刑凌虐，请饬惩办以剔厘弊端。该奏在有清一代同类奏疏中对班馆内幕的言之凿凿庶几于旷世罕见，绝非一般风闻言事未能指实的浮泛弹章。据称，广东省城南海县私设班馆，有起云仓、惠福巷二处。其惠福巷一所，本为该县典史衙署，今占为班馆，名收管所，又改名曰署左，典史反赁民房居住。又有添设署前一所，在该县署照墙之左。又有三间一处，在头门之内。马鞍街、仙湖街等处俱有该县役私馆，凡十余处。番禺县之班馆则在该县署前后左右一带庙内为多。而头门内有六间一处。尤甚者则大堂前之西边巷直东榨粉街为最。顺德县署之东有支搁亭一所，又名知过亭。凡被虐将毙之人，置此待死。又该县照墙之东有衙役聚会处所，名曰兰堂。头役白役串同土棍讼师，日夜聚集其中，吓索愚民。又西街全是差役私馆，标其名曰一羁、二羁、三羁、四羁、五羁、六羁、七羁、八羁。香山县署内有大班馆五所。该县照墙外及县前拱辰街等处私馆，亦十余所。三水县署内有左右班馆二处。该县典史亦于堂侧私设一处，俱安设木闸，中开数孔，将讹索不遂之人禁锢其中，引其手足从孔穿出，加以锁铐，致令不能坐卧。又有幽之囚笼者，令人不能屈伸。有闭之烟楼者，拘人楼上，楼极狭小，四不通风，以火烟从下熏灼，令不能呼吸。尤惨者用铁杆三尺余长竖立于地，上顶喉颈，周用捆缚，锁镣手足，作盘踞状，欲坐不能，欲起不得，名曰饿鬼吹箫。又有将人倒悬墙上，鞭挞拳殴，名曰壁上琵琶。或将一手指一足趾用绳从后牵吊，名曰魁星踢斗，种种非刑，难以枚举。差役狠毒为心，不遂其欲不止，需索洋银，动以尺

---

　　① 参详《清宣宗成皇帝实录》卷一百四十二，道光八年九月，台北华文书局股份有限公司 1960—1970 年版，第 2574 页。

称。洋银一百圆，谓之一尺。凡需索者动辄议十余尺数尺不等。尤可恨者，乡曲愚民，家颇饶裕，本不犯案，而蠹役垂涎，串同土棍门丁，捏造案情，拘系班馆，任其讹索，谓之种松摘食。即寻常案件，发一票，差一役。县阍利其所得，非有贿求，不行签差，谓之买票。蠹役将犯传来，先押班馆，肆意饱索，私行释放，案延不结，多由于此。该管官懵然不知，反派家丁巡查各馆。愚民见其一至，慄慄危惧，贿赂不行，不能免其荼毒。至监狱内每遇应行监候之犯，初入监时，该禁卒率领旧监犯将其拳殴三次，谓之见礼，又谓之发利市。其讹索之数动以千百计，谓之烧纸钱，又曰派监口。旧犯之在监有称大哥头者，所讹之银，竟有不肖典史从而分肥者。如新犯不肯给予，即横加凌虐，遍用非刑，谓之打烧纸。本人既荡产倾家，亲友亦惶恐敛助。倘不遂其讹索，直打至死而后已。该管官规避处分，直令倒填年月日，先期告病，装为病故，掩灭其迹。①

该奏疏既如是历历如绘指陈粤省班馆各情，道光帝似应赫然雷霆大怒，采取金刚霹雳手段彻底查办。但上谕的语气却颇为和缓，略谓地方私设班馆有干例禁，粤东狱讼繁兴，此风尤甚，若如所奏种种弊端，藐法殃民，殊堪痛恨，着该督抚等严密访查，倘实有其事，即将各州县著名蠹役立行拿究，按法惩办，所有班馆尽行折毁，不准复设云云。粤省督抚寻奏，广东并无私设班馆，复大谈计划另设公所收宿匪徒窃贼，差役寓所不准押收等等，左顾而言他，矢口否认粤省班馆于无形。盖文字乃权力的一种工具，皇帝的谕旨亦受到当时中央与地方权力制度的制约，封疆兼坼的督抚大臣既被分寄事权，势必产生当今制度经济学所谓"代理人成本""信息不对称"等问题，多以对自己有利的措辞和方式控制信息的汇报呈奏，使班馆的实情真相在宦海风波起伏中成为政务文牍字里行间时显时隐难以捕捉的幽灵，洵如黄仁宇所称"数目字管理"殊非易事。

是时，各省督抚以与地方州县接触机会较多、距离较近之故对辖区

① 参详《清宣宗成皇帝实录》卷二百五十一，道光十四年四月，台北华文书局股份有限公司1960—1970年版，第4483—4484页。

的班馆现象自然见闻真切，但多睁一只眼闭一只眼，其下行的牌、札等公文所展示的班馆信息远逾上行的题奏。同治六年（1867），丁日昌擢江苏布政使，次年迁授江苏巡抚。江苏一省，人口稠密，讼案尤繁，加之在太平天国农民起义期间，兵戈倏扰，地方官忙于防堵筹饷，对狱讼不加措意，以致战乱平息后，吏治放纵，讼牍山积，囹圄滞满，各属积案，历久不结，若钱债口角细故，一般原本毋庸管押班馆，乃有不论事之大小、人之多寡，经年累月久押不放，此尚系官押，而家丁书差等夤缘为奸，将案外无辜之人，及案已讯明之后，暗地私押，其中情弊，不一而足。因此，丁日昌称：班馆各所，为索贿之窟，管押二字，乃取财之符，于莅任后大刀阔斧进行整饬，以清理钱粮之法清理词讼，定章立法，抉剔弊源，通饬各州县每月开具四柱简明词讼册和监押册各一套呈送查核，词讼册分上控项和自理项二项，监押册分内监项、外监项、押犯项，每项又分为旧管、新收、开除、实在四柱，摘录上控与自理诸案件双方当事人姓名、受理日期、事由及处理讯结情况，登注在禁在押人犯收释日月、案由等内容，若内外监或羁押项下并无人犯，亦须于四柱下注明无犯字样，不得请免开报，并表示"仍不时设法抽查，将于此察各州县之存心，考各州县之勤惰，语无泛设，令不虚行，但求振作于将来，并不吹求其既往"①。丁日昌复通饬所属州县特设大粉牌一面悬挂头门外，将管押人犯姓名逐一开载，并注明某月某日因某案管押，及至开释交保，亦必开载俾众周知，若无管押人犯，也须据实书明。如牌内无名以及登注开释交保字样，原差仍行舞弊私押，准该家属人等喊禀，以凭查究。又，捕役拿获盗贼，仍严饬即日具报，于示尾另列一行登注，以绝私刑、诬栽、卖放等弊。该州县每日亲自抽查，防止丁书匿牌不挂。呈报册和粉牌两项制度的建立乃旨在加强对班馆羁押人犯等信息的上下监督。丁日昌在清理词讼方面注力甚多，以精明强干著称，甚至札饬一些在州县查办事宜的委员就近秘密查核送呈各报册是否属实无误，时人评论其主持江苏期间"各属州县合眼开眼，总若见一抚台在

---

① 丁日昌：《抚吴公牍》卷二，《中华文史丛书》之四十七，台北华文书局股份有限公司 1969 年版，第 176 页。

前"，莫不兢兢自守。① 然如俗语言，任尔官清似水，难逃吏滑如油，呈报册和粉牌制度作为信息监督手段并非奏效灵验，有将管押人犯交与原差带押，并无一定地方，以致现押之犯与牌开之犯多少不符，无从查考者；有词讼人证与收捕盗贼各犯同押一处略无分别者；有牌示所开仅从奉文之月登注收押开除情形，而历时太多未曾截清月日，以致一览模糊者；有以月报为具文，任意开列，捏造海市蜃楼假象者；云谲波诡，诈伪百出。班馆私押在江苏各属州县终弗能绝。署砀山县知县迭经催饬造册呈送词讼月报，竟置之不复，玩误泄沓，卒为丁日昌摘顶严责。据丁氏密派查核委员禀称，同治七年（1868）十二月，"如皋县监押各犯与牌示不符者共有四处：一壮班房在县大堂西偏，押犯十四名，内左语福、汤广太、陆扣三名，系差保收押，牌示无名，冯锦刚十月十六日到押，牌亦无名。一皂班房在县署东首，押犯八名，内陈长林、沈二常、葛接儿三名，牌示无名。一县南首庆和堂客寓内押监生邵廷宣一名，系十二月十九日进押，牌示无名。一南盛楼官饭店押犯六名，浦大和、浦二和、孙守成、施万源、张子牧、张鸿翔，牌示均未开列，而该官粉牌登列各人名下，均有原差姓名。询据浦大和、浦二和称系十月二十六日到押，孙守成十二月十七日到押，施万源十二月初五日到押，张子牧十二月十八日到押，张鸿翔十二月二十二日到押"②。从上述情形可以看出，黄仁宇所谓"数目字管理"乃需要数量不菲的制度成本，清朝虽被史家誉为中国历史上中央专制集权臻于登峰造极的时期，但传统王朝

---

① 丁日昌：《抚吴公牍》卷三十，沈葆桢评语，《中华文史丛书》之四十七，台北华文书局股份有限公司1969年版，第938页。

② 丁日昌：《抚吴公牍》卷三十四，《中华文史丛书》之四十七，台北华文书局股份有限公司1969年版，第1046—1047页。和丁日昌一样，河南巡抚鼎铭针对州县私设班馆致使羁押人犯往往被胥吏所凌虐而死于非命的情况，"以廉明公正者派司察访，使命相衔，互为纠考"（方浚颐：《二知轩文存》卷三十三，"河南巡抚钱公行状"，光绪四年刻本，页三十三。亦可参见缪荃孙：《艺风堂文续集》卷二，"钱中丞家传"，1913年版，页十五），但这种层层加码的监察措施，一般都是如陈臬于鄂的黄彭年所言"检之逾精，则下逾巧"，"州县胥吏之扰，班馆之设，未尽除也"（俱见黄彭年：《陶楼文钞》卷十三，"答张生书"，民国12年章钰等刻本，页二十三）。

国家的权威性资源（authoritative resources）和配置性资源（allocative resources）都与作为权力集装器的现代民族国家不可同日而语。殆社会资源与法律规则密切相关，在时空延展性有限的传统社会，为旨在对班馆私押进行信息监控的呈报和公示制度不至形同虚设，丁日昌不得不每每诉诸官员的良心律令在道德法庭上的约束，在对睢宁县批文的加函中坦露出雷厉风行背后颇为无奈的感喟："鄙人前定月报章程，惨淡经营，寝食俱废，而寅好诸公视同具文，甚且从而作伪，岂不白费我辈一番心血，如蒙执事就近督查，饬令实事求是，则心藏心写，戴德岂有涯哉！"[①]

史学界有一名言："求真则真无定指，责实则实无尽止。"[②] 所谓考据，固事期核实，但绝不能臻于百分之百的纯粹客观，仍是一种"历史事实"而非"客观事实"，如同根据一定的证据法则得出的"法律事实"并不等同于"客观事实"。近代史学受学科规训的影响汲汲图维于将主观因素驱逐出历史研究领域之外，在崇尚科学主义、客观主义的意识支配下把历史学视为能够完全重现历史原貌的现代克隆技术，历史学的主体性被挤压至贫无立锥之地，"小说家，野花花"一语将近代学科体系中取得建制地位的历史学家对拙然居下的小说家不屑一顾的鄙夷表现得惟妙惟肖。而这最终亦导致了当今历史学的一些贫乏和与文学界的过分隔阂。国人对海登·怀特"史学即文学"的论点因一知半解而仅就片识只语大加诟责，殊不知其并非将史学等同于文学，该氏有更綦详的论述[③]，自可覆按。尽管见仁见智，但诸多学科领域间边界的漂移、磨损与模糊都是不争的事实，而且在中国考据学发展史上，史料范围的不断扩展乃彰彰其明的趋势，诸如王国维倡导的"两重证据法"、陈寅恪主张的"诗史互证"即其明证。倘若我们放宽历史的视界，则即便

① 丁日昌：《抚吴公牍》卷二十一，《中华文史丛书》之四十七，台北华文书局股份有限公司 1969 年版，第 617 页。

② 参见张世明：《中国经济法历史渊源原论》，中国民主法制出版社 2002 年版，第 247 页。

③ Hayden V. White, *The Content of the Form: Narrative Discourse and Historical Representation*, Baltimore: The Johns Hopkins University Press, 1990, pp. 170 – 176.

牛溲马勃、败鼓之皮亦可俱收并蓄而待用无遗，通过文本分析而从小说中发掘出对清代班馆研究弥足珍贵的资料。

清人笔记、小说中关于班馆的叙述从时间上来说较早见于乾隆时期。好志怪异的纪昀在《阅微草堂笔记》中记述了雍正四年（1726）直隶河间府献县樊姓捕头因制止其余捕快欲图奸污关在"官店"里为质的人犯妻子而积德迅获福报的故事。《歧路灯》的作者李绿园生于康熙四十六年（1707），卒于乾隆五十五年（1790），几与 18 世纪共始终。《歧路灯》假托的历史背景为明朝，但实际写的乃是作者所生活的康雍乾时期的人情世态，堪称用工致的文笔描绘的 18 世纪中国社会风俗画卷。其第三十回叙述耳少正训的谭绍闻与浮浪子弟来往，贪赌恋娼，误入歧途，戏主茅拔茹为赖债逞刁，以寄存戏箱内戏衣丢失为由对谭绍闻进行讹诈，双方发生殴斗，适遇荆县尊拜客回，茅拔茹等被衙皂锁押回署。荆县尊勤政爱民，一切官司均紧办速结，早到早问，晚到晚审，每日足坐七八回大堂，被誉为"荆八坐老爷"，唯是时突然报告发生命案，皂役因荆县尊匆忙前往现场勘验不能晚堂就审，乃将茅拔茹押至班房过夜。《歧路灯》描述的这种情形可以佐证了丁日昌《抚吴公牍》、戴杰《敬简堂学治杂录》等均反复强调严立票差限期、随到随审、即便傍晚拿获盗贼或提讯人证到案候审亦须禀报登记的述行意图，其目的正在于防止蠹吏以薄暮散值的时点为借口私押班馆进行勒索凌虐。道光年间汤芷卿在笔记中追叙自己在浙江仁和、钱塘两县为幕时看到班房计一岁瘐死者不下四五百人，在安徽按察使司作幕时见到怀宁县班房瘐死者数量与仁和、钱塘相埒，至河南，各州县班房瘐死情形虽不至如是严重，然每年亦达二三百人，及游幕于保定，刑狱大繁，岁毙竟有七八百之多。[①]

晚清著名小说家李伯元的《活地狱》是受西方法律制度影响而抨击清廷司法腐败与黑暗、积极倡导司法改良的产物，为透视晚清班馆现象提供了极具价值的分析文本。鲁迅在《中国小说史略》第 28 篇以李

---

① 汤芷卿：《池上草塘笔记》卷二。转引自郭建等：《中国法制史》，上海人民出版社 2000 年版，第 473 页。

伯元及其《官场现形记》等为典范概括、推广所形成的"谴责小说"概念对后世影响十分广泛。他认为，光绪庚子后，政令倒行，海内失望时人乃知政府不足与图治，顿有掊击之意，其在小说，则揭发伏藏，显其弊恶，而于时政，严加纠弹，或更扩充，并及风俗，虽命意在于匡世，似与吴敬梓《儒林外史》等讽刺小说同伦，而辞气浮露，笔无藏锋，甚且过甚其词，近于谩骂，不能一秉公心讽世，其度量、文学水准较诸讽刺小说相去甚远，故别谓之谴责小说。[①] 鲁迅对李伯元人格与创作的研判存在误解，后人通过梳理考订资料对此已有指正。[②] 如果说"实事求是"是历史学方法的精髓所在，那么小说《活地狱》采取的叙事策略则是"似实求是"。诚如作者所言，"虽说普天之下，二十多省，各处风俗，未必相同"，但当时官府暗无天日如同九幽十八狱的司法图景大同小异，其描述乃"好比一块印板印成，断乎不会十二分走样的"[③]。李伯元的谴责小说即便如鲁迅和胡适等所认定的那样在文学技巧上远逊于《儒林外史》，但以逆向思维来审视，则文学性的不足恰使作品在朴实性、实录性的层面更具殊胜之处，对我们在文学中读出历史（reading history out of literature）或把文学读入历史之中（reading literature into history）均不失为便利因素。

《活地狱》开篇从山西阳高县黄员外佃户失牛与巫姓财主发生纠纷，逞一时之愤涉讼公庭起笔，跌宕起伏，逐步将猾役私押班房、官媒蹂躏女犯等场景活现纸上。黄员外的家仆黄升和佃户王小三被快班总头史湘泉作为勒钱人质送进班房后，作者这样描述道：

> 这班房就在衙门大门里头，大堂底下，三间平层，坐西朝东。进得门来，原是两间打通，由南至北，做起一层栅栏；外面一条小小弄堂，只容得一人走路。栅栏里面，地方虽大，闹哄哄却有四五

① 《鲁迅全集》第9卷，人民文学出版社1981年版，第282页。

② 参见王学钧《鲁迅、胡适对李伯元人格与创作的误解》［载《南京大学学报》（哲学·人文科学·社会科学）2003年第6期］及吴淳邦《晚清讽刺小说的讽刺艺术》（复旦大学出版社1994年版）第12—14页。

③ 李伯元：《活地狱》，上海文化出版社1956年版，第2页。

十人在内，聚在一处，一时也数不清楚。穿的衣服，也有上下完全的，也有褴褛不堪的；也有头发很长的，也有用布包着头的；也有面目凶恶的，也有相貌慈善的；也有在那里哭的，也有在那里唱的；也有在那里骂的，也有在那里叹气的；有老有少，有胖有瘦；有坐有立，有醒有睡。睡的不过睡在地下，也只好倚墙而坐，哪有容你长躺四脚的睡；坐也只好坐在地下，有谁搬张凳子给你。虽说这时候，才交二月，天气着实寒冷，然而那一种肮脏的气味，未曾进得栅栏，已使人撑不住了。①

　　管班房的副役莫是仁将黄升和王小三脖子上的铁链绕到栅栏木头上。黄升和王小三倦不得卧，"鼻子管里，只闻得一阵一阵的臊气，起初不知甚么缘故，后来听得声响，才知道栅栏里面紧靠着他二人站的地方，放着一个尿缸，所有的犯人都到这里小便。起初还可忍耐，到得后来，看看天晚，肚子里有点饿了，那才渐渐不能忍受，时时刻刻的打恶心"②。作者的这种描述都不是向壁虚构的情形，与光绪二十一年（1895）七月御史杨福臻关于班馆和待质公所的著名奏折所述极为相似。杨氏在折中称：干连人证被拘押后，差役对之"横加需索，稍不遂意，即加凌虐。或将辫发系于秽桶，引其两手环抱，使秽气冲入口鼻，或置于木盆而系之梁上，另以绳索使掉簸，令其眩晕呕吐"云云。③ 杨氏的奏折被下发刑部议奏，见诸报章，曾在当时朝野产生广泛的影响，郑观应《盛世危言》即有专门的读后感言，估计李伯元在上海对此或有所闻。当黄升请求史湘泉给予关照时，史湘泉便领着黄升向班房北首小门推门进去，只见里面另是一大间，两面摆着十几张铺，也有睡觉的，也有躺着吃烟的。史湘泉告知黄升："进这屋有一定价钱：先花五十吊，方许进这屋；再花三十吊，去掉链子；再花二十吊，可以地下打铺；要高铺又得三十吊。倘若吃鸦片烟，你自己带来也好，我们代办也

---

①　李伯元：《活地狱》，上海文化出版社1956年版，第14页。
②　李伯元：《活地狱》，上海文化出版社1956年版，第15页。
③　朱寿朋编：《光绪朝东华录》，光绪二十一年七月，中华书局1958年版，总第3648页。

好，开一回灯，五吊；如果天天开，拿一百吊包掉也好。其余吃菜吃饭，都有价钱；长包也好，吃一顿算一顿也好。……这是通行大例，在你面上不算多要。你瞧那边地下蹲着的那一个，他一共出了三百吊，我还不给他打铺哩。"① 黄升和王小三因主人黄员外迟不现面被关入班房栅栏内，且以无钱孝敬同押老犯复数遭众犯人群殴凌轹。这与光绪三十二年（1906）刊行的《缧绁见闻悲愤录》中的记述如出一辙。《缧绁见闻悲愤录》的作者姓名和身世不详，仅从该文中作者与看役对话得知系作嫁依人的侨居寒士，其被押于广东番禺候保所的案由亦不得而知。广东番禺县的班馆现象在有清一代史不绝书，该佚名作者叙述自己身陷缧绁后被勒索受辱的经历以及牢头狱霸对新犯拳脚交加的所谓"打鬼头"等监羁规例，既与昔日揭露番禺班馆黑暗的各种文献相吻合，亦可与李伯元《活地狱》中的描述相印证。《缧绁见闻悲愤录》如是云："羁所凡有新收人犯，必将钱银衣服袪摸清楚。然后，勒通门头、买床位。如无此款，即私刑凌虐，另置一仓，名曰'天字号'。不但不许亲友见面，且限其晚上九点钟即睡，睡后不准起身，并不准移动，至天明即要起来。如通了门头，买了床位，即任其高声谈唱，团聚赌博，吸食洋烟，自宵达旦，名之曰'大客'。通门头至少四元八角，多者无量。买床位至少五元，多者无量。招呼茶钱、拜地主、烧衣，此三款，多寡不定，随意勒索。"②

　　在宋代，朱熹将考据方法概括为"参伍错综"，认为："错、综自是两事。错者，杂而互之也；综者，条而理之也。参伍、错综，又各是一事。参伍所以通之，其治之也简而疏；错综所以极之，其治之也繁而密。"③ 前述《清仁宗睿皇帝实录》所载嘉庆十年那彦成、百龄参奏广东番禺私设班馆一案中即有将各案未结女犯发交官媒收管，官媒逼令卖奸得赃等语，而李伯元《活地狱》中亦叙写了莫是仁为巴结土头新派

① 李伯元：《活地狱》，上海文化出版社 1956 年版，第 23 页。
② 佚名《缧绁见闻悲愤录》，中国社会科学院近代史研究所《近代史资料》编辑部编：《近代史资料》总 64 号，第 199—200 页。
③ 《晦庵先生朱文公文集》卷五十四，"答王伯丰"，《四部备要》，子部，第五十七册，《朱子大全》（一），中华书局 1989 年版，第 943 页。

来查班房的苟大爷而设计将黄升妻子周氏监禁官媒处诱逼奸污欲图的故事，并以旁白的形式揭露说："自来州县衙门最是暗无天日。往往有押在官媒处的妇女，也有已经定罪的，也有未经定罪的，衙门里头这几个有权柄的门政大爷，甚么稿案、签押、查班房的，都有势力，要如何便是如何。有的便在官媒家住宿，有的还弄了出来恣意取乐。官媒婆奉命如神，敢道得一个不字？况是判押的女人大半有罪的多，更有淫荡不堪的，得了这个有何不愿？凡经各位大爷赏识过的人，就是官媒也另眼看待，不但不叫他们叫苦，就是该要十个钱的，也只要得五个钱了。但是其中也有一二真正节烈不肯失身之人，触动了诸位大爷之怒，那官媒便将他十分凌虐。"[①] 两两相较，尽管小说与官书的述行方式与意图大相径庭，但不同文本对清代班馆黑魆魆的人间地狱景象的烛照却恰如佛经所言"光光相入"，呈现交光互影的样态。

狱囚

[①]　李伯元：《活地狱》，上海书店 1994 年版，第 33 页。

三、资源紧缺与法外空间的形塑

清朝是满族贵族入主中原后建立的王朝，面对数量庞大的汉族人口，满族统治者颇有以寡御众的心理压力，每叹"汉人难治"①。清朝前期诸帝多秉持如临如履的政治责任感，警敬怵惕，治益求治，以罕与伦比的毅力孜孜不倦，从而确保承继大统的祚运绵延。吉登斯认为，配置性资源的存储与时空伸延、各个社会的时空连续性之间存在着紧密的联系，并因此和权力的生成问题密不可分。② 清朝中央集权国家的形成不仅源自王朝的内部因素，而且也来自外部。康熙时期正是因为征伐准噶尔部噶尔丹势力动员漠南、漠北蒙古力量组成满、蒙、汉伐准联军，导致理藩院由过去对蒙联络统战机构逐渐演变为具有发号施令权威的治蒙管理机构，使清朝的统治势力渗透到蒙古社会内部；雍正时期亦正是因平准设立影响有清一代集权统治框架结构的枢纽——军机处，有十全武功之称的乾隆帝在平准之役获胜后一举拓地两万里，威权空前提高，更是其明证。清朝版图广袤，这种大范围的空间延展也助长、促成了权威性资源的大规模集中，使清王朝的江山更大的同时亦更牢固。但清朝在积极开拓的同时始终对满族以寡御众的巨人之踵这一薄弱点具有清醒的认识。唯其如此，八旗兵力的虚实一直秘不示人，乾隆帝平准后遣人到新疆查勘汉唐故疆，并以准噶尔故地所至为界兵锋戛然而止。这说明自始遵奉"凡事莫贵于务实"原则的满族最高统治者不乏自知之明而表现出一定程度的内敛性。满族最高统治者的内敛性表现在财政方面即康熙五十二年（1713）颁布"滋生人丁永不加赋"的恩诏，"不加赋祖谕"以法令的形式确定了清前期丁银征收为 335 万余两的定额祖制，并

---

① 可参考尚钺：《尚钺史学论文选集》，人民出版社 1984 年版，第 221 页。王思治：《杰出的封建君主——康熙》，满学研究会编：《清代帝王后妃传》，中国华侨出版社 1989 年版，第 139—140 页。张宏杰：《中国人的性格历程》，陕西师范大学出版社 2008 年版，第 172 页。

② Giddens, Anthony, *The Constitution of Society: Outline of the Theory of Structuration.* Cambridge: Polity Press, 1984, p. 259.

在雍正以后成为统治者不敢逾越半步的雷池。① 该上谕出台的重要动机之一即在于惩前明征敛无艺的覆辙，博取民心以缓和满汉矛盾，但这导致的清政府赋税收入定额化使清朝必须采取一种紧缩的、刚性的财政预算制度实践。② 尤其在 18 世纪政府在赈济灾荒等方面职能扩展的情况下，凛然世守"永不加赋"大训的清王朝由于岁入经制有常，能够掌握和调配的配置性资源和权威性资源均为有限。即便康雍乾盛世期间帑藏充盈，户部银库储备在极盛时常年保持在六七千万两上下，但依然可以看到盛世华衣之下掩蔽着出于内敛心理形成的刚性财政所导致的诸多施政敷治率多因陋就简。

　　资源与法律规则的关系是目前法学界应该特别关注和认真研究的问题。吉登斯在《社会的构成》中反复强调不能脱离资源来概括规则，目前法学界以波斯纳（Richard Allen Posner）等为代表的声势强大的法律经济学研究取向亦与吉登斯氏的主张合若符契。明清之际大儒黄宗羲曾将治理天下比喻为"曳大木"，满族最高统治者在入关之前既如皇太极所言"取燕京如伐大树，须先从两旁斫削，则大树自仆"③，采取剪重枝、伐美树的办法苦心经营而定鼎北京，入关后又经过顺、康、雍、乾数朝曳大木之人的努力，使清帝国缓步上升臻于鼎盛时期，诚属不易。但在鼎盛期的"鼎"的盖子之下由于人口膨胀产生的各种矛盾如鼎之沸，令一向乾纲独断的乾隆帝亦"蒿目忧心呼天佑"④，难以妙手扭转乾坤。在经济史学界，黄宗智以一种"究天人之际"的气魄，从人口与资源之间的紧张关系出发考察清代长江三角洲小农经济商品化动力的过程，借助美国人类学家吉尔兹对印尼稻作农业的考察过程中提出

---

① 参见张世明：《中国经济法历史渊源原论》，中国民主法制出版社 2002 年版，第 191 页。

② 岩井茂树（いわいしげき）将清代财政原理归纳为不计经济增长和物价变动的"原额主义"，很多开支均不计入地方费用。参详岩井茂樹「中国専制国家と財政」『中世史講座』第 6 卷、学生社、1992 年、273—310 页。

③ 《清太宗文皇帝实录》卷六十二，崇德七年八月，台北华文书局股份有限公司 1960—1970 年版，第 1035 页。

④ 《清高宗（乾隆）御制诗文全集》第七册，御制诗四集，卷九三，民数谷数（乾隆四十八年），中国人民大学出版社 1993 年版，第 704 页。

的“involution”这一分析概念，提出“过密化”（又称为“内卷化”）理论，将明清至民国的长江三角洲地区长达五世纪蓬勃兴盛的商品化解读为肇因于人口密集压力而调节资源、分散风险的策略手段。① 在法律史学界，步德茂的《过失杀人、市场与道德经济》则以诺思（Douglass Cecil North）制度经济学理论为资源，利用中国第一历史档案馆刑科题本中时间跨度和空间分布都颇为可观的众多户婚田土命案的分析，将数以百计的命案置于 18 世纪清朝人口急剧膨胀和大规模经济扩张（economic expansion）的宏阔场景之中，揭开了资源紧张导致土地产权的暴力纠纷蔓延以及各种财产权制度的创新。② 除步德茂所分析的命案外，清朝各地大量涌现的“水案”此起彼伏，甚至引发大规模的械斗和龚汝富博士论文中所描述的大面积团体诉讼，③ 都与人口膨胀、资源稀缺息息相关。就婚姻继承法律而言，由于人口膨胀和资源稀缺，立嗣的形式虽存，但其实际意义已开始发生变化，在很大程度仅为养老的必要手段，而维系祖宗祭祀的观念渐退居次要位置，以致兼祧在乾隆年间被纳入《大清律例》。④

传统的观点对清代班馆蔓延原因解释每每成为对蠹役猾吏打板子的道德遣责，或将之与官员怠惰造成积案累累以致羁押待质经年累月相关联。这样的解释虽不乏根据，但也有失偏颇，基本上仍是清代时人论调的翻版。清代时人的论调囿于时代的局限既忌讳直切触及满族最高统治者的敏感神经，又缺乏当下的后视优势而难识庐山真貌，更受当时贱视胥吏的社会评价偏向的影响，无怪乎作如是观。但仅仅对官员的怠惰和胥吏的贪酷进行道德法庭上口诛笔伐的各种严遣，实际上并不是严谨的

---

① 黄宗智：《长江三角洲小农家庭与乡村发展》，中华书局 2000 年版，第 11 页。

② Thomas M. Buoye, *Manslaughter, Markets and Moral Economy: Violent Disputes over Property Rights in Eighteenth-Century China*, Cambridge：Cambridge University Press, 2000. 该书已由笔者翻译为中文在社会科学文献出版社出版。

③ 龚汝富：《明清讼学研究》，华东政法学院博士学位论文，2005 年，第 170 页。承龚汝富教授将其未刊稿通过电子邮件寄发给作者参考，在此特表诚谢。

④ 参见吕宽庆：《清代立嗣继承研究》，中国人民大学博士学位论文，2004 年，第 62 页。

学术分析。清代中叶以后之所以楮牍盈庭、积案如山，不单纯是清朝最高统治者所反复斥责的各州县官怠惰不勤所致，实与清中叶以后人口膨胀导致资源争夺加剧有紧密关系。因为即便各州县官怠惰不勤是不争的客观事实，而积案这一事实本身就是诉讼案件数量日益增加的如山铁证。随着人口膨胀压力的增加，生存空间受到挤压，资源争夺导致大量原、被告当事人及干连人证等卷入法律诉讼的漩涡，而一些无业游民作为讼师、讼棍在这种司法场域中兴风作浪鼓簧渔利，作为维系资源聚集的宗族等利益集团更往往充当场域后台的奥援甚至直接置于其间，所以健讼、缠讼、恶讼等如潮水般涌向衙门，这是造成班馆淹禁人犯的重要原因。讼案增加，积案久滞，必然引起上控、京控的络绎不绝，这些上控、京控案件批发原省各级官府后，殆因既与有罪之人究属有间，待质者几乎无一例外难逃羁押的命运，其中不免具有下级官员利用合法伤害他人的权力资源以羁押为报复手段的居心。清朝官员每每强调"息讼"，期冀"无讼"，规定固定的放告日期和各种不准呈状的限制性条款，实际上都不无防止官民时间和财力等社会资源虚靡徒耗的考量。正因为清代中叶以后讼案因人口膨胀而增多，胥吏遂有大量机会乘虚以班馆为圈钱的利薮，故清朝一位官员在查处辖境班馆问题时云："查民间因事雀角，在所难免，最易扰累，全在地方官约束衙役，依限审结，庶几官不烦而民不扰。"①

数量庞大的芸芸众生难免良莠不齐。传统的观点采用简单的类型化将班馆描述为官吏加害民众的制度工具，其实一些奸谲之辈亦利用班馆羁押的游戏规则通过恶人先告状的方式达到先发制人的目的，图准不图审，图拖不图结，与差役同恶相济，由与其沆瀣一气的书差胥吏向被告关说和息，设有被告不愿出费则立刻禁押班房，或一面投递传呈，一面先将被告私自提到管押，由差禀报被控某某已据指交收管，甚有称为扭交者。因为命盗案件的干连人犯收管羁押已在地方基层被官员视为理所当然的秩序事实，所以有些地方发生命盗案后遂被居心不良者利用，牵

---

① 《福建省例》，"饬禁滥差滋扰，一票只许一差"，《台湾文献史料丛刊》第七辑，141—142，台北大通书局1987年版，第951页。

列家道殷实者图诈诬攀。[1] 诉讼案件有搭台、拔台东道、命盗开花等名目，民间有"要使儿孙能结果，先教命盗不开花"[2] 之谚。由于对配置性资源的争夺激烈，一贫如洗的无赖亦可以无恒产为穷凶极恶的资本，班馆亦可以被其利用为损人利己的攻击性武器。随着人口膨胀的出现，大量游惰成性的无业游民，偷鸡摸狗，寻衅滋事，所以许多地方往往有所谓"自新所"的班馆设立。高青书所述的一则故事为我们解读文献和档案中常处于"失语"状态的民众对班馆的空间意象提供了难得的切入口。其如是云："余初莅六安阅管押簿，共一百二十九人，日煮粥食之，属刑友取管押各卷细查，事关紧要者仍留候，其情节轻或保候或责释，不可管押。一面示期某日传地保乡约头人齐集点卯，三日后刑友于各卷上票一签，此可责释，此可保候，类多窃人衣物竹木鸡狗之件，其情节稍重不可释者，十三人而已。余于是日点卯，谕地保等不必散，提出各犯，鸠形鹄面，颜色惨然，或打十板，或打五板，即甚瘦瘠者亦打三板，某村之人即交该村地保管约，如再犯从重治罪，放至十数人，拥挤一堂，绅士哄嚷：某人是窃生员衣物，某人是窃监生猪只，嘈杂不休，皆言若释放了，岂不是纵贼殃民？余谕之曰：此辈小窃贼多系初犯，前任俱未报案，若押死了，在那笔账下开销？若要追赃，伊等何时能缴？今日本署州教诲之责处之，交地保乡约管束，再犯从重治罪，尔等读书明理，圣人许人改过，律例亦有悔过自新之条。若辈罪不至死，非不可宥也。有上控纵贼殃民者，亦听其自便。尽释之，鄙衷为之一快。"[3] 这种情形在当时并非个别的孤例。乾隆十三年（1748），江苏按察使翁藻为酌筹自新所人犯口粮事折称，苏城自新所口粮一项出自地方官捐输，以致上年冬间不能

---

[1]　目前西方法律界有一种所谓"鼓钱包理论"（the theory of deep pockets），认为起诉那些相对来说有钱的个人或组织是比较有利的，律师有时就把有钱的被告称作"鼓钱包"。由于这些人可以承受得起一定的财产损失，所以法官和陪审团往往倾向于令这种被告败诉。参见唐·布莱克：《社会学视野中的司法》，郭星华等译，法律出版社 2002 年版，第 31 页。这非常类似于前揭的清代司法现象。

[2]　陈盛韵：《问俗录》（与邓传安著、杨犁夫标点《蠡测汇钞》合订本），刘卓英标点，书目文献出版社 1983 年版，第 79 页。

[3]　伍承乔编：《清代吏治丛谈》卷二，沈云龙主编：《近代中国史料丛刊》第二辑，12，台北文海出版社 1966 年版，第 375 页。

接济，暂将原羁人犯略分去留，旋见城市之中渐增狐鼠，严督县、府侦缉，多为释而复犯之徒，因仍按名拘束，民间始得宁静。①

按照人口膨胀—资源紧张—讼案增加、积案久滞的司法场域生态链条的自然延伸逻辑，监狱人满为患洵为势所必然。清朝各级地方监狱率多狭逼，乾嘉时期为秋审审实人犯留禁省监与发回各县籍分禁之事摇摆不定，当时受权威性资源与配置性资源限制的捉襟见肘的事实自不待智者而知。在刚性财政体制之下，地方监狱空间容量有限甚至长期无项措办实不为奇。乾隆年间，泉州府马巷厅原系同安县所辖，因幅员广阔，政务繁多，县令每有鞭长莫及之虞，是以设立通判一员于焉，有承缉、承审、招转案件之责，但"向未设立监狱，凡遇拿获命盗及一切重案人犯，不过在厅署左侧空闲屋内设栅羁禁，四面并无围墙荆棘"②。光绪十三年（1887），台湾恒春县地方官员禀称，恒春增设县治已十有余年，而当时之未设典史、未造监狱，良由应举之事多有急于此者，故无暇筹及，"所有命案人犯均权在大堂左侧科房内羁押，不无疏虞，申请转详添造，以便募充禁卒，严密收管③。监狱设施不足势不得不利用衙署科房为羁押场所而启班馆之渐。监狱监犯尚有囚粮之设，而班馆押犯、管犯则概由其亲朋供给自理，地方官府毫无成本支出，④ 且如临时台湾旧惯调查会所编《清国行政法》的考证中所言差馆管犯的规例尚属胥吏收入的重要组成部分。⑤ 由于辖境过广或监狱容量有限，各州县

① 中国第一历史档案馆：《乾隆朝刑狱管理史料》，《历史档案》2003 年第 3 期。

② 《福建省例》，"马巷厅人犯分别收禁府县监"，《台湾文献史料丛刊》第七辑，141—142，台北大通书局 1987 年版，第 931 页。

③ 陈文伟修，屠继善：《恒春县志》卷二，建署，《台湾文献丛刊》第七十五辑，台湾银行经济研究室 1960 年版，第 66 页。

④ 时人不仅对于押犯不同于狱犯的认识非常清楚，而且有些州县的班馆分工比较细密，如台湾新竹县有押馆和差馆之分。押馆系地方官权宜所自设，为用以拘禁轻犯的处所，又称头门馆；差馆乃官命皂快班所设，为用以拘禁最轻犯的处所，又称班头馆。收管在"班头馆"称为关带或管带，该人犯称为管犯，收押于头门馆称为收押或在押，该人犯称为押犯，其情状较管犯为重。

⑤ 台湾総督府臨時台湾旧慣調査会『清国行政法』（臨時台湾旧慣調査会第一部報告）第五巻、東洋印刷株式会社、1912 年、204 頁。

官容忍外馆、外室之类班馆设立和存在，在某种程度上是视其为弥补权威性资源不足的权宜之举。《南部台湾志》载："差役受知县之命，应看管人犯时，为收管理人犯，设班头馆。班头馆或由各班各自设一馆，或数班合设一馆。"[1] 班头馆得有管犯馆礼进纳，不啻为无本生意，在利益驱使下自然竞相以圈人为圈钱的方便法门。光绪初年，御史陈彝、袁承业和贵州巡抚黎培敬均先后以道光年间汤用中的《暂系平民受苦最酷议》为蓝本陈奏朝廷，仿照罪囚入狱例有衣粮之例将班房改造为待质公所，但上谕除对陈彝、袁承业分别于光绪元年六月、十二月的奏折所陈招解时限等规定予以重申之外，对待质之人经费支销等实质问题却采取回避策略，不置可否，直至次年二月黎培敬奏陈之后方通令各省相度情形依照筹办，其中班馆与待质公所的重要区别之一即有无衣粮支给，此关乎款自何出的切要问题，故当时财政状况艰难竭蹶的清朝中央政府在决策上不能不踌躇再三。黄仁宇说，清朝的"改革与整顿，纪律与技术上的成分多，组织和制度上的成分少"[2]，此堪称笃论，清朝的这种特征殆由满族内敛性的务实风格和刚性财政制度所致。

清朝除财政体制呈现出刚性化特征外，其官僚行政体制之刚性化亦颇为突出和明显。学术界有两种存在内在张力的见仁见智的不同观点，一种观点对清代高度专制集权和高效务实行政运作体系大为推许，一种观点则对清朝作为晚期专制王朝的停滞性、僵化性多有指摘。满族固然以务实著称，这甚至对清朝考据学（朴学）和经世学派的兴起都不无关系，但满族的内敛性与务实风尚使其行政体系高效率运作成绩的取得很大程度上仰赖于纪律的整饬，而组织和制度创新所占比重并不大。高效运作和停滞僵化是清朝以纪律整饬为主要手段的刚性行政体制并存不悖的不同面相。据官书记载清朝官员数量约三万余人，清史研究者以此为依据言其超过宋、明两代而呈现出官僚机构膨胀的特征，但单纯的数量对比其实意义不大，相对版图和人口等而言，清朝的行政机构受刚性财政的限制其实是一个"小政府"，并无宋朝官员积弱的浓厚色彩。以

---

[1]　村上玉吉：《南部台湾志》，台南共荣会昭和 9 年版，第 238 页。

[2]　黄仁宇：《放宽历史的视界》，生活·读书·新知三联书店 2001 年版，第 168 页。

人数寡少的满族君临版图辽阔的多民族帝国，儒家文化和藏传佛教文化作为象征资本对加强其统治权力意义重大，"儒生科举官僚朝圣圈"和"藏传佛教僧侣宗教朝圣圈"对其庞大帝国的维系至为攸关。官员的任期制和回避制是清帝国从时间上和空间上加强权力控制和大一统格局的有效手段。章太炎曾云："今是秦、赵、燕、代、荆、楚、滇、蜀，陆行几万里，铁道未布，游者未能以遍至，赖远宦互革其俗，互增其见闻。必杜绝之，则民死其乡，吏死其牖下，川谷郡县鬲越而不达，风俗臭味室阂而不流。若是，则其害于文明也最甚。"① 但按照科斯定理（Coase Theorem），如果定价制度的运行毫无成本，最终的结果是不受法律状况影响的。但零交易成本（zero-transaction-costs）的假设是不切实际的，有效益的成果不可能在每个法律规则下发生，此时的合理法律规则乃是使交换代价的效应减至最低的规则。严格的官员回避制和任期使官员多存五京兆之见，既有语言的隔阂，又不谙地方情形，始入官如入晦室，人地两疏，其势必孤，纵或就任后积有端绪，又不得不交盘他调，仆仆奔走于宦游之途。古人云："官无封建，而吏有封建"②，官有迁调，而吏无变更。胥吏既为土著，则其亲戚、故旧众多，颇具势力，且"胥吏虽有三年退卯之制，而屡更其名，无从稽考也。或退卯而逗留，所更者，非子侄即弟子也"③，故胥吏任期的限制徒成具文，胥吏之辈寝假变为世袭其业，因此，官有官的优势，而吏亦有吏的依恃，胥吏在空间上的土著特性和在时间上的世袭特性均形成其置身于司法场域的凭借资源，盘踞挟持，侵夺官柄，导致官员和胥吏之间的权势转移。道光十一年（1831）六月，上谕军机大臣等："近日书吏为害莫甚于汀

---

① 上海人民出版社编：《章太炎全集》三，上海人民出版社 1984 年版，第 70—71 页。

② 叶适：《叶适集·水心别集》卷十四，吏胥，刘公纯等点校，中华书局 1961 年版，第 808 页。亦见顾炎武著，黄汝成集释：《日知录集释》卷八，秦克诚点校，岳麓书社 1994 年版，第 293 页。

③ 徐珂编：《清稗类抄》第 39 册，"胥役盗贼"，上海商务印书馆 1928 年版，第 5 页。此段文字其实来源于震钧《天咫偶闻》卷二，略有改动，参见《续修四库全书》编纂委员会编：《续修四库全书》730，史部·地理类，上海古籍出版社 1996 年版，第 587 页。

州、龙岩、漳州、泉州，官与民言语不通，任听值堂之书办信口传述，黑白不分，是非倒置，官长明受其欺而不觉。差役之殃民，如闽县侯官，则有土地堂，遇有应讯之人，先行拘押，行贿者与以干净之所，若勒索不遂，则锁禁于污秽黑暗之处，同安晋江各县，则有班馆，无论原被告，每押至八九百人，竟二三年不得见本官之面，一遇严寒，无辜死者不少，生员贡生，有事到官，无论曲直，并不发学，概行锁禁。"①清朝官缺制度甚严，康雍乾诸帝均对要求增加官缺的陈奏严词反驳。瞿同祖在《清代地方政府》中精辟地将当时的州县政府称为"一人政府"，州县官对辖境内决讼断辟、劝农赈贫、讨猾除奸、兴养立教诸事靡所不综，尽管官非正印者不得擅受民词乃有清一代之严格定制，但"有官则必有衙，有官则必有吏"②，吏"为官之爪牙，一日不可无，一事不能少"③；清朝"与胥吏共天下"亦正是这种刚性官缺制度相反相成的产物。时人韩振将清代各级政府的组成结构分为显治与隐治两大板块，云："自天子至庶人，未有不求助于人者也，上者辅德，次者辅事。天下之事谁为政，曰二显、二隐。何谓显？曰三公统六部，六部各统其曹，是谓内之显治；以司道察守令，以督抚察司道，是谓外之显治。何谓隐？曰内掌曹郎之事，以代六部出治者胥吏也；外掌守令司道督抚之事，以代十七省出治者幕友也，是皆上佐天子以治民事，而其迹不见者也。"④

　　按照布迪厄的场域理论，资本既被当作场域争取的目标，同时又是

---

　　①　《清宣宗成皇帝实录》卷一百九十一，道光十一年六月，台北华文书局股份有限公司1960—1970年版，第3454页。

　　②　陈宏谋：《分发在官法戒录檄》，贺长龄辑：《皇朝经世文编》卷二十四，吏政十，吏胥，沈云龙主编：《近代中国史料丛刊》第七十四辑，731，台北文海出版社1972年版，第915页。

　　③　何耿绳：《学治一得编》，"学治述略"，道光辛丑年眉寿堂刊本，页二十四；亦见《官箴书集成》编纂委员会编：《官箴书集成》第6册，黄山书社1997年版，第706页。

　　④　韩振：《幕友论》，见于贺长龄：《皇朝经世文编》卷二十五，吏政十一，幕友，沈云龙主编：《近代中国史料丛刊》第七十四辑，731，台北文海出版社1972年版，第921页。

赖以展开的手段，不同的资本之间可以相互交换。在学而优则仕的体制之下，士人十年寒窗苦，售与帝王家。台湾著名法制史专家张伟仁认为，满洲人本无崇儒传统，清室之所以强调"制科以四书文取士"，并非真正信服儒家学说，而是一则想借此抑制汉人入仕参政的人数；二则因为儒家鼓吹忠孝节义、三纲五常，乃是控制汉人社会的最佳工具，而法家学说虽然也主张尊君抑臣，但是其中有一部分强调法律适用的普及性，如果严格地推展出来，对旗人所享种种特权有所妨碍。① 张伟仁从笔者所谓的"清朝满族性"角度诠释当时"国家以经义取士"②、申韩刑名之学"为圣世所不取"③ 颇具新意而富于启迪。以儒术通籍登用的科举正途官员"刀笔簿书既未学于平日，刑名钱谷岂能谙于临时？"④ 且"《大清律》易遵，而例难尽悉"⑤，官员捧檄履新之后鲜有余晷在退食之余究心于此，不得不奉吏为师，惟吏是循。对付理讼决狱事务与其帖括制义的举子业完全是两个截然不同的世界，如《歧路灯》第79回所说，"总缘'以准皆各其及即若'的学问与'之乎者也耳矣焉哉'的学问是两不相能的"⑥，官员每遇研鞫，难免弗胜厥职，一任谙悉成例的积年胥吏颠倒是非，茫无成见。康熙年间，陆陇其即直言不讳云：

---

① 张伟仁：《清代的法学教育》，杨一凡总主编：《中国法制史考证：法史考证重要论文选编·法制丛考》，中国社会科学出版社2003年版，第249页。

② 光绪朝《钦定大清会典事例》，乾隆元年上谕，台北新文丰出版公司1976年依据光绪二十五年原刻本影印，第9516—9517页。

③ 纪昀等编：《钦定四库全书总目》卷一百零一，子部十一，法家类序，见纪昀等编纂：《景印文渊阁四库全书》第3册，总目三，子部，台北商务印书馆1983年版，第3—177页。亦可参见张舜徽：《四库提要叙讲疏》，云南人民出版社2006年版，第92页。

④ 田文镜：《钦颁州县事宜》，"慎延幕友"，同治戊辰江苏书局重刊本，页二十八。此段史料比较便于检索的来源为：田文镜：《钦颁州县事宜》，韩秀桃点校，郭成伟主编：《官箴书点评与官箴文化研究》，中国法制出版社2000年版，第120页。

⑤ 胡林翼：《致左季高》，葛士濬：《皇朝经世文续编》卷二十三，吏政八，幕友，沈云龙主编：《近代中国史料丛刊》第七十五辑，741，台北文海出版社1972年版，第625页。亦见吴曾祺编：《历代名人书札续编》卷二，王云五主编：《万有文库》，第二集七百种，商务印书馆1936年版，第317页。

⑥ 李绿园：《歧路灯》，时代文艺出版社2003年版，第713页。

"本朝大弊只三字，曰例、吏、利。"① 清末冯桂芬《校邠庐抗议》亦将"吏"和"例"视为清政府的两大不幸。例与吏的相生相伴关系生动地呈现了清代司法场域兼具使动性和能动性的结构化过程。胥吏执例以制官，舞文以贪赃，倚势弄权，为阱陷人，以讼渔利，因公敛钱。尽管清代对胥吏控制甚严，而且人们在观念上也轻视胥吏，但由于官员的能力限制（capacity constraints）和结合制约（coupling constraints），对胥吏的控制制度和观念上"历来对胥吏的轻视和限制，却正好将州县胥吏们形成了地方政治中一个特殊的势力"②。由于清王朝正式制度供给的不足，被许多学者称为"权力不下县"，生活在共同在场为主要时空构型方式的地方社会中的普通民众正是从数量庞大的胥吏队伍的活动中感受到国家权力、法令的存在和威严。权之所在，不在大小，百姓视之，仅下天子一等耳。胥吏虽无禄入，但如汪辉祖在《佐治药言》中所说，此辈"在山靠山，在水靠水"，其有相沿陋习资以为生者，乃"有官法之所不能禁者"③。当代制度经济学坚信天底下没有免费午餐的教义理论。中国古代著名政治家管子"仓廪实而知礼节"的至理名言亦说明司法的文明需要不菲的制度成本，不能吝不出费、希冀通过存理遏欲而吏治蒸蒸。正是清政府刚性的行政体制在政治上和经济上的不情之甚勒抑与苛薄，使大批胥吏在内隐为驱迫，不择手段谋取陋规等灰色收入乃至违法的黑色收入，而这些正式和非正式的权力收益不可抵御的诱惑又使胥吏之职渐被视为世缺（额缺或缺底），顶首成风，吏缺成为可以出质、买卖、继承的标的物，成为一种可以实质上自由转让的稀缺

---

① 佚名：《清代之竹头木屑》，胥吏，孟森等：《清代野史：一个王朝模糊的背影》，中国人民大学出版社 2006 年版，第 603 页。清末冯桂芬则进一步加以发挥，指出："谈者谓今天下有大弊三：吏也，例也，利也。任吏挟例以牟利，而天下大乱……"冯桂芬：《校邠庐抗议》，"省则例议"，戴扬本评注，中州古籍出版社 1998 年版，第 95 页。这其实已经触及权威性资源、配置性资源与法律规则和时空建构的问题。

② 韦庆远：《〈明清档案〉与顺治朝官场》，韦庆远：《明清史新析》，中国社会科学出版社 1995 年版，第 309 页。

③ 汪辉祖：《佐治药言·省事》，蔡东丽整理，张伯元主编：《法律文献整理与研究》，北京大学出版社 2005 年版，第 321 页。

资源。① 除经制正役外，尚有所谓帮役、白役等厕身其列以分润其利。
胥吏从时间（搁延公事以待原告纳规的贿搁等）、空间（及有奉押人犯
而置之幽囚污地）、信息（欺蒙壅蔽）等方面以其掌握的权力资源为筹
码进行寻租行为。刘衡在《庸吏庸言》中提供了一个颇为生动的案例，
云："本府前在广东，曾见一县奉文缉一要犯。选差勒限，悬赏一千圆，
差于限内获犯解县。门丁李某令差且押犯私馆，语官云：'犯已远飏，
增三千圆则可。'官不得已，许二千圆，仍不得犯。欲比差，则门丁匿
差，且为缓颊。竟如数予三千圆，始将所获之犯交出。"② 笔者在龚汝
富教授个人收藏无题名抄本中看到这样一个案件的数份控词：原告元宵
因辞灯贪看产生口角微嫌，乡邻鲍姓人家族大衿多，乃当夜鸣锣聚众，
于十六日带人各持枪械，蜂围其屋，造成一人死亡、两人残废的重案。
虽然官府比差勒缉，但刑房搁票，案差贿纵，原告迭次呈词，始终无法
推动案件进展。③

　　身处下流的胥吏因依托出入公门之便而俨然以地方上叱咤喑呜的风
云人物自居，以其不可等闲视之的实践智识（practical intelligence）和
社会活动能量将原本狭小的生存空间拓殖为游刃有余的广阔舞台。故乾
隆年间名幕汪辉祖云："余族居乡僻，每见地总领差勾摄应审犯证，势
如狼虎，虽在衿士，不敢与抗，遇懦弱良民，需索尤甚……人皆见而畏
之。"④ 徐士林《徐公谳词》中"龙溪县民陈逸禀帮役庄小富案"即反映
衙役动用其社会资源通过私押差馆非法帮人出力讨债插手民事经济纠纷
的情形。该案"庄小富、周荫、谢光、邓合，依傍溪邑捕快王都，号为

---

　　① 相关研究可以参详：加藤雄三「清代の胥吏缺取引について（一）」『法
學論叢』第 147 卷第 2 号、2000 年、34—50 頁。加藤雄三「清代の胥吏缺取引に
ついて（二）」『法學論叢』第 149 卷第 1 号、2001 年、35—58 頁。
　　② 刘衡：《庸吏庸言》，《官箴书集成》编纂委员会编：《官箴书集成》第 6
册，黄山书社 1997 年版，第 184—185 页。
　　③ 参详龚汝富教授个人收藏无题名抄本，线装，纸面，宽 13 厘米长 23 厘
米，原书无页码。
　　④ 汪辉祖：《佐治续言》，贺长龄辑：《皇朝经世文编》卷二十五，吏政十
一，幕友，沈云龙主编：《近代中国史料丛刊》第七十四辑，731，台北文海出版社
1972 年版，第 932 页。

帮差，实皆游手棍徒也。本年九月初四日，有小富表兄林濡在浦头街偶遇陈党，向索债负，互相争论。小富即率领周荫、谢光，将陈党锁拿于小富之家，剥其戒指，并搜去剑钱、搭里铜钱伞扇等物，私禁三昼夜，至初七日开放锁链，转羁于城内邓合家中，压逼还债"①，卒因陈党父亲赴辕喊禀而败露。在本案中，陈党自国外归里，林濡与陈党之间债务关系的存在本属争议之中的问题，且如徐士林批词所言"夫陈党非盗非凶，索债口角，捕役何得过问？"② 从同犯谢光供称"庄小富说弄他几个钱，分与你买鞋穿"③ 等语可知其真实目的不单纯为戚谊熟人讨债，实因料想陈党自国外归里囊橐饶裕而借事生风以饱欲壑而已。笔者尽管对黄宗智"第三领域"之论不敢苟同，但窃以为不妨借用其术语将胥吏私押差馆视为在以官府正式律令为界线的"第一领域"与以民众反制力为界线的"第二领域"之间的"第三领域"，其空间取决于官府打压、民众反抗与胥吏舞弊等力量的博弈和资源的转化，而非外在于司法场域参与者的行为实践独立存在。唯其如此，班馆的形态变幻万千。不过这种司法场域参与者日常行为实践的片断性与社会再生产重复性相联系，班馆作为非正式制度的社会事实性便在可逆性时间中明确地呈现出来。

清人曾自豪地称："近人诗文制器，均不如古。惟有三事远胜古人：一律例之细也，一弈艺之工也，一窑器之精也。"④ 然而，法网日密一日，因例生例，孳乳无穷，则往往越发不能易知易循，成为胥吏等特殊利益阶层的垄断专利而诱发班馆的蔓延滋生；其次，如明人袁中道所言，"法密，则将阔略于远者大者，而修饬夫近者小者。盖至修饬夫近者小者，碎絮琐屑，而衰世之象见矣"⑤。清朝班馆长期禁而不绝的原因正在于不能着眼于大纲大目进行创新性的制度改革而一味斤斤矻矻于

---

① 陈全伦等主编：《徐公谳词》，齐鲁书社 2001 年版，第 338—339 页。

② 陈全伦等主编：《徐公谳词》，齐鲁书社 2001 年版，第 338 页。

③ 陈全伦等主编：《徐公谳词》，齐鲁书社 2001 年版，第 338 页。

④ 伍承乔编：《清代吏治丛谈》卷四，沈云龙主编：《近代中国史料丛刊》第二辑，12，台北文海出版社 1966 年版，第 712 页。

⑤ 袁中道：《珂雪斋集》卷二十，人心，钱伯城点校，上海古籍出版社 1989 年版，第 842 页。

细枝末节的补苴罅漏。再次，"古来政之弊也，不徒弊于疏略，抑且弊于繁密。处分重则人思规避，而巧宦生矣。条例多则法可游移，而舞文作矣"①。道高一尺，魔高一丈。矛与盾两者如切如磋，砥砺增益。随着律例条规的无限繁殖，彼此之间扞格凿枘势必大露破绽，为乘隙蹈虚者大开方便之门，以致法条有限而情伪无穷。按照马克斯·韦伯的学说，对时间的控制是所有科层制的共同特点。清朝刚性官僚行政体制亦然。维时地方州县政府牧令所司两大要务为钱粮与刑名，其两者之间存在密切关系。田涛等人收集整理的黄岩诉讼档案文书中将"完粮"作为格眼状纸重要格眼之一，并在"告词条例"中将其明确规定为受理呈状的限制性条款，这种情形在巴县和淡新档案中亦屡屡可见，不过我们不能以现代的纳税人权利与义务的法律理念作为参照物进行暗喻和类比，虽然传统中国不乏民本思想，但这种法律现象秉承的却其实是官本位的制度理念，源自州县官身兼法官和税务官二任的总体性司法体制现实。

　　被《清史稿》列入循吏传的蓝鼎元于雍正年间所著《鹿洲公案》记述其任潮阳县令期间与乡绅举贡等为催征钱粮的较量斗法，云："余思潮人好讼，每三日一放告，收词状一二千楮，即当极少之日，亦一千二三百楮以上。于当堂点唱之时，见系贡监诸生，必呼而问之曰：'若完粮否？召户房吏书赍比簿堆积案头，立查完逋。完则奖以数语，揖之退；逋则开列欠单，置之狱，俟完乃出。由是输纳者益多，而词讼亦稍减其半'。"② 我们将遗留性史料与记载性史料相结合、比勘，便不难看

---

　　① 梁章钜：《退庵随笔》卷六，政事，沈云龙主编：《近代中国史料丛刊》第四十四辑，438，台北文海出版社 1969 年版，第 291—292 页。亦可参见《续修四库全书》编纂委员会编：《续修四库全书》1197，子部·杂家类，上海古籍出版社 2002 年版，第 234 页。

　　② 蓝鼎元：《鹿洲公案》，群众出版社 1985 年版，第 4 页。我们发现，这种对于完粮信息的关注不仅不可能被比附为现代西方的纳税人意识的表现，事实上直到现在中国人也没有西方社会中的纳税人意识，这种牵涉到社会契约论、"无代表即无税"（No taxation without representation）的宪法原则等一系列支援性理念，参见张世明：《中国经济法历史渊源原论》，中国民主法制出版社 2002 年版，第 186—198 页。而且，这种完粮信息还可能是诉讼歧视和司法腐败的契机。时人就曾经控诉一些州县官"每年征收粮饷，例外私设甲书，沿乡苛索，官役分肥。（续下注）

出"完粮"作为格眼出现于状式主要是从便于州县官员催征钱粮的权宜实用角度出发而为之。钱粮和刑名对州县官员而言均急关考成。惟按限完解乃为称职，而审理词讼和缉捕凶犯亦分别有严格的承审限期、缉捕限期，凡愆期逾限，功令昭然，无疑对保障司法行政的时效性具有重要意义，但督责处分过于繁苛峻急，州县官员动辄得咎，一挂吏议，至少即为罚俸，重则降留、降调、革任甚或拿赴刑曹问罪，有历官数十年未沾寸禄而须追缴罚俸之事，故时称"州县官如琉璃屏，触手即碎"①。苦心孤诣于故纸堆的清代考据学大师阎若璩对此亦洞悉其弊，称："守令之苦在考成，而考成之苦在催科。昔之设官也以抚字，而催科次之；今之课吏也以催科，而抚字不问焉。"他栩栩如生地描述州县官忙于急急催科的情形说："但见其戴星而出，秉烛而咨者为钱谷也；文簿钩校于其前，鞭箠纷飞于其下者为钱谷也。夫现任之钱谷无论已，而并前官之所遗，与前官之前之所遗，而并萃于一人，是以一人而兼数人之责也；抑今岁之钱谷无论已，而并累年之所欠，与年来之所预借，而并征于一时，是以一时而兼数年之事也。此即若救火扬沸，如古之严酷者之所为，吾犹恐不足胜其任而愉快，而况犹是一手一足之守令乎？"② 从某种意义上说，丰亨豫大的康雍乾盛世圣朝正是在如此峻急的催科比责中打造出的辉煌风光。从农历二月到十一月，即赋税征收期间③，州县

（续上注）每逢听讼，未看词纸，先查粮册，量你家资取得几何，有钱曲可为直，无钱是反为非，听讼不分曲直是非"。中国史学会主编：《太平天国》三，《中国近代史资料丛刊》，上海人民出版社 1957 年版，第 3 页。

① 汪辉祖：《学治臆说》，商务印书馆 1960 年补印版，第 39 页。另一常见的史源为，汪辉祖：《学治臆说》，李靓点校，"公过不可避"，收入郭成伟主编：《官箴书点评与官箴文化研究》，中国法制出版社 2000 年版，第 227 页。

② 俱见阎若璩：《守令》，贺长龄辑：《皇朝经世文编》卷十五，吏政一，吏论上，沈云龙主编：《近代中国史料丛刊》第七十四辑，731，台北文海出版社1972 年版，第 567—568 页。

③ 清代地方州县钱粮征收分为夏、秋两限。雍正十三年（1735）规定，地丁钱粮上期在农历二月开征，四月输半，五月停征，称为上忙，下期八月接征，十一月截止，称为下忙。因物土异宜，各省的夏、秋两限各不相同。有的省份以二月至七月为上忙，八月至十二月为下忙，江苏、陕西、四川即是如此；亦有九月至十二月为上忙，一月至三月为下忙者，云南、贵州即是如此。"上忙"和"下忙"合称"上下忙"。

打板子

官每月都抽出几天时间专用于"比责"，对那些没有依期完结催科的衙役或没有按时完纳钱粮的民户拘押笞惩。清朝最高统治者亦深知"误国家者在一'私'字，困天下者在一'例'字"①。朝廷在对州县官钱粮催征上既功令綦严，飞檄交驰，在本州县"打骂得人，驱使得人，势做得开"②的牧令虽有"父母官"之称，但在考成的杠杆支配下，层层加码，频发雷火之签，只要能完成税收任务，一切正式的、公义的、官方的规则均可以置之度外，为营求升转往往不顾地方荒残，犹如穷困潦倒家庭的父母往往苛责打骂子女一样，对其子民打板子、关班房不免成为家常便饭，而差人持粮票下乡，更是急急如律令，借题发挥，狐假虎威，叫嚣乎东西，隳突乎南北，束缚驰骤无异犬羊，羁押幽禁形同地

---

① 《清德宗景皇帝实录》卷四百七十六，光绪二十六年十二月，台北华文书局股份有限公司 1960—1970 年版，第 4379 页。

② 东鲁古狂生：《醉醒石》，古典文学出版社 1956 年版，第 161 页。

狱，黑夜排闼，就床擒锁。① 咸丰元年，有弹章参奏"湖南同知俞舜钦前在江西铅山县任内，贪贿庇差，以练保兼催漕米。各都未完之米，勒令练保赔垫，以致该县五十余都胥受其累，又私设班馆，滥押无辜，非刑拷打，致毙练保余添福等数十人之多"②。光绪元年（1875），有奏折称："催科，官之责也；拖欠，则民之罪也。该管官或到乡坐催，或发票差催，自应饬殷丁地保指传的丁勒追，乃闻有纵差到处私拿，或同乡绅耆，或同姓富户，不问的丁与否，即锢禁差馆，勒银方释，不满所欲，则牵混禀官，复为羁押，勒令代完，更为刑逼重罚以饱私囊，而的丁之欠仍不注销，是视民为鱼肉也。"③ 光绪四年（1878），给事中崔穆之又奏称："近来各地方胥役，往往假公济私，漫无儆惧，如粮差催征，或勒令富户包完，多方需索，刑差传案，或勒索票费，并擅立班房，私动刑拷。"④ 即便黄六鸿作为体恤民瘼的清官循吏在官箴书《福惠全书》中也如前所述认为有必要将抗粮顽户拘押班馆扑作教刑，足见其间不得

---

① 余治《得一录》一语中的："大约官府好用大刑，只是不耐烦琐。"余治：《得一录》卷十五，"官长约"，光绪十一年宝善堂刻本，页四。曾任江西龙南、龙泉等县知县的何品玉在对拖欠钱粮者采取锁带押追措施的同时，其《将回城示》更反映出内心如同《诗经·召南·小星》中小吏肃肃宵征、夙夜在公的那种劳顿与苦闷，其文曰："腊月十六，火炮喧天。尔等固乐，我却不然。上宪责我，十分森严。尔无天良，我则何言！扪心自问，赶紧清完。"何品玉：《两龙琐志》卷四，光绪二十六年刊本，页三十三。为了完成征税任务，地方官员甚至也采取所谓"放炮""太平炮""倒炮"等近乎当今商家打折促销的一些欺骗手段。张集馨在《道咸宦海闻见录》中如是记述云："官将去任，减价勒税，名曰放炮。繁剧地方，放炮一次，可得万金，或五七千金不等。官累重者，日放谣言，云将去任，减价催税；差役又遍乡里传之，百姓贪图小利，纷纷投税，其实并无去任之说，名为太平炮。又有新官甫经到任，亦减价催税，名曰倒炮。相沿日久，虽与例不甚相符，究比横索民财，犹为善取，上司可不必问也。"张集馨：《道咸宦海见闻录》，杜春和、张秀清整理，中华书局 1981 年版，第 116 页。

② 《清文宗显皇帝实录》卷四十一，咸丰元年闰八月，台北华文书局股份有限公司 1960—1970 年版，第 540 页。

③ 朱寿朋编：《光绪朝东华录》，光绪元年十二月，中华书局 1958 年版，第 164 页，总第 182 页。

④ 《清德宗景皇帝实录》卷六十八，光绪四年二月，台北华文书局股份有限公司 1960—1970 年版，第 611 页。

已的苦衷，而且一些不能如期完成催征任务的胥吏等亦难逃打板子、关班房的厄运。清末个别州县官对上级禁革班房并参处相关责任人的政令持抵触情绪，认为这样严办官役，则必致百姓刁风日长。除催征之外，州县官采取馆押差带的事由尚有属于"民事管收"借以强制被告履行其义务者、当事人抗不遵断加以心理上压迫者、因有人顶讯而予以馆收迫其跟交本人赴讯者，等等。① 清朝州县官以拘押班馆为催征执法利器，实际上是传统国家刚性行政体制权威性资源匮乏而外强中干、色厉内荏的表征，体现着司法场域各种行动者酷虐相寻的众预性和众役性。

国内外法学家往往从法文化的角度批评中国传统法律重刑轻民、民刑不分，殊不知近代以前的西方同样没有真正严格的民刑分离，这种情形可以从传统社会配置性资源和权威性资源不充分得到一定的诠释。传统社会按照吉登斯的观点处于生存性矛盾（existential contradiction）之中。在刚性财政制度下的汲取能力的有限性及其权威性资源的稀缺，使清王朝司法资源配置只能以命盗刑案为要务而将户婚田债视为细故，并不自觉地偏好于以低成本的刑事手段处理民事案件，导致民事案件刑事化或泛刑化，正如日本著名的中国法律史专家寺田浩明教授所说："为了在有限的资源下实现和平共存，有时候除了社会的全体成员各自忍耐（每人都自我放弃一定利益）之外并无其他更好办法。"② 清代司法实践并无现代诉讼程序法民事与刑事两大类目明确的分殊，尽管时人所谓"狱讼"有"争罪曰狱，争财曰讼"之别，且将"词讼案件"和"命盗案件"相对称，或将前者简称为"词讼"而用"案件"指代后者，但并不与现代诉讼法中民事案件与刑事案件的概念完全一一对应。就清代州县官司法权而言，户婚田土及笞杖轻罪由州县完结，例称自理词讼；而"自斥革衣顶问拟徒以上，例须通详招解报部，及奉各上司批

---

① 戴炎辉：《清代台湾之乡治》，台北联经出版事业公司 1979 年版，第 656 页。

② 寺田浩明：《权利与冤抑——清代听讼和民众的民事法秩序》，滋贺秀三、寺田浩明等：《明清时期的民事审判与民间契约》，王亚新等译，法律出版社 1998 年版，第 236 页。

审，呈词须详覆本批发衙门者，名为案件。"① 州县有初审权但无权判决而须向上级审转的这种刑名案件又被现代学者称之为"审转案件"。清朝中央专制集权达到前所未有的高度，对徒刑以上的刑名案件、特别是命盗案件耗费大量司法行政资源实行繁复的逐级审转制度，制定严格的承缉审理时限、法律责任以及处罚规章并与官员的考成相挂钩。相反，尽管清政府规定"州县自理户婚、田土等项案件，限二十日完结者，各设立循环簿，于每月底将准告审结未审结事件，填注簿内，开明已未完结缘由；其有应行展限及覆审者，亦即于册内注明，送该管知府、直隶州知州查覆"②，但由于自理词讼不像命盗等刑名案件特关考成，州县官往往漫不经心，任意延搁，民间所说"官无三日急"即是之谓。对于命盗等刑名案件，州县官因考成攸关而虑于参议，在严峻法条绳墨下自然不敢掉以轻心，干犯人证不齐造成审拟招解逾限，其责谁负？因此多有班馆差带诸名目，胥役借端虐诈，弊窦丛滋，虽屡经内外臣工参奏而终不能革。一位曾任知县的官员如是云："州县班房久干例禁，然遇人命、窃案未定案之前；及屡传不到要犯，或枷犯、或应追公私欠项、或初次贼犯，既不应收禁又无人取保，岂任在外不能不管押者？"③ 逾限不能获盗，州县官议罚受处自不待言，而为在展限期内将盗犯拘提到案，州县官在情急之下甚至将衙役亲属羁押班馆作为砝码驱使衙役上紧力捕，淫威大发，几近于荒唐和疯狂。另一方面州县官对自理词讼的偏忽又造成大量积案，以致"署前守候及羁押者，常数百人，废时失业，横贷利债，甚至变产典田，鬻妻卖子，疾苦壅蔽，非言可悉"④。

特别是清中叶以后，随着科举制度生产的大批官员新进候补力量与

---

① 包世臣：《安吴四种》卷三十一，泾县包氏注经堂同治十一年刻本，页七。

② 光绪朝《钦定大清会典事例》卷一百二十二，吏部，处分例，外省承审事件，台北新文丰出版公司 1976 年依据光绪二十五年原刻本影印版，第 6709 页。

③ 文海：《自历言》，光绪五年延莆轩刻本，国家图书馆藏。丁日昌也有类似的观点，云："羁押人犯，原因案情重大，或人证未齐，一时遽难定谳，不得不择要管押。此乃听讼者无可如何之举。"（见丁日昌：《抚吴公牍》卷三，《中华文史丛书》之四十七，台北华文书局股份有限公司 1969 年版，第 175 页。）

④ 包世臣：《安吴四种》卷三十一，泾县包氏注经堂同治十一年刻本，页八。

日俱增，刚性行政制度下的官缺势必成为越来越紧张的稀缺资源。邯郸道上，人满为患，宦途滞壅，候补无期，候缺无期，既得缺实授，出膺民社，吏议繁密，督责过甚，稍不中程，谴谪立至，所以州县每每以巧为宦，将心思和时间放在对上官的趋承钻营，朔望问安，昏夜谒见，莫不以获上为心。赫格斯特兰德（Torsten Hägerstrand，1916—2004）所阐述的时间地理学将日常生活的例行性与人作为一种"生平筹划"（biographical project）的生存状态相联系，强调在空间中进行的运动也是在时间中的运动，时空的"容纳能力"（packing capacity）是有限的，行动者的生活轨迹"不得不将自身纳入他们在此世的时间和空间中的共同存在所导致的压力和机会之中"①，在生平筹划中只能利用时间和空间本质上有限的资源。州县官全神贯注逢迎上司自然导致精力不济而旷废职责。清代许多首府首县之所以班馆现象严重，其中一个重要原因即在于"首邑之烦则在奔走——寅出未归，有限之精神半消磨于听鼓应官之地，上院也，上藩司也，上臬司也，上道也，上府也，上马头也，拜客也，庆吊也，会客也，饮食宴会也，独置民事于不问"②。表里不一本

---

① Hägerstrand, *Innovation Diffusion as a Spatial Process*, translated by Allan Pred, Chicago：University of Chicago Press，1967，p. 332.

② 陈述文：《答人问作令第三书》，盛康辑：《皇朝经世文编续编》卷二十五，吏政八，守令中，沈云龙主编：《近代中国史料丛刊》第八十五辑，831—849，台北文海出版社1972年版，第2676页。袁枚与纪昀并称为乾隆时期两大才子，有"南袁北纪"之说。袁枚曾在谚语所说的"恶贯满盈，附郭省城"的江宁做知县。首府、首县必须昧宵昏而犯霜露，俾夜作昼，每起得闻鸡鸣以为大祥，终日迎来送往，供亿纷纭，若不跪膝奔窜，便瞠目受嗔。及至日昳始归，而环辕而号者，老弱争来牵衣，势不得不秉烛坐判。甫脱衣息，而驿券报某官某所，则又遽然觉，凿然行。一月之中，寝食靡宁，膳饮失节，苦不堪言。他最后实在忍受不了这种为大官做奴的日子，只好怀着万般无奈及早从官场抽身而退。其《答陶观察问乞病书》道出了他在前途正长之际辞官归居随园的真实原委和个中心曲。袁枚：《袁枚诗文选译》，李灵年、李泽平译注，巴蜀书社1990年版，第193—197页。又如，广东番禺作为首县，胥吏私设班馆缘以为利的问题长期以来就极为突出。许承志任番禺知县后，虽然敏捷精干，但不得不"朝谒上官，暮理庶狱，更漏四下乃寝"，"一月中尝乞假六七日，以清留牍。梁公敦书时为按察使，逢假期辄语人曰：许令又将闭阁理事矣"。赵怀玉：《亦有生斋集》文卷十三，"故广东番禺县知县许君家传"，道光元年刻本，页十四。

是官僚政治的特征，清朝官员唯权是尊，惟下是虐，有"官场专糊顶棚"之说。这种州县官员奔走关节而不务正业的"前台"和"后台"区域化显然受刚性行政体制规范性约束强有力的控制，而各级地方官通过"糊顶棚"的办法所展辟出的广阔后台区域则形成一种意义重大的资源，使这些官员可以反思性地利用这一资源在他们自身对社会过程的解释和"正式"规范所提倡的解释之间保持相对的心理距离，奉上虐下，造成大量积案束之高阁、班馆待质者比比皆是但上司监而不察且举以为通达明治。

海德格尔指出："流俗领会所通达的'时间'的种种特性之一恰恰就在于：时间被当作一种纯粹的、无始无终的现在序列，而在这种作为现在序列的时间中，源始时间性的绽出性质被敉平了。而敉平绽出性质这件事本身，就其生存论意义而言，却又植根于某一确定的可能的到时之中，时间性依照这种到时而作为非本真的时间性使人们所谓'时间'到时。"① 传统的观点过分强调人的活动为"方方面面的时空墙"所限制的事实，将时代对人的活动制约视为如同地球引力对人的吸附一般绝对，时势造英雄与英雄造时势的争论长期聚讼不休，因此海德格尔从人的主体性的角度凸现时间性加以校正偏颇。其实，人并不仅仅是处于时空框架的囚徒，完全可以通过实践从既存的时空情景关联中拓殖崭新的时空型构，而吉登斯即鲜明地提出社会科学的根本问题即旨在解释人们借助社会关系跨越时空的伸延。清朝定鼎北京伊始，班馆问题对满族最高统治者来说尚未成其为问题，但班馆现象病毒的根源已自明代传承下来，其蔓延的萌芽已有所呈现，只不过没有引起满族最高统治者的足够警觉而已。《大清律》"因应禁而不禁"条规定："徒犯以上、犯人犯奸收禁，官犯公私罪、军民轻罪、老幼废疾散禁"②，但"故禁故勘平人"条下的康熙五十四年附例又云："其余干连并一应轻罪人犯，即令地保

---

① Martin Heidegger, *Sein und Zeit*, Tübingen：Max Niemeyer Verlag, 1979, S. 329.

② 沈之奇：《大清律辑注》，怀效锋、李俊点校，法律出版社 2000 年版，第983 页。

保候审理。"① 这两条律文均转抄自《大明律》，二者既含糊又矛盾，实为清朝班房泛滥之肇端。顺治十六年（1659）覆准，五城人犯，有事关重大者，方许羁铺候审，其余小事，不得滥行羁铺。五城察院审理案件时得将人犯交由捕役羁铺候审，迄清末为止仍有依此方式羁押人犯于五城司坊官班房者。此规定说明清初满族最高统治者开始意识到班馆问题的危害性但并未对此一概严厉禁绝，如是网开一面遂使班馆的余祸绵延不绝而后患无穷。康熙四十五年（1706）覆准，问刑衙门设有监狱，将仓铺所店尽行拆毁，除重犯羁监外，其干连轻罪人犯，即令保候审理，如有私设仓铺等项，将轻罪人犯私禁致毙者，该督抚即行指参，将该管官照例治罪。此规定为全面拆毁和禁止班馆的第一次宣言，亦是班馆现象逐渐开始大面积蔓延的折射反映，不过是时惩处条款仅限于私设班馆致毙人命等情节严重的行为，其法条之疏阔昭然可见。雍正帝锐意兴革，于雍正三年（1725）谕允刑部尚书励廷议之奏，饬令各地监狱俱分内外，内监以居重要人犯，外监以居被羁轻犯及案内听审人犯。雍正年间的狱政改革对有清一代司法制度影响极为深远，实与其经济方面耗羡归公的改革同等并重，亦力图通过整饬规范外监以取消各地名目繁多的班馆，然如同耗羡归公改革之后仍难免耗外有耗、旧祛新增，实行内外监制度仍无法令班馆弊绝风清、草斩根除，且治丝益棼，外监被理解和等同于合法化的班馆后反而赋予班馆现象的存在以更为充分的合理性。《偏途论》云："管外监，又名班房一事，乃命盗抢劫及窃贼等案之犯，虽系正凶，尚未招认，收禁不能，交差不能，设此收管之所也。凡收提人犯须凭门条，不可误，禁卒（又曰看役）发放。不尽所言，方照监规大略论也。"② 光绪八年（1882）六月，通政使司副使张绪楷奏称，奉天承德县遇有呈控事件，门丁吏役传递，广通贿赂，勾结匪

---

① 张荣铮等点校：《大清律例》卷三十六，天津古籍出版社1993年版，第607页；亦见光绪朝《钦定大清会典事例》卷八百三十九，刑部，刑律断狱，故禁故勘平人，台北新文丰出版公司1976年依据光绪二十五年原刻本影印版，第15546页。

② 《偏途论》，章伯锋、顾亚主编：《近代稗海》第11辑，四川人民出版社1988年版，第667页。

徒，诬良讹诈，署东设有班馆可容百数千人，名曰外监，勒索不遂，即送禁锢。① 光绪二十七年（1901），张之洞、刘坤一在《遵旨筹议变法谨拟整顿中法十二条折》提交的改革方案亦云："至羁所一项，所以管押窃贼地痞及案情干涉甚重而供情未确、罪名未定、保人未到者，定律虽无明文而各省州县无处无之。盖此等案犯，若取保则什九潜逃，断不能行。若令还住客店交差看守，则勒虐更甚，无从稽考。故羁所一项，其势不能不设。"② 张之洞和刘坤一考证雍正三年内外监改革原委后称："今之羁所，即本励廷仪所奏外监之意，拟请明定章程。各处羁所，务须整洁宽敞，不准虐待，亦不准多押。至传质者归入候审所，各省多已设立，其余差带官店等事，务须禁绝。"③ 雍正帝的整肃和改革使班馆问题一度趋于敛迹阒然。乾隆初期政尚宽和，及至中期人口膨胀迅速，而晚年和珅擅权、官场腐败，班馆现象复炽。乾隆帝是时威望冠盖一世，挥斥方遒，尤其在林爽文起义后整顿台湾吏治过程中发现私设班馆现象严重，遂以雷霆万钧之势遇事严惩，开展的整肃运动对各省尚能起到一定的震慑作用，即便如此，在台湾亦有胥吏敢于严禁班馆之时顶风违法。乾隆中后期屡次严饬问刑衙门将班房等项名目永行禁革，要求各省督抚年终奏闻有无私设班馆之弊，并于乾隆五十五年（1790）议准，一旦失察私设班馆，该管官降二级调用。清代档案材料中有大量各省督抚为遵例汇奏有无班馆之弊事的朱批奏折。如乾隆五十七年（1792）十一月，湖南巡抚姜晟奏："伏查衙蠹最为地方之害，而私设班馆、刑具尤属肆虐殃民，不容不严行防禁。臣每予所属详办各案，俱随时查察，遇有关涉书役之事，必严饬确审究办，重示惩创，并于接见属员之时即饬以约束书、役，峻立防范，使知所儆惕，不敢阳奉阴违。兹据臬

---

① 参详《清德宗景皇帝实录》卷一百四十七，光绪八年六月，台北华文书局股份有限公司 1960—1970 年版，第 1348 页。

② 丁守和等主编：《中国历代奏议大典》，"遵旨筹议变法谨拟整顿中法十二条折"（光绪二十七年六月初四日），哈尔滨出版社 1994 年版，第 588 页。

③ 丁守和等主编：《中国历代奏议大典》，"遵旨筹议变法谨拟整顿中法十二条折"（光绪二十七年六月初四日），哈尔滨出版社 1994 年版，第 588 页。亦见刘坤一、张之洞：《江楚会奏变法三折》，沈云龙主编：《近代中国史料丛刊续编》第四十八辑，471，台北文海出版社 1977 年版，第 81—82 页。

司恩长查明，现在并无设立班馆、私立刑具等弊，循例详请汇奏前来。臣覆查无异，除仍不时督率司道等官严查办理，禁止日久玩生、稍有纵弛外，所有乾隆五十七年分，各属并无设立班馆、私置刑具缘由，理合会同督臣毕沅恭折具奏。"① 但许多督抚于年终汇奏总以并无班馆之事为词，年终汇奏竟流为等因奉此、告朔饩羊的具文。嘉庆帝即位，朝纲更形萎靡阘茸，班馆现象渐成燎原之势，嘉庆帝屡降谕旨严行饬禁，加大对失察官员的惩处力度，然此时的制裁手段与其说是有效控制的基础，毋宁说是有效控制失灵的标志。嘉庆四年（1799）上谕云："至私设班房及自新所名目，滥拘滥押之事，本干例禁，从前久经声明，入于汇奏，近年改为汇咨，或地方官日久玩生，视为具文，又复萌其故智，拖累无辜，不可不严行查察，着通谕各督抚饬属一体查禁，如有阳奉阴违私行设立者，即当严讯究办，若大吏祖庇属员，有心徇隐，一经查出，必当一并治罪不稍宽贷。"② 次年定议奏准，问刑衙门差役人等私设班馆，押禁轻罪干连人犯，在官署内者，该管官照故禁平人杖八十私罪律降三级调用；因而致死者，革职治罪；失察之府州降一级留任，司道罚俸一年，在官署外者，该管官罚俸一年，因而致死者，降二级留任；失察之府州罚俸九月，司道罚俸六月。道光年间饬禁各省州县私设班馆的上谕最多，几乎无岁无之，惜惟恪守祖制重申旧令而已，大同小异，言者谆谆，听者藐藐，禁之不止，令之不行，难免雷大雨小之感。咸丰五年（1855），清朝中央政府对班馆的查禁科条更形森严，规定：书差私设仓铺所店及班馆、押保店等项名目，押禁轻罪干连人犯致毙人命，如本管官知情故纵者革职提问，未经致死，知情故纵者，降三级调用，如仅止失于觉察，因而致毙人命者，降二级调用，未经致死者，降二级留任，自行查出究办、未经致死者免议。查出在致毙人命以后者，仍照例议处。臬司、道府、直隶州失察所属私设班馆等项名目，同城之府州降一级留任，道员罚俸一年，臬司罚俸九月，其不同城之府州罚俸

────────────

① 档案《朱批奏折》卷三，《法律类·律例》。转引自吴吉远：《清代地方政府的司法职能研究》，中国社会科学出版社1998年版，第247页。

② 光绪朝《钦定大清会典事例》卷一百三十五，吏部，处分例，禁狱二，台北新文丰出版公司1976年依据光绪二十五年原刻本影印版，第6886页。

一年，道员罚俸九月，臬司罚俸六月。每逢夏季热审届期，该督抚遴选诚实佐贰人员委赴各州县明察暗访，如有书差私设班馆等情，立即密禀查参，如无私设情事，由该委员出结存案，倘日后乃有私设管押别经发觉，或被人控告审明得实者，该督抚将委员职名随案附参，如系扶同捏饰，照徇隐例降二级调用，如仅止未能查出，降二级留任。自乾隆末年至同治末年，清朝中央长期对班馆除重申禁令和加重处罚力度外基本上敛手无为，班馆现象的蔓延滋生与处罚规则的扩张细密并辔而行，愈定愈苛的科条加剧督抚司道每每恐干严议而本能徇庇讳饰所属私设班馆情形的偏离效应，作为非正式制度的班馆溢出于清朝刚性行政体制的严格封闭空间之外愈演愈烈。

与清朝中央政府长期对班馆以私行羁押例采取严厉禁止的态度形成耐人寻味对比性反差的是，19世纪以前受儒家仁爱和民本思想浸染颇深的务实型基层知识分子却对班馆的存在持有限度的认可态度。例如，汪辉祖即对乾隆末年声势浩大的禁革班馆运动不尽完全同意，云："管押之名，律所不著，乃万不得已而用之，随押随记。……向有班房，夜间官须亲验，以防贿纵。数年前禁革班房名目，令原差押带私家，更难稽察，似不如仍押公所为妥。"① 后世学者根据黄六鸿、刘衡、文静函、汪辉祖等人的论述多谓清代班馆的存在具有合理性，然合理性者乃属于价值判断问题，仁智异见，黑格尔即有"凡是存在的都是合理的"② 这一众所周知的名言，单纯争论清代班馆存在具有合理性其实是一个没有意义的伪问题，应以黑格尔氏上述名言所蕴含的辩证思维分析和审视清代班馆所谓合理不合法的复杂内在逻辑，且所谓"合理性"的"合理

---

① 汪辉祖：《称职在勤》，邵之棠辑：《皇朝经世文统编》卷三十五，内政部九·臣职，沈云龙主编：《近代中国史料丛刊续编》第七十二辑，711—720，台北文海出版社1980年版，第1408页。

② 这里按照中国学术界通常流传的表述方式。实际上，这句话的德语原文为：Was vernünftig ist, das ist wirklich; und was wirklich ist, das ist vernünftig（凡是合乎理性的东西都是现实的，凡是现实的东西都是合乎理性的）。见于 Georg Wilhelm Friedrich Hegel, *Vorlesungen über die Philosophie des Rechts*: *Berlin 1819/1820*, Nachgeschrieben von Johann Rudolf Ringier, Hamburg: Meiner Verlag, 2000, Einleitung, XXI。

性"本身即并非不证自明的先验范畴。如果说班馆现象是寄附于清朝司法行政体系具有严重危害性的毒瘤，那么该毒瘤正是由清朝总体性制度提供的养料而得以发育生成，其他正式制度和规则如同血管、神经和肌肉组织与此毒瘤相通连和包裹，并且该毒瘤深入腠理已经影响到整个司法行政体系行为方式，因此剥离和切除该毒瘤殊非易事。清朝中央仅仅依靠严饬纪律的治标行为而长期不能正视现实从经国体野之大端进行疏导化解、培元固本等制度创新设计和营构，恰如朱熹所说"大本不立，小规不正"①，班馆现象禁而不止的原因即在于此。

19 世纪以后近七十年的时间里，推动班馆制度变迁的措施主要肇端于一些力图经世改良的地方督抚及其幕僚。黄六鸿、文静函、汪辉祖等人的思想路线后来被许多地方官员或幕僚所继承，许多地方督抚改良班馆的措施即受幕僚的影响或出自幕僚之手。因为形势比人强，班馆作为非正式制度切入清朝司法行政体系的时间与空间甚深，其时空伸延跨度甚广，冰冻三尺非一日之寒，随着日常惯例化所聚积起来的使动性能量足以抵御九五之尊的天子煌煌圣谕的威力而积重难返，对地方基层情形更为了解的地方督抚及其幕僚深明朝廷"查禁"政令不切实际，揆情度理，多采取"规范"措施。地方的规范措施与中央的查禁政令异曲同工，在表面的操作层面是相异的，在深层的发展方向上却是相反的，殆放弃悬为厉禁的大防而以约束为合法化为退让底步，使班馆规引入正遂呈现出从地方各省悄然兴起的制度变迁浪潮。地方督抚的改良制度主要有：

1. 册报制度

嘉庆二十五年（1820），闽浙总督董教增等鉴于首府闽、侯二县管押人犯甚多，虽有循环号簿造报，但无证明犯事案由以致无从稽核，而外属府、州、厅、县均有自理词讼及管押人犯，但均不在月报监犯清册同时一并造送管押人犯清册，遂檄饬福州府及闽、侯二县将自理、上发委审应行管押人犯在造报循环号簿时于每犯名下开写犯事简由，注明奉

---

① 黎靖德编：《朱子语类》卷第八，王星贤点校，中华书局 1986 年版，第144 页。

发收禁日期，至外属各处按月开具管押犯事由，管、收、除、在清册，申送府州，责成该管府州就近察核有无滥押情弊，并将此明定章程刊入省例。同治七年（1868），丁日昌就任江苏巡抚后在总结前人经验基础上进一步规定，各州县每月将自理词讼禁押人犯分别管、收、除、在，造具简明词讼清册和监押清册各一套呈送查核，使管押册报制度臻于完备和成熟。嗣后，直隶、浙江、江西、福建等省的管押册报制度均基本采取丁日昌在江苏订立的册式。丁氏自己在《清理积案以甦民困疏》中云："前直隶总督臣曾国藩、前福建巡抚臣卞宝第知行之有裨于民，先后向臣处抄录章程通饬直隶福建各属一体仿办。"① 丁日昌的幕友褚以兴在《抚吴公牍》丁氏订立的章程后所加按语亦有曾文正公在直督时曾请丁氏开列章程仿照办理云云。丁日昌曾为幕于李鸿章，而李鸿章又曾为幕于曾国藩，丁氏进京陛见时就访于保定时任直隶总督的曾国藩，旋于同治八年（1869）出台的《直隶清讼事宜十条》显然参考了丁日昌在江苏的措施，但素有"骆大师爷"之称的骆照在同治初年入幕直督即着手清讼，曾拟订清理积案规条十则，亦有管押之犯按月开折呈报制度，曾国藩《直隶清讼事宜十条》遂多取法于此，将丁日昌的各项制度规定棱角太露处多有磋磨并独具特色，以其地位促进了《直隶清讼事宜十条》在各直省的推广。②

2. 粉牌制度

清代衙署前素多有设粉牌悬挂壁上进行公示者，发布的信息或为命

---

① 葛士濬：《皇朝经世文续编》卷八十七，沈云龙主编：《近代中国史料丛刊》第七十五辑，741，台北文海出版社 1972 年版，第 2223 页。

② 骆照，字澈洁，在 1838 年至 1839 年间被直隶按察使陆费琼延入幕府，同治时直隶总督刘长佑延之入幕。光绪初应浙江巡抚梅启照聘。1880 年应署漕运总督薛允升聘。1882 年入幕于江苏巡抚卫荣光。在咸丰、同治年间，直隶督署积案达 500 余件之多，搁压达八九年之久，骆照受直隶总督刘长佑的委托清理案件，殚精竭虑，仅用了五个月的时间，即全部就绪，其拟订的"清理积案规则十条"，为后来曾国藩清理积案提供了一个蓝本。参见朱仲华：《我所知道的绍兴师爷》，见中国人民政治协商会议浙江省委员会文史资料研究委员会：《浙江文史资料选辑》第 26 辑，1983 年内部印行，第 150 页。尚小明编著：《清代士人游幕表》，中华书局 2005 年版，第 316 页。

令，或为衙役值班日程表，或为应理词讼摘要，等等。丁日昌利用这种早已有之的形式对班馆管押进行监控，规定各州县特设大粉牌一面，将管押人犯姓名、案由、月日及已未讯释缘由，随时开写明白，常川悬挂署前，使民间共见共闻，差役无从舞弊。

3. 取具切结制度

乾隆年间查禁班馆规定各省督抚年终汇奏制度实际即蕴含出具甘结之意，唯存恤官体起见不以为名而已。但各督抚对下属推行查禁班馆运动时即不必讳饰，往往饬令通省下属各级地方政府将落实情形"会具印结送查，仍于岁底会同结报"①。至道光初年张集馨在山西任职时即接奉宪札饬查禁所属私设班馆、差役人等锁押无辜等事，时晋省臬司即札行各属并派员确查取结存案。丁日昌等人采取规范班馆的政策主要是禁止差役私押，移外于内而使之处于监控之下。光绪元年（1875），李鸿章继任直隶总督后仍奏行乃师曾国藩创办清讼章程，"将前人所辑戒押班条谕刊发各属，令其仿照查办，其押所悉令移至署内"②。光绪年间，州县官要求衙役立具甘结，保证不得于衙署公所外私设馆外私押人犯而处于州县监控之外。如光绪十八年（1892），台湾新竹县一快头役梁鸿即如是具结称："今当天老爷台前，结得一快保中港，从今以后，罔敢私设外馆对保名目。如有此情，役甘当坐咎。合具切结状缴案是实。"③

以骑射见长的满族贵族统治至清季已为强弩之末。清朝中央将查禁班馆之弦绷得紧而又紧，无可复加，最终不得不改弦易辙。早在道光年间，幕友出身的汤用中《暂系平民受苦最酷议》即提出仿照罪囚衣粮例将班房改造为待质公所的主张，并逐步流布而颇为时人所认同。光绪元年（1875）十二月，贵州巡抚黎敬培以汤用中策议为蓝本呈奏《添设平民待质所请饬各直省一律举行折》，并得到朝廷批准，此为清朝中

① 《福建省例》，"饬禁滥差滋扰，一票只许一差"，《台湾文献史料丛刊》第七辑，141—142，台北大通书局1987年版，第951页。
② 朱寿朋编：《光绪朝东华录》，光绪元年三月，中华书局1958年版，第27页。
③ 《台湾淡新档案行政文书编初集》上册，《台湾文献史料丛刊》第三辑，295，台北大通书局1984年版，第193页。

央对班馆政策由查禁转向规范之始。待质公所在各省实施情况参差不齐，有的省份并未实施，有的州县积极迎合这种改革风潮纯粹出于趁势将班馆合法化，班馆之弊依然如故。① 沈家本和伍廷芳奉命变法修律之初关于改革班馆的规划仍基本上着眼于挖掘传统资源，但随着大批留日学生归来和对日本法律制度考察的深入，以日本为中转站所继受的西方司法制度和思想资源为清末改革班馆积弊注入了新的活力。蔡振洛受直隶总督袁世凯之命赴日考察监狱后建言称："我国向不分罪人与被告之待遇，一经犯案拘押之后，则概以犯罪者视之，所异者定罪收禁监牢，未定罪只收班管"，其实班馆条件尤劣，被告人之苦反甚于罪人。外国拘置监之宗旨有四：一是严防逃逸及自裁者，二是保存其证据者，三是保护被告人以虞有冤枉之处，四是调查状况，默窥其真伪之情。"我国近日班管虽有改管收处等名目，视前稍为洁净，然于四者宗旨并未筹及，不免种种滋弊"，应于审判厅附近建设一拘置监以辅于已决监。② 光绪三十四年（1908），法部奏核议御史麦秩严奏改良监狱亟宜整饬折提出：外省府厅州县所称外羁官居、差馆、候审所等着令立即裁撤，京师各级审判厅和各直省地方听讼衙门一律设立看守所一区，凡被控候审未定罪名人犯皆发交该所如法看管。

　　班馆作为一种非正式制度虽本干例禁，但在有清一代始终滋蔓难图。吴思由此提出"潜规则"的概念与"显规则"相对应，这和黄宗

---

　　① 笔者在对本书出版前统稿过程中发现了日本慶應義塾大学名誉教授可儿弘明（かにひろあき）《关于清末班馆的记载》（「清末の班館に関する留書」）一文，其中引用在广州创办了中国最早的教会医院博济医院的美国传教医生嘉约翰（John Glasgow Kerr，1824—1901）所写的《广东的监狱》（Kerr, The Prison of Canton, *The China Review*, Vol. Ⅳ, 1875）一文，将非合法的差管与私设班馆加以区分（约略等同于清人所谓公押和私押的判分）。其中差管被嘉约翰称为ポリス・ペリズン。可儿弘明认为嘉约翰在文章中所列举的南海县差馆一览表中的深港犯房、四牌楼胜福堂、魁巷敬善堂、仙湖街同安堂、惠福巷差馆、南署两班馆、旧梨园馆、华宇里识局候审公所可以称为合法的差管。参详可儿弘明「清末の班館に関する留書」『史学』第 58 卷第 3、4 号并号、1990 年、257—265 页。

　　② 甘厚慈辑：《北洋公牍类纂》卷五，吏治三，监狱，《项城袁世凯有关资料汇刊》，台北文海出版社 1966 年版，第 425 页。

智提出的"法律表达"与"法律实践"的相离异（disjunction）的问题在笔者看来仅仅表述不同，而所致力诠释的主旨却是大体一致的。每个学者的观点都自然是具有身家背景的。黄宗智的研究主要不满足于吉尔兹带有认识中心主义（epistemocentrism）色彩的对符号、表象等单纯的深度描写，并且受布迪厄（Pierre Bourdieu）关于"实践"研究的影响。就法学研究内部而言，规范逻辑实证主义（normlogischer Positivismus）和实验实证主义（empirischer Positivismus）的两大阵营长期对垒，奥斯汀（John Austin）的分析法学及其后凯尔森（Hans Kelsen）的"纯粹法学"和埃尔利希（Eugen Ehrlich）、庞德（Roscoe Pound）等为代表的社会法学之间大相径庭。与黄宗智集矢于"法律表达"与"法律实践"相离异现象的研究路径不同，笔者的着眼点在于力图超越"纸面法"（paper law）与"活法"（living law）、被规定的法律（law as prescribed）与被实践的法律（law as practiced）的二元论对立。按照冯友兰的说法，中国古代名辩学派就非常发达。笔者认为中国古代对"名实相怨"的现象和对"名"的指称的独立性的探索与当代西方语言学转向表现出的诸多特征不谋而合，中国的法家一直强调循名责实。吉尔兹将法律作为地方性知识阐释的符号现象学自有其殊胜之处，但其与结构主义结盟的倾向彰彰甚明；受文本分析影响的"表象史"已被视为伫立悬崖边，似乎有悬崖勒马的必要，应警惕其不断开疆拓土后的负面影响，因此我们确实有必要放宽理论的视界而不仅仅沉湎于对法律表述等的现象学描述。笔者在通过对班馆概念的语言学分析和班馆现象的文本信息分析后，引入资源、实践与时空概念对班馆的结构化过程进行力所能及的探讨，与其说是将班馆作为实体加以把握，毋宁说是将班馆置于行为过程的关系网络之中加以审视。易言之，班馆实质上是一种资源/博弈/空间关系。如果说吉尔兹的研究在于描绘符号象征（symbol-metaphors）交流转换网络的文化地图，那么笔者的目的则在于采取新历史法学的路径勾勒"纸面法"与"活法"（或者说"显规则"与"潜规则"、"法律表述"与"法律实践"）之间的"转换规则"，将帝国的法律和法律的帝国视为多元的同一。正如社会学家加芬克尔（Harold Garfinkel）所说："规则与其说是先于行动，作为行动的'蓝图'和规定发生作用，不如说是在行动之后，是使行动成为可说明的、可描述的一种'工具'。"① 教义法学或许已经到了应走出"光荣孤立"的封闭空间对"规则"或"法"进行重新界定而兼摄实定法和法律事实的时候了。

第三节　待质公所之设立

先是，道光年间曾任两淮盐运使的汤用中早年游幕河南时，著有《暂系平民受苦最酷议》，称：国家慎重刑狱，律令昭垂，惟暂系平民待质，未有专条，臬司乃通省刑名总汇，凡案关疑难重大，不亲提研鞫，无以伸冤屈而服人心，惟案经提省，则干连人证不能不与之俱来。此辈或由牵涉，或被诬指，或属尸亲，或系词证，皆非有罪之人。一经牵入，其在本州县已受胥役之追呼、里保之抑勒，不免破产倾家，迨至随同批解到省，远者千余里，近亦数百里，废时失业，皮骨仅存，一奉羁押公廨，即与囚犯无殊，既不能食力营生，又无人顾送衣食，所恃每日官捐之数十文借以度命，而此数十文尚为典守者恣情扣克，夏则人多秽积，疫疠熏蒸，冬则严寒裂肤，冻馁交迫，以致瘐死相继，惨不忍睹。案内正犯，或且事雪生还，待质之人则旅殡孤魂，长填黑狱。国家每岁大辟，不过数百起，朝审覆核，至再至三，又皆经御笔勾到然后行刑，而今各省待质拖毙之人且数十倍于伏罪斩决之犯。罪囚入狱，例有衣粮，病则医药，死则殓理，孕则停刑，令典昭然，而此项牵连待质之人独听地方官劝办养活，事同具文，坐令困阨至死，无冤可鸣，无伤可验，或交属领回，或就近瘗埋，从无控诉之事，亦无查核之人，以致首府县及委审诸员皆习而忘之。汤用中分析造成这些弊端的原因有四：一由于臬司审断不速结，一由于州县解犯不齐全，一由于捐办经费无正项

---

① 转引自杨善华：《当代西方社会学理论》，北京大学出版社 1999 年版，第53 页。

开销，一由于司事官役无责成处分。盖审断不速则积压必多，提解不齐则羁候必久，经费无出则克减剥削势所必然，责成不严则役卒欺凌莫可究诘。汤用中建议，凡臬司提案应将无关紧要者先行摘释，案提到省，随即审结；凡州县解犯不齐以致延候莫结者宜严立参处章程；至于经费，宜从藩库拨款，酌定数目，按季支销；委派仁明廉干丞倅各一员，择地以为公所。凡待质之人，不发首县，径发该所，每月由委员造具清册，详载旧管、新收、开除、实在各项人数，疾病取保就医，死亡验明棺殓，随时详报院司，年终核计瘐毙人数多寡，以定委员功过。① 汤氏之议为清代历史上主张建立待质公所之始。因汤氏游幕的长官认为建立公所，则两造皆官为养赡，此乃导之使讼，不利于息事安人，是议遂束之高阁而不得奏闻于朝廷。十年后，长官反思生平居官功过得失，辞世前对否决汤氏之议颇有悔意，特地嘱托亲属将是议付梓广刊，对后世影响甚为深远。

光绪元年（1875），尽管内忧外患猬集方殷，但镇压太平天国起义后所谓"同治中兴"的政治气象即已为朝野上下所矜许，清王朝似化险为夷而正渐臻治境，复值新帝继位，万象更新、兴利除弊尤为盈庭群论，班馆、京控、滥刑、积案等矛盾比较集中的问题遂成当时讨论的热点。是年二月，御史王兆兰在稽查刑部监狱后发现一月之内瘐毙人犯竟有十名之多，乃具折请饬清厘，刑部以此受到上谕切责，光绪初年刑狱改革因此揭其序幕。同年六月，陈彝上奏称：罪囚入狱，例有衣粮，而因案羁候之人，向无如何赡养明文，实则一入班房，生死即在胥吏之手，富者有可贿托之资，贫者更甚囹圄之苦，夏则秽恶熏蒸，冬则饥冻交迫，至于提省待质，则生理全无，亲友尽绝，案证不齐，永无开释之日，往往一案中正犯缓决减等转得全生，而牵连之人辗转死亡，无可稽考，对提省待质者应仿囚粮之例，酌拨公款以资养赡，仍专派候补官一员专司稽查，造具每月四柱清册解送上司查核，每年计其人数存亡多少

① 汤用中：《暂系平民受苦最酷议》，盛康辑：《皇朝经世文编续编》，沈云龙主编：《近代中国史料丛刊》第八十五辑，831—849，台北文海出版社 1972 年版，第 4677—4681 页。

以为功过。① 陈彝之奏关于矜恤待质之人的条陈显然来自道光年间汤用中之议，唯其内容不仅限于待质一端，尚关涉京控、滥刑、讲约、蠲免钱粮、杜绝奔竞等问题。盖汤用中关于待质之议流布民间、深入人心而在很大程度上成为共识乃至上升为庙堂谠论。是年十二月，御史袁承业的条陈复几乎全文转述汤用中之议，呼吁订立章程以便永远遵行。上谕：嗣后各该督抚等于提省案件，务当督饬臬司迅速审结，凡州县解省人证迟至一月不齐者，即行参奏，各该地方官遇有词讼，亦不得以案中无关紧要之人轻率拘传羁留待质，该官上司务当随时稽察，分别劝惩，以恤庶狱而重民命。上谕仅对招解人证时限等予以采纳和申令，而对待质之人经费支销与管理等未置可否。

光绪二年（1876）二月，贵州巡抚黎培敬看到前述光绪元年二月针对御史王兆兰奏折所颁上谕后，根据汤用中《暂系平民受苦最酷议》，与贵州前任臬司林肇元联名具折提议建立待质公所。黎培敬等在奏折中又几乎将汤用中《暂系平民受苦最酷议》全文不厌其烦地冠诸简端，禀奏称汤氏立论意美法良，可以救待质之弊，已于光绪二年在贵阳城按察使司狱署内隙地建造军民待质公所。惟黔库空库，尚需仰给邻省协饷，难提岁款，故与司道府厅州县共捐养廉银 5000 两，交贵阳府发商生息，此外不敷仍由自己与各官随时捐补。一切待质紧要人证饭食日用和委员、火夫等薪工银两，以及册报考核章程等，悉按汤氏原议参酌而行。黎培敬等在该奏折中还提出，黔省僻处一隅，虽经设法举办，尤望朝廷通饬各直省督抚府尹一体照章准予提款设立待质公所。未几，刑部奉上谕就黎培敬请设待质公所折议奏称：提省审办命盗等案时，所有轻罪人犯及干连人证应取保候审，不得私行禁押，例有明文，然各省每于轻罪人犯及干连人证一时骤无妥保，遂交地方官派役看管，拥挤拘押甚于牢狱，竟至延案数载不结，该役等需索凌虐，百弊丛生，致令拖累瘐毙，为矜恤庶狱、俾专责成起见，应如该抚所奏办理，并将仓铺店所及押保店等名目严行禁革。吏部同时

① 朱寿朋编：《光绪朝东华录》光绪元年六月，中华书局 1958 年版，第72—76 页。

议准：臬司提案，州县解犯不齐者比照邻境关提人犯之例加等核议。嗣后各直省凡督抚臬司提省审办之案地方官于奉文之日按限将全案犯证解省，如系延迟，即照京控案件传解迟延章程办理，如有遗漏，属寻常犯证者罚俸一年，属重犯及案内紧要人证，降二级留任，俱为公罪；如现有其人而地方官故意不发，则无论寻常人犯抑或重犯及紧要人证，均照不应重私罪降三级调用。待质公所每月造册详报时若核计并无瘐毙之人，由巡抚将该管员记功一次，记功至四次者，记录一次，应记录四次者，即给予加级一次，公所月册内出现瘐毙不及三人者，免议；三人以上者记过一次，每三人加一等记过，至四次则议以罚俸六个月，依次递加。户部亦同意黎培敬在贵州设立待质公所并按名计日支给口粮盐菜钱文的预算方案，认为其一切所酌定章程诚属善举，应饬下各直省督抚府尹各就地方情形相度机宜依照筹办。① 黎培敬的倡行使汤用中的私议付诸实践，刑部关于添设待质公所通行章程的下发则促进了这一制度改革的推广和展开。②

　　自黎培敬《添设平民待质所请饬各直省一律举行折》奏准后，河

---

①　黎培敬：《添设平民待质所请饬各省一律举行折》，《黎肃公（培敬）遗书》，奏议，卷三，沈云龙主编：《近代中国史料丛刊》第三十七辑，370，台北文海出版社1966年版，第243—250页。

②　待质公所在晚清的出现是一种复线的历史，其中思想的传递、适应性的改造与历史的遗忘交织在一起，呈现出历史发展的诸多褶皱。事实上，待质公所在一些地方又称为"候审公所"。《民国杭州府志》载："待质公所旧在按察司署侧，名候审公所。雍正八年，署按察使朱伦瀚创建，岁久废。同治十二年，改建于府司狱东首。凡发审案内人证，或被指证牵连，或系供未定，类多无罪，一经羁押，即与囚犯无异。建设公所暂系平民以恤无辜。"（陈璚修，王棻纂，屈映光续修，陆懋勋续纂，齐耀珊重修，吴庆坻重纂：《杭州府志》卷十九，民国11年铅印本，页三十五。）不过，朱伦瀚在雍正年间所创立的候审公所似乎只是特例而已。此外，同治十一年十月，广州府知府冯端本以粤东因讼株连，暂押待质者，多属无罪之人，乃请于上宪，将南海县查封赌馆变价银两，及东莞陈、黎两姓互争马沥口沙坦断缴租银拨出二千两，价买房屋一座，在华宁里设立澉局候审公所，并宽为筹给口粮，派员常川驻扎经理，俾无罪待质的候讯人证栖止其中，得免收押之累。（黄佛颐：《广州城坊志》，钟文点校，暨南大学出版社1994年版，第107页。）这应该说也早于黎培敬在贵州举措的尝试。

南、江西等省纷纷遵照指示拨款筹办待质公所。① 据笔者所见资料，江西候审公所是由布政使李文敏和按察使任道镕于光绪三年（1877）筹设的。依据《江西筹办军民待质公所章程》，凡提省发审案证，一经解到，先由首府督同局员查阅案中大概，分别重轻，除情重应行收押、情轻自愿取保并各案原告先行押候、审讯照旧分别办理外，其并非身犯罪戾，因人指证牵连，或虽系被告，情有可矜，与交保而人地生疏，无人承保者，均准交候审公所暂时看管，按日发给饭食，病则给以医药，俟过堂后讯出实情，或由公所改发收押，或由收押改发公所，由问官随时酌定。原告之所以概不发所，乃是因为担心无知之徒传讹，以为官给房饭，更乐于刁告。凡案内人证不愿意发所而愿意取保者，悉听其便。如有牵涉妇女，由府局知照公所给口食，无须发所，以免混杂。候审公所委员于候补同通州县中慎选慈祥廉干者任之，再于佐杂中审择一员以副之，责令昼夜驻局，专司其事。公所委员之勤惰奖撤，无须咨部核议，以一年为限，如果期满无误，则优先酌委一次，如果怠玩生弊，则随时撤退记过。公所分为慈、祥、平、恕四字，每号酌用看丁两名，逐日责令扫涤疏浚沟渠，以免秽湿致病。看丁从老成谨厚、向在别处服过工役者中选择充任，不准散差革役混入滥充，每月给以工食，并责成委员随时随事认真稽查，一旦发现需索情弊，将立即严究驱逐。公所委员颁给候审公所钤记木戳一颗，以昭慎重。出于防止往来勾串、贿嘱教供起见，所有看丁人等按名给予腰牌，书写姓名。无腰牌者，不许擅自进内，封口书函不准投递。凡探望之人，仅能在总门口看丁住歇处当众叙

① 可以参见李鸿章：《复江西臬台任》（光绪三年八月十三日），顾廷龙、戴逸主编：《李鸿章全集》32，信函四，安徽教育出版社 2008 年版，第 119 页。时任直隶总督的李鸿章在光绪四年五月亦奏称："饬据藩臬两司具详，拟在省城建设候审公所，派实任佐官一员住所经理，凡提省案证，先由保定府讯核大概情形，其非本身犯罪或虽系被告，情有可矜，人地生疏，无人承保，均交公所收管，按日给予饭食，病则筹给医药，一经讯得实情，有罪者照例办理，牵连者立即省释。该所收除人数，逐日登记，每月开具四柱清册，呈报查考，一切经费，由外捐廉应用，仍由司道府随时认真督察，务使待质平民得沾实惠，不得稍有克扣、讹索、欺凌等弊，违则分别参办。"李鸿章：《建设候审所片》（光绪四年五月二十九日），顾廷龙、戴逸主编：《李鸿章全集》8，奏议八，安徽教育出版社 2008 年版，第 93 页。

谈，不得入房内交头接耳。讞局提人审讯，须凭印票按名提交司府承差带去，并将印票暂存公所，另备解批给该承差呈堂，讯毕如有改拨添发，由局于解批内逐一批注，使公所照批验收。案内应释人证经讞局委员提审后回明应当堂释放者，亦有辗转请示迟日方能提释者，只要发票到所，必须立予开放，不准看丁阻滞留难。公所委员将在所人数造具循环簿，每日送呈臬司首府衙门查核，另逐名开折，分别四柱注明简由，呈报两司暨首府衙门，以凭稽核而免淹滞。①

其尤甚者，山西尽管当时遭遇罕见自然灾害，哀鸿遍野，通省上下汲汲赈荒不暇，但时任巡抚曾国荃在光绪三年接奉刑部关于仿贵州待质公所的咨会后，仍立即在省垣天平巷置买民房一所计三十四间，建立候审公所，于藩库生息公用项下，拨款收养待质民人，委派才优守洁的正、佐委员各一人经理其事。曾国荃等和汤用中当年游幕的长官一样担心此举易启好讼刁告之风，认为解省待质的京控和上控原告中不乏挟恨莫释、伪诈不遂而捏词妄控者，若一概发所收养，不加区别，恐刁徒讼棍闻候审有所、宿食无虞，更加有恃无恐，名为恤民而实足以长刁风，且按黎培敬所奏经理公所委员仅予加级记录，未得实惠，亦不足示奖劝，乃参考贵州等省举办待质公所的章程，量为变通，决定将各案原告及被控钱债之人和书差门丁均排除于待质养赡的对象范围之外，其余连牵人证均准发所，其应发所人证有不愿发所而愿取保者悉听其便，应质妇女虽无亲属保领而自愿赁屋居住者亦准其所请，经理委员如能勤慎负责，年终除遵照部议准予记功之外，给予酌委署事一次以示鼓励。② 山西省城候审公所后因人证寥寥暂行停止，解省人证仍交首县阳曲县班房看管，至光绪十年（1884）阳曲县看管解省人证较多，该首县不堪重负，且因班房屋窄地潮，恐致苦累，要求恢复候审公候之制。公所应需经费前系于藩库公用生息项下动支，但该项银两此时所存无几，山西巡

---

① 参详《江西为筹办设立军民待质公所章程等公文》，光绪三年刻本，页一至七。承蒙龚汝富教授提供该书资料，笔者万分感谢。

② 曾国荃：《曾忠襄公全集》奏议，卷五，"晋省设立候审公所疏"，第41—43 页。亦见《曾国荃全集》，梁小进整理，第 1 册，奏疏，岳麓书社 2004 年版，第202—203 页。

抚乃不得已于司库台山公用生息项下另筹专款以符旧章。山西省城候审公所分设慈、禧、平、恕四号，前三号均作男所，恕字一号专做女所，制定有《各衙门发所规条》《矜恤人证规条》《禁约人证规条》《禁约人役规条》《本所经费规条》等章程。按照该所章程，本省司府各衙门发所、提讯人证均用印票交接收管，该所建总号簿详细登明当日收发情况并于次日辰刻送呈臬司、首府衙门进行监督，于每月初五日以前开具四柱清折呈报两司等衙门以凭稽核。晋省候审公所虽然定制綦严，发所应质人证每日给米面、盐菜银等，可以自己做饭，候审事毕释放回家按站计人发给盘费，妇女甚至可以领取车脚钱，与管押人犯在法律地位上具有明确区别，但该所出于防闲在所人证串供疏脱等起见在实践中又与班馆羁押干连人证略无二致。

如同诸省臬司经常将上控、京控案件待质人证发交首府、首县管押，直隶顺天府除本属上控案件外，往往亦接受刑部、户部、都察院、内务府、步军统领等衙门移交案件应候质讯诸人，虽地居首善，亲依辇毂，但班馆私押积弊尤形严重。光绪八年（1882），周家楣再度出任顺天府尹后，率领僚属于府署大门内迤东隙地捐款修建候质公所，共计房屋二十二间，并备活板木榻及应用桌凳器具，所有顺天府衙门及宛平、大兴两县无关罪名应候质讯人证悉居处于此，并妥定章程，遴派明慎正印委员二人，刊给木戳钤记，住所专司其事。该所待质应领食米按季咨部由京仓预领报销，所需常年经费由直隶藩库拨解，每案交收提还，各凭刊印验票，严格按照验票编号顺序和填注时间加以查验，每十日按旧管、新收、开除、实在四柱上报府衙。周家楣等力图通过建立候质公所解决差役私押班馆的顽疾，然难乎为功收效。

待质公所奉旨举办之初本系指臬司提审案件而言，但不久各州县亦多相率仿行。如，光绪六年（1880），上海县于衙署大堂之左辟建待质公所以禁待审被告，迄光绪三十四年（1908）又于县衙宅门的东面购买民房，连同原待质公所一并翻建成二层楼待质所和自新所；川沙抚民厅于光绪三年（1877）于厅衙头门左侧原有馆歇改建为待质公所。各州县待质公所在性质上与过去的官饭歇并无大歧，许多待质公所即系由过去的官饭歇改头换面而来，两者最大的区别谅不过一些州县的待质公所的待质人证可以在名义上获得官府拨款的少许生活费用，或曰在官饭歇原有基础上更加官府化，不过这也意味着各州县待质公所使官饭歇作为羁押民人的一种班馆趋于合法化，虽无设立班馆名目，但其实与羁押无异，① 故有"望乡台"之称，转使各州县从前私押犹有顾忌，而今则视为宜然，明目张胆，莫可究诘，长拘索贿，甚至较前更加容易滋生凌虐情弊。待质公所在风行各地的同时被歪曲得与初衷全然走样，以至未免成为朝野怨府所在。

光绪二十一年（1895）七月，御史杨福臻上呈《奏请裁撤待质公所折》，指斥各地待质公所虐民惨状，要求迅饬臬司及各州县立予裁除，永远不许复设。殆黎培敬建议设立待质公所对班馆私押本系因陋就简的改良、规范之策，诚如杨折所称仍不离乎拘押，而杨折则从比较激进的立场提出："查例载，大小问刑衙门设有监狱，除监禁重犯外，其余干连并一应轻罪人犯，即令地保保候审理，如有不肖官员，擅设仓铺所店等名，私禁轻罪人犯及至淹毙者，该督抚即行指参，照例拟断等语，例文防患甚周，故除监禁重犯外，其余皆令保候审理，若设所拘押，是监之外又添一监，显与例禁仓铺所店之义相悖，伏乞饬下刑部将通行章程内，添设待质公所一条删削，仍遵保候审理定例，迅饬臬司及各州县，凡有待质公所，立即裁除，永远不许复设，庶差役无所凌虐，亿万赤子，咸荷皇仁，得庆更生矣。"② 杨折对黎培敬原议措施不具有效性逐

---

① 据佚名《缧绁见闻悲愤录》所记，光绪三十二年，作者因故身陷缧绁，他先是自己"赴巡警总局投到，当即奉提讯问。讯毕，发押第一号候质所，时计已四句钟矣。至五句钟开晚饭，但见蔬食菜羹载以瓦钵，同室之人邀予食饭。斯时，予正心思恶劣，复睹此鄙象，不觉泫然泪下"，故辞不吃，满腹愁怀，闷然呆立，如是者数日夜。迨至奉解番禺县发押候保所，见在押者十数名，强壮衰颓各具形状，且四处堆积粪草秽臭不堪，该处每日官发粗米一斤、钱六文，在押者均须由家人送银以资伙食。从发所初收发沈委员转告喻其称"如丁役有勒索凌虐，准予具禀"以及在押之人各执以食等情形来看，与其后被改押所的遭遇来看，候保所、候质所似与羁所、差馆的处遇为优。见中国社会科学院近代史研究所近代史资料编辑组编：《近代史资料》总64号，中国社会科学出版社1987年版，第196页。

② 赵祖铭：《清代文献迈古录》，贾玮、张建国校点，大众文艺出版社2003年版，第239页。

一加以诘责，但其对全盘否定待质公所后希冀诉诸取保候审定例以为解决班馆私押的釜底抽薪之计亦属不切实际。杨折措辞尖锐的批判在朝野引起强烈反响，轰动一时。著名的早期维新思想家郑观应在阅读杨折后视为同调，特意在《盛世危言》中增附《书杨侍卿〈奏请裁撤待质公所折〉后》一文，不过其主张学习西方进行狱政改良的倾向却已逸出杨折表述的内容范围之外。① 是年，在《益闻录》上刊登的《待质公所说》从社会舆论的层面呼应了杨福臻的奏折，其中写道：设立待质公所原意本身在于剔除差役之虐，"殊不料一切初兴，百弊旋起，至于外府州县，影射待质公所，私立班馆。不知与牢禁无异，银铛铁索，席地而卧，瘐毙不知凡几，及有公所之设，即改班馆为公所，而其例依然。惟省城中另设一处似稍洁净，而日久邋遢亦与狱囚无异同类。且入其中者，多理直之人，而差等巧骗婪索，愈形其横，或以通关节侵其银财，或以谋呼应噬其脂髓，甚则缺食乏衣，不堪其苦，以钩取金珠。其州县之中，名虽公所，实仍班馆，潮湿熏蒸，虮虫毒噬，地无柴草，槁卧其间，宿秽臭远，甚于坑厕，且洗沐则累月不逢，关锁则动逾千百，羁讼之苦，何可胜言"②。刑部在光绪二十一年（1895）八月经过研究对杨折议复称：臬司提审与州县传讯情形不同，州县传讯，近在咫尺，一乡一邑之间，虽无亲故，或能取具的保，且有地保保候审理，至臬司远在省城，应质诸人提解到省，类皆举目无亲，无人承保者十恒八九，且餐宿需钱，久暂无定，力能筹备川资者甚为寥寥，势必不能概令其露宿枵腹以待，待质公所实乃利益穷民之制。设使取保听传毫无窒碍，此至简至便之事，黔抚黎培敬当初勤求民隐，并非见不及此，而必欲多方筹划、委曲详尽者，其不得不然之苦衷可以想见，与其务取保之虚名，致各省阳奉阴违，不若存公所之善举，尚可以实事求是。刑部认为之所以派专员管理待质公所而待质诸人不发首县者，正在于首县公务繁多，若令首县管押，非假手家人，即权归书役，仍与州县私设之班馆无异，只有事有专责方可或免差役之肆行克扣凌虐，立法本极周备，未便因一人

---

① 夏东元编：《郑观应集》上，上海人民出版社 1982 年版，第 508—510 页。
② 《待质公所说》，《益闻录》第一五一九期（1895），第 506 页。

一时之办理不善竟行裁撤。清朝最高统治者对各州县影射待质公所名目而行私立班馆之实者除无关痛痒地例行申令实力查禁外，终莫之何，而各地假借创设待质公所以避班馆名目滥押无辜的情况依然如故，煌煌圣谕犹同马耳东风而已。

许多地方的待质公所成为官员得心应手的惯用法律工具。在清末，江苏盐城县知县在一宗案件审讯告一段落后，往往根据案情和审讯情况发落人犯干证。如动用公座右边的桃形木片书写案中人名单，则意味着押进待质公所等候再审（进所后可交保释放，随传随到）；如动用长方形的木片书名，则意味着押送班房进行刑事拘留（判刑送大牢要等定案之后）。① 魏息园《不用刑审判书》卷一记载了这样的案例：

> 有江南某公者，因公触怒某权贵。其寓左故娟寮，权贵之麾下常聚饮其家。一日薄暮，误入某公寓中，阒门直入，门者阻之，不理，问何干？答以打茶围，并出不逊语。彼此口角，遂相格斗。其人知某公之不善于权贵也，因以某公家聚赌抽头上控权贵，移知制府，并送其麾下赴辕，请照例究办。制府檄上元县会同理事同知，并委员数人集讯之。时萧爵寅观察署上元，其麾下恃势张甚，词引某公甚力。各官明知其诬陷而不敢刑讯。因暂押两造于待质公所，而请另委司道讯办。制府以公有决狱才，不允所请，勒限讯结。公诇知麾下在所时，有讼师赵生数过从，知系主唆，阴令家丁与通款曲，而牌示某日复讯。至期，赵至所教供，家丁锁其门。公乃传言查所，而故缓其行。赵惶急，求其启关，家丁乃告以："公知此案皆汝所为，故使我闭汝于此；将于点验时擒汝，褫革汝衣顶，正汝以包揽词讼之罪。汝能令此案实供，则姑从宽保释，否则败矣，毋自误！"赵乃哀求于麾下，麾下不得已从之。逾时提讯，大反前供，

---

① 陈衡志：《旧时代的县衙排场和积弊》，本书丛书编辑委员会编：《古今掌故》2，四川省社会科学院出版社1987年版，第167页。汤肇熙在《拟呈杭府宪藩臬局条款》中亦云："一案内人证有既经问明，即可摘释，有由首县羁押改归候审公所，有由候审公所改归首县羁押，均请由局员当堂提出谕交。"汤肇熙：《出山草谱》卷二，光绪年间昆阳县署刻本，页六。

乃以家丁赌博娼家结案。①

在这一案件中，各官明知某公遭到诬陷，而对于权贵麾下不敢刑讯，故而暂押两造于待质公所，禀请另委司道讯办。我们在这一案件中看到，请君入瓮、声东击西、借力打力等传统韬略精彩纷呈。待质公所成为司法官员在办之不能、释之不可的情况下延搁案件的缓冲站，而在这种缓冲的时空结构中，各方参与者均将待质公所作为博弈的场域，最终通过这种空间阻隔手段使案件的审理得以出现转机。待质公所在当时是有定期或不定期的查验的，但外人进出比较宽松。童兆蓉于光绪二十六年（1900）从陕西兴安知府擢授温处道，履任后恰值当地教案初平，官吏惩前毖后，遇教民讼案，辄曲意调停，积案延压至数十百起之多。永嘉县监犯中，至远者竟然自光绪十四年间就被收禁。童氏选吏督鞫，"亲诣查点时，计监犯二十九名，待质公所押犯及自新所窃贼共八十三名"。为防止差役徇私舞弊，他规定："所有候审公所，除永嘉一县准设两处外，其余各县只准一处。凡差役私设班馆，自奉禁以来改名土地堂、宾贤馆、总差房者，由道下檄拆毁。倘该役等敢再巧立名目，私设羁人，一经查获讯实，定即站笼示儆。"② 这些举措获得了温州民众的好评。在当时，问官由于各种原因不即审结案件，各地的待质公所里的被羁者弥月经年，在饥寒交迫中饱受煎熬，而且多遭差役横加需索凌虐，以致无罪之拘留，苦更加于监禁。在卞小吾案期间，四川人钟云舫"与之先后被冤羁成都待质公所者三年"，几乎是死里逃生。③

---

① 魏息园：《不用刑审判书》卷一，杨一凡、徐立志主编，俞鹿年、李琳、高旭晨整理：《历代判例判牍》第12册，中国社会科学出版社2005年版，第506—507页。

② 童兆蓉：《清理永嘉县积狱请予变通办理禀》（光绪二十七年），《童温处公遗书》卷三，宣统年间宁乡童氏家刻本，页七十五、页七十六。参见孙诒让：《诰授光禄大夫头品顶戴二品衔赏戴花翎浙江温处兵备道童公神墓志铭》，孙诒让：《籀庼遗文》卷上，民国15年石印本，页五十六至六十二。胡珠生：《温州近代史》，辽宁人民出版社2000年版，第171—172页。

③ 江津县地方志编辑委员会：《江津县志》，四川科学技术出版社1995年版，第910页。

第四节 西方新式监狱

大凡古今中外的监狱与外部世界都有一种隔离关系，以高墙重门等物理特征乃至各种繁多严格的管理规定宣示着监区的明确界限。但监狱作为一种法律事态并不是一个封闭的、自给自足的社会现象，殆法律系统、经济系统、社会价值与意识系统等之间具有错综复杂的关联和互动。近代西方列强经济的迅速发展实为其狱政改革得以长足进展的基础之所在。自文艺复兴以后的理性主义的张扬固然颠覆了基督教神学在空间上并吞八荒、笼盖四野的法力无边，以恺撒的归恺撒、上帝的归上帝相标举，但宗教的神龛仍在法律的殿堂供奉，其关于原罪、忏悔、仁慈等理念一路逶迤被重新建构而用于接济新的语境下的狱政改良运动，成为狱政改良的深厚"支援意识"（subsidiary awareness），加之在时间观念上受日益深入人心的进化论影响，理性主义所擅胜的设施、制度等外在技术性实物的创新源源赓续，狱理与狱制辅车相依，驳驳然方进无已，独造一时。

诚如沈家本在为董康所作的《监狱访问录序》中所言："泰西监狱，初亦未得感化之宗旨，而惟以苦人、辱人为事。迨后有仁慈者出，目睹夫惨毒之方、残刻之状，同为人类，何独受此？于是倡为感化之说，播于欧洲，更有学人辈出，相与研究，定厥宗旨。举凡建筑之法、待遇之法、监督之法，莫不酌理准情，区画周至，至而宗旨一以感化为归宿。"[①] 西方近代监狱作为一种现代性的产物实奠基于自由刑观念，其渊源固可追溯至16世纪荷兰、英国等地出现的用于收容无业游民的感化院制度，但近代西方狱政改良运动的真正滥觞应始于18世纪。1764年，意大利法学家贝卡里亚（Cesare Bonesana Beccaria, 1738—

[①] 沈家本：《寄簃文存》卷六，"监狱访问录序"，《续修四库全书》编纂委员会编：《续修四库全书》1563，集部·别集类，上海古籍出版社2002年版，第538页。

1794）出版《论犯罪与刑罚》（*Dei delitti e delle pene*），堪称呼唤理性而人道的新刑制与狱制的号角。其后十三年（即 1777 年），曾经饱受身陷囹圄之苦的英国约翰·霍华德（John Howard，1726—1790）出版《英格兰与威尔士的监狱状况》（*State of the Prisons in England and Wales*，1777）一书，揭露监狱的黑暗内幕，为与贝卡里亚桴鼓相应的倡导狱政改革的旗手。其著作被后世一些学者奉为监狱学诞生的标志。同一年，英格兰通过了核准设立感化院（penitentiary）的法律，该法律由霍华德等人共同参酌拟订，被弗农·福克斯（Vernon Brittain Fox）誉为对"现代意义上的'监狱'观念的第一次正式表达"①，既受到教友派教义的濡染，亦影响了其后美国宾夕法尼亚教友派会众付诸实践的狱政改良设计。1799 年，英国议会委派边沁（Jeremy Bentham，1748—1832）设计一种革新式监狱。边沁的兄弟是时正在俄国建造的圆形纺织厂不仅便于管理，且充分利用空间场所，边沁乃由此受到启迪而设计出著名的环形监狱方案。这种监狱的四周由内部被划分为诸多小囚室的环形建筑连为一体，其中央是瞭望塔，该瞭望塔有一圈大窗户，监视者凭借此通过逆光效果对四周环形监狱的各囚室进行观察和监视。四周环形囚室被安排成正对着中心瞭望塔而使囚犯具有一种向心的可见性，而环形建筑被分割的囚室又意味着一种横向的不可见性，有利于分而治之的秩序维系。边沁设计的环形敞视式监狱（panopticon）在安排空间单位时形成了一种分解观看／被观看二元统一体的机制，环形边缘的囚室的被监禁者随时可以被观看而不能观看他人，中心瞭望的监视者可以隐蔽地观看周遭一切而不被察觉。与传统牢狱迥然不同，这种全敞式监狱使被囚禁时刻处于可见性的捕捉器所创造的一种权力局势，即便监视在实际上断断续续，但监视仍具有持续的效果，监视权力得以自动化和非个性化，得以通过一种简单的形式实践一种庞杂而持久的控制，其运行在物质、人员和时间上都极为节约而经济。边沁的设计方案卒未被为英国当局所采择而徒留纸上，但在西班牙、荷兰、美国等国家却被取式依法而付诸实践。

---

① Vernon Brittain Fox，*Introduction to Criminology*，New Jersey：Prentice Hall，1975，p. 37.

19 世纪初美国狱政改革模式引人注目，尤以宾夕法尼亚的费城监狱严格独居制和纽约的奥本监狱宽和独居制或沉默制（the silent system）在全世界影响最著。① 宾州费城的东部州监狱（the Eastern State Penitentiary，ESP）始建于 1821 年，由约翰·哈维兰（John Haviland，1792—1852）设计，至 1829 年开始收押人犯，又称樱桃山监狱（Cherry Hill Prison）。该监狱造型呈轮辐放射状，从中心监视塔向四周延伸出七排外侧监室，每一单独的监室都在外面带有封闭的空地，允许犯人每天进行两次短时间的活动。新收罪犯被戴上眼罩后送进监区而莫辨东西南北，服刑罪犯被严格隔离，在监室内可以从事一些简单的手工劳动。这种狱制的本意旨在通过绝对的与世隔绝使犯人在孤寂中有足够的时间和空间自我反省而改过迁善，改变旧监狱实行的明显的、非人道的做法，但宾州制（the Pennsylvania system）并未能达致令犯人幽闭思愆的结果，反而使犯人长期离群索居，在苦闷无聊中熬度时光，流弊丛生，故终不如纽约州制影响既广且久。纽约州制（the New York system）与宾州制之间的分歧仅仅集中于应以何种方式实行隔离，而对隔离本身则毫无异辞。纽约州制，又称"奥本制"（the Auburn system）、"集体制"等，从对宾州制扬长避短的立场出发，其制度的特点在于昼间杂居制与夜间分房制相结合，犯人白天集中沉默劳动，夜晚则单独监禁。纽约州的奥本监狱采取内向式监舍结构，与宾州费城监狱外向式监舍不同，且因采取昼间集体活动方式，监舍仅供晚上睡觉，不必像宾州制监舍那样兼作活动室和劳作室，故监舍面积过于狭仄。奥本制通过严格的沉默制度而建立狱内秩序。狱中为使犯人在调动时保持静默，规定每个犯人都把头转向右侧，一只手始终搭在前面犯人的肩上缓慢地鱼贯齐步行进，即便在食堂就餐亦必须采取背靠背座位方法。曾任奥本监狱长的一位刑务家曾如是云：完全的沉默、艰辛的劳动、严格的纪律和无情的体罚，一句话，鞭子加苦役，是奥本制的信条。奥本制的严厉体罚在一定程度上堪称与宾州制对囚犯整个精神生命的限制构成一种对称逆反的步骤，

---

① 亦有学者将宾州制（Pennsylvania system）称为"独居沉默制"（separate and silent system），将奥本制称为"杂居沉默制"（congregate and silent system）。

两者所采取的矫正方法与矫正目的均呈现南辕北辙的吊诡现象。宾州制和奥本制创立后，包括法国的托克维尔（Alexis de Tocquevill）和英国的狄更斯（Charles Dickens，1812—1870）等许多欧洲著名人物都纷纷跨海越洋赴美考察取经，成为风靡一时的狱政改良效法模式，但其弊端随着时间的推移日益昭然彰显。

19 世纪前期，报应刑理论在西方监狱行刑实践中具有支配地位。这种报应刑的视角集中于对已然的犯罪的刑罚主张，从时态上而言属于一种"刑前主义"。在这种报应刑理念支配下的罪刑关系中，有罪即有刑，罪与刑相称性（proportionality），刑的衡量取决于罪的轻重，刑罚活动的基本着眼点在于刑前，而不注重服刑罪犯在服刑中的表现。报应刑论在监狱行刑实践中的缺陷在于过于信赖惩罚作为处置犯罪的唯一工具，"而没有注意到自由刑作为一种单纯耗费生命和时光的刑罚，对于那些迟早将要回归社会的犯罪人来讲是过于消极的行为，对于社会而言也是人力资本财富的巨大损失"[1]。曾在英国殖民地澳大利亚诺福克岛（Norfolk Island）监狱施行"点数制"（mark system）和"累进制"的亚历山大·麦可诺基（Alexander Maconochie，1787—1860）即把以时间定刑期的时间制视为监狱一切腐败的根源，认为"在时间制下，犯人只想如何度过时间，而不思劳作，又因为犯人只想如何度过时间，小人闲居为不善，遂不免于不良心思、言语和行动。但倘让犯人从事劳作，则其必知尊重时间，并且努力自为改善"[2]。无论宾州制还是纽约制，其狱政改良未尝不曾包含教育和矫正的功能，但正如福柯所说，"在监狱中，政府可以任意剥夺犯人的人身自由和任意处置他们的时间：由此人们可知这种教育权力是如何运作的。它可以不仅在一天之内，而且在连续的岁月里管制起床和睡觉、活动和休息的时间，吃饭的次数和时间，食品的质量和份额，劳动的性质和产品，祈祷的时间，语言的使用，甚至思想的使用。总之，这种教育就是简单地控制着肉体在餐厅到车间再

---

① 郭明：《学术转型与话语重构——走向监狱学的新视线》，中国方正出版社 2003 年版，第 187 页。

② 转引自许章润：《说法、活法、立法：关于法律之为一种人世生活方式及其意义》（增订版），清华大学出版社 2004 年版，第 265 页。

到囚室之间的运动，甚至在休息时亦然。它决定时间的使用、时间表。简言之，这种教育占据了整个的人，占据了人的全部体力和道德能力，占据了人的全部时间"①。这种用时间来量化刑罚的监狱行刑制度受报应刑论所支配，在时间性上是面向于过去而不是未来，与受预防未然重新犯罪的刑后主义理念支配的教育刑判然有别。后者并不将刑期作为一种惩罚的时间标尺，而是视为一种依托处遇对犯罪加以矫正所完成的时间。1817 年，美国纽约州通过《善时法》（*The Good Time System*）确立了善行折减制，② 该法规定："罪犯被判处 5 年以上有期徒刑时，监狱监察官可根据监狱主要官员证明罪犯表现良好的证明书，或者其他充分的证据，奖励罪犯 15 美元，并且每年可减短监禁和劳役期的四分之一，相应解除这类囚犯的禁锢，付给这类囚犯酬劳。但是，如果有任何扰乱秩序或不服从监管，或企图脱逃的行为，就应取消其奖金；对再犯或任何累犯的囚徒，不准予以任何减刑。"③ 善行折减制可谓点数制的先导。麦克诺基于 1840 年创立的点数制又称"记分制""评分制""分数制"，并不以执行一定时间的刑期为释放犯人的先决条件，而通过考察和记录犯人劳动及其他方面的表现成绩加以考量，从而促进犯人的自律和自我改善。麦克诺基的点数制本身包含累进阶段制（progressive stage system）的狱政改良措施。1854—1864 年间，爱尔兰人沃尔特·克罗夫顿（Walter Crofton，1815—1897）对麦克诺基以点数制为累进的基本考查方法加以改进，在麦氏所划分的独居监禁、杂居劳动与假释三个阶段之间增设一个中间累进阶段，即"中间监狱"（intermediate prison）为罪犯假释后安然重归社会提供一个模拟环境，在从监狱生活向社会生活的过渡之间提供一个适应缓冲期。④ 克罗夫顿推动了累进制的传播，故累

① Michel Foucault, *Discipline and Punish: The Birth of the Prison*, trans. Alan Sheridan, Harmondsworth: Penguin, 1979, p. 236.

② Mitchel P. Roth, *Prisons and Prison Systems: A Global Encyclopedia*, Connecticut: Greenwood Publishing Group, 2006, p. 202.

③ 潘华仿主编：《外国监狱史》，社会科学文献出版社 1995 年版，第 157 页。

④ 参见 Mary Carpenter, Sir Walter Crofton, *Reformatory Prison Discipline: As Developed by the Rt. Hon. Sir Walter Crofton, in the Irish Convict Prisons*, London: Longman, 1872, p. 19, p. 32。

进制又往往被称为"爱尔兰制"（the Irish system）或克罗夫顿制，克罗夫顿享有"爱尔兰制之父"（the father of Irish system）的美誉。点数制、累进制等在教育刑（educative punishment）理念的支配下将刑罚的着眼点转向刑后未然犯罪的预防，扩充刑罚的促进功能，压缩其限制功能，寻求刑罚在扬善抑恶方面的边际最大化。其特点在于不仅像奥本制等前期的狱政改良措施注重对空间的分析、分解和对身体定位过程的纪律安排，而且更关注那些促成时间的积累和资本化的途径。单纯的监禁使犯人与社会形成一个心理栅栏而自外于社会共同体，且使犯人趋于心志沉滞弛缓而混刑度日，然降及 19 世纪后半期西方受矫正处遇主义影响的狱政改良逐步兴起并成为大势所趋。

西方的狱理与狱制的发展在 19 世纪处于引领时代潮流的先进地位，但不断的改革恰说明既存的改革对象具有一定的缺陷或问题，即便这些改革本身亦并非尽善尽美，监狱依旧属于弊病丛集的恶地。鸦片战争后，西方列强在中国领土上设立监狱。这些监狱处于西方列强殖民体系的边缘位置，在设施条件和管理制度诸方面均存在颇多窳陋与酷劣情形，甚至初期许多设在上海租界巡捕房内的所谓西牢在形制上一如中土旧狱。近代西方列强在中国领土上设立的监狱主要如下。

一、上海租界内的外国监狱

（一）英国领事署监狱

该狱于咸丰六年（1856）兴建，监址在今上海外滩中山东一路 33 号，系西方列强在上海租界内建置的第一所监狱。同治九年（1870）底毁于火灾，同治十一年（1872）重建。该狱为近似正方形的二层结构小楼，共 7 间房，用以关押短刑期的英、美两国在上海犯罪侨民，并代押其他无领事馆监狱国家的罪犯。

（二）厦门路监狱

该狱于同治七年（1868）建造，自同治九年（1870）开始收押罪犯，全称为"英王在华高等法院（又称英国按察使署）监狱"，位于上海厦门路 4 号（今厦门路 80 号），俗称"厦门路西牢""英界西人西牢"，系上海第一所隶属于司法系统的外国监狱。该狱背靠苏州河，坐北朝南，初建时主建筑略呈士字形，光绪二十四年（1898）改建为"十"字形，计有监室七十二间。二楼正中设礼拜堂，两侧设特别监室四间，关押女犯、少年犯和有相当身份的罪犯，此外尚有绞刑执行室、惩罚暗室等。该狱典狱官由英领事委派英籍军官充任，上层管理人员均为英国人，看守系印度人，另有少数华人任翻译。光绪二十四年（1898），公共租界工部局租用该狱北部，改建为公共租界工部局监狱，收押各巡捕房原押的长刑期华籍罪犯和会审公廨判决监禁二三年以上的华籍罪犯。光绪二十九年（1903），厦门路西牢在押华籍罪犯全部移押新启用的华德路监狱。

（三）华德路监狱

时公共租界内华籍罪犯被关押于各巡捕房拘押所内，人满为患。光绪二十七年（1901），公共租界工部局遂通过招标形式与英国驻新加坡工程处签约在华德路 117 号（今长阳路 111 号）建造一座新监狱。是为上海公共租界工部局警务处监狱，又称华德路监狱、提篮桥监狱、华德路西牢等。光绪二十九年（1903），该狱开始启用。初仅有两幢南北向的四层监楼，分别编为 AB 监、CD 监，每层六十间，计四百八十间美国式监室。监室结构为"三墙一栅"，即三面系钢骨水泥墙，一面为能带开启用的铁栅栏。监狱附设有医院、炊事房以及看守住宅大楼等建筑物。光绪三十年（1904），一幢三层高的供收押女犯的监楼建成，称 E 监。次年，AB 监底层北端设置防暴囚室（即橡皮室）两间。光绪三十二年（1906），该狱开始实行由英国女王钦准的《上海英国监狱章程》。该章程共计六章二百六十八条，规定：该狱归英国总领事馆管理，正狱吏负责全狱事务，由总领事官选派，犯人分为五种加以分别拘押、处遇，狱内配备传教士进行布道劝谕，犯人必须参加教礼，等等。宣统二年（1910），狱内新建洗衣房，设置洗衣机。该狱被称为当时远东地区最精良的监狱，亦有"东方巴士底狱"之谓，是当时西方列强向清政府标榜文明狱政、规训清政府按照西方法律文化模式亦步亦趋的演示道具。

提篮桥监狱上层管理者主要由工部局委派的英国人担任，首任看守长为英国人华生①，看守主要为印度人。监狱关押对象主要为公共租界会审公廨判处的刑期较长华籍男犯，仅光绪三十年至三十一年（1904—1905）关押过数百名女犯，亦曾一度收押公共租界外国籍罪犯。近代史上因《苏报》案入狱的章太炎和邹容即是该监狱的第一批囚犯。监狱收押罪犯凭公共租界会审公廨的决定书（判决书），并根据罪犯性别和年龄、未决犯和已决犯等不同类型分别关押。起初在监犯人采用分房制，每室一人，后因犯人渐多，改为杂居制，一般每室三人。入狱犯人夏天发给衬衫、短裤两套和作为卧具的旧线毯三条，冬天发给棉袄、棉裤一套和棉被一条。未决犯囚衣均为蓝色无标志，已决犯囚衣则印有各种标志和号码，其中刑期一月以上而不足一年者，单衣为白色，棉衣为黑色无标志；刑期一年以上、三年以下者，以上衣前身左上角长条红布为标志，三年以上、七年以下者上衣前身有长条黄布及号码，七年以上、不足十年者上衣相同位置有长条宽黄布及号码，十年以上、十五年以下者，单衣裤为黑、白两色，自上而下分为左右两半的阴阳（又称鸳鸯衣），棉衣裤为蓝、黑两色阴阳衣，有宽黄布及号码；十五年以上、二十年以下，单衣裤为黑、白两色阴阳衣，棉衣裤为蓝、黑两色阴阳衣，有号码；死刑囚犯单、棉囚衣裤均为蓝、黑两色阴阳衣，钉脚镣，番号处有"E"字标志。该狱罪犯伙食实行每日三餐制，其一周的伙食菜单品名和数量按定制为星期一，两盎司蔬菜；星期二，两盎司猪肉；星期三，两盎司蔬菜；星期四，三盎司猪肉；星期五，两盎司蔬菜；星期六，两盎司牛肉、两盎司蔬菜；星期天，三盎司猪肉、两盎司蔬菜。茶水，每个犯人每天十三盎司。条文上虽然如是规定，但实际的情形并不相符。曾被囚禁该狱的章太炎披露真正云："所食皆麦饭带秽，日食三合，粗粝鲠咽，顾视便利，则麦复带秽而出，其不能输精成血可知。同系五百人，一岁死者六十，盖三分而瘐毙其一矣。"② 邹容瘐死于

① 此人的外文名字与生卒年份不详，今姑阙疑，待考。
② 汤志钧编：《章太炎政论选集》上册，"狱中与威丹唱和诗"（1907 年 1 月），中华书局 1977 年版，第 254 页。

狱中固非如外间传言系迫害致死，殆工部局当时对清廷欲置章、邹二人于死地乃极力予以抵制，档案资料反映在邹容生病时工部局甚至曾邀请各国医生及新闻人士到狱中探视，尚属优遇，但该狱囚犯伙食条件等恶劣实与邹容的瘐死不无关系。狱内设有工场，犯人必须从事竹、木、铁、石、皮革等作业，监外劳动一律加戴脚镣，以防逃跑。犯人若违反监规，轻者减食，重则鞭打以示惩罚。光绪三十年（1904），章太炎因眼睛近视，在缝衣劳动时操作迟缓，常遭看守殴打，乃绝食七天进行抗议。光绪三十二年（1906），该狱犯人不堪印度看守殴辱凌虐和饮食粗劣，群起抗拒，西籍看守当场开枪射杀四人、伤多人，后狱方在外界压力下被迫为犯人加餐。光绪三十三年（1907），《上海工部局监狱章程》作为租界当局惩于前述事件的补牢之举开始实施，由《监狱人员规则》《欧洲巡士之专职》《监房人等规则》和《总共属下人员规则》等若干条例章程组成。宣统元年（1909），一则鉴于该狱押犯数量过多而颇形拥挤的状况，一则取法当时西方较为先进的"记分制"，公共租界领事团批准该狱对表现良好的犯人试行计分减刑制度，是年共有一百三十七名犯人因此提前获释。

二、东北地区的日俄监狱

清季，沙俄通过一系列条约巧取豪夺，在东北获得大量特权，沿中东铁路干线陆续在哈尔滨、满洲里、海拉尔、横道河子等地设置监狱，并在扎兰屯、昂昂溪、安达、绥芬河等地的警察署附设暂押人犯的拘押所。其中哈尔滨监狱规模最大，位于哈尔滨市中央大街北头路西警察街（今友谊路）拐角处，因在道里区，故又称为"哈尔滨道里监狱"，建于光绪二十七年（1901）。由俄国人管理，监狱长叫马兹托夫[1]，中文名蔡占元。该狱关押的俄国人多为未决犯，一经判决即遣送到西伯利亚的赫塔、伊尔库斯克和汤姆斯克等监狱。

早在光绪二十四年（1898），沙俄通过《旅大租地条约》和《续

---

[1] 参见潘君明编著：《中国历代监狱大观》，法律出版社 2003 年版，第 175 页。此人的外文名字与生卒年份不详，今姑阙疑，待考。

旅顺监狱旧址

订旅大租地条约》以租借地为名将旅顺口和大连湾作为独占禁脔据为己有。次年，沙俄擅自将旅大租借地改为"关东省"，设首席长官管理行政，建立"达里尼市"（大连市），一如自己的本土。从光绪二十八年（1902）起，"关东省"当局在旅顺元宝房一带强占大片耕地开始修建监狱，迄光绪三十年（1904）日俄战争爆发前夕，仅完成部分工程。日本在这场战争获胜后将沙俄在旅大的殖民统治特权取而代之，自光绪三十三年（1907）开始对尚未彻底完工的沙俄所建旅顺监狱呈"大"字形建筑格局基础上边使用边扩建，称为"关东都督府监狱署"。该狱牢房主体楼系坐东面西的布局，牢房走向为南、东、北三面呈放射状分布，其中南面牢房八十七间，分上、中、下三层，东面和北面牢房分别有八十四间、八十二间，均分上、下两层，三面牢房交汇处建有中心看守台，反映了 19 世纪欧洲监狱建筑以放射形设计为主流的时代风格。建筑用料全部采用砖木结构，唯沙俄时期修建部分采用俄国监狱的灰砖色样，而日本扩建部分则采用红砖建造。沙俄、日本建造的监狱虽均属起脊式屋顶，但沙俄所建部分为黑色瓦棱铁屋顶，日本扩建部分为灰瓦屋顶。监狱牢房每层楼内部中间为廊道，左右两侧相互交错分布，彼此不能相望，以便于隔离封闭管理。该狱组织机构及管理制度基本上沿用日本国内模式。最高长官为典狱，通常由关东州长官奏请天皇任命，受关东州长官直接领导。首任典狱为栗原贞吉（くりはらさだきち）①。最初下设狱务、经理、警务三个系，后组织结构因分工更细而有所增加。看守等职员几乎均系从日本国内或台湾监狱调来，大部分为日本人，少数为朝鲜人。1906 年，日本关东都督府相继制定《看守采用规则》《女监拘管采用规则》《关东都督府看守、女监拘管、教诲师、药剂师、技术员、押丁职务规程》《看守教习规程》《关东典狱、监吏及看守制服提灯徽章的施行文件》《关东都督府民政部监狱署记录规则》。1908 年又公布《关东都督府监狱署管制》（敕令 274 号）。该狱关押对象主要是经过关东州地方法院和高等法院判处三个月以上至无期徒刑者，对被关押者采取普通杂居制、半地下居、轻屏禁（禁闭）、重屏禁（暗牢）、单独监禁等方式，对违反狱规的犯人，轻则罚饭、笞责，重则投入暗牢。狱中作业项目包括编制草鞋、烧制砖瓦等。

鸦片战争后，一些出洋游历考察者每每在著述中记叙西方狱事、狱制、狱理，为清末狱政改革的蔚然兴起倡导先声。同治九年（1870），王韬游历英国时造访碧福（Bedford，贝德福德）新建的监狱，在其《漫游随录》中描述称，是狱囚徒按时操作，无有懈容，屋舍洁净，食物精美，狱囚获住此中，真福地哉。此为目前所见最早的国人游历国外时对西方狱制的记述。光绪二年（1876），工商界人士李圭游历美国，赴费城"宾州监狱"和纽约"爱尔米拉教养院"（Elmira Reformatory）参观考察，对在这些监狱的所见所闻详记于其《环游地球新录》，云西狱迥异中华，第一务取洁净，第二饮食调匀，第三作息有节，第四可习技艺，第五则其总管、司事，一切体贴人情，处若父兄之于子弟，故凡游览其中者非特不觉其为监狱，即犯人监禁日久，亦忘其身在监狱也。李圭和王韬均将西方狱制作为觇一国文明程度的镜子，作为反观中国狱制窳陋的参照物。较诸王韬的记叙，李圭不仅在详尽程度上超越前贤，

---

① 此人的相关资料在日本有关网站上有零星反映。资料来源：http://www. blog. goo. ne. jp/gooshowa/e/bfe19b04f12，访问时间：2011 年 3 月 7 日。但其生卒年份不详，今姑阙疑，待考。

更明确呼吁中国"若仿而行之，殆将真以囹圄为佛堂也"①。郭嵩焘作为中国首任驻外大使颇注意于国外狱制的考察，出使欧洲三年期间就其出使日记所载，共参观国外监狱七所，载记国外狱制处共九则，近约万言，所记约翰·霍华德（John Howard，1726？—1790）狱制改革和"万国监狱会议"（International Penitentiary Congress）是汉语文献中最早出现的介绍材料，光绪三年（1877），郭氏获悉万国监狱会议即将召开，奏陈清廷派员莅会，最终促成光绪十六年（1890）清廷首次派员出席当时在俄国首都彼得堡召开的第四届"万国监狱会议"。此后，傅云龙《游历日本余记》、薛福成《出使英法义比四国日记》和单士厘《癸卯旅行记》等出国记游文献中均有对国外狱政的片断介绍。特别是光绪末年受清廷预备立宪和新政改革的影响，对国外狱政的考察和介绍更属汲汲图维的要务。光绪三十一年（1905），载泽等五大臣出访欧美考察政治，所谓"建高台于中央以瞭望，分道列室如菊瓣"② 的西方放射形监狱给载泽等留下了深刻的影响，法部尚书戴鸿慈作为考察政治五大臣之一在《出使九国日记》中对国外监狱多所记述。是年（1905）九月，沈家本、伍廷芳等奏请派遣刑部候补郎中董康等人赴日调查民、刑等项的立法。董康等人一行抵日后受到日本司法当局热情接待，不仅得以察访日本多所改良监狱，参加日本司法省和监狱协会主办的演讲会等活动，而且监狱局事务官小河滋次郎（おがわしげじろう，1863—1925）以所学倾囊相告，细诉监狱改良之方策。小河滋次郎是日本监狱学奠基人之一，又以提倡废除死刑而闻名，属学者型监狱实务家，曾任司法省监狱事务官、监狱局狱务科长等职，并参与过日本第一部正式的监狱法的起草。董康根据小河滋次郎监狱学讲义编纂《监狱访问录》一书，由沈家本作序推许刊行于世，成为清末改制变法时产生的重要法学著作，推动日本国内捷足先获的监狱学说理念在中国的系统传播。光

---

① 李圭：《环游地球新录》，钟叔河主编：《走向世界丛书》，岳麓书社 1985 年版，第 242—249 页。

② 载泽：《考察政治日记》，钟叔河主编：《走向世界丛书》，张玄浩等校点，岳麓书社 1986 年版，第 666 页。或可参见许章润：《清末对于西方狱制的接触和研究——一项法的历史和文化考察》，《南京大学法律评论》1995 年第 2 期。

绪三十四年（1908），清政府官派留日学者涂景瑜出版《中国监狱史》。涂氏留学期间得到当时兼任日本东京帝国大学法科监狱学讲座教授的小河滋次郎等传道授业，在该书中从中体西用立场出发，借助于比较刑罚学和监狱学的方法阐述中国监狱发达史，致力于寻求中西监狱原理改良的相互发明和中国监狱改良的本土资源挖掘。宣统二年（1910），第八届万国监狱会议在华盛顿举行，清政府大理院奏派金绍诚、李芳为专员，王树荣为随员，法部奏派许世英、徐谦为专员，沈其昌为随员，分途与会，并考察欧美诸国监狱及审判制度，此为近代中国正式组团参与该会之始。曾在日本警监学校主修监狱学的王元增受业于小河滋次郎，并经小河氏安排在日本浦和监狱实习，回国后就职于奉天地方检察厅，此时乃自备斧资，跟随徐一行考察欧陆诸国狱制。此行的考察成果嗣后在民国时期出版印行，对民国赓继清末以来的狱制改良深入发展影响甚巨。

第五节 清末狱政改良

中国传统意义上的监狱与现代意义上的监狱具有本质的区别。当时的传统监狱为监禁未审结罪犯之处所。殆已结案之笞杖罪人犯，行刑后即予释放，军流徒罪人犯结案后亦分别发配各地充当苦役，至若斩绞重犯结案之后，立决者固即应执行，唯监候者仍系于狱以待秋审矣，故其时并无关于囚徒在监期限的规定，但凡断狱有审结期限，此亦即是允符定制的在监期限。因为刑罚制度的演变与监狱的演变息息相关，在生命刑、身体刑为主的刑罚体系下，刑罚实现所需时间非常短暂，对执行场所的要求亦比较简单，监狱仅为使犯罪人在生命刑和身体刑的判决和执行之前处于有效控制之中的人身保管场，系行刑的辅助机构，监狱的监禁并不是刑罚执行的直接内容，而是为其提供必要的条件，即便在古代流徒刑为主的刑罚体系下，按照蔡枢衡对"徒刑"本义的考证，仍可认为徒刑只不过为对死刑适用的部分替代，犹如死刑之执行须有赖于监狱

拘留人身之功能，而徒刑之行刑之有赖于监狱为辅助机构亦然。何天爵
（Chester Holcombe，1842—1912）在《真正的中国佬》（*The Real China-man*，Dodd，Mead & Company，1895）中这样写道："在中国，被监禁并不是法律所规定的对犯罪的处罚措施。监狱不过仅仅是用来暂扣押证人和被指控犯法的人，还有正在接受审判的罪犯等人，这些人都在等待着应得的处罚。在大清帝国的法庭上，不存在将某某人判处多长时间监禁的说法。这一事实使得中国监狱内存在的种种惨无人道的可耻做法更加不可饶恕。因为他们使许多的人成为无辜的受害者，甚至成为屈死的冤魂。而且，几乎所有我们所能想象得到的各种恐怖虐待、残害生灵的现象，在这些'死亡之屋'（house of death）中都可以被找到。曾有一位当地的北京人将两个汉字'地狱'写在北京某监狱的大门上。但这两个字所表达的内容同监狱内的实际丰富内容相比，还是温和苍白得多。"① 维时古代监狱兼有现代看守所和监狱甚至收容所的职能，乃中外同概的情形。以巴士底狱为例，其中所关押的许多人均系多年待审者，甚且发生待审终身的人间悲剧。自 19 世纪起，自由刑逐渐成为西方列国刑罚制度中的主体刑罚，监狱的性质任务、作用和地位遂由此丕甃变化。恰如福柯在《规训与惩罚》中论述监狱这种被称为"文明社会的刑罚方式"的诞生时指出："在一个自由受到推崇、自由属于一切人、每个人都怀着一种'普遍而持久'的情感向往自由的社会中，监禁怎么会不成为典型的刑罚呢？这是因为失去自由对一切人均是同样重要的。与罚款不同，这是一种'平等'的惩罚。监禁是最明晰、最简单、最公平的刑罚。此外，它能够用时间来量化刑罚。在工业社会中，有一种工资形式的监禁。这种形式构成了它在经济上的'自我证明'，能够使监禁显得是一种补偿。通过征用犯人的时间，监狱似乎具体地体现了这样的观念：罪行不仅伤害了受害者，而且伤害了整个社会。按日、月和年头计算的，在罪行与时间之间定出量化等式的刑罚，有一种经济—道德的自我证明。于是，人们经常听到这种与严格的刑法理论相反的、却与惩罚的作用相一致的说法，即坐牢的人是在'还债'。在我们这个社会中，用时间来衡量交换

---

① 何天爵：《真正的中国佬》，鞠方安译，中华书局 2006 年版，第 164—165 页。

是'自然'的，监禁同样也是'自然'的。"① 自由刑系近代的产物，对人身的拘押监禁本身被当做刑罚手段堪称刑制中前所未有的一个新现象。监狱监禁一改过去的服务性、保障性、附加性等性质而直接成为刑罚的具体样式和内容，以时间为计量单位的刑期来量化刑罚的轻重，以监狱监禁为完成刑罚的样式和实现刑罚内容，监狱由过去的人身保管场而转变为"惩治场"，成为纯粹的刑事机关，不再承担民事羁押任务，专以已决犯的刑罚执行为己任。有学者指出："然而新的以剥夺自由刑为主的刑罚制度产生之后，监狱监禁的非刑罚含义已被去掉，监禁一天即等于受刑一天。同时由于人权保障和无罪推定的倡行，在刑罚裁量态运行的同时，对于被告当事人只能以'犯罪嫌疑人'的身份对待，在有罪判决没有正式生效之前不能蒙受与受刑人同等样式和内容的人身强制。因此这时再由监狱来实行人身保管显然已经非常不合适了，所以刑罚裁量态期间的专门人身强制保管机构就从监狱中分化出来，成为专职的未决犯拘置场所（我国称为看守所），而且不再属于严格的监狱范畴（所以这样说，是因为在执行便宜主义前提下，剩余刑期在一年以下的，仍然由看守所代为执行；即所谓'代用监狱'）。"②

清承袭前代笞、杖、徒、流、死五刑，是为正刑，此外在律例内尚有迁徙、充军、发遣等辅助正刑的闰刑。明代刑制中的充军义主实边，不尽与流刑相比附，而清代律例中虽沿袭明代充军之名，但因清初裁撤边卫，所谓充军者至配并不入营差操，仅于每月朔望检点，有军之名而无军之实，实与流犯无异，且充军之刑止及其身，苟情节稍轻，尚得获赦还归，与明代永远军戍执役者③相去甚远。发遣为清代所特有的刑

---

① Michel Foucault, *Discipline and Punish: The Birth of the Prison*, trans. Alan Sheridan, Harmondsworth: Penguin, 1979, p. 233.

② 王泰：《现代监狱制度》，法律出版社 2003 年版，第 20—21 页。

③ 就充军刑期而言，明代充军分为终身充军和永远充军两类，前者仅罪犯本人充当军户至死，而后者则罪罚及子孙，其子孙仍继续世代为军户，直至勾补尽绝。故《明史·刑法志》有"至国亡，戍籍犹有存者"之语。清代由于已废除了明代军户制，罪犯充军至某地后并不编为军户，是以不复有"终身充军"和"永远充军"的区别。参详张廷玉等撰：《明史》卷九十三，志第六十九，刑法一，中华书局 1974 年版，第 2302 页

制，将重罪犯人谪发东北吉林、黑龙江和西北新疆等地充当苦差，或各省驻防为奴。许章润在《罪己性排泄：近代英国向海外的两次移囚》中认为，中国历史上死罪易科流刑或加役流，或本着"以全人命，有益于边"的双重目的而设置的"徙边"等，与近代历史上英国罪犯流放于澳大利亚、沙俄将罪犯流放于西伯利亚等如出一辙，都是"社会肛门期"表现。[①] 这种流遣制度远不如现代监狱行刑管理技术细腻，以配所为巨大的监禁空间而形成管理的疏失在所难免。嘉道以后，东北、新疆、云南等边疆地区军遣之犯时告人满为患，加之边疆受外国侵略等影响局势动荡不安，变故叠出，道路时有阻梗，解犯大受掣肘，交通与通信方式在近代与时俱变，驿站渐有废弛之势，军流既未能如法实施，徒役亦无驿站可以分配，渐次演变至光绪年间，军流徒及迁徙之法不得不改为监禁，于是监禁由用刑转变为行刑之主要方式，乃事势演衍以致不得不变法救弊。[②] 贵州候补道罗应旒奏折即首次提出废止流刑，内称："军、流、徒各犯，按其年限，勒作苦工，课其勤惰而赏罚之，以徐磨其桀骜之气，而阴化其游惰之心，是可参照西法办理。"[③] 是议卒以人微言轻而不为当轴者所采择。光绪十一年（1885），刑部惩于各地徒流配犯管理散漫无稽等情弊。根据各省督抚所议汇核拟定安置章程，以为补苴之计。各省或责令此等配犯学习织带编筐等项手艺，或给资营生，或收入自新所看管，或设立徒流所，令各犯学艺谋生，或随同捕盗屯边，均可就地方情形妥筹办理。[④] 但配犯管束散漫混乱的情形不特并未

---

① 许章润：《说法、活法、立法：关于法律之为一种人世生活方式及其意义》，清华大学出版社 2004 年版，第 273 页。

② 陶希圣：《清代州县衙门刑事审判制度及程序》，台北食货出版社 1972 年版，第 104 页。

③ 《清德宗景皇帝实录》卷九十六，光绪五年六月，台北华文书局股份有限公司 1960—1970 年版，第 874 页。

④ 郑观应在《书杨侍御〈奏请裁撤待质公所折〉后》如是云："以近者而言，皖省赵廉访于自新所创工艺学堂，处置轻犯。苏州彦太守将所获流氓押入清道局，督令扫街。上海淫伶高彩云被禁后押令修筑马路。此皆近日之事，人尽知之。若能推广章程，实心办理，则化桀骜为善良，国无游民，人无废事，将见百艺蒸蒸。民之幸，亦国之福焉！"（见夏东元编：《郑观应集》上，上海人民出版社 1982 年版，第 511 页。）

得以改观，反随着时间的推移愈形积重难返。光绪二十八年（1902），山西署理巡抚赵尔巽递呈《奏请各省通设罪犯习艺所折》，认为流徒等犯，罪名本意全失，流弊滋多，现在上无差役可供，下无工艺可供，又无看管之地、工食之资，因之潜逃之案层见叠出，缉获之犯十无二三，即实力安置，亦不过为地方添一罪人，为州县增一罣累，而于惩懲省愆之法殊无所裨，且"各省军流徒及发遣各犯逐渐增多，凡在途州县，每岁经过不下数百起，一狱之成并护解各费，计之耗于公利者，岁费遂成巨款，即为州县亏累之大宗"①。赵尔巽奏折请求朝廷饬下各省通设罪犯习艺所，将命盗杂案遣军流徒各罪犯审明定拟后，即在犯事地方收所习艺，不拘本省外省，分别年限之多寡以为工役之轻重。赵尔巽从多方面论证了当时徒流诸刑罚实践的种种弊端，其建议恰契合对治军流徒犯逃脱严重、朝野上下舆论一致倾向于改良狱制的社会热点，尽管刑部议覆否定了赵尔巽奏军流人犯概不解配的主张，但完全赞同各省通设立习艺所以安置遣、军、流、徒各犯。习艺所乃仿效汉代输作制度，兼学外国禁系规制，以习艺为科刑而收容遣、军、流、徒各犯，为清末新式狱制改革之嚆矢，中国在监囚犯得有职业之训练肇端于此，实为中国法制史一大变革的转折点。按照刑部议覆通行章程，徒犯不再发配，一律收所习艺，按徒罪年限责令工作，限满释放；遣、军、流罪各犯如系强盗、抢夺、会匪、棍徒等仍照定例发配，遣、军者到配所加监禁十年，流罪者五年，候监禁限满，概行收所习艺，皆令身带重镣，充当折磨苦工，遣、军以二十年为限，流犯以十年为限。

自是，习艺所在各地相继成立，主要有：顺天府习艺所（位于北京德胜门外下关以北功德林庙旧址）、保定习艺所（建于1904年）、天津习艺所（位于天津西关西营门外教军场）、奉天习艺所（于1905年由原盛京刑部狱侧南监修建而成）、山西习艺所（位于太原东华门一号）。此外安徽怀宁、浙江杭县等地亦设有罪犯习艺所，而天津于光绪三十二年（1906）建立了游民习艺所，于宣统三年（1911）开办了女犯习艺

---

① 《大清法规大全》，法律部，第十卷，习艺所·待质所，台北考证出版社1972年版，第1893—1894页。

所。天津为京师门户，袁世凯时任直隶总督兼北洋大臣，锐意革新以建树政绩，派遣天津知府凌福彭赴日考察狱政。袁世凯据凌福彭考察东京监狱、土谷监狱、巢鸭监狱、崛川监狱和大阪监狱等处后的见闻报告札饬天津道会同南北两段巡警局妥议办理。时直隶布政、按察两司受命详议筹办习艺所事宜，考虑到库储空虚和刑部议覆章程的建议，先就省城、天津分设两所，以天津、河间、永平、宣化四府以及遵化直隶州等处之犯归津所收留，保定、正定、顺德、广平、大名五府等处之犯归省所收留。天津习艺所（又名天津监狱习艺所）于光绪二十九年（1903）动工修建，于次年六月竣工开办。该所第一任总办由天津知府凌福彭兼领，机构设置和建筑布局均多取法于日本。除总办统辖全所外，典狱官承总办命督率部下办理所中一切事务，考察各员功过勤惰，其下分设总务科、会计科、教导科、医务科、看守科。该所建有监房、教诲室、医务室、会议室、事务室、接见室、传染隔离室以及操场、工场、工艺品陈列室等设施，监房呈扇面形两所，每所由四栋组成，每栋分为八室，每室可收容八人，女监另有一槛。作业和教诲教育制度为该所设范立制的主要内容，主要包括《天津习艺所办理事务规程》《天津习艺所作业工师服务规程》等，日本教习屯田宜宽①对该所规章的制定颇有襄助之功。该所设置的犯人工场又称工厂，迄于光绪三十一年已除按织布、织毯、纺纱、皮靴、成衣、麻绳六科各设一厂外，尚有纸厂（生产中西式信封信纸）附于衣厂、木厂（生产织布机、纺车、经线架附件及其他各种木器）附于纺纱厂、机器厂（制作零件小型机器供所内工厂使用）附于麻绳厂。天津游民习艺所于光绪三十二年（1906）成立开办，附设在天津习艺所大院内东侧，初肇因于收丐防窃。其组织和制度大体与罪犯习艺所一致，亦具有依游民性质专以习艺为宗旨而规范的特点。游民被分别收留于五个部，即儆惰部（主要收留社会上游手好闲、沿街乞丐及不安分者，或由各官署局移送习艺所者）、惩顽部（主要收留社会上顽固懒散、不从父兄教训的年轻子弟，由家属送来并填写志愿书者）、拘禁部（主要收留地痞、恶丐、无赖之徒，由各官署局移送而来）、邮

---

① 此人的外文名字与生卒年份不详，今姑阙疑，待考。

留部（主要收留流落于津无亲友投靠的外地人，由本人申请或各官署局所移送）、收养部（主要收留年幼无亲人收养者）。天津知府凌福彭在考察日本狱政后向袁世凯汇报云："大抵讲求工艺，以辟其生机，修改刑律，以宽其手足，明罚敕法，禁民为非，监狱中多一囚徒，则闾里中少一匪类，工场中多一手业，则廛市中少一惰民，似于治理不无裨益。"① 这表明受中国政治法律传统和国外狱制改良所寓含的规训思想的影响，习艺所的功能补充扩大化成为社会性的改造、治理工具。不过一些省份的督抚对设立习艺所的态度比较冷淡，且受财力制约多踌躇不为。光绪二十九年，贵州巡抚曹鸿勋奏称，黔省边瘠，当此饷需万分支绌之时，断无余力筹此闲款举办，况此等罪犯，半属游惰里民，非若外洋各国，无不能一艺之人可比，若谓艺成即可自食其力，所余并可充用，虑非旦夕所可收效，且若照议设所，于省垣重地多聚不逞之徒，恐致生事变，故碍难遽设。② 陕西布政使樊增祥在咸阳、长安两县提出由藩库支款设立罪犯习艺所时批驳云："彼咸、长两县之罪犯，何独如是之值钱耶？国计有常，库储不易，情理与法，三者皆讲不去。司库何敢出此无名之费，畀诸有罪之人。仰自与两县筹商。本司不管。"③，遂对此断然予以否决。

"狱政之良否，一国之文野所关，故英谚有云，入其国先观其监狱，则其内政足见一斑也。"④ 鸦片战争以后，西方人多诟责中国刑罚苛重、监制酷虐。何天爵在《真正的中国佬》中这样写道："任何人，只要他对中国穷苦百姓的日常生活稍有点了解，同时他又知道中国的监狱对百姓确实起着某种震慑约束作用的话，那么他很快就会明白，那块土地上的监狱一定如同阴曹地府一般。事实上，如果我们把美利坚合众国中设

① 甘厚慈辑：《北洋公牍类纂》卷五，吏治三，监狱、习艺，《项城袁世凯有关资料汇刊》，台北文海出版社1966年版，第391页。

② 朱寿朋编：《光绪朝东华录》，光绪二十九年十一月，张静庐等点校，中华书局1958年版，总第5121—5122页。

③ 樊增祥：《樊山政书》卷十七，中华书局2007年版，第466—467页。

④ 《监狱改良两大纲》，《东方杂志》第三卷第八期，光绪三十二年七月二十五日。

施条件最差的监狱复制一下，然后将它搬到大清帝国的任何一个地方，那么在这一地区'有权'蹲监狱的人们至少有一半会急不可待地制造某种犯罪行为，以便争取住进这种监狱内的一个单身牢房；而且在住进去之后，他们会绞尽脑汁地想法表白加重自己的罪行，以获得在那里长期居留的'特权'。"① 西方人以中国刑律太重非所能堪为维护在华领事裁判权的借口。国人由于受西方舆论宣传的影响、对西方监制了解比较肤浅以及出于为改良呐喊呼吁等目的和原因，亦多认为中国与外国相比在狱制方面有天壤之别，且以狱制改革为废除外国在华领事馆裁判权的切入点。天津知府凌福彭即云："方今各国环峙，非修内政无以定外交，内政之要，首在刑律，监狱一日不改，则刑律一日不能修。"② 时负责变法修律的沈家本亦认为监狱与刑制相为表里，狱制一日不改，则新律万不适用，纵有完备之法典与明允之法官，无适当之监狱以执行刑罚，虽受极文明之裁判，仍处以极不文明之监狱则迁善感化犹托空言。明治28 年（1895），日本为修改不平等条约、废除治外法权，修建了当时与日本银行、小石川炮兵工厂并列为东京三大建筑的巢鸭监狱，作为具有先进设备的可以供监禁外国人的西式新型监狱。日本通过监制改良以实现废除治外法权目标的成功先例为清廷朝野称羡不已，巢鸭监狱几成赴日考察狱政的国人取经朝圣之地，包括张之洞在湖北兴建的模范监狱等均以此为蓝本。无怪乎岛田正郎在《清末之狱制改革及大清监狱则例之编纂》一文开篇即言："自清末受西洋之影响，直接承袭日本之制度，始有现今之监狱。"③

清末狱制改革的思路与规划基本上体现于光绪三十三年（1907）四月十一日沈家本所奏实行改良监狱宜注意四事折。④ 该折提出改建新

---

① 何天爵：《真正的中国佬》，鞠方安译，光明日报出版社 1998 年版，第 151 页。

② 甘厚慈辑：《北洋公牍类纂》卷五，吏治三，监狱、习艺，《项城袁世凯有关资料汇刊》，台北文海出版社 1966 年版，第 391 页。

③ 岛田正郎：《清末之狱制改革及大清监狱则例之编纂》，左秀灵译，见潘维和主编：《法学论集》，《中华学术与现代文化丛书》之九，台北中国文化大学出版部 1983 年版，第 156 页。

④ 故宫博物院明清档案部编：《清末筹备立宪档案史料》下册，四，法律和司法，中华书局 1979 年版，第 831—832 页。

式监狱、养成监狱官吏、颁布监狱规制、编辑监狱统计四项要务，其后狱制改革均系对该折的付诸实践。沈家本等是时一则由于对西方狱制的认识有所深化，一则适应清政府正在进行的官制改革形势，主张监狱与习艺所性质不同，必须厘定名称，凡拘置浮浪贫乏者，名曰习艺所，隶民政部监督拘置，自审判厅判定罪名者，名曰监狱，隶法部监督，名称既定，权限自分。是年九月，清政府学部通令各省政法学堂增设监狱学专科以培养狱政改良官吏，此为中国监狱史上第一次以法令形式将监狱官吏的培养纳入正规教育体制。是时，法部要求新办监狱附设监狱学堂、看守训练所，将养成狱政人才与新式监狱开办二者相结合，修订法律馆直属的法律学堂亦附设监狱学专科，并于光绪三十四年（1908）邀请小河滋次郎携眷来华担任狱务顾问，并兼任法律学堂监狱专科讲座。清末养成和培育狱政人才所播撒的种子随着时间推移在民国时期开花结果。小河滋次郎是时受清朝法部委托负责起草《大清监狱律草案》，于宣统二年（1910）完成。《大清监狱律草案》共十四章，二百四十一条，分总则和分则两部分。第一章为总则。第二章至第十四章为分则，分别是关于收监、拘禁、管束、作业、教诲及教育、给养、卫生及医疗、出生及死亡、接见及书信、赏罚、财物保管、特赦、减刑及假释、释放等方面的规定。该草案体现了教育刑论的理念以及适用刑罚个别化的原则规定监狱种类分为徒刑监（拘禁处徒刑者）、拘役场（拘禁处拘役者）和留置所（拘禁刑事被告人，实即拘留未决者的处所），并将受刑人的劳动改造名之为"作业"，以别于德国、瑞士的劳役刑，首次在立法文件中使用"教育"一词，[1] 与传统的"明刑弼教"不可同日而语。该草案终因武昌起义爆发而未能颁行，但它却对后世监狱立法具有重大影响和借鉴意义，北洋政府1913年12月颁布的《中华民国监狱规则》，国民党政府1928年10月颁布的《监狱规则》以及1946年公布的《监狱条例》等法律，基本上是《草案》的翻版。

清末新型监狱的筹建最早发轫于一些地方督抚的倡导，湖北、盛京等地率先试办后，法部加以统一规划和指导，由各省省会及通商口岸先

---

① 见该草案第一百零一条"对于受刑人应施教育"。

行筹资兴造模范监狱，以俟数年后推暨于各州县。自 1907 至 1911 年，各地建立新监除京师模范监狱外，据呈报尚有奉天、湖北、两江、云贵、山东、山西、广东等省份，正在筹建的省份有广西、河南、闽浙、安徽等。大致情形为：

（一）湖北省模范监狱

该监狱是中国近代建成的第一座彻底的改良型监狱，监址在江夏县（今武昌县）之东，与县署毗邻，兴建于光绪三十一年（1905）。时任湖广总督张之洞为当时负责清朝新政的督办政务处参赞，积极推广辖区的狱政改良，任命湖北试用道邹履和赴日学习狱政回鄂的补用知县廷房负责仿照日本东京及巢鸭两狱营建新狱。监狱构造分为三区四监：前区设有女监、病监及会议室、狱官室、书记室、守卫室、巡勇房等；中区有外监设于东西两侧，呈扇面形，关押未决犯，尚有严禁监、独居暗室、瞭望楼、教诲楼、罪人接见室等；后区为内监，关押已决犯，亦采用扇面式，设有三人监、一人监、严禁监、独居暗室、瞭望楼、守卫军住房等。监内工场、生活及卫生设施颇为完善，安装有自来水、电灯、电铃、消防器具等较为先进的设备。该狱实行省办县管双重管辖制革除旧式管监狱卒，而代之以通过招考上岗的守卫，有令人耳目一新的气象。

（二）奉天模范监狱

该狱创办于光绪三十四年（1908），狱址在沈阳天佑门附近，在许世英等人推动下，由奉天府县两所旧监仿日本狱制合建而成。其建筑共分五部：第一部为官舍，设有事务室、会议室、看守长室等行政机构，中段大楼高层置有监视指挥全监的瞭望亭；第二部为杂居监，分为四翼，呈十字形，中央设看守亭；第三部为分房监，亦分四翼，呈扇面形；第四部为工场，分两个区；第五部为男囚病监、女监及病室等。此外还有运动场、浴室、教诲室等近代化设施。该监共可容纳囚犯 400 人左右。犯人作业有相当的组织规式，主要项目是成本较低，操作简易的手工业劳动，比如织布、缝纫、草竹编织、文具制作，等等。监狱还试办了女监工厂和投资合伙的织布工场。奉天和湖北等省模范监狱的行政组织机构大体相同，设典狱长一人，总管全狱事务，下设二课两所，即：文牍课（管理文书往来及保管犯人金钱物品等事）、守卫课（管理检查囚犯及戒护惩罚等事）、庶务课（管理土地建筑及会计考等事）、教务所（管理教诲教育事宜）、医务所（管理医疗卫生事宜）。

（三）京师模范监狱

宣统元年（1909），法部以京师为各方荟萃之所，万国观瞻所系，而法部典狱司又为监狱改良之枢纽，法部监狱当为全国之模范，乃在请旨得拨专款后购置北京右安门内镶蓝旗操场闲旷空地以兴建京师模范监狱。该监狱由小河滋次郎设计，于宣统二年（1910）破土动工，由御史麦秩严为工程监督，凌盛熹任提调。该狱根据规划分前中后三区：前区包括大门、看守教诲所、产品陈列所、病监、幼年监、运动场等；中区为中央事务所，包括典狱室、课员室、戒具室、书籍室、阅览室、囚人接见室、仓库等；后区为监房，分南北平列，各有五翼呈扇面形状，在扇柄轴心处建有圆形办公楼，楼顶为瞭望亭，中层为教诲室，下层为惩罚室和检查书信处。监区内附设监狱工场、医诊室、药术室、浴室等。① 因开工次年辛亥革命爆发，清室倾覆，该狱兴建工程一度中断，直到民国元年北洋军阀政府接收后才竣工。小河滋次郎的备忘录《清国之狱制》上册云："北京正兴建一所新的监狱，称之为'模范监狱'，这是由我设计的。按照计划，工程约在两年内完成。从外表上看是像我所设计的，但内部是否按照设计，那就谁也说不清了。我的工作，仅限于设计外形，内容构造则完全被排除在外。清国人既没有了解监狱需要的建筑师或工程师，这就意味着整件事情由外行人监督管理，后果是难以想象的。"② 该狱事实上由于受种种条件制约并不尽如人意。殆以地

① 《法部奏建筑京城模范监狱筹款不敷请饬部拨款添助兴修折》，见于《大清法规大会》卷九，法律部·监狱，台北考证出版社1972年版，第1887—1889页。

② Douglas Robertson Reynolds, *China, 1898 – 1912: The Xinzheng Revolution and Japan*, Cambridge, MA: Harvard University Press, 1993, p. 177.

势卑湿，四围不得不开凿大沟而沟水无排泄处，积久变成绿色，时逢大雨，护城河水横流而入，沟为之溢，且监房采光不足，建筑不固，迄清亡，院内甬路未建，幼年监亦未动工，病监尤形草率，各监房每遇雨淋，多有渗漏，加以收犯每年辄逾数千人，拥挤不堪，竟致其中肥虫蚤虱接团成尘，疫疮体血四壁如绘。

尽管法部在宣统元年（1909）一再要求各省新监"统须于宣统三年以前一律告竣"，并将以此为考核各省成绩之据，但各省情况参差不齐，因库储拮据筹设维艰，往往以简陋自安，终多未能大著成效。清末狱政改良在取法国外的同时实牵涉及整个社会系统的结构改造，在当时的社会整体环境存在变革所引发的不适应症候。时任东三省总督徐世昌亦深知监狱与审判二者相因而成，关系綦重，并积极推动监狱改良，对奉天模范监狱的创设功不可没，但他认为监狱为羁禁罪犯之所，重其身体，节其饮食，隘其居处，无非多方折磨，启其悔罪迁善之心，而所谓模范监狱每每高大其房屋，丰美其饮食，亭台楼院玻璃汽屋，一切器具均用洋式，即衙署学校神祠亦不过如此阔大，此费从何而出？如是竭穷民之脂膏，给罪囚之颐养，人将何乐而不犯罪乎？[1] 清末模范监狱的修建动机之一乃出于为废除领事裁判权奠定基础，其模范功用带有作秀的意味乃不可讳言，在普通民众尚多衣食不周的情况下引起人言啧啧。恰如鲁迅所云："在中国，国粹式的监狱，是早已各处都有的。到清末，就也造了一点西洋式，即所谓文明式的监狱。那是为了示给旅行到此的外国人而建造，应该与为了和外国人好互相应酬，特地派出去，学些文明人的礼节的留学生，属于同一种类的。"[2] 史载，宣统二年（1910），江南模范监狱工竣，费资殆十余万，监房三楹，夜有电灯，日间许至房外散步，星期日尚有宣讲师讲道教谕，然诸犯乐处旧监，求勿迁模范监狱。盖旧监之不便人者澌隘秽恶而已，是非彼等所惧，而自由则达极点，苟使费不缺，能与彼等合群，则狂歌畅饮、吸鸦片、开赌悉听其

---

① 刘锦藻：《清朝续文献通考》三，刑十三，商务印书馆 1935 年版，第考 9928 页。亦可参见《续修四库全书》编纂委员会编：《续修四库全书》819，史部·政书类，《皇朝续文献通考》卷二四七，上海古籍出版社 1996 年版，第 69 页。

② 鲁迅：《鲁迅全集》第 6 卷，人民文学出版社 1981 年版，第 11 页。

便，而资格已老之犯则更得分润新进之犯所纳规例，内牢之龙头利益尤不可思议，且有于狱中开小押当者，岁中贸易可数万，视囹圄为利薮，至狱中接眷入内同处，或竟娶妇，亦时有之事，女牢乃至卖淫，故诸犯忖度模范新监必不能随心所欲，咸求得勿移往。①

----

① 汪康年：《汪穰卿笔记》，章伯锋、顾亚主编：《近代稗海》第 11 辑，四川人民出版社 1988 年版，第 436—437 页。

第三章 法律间：领事裁判权 与中国近代司法运作

第一节 "治外法权"与"领事裁判权"的概念梳理

"治外法权"的概念在近代国际法学界众说纷纭，它不仅被普通民众而且也被许多国际法专家与"领事裁判权"混为一谈。在英美国际法著作和一些国际文件中，"治外法权"写作 exterritoriality 或 extraterritorial jurisdiction，与 consular jurisdiction（领事裁判权）名异实同。但有学者亦认为，exterritoriality 等于法文中的 l'exterritorialité，专指外交使节、国家元首以及军舰等在国际法上所享有的豁免特权，而 "extra-territoriality" 乃含有 "extraterritorial jurisdiction" 之意在内，相当于法文 "la juridiction exterritoriale"，即通常所谓领事裁判权。除受传统用法的影响外，一些西方人指鹿为马的故意淆乱是非对"治外法权"与"领事裁判权"的概念相互假借实具不可低估的作用，其目的旨在将作为司法特权的领事裁判权乔装打扮为公喻的国际法原则而使之合法化。鸦片战争后，海禁初开，国人对西方国际法几乎罔然无知，漫弗加察，每以治外法权误为领事裁判权。"治外法权"一词始见于光绪年间。1918 年清廷与瑞士订约，领事裁判权之谓方首见于条约中，然犹下加括号申明，以别于国际法上的外交特权，即"治外法权"。① 及清末举行经济特科考试，如何区分领事裁判权与治外法权之题跃然纸上。日本将

---

① 该条约中文版本见王铁崖：《中外旧约章汇编》第 2 册，生活·读书·新知三联书店 1959 年版，第 1373—1374 页。

"consular jurisdiction" 译为 "领事裁判权" 一词传入我国后，殆两者分殊已渐引起国人关注。时留学日本并对国际法颇有研究的宋教仁于1911 年所撰《二百年来之俄患篇》一文云：国人所谓治外法权 "盖单指领事裁判权而言，即甲国人于乙国领土内，不服从其国法权，而由自国领事裁判之，谓为属人主义之制度，与普通所谓治外法权相异者也"；其 "普通所谓治外法权者，甲国之元首、公使及军队、军舰在乙国领土内不服从其国之统治权之谓，与领事裁判权原不同，盖普通治外法权，为相互的平等的，领事裁判权为一方的不平等的也，但世人多混称之"①。

领事裁判权与治外法权固不乏关联，但亦迥然相异，其区别表现为：从权利主体而言，治外法权仅包括国家元首、公使、停泊他国的军舰及乘载元首或外交代表的特殊船舶、在国外的国有财产、获主权国允许或因条约规定而驻屯的外国军队等特定的人及物，范围綦严，而领事裁判权的适用范围并不以特定的人及物为限，不论商人传教士抑或无业游民，但凡隶属于缔约国家，皆跻身其间概沾其休。从权利客体而言，治外法权并非一种单独的权力（le pouvoir unique），而是各项权利（les privileges séparés）的集成，主要是消极地豁免（exemption）所在国或所在地法权管辖。除去免除民刑事司法权的管辖的不受审判权，还包括优免检查征权等特别优待权。故有学者云："治外法权包括司法权、行政权、警察权，领事裁判权，只限于司法权一种。"② 领事裁判权旨在行使本国司法权于国家领土之外以管辖本国侨民，系一种积极的领土以外的法权。治外法权堪称绝对的不服从所在国之主权，领事裁判权乃仅有侨民在诉讼案件时不服从于所在国法律的意味。从权利依据而言，治外法权为近代国际法上公认的原则，为国际礼让的产物而通行于近代世界列国，建立在 "国家主权互相尊重" 的原则基础上，以不损害国家领土主权为唯一标准。领事裁判权的存在，乃源自片面独惠的条约效力的赋予，并非普遍的法律事实，仅为国际法上之例外，故有学者称之为

---

① 陈旭麓主编：《宋教仁集》上，中华书局 1981 年版，第 171 页。

② 耿习道：《治外法权与领事裁判权》，《国立中央大学半月刊》第 1 卷第 30 期（1930 年）。

"协定的裁判权之延长"。领事裁判权尊奉传统的属人主义法原则（the principle of the personality of laws），将"属人优越权"（personal supremacy）推向极致而绝对排斥国家的"属地优越权"（territorial supremacy），对被施行国主权构成严重侵损。从权利的实现而言，治外法权既为国际公法上划一的原则，故其适用时不必有待于任何设备与规定，唯驻在国不行使司法权及赋税权等即可，而领事裁判权因系积极的扩张延展本国裁判权力，故须有领事司理裁判外，犹赖设立各级外国法院等制度辅助。正是由于在外国司裁权者不必尽为领事，尚包括公使或特设之审判官等，领事裁判权之语亦欠精要，所以日人今井嘉幸（いまいよしゆき，1878—1951）名为之外国裁判权，英有"foreign jurisdiction"一词，德有"die Fremdengerichtsbarkeit"一词，似尤名实相符，惜非习见。

第二节　领事裁判权的产生

推厥源流，有学者谓治外法权肇始于唐宋时期。美国著名历史学家费正清在其《美国与中国》（John King Fairbank, *The United States and China*, Cambridge, MA：Harvard University Press, Foreign Policy Library, 1948）中云：治外法权"这种法律制度——即在它的下面，来中国的外国人以及他们的行为，只受外国的而不受中国的管辖——不是一个外国的，亦非近代的发明。如同在君士坦丁的土耳其一样，中国政府在中古时代希望各海口的外侨在他们自己的头人和法律之下管理他们自己"[1]。美国研究唐代历史的学者谢弗（Edward Hetzel Schafer, 1913—1991）在《唐朝的外来文明》（*The Golden Peaches of Samarkand: A Study of T'ang Exotics*, Berkeley and Los Angeles：University of California Press, 1963）中亦云：在唐朝的外国人居住区内，"外国人由一位特别

---

　　① John King Fairbank, *The United States and China*, Cambridge, MA：Harvard University Press, 1983, p. 167.

指定的长者管理，而且享有治外法权"①。中国学者认同此说者不乏其人。傅筑夫《中国封建社会经济史》即如是云：唐宋"蕃坊……有特殊的政治地位，如蕃人犯罪不受中国法律制裁，由蕃长按照其本国法律惩处，这颇似后世的不平等条约形成的治外法权，而成为特殊区域蕃坊，亦颇似后世帝国主义列强在中国都市内划定的租界。所不同的是主权没有丧失"②。在唐代，许多阿拉伯人、波斯人"住唐"，一则由于生活习俗、商业活动的需要，一则由于唐王朝当局政策的规定，遂在华侨寓聚居形成"蕃坊"。据唐宣宗大中五年（851）阿拉伯商人苏烈曼（سليمان，Suleiman）的游记所叙广州蕃坊情形云："中国商埠为阿拉伯人麇集者曰康府（即今广州）……中国皇帝因任命回教判官一人，依回教风俗，治理回民，判官每星期必有数日专与回民共同祈祷，朗读圣戒训。终讲时，辄与祈祷者共为回教苏丹祝福，判官为人正直，听讼公平。一切皆能依《可兰经》、圣训及回教习惯行事。故伊拉克商人来此地方者，皆颂声载道也。"③ 可见，唐朝曾专设蕃长或都蕃长管理坊内蕃民，依其伊斯兰法处理其中的民事案件和刑事案件。学界一般认为中国古代最早的涉外法律规定首见于《唐律》。梁启超在《论中国成文法编制之历史沿革得失》中这样写道："《唐律名例篇》云：'诸化外人同类自相犯者，各依本俗法；异类相犯者，以法律论。'然则治异族人，还以其族固有之法律，实我国法学上之一原则。此原则导源于黄帝尧舜时代，至唐时则明著诸法文中。而今日这领事裁判权，施行于国中，而恬不以为怪者，亦自此观念演出也。古代法律，率采属人主义，即罗马法、回回法，莫不皆然，又匪独我矣。"④ 梁氏对《唐律》此条规定系因袭昔朝成文抑或前无特著审慎地疑以传疑，所谓古代法律率采属人主

① 谢弗：《唐代的外来文明》，中国社会科学出版社 1995 年版，第 27 页。

② 傅筑夫：《中国封建社会经济史》第 4 卷，人民出版社 1986 年版，第 460 页。

③ 《苏烈曼游记》，张星烺主编：《中西交通史料汇编》第 2 册，中华书局 1977 年版，第 201 页。

④ 范忠信选编：《梁启超法学文集》，中国政法大学出版社 2000 年版，第 125 页。

义云云亦不可谓错，然以其所处的特定场景将此条规定释之为治外法权未免拟于不伦。《唐律疏议》曾专门解释云："化外人，谓蕃夷之国别立君长者，各有风俗，制法不同。其有同类自相犯者，须问本国之制，依其俗法断之。异类相犯者，若高丽之与百济相犯之类，皆以国家法律论定刑名。"[1] 夷考其实，"蕃坊司"乃中国政府当时批准建立的管理机构，"蕃长"乃中国政府所任命执事人员，与近代领事之类不可同日而语。《宋刑统》卷六《名例律》"化外人相犯"条一如唐律，相沿不改。宋朝寓居广州的朱彧所著《萍洲可谈》记述蕃坊司法情形曰："广州蕃坊，海外诸国人所居住，置蕃长一人，管勾蕃坊公事，专切招邀蕃商入贡，用蕃官为之，巾袍履笏如华人，蕃人有罪，诣广州鞫实，送蕃坊行遣，缚之木梯上，以藤杖挞之，自踵至顶，每藤杖三下，折大杖一下，盖蕃人不衣裈袴，喜地坐，以杖臀为苦，反不畏杖脊，徒以上罪则广州决断。"[2] 是时，蕃长处理蕃坊内部法律纠纷以一般民事纠纷为主，蕃人触及刑律者悉由广州地方官鞫实，属笞杖之罪者方可交蕃坊执行，足见蕃长的法律地位与权限犹如中国习以为常的里长、甲长等襄助官府司法审断一般，蕃坊自治的范围有限，并不能自外于中国官府，并不等于享有所谓"治外法权"。

另一种观点认为外国取得在华治外法权肇端于乾隆五十七年（1792）《恰克图条约》（*Кяхтинский договор 1727*）。1911 年，宋教仁在《二百年来之俄患篇》中云："俄人自乾隆五十七年订立《恰克图条约》，有两国人民交涉各治其罪之文，为治外法权之滥觞。"[3] 复云："俄人通我之始，原无所谓治外法权及会审制者，自乾隆五十八年恰克图之约（五）规定，边界官员会同审讯罪犯，为会审制之权舆。然此时既无领事之设，且约中又有'你处（指我国）属下人由你处治罪'之文，盖不过两国边界官会同以行审讯，其定案处刑，皆各自为政，非

---

① 长孙无忌等撰：《唐律疏议》，刘俊文点校，卷六，名例，中华书局 1983 年版，第 133 页。

② 朱彧：《萍洲可谈》卷二，李伟国点校，中华书局 1985 年版，第 19 页。

③ 陈旭麓主编：《宋教仁集》上，中华书局 1981 年版，第 171 页。

真正附随领事裁判权之会审制也。"① 马士在《中华帝国的贸易与行政管理》中亦持论相近。② 查宋教仁等立论的根据乃《恰克图条约》第五条："此次通市，一切仍照旧章，已颁行尔萨那特衙门矣。两边人民交涉事件，如盗贼、人命，各就近查验。缉获罪犯，会同边界官员审讯明确后，本处属下人，由本处治罪，尔处属下人，由尔处治罪，各行文知照示众。其盗窃之物，或一倍、或几倍罚赔，一切皆照旧例办理。"③ 所谓"旧例"者，乃指乾隆三十三年（1768）修改后《恰克图界约》第十条。④ 诚然，俄国很早就曾屡次企图向清廷索要治外法权，但迄未成功。从约文内容来看，清政府对俄国人在边境上的犯罪不仅要参与会审，而且还监视俄方对罪犯的处罚，当时根本无从谈及给予俄国治外法权。恰如顾维钧《外人在华之地位》所言，此规定"剿平沿边土匪及其他乱事者，殆可称为中国保守境内完全法权之真破例矣"，然"毫未含有创设治外法权原则之意，似不过因特殊情形，而适用治人法律之原则耳。此实文明各国刑法法理学中所恒有者也。两国政府所常交涉者，即为界线，虽经大体勘正，而实在未确定之处甚多。乡村居民稀少，则

---

① 陈旭麓主编：《宋教仁集》上，中华书局 1981 年版，第 175 页。

② Hosea Ballou Morse, *The Trade and Administration of the Chinese Empire*, London, New York & Calcutta: Longmans, Green & Co., 1908, p. 181.

③ 王铁崖：《中外旧约章汇编》第 1 册，生活·读书·新知三联书店 1957 年版，第 29—30 页。

④ 《中俄修改恰克图界约第十条》又称《中俄修改恰克图界约补充条款》。"喀尔喀会议通商定约"的第十条实际上就是 1768 年 10 月 30 日的"修改恰克图界约第十条"，即把修改后的条文代替了原来的条文。见王铁崖：《中外旧约章汇编》第 1 册，生活·读书·新知三联书店 1957 年版，第 27—28 页。俄文版《中俄修改恰克图界约补充条款》（*Дополнительная статья к Кяхтинскому трактату о режиме русско-китайских границ*）见于《中俄边界条约集》俄文本，商务印书馆 1973 年内部发行，第 13、24—27 页。原第十条为："两国嗣后所属之人，如有逃走者，于拿获地方，即行正法。如有持械越境杀人、行窃者，亦照此正法。如无文据而持械越境，虽未杀人、行窃，亦酌量治罪。军人逃走或携主人之物逃走者，于拿获地方，中国之人，斩；俄国之人，绞；其物仍给原主。如越境偷窃驼只、牲畜者，一经拿获，交该头人治罪；其罪初犯者，估其所盗之物价值，罚取十倍，再犯者，罚二十倍，三次犯者，斩。凡边界附近打猎，因图便宜，在他人之处偷打，除将其物入官外，亦治其罪，均照俄使所议。"

犯事地方之究属何国管辖，恒难确定，有此情形，两国政府为剿平匪患以免时起纠纷危及邦交起见，遂协定如遇沿界重大刑事案件，应将凶犯交其本国官府惩治，似此办法之应付似此情形者，各国所订条约，亦不乏其例。如美、墨两国亦曾协定两国之武装军队各得越界追剿红印度仇人是也"①。顾氏之言堪称笃论。从国际法学角度而言，领事裁判权制度属于领事法的范畴，然《恰克图条约》的上述规定则属于领土法边界管理的范畴。

《大清律例》"化外人有犯条"基本上沿袭明律"凡化外人犯罪者，并依律拟断"的律文，唯于"化外人"一词之后附以"来降"小注。戴炎辉《中国法制史概要》认为化外人，"指归化外国人而言，非外国籍者"②。阿拉巴德（Ernest Alabaster，1872—1950）认为，该规定中的"化外人"仅指蒙古人，在意图上，有关管辖的制定法不适用于诸如在广州和澳门的欧洲商人一类的人。③ 法律乃特定时空框架下地方性知识的结晶。在天朝上国的空间意境和建构于弹性的内外界线之上的宗藩体系支配下，清人是时并不具有当代国籍概念，其所谓"归化"仅为宗藩体系下朝贡互市等恭顺于王化的认同，而且对这种认同的感知端赖清人自身单方面的主观理解，因此在广州、澳门的葡萄牙、荷兰、英国等国家的外国商民亦悉属律文所谓"化外人来降"者之例。在皇帝上谕、刑部档案以及地方官宪奏疏中，该律条文被援引处理澳门和广州等地欧洲国家商民在所多有。两广总督阮元奏陈其究办 1821 年"陀巴士号"（Topaze）英国水手杀人案一折中明确声称："夷兵在内地犯事，即系化外人有犯，应遵内地法律办理。"④ 事实上，1832 年《大清律例重订会通新纂》在"化外人有犯"条后即附有三件涉及欧洲人案件的摘要以例说法，足证所谓"化外人来降"者实际上包括澳门、广州等地的欧

①　顾维钧：《外人在华之地位》，中华民国外交部图书处 1925 年版，第 30 页。

②　戴炎辉：《中国法制史概要》，台北三民书局 1966 年版，第 168 页。

③　Sir Ernest Alabaster, Notes on Chinese Law and Practice, 38 *Journal of the North China Branch of the Royal Asiatic Society* 94 (1906).

④　中国第一历史档案馆编：《鸦片战争档案史料》第 1 册，天津古籍出版社 1992 年版，第 36 页。

钱纳利（George Chinnery，1774—1852）所绘烈日下的圣保禄教堂前地

洲商民。广东地方官吏在审理澳门葡华争论案件中，将租居澳门的葡人与华人一视同仁，称其"世居澳门，即系本县子民"①，更是对"化外人来降"一词的生动诠释。

法律条文固然具有约束、引导等规范性功能，但"纸上法"与"活法"实相生相引，往往是对实践活动的概括、宣示和确定。法律表述与法律实践尽管在一定时空背景下存在出入和矛盾，但亦不乏两者之间互动与转化的结构化过程。鸦片战争以前，澳门地区的葡萄牙人享有一定限度的自治权，被一些学者视为"事实上的治外法权"（de facto legal exterrtraterritoriality）。明万历二十三年（1595），作为澳门葡人自治行政机构的市议事局成立，权限甚广，包括选举法官及法官书记等，标志着葡人行使法权的开始。在一般情况下，葡萄牙人内部（包括其他外国人）发生的轻微民事和刑事案件，由法官开庭审理；重大案件则由

---

①　刘芳辑：《葡萄牙东波塔档案馆藏清代澳门中文档案汇编》，澳门基金会1999年版，第334页。

总督召集其他官员，组织高级法庭审判。有关刑事案件的上诉，可向澳门的首席法官和设在果阿的更高级的法院提起。完稿于乾隆十六年（1751）的《澳门纪略》对葡国人的审判及处罚描述道："蕃人犯法，兵头集夷目于议事亭，或请法王至，会鞫定谳，籍其家财而散其眷属。上其狱于小西洋，其人属狱候报而行法。其刑或戮或焚，或缚置炮口而烬之。"[1] 广州将军策楞在奏折中亦云："澳门一区，夷人寄居市舶，起自前明中叶，迄今垂二百年，中间聚集番男女不下三四千人，均系该国夷王分派夷目管束。番人有罪，夷目俱照夷法处治，重则悬于高竿之上，用大炮打入海中，轻则提入三巴寺内，罚跪神前忏悔完结。"[2] 但是，当时在澳门的葡萄牙法庭，从不审判中国被告，凡涉华夷民刑诉讼纠纷概由清政府司法机构审理。雍正八年（1730），清政府于澳门前山寨设立香山县丞衙门，处理民番一切词讼。乾隆七年（1742），广东按察使潘思榘奏请"仿照理瑶抚黎同知之例，移驻府佐一员，专理澳夷事务，兼管督捕海防，宣布朝廷之德意，申明国家之典章。凡住澳民夷，编查有法，洋船出入，盘验以时。遇有奸匪窜匿，唆诱民夷斗争、盗窃及贩卖人口、私运禁物等事，悉归查察办理"[3]。乾隆八年（1743），清政府批准设立澳门海防军民同知。

乾隆八年，葡人晏些卢杀害华人陈辉千一案可谓著名的乾隆九年谕旨发布的机栝所在。是年末，在澳贸易民人陈辉千酒醉之后，途遇葡人晏些卢，发生口角争执，被晏些卢用小刀戳伤身死。受害人亲属未接受葡人的赔偿而向中国官署禀告报案，香山知县验伤取供，填格通报上

---

① 印光任、张汝霖著，赵春晨校注：《澳门纪略校注》下卷，澳蕃篇，澳门文化司署 1992 年版，第 152 页。

② 《广州将军策楞等奏报办理晏些卢扎伤商人陈辉千致死案缘由折》（乾隆九年正月十五日），中国第一历史档案馆等编：《明清时期澳门问题档案文献汇编》一，人民出版社 1999 年版，第 198 页。

③ 潘思榘：《奏请于澳门地方移驻同知员专理夷务折》，中国第一历史档案馆等编：《明清时期澳门问题档案文献汇编》一，人民出版社 1999 年版，第 193 页。相关研究或可参考黄鸿钊：《澳门同知与近代澳门》，广东人民出版社 2006 年版，第 51 页。李雪梅：《澳门明清法制之史证》，米健、李丽如主编：《澳门论学》第 1 辑，澳门回归一周年纪念文集，法律出版社 2001 年版，第 206 页。

级，禀称西洋夷人犯罪，向不出澳赴审，因此凶犯于讯供之后，夷目便自行收禁监管抗不交出。总督策楞和巡抚王安国严批照例审拟招解，该知县叠催移交凶犯，葡萄牙总督拒绝接受此项要求，称："蕃人附居澳境，凡有干犯法纪，俱在澳地处治，百年以来，从不交犯收禁，今晏些卢伤毙陈辉千，自应仰遵天朝法度，拟罪抵偿，但一经交出收监，违犯本国禁令，阖澳夷目，均干重辟，请仍照向例，按法处治。"① 总督策楞考虑到澳门"民夷交涉事件，罪在蕃人者，地方官每因其系属教门，不肯交人出澳，事难题达，类皆不禀不详，即或通报上司，亦必移易情节，改重作轻，如斗杀改作过失，冀倖外结省事，以致历查案卷，从无澳夷杀死民人抵偿之案，今若径行搜拿，追出监禁，恐致夷情疑惧，别滋事端，倘听其收管，无论院司不能亲审，碍难定案承招，并虑旷日持久，潜匿逃亡，致夷人益生玩视法纪之心"②。且化外之人有犯，原与内地不同，如果照例解勘成招，夷情实有不愿，且凶犯不肯交出，地方官照例应有处分，诚恐顾惜考成，易启姑息养奸之弊，乃建议"嗣后澳夷杀人，罪应斩绞，而夷人情愿即为抵偿者，该县于相验之时，讯明确切，由司核明，详报督抚，再加覆核，一面批饬地方官，同夷目将犯人依法办理，一面据实奏明"③。乾隆帝下发策楞之奏令刑部覆议，刑部回奏云："查律称化外人有犯，并依律问断，俱期于律无枉无纵，情实罪当，其他收禁成招等项节目，原不必悉依内地规模，转致碍难问拟。"④ 乾隆九年（1744）上谕即据刑部议覆而来，澳门地区华葡命案中应斩绞西洋罪犯就地由清廷地方官员会同所谓"夷目"依法办理而

① 《广州将军策楞等奏报办理晏些卢扎伤商人陈辉千致死案缘由折》（乾隆九年正月十五日），中国第一历史档案馆等编：《明清时期澳门问题档案文献汇编》一，人民出版社 1999 年版，第 198 页。

② 印光任、张汝霖：《澳门记略》，赵春晨点校，广东高等教育出版社 1988 年版，第 35 页。

③ 《广州将军策楞等奏报办理晏些卢扎伤商人陈辉千致死案缘由折》（乾隆九年正月十五日），中国第一历史档案馆等编：《明清时期澳门问题档案文献汇编》一，人民出版社 1999 年版，第 199 页。

④ 印光任、张汝霖著，赵春晨校注：《澳门纪略校注》下卷，澳蕃篇，澳门文化司署 1992 年版，第 90 页。

免其交禁解勘之制由此著以为令。此为我国历史上第一个关于涉外案件解讯程序的法律性文件。

乾隆九年上谕规定的诉讼程序在此后的案件处理过程中得到贯彻固属不争的事实，但清政府与葡萄牙殖民当局围绕澳门地区司法权的争斗与博弈须臾未曾间断。乾隆十三年（1748），两名巡夜的葡萄牙士兵将华人简亚二、李廷富二人殴打致死，中国官宪要求澳葡当局交凶以科断论罪，葡人不允其请，即檄令关闸门而停交易，澳葡官员被迫将罪犯流放地满（Trimor Island，帝汶）岛，又通过贿赂清廷官员等手段进行转圜。广东官宪以办理殊为棘手，且苞苴暗受，乃饰词搪塞，谓犯罪者系一患精神病者，借此为死刑减等之口实而许其按照葡方法律将凶手流放地满结案。对此案的处理，乾隆帝闻知大为不满，下旨切责云："夷人来至内地，理宜小心恭顺，益知守法。乃连毙内地民人，已属强横，又复弃尸入海，希图灭迹，尤为凶狡，自应一命一抵。若仅照内地律例，拟以杖流，则夷人鸷戾之情将来益无忌惮，办理殊属错误。……嗣后如遇民夷重案，务按律定拟，庶使夷人共知畏罪奉法，不致恣横滋事，地方得以宁谧。"[1] 在乾隆帝传旨申饬之后，广东地方官员振肃纲纪，于次年（1749）由因此案被撤职的原海防同知张汝霖等起草拟定《澳夷善后事宜条款》十二条，经广东大吏奏准，用中、葡两种文字泐石分别树碑于香山县丞衙署和澳门议事亭，规定："嗣后澳夷除犯命盗罪应斩绞者，照乾隆九年定例，于相验时讯供确切，将夷犯就近饬交县丞，协同夷目，于该地严密处所加谨看守，取县丞钤记，收管备案，免其交禁解勘；一面申详大宪，详加覆核，情罪允当，即饬地方官督同夷目依法办理。其犯该军流徒罪人犯，止将夷犯解交承审衙门，在澳就近讯供，交夷目分别羁禁收保，听候律议，详奏批回，督同夷目发落。如止杖笞人犯，檄行该夷目讯供，呈复该管衙门核明罪名，饬令夷目照拟发落。"[2] 查该款葡文之英译本见于瑞典人龙思泰（Anders Ljungstedt，

---

① 《大清十朝圣训·高宗纯皇帝》四，卷一百九十五，严法纪，三，台北文海出版社1965年版，第2576页。

② 印光任、张汝霖著，赵春晨校注：《澳门纪略校注》上卷，澳蕃篇，澳门文化司署1992年版，第92页。

1759—1835）所著《在华葡萄牙居留地及罗马天主教布道团简史》
（Andrew Ljungstedt, *An Historical Sketch of the Portuguese Settlements in
China: and of the Roman Catholic Church and Mission in China*, Boston:
J. Munroe, 1836)①，称如有天主教徒杀害中国人，其应遵守的手续，
则袭用旧来习惯，即将经过情形，申达葡王核办，等等。由此可见，尽
管清廷以千钧压顶之势令葡澳当局就范入彀，但这种法律表述定格的刹
那间亦显现着抵抗点作为不可消除的对立面铭写于权力关系之中，出没
于权力网络中的每个角落。

　　18世纪末以前，澳门地区被清政府的权力栅格化所分隔而形成相
对封闭的空间。尽管清政府亦曾在此地采取设置保甲等管治措施细化权
力触角分布网络，但澳门与周边区域相对封闭的空间格局本身促进了葡
人的内部自治。是时，葡殖民当局为独占其地"自行法治"亦限制华
人居澳。然而，澳门的商业贸易超地域性的内在特质不可避免冲破这种
管理上的人为界线，不仅中外懋迁日形频仍，而且大量华人入澳僦屋而
居势不可遏，以致"华夷杂处"成为既成事实，华葡之间的债务、房
屋等冲突与纠纷层出迭见，不得不对簿公堂，斗殴偷盗乃至人命诸案亦
频仍不断。鸦片战争之前，与葡人发生诉讼的华人，按照清制用呈词、
呈状、控词、状词、讼词等书面形式（即俗称状子）直接到香山县丞、
知县衙署呈控，而与华人发生上述民刑诉讼的葡人原告则首先应向澳葡
机构中的唩嚟哆②报告，在澳葡机构对事端初步了解后，由唩嚟哆作为
葡人原告的代理人，将案件用汉文禀帖的格式上呈香山县丞、知县，由

---

　　①　过去多译作强克斯脱《中国葡萄牙殖民略史》。Andrew Ljungstedt 为其英文
名字。

　　②　理事官唩嚟哆（即 procurador 的音译，或称为检察长），始设于万历十一年
（1583）澳门葡人的自治机构议事会（Senado）成立时，从刘芳辑葡萄牙东波塔档
案馆藏《葡萄牙东波塔档案馆藏清代澳门中文档案汇编》可见，广东地方官员行
文时通常称之为澳门夷目唩嚟哆、夷目唩嚟哆，或简称夷目。作为议事会成员之一，
理事官唩嚟哆初时其职能除负责税收、财政、海关和执行行政措施外，还代表议事
会与广东地方政府沟通，协调澳门葡人与华人之间的关系。在清代前期，广东地方
官府对澳门葡人发布的行政命令，由理事官转达执行；民蕃之间的纠纷，由其协助
地方官查处；民蕃之间的罪案，由其协助缉拿犯人，转交地方管官审拟；（续下注）

香山县丞、知县负责审理。这种诉讼程序体现了当时清朝对待诸西洋来华外人的一贯方式，包含天朝宗藩观念、维护官僚威仪等多方面考量因素，亦表明清朝官方因信息资源不足而对澳葡钤束尤难、以葡目责任攸归乃为约束条件下的务实选择。当华人被杀命案发生后，这类案件的审判程序启动则亦往往由香山知县依厥职守积极作为所发起。葡萄牙东波塔档案包所藏嘉庆十年（1805）香山知县彭昭麟为提讯葡人凶犯事行理事官札即其明证。其文云：

照得澳门民夷杂处，最易酿事。本县密派差役，不时查访，如有滋生事端，照例查办。

兹据差役禀称：查得有啷哌夷船，雇民人陈亚连为水手。六月十八日，夷人嘤嗲唎吋戮伤民人陈亚连，即用船装载回澳，在医人庙医治不效，到十九日身死。尸亲匿不报验，私自殡葬。凶夷嘤嗲唎吋经石工李亚五、邱永乾等拿获，解交哋吖羁禁。等情。

查殴杀人，例应禀官诣验，按律究办。当即传唤尸亲人等讯供靡异。随传石工李亚五等到案，亦供认拿获凶夷，解交羁禁不讳。合札饬交。札到该夷目，即将凶夷嘤嗲唎吋送出，以凭严审争斗致伤实情，录供通报。并查验凶夷年貌箕斗，饬交领回羁禁，详奉大宪批回饬遵。①

鸦片战争以前，居澳葡人固然具有西方领事裁判权的法律传统观念，但其与清廷的认知之间略无合意。嘉庆十年（1805）八月十九日，香山知县行札澳葡理事官称："查尔等寄居澳门，原系我大皇帝怀远深恩，念尔等远来贸易，寄椗无所，许尔等建屋居住，并申明各例，勒石饬遵。查夷人杀伤夷人，听尔等自行办理。如夷人杀伤华人，由地方官

（续上注）出入澳门港口的额船，由其具报甘结；居留澳门的其他西方商人与清朝官府的沟通，亦由其居间作介。参详刘芳辑：《葡萄牙东波塔档案馆藏清代澳门中文档案汇编》下册，澳门基金会1999年版，第865—868页。

① 刘芳辑：《葡萄牙东波塔档案馆藏清代澳门中文档案汇编》，澳门基金会1999年版，第337页。

讯明，验明年貌箕斗，发交夷目收禁，通详上宪，委员会同夷目正法，久经遵照在案。"① 虽然是时澳门"外夷内附，不必与编氓一例约束，失之繁苛"②，"小事用夷法，勿与深求，大案执国法，断无轻纵"③，但在清政府看来，澳门系天朝地方，西洋夷人世居澳土，即与内地民人无异，自应凛遵天朝法纪。质言之，澳门葡人"虽系外夷"，但食毛践土"视与齐民无异"，澳门仍然属于清朝国法的空间效力范围之内，其有限的司法自治对清廷而言不过是格外的恩赐，绝非法律所保证的权利，难以概用当今受西方影响的国际法领事裁判权观念相绳度。澳葡当局与清廷的主张几如聋子间的对话，而澳门作为不同的"法律间"的制度与理念的集矢场域，争竞交锋已处于风雨满楼的巨变前夜，领事裁判权的罂粟之花已含苞待放。乾隆五十七年（1792），澳葡理事官向香山知县许敦元禀请备船随师船出洋捕盗，乘机以九事恳求转请大宪允准并勒碑遵行，谓除人命大案禀县定夺，其余汉人如有过犯，葡方能行责罚，华人杀死葡人须在澳地明正典刑。许敦元据理相驳称："查华夷自有攸分，冠履不容倒置。□□（尔等）西洋夷人世居内地数百余年，践土食毛，与齐民无二。遇有罪犯，原可照天朝法律惩治，然我大皇帝犹复念尔等究系外夷，除人命至重，杀人者抵偿外，其余军徒杖笞等罪，均听尔等自行发落。岂尔等外国夷人反可管束华人擅加责罚耶？华人如有过犯，自□□（应由）地方官问理，尔等未便干预。"④ 葡方殖民者和清政府对澳门的地盘意识均不相示弱，清政府在澳司法权力的贯彻执行或现些许捉襟见肘固所未免，然就总体而言并未太阿倒持。正如顾维钧《外人在华之地位》言："畴昔中国官吏所怀领土主权管辖之意

① 刘芳辑：《葡萄牙东波塔档案馆藏清代澳门中文档案汇编》，澳门基金会1999年版，第341页。

② 转引自文岩：《潘思榘奏请设立澳门同知一折的史料价值》，《档案学通讯》1999年第3期。

③ 张甄陶：《上广督论制驭澳夷状》，贺长龄辑：《皇朝经世文编》卷八十三，兵政十四，海防上，沈云龙主编：《近代中国史料丛刊》第七十四辑，731，台北文海出版社1972年版，第2983页。

④ 刘芳辑：《葡萄牙东波塔档案馆藏清代澳门中文档案汇编》，澳门基金会1999年版，第410页。

澳门风景（托马斯·阿罗姆绘）

见，虽属含浑。要与近世国际法学家之所主张，无大殊异。在中国境内，钦定律例尊严绝伦，外人之往中国者，得以居留，悉出宽典。中国臣民所应遵守之律例，与外人所应遵守者相同；中国臣民所应服从惩治犯法之刑罚，与外人所应服从者亦相同。"① 不过，清廷惟事体平息即不欲多事刑谳而已，其对澳门葡人内部司法自治的一定范围内的容忍并不能被视之为放弃法权。马士言之亟谛，云："他们对于任何其他国家，从来没有承认其地位，也没有赋予其权利——事实上，他们并没有在一个主权独立国家的意义上，承认一个国家的存在。"②

鸦片战争前，广州洋商错处，涉外案件屡兴。较诸后世学者所谓"澳门模式"而言，浩瀚无限的海洋令倏忽靡常的英国来华商船较跼处一隅的澳葡地界更难操控，而势雄力强的国力令英人尤形桀骜不驯。18

---

① 　顾维钧：《外人在华之地位》，中华民国外交部图书处 1925 年版，第 26 页。

② 　Hosea Ballou Morse, *The International Relations of the Chinese Empire*, *Vol. 1*, *The Period of Conflict 1834 – 1860*, London：Longmans, Green & Co., 1910, p. 112.

世纪中叶，清廷至再至三先行遍布通告律条政令以俾广州外商晓谕周知，马士编辑的东印度公司档案中迄今保留了许多上谕及地方官员颁布的规定的译文。1810 年，斯当东（George Thomas Staunton，1781—1859）译竣《大清律例》刊行于世，英国东印度公司遂以此为与清廷法律较量的自身攻防之利器。然而，纸面的律例在特定时空场景的司法实践中既构成行动者的约束框架又为行动者所移宫换羽，在流变中定格。结构的过程与过程的结构浑然一体地在司法实践中生生不息。乾隆十九年八月二十三日（1754 年 9 月 29 日），法国人时雷氏在黄埔枪杀英国水手布朗（Charles Brown），两广总督杨应琚据报，饬令南海知县赴现场勘验。清廷广州官府要求交凶备审，法人坚持将该犯送回本国受审，声言苟死者为华人，彼等自当立即交凶，由华官依法办理，但此事件发生于欧人之间，与清廷两不相问，故当依本国法律办理。英国东印度公司的商务代表则认为法国对该案无管辖权，亦禀清追凶惩办，并力图说服其他国家的商务代表附和其议。尽管这些代表对将此案交移清廷后将来可能发生的循例介入欧洲人内部争讼不无隐忧，但普遍的态度都模棱两可。① 广州官宪以惯常的封仓停市权术迫使法方交禁究办。然乾隆帝的处理方法颇为费解，降旨云："外洋夷人，互相争竞，自戕同类，不必以内地律法绳之。所有嘧喃呧一犯，着交该夷船带回弗兰西国，并将按律应拟绞抵之处，行知该夷酋，令其自行处治。该督抚仍严切晓谕各国夷船，嗣后毋再逞凶滋事，并不时委员弹压，俾其各知畏法，安分贸易可也。"② 广东官府拘押时雷氏直到次年法国商船返回时以大赦的名义将其开释。苏东坡在《王者不治夷狄论》中云："夷狄不可以中国之治治也，譬若禽兽然，求其大治，必至于大乱。先王知其然，是故以不治治之。治之以不治者，乃所以深治之也。"③ 清帝的外夷观固与苏东坡所论大相径庭，其对苏东坡所论知与未知亦不得而知，但此案所反

---

① G. W. Keeton, *The Development of Extraterritoriality in China*, Vol. 1, Stuttgart：Kohlhammer，1928，p. 33.

② 《清高宗纯皇帝实录》卷四百七十六，乾隆十九年十一月，台北华文书局股份有限公司 1960—1970 年版，第 6924 页。

③ 苏轼：《苏轼文集》，孔凡礼点校，中华书局 1986 年版，第 43 页。

映的处理方式理念却似乎超越时空而灵犀相通。乾隆帝此旨后来被清政府究治所谓外夷自相构衅案件力不从心时引为奥援而逃避的堂皇借口，以致耆英在鸦片战争期间坦然拱手让渡领事裁判权时便径以"时雷氏案"为先例和理据。

鸦片战争前广州港各国商馆

乾隆帝的形象实非单数。作为疆域广袤的国度的最高统治者，其言行举止往往以遹尔丕变展示叵测天威。如果我们摒除词语的褒贬色彩，那么从中性意义上称之为"变色龙"并不为过。乾隆帝对"休斯女士号"（Lady Hughes）案的处理显示出国内政治的风云变幻与域外事件休戚相关的微妙的跨界互动宏阔场景。乾隆四十九年（1784）十月，来自孟买的英国散商船"休斯女士号"在黄埔下碇。该船鸣炮致敬时误伤华民三人，其中两人因伤重致死。事发后，中国官员要求东印度公司（the East India Company，EIC）商务代理人理事会的主席皮古（Frederick Pigou，1711—1792），将炮手交由清廷官署审判，得到的答复是："我们过去在各次事件中，已经常表明，就是说，我们对我国的私商船只是无权过问的，因此在这个问题上，'休斯夫人号'①的大班乔治·

————————

①　通常译为"休斯女士号"。

史密斯，比我们更适合于去满足他们的要求，我们只做调解人，假如他们愿意保证在商馆审讯一个人，而不会有更多的要求，我们可以去劝说史密斯把一个人交出来审讯——其他的事，都不在我们的权限之内。"[1]陪同清廷官员来商馆的行商潘启官对"休斯女士号"大班史密斯（George Smith）云："肯来商馆的官员品级是很低的，没有资格判决这种案件。所以他肯定要到抚院公堂受审，当他被带到商馆时，南海县可以叫跟来的兵丁把他拿走。"[2] 皮古等坚称："不能带兵来商馆，这会使欧洲人非常震惊的，此例一开，我们不敢想象我们的安全还有保障，如果他们坚持这种观点，事情就无法解决，因为他们不能把任何人放在我们觉得发生这种危险的状态之下。"[3] 是日深夜，清廷办案官员再次到商馆许以大班史密斯只要交出炮手，可以在商馆审讯，届时南海知县不带兵丁，仅带平日跟班前来听断。次日，为敦促英船交出炮手，清廷办案官员扣押史密斯解进省城以向对方造成压力，并派兵丁包围商馆，切断广州的商馆与黄埔的外国船舶之间的通讯联络，停止所有对外贸易。英国等国在粤外商纠集武装小艇从黄埔开赴省城暴力抗法。广东巡抚兼署两广总督孙士毅出示晓谕英国商人云，炮手杀死本地居民，"无论由于有意或无意，此人〔有关之人〕必须出庭受审，以符体制，现已逾三天，尔等仍未将该炮手送来，足证尔等有违法令，为慎重起见，仍将史密斯扣押城内，彼已允去函黄埔要求该炮手出庭受审，该炮手到后，即将乔治·史密斯送回；本官劝令尔等安分守己，并遵从本谕令，不得有任何违抗表示，如尔等拒不遵命，本部院即令兵勇沿河直至虎门排列枪炮，堵塞尔等退路，必使尔等遵照律令而后已。尔等试想有何力何

---

① 马士：《东印度公司对华贸易编年史（1635—1834 年）》，中国海关史研究中心组译，第 1、2 卷，中山大学出版社 1991 年版，第 422 页。对于该案的分析亦可参见 Li Chen, Law, Empire, and Historiography of Modern Sino-Western Relations: A Case Study of the Lady Hughes Controversy in 1784, *Law & History Review*, Vol. 27, No. 1, *Spring* 2009。

② 马士：《东印度公司对华贸易编年史（1635—1834 年）》，中国海关史研究中心组译，第 1、2 卷，中山大学出版社 1991 年版，第 422 页。

③ 马士：《东印度公司对华贸易编年史（1635—1834 年）》，中国海关史研究中心组译，第 1、2 卷，中山大学出版社 1991 年版，第 422 页。

能，敢于违抗干犯我朝法令，尔等应再三思之。勿贻后悔莫及。"[1] 第四天，孙士毅熟练地运用分而治之的权术，在官邸召集除英国以外其他各国代表，款以盛宴，赠以礼品，宣示解释清廷官府的政策，使除美国外所有各国代表翕然倒戈。最终，英方不得已交出炮手，停止与英国贸易的禁令得以解除。停止贸易与兵戎相峙对清廷广东官府和外商而言无疑均须付出巨大的代价，两厢剑拔弩张的尖锐冲突受利害权衡的考量驱使，不得不互相留有周旋的空间余地，因此最终以英方解凶归案审办而告终，云开雾散，雨霁天晴。

此案中的控制辩证法彰明较著，而作为封疆大吏的孙士毅既囿于律令体制须保持对案件肇事者的司法管辖权，又出于尽快收束场面的目的妥协性地对英方有所承诺和保证。他在奏报案情时称英炮手"系无心毙命"[2]，请求乾隆帝恩准将该犯发回英国自行惩治。乾隆帝察察至明，对如此暗度陈仓之举大为恼火，斥责孙士毅"所办甚属错谬。寻常斗殴毙命案犯尚应拟抵，此案啲嗉哗（炮手姓名音译。——引者注）放炮，致毙二命。况现在正当查办西洋人传教之时，尤当法在必惩，示以严肃。且该国大班吐嘰（指史密斯）未必果系委员锁拿进城，啲嗉哗亦不必果系应抵正凶，既据吐嘰供出，即应传集该国人众，将该犯勒毙正法，俾共知惩儆，何得仍请发还该国。试思发还后，该国办与不办，孙士毅何由而知乎？"[3] 其时，乾隆帝已不似即位伊始宽缓以矫正皇考严猛的政治走向，为政愈老而愈辣。恰值是年石峰堡回民起义震惊朝野，而西洋传教士潜入内地传教布道活动更令乾隆帝疑虑不已，唯恐其与国内汉民勾煽谋图不轨，遂在全国各地大规模严缉务获，以解京

---

[1]　马士：《东印度公司对华贸易编年史（1635—1834 年）》，中国海关史研究中心组译，第 1、2 卷，中山大学出版社 1991 年版，第 424 页。

[2]　《清高宗纯皇帝实录》卷一千二百一十八，乾隆四十九年十一月，台北华文书局股份有限公司 1960—1970 年版，第 17820 页。亦见中国第一历史档案馆等编：《明清时期澳门问题档案文献汇编》一，"寄谕两广总督舒常等着孙上毅不必进京入千史宴回粤查办西洋人以盖前愆"（乾隆四十九年十一月十一日），人民出版社 1999 年版，第 451 页。

[3]　《清高宗纯皇帝实录》卷一千二百一十八，乾隆四十九年十一月，台北华文书局股份有限公司 1960—1970 年版，第 17820 页。

收审。乾隆帝本责怪"西洋人蔓延数省，皆由广东地方官未能稽察防范所致"，而孙士毅等际此之时在此次查拿西洋传教士案件运动中效绩不彰，自然引起乾隆帝怒气郁胸。职此之故，乾隆帝获悉"休斯女士号"案件处理结果意见后大发雷霆，以致取消孙士毅赴京参加千叟宴的资格。哥伦比亚大学法学院艾德华（Robin Randle Edwards）教授如是言：对"休斯女士号"的炮手严厉处置，"是打算恐吓外国居民，威慑他们不要再帮助传教士进入中国。对这个案子的处理表明了一个原则，即处理所有外国人对中国法律的违犯，并不仅仅考虑某一个人对法律的违犯，还要考虑对外关系中可能爆发的潜在问题。因而，处理有关外国人案件，常常受到政治上考虑的影响，诸如地方排外情绪或全局性的对传教士颠覆的担忧。"[1] "休斯女士号"案件乃中英围绕司法管辖权斗争的一个重要转折点。此案系有清一代英人致死中国人命案照律拟断处死之首例，无疑为推动此后广州官吏对外国人司法行使裁判权的政策导向信号。另一方面，英商此后亦率多采取极端防卫措施延不交凶，并积极寻求由本国政府出面正式在中国建立治外法权制度。在"休斯女士号"事件之后，广东英国商务负责人理事会致函伦敦英国东印度公司董事会，表示决定以后不再服从中国的刑事管辖权，并要求董事会批准一项诉讼程序："关于杀人案，犯罪者应在中国地方官出席的情况下由我们审判；如果他确实有罪，他应当被引渡；但是，如果无罪，那么我们就应当保护他。……如果违法者确实已经逃走，不得要求替代者。"[2] 领事裁判权的轮廓此时已呼之欲出。

正如艾德华教授言：从"休斯女士号"案件到鸦片战争的期间里，"流行于英国的一般性看法显然是同情在中国立即建立一个英国法庭的请求。但政府领导人和法律专家的一致看法似乎是，在目前的国际法条件下，除非中国已经批准一项有约束力的国际性条约，尚不能合法地建

---

① 艾德华：《清朝对外国人的司法管辖》，李明德译，高道蕴等编：《美国学者论中国法律传统》，清华大学出版社 2004 年版，第 481 页。

② Earl Hampton Bitchard, *The Crucial Years of Early Anglo-Chinese Relations, 1750 – 1800*, Washington：Pullman, 1936, p. 229.

立权能充分的法院。"① 促成对这种条约的批准，是英国后来接连派遣使团赴华所要达到的主要目的之一。② 1787 年，英国政府派遣卡思卡特（Charles Allan Cathart，1759—1788）使华，在对卡思卡特的训令中写道："我们的商务负责人被公然拒绝进入该国的法庭，不得与知其法律的公正执行，而且该国的法律总是处于极为专断的和残酷镇压的状态，与赋予它们的十分重要的关注不相容。在任何自封为文明的国家里，发生这类事情都是难以想象的。……这些罪恶究竟是帝国政府的既定政策引发的……还是仅仅由遥远的省政府的腐败和滥用职权所引发的，这是你应当予以查清的。"③ 英政府还指示卡思卡特在中国某地寻求一货物集散处，与清政府谈判以获得此领域内的排他性审判权。卡思卡特病死途中，但英政府的突破努力并未就此停顿罢休。1792 年，英政府复派遣马戛尔尼（George Macartney，1st Earl Macartney，1737—1806）使华，在对马戛尔尼的训令中再次重申相同的领事裁判权要求。由此可见，随着中西经济、法律、文化日益紧密联系，"休斯女士号"案件的扩散效应已从广东一地波及北京、伦敦的政治高层人物，引发宏阔场域的互动与纠葛，此后的世界空间格局结构化正在细微的褶皱中绽现。

　　鸦片战争前，由于中西方法律文化短兵相接甫揭其幕，语言的交流与沟通障碍是清廷当时广州涉外案件审理瓶颈性制约因素。美国人亨特（William C. Hunter，1812—1891）在《旧中国杂记》（*Bits of Old China*，London：K. Paul，Trench & Co.，1885）记述 1837 年广州知府和知县主持审理案件被通事蹩脚的翻译上下其手所蒙混的一幕闹剧显然带有特殊性和夸张性④，但正如两广总督阮元在 1821 年的奏折中申述广

---

① 艾德华：《清朝对外国人的司法管辖》，李明德译，高道蕴等编：《美国学者论中国法律传统》，清华大学出版社 2004 年版，第 482 页。

② 东印度公司在这期间呼吁的情况可见如下资料：Henry Christmas，George Augustus Frederick Fitzclarence，*The Literary Gazette: A Weekly Journal of Literature, Science, and the Fine Arts*，vol. 20，London：H. Colburn，1836，p. 167。

③ Hosea B. Morse，*Chronicles of the East India Company Trading to China, 1635 – 1834*，Vol. 2，Oxford：Clarendon Press，1926，p. 160.

④ 亨特：《旧中国杂记》，沈正邦译，广东人民出版社 1992 年版，第 23—29 页。

州涉外案件审理程序时云："内地官吏与夷人言语不通，是以向办章程，均系责令该国大班查出正凶，询问明确，即将凶夷交出，传问通事提省译讯，录供究办。"① 不过，阮元此折所言仅系鸦片战争前涉外案件审理大概情形，且出于天朝大国意象不无缘饰，掩蔽了这种意象下司法实践的弹性运作与悄然变异。其中，嘉庆五年（1800）"天佑号"（Providence）看守员开枪射伤华人一案尤其值得特别关注。清廷在案发后一如既往地利用行商、保商以及外国大班等的商业利益和语言便利帮同拘捕正犯，然"天佑号"的上级主管"马德拉斯号"（Madras）舰长迪尔克斯（Captain John Dilkes）② 以"天佑号"系英国政府官船而不属于东印度公司为由，"否决了大班和行商双方的干预"，以致"动摇了广州历来国外贸易所奉行的程序的基础"③，所以这次案件的调查审理由广东按察使直接率同广州知府、南海县和番禺县知县在臬司衙门升堂讯问，迪尔克斯舰长、英国大班和翻译托马斯·斯当东出庭参与审讯。迪尔克斯舰长出示证据反控受伤华人有抢劫恶意，并试图在法庭程序中行使动议权，卒被下令逐出法庭。此案的最终结果姑且不论，但其间的审断形式的新动向实堪耐人寻味。嘉庆十二年（1807）英国"海王星号"（Neptune）水手殴毙华人案件，按照马士等人的说法，更系英国被允许正式出席中国审讯公堂之首例。马士在《东印度公司对华贸易编年史》（Hosea Ballou Morse, *The Chronicles of the East India Company Trading to China, 1635—1834*）中描述审判情形云：在广东的东印度公司旧商馆，清廷"审判官共7位，他们坐在大厅首席的桌子后面，在中国人的上位，即官员的左边坐着四位行商，前面也没有桌子；在中国人的下位，坐了舰长罗尔斯、刺佛、帕特尔、布拉姆斯顿和斯当东爵士。前面也没有桌子。有两名穿红制服的海军，持着有

---

① 中国第一历史档案馆编：《鸦片战争档案史料》第1册，天津古籍出版社1992年版，第29页。

② 此人英文名字系笔者根据其他旁证资料加以推定。

③ 马士：《东印度公司对华贸易编年史（1635—1834年）》第1、2卷，中国海关史研究中心组译，中山大学出版社1991年版，第649页。

刺刀的长枪守卫，维持秩序"①。一方面，此前所谓的"夷目"也曾出席清廷公堂，但往往是泥菩萨过河自身难保，甚至多有沦为阶下囚作为缉犯交凶拘押人质之虞，其如"天佑号"案中迪尔克斯在公堂上晓晓置辩已属骄横之至，而英国舰长罗尔斯等"海王星号"案的审理中成为座上宾说明主管形势已产生一些微妙的变化。另一方面，清政府广州官宪虽然最终照大清律例以误杀罪判处该案凶犯，表面上仍维系天朝法度，但仅以罚银完结了事，"差不多是将一个严重的刑事案变成玩笑"②。

广东当局的司法审判实践不仅通过上行下达的公文与北京的紫禁城保持密切的信息沟通，而且触动着相距甚远的英国伦敦议院内外敏感的神经。"休斯女士号"案之后，英国政府于 1788 年派遣卡思卡特使华，并在对其训令中指示其"努力在最有利的条件下去获得关于警察管理权及用我们的司法权管辖本国臣民"，首次明确提出在中国享有治外法权的企图。卡思卡特中道病死，此计划亦随之夭折，然英政府复于 1792 年派遣马戛尔尼使华训令中再申前旨。1787 年，英国政府颁布条例，赋予东印度公司理事会享有对广州城、广州商馆及广州水域内所属人员、船只、货物等的逮捕、羁押和遣返之权，此被国外法学家称之为涉及中国的第一个治外法权的立法。19 世纪 30 年代初，因受经济自由主义思潮影响，英国东印度公司对华贸易垄断权行将被取消。1833 年 6 月，英下议院议员斯当东（George Thomas Staunton）提出议案，呼吁在广州设立英国海军裁判所。他陈述说："今商务状况，因受中国法律惩治外人在该国所犯杀人罪之影响，所以亟须议会早日设法，因中国法律，实属枉屈难堪，是以四十九年以来，英国人民，从无一次服从之者，因不服从中国法律，及因有罪与无罪未罹法网之人而停止通商，以致英人商务上之利益，受重大损害，是以为便利起见，应就地建设英国海军审判所，予以审判惩罚此等罪犯之相当职权，借以除去中国法律似

① 马士：《东印度公司对华贸易编年史（1635—1834 年）》第 3 卷，中国海关史研究中心组译，中山大学出版社 1991 年版，第 41 页。

② 马士：《东印度公司对华贸易编年史（1635—1834 年）》第 3 卷，中国海关史研究中心组译，中山大学出版社 1991 年版，第 43 页。

此反常之状况也。"① 该提案因遭反对卒被否决，然斯氏旋再次以整理中国及印度商务案的名义提交下院审议，此法案终蒙通过。其中第六款规定将于广州或其附近设置具有刑事和海事裁判权的法庭一所，该法庭暂由英国驻华商务督主持，以审理英国人在中国领土口岸海港及中国海岸三十英里内公海所犯各案。考虑条件尚未成熟，英外交大臣巴麦尊（Lord Parlmerston，1784—1865）在致第一任驻华商务监督律劳卑（William John Napier，9th Lord Napier，1786—1834）的特别训令中告诫其未经缜密考虑之前，不得即行根据枢密院令组织法庭。

1836 年英国政府任命义律（Charles Elliot，1801—1875）为商务监督后，这种谨慎的方针开始发生变化。1838 年 7 月，巴麦尊在下院提出法案要求在中国设立权力更为广泛的审判机关。议案提出："为维持中国境内吾英人民通商往来之治安，增进中英人民之亲睦，并防止纷争起见，英国宜在中国境内任何部分或口岸海港或海岸九英里以内，设立具有刑事海军民事裁判权之英国法庭一所或数所，以审判英国人民在该国境内或其口岸海港内，暨距中国海岸一百英里内公海一切犯罪事件，并审判该法庭管辖内，关于商务任何争端之一切民事案件，又凡遵照阁令所指令得上控于御前或东印度之大理院案件，亦归该法庭裁判……该法庭又得颁布关于英国商人品行权利责任之任何章程或禁令；并有执行此项刑事海事民事之裁判权。"② 这项议案要预设的裁判权远远超过 1833 年的法案，但当即遭遇议员霍斯（Sir Benjamin Hawes，1797—1862）等人的异议，霍斯力斥其非，云：从目前看，"并未见中国当轴方面对于贵爵所拟付与该公堂之裁判权，稍有认可之痕迹。今欲质问贵爵者，即似此干涉中国法律，中国当轴是否承认？贵爵现欲设立公堂一所，其职权能否实行？假如华人为被告，不肯到案，一经判定其罪，试问除用实力外，尚有何权力可以执行该公堂之法权乎？"③ 他列举清政

---

① 转引自康大寿：《〈南京条约〉与英国在华治外法权的取得》，《四川师范学院学报（哲学社会科学版）》2000 年第 5 期。

② 梁敬錞：《在华领事裁判权论》，上海商务印书馆 1930 年版，第 12 页。

③ 顾维钧：《外人在华之地位》，中华民国外交部图书处 1925 年版，第 79 页。

府坚持依法处理在华外人犯罪的事实后认为，"即此可见中国当局，已深明其地位，及组织此项公堂，不能不于事前取得其同意。夫英人之得中国容许入境通商也，自应遵守中国习惯，不得以其本国习惯，强行于华人。若采用此项计划而实行之，则必陷我国与中国通商于极险之地"①。最终因赞成者寡而反对者多，巴麦尊不得不将该法案撤回。正如美国众议院外交委员会主席亚当斯（John Quincy Adams，1767—1848）在中英鸦片战争爆发后所言："中英鸦片战争不是为了输入鸦片，这只不过是争端中的一个偶然事故，而并不是战争的原因，正像船上的茶叶被抛到波士顿港的水里并不是北美革命的原因一样。"② 鸦片战争的爆发可谓中英之间多重复杂矛盾尖锐化的集中体现，而领事裁判权便是诸多冲突中的焦点问题之一。有位外国学者指出："美英的评论家在那时以及从那时起，就一直强烈地认为，1839 年的真正问题不是鸦片而是领事裁判权。"③ 英国议院内部的争论以及中英之间关于司法管辖权的摩擦实为鸦片战争的嚆矢，预示着领事裁判权即将成为"要等战争的裁断来解决的一个问题了"④。

　　鸦片战争爆发后，英国政府曾制定两套对华条约预案，首选方案的要点包括五口通商、永久割让一个或数个岛屿、赔款、取消公行垄断等，次选方案乃以割让领土不得允行后代之以要求获取片面最惠国待遇以及领事裁判权为目标。1840 年 12 月 12 日，义律照会琦善称，由于中方不愿割让土地，英方放弃此项要求，但要求就原未商办的四项内容，即税则、通市、交俘以及"设立按察厅以审断英国被供犯罪之人"进行磋商。⑤ 此殆为鸦片战争爆发后关于司法管辖权首次提出，然琦善复照对义律的新要求不置一词。1841 年 1 月英军强占香港后，义律单方

① 顾维钧：《外人在华之地位》，中华民国外交部图书处 1925 年版，第 79 页。

② *Chinese Reposity*，Vol. 11，May，1842，p. 281.

③ Jack Beeching，*The Chinese Opium Wars*，London：Hutchinson，1975，p. 106.

④ 马士：《中华帝国对外关系史》第 1 卷，张汇文等译，上海书店出版社 2000 年版，第 134 页。

⑤ 佐佐木正哉编：《鸦片战争之研究》（资料篇），沈云龙主编：《近代中国史料丛刊续编》第九十四辑，941，台北文海出版社 1983 年版，第 32—33 页。按，该书总丛书扉页题名与其单本书题名不尽一致，为"鸦片战争的研究"。

签订《南京条约》双方代表合影

面发布公告宣布对港岛华洋民人的司法管辖规定，并在向琦善出示的《善后事款》（亦即后来习称的《穿鼻草约》）中提出："嗣后居住香港之中华民人商户犯罪者，即交附近地方官，眼同办理；其寄寓中华之英国商人等犯罪者，即交总管，会同各该地方官，在香港审明眼同办理。如有中华民人犯罪逃避者，英官确查实情，即行拿交该地方官治罪。"[1] 但该要约并未被中方代表认可和签字，双方并未达成合意，其不具有法律效力已举世公认。在 1842 年 8 月 29 日清政府与英国签订的城下之盟《南京条约》中，领事裁判权阙然不载。按照《南京条约》规定，对战争期间与英人有瓜葛的被中国当局称为汉奸者应免予追究法律责任。对此，清廷官员多认为汉奸免罪下不为例，为杜绝弊端计应与英人约定将来如是之人别经犯法当由中国官宪自主依律究治。且五口通商后，华夷杂处，涉外司法纠纷的解决隐忧堪虑，时人颇欲绸缪防范。特别是践约废弃公行之制后，如耆英所言，"欠债即狱讼之一端"[2]，亟须通过进一步详细的善后章程以避害趋利。故在《南京条约》签字后第三天（即 1842 年 9 月 1 日），钦差大臣耆英、伊里布，两江总督牛鉴等即遵奉道光帝谕旨联名向英国全权大臣璞鼎查（Henry Pottinger，1789—1856）发出照会，开列中方希望就《南京条约》未尽事宜继续善后交涉的十

---

① 佐佐木正哉编：《鸦片战争之研究》（资料篇），沈云龙主编：《近代中国史料丛刊续编》第九十四辑，941，台北文海出版社 1983 年版，第 82 页。

② 中国第一历史档案馆编：《鸦片战争档案史料》第 6 册，天津古籍出版社1992 年版，第 212 页。

二项内容。其中谓："此后英国商民如有与内地民人交涉案件，应即明定章程，英商由英国自理，内民由内地惩办。"[①] 在此照会后，耆英等人还单附一段言词解释云："曲在内地商民，由地方官究治；曲在英人，由领事官究治。"[②] 耆英等人办理交涉颇以务实著称，然受时代的局限因此将领事裁判权无知懵懂地主动拱手相让贻害至巨。在耆英等人看来，通商口岸英、华商民纠纷棘手难决。中外法律不一，中英各司其民，一案之决，延迟时日，以夷治夷将在夷官而有约束夷民之责，在夷民亦有本土执法之官，既不失怀柔远人之道，又能收缉捕惩奸之效，系两无偏枯，两无窒碍，公平对等、切实简便的一劳永逸永杜衅端的济事良方。耆英等人以此为得计，时人亦多未能洞烛其弊而咎之。[③] 但不可挽回的倒持阿柄大错由是铸成。耆英等人的建议对于英方代表可谓正中下怀，喜出

耆英像

望外。璞鼎查迅速照复中方，表示完全同意由英国领事管理在华英人审判权的建议，称此为法甚属妥协，并补充以倘中英商民遇有相讼小端得由中国地方官与英国管事官会同查办等内容，首次在正式外交文件中提出中外会审的主张。于是领事裁判权几乎不费周折便在 1842 年 9 月的《江南善后章程》中最早得以确立，并成为《中英五口通商章程》中英人享有领事裁判权的张本。

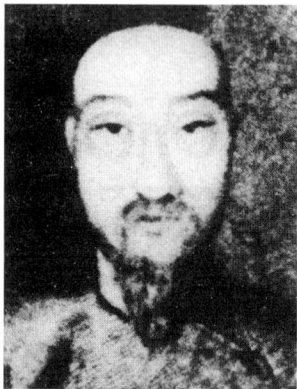

《五口通商章程》第十三款规定："英人华民交涉词讼一款，凡英商禀告华民者，必先赴管事官处投禀，候管事官先行查察谁是谁非，勉

[①] 　佐佐木正哉编：《鸦片战争之研究》（资料篇），沈云龙主编：《近代中国史料丛刊续编》第九十四辑，941，台北文海出版社 1983 年版，第 218 页。

[②] 　转引自郭卫东：《〈江南善后章程〉及相关问题》，《中国人民大学报刊复印资料·中国近代史》1995 年第 7 期。

[③] 　时人多视之为利用英国官方力量控制在华英人的良策，外国政府当时亦意识到清廷的这种用意。因此，清廷让与领事裁判权是一种"愚昧的故意"，不能完全咎之于疏忽一时。

力劝息，使不成讼。间有华民赴英官处控告英人者，管事官均应听诉，一例劝息，免致小事酿成大案。其英商欲投禀大宪，均应由管事官投递，禀内倘有不合之语，管事官即驳斥另换，不为代递。倘遇有交涉词讼，管事官不能劝息，又不能将就，即移请华官公同查明其事，既得实情，即为秉公定断，免滋讼端。其英人如何科罪，由英国议定章程、法律发给管事官照办。华民如何科罪，应治以中国之法。均应照前在江南原定善后条款办理。"① 较诸《江南善后章程》，《五口通商章程》的规定更为具体，更具可操作性和权威性，但其语意仍较为含混。此约文之前段既规定民事案件应由领事调处，调处不就，然后由中外官员会同讯断；其后段则定刑事各依本国法处断，刑事案件（criminal offence）与民事案件（civil offence）的分殊已隐约其词，但前后两段界限不清，似前段所云之民事应各依本国法科罪者，盖清朝法律中民刑观念不分，故有此牵混闪烁的译文表述，而此模糊不清的法律规定空白地带使英领事不但涉足刑事案件，且得包揽所有涉及英人的民事案件的借口。1843年8月18日，清朝首席军机大臣穆彰阿等在审查《五口通商章程》中关于领事裁判权设立的条款时亦认为，通商之务，贵在息争，如是庶可免致小事酿成大案。清廷最初让渡领事裁判权很大程度上系属自投罗网，系长期惯用的羁縻政策的故伎重演，而外国列强则以此获得规避清朝法律的保护网。主持经办的清廷当事者将丧权当作争权，将卖国当作利国。这不仅仅是别人的罪过，而且透射出一种时代的差距，在领事裁判权确定过程中，外国列强船坚炮利的威逼与清廷本身的作茧自缚交相互动，反映了内与外之间的错综复杂关系网络绝非"冲击/反应""征服/抵抗"二元模式所能涵括赅备。

《南京条约》签订后，美国国会经过激烈辩论后通过了遣使赴华的法案，总统泰勒（Zachary Taylor，1784—1850）任命凯莱布·顾盛（Caleb Cushing，1800—1879）为特命全权公使赴华谋划与清廷谈判签订通商条约。顾盛毕业于哈佛学院法律专业，曾经从事过律师等职业，

① 梁为楫等编：《中国近代不平等条约选编与介绍》，中国广播电视出版社1993年版，第30页。

对于谈判和草拟法律文书自较璞鼎查高明。他在来华途中，经过阿拉伯半岛西岸时，目睹英美在那里实行治外法权所获得的利益。再者，顾盛使华过程依恃伯驾（Peter Parker，1804—1888）、裨治文（Elijah Coleman Bridgman，1801—1861）、卫三畏（Samuel Wells Williams，1812—1884）等传教士为智囊心腹，担任使团的翻译、秘书和机要顾问，或全程参与对华谈判。不仅顾盛使华团的派遣在很大程度上与伯驾亲往华盛顿向政府要人游说活动有密切关系，而且鸦片战争之前裨治文等主办的英文报刊《中国丛报》（*China Repository*），实乃研究中国法律和讨论领事裁判权的重要论坛。他们是在舆论上不遗余力地鼓吹在华领事裁判权的代言喉舌，在理论上完善在华领事裁判权的精神教父，在实践上剑及履及将领事裁判权定型于正式条约的关键人物。美国史学家丹涅特（Tyler Dennett，1883—1949）曾有一语："从《中国丛报》和望厦条约的仔细比较中，可以看出……条约中的一些条款似乎都是出诸《中国丛报》的先期讨论的。"①

正当清朝代表耆英赴澳门望厦村与顾盛谈判时，广州城突发的徐亚满被枪杀案成为顾盛巧取豪夺在华领事裁判权的直接动因和切入点。据美国领事福士报告称，美领事寓所门前竖立一旗杆，其顶端装有一箭头式风向标，时广州瘟疫流行，当地华民传言系此风标作祟。6 月 18 日，有许多华民聚众冲入美国商馆欲祛之而后快，美国人开枪进行驱逐，纷乱中在观望冲突的华人徐亚满被乱枪射中身亡。案发后耆英照会顾盛称，按照天朝定律，凡斗殴致死人命，无论先后动手，均应拟抵，要求顾盛详究其事，按法处治。顾盛以美国人开枪之举系危急情形下图存性命的正当防卫行为相抗辩。同时，顾盛在致广州美领的公开函大肆阐发其主张必须在中国实行治外法权的著名法理谬论，云：欧美各国以文化及宗教相同，并皆遵守条约及国际法，故联结为自成一体的国际社会。欧美各国人士侨居任何一基督教国家中，若有违法行为，自当受所在国的司法裁判。然基督教国家与回教国家之间交往则大相径庭，凡基督教

---

① 泰勒·丹涅特：《美国人在东亚：十九世纪美国对中国、日本和朝鲜政策的批判的研究》，姚曾廙译，商务印书馆 1959 年版，第 473 页。

国家之侨民居回教国家者，皆受其本国使节或其他代表之裁判，而不受当地法律之管辖，在华美国公民必须在此两原则中择一而行。① 顾氏把在中国要求治外法权的主张建立在近东伊斯兰教国家的治外法权权利所依据的相同基础上，认为中国方面固无基督教诸国所共喻的国际法知识，则美国公民应受本国政府委派的在华官员法权之保护与裁决乃理所当然。顾盛利用威胁利诱等手段使耆英最终放弃交凶要求，并在 1844 年 7 月 3 日签订的《中美五口通商章程》（习称《望厦条约》）中效尤英国而驾出其上，进一步对领事裁判权制度加以增广和明确规定，被此后各国列强与清廷签订不平等条约攫取在华领事裁判权时奉为圭臬。

与前中英条约相比，《望厦条约》第二十一款、第二十四款分别从刑事、民事两方面规定中美混合案件的解决办法。刑事方面，采取被告主义，中国官员无审讯惩处之权，美国被告"由领事等官捉拿审讯，照本国例治罪"（英文本无"捉拿"一词，而为"由领事审讯惩处"）。民事方面，规定"倘遇有中国人与合众国人因事相争不能以和平调处者，即须两国官员查明，公议查夺"②。中英条约关于民、刑事领事裁判权的模糊性使得顾盛在制定领事裁判权条约时有了很大的发挥空间余地，律师出身的顾盛在《望厦条约》中使这层分殊含义明确无疑地得以体现，而中美民事混合案件的"公议察夺"是否意味着"会审"仍属朦胧，于是历史发展的拓扑空间如德勒兹（Gilles Deleuze）所言在事件的褶皱中逐渐绽现。此外，该约第二十五款规定，合众国民人在中国各港口，自因财产涉讼，由本国领事等官讯明办理，若合众国民人在中国与别国贸易之人因事争论者，应听两造查照本国所立条约办理，中国官员均不得过问，从而绝对排除了清廷对两造为美国人或一造为美国人、另一造为第三国人案件的司法管辖主权，扩大了领事裁判权的法律效力空间范围。即便较诸签订于其后三个月的《中法五口通商章程》（又称《黄埔条约》）在关于领事裁判权法律适用效力空间范围方面的规定亦不得不甘拜下风，难以后来居上。法约明确规定领事裁判权以五

① *Chinese Repository*, Vol. XⅢ, pp. 525 –526.

② 王铁崖：《中外旧约章汇编》第 1 册，生活·读书·新知三联书店 1957 年版，第 55 页。

口通商口岸为限，如在非通商口岸或内地犯罪，则中国法权仍得施及，而美约则无区域限制，凡美人在华有犯大小等罪，均可适用领事裁判权的规定，以至于 1858 年 6 月签订的中法《天津条约》第三十八款内将"在五口岸"易为"在华"之语后，法方耿耿于怀的不厌其望始稍释然。

1847 年瑞典、挪威与清政府订立的《五口通商章程》，1851 年沙俄与清政府订立的《伊犁塔尔巴哈台通商章程》，均包括有领事裁判权方面的条款。第二次鸦片战争后，列强在领事裁判权上变本加厉。咸丰八年（1858），中美、中英、中法、中俄《天津条约》既成，此前的五口通商章程遂告废止。其中关于领事裁判权事项，美约规定于第十、十二、十七、二十八各款，法约规定于第三十二、三十五、三十八、三十九各款，英约规定于第十五、十六、十七各款。此外，中俄《天津条约》第七条所谓"通商处所俄国与中国所属之人若有事故，中国官员须与俄国领事官员或与代办俄国事务之人会同办理"[1]，实亦为领事裁判权方面的规定，但语句太简，至咸丰十年（1860）《中俄续约》始较详明。有清一代，获享在华领事裁判权的国家共计有：英国 1842 年通过《江南善后章程》第八款和 1843 年《中英五口通商章程》第十三款获得，其后扩充或加强领事裁判权的条约为 1858 年中英《天津条约》第九、十五、十六、十七、二十一、二十二款，1876 年《中英烟台会议条约》第二款，1902 年《中英续议通商行船条约》第十二款，1906 年中英《续定藏印条约》第四款，1908 年中英《续定藏印通商章程》第四款。美国通过 1844 年《望厦条约》第十六、二十一、二十四、二十五、二十九款获得，其扩充或加强领事裁判权的条约为 1858 年中美《天津条约》第十一、十八、二十七、二十八、三十款，1880 年中美

----

① 　商务印书馆编：《中俄边界条约集》，商务印书馆 1973 年版（内部资料），第 25 页。亦可参见王纪元：《不平等条约史》，上海亚细亚书局 1935 年版，第 49 页。中国第一历史档案馆满文部、黑龙江省社会科学院历史研究所编：《清代黑龙江历史档案选编：光绪朝八年—十五年》，"黑龙江将军恭等为俄官照会所言与条约均不相符事咨总理衙门文"（附逐条驳文）（光绪十二年十二月二十四日），黑龙江人民出版社 1986 年版，第 280 页。

《续约附款》第四款，1903 年中美《通商行船续订条约》第十五款。法国通过 1844 年《黄埔条约》第二十五、二十七、二十八、三十一、三十五款获得，其后又通过 1858 年中法《天津条约》第三十二、三十五、三十八、三十九、四十款和 1886 年中法《越南边界通商章程》第十六、十七款得扩大。瑞典、挪威通过 1847 年《中、瑞、挪五口通商章程》第二十一、二十四、二十五、二十九款，俄国通过 1858 年中俄《天津条约》第七款和 1860 年中俄《北京条约》第八款，德国通过 1861 年中德《天津条约》第八、三十二、三十三、三十四、三十五、三十八、三十九款，荷兰通过 1863 年中荷《天津条约》第九、十五、十六、十七款，丹麦通过 1863 年中丹《天津条约》第九、十五、十六、十七款，西班牙通过 1864 年中西《和好贸易条约》第七、十二、十三、十四、十八款，比利时通过 1865 年中比《通商条约》第十、十六、十八、十九、二十、四十三款，意大利通过 1866 年中意《通商条约》第九、十五、十六、十七、二十款，奥地利通过 1869 年中奥《通商条约》第十一、三十一、三十六、三十八、三十九、四十款，秘鲁通过 1874 年中秘《通商条约》第五、十三、十四、十五款，巴西通过 1881 年中巴《和好通商条约》第四、九、十、十一款，葡萄牙通过 1887 年中葡《和好通商条约》第十七、四十五、四十七、四十八、四十九、五十、五十一款，刚果通过 1898 年《刚果国专章》第一款[1]，墨西哥通过 1899 年中墨《通商条约》第十三、十四、十五款。1871 年，中日《修好条规》第八款规定两国侨民犯罪，均由各该国领事依照各该国法律审断，可见两国享有的领事裁判权属于互惠性质，但甲午战争之后，1896 年《中日通商行船条约》将过去彼此互惠的领事裁判权变为日方片面

---

[1]　1898 年签订的《中国与刚果国专章》第一款规定："中国与各国所立约内凡载身家财产与审案之权，其如何待遇各国者，今亦可施诸刚果自立之国。"（王铁崖：《中外旧约章汇编》第 1 册，生活·读书·新知三联书店 1957 年版，第 785 页；亦见艾周昌编注：《中非关系史文选：1500—1918》，华东师范大学出版社 1989 年版，第 284 页。）学术界统计在华享有领事裁判权国家的数国时多将刚果国置之度外，殆基于刚果此时很大程度上为比利时国王所私有之故。诚然，刚果自 1885 年即已受制于比利时，但从国际法角度而言，刚果完全成为比利时所属殖民地乃是在 1908 年《比属刚果行政法》颁布之后，故刚果不应被摒诸统计之外。

独惠的特权，从此中国不能在日本行使领事裁判权，[①] 而1909年中日《图们江中韩界务条款》第四款复将日本在华领事裁判权进一步拓展扩充。此外，朝鲜在1899年与中国订约，规定互相享有领事裁判权。

第三节　领事裁判权制度的内容

一、管辖范围

按照条约规定，属于列国在华领事裁判权司法管辖范围内的案件，可分为中外混合案件、外国人单纯案件和外国人混合案件三类。

（一）中外混合案件

这一类案件是指享有领事裁判权的外国人与中国人之间的诉讼案件。从案件性质言，可分为刑事案件与民事案件两种。从诉讼主体言，又有华原洋被与洋原华被之别。依循以原就被的原则（Actor sequitur forum rei，即通常所谓被告国籍主义），华原洋被的中外混合刑事案诉讼按照条约规定归领事裁判，而洋原华被的中外混合刑事案件由中国官员审理。这一原则自1843年中英《五口通商章程》第十三款和1844年中美《望厦条约》第二十一款载诸约章后，在晚清诸约中一直相沿不替。

对于中外混合刑事案件的逮捕权管辖范围，各国条约的规定大体可

---

① 此系学术界流行的观点，然亦有两种不同的看法：一种为戚其章《国际法视角下的甲午战争》的观点。此种观点主要内容是，自当事人李鸿章谓《中日修好条规》系一部平等条约，中外论者多持此论，然所谓"平等"云云实不过皮相之见，该约关于领事裁判权的规定只是用平等的言辞掩盖了实际上的不平等，称之为平等条约是绝对不行的。（见该书第88—95页，人民出版社2001年版。）一种为郭卫东《转折——以早期中英关系和〈南京条约〉为考察中心》的观点。郭卫东认为，1871年中日《修好条规》和1896年中日《通商行船条约》中关于日本在华享有领事裁判权的权利和中国人在日本享有同样领事裁判权的权利是双等的，是双方相互给予的，因而可以视为平等。（见该书第497页，河北人民出版社2003年版。）

分为两类。一类以中法《黄埔条约》第二十七款规定为代表，称罪犯若"系佛兰西人，由领事官设法拘拿，迅速讯明，照佛兰西例治罪"①，则清廷对法国人犯已抛弃其逮捕权。中法 1858 年《天津条约》第三十八款仍相袭如故。各国条约中与法约此款规定相类同者尚有 1861 年中德条约、1863 年中丹条约、1865 年中比条约、1866 年中意条约、1881 年中巴条约、1899 年中墨条约。另一类以中美之间的条约规定为代表。1844 年中美《望厦条约》第二十一款中文本虽云美国人犯"由领事等官捉拿审讯，照本国例治罪"②，但作为标准文本的英文正译并无"捉拿"之语，且 1858 年中美《天津条约》第十一款载"至捉拿犯人以备质讯，或由本地方官，或由大合众国官，均无不可"③，故清廷对在华美国人犯仍拥有逮捕权。属于此类情形的尚有英、荷、日、西、葡诸国，唯不如美约明确，仅言及审判而未涉及逮捕。上述逮捕权类型的区别只适用于通商口岸，如在内地犯罪或在通商口岸犯罪逃入内地，各条约大都规定得由中国地方官拿捕拘禁，就近送交该国领事以备审讯治罪。然如美国公使列威廉（William Bradford Reed，1806—1876）对《天津条约》后的领事裁判权评论说：外国人所至之处，"（领事裁判权）亦伴随而至；因为规定外国人得通行内地的条款，也规定了他们的优免权。据条约规定，'如其无照，其中或有讹误，以及有不法情事，就近送交领事官惩办，沿途止可拘禁，不可凌虐。'译成简明的文字，这无疑是说，一个在距海岸千里外犯有强奸或杀人罪的外国人，必须温和地加以拘束，并且必须解送到一个遥远的、难以取得证据或证据难以令人凭信的地点，交由领事审讯。这些都是这种无限制交往的新制度所可想见的流弊和危险"④。

----

① 王铁崖：《中外旧约章汇编》第 1 册，生活·读书·新知三联书店 1957 年版，第 63 页。

② 王铁崖：《中外旧约章汇编》第 1 册，生活·读书·新知三联书店 1957 年版，第 54 页。

③ 王铁崖：《中外旧约章汇编》第 1 册，生活·读书·新知三联书店 1957 年版，第 91 页。

④ 泰勒·丹涅特：《美国人在东亚：十九世纪美国对中国、日本和朝鲜政策的批判的研究》，姚曾廙译，商务印书馆 1959 年版，第 274 页。

与刑事案件的处理殊为不同，中国传统法律对婚户田债等非刑事民间法律纠纷长期以来素采取注重劝息调解的方式。鸦片战争后，一则受中国传统法律的影响，一则受西方民、刑分立观念的影响，中外混合民事案件的处理仍强调和平调处，先行劝息，使不成讼。间有不能劝息者，即由中国地方官与领事官会同审办，公平讯断。此外，《望厦条约》第十六款和中美《天津条约》第二十四款均规定，中国人有该欠美国人债项者，准其按例控追；一经领事官照知，地方官立即设法查究，严追给领。倘美国人有该欠华民者，亦准由领事官知会讨取，或直向领事官追控俱可。① 当时，民事案件的处理并不像刑事案件那样明确采取被告主义原则，在实践中，由各国领事与中国地方官往来行文了结有约国人民与华人之间民事诉讼纠纷的案例亦并不鲜见，约文所谓"公议察夺""会同审办"在很大程度上包括外国领事与中国官员互以行政手续公平消除纠纷，与狭义的司法混合审判并不完全在外延上相等同。由于各条约当时措辞含混，表述不一，故争议时起。

咸丰八年（1858），中英《天津条约》第十六款规定："两国交涉事件，彼此均须会同公平审断，以昭允当。"② 然该约英文原款并无会同字样，英约仅云裁判双方务须公正而已。其原文为：

Chinese subjects who may be guilty of any criminal act toward British subjects, shall be arrested and punished by the Chinese authorities, according to the laws of China, British subjects who may commit any crime in China shall be tried and punished by the counsel, or other functionary authorized thereto, according to the laws of Great Britain. Justice shall be equitably and impartially administerd on both sides.

按照该约第五十款遇有文辞争执处以英文为正义之规定，所谓华洋

---

① 王铁崖：《中外旧约章汇编》第 1 册，生活·读书·新知三联书店 1957 年版，第 94 页。

② 王铁崖：《中外旧约章汇编》第 1 册，生活·读书·新知三联书店 1957 年版，第 98 页。

刑事诉讼会审权依该约实无根据。光绪元年（1875），英翻译官马嘉理被戕于云南，清廷派员讯办，英使亦遣参赞格为纳赴滇观审，格氏回报滇督有嗾使嫌疑，英使以此肆行要挟，卒订《烟台条约》。是约弃中英《天津条约》英文正约而从汉文约本"会同"二字之误译，加以附会牵引，在第二款第三项规定："至中国各口审断交涉案件，两国法律既有不同，只能视被告者为何国之人，即赴何国官员处控告；原告为何国之人，其本国官员只可赴承审官员处观审。倘观审之员以为办理未妥，可以逐细辩论，庶保各无向隅，各按本国法律审断。此即条约第十六款所载会同两字本意。"① 该条英文原款为：

> Section II. Official Intercourse：iii. It is agreed that whenever a crime is committed affecting the person or property of a British subject, whether in the interior or at the open ports, the British Minister shall be free to send officers to the spot to be present at the investigation. —It is farther understood that so long as the laws of the two countries differ from each other, there can be but one principle to guide judicial proceedings in mixed cases in China, namely, that the case is tried by the official of the defendant's nationality; the official of the defendant's nationality, merely attending to watch the proceedings in the interest of justice. If the officer so attending be dissatisfied with the proceedings, it will be in his power to protest against them in detail. The law administered will be the law of the nationality of the office trying the case. This is the meaning of the word "Hui Ting", indicating combined action in judicial proceedings in Art. XVI of the Treaty of Tientsin, and this is the course to be respectively followed by the officers of either nationality.

该款明确规定观审权适用于内地各省地方或通商口岸有关系英人命

---

① 王铁崖：《中外旧约章汇编》第 1 册，生活·读书·新知三联书店 1957 年版，第 348 页。

盗案件，且标明系中英《天津条约》第十六款所载"会同"二字的解释，而中英《天津条约》第十六款仅以刑事案件为限，故清廷在《烟台条约》第一次正式承认的观审权并不包括华洋混合民事案件在内。然清朝当时民刑之分观念淡薄，复使列国观审权往往扩张及华洋混合民事案件。光绪六年（1880），中美《续补条约》更对观审权限加以详细原定。该约第四款规定："原告之官员于审定时，可以前往观审，承审官应以观审之礼相待。该原告之官员，如欲添传证见，或查讯，驳讯案件中作证之人，可以再行传讯。倘观审之员以为办理不全，亦可逐细辩论，并详报上宪。所有案件，各审定之员均系各按本国律法处理。"[1]该款英文正本为：

> Treaty of 1880. Art Ⅳ. When controversies arise in the Chinese Empire between citizens of the United States and subjects of his Imperial Majesty which need to be examined and decided by the public officers of the two nations, it is agreed between the governments of the United States and China that such cases shall be tried by the proper officials of the nationality of the defendant. The properly authorized official of the plaintiff's nationality shall be freely permitted to attend the trial and shall be treated with the courtesy due to his position. He shall be granted all proper facilities for watching the proceedings in the interest of justice. If he so desires, he shall have the right to present, to examine, and to cross examine the witnesses. If he is dissatisfied with the proceedings he shall be permitted to protest against them in detail. The law administered will be the law of the nationality of the officer trying the case.

就英文正本与中文译正相较，两者之间的出入、歧异非同小可。盖正本只有诘问证人，而译本乃有添传证见及再行传讯各字样；正本仅载

---

① 王铁崖：《中外旧约章汇编》第1册，生活·读书·新知三联书店1957年版，第381页。

可以抗议，而译本乃误为逐细辩论，且无端妄增详报上宪之语，似于上诉过程仍得观审。较诸中英《烟台条约》，中美《续约附款》规定的观审权限范围尤形扩充。签订该约的美国代表团在向国务院报告时对此颇为自得，称："这一条款是一项重要的和极有用的权利之获得……比起烟台条款来，形式较佳，效率更大。"[1]《烟台条约》和中美《续约附款》明确规定了在华洋混合案件中的"观审"和"被告主义"，使列强得以左右逢源。通过"观审"，可以维护本国原告的利益；通过"被告主义"，又可以保护本国被告。外国列强由是得寸进尺，化观审为会审乃至主审。凡外国观审员足迹所至，中国司法主权多遭蹂躏践踏。虽中国地方官力求公允，但外国观审员必吹毛求疵，颐指气使，必达其意而后快，以致名为华官审理、外官观审，而寝假至于外官主审、华官备位之主客判然易势。所谓以原就被的司法原则，在洋原华被案中，实际上成为被告就原告而已。威斯勒（Wesley Robert Fishel，1919—1977）《在华领事裁判权的终止》（ *The End of Extraterritoriality in China* ，Berkeley：University of California Press，1952）一书云："上海与厦门等地方，派赴中国法院充任陪审中，观察案件的权力一向超越了条约的意图至如此程度，使陪审员成了中国法官的会审人员。……把法权扩大到直接管辖中国人民……其观审程度，视该项条约国家侵犯中国法权的程度而定。"[2]一位身经其事的外国律师如是云："在这种法庭中，审讯情况就往往演成为陪审员和县知事间的争吵，双方都各为自己的君主和臣民辩护。有时法庭在极不和谐的情况下退庭，有时法庭内部吵疲了，又把事情推到诉讼当事人身上，叫他们去自行解决。作者本人亲自知道这后一类情形的一个例子，法庭的判决就是：'本案牵涉到许多困难的问题，当事人必须自行解决，不得再进行诉讼。'"[3]观审权本为相互对等的权

---

① 卿汝楫：《美国侵华史》第 2 卷，生活·读书·新知三联书店 1956 年版，第 530 页。

② 卿汝楫：《美国侵华史》第 2 卷，生活·读书·新知三联书店 1956 年版，第 531 页。

③ 威罗俾：《外人在华特权和利益》，王绍坊译，生活·读书·新知三联书店 1957 年版，第 398 页。

利，在华人或领事裁判权无权国人民为原告而以有权国人民为被告的外国混合案件中，中方依约得享观审权利，然华官往往畏事偷惰，漠视民瘼，竟不往观，以致无形放弃而成片面之观审制度。外官多在中国官厅分庭抗礼而华官观审渐至有名无实。① 正如郑观应所说："今有通商之地，即有领事之官，与本地之守、令、丞、倅并驾齐驱。以及堂期会审，示谕禁令，一切仪节与地方官同。钱债之讼可以把持，耒锄之争可以袒护。人命有时不必偿，负欠有时不必赔。凡可以取悦于商人，可以尽护商之能事者，领事无不可为所欲为。"② 薛福成亦评论说：西洋各国领事在中国的权力尤大，"洋人每有人命债讼等案，均由领事官自理，往往掣我地方官之肘。从前中国各口之枝节横生，亦实由于此"③。

观审权之于各国适用情形颇不一致，可以分为三类：属于第一类者包括巴西、墨西哥、日本等。这些国家与华签订的条约规定缔约国的国民完全受其本国法庭管辖，完全适用排他管辖权的原则，故涉及这些国家的混合案件，其国官员并无在中国法庭的观审权。且此数国与华订约均在英、美依约取得观审权之后，显然并不以最惠国条款适用于此。属于第二类者包括英国和美国，系依据条约的明确条款享有观审权。第三类国家最多，包括所有其他享有领事裁判权的国家。所依据的条款系抄自 1844 年《望厦条约》，混合民事案件准此由外国领事会同中国官员秉公裁断，刑事混合案件则不得观审。

（二）外国人单纯案件

这是指享有领事裁判权同一国籍的外国人之间的案件。不论刑事案

---

① 1875 年，天津某华人控告美轮船赔偿损失一案，天津海关道即派华官二员赴美领事薛巴（Isaac Fitzgerald Shepard，1816—1889）处观审。此外，同治三年（1864）湖北亿生洋行英人卢礼士枪杀华民彭尚会一案，同治八年上海英人卓尔皙枪杀工人王阿然一案，汉阳县知县及上海县知县均曾分别照会英领前往观审。

② 夏东元编：《郑观应集》上册，上海人民出版社 1982 年版，第 425 页。

③ 丁凤麟、王欣之编：《薛福成选集》，上海人民出版社 1987 年版，第 333 页。

件还是民事案件，当事人均属同一有领事裁判权国家时，皆按照诸条约规定不为中国法权所及而属外国领事裁判权所辖。最早对此作出规定的首推中美《望厦条约》第二十五款，称："合众国民人在中国各港口，自因财产涉讼，由本国领事等官讯明办理……中国人均不得过问。"①随后的中法《黄埔条约》等均有类似规定，唯中俄条约对此明文规定的专条阙如，中瑞（士）条约仅泛称"允与最惠国领事之同等权利"②而已，然均历来自外于中国法权略无殊异。公使、现役军人等按照国际公法得享治外法权，本不应服从驻在国任何法律裁判，并不因领事裁判权制度变更其原则而属于领事裁判权管辖范围。领事在国际法上无治外法权，于理应归领事裁判权所支配，然领事因依法自行回避不得自行裁判，故有关领事自身案件交本国法院处理。惟英国在华有正式法院，公使、领事无须委诸本国，略形小异。对于享有领事裁判权国家人民服务于中国政府者，英国国际法学家霍尔（William Edward Hall，1835—1894）主张，凡英人服务义务国者，理应服从义务国裁判，但文官仅在行政法范围内属于义务国治下，仍不能脱离本国法的支配，而武官以其职务性质不同仍服从于义务国法权。1863 年，英外相约翰·罗素勋爵（John Russell，1st Earl Russell，1792—1878）曾因中国英籍官员弗资雷格案（Bowman V. Fitzgray）被控一案表示意见，主张英国法庭对弗氏并未丧失受理之权。中国海关曾规定，海关外籍官员提起民事和刑事诉讼时，应预先获得总税务司许可，否则将被免职；成为民事案件被告时暂令其停职，作为刑事案件被告或嫌疑人为外国法庭传唤时，由本人向税务司报告案件始末，辞职后接受本国官员之裁判，特殊情况下无法履行手续时，海关须免去本人职务，俟判决宣布无罪后方得恢复原职。外籍武官多系顾问教习等，服务中国军队者甚为鲜见，故这方面案件亦少之又少。同治元年（1862），美国人白齐文（Henry Andres Burgevine，1836—1865）受清廷之聘统率

---

① 可以参见乔明顺：《中美关系第一页：1844 年〈望厦条约〉签订的前前后后》，附录，社会科学文献出版社 1991 年版，第 238 页。

② 可以参见他石：《瑞士联邦 700 年：1291—1991》，中国国际广播出版社 1990 年版，第 238 页。

官兵征剿太平军，① 因行凶违令由中国政府照会美使裴凌汉（Anson
Burlingame，1820—1870）谓白齐文现在中国服官，犯中国法纪，应按
华律拿办，白氏投靠太平军被清廷驱逐出境，于同治四年（1865）复
来华与太平军相联络，被清廷拘捕科罪。外国人入中国籍者不应视为领
事裁判权所保护的对象。《法政杂志》第一年第六期载宣统三年"胡继
曾娶英女事"云："胡在英国时，娶一英女为妻，返国。自上海至成
都，屡为各商埠英官及税务司劝阻，女均不听。至则胡已有一妻。胡
称：兼祧两房，故以俗例，得娶两妻，后亦相安无事，并生有子女各
一。事为英领事所闻，以一夫数妻，有违英例，属令离婚携子女回国。
女不可。领事又函告川督，谓胡某有妻再娶，应将其按法治罪。又据中
国律云，一子兼祧二房，只准一嫡。有妻再娶，后妻离异归家。关于作
妾，英国不认可。若云妓女，则英国妓女不准逗留中国。此事已由英公
使向外务部交涉。近日，胡之两妻，各有一禀至外务部。英妇之禀，谓
已嫁华人，应依华俗。若谓胡某不应两妻，即退居妾媵，亦所甘心。至
华妇之禀，则谓己无子女，故允夫重娶。如必须分大小，则己愿居妾媵
之列，而以正室名分让英女云。闻英公使要求先行承认英籍，然后俟婚
约调来，再行办理。盖照吾国国籍条例第五条：凡外国妇女嫁与中国人
者，均作入籍，该入籍人之本国官吏，本无干涉之权也。"② 是时，所
谓人民者并不以自然人为限，法人商号等亦包括在内，惟商号法人国籍
的确定系以注册为依据，采取登记地主义而非成员国籍主义原则，纵其
组织成员为有权国自然人，倘在中国政府注册，亦系中国法人，不得享
有领事裁判权。但事实上，各国商号往往一方面欲取得中国某种特权而
向中国政府注册，另一方面又在其本国同时另行注册，形成双重国籍，
导致法律管辖冲突。甚至晚清许多外国教会大学，诸如东吴大学、圣约

① 白齐文参加清军按照美国当时法律属非法行为，白氏为规避美国法律的羁
押，主动向清政府要求入籍，保证"令愿为中土编氓，听候中国官长管辖，如有过
犯，亦请照中国法律惩处，此系自愿并无后悔"。静吾、仲丁编：《吴煦档案中的
太平天国史料选辑》，生活·读书·新知三联书店 1958 年版，第 129 页。
② 《胡继曾娶英女事》，《法政杂志》第一年第六期（宣统三年闰六月二十五
日），记事。

翰大学、岭南大学等均系在国外注册立案，得以适用领事裁判权，对中国的法律不屑一顾，中国有关的领导部门对教会学校的行政和教学竟无所置喙余地，以致有人称这些教会大学为设有中国领土上享有领事裁判权的"外国文化租界"。根据 1858 年中英《天津条约》第十五款载，"英国属民相涉案件，不论人、产，皆归英官查办"①。是则将凡属英国殖民地国家人民亦纳入其领事裁判权管辖范围。光绪十一年（1885），中国被迫承认法国为越南保护国，于次年签订的《中法安南边界通商章程》第十六款规定："其在边关处所，华人与法人、安南人词讼案件，归中法官员会审。至法国人及法国保护之人，在通商处所，如有犯大小等罪，应查照咸丰八年条约第三十八、三十九等款一律办理。"②

（三）外国人混合案件

此乃指享有领事裁判权但国籍不同的外国人之间的案件，以及享有领事裁判权的外国人与无约国或不享有领事裁判权的外国人之间的案件。中美《望厦条约》第二十五款规定："若合众国民人在中国与别国贸易之人因事争论者，应听两造查照各本国所立条约办理，中国官员均不得过问。"③ 此后，挪威、丹麦、意大利、西班牙、法国、比利时、日本等国与中国签订的条约均有中国官员"不得过问""不必过问""不为之申理""与中国官员无涉"之类的规定，故中国官府对上述诸国人民在华与另一享有领事裁判权外国人民之间的混合案件不具有管辖权。但在英国、荷兰、俄国、葡萄牙四国与华签订的条约中，则并无此规定，如果严格按照条约解释，中国官府对上述诸国与第三国人民混合诉讼案件仍拥有司法管辖权，但在司法实践中，中国官府对享有领事裁

---

① 王铁崖：《中外旧约章汇编》第 1 册，生活·读书·新知三联书店 1957 年版，第 98 页。

② 褚德新、梁德主编：《中外约章汇要：1689—1949》，黑龙江人民出版社1991 年版，第 225 页。

③ 王铁崖：《中外旧约章汇编》第 1 册，生活·读书·新知三联书店 1957 年版，第 54 页。亦可参见杨幼炯：《近时国际问题与中国》，泰东图书局 1918 年版，第 151—152 页。

判权国家之间的外国人混合案件均采取不干涉政策，一般查照当事人两国所订条约，通常先由两造本国领事调处，若不能和解，则遵以原就被原则赴被告所属国领事法庭起诉，由被告所属国审理。

中国让渡领事裁判权的时间与方式均与近东地区不同，殆斯时西方国际条约法及实践远较往昔发达完善，主权观念远较往昔明确，属人主义法律原则在世界范围内已由盛转衰，故外人在华领事裁判权的依据乃完全由于条约的规定，与西方列强在近东伊斯兰国家所长期享有的领事裁判权实异其趣。所有非伊斯兰教徒均受治于近东伊斯兰国家的国际混合审判法庭，然而中国与各国所签订条约之效力仅及于订约当事国，不得约束未约之第三国，故无约国或不享有领事裁判权国家的在华民人，因其所属国与中国并未签订特别条约获享此项特权，则必须依据主权国家属地原则，服从于中国方面的司法管辖。从法理言，领事裁判权系属地原则例外，其对象仅以缔约的有权国人民及其财产为限，诸国与华订约设立领事裁判权制度的目的亦仅在于保护本国民人权益，国际间法律权利的让与从严解释乃条约法基本原则，故无权国民人自不得含混以求规避中国政府的司法属地管辖权利。近东地区所盛行的被保护人制度从未被中国政府所承认，包括美国和英国在内的某些有约国也是支持中国的这一态度和立场的。清外务部于光绪三十四年（1908）通咨各省："无约国人在华居住游历，应遵守中国法令，不能由他国代为保护。"①同治三年（1864），驻北京的英国公使通令各地英国领事云："按照大多数国家的法律，任何人未得到其本国政府的允许，不能自行脱离其本国权力的管辖而接受外国权力的管辖，各领事如企图行使此种对外国人的管辖权，即会引起其他国家政府的严重抗议；而且，女王陛下政府并未授权其驻华代表接受对任何外国人或中国人的这种管辖权。提出任何此类的权利主张是不得体和不明智的。"②同治十二年（1873），尽管当

①　转引自周育民：《近代中国的条约制度》，湖南师范大学出版社 1995 年版，第 40 页。

②　V. K. Wellington Koo, *The Status of Aliens in China*, New York：Columbia University, 1912, p. 207. 威罗俾：《外人在华特权利益》，王绍坊译，生活·读书·新知三联书店 1957 年版，第 352 页。

时美国驻广州领事已经受理控诉某一无约国（纽格兰那达）公民的刑事案，且中国当局对此案放弃了管辖权，但美国国务卿仍不准美国驻广州领事予以受理，训令称："盖按美国法律，即在美国国内，法庭亦不能由当事人情愿，遂可受理；况在领事法庭中，为此种之授受，尤属不可；盖领事法庭为轻微有限裁判权之法庭，其职权仅限于国会条例及中美约章所授予者为范围也。""中国官员对于此案，即属放弃职权，亦非便可作为增加美国领事权限之解释。"①

二、近代外国在华法庭

列国领事裁判权的行使机构有三种，即：特设正式法院、领事法庭和由公使或公使官员所组成的法院。领事法院（或法庭）是列国在华行使领事裁判权的通行组织，除比利时和巴西等国仅有临时性的领事法庭、秘鲁国并未真正建立领事法庭外，各国依缔约时间先后在华派驻有领事的上海、广州、重庆、厦门（鼓浪屿）、烟台、天津、南京、汉口等地，分别设立数量不等的领事法庭，一般由各国领事或副领事充任法官，亦有在领事法庭特设法官者。英、美两国除在华设有领事法庭外，尚在上海设有专门的司法机构法院。各国驻华公使亦可开庭审判本国侨民，然不多觏。

（一）英国

先时，第一任上海领事巴福亚（George Balfour，1809—1894）就职后在上海领事馆设立领事法庭。英国在华各通商口岸的领事法庭即后来所谓的"地方法院"（British Provincial Court）审理除高等法院法定专属管辖外标的五百英镑以下一般民事案件以及一年以下徒刑、拘役或一百英镑以下罚金的刑事案件，采取领事独任判，亦间或采取合议判。同治四年（1865），英政府派洪卑（Sir Edmund Hornby，1825—1896）为审判官，在上海设立"英皇在中日高等法院"（H. B. M.'s Supreme

---

① 梁敬錞：《在华领事裁判权论》，上海商务印书馆1930年版，第53页；亦可参见威罗俾：《外人在华特权利益》，王绍坊译，生活·读书·新知三联书店1957年版，第351页。

Court for China and Japan）以代替原有的领事法庭，最初兼管驻日英侨诉讼案件，后因日本废除领事裁判权，遂更名为"英皇在华高等法院"（H. B. M. 's Supreme Court for China），俗称英国按察使署。该法院设正审判官一人、副审判官数人，均由英王任命，以曾在英格兰、苏格兰、爱尔兰律师公会中从业七年以上的会员充任，管辖地域除上海外涉及中国全境。光绪三十年（1904），英国枢密院颁布《对华敕令》后，该法院正、副审判官得随时巡回各地领事法庭。其受案范围包括：标的五百英镑以上或疑难民事案件；一年徒刑以上、一百英镑以上罚金的刑事案件；上海领事区域内的民刑事诉讼或上海领事区域与其他领事区域间的民刑事诉讼案件；海事、破产、谋杀、离婚等专属管辖案件，等等。英政府于同治四年（1865）在上海复设立有上诉法庭（appeal court），由法官三人组成，其中二人为上海英王驻华最高法院法官，一人来自香港法院，遇紧急案件时亦得以法官一人或二人组成。此前，凡对领事法庭判决不服者得向香港法院上诉。此上诉法院设立后，其权限与英国国内的各上诉法院的权限相同。凡经各地英国地方领事法院或上海高等法院判决的民事案件，其诉讼额在二十五镑以上，不服时得向该法院上诉，在二十五镑以下者则须得关系法院的许可。刑事案件无论罪刑轻重，均得向上诉法院上诉，经上诉法院判决的案件，得再上诉于伦敦枢密院（Judicial Committee of the Privy Council at London），惟民事案件必须其诉讼额在五百镑以上刑事案件须得有枢密院的许可。裁判结果以在中国执行为原则，但亦可发遣到英帝国的其他辖境执行，在实践中即不乏移送至香港、英格兰和澳大利亚执行的案例。死刑用绞，须经英国驻华公使核准。此外，上海尚设有警察法庭专门受理英侨违警案件。

（二）美国

法律制度的建立与演变动力机制在于权力的冲突。过去学术界往往将清政府司法行政的腐败窳陋视为列国领事裁判权建立的借口，又将领事裁判权的废除视为清末法律改革的动因。然而，这种观点一则存在明显的片面性，主要从中国方面的制度演变进行观察，二则将中国与西方截然对立形成二元模式，且与传统/现代的二元模式相联系，认同以费正清为代表的"冲击—反应"理论，过分迷信在领事裁判权制度下引进的西方司法范式的先进性。事实上，西方领事裁判权制度下引进的西方司法范式不仅仅是一种外部因素，本身已经成为中国司法体系衍化的有机组成部分。两者与其说是主动的示范与被动的模仿关系，不如说是互相冲突与竞争的动态博弈过程。列国在华领事裁判司法制度的改良与完善、加强何尝不曾与中国政府和民众对其不公不端的抱怨、抗议等行动相关，而西方列国领事裁判权制度日益复杂和外国势力又进一步，引发了中国政府和民众积极废除领事裁判权不懈的维权改革努力。

中美《望厦条约》签订后，美国驻华领事并不真正具备司法能力。1845 年 4 月 15 日，美国务卿布坎南在训令中指出："幸乃自欺，误以为我国驻五口的一位领事可以因杀人或其他任何罪行而审讯和处罚一个美国公民。那么如何处理呢？难道犯有一个杀人或其他重罪的公民得任其逍遥法外？这种法不加诸有罪的情形，其他恶果姑且不论，恐怕没有一件事比目睹这种情况会更使中国人义愤填膺了。……若说我们这还没有违反条约，那是怎样也不能使他们谅解的。"[①] 1848 年，美国国会通过法案赋予美国赴华委员、领事以司法权，以后于 1860、1866、1870 年屡次修订，至 1870 年复将历年的修订加以法律整理，汇订为《美国修正法规汇编》内第四零八三至四一三零诸节。1848 年，美国第二任赴华委员德威士（John Westey Davis，1799—1859）抵达广州，奉命筹建美国领事庭。德威士原系医生出身，本无专业法律知识，亦乏足够的法律书籍以资参考、合适的法律专家以备顾问，不得不闭门造车拟就美国在华领事法庭章程并于次年 1 月公布。章程规定，每个领事馆建立一个领事法庭；由领事担任法官并任命书记员、执法官各一人。然而，在相当长一段时间，担任法官的领事既不娴于法律专业，正如德威士所言，"完全缺乏法定的必要条件"[②]，且领事审判活动并不规范，监狱设施缺乏等情况普遍存在，司法效率亦十分低下。公文旅行旷日持久，有

① 泰勒·丹涅特：《美国人在东亚：十九世纪美国对中国、日本和朝鲜政策的批判的研究》，姚曾廙译，商务印书馆 1959 年版，第 164 页。

② Wesley R. Fishel, *The End of Extraterritoriality in China*, Berkeley：University of California Press, 1952, p. 13.

时竟和领事、委员的任职期限不相上下，以致案件委积不决。① 美国首任驻华公使列威廉②如是云："我们从中国勒索到'领事裁判权'，使我国法律可以施诸犯罪的美国人，可是我们却又不给予我国司法官员以惩处他们的手段。在中国虽然有审讯美国盗贼和杀人犯的领事法庭，可是却没有一处可供拘禁盗贼之用的监狱。我国领事在这方面，正像在其他许多事情上一样，只得请求英国人或法国人的惠助，可是英国和法国的拘留所的房舍，往往不敷他们各自的需用，于是美国罪犯便被释放。因此很多人都要求取得美国公民资格的特权，以期叨惠于这种豁免，于是一切英国、爱尔兰和苏格兰的流氓，任何一个讲说我国语言而能够提出表面足以乱真的公民资格主张的人，任意犯法，而保准美国法庭即便加以审讯，也没有惩罚的力量。……在美国拒绝或忽视供备惩罚手段的情形下，我认为向中国勒逼'领事裁判权'乃是一桩无耻之尤的事。其恶劣程度，不下于苦力贸易或鸦片贸易。如果我不是有坚强的信念……我真感觉到以我的名字放在一件以'领事裁判权'的特权引为自豪的条约上是一个羞耻。"③ 1906年，为弥补在华各领事法庭的制度缺陷，美国国会通过"设立一美国法院和规定其管辖权的法令"，同年底在上

---

① 19世纪50年代，美国驻福州领事吴伯理（Samuel Laurence Gouverneur, 1799—1867）曾有一次要求一位波士顿商人向领事馆交纳额外经费，后者不愿，两人发生争执。当美商说他要向政府控诉领事敲诈勒索时，吴伯理不无幽默地回答道："回信要用六个月，政府要我作出解释，我则迟迟不答，而且也不会给他们以清楚的解释。然后，我再得到严厉的回复，说我的解释难以使人满意，于是我再回答没有什么好解释，那时他们才会将我调离。所有这些，要花掉两年时间，这和我愿意在这个可诅咒的国家待的时间一样长。"

② 关于美国首任驻华公使，目前学术界众说纷纭。其说一，顾盛（Caleb Cushing）为美国首任驻华公使，可见宋新宁：《国际政治经济与中国对外关系》，香港社会科学出版社1997年版。其说二，列威廉（William Bradford Reed）于1857年出任美国首任驻华公使，可见张云樵：《伍廷芳与清末政治改革》，台北联经出版事业公司1987年版，第15页。其说三，蒲安臣（Anson Burlingame, 1820—1870年）于1862年为美国首任驻华公使，杨生茂、杨子竞主编：《简明外国人物词典》，天津教育出版社1989年版，第528页。

③ 姚贤镐编：《中国近代对外贸易史资料：1840—1895》第1册，《中国近代经济史参考资料丛刊》第五种，中华书局1962年版，第400页。

海设立驻华法院（the United States Court for China），设法官、检察官、书记官、委员各一人。法官由美国总统任命，任期十年，由富于经验的资深法学家担任。该法院是常驻上海，但管辖遍于中国境内，每年须在广州、天津和汉口开庭一次，与英国驻华最高法院相类似，相当于美国国内的地方法院。迄清末，美国在华领事法庭共计十八处，分设于厦门、安东、广州、长沙、烟台、南京、上海、汕头、天津、济南、青岛及云南府。① 管辖案件的被告必须为美国人，其中民事诉讼以标的价值不满五百美金为限，刑事案件以罚金不满一百美金或徒刑不满两个月为限，或上述两种刑罚并科者。在美国未成立驻华法院之前，据 1860 年美国国会法令，对各领事法庭判决不服者可上诉至美国驻华公使。1870年美国国会法令复规定对驻华公使作出终判仍不服者可上诉至美国加利福尼亚州地区巡回法庭。1906 年设立驻华法院后，该法院在第一审管辖所在地（即上海）一切民刑案件以及不属于各领事法院管辖之一切民刑案件，在第二审则管辖对各领事法院判决之上诉案件。凡对驻华法院判决不服者可向美国加利福尼亚第九分区巡回法庭上诉，仍不服则上诉至美国最高法院。罪犯判处三个月以下徒刑则在上海美国监狱执行，超过三个月则移送菲律宾马尼拉或美国执行。

（三）法国

法国在 1852 年即通过域外法案，此后又在 1861 年的海事条例等法律法规中详加厘定。其在华领事法庭共十七处，以领事为审判长，以领事馆参赞担任执达官（l'huissier）及书记官（le greffier），但北京领事法庭不由驻京领事而由法国驻华使馆参赞担任审判长。由当地法人择充陪审员二人以补领事裁判之不足而重商事，乃法国领事法庭的特点所在。民事案件在一百法郎以下者，领事得独裁之，以上者须经过陪审员合议，然无法召集陪审员时，可偶有例外。领事法庭对诉讼标的三千法

① 1920 年美国法律废止原上海领事法庭，规定在上海设立上海美国司法委员法院，该法院旋亦成立于上海。其地位和其他各处的领事法庭相等，惟各地领事法庭是以各该地领事或总领事或主持领署的副领事为当然法官，而司法委员法院则以特派司法委员为法官。

郎以下案件的判决为终审判决。刑事分三等，即过失、轻罪、重罪。过失审判长得独决之，不准上诉。轻罪取陪审制。十年以上刑事重罪案件均须移送越南西贡、河内上诉法院进行初审，领事法庭仅具有侦察预审权。西贡及河内法院本为法国正式法院，管辖领事法庭预审后移交的重罪一审案件及不服领事法庭判决上诉二审案件。民刑案件的终审判决均为巴黎最高法院。

（四）日本

日本在华设领事馆三十五处，领事为领事法庭当然法官，但在天津、奉天（沈阳）、上海、青岛四地总领事馆特设领事或副领事一人专理司法。领事法庭专任普通民事案件、破产案件和十年以下徒刑的刑事案件的一审，对十年以上重罪案件仅有侦察预审权。得罪案件的初审权分区划归不同法院，由中国中部日本领事法庭侦察者属长崎地方法院，由中国东三省日本领事法庭侦察者属关东地方法院，由中国间岛领事法庭侦察者属朝鲜清津地方法院，由中国南部日本领事法庭侦察者属台北地方法院，对领事法庭一审判决不服者，亦按上述分区分别上诉长崎地方法院、关东地方法院、朝鲜清津地方法院和台北地方法院，而长崎地方法院、关东地方法院、朝鲜清津地方法院和台北地方法院二审案件的上诉机关分别为日本大理院、关东高等法院上告庭、朝鲜大理院和台湾最高上告庭。日本在各地领事法庭多附设有监狱以监禁徒刑较短的罪犯，刑期较长者则解送日本国内执行。

第四节　领事裁判权特殊制度

一、会审公廨

（一）上海公共租界会审公廨

鸦片战争后，海禁大开，清廷无法继续维持昔日将西方人局限于广

上海租界

州一口的商馆制度，但面对五口通商后出现的新格局，对来华外人居留之处划定界址以加强控制。从某种意义上，租界堪称广州商馆的扩大化。再者，以华胄神明自居的时人当初从心理上亦多不屑与所谓"夷人"为伍，视租界为膻腥丛集之区而不愿与望衡对宇。清廷上海道台宫慕久与英国领事巴富尔会同酌议后于道光二十五年（1845）出台的《上海租地章程》又称《地皮章程》，是为新开辟的上海英国租界定章立制的基本规范。该章程第二十三条载：此后倘英国领事发现有违前例章程者，或由任何商人，或他人告文，或由本地官履通知英领事。该领事应即查明案由，所违何章，应否处罚，然后按照违犯条约及章程同样惩戒。条约规定的领事裁判权本系一种属人主义法律规范，而自此章程订立后，乃更于属人原则基础上赋予外人以属地主义的特殊权利，使英领得以有权在租界内对违反此章程的任何国家民人实施治安行政处罚。然是时旅沪外侨较少，华民迁居租界者尚不多见，租界内华人讼案皆由上海县衙审理，洋原华被的中外互控案件亦然。咸丰三年（1853），小刀会攻占上海县城，华人避难者移居聚集于租界。整个中国局势动荡不安，上海的外国租界内部社会治安状况颇形混乱，华洋纠纷时起，清朝官厅无暇顾及沪地租界内司法管辖，英、法、美三国领事遂乘虚越俎代庖。凡华人在租界内犯罪或违反章程，均由其非法承审，处以拘役等刑，唯较重者移送界外华官讯判。仅咸丰五年（1855）由英领审结华人被告案件即达五百余起。清朝恢复对上海地区统治之后，上海外国租界公然违背条约的非法行为既冒清廷朝野舆论之不韪，亦受到英美驻北京公使的裁抑，驻沪领事团乃调整策略，规定：华人在租界被捕，由英、美领事法庭或法国违警裁判所预审，讯明确切，将人犯与相关案卷移送上海地方官府审判。然上海官府无力翻译租界警方附送案卷，不明详情，使一些不法之徒蒙混过关，稍事拘留后即被开释，甚至成为再三重返租界作案的惯犯，而租界内不属各国领事裁判权管辖的无约国人或无国籍的肆行不法亦因上海官府难以箝束，令驻沪领事团深致不满，迫切希望大权独占。同治二年（1863），美国领事乔治·西华德（George Frederick Seward，1840—1910）与上海道台黄芳订立美租界划界章程，规定中国官厅在租界内拘捕任何人等须先经美领事加签，无约国人民凡事均应受美领事处理。同年 9 月，英、美租界正式宣布合并后，驻沪领事团于 12 月致复黄芳要求承认工部局对无约国人的管辖权，黄芳允其所请。是时，领事法庭并非租界的法院，仅其机构设在租界之内而已，仅其管辖范围乃整个领事区的本国侨民，故在租界内设立违警法庭以审断领事法庭无权受理案件的种种方案曾屡被各国在沪使领侨民议及，然以背乎条约规定势难碍行，最终议多少成，卒由英国领事巴夏礼（Harry Smith Parkes，1828—1885）提议在租界内设立一华官审判厅，凡关涉外国人利益案件，由外国领事参加陪审。此方案得到江苏巡抚李鸿章的支持。

1864 年 5 月 1 日，上海道台应宝时派员至英国领事馆会同英国副领事开堂听审，在租界内设立"洋泾浜北首理事衙门"，为上海道台官府设于县城以北租界内的分衙。理事衙门最初设于英领事馆内，每天上午开庭。初期分设违警庭、刑庭，后添设民庭。纯粹华人违警案件由中国理事独理；洋原华被以及无约国人为被告的刑事案件由中国理事主审，另由一名外国陪审官陪审，洋原华被混合民事案件初由领事与华官用文件往来办理，到 1864 年 10 月，始与无约国人被告的民事案件，同归该庭管辖，唯因理事职微，另由道台派海防同知于下午开庭，平均每周二次主审，领署仍派一名外国陪审官陪审。刑事案件审判权以监禁一百天以内、枷示三十天以内、杖笞三百以下及罚金百元以下为限，民事案件诉讼标的以不过百元为限。① 外国陪审官初仅有英副领事及美总领事或其翻译出庭，英陪审官每星期出庭四次，美国陪审官每星期出庭两次，后自 1866 年起增加一德国陪审官，每星期出庭一次，而减少英陪审出庭一次。关于无约国人为被告案件，则由英、美两国领署各派员一人共同出庭陪审。凡上诉案件，均由上海道台审理，其与外人利益有关者，由领事陪审。外国陪审官与中国审判官意见分歧时，亦视同上诉案件，由上海道台与领事会同办理。判决用中文宣判，由陪审员译成英文送达外国当事人。判决书由审判官盖印，再由审判官与陪审官签字，有时或将外国陪审官赞同判决的理由在文书中予以申述。甚至在上诉案件的一张判决书上，于道台某某署印之下，英、美领事竟加"Approved"（批准）字样。理事衙门的组成，原仅有一未公布的非正式章程草案，亦未经中外双方签字，中国官员在理事衙门设立伊始亦曾欲权操诸己，但有关管辖权的规定许多旋即形如废纸，"法庭审理了一切控诉到那里的案件，不过在遇到罪案较重似应给予法庭权力以上的惩罚时，经过一个请求认可的手段而已"②。外国陪审官在审判过程中不甘配角地位，尤其在民事案件多适用西方民法制度与条款以济清廷法律的空白，且因该理事衙门承审刑案自 1865 年 7 月除得罚以苦役外，仅得按审转制度票拟意见，"须经知县再审，始可判决执行"③，难副租界当局之望。外国陪

---

①　梁敬錞：《在华领事裁判权论》，上海商务印书馆 1930 年版，第 105 页。《上海租界问题》则云："该公所能于罪犯之刑罚，最大限度，为杖责一百下，枷示十四天，苦役十四天，囚禁罚款或逐出租界，是其权限甚小，仅属试行性质，须受道台严格的监视。"（王揖唐：《上海租界问题》，1926 年铅印本，第 40 页。）

②　Anatol M. Kotenev, *Shanghai, its Mixed Court and Council: being the History of the Shanghai Municipal Council and its Relations with the Chinese, the Practice of the International Mixed Court, and the Inauguration and Constitution of the Shanghai Provisional Court*, Shanghai: North China Daily News and Herald Ltd, 1927, p. 52.

③　徐公肃、丘瑾璋：《上海公共租界制度》，上海书店 1992 年版，第 161 页。

会审公堂衙门

审官为规避之计遂想方设法扩大苦役之罚。被判罚苦工者人数激增。是时，一被判罚苦役的华人戴某受虐致死事件引起上海地方官员抗议。上海地方官员认为中国法典并无此种苦役之罚例，以属于外国法典之惩罚加诸华人，实属违反条约，[①] 以致拟将理事衙门予以撤销关闭。然理事衙门时期，中国法律与西方观念相妥协杂糅的商事法律制度发育颇为迅速，旁逸斜出，新的法律空间由是而展辟。

自 1867 年起，上海道台应宝时与驻沪英领温斯达（Charles Alexander Winchester，1820—1883）开始会商谈判解决理事衙门司法实践中诸多问题，重新订立明确规章组建正式法庭，分别寄呈清朝总理各国事务衙门及相关诸国公使核准，复经反复讨论修改，卒于 1868 年根据历年成例订立《上海洋泾浜设官会审章程》。驻沪英领麦华陀（Walter Henry Medhurst，1822—1885）接奉本国公使训令于翌年 4 月将该章程正式颁布生效，并声明丁是日起有效期为一年，然迄入民国仍奉行不替。洋泾

---

① 蒯世勋等编著：《上海公共租界史稿》，上海人民出版社 1980 年版，第 378 页。

浜北首理事衙门遂据新订章程改组为"上海公共租界会审公廨"，中外会审制度正式成为外国在华租界中的特殊司法制度。先是，理事衙门厝居英国领署不免被外间视为附庸，甚至法国驻沪领事讥之为"英国人的混合法庭"（la cour mixte anglaise），遂于 1868 年底自英领署迁至南京路。该新址便成为会审公廨的廨址所在。公廨的组织规模较理事衙门为大，审讯范围亦较广泛，然外国人其后多诉公廨自英领署篱下摆脱出来后司法腐败恶习渐次故态复萌，① 俨然以监护人自居。

上海公共租界会审公廨的组织办法及管辖权按照章程规定为：（1）公廨组织。会审公廨由上海道遴委同知一员主持，称为谳员。廨内设通事、翻译、书差人等，由该委员自行招募，并雇外人一两名以协助无约国人案件的审理。所需经费按月赴道具领。（2）诉讼管辖。公廨承审租界内以华人或无约国人为被告的民刑案件，其中民事案件无论钱债与交易各事，均准其提讯定断，刑事案件则限于发落枷杖以下罪名。若军流徒罚以上案件，由上海县审断详办，倘有命案，由上海县相验。（3）审判办法。凡遇案件牵涉外人必应到案者，必须由领事官会同委员审问，或派洋官会审。纯粹中国人之间的案件即听中国委员自行讯断，各国领事馆毋庸干预。凡受雇于外人的华人涉讼，领事或领事所派之员可赴堂听讼。无约国人与华人互控案件，由中国谳员自行审断，仍邀一外国官员陪审。如无约国人犯罪，则由中国谳员拟定罪名，详报上海道核定，并与一有约国领事会商酌办。（4）提传办法。中国人犯逃避外国租界者，即由中国谳员选差径提，不用县票，亦不必用洋局巡捕。惟为外人服役之华人，应先通知该管领事，令其到案，不得庇匿。如为领事服役之华人，须经其允准，方得拿捕。（5）上诉程序。倘两造有不服谳员判决，准上海道及领事官处报告复审。

会审公廨建立后设有三个法庭，即楼上公堂（upper court）、楼下公堂（lower court）、特别公堂（small court）。除星期日外，日间开庭二次。在午前者曰早堂，在午后者曰会堂，晚间开庭一次曰晚堂。早堂率

---

① G. W. Keeton, *The Development of Extraterritoriality in China*, Vol. 1, Stuttgart：Kohlhammer, 1928, p. 356.

会审公廨

于楼上下二公堂行之，专审刑事；会堂专为审理外人原告的民事案件；
晚堂则为审理华人间民事案件。凡以外国人为被害人的刑事案件，则由
特别公堂审理。对特殊案件尚有组织额外公堂进行审理者。法庭之内，
中国谳员与外员并坐，中国谳员为主席，外员为陪席，然实际上喧宾夺
主情形在所多有。在公共租界内，英、美、德三国自视其地位举足轻
重，故每周有特定的审判日专为上述三国民人案件开庭受理，其他外国
人的司法案件只能在此之外的时间予以断处。会审公廨不仅亦中亦洋，
且亦新亦旧，多种复合因素杂然丛集于一体。罗亮生《旧上海公共租界
见闻》云："新衙门，即从前之会审公廨，最早在南京路（即今上海第
一食品商店地址），审理刑事案件总在下午。我于幼年时因家居咫尺，
常去观看：华官穿清朝官服，两旁都是红缨帽的差役。讯问罪犯曲直之
后，有的当堂责罚。男犯则受笞刑，俗称'打屁股'；女犯则掌嘴，俗
称'打耳光'。施刑时差役高喊'一、二、三、四、五……'之数，受

刑者一定要哭喊'啊唷哇'；若不喊叫，据说要重复再打。"① 围观的幼童以为新奇视同看戏，而如是司法场景固本身带有戏剧色彩。不过，随着时间的流逝，这种情形在外国陪审官的交涉、劝导下得到改观，公廨在审判中逐渐树立与传统公堂逐渐疏离的文明新形象。在19世纪70年代，公廨日常审理的案件多为比较琐微的民刑案件，传统时代的百姓对衙门敬畏远之，而善断家务、情法兼顾的租界会审洋公堂与民众日常生活的距离却颇为切近。民谣竹枝词咏赞曰："几微琐事涉公堂，讯断应难泥如常。好似春风凭作主，朝朝总为判花忙。"② 是时，上海最早的中文报纸《上海新报》在头版辟有"华英案件"专栏，而"公堂案件"亦多为其后《申报》的要闻内容，公廨堂内的司法活动通过新式媒体的信息网络与民众的认知想象空间息息相关。

盖斯时公廨实为一上海县之分庭而已，权限有限，中国谳员须秉承上海县城内的上峰旨意办案，且有些案件必须通过内地官厅同时采取行动才能扣押被告财产，但内地官员往往以蔑视性的沉默对待会审公廨提出的协助请求，对其公函置之不理。驻沪领事麦华陀认为会审公廨难孚众望，因为承担这种特殊责任的地方法官级别不够高，而在中国现行体制下一个级别较高、权力较大的官员需要有更大的勒索领域，以保持其地位和尊严。所以，除非由一位领取英国工资的外国人担任这个职务，很难找到诚实认真和行为正直的人选。③ 1875年，驻华领事开会议达成共识：除非根本修正法章，扩大陪审官权限，并制订中国新刑法，否则公廨事务殊鲜改良希望。某些英侨团体亦上书驻京英国公使请愿，要求修改条约，设置警务官一员，由外人充任，以代会审公廨之责。这些英人积极扩充权力的要求实为中英烟台谈判幕后背景。但《烟台条约》对陪审制度颇为节制的规定尤令租界当局大失所望，认为较诸《上海洋泾浜会审章程》更形倒退，非但不曾争取到新的权力，反而使中国官员

---

① 上海市政协文史资料委员会编：《上海文史资料存稿汇编》，社会法制，11，上海古籍出版社2001年版，第287页。

② 转引自罗苏文：《文明嬗变的侧影》，世纪出版集团2004年版，第121页。

③ 李必樟编译：《上海近代贸易经济发展概况：1854—1898年英国驻上海领事馆贸易报告汇编》，上海社会科学院出版社1993年版，第357页。

甚至由此对等获得到领事法庭观审权利。《洋泾浜会审章程》既已否定 1863 年美领与沪台签署划界章程关于租界华犯捕拿权的规定，然租界当局并不甘心将既得利益拱手相让。光绪四年（1878），廨差奉命拘捕华人女犯一人，解赴上海县讯办，工部局提出抗议，声称凡公廨提传各禀票，概须先经公廨陪审官一人付署，交由工部局巡捕执行。租界当局得寸进尺，沪道步步后退，卒至不仅廨差不能在租界提传人犯，而且县差亦不复能越其雷池半步。驻沪领事为从根本上永杜渗漏复设计预审程序（prima facie procedure）。凡提传各票，均由捕房签发，廨役即欲捕犯，亦无票凭依据。自光绪九年（1883）工部局巡捕曹锡荣杀人案由公廨预审后，此种越权之举嗣后竟成司空见惯的恶例，与国际间的引渡实无二致，外人亦公然称之为引渡（extradition）而毫不掩饰，不啻将华界视为别国。上海官宪认为，会审公廨系在中国地界的官设公廨，而租界工部局方面则将其视为中外双方共同管辖的机构。光绪十九年（1893），一位英国陪审官在公廨记录中谓，公廨"进行方式今日尚未至结晶时期，故即欲加以讨论，为时尚过早。该公廨既非纯粹中国式，亦非纯粹外国式。陪审官强有力时，则颇似外国式；而谳员强有力时，则又甚类中国式"①。

降及 19 世纪初，租界既在司法管辖上形同国中之国，遂成华界刑事犯躲避清廷官府拘拿的捕逃渊薮，并发展为反清排满革命者异常活跃的舞台。光绪二十九年（1903）《苏报》案又被章士钊称为"癸卯大狱"，以一报馆、六党人，震动全球，既是公廨成长过程中的一段重要经历，亦为工部局坚持公共租界自治权的一次亮相展示。《苏报》大量登载反满革命文字，发表邹容《革命军》自序、章太炎《驳康有为论革命书》等，引起清廷疾视。江督魏光焘即饬沪道袁树勋查禁密拿，特派候补道俞明震来沪会同办理。袁树勋承受上级万钧压力，深知界内拿犯最为棘手，以外人久视租界为其主权，非内地办案可比，与驻沪领事

---

① Anatol M. Kotenev, *Shanghai, its Mixed Court and Council: Being the History of the Shanghai Municipal Council and its Relations with the Chinese, the Practice of the International Mixed Court, and the Inauguration and Constitution of the Shanghai Provisional Court*, Shanghai: North China Daily News and Herald Ltd, 1927, p. 124.

公廨会审

迭商交涉签票，为急于拿获朝廷指名要犯，立约所拘之人须在会审公廨定罪、在租界服刑。闰五月七日（7月1日），《苏报》诸人被捕后由巡捕房移送会审公廨，谳员孙建臣和陪审官英领署翻译迪理斯（Bertram Giles，1874—1928）① 会同审讯，清廷方面所延律师为古柏（White Copper），监外志士亦为章氏等人延请律师博易（Harold Browett）出庭辩护。清朝官员甚为惊诧，即欲移县办理，与英国陪审官相商订期再讯。闰五月二十七日（7月21日）续审时，清廷律师古柏称："查得此案之外，另有交涉事机，尚未停妥，今日未便向堂上声叙请俟停妥后再互订会讯之期。"② 清廷正在紧锣密鼓磋商将该案诸人引渡解往南京自行审办，故须在堂上争取时间。章氏等人辩护律师质问该案原告究系何人，谳员不得已回答："章邹等犯系奉旨着江苏巡抚饬拘，本分府惟有

---

① 其中文名字为翟比南。这里按照当时档案、新闻报道的材料，未使用其中文名字。翟比南和翟兰思（Lancelot Giles，1878—1934）都是翟理思（Herbert Allen Giles，1845—1935）之子，曾分别担任过南京和天津的总领事，在中国近现代史上比较活跃。

② 转引自胡道静：《上海新闻事业之史的发展》，《上海市通志馆期刊》第2卷第3期，沈云龙主编：《近代中国史料丛刊续编》第三十九辑，390，台北文海出版社1977年版，第971页。《苏报鼓吹革命清方档案》，中国史学会主编：《中国近代史资料丛刊·辛亥革命》第1册，上海人民出版社1957年版，第428—429页。

遵奉宪札行事而已。"① 清政府降尊与自己子民对簿公堂的咄咄怪事一时传为笑谈。

对于清政府要求移送人犯之请，《字林西报》（*North China Daily News*）评论声称："外人在租界一日即有一日应得之权利；中国人在租界一日，即有一日应受外人保护之权利，而华官固不得过问也。"② 工部局表示，此租界事，当于租界治之。此案甚至与国际政治相关联，殆美法俄诸国出于自身利益考虑同意移交，惟英国方面坚执不允。旋北京发生革命党人沈荩为慈禧旨命捶毙一事，舆论大哗，外人益坚拒绝引渡立场。清廷不得已勉允在公审公廨开额外公堂就地鞫讯。自十月十五日至十九日（12 月 3—7 日），额外公堂开庭四次，主审者为上海知县汪瑶庭，会审者为谳员邓文育和英领署翻译迪理斯。在庭审辩论中，原告律师古柏盘问陪审官地位，迪理斯怡然明确宣告，陪审官三字有两种解释，会审公廨的陪审官与《烟台条约》上的陪审官不同，后者仅能列座看审，尽其保障外人利益之责而已，至若前者即于判决书亦有过问之权，非经其认可不得生效。清政府"萃一国之精神以购一二党人之性命，而劳此全狮搏兔之力"③，最终不得不从宽办结，以章太炎、邹容言论不当罪分别判处三年和两年监禁。这种结局纯属清廷与外国使领在幕后反复讨价还价达成的政治交易，对晚清革命党人与其说是杀鸡儆猴，毋宁言是虚应故事。《江苏》第四期嗣后评论云："前日之《苏报》与《革命军》，议论虽激，然而阅此报与此书者几何人也？一般之国民固未尝知其所号呼者为何事，其鼓吹者为何事。今日《苏报》之被禁，

---

① 《二讯革命党》，《申报》1903 年 7 月 23 日。亦见上海通志馆编：《上海通志馆期刊》民国 23 年 6 月第 2 卷第 1 期，沈云龙主编：《近代中国史料丛刊续编》第三十九辑，390，台北文海出版社 1977 年版，第 971 页。亦可参见方汉奇主编：《中国新闻事业编年史》上，福建人民出版社 2000 年版，第 248 页。按，此文所述之事为 1903 年 7 月 22 日，但发表的时间则为次日。

② 《革命魂》（译癸卯六月二十九日《字林西报》），《国民日日报汇编》第 1 集，罗家伦主编：《中华民国史料丛编》，A15.1，台北中国国民党中央委员会党史史料编纂委员会 1968 年版，第 109 页。

③ 张枏、王忍之：《辛亥革命前十年间时论选集》第 1 卷下册，生活·读书·新知三联书店 1960 年版，第 776 页。

章、邹之被锢，其势固已激荡于天下。然'《苏报》何以被禁，章、邹何以被锢'之一问题，出诸于一般国民者必多，则必应之曰：为逐满故。何为而逐满？则又必应之曰：为汉族受满族之荼毒已不胜其苦，满族实汉族之世仇故。以此而互相问答，互相传说，一传十，十传百，百传千万。于是，排满之一主义，遂深入于四万万国民之脑髓中。"① 租界当局在《苏报》案上掣肘与龃龉令清政府殊觉有损国体官威，为当时刺激其产生废除领事裁判权和收回会审公廨意念的触媒之一。

光绪三十一年（1905），公廨廨差多有勒索舞弊情事，工部局遂派一西捕或印捕常川驻庭进行督察。中国官员认为庄严神圣的公堂重地之内不容外人监临，而工部局则认为会审公堂谳员得以驻居租界仅系基于各国友谊的许可，自己理所当然有权出入其间。此外，公廨判处徒刑人犯入囚租界西牢多有瘐毙，正值英年的邹容因《苏报》案入狱后瘐死于狱即为例证，而捕房又并不照知华官。矛盾日积月累，最终于是年底演变为遐迩轰动的"大闹公堂案"。时四川官眷广东妇人黎黄氏携带女孩十五人乘长江班轮经沪回籍，为捕房所拘送审，谳员关炯之、金绍成会同英副领德为门（Bertie Twyman）审讯发生意见分歧。关炯之以捕房所控黎黄氏串拐证据不足，拟判押公廨女所候讯，德为门坚持押置西牢。关再驳以洋泾浜设官章程向无此条例，且未奉道谕，竟不允可。德为门狂言："本人不知有上海道，只遵守领事的命令。"

关炯之像

关愤然答称："既如此，本人也不知有英领事"，即饬廨役将黎黄氏等带下押交官媒。② 德为门仗势越权，喝令巡捕上前将各犯夺下，与廨役争持而至互殴械斗，甚至持棍欲击离座弹压的中国谳员金绍成。堂下鼎沸，廨役将大门关闭。巡捕挟人不得出，径向关索取钥匙，关严词以

---

① 《咄！满汉两种族大争论》，《江苏》第四期，纪事，本省评论，第119—120页。

② 官媒为官衙中的女役，承办女犯看管解送等役。

拒："毁门可，打公堂可，即杀官亦无不可"①，并拂袖退堂而去。最后，一应人犯仍被巡捕囚入监车强行带走。② 事后，上海道袁树勋接江督电示谕令公廨正式停讯，分别照会领事领袖俄总领及英总领，要求撤去德为门，斥革捕头。上海的广东帮势大力雄，获讯后群情激愤在广肇公所集议营救黎黄氏，晋谒沪道要求据理力争。工部局不肯俯首认错，直到公使团根据清政府抗议下令将黎黄氏押回公廨女所释放时，工部局捕房将黎黄氏一行径送广肇公所释放，故意不递交会审公廨，以示轻侮。上海公共租界华人时已超过四十五万人，案发后诸家报纸纷纷报道相关消息，人口密度极高的近代都市环境里传言与积怨的散布愈演愈烈，加之自日本归来的留学生介入，事态遂一发不可收拾。光绪三十一年十二月十八日（1906 年 1 月 8 日），上海商民宣告罢市，围攻老闸捕房等处，巡捕开枪镇压，引起震惊朝野的巨大风波。光绪三十二年二月（1906 年 3 月），各国清廷团鉴于上海民众强烈反对，与清朝外务部达成协议，重申遵循同治七年（1868）《洋泾浜设官会审章程》，缩小公廨权力以符旧章。会审公廨按此协议最多只能判处六十天徒刑，驻沪领团对此坚决反对，清政府旋作出让步，同意将会审公廨的判决权扩大到五年监禁以内。

（二）上海法租界会审公廨

同治四年（1865）以后，上海法租界的华人违警案件由领事自审；华人刑事命盗重案由中国官府管辖，但华役在租界捕犯提传各票须由法领背书同意，华原洋被或洋原华被民商混合案件，按照中法天津条约第三十五款规定，上海道台或其委员赴法领署会同审理，与当时公共租界

---

① 庞国钧：《清季大闹会审公廨案》，上海市文史馆、上海市人民政府参事室文史资料工作委员会编：《上海地方史资料》2，上海社会科学院出版社 1983 年版，第 237 页。亦可参阅邓克愚原作、顾高地校补：《帝国主义在上海侵夺我国司法权的史实》，上海市文史馆、上海市人民政府参事室文史资料工作委员会编：《上海地方史资料》2，上海社会科学院出版社 1983 年版，第 124 页。

② 参见 Bryna Goodman，*Native Place, City, and Nation: Regional Networks and Identities in Shanghai, 1853 – 1937*，Berkeley：University of California Press，1995，pp. 187 – 189。

殊不相同。在拟订《洋泾浜设官会审章程》时，法领曾表示愿意共同组织上海的公审公廨，但不久认为章程草案第五款关于逃入租界华犯得由公廨委员差役提的规定等与中法条约及法租界司法习惯相冲突，遂于同治八年（1869）与沪道协商后另行成立法租界会审公廨。该公廨成立之初，由上海道议定委员一人，每周三次在法领署会同法代表审理华洋案件。与上海公共租界会审公廨章程规定会审官位分主次不同，中法双方会审官乃以对等地位共同审理，并无轩轾之别。法领拉达（Louis Ratard）[①] 在光绪二十七年（1901）的报告中云："在公共租界内，当案件只关系华人时，任何外国会审官皆不参与华籍会审官之审判，这是很合逻辑的，因为没有一国有特别的司法权。但是在我们的领域内，情况却完全不同。有关此类诉讼案件，华籍会审官必须会同法籍会审官，通常是总领事馆的首席翻译人员，方能有所行动。这也是十分自然的事，因为我们享有独占的司法权。"[②] 该廨设立之初，委员由会捕局委员兼任，有绿勇十余人，凡遇传提界内华犯各票须经法领签字，由委员派勇会同法捕房包探办理，嗣于光绪二十二年（1896）会捕局裁撤后，委员无勇可派，以致逮捕全权均归捕房经办。公共租界会审公廨的民刑各案，华人均有权聘请律师辩护，而法租界的会审公廨仅允许债权或债务超过一千元以上的民事案件当事人具有律师请求权。法租界会审公廨较诸公共租界会审公廨自始更少适用中国法律，驯至法国法的影响势倾一时。法国驻北京公使报告将法租界司法管辖权视为禁脔不欲他人染指的心态暴露无遗，云："自从那个时期（一八六九），两个会审公廨就平行发展，互不混合。外交部此后一再提示着，要维持我司法机构的国家色彩。也就是训令我们驻上海的领事，不得亲自或者派遣代表，以会审官的身份出席公共租界会审公廨。外交部希望避免其他强国援例，为其领事要求以会审官身份出席我们的会审公廨。"[③] 上海公共租界与法租界二会审公廨常因诉讼管辖权发生矛盾，驻沪领事团及于光绪二十八年（1902）制定《上海租界权限章程》共四款，规定：两造皆为华人

---

① 即巨籁达，于 1901—1909 年三任驻上海总领事。其生卒年不详，待考。
② 吴圳义：《清末上海租界社会》，台北文史哲出版社 1978 年版，第 23 页。
③ 吴圳义：《清末上海租界社会》，台北文史哲出版社 1978 年版，第 24 页。

的民刑或界内华人政治犯案件，由原告应向被告居住界内会审公廨起诉，或由犯罪地会审公廨受理。凡华洋混合案件无论被告华人居于公共租界抑或法租界，原告为法国人者均归法租界会审公廨管辖，原告为非法国籍外人者均归公共租界会审公廨管辖。

（三）汉口洋务公所

汉口租界会审公廨最早出现的时间已不可考，但汉口英租界内会审公廨殆于光绪二十年（1894）以前即已存在，故甲午战争后陆续在天津开辟的德、日、俄诸国租界均未能取得这一权益，而同时期德、俄、日诸国开辟汉口租界的章程却均有界内实行中外会审制度的规定，至德、俄、法、日四国汉口租界相继开辟后，汉口遂出现五会审公廨并存局面。江汉关道乃在原有的洋务保甲局（租界内外国人自己管理自己的司法组织）基础上经湖北督抚核准改组成立汉口洋务公所，俗称巡查洋街委员公所。洋务公所设置租界委员，负责拘传租界内人犯，参与各租界内会审公廨会审事宜。汉口会审公廨的审判权限远较其他地区会审公廨审判权限为小。

（四）鼓浪屿公审公廨

光绪二十八年（1902），厦门鼓浪屿公共租界成立。按照《厦门鼓浪屿续订公地章程》第十二款规定，公共租界内由中国查照上海成案设立公审公堂一所，由厦门道札委专员驻理，称为"堂长"，负责审理界内华民被控干犯捕务章程案件与钱债房产等项词讼。倘华民所犯罪案重大，由该员共行审预后再行录送地方官审理。凡涉及外国人案件，均由该国领事或其代表会同公堂委员审问，与上海法租界公审公廨颇相类似。倘会审之员与该堂承审之员意见分歧不能了案，上诉至厦门道会同该领事再审。与上海公共租界不同，对受雇于外人的华民被传时并不住在外人寓宅者，公堂传提各票不必先送领事签字，但当日须领事审查核销。

二、东清铁路交涉总局

东清铁路交涉总局是一种特殊类型的会审机关。沙俄通过《中俄密约》取得东清铁路（亦称东省铁路）投资权，并在《合办东省铁路公司章程》第五款规定："所有铁路地段命、盗词讼等事，由地方官照约办理。"[1] 但这一条款被沙俄单方制定的《东省铁路公司章程》第七款歪曲为"由中、俄两国当地官署按照约章会同审判"[2]。光绪二十七年（1901），沙俄当局除在东清铁路服役俄人享有领事裁判权受俄国设立的地方法庭司法管辖外，复仗势强迫吉林当局签订《增改吉林铁路交涉总局章程》，确立了国际司法惯例中绝无仅有的铁路会审制度。据该章程等相关规定，交涉总局设在哈尔滨，系中国衙门，总局官员、兵勇均由吉林、黑龙江将军委派，委派更调总办、会办，须预先向铁路公司总监工商酌，该局经费由铁路公司支付。交涉总局管辖与东清铁路公司相关联或在铁路两旁各三十里内范围居住华人所有各案件，包括命盗、强奸、聚众犯上等。铁路各段遇有不甚违背中国律例和铁路章程的轻微案件，由交涉总局派任各段的交涉官员与各段俄人监工商议办理，如遇甚违中国律例和铁路章程的重大案件，则由总局官员会同东省铁路公司俄国总监工或其全权代表查讯。定案后或交总局所属监狱监禁，或交犯罪地官府办罪，应发遣人犯请就近地方官照判决执行刑罚。斩决及流罪以上案件或交涉总局官员与俄国总监工存在意见分歧案件，移送吉林、黑龙江将军核办。

三、司牙孜会谳制度

司牙孜会谳制度，是清后期在中国新疆边境地区中俄两国定期会审新疆与哈萨克斯坦沿边两属人民积案的一种特别制度。司牙孜，在俄国文献中称为"Международный съезд"，直译为"国际代表会"，一般意译为"边境仲裁会议"或"民间边界会议"。光绪五年（1879），塔城参赞大臣锡纶鉴于境内俄属哈萨克人阑入杂处，中外之限荡然，交界

---

① 王铁崖：《中外旧约章汇编》第 1 册，生活·读书·新知三联书店 1957 年版，第 673 页。

② 宓汝成：《中国近代铁路史资料》第 2 册，中华书局 1984 年版，第 356 页。亦可参见宓汝成：《帝国主义与中国铁路：1847—1949》，上海人民出版社 1980 年版，第 414 页。

东省铁路管理局

隙壤，窃攘马牛、逮逃臣妾等互控案牍累累，交涉无可措手，乃照会俄七河省长官，提出中俄会讞清理塔城地区两属边民积案，是为第一次创办司牙孜之始。光绪十年十一月（1884年12月）中俄《塔城哈萨克旧附条约》将司牙孜会讞勒为定制，规定：两国每年秋季派员办理司牙孜会讞，"哈萨克等各按该哈萨克道理（即习惯法）照例秉公商办。其时，两国官员互相派委头目人，不可自己酌断，俟办司牙孜之乌苏塔尔钦办事人（条约俄文本为双方头人）等将如何输完结各报本国之官查照。倘应办司牙孜案内本年不到，次年再办，如有两年不到之人，即作为完案（自动撤销起诉）"[1]。光绪十一年（1885），锡纶升任伊犁将军后，复奏请仿照塔城成案，与俄方商定章程，在霍尔果斯迤北中俄边界克依根地方设立会所，两国派员清理积案，并定以每届三年会办一次，永著为例，是为伊犁第一次创办司牙孜之始，光绪三十年（1904），新

---

① 王铁崖：《中外旧约章汇编》第1册，生活·读书·新知三联书店1957年版，第462页。

疆巡抚潘效苏奏调伊犁索伦营领队大臣志锐合同俄官，在喀什噶尔克孜玛依拉克地方举办司牙孜会谳。每届司牙孜会谳之前，两国指定主持司牙孜会谳官员，各自集中本属应提交会谳的控告积案，摘叙事由，选具清册，并交换各自准备的积案清册副本互相审核，协商先行，剔除不实和不予受理之案，根据本届司牙孜会谳积累不同情况会同两属哈萨克头目及"比"①，议定本届司牙孜专章。唯后期的司牙孜会谳届数增加，伊犁地区的会谳渐成遵行勿替的定章。因中俄沿边幅员辽阔，哈萨克游牧有远在数百里乃至千里之外者，每届办案之时，先期传集人证甚属不易，往往迁延数月之久。中方多以管理哈萨克事务的官员负责承办司牙孜，俄方一般为领事或其他特派官员。双方对等组成会谳仲裁法庭。司牙孜会谳的两属人民互控积案大多数是婚姻、追讨债务等民事纠纷案件，后来凡杀毙人命、焚毁房屋、抢掠牲畜等刑事积案亦多由两国官员议定专章纳入司牙孜会谳范围。审判不用中俄法律，依哈萨克旧俗，持经设誓，以判曲直。曲者则责令赔偿银物或牛、羊、马匹，而直者取赢焉。其戕杀劫掠在逃未获之案，则两国官吏各视其案之多寡，互相抵除，作为了结。若案少不能相抵，则议给偿款。② 两国委派主持会议的官员通常只负责重大刑案的议罚，直接会讯审案的情况唯在后期举办会谳中渐多，一般由两属哈萨克头目人逐一传召案内本属人员会同审理，以起誓的形式裁决和调解纠纷，"比"则参与案件执争的仲裁与见证，最后由双方头目人在结案书上签字画押。③ 司牙孜会谳为一次性最终判决，经清理讯结后不得违章渎控和再理。人证不齐或供词未定各案照章订立合约归入下届司牙孜接办。

---

① 哈萨克部族内部主管司法的断事官，俄文"Бий"的意译，又译为"拜依"。

② 袁大化修、王树枬等纂：《新疆图志》交涉三，李毓澍主编：《中国边疆丛书》第一辑，台北文海出版社1965年版，第1941页。

③ 参见厉声：《哈萨克斯坦及其与中国新疆的关系（15世纪—20世纪中期）》，黑龙江教育出版社2004年版，第284页；尼·维·鲍戈亚夫连斯基：《长城外的中国西部地区》，新疆大学外语系俄语教研室译，商务印书馆1980年版，第300—304页。

第五节　余论：领事裁判权谱系的新研究

近几年来，国际学术界对中国传统法律的研究方兴未艾，许多国外博士生来中国大陆留学，诸如来自加拿大的耶鲁大学博士生任思梅（Johann Rosirrmer）、来自法国巴黎大学法律系博士生梅凌寒（Frédéric Constant）、来自斯坦福大学普凯玲（Kathleen Poling）等人在中国学习期间均由笔者担任合作指导教授。现在执教密西根大学的柯塞北（Pär Cassel，A. M）副教授来自瑞士，当时是哈佛大学博士生，为笔者最早指导的外国留学生，其主要研究治外法权和领事裁判权问题。由于此前笔者也一直在关注这方面问题，所以把自己多年积累的一大本资料全部予以提供，柯塞北的研究思路虽然对我的研究思路没有产生影响，但我十分欣赏这种路径，也促使我更加关注于领事裁判权问题。柯塞北回国后完成的博士论文为《法治与诸法之治：19 世纪东亚多元法制与治外法权》（*Rule of Law or Rule of Laws：Legal pluralism and Extraterritoriality in Nineteenth century East Asia*），荣获哈佛大学法学院 2006 年度最佳论文奖。究其实质而言，其思路早在留学中国以前就基本成型，见于其在2003 年《清史问题》[*Late Imperial China* 24. 2（2003）] 上发表的《发掘治外法权："理事同知"作为上海会审公廨的前身》（Excavating Extraterritoriality：The "Judicial Sub-Prefect" as a Prototype for the Mixed Court in Shanghai）。柯塞北主要受到福柯谱系学的影响，以一种后现代主义的思路将中国近代的领事裁判权追溯源头至清代前期的理事同知制度，认为清朝是一个法律多元的帝国，有长期的采取理事同知制度以处理不同民族法律纠纷的经验，所以在近代很容易接受领事裁判权制度。柯塞北企图从一种"清朝的观念"（Qing point of view）解读治外法权的谱系，揭示其与满汉关系体制之间的关联，认为旗民分治的实践就是早期条约口岸在鸦片战争前夕华夷分隔的前兆。他借用法学家约翰·格里菲思（John Griffiths）"'弱的'法律多元"（'weak' legal pluralism）概念分析在清朝统治下多民族国家秩序。在他看来，清王朝入主中原后，开疆拓土，形成多民族统一的庞大帝国，为了使不同民族和睦共处，在各八旗驻防地、汉族与蒙古等少数民族参居杂处地区设立理事同知，①负责处理不同民族之间当事人互控案件。这种旗民分治的制度意味着清帝国具有经验可资容忍外国人治外法权的要求，并建立处理这一问题的机制。传统机制与条约口岸机制之间的连续性最为突出地体现于上海会审公廨中。通过比较条约的汉文文本和其他法律资料，可以看到长期既存的满汉法律概念和机制的直接借用和调适。在上海不远，就有至少四座驻防满城，即江宁、京口、杭州、乍浦，直到清末依然保留。清帝国官员摸索着落实与西方国家签订的条约时，不用出江苏省就可以找到如何应对这些外来洋人的方略。

---

① "首崇满洲"这个有清一代不易之轨，民族特权法在整个清代一直是存在的。因为旗下人享有不少特权，不归汉官统辖，故而骄纵不法，滋事常见甚多。康、雍时期初建驻防之处此类事件犹然。例如，康熙二十一年（1682）杭州北关门外居民罢市，称被土棍勾旗放债，准折子女，贻累亲邻，不能安生，地方官一欲干涉，旗兵即率数百人辱骂行凶，毁裂舆盖。（《清圣祖仁皇帝实录》卷一百零四，康熙二十一年九月，台北华文书局股份有限公司1960—1970年版，第1390—1391页。）康熙二十五年，入觐广东按察使胡戴仁疏言，当地驻防八旗"与粤民凤有恩仇，讼狱迭起，每委官审理，两造争执不服。若不设立专官，鲜能弹压。惠州府郡小事简，见有同知、通判二员。请酌量改一官为理事厅"。（《清圣祖仁皇帝实录》卷一百二十五，康熙二十五年三月，台北华文书局股份有限公司1960—1970年版，第1672页。）三藩之乱尽管被镇压下去，但亦在某种程度上促使康熙帝加强对汉族士民的抚绥。康熙帝接受了胡戴仁的建议，降旨：旗兵驻防江宁、杭州，俱设理事厅厅官，其西安、荆州、镇江、福州、广州等处均有旗兵驻防，应将本省事简地方官员内，酌量改设理事厅官一员。这一道谕旨对于理事同知的全面设置定制化至关重要。尽管理事同知一官在顺治朝即已出现，但并未推广，若结合八旗驻防的建制来考虑，是年似应是该官职的正式设置之始。从此，凡设置将军一级的八旗驻防，必于驻防所在之府设理事同知一员，成为定制。有些仅设副都统一级的八旗驻防，如乍浦、成都，甚至更低一级的保定、太原，亦均设置了理事同知或理事通判。理事同知、通判一般为满缺，这正是了解其性质、作用的关键所在。福州、广州和京口虽然都是最高级驻防单位，但因系八旗汉军单驻，是以，虽亦设理事同知，却一直未定为满缺。福格《听雨丛谈》卷十一"理事同知亦用汉军人"条载："直省有旗兵驻防处，均设立将军或副都统、城守尉统之，又必设置理事同知、通判以治之，凡词讼案件皆隶焉，旗民交涉之案，理事同、通会同有司审拟。向 （续下注）

柯塞北认为，清代旗民分治的渊源一方面是由于满族入关前的统治实践，一方面继承了大明律，而后者又源自元朝"混合案件"审理机制。因为蒙古人实行的是"属人原则"（the personality principle）司法，取决于何人犯了罪而不是在何地犯了罪。为了解决不同户计之间的纠纷，元朝引入了共同审判的"约会制"。《元典章》中有大量篇幅涉及约会制及其公廨，而在继承明制的《大清律》仅剩有"军民约会词讼"的律条。这一律条恰恰是此后安排的满汉混合案件法律基础，为"理事同知"提供了制度框架。在发生涉及旗民双方的命案时，地方官和理事同

（续上注）于京察一等之满洲、蒙古笔帖式内，记名推补，任满以员外郎内升。若汉军笔帖式，则弗预也。考《八旗通志》内载，漕运总督郎廷枢，汉军镶黄旗人，由荫生补江宁理事同知，升云南顺宁知府，荐升总督，谥温勤。是从前汉军人亦可任理事同、通，且可外升知府，不转部曹。理事同知铨选程序严格形成定制时在雍正七年。是年八月，内阁侍读学士梁世徽条奏：各省理事同知通判缺，专为驻防官兵而设，必须文义明通，方能办理事务。嗣后请于应行拣选之中书、小京官、笔帖式内，令该堂官将通晓汉文、兼通翻译者，保送吏部，照月官之例，考试汉字履历。能翻译者，兼考翻译。将试卷进呈，引见记名。遇有理事同知通判缺出，将记名人员、请旨补授，永为定例。应如所请。（《清世宗宪皇帝实录》卷八十五，雍正七年八月，台北华文书局股份有限公司 1960—1970 年版，第 1304 页。）其主要职能包括：其一，旗人、民人有犯，地方官会同理事同知办理；雍正七年定例规定，各处理事同知，遇有逃人案件并旗人与民人争角等事，俱行审理，不必与旗员会审。（光绪朝《钦定大清会典事例》卷八百十九，刑部，刑律诉讼，台北新文丰出版公司 1976 年依据光绪二十五年原刻本版，第 15366 页。）其二，各省驻防营内商民贸易居住，及官兵雇用人役，均另编牌册，报明理事厅查核。乾隆二十一年八月，河南巡抚图勒炳阿奏，汉人佣值满营，在内贸易者颇多。一入满城，地方官每以非其所辖，略而不察。而驻防官兵，亦从不向地方官查询。难保无奸徒缘事、改易姓名、窜匿隐避之事。现令理事同知将各旗所雇汉人查明，造册交地方官查察立案。应如所请。但官员失于查察，若不定以处分，恐奉行不力。请嗣后理事厅倘造报不实，并地方官不实力查察者，均照失于查察例、罚俸一年。遇有奸匪改易姓名，窜入潜匿，有心徇隐者，照徇庇例降一级调用。从之。（《清高宗纯皇帝实录》卷五百一十九，乾隆二十一年八月，台北华文书局股份有限公司 1960—1970 年版，第 7554 页。河南巡抚图勒炳阿在一些档案文献中亦作"图勒炳阿"。例如中国第一历史档案馆编：《乾隆帝起居注》16，广西师范大学出版社 2002 年版，第 217 页。）其三，理饷督粮，负责粮饷解送、交接与支发。其四，在清前期尚需时常翻译满文文件。乾隆十五年二月，湖北布政使严瑞龙奏称：在京内务府八旗等衙门咨外省督抚事件，悉系清文。督抚接到必须译汉转行。向有笔帖式及理事厅省份，（续下注）

知会同审理（亦称"会审"）。理事同知具有审断旗人的有限权力，不享有任何地域管辖权，无地方之责，在仅仅涉及旗人的案件中也无权。此外，清朝还有理苗同知、抚夷同知、理番同知。从地方志可以看出，海防同知也经常承担涉及不同族群的司法功能。例如，广东香山县海防同知就具有管理所谓"澳夷"的职责。所以，柯塞北认为，领事裁判权不仅仅是西方列强强迫中国的结果，而且也是建立新的生活方式（a new modus vivendi）。清朝当局在赋予外国列强以治外法权时，在条约的中文文本和其他法律文献具有明显的清朝方面的法律思想的烙印。清朝当局是以其熟悉的方式处理问题的，但不可能预见到此后的发展，并不

（续上注）即可随到随译。湖北省督抚等衙门俱无笔帖式，同城亦无理事厅员。凡奉到清字咨文，必发荆州府理事同知或将军衙门笔帖式，译出转行，往返延误，实多未便。《大清律例》"诉讼·军民约会词讼"条雍正三年例文规定："凡旗人谋、故、斗杀等案，仍照例令地方官会同理事同知审拟外；其自尽人命等案，即令地方官审理。如果情罪已明，供证已确，免其解犯，仍由同知衙门核转。倘恃旗狡赖，不吐实供，将案内无辜牵连人等先行摘释，止将要犯解赴同知衙门审明。"可见，有关旗、民交涉的普通刑事犯罪应提起会审，民事案件可不会审。雍正六年定例复规定："凡各省理事厅员，除旗人犯命盗重案，仍照例会同州县审理外；其一切田土、户婚、债负细事赴本州县呈控审理。曲在民人，照常发落；曲在旗人，录供加看，将案内要犯审解该厅发落。"在满族的发祥之地，鉴于旗、民官员互不统属，往往遇事推诿，延误时间，雍正十年（1732）定例作了如下的修订，即：发生在旗地或民地的旗民间案件，无论旗民，非关人命，主要由该管旗界或民界的官员查参疏报，从而把案件的调查与地域联系起来。乾隆四十四年，经刑部议定，凡遇旗、民词讼事件，悉归州县听断鞫问，不再由旗、民官员会审，因为缘旗员系属武职，不习刑名，所以将旗官排除到地方司法审判之外。这种旗民会审的条例修订反映出旗民分治范式下司法审判逐渐一体化的趋向。乾隆七年五月，暂署闽浙总督福州将军策楞疏称：各省驻防设立理事同知一官，职司审理旗民互控案件，与州县无异，非丞倅分司粮捕者可比。近有识见鄙陋之员，日事趋驰于督抚衙门，或希署印，或图出差。旗营遇有案件，即委员更替承办，未免呼应不灵，致多迟误。清廷接受其建议，要求嗣后各督抚于理事同知概不得另有差委，俾专理旗务。（参详《清高宗纯皇帝实录》卷一百六十六，乾隆七年五月，台北华文书局股份有限公司1960—1970年版，第2444—2445页。）这则史料说明当时八旗驻防系统对于理事同知州县官化趋势具有一定的反感和戒备。但这种趋势实非个人所能力挽狂澜的。据《福建省例·杂例》载，所有理事同知承审限期及各项失察处分，均照地方州县官例办理。在清后期，我们也可以看到理事同知通判向由京秩旗员拣放，虽间有长材，而初膺外任，历练未深，故而也同样每每假借于幕友之助。

是条约本身使得其不平等，而是支持条约的不平等力量关系造成了不平等。上海会审公廨作为清朝行政管理结构内部的法庭而诞生，经过一系列危机逐渐变得越来越"西化"。此前的研究由于大多极力试图从外国人的政策或者以牺牲其他分析框架为代价的"传统的"中国统治的立场解释会审公廨的建立，过分关注外国人的意图和成就，忽视了本土机制和观念的作用，没有能够充分理解会审公廨的清朝特性。①

　　柯塞北的上述推阐令人耳目一新，是有一定道理的。尽管会审公廨通常都被人们视为一种畸形的审判组织，但我们不应该忽视从中国传统会审制度到由外国领事参与并把持的"会审公廨"会审制度的演变，因为两者都属于属人主义的司法审判权划分。1864 年（同治三年）5 月 1 日，上海道台应宝时派员至英国领事馆会同英国副领事开堂听审，会审公廨即肇端于此。会审公廨英文名称尽管为 International Mixed Court at Shanghai（上海国际混合法庭），被当地老上海人称为中国第一个"西式衙门"的所在，俗称"新衙门"，但其初名"英租界会审公廨"，或称"洋泾浜北首理事衙门""洋泾浜理事公廨"，其雏形从名称到其体制都是源于理事同知制度。首先，满城的设置和租借设置均有分治的切割意图；满城的隔离性质如同租界。清朝以八旗组织为界线，实行旗民不交产、不通婚、不同刑的隔离政策，将满汉二族从空间上分隔开来，形成了旗民居则分城、官则分缺、刑则固有等差、业则例有分限的二元化行政管理结构及社会体系。汉人称民家，满人称旗下。居住在首都北京的是京师旗人，在各直省和边关兵要地驻防的是驻防旗人，在东北满族故地的是屯居旗人。按照京旗出境律规定，京师旗人平时不能擅自离城四十里。驻防旗人平时不得擅离驻防城二十里。若因考试、袭爵、承荫、赴选、省亲等事去京，该管官取具本人及三代年貌册，咨明本旗；并另具印文，注明本人年貌，由本人代投。外省随任之满洲旗人子弟有事去京，系大臣子弟，由其父兄具册咨旗；其他官员子弟，申报该管上司转咨。并出具印文，给本人带投。在京事毕，仍回本处者，本

① Pär Cassel, Excavating Extraterritoriality: The "Judicial Sub-Prefect" as a Prototype for the Mixed Court in Shanghai, *Late Imperial China* 24. 2 (2003).

旗行知该省，另具咨文给本人带呈该管官核验。如无咨私自往来或领咨私往他处，或该管官留难不给咨文，均分别议处。其次，按照清制，八旗官管辖旗人，地方官治理民人，彼此两不相涉。地方驻防旗营额设理事同知目的在于会审旗、民交控和交涉案件，即所谓"与民人争讼，则将军、督抚会理事同知庭鞫"①。这一点和会审公廨设立旨在解决华洋混合案件的初衷并无二致，实为清帝国统治已有经验移用而已。再次，有人将理事厅类比为现在"军地联络办公室"之类的机构，专门负责协调八旗驻军和地方关系。但正如德语谚语中所说，"比较大多蹩脚"（Vergleiche hinken meistens），这种类比有一定道理，却不免产生偏颇。在笔者看来，理事同知的功能是驻防八旗与驻地汉民矛盾的缓冲器。会审公廨的理事同知惩治权限甚小，最大限度为杖责一百，和此前的各地理事同知的司法权限完全相同。在清代，旗民交涉事件，例由理事厅审理，军、流、徒俱折刑为枷、笞、杖或鞭责等。此相比较，《洋泾浜设官会审章程》对于公廨性质规定得非常明确，即由上海道"遴委同知一员，专驻洋泾浜，管理各国租地界内钱债、斗殴、窃盗、词讼各等案件"②，"照中国常例审讯。并准其将华民刑讯、管押，及发落枷杖以下罪名"③，"华人犯案重大，或至死罪，或至军流徒罪以上"，"仍由上海县审（断）详办，倘有命案，亦归上海县相验，委员不得擅专"④，可见会审公廨最初是中国政府派理事一人（海防同知）在英国领事馆自设的常设司法审判专门机构。不仅上海会审公廨与理事厅具有渊源关系，而且湖北汉口开埠后的情况也可以佐证期间的密切关系。当时在今

---

① 萧奭：《永宪录》卷一，沈云龙主编：《近代中国史料丛刊》第七十一辑，704，台北文海出版社1971年版，第66页。

② 《洋泾浜设官会审章程》，刘锦藻：《皇朝续文献通考》卷三百四十八，《续修四库全书》编纂委员会编：《续修四库全书》820，史部·政书类，上海古籍出版社2002年版，第329页。

③ 《洋泾浜设官会审章程》，晨报编辑处、清华学生会编：《五卅痛史》，沈云龙主编：《近代中国史料丛刊三编》第十六辑，160，台北文海出版社1986年版，第428页。

④ 《上海洋泾浜设官会审章程》，李济琛、陈加林主编：《国耻录：旧中国与列强不平等条约编释》，四川人民出版社1997年版，第249页。

湖北境内共有两厅，一为鹤峰厅，属直隶厅；一为夏口厅，属散厅。夏口（今汉口）本属汉阳县，后随着汉口开埠通商，地方治安等事务日见繁忙，故而于1898年自汉阳县析出汉口设置夏口厅，专门管理汉口镇的地方事务。上海会审公廨作为清朝原本的常见的行政体制进入租界，利用了自身的知识资源可谓昭然若揭，无须讳言，但会审公廨最终丧失司法主权的结局自当别论。

柯塞北之所以将领事裁判权制度与理事同知制度联系起来，是因为其发现，在甲午战争之前，清朝在日本设立领事，其实就写作"理事"。如前所述，黄遵宪首次使用的中文"治外法权"这一名词成为此后的标准用语。他在《日本国志·邻交志》中这样写道："泰西诸国，互相往来，凡此国商民寓彼国者，悉归彼国地方官管辖，其领事官不过约束之、照料之而已：唯在亚细亚，理事得以己国法审断己民，西人谓之治外法权，谓所治之地之外而有行法之权也。"[1]《黄遵宪全集》的编者将文中的"理事"一词后面加注文曰："理事，当为领事，下同。"[2]在校勘学中，当为者，用之于改错纠谬也。这样的编者注没有理解黄遵宪在此之所以使用"理事"一词的复杂语境和奥窔命意，不是黄遵宪本身无知致误或者无心笔误，恰恰在这一句话中作者同时使用了"领事"和"理事"两个概念，而在这句话所在的段落乃至全书均是如此，显然不是一时疏忽，而是像这句话一样在极力表达两者之间的细微差别。而且我们应该注意这段话后面有一句在总理衙门和李鸿章、郭嵩焘等人奏折中反复被提及的话："略仿理藩院蒙古各盟案件，以圈禁罚赎代徒流笞杖，定一公例，彼此照办。"[3]这中间的意味是值得我们反复体味和琢磨的。据笔者所见，时人称清廷驻日领事馆为"理署""理事府"，而理事府在当地中国侨民之间则干脆被称为"理事衙门"。后来成为伪满洲国总理的汉奸郑孝胥早年即是由内阁中书改官同知，于光绪十七年（1891）由驻日公使李经方奏调东渡，以后出任领事的。我们

---

① 陈铮主编：《黄遵宪全集》下册，中华书局2005年版，第986页。

② 陈铮主编：《黄遵宪全集》下册，中华书局2005年版，第986页。

③ 黄遵宪：《日本国志》上，吴振清、徐勇、王家祥点校整理，天津人民出版社2005年版，第177页。

从现在公开的《郑孝胥日记》可以看出，这位当时作为天朝上国在日本的领事的职责与国内的上海会审公廨同知几乎无异，除侨务以外，尚兼理司法，一如国内州县官员造编词讼月册，可以调处、审断居住在日本的华侨之间以及与华侨与日本人有纠葛的相关案件，不惟户婚田债民事纠纷可管辖，连笞刑以下轻微刑事案件也可以当庭行刑，情节较重者则遣送返国，且领事署中设有牢狱拘押人犯，并有派捕役出外查案情事。[1] 理事时代拘捕罪犯用的差票、各理事任内用的诉状格式、郑孝胥理事告示晓谕侨民控诉规则等，均在档案中还能见到。各任理事移交清册中，甚至记有手铐几副、刑具一套等字样。在日文文献中，中国驻日理事司法活动的资料亦所在多见。[2] 例如，据《横滨市史》编辑室编纂《横滨市史资料编》（横浜市総務局市史編集室『横浜市史：資料編』東京圖書印刷、1964 年）载，1880 年，日本征求各国驻横滨领事的认可，宣告不论国籍，一旦发现有"卖春"嫌疑，即可由日本巡查入室搜捕。中国驻日领事范锡朋对此拒不接受，坚持对中国人的巡查当由中国人执行。不过，范锡朋在拒绝日本当局代行查巡要求之后，迅即通告在横滨的中国人，若有人参与"卖春"、将房屋租与日本私娼，定予严惩不贷，对玩忽职守的中国巡查亦将一并处置。1884 年 11 月、12 月，驻日领事阮祖棠分别对未经许可便擅自在日本人居住区经商的中国人陈承武、私入长野县境地的张世存与崔光兴责以杖刑。[3] 这种严重侵犯驻在国司法权的行为按照现代国际法是不可想象的，但在当时中日两国却视为当然之事，说明当时这种理事的确和清代前期的理事同知存在密切关系。

实际上，条约口岸制度与清朝本土的管理族群冲突机制之间的关联

---

① 关于收状、传讯、候质、勘验、收监、具结和息、销案等记载在此期间几乎无日无之，参见郑孝胥：《郑孝胥日记》，劳祖德整理，第 1 册，中华书局 1993 年版，第 348—380 页。而且《申报》光绪十九年八月十四日所刊"理事访赌"，即谓郑孝胥罚白鸽票也。

② 参见汪向荣：《日本教习》，生活·读书·新知三联书店 1988 年版，第 276 页。

③ 转引自黄汉青：《清朝驻日使臣的派遣和领事裁判权的行使》，《河北学刊》2003 年第 6 期。

就已经被让·埃斯卡拉（Jean Escarra，1885—1955）的《中国与国际法》（*La Chine et le droit international*，Paris：A. Pedone，1931）、费正清的《条约制度下的华洋共治》［Synarchy under the Treaties，in Fairbank（ed.），*Chinese Thought and Institutions*，Chicago：The University of Chicago Press，1957］等此前的研究中所附带加以考察。① 费正清在《中国人世界秩序中的早期条约制度》（The Early Treaty System in the Chinese World Order）中就曾经指出："在 19 世纪 40—80 年代初期的条约制度不仅仅是将中国带入世界秩序的机关；它也可以同样被视为清朝容纳西方而在中国人世界内部辟出一块地方的机关。"② 约瑟夫·弗莱彻（Joseph Francis Fletcher，1934—1984）将与西方的条约视为清朝在 1836 年与浩罕可汗达成"中国的第一个不平等条约"已经赋予的特权的延伸。③ 欧立德《满洲之道：八旗制度与清代的民族认同》（Mark C. Elliott，*The Manchu Way：The Eight Banners and Ethnic Identity in Late Imperial China*，Stanford，CA：Stanford University Press，2001）中关于理事同知的探讨也启发评论者将其与治外法权相参照。④ 笔者在本卷对领事裁判权的前史研究没有进行柯塞北这样的处理，但笔者最初步入学术研究是始于藏学领域的研究，笔者的第一部专著《清代西藏开发研究》和其他论文就论及在清前期侨居拉萨等西藏地区的尼泊尔人、克什米尔

---

① Jean Escarra，*La Chine et le droit international*，Paris：A. Pedone，1931，p. 5f. John K. Fairbank，Synarchy under the Treaties，in *Chinese Thought and Institutions*，John K. Fairbank（ed.），Chicago：University of Chicago Press，1957，pp. 220 –221. R. Randle Edwards，Ch'ing Legal Jurisdiction over Foreigners，in *Essays on China's Legal Tradition*，Jerome Alan Cohen et al.（ed.），Princeton：Princeton University Press，1980，pp. 220 – 269.

② John King Fairbank，The Early Treaty System in the Chinese World Order，in Fairbank（ed.），*The Chinese World Order：Traditional China's Foreign Relations*，Cambridge MA：Harvard University Press，1968，p. 258.

③ Joseph Fletcher，The Heyday of the Ch'ing Order in Mongolia，Sinkiang and Tibet，in John K. Fairbank，ed. ，*The Cambridge History of China，vol. 10，Late Ch'ing，1800 – 1911*，part 1，Cambridge：Cambridge University Press，1978，p. 377ff.

④ R. Kent Guy，Who Were the Manchus？ A Review Essay，*The Journal of Asian Studies*，61. I（2002）：151 – 164.

人管理制度值得深入思考，清代著名的第一、第二次廓尔喀之战就与此制度不无关系，遂建议柯塞北对此予以适当关注，因为尽管这对于当时清朝的官员在处理领事裁判权问题上可能并不构成其经验性的知识行李，但这种现象在清朝多元法律文化版图上不可忽视，按照学术界主流的观点，领事裁判权制度源于西亚的伊斯兰教法律传统，而当时西藏的这种属人管理制度很可能就是其流风所被。事实上，在福柯 1971 年发表的论文《尼采·谱系学·历史》（Michel Foucault, Nietzsche-La généalogie-L'histoire）中以"来源"代替"起源"是其谱系学的重要理论倾向，其认为起源的问题极为复杂，爱将尼采谱系学中 Herkunft（来源）和 Ursprung（起源）两个词之间有价值的这种对立加以阐发扬榷，反对以各种理想意义和无尽的目的论作元历史式的展布（deployment），目的即在于克服的一元论的起源论而开始开始一种结构空间的分布分析，叙述历史的多元的源起。在该文开篇，福柯就指出：谱系学是灰暗的、细致的和耐心的文献工作。它处理的是一堆凌乱混杂、残缺不全，并几经誊写的羊皮纸文件，须在不考虑任何单一的终极因（finality）的情况下，标出事件的独特性，必须对事件的重现保持敏感，但不是为了追踪事件演进的渐进曲线，而是重新找出事件扮演不同角色的不同场景。也许对于近代领事裁判权问题也应该作如是观，这样可能现出更加多元的阐释空间，"历史"也会就像蒙娜丽莎的微笑那样由此而变得更加饱满、有温度、有弹性。

第四章 "包世臣正义"的成本：晚清 发审局的法律经济学考察

中国大陆改革开放以后法律史研究聚积大量的人力资源，在各专门史的发展中虽然不能说出类拔萃，但一直比较平稳。尤其是一些在改革开放之初得风气之先者，在当时低度学术竞争中迅速崛起，纵贯远古以至现代的历史线条粗犷教科书书写范式成为学界主流。特别是法学学科建制中法律史研究由于学术专业化分工较低，这种现象尤为突出。在清代法律史研究发展中，郑秦是较早对于这种教科书书写范式保持疏离态度的学者，服膺乾嘉考据学派无一字无来历、无一字无出处的治学路径，以扎实的学风对于清代司法审判制度进行了就当时学术水准而言非常深入的探究，可谓众多业于此领域研究者中不多得觏之"异数"。在20世纪80年代初，由于"文化大革命"过后不久，博士、硕士人数无几，名器甚重，且这些人多系在社会上经过多年历练的一代精英，所以郑秦的硕士论文《清代州县审判程序概述》自然不可与当今大批量生产的硕士论文同日而语。此文于1991年收入中国社会科学院历史研究所编辑、中华书局出版的《清史论丛》第八辑，后收入其论文集《清代法律制度研究》。在这篇论文中，郑秦将发审局纳入了地方审判程序中予以考虑。他认为：发审局是直省出于委审案件之考虑而设，发审局所承担的案件由首府督率首县以及一些受委的候补官员办理。郑秦将发审局的复审定位为省级审判的预审。[①] 在当时条件下，郑秦的论文毕竟不可能对发审局进行深入研究，在其文章中只是一笔而过，语焉不详。几乎在郑秦的研究同时，欧中坦在1988年《亚洲研究杂志》上发表

---

① 郑秦：《清代州县审判程序概述》，郑秦：《清代法律制度研究》，中国政法大学出版社2000年版，第123页。

《千方百计上京城：清朝的京控》〔Ocko K. Jonathan, I'll take all the way to Beijing: Capital Appeals in the Qing, *Journal of Asian Studies* 47：2 (1988，May)〕一文，此文被翻译成中文收入1994年出版的由高道蕴、贺卫方等编的《美国学者论中国法律传统》。该文虽然以清朝的京控为考察对象，然而其中却关涉发审局问题，这样写道："一省的司法事务集中于设在省城内的附属审判机关，即发审局或谳局，发审局隶属于按察司，但却受到主管知府的直接监督，它接受全部上诉和全部法定复审。除了在司法程序中的重要枢纽地位外，发审局同时还是对省里新任官员进行培训和指导的机构。这样，它并不是总是配备经验丰富的工作人员。任何等待委任为独立职位的候补官员都可能担任审判官员。在一个省内，允许发审局用5天时间审结容易的案件，用10天时间审结困难的案件。由于能与省里高级官员接近以及扬名的机会的激励，许多委员肯定努力去尽快审结引人注目的一些案件。"[1] 在文章中，欧中坦揭示了发审局的性质（省城内的附属审判机关）、监管机构、受理案件类型，在肯定其于司法程序中所起作用的同时亦对该机构的审案期限做了说明。

在笔者看来，中国学术在改革开放之后的自主性至少受两方面的限制，一是来自政治、意识形态的非学术性力量，一是源自西方学术目前尚难以撼动的优势地位。中国学术界有人就曾对此予以深刻的反思和批评，认为：自20世纪以来，中国的任何一种历史现象都只能在别人的概念框架中获得解释，好像离开了别人的命名系统，我们就无法理解自己在干什么，我们生活的意义来自别人的定义。[2] 尽管中国问题研究、所谓汉学之类在西方社会科学中只是处于边缘化的地位，但西方的研究成果已经成了我们研究传统中国"走不出去"的背景，中国本土学术界或多或少对西方研究旨趣亦步亦趋的模仿亦是无可讳言的事实。欧中坦关于发审局问题点到为止的论述对于中国法律史学界而言不仅仅是它

---

① 欧中坦：《千方百计上京城：清朝的京控》，高道蕴、贺卫方等编：《美国学者论中国法律传统》，中国政法大学出版社1994年版，第498—499页。

② 张旭东：《全球化时代的中国文化反思——我们现在怎样做中国人》，《中华读书报》2002年7月17日。

山攻玉之石，而且名副其实地产生了抛砖引玉的效果。对国外学术资源的借鉴诱发了国内学术资源重新配置的扳机效应（the trigger effect）。赵晓华便主要受到欧中坦上述论文的影响，其在《晚清讼狱制度的社会考察》一书中也涉及发审局，其表述如下："同治二年（1863），为了加快京控及上诉之案的审理工作，清政府令各省在臬司衙门设立谳局，作为专门审理京控和上控案件的机构，谳局'无论奏案、咨案统归亲提审办'。"① 虽然寥寥数语，却给我们提供了大量有价值的信息：清政府设立发审局的目的、发审局设立的地点、所审理案件的种类、发审局在全国范围内推行的具体年限。在 2005 年，笔者承担清史纂修工程《法律志·司法志》时，所设计的撰写大纲就特意单列发审局一节，在资料长编中积极搜寻这方面资料，并按要求着手撰写清代发审局的考异。恰在此时，李贵连、胡震发表了《清代发审局研究》② 一文。该文运用多种资料，围绕距今颇近而今人却大多不甚熟知的发审局这一特殊机构进行了专门的考释性研究，论述了发审局产生的大致时间段、发审局在行政体系中的位置、其产生的原因，对发审局内部结构，如人员构成、经费来源以及用途、谳局的职能及其审案过程进行了揭示，分析了清末法制改革中发审局变化的原因以及处于此新旧交替时期的作用，进而指出：发审局最终不过是传统司法体制下专职负责案件审理的职能部门，是从传统到现代变迁过程中的过渡产物，是一个准专门性的审判机构。笔者与李贵连很早就在学术上建立联系，对于其学术成就夙所钦敬。李贵连对于中国近代法律史根底槃深，而其在此问题研究上的捷足先登无疑令我们的进入成本和创新门槛大为提高。不过，这一问题的研究仍然存在深入发掘的空间。

黑格尔认为，法律、历史性（historicality）和叙事性（narrativity）之间存在密切的关系。从民间传说到小说，从年代记到充分实现了的"历史"一般叙事，都与法律、法律性、合法性问题，甚至与更一般地权威问题有关。对任何历史编纂形式的作者而言，其历史自觉性越

① 赵晓华：《晚清讼狱制度的社会考察》，中国人民大学出版社 2001 年版，第 210 页。

② 李贵连、胡震：《清代发审局研究》，《比较法研究》2006 年第 4 期。

强，社会制度与支撑它的法律问题、这种法律的权威性及其合理性问题以及法律所面临的威胁问题等一系列问题就会越发占据他的注意力。德罗伊森（Johann Gustav Droysen，1808—1884）被认为是 19 世纪与马克思、狄尔泰（Wilhelm Dilthey，1833—1911）齐名的一位思想家，其对于历史写作问题的观点和乃师黑格尔所见在某些方面略同，力图展示历史"写作活动"如何能够造成一种阅读主体，认为任何社会都必须规划促进其主体对"认可"社会习俗的道德和法律制度认同的一些文化策略，而历史编纂学从其真正本质上来说是最适于产生"守法"公民的再现手法，它将与体现在一个社会"法律"中的道德世界达成认同。正是这样，美国历史学家海登·怀特进一步引申指出，历史意识的成长和发展，伴随着继之而来的叙事才能的成长和发展，与法律系统作为一种相关主体发生作用的程度有一定关系，"历史"实际上在整个 19 世纪成了法律的化身，历史学家及其读者均是某种法律的"主体"。① 海登·怀特在书中所分析和援引的保罗·利科（Paul Ricoeur）的历史叙事理论，主要是从话语、文本和阅读的角度进行论证，与黑格尔的上述观点实际上也具有异曲同工之效，均揭示出了历史叙述的历史性对于历史编纂学中对"有意义行为"的理解的塑形影响和历史叙事的情节安排，均将事件的历史性视为编年和历史叙述的分殊的关键所在。在保罗·利科看来，一个事件要具有历史性，它必须不仅仅是一个单一的偶发事件，或是一个独一无二的事件。它是从对情节发展的促成中获得其定义的。历史性是时间本身的一种结构模式或层次，而时间在保罗·利科的理论中具有"内时性"（within-timeness）、"历史性"（historicality）和"深时性"（deep temporality）三个层次结构。这三个层次结构反过

---

① Hayden White, *The Content of the Form, Narrative Discourse and Historical Representation*, Baltimore：The Johns Hopkins University Press，1990，p. 14，102. 海登·怀特认为，法律如果不被内化在公民中，在其灵魂深处将它变为一个"主体"、一种"良心"，而不是一种纯粹的"意识"的话，它必定会导致一种抵抗、反叛和混乱的结果，因而历史编纂对于法律的内化具有决定性重要意义。历史学家对于史料的加工处理旨在赋予事件以"象征性"意义，将其集聚在同一种法律的范畴之下。

来又反射在意识内部对时间的三种经验或再现中，其中，内时性再现是"普通的时间再现……事件'在其中'发生"；历史性再现"着重于过去的影响力，甚至……在'重复'中恢复生与死之间'延伸'的能力"；深时性再现试图掌握"将来、过去和现在的多元统一体"①。按照保罗·利科的观点，历史叙述属于象征性话语（symbolic discourse）的范畴，既非其言说之事的肖像，亦非对这些事件的解释，也不是为了特定说服效果而对"事实"进行的修辞重构，其旨在表达一种不同于编年史所表达意义的"他"意。历史学家在历史叙事中必然展示一个通过调和事件"在时间内"的存在状态，与事件作为这些事件所参与的"历史性"之指示物的状态的情节，以"表征"事件。在历史叙事中，正是叙事性把我们从内时性带至历史性，从"计算"（reckoning with）时间带至"追忆"（recollecting）时间，而这种历史性本身既是一种"实在"（reality）又是一种"神秘"（mystery），只能被指示，永远不能被直接再现出来。

正如彼特·盖伊（Peter Gay）所说，"没有分析的历史叙述是琐屑的，而没有叙述的历史分析是不完整的"（Historical narration without a-nalysis is trivial，historical analysis without narration is incomplete）。② 科学的结论首先要建立在资料的可靠以及合理使用上面，如果没有足够的材料支持以及对资料合理的使用，所得出的结论只能是毫无根据的猜测。关于发审局的资料不仅散乱而且零碎，收集起来殊非易事。我们希望通过努力在充分占有资料的基础上进行穷形尽相的深度描写方面能够更上层楼，并采取新考据的研究路径，进而思考：发审局最初出现的原因是什么？其最初的形态又如何？其用途是什么？其效果又如何？皇帝以及督抚对此类机构的态度是什么？嘉庆时期这一机构在全国的整体趋势是怎样？发审局是何时成为一种普遍存在的机构？发审局在省内司法体系的实际地位如何？它在省级行政司法体系中又扮演着什么角色？发审局在司法改制中是如何演变的？在尚未建立新式审

---

① Paul Ricoeur, *Narrative and Time*, trans. Kathleen McLaughlin and David Pel-lauer, Chicago：The University of Chicago Press, 1984, p. 178.

② Peter Gay, *Style in History*, New York：Basic Books, 1974, p. 189.

判机构的地方，发审局是否依然行使其职权？如果行使，那么这种局面又如何结束？将发审局贯穿起来予以考察，我们又将这一机构定于何位？诸如此类的问题，都需要在研究此机构的过程中予以解答。毋庸讳言，有骨无肉是法律史研究易犯的通病。时间是一种血浆，所有历史事件都赖此方能生存。一方面，为了避免结构主义的僵化，在法律制度研究史中践行将历史真正历史化的取向固然是应该努力以赴的。另一方面，历史叙述之所以与断烂朝报不同，即在于具有通古今之变的历史性特征。这样，居今识古的研究者正如沟口雄三所说木雕家那样并非在以树木为材料雕刻佛像，他只不过是把树木中的佛陀请出来而已。① 在此需要突破的难题在于，历史化并不单纯是现代化逻辑在中国的合理性、历史性的宣谕，需要克服吉登斯所说的将"历史"（history）与"历史性"（historicity）混为一谈、认定"历史"只能撰写为社会变迁的时间歪曲危险。从这个角度而言，属于客观主义史学范畴的以傅斯年为代表的科学史派，秉承谨于阙疑精神而主张"有一分史料，说一分话"和福柯谱系学强调历史断裂性的后现代思潮，均可被我们用作反对进化论的批判武器。杜赞奇之所以主张"复线历史"（bifurcated history）的概念以取代线性历史的观念，也是基于这种由于"历史性"大行其道而导致时间超越空间、进化论历史成为人们体验时间的主要方式而企图矫枉过正，将历史过程视为过去与现在之间复杂的交易过程（transaction），将历史定位于不同话语的空间之中。② 就本文而言，笔者不希望将发审局的演变整合为现代化线性历史大叙事，毋宁愿在清代法律史研究从宏观认识、把握转向微观考索之际借助局部问题的细致凝视，更为关切于发散的历史褶皱。

———————————

① 沟口雄三：《俯瞰中国近代的新视角》，《清史研究》2001 年第 2 期。

② 杜赞奇仍然是援引保罗·科利尔的哲学阐释并对线性历史加以批判。他认为，把时间看成是无限个"现在"的连续系列的现象学时间线性表述，造成我们的时间经验从根本上不协调，而这种时间经验的不协调因对时间的两种不同的理解而加深。一种是把时间理解为一系列互无关联的瞬间，另一种则理解为永恒的、往复的（上帝的时间，历史的终结）。进化叙述结构既以其理想的解决方掩盖了这些困境，同时又暴露了其存在。

第一节　发审局之滥觞

一、人与制度的互动：嘉庆帝开禁京控及其后果

吉登斯认为，资源是对各种物质现象和行动者产生控制的各类"转换能力"，是权力得以实施的媒介，是社会再生产通过具体行为得以实现的常规要素。资源内在于一定社会结构当中，它们一方面构成行动者行动的媒介，另一方面，正是通过对它们的反复运用，他们又再生产出资源的结构性特征。在吉登斯看来，历史唯物主义经济化约论的错误在于它片面夸大了物质性资源在社会历史中的作用，资源事实上包括两大类型：权威性资源（authoritative resources）和配置性资源（allocative resources）。权威性资源同样是社会变迁的"杠杆"，其重要性丝毫不亚于配置性资源。就 18 世纪中叶以后的清代中国而言，随着人口增加，权威性资源和配置性资源的紧缺问题日益凸现，这是造成越来越多的法律纠纷以及由此而引起的京控案件增多的根本原因。我们翻译的美国塔尔萨大学历史系步德茂（Thomas Buoye）的代表作《过失杀人、市场与道德经济：18 世纪中国的财产权暴力纠纷》（*Manslaughter*，*Markets*，*and Moral Economy：Violent Disputes over Property Rights in Eighteenth-Century China*）一书便依靠清朝刑科题本中的命案纠纷材料，以山东、四川、广东作为分析个案，通过对人口增长——土地价值提高——产权变革——暴力冲突——案件纠纷之间内在逻辑关联的阐释，最终深刻而清晰地揭示了 18 世纪中国的经济变迁与社会冲突之间的关联。而中国传统的马克思主义史学家也很早就土地兼并等因素向我们揭示了南方的川陕楚白莲教起义、北方的天理教起义、东南沿海海盗等当时大规模社会冲突的诸多事相。

社会系统的时空构成恰恰是吉登斯社会理论的核心。康雍乾时期的清帝国版图空前扩大和巩固，即使存在权力网络分布密度不均衡的现象，但这样庞大的国家维系所需要的成本、所依赖的资源也是极为惊人

的。在雍正时期，清代奏折制度成形和军机处创设改革了帝国政治时空的组织技术。奏折成为中央决策的主要信息资源，尤其是一些地方性紧要事件的处置决策，可以不通过其他环节，直接在皇帝和督抚之间进行，而军机处使皇帝对于信息加工处理的效率明显提高，有利于权力的时空伸延的扩展。嘉庆帝亲政以后大多深居端拱，一直都未像乃父乾隆帝那样六下江南省方察俗。姑且不论盛世背后隐藏着危机，从本质上来说，盛世本身就是危机，对于王朝嗣后的发展实际上树立了具有可比性的标准，这种难以为继的高水准要求往往超出继位者的能力范围，矛盾遂媒蘗于斯。但是，具有能动性的行动者总是能针对特定的情境而动员相应的资源来服务于自己的目的，嘉庆帝在加强自己权威方面自有其独特的门道。嘉庆四年（1799）正月，嘉庆帝利用乾隆帝去世和珅失去保护伞的时机将其问罪，并开始大力整顿朝纲。八月二十八日，嘉庆帝以广开言路、明目达聪为由，放宽京控限制。对此，嘉庆帝有其自己的考虑："现当广开言路，明目达聪，原俾下情无不上达。若将具控之案擅自驳斥，设遇有控告该省督抚贪黩不职及关涉枢要等事，或瞻顾情面压搁不办，恐启贿嘱消弭之渐，所关非小。"为了防止出现此类现象，嘉庆帝下令：

> 嗣后都察院、步军统领衙门，遇有各省呈控之案，俱不准驳斥，其案情较重者，自应即行具奏，即有应咨回本省审办之案，亦应于一月或两月视控案之多寡汇奏一次，并将各案情节于折内分晰注明，候朕披阅。倘有案情较重，不即具奏，仅咨回本省办理者，经朕看出，必将各该堂官交部严加议处。著为令。①

欧中坦在《千方百计上京城：清朝的京控》一文中就认为嘉庆帝此举的动机在于，乾隆晚年宠信和珅，导致上下官吏腐化，政风污秽，京控成为腐败的大臣和珅在官场上的对手们中的有力武器，和珅通过控

---

① 中国第一历史档案馆编：《嘉庆道光两朝上谕档》第 4 册，广西师范大学出版社 2000 年版，第 311 页。

制上通下达而使政敌们无法在奏折中对他直接攻击，因此嘉庆帝觉得自己的知情权被都察院所遮蔽，其对于京控的开禁不仅真心想要通过京控遏制非正义行为，而且借助京控以获得有关帝国状况的基本信息，正像皇帝开启或关闭其他沟通渠道一样，他控制着京控的范围和流动。由是观之，嘉庆帝的京控开禁实际上是其亲政后拧紧官僚机器螺丝钉的行为策略，在这种收弛开合之间，通过信息的监视成为庞大帝国系统整合的机枢和王牌。于是，情节较重的案件由接收呈词衙门专案具奏，咨回本省之案则按月汇奏，所有的入京呈控案件完全进入嘉庆帝的视野。嘉庆十二年，都察院将山东莘县县民鲁名魁控告漕书朱吉甫重征应纳漕粮一案发回山东，将马张氏复控伊子被马兵王三等凶殴毙命，该营纵放正凶一案咨交刑部审办，嘉庆帝认为这两起案件均应该具奏，遂对都察院堂官大加申斥，要求他们以后要认真斟酌案情轻重，不可轻率办理。① 京控案件的全部接收无疑为省内司法审判机关未能公允、及时审理案件以致蒙冤受屈或屡次迁延案件中的当事人获得了申冤的机会，但同时也为各省赴京控案络绎不绝于途提供了铺垫，尤使清朝中央司法行政资源紧缺相对于如潮排闼而来的案件增长更形捉襟见肘。随着时间的推移，京控案件的增多益加明显。到嘉庆十一年，每月除奏交外，咨交十余件至二三十件不等。② 十二年四月，都察院及步军统领衙门具奏发审案件，几乎每天都有。③

　　学术界一般认为，科斯定理（Coase Theorem）是由三个相互联系的定理组成。科斯第一定理：如果交易费用为零，不管权利初始安排如何，当事人之间的谈判都会导致那些财富最大化的安排，即市场机制会自动使资源配置达到帕累托最优。科斯第二定理（即科斯定理的反定理）：在交易费用大于零的世界里，不同的权利界定会带来不同效率的

---

① 参见《清仁宗睿皇帝实录》卷一百七十八，嘉庆十二年四月，台北华文书局股份有限公司 1960—1970 年版，第 2587—2588 页。

② 《清仁宗睿皇帝实录》卷一百七十二，嘉庆十一年十二月，台北华文书局股份有限公司 1960—1970 年版，第 2492 页。

③ 参见《清仁宗睿皇帝实录》卷一百七十八，嘉庆十二年四月，台北华文书局股份有限公司 1960—1970 年版，第 2593 页。

资源配置。科斯第三定理：由于制度本身的设计、制定、实施与改革等也是有成本的，所以，对不同的制度、一种制度的不同设计、要不要建立相应的制度、要不要变革以及如何变革制度，同样存在着选择的必要，选择的标准就是制度成本最低化。尽管科斯本人对于自己的理论保持谨慎的态度，但任何制度的设计和选择都具成本确是事实。在乾隆朝，京控案件受理限制綦严，虽在受理后亦有直接发交督抚审理者，但皇帝对地方督抚庇护下属和委审一直心存疑虑，每多派交钦差大臣至地方审理。乾隆五十六年（1791），御史徐烺奏称：

> 近年多有来京越控之案，请令各督抚将越诉定例，饬属刊示晓谕。并令在京各衙门，遇有控案，先向诘讯，如未经在院司道府衙门控理者，即将该犯解交本省督抚，审拟题报。又据副都御史刘权之奏称，外省控案，有业经督抚定案咨部，复行翻控，或本犯脱逃来京，及亲族代为诉理者，应交刑部核对呈词。如与原案大概相同，毋庸另审，即将该犯治以脱逃越诉之罪。若情节迥殊，又事关重大，或本省历控未结者，即将该犯暂禁，提取全案卷宗，核对质讯，或交该督抚审办，或请派大臣前往，临时请旨。如本省未告而捏称已告者，照诬告律治罪。①

是年，乾隆帝在上谕中也不无自夸地声称："朕勤求民隐，惟恐乡曲小民含冤莫诉，每遇来京具控之案，无不特派大臣前往审办。"② 然而，在嘉庆帝大开京控之门以求广开言路之后，特派钦差审理京控案件的方式显然需要巨大的、与之相匹配的司法成本。况且在嘉庆帝看来，令钦差前往办案也存在太多弊端，如果遇有"公正廉洁之钦差，自能屏

---

① 《清高宗纯皇帝实录》卷一千三百七十四，乾隆五十六年三月，台北华文书局股份有限公司1960—1970年版，第20426页。

② 光绪朝《钦定大清会典事例》卷一千零一，都察院，宪纲，谕旨四，台北新文丰出版公司1976年依据光绪二十五年原刻本版，第17089页。亦见《清高宗纯皇帝实录》卷一千三百七十，乾隆五十六年正月，台北华文书局股份有限公司1960—1970年版，第20369页。

绝苞苴，秉公审断"，但如果系不能律己的官员，"不独沿途需索驿站陋规，竟有收受馈送屈法徇情之事。即钦差尚知自爱，而跟随人等勒索使费供应扰累地方，州县办差家人长随等亦借端滥行开销均所不免"。为了防止部分钦差以及跟随人员的滋扰行为以及州县差人的滥行开销行径，嘉庆帝"自亲政以来，遇有各省民人赴京控案，不肯轻派在京大臣前往审讯，即交原省督抚就近查办"①。皇帝将京控案件的处理权交由督抚，但这又必然出现所谓的"代理人成本"问题，加之统治者与代理人之间的利益冲突，于是，各省督抚便不像皇帝所期望的那样尽职尽责，故嘉庆帝对此曾抱怨道："各督抚等于交办案件，率以审系虚诬一奏塞责，而被告审实问罪者寥寥。试思若非抱不白之冤，岂肯自出己赀，远赴京师呈控？难云尽属子虚。是该督抚等非庇护所属，即有意从轻，所审案情，未可尽信，朕又不得不用钦差矣！"②各省督抚于交审案件并不认真审理，大多以诬告复奏，所审结果并未完全可信，于是嘉庆帝复又倚重钦差。然而，形势比人强，随着京控案件的日渐增多，皇帝也渐渐认识到派委钦差审理案件并非长久之计，遂不得不再次倚重督抚。在京控的收和弛与钦差审理和督抚交审之间构成张力空间中，权威性资源和配置性资源矛盾如同不可羁遏的动力左突右冲，清朝皇帝面临左支右绌的两难境地。③

嘉庆八年六月，嘉庆帝发布上谕：

> 若派令钦差严审，则控案繁多，又安能一一派员前往，疲劳驿传？且外省寻常案件，俱必俟赴京呈控，始为申理，又安用各地方官为耶？嗣后各督抚当严饬属员，于地方词讼申详事件，务须依限审结，不得迟逾。即自理词讼，亦须迅速完结。设有久延不结之

---

① 《清仁宗睿皇帝实录》卷六十五，嘉庆五年闰四月，台北华文书局股份有限公司 1960—1970 年版，第 860 页。

② 《清仁宗睿皇帝实录》卷六十五，嘉庆五年闰四月，台北华文书局股份有限公司 1960—1970 年版，第 860 页。

③ 可以参详楢木野宣「清代における民人の抱屈とその活躍：嘉吉八年の場合」『群馬大学紀要・人文科学編』第 7 巻、1957 年、1—20 頁。

案，在本省上控，该督抚等尤当迅速催结，将延玩之地方官照例参处。倘督抚等狃于积习，任意延宕，以致小民抱屈含冤，远来呈诉，审明后，必将该上司一并严惩，不稍宽贷。①

同年十二月发给内阁的上谕中又称：

况钦差皆部院大臣，均有本任应办之事，亦不可驰驱于外，久旷职守。若外省案件，必一一待派员往为申理，又安用督抚为耶？嗣后各该督抚等，当力改袒护属员积习，共发天良，于民人控诉事件，一秉大公，虚衷审办，务得实情，以申民隐而肃吏治。毋得稍存徇庇，颟顸结案，以致使轺络绎，徒滋案牍也。②

海德格尔（Martin Heidegger，1889—1976）在《存在与时间》（*Sein und Zeit*，in：Jahrbuch für Philosophie und phänomenolo-gische Forschung，Bd. Ⅷ，Halle，1927）中认为，世界的空间须由此在的空间性来说明，而此在的空间性源于此在的时间性，时间性被看作是本真操心的意义并为空间性奠基。在时间的"将来""当前""过去"三个环节中，"当前"这个环节始终具有优先性，"将来"与"过去"都以"当前"为中心来定位时间性是人的存在方式，人在世界中不断"筹划""操心"，均首先以当下明见的被给予性为基础。任何意向性活动都只能在一定的视域（Der Horizont）或边沿域中运作。盛世之后的江河日下却并未让清王朝的各级官吏有岌岌可危而须宵旰励精、兢兢业业之感，皇帝对地方官的疲玩也并未采取重大的制度创新。其次，一定财政利益格局下的冲突和权力的关系总是与权力资源的分配联系在一起。从当时形禁势格的现实情况而言，发交督抚审理也是最为经济的方案选择，可以节约中央政府司法资源的动用。再次，有清一代，满族内敛性

---

① 《清仁宗睿皇帝实录》卷一百一十四，嘉庆八年六月，台北华文书局股份有限公司 1960—1970 年版，第 1581 页。

② 《清仁宗睿皇帝实录》卷一百二十四，嘉庆八年十二月，台北华文书局股份有限公司 1960—1970 年版，第 1738 页。

务实风尚使其行政体系高效率运作成绩的取得，在很大程度上一向仰给于纪律的整饬，其出发点在本质上不是收益最大化，而是在紧缺财政中的成本最小化（Kostenminimierung bei der Verteilung der knappen Güter），组织和制度创新所占权重并不大。在因资源紧缺而无力派员审理的情况下，嘉庆帝只好诉诸清王朝惯用的手段，一方面重申和加强刚性的纪律控制，一方面苦口婆心激发地方督抚软性的道德良心约束，旨在令督抚意识到其职责之所在，让其认真做事、以报皇恩。嘉庆八年十一月所发上谕中称：

> 嗣后如有赴上司衙门控告者，该督抚即应亲提人证卷宗至省，秉公审办。设道路遥远，人证较多，恐致拖累，通省内岂无公正明干之道府大员？即当遴委前往研讯，毋枉毋纵，庶民情各得其平。仰见圣训谆谆，勤恤民隐至意，允宜实力遵行。向来督抚寻常参奏各案，督参抚审，抚参督审，因其迹涉嫌疑，令原参者回避，立义綦严。至各省民间词讼，经州县审断不公，复赴上司衙门控告者，各督抚亦应令原审之州县回避，或亲提研鞫，或派员审办，方足以昭雪民冤。[①]

嘉庆帝于嘉庆十年九月复发布上谕云：

> 嗣后着通饬各直省文武大吏，有管辖旗民之责者，遇有控诉案件，均当即时秉公讯结，其有应亲行研鞫者，亦当提集勘断。如果所控虚诬，则刁健之徒，尤当即行惩办，俾知儆畏，而被诬者，亦早得申雪，总应速就清厘，毋得仍蹈稽迟积习，致民隐稍有壅蔽。[②]

---

① 《清仁宗睿皇帝实录》卷一百二十三，嘉庆八年十一月，台北华文书局股份有限公司1960—1970年版，第1726页。
② 《清仁宗睿皇帝实录》卷一百五十，嘉庆十年九月，台北华文书局股份有限公司1960—1970年版，第2149页。

继之，嘉庆十一年四月上谕又申令：

> 以各省控案，有发交督抚审讯，并有经部议驳特降谕旨交审。……外省寻常审办案件，由府县申详两司，两司申详督抚，皆有一定期限，已不容稍有逾缓。至特旨交办事件，经朕命该督抚亲提审讯者，该督抚于奉旨之后，即与钦差审案无异，自当立行亲提研审，迅速奏结。乃近来陋习相沿，往往督抚仍发两司，两司又转发府厅，不知遵旨，怠忽偷安，任意疲玩，且或为属员豫存弥缝瞻顾地步，流弊甚多，殊有关系。试思钦差审案，无不随到随结，何以一交督抚，即逾时累月奏报杳然。若谓犯证难齐，案情反复，非转交属吏层层审讯，不能遽尔定案。则钦差审案，不过一二司员，又岂有属吏可委乎。各督抚受朕委任至重，何得泄泄如此。着刑部查明各省发审事件，随时饬催，如有历久不结、任意延宕者，并着参差。①

嘉庆十一年十二月，上谕再度接踵而至：

> 惟所奏各省民人到京控告之案，不论奏咨，俱由督抚分饬两司审讯之处，尚觉宽缓。各衙门奏交之后，一经奉旨交该督抚审办，即与钦差无异，无论道府以下等官不得滥行递委，即两司亦不应交办，该督抚总当亲提犯证，自行审理，迅速复奏。至于各衙门咨交之件，该督抚查明刑名钱谷事由，亦惟准分饬两司依限审结，不得再行转委所属，以致瞻徇回护，延宕不结。如再有私自转委者，一经发觉，必将该督抚两司等严行惩处不贷。将此通谕知之。②

---

① 《清仁宗睿皇帝实录》卷一百五十九，嘉庆十一年四月，台北华文书局股份有限公司 1960—1970 年版，第 2294 页。
② 《清仁宗睿皇帝实录》卷一百七十二，嘉庆十一年十二月，台北华文书局股份有限公司 1960—1970 年版，第 2492—2493 页。

嘉庆十二年五月，上谕定立了如是条例：

> 钦交案件，以提齐人犯之日起，限四个月，咨交案件仍照旧例以接奉咨文之日起，限四个月。其限内有难结缘由，钦件咨报军机处，咨件报原交衙门。奏结后，将展限月日申报吏部。其无故迟延，逾限不及一月者，将该督抚罚俸三月。一月以上，罚俸一年。三月以上，降一级调用。半年以上，革职。①

皇帝的谕旨涉及对京控咨交案件以及特旨交审案件的审理方式、期限、督抚职责等情况，不可谓不广。但是，言者谆谆，听者藐藐。地方督抚却并未完全按照皇帝的谕旨行事，宣谕正义的皇皇圣旨啻于为扩大了受案范围的京控制度追加成本，不过是一张空头支票而已，成了一道空洞无物的吓人符咒。

按照清朝的诉讼程序，如果当事人认为州县官的审判结果有失公允或者时州县官不予审理以及尚未审结者，可以向其该管上司府、司、院提出上控。② 对于上控之后的结果，我们可以分为三种不同的情形分别予以说明：

1. 督抚委员审理，但委审之员有意蒙混

委审是上司衙门处理上控案件的惯用手段。嘉庆八年十二月，皇帝借江西乐平县职员朱梦兰遣属朱梦文等，携带仓斛赴京呈控知县勒折重征挟嫌诬陷一案，审有情弊甚大所发谕旨：

---

① 《清仁宗睿皇帝实录》卷一百七十九，嘉庆十二年五月，台北华文书局股份有限公司 1960—1970 年版，第 2601 页。

② 如果上控案件属于未结之案，则发回原审州县审理，并设立审结期限，限期完结。对于审判有失公允以及不予审理之案中的事关重大、案涉疑难应行提审要件以及奉旨发交官办、民人控告官员营私枉法滥刑毙命各案，如果在督抚处具控，则由各省督抚率同司道等亲行研审，如果在司道处具控，则由司道等官亲提审办；其余的上控案件如果在督抚处审办则发交司道官办，如果距离省城较远者，交由分巡道审办。如果在司道处具控，则分别发交本属知府或邻近州县审办，在府州处具控则由该府州亲提审办，但是不能交由原审官员并会同原审官办理。参见那思陆：《清代州县衙门审判制度》，中国政法大学出版社 2006 年版，第 170—171 页。

各省督抚等身任封圻，于民人上控之案，未必尽有意瞻徇。总由委审之员，心存袒庇，有意朦混，遂不免为其所愚，将就完结，或转坐原告之诬控之罪。以致小民负屈莫伸，赴京吁诉者纷纷。①

如皇帝所言，尽管督抚未必心存回护之心，但是承审官员可能与原审官员有某种关系（如同窗、亲家、翁婿等），因而有意维护。督抚对此亦不加过问，将就完结，以致小民冤抑难伸，不得已进京诉冤。

2. 督抚、两司于控告之案并不亲提审讯，而是辗转发交属员，属员又层层递委

嘉庆十一年，皇帝对御史茅豫所奏近来民人进京控案日渐增多一折发布谕旨：

> 今外省习气，督抚两司于控告之案，从不亲自提审，辗转发交属员，属员又层层递委，以致结案无时，任情枉纵。民人等不胜拖累之苦，因而来京赴愬。及至发交该省，又不过转委饬审，延宕如前。在良民既有屈难伸，而奸徒借得以逞忿拖累，由此健讼益甚。此等阘茸疲玩陋习，牢不可破，各省皆然。②

此种情况之下，案件任意延宕，结案无期，小民难以忍受拖累之苦，因而赴京诉冤。

3. 各督抚因"日久生怠"，将此类案件仍发交原审各员审讯

审理不公或者尚未审理的上控之案并不能交由原审州县审理，但是也有督抚日久怠生，仍将上控之案发交原审各员讯究的情况，嘉庆十五年十月，皇帝借山东民人张连呈控伊兄张丹被李连承谋财害命，官并不据实申理一案发布谕旨：

---

① 《清仁宗睿皇帝实录》卷一百二十四，嘉庆八年十二月，台北华文书局股份有限公司 1960—1970 年版，第 1737 页。

② 《清仁宗睿皇帝实录》卷一百七十二，嘉庆十一年十二月，台北华文书局股份有限公司 1960—1970 年版，第 2492 页。

　　　　迨往各该上司衙门控告，而该上司又不皆亲自提审，往往仍批交该府州县审讯。试思该州县既有原审供勘在前，即另有冤枉别情，又岂肯自行平反？不过设法弥缝，多方消弭，其有不能消弭者，或监毙灭口，或付之延宕。以致小民负屈莫申，惟有来京赴愬。①

　　新制度经济学的代表人物道格拉斯·诺思（Douglass C. North）认为，组织形式的选择将取决于一定量的产出与所需的一定量资源之间的关系，"规则来源于自利"，从而"规则的设计通常将服从成本（compliance costs）考虑在内"。国家有两方的目的，它既要使统治者的租金最大化，又要降低交易费用以使全社会总产出最大化。然而，这两个目的却是互相冲突的。京控弛禁后面临为制度改革追加成本投入和此成本分摊的问题。易言之，费将焉出？而从嘉庆时期国家财政来看，川楚用兵，黄河泛滥，大役频兴，在在需款，而逋赋日增月积，仓库所储亦渐耗矣，形势显然令人极不乐观。如嘉庆帝所言，民人赴京具控之案，情重者奏请交办，情轻者咨回本省，乃各省之通例。② 就皇帝的立场而言，督抚能够亲提研鞫所有发交京控案件自然善莫大焉，但督抚方面偏好委审则合乎人之常情，并以此达其成本之转嫁。所谓"委审"，即指民人按照严格的上诉程序进行上诉，上司衙门并不自行审断而是另委他州县审判。③ 此处督抚采用委审之权，将案件交由属员审理，不仅可以摆脱审理案件的烦琐，而且还有理可依。因为委审是清王朝司法体系中的合法程序。但是，嘉庆帝对于督抚的偷懒以及职责的推卸却深恶痛绝，曾屡屡严谕申斥督抚此种养尊处优、阘茸因循的恶习，然而收效卒鲜。就本省内的上控案件而言，督抚有时并不亲提审讯，而是转饬司道

---

　　① 《清仁宗睿皇帝实录》卷二百三十六，嘉庆十五年十一月，台北华文书局股份有限公司 1960—1970 年版，第 3492 页。
　　② 《清仁宗睿皇帝实录》卷三百七十一，嘉庆二十五年五月，台北华文书局股份有限公司 1960—1970 年版，第 5443 页。
　　③ 那思陆：《清代州县衙门审判制度》，中国政法大学出版社 2006 年版，第 74 页。

亲提，司道亦未亲提，进而转饬府州亲提。另一方面，此类案件的复审需要提取全案人证，个别研讯，以校供词相符与否，对当事人和地方政府均在经济上造成极大负担。所以清朝有一种非官方意见就认为，这样的后果是"近年首府首县衙门，各委员分列厅事书房，日日审案，听鼓趋公，谒两司而禀陈者曰案件，两司谒院而禀陈者亦曰案件。大小僚吏呕呕不遑，日为刁讼者颠倒，曾不能从容风议，讲求吏治，民风兴革损益，实为可叹"①，因而主张提案宜慎，唯求将上控案件，分别归该府州县审理，坚心委任，以专责成。但如果悉数委审，则又势必节省养痈，为国敛怨。另一方面，当"解犯到府，必发附郭。附郭与外县谊属同寅，谁无情面？假有翻异，专事刑逼，令依原供。不问事理之虚实，唯以周旋寅谊为心。或经附郭以原勘解府，该犯于过府堂时复翻者，又仍发回附郭，则拷讯酷烈，更甚于前。"②

---

① 左辅：《呈初莱阳中丞吏治事宜》，盛康辑：《皇朝经世文编续编》卷二十三，吏政六，大吏，沈云龙主编：《近代中国史料丛刊》第八十五辑，831—849，台北文海出版社1972年版，第2466页。

② 《为胡墨庄给事条陈积案弊源折子》，见包世臣：《安吴四种》卷第三十一下，沈云龙主编：《近代中国史料丛刊》第三十辑，294，台北文海出版社1968年版，第2175页。这有点类似于科斯在《社会成本问题》的火车溅火星损害路边居民的著名案例。在这一案例中，铁路公司拥有合法权利经营火车业务，但是在火车运行时，溅出的火星将会对路边居民造成损害。如果居民有权要求铁路部门进行整改，直到不溅火星才允许铁路通车，那么，火星就几乎不会引起什么火灾损失。反过来，如果铁路部门不受惩罚地营运，那么，就会引起大量的火灾损失。按照科斯定理，如果火车有权溅出火星，则路边居民可能会购买这一权利。其表现方式为付给铁路公司一定数量的钱，以换取其减少火星的具有法律约束力的承诺。反之，如果路边居民有权禁止铁路部门运营，那么，他们就可以出售这一权利，铁路公司可能会付给居民一定数量的钱，购买溅火星的权利，以保证铁路业务可以继续进行。因此，科斯进一步指出，无论权利最初分配如何，只要这种交易有利可图，居民和铁路部门都乐于继续权利交换，直到权利得到有效分配，交易的潜在好处也就丧失殆尽。与上述案例所不同者只是在亲提和委审不存在完全的自由交换条件。《福建省例·刑政例·下》(《台湾文献丛刊》第七辑，141—142，台北大通书局1987年版，第1016页) 对发审局的设立经费渊源追溯就可以从一个侧面反映这种司法成本的转移，其文曰："至于谳局之设，原因招解各案未协，若俱发回，非但长途跋涉，疏忽堪虞，且省外动须禀详请示，非如省局可以面陈请示办理。是 （续下注）

此时，案件便会分流：或抱屈结案，或京控，或延宕。由于督抚将上控案件仍交由原审州县审理，州县官员为了防止受到处分①，往往极力维持原初的结果，断不肯推翻以前的审断，为达此目的，有时会严刑逼供、屈打成招。在此情况下，百姓有冤难伸，为了获得申冤的机会，部分当事人会赴京呈控以求昭然天下。受冤百姓为了申冤，往往将京控作为最后的救命稻草，嘉庆帝开禁京控无疑增加了受冤百姓的希望，但是当事人历经千辛万苦到达京城，向有关衙门呈递诉状之后，其结果有二：或由刑部咨交督抚审讯，或由皇帝特降谕旨交由督抚审讯。不管采用何种方式，案件最终又回到了各省内的司法体系。当然，也并非所有

（续上注）以从前澉局经费本系出自州县捐解，兹若悉听发回，诚如宪示何必设局委员耶？"事实上，京控弛禁之后，京控者亦存在察变观风进行制度寻租的可能性。嘉庆帝就曾说，山东"民风之刁健，甚至有当堂鞠讯之时，辄敢挺身起立，声言此处不能审理，另赴他处告者。地方官畏其凶横，不敢拿究，因而相率效尤。京控上控，案益增多"（《清仁宗睿皇帝实录》卷三百六十九，嘉庆二十五年四月，台北华文书局股份有限公司1960—1970年版，第5428页）。在谁为诉讼社会成本买单问题上反复冲突、磨合、博弈的结果就是道光十二年（1832）刑部吏部会同制定的规则，基本原则和中央对于京控案件归提刑部或发交督抚分别处理的标准大体相同，即各督抚遇有上控之案，事关重大者，须亲提研鞫。其寻常案件，著发交邻近府县审办，勒限完结，不得仍发原审之本府本县。是年，御史宋劭谷奏请酌定各省审理上控案件章程。上谕指出：地方官收理词讼，果有偏徇屈抑滥刑逼勒及延不讯结等情，一经民人上控，该管上司，自应即行亲提究办。倘并无前项情弊，率因上控纷纷提讯，恐州县乐诿于上司，更启刁徒借词拖陷之渐。其应如何详查例案，妥立章程，著吏部刑部核议具奏。刑、吏二部议复的条例为："嗣后讯系原问官业经定案，或有延不讯结及羁禁诈赃舞弊情事，在督抚处具控，即发交司道，或该管巡道审办。在司道处具控，分别发交本属知府，或邻近府州县审办。在府州处具控，即亲提审办。概不准复经原问官，并会同审问。委审后复经上控者，即令亲提研鞫，不得复行委审。若命盗案件尚未招成，寻常案件尚无堂断，呈内并无抑勒滥押等情，仍令原问官审理。倘有应亲提而委审，或应亲提委审而发交原问衙门者。照例议处。"（《清宣宗成皇帝实录》卷二百一十五，道光十二年七月，台北华文书局股份有限公司1960—1970年版，第3840—3841页。）应该说，这是比较妥当的理性选择，但仍然比较模糊，留下了很大的自由裁量空间。

① 官员审判案件失误所承担责任可以分为承问失入与承问失出两种形式，其处罚亦各不相同。失入处分稍重，失出处分稍轻。关于官员所受断案错误得到的惩罚可以参阅那思陆：《清代州县衙门审判制度》，中国政法大学出版社2006年版，第140—143页。

的案件均按照"上控受阻——京控——发省审理"的方式行进，因为对于无权无势的小民来说，京控毕竟是一件较为困难的事情，所费不赀，需要付出巨大的诉讼成本。嘉庆帝将京控案件的审理权下放，各省督抚俨然成了京控案件的主审官，所以不管采用哪种形式，京控、叩阍案件仍将被发回各省，由省内的司法审判机关审理。由于此类案件本身就是在各省未能妥善处理上控案件的情况下发生，如今仍将各省司法机关处理失当的案件再发回各省处理，这似乎形成了一个逻辑悖论。如此处理京控、叩阍案的结果将导致督抚动刑逼供，使当事人按照督抚的意愿认罪或者是督抚借口人证等不齐，以致案件任意延宕，案件延宕或者是冤抑可能又会引发新一轮的"京控——发省审理——逼供或延宕"恶性循环。由此可见，省级官僚体系的部分官员并不认真研鞫民间争讼，以致此类案件任意延宕，难以忍受拖累之苦的小民势必上控，上控之后依然如故，进而诉诸京控，但是此类京控案件大多咨回各省办理，案件走了一个大圈又回到了省级官僚体系之中。

督抚或者是将军处于省级官僚体系的顶端，作为一省之内最高行政官员、最高司法官员，自然有权利也有职责通过协调体系内部的各级关系，调动体系内部的资源将本省的案件审理明晰，使理屈者得到惩罚，冤抑者得以昭雪。但督抚们显然没有有效地履行职责。这样，案件在此分流，部分案件可能会因当事人赴京呈控而进入皇帝视线。大多数案件则继续分流为二：维持原判，以一方受屈告终；随体系内官员的肆意懈怠、任期等因继续延宕，成为积案。如前所述，因京控审理权下移督抚，发回各省的京控案件也会出现此现象：严刑逼供以后以原先判决复奏或者是咨部，只是对案卷酌加修饰，防止复驳；任意延宕，审期远远超过《钦定六部处分则例》所规定的二月或四月之限。① 事实上也很少

① "特旨交审之案定限两个月完结，部院咨交之案定限四个月完结，俱以人犯到案之日起，令该督抚亲提审讯，不得有逾例限。其或因关传人证或因要务公出，限内实难完结者，系特交之案，准其咨报军机处，系咨交之案，准其咨报原交衙门，照例扣展。仍俟审结之日，于奏折及咨文内将例限起止并曾经展限之处逐细声明兼报吏部查复。"载文孚纂修：《钦定六部处分则例》卷四十七，审断上，"奏咨案件督抚亲审限期"，台北文海出版社1969年版，第982页。

有督抚因延迟案件的审理而获咎。在包世臣看来，其原因在于：

> 刑部主核复，吏部主议处，限期有应准展扣不准展扣之分。吏部未谙刑名，惟照刑部来咨，查例定议。刑部又以参处逾限，事属吏部，惟核明案情应准应驳，于限期一节竟置不问，以致两部书吏，彼此关照，使外省得以任意展扣，且有迟延太久，无可措词者，折尾竟不声明是否逾限。刑部即不查诘，吏部遂至无案可稽。所以外省拖累无辜，羁候省城经年累月者，一案常至数十人，扰害良民，莫此为甚。①

刑部与吏部分管案件的复核以及官员的议处，逾限则由吏部议处，但是吏部官员却不熟悉刑名事务，刑部以参处为吏部所辖之事，因此恪守其复核职责，于期限并不多加注意，以致两部书吏上下其手，使外省案件迁延无数。

简言之，清代中期的成熟司法体制的特点不是当今的司法独立，即政、法分离，而是时人所说"鞫谳分司"，即审、判分离。清王朝通过权力的分化来达到权力的集中，长期进行改革调适的中心都围绕审级的逐层审转驳改上下因时权变而展开。所以，在省级行政体制下，督抚分权于司道，司道再分权于府、直隶州、直隶厅，府、直隶厅、直隶州进而又分权于散州、散厅、县。一级行政机关对其上级衙门直接负责。随着专制主义中央集权政治体制的日趋严密，附属于该体制之上的司法体系在呈现此特点的同时却也渐趋复杂。州县官审结刑事案件之后需按照府、道、司、院逐级审转复核。面对如此严密的复核程序，任何案件似乎都可以水落石出，但事实并非如此。在当时的政治体制之下，行政与司法的关系非常密切，整个体系是用一套官僚班子来行使行政、司法两大职能的"合二为一"体系。行政体制给司法体系打上的深刻烙印，导致省级官僚体系内所依靠的审判力量如此有限并且事事掣肘；行政机

---

① 包世臣：《安吴四种》卷三十一上，沈云龙主编：《近代中国史料丛刊》第三十辑，294，台北文海出版社1968年版，第2158页。

关中的官僚习气、官场恶习亦渗入到司法审判机关，使司法机关也成为蝇营狗苟、以权谋私之所。包世臣对此现象有逼真的描述："由府定谳，转解至司，司又发首县。原国家设官之制，使贤治不肖，不以卑凌尊。今以各府谳定之狱，而使首县复之，是以县监府也。且臬司分尊，一经亲审，假其案有出入，府县即不敢以私语形于禀牍，欲假公上省面求，则又缓不及事，狱果冤抑，易为平反。至首县与外府，分同所属，外县交若兄弟，书札嘱托，馈遗瞻顾，遇有翻异，仍前刑吓。痛则思死，沉冤谁雪？"[1] 从本质上而言，上控案件背后的意旨是"民告官"。这是因为，上控案件本身有相当大一部分就是以控告官员贪污，或者钱粮浮收勒折为诉由的告官案件，即便为"民告民"的案件一般也是经过勘审的控告官员审断不公的主张再审案件，未有不并承审之州县而控之者。官员在上控案件中本身为与控民处于对蹠地位的利益共同体。行政司法合二为一的体制就像一条无形的线，将处于该体系之内的各级官员网罗于一张大网之中。网络中纵横交错的利益关联、权力制约等关系让他们各牵所私，形成了按行政等级排列的庞大的省级官僚体系。体系内前后左右都有千丝万缕的联系，彼此依赖但又彼此制约，以至于该体系内上至督抚下至州县，纷纷利用权力的制约机制以及某些关系谋求利益并推托责任，引起案件的延宕不结。官官相护，彼此关说通贿、回护过失，导致案件牵扯的某方当事人蒙屈。因此，清代司法实际运作中存在"救官不救民，救大不救小，救生不救死"之说。此体系本身就有将小讼拖成大案，将易结之案衍变成久宕无结之案的潜在因素。将该体系导致的积压案件或者审断不公而入京呈控案件又交回省内这个庞大的官僚体系审理，势必会引起新一轮的京控或者案件积压。嘉庆帝开禁京控的目的在于，将其作为下情上达的监控手段，从上文来看，京控案件的频发确实起到了这一作用，但这也加剧了省级官僚体系中官员彼此庇护的"反行为"，以至于如同"黄宗羲定律"中的并税一样，京控次数越多，刑逼威吓也越发增多，京控由冤抑之民救命的稻草移步换形为可怕的梦

---

[1] 《为胡墨庄给事条陈积案弊源折子》，包世臣：《安吴四种》卷第三十一下，沈云龙主编：《近代中国史料丛刊》第三十辑，294，台北文海出版社1968年版，第2176页。

魇。仅仅将希望寄托于督抚以及各级官员的勤勉并非解决之道，况且各省官员并非像皇帝所期望的那样勤恳廉洁。既然皇帝无法也不可能彻底解决此类现象，那么只有任由案件积压或冤抑。

嘉庆帝并未明白体制上的权力制约所带来的责任的互相推诿，因而也没有针对督抚的怠玩制定相应的对策。在京控案件问题上对督抚的倚重使皇帝不得不做出部分让步。嘉庆十一年（1808），皇帝重申：

> 各衙门奏交之后，一经奉旨交该督抚审办，即与钦差无异，无论道府以下等官不得滥行递委，即两司亦不应交办。该督抚总当亲提犯证，自行审理，迅速复奏。至于各衙门咨交之件，该督抚查明刑名钱谷事由，亦惟准分饬两司依限审结，不得再行转委所属，以致瞻徇回护，延宕不结。如再有私自转委者，一经发觉，必将该督抚两司等严行惩处不贷。①

嘉庆十七年，面对同兴所奏山东京控案件的积压情况，皇帝再次做出让步，不仅默许首府首厅录审京控案件，而且还准允"同兴尽可于未经得缺人员内遴员委审，再同臬司亲身督办"②。嘉庆二十五年（1820）五月，山东巡抚钱臻便上折，奏请将京控之案，"不行奏咨，一概驳回"，却未得嘉庆帝应允。③ 对于嘉庆帝而言，京控是一种信息监控手段，但对地方督抚而言，因京控而来的奏咨之案却成了其宦途的烫手山芋，稍有不慎，便获罪咎。清王朝自上而下的资源紧缺与委托人同代理人之间的利益冲突交互纠缠，此隐彼现。中央囿于资源之限制，固然无法大量派钦差审理京控案件，那么督抚将京控奏咨案件饬属审理则未尝不是应对地方资源紧缺之法。在钱臻看来，完全关闭京控通道不失为消

---

① 《清仁宗睿皇帝实录》卷一百七十二，嘉庆十一年十二月，台北华文书局股份有限公司 1960—1970 年版，第 2492—2493 页。

② 《清仁宗睿皇帝实录》卷二百五十八，嘉庆十七年六月，台北华文书局股份有限公司 1960—1970 年版，第 3811 页。

③ 《清仁宗睿皇帝实录》卷三百七十一，嘉庆二十五年五月，台北华文书局股份有限公司 1960—1970 年版，第 5443 页。

弭这一尴尬境地之方法，但嘉庆帝却不作如是思考，即便其如何妥协，他对京控之开禁丝毫没有后悔之意。让臬司以及臬司监督之下的候补人员审理京控案件的让步，并不会使问题妥善解决，反而给官员继续疲玩、案件任意延宕提供了庇护，积案问题因之而来。

二、积案问题的凸显与解决之道

嘉庆十二年（1807），积案问题因金光悌的一道奏折而显现出来，正月二十二日，江西巡抚金光悌奏称：

> 臣到任后，放告收状，每期约三四十纸不等，大半俱系旧案。随饬丞检查未结词讼，共计六百九十五起。窃思臣衙门职司综核，积案尚如此之多，则司道各衙门，及府厅州县积压，更不知凡几。当即严行饬查，据藩司册报，自理词讼未结二百六十八起，臬司册报，自理词讼未结五百八十二起，盐粮各巡道册报，自理词讼未结六十五起。除府厅州县尚未据报到外，共未结词讼已有一千六百一十起，内有悬宕十余年之久尚未结案者。[1]

江西省院、司、道衙门共积压一千六百一十起案件让嘉庆帝大为震惊，他一方面追究责任，将前巡抚秦承恩、布政使先福交部议处，一方面严饬各省督抚将本省各衙门内的积压案件核算清楚并迅速审结。核算结果表明，各省均有不同程度的案件积压情况。嘉庆十二年六月十八日，湖南巡抚景安奏称：自嘉庆元年大赦后起，至其到任之日，巡抚衙门批审未结讼案一千二百一十七起，藩司衙门自行批审未结讼案三百二十七起，臬司衙门自行批审未结讼案一千一百五十一起，粮道衙门自理批审未结讼案一百三十五起，盐道衙门自理批审未结讼案一百三十五起，其原有自理批审未结讼案三百九十八起。[2] 福建省仅巡抚衙门未结

① 江西巡抚金光悌：《奏为查办积案设法清厘未结词讼事》，中国第一历史档案馆藏《录副奏折》，档号：04 - 01 - 01 - 0512 - 028。
② 湖南巡抚景安：《奏为遵旨清厘积案严督各州县勒限审办事》，中国第一历史档案馆藏《录副奏折》，档号：04 - 01 - 01 - 0512 - 014。

词讼就达二千九百七十七起之多。① 嘉庆十二年五月，直隶总督衙门自理词讼未结者五十七起之多，藩司臬司两衙门自理词讼均有二百数十起之多。② 江苏省藩臬两衙门以及历任督抚批提审讯未结之案及自理未结之案相对较少，均不过数十件及数件。③ 河南省仅藩司衙门最多，有一百八十起，巡抚司道等衙门未结案件，自二三十案至一二案不等。④ 嘉庆十三年，阮元奏查明通省未结词讼设法清厘一折中称，清安泰任内有批发未结词讼三百二十二案，藩司衙门批准未结者八十六案，臬司衙门批准未结者一百八十五案。⑤ 如此众多的积案本来就是在行政司法体系正常运转的情况之下产生，那么此问题的解决也当然由省级司法体系承担，但是断不能再用寻常的司法道路了。调用候补贤能人员帮同审理积压案件当为不错之选择。不仅可以清除省内的积压案件，而且还可以将皇帝发回各省之京控案件清厘解决，不可不谓之良方。

（一）江西省省城总局

金光悌于嘉庆七年授山东按察使，晋布政使。嘉庆十年，召授刑部侍郎，审办杨四用药迷拐幼孩等案受到皇帝青睐，数奉使赴山东、直隶、天津、热河勘狱，并得实以报。嘉庆十一年，授江西巡抚。十四年，擢刑部尚书。金光悌出任江西巡抚后基于自己长期任职刑部的宦途经验整顿省政，抡出的一把重斧就是具折历陈该省积案之严重。此举之前后，金光悌数次奏报江西一些县份土地开垦升科、万载县土棚两籍纠纷导致该县童生拒绝投考诸事相。这绝非偶然的巧合，表明配置性资源

① 《清仁宗睿皇帝实录》卷一百八十二，嘉庆十二年六月，台北华文书局股份有限公司 1960—1970 年版，第 2651 页。

② 《清仁宗睿皇帝实录》卷一百八十，嘉庆十二年五月，台北华文书局股份有限公司 1960—1970 年版，第 2628 页。

③ 《清仁宗睿皇帝实录》卷一百八十三，嘉庆十二年七月，台北华文书局股份有限公司 1960—1970 年版，第 2661 页。

④ 《清仁宗睿皇帝实录》卷一百九十六，嘉庆十三年闰五月，台北华文书局股份有限公司 1960—1970 年版，第 2851—2852 页。

⑤ 《清仁宗睿皇帝实录》卷一百九十七，嘉庆十三年六月，台北华文书局股份有限公司 1960—1970 年版，第 2873 页。

与如此多的积压案件确实存在某种关系。正如金光悌所言，如果追究官吏责任，则江西全省一半的官员都会受到参劾，罚不可胜，显然不切合实际，但是如果继续姑息任案件积压则难以维持纲纪。所以，金光悌在与藩司先福、署臬司刘沄等商议过后，于嘉庆十二年正月二十二日所上奏折中提出了"于省城设立总局，清理未结词讼"的建议。深感问题严重性的嘉庆帝立即同意了他的提议，并于二月十二日发布谕旨加以指导，要求"所有江西省积案，着即照金光悌所请，在于省城设立总局，督同藩臬两司，遴派明干委员赶紧清查，分别核办，勒限清厘（完结），无再逾迟"①。

金光悌在奏折中对省城总局的规划如下：

> 于省城设立总局，酌调明干丞倅二员，试用知县六员，佐贰六员，协同南昌府总理其事。将通省上控，及自理未结词讼，逐一查明，内有在臣衙门控告屈抑之案，核其情节，实有未平者，臣当即亲提究审，陆续参办外，其余列为三等：如寻常户婚、田土、钱债等事，该管州县尚未审结者，仍发回勒限查办；其控告州县家人、书役索诈等件，饬令该管府州提审；至控及州县审断不公，并官吏诈赃、浮收钱粮、勒折漕米及命盗等重情，即提省发局审办，统限一年之内，将通省积件悉数完结，若再有未完，指名从严参处。其积案内有挟嫌图诈，逞刁控告者，照律坐诬。若各府州县审断错误，与有意宕延，经久不结者，仍随案附参。②

据此，我们可以大致推断此总局的总体状况。人员共有十五人：由首府南昌府知府综理其事，另有明干丞倅二人、知县六人、佐贰六人协同。尽管金光悌的规划中仅涉及这十五人，但他们仅仅是案件的审断及

---

① 中国第一历史档案馆编：《嘉庆道光两朝上谕档》第12册，广西师范大学出版社2000年版，第87页。按，原折为"勒限清厘"，皇帝在旁边改为"勒限完结"。

② 江西巡抚金光悌：《奏为查办积案设法清厘未结词讼事》，中国第一历史档案馆藏《录副奏折》，档号：04-01-01-0512-028。

处理人员。此外，还需要书役、幕友、佐杂等人员的帮助。由于南昌府知府综理其事，所以这些辅助人员可能由首府添派。该机构的主要职责：将全省上控案件以及自理未结词讼分类处理，或交巡抚，或发回州县审理，或令府（直隶）州提审，或提省发局审办。既然有些案件如控告州县官审断不公、官吏诈赃、浮收钱粮、勒折漕米及命盗等重案要提省交由总局审办，那么这一机构又有案件审理的职能。因此，金光悌将此类案件的审理期限规定为一年，如果一年仍未审讯完结，则指名严参相关人员。该总局把省级官僚体系内部产生的控案以及各衙门自理未结词讼分类处理，使各衙门职责明确，有利于积案的清厘。从其人员构成以及规定的一年审案期限来看，设立总局仅仅是一种权宜之计。其目的在于，将省内司法体系引起的积压案件清厘完毕，从而使整个司法程序如以前一样有效运转。

（二）首府发审专局

关于首府发审专局的信息主要来自山东巡抚钱臻于嘉庆二十五年（1820）十月十三日所上奏折，寥寥数语，兹将相关内容抄录如下：

> 自嘉庆五年，首府衙门立有发审专局以来，陈陈相因，日积日伙，距今二十余年，从无清厘之日。……一切京控奏案，及原发府局难办之咨案，俱经提局①审结。其余咨案，在府局者本已无多，臣与两司赶紧分提审明，亦各经按月具奏。……兹定于本月十五日撤局，并将嘉庆五年设立首府衙门之专局同时裁撤。②

由上可知，首府发审专局成立于嘉庆五年（1800），裁撤于二十五年十月十五日，其所审理的案件为京控发回之咨案。除此之外，我们一无所知，亦未发现与之相关的材料。由奏折中反映出来的信息可以断定：此机构的成立无疑是发审之权的使用，将咨回之京控案件交由发审

---

① 此处的局，是指嘉庆二十五年山东巡抚钱臻奏请设立的巡抚衙门专局。
② 山东巡抚钱臻：《奏为京控积案全数审结撤局日期事》，中国第一历史档案馆藏《录附奏折》，档号：04-01-01-0607-014。

专局审理。无论是钱臻的奏折还是下文即将论述的山东省京控案件的积压，我们都可以得知此举并未取得多大成效，并且不为多数巡抚使用。

（三）山东省巡抚衙门专局

1. 山东省京控案件的屡清屡积

嘉庆十七年（1812）六月，山东巡抚同兴奏称：山东近年讼狱纷繁，且多京控之案，除赶紧审办现已题咨完结外，其未结应奏者尚有二十六起，应咨者尚有一百零九起。由于委审之员只有首府首厅，二人难以按时清厘如此多的案件。于是同兴提出调长于听断的兖州府郑文明、武定府胡祖福来省审讯的提议，但遭到了皇帝的反对。在其看来，山东省的未结京控案件，本应由巡抚及臬司亲提审讯或督审，即使案件繁多亦只可委任首府首县帮同审办。如果将现任实缺知府调省审理京控案件，那么他们本任内的事情又将委之何人？如此一来，省内的行政体制势必被打乱，即便省城积案得以清厘，省内其他各府却会因此而滋生新的问题。嘉庆帝虽然否定了同兴的提议，但同时又为之提供了两个可供选择的措施：二人中一人与首府对调；于未经得缺人员内遴选官员委审，由巡抚、臬司督同审办。[①] 此番处置不仅明显暴露了清王朝司法行政资源拆东墙补西墙的捉襟见肘窘相，而且也反映了嘉庆帝对地方督抚弥补资源紧缺举措的妥协与默许。归根究底，其原因在于京控弛禁后案源数量与复审力量之间的缺口一直无法弥补。

尽管嘉庆帝如此让步，同兴等人对京控案件的审理却并未获得较大起色。依据御史孙汶奏折可知，至嘉庆十九年四月，山东省的咨交逾限未结控案竟有八十九起之多。即便都察院屡次查参，仍泄泄如故，从而导致原告守候无期，于是又纷纷入京具控。[②] 从全国范围来看，当时山东的京控案件占全国的十之八九，成为当时君臣隐以为忧的积案重灾区。嘉庆二十年十二月，经和舜武、程国仁分别审结所分京控案件五十

---

① 参见《清仁宗睿皇帝实录》卷二百五十八，嘉庆十七年六月，台北华文书局股份有限公司 1960—1970 年版，第 3810—3811 页。

② 参见《清仁宗睿皇帝实录》卷二百八十九，嘉庆十九年四月，台北华文书局股份有限公司 1960—1970 年版，第 4289 页。

六起、六十一起之后，山东省的京控案件明显减少，较之从前不过十之二三。① 然而好景不长，嘉庆二十三年五月皇帝所发谕旨来看，积案问题又开始严重，自温承惠接任臬司时，积案已有四千余起之多，而来京控诉者仍络绎不绝。② 于是，皇帝擢升和舜武为巡抚，让其清理山东积压案件。在和舜武看来，山东讼案纷繁，皆由地方官平日怠于听断，以致日久延搁愈积愈多之故。对此，他提出了清理措施："按起数之多寡，分别勒限审结，该抚仍随时查察。其因循玩泄之州县，即照易结不结例参处。至京控交审各案，钱粮专交藩司亲审，命案专交臬司亲审，兼涉钱粮人命者，巡抚亲提审讯。如檄提犯证，州县抗延不解，立即指名严参。"③ 此举卓见成效，至同年十二月，山东巡抚衙门积案一千三百七十四起，自和舜武到任后，先后审结一千一百二十起。臬司衙门积案六千零八余起，温承惠到任后审结五千四百余起。④ 嘉庆二十四年九月，臬司温承惠滥禁无辜，使案件又积压一千起之多，无辜牵连羁押者达一千三百余人。⑤

2. 山东省巡抚衙门专局的设立

山东省京控案件的屡清屡积也使皇帝十分为难，嘉庆二十五年三月，皇帝特调钱臻担任山东巡抚，严加整顿。六月二十二日，钱臻上"奉旨严审京控案件，恪遵办理并筹拟设局专办事"折，尽其所能说服皇帝准其设局办理京控案以及省内积案。他说：

　　　　自臣莅任至今，甫及两月，接收京控奏咨各案已有四十七起之

① 参见《清仁宗睿皇帝实录》卷三百一十四，嘉庆二十年十二月，台北华文书局股份有限公司 1960—1970 年版，第 4674 页。

② 参见《清仁宗睿皇帝实录》卷三百四十二，嘉庆二十三年五月，台北华文书局股份有限公司 1960—1970 年版，第 5038 页。

③《清仁宗睿皇帝实录》卷三百四十二，嘉庆二十三年五月，台北华文书局股份有限公司 1960—1970 年版，第 5050 页。

④ 参见《清仁宗睿皇帝实录》卷三百五十二，嘉庆二十三年十二月，台北华文书局股份有限公司 1960—1970 年版，第 5174 页。

⑤ 参见《清仁宗睿皇帝实录》卷三百六十二，嘉庆二十四年九月，台北华文书局股份有限公司 1960—1970 年版，第 5320 页。

多。此都察院奏称京控日渐稀少之时尚且如此，若居繁多，更不知何似？窃思钦差大臣系专审案件之员，除行路日期不计外，大约审结一案迟则月余，至速亦必须旬月。以此比拟，现在接收京控各案，须较钦差办理迅速十倍，方免积压。无论人力所断不能，即使能之，而本省上控案件已不及兼顾，于地方应办要事更无得为之暇，以无情之狱词，耗有用之时日，牵制因循贻误何底。……巡抚钦奉特旨交审案件，诚如历次圣谕，即与钦差无异，必当亲提审讯，不应转委。惟亲提之案，究不能无委员帮审。原告借词翻控，辄称仍行委员，并不亲提。臣窃思钦差审案，亦必有随带司员，或督同研鞫，或先令取供，总不得谓非由钦差亲审，似未可于巡抚独有异言。以臣愚昧之见，熟筹办法，拟将通省京控各奏案，在臣衙门暂设专局，派臬司童槐总司局务。除现任人员各有地方专责，不令入局外，以候补道府丞倅等作为局员，每案由臣亲提至署，督同局员审供勘办，庶案牍得以赶紧审办，渐就清厘，不致随办随积。而臣督审之暇，亦可分出工夫于地方一切紧要事宜较为得办。①

钱臻所言非虚，又援用钦差审案亦需委员帮审的例子为证，并极力向皇帝保证所设机构的临时性、实用性。如调用候补人员，不仅不妨碍正常体制的运转，而且还可以将积案清厘完竣。当时，直隶、江西和山东都是积案居高不下的地区。钱臻此前恰在先后历任直隶按察使、布政使和江西巡抚，在直隶期间就主要负责清理积案卓有政声，而江西巡抚金光悌此前设局清讼的先例很可能就是钱臻此时堪资借鉴的成例。皇帝此时将钱臻调任山东，也是冀望其发挥过去清讼表现出的才干扭转山东的局面，所以赋予其政策上的支持，在同意钱臻奏议的同时，还于同年六月二十七日明发谕旨，对此局的设立做出明确的指示："东省控案繁多，巡抚亲提审讯，亦不能无帮同问供之员，着准其暂设专局，将京控各案，由该抚亲提人证到省，督同局员秉公审讯，即令臬司童槐，总司局务。所派局员，只准于候补道府丞倅州县中遴委，不得调用现任人

---

① 山东巡抚钱臻：《奏为节次奉旨严审京控案件恪遵办理并筹拟设局专办事》，中国第一历史档案馆藏《录副奏折》，档号：04-01-01-0604-014。

员，致荒本务。"①

3. 山东省巡抚衙门专局的运作

关于该专局的运行情况，钱臻于嘉庆二十五年十月十三日所上奏折中有明确的记述：

> 臣节经敬抒管见，旋于六月间陈请，将京控积案暂在臣衙门设局办理，当蒙特旨允准，以臬司童槐综司局务。臣即与该臬司酌定于七月初六日开局审办，溯查京控各案。……除案情较轻，循照奏定章程，应勒限各该府提审者，业经发回外，计省中新旧京控奏咨等案，开局时尚不下八十余起，其中有迁延八九年及五六年未能办结者，险健愈甚，断结愈难。臣仰蒙大行皇帝圣训谆详，无微不至，谨率同臬司童槐心体力行，钦遵叠奉谕旨，将审明实系虚诬之原告，加重治罪，始令其无可倚恃；将把持之讼棍，脱逃之原告，当堂挺起不服审讯之案犯，严加惩治，始令其无敢逞习；将引诱勾串之奸胥蠹吏，切实追究，始令其无由牵制；将官民两持其平，应参官员，俱随案劾参，始令其无从掩饰。凡此办法，臣感蒙圣训，既一一得有遵循。而臬司童槐，亦仰遵恩谕，不敢稍惧谤言，锐意办理，督同局员等晓夜在局。恭逢圣主御极之初，整纲饬纪。臣与该臬司等倍加奋勉，一切京控奏案，及原发府局难办之咨案，俱经提局审结。其余咨案，在府局者本已无多，臣与两司赶紧分提审明，亦各经按月具奏。现在省中京控新旧各案结悉数清厘，毫无积存，统计开释无辜约二千余人。嗣后续有京控，无论奏交咨交，臣自可督同臬司随时审办。其原发各府提审之咨案，由臬司督促，如有逾限，立予参处，亦可不再致积压。所有臣衙门局务，只于奉诏成服期内曾停止二十七日。此外，统计前后已居两月有余，兹定于本月十五日撤局。②

---

① 《清仁宗睿皇帝实录》卷三百七十二，嘉庆二十五年六月，台北华文书局股份有限公司 1960—1970 年版，第 5464 页。

② 山东巡抚钱臻：《奏为京控积案全数审结撤局日期事》，中国第一历史档案馆藏《录附奏折》，档号：04 - 01 - 01 - 0607 - 014。

　　县交代迟延各案，暂予免议，勒限追缴银两。如仍不依限全完，着即严参治罪。自此次清厘之后，遇有交代，悉遵定例，依限完结。倘再逾违并查有新亏者，立即参办。如该管道府瞻徇不揭，一并严参，毋稍姑息。[①]

　　从道光帝的圣谕中，我们可以了解到：如前面提到的山东、江西省的清理举措，直隶省的清厘局亦为临时性的措施。自道光元年四月设局至道光三年十一月方清理完竣，为此，蒋攸铦上奏请求暂免处分，由此可知，其所预定的清理期限并不长，应该是一年。

三、与"普遍现象说"的商榷

　　无论是江西省的省城总局，还是山东省的巡抚衙门专局，抑或直隶省的清厘交代积案局，它们都是随着案件的积压而设的一个临时性机构。无论是各省巡抚还是皇帝都将它们当作一种权宜之计，或者是解决燃眉之急的应急措施。首先，其所预定的解决问题的时间不长，江西省的总局暂设为一年，直隶省的清厘局亦可能为一年，山东省的专局虽未定期，但从钱臻的奏折中可知其存在时间为三个月零九天。其次，皇帝与巡抚对此都持暂设态度。无论是金光悌还是钱臻，在其奏折中列举面临的困境进而提出解决措施的时候，都强调所设机构的临时性。嘉庆帝对京控弛禁的本质如前所说带有"拧紧螺丝钉"的色彩，在督抚亲提问题上也一直保持"拧紧螺丝钉"的整饬官常意向性，断不愿些许退让，所以一开始就试图让地方督抚明白：设局清厘积案仅仅是权宜之计，该机构的存在是暂时的，并且严厉禁止各省交互效仿。嘉庆十二年八月二十五日，湖广总督汪志伊所上为遵旨清厘积案拟定期限事奏折中曾引用过此上谕：

　　奉上谕，各督抚嗣后清厘案件，务遵照节次谕旨，将特交事件

---

　　① 中国第一历史档案馆编：《嘉庆道光两朝上谕档》第 28 册，广西师范大学出版社 2000 年版，第 464—465 页。

与自理词讼及从前亲提未结之案，均及早审理奏结，其藩臬两司及巡道衙门案件，归各衙门亲自提讯，随时详明，勒限清结。至府厅州县自理之案，应严饬各亲临之道员，依限查催，迅速听断。督抚仍不时饬催，不必设立总局名目，致滋弊端。①

嘉庆帝明令督抚以及司道等官员承担起审讯职责，并严禁设立总局名目以致滋生弊端。它仅仅是省级官僚体系内部衍生出来的应对本省所面临的案件严重积压的一种权宜之计。从所搜集到的资料来看，无论是山东省的首府发审专局、江西省的省城总局，还是山东省的巡抚衙门专局、直隶省的清厘局，除江西省的省城总局囿于资料限制，无法确定其结局，其余三个机构最终被裁撤。但从其成立时皇帝所发谕旨以及山东、直隶两省的例子来看，江西省省城总局的结局也极有可能被撤销。如果先放下这个问题来考虑上述几个机构的共性，也就是对其本质较为抽象的认识，我们可以将它们概括为：省一级的司法审判机关是为了解决眼前困难（主要是积案问题），于正式司法审判机关之外调用候补人员组成的临时性机构。

嘉庆十二年，金光悌提出设立总局清厘积案时，嘉庆帝曾严禁各督抚效仿，并以"为政不在多言，惟在该督抚力行"② 勉励督抚。但是各省案件的积压问题确实很严重，仅仅依靠督抚两司的个人之力难以承担，于是部分督抚便采用调候补人员帮审的办法清理省内的积案问题。嘉庆十五年七月二十九日，江苏巡抚章煦所上奏为设法清厘积案并酌议章程事中称：

臣于上年十一月抵任之初，先将办理大概情形恭折奏闻，旋于十二月间奉命署理两江总督篆，至本年二月回任。钦奉谕旨交审案件，臣逐一亲自提讯，已经审结五起，陆续具奏在案。其控部咨交

① 湖广总督汪志伊：《奏为遵旨清厘积案拟定期限事》，中国第一历史档案馆藏《录副奏折》，档号：04-01-01-0512-012。

② 湖广总督汪志伊：《奏为遵旨清厘积案拟定期限事》，中国第一历史档案馆藏《录副奏折》，档号：04-01-01-0512-012。

各案，及各属解省命盗重情疑难之案，臣督率藩司庆保、前署臬司王象仪、苏州知府五泰，并于在省城候补试用丞倅牧令人员内，择其心地明白、熟悉例案者数员，随同审办。臣每日接见该员等，将前一日所审何案，所训何供，详细询问。随事辩论指示，以期要案速结，不使稍有延搁。……截至七月底止，据各属详结之案，共计四百七十三件，尚有历任抚臣及臣莅任以来，批交江宁藩司亲提者九起，江苏藩司二十三起，臬司十二起，并转饬各府州审办，自十余起至三百余起不等，或因人证未齐，或因勘讯不确，未据审详。①

　　从上可知，章煦谨遵圣谕，并没有设立类似于江西省省城总局的专门性机构，但是他却于首府、两司之外，另调用候补丞倅州县帮同审案，并且效果明显。嘉庆帝显然默允了督抚的此类举动。在前揭嘉庆十七年六月山东巡抚上奏折提出调兖州府郑文明、武定府胡祖福来省审案的建议遭到皇帝反对一事中，为了确保山东积案的清理完竣，嘉庆帝为其提供了两个可供选择的措施，其中之一便是于未经得缺人员内遴选官员委审，由巡抚、臬司督同审办。② 这表明皇帝已经完全承认了此方法的合法性，地方督抚大可以光明正大地调候补丞倅州县帮同审办全省积案甚至是京控案件。山东、江西等省的临时性机构实际上就是"调候补丞倅州县帮同审办方法"的使用，只是以机构的形式出现。志切经济的包世臣虽然对于人口问题的历史见解与人多致贫的绝对人口过剩观点相左，主要是从积极解困的思路出发的乐观主义态度认为，"夫天下之土，养天下之人，至给也。人多则生者愈众，庶为富基，岂有反以致贫者哉？"③ 但这种乐观主义并非是浪漫主义的，而恰恰是现实主义的。包世臣在山东、江西等地供职，亦与金光悌等人俱有往来，其在《为胡墨

---

　　① 江苏巡抚章煦：《奏为设法清厘积案并酌议章程事》，中国第一历史档案馆藏《录副奏折》，档号：04-01-01-0512-007。

　　② 参见《清仁宗睿皇帝实录》卷二百五十八，嘉庆十七年六月，台北华文书局股份有限公司1960—1970年版，第3810—3811页。

　　③ 包世臣：《齐民四术·庚辰杂著二》，潘竟翰点校，中华书局2001年版，第56页。

庄给事条陈积案弊源折子》中提出，"即府司勘转翻异，提案亲鞫，及上控亲提之件，遴选能员帮办。查臬司在省，自有候补丞倅州县，其中不无明白公事之人，各府亦有同通首领幕僚各官，俱可传至署内别厅，督同研鞫"①。此文固系代笔捉刀的历史遗留性资料，但这种主张应该反映了与当时诸如金光悌等人一定程度上的意见交流。由于奏章文本说话人只能站着思想、跪着说话的特点，这里所提出的建议基本上仍在嘉庆帝上谕允许的范围内回旋。迄至此后很长时间，清朝中央对此退让出来的活动空间仍然是基本限于候补官员的范围，严格禁止由此影响地方正常的行政运作。道光二十二年（1842），据内阁侍读学士王福纶奏参，宁远州知州陈瀛到任以来，每年在署三四个月，其余俱在省城常住，以派审为名，专办折稿事件。上谕申饬曰：州县为亲民之官，岂容擅离职守？宁远州滨海临关，地方紧要。如果该州陈瀛久住省城，实属有旷职守。着赓福抵任后，查明该员因何在省久住，据实具奏。寻奏：陈瀛历次进省，均系奉文饬调，委审要案，事竣即回，并未办过折稿，经理防堵事宜，尚属得力。② 历史辩证法早就强调事物发展并非一帆风顺，而是充满曲折反复的。吉登斯也强调日常的例行活动的中"可逆时间"，认为：在构建各种时空的形态模式（topographical models）时，也不能不加置疑地将"钟表时间"视为其中的一个固有维度，而应该把它本身也看作是受到社会条件限制的现象，会影响生活在现代社会中的行动者勾画的时空路径的性质。日常时空的反复性对于积渐之所致的结构化过程至关重要。在发审局发轫滥觞时期，建而复撤恰证明了在被控制的时空缝隙之中"拓殖（colonization）"出一种体制外活动空间的历史褶皱。虽然这些机构后来都被撤销，但是它们的出现以及对积案问题的处理却表明此方法确实实用可行。所以，在发审局后来的发展过程中，曾经运用于实践并被实践证明了的方法再度被大规模地应用到实践

① 《为胡墨庄给事条陈积案弊源折子》，包世臣：《安吴四种》卷第三十一下，沈云龙主编：《近代中国史料丛刊》第三十辑，294，台北文海出版社 1968 年版，第 2177—2178 页。

② 参见《清宣宗成皇帝实录》卷三百七十三，道光二十二年五月，台北华文书局股份有限公司 1960—1970 年版，第 6668 页。

中去，为发审局的完善、成熟提供了方法论上的借鉴意义。上述几个机构的实践为发审局的大量出现、成熟提供了较之方法更为形象的模型。

此处需要澄清的是，嘉庆时期此类性质机构的存在究竟是一个普遍存在于各省还是仅仅出现于少数几个省份的现象。有的学者将此视为普遍现象，认为"至少清朝后期嘉道年间在大多数省份已经设立发审局"①。对于发审局普遍存在于道光年间的推论，笔者毫不怀疑，但是对于嘉庆年间此机构的普遍性，却始终抱有谨慎的态度抑或怀疑的观点。首先我们来看作者得出上述结论的依据："嘉道间名士包世臣曾经言及当时发审局的情况：'我走过多省，见谳局中能员坐堂。但闻问官乱喝乱叫，先教供后逼供，箠楚无数，号恸盈廷。是非曲直安得不颠倒乎。'……包世臣通晓律例，曾经在江西、江苏等省做幕、任职。与汪辉祖不同，包世臣更多活动于中央刑部、省臬司等中上层司法机构。从其言述来看，当时发审局的设立已经不是个别、局部的，通过发审局帮助审理发交案件成为当时各省较为普通的现象。"② 依据包世臣的此陈述以及嘉道年间的生活经历就断定谳局（发审局）在嘉庆年间已成为普遍现象，似乎略欠允当。设若将此种观点的主要论据——包世臣的言论纳入《与次儿论谳狱书》全文中加以考虑，就应对此结论重新推敲。包世臣在文中如是云：

> 告汝兴实，接来书，知苏守舒自庵先生招入谳局，全省刑狱于兹总汇，汝看卷颇快，亦能记忆，唯性急不耐狡展，此大诫也。谳狱非甚难之事……我始至江西，陈莲史提刑以广信廖氏部案，司府鞫之经岁，不得要领，札委审办。我到南昌看卷三日，已见端倪。……问官第一不可先说话，不可多说话，不可动气性。我走过多省，见谳局中能员坐堂。但闻问官乱喝乱叫，先教供后逼供，箠楚无数，号恸盈廷，是非曲直安得不颠倒乎？此系我弱冠客朱文正节署时，见文正审办发交及提省巨案而心识之者，故以告汝。我耳目

---

① 李贵连、胡震：《清代发审局研究》，《比较法研究》2006 年第 4 期。
② 李贵连、胡震：《清代发审局研究》，《比较法研究》2006 年第 4 期。

虽劣，尚可足用。家门度岁也好。道光癸卯季夏父字①

通读全文可知，此文是包世臣知其次子入江苏省谳局之后，虽看卷颇快亦能记忆，但其性急不耐狡展而作。其目的在于向其传输审案经验，防止其子因性急而酿冤抑。文中，包世臣用大量笔墨讲述了其在江西省南昌府审办廖氏案件以及南昌府自理积案的办法、成效，最后得出"问官第一不可先说话，不可多说话，不可动气性"的结论。还用其弱冠之年于朱珪巡抚衙门之中所见坐堂官员审案时的严刑逼供情形作为警告，让其明白审案中不可动气性的重要性。

据《包慎伯（世臣）先生年谱》载，"（嘉庆）二年丁巳，先生年二十三岁……朱文正公抚皖，见其文，叹曰：此奇才也。访知出先生手，乃手诏先生。秋，先生至皖，谒文正公于节署"②。由此可知，包世臣拜见朱珪时在嘉庆二年，此时包世臣刚刚二十三岁，其活动范围并未超出安徽省，拜见朱珪是其最远的出游。③ 所以，通过内线外线结合的考据学方法合而观之，文中所谓"我走过多省，见谳局中能员坐堂"与下文朱珪节署中所见二者义虽相涉，然必不可混而一之也。覆其所言，两者并非一句话，实乃各有所属的两句话，否则后者所表达的意思焉得与前者中的"能员"相符？朱文正节署中的见闻殆仅仅是包世臣告诫其子的反面教材，而绝非对其走过多省所见谳局中的实际情况。

这样一来，包含有发审局信息的就只有"我走过多省，见谳局中能员坐堂"这一句话了。但是此句中传递出来的信息又是如此模糊，以至于我们并不能据此得出明确的结论。此文成书于道光癸卯，即道光二十

① 包世臣：《与次儿论谳狱书》，沈云龙主编：《安吴四种》，《近代中国史料丛刊》第三十辑，294，台北文海出版社1968年版，第2237—2241页。

② 胡韫玉辑：《包慎伯（世臣）先生年谱》，台北广文书局有限公司1971年印行，第20页。亦可参见胡韫玉：《清包慎伯先生世臣年谱》，王云五主编：《新编中国名人年谱集成》第19辑，台北商务印书馆股份有限公司1986年版，第7页。

③ 依据胡韫玉所辑的《包慎伯（世臣）先生年谱》所记，包世臣于八岁读书于白门，十九岁时读书于距家十五里地的楂塘，二十岁，居家守父表，二十一岁，家居，二十二岁，游芜湖，二十三岁，拜见朱珪。参见胡韫玉辑：《包慎伯（世臣）先生年谱》，台北广文书局有限公司1971年印行，第13—20页。

三年。包世臣在江西审案是道光十五年，他因"食指日增，世路日窄，缟纻之投不可恃，惟刑钱两席脩脯较丰，遂以此作游"① 的时间是嘉庆十五年。据此，虽然不能排除上文所反映的是嘉庆时期情形的可能，但我们亦可以如此假设：道光二十三年包世臣写此文时，此文所反映的就是道光年间的情形，毕竟道光年间，发审局已经开始广泛存在。此外，还有一种可能：包世臣于嘉庆年间的游历过程中在某些省份见过类似机构，道光年间所见更多，当他撰写此文时就用当时通用的较为流行的"谳局"一词泛指嘉道两朝的见闻。

嘉庆年间②，其为胡承珙写的《为胡墨庄给事条陈积案弊源折子》中，包世臣对积案产生的原因进行了详细的分析以后提出了司、府可以分别调候补丞倅州县、首领幕僚帮同审理案件的建议，然而其中并未提

① 胡韫玉辑：《包慎伯（世臣）先生年谱》，台北广文书局有限公司1971年印行，第54页。

② 台北文海出版社版《安吴四种》并没有指出此文撰成的年代，但潘竟翰点校的《齐民四术》中却言此文撰写于嘉庆己卯。参见包世臣：《齐民四术》，潘竟翰点校，中华书局2001版，目录，第6页。《清史稿》卷四百八十二·列传二百六十九·儒林三（中华书局1977年版，第四十三册，第13262页）记载："胡承珙，字墨庄，泾县人。嘉庆十年进士，选翰林院庶吉士，散馆授编修。十五年，充广东乡试副考官，寻迁御史，转给事中。……二十四年，授福建分巡延建邵道。"所以，包世臣给胡承珙写折子的时间只能在嘉庆十五年至二十四年之间，否则不可能标题即云"胡墨庄给事"。依据《包慎伯（世臣）先生年谱》可知，包世臣于嘉庆十六年、十九年、二十二年、二十五年曾入京参加科举考试。其中，前两次在京师停留时间较短，同年六月即离开。第三次，是九月出京。担任京官并且同乡的胡承珙极有可能是在嘉庆二十二年这次与包世臣聚首京师时探讨积案问题解决之道。其第四次因事滞留京师，是由于为了帮助刑部总办主稿数十人条议事。再者，从《安吴四种》卷三十一上、下所列文章来看，基本上是按时间顺序排列的。卷三十一上有四篇文章，大抵属于法条解释和修订诸问题：《读例说》上、下，大约写于嘉庆初期，书中有"今上御极之初，曾以大臣言饬查各处陋规，明以予之"之语；《议刑对》记其于嘉庆十六年与刑部尚书金光悌讨论秋审册内"山东民人黄某入室行强儿媳案"细节；《议刑条答》记嘉庆二十五年夏为刑部总办主稿条议数十事的内容。卷三十一下有五篇文章，主要关涉勘审案件问题，即《为胡墨庄给事条陈积案弊源折子》《为胡墨庄给事条陈清厘积案章程折子》《书三案始末》，分别记段继干案、徐文浩案、八折收漕案，第一案至道光元年尚未审结，而包世臣也恰恰记到此时，其余两案结案于二十五年。再次为成书于道光二十三年的《与次儿论谳狱书》以及《与次儿论谳狱第二书》。从排列顺序来看，包世臣拟写此折的时间可能为二十二年。

及专门设局审办。所以，我们断定直到此时包世臣并未遇到过此类机构，借以推断嘉庆年间谳局已普遍存在的论据"我走过多省，见谳局中能员坐堂"极有可能是指其在道光年间的经历。

仅仅使用包世臣的经历并不能说明嘉庆年间没有此类性质的机构。从上文中目力所及而列举的几个机构的资料来看，嘉庆中期以后出现的这三个机构均是经过皇帝同意的，并且也未发现皇帝对其他各省设置此类机构的批示。也就是说，其他省份并没有向皇帝提出设立此类机构的请求。但是这也不能排除私设的可能性，嘉庆五年的山东省首府发审专局即为私设机构。但笔者认为，私设的可能性并不是很高，也不会达到大部分省份普遍私设的程度。此机构本质上仍是于正式的司法审判机构之外利用候补人员、省内主要官员的私人幕友等组成的帮助官员处理任职期间省内积压案件的临时性机构，官员的勤勉与否、职位的变动（升迁、离职、罢黜、谪贬、调任等）、任职机关案件的多寡等都会给此机构的出现产生极大的影响。所以，在某种程度上而言，笔者倾向于此种理解：此类机构是一种临时性措施，虽然各省有私设的可能性，但是总体而言仍未达到普遍存在的程度。

第二节 交织和断裂的线索：发审局的普遍设立

自范文澜的《中国近代史》以来甚至自晚清本身以来，中国国内的学术界对于晚清中央集权体制的发展，一向多采取由盛至衰的线性史观进行叙述。美国汉学受到费正清"冲击—反应"模式的影响也基本上认同清朝中央集权式微的观点。由于民族国家的建构是近代以来中西方均面临的重大问题，近代人文社会科学的建构从知识型角度审视均以此为底层语法规则。[①] 许多学科领域都对如何估计现代国家对地方资源的动员和控制能力表现出浓厚的兴趣。而对积贫积弱的近代中国而言，

---

① 张世明：《知识型：民族国家的空间框架与近代史学和法学的学科底层语法规则》，内蒙古大学法学院和内蒙古大学蒙古学研究中心合办的"2005年中蒙民族法学学术研讨会"报告，资料来源：http://mgxzx.imu.edu.cn。

晚清中国国家控制社会的能力到底是削弱了还是增强了？海外中国学研究对此尤形见解歧异。例如，孔飞力《中华帝国晚期的叛乱及其敌人——1796—1864 年的军事化与社会结构》（Philip Kuhn, *Rebellion and Its Enemies in Late Imperial China: Militarization and Social Structure, 1769 – 1864*, Cambridge, MA：Harvard Univ. Press, 1970）认为，经过多次对外战争尤其是太平天国运动的消耗，清廷已无法有效地在全国动员各种地方资源，只有依赖在战争动员中逐渐获得利益与实权的新型地方士绅才能维系国家机器的运转，而地方军事化破坏了中央与地方的平衡状态，最终导致了传统王朝的崩溃。而其弟子杜赞奇在《文化、权力与国家——1900—1942 年的华北农村》（Prasenjit Duara, *Culture, Power, and the State: Rural North China, 1900 – 1942*, Stanford, Calif.：Stanford Univ. Press, 1988），则依据查尔斯·蒂利（Charles Tilly, 1929—2008）以来"国家政权建设（state-making）"研究思路，从相反的方向证明晚清以来的现代国家建制的不断强化过程的连续性，认为王权旧体制的崩溃并不意味着现代国家控制能力的削弱，相反，现代国家建设的动员能力和向地方社会渗透强度恰恰得到了加强，以致传统的地方自治网络纷纷趋向崩溃。杜赞奇揭示了国家政权在伸向地方社会中资源汲取能力增长过程中的所谓"政权内卷化"现象。

　　事实上，笔者多年来也在致力于与"民族国家建设"相对应的清朝"帝国建设"问题，将视野更加上溯至清代中叶以来的衍变而消解1840 年鸦片战争这一历史分期界限所产生的诸多历史事实的遮蔽与扭曲，这与麦柯丽（Melissa Macauley）《构筑一个简约的世界：奥斯曼帝国和清帝国的法律及财产》（A World Made Simple：Law and Property in the Ottoman and Qing Empires）[①] 的研究存在一定的意向契合。在笔者看来，过去学术界强调清朝中央集权在康雍乾时期为历代之集大成、最高峰，这并没有不妥之处，但是不可忽视的另一侧面就是，清帝国版图广袤，天高皇帝远，皇权不下县，县下唯宗族。正因为如此，费孝通提醒

---

　　① 麦柯丽《构筑一个简约的世界：奥斯曼帝国和清帝国的法律及财产》，由中国人民大学博士研究生孙喆翻译，张世明、步德茂、娜鹤雅主编：《世界学者论中国传统法律文化》，法律出版社 2010 年版。

我们要关注"从县衙门到每家大门之间的一段情形"①。从司法制度而言，清代州县官之所以对于收呈严格控制以致衍生出当事人图准不图审的诉讼游戏规则，将大量纠纷交由里甲、宗族等处理，原因即在于瞿同祖所谓知县"一人政府"的手上资源毕竟有限，不可能动辄使用国家力量对付数以十万计的编户齐民，而士绅阶层在本地自有其权威，加之熟悉地方情况，掌握了宗族、里甲、书院、公局等组织，形成虽非法定而实际存在的权力网络，知县必须通过这些网络资源才得以施政敷治。在鸦片战争之后，清朝国势江河日下，群侮纷来，中央权威固然趋于苶然不振，但仅仅用一种下行道的趋势含混言之似有未谛，应该看到在解构与建构、冲突与统一、散失与传承同时兼具的二元性或复线性的新陈代谢运动中，起码发审局的变化就同时体现了这些复杂因素的交织和历史脉络的众多岔头。

在清代，时人每每以富、贵、威、武、贫、贱六字分拟吏、户、礼、兵、刑、工六部。作为直省刑名总汇的刑部由于事繁任剧在六部中职官最多，但官署本是极为因陋就简，在某种程度上也反映了资源的短缺，与后人的历史想象相去甚远。何德刚在《春明梦录》中云，余考军机时，入其室画到，见其屋小如舟，十数人埋头作书，烛几见跋，其景况与寒窗无异。然其地极严重，平时无论何人，不得践其户也。其余如内阁、户部、刑部、都察院各署，余皆因公到过。虽各有大门大堂，而办事之所无不狭隘，皆以数十人聚在一室。刑部司堂简陋尤甚。当时夙夜在公，事固不废，而居其中者，尤安之若素也。② 有清一代的重要特点之一即是，各部院机要之任，多以满人居之，汉人则充极其量不过备员而已③。各部满官尚书在汉尚书之前乃清朝定制。但是，唯独刑部

---

① 费孝通：《乡土重建·基层社会的僵化》，费孝通：《费孝通文集》第 4 卷，群言出版社 1999 年版，第 336 页。

② 何德刚：《春明梦录·下》，《清代历史资料丛刊》，上海古籍书店 1983 年版，第 1 页。

③ 政治其实就是一种资源分配的艺术。清朝统治者苦心孤诣地创立"分缺制"，将中央机构的职务即"缺分"（满语称"乌布"）全部分为宗室缺、满洲缺、蒙古缺、汉军缺、内务府包衣缺和汉缺。在这六种官缺中，除汉缺外，其余均属旗人缺。这是确保满人政治权力不被侵蚀的资源划分。

有所不同。因为刑部要求专业性极强，非他曹可比，满官一般都难以胜任，这一点对于清代君臣而言都是心知肚明的，所以刑部汉尚书为当家堂官，其所依侍者恰系基于知识资源优势形成的权力。在中国传统社会里，固然可以说自始至终都没有过与"行政"相对应的"司法"，"司法"只是"行政"应有的一种职责。易言之，这是一种行政化的司法，而不是职业化的司法。但是，司法独立化与司法专业化在我们看来是两个不同的概念。司法专业化并不以司法独立化为前提条件，其与司法职业化也似有一间未达。在清代刑部这种特别专业化的团体（professional group）中，同僚中讲求的资格是狱讼方面的经验以及律例方面的知识。胡思敬《国闻备乘》在分析清季部务不振的状况时也指出："曹郎积资十余年，甫谙部章，京察保一等，即简放道府以去。侍郎多起家翰林，初膺部务，临事漫不省，司员拟稿进，涉笔占位署名，时人谓之画黑稿。尚书稍谙练，或一人兼数差，年又耄老，且视六部繁简次序，以调任为升迁（旧例由工调兵、刑，转礼、转户，至吏部，则侍郎可升总宪，尚书可升协办），势不得不委权司曹。司曹好逸恶劳，委之胥吏，遂子孙窟穴其中，倒持之渐，有自来矣。惟刑部法律精，例案山积，举笔一误，关系人生死。历朝重狱恤刑，必简一曾任刑曹、熟秋审者为尚、侍。"[1] 例如，赵舒翘为同治甲戌进士，签分刑部主事，又系时任刑部尚书薛允升的外甥，故薛允升在业务上时加教诲培植，赵亦虚心领受，成为精于刑名的专家，后入继薛允升之后为刑部尚书。即使在清朝末叶，朝纲靡弛，各部所谓"做京官"的人终日征逐酒食、奔走红白酬应，从没有整天办过公的，其传统政治体制的办公时间概念本身与现代社会大相径庭，而文件俱由书办拟定成稿交司，等候长官来部时画押。但是，刑部的秋审处考核案件，始终都有一当家侍郎值署。这就是由于刑部事务需要非常专业的知识所致。盖在其他各部，"事权皆在胥吏，曹郎第主呈稿画诺而已"[2]，"惟刑部事非胥吏所能为，故曹郎尚能

---

[1]　庄建平编：《晚清民初政坛百态》，四川人民出版社 1999 年版，第 19 页。

[2]　时谚云："堂官牛，司官鳅，书吏剔魖不得休。"李慈铭：《越缦堂日记补》庚集末，咸丰十年十一月初三日记，李德龙、俞冰主编：《历代日记丛钞》第 55 册，学苑出版社 2006 年版，第 413 页。

举其职"，一应拟勘，皆躬亲其事，牍必自成，不假吏手。[1] 据光绪朝《钦定大清会典》规定，在办理秋审业务时，总办司员于年底即请堂派各司专办次年秋审官，满洲一员，汉二员。将各该司应入秋审人犯，依原案题结先后，以次摘叙案由，分别实缓矜留，出具看语，名曰初看，用蓝笔标识。再为复看，用紫笔标识，陆续汇送本处。坐办司员将各司略节删繁补漏，交总看司员酌核允当。加具看语，呈堂批阅。仍于堂议之前，总看坐办各司员，齐集核议。将情实、缓决、可矜、留养承祀各犯，详细参酌，平情定拟。[2] 刚毅所辑《秋谳辑要》等文献中亦有类似叙述。刘光第是戊戌变法喋血菜市口的六君子之一，长期任职刑部，后人所辑《刘光第集》[3] 中的大量记述，更是反映了一个刑部中下级官员在宦情清淡的司法实践

刘光第像

中如何历练超转的过程。当然，刑部专业人员的素质在清后期显现出低落的迹象。沈家本云："从前刑部遇有疑似难决之案，各该司意主议驳，先详具说帖呈堂，如堂上官以司议为是，由司再拟稿尾分别奏咨施行，若堂上官于司议犹有所疑，批交律例馆详核，馆员亦详具说帖呈堂。堂定后，仍交本司办稿，亦有本司照复之稿。堂上官有所疑而交馆者，其或准或驳，多经再三商榷而后定，慎之至也，道光中，渐有馆员随时核复，不具说帖之事。去繁就简，说帖遂少。光绪庚辰以后，凡各司疑难之案，一概交馆详核。于是各司员惮于烦也，遂不复具说帖，馆员亦不另具说帖，径代各司拟定稿尾，交司施行。自是馆书日繁，而各司多不

---

① 李岳瑞：《春冰室野乘》，"薛云阶司寇之法学"，沈云龙主编：《近代中国史料丛刊》第六辑，60，台北文海出版社1967年版，第189页。

② 昆冈等修，吴树梅等纂：光绪朝《钦定大清会典》卷五十七，刑部五，《续修四库全书》编纂委员会：《续修四库全书》794，史部·政书类，上海古籍出版社2002年版，第555页。

③ 中华书局1986年版。

讲求，因有人才牢落之叹。"① 然而，即便如此，清末出自刑部的刑名大家仍堪称群星璀璨。除了前述薛允升、赵舒翘、沈家本之外，党蒙、吉同钧、董康、刚毅、许世英等都是其中的巨擘。

此外，刑部的专业化还可以从董康对都察院的批评中得到反证。董康指出，都察院虽列入三法司，由于都察院原来就是监察机构，负责监督司法，规章律令非所专精，故一应会画事件，俱推刑部主稿。在都察院中，"满人之充御史者系保送，皆阘茸下才；汉人之充御史者系考选，偏重编检一流，即偶有由刑部郎员选人，亦非上驷"②。董康所言应该是有一定道理的。所谓"神机营刀枪，翰林院文章，光禄寺羹汤，太医院药方，御史台弹章，织造府衣裳"的清末京师谚语可为佐证，殆皆暗讥御史弹章等有名无实也。《清史稿·刑法志》云：外省刑案，统由刑部核复。不会法者，院寺无由过问；应会法者，亦由刑部主稿，而部权特重。刑部之所以在三法司中部权最重也不是单纯的法律制度规定，而是亦基于其知识资源转化形成的权利。

笔者译自法文的魏丕信《在表格形式中的行政法规和刑法典》（Pierre-Étienne Will, La réglementation administrative et le code pénal mis en tableaux）一文即认为，无论是律例，还是则例，都不是发明于清朝。不过毫无疑问的是，雍正帝在位期间（1722—1735）努力整饬官箴和使帝国的行政秩序井然，标志着增加的规制工具集中化和系统化过程的开始。这个一直持续到王朝末年的过程和其中为直接后果的急剧繁殖的文本，不只反映了制定"法律"以加强王朝权力而延伸至中央对于官员工作最小细节的控制。它主要是源于18世纪初叶几十年中国的人口和经济的迅速增长，管理总量大，控制和规范的问题大幅增加。③ 清朝在乾隆后并没有固守儒家传统的法约刑简理念，"以万变不齐之情，欲

---

① 沈家本：《寄簃文存·刑案汇览三编序》，中华书局1990年版，第201页。

② 董康：《前清司法制度》，何勤华、魏琼编：《董康法学文集》，中国政法大学出版社2005年版，第356页。

③ 魏丕信：《在表格形式中的行政法规和刑法典》，张世明译，《清史研究》2008年第4期。

御以万变不齐之例"①，大量增修例文。篇帙浩繁的律例文本踵事弥增，令人每有望洋之叹，而其间缕析条分，一事而情罪各异，非精审于几微疑似之间，则毫厘之差，谬以千里。所以，必须进行专门的研究和训练才能得其津梁。清代科举考试的官员选拔体制自身存在的问题，对于司法行政管理产生的弊端是客观事实，由于地方官员不谙律例，必须借助于刑名幕友。在清代前、中期，清帝国司法体系的专业化仅仅在中央一级完全实现，以慎重谳典。省级呈现出准专业化趋势，因为专司法律之臬司的简任在有清一代不少是从具有刑部工作经历的官员中擢拔补缺，这是潜规则。谢信斋如是云："追维曩昔皖省戴兰江少寇以比部司员治臬上谷，余次其幕下，出手录秋谳条款示余，极为详赡。余受而抄之，藏诸箧笥。少寇并因余言欲刊条款行世，嗣以迁去未果。余又询之张兰芷中丞，告以秋审条款部中曾有刻本，许为寄余，亦因升任，未及见寄。"② 从前述秋审条款的来源可以看出刑部专业化对于各省臬司专业化的"涓滴效应"（trickle down effect），而徐珂《清稗类钞》所记"霍邱杀婿案"中，刑部书吏高某派充发审局委员表现出的洞达案件窾窍的专业经验便是这种"涓滴效应"的直接证明。③ 而当时州县仍然是司法与行政合二为一，专业分化渺不可见。学术界多关注于刑名幕友、讼师的法律专业知识在司法场域的作用，但是魏丕信和笔者均强调对通过科举服官而在刑部经过长期历练的专家亟待投入力量研究。刑部通晓谳事的法律专业人士属于"庙堂律学家"队伍，代表当时司法专业技术的最高水准，与作为"在野律学家"的刑名幕友、作为"草根律学家"的讼师等相颉颃，鼎足而三，在各类司法审判过程中互动与较劲。因为刑部官员最有机会接触各类争议与疑难案件，而使他们长期浸润于法律知识的研读与讨论风气之中，无论是熟读法律条文、审核全国各类案件判决书、编纂删削新的律例，在在都使他们有更多机会发展出较精细的

---

① 中国政法大学法律古籍整理研究所编著：《中国历代刑法志注译》，吉林人民出版社 1994 年版，第 1009 页。

② 谢信斋：《秋审比较实缓条款》卷首，光绪戊寅夏月江苏书局刊本，自序页一。

③ 徐珂：《清稗类钞》第 3 册，中华书局 1984 年版，第 1158—1159 页。

法学知识。传统的观点不仅忽视刑部"庙堂律学家"的影响，而且没有将幕友和讼师在清代的兴衰这种司法领域的现象与立法活动问题相联系。在笔者看来，人口激增与例条激增、资源与规则之间不仅存在密切勾连，而且对于各色律学专家的专业食槽的构造息息相关，不能将幕友和讼师从18世纪的清朝社会再生产场景中抽剥出来。魏丕信在文章中对于清代刑部律学家的造诣深为叹服，并从律学便览手册的编纂和传播探讨这些著作的受众，揭示省级官员支持这种便览手册的刊行以为提高司法行政效率的资具。我们从魏丕信的文章中可以看出地方官员为改善司法行政所做出的诸种努力，而文章中所述这种便览手册的刊行和传播在时间上断裂性，似乎也提醒我们不应该将此种努力简单臆想为线性发展，但我们可以肯定的是，嘉道时期清朝省级司法审转的力量不仅数量上是严重不足的，而且在结构上也面临通过专业化节耗增效的问题。专家系统是现代性的主要特征。发审局这一"准专门性/专业性法庭"不同于府县等政府机构，它只承担案件的审理和拟判，是一个纯粹的司法事务部门，昭示着从传统行政司法合一的审判机制，向现代社会司法与行政分离的转型变迁①。

施坚雅（George William Skinner）②认为，公职人员的数量在清帝

---

① 清代省级及中央之司法审判已开始区分民事与刑事案件，两类案件之司法审判渐趋分化，这尽管不能用西方中心论的标准遽然认为是现代性的发轫，重复资本主义萌芽问题争论的老路，但的确和清代司法专业化趋势一样是不容忽视的特点。清代司法审判固然不曾像现代司法制度那样严格区分民事与刑事案件，但有户婚田土钱债案件与命盗等案件之分却是事实。清代府州县厅等司法判机关兼理民事与刑事案件，尚浑然未见其分工，不过，在省级司法审判机关中，布政使司职司审理户婚田土钱债等民事案件，按察使司职司审理命盗等刑事案件；在清代中央司法审判机关中，三法司职司审理命盗等刑事案件，户部则职司审理旗民户口田房等民事案件。参见那思陆：《清代中央司法审判制度》，北京大学出版社2004年版，第220页。亦见滋贺秀三著，王亚新译：《清代诉讼制度之民事法源的概括性考察》，滋贺秀三、寺田浩明等：《明清时期的民事审判与民间契约》，王亚新等译，法律出版社1998年版，第20、42页。

② George William Skinner, Introduction：Urban Development in Imperial China, in G. W. Skinner（ed.）, *The City in Late Imperial China*, Stanford：Stanford University Press，1977，pp. 19 – 23.

国末期并没有随之增长，因此中国由国家直接出面的管理越来越少，而由诸如行会或宗族等私人机构分揽合同越来越多。魏丕信《在表格形式中的行政法规和刑法典》中一方面同意施坚雅的观点，认为在国家机器职位数目的"持有人"仍或多或少保持恒定固然属实，但另一方面又强调，可支配的行政工作力量在省级政府以候补官员（见习人员）的形式急剧增长，特别是在19世纪犹然，而更多数量的有真才实学的专业人士在担任实缺的地方行政官员幕府中充当幕友，并由这些官员付费，也就是说，是最终用户。正是由于他们，国家一直能够保持活力，并在事实上增加其在社会性规制领域的抱负，尤其是在法律领域。但《剑桥中国晚清史：1800—1911年》中的分析可以说是颇具卓识的，将人口对于土地的压力视为造成19世纪最初几十年危机的根子，提出了当时中国社会存在着与人口过剩相关的对国家政治产生毁灭性影响的"文化人生产过剩"问题。清朝中后期人口的增长，是由清代社会和制度的特点决定的。中国人口爆炸来得太早，在与现代国家进行实质性接触之前，人口就先急速增长。本来可以转而用于1850年之后现代化目标的早期剩余，实际上已经被1750—1850年这一百年间的人口急速增长消耗殆尽。如果说人口的增长对农民生活的影响最终是毁灭性的，那么，它对政治制度的影响也同样严重。在这时期政治生活中，各级官吏激烈地进行竞争，以谋求升迁和保全官职。这样就使人员流动升迁的正常机制落后于人口增长这一事实。另一方面，文化人的生产过剩，不论是政府公职的法定数额，也不论是科举的名额，都没有按照人口增长速度而增长。另外，清代实行捐监制度，即为荣誉学衔和实授公职举办捐纳，政府不断地用这种办法开辟财源。但捐纳制度显然不能充分满足人们日益增多的希望得到这种优越社会地位的需要，出售功名和官阶使适合做官条件的人数增加。因而实际上加剧了对有限官职数量的压力，这在某种意义上就突出了仕途升迁道路显著不足的状况。[1] 中国历史上的科举制度实际上就是文化—权力资源的转换器。皇帝通过科举制度令

---

① 费正清编：《剑桥中国晚清史：1800—1911年》上卷，中国社会科学院历史研究所编译室译，中国社会科学出版社1985年版，第117—119页。

"天下英雄入吾彀中"以供驱驰，是此番交易的最大消费者，而芸芸举子们也把知识作为商品出售，"习得文武艺，货与帝王家"。由于给皇上打工获值不菲，可以得到"黄金屋"和"颜如玉"，所以"万般皆下品，唯有读书高"。但是，"鬻技"的市场更受到限制，官吏的法定数额和科举名额都属于稀缺资源。人满为患的人口生产过剩不仅是黄宗智所说的小农经济"内卷化"的原因，也可以说是晚清政治内卷化的原因。人口爆炸不仅令科举考试竞争加剧，使考试成本无形中水涨船高而中榜概率则呈反比下降，使更多的人将大量时间花费于仆仆奔驰艰难的仕途经济之路，"朝为田舍郎，暮登天子堂"的美梦难圆，以致产生洪秀全那样的反朝廷的逆志，铩羽而归者变为揭竿而起者。而官场庇护制度由于读书人生产过剩造成资源紧缺而得以强化，人脉关系成为仕途"生活机会"（life-chance）的重要资本，官员夤缘奔竞钻门路、拉帮结派敛钱财的贪污腐化现象潜滋暗长，和珅的权力关系网络即其明证。[1] 这种官场得势者的腐化和科场失意者的怨怼震荡氤氲，构成难分难解的交啮纠合脉络。近代的兴学校、废科举虽然是在现代化的话语下进行的，但科举被学校所取而代之，被遮蔽的线索恰是这种生产过剩胀裂科举之窠臼的伏脉。

　　然而，这种科举生产过剩危机也蕴含着生机，为发审局这样的新机构的创设提供了条件。清代中叶以后，各省都有许多候补知县，除了进

---

① 洪亮吉在嘉庆四年和珅倒台后不久的上书中就指出了这一点："以亮吉所见，十余年来，有尚书、侍郎甘为宰相屈膝者矣。有大学士、七卿之长，且年长以倍，而求拜门生，求为私人者矣。有交宰相之僮隶，并乐与抗礼者矣。太学三馆，风气之所由出也。今则有昏夜乞怜，以求署祭酒者矣。有人前长跪，以求讲官者矣。翰林大考，国家所据以升黜词臣者也。今则有先走军机章京之门，求认师生，以探取御制诗韵者矣。行贿于门阑侍卫，以求传递代倩，藏卷而去，制就而入者矣。及人人各得所欲，则居然自以为得计。"赵尔巽等撰：《清史稿》卷三百五十六，列传第一百四十三，中华书局 1977 年版，第 11311 页。不过，洪亮吉是从士大夫名节问题批评官场风气，而笔者则是从社会经济资源的角度加以分析。洪亮吉因为此次上书获遣，其中罗列贪黩诸人向军机章京求认师生暗指时任军机章京的章煦，尽管在后来洪亮吉案的审理质证时经查系得自传闻，并无确据，但这种昏夜叩门干谒奔竞之事本身就难以稽核，不能据此断定其所述尽为虚妄无根之谈。

士出身的称为老虎班①，到省后一百天内遇缺即补，其余则需耐心等待。大量存在的候补官员或署缺，或差委，临时性地参与地方政治、经济和社会诸事务，是其他朝代没有而为清朝所独有的现象，正如魏丕信所见那样，对于地方政府司法行政资源结构性的短缺起到了补充作用，他们当时被称为"听鼓者"。"听鼓"的本意是指官员到衙门值班当差，官府早上击鼓，官员听见鼓声前去应卯，开始上班治事。下午再次击鼓，表示放衙下班。后来候补官员等候地方大吏在辕门外贴出的牌示，以便奉谕去署缺和差使，这一等待过程被称作"听鼓"。"听鼓者"是人们对有官职而无实缺的地方候补官员的一种形象称呼。清代的候补官员是指有官职而无实缺，以署缺和差使的形式，在中央部门和地方从事各项临时性、差遣性事务，但多数时间赋闲、"听鼓"的在册官员。"听鼓者"包含三类人：一是有官职而没有实缺，这与实任官员区别开来；二是通过吏部分发，或地方大员的奏留、咨留，从铨选阶段进入实际任用阶段；三是或长或短地参与中央和地方行政与社会事务。后两点把候补官员与候选官员区别开来，同时将实官与虚衔（不参加铨选，仅有职衔）区别开来。候补官员从事的事务多数是临时和机动的，所以，他们常常是辅助角色，以受人差遣为常态。候补官员的存在形式有临时性职事和赋闲两种，不过对一般候补官员来说，赋闲的时间大大多于有职事的时间。他们在地方的职事方式主要有学习、委署和差使。② 何士祁将地方候补文官的职事性质定义为："无地方之责，而办地方之事。"③ 如同自 18 世纪以来八旗挤占绿营饷缺和增设养育兵解决八旗生

---

① 其正式说法为"即选知县"。朱克敬如是云："科目尤重翰林……翰林入直两书房及为讲官、迁詹事府者，人尤贵之；其次主考、督学。迁詹事府必由左、右春坊，谓之开坊，则不外用。其考御史及清秘堂办事者，年满则授知府，翰林常贱之，谓之钻狗洞。初入馆为庶吉士三年，更试高等者，授编修、检讨，谓之留馆。次者改六部主事，内阁中书。若知县，皆先除，不限常格，俗谓之老虎班。"朱克敬：《瞑庵二识》（与《瞑庵杂识》合刊本）卷二，杨坚点校，岳麓书社 1983 年版，第 122 页。

② 肖宗志：《"听鼓者"对晚清地方吏治的消极影响及其原因》，《南华大学学报》（社会科学版）2008 年第 9 卷第 5 期。

③ 何士祁：《候补二十一则》，盛康辑：《皇朝经世文编续编》卷二十五，吏政·守令中，沈云龙主编：《近代中国史料丛刊》第八十四辑，831—849，台北文海出版社 1972 年版，第 2579 页。

计问题一样,① 通过设立发审局不仅可以弥补司法审判缓解差委乏人的矛盾,而且可以解决候补官员生计。候补官员到首府发审机关审理京控和省控等案件在清末十分普遍。如四川发审局,就是部选实任官和在省候补文官练习政事之所。"不特候补人员,才具明敏者,到省之初,多委入局学习,即部选实缺州县,到省后,亦须学习数月,始能饬赴本任。候补人员,则由学习升副委,再升正委,且须审结案件,著有成绩,始能予以委署"②。在地方官而言,延聘幕友佐治的脩金尚需从自己的宦囊中拿出银子,而由发审局官员办案则可以公事公费。《安平县杂记》中就有这样的记载:"县中案牍繁多,历任每禀明上宪,延发审委员一二人,以便帮同审讯民间词讼。如遇清理积案之时,发审委员系由府道派来,不必致送薪水。"③ 候补官员其实挤占了幕友的饭碗。在这个意义上,刑名幕吏最终退出司法场域原本是肇端于遭到考试经济所产生的候补官员生计竞争的排挤,是中国法律体系自身演变的结果,非单纯受到西方律师、法官制度的影响。不过,这并不意味着发审委员就优于刑名幕友,相反,刑名幕友食人之禄、忠人之事的私人忠诚性,往往比发审委员对于长官而言更加注重关防,堪膺信托。在旧机体内部的病毒被新机构所遗传继承,而且政府机构添丁进口,则对民脂民膏的吮吸又将变本加厉。

从语源学角度可以看出,发审局这一称谓兼具历史继承性和时代新内涵,是"发审"和"局"两个概念的复合新词,折射出从幕友到发审委员过渡的变迁。庄有恭的《偏途论》记载乾隆时的情况云:"其省会首县地方大缺,司签必宜十人:稿签一人、发审一人、值堂二人、用印二人、号件二人、书禀二人。中缺,随官酌量派司。"④ 此处所谓

---

① 参见戴逸、张世明:《十八世纪的中国与世界·军事卷》,辽海出版社1999 年版,第 71—101 页。

② 周询:《蜀海丛谈》,沈云龙主编:《近代中国史料丛刊》第一辑,7,台北文海出版社 1966 年版,第 298 页。

③ 《安平县杂记》,《台湾文献丛刊》第二辑,台北大通书局 1995 年版,第90—91 页。

④ 《偏途论》,章伯锋、顾亚主编:《近代稗海》第 11 辑,四川人民出版社1988 年版,第 645 页。

"稿签""发审""值堂""用印""号件""书禀"六项，乃是当时地方衙门签押长随的分工。由于官缺大小、公务繁简各异，各衙门的长随分工情况参差不一。一般来说，在公务殷繁的大缺，分工较细，长随人员也较多；而公务较为简略的中、小缺，分工则相对简单，人员也较少。据《偏途论》言，"管发审签押一事，凡在督学河漕抚司道府省会之首县地方，凡有此等职事，但有各宪札饬札行，或面谕本官审办，或邻县解审解道寄监收管，各宗案件奉行之后，即宜分别办理……其核稿送签挂号各禀信函，仿司稿送签挂号签押办理"①。由是观之，发审系一省之首县衙门中专管上司衙门委发的承审案件事务的签押长随。一省之首县需要承担诸如总督、巡抚、学政、布按二司、驻省城各道和首府等上司衙门委办的公事，上控案件和京控案件往往委首县审理。首县印官往往需要多聘办理刑名事件的幕友，或者专设"发审"一席，司办承审事件。因此，"发审"按照该文献记载仅在省会首县衙门中方有，别的州县由于没有"承审"事务，便无设置的必要。这种"发审"幕友、长随等无疑是后来发审局的先声。据周询《蜀海丛谈》记载清代川省幕友的情形可知，四川按察使署所聘幕友分三席：一曰东股，一曰西股，将全省各属县分为东西两部分，何部案牍，即归何股办理，此外一席曰发审，则专办发审局之案件。② 这也反映出晚清发审局的渊源。或谓中国当代行政机关的股、科、局的建制是清末从日文出口转内销的外来新词，笔者认为此说不足取信，这些机构之名实俱是地地道道的土生土长的东西。"局"最早大约出现于北齐。北齐时，门下省统辖尚食局、尚药局等六局，太常寺所属的太庙署，下有郊祠局、崇虚局，此可复按于《隋书·百官志》。揆诸清代典章制度，户部的宝泉局和工部的宝源局可谓人所周知的机构。康熙时在京设有内织染局，在外则有江宁、苏州、杭州江南三织造。兹举一例，乾隆四十一年二月上谕言："据富察善等奏，宁海县知县雅尔善，因失察邪教案内降调，送部引见，但该员兼署承德县，及治中印务，会办参局诸事，且有委审命案，均关

---

① 《偏途论》，章伯锋、顾亚主编：《近代稗海》第 11 辑，四川人民出版社 1988 年版，第 653 页。

② 周询：《蜀海丛谈》，巴蜀书社 1986 年版，第 170 页。

紧要，现在实更无可委调之人。查承德县一缺已奉旨拣发有人，请将雅尔善暂留奉省，俟新任承德县到任交代后，仍令其护治中印务等语。雅尔善着暂留奉天委用，俟新任承德县知县到任后，即速饬令交代清楚，给咨送部引见。富察善等不得又借词乞留。"① 从这则史料中，发审局之谓似已呼之欲出了。

道格拉斯·C. 诺思在《经济史中的结构与变迁》中论及对于因人口扩张而导致的资源基数下降的反馈机制。② 在历史上，瘟疫、饥荒和战乱都可能缓释人口对资源基数构成的压力。太平军兴，大规模的战乱是各种难以发抒的矛盾的集中爆发，使既存的各种资源配置重新洗牌，引发了统治机器为了全力以赴应对变局的资源紧急动员，诸多因事而起、非其常规的"局"如雨后春笋般涌现。中兴疆臣练兵筹饷，新政事繁，变奇才乏，故存官缺以供旧职，增差局以办新事，于军需则有转运局、练饷局、团防局、收发局、支放局、转运局、采运局、军械局、军火局、军装局、军器局、军需局等项名目，于洋务则有洋务局、机器局、机器制造局、电报局、电线局、轮船支应局、轮船操练局等项名目，于地方则有清查藩库局、营田局、招垦局、官荒局、交代局、清源局、发审局、候审所、清讼局、课吏局、保甲局、收养幼孩公局、普济堂、铁绢局、戒烟局、刊刻刷印书局、采访所、采访忠节局等项名目，其盐政则有各处厘局、运局、督销局；其厘卡除牙厘局外，则有百货厘金局、洋药厘捐局……林林总总，不胜枚举，表现出地方行政分职化和专门化的趋向。有学者经过研究认为，大体上，这些局经历了"军幕"制度、"委绅设局"和"科层管理"等几个阶段。③ 曾国藩在办团练与太平军进行殊死搏杀过程中逐步异军突起，在连其自己都"日夜望死，忧见宗祏之陨"④ 的清王朝即将抽心一烂、根本颠仆的前夜成为这个王

① 《清高宗纯皇帝实录》卷一千零三，乾隆四十一年二月，台北华文书局股份有限公司 1960—1970 年版，第 14771 页。

② 道格拉斯·C. 诺思：《经济史中的结构与变迁》，陈郁、罗华平等译，上海三联书店 2002 年版，第 14 页。

③ 参见冯峰：《"局"与晚清的近代化》，《安徽史学》2007 年第 2 期。

④ 太平天国历史博物馆编：《太平天国史料丛编简辑》第 3 册，中华书局1962 年版，第 412 页。

朝倚靠的中流砥柱，聚集了可观的行政资源，广泛征士，两湖湘士纷纷投幕，一时思自效者，无不投趋辕门，幕中人才济济，精英咸集，冠绝一时，堪称"神州第一幕府"。咸丰三年初，曾国藩到长沙不久，欧阳兆熊劝他应该建立"文案"。他接受这个建议在团练大臣公馆设立审案局，大肆捕杀有反清活动或嫌疑的湖南民众。同年八月，迁往衡州。承办案件的刘建德、厉云官等人也成为曾氏最早的一批幕僚。审案局办案废除一切司法程序，定罪不要证据，只据团绅一言即可置人于死地。所科刑罚严酷，重则就地正法，轻则杖毙堂下。审案局秉承曾国藩威猛救时的意旨杀人甚众，曾氏遂得"曾剃头""曾屠户"的恶名，遭到舆论谴责，以致被迫离开长沙，但这种血腥手段对于湖南最终得以避免局面溃乱变为第二个广西不无有益。咸丰四年（1854）曾国藩东征后，审案局改名发审局继续存留下来，有时也称发审所，成为幕府中的常设机构，遇有案件，便交发审委员审理。这一时期大多审理军中犯案，如万瑞书抢粮台案，李金旸"通贼"案等。曾国藩担任直隶总督期间，为清理历年积讼和办理天津教案，都曾设立发审局审理案件。在发审局任职的人员，主要有严良勋、张丞实、何庆徵、黎福畴、李沛苍、刘兆彭、范泰亨、勒方锜、李兴锐、庞际云、李鸿裔、赵烈文、马新贻、周悦修、史念祖、张树声、金吴澜、陈兰彬、程桓生、彭山屺、钟文、孙尚绂、吴汝纶等。① 从曾国藩幕府的分析可以看出，在历史断裂处，新增生的历史河汉蜿蜒并行，俨然呈现出了茫茫九派流中国、沉沉一线穿南北般的态势。

道格拉斯·C. 诺思在《经济史中的结构与变迁》中把产权理论、交易费用理论同国家理论结合起来，提出了有关国家的"暴力潜能分配论"②。诺思认为，国家具有"暴力潜能"（violence potential），其类似

---

① 参见朱东安：《曾国藩幕府研究》，四川人民出版社1994年版，第55—56页。李志茗：《晚清四大幕府》，上海人民出版社2002年版，第127—128页以及第116—123页的"曾国藩幕府机构设置表"。刘志强：《曾国藩幕府》，中国广播电视出版社2005年版，第57—58页。

② 道格拉斯·C. 诺思批判了理论界的两种国家观念，即契约理论和掠夺理论。他认为这两种理论都是不全面的。因为契约理论只是解释了契约为　（续下注）

于企业拥有资金、劳动力、技术等生产要素后所具备的"生产能力"。若暴力潜能在公民之间进行平等分配，便产生契约性的国家；若这样的分配是不平等的，便产生了掠夺性的国家，由此出现统治者和被统治者，即掠夺者和被掠夺者。虽然诺思将马克思主义的国家理论归结于"暴力论"或"掠夺论"，可是马克思实际上也没有忽视国家提供产权界定的功能和价值，只是没有像诺思那样精细化、动态化和对契约论进行论述。在镇压太平天国起义期间，国家暴力赤裸裸通过发审局以军法形式发挥作用，而在兵燹之后，面临土地荒芜和人口流离，元气未复，百废待兴，国家作为一种在某个特定地区内对合法使用强制性手段具有垄断权的制度安排，其主要功能是提供法律和秩序，发审局也是在界定产权、生产"正义"等公共产品方面的重要工具，表现出国家暴力潜能的比较优势、残余价值和司法中霸道与王道的多重特性。殆资源的稀缺与自由的空间广狭息息相关，正如费肯杰所强调获得和拥有（Erwerben und Haben）、或者说 to have something 与 to free from something 是相辅相成，国家在资源供给有限的情况下提供的权威性司法服务尤为必要，这在某种程度上也可以解释发审局为何在太平天国起义被镇压下去后愈发普遍的原因。同治三年，皖省署按察使何璟详院呈文就颇能说明问题，其意略谓：自军兴以来，一切命盗案件，皆由各州县援照新章自行办理，重则正法，轻则责释，并不逐案通详、招解、审勘，亦不咨部核复。以一州县而掌生杀之权，非慎重民命之道。治乱重刑，一时权宜之计。鉴于省城克复瞬届三年，各地已就肃清。虽各处招审人犯一时尚难解省，而各府州所送招册一切例案，均应援引得当，以免部诘。臬司职掌刑名，责无旁贷，凡遇委审及各属详报案件，无不细核情节，妥为办理。然而，州县官吏不谙律例者甚多，一经驳诘，登复为难。因思首府衙门向设发审局，遇有发审及提省之案，由该府督同委员研讯，明确

（续上注）什么被订立和契约本身所具有的功能，而没有注意在实现集体利益时个人利益的状态，在某种程度上丰富多彩的个人利益被忽略了；而掠夺理论虽然注意统治者为了自身利益最大化的需要而向被统治者收取租金的一面，但它仅仅注意国家的暴力性质，而没有注意统治者和被统治者两者之间的互动，实际上被统治者不是完全的无能为力，其对被统治者也有一种制约的关系。

引定例案，详司复审转详。若仍旧设局，不但委审之案得以详慎审办，即招审各案有引例不当之处，亦可就近查议，以免往返驳诘，徒烦案牍。皖省当局上宪谕令安庆府知府陈浚就此议定章程禀复，后由司详奉两院批准，于是年五月复设发审局。①

依据实录以及其他资料来看，清王朝灭亡以前各省基本上设立了发审局。直隶、山东、山西、河南、湖北、湖南、江苏、江西、安徽、浙江、福建、陕西、四川、贵州、甘肃、新疆、台湾、广东、云南、广西各省均有相关记述。② 奉天、吉林在建省以前也设有发审局。同治三年，宝琦提出设立谳局以清理积讼的建议得到皇帝的批准与指示。光绪十二年四月，吉林将军希元等奏宁（古塔）、（三）姓、珲（春）三城

---

① 冯煦主修，陈师礼总纂：《皖政辑要》，黄山书社2005年版，第748页。

② 虽然没有各省关于发审局设立情况的详细资料，但是从时人著作、督抚奏折、皇帝谕旨等数据中，我们确实可以找到发审局的明确记述。兹缕述如下："饬令该臬司（直隶按察使史念祖）综理发审局"，参见《穆宗毅皇帝实录》卷二百六十六，同治八年九月，台北华文书局股份有限公司1960—1970年版，第5657页。此外还可参见曾国藩的《直隶清讼事宜十条》。如上文所述，山西发审局设立于道光十六年。"（河南）省城发审局委员郎仲连……现在发审局，借案吓诈"，参见《清文宗显皇帝实录》卷五十四，咸丰二年二月，台北华文书局股份有限公司1960—1970年版，第692页。湖广总督瑞澂奏改设湖北提法使一折内称："惟发审局为各属解勘翻供，及提省审办重要案件而设，见在各属审判厅尚未遍设，未便遽裁，应暂改为督审处，仍由提法司督率审理。"参见刘锦藻撰：《清朝续文献通考》卷一百三十三，职官十九，浙江古籍出版社2000年版，第8930页。"（湖南）臬幕任骥，与前署臬司盐道李经义，授意发审局员裕庆、吕汝钧刑逼勒供，敷衍完案。"参见《清德宗毅皇帝实录》卷三百七十六，光绪二十一年九月，台北华文书局股份有限公司1960—1970年版，第3419页。桂超万在《宦游纪略》曾记："（道光十四年）十二月朔到（江苏）省，旋乞差赴皖，回里省亲。甲午（十五年）四月朔回苏，三大吏以书院阅文见委，间到首府谳局同徐倅问上海一案。"参见桂超万：《宦游纪略》，《近代中国史料丛刊》第八十一辑，810，台北文海出版社1966年版，第11页。包世臣在《与次儿论谳狱书》中提及江苏省以及江西省的谳局，参见包世臣：《与次儿论谳狱书》，包世臣：《安吴四种》，沈云龙主编：《近代中国史料丛刊》第三十辑，294，台北文海出版社1968年版，第2237—2241页。安徽省的发审局于同治三年重新设立。"杭州府发审局（浙臬任内）"，参见徐宗干：《斯未信斋文编》之附录：斯未信斋文编原书目录，官牍七，《台湾文献丛刊》87，台北银行1960年版，第174页。关于福建发审局情况，可以参阅《福建省（续下注）

讼狱轻减，请将原奏暂留吉林刑司掌印主稿满汉郎中各一员裁撤，以后案件应由刑司复核者拟照旧制，即由吉林十旗参领内拣派熟习刑名一员掌理关防，该司原设有理刑笔帖式二员，即令专司主稿，遇有疑难重案随时委吉林道府、或发审局员会同详核审理。此提议得到皇帝赞同。①光绪十年（1884），黑龙江将军提议设立发审处以清理积案，不料却为皇帝以将军衙门原有刑、户各司足可应付为由否决。此后也一直没有设立发审局。②除了各直省设立发审局这一机构之外，京师顺天府也设有发审局。咸丰十一年（1861）十二月，顺天府所辖永清县知县王锡琦，

（续上注）例》，《台湾文献史料丛刊》第七辑，141—142，台北大通书局 1987 年版，第 1014—1016 页。樊增祥所著《樊山政书》中所记其在陕西任藩司、臬司时的诸多案牍往来，其中有多处涉及西安府谳局情况，此处仅摘录一处说明。"批西安府张守筠禀：贵府莅任之初，首先留意谳局人才，是为操之有要。所请增委及帮审四员，无不辟举得宜，深堪嘉佩。准即如禀，转详檄委，以资臂助。"参见樊增祥：《樊山政书》，中华书局 2007 年版，第 24 页。四川发审局资料见于《四川通饬章程》，台北文海出版社 1977 年印行，第 230—259 页。宣统二年，贵州巡抚庞鸿书就贵州省城各级审判厅筹备情况所上奏折中曾称："设立审判厅筹备处，规划一切事宜，并附设司法讲习所，养成应用人员。并令于发审局设陪审席，实地练习，以资经验。"参见《宣统政纪》卷二十九，中华书局 1985 年版，第 535 页。广东发审局见刘锦藻：《清朝续文献通考》卷二百五十二，刑考十一，详谳，浙江古籍出版社 2000 年版，第 9975 页。云南发审局见宣统二年十二月十一日云南提刑按察使司秦就裁撤云南府昆明县署发审局员并所有府县新旧等案均饬移送三厅审办一事移云南劝业道。资料来源：http://www.ynda.yn.gov.cn，云南档案信息网，清代档案上网目录——商业·国内商业，访问时间：2009 年 4 月 12 日（按，此处"云南提刑按察使司秦"指的是秦树声）。新疆发审局资料见新疆维吾尔自治区档案馆所保存的吐鲁番档案，参见王煜：《清代吐鲁番档案概述》，《历史档案》1990 年第 2期。甘肃发审局资料见于 1889 年兰州发审局曾附设学吏局的记载。参见《1916 年 7 月蔡大愚〈甘肃法政专门学校成立记〉》，朱有主编：《中国近代学制史料》第 3辑上册，华东师范大学出版社 1990 年版，第 639 页。广西发审局之存在，可以光绪三十一年（1905）署理两广总督岑春煊就地正法李云甫、李松甫案中桂林府知府吴征鳌督同谳局委员研讯之事为证。

①　参见《清德宗景皇帝实录》卷二百二十六，光绪十二年夏四月，台北华文书局股份有限公司 1960—1970 年版，第 2092 页。

②　李贵连、胡震认为，黑龙江虽然没有设立发审局，但是设立了裁判处，受理"各属上控、提审之命盗杂案及大小词讼"。李贵连、胡震：《清代发审局研究》，《比较法研究》2006 年第 4 期。

因浮征钱粮被人控告,却仍在发审局会同治中问案,以致永清原告三百余人,因其阴属治中锁押,不敢到案者居多。皇帝对此大加申斥,并严令确切查讯。①

第三节　发审局制度案例分析

从前述可见,发审局于道光以后已经成为一个普遍现象,但是其中却没有关于发审局贯穿始终的详细资料。为了说明其内部构造、职能以及运作,我们利用所搜集到的材料将山西、安徽、四川作为个案对发审局作一个概括性描述。应该指出的是,这一描述并非是静态的,也非其在完全成熟时期的描写。在叙述过程中,我们会对发审局内部人员的增减、奖惩措施的更改、职责的变化等作清晰的标示,以便呈现出一个动态的、发展的描述。

一、山西省发审局

(一) 成立

道光十六年(1836),山西巡抚申启贤批准了藩司、臬司关于设立发审局的章程细则,在其批详中称:省会地方,理应设立发审局,由首府派委人员督率审理。今省城因无公廨,向在太原府署设局。②

(二) 人员构成

1. 太原府知府

太原府知府作为首府知府,事务相当繁忙,尽管发审局纳入其麾下

① 《清穆宗毅皇帝实录》卷十三,咸丰十一年十二月,台北华文书局股份有限公司1960—1970年版,第286—287页。

② 刚毅修,安熙纂:《晋政辑要》卷三十四,刑制,审断四,《续修四库全书》编纂委员会编:《续修四库全书》883,史部·政书类,上海古籍出版社2002年版,第712页。

管理，但其也并非面面俱到，而往往负责统筹全局性的事务。其于发审局中处于统筹全局、承上启下的地位。"承上"，即秉承司、院的指示处理案件，"启下"即统领局中人员处理局务。其职责大约有三：（1）监督职责，对派委之员的勤惰进行稽查，并根据其所稽查的结果对局员提出奖惩意见，详禀上级衙门裁示。（2）制定、完善发审局的拟改章程。发审局设于太原府署，与知府近在咫尺，知府随时监察，因而对其运作机制、欠妥善之处有较为深刻的理解、认知，为了调动局员积极性或者是进一步完善发审局的运作机制，首府知府往往会提出一些改进性意见。如光绪元年（1875），首府知府江人镜就"正委缺出，副委如何抵补"提出改善性意见就得到了巡抚鲍源深的批准。（3）参与案件审理。首府衙门也会有自理词讼，因此知府并不参与局内每一件案件的审理，其所审理的多为巨案、要案。除了审理案件之外，局内案件审理过程中遇到的诸多问题，如人证不齐、案结详禀等，均须禀明首府由首府行文关提或者呈递详文。

2. 提调

山西省发审局成立之初并无提调之职。同治十一年（1872），巡抚鲍源深批准藩臬两司关于发审局设立提调的详文，提调一职自此而设。提调于候补知府、直隶州内派委，其职责在于提调局务，尤其是局中审案事宜。局中发审之案，由提调率同局员研审，倘若遇有重大案件则由提调专讯。光绪九年（1883），添派一员成正副二员提调。

3. 委员

委员，即发审局内案件的主要承审人员，同时也是发审局内最主要的组成人员，大多由候补丞倅州县内委任。藩臬两司制定的设立章程内并未有确定的派委人数，经巡抚申启贤批准，委员定制为八名，正、副各四员。正委由候补丞倅州县内才具优长、判断明晰者充任，再次者充任副委，帮助审理案件。如果正委得缺出局，则由副委挨次顶任，然后再选一员充任副委，以符合八人之数。如果省内确实缺乏可委以正、副委之职的候补人员，以前在发审局内任职并且审案明干的署事回省人员仍可以禀请入局。光绪元年，副委充任正委的方式发生改变。正委缺出后，不再按副委次序补任正委，而是按照副委的功劳增补。首先由结案十起者之副委抵补，倘若结案不及十起者，则以起数多者补任，如果起数相等则依到局先后补用，如果同日到局则依到省之先后补用。空出之副委由太原府知府于候补同知、通判、州县官内挑选才明守节者禀请充任。

4. 发审幕友

囿于资料有限，该省发审局内幕友的人数、来源等难以详加论述，只能从数据中透露出的点滴信息加以推测。发审幕友有脩膳银一千两，因而可能是发审局内的专聘人员。其职责在于：通过参与案件的审理，对所审案件审结后的详文以及所拟判词加以修改、润饰，防止上司驳诘。

5. 书役等伺候人员

书役等发审局内的伺候之人，由太原府派府内人员担当。书役负责往来文书的整理、誊写等，差役则负责案件审理过程中犯人的拘提、解送以及审案时站堂、刑杖等。

（三）职能一：审案

1. 所审案件类型

虽然《晋政辑要》中并没有单列此项，但是从其中关于承审期限、奖惩措施的记载中，我们可以把发审局所审案件的类型大致列举如下：京控案件、省控案件、各厅州县的命盗审转案件以及提省重大案件。

嘉庆帝开禁京控以后，尽管京控案件多交由地方督抚审理，但是却有两种发交方式：奏交、咨交。无论奏交还是咨交，督抚都会将它们交由发审局审理，并不亲提审讯。省控案件包括民人赴道台、臬司、藩司、巡抚等衙门呈控的案件。按照清朝严格的司法程序来说，赴院、司、道呈控的命盗等重案应由各衙门亲提审办，但是各上司衙门并不亲提审讯，往往发交发审局审理。如《道咸宦海见闻录》中所记，道光十八年七月，张集馨调署太原府事，承审郭嗣宗出嫁女自刎案，"该案京控三次，省控四次，钦差行辕控二次，由院司发交太原府讯"①。

---

① 张集馨：《道咸宦海见闻录》，杜春和、张秀清整理，中华书局1981年版，第40页。樊增祥在其《樊山政书》中也有类似记载，不过他所记的则是将赴其臬司衙门呈控案件批交谳局审理。樊增祥：《樊山政书》卷六，"批咸宁县民于扶福呈词"，中华书局2007年版，第153页。樊增祥批文为：此案仰西安府提至谳局，秉公复讯定断，具详察夺。

按照审转复核程序，州县官审理的命盗重案由府转司，由司转院。同治十二年，巡抚鲍源深批准藩、臬两司以及太原府详文称：

> 命盗案件，均由各厅州县研讯明确，定拟审转，一切援情定罪，关系匪轻，自应力求平允，乃竟有草率从事，情罪未能符合，供词亦复支离，迨经发审，一任谳局为难，原办之员转得置身事外，实属不成事体。嗣后各厅州县原审草率，如尸伤犯供均未确切，以致罪有出入，经上司饬委谳局，督同原审官审正者，将原审之各该厅州县，记大过二次。如原审情伤未确，无关罪名出入，或虽有出入，情伤止一未符，经上司饬委谳局，或驳饬该厅州县自行审正者，将原审之员均记大过一次。如原审情伤止一未符，又无关罪名出入，经上司饬委谳局，或驳饬该厅州县自行审正者，将原审之员记过一次。①

从上文来看，首府知府不仅将各厅州县的命盗重案交由谳局复核具奏上司衙门，而且还对各州县审理错误之员科以惩罚。于是，发审局也开始承担臬司部分职责，复核审转重案。

尽管《晋政辑要》中并没有关于发审局审理提省重大案件的信息，但是张集馨在《道咸宦海见闻录》中于其任山西首府的这一情形有所记述：

> 介休富民吴龙图等十六人，控告侯生芸领本骗吞等情。案本在县审讯，余初次到首府任，家人陈详，勾通幕友熊姓，遂将此案提省审问。余以钱账事，未暇经意，不料已为所诳。一日者，见委员王晋介提审……王晋介以此案腥膻，请余自审。②

---

① 刚毅修，安熙纂：《晋政辑要》卷三十四，刑制，审断四，《续修四库全书》编纂委员会编：《续修四库全书》883，史部·政书类，上海古籍出版社 2002 年版，第 714 页。

② 张集馨：《道咸宦海见闻录》，杜春和、张秀清整理，中华书局 1981 年版，第 42—43 页。

张集馨作为太原知府，也会参与谳局中案件的审理，但是所审理的多为棘手之案。

2. 派员委审之法

道光十六年（1836），巡抚申启贤批准的开办章程内所叙方法甚简：由于委审之案有难易之分，所以凡遇委审之案，由首府设立正副各委员之名签，如果签掣何人，则令何人承审，以防推诿之弊。同治十一年（1872），提调设立之后，发审案件则由提调率同研审，如果遇有重大案件则由提调专讯。从上文中可知，太原府知府亦会亲自审理重大案件。

3. 往提人证

发审局所承审的京控、省控以及命盗审转案件，往往具有复审的性质，提省重大案件则有初审性质。无论复审、初审，处于省城的发审局审理省内其他各地的案件，均需要提集相关人证以验证所拟判词是否情罪相符。人证的传解，往往责成发审局所审案件的原审州县提省候审。道光十六年，巡抚申启贤批准的开办章程，对各厅州县提集人证送省的推诿、迟延行为制定了相关惩罚措施：各属传解人证，实在外出患病，一时未能到案者，亦有因案多情弊，州县唯恐要证到省，审出实情，因而纵令逃避者，并有原差受贿卖放者，虽事无一定，总应责成州县解审。倘敢抗延不解者，即将该州县撤调来省，督令审办，总俟案结之后，始令回任。倘一时不能速结，其缺除另行委员署理外，仍将该州县留省候审，或听候参办。[1] 同治十二年，巡抚鲍源深批准的清讼功过章程中，对人证往提的期限、各州县的责任以及惩罚的规定相当明确：各厅州县奉提人证，以奉文之日起除去往返程限，在官人役，限五日起解，如果所提官役内有民人及专提民人者，均限十日起解。如果要证患病沉重，令该州县亲诣验明属实，限五日内禀复，一俟病痊，即行专解。若远出临境，该州县即传集亲属，讯明实在所往地方，亦限五日禀请展限，一面备文关提，到日即解。解证以日行五十里为限，如逾限不到，即由详提行查。衙门查明，详请记过一次，再分别限以五日、十日

---

① 刚毅修，安熙纂：《晋政辑要》卷三十四，刑制，审断四，《续修四库全书》编纂委员会编：《续修四库全书》883，史部·政书类，上海古籍出版社2002年版，第712页。

解复。如仍不到，再请记过一次。迟至月余不到，请记大过一次。若奉提人证至五名以上，能于初限内全数传解者，记功一次。倘人证并无患病、远出事故，有心循纵不解，即行详请撤任，以儆玩泄。①

4. 人证关押、管理

发审局设立以前，发审案内的要犯、人证往往交由阳曲县管押，或交该县转发官店看守，并有取店保候审者。由于人数多寡不一，其中难免差役、店家凌辱需索等事情的发生，因此道光十六年的开办章程中开列了明确的条文对此加以管理：由太原府衙门开具各案管押店保人证姓名清单，禀请派委试用知县两员分三日一班，轮班亲赴阳曲县管押犯证处所，及赴各官店稽察。如果发现凌虐索诈等事，当即禀明拘案严究，所派委员如有徇情代为隐饰者，察出后立即停委。所有管押人证，某日开释若干名新收若干名，饬令该委员于每月初二日开具清单呈送察复。该委员等如能始终稽查严密，一年期满，禀请拨委一次，以示奖励。冬季应给煤炭，夏季应给冰水药材，均由首府县自行捐廉交委员办理。承差、店家人等务将房屋打扫洁净，以免积浊熏蒸，致生疾病。② 光绪三年（1877）八月，省城设立了候审公所，除各案原告及被控钱债书役门丁外，其余牵连人证均准发所收养候质。日给米麦盐药，夏给席扇，冬与煤炭，病予医药。遴委正佐各一员，经理其事。③

5. 承审期限

发审局所承审的案件多为要案巨案，但是其承审期限并不是很长，大约十天。道光十六年的章程规定：委员承审案件，如果人证齐集，定限十日审明完结。倘若人证未齐或案情支离、犯供狡展，以致不能依限

---

① 刚毅修，安熙纂：《晋政辑要》卷三十四，刑制，审断四，《续修四库全书》编纂委员会编：《续修四库全书》883，史部·政书类，上海古籍出版社 2002 年版，第 712—713 页。

② 刚毅修，安熙纂：《晋政辑要》卷三十四，刑制，审断四，《续修四库全书》编纂委员会编：《续修四库全书》883，史部·政书类，上海古籍出版社 2002 年版，第 713 页。

③ 刚毅修，安熙纂：《晋政辑要》卷三十四，刑制，审断四，《续修四库全书》编纂委员会编：《续修四库全书》883，史部·政书类，上海古籍出版社 2002 年版，第 713 页。

审结者,承审委员即将要证何人未到、案情如何支离、犯供如何狡展如实详禀,由上司衙门查明给予展限。如有捏饰情弊,一经查出即停委一次。① 光绪十二年,巡抚刚毅批准清讼功过章程对承审期限以及迟延处罚的规定更加明晰。发审案件以人证、案卷解到之日起,易审案件限五日审结,难结之案限十日完结。倘因定限内不能审结,借口词证等未齐请添提人证为展限缘由,由太原府知府查明具详,将该委员停委一次。如果案情实在疑难、两造供词狡展,非提到要证质讯不能结案者亦由该府禀请添提人证,以提到要证之日起仍照前定五日、十日之期限完结,其有因循怠玩无故逾限不结者,停委一次。如果各委员轻重任意或以苛刻为明以致罪有枉纵者,由该府查明后即将该委员详请出局,停委一年。②

6. 奖惩措施

由于发审局所审案件大多案情复杂,并且牵涉人员颇多,承审期限很短并且对委员迟延惩罚较重,为了鼓励委员,不同时期的章程都制定了相应的奖励举措。道光十六年的开办章程规定:正委之员一年期满,如果勤于审案则给予酌委,其尤为出力真能听断明决者,禀请格外鼓励。委员帮办发审案件,如审结本省控案并命盗案件至三十起者,或审结京控案件至八起者,均详请拔委一次;倘详请拔委之后又复审结本省控案并命盗案件至四十五起,京控至十二起者,再准详请拔委一次。如果审办未及数目而轮署到班出省者,准其卸事回省后派审案件仍行接算。③ 咸丰五年,巡抚王庆云批准藩臬两司详文,对部分条款加以变动。嗣后,不论京控、省控、命盗难案,凡审结二十起者给予尽先拔委一次,三十起者给予酌委一次,所审京控案件以及奏案均以一起作二起

① 刚毅修,安熙纂:《晋政辑要》卷三十四,刑制,审断四,《续修四库全书》编纂委员会编:《续修四库全书》883,史部·政书类,上海古籍出版社2002年版,第713—714页。

② 刚毅修,安熙纂:《晋政辑要》卷三十四,刑制,审断四,《续修四库全书》编纂委员会编:《续修四库全书》883,史部·政书类,上海古籍出版社2002年版,第714页。

③ 刚毅修,安熙纂:《晋政辑要》卷三十四,刑制,审断四,《续修四库全书》编纂委员会编:《续修四库全书》883,史部·政书类,上海古籍出版社2002年版,第714页。

计算。如果审结案件内有翻控或者原审未协以致驳回案件，由首府另委别员审结，即于原审起数内扣除归于后结之员计数奖励。① 同治十二年，经巡抚鲍源深批准，奖励措施又发生变化，较以前更加优厚：承审委员每员能审结案件十五起者给予尽先拔委一次，二十起至二十五起者给予酌委一次，其中有实能审结纠缠棘手京控奏办案件或平反巨案、昭雪无辜及在局资深二三年之久，始终勤谨异常出力之员，由该府随时查明另行请奖，将轮应署事者提前酌委。② 提调一职设立以后，不仅督同局员研审案件，遇有重大案件还要专讯，比寻常局员还要辛苦。光绪元年，巡抚鲍源深批准太原府知府江人镜关于提调一职奖励措施：提调一职以一年期满，给予酌委署理优缺一次。③ 在给予局员优厚奖励的同时，为了防止局员徇私舞弊以致牵连无辜、冤抑丛生，也制定了相应的惩罚措施。同治十二年，巡抚鲍源深批准的藩臬两司详文中称：记过六次、大过至三次者，现任人员立予撤任，候补人员停委一年，有功准其抵消。光绪三年，惩罚措施进一步细化：记过不及六次、大过不及三次不符撤任停委之章者，每过罚银五十两，大过罚银一百两，候补人员候署后按欠数扣收。光绪七年，巡抚将该罚则改为：候补知府直隶州县因公记过，免其罚交银两。如事前存有记功，准其呈明相抵。其无功可抵记过一两次者由司存记，三次者销去寻常拔委一次，四五次者销去尽先拔委一次，多至六次及记大过至三次者销去酌委一次，仍分别撤委。如无劳绩可销，应销寻常拔委者，停委半年；应销尽先拔委者，停委一年；应销酌委者，停委一年半，再行开委。十七年，巡抚刚毅对记过至六次、大过至三次候补人

---

① 刚毅修，安熙纂：《晋政辑要》卷三十四，刑制，审断四，《续修四库全书》编纂委员会编：《续修四库全书》883，史部·政书类，上海古籍出版社2002年版，第714页。

② 刚毅修，安熙纂：《晋政辑要》卷三十四，刑制，审断四，《续修四库全书》编纂委员会编：《续修四库全书》883，史部·政书类，上海古籍出版社2002年版，第714—715页。

③ 刚毅修，安熙纂：《晋政辑要》卷三十四，刑制，审断四，《续修四库全书》编纂委员会编：《续修四库全书》883，史部·政书类，上海古籍出版社2002年版，第714—715页。

员的处罚改为停委，功过准其抵消。① 总体而言，对发审局委员的奖励措施是日渐优厚，但是对委员的相关惩罚却日渐减轻。

（四）职能二：对候补人员进行法律培训

发审局不仅处理案件，而且还承担着对候补人员进行法律培训的职责。对于经由科举考试得缺的人员来讲，司法知识的欠缺是其上任前所面临的最大难题。但案件的适当处理却是省级官僚体系内各级衙门官员必须担当的职责。因此，专门审理案件的发审局便成了由科举考试得缺的候补官员获取司法知识、增加办案经验的场所。张集馨《道咸宦海见闻录》中记载了道光十八年他署太原府知府时分发候补知县在发审局学习的情况："分发县令廿余名到省，皆书生不知吏事。余派刘叙等十员在县学习，派陈景增等十员在府学习，每晚令阅律例，次日互相讲求。令值堂吏设立考勤簿，注明到局时刻，其中有心人，俱感欣慰。后各员补缺，于例案俱有把握，不致受制于人。"② 发审局显然成了候补官员研读律例、增长断案阅历的法律训练场所。

（五）经费开支以及来源

山西省发审局的开支主要有三部分：发审幕友脩膳银、局员薪水、发审委员伙食费用以及伺候人员的赏银。发审幕友脩膳银一千两，由太原府知府捐廉银内派送。发审委员每天赴首府问案，应预备早晚饭食，如果熬夜审讯要案，夜间又需预备中伙，大约每天需银三两，共一千二百两。此项银两主要用于委员饭食，如果有所剩余则用于打赏伺候人员。道光十六年，发审局设立之初，此项银两由两司四道九府十州③分

---

① 刚毅修，安熙纂：《晋政辑要》卷三十四，刑制，审断五，《续修四库全书》编纂委员会编：《续修四库全书》883，史部·政书类，上海古籍出版社2002年版，第719页。

② 张集馨：《道咸宦海见闻录》，杜春和、张秀清整理，中华书局1981年版，第42页。

③ 两司指臬司、藩司；四道指冀宁道、河东道、雁平道、归绥道；九府指太原府、平阳府、蒲州府、潞安府、汾州府、泽州府、大同府、宁武府、朔平府；十直隶州指平定州、忻州、代州、保德州、霍州、解州、绛州、沁州、辽州、隰州。

别摊捐，由各官员养廉银项下按季扣收，再由藩库发给使用。光绪六年，该项银两由摊捐改为由外销生息项下动支。光绪十年，外销出入款项酌量裁减，发审局委员饭食由首府另行筹款办理。十一年，经巡抚刚毅批准，此银两改由广东生息各外款余款内支给。[①] 在设局之初，委员并无薪水可言。光绪元年，太原府知府江人镜以发审案件较多为由，拟请月给委员以及提调薪水银两，此建议得到了巡抚鲍源深的批准。自此以后，提调薪水银每月三十两，正委每人每月给二十两，每年共给薪水银一千三百二十两，遇有闰月则加增。副委四员并无薪水，等正委缺出，抵补正委后方可领取薪水。此项银两由司库公用生息项下动支。光绪九年，提调又添派一人，但所添派之人由他局兼充，并不支取薪水，正提调每月支银三十六两，正委四员每月仍支取二十两。每年共需银一千三百九十二两。此项银两不再由司库公用生息项下支取，而是筹给外销间款银一万两，由太原府自行生息，以资委员薪水之用。如果人不敷出，则由首府于发审饭食银两内补足。[②]

二、安徽省发审局

（一）复设

安徽省在太平天国起义之前也设立过发审局。[③] 太平天国起义发生

---

① 刚毅修，安熙纂：《晋政辑要》卷三十四，刑制，审断四，《续修四库全书》编纂委员会编：《续修四库全书》883，史部·政书类，上海古籍出版社 2002 年版，第 715 页。

② 刚毅修，安熙纂：《晋政辑要》卷三十四，刑制，审断四，《续修四库全书》编纂委员会编：《续修四库全书》883，史部·政书类，上海古籍出版社 2002 年版，第 715 页。

③ 嘉道时期安徽泾县民徐飞陇被伤身死一案影响巨大，年逾六十的徐玉林以承审官员审理不公，来京呈诉，身怀冤状，赴刑部门自到身亡，以冀引起朝廷关注。此案起因为徐章二族因争山结怨所致，家族在资源争夺背后具有重大作用。案件的最终结果造成一大批官员纷纷获咎，并导致刑部嗣后迅速修订京控条例。从史料中可以看出，因在该案中推鞫不实被革发军台的候补知县聂绍祖，在此前以折狱之才为上司所推重，"入发审局后，乃总司局务"。参见路德：《柽华馆文集》卷五，《宣城县知县聂君墓志铭》，光绪七年解梁书院刻本，页二。

以后，"就地正法"广被采纳，正常的司法审判程序被打乱，发审局亦被破坏。当太平天国在安徽的势力被肃清以后，以前的司法审判程序再次运行，由于州县官吏大多不谙律例，一经驳诘之案，即无从措手。为了防止部驳，署按察使何璟遂向巡抚提出了仍旧设立发审局以复核州县所审重案是否轻罪相符。该提议得到批准，同治三年（1864），安徽省的发审局再次设立。

（二）人员构成

1. 安庆府知府

如太原府知府一样，安庆府知府在发审局内仍承担全局性的统领工作。具体而言有以下几个方面：（1）制定发审局章程或对发审局的完善提出改善性建议。同治三年，知府陈浚议定发审局成立章程，对发审局内委员的任用、幕友、书役的添派、经费的来源、委员的奖励等项，提出了初步性建议。光绪十二年（1886），知府联元又对委员的任用、谳局经费等提出了改善性建议。（2）处理承审案件事务。由于安徽省发审局未设提调或总办等综理局务，所以安庆府知府便代行其责，不仅指派委员审案、督同委员研讯明确、引律定案，而且还将所审案件具详上司衙门。如果未能按限审结案件，则由首府禀请展限。如需人证，则由首府札饬州县解送或行文关提。（3）监督、稽察职责。如果委员中有识见超远、律学精详，或者平反疑难重案以及关系出入甚大的重大案件，即由首府据实密保给予奖励。如果有滥竽充数不胜谳狱之任或取巧懈弛者，亦由首府随时查核撤参。首府知府不仅负责稽查发审局委员的审案才能，而且还可以保荐人才，撤参庸才以及怠玩人员。

2. 委员

虽然委员是发审局的主要组成人员，但是同治三年发审局复设之初，并未从候补官员中挑选，而是由臬司札委二名州县正印官随同审案。随着正副委员于同治九年的添派，其内部审案人员亦渐趋完备。综观可知，其内部人员共有委员、帮审、帮审上行走、学习人员四类。但他们既非同时设立，亦非一成不变。

正副委员。同治九年添派，各二员，经常到局随同审理案件。光绪十二年，因案件日渐增多，审案期限甚严，又增派正副委员各一名入局，成正副委员各三名之制。光绪二十三年，臬司创自新所，扣留正委薪水一份，帮审薪水两份，于是正委委员缺出一人。三十三年十月，知府恽毓龄以积案繁多，若不添派委员难期得力为由，禀请添派正委一员，得到同意，但是此项薪水由首府设法支给，不再由省支付。以后正委三员中若有一员差委缺出，即仍就用二员。光绪二十三年，赵尔巽制定了较为详细的正副委委任办法：如遇有正副办缺出，倘居中并无胜任此职之人，或者是正副办另奉差委而又是常差，万难兼顾局务，或尚需时日始可竣事，则可另行减员充任。如果正副办奉委短差，不久即可事竣回局者，皆悬缺以待，其承审未结案件，则另行派员委审。①

帮审。同治九年添派正副委员之时，还挑选了诚实勤谨者九人入局，随同正副委员审理案件，谓之"帮审"。

学习人员。除帮审之外，局中还有学习人员，多由候补州县充任，并无定数。同治九年，局内学习人员只有学习之名，并无学习之实。学习人员如有愿意随同审案以增加阅历者，悉听其便。光绪二十三年之后，对学习人员的要求逐渐提高，不仅酌派他们审问案件，即便未派审案件者亦需常川到局，旁坐静听，留心学习，以资历练，以防将来临政茫然。②

帮审上行走。光绪二十三年，按察使赵尔巽所发章程中称：其前曾在局充任正副办，嗣得差缺，事竣复行入局，及历署繁缺州县卸篆回省奉委到局各员，如人实干练，精于听断，宜督令在帮审上行走，不给薪水，俟正副办及帮审缺出，即先尽行走人员酌量详请委充。③

3. 发审局幕友、书役等辅助人员

发审局聘请幕友，但并未明确规定其人数。但从其经费支出来看，

---

① 冯煦主修，陈师礼总纂：《皖政辑要》，法科·卷八十二·审断一，黄山书社 2005 年版，第 749 页。

② 冯煦主修，陈师礼总纂：《皖政辑要》，法科·卷八十二·审断一，黄山书社 2005 年版，第 749 页。

③ 冯煦主修，陈师礼总纂：《皖政辑要》，法科·卷八十二·审断一，黄山书社 2005 年版，第 749 页。

极有可能为一名，其职责也是帮助修改润饰结案详文，防止上司驳诘。书役以及差役可能向山西省一样，由首府拨用，无确定人数。

（三）审案职能

1. 所审案件类型

从资料来看，安徽省发审局所审案件的类型主要有京控奏交、咨交案件、省控案件、招审各案。安徽省对京控案件的审理较为重视，光绪元年，按察使孙衣言制定了较为详细的京控案件审理方式：通省各州县京控案件，查照三道①所属，分作三股委员承审，随同学习人员亦作三股分派，仍循照旧章，每股每月责令结案三起。案发到局，每案派一员承审，一员副之。② 随着发审局地位的日渐重要，省内各衙门会将本衙门所收到的控告案件交由发审局审理，发审局将此类案件讯明清晰后开具节略，交由原发衙门办理。同治三年，署按察使何璟的详文中对招解案件作出了明确规定：招解各案有引例不当之处，亦可就近查议，以免往返驳诘，徒烦案牍。③ 据此我们可以确知，各厅州县的命盗审转重案直接交由发审局复审，对于其中的舛误之处，可直接核查更改以省驳回州县复审之烦琐。

2. 派员委审办法

安徽省发审局派员审案的办法较为杂乱，并且因其委员人数变化亦常变动。成立之初，并无办法可言，无论大小案件，概以三五员审理一案，不仅效率低下，而且还会引起责任的推诿。同治七年，署按察使陈浚对此做出修正，此后委员所审理案件，一经发府即由该府随时随事分别难易，酌量才具，指案委审。由于正委在局时间长，所以疑难重案自

---

① 此处的三道为：安徽宁池太广道，驻芜湖，辖徽州府、宁国府、池州、太平州、广德州；庐凤颍道，驻凤阳县，辖凤阳府、颍州府、六安州、泗州；安庆道，驻安庆，辖安庆府、庐州府、滁州、和州。冯煦主修，陈师礼总纂：《皖政辑要》，吏科·卷七·官制，黄山书社 2005 年版，第 62 页。

② 冯煦主修，陈师礼总纂：《皖政辑要》，法科·卷八十二·审断一，黄山书社 2005 年版，第 751 页。

③ 冯煦主修，陈师礼总纂：《皖政辑要》，法科·卷八十二·审断一，黄山书社 2005 年版，第 748 页。

应由正及副。如果副委的才能足以胜任重大案件，或者入局三月以后熟悉情形，其京控、疑难重案亦准允其委审。① 同治九年，发审局添派正、副委各二员，此后每起案件或派一员，或派二员，并非有明确规定，仍临时酌定派委人数。② 光绪元年，按察使孙衣言制定了委员分作三股按照三道所属承审京控案件的方法。光绪十二年，添派正副委各一员、帮审九员入局，于是委员便按各巡道所辖之境，派分三股承审案件，帮审亦按此分成三股派定，随同正副委员审理案件。③ 二十三年，臬司创立自新所，因无法筹措开销所需银两，于是扣留正委薪水一份，帮审薪水二份，以致正委不符三股之数，自此以后遇有改委，即以正委、副委、帮审立言，不再叙各股虚名。嗣后发审案件，每案派正办或副办一人为承审，另于学习各员中，无分额内外，酌派一员或二员随同审问。④

3. 承审期限

设局之处，对于承审期限亦无明确规定。同治九年，依据首府刘传祺"以案情之轻重定审限之多寡"的建议对承审期限做出了相应的规定：京控案件以及案情重大者，以三十日为限，次者二十日，寻常案件十日，倘若审讯时另生枝节或需添传人证，则临时酌量给予展限。⑤ 光绪十六年，按察使嵩昆在此基础上又制定了较为详尽的审限规定：如系京控及繁难巨案，以人证到案之日起，限一月审结具详。一月不结，即将如何不能速结缘由开明节略，随同首府或该员自行回明原发上司，核明再限二十日审结。如再不结，即由该府另派委员接审，将原审之员记

---

① 冯煦主修，陈师礼总纂：《皖政辑要》，法科·卷八十二·审断一，黄山书社 2005 年版，第 753 页。

② 冯煦主修，陈师礼总纂：《皖政辑要》，法科·卷八十二·审断一，黄山书社 2005 年版，第 751 页。

③ 冯煦主修，陈师礼总纂：《皖政辑要》，法科·卷八十二·审断一，黄山书社 2005 年版，第 749 页。

④ 冯煦主修，陈师礼总纂：《皖政辑要》，法科·卷八十二·审断一，黄山书社 2005 年版，第 750 页。

⑤ 冯煦主修，陈师礼总纂：《皖政辑要》，法科·卷八十二·审断一，黄山书社 2005 年版，第 751 页。

大过一次，并将该府记过一次。其接审人员的审限、功过，均照原审之员办理。其寻常命盗等案，限二十日审结具详。限满未结，即将未能审结缘由开具节略回明原发上司，核明再限二十日再审结。如再限不结，即将该员记过一次，再限十日详结。如再未结，记大过一次，并将该府记过一次。案由该府另派妥员接审，其接审期限、功过，亦照原审之员办理。每案审结后，详尾声明有无记过。①

4. 审案过程

光绪元年，按察使孙衣言札饬委员分作三股承审案件，每案派一员承审，一员副之，同时还对京控案件的审理流程作了较为细致的规定："管股正副委员一案到手，即同在局学习一二员，先将卷宗细心阅看，提集在案犯证，过堂一二次，讯有端倪，即行开些节略二分，于五日内呈司，由司呈院。其应由两司会核者，并开具节略一分，呈明藩司，以凭会同回院，听候指示。……其省控案件，查明系何衙门批发，亦开具节略，由首府呈明原发上司，照章办理。"② 由上可见，发审局对京控案件的审理较为认真，一般性程序大致分为阅看卷宗、提犯过堂、开写节略、司院会核。当然这只是一般性的程序。如果审理案件时须提关键人证或由两司会核，则开具节略，另外委提人证，如果审结具详迟延，则追究责任。至于省控案件，则不必如此大费周章，只需审讯明晰、开具节略呈交上司即可。

5. 人证关押、管理

由于京控以及上控、提省案内应讯人证多半牵涉身家体面之人，一旦羁押，每天与囚犯杂处，经年累月苦不堪言，因此，同治十三年，在知府刘传祺的提议下开办候审所，以便于此类人证的听候传讯。该所成立之初，租用民房，由首府委员前往稽查，严禁出入。在所人证，每月由官发给饭食钱文。候审所经费来源于司库典捐项，每月由府具领。由于所租用民房湫隘并且卫生条件差，所以屡次更换地方。光绪三十三

---

① 冯煦主修，陈师礼总纂：《皖政辑要》，法科·卷八十二·审断一，黄山书社2005年版，第752页。

② 冯煦主修，陈师礼总纂：《皖政辑要》，法科·卷八十二·审断一，黄山书社2005年版，第751—752页。

年，署安庆府知府恽毓龄提出设法整顿并迁地另设的建议，得到了批准，遂利用安庆府府署经历司头门内空房五间，并在其所余空地上另添造新屋两排，每排三间，成立了新的候审所，并制定了严格的管理章程。该所关押人证仍为京控、上控以及委审命盗各案内的应取保人证。所内分别男女收留养赡，取具保状者静候传讯，不得妄自喧哗、毁损物件，亦不准自行起火、通宵点灯。如有要事需出所则禀明委员放出，当日需回，不得在外歇宿。亲人探视，不准留饭住宿。由首府委员一名于所内住宿，掌管人证的收提发放。设立号本一部，每日稽查增减人数，维持所内秩序，严禁赌博、酗酒、争斗等事，违者处以惩罚。候审所人证每日所需饭食钱文由委员赴府领取转给，人证亦可自备资斧，另添饭菜。①

6. 行提人证

光绪五年，首府孙翼谋要求局员每日审案时，以八点钟到局起，至日暮时将犯人发回分别保管还禁，以免迟至昏黑导致疏误。如果讯有端倪，或者例限急迫，亦可连夜审讯，使罪犯无从掩覆，而审限亦不致逾延。② 光绪六年，知府孙翼谋禀准：嗣后发审到局之案，如应申请行提人证，该州县以奉文日起，至迟限十五日具文批解。其委员守提，除扣除往返程限外，亦如之。迟至二十日以上，均各记大过一次。另换委员往催，如有辗转供出续提人证，或初提人证有病难就道，或外贸未归到案需时者，亦准随文声明展限。已到者仍提前解省，总不得有逾定限。③

7. 奖惩

同治三年设局之初，并无严格、明晰的奖励举措，倘委员审案半年并无贻误，则由首府详司，给予拔委一次。同治七年，署按察使陈浚制

① 冯煦主修，陈师礼总纂：《皖政辑要》，法科·卷八十二·禁狱，黄山书社2005年版，第760—762页。

② 冯煦主修，陈师礼总纂：《皖政辑要》，法科·卷八十二·审断一，黄山书社2005年版，第752页。

③ 冯煦主修，陈师礼总纂：《皖政辑要》，法科·卷八十二·审断一，黄山书社2005年版，第752页。

定了较为详尽的奖励细则：无论正副，总以审案之难易多寡定劳绩之次第优劣。如京控并疑难重案讯结三起，即准其超委一次。寻常命盗案件以两案作为一案，讯结六起，超委一次。此外，户婚、田土及本省上控事件，即以三案作为一案，讯结九起，准超委一次。如审结京控并疑难一案，寻常命盗两案，户婚、细故三案，仍准其并计作为重案三起，亦准其详请超委一次，不必计算年月。充副委时所审之案，仍准其带至正委时积算。① 同治九年，按察使裕禄以"各属招解发府复审之案，谳局委员往往不论案情难易，皆以审结起数请给奖励，此举不足以示激劝"为由，对案件审理的部分奖励措施做出改动，巡抚批准了其"将发审命盗案件，如照原招办理申复，于情罪无关出入者，概不准并计请奖"的提议，并将其对犯供翻异、案有疑窦两项的提议修改为"将犯人翻供提证质明者改为准作户婚词讼一起；讯明情罪与原招互异者，准作寻常命盗一起；审出实情罪名出入甚巨者，准作疑难重案一起"。另外，巡抚还规定："如寻常发审案件迟至两月以外、京控及命盗疑难重案迟至四个月以外甫行审结者，并审断其详不能妥洽，或驳审或翻供至两次者，皆不准并计请奖。"② 光绪九年，首府知府成善专门制定了正副委员、学习人员的奖励措施：局中正副委员，嗣后均令经常到局审理案件。除遇有赴各处查办要案照章派委外，其余一切寻常差使均停止委派。该员自奉委之日起扣至一年，对于所委各案，能悉心推鞫、完结迅速者，应由首府核明审结案数，遵照原定章程，分别请给奖励，即于详内随案声明，请抚院批示注册。遇有州县缺出，不拘班次，即行拔委，以示鼓励。所有核奖审结案件，仍均以抚院题咨后作为已结，并入计算。倘一年期满，结案无多，承审不能得力者，亦由府详请撤换，将该员分别记过、停委示儆。至学习之员，有能常川至局留心听断者，遇有正副委员缺出，既当先请派委。其中公事勤明、能独自承审案件、办理妥速者，一年考核时，由府查明，亦即计案详请照章给奖，由藩司注册，遇缺即

---

① 冯煦主修，陈师礼总纂：《皖政辑要》，法科·卷八十二·审断一，黄山书社 2005 年版，第 753 页。

② 冯煦主修，陈师礼总纂：《皖政辑要》，法科·卷八十二·审断一，黄山书社 2005 年版，第 753 页。

行拔委，与正副委员一体办理。① 光绪二十四年，按察使赵尔巽取消拔委的奖励，只准请超委、酌委之奖励。三十二年，知府龚镇湘禀请将超委得有两次者即给予实行委署一次，得到批准。

（四）培训职能

较之山西省发审局而言，安徽省官员对发审局提供的官员学习律例的机会给予了较多的关注。同治七年，署按察使陈浚发布的札文中对发审局的培训职能有明确说明。在他看来，"发审局案件往往疑案大狱居多，州县入局审案，原所以觇其才识是否开展，律例是否娴习，且其中有资禀学问本优，初登仕版，借此可以学习操练，并不为此半年超委而设"②。学习人员可以随同审案，增加阅历，但并非强制而以自愿为主。光绪九年，首府成善对勤谨之学习人员予以奖励：学习之员，有能常川至局留心听断者，遇有正副委员缺出，即当先请派委，借此激励学习人员入局认真学习。二十三年，按察使赵尔巽明确要求每审一案，酌派学习人员一人或二人随同审问，其未派案之学习人员亦需常川到局，旁坐静听，留心学习。发审局为候补官员提供了学习律例、锻炼问案的机会，借以弥补他们断案技巧的不足，对他们补缺以后司法政务的处理大有裨益。

（五）经费来源及其开支

以前首府衙门内的发审局每年领取经费银三千两，后减为一千九百余两，由各州县摊捐，按季由司库发给，其银两主要用于幕友修金、委员薪水、纸张、饭食、书役等项开支。发审局重设之初，并没有专员审案，而是由臬司札委两名正印官随同问案，所以不存在薪水的问题，而仅有幕友修金以及日常办公开支。其中，幕友修金每年一千两，膳银每年有一百二十两。因此，同治三年重设发审局时，首府陈浚禀请每年拨银一千二百两，遇闰加增一月，由盐河厘金向下支取，按季在司库领

---

　　① 冯煦主修，陈师礼总纂：《皖政辑要》，法科·卷八十二·审断一，黄山书社 2005 年版，第 754 页。

　　② 冯煦主修，陈师礼总纂：《皖政辑要》，法科·卷八十二·审断一，黄山书社 2005 年版，第 751 页。

取。同治八年，署按察使王思沂以发审局添派委员以及书差等，请求每月酌添薪水银五十两，以资局用，得到准许。同治九年，知府刘传祺禀请添派正副委员各二人入局审案的同时，亦禀请每月于领银一百五十两之外，酌加八十两。此时，正委薪水银每月三十两，副委每月二十两。光绪十二年，发审局委员增至六人，并有帮审九人随同审案。帮审每人每月薪水银八两，正副委员仍循旧章。局中人员增多，所需薪水、饭食等项也增加，所以首府联元禀请每月增加二百两，仍由盐河厘金项下支取。同年十月，知府成善以在省各局委员支领薪水均系每月支取，而发审局委员薪水却按季领取，遂请求改变领款方式，得到批准。于是，按季领取的一千三百五十两改为按月领取，每月支领四百五十两，遇有闰月照常支领，次年正月薪水亦准许年内领取以作度岁之用。二十三年，按察使赵尔巽以创设自新所为由，扣留正委薪水一份、帮审薪水二份共四十六两，改做自新所委员、司事薪水之用。三十一年，按察使濮子潼创办习艺所，此项银两又提归习艺所，暂做委员、夫马之资。三十二年十一月，知府龚镇湘以习艺所集款甚巨，现拟添设新监狱经费无所筹措为由，又将习艺所所提发审局员每月薪水移作新监役食之用。三十三年，首府恽毓龄虽然禀请添派正委一员，但其薪水由首府设法支给，不再由司库拨给。委员饭食、书役等费用，书中并没有明确记载。但是从其每月支取的银两以及支出幕友脩膳银、委员薪水来看，不同时期均会有不同的余留以作此项支出。如成立之初，除去支出还有七两节余，同治九年以后则有三十七两节余，光绪十二年以后则有一百三十五两之多。

三、四川省发审局

（一）设立

关于四川省发审局设立的具体时间已无从考证。但从《四川通饬章程》中《成都发审局匾对》一文中所记"视民如伤，道光庚子十月朔，三原王治"①来看，道光庚子年也就是道光二十年，四川发审局就已经

---

① 钟庆熙：《四川通饬章程》，光绪二十六年五月纂刊，沈云龙主编：《近代中国史料丛刊续编》第四十八辑，480，台北文海出版社1977年版，第259页。

存在。道光二十八年，张集馨署四川臬司，因首府衙门案件积压过多，屡催不结，因在臬署西院设发审局，于判稿、见官之暇，终日督率委员审理各案。张集馨此举应为权宜之计，并且臬司发审局所审之案多为臬司专职之案：如隆昌县叶允喜与胞嫂黄氏通奸案，该案屡经部驳，京控三次；① 遂宁县徐钧通报邑妇胡氏与其姑蒋谋死亲夫一案，张集馨看出此案疑窦想驳斥另审时，潼川府转据县详招解，张集馨遂饬县令将该案全案人证解省亲审。② 按照清朝司法程序，此案经府审转，臬司自然应对情罪不符之案提审；提省审办资州牢头周鸣同吊拷诈赃案，此案为赴省具控之案。③ 张集馨作为臬司，统管全省的司法事务，因首府衙门积案过多，于臬司衙门单设发审局以解首府案件积压之苦。况且，"其时委员特派李象昺、俞文诏、顾希曾、朱凤标，皆能问案，而李象昺系老吏，尤优于众人"④。其间之审案人员仅系特派，其所审理的案件也是臬司职责之所在，因此此处的发审局实际上代行了臬司的部分职责。张集馨此举实际上是将首府发审局因积压案件过多而难以承担臬司分发的职责重新收回臬司，由臬司督率所设立的发审局完成。随着张集馨调任贵州藩司，此机构也极有可能随之消失。光绪辛丑孟秋月，知成都府阿麟为《四川通饬章程》所写序中曾言："四川讼狱之繁，甲于天下。谳局设于古天府署，遴选牧令从事其间，遇有檄发疑难案件，若有司之援引失当者，余辄与之商榷可否，虚心研鞫。"⑤ 所以，我们断定张集馨任四川臬司时所设立之发审局必定随其去任而解散，其沿继至此者当为道光二十年即已出现的首府发审局。

---

① 张集馨：《道咸宦海见闻录》，杜春和、张秀清整理，中华书局 1981 年版，第 97 页。

② 张集馨：《道咸宦海见闻录》，杜春和、张秀清整理，中华书局 1981 年版，第 98 页。

③ 张集馨：《道咸宦海见闻录》，杜春和、张秀清整理，中华书局 1981 年版，第 100—101 页。

④ 张集馨：《道咸宦海见闻录》，杜春和、张秀清整理，中华书局 1981 年版，第 96 页。

⑤ 钟庆熙：《四川通饬章程》，光绪二十六年五月纂刊，沈云龙主编：《近代中国史料丛刊续编》第四十八辑，480，台北文海出版社 1977 年版，第 10 页。

（二）人员构成

1. 成都府知府

知府总司局务，有的书中称为"总办"。其职责仍与山西太原府、安徽安庆府知府的职责大致相同，只是侧重点有所不同而已。成都府知府职责亦可从下文三个方面来分析：（1）拟定章程。光绪十二年正月制定的《发审局问案章程及劝惩章程》便是由署成都府知府唐翼祖拟定。对于发审局运作中的不妥当或应改善之处，首府亦可以拟制改订意见，但是不能擅自改动，须得到臬司、督抚的批准方可施行。如光绪二十七年三月，署成都府阿麟提出的《变通发审局劝惩章程》即是经总督批准后由臬司札饬遵行。（2）稽查之责。首府作为发审局总办，对局内委员的审案情况进行稽查，其方法为：由首府将何员何日派审何案、何日限满，逐件登记印簿，按月稽查一次。[①] 对于局员的勤惰，首府亦可禀请给予奖励或者处罚。如《计开劝惩章程八条》中开列："（委员）果能勤审速结，即予照章请奖。如易结不结，及审断乖方，怠玩延误，由本府查明，据实禀请宪示，轻则记大过停委，重则撤差以示惩创。"[②] （3）参与案件审理。此职责较为宽泛，不仅直接审理重大案犯，而且还会对委员审案中遇到的问题予以处理或给予指导。如局员所拟判词有不合度者，可与首府商榷，行提人证则须开具节略并声明缘由，由首府核实可行与否，当行则行，当止则止。此两种方式实际上是一种变相的监管之权。

2. 坐办

四川发审局未设提调，而设"坐办"，共正副二员，由听讼明决、富有经验的候补同知、通判、州县充任。发审局设坐办原为总其大纲，无论何员承审案件，俱应列衔，发审局内所审个案均需参酌。由于审案之员与坐办并非上下级关系，且又都为候补人员，彼此之间并不筹商案

---

① 钟庆熙：《四川通饬章程》，光绪二十六年五月纂刊，沈云龙主编：《近代中国史料丛刊续编》第四十八辑，480，台北文海出版社1977年版，第233页。

② 钟庆熙：《四川通饬章程》，光绪二十六年五月纂刊，沈云龙主编：《近代中国史料丛刊续编》第四十八辑，480，台北文海出版社1977年版，第241页。

情，以致各存意见。更有甚者，无论承审之案讯有端倪与否，竟不告知首府、商诸坐办，而先行面禀臬司，到局后又不述明，以致无所秉承。[①] 因此，光绪二十二年开列的《发审局问案章程》中对坐办的职责有明确规定，可分为三方面：督催承审之员审案；局员如遇有迟疑难决之案可商之坐办，求取建议；接收局员不分巨细的面禀之事并加以筛选，禀明首府。倘若局中有重大案件，大率归坐办审理。[②] 坐办实际上成为发审局局员的直接管理者。

3. 委员

《四川通饬章程》中并没有单列委员的任命、来源、人数等内容，但是从散落于劝惩章程、审案章程等处的信息来看，川省发审局的委员亦为候补人员，只是人数较多，有二十余人，大多来自候补人员。其职责仍是承审案件，除问案之外，委员尚需亲拟判词，此为定例。但是大多数委员并不亲拟判词，而是于"每案讯明之后，非曰犯归原供，即倩幕中拟判"，光绪二十二年开列的章程中对此重新做了规定："凡有承审之案定供后，务须亲拟判词，有不合度者，随时向两坐办及本府商榷，再行复审更正。练习即久，审断自精。不得再请幕中及倩他人代为拟办。"[③] 承审案件中遇有传讯人证等事，需事先开具节略，声明缘由，由首府批示执行。

除委员之外，尚有学习人员十数人。学习人员并非均为候补，实缺人员亦需入局学习数月，始能赴任。候补人员始由学习升副委，再升正委，且须审结案件著有成绩，始能予以委署。

4. 幕友以及书差等伺候之人

川省发审局聘有刑幕一人。谳局问案向由承审之员亲拟判词，呈由

---

①　钟庆熙：《四川通饬章程》，光绪二十六年五月纂刊，沈云龙主编：《近代中国史料丛刊续编》第四十八辑，480，台北文海出版社 1977 年版，第 236—237 页。

②　钟庆熙：《四川通饬章程》，光绪二十六年五月纂刊，沈云龙主编：《近代中国史料丛刊续编》第四十八辑，480，台北文海出版社 1977 年版，第 242 页。

③　钟庆熙：《四川通饬章程》，光绪二十六年五月纂刊，沈云龙主编：《近代中国史料丛刊续编》第四十八辑，480，台北文海出版社 1977 年版，第 235—236 页。

首府阅定，然后送交幕友核办。但是局中委员有时并不亲拟判词，而是由幕友代拟。因此，幕友的职责便是对发审局局员所审案件的详文以及文中所拟定的判词进行修改，防止上司驳诘。书差等伺候人员多由首府拨充，对局内案件的审理提供辅助性服务。

（三）审案职能

1. 派员委审之法

谳局案件，向来每案派委承审两员。由于审案过程中二人互相推诿，任功而不任劳，光绪二十二年，将两人承审一案改为每案专派一员审理，使其无法推脱责任。针对局中委员"当局差又谋别项差使，或俟差竣回局，致案久悬，或倩他人代审，徒负发审之名而无听断之实"[1]的现象，又规定：凡谳局各员，除委署代理外，无论何项差使，均请免予给委，有奉委者亦令本员辞退，俾得专心任事，以塞取巧趋避之门。如委各项局差长差者，即扣抵所得酬委，以昭公允。[2] 此项规定限制了发审局委员另谋别处差事的活动，使委员能专心在局审理案件。光绪二十七年，署成都府阿麟以"委审之案大都棘手，在明干者固能胜任，而庸懦者难期讯结。况承审之员，或经委赴省外提案，或差往他处会审，接替无人，势必将本局之案搁压，未免有失慎公之意"为由，提出"嗣后每案，仍照旧章派委二员会审，或遇案情难办，尚可互相讨论，或遇中有别故，乙可代为提审"[3]。此议得蒙允准，于是审理案件的方法再次改变，仍由二人共同审理。

2. 承审期限

发审局所承审案件例有定限。但是由于定案时有扣限、不扣限之

---

① 钟庆熙：《四川通饬章程》，光绪二十六年五月纂刊，沈云龙主编：《近代中国史料丛刊续编》第四十八辑，480，台北文海出版社1977年版，第241—242页。

② 钟庆熙：《四川通饬章程》，光绪二十六年五月纂刊，沈云龙主编：《近代中国史料丛刊续编》第四十八辑，480，台北文海出版社1977年版，第234—235页。

③ 钟庆熙：《四川通饬章程》，光绪二十六年五月纂刊，沈云龙主编：《近代中国史料丛刊续编》第四十八辑，480，台北文海出版社1977年版，第253页。

分，应扣限者可以设法通融，不扣限者更可以束之高阁。道光二十二年以后，除紧要案件不扣限外，无论何项案件均统限一个月完结。如果案情头绪纷繁，实难依限审理的案件则展限一个月。如果继续迟延，扣除查传往返日期外，逾限半月以上记大过一次，一月以上计大过二次，三月以上停委五年，统计承审半年以上不能完结者，即行撤差，仍予记过停委。① 光绪二十七年，署成都府阿麟以委员"行提行查动辄经年累月，实于民命关系甚巨"为由，提议将审案期限及其延迟处分加重，以示惩戒，得到批准。此后承审各员无论何项案件均统限一个月完结，如果案情头绪纷繁实难依限审结者，展限一个月。倘逾展限半月以上记过二次，一月以上记大过三次，三月以上停委三年，在半年以上即行撤差，仍记过停委。其有审理控案并不认真体察、模棱断结及固执己见任性偏畸者，记大过二次，均由首府查明，随时详请注册。②

3. 奖励措施

四川刑案之烦，甲于天下，此言非虚。张集馨、黎培敬等人均有类似记载。③ 而"发审局奉发审办各案，类皆情节重大，头绪纷繁。听断稍不经心，不特动关民命，抑且吏议綦严，似宜奖叙从优，方足以资策励。查旧章系按资格之浅深，定奖励之次第"④。由此可知，资格之深浅是对局员进行奖励的标准，但是这并不能充分调动局员审案的积极性。光绪二十二年，首府唐翼祖制定的《记开劝惩章程八条》中便对委员的奖励提出了以下改进办法：

---

① 钟庆熙：《四川通饬章程》，光绪二十六年五月纂刊，沈云龙主编：《近代中国史料丛刊续编》第四十八辑，480，台北文海出版社 1977 年版，第 232 页。

② 钟庆熙：《四川通饬章程》，光绪二十六年五月纂刊，沈云龙主编：《近代中国史料丛刊续编》第四十八辑，480，台北文海出版社 1977 年版，第 255—256 页。

③ "川中刑案甲于天下，命盗两起，每日接阅公事或三四件或五六件至七八件不等，无日无之。"黎承礼编：《黎文肃公（培敬）遗书》卷二十八，沈云龙主编：《近代中国史料丛刊》第三十七辑，363，台北文海出版社 1969 年版，第 2062 页。

④ 钟庆熙：《四川通饬章程》，光绪二十六年五月纂刊，沈云龙主编：《近代中国史料丛刊续编》第四十八辑，480，台北文海出版社 1977 年版，第 239 页。

（1）奖励标准的更改。奖励标准由资格之深浅改为结案之多寡，"凡审结寻常案件者，无论何处发委之案，每十案记大功一次，积至六次归并酌委一次。有得酌委两次，自愿请并酌委优缺一次者，听其自便"①。

（2）审结重案，优先奖励。部驳、京控、提省审办、年久积压之类的案件断结殊难，如能妥善办结，以一案抵寻常案件五起。倘能办结较多并才能出众懋著勤劳者，由首府随时禀请，立予优奖。② 光绪二十七年，总督对此项做出修改，使之具体化：凡审结京控命盗案至五起者记大功一次，审结词讼及上控批提各案至十起者记大功一次。③

（3）平反案件的奖励。承审各员平反得失，罪关生死出入的案件，每案给予酌委一次，如果所判罪行为遣军流徒者，每案给予记大功二次。如有案情重大审属全虚，究出真情，正犯全行平反者，由首府随时另请优奖。④ 由于谳局委员狃于"救生不救死"之说，并且借平反请奖，以致相率效尤曲为开脱，导致发审命盗各犯几乎无案不平反。道光二十五年，署成都府王明德提出拟改意见，得到批准。此后，平反案件不再给予奖励。

（4）坐办的奖励。坐办作为全局的主管人员，职责重大，在处理日常局务的同时还督同局员审案，对于重大要案则亲自审理，光绪二十二年的《计开劝惩章程八条》中对其奖励非常优厚：自定章之日起扣满一年，给予酌委一次，如有两次酌委，自愿请并酌委优缺一次者亦听其便。倘能勤奋异常、结案最多及重大案件系坐办审实平反办结者，由

---

① 钟庆熙：《四川通饬章程》，光绪二十六年五月纂刊，沈云龙主编：《近代中国史料丛刊续编》第四十八辑，480，台北文海出版社1977年版，第239页。

② 钟庆熙：《四川通饬章程》，光绪二十六年五月纂刊，沈云龙主编：《近代中国史料丛刊续编》第四十八辑，480，台北文海出版社1977年版，第239—240页。

③ 钟庆熙：《四川通饬章程》，光绪二十六年五月纂刊，沈云龙主编：《近代中国史料丛刊续编》第四十八辑，480，台北文海出版社1977年版，第258页。

④ 钟庆熙：《四川通饬章程》，光绪二十六年五月纂刊，沈云龙主编：《近代中国史料丛刊续编》第四十八辑，480，台北文海出版社1977年版，第240—241页。

首府另请发予优奖。无论坐办、正副委，凡有委缺回省复行入局，各员如有前劳未经请奖者，不准补请并计用示限制。①

（5）其他规定。同知、通判两项缺分甚少，谳局从事得奖甚难，拟请嗣后同知、通判各员由谳局得请酌委者，准委州县缺，以昭公允。实缺人员进局学习，不在正副委之列，如有平反著绩，每案给予记大功二次。②

4. 惩罚措施

如前所述，四川省案件繁多，而发审局承审之案往往为重案要案，所以其章程的制定较多侧重于委员的奖励，而对惩罚措施的制定明显不足。不仅惩罚措施较少，而且还很轻。各委员承审之案，责成坐办帮同督催，倘仍怠玩因循，务需推诚告诫。若告诫不已，据实陈明，由首府分别详请记过示惩。如瞻徇情面，匿不举发，承审应记大过二次者，坐办记大过一次。③ 局员审解案件，经司驳斥并犯供翻异，嗣后究出实情，即将本案扣除不准计算，仍每案记大过一次。凡记大过者准以本局所得大功抵消，未得大功者俟得大功时作抵，不准以别处大功抵消。④

5. 审案类型

从上文所记内容中，我们可以将四川发审局所审案件类型归为四类：部驳案件、京控案件、提省审办案件、州县审转案件。部驳案件即为刑部驳回案件。省内判处徒刑以下者，督抚有权审结，但拟判流、死刑的案件仍需咨部，刑部会将其中拟判错误或案情疑窦的案件驳回重审。督抚则将此类案件交由发审局承审。其余三种类型的案件在上文中

---

① 钟庆熙：《四川通饬章程》，光绪二十六年五月纂刊，沈云龙主编：《近代中国史料丛刊续编》第四十八辑，480，台北文海出版社 1977 年版，第 242—243 页。具体实施情况可以参见新闻《本省近事：谳局委员之奖励》，《四川官报》第三十一期（1910 年），第 80 页。

② 钟庆熙：《四川通饬章程》，光绪二十六年五月纂刊，沈云龙主编：《近代中国史料丛刊续编》第四十八辑，480，台北文海出版社 1977 年版，第 243 页。

③ 钟庆熙：《四川通饬章程》，光绪二十六年五月纂刊，沈云龙主编：《近代中国史料丛刊续编》第四十八辑，480，台北文海出版社 1977 年版，第 238 页。

④ 钟庆熙：《四川通饬章程》，光绪二十六年五月纂刊，沈云龙主编：《近代中国史料丛刊续编》第四十八辑，480，台北文海出版社 1977 年版，第 242 页。

有所述及，不再赘言。

（四）培训职能

川省发审局有学习人员十余人。巡抚挑选牧令，首重听断，所以发审局作为训练地方官吏之所尤为重要。不仅候补人员到省之初多入局学习，即便是吏部所选定之实缺官员到省后，亦须学习数月，方能赴任。

（五）经费开支

四川省发审局的经费开支亦分为三部分：刑幕脩金、局员薪水、饭食钱等。由于资料有限，对此难以详细论述。仅大略可知：坐办月薪四十两，正委三十两，副委二十四两，学习人员十二两。局内每天由首府衙门供给点心午饭一次。关于经费来源、幕友脩金等均无从稽考。

吴光耀，1859—1935年，字华峰，别号三昧老人，湖北江夏（今武昌）人，系清末四川的著名干吏，先后担任秀山、永川、昭化等地知县，善体察民情，关心百姓疾苦，并重建设，得百姓称赞。四川总督岑春煊在任期间，秘察吴光耀秀山治行六次，面誉以为能。[①] 辛亥革命后，其辞官卜居成都，厌恨军阀混战，闭门潜心著述，所刊行于世的著作有《五代史记纂误续补》《古文尚书正辞》《宦学学录》《秀山公牍》《永川公牍》《华峰文集》等。《西藏改流本末纪》又称《炉边谈屑》，系吴光耀晚年的匿名稿本，撰成于1923年。该书稿虽然题名为《西藏改流本末纪》，不为法律史学者所关注，但实际上涉及康区改土归流等内容并不太多，叙述更多的是清末四川官场的诸多内幕，堪称清季官场的浮世绘。特别有意思的是，鉴于吴光耀政声卓著，按察使刘元彝以发审局员无能结案，京控、省控积案多，在光绪三十四年檄委吴光耀帮审，成都知府高增爵[②]亦附和布政使许涵度誉之，乃强入发审局。在《西藏改流本末纪》一书中，吴光耀大量记述了其在发审局的工作情况，为我们提供非常有价值的第一手资料，可以使我们对钟庆熙所纂

---

① 马宣伟：《吴光耀》，见广元市元坝区政协文史资料委员会编：《广元市元坝区文史资料》第2辑，1996年内部发行，第170—172页。

② 高增爵，字少农，陕西米脂人，光绪壬辰科进士。

《四川通饬章程》中抽象的规章制度形成生动具体的历史图景。所以，在笔者看到吴氏对四川发审局运作活动的详尽叙述后，不禁欣喜异常。例如，作者在记述易兆娃案在发审局审理的经过时这样写道：

　　总督赵尔巽新令：州县命盗招犯，当日审局定供，送司送院，而后收司监，惧先收司监，老犯教供难讯也。州县备简明供单三纸，名单三纸，局一、司一、院一，与招册。偕按察使刘元弼①，请宽限二三日，研究招册。总督曰："不得违吾新令。吾固行之南北数行省矣。"郫县首遵新令，招解易兆娃，由局送司送院，定供谋杀加功论斩，新章改绞，定罪矣。按察使谒总督，曰："易兆娃案定供矣？"曰："定供。"曰"按察司尚未见招册。"曰："然，吾以未见招册，何以故？"曰："或发审局，招册写不及耳。无从转详院。"曰："此首府拘泥也。他日，先就州县招册送按察司，按察司送院，定供后发还，徐照补招册各一分，不省事乎？"前人定例，务求矜慎，唯恐州县供不实，故发局；局供不实，故过司；司供不实，故过院。京控尚例限四月，至秋审，天子勾决，必合京外大小官凡十数审勘，而后得刑一人。恤刑之至，何尝草率如此。

　　犯母果上控诬凶，尸父亦上控顶凶。按察司详准招册，疑窦多端，复发局。予覆审，得平反。州县办案误出入，未及达部，例得到局随同更正，免处分，于是首府回护郫县。韩肃俭，进士也②，令郫县会审。予讯曰："易兆娃帮凶陈海山，杀人应死，在总督衙门认供矣。便当尔研头。"泣曰："知谁陈海山杀人，我何曾帮凶？帮人驾船，母病归求医，巡防军赵子英等捕我，教供认李容子刀案。谓李容子之父，一子一女，子杀，依婿陈海山养老，咬陈海山正凶，便得松案。我不认供，非刑难受。"郫县曰："营中止打竹板。"予曰："竹板打我仍痛难忍。"郫县曰："向令在县呼冤，何

　　① 刘元弼，字伯良，湖北谷城人。光绪十六年（1890）庚寅恩科进士。秦国经、唐益年、叶秀云等编辑：《中国第一历史档案馆藏清代官员履历档案全编》7，华东师范大学出版社1997年版，第698页。

　　② 韩肃俭，光绪二十四年戊戌科二甲第一百二十六名。

得招解？"曰："吊软凳、香烧背，如何没呼冤？"令袒衣，同郫县下堂验背，果背左右香烧伤痕围圆三寸余，指视郫县，郫县曰："是刑伤，是刑伤。"曰："省城各衙门未用刑，何亦认供？"曰："惧回县受刑。"复仰面呼郫县曰："父母官，你道明年有赦便脱法，止得安排坐几月牢，我在县随口供两伤，如何招册写我致命四伤？"予曰："尔局供两伤，与县供两伤校，伤格上下又不同处。"

讯尸父，曰："尔子被杀三十三刀，前世作何孽遭惨报？易兆娃帮陈海山杀尔子，便当办易兆娃，尔上控易兆娃非凶，便当办他人真凶，错办人，岂不又作孽。尔不惧作孽，我惧作孽。"曰："我不衷心冤易兆娃，但求办真凶。陈海山，我婿也，同我县衙报案，如何招册诬他正凶。至今在家，何没县差捕案？"郫县曰："是我姑息，至尔上控，念捕尔婿陈海山，尔谁养老。"予呼尸父曰："李洪安，尔懂父母官之言乎？"曰："懂。"陈海山果杀尔子，绝尔祖宗禋祀，非尔婿，是尔仇矣。仇何能尔老，此父母官格外姑息尔之心也。郫县曰："四川亲戚仇杀，难以恒情论。"折之曰："断无杀子真凶父为呼冤脱罪之理，陈海山亲戚，易兆娃非亲戚，况易兆娃穷人，非有钱能买尸父。"……

讯赵子英，曰："捕易兆娃谁眼线？"曰："无眼线，并不知易兆娃姓名。"［曰：］"然则何以捕？"曰："手有伤痕。"曰："伤新旧？"曰："旧。"曰："旧伤何定是新案？尔曹亦有伤痕，李容子定是尔曹杀矣。巡防军捕匪邀功，诬人斫头是通病，我亦当坐尔曹斫头，尔曹斫头罪自取，究何凤怨，害平民易兆娃，且害营官、害统领、害县官、害承审院司大小官，通坐失入罪，罪由尔曹始。然念事因公，且局供不欺，姑贷尔死。"皆股栗服诬。

既退堂，劝郫县，曰："脱处决，且当论抵罪。"是时有达部重囚越狱，因曰："此案冤，到底逃囚不获，终罢官，人且谓作孽之报。吾曹官可不作，心不可坏。君，读书长者也，为幕客误。光耀但不敢冤百姓，曾无害同官心。首府固曲全，按察司亦绝不苛责。同局丽江赵子常君，同年好人也；德州李泽之君，同乡好人也。皆深知我，可一质之。"郫县惭感，仍宽慰之，且请按察使宽

445

慰之，风示州县官，勿惮平反，始终护过冤民命。

于是同谒长官，且行且叮咛之，曰："一语不合，仍当面争。"见长官服诬，曰："中军统领禀总督，易兆娃就地正法，不严讯，将坐县官纵匪，且四参限严，故思以抵案。"于是光耀对长官曰："郫县能认错，究竟好人。"郫县初犹执幕客说，思不平反。见吾判词，乃无可辩，则曰："即减半监禁八年，尚有出狱之日。"折之曰："君无罪，能八年坐牢，我不能一日。"曰："易兆娃总非好人。"折之曰："易兆娃便杀他人，当办他案，不当抵此案。"曰："保人保易兆娃，设非好人，便当家产充公。"折之曰："会审明白非真凶，便当开释，回县取保已是多事，奈何以充公难保人？君当乡绅能家产保人，我不能家产保人。"是时，一语放松，易兆娃既不死，亦死永禁。

此赵尔巽移督四川①第一失入案，律应降调，私罪，按察使方以好理冤狱，见恶总督，首府依违之。中军统领刘道，陆军学堂总办之父，予方兼学堂提调，同乡且世交也。然吾宁得罪者，意不在救一人命，庶几总督省悟，四川少几冤狱耳。且见按察使慎重人命，非好事也。②

正如吴光耀在《西藏改流本末纪》中所言，"予恒见命盗红衣，案到发审局，便死半命矣。院司官尊恒年高，不耐讨论案卷，不能不以委幕客。幕客尤相习救过自了为师法，以为县供无疑则处决，以为有疑则展限待质，成永禁矣。上下官幕难见事理，真胸中有官无百姓，故皆忌闻平反之事，为其劳神招怨，无功而有过也"③。当时的地方官员由于考成、仕途的利益考虑每每忍于冤人而不肯认错，这是平反冤假错案的最大障碍。笔者在研究清末就地正法制度时发现，这种制度的泛滥不仅

---

① 光绪三十四年二月，湖广总督赵尔巽调任四川总督。
② 吴光耀：《西藏改流本末纪》，赵心愚、秦和平、王川编：《康区藏族社会珍稀资料辑要》上，巴蜀书社 2006 年版，第 94—97 页。
③ 吴光耀：《西藏改流本末纪》，赵心愚、秦和平、王川编：《康区藏族社会珍稀资料辑要》上，巴蜀书社 2006 年版，第 99 页。

造成中央权力的失控，而且导致各省按察使权力的萎缩。在当时，赵尔巽、赵尔丰兄弟以猛鸷著称，特别是赵尔丰在四川有"屠户"之恶名，尽杀狱囚，曰"洗卡"，新案不足杀，曰"查旧案"，旧案不足杀，曰"招告"，招告不足杀，曰"便宜行事"。而赵尔巽出任川督的人事安排就是为了支援其弟赵尔丰在川滇的边务，故亦治蜀以严，狠愎峻刻。发审局总全省刑狱，民命所关也。按照惯例，按察使总办，首府提调。是时，按察使刘元弼慎重刑律，务平反冤狱，被川民称颂刘青天。《西藏改流本末纪》记载："首府不便所为，用是积龃龉。首府适迁建昌道，以建昌道方有夷务，不敢到任。于是谋代按察使，说总督曰：'按察使办案好开花，且谤总督初政无一事爱民'。"① 稽诸文献记载，时任首府的高增爵亦系颇为手段辛辣之人，卞小吾被谋杀一案即是出自其主谋。② 此人深得赵氏兄弟的器重，密折保荐的档案迄今得见。受到高增爵的挑拨离间，总督对于刘元弼益忌之，明知百姓有冤，亦置之弗理。次年二月，刘元弼便被贬任云南迤西兵备道。③ 从《西藏改流本末纪》所记富顺武生邓成章强奸黄素贞一案，我们可以看到发审局承审局员对于多财健讼者坚不承招、京控不休的欺软怕硬心态。④

概而观之，我们可以发现，各省发审局是由地方督抚批准而设立的

---

① 吴光耀：《西藏改流本末纪》，赵心愚、秦和平、王川编：《康区藏族社会珍稀资料辑要》上，巴蜀书社 2006 年版，第 99 页。

② 卞萧（1874—1908），字小吾，四川江津人。1902 年春曾赴上海入狱探访邹容、章炳麟。1903 年夏回四川，毁家纾难，变卖祖产开办重庆第一份鼓吹民主革命的报纸——《重庆日报》，因转载《老妓颐和园之淫行》一文，被重庆知府鄂芳逮捕，押解至成都府狱。这一事件被称为"重庆的《苏报》案"。为遮人耳目计，时任成都知府的高增爵在护理四川总督赵尔丰指使下，暗中收买狱卒及亡命囚犯，于 1908 年 6 月 13 日将其戕害于狱室。知府高增爵以卞小吾系犯人间仇杀结案。

③ 刘光兰：《清末吏部主事刘元弼》，中国人民政治协商会议湖北省谷城县委员会文史资料研究委员会：《谷城文史资料》第 1 辑，1987 年内部发行，第 179—181 页。亦可参见湖北省志地方志编纂委员会编：《湖北省志人物志稿》，光明日报出版社 1989 年版，第 17—18 页。

④ 吴光耀：《西藏改流本末纪》，赵心愚、秦和平、王川编：《康区藏族社会珍稀资料辑要》上，巴蜀书社 2006 年版，第 91—94 页。

一个首府直接管理但受到臬司监管的专门审案机构。尽管各省因其地宜而自行设置，并不是一个极为统一的机构，但是通过比较可知：各省发审局的内部构成、职能、经费开支等却基本相同。发审局的主要人员有：首府知府、提调或总办①、委员、发审幕友、学习人员、书役等伺候人员，其职责也大致相仿。首府对局务起统领作用，堪称"总办"，对下予以监督，对上进行禀报，督饬局员有效快速地完成司、院等上级衙门交代的发审案件。首府不仅制定或拟请修改章程、监督局员、参与审讯，而且对发审局的运作提供帮助，如筹措资金、行提人证、禀请展限、案结呈递详文等。简言之，首府职责在于，通过对发审局的综理，保证其有效快速的运转。提调或坐办由候补府州充任，尽管其职责也是综核局务，但是他们所综理的局务大多与审案事务相关，如监督局员审讯案件并对委员审案过程中问题予以帮助，承审重大案件等。他们分担了首府的部分职能并且还专司该职。委员是发审局内最主要的组成部分，多由候补同知、通判、州县等人员中拣任。其职责在于承审发交案件。各省委员人数并不统一，由数人至数十人不等，可能由首府、司院因本省情形而定。尽管各省派委人员审案的方式并不相同，但审案过程大多相仿：看卷宗、开节略、过堂、拟判。尽管过程相仿，但不同官员也会对不同案件做出不同的规定。如直隶总督曾国藩在其《直隶清讼事宜十条》中曾开列京控巨案的审讯方法："凡京控巨案初到时，正副二员，将卷宗细看，过堂一二次，寻出端倪，开一节略，其末即稍判曲直。五日之内，臬司带同首府及正副承审官上院，本部堂与之商论一番，名曰议狱。其应由藩司主稿者，则两司带同首府局员上院议狱，议

---

① 　此职并非各省均有，也并非各省均设有提调或坐办。山西省设有提调，四川省设有坐办，安徽省并没有设立类似职务。如福建省也设立了提调一职，但该省提调一职又与山西省提调有所不同。《福建省例》记载："首府政务浩繁，势难尽心谳事，是以现经饬委张守其曜在局提调。惟案情出入，考成攸关，终当听其权衡，可否于一月内特给假限三日，俾得专意经理谳务等缘由。"《福建省例》，《台湾文献史料丛刊》第七辑，141—142，台北大通书局 1987 年版，第 1016 页。由此可知，福建省尽管设立提调，但并不是选派专人担任，而是调现任知府担任。

毕再行审讯。"① 尽管局中委员是案件的主要审理人员，但是各省发审局均聘请发审幕友一人②，协助核办案牍并对局内委员审结案件所写详文以及所拟判词提出改进性意见，防止诘难。除了上述人员外，各省发审局还有人数不等的伺候人员，如负责文书工作（录供、誊抄等工作）的局书或书役，审案时往提人证以及站堂所需的差役，负责端饭送菜的伺候仆人。他们极有可能由首府衙门拨充，并无薪水可言，可能会有赏钱。发审局的经费开支大多分为三部分：发审幕友脩膳银，委员薪水，委员饭食、局中办公用品（纸张、茶水、油烛、薪炭等）开支以及伺候之人的赏钱。各省幕友脩膳银大多一千两左右，各省谳局中委员的薪水也有所差异，但总体而言，提调或坐办每月约三四十两，委员每月约二三十两。委员饭食银亦各不相同，山西省每天饭食银三两，但四川、安徽两省并无明确记载，但这并不说明不提供饭食。发审局确实给委员提供饭食，此项所需银两可能与书役等人的赏钱以及局内日常用品的开销银一起，由委员薪水开销以后的所剩银两中调配使用。发审局的经费起初多由府厅州县官摊捐，尽管自咸丰以后，各省陆续停止摊捐③，但发审局所需经费总由省内经费设法开支。发审局的主要职责在于承审不同类型的案件。从上述资料可知，其所审理的案件大致有：京控案、省控案、部驳案、提省重案、州县审转命盗重案。发审局为承审机关，而非原审衙门，况且其所承审的案件多由司、院等上级衙门发交，因此发

---

① 曾国藩：《直隶清讼事宜十条》，盛康辑：《皇朝经世文编续编》卷一百二，刑部五，治狱中，沈云龙主编：《近代中国史料丛刊》第八十五辑，831—849，台北文海出版社1972年版，第4716页。

② 有关四川省发审局的资料中，明确说明该省发审局聘请幕友一人。至于山西、安徽二省并无明确说明，但是从二省发审局每月支取的经费数目以及委员薪水等开支来算，二省发审局聘请的幕友数目也只能是一人。

③ 咸丰九年，福建省停止摊捐发审脩金。《福建省例》，《台湾文献史料丛刊》第七辑，141—142，台北大通书局1987年版，第375页。同治三年，安徽省发审局重建之时，该省已经停止摊捐。冯煦主修，陈师礼总纂：《皖政辑要》，法科·卷八十二·审断一，黄山书社2005年版，第750页。光绪六年，山西省停止摊捐委员饭食。刚毅修，安熙纂：《晋政辑要》卷三十四，刑制，审断四，《续修四库全书》编纂委员会编：《续修四库全书》883，史部·政书类，上海古籍出版社2002年版，第715页。

审局并不能擅自处理案犯，除非原告、被告仅被处以笞杖之刑或无罪可科者，被处以军流以上及人命拟徒者均需解司审转。如果犯人刁健、坚不承招而众证确凿的案件，则将紧要人证随犯解质。奏交之案，无论被告有无罪名，均需连同人证解司复审，转解督抚提勘。① 各省对于发审局承审案件的期限有明确规定，但是各省规定也不尽统一，从十天至一个月不等。为了鼓励局员审案，各省均有不错的奖励措施。尽管也有惩罚措施对委员的失误进行惩处，但是并不严厉。对于人证的提取、关押以及管理，各省也都有相应的规定与举措。除审案以外，发审局还承担培训候补官员的责任，并且地方官员也很重视发审局的此项功能。候补人员入局学习，不仅可以练习律例、听断，而且还缓解了官缺少、候补官员多的情况。② 发审局以及省城中的其他类似机构容纳了大批的候补官员，缓解了候补官员的任职压力。

第四节　发审局内部机制的深层矛盾

中国现代法律史著名学者陈顾远对"法制"一语的解诂别具一格，他首先区分"法""制"为二，认为"为社会生活之轨范，经国家权力之认定，并具有强制之性质者，曰法；为社会生活之形象，经国家公众之维持，并具有规律之基础者，曰制"。陈顾远据此将中国法制史学者分为两派，即一派以制统法，或至少相信"法"与"制"各不相属，而认为"中国法制史的范围，不仅限于法律一端，举凡典章文物刑政教化，莫不其对象"，此乃广义的中国法制史。而另一派则以法统制，或至少以为法制即刑罚之谓，因此认为中国法制史的范围"只以法律上之制度为限，举凡制之不入于法者，换言之无关狱讼律例者，皆除于外"，

---

① 《江苏省例续编》，江苏书局同治己巳年刊印，"申明办理京控旧案"。

② 张佩纶《水灾泛滥请行儆惕修省实政折》（光绪八年七月十四日）即提出，"各省按察使亦宜讲求律学，移发审局于臬署，时亲狱事"。张佩纶：《涧于集》奏议卷二，民国 15 年涧于草堂刻本，页五十二。

此乃狭义的中国法制史。① 和新闻学强调"What""Why""How"一样，法学除了认识法律规定（即"是什么"的问题），还应该追问"为什么"如此规定的问题，进而探察其在现实社会中"怎么样"发挥作用的问题。② 现在学术研究已经开始矫正过去过度注重行为规范（Verhaltensnormen）和裁判规范（Entscheidungsnormen）、将法律视为"以文本为核心的实践"（a text-centered practice）的偏颇，留意于法律体系的机构、特别是司法实践中法律的实际运作、"纠纷的文化逻辑"等层面，把法律的研究放置在一种以意义为中心的整体社会文化背景下。目前，法律续造（Rechtsfortbildung）作为德国法学中的一个重要概念被高度重视。研究中国法律史的日本著名学者寺田浩明也很早就呼吁从规范本身的角度来接近问题，在社会规范这一最广义的考察范围内，把法的含义扩展到非形式性的日常行动样式。循此思路，对于晚清发审局的研究有必要透过干瘪的条框规定和官样文章走入历史深处，在历史缝隙中去发掘其间被遮蔽的"规则之规则"。

无论是从发审局的人员构成、审案职能还是从审案程序、奖惩措施来看，该机构都可以称得上是专门的司法审断③机构，但是行政、司法合一的传统政治体制却使这一专门性机构又具有不伦不类的色彩。发审局虽为首府专司，但实际上却"实为总督衙门之分局"④。尽管曾国藩仅仅针对直隶保定府谳局而言，但这又确实为一普遍现象。从行政体制上来看，首府对两司负责，两司对督抚负责，首府的禀详须呈司，由司转呈督抚批准后方可遵行。所以，督抚对首府的拟请修改发审局章程条款可以径自更正。臬司作为首府的直接上级，更可以对发审局的运作提出修改性建议或者对其内部人员提出严格要求。首府并没有直接改动发

---

① 参见陈顾远：《中国法制史》，商务印书馆1935年版，第2—3页。

② 此观点系山西师范大学法律系白平则在与笔者学术对话时所提出的。

③ 此处使用"审断"二字，而没有使用"审判"一词，其原因在于该机构仅仅是一个审理案件的机构，它只是审理案件、拟定判词，而不能判决案件。发审局内委员审结案件之后，仍由首府按照清朝的司法程序进行。

④ 曾国藩：《直隶清讼事宜十条》，盛康辑：《皇朝经世文编续编》卷一百零二，刑部五，治狱中，沈云龙主编：《近代中国史料丛刊》第八十五辑，831—849，台北文海出版社1972年版，第4714页。

审局内章程的权利，行政上的等级关系使首府仅仅承担着执行者的角色。如前文中述及安徽省发审局时，该省发审局的诸多条例、措施便是由臬司直接札饬首府遵行。从发审局所承审的案件来看，多为京控奏咨案、部驳案、提省重大案件。此类案件理应由督抚或者是督抚督饬臬司、藩司亲提审讯，但是这些衙门官员并不亲提，而是发交首府谳局审办。但是督抚并不完全依照发审委员所审结果，对于巨案督抚仍会行使复核职责，尤其是京控巨案，督抚还会会同两司对案件进行讨论，即前文提到的"议狱"。发审局审结案件，须缮写详文由府呈司，由司转院，倘若详文中有纰漏或案情有疑窦、情罪并不相当等情形，司院可以驳回重审。因此，发审局实际上成了首府掌管之下专门承审上司发审案件的专门性审案机构，是首府直接管理的处理督抚等衙门批发案件的专门机构。发审局内部的人员关系并非真正的上下级关系。无论提调、坐办还是正副委员，抑或学习之员，多为并非实缺在身的候补官员，彼此之间不能以官衔相对。尽管提调或坐办综司局务，对委员的审案有监督之责，但是委员有时候并非完全接受提调或坐办的监督。《四川通饬章程》记载："有承审之案，无论曾否讯有端倪，竟不告知本府、商诸坐办，辄于宪台前先行面禀，到局又不述明，以致无所禀承。"[①] 由此可见，发审局委员并不视首府或坐办为直接上级。

发审局不仅审理上司发交的京控、部驳案件，还负责审理部分州县审转案件。尽管山西、安徽两省的发审局资料中并没有此信息的详细记载，但从这些资料中我们确实可以明了：州县所审命盗重案会交由谳局复核。《福建省例》中对此情形有大量记载，同治六年得到批准的《各属解省案件发审章程》中云：

> 发审案件纷集，由于人证难提。人证之难提，实由官非一任，不肯认真从事。兹若发回审明复解，接任之员既惜解费，复惧代人任咎，即以本任而言，彼以案由谳局发回，自系窒碍难办，更属畏

① 钟庆熙：《四川通饬章程》，光绪二十六年五月纂刊，沈云龙主编：《近代中国史料丛刊续编》第四十八辑，480，台北文海出版社 1977 年版，第 237 页。

难苟安,惟有迁延月日,以待交卸,则人案终归悬宕。如近办福清
之林弟仔、连江之林淙枝等,俱各迁延八、九载之久。若非徐前抚
宪①特札,仍饬提省设法办结,至今尚在延宕,此其明证。是以司
中向于各属招解之案未敢轻于发回,而于发审案件鲜有准其发回复
审者,实由于此。至各属案件发审,诚因原办欠协。推究其由,州
县每多重于催科,鲜有谆谆讲求刑法,以故遇有案件,相验则每多
草率,鞠犯又少推敲,匆匆一解,遂尔了事。及至到府审转,又复
依样葫芦,究竟解司后如何发审,失出失入,该府该县均莫闻
之。……至于谳局之设,原因招解各案未协,若俱发回,非但长途
跋涉,疏忽堪虞,且省外动须禀详请示,非如省局可以面陈请示办
理。……惟案有变迁,事有经权,应请责成谳局各委员悉心研鞠,
如犯供狡谲异常,提解人证三月未到,核明应提要证在三名以上,
或必须对质方可折服其心者,即行详请发回,就近提证质讯。仍勒
限犯到一月以内,审明复解,迟即由司酌请记过。迟延过久,饬由
本道府提同审办,总不准日久拖宕不办。倘复解司后审案犹未协,
一面发审,一面核明初审、复审误自何员,札调来局会同审理。其
人证在三名以下,或人犯众多,碍难远解者,即详请委员前往守提
各人证。不须与犯对质,即令会同该县就近讯取确供申复,发局
办理。②

从上文所记来看,由于州县官对原审之案并不尽心办理,及至驳回
重审,又因解费、惧罪等因迁延,最终又成积案。于是各属解省案件也
交由谳局审理并且制定了详尽的处理办法。发审局承审州县审转案件,
对于其中拟判有误、案有疑窦之处可以行提人证、复审更正,然后解
司,由司转院。倘若发审局承审案件也有未妥之处,司院仍可发回复
审。如果情罪相符,则纳入正常司法程序,无关人命之徒罪案由督抚
定地充配,有关人命之徒案以及拟判军流以上案件咨部复核。发审局不

---

① 指同治元年至五年福建巡抚徐宗幹。
② 《福建省例》,《台湾文献史料丛刊》第七辑,141—142,台北大通书局
1987年版,第1015—1016页。

仅承审发交京控、部驳等案件，而且还审理州县审转案件，完全成了臬司的"复制品"。不过，这一"复制品"于省级行政司法体系中处于两难境地：既不是省级司法体系中的正式机构，但又是省级司法体系所必须依赖的专门性质的审断机构。清代审转程序的制度安排是存在一定缺陷的，因为听讼如同滋贺秀三所说乃并不以使尽了程序的手段而终结，省控、京控案件可以长期久讼不绝的口子恰肇始于此。发审局在这个意义上是在审判机器上添附的一个外置流转处理设备而已。

发审局勘审的案件从业务性质上看主要都是复审案件，故而其被后人比作高等审判庭，而事实上在清末受国外影响的司法改革中也多被改为高等审判庭。这种在整个司法体系中的地位类似西方的衡平法院，使其审理案件的运作技术与地方州县初审案件技术不尽一致，需要类似西方的"衡平正义"。以包世臣的若干文稿为例，其在道光二十三年所写的《与次儿论谳狱书》介绍了在江西审理案件的方法，在通过锁定证据后令各造相互逐层指驳、辩诘蜂起，而审案者在这种类似当今英美法系的抗辩式诉讼中，仅仅担任裁判员以确定法律事实，这在当时谳局中能员坐堂往往以刑求供的年代仿佛不可思议，可谓与实然迥异的"应然"境界。继之，包世臣在《与次儿论谳狱第二书》中又云：

> 前书言谳狱之法颇详尽，然止言得本案之情实。至于首府谳局，为全省总汇，或京控奉发，或上控提省，或翻异，提全案人证，其案多有自数年至十数年者。又本案两造先后控诉之词，多出岔头，更有牵砌别案作证，自数案至十数案者。提卷动至盈箱，提犯动致数十百人。首府有发审友，例为主政，然近来幕友，莫肯悉心看卷，且难保不别存意见。此宗大案奉委，例有一月审限，为期本宽，必须将全卷先看一遍，摘出紧要之人，再将全卷逐人摘出，其紧要情节，遇有岔出头脑，必须细想前后，与本案是否有关涉处。盖岔出情节，每有股大于腰，指大于股者，一经挑掣，常至本案不可收拾。此种情节，虽要摘出，然须于摘略内注明不可追究，或竟不置一词，以便正案合龙。摘节略时，务要详明，日后堂讯，但看节略，免再查卷之烦。摘定节略，把鼻已得，必须细检律例，

拿定一正经归宿，讯供时皆注定正条，则供成而看亦成。发审友即有意见，不能动弹供情。盖发审大案，断不能如自理小案，一一得实。然或移情就例，或择例就情，务求平允而宽厚，则问官与犯人两无所憾，而讼师不能籁弄其闲，则案易了结，而自无翻异①。

包世臣在这里已经涉及发审案件特殊的"衡平法则"。他认为，在发审案件中，若一挑掣岔头，必致辗转提犯，逾限既自关考成，拖延更累及无辜。造福作孽，只争一闲。所以，包世臣告诫其子云，牵掣之案，其已结者勿论。其未结而人集者，于本案有涉而无碍，便宜于大案后提出，略加数语，便可带结。若牵掣重大，头绪纷繁，便宜以人证不齐等语，蹬归原衙门自行集讯结正。包世臣在《书三案始末》中进一步接续前述论谳书未尽之言阐明自己的观点。包世臣在山东、江苏帮助幕主总理刑名案件时均事先约定："贱子才力，但能办七分不公道事，过此不敢闻命。"这一入幕约定不为时人所了解，以为这样不公道至七分的底线太过低，怀疑可能是激愤之词。但包世臣解释说："案至两司，则承审官已为被告，故本案之曲直与有司之平枉，以十分为率，官民各居其半。其在官之五分，难以言公道矣。民与民争曲直而成案，有司枉之，然后兼与官争，甚至弃本案之曲直而专与官争平枉，则上游之有以殴之也。故善者惟于本案曲直争多寡之数，曲直在本案者，果五而得三，是谚所谓'大头已向下也'。讼至于提省，审办两造之力皆已疲，盖有求已而不得者矣。公道昭至五分之三，直者之气必平。曲者之健也，常恃官吏，见公道昭于上游，则已失其所恃，而又不为已甚，留不公道之二分，使得借以自饰，则岂有不可已之事乎？本案之曲直明，官吏之平枉自见。而直者之气平，则其与官争也不力。而枉在官者，上游可以意消纳，而不至翻异。"②

笔者将这种仅能办七分不公道事的原则称为"包世臣正义"，其核心要义就是"保全官吏，在舒民气而不使之郁"，使案件在三方都觉得

---

① 包世臣：《齐民四术》，潘竟翰点校，中华书局 2001 年版，第278—279 页。

② 包世臣：《齐民四术》，潘竟翰点校，中华书局 2001 年版，第274—275 页。

可以接受或者不得不接受的"情理"范围内自然终结。"裁判"在德语中为 Rechtsspruch，在英语中为 juridiction，其本义均为"法的表述"。精致洗练的中国法当然不能和卡迪法混为一谈，其作为裁判依据的法定性不容置疑，但自古以来断狱决案必以其情，强调准情酌理。所以滋贺秀三说，比起西方人，中国人的观念更顾及人的全部与整体。也即是，中国人具有不把争议的标的孤立起来看而将对立的双方——有时进而涉及周围的人们——的社会关系加以全面和总体考察的倾向；而且中国人还喜欢相对的思维方式，倾向于从对立双方的任何一侧都多少分配和承受一点损失或痛苦中找出均衡点。它拥有的是当对事实本身当事者已不再争执时即告终结的构造，而以这一特定争讼的平息为目的。通过争讼发现什么是法并不是听讼的目的。① 争讼对于中国人而言就是在争一口气，或者说要讨个说法。

在清朝审转体制下，案件的客观事实到法律事实的转化其实是通过各种"话语"编织、传播的，上级机关往往不能做到真正的复审，一般只是在使用下级提供的主要证据的基础上，对于证据进行案卷的纸上审核作业，而整个官场欺上瞒下，移情就案，消纳补斡，使最初的破绽在案件反复上控和发审、驳诘和顶覆的过程中被官场高手们越来越巧为弥合，使原本不复杂的案件可能被加入越来越多的伪证，这样假案越来越"铁证如山"，以致假作真时真亦假，黑白颠倒，治丝益棼，驳之无隙，在进行发覆翻案时成本不啻倍蓰，殊非易事。官无毁笔、君无戏言的鄙说在清代官场上广为流传。州县官在公堂上可以打老百姓的板子，但如果要州县官自己认错，便不啻自己打自己嘴巴，所以出现失误时一般都采取回护前非的策略。正是这样，"包世臣正义"在复审案件中恰恰是在实现绝对分配正义成本过大情况下退而求其次的选择，使法律之外的情理思想资源进入判决，以有效地弥补制度与组织的不足。"包世臣正义"的悖法谳狱理念是道德主义和实用主义两者充满张力的结合。这种思维图像（Denkbild）是结果导向的，而不是原则导向的，是个案

---

① 滋贺秀三、寺田浩明等：《明清时期的民事审判与民间契约》，王亚新译，法律出版社 1998 年版，第 15 页。

导向的，而不是规则导向的，它在求其情法两平的中庸之道时，按照费肯杰推参阐述的法学方法必然出现曾国藩在《直隶清讼事宜十条》所予以抨击的发审局委员弥讼止争的乡愿习气，恰恰从反面印证了"包世臣正义"理念实践在复审案件中是司空见惯的。

曾国藩指出："其提省审办者，则须剖分皂白，实究虚坐。理无两是，势不两存。近来直隶京控省控之案，一经发交谳局，平日则多方弥缝，临事则一味含糊。告官得实者，承审官回护同僚，议以不应重、不应轻之咎。告吏得实者，承审官删改情节，但科以笞杖及除名之罪。其诬告全系虚诬者，则又曲庇奸民，唯恐反噬，但以怀疑妄控及愚民无知等语了结之。奏交之案，十审九虚。刁讼之民，十虚九赦。问官皆自命为和事之人，讼棍皆立身于不败之地。皂白不分，莫此为甚。自今以往，凡京控省控重案，本部堂率属议狱之初，即当确究虚实。审实者，即治被告以应得之罪。虚诬者，即治奸民以诬告之罪。黑白较然，不稍含混。"[①] 刘体仁《异辞录》记载，在杨乃武与小白菜一案被朝野关注时，江西发生了这样一宗谋死亲夫之案，"有与妇通而鸩其夫者，其致死之处，在死者之家。刘忠诚公任内，奸妇判不与闻定案。先文庄覆审，谓杀人于其家，使妇人不同谋，何从着手？疑奸夫自知将死，为情妇开一生路，早有预定之计。问官不加细察，据以录供。质诸发审局，一再推敲，果然。时文庄欲为更正，局员云：'如此，则前任有应得处分。'以忠诚方履粤督新任，同官固不肯为此也。文庄问局员曰：'然则奈何？'对曰：'如犯妇本不知情，而夫死之后，仍与续奸者，亦得死罪。'已而，妇人自认知情，不认续奸，竟无如之何。未几，大赦释出"[②]。刘体仁甚至认为这种结局是误解经书"罪疑惟轻"四字所产生的流弊。在此文中，刘秉璋复审刘坤一任内案件得出实情后，刘秉璋和发审局局员均不愿深有交谊的同官因审断失出受到处分，但又必须严格依律判案。可以看出，在循法与悖法的矛盾与妥协中，裁判者其实并非

---

① 曾国藩：《直隶清讼事宜十条》，盛康：《皇朝经世文编续编》卷一百零二，刑部五，治狱中，沈云龙主编：《近代中国史料丛刊》第八十五辑，831—849，台北文海出版社1972年版，第4727—4728页。

② 刘体仁：《异辞录》卷二，上海书店出版社1984年版，第14页。

鉴空衡平，现实的事情还要还原到现实中考虑，控告者所预期达到的正义如包世臣所言若由"州县受理，稍持公道，虽使至八九分可也；至两司，则格碍多矣"。在这种意义上，发审局本系基于学术界所谓"黄宗羲定律"产生的添附机构，但其所输出的正义必须是算计官僚利益附加成

刑罚

本前提下的有限公允兑价，即我们这里所说的"包世臣正义"。

　　光绪年间的四川东乡抗粮案尤其能够说明问题。据此案关键人物袁庭蛟赴京控告官兵滥杀无辜在刑部所录下的供词称："袁廷蛟供：我系四川东乡县人，年四十岁，在县属袁家坪地方居住。本县向年征收粮银一两、津贴一两，均系旧章。同治三年，贼匪蓝大舞窜扰东乡，本县所属四十八场被王棕恩、向茹蕃、程有芝、梁添溃、李开梆、吴在堂、庞春山、王启严并不知姓名共四十八人贿求县官长老爷按场设局，每场设绅一名，均系议粮勒派捐输，定数二十七八串不等，霸管数年，浮收渔利，并不清算捐款，亦不悬挂清单，因此乡民不服。同治九十年间，有学台夏大人挂牌示谕，文武生童始知东邑不敷，广额勒派未解，阖邑百姓同向局绅王棕恩等清算捐款，王棕恩等匿簿不算。同治十年，百姓控县算账，呈词一百余张，县主并不批算。十一年，百姓赴府呈告，批县，又在总督藩臬各衙门呈控，均批县清算。王棕恩等贿买县官，仍不清算。四十八场捐户商议进京具控。同治十二年八月间，我进京在提督前呈控，呈内列有李经良并我一共二人出名，经提督英大人将我咨回本省总督衙门，交发审局讯办。王棕恩闻知，用银二千两贿买李经良之兄

李经都，改名李进城，充当局绅。我在发审局过堂七八次，俱受刑责，将我们发回本县收卡四个多月，并未枷号。后令我们回去算账，局绅仍不遵算……"①

本案有以下几方面值得我们关注：首先，正如张之洞在《重案定拟未协折》中开宗明义所述，此案之查办由于滥杀，滥杀由于诬叛请剿，诬叛请剿由于聚众闹粮，聚众闹粮由于违例敛派。咸丰中叶，军饷无出，政府财政竭蹶，计臣议于四川在钱粮之外再加津贴。所谓津贴，即按粮摊派，正赋一两，则额外再征收一两。咸丰末年，则又议于津贴之外加收捐输。所谓捐输，也是按粮摊派。四川全省一百六十个州县，除最为贫苦的二十多个州县外，其他各州各县皆派及，或一年一派，或两年三派，全是藩司决定。不特如此，四川尚有诸多杂派，其中杂派最多的是各种名目繁多的局，如夫马局、三费局等，此等局员的开支皆取之于民，皆派之于粮。局绅议之，官吏敛之。各乡局士预为垫银交官，批解后加大利滚算乡民。各种杂费加起来，乡民上缴的多于正款的钱粮，多则十倍，少则五六倍。川省官府还规定，乡民必须先完杂费再完正款，一切完清后官府才发串票。若不缴杂费，即使完清正款的也不给发串票。这样，如果无串票，官府可视为未完钱粮而拘捕。由此可见，案件的起因是在国家加大对于臣民经济资源汲取的背景下利用局绅加征浮收，而局绅又趁机搭便车借助官府力量肥私利己。这反映了当时围绕浮收钱粮展开的基层社会尖锐矛盾，颇具典型意义。

其次，正如光绪五年六月十日刑部最终对此案的判决中所说，查此案罪名关键，总以袁廷蛟是否叛逆为断。因为按照《大清律例》规定，抗粮聚众，或罢考、罢市至四五十人，为首者斩立决，所以东乡一案的关键是属性，若属聚众抗粮闹事，则派兵镇压并无大错，失误只在杀人过多。光绪三年九月六日丁宝桢对此案拟具的处理意见是：袁廷蛟应照不服追唤、拒敌官兵，以谋叛已行论，拟斩立决，署东乡县事庆符县知县孙定扬"酿成大事"，即行革职，从重发往军台效力，但应于查明孙

① 中国第一历史档案馆：《光绪初年清政府镇压东乡抗捐史料》一，《历史档案》1994年第2期。

定扬是否亲老丁单后方可核办。对军方主要当事人照溺职例革职或交部察议，处理过轻。光绪五年六月十日，刑部最终定论是，"袁廷蛟衅起闹粮仇斗，并无叛逆情事。……袁廷蛟既非叛逆，则众寨民之非逆党自明。寨民既非逆党，则统兵官之妄杀已定"①。因此，妄杀之罪魁李有恒照故杀者斩律，拟斩监候，秋后处决；请兵之祸首孙定扬，照诬告人将案外之人致死三命以上，依故杀律，拟斩监候，秋后处决；刘道宗、王照南、雷遇春均革职，依将领故纵军人于已附地面掳掠者至死减一等例，杖一百，流三千里，发黑龙江充当苦差；局士李开邦、吴芳体等革去贡、监生资格，依棍徒生事扰害例发极边足四千里充军，永不释回。此案涉及前护理四川总督文格和时任四川总督丁宝桢等封疆大员的议处，京控翻案的难度极大。最终这一生灵涂炭的覆盆之冤得以发覆，绝不是因为京控者本身的社会活动能量有多大，而是由于川籍京官的社会关系网络资源和得力于清流派张之洞、张佩纶、何金寿的挺身而出伸张正义。

再次，东乡抗粮案中是经过两次京控发省讯问的，档案中也显示了同治十三年川省发审局对于袁廷蛟的敷衍了事，但最终刑部的判决并未议及于此。这估计与问刑职能部门不节外生枝的办案策略等有关，但主要原因还在于当时发审局属于非经制机构，在审转体系中是不承担直接法律责任的司法主体，仍然以督抚为问责攸归。从川省发审局当时的处置来看显然是对京控者采取打压策略以图使控、被告双方有所妥协，复将上控者发回本县收卡数月，一仍含糊弥缝之故技，并不以民瘼为怀，"包世臣正义"的三分公道渺不可寻。尤其该案本身就是由于川省包括发审局在内的地方公事各局设立所产生的杂派而引起，后面要谈及的对这种国家机器扩张的批评和清理也可以被视为对该案的亡羊补牢。在这种利益格局中，发审局并非超然于外，希冀从发审局给袁廷蛟的京控主持公道即便不能说是虎口谋食，亦堪称难于登天。

笔者在翻译费肯杰两卷本《经济法》的过程中，受到费肯杰关于

---

① 中国第一历史档案馆：《光绪初年清政府镇压东乡抗捐史料》四，《历史档案》1995 年第 1 期。

经济价值（wirtschaftlichen Werten）和理念价值（ideellen Werten）之间的彼此依赖性论述的影响，将司法场域视为关于经济价值与理念价值之间不断对话的总合，认为晚清发审局在司法职业化方面具有难以纾解的郁结。发审局如前所述体现了司法专业化的趋势，但几乎均肩负有培养专业人才的功能，这就说明了其职业化尚无从谈及。清末有一种"幕友归公"的声音，认为幕友即或误事，不过失馆而已，无处分以儆之，仍可去此他图，故若辈无不自肆，鲜能自爱者，所以主张将幕友一项另议归公，其中有熟悉刑名钱谷者，责令捐纳候补实职，方许充当，其不能捐者革去，而以候补人员中之能通刑名钱谷者充之。候补人员在省，先令在发审局学习一年，然后入幕，入幕即作当差。① 这是在清朝财政极度紧张而捐务已成弩末的情势下提出的主张，其论证不免多有牵强，因为实行合同聘任制的幕友失馆丢饭碗的风险成本，并不比一些对于官员不关痛痒的鞫狱处分为轻。各省发审局成立后对于发审委员制定了一系列的奖惩措施，甚至建立考勤簿规范局中提调、坐办、正副委员到局问案的上班时间，② 积极作用当然是很明显的，但这些近似目前现代办公管理制度都是属于"他治"的纪律约束杠杆，发审委员的"明法"与"明德"竟属各殊，其廉介自持自治的内化道德律令基本上还未遑顾及。在人人趋利若鹜的浮靡风习下，发审委员之贪赃枉法的情事反而往往较诸幕友有过之而无不及，愈发成为家常便饭般不足为怪。例如，据《望凫行馆宦粤日记》记载，同治六年四月，广宁县的士绅到省城布政

---

① 参见朱寿朋：《光绪朝东华录》，光绪二十年九月，中华书局1958年版，总第3482—3483页。幕友并非不受法律的约束。嘉庆三年刑部议定留养及军徒脱逃改发例25条中关于不准留养的情形就包括"幕友、长随、书役等倚官妄为，累及本官，罪应流以上，与同罪者"。参见《清仁宗睿皇帝实录》卷三十三，嘉庆三年八月，台北华文书局股份有限公司1960—1970年版，第335页。左宗棠在湖南巡抚骆秉章幕中受聘为幕友时有"左都御史"的绰号，生性傲岸，永州镇总兵樊燮（即《樊山政书》作者樊增祥之父）为左氏所凌辱，乃状告左宗棠为"劣幕"于京，咸丰帝下令湖广总督官文密查，指示：若左宗棠审实果有不法情事，可即就地正法。这也可以证明幕友并非脱然无累于国宪。

② 参见黎承礼编：《黎文肃公（培敬）遗书》，书札，卷二十八，沈云龙主编：《近代中国史料丛刊》第三十七辑，363，台北文海出版社1969年版，第2064页。

使司衙门联名上控该县书吏浮收。时广东的督、臬为一派，抚、藩是另一派，广宁士绅便利用这种情况，"省中无路不攻，花钱不少。大约承审委员亦受其贿，有意轻纵……余俱宽懈，想若辈打点通矣"①。其日记还记下了新任主审此案的发审局坐办、候补知府严伸之和臬台本人及其家人收受贿赂的具体数目。此上控案件便生动反映了发审局官员将自己的职守和良心典卖于孔方兄的权钱交易的司法场域角逐关系。前揭各省发审局奖励越来越重而处分越来越轻的普遍态势，就折射出局员道德底线的步步退却。然而，如果说幕友社会地位的上升始终处于封闭的区间内，往往只能一条路走到黑，则发审局局员向上发展的事业空间相对而言是没有封顶的。不安现状的功利心炽，如同狂奔的野马更易冲破脆弱的道德防御底线。

再者，徐珂《清稗类钞》载："各省有发审局承审案件，为京控之发回原省以交局者，或上控之提审交局者，而莫不以候补道为总办，候补府为提调，候补同通州县为承审员。承审员有定额，承审数年，辄得署缺以去。若辈类皆夤缘进身，绝无法律知识，自号老吏，惟以锻炼迎合为事，不则亦颟顸伴食，一任吏胥之舞文弄法而已。"② 在一个不能真正实现黄仁宇所说的"数目字管理"的社会中，各省发审局奖励标准竞趋量化，案件审理的考核和职位出缺的递补均以审结的"数量"而不是"质量"为尺度，"鞫者觊了案之奖也"③，自然唯量是瞻，多不能平心秉公酌断是非，或草率以图功，或颟顸以从事，甚至遇事深刻，惟事刑求，锻炼以为能、钩距以示察，营营于追求业绩以致制造了某些冤假错案。陈世镕《牛恩惠狱记》便记述了一起发生在笔者生活多年的甘肃高台县的奇案。此案又称"甘肃高台案"，被清朝官员与"四川东乡案"相提并论。④ 由于高台县不大，文中所述人物和场景对

① 《望凫行馆宦粤日记》第3本《绥江日记》，同治六年八月十二。转引自邱捷：《知县与地方士绅的合作与冲突——以同治年间的广东省广宁县为例》，《近代史研究》2006年第1期。

② 徐珂：《清稗类钞》第3册，中华书局1984年版，第977页。

③ 徐珂：《清稗类钞》第3册，中华书局2003年版，第1104页。

④ 参见朱寿朋编：《光绪朝东华录》，光绪四年二月，中华书局1958年版，总第562页。

笔者而言仿佛都历历在目。其原文如下：

> 己亥（道光十九年，1839 年）之冬，余代理陇西，次年二月
> 返省。未至，则闻捕获牛八教首吴鸿信，尸其事者高台令李①，谳
> 其狱者兰州守唐，定其案者按察司陶②也，同谳者若而人，未暇悉
> 数，皆以为不世之勋，可以晋崇阶而邀懋赏也。陶公故待余厚，余
> 进谒，即告以斯狱当为子挂名，余请往谳局一视，渠魁吴鸿信，才
> 三十余，白皙无狞恶相。而同曳银铛者，则张文藻，年不过二十。
> 又有一傅姓者，农人也。又有二旅店主人，忘其姓，皆桎梏待讯。
> 听其辞，皆素不相识。次日，陶公召谳局诸公至署，命与余同讯，
> 则吴鸿信变为牛恩惠，籍山西洪洞县，父某，母某，妻某，于兄弟
> 行几，以某年出游学，不知吴鸿信为何如人。而张文藻则武威县学
> 生员，其父管驿号，已于大河驿授徒。此人过其馆谈命，赠铜钱二
> 百。彼留一名刺为识，牛恩惠也。傅姓则籍临羌，旅店主人籍宁
> 夏，相去千余里。其供词，言在湖南、湖北招集英雄豪杰，皆谳官
> 所指授，己并不知为何语。余白诸唐公，谓事有可疑。唐公曰，已
> 咨明周制军③捕获教首矣，今若改为疑案，则一省承审官将获谴，
> 杀之则已矣。余乃请见梁方伯④瑚制军⑤，力言奸人谋为不轨，必
> 蓄积日久，党羽众多。牛恩惠与张文藻，乃萍水相逢，岂有立谈之
> 顷，能煽诱人共为大逆。且数千里所得仅三四人，以此举事，不亦
> 难乎？据其供称有籍贯，有父母兄弟妻子，何妨一为查讯，而欲以
> 杀之为竟事。如杀之，而其父母兄弟妻子至甘索人，何以应付。又
> 如杀之，而真吴鸿信在他处捕获，又何以剖析。而陶公护前，令家

---

① 据《新纂高台县志》卷四载，李大融，于道光十九年任高台知县。见徐家瑞纂修：民国《新纂高台县志》，《中国地方志集成》47，凤凰出版社、上海书店、巴蜀书社 2007 年版，第 139 页。

② 指甘肃省按察使陶廷杰。此人于道光十八年三月至道光二十年五月在其任。

③ 指湖广总督周天爵。

④ 布政使称曰藩司，亦称方伯。此处指甘肃布政使梁萼涵。

⑤ 指陕甘总督瑚松额。

人唤余覆讯，必欲实其为吴鸿信，使五返而余不往，则大恚。余应之曰，公待我厚，我当为公作诤臣，无冤杀不辜。若以人命媚公，而自享其利，公亦何乐有此阿意承旨之员哉？于是瑚制军梁方伯乃遣官解往湖北，与牛八教诸奸党质证，无一识者。周制军咨之返，曰：“我欲得者吴鸿信，不欲牛恩惠也。”将劾甘省诬陷平民为大逆，会以事罢职，乃解。而牛恩惠张文藻等，拷掠五毒备至，胫则已折，肤则已无矣。此案之始，周制军购捕牛八教首吴鸿信，闻其逃至甘省，图形密缉，而李大融署高台，于戏场见牛恩惠面貌相类，认作吴鸿信，而牛恩惠在江湖游滑久，推命算卦，借以糊口，语言闪烁，更以为真吴鸿信。张文藻以二百钱作命金，受此奇祸，其二弟甫成童，亦并拘系。李与首府臬使皆黔人，欲以此拔擢之。余之力争，亦未必全无黑白是非，特不胜其利欲之私。余亦与诸问讯者言，乃皆笑其迂阔，不知乘时进取也①。

在本案中，从高台县令李大融在戏场的偶遇起，甘肃发审局上上下下因为乡谊互相帮同，更由于众承审官员均视缉获牛八教首为不世之勋，可以晋崇阶而邀懋赏，所以在功名利禄的引导下锻炼成狱，将牛恩惠屈打成招，而在陈世镕建议平反昭雪时，臬司首先考虑的倒不是案情真伪，而是一省承审官将获谴问题，但知求避处分，以一己之私，陷人重辟，罔顾天理王法，企图草菅人命遮掩过去。这就是长期以来官无悔判风气盛行的原因所

樊增祥像

① 陈世镕：《牛恩惠狱记》，盛康辑：《皇朝经世文编续编》卷一百零一，刑政四，治狱上，沈云龙主编：《近代中国史料丛刊》第八十五辑，831—849，台北文海出版社1972年版，第4659—4662页。

在。然而，为了立功邀赏，就像晚清著名小说家李伯元的《活地狱》里的那个得了发审局差使的姚明之流，矫情标榜做官极其风厉，感激上司的栽培，愈发竭力图报，无事生非，沽名钓誉，对老百姓而言更是活脱脱一个"要人命"的煞星。[1] 樊增祥在《樊山政书·批西安府傅守世炜禀》中云："谳局问案，与县署寻常词讼不同。案关生死，罪关出入，老手高才，犹或时有舛错，用人不可不慎也。往年发审局有旧五鬼、新五鬼之目，如贺培芬、焦承绰、杜树勋等，皆名在鬼箓之中，真谳局之耻也。"[2] 段光清在其《自撰年谱》提及一段轶事：有一京控粮案，解回原籍质讯，由司发府委员问供，告状人自称童生。委员曰："我出一对，'君子怀刑'，尔可对之。"意欲折截该童生。不料对方对曰："禽兽逼人。"段光清感叹此言"骂做官人可谓切实矣"。[3] 谳局中"混账难以枚举"之徒在社会上的形象真是糟乎其糕乃至于斯！

发审局本身的内在机制上存在诸如矛盾，而其作为社会矛盾折冲解决的机构，不言而喻又处于各种社会矛盾丛集的焦点，所以对于发审局的质疑、批评和抨击历来不绝如缕，有时甚至成为被告。道光十年，御史宋劭谷奏称：贵州抚藩臬各衙门上控案件，多系发交首府审办，首府另设发审公局，延请幕友，一切案情听其主裁，是为公幕。现在贵阳府公幕朱七即朱琅，揽权纵恣，与劣幕刘昆之弟刘嵩互相盘踞，表里为奸。此处的"发审公局"是实录中的最早记述。[4] 同治元年，御史裘德

---

① 李伯元：《活地狱》，上海书店1994年版，第52页。蒯德模《谳局行》中的描述极为生动当时发审局的率意刑求之弊："臬司刑明汇，矮矮发审局。郡守作提调，众员随趋逐。一纸檄初下，卷牍已盈簏。出入关生死，头断不可续。堂上人多怒，堂下人多哭。惨怛辗转间，呼号夹三木。愿告在局者，毋徒务敲扑。去年狱未具，今年狱再鞠。淹滞久不决，羁累无皮肉。"蒯德模：《带耕堂遗诗》卷三，民国18年刻蒯氏家集本，页一。

② 樊增祥：《樊山政书》，那思陆、孙家红点校，中华书局2007年版，第16页。

③ 段光清：《镜湖自撰年谱》，中华书局1997年版，第153页。

④ 皇帝对此也并未多加留意，仅仅是让杨怿曾等于云南审案完竣后路过贵州时，将所奏该幕劣行详悉查明。参见中国第一历史档案馆编：《嘉庆道光两朝上谕档》第35册，广西师范大学出版社2000年版，第359页。

俊奏：各省督抚"以民间京控为多事，视交审谕旨为具文，名为亲提，实则发交承审委员设法消弭，甚至仍令承审州县参与其间。该委员瞻徇情面，无论是非曲直，必逼令原告之供，与原案适相符合。而又以怀疑妄控等情，开脱原告，两造既无重大罪名，该州县亦遂免审断不平处分"①。光绪元年六月，御史陈彝针对发审局员素质低下问题提出："各省会例设发审局，局员既与上司亲近，审结案多，便得尽先补署。以故分发人员，无不营谋此事。臣愚以为人命至重，以讲求律例言之，则入仕日浅者非所宜也。以哀矜庶狱言之，则天资刻薄者非所宜也。以历练民情言之，则少年喜事者非所宜也。应令各省每年将派入发审局几员，各该员经手断结者何案，并各员履历，一并造册送吏刑二部及都察院查核。如有冤滥发觉，照承审例处分，以称朝廷慎重人民之至意。"② 汤震的《危言》写于光绪十六年，在《马关条约》签订后不久被翁同龢连同陈炽的《庸言》一并进呈给光绪帝。汤震在《危言》中就指出："其刑部之法当变者，盗课愈严，则讳匿愈甚，鸦片愈禁，则洋药愈销。……发审局设，而州县偏断，无一平反矣。局款皆州县公摊，委员亦州县也。左祖可想，不知抚臬道府所职何事，必设此局。自新所设，而监狱以外，增一图圄矣。"③ 更为关键的是，发审局的命运更与当时对局所泛滥之弊的批评联系在一起，几有作为陪绑者被拉上刑场枪毙之虞。光绪五年初，监察御史黄元善奏请饬令各省督抚应尽快裁撤泛滥局所，声言这类局所耗费公帑，冗员充塞，"多一局，即多一开销；多一员，即多一薪水。在该员等以为支销由局，而不知涓滴皆公。现在军务告竣有年，而各省各局尚未裁撤。臣愚以为，与其多留一局而安插冗员，不如多裁一局而节省浮费"④。光绪十五年，御史吴寿龄裁撤冗局

---

① 《清穆宗毅皇帝实录》卷四十，同治元年闰八月，台北华文书局股份有限公司 1960—1970 年版，第 1032 页。

② 朱寿朋编：《光绪朝东华录》，中华书局 1958 年版，总第 90—91 页。

③ 中国史学会主编：《戊戌变法》一，上海人民出版社 1953 年版，第 180 页。

④ 《力筹节用永停捐输疏》，陈昌绅编：《分类时务通纂》第 5 册，北京图书馆出版社 2005 年版，第 97 页。

的奏折引发了清朝中央政府对这一问题的关注，户部列举有案可查的各类局所即有五六十种，其中发审局、候审所、清讼局、课吏局、保甲局等均在被点名之列。户部会同吏部议复："查设局之始，咸丰年间，各省未经收复地方，不能不设局办事，且为设局以破衙门官吏窠臼。奈故事相延，各局亦复久成窠臼，大失本意。"① 各局林立，几无限制，究其实事，一无成效。该管上司不过见好属员，公款盈虚，在所不计，种种消耗，何所底止。请旨饬下各直省将军、督抚、府尹等详议章程，减定局数、员数，并各委员衔名，先行造册备文咨报。以后设局，均须详酌，其事可相因而理者，或总设一局，将各项应办事宜统归其中，慎派妥员分股办事，以便稽查，易于得力，冗费借可节省。② 上谕曰：当此筹饷之际，尤应力求撙节，着各直省督抚，悉心体察，将该省局卡可裁则裁，可并则并，其留办各处，酌定员数，核定薪水，毋任稍有虚糜。所幸各省对于局卡裁并工作执行并不得力，而发审局在所有局卡中的业务相对尚属必要，故而，其基本上未受到波及。在湖北，武昌与汉阳二府均设有谳局，各派督审知府一员帮审，同州县四员、学习四员，均给薪水，若无薪水者作为额外学习，并延请幕友一人。因为归于汉阳府局发审的案件较少，委员在局内赋闲时间较多，臬司出于经费问题的考虑，有意将汉阳府谳局裁撤，增添帮审二员，归并武昌府审办。其在详文中声称："武汉虽仅隔一江，而汉阳府县每逢衙参之日渡江随班，约计一月之中几二十日，本署词讼不能自讯，一切公事委之幕僚，无暇躬亲难免遗误。"撤销汉阳府局，有俾于公事。③ 然而，发审局尽管属于非经制机构，一旦裁撤，毕竟也牵扯许多人的岗位与俸银，所以其间荆棘颇多，不是想撤就撤的事。迄至光绪二十三年，湖北的京控案件仍有

---

① 《吏部会议御史吴寿龄奏内外候补人员按缺酌留余令回籍听候咨取并裁撤各局折》，《户部奏稿》第 6 册，全国图书馆文献缩微复制中心 2004 年版，第 2655—2656 页。

② 《吏部会议御史吴寿龄奏内外候补人员按缺酌留余令回籍听候咨取并裁撤各局折》，《户部奏稿》第 6 册，全国图书馆文献缩微复制中心 2004 年版，第 2655—2656 页。

③ 全国图书馆文献缩微复制中心：《清臬署珍存档案》一，全国图书馆文献缩微复制中心 2004 年版，第 263 页。

发审汉阳府的记录。虽然江苏省的经济发展水平在全国名列前茅，是钱粮缴纳的大省，该省府署所设发审局事务殷繁，但经费支出却颇成问题："委员薪水、幕友脩脯等公费，向由江南北各州县，按年摊送，而江以北各县，竟视若赘款，有延至数年不解分毫者，以致经费支绌，不敷办公，虽严札叠催，仍始终罔应。"① 后来，虽然苏省疆臣严饬州县印委各官，并派遣专员守提，也仅仅是解款稍形起色而已，发审局的运转维持甚为艰难。

道光以后，清朝最高统治者对于发审局初则默认其存在，继则力图加以规范整饬，终则积极奖劝发审局局员勤力奉公。道光十六年，有人揭发山西太原府知府珠澜自署首府后颐指气使，以致发审局委员登时散尽，所存者只有坐补安邑县刘应昌一人，自三月二十一日起至今未能审结一案，积压七八十起。道光帝对发审局这一机构根本未加留意，仍是将注意力集中于案件的彻查以及相关官员的处理，责令巡抚申启贤破除情面，据实严参，以儆官邪。② 咸丰二年二月，皇帝对河南省发审局委员郎仲连在发审局借案吓诈、被人控告一事提出批评，并令其主管官查明复奏，严行惩办。以肃吏治。③ 十一年十二月，顺天府所辖永清县知县王锡琦因浮征钱粮被人控告，却仍在发审局会同治中问案，以致永清原告三百余人因其阴属治中锁押，不敢到案者居多。咸丰帝对此大加申斥，并严令确切查讯。④ 同治元年十月，四川总督骆秉章因将隆昌县知县魏元燮婪赃虐民，纵勇行凶一案提省交发审局研讯，以致委员吴云程、罗廷权二人竟袒护同官，未将魏元燮家丁提质，唯于人证多方抑勒，欲将赃款全行消弭一事为皇帝大加斥责，并将其严审究办。⑤ 曾国

---

① 《谳局费绌》，《益闻录》第一百一十期（1881 年），第 171 页。

② 参见《清宣宗成皇帝实录》卷二百八十七，道光十六年八月，台北华文书局股份有限公司 1960—1970 年版，第 5138—5139 页。

③ 参见《清文宗显皇帝实录》卷六十一，咸丰二年五月，台北华文书局股份有限公司 1960—1970 年版，第 792 页。

④ 《清穆宗毅皇帝实录》卷十三，咸丰十一年十二月，台北华文书局股份有限公司 1960—1970 年版，第 286—287 页。

⑤ 《清穆宗毅皇帝实录》卷四十六，同治元年十月，台北华文书局股份有限公司 1960—1970 年版，第 1218—1219 页。

藩担任直隶总督期间设立发审局审理案件，由臬司综理发审局。借资讲求刑律，并拟订《直隶清讼事宜十条》，对发审局的各项制度规定甚为明晰。曾国藩在直隶设立发审局和制定《直隶清讼事宜十条》均得到清朝中央政府的批准和支持，被作为典范予以推广。这是清朝最高统治者对于发审局态度转变的关键环节，标志着开始对发审局进行大规模的规范整饬。清末许多省份发审局的模式和规章条例其实都是一准于此。光绪元年，受到御史陈彝陈奏的推动，清朝最高统治者发布谕令："省会发审局，宜慎择贤员经理，嗣后各省应将每年派入局员，并各员履历，断结何案，逐一声明，报部查核。如有冤滥，即照承审例处分。"①此举将各省发审局内官员审理案件的情况置于中央政府的监管之下，这预示着最高统治者已经不再将发审局看作一种权宜之计。此后皇帝谕旨中对发审局的关注日渐增多，并且还对部分省份此机构的运作多加督饬。光绪十二年四月，吉林将军希元等奏称："宁（古塔）（三）姓珲（春）三城讼狱轻减，请将原奏暂留吉林刑司掌印主稿满汉郎中各一员裁撤。以后案件，应由刑司覆核者，拟照旧制，即由吉林十旗参领内，拣派熟习刑名一员，掌理关防。该司原设有理刑笔帖式二员，即令专司主稿，遇有疑难重案，随时委吉林道府，或发审局员，会同详核审理。"②该条陈得到皇帝批准予以实施。光绪三十四年二月，上谕云："外省有司衙门发审督审各局，必须选择恻怛明决之员，使充此任。经此次通谕之后，仍疲玩不悛，残民以逞，一经被人参劾控告，除将该承审之员，从严惩办外，定将该堂官督抚，一并惩处，断不姑宽。"③ 在皇帝看来，发审局已经成为省级司法体系内部的一个重要组成部分，它不仅仅是处理积案的权宜机构，而且还是使省内司法体系有效运转所不可缺少的部件。

---

① 《清德宗景皇帝实录》卷十一，光绪元年六月，台北华文书局股份有限公司 1960—1970 年版，第 96 页。

② 《清德宗景皇帝实录》卷二百二十六，光绪十二年夏四月，台北华文书局股份有限公司 1960—1970 年版，第 2092 页。

③ 《清德宗景皇帝实录》卷五百八十七，光绪三十四年二月，台北华文书局股份有限公司 1960—1970 年版，第 5370—5371 页。

　　发审局是省级官僚体系采用"差委"之法，应对积压案件问题的结果。尽管其出现之初就带有临时性、专门性的特点，但是随着发审局应对积案问题卓见成效，在一定程度上解决了传统司法体系无法应对的问题。随着积案问题的日渐严重，该机构所表现出来的实用性、专门性使之由权宜之计变成了省内司法体系着重依赖的司法力量。各督抚、臬司使用行政力量对其规划，使之日渐完备、成熟。尽管发审局是首府掌管之下的专门审断机关，但是传统的行政司法体系却又使该机构具有行政体制的烙印。发审局并不具有近代审判厅的特点，它仅仅是臬司职责的"复制品"，是督抚处理省内重大案件往来的专门机构。所以，发审局可以看作是传统的行政司法体系内部衍生出来的"变异体"，在原有司法体系无法处理随着近代社会日益发展而来的司法问题的情况下，该机构充当了一种媒介，一种向新体制过渡的桥梁。在这一过程中，发审局承担了处理大量司法问题的责任。光绪三十二年（1906）九月二十日，皇帝发布上谕，改刑部为法部，专任司法，改大理寺为大理院，专掌审判，改变了传统司法体系中司法审判与司法行政统归刑部的现象，将司法审判与司法行政分离开来，并以大理院为主体开始在各直省设立各级审判厅，以代替传统的"州县—府—司—院"司法审判体系。发审局毕竟不是传统的行政司法体系中的一个原生机构，仅仅是一个由临时性机构衍变而成的带有专门性的专职审断机关。在新旧交替过程中，它所承担的案件审理职能已经被分解到新的司法体系之中。但是，在筹办各级审判厅的过程中，各省均面临两大问题：审判人才的不足、筹办经费的匮乏。尤其是经费匮乏问题始终是制约清末改革的主要问题，清王朝的大多数省份均面临这两个问题。在这些省份，发审局内部的资源便被用于新式审判厅的筹备之中。一方面，发审局委员入法政学堂学习新式律例，增加知识，以便进入新的司法体系之中；另一方面，法政学堂毕业的优秀人才，可以通过在发审局充任帮审委员增长阅历。发审局遂不仅提供了部分法律人才的来源，而且成了法律人才的培训场所。由于发审局成立之初仅仅是权宜之计，况且内部人员多为候补官员，所以，在行政、司法分离并建立独立司法体系的变革过程中，发审局又陷入了两难境地。因其审理案件的专门性，它不可能成为行政体系下的一个机关；新的司法体系不仅将司法行政与司法审判分离开来，而且还仿照西方的司法体系确立了四级三审制，更不可能将传统体制下派生出来的发审局纳入新体系之下。这种处境决定了发审局最终要被裁撤、解散的命运，只不过是时间长短的问题。由于各级审判厅难以完全建立，所以，大多省份选择了让旧有的发审局担负起过渡性的角色，在各级审判厅未全部建立以前，仍由它来承担以前所负担的审案职责，以确保整个司法体系的有效运转，这导致了新旧体制并存局面的出现。①

---

① 笔者在 2003 年开始收集资料准备写作这一章，2005 年在给研究生上课时曾用两个小时阐述了研究的主要内容。2007 年 6 月，笔者将所收集的资料和写作大纲转给研究生冯永明，冯永明在笔者赴德国学习期间出色地完成了其学位论文。2008 年笔者回国后，在冯永明论文的基础上，按照笔者的思路和认识进行重写，其主要部分以两人合作的形式在《清史研究》2009 年第 4 期上发表。在全文纳入本书时，笔者又补充了新发现的一些材料。故而，这一章在很大程度上应为合作作品，冯永明在其中的贡献至巨。参见冯永明：《清代发审局研究》，中国人民大学硕士学位论文，2008 年。

第五章　人命几何：就地正法 若干问题发微

第一节　楔子：安德海被杀案

同治八年（1869）七月初。慈禧太后手下红得发紫的太监安德海，即慈禧太后、同治帝和恭亲王等呼为"小安子"而下人们尊称为"安二爷"者，带着一干男女，分乘两条太平船沿京杭大运河扬帆南下，浩浩荡荡，气势非凡。船头插一面三角形、镶牙边的旗子，旗中绘有一太阳，太阳中间一只三足乌鸦格外引人注目。船两旁挂两面大旗，一面写着"奉旨钦差"，另一面是"采办龙袍"，还有迎风招展的各色龙凤彩旗。安德海穿一身御赐龙衣，以钦差自居，而随行的官兵、苏拉、妻妾、太监、宫女、僧人等数十人，亦个个光彩照人，声势煊赫。

七月二十日，太平船驶入山东境内，抵鲁北古城德州。是日系安德海的生日。安德海令船靠岸，大开酒宴，船上变男妙女都纷纷给他磕头拜寿。尔后，浓妆艳抹的女戏子给安德海演了"八音联欢"，品竹调丝，甚是热闹。运河两岸看热闹的百姓越聚越多，观者如堵。安德海过了有生以来最得意的一个生日。

安德海在德州停船庆寿的消息，像长了翅膀一样传开了。德州城为之一时轰动。德州知州赵新闻讯后心中颇为纳闷：钦差过境怎没接到"明降谕旨"呢？差人下船买东西为何也没出示"勘合"？赵新便带上差人来到城西侧的堤岸察看，见船已出了德州地界。返回州衙后，作为官场老手的赵知州遂召集幕僚商议，为策万全，以夹单禀报山东巡抚丁宝桢，如果丁氏不参奏此事，则夹单非公事例行不存卷；如果参奏，丁氏祸福自当之。素以严刚有威著称的丁宝桢，深得山东巡抚阎敬铭的器重，阎氏退休前，推举丁宝桢接替自己。丁氏接到禀报一面上奏，以六百里加急送往北京，一面动用紧急公文，派快马分别下令东昌（今聊城）知府程绳武、驻东昌总兵王心安、济宁知州王锡麟、泰安知县何毓福及沿河各县，跟踪缉拿。东昌知府程绳武尾追三日三夜，不敢轻举妄动。

此时，安德海船已行至临清。因河水浅无法前行。他便让人雇用20余辆大车，浩浩荡荡沿大道到了聊城。后又折道东行，直奔泰安，夜宿义兴客栈。聊城知府程绳武、总兵王心安来到泰安县知县何毓福府上，经过商量后，决定安排泰安参将姚绍修率领泰安营士兵，把义兴客栈包围起来。何知县则会同守备刘英魁带领马快、东西两班和补班（外班）冲进客店，将安德海擒获，星夜解省。王总兵等带骑兵夹车护卫，天明抵达济南，安德海被押交抚院。丁宝桢命抚标中军绪承参将、臬司潘蔚，把安德海寄押在历城监狱。八月初五夜，丁宝桢亲审安德海。开始安德海傲然兀立，咆哮公堂，并口出狂言："我乃奉皇太后命，谁敢犯者，徒自速死耳！"丁大声喝问："安德海就是你吗？"安德海言："丁宝桢，你连安老爷都不认得。做什么混账抚台？"这时，王心安伸手在安德海头上使劲一按，来了个"泰山压顶"。安德海双腿一软，跪倒在地，方说出系奉西太后懿旨出京。但巡抚丁宝桢却毅然不顾，一口咬定：宦竖私出，非祖制。且大臣未闻有命，必诈无疑！

朝廷接到丁宝桢的奏折后，众大臣异口同声：太监依祖制不得出都门，犯者死无赦，当就地正法。有祖制，无安德海，还请太后速即裁夺。慈禧虽然无可奈何，但不得不俯顺舆情。在恭亲王的敦促下，上谕虽然扣发了两天，最终还是发了下来，指示："军机大臣密寄大学士直隶总督一等毅勇侯曾、两江总督马、漕运总督张、江苏巡抚丁、山东巡抚丁。同治八年八月初四日奉上谕：丁宝桢奏太监在外招摇煽惑一折。……览奏深堪诧异，该太监擅自远出，并有种种不法情事，若不从严惩办，何以肃宫禁而儆效尤，着马新贻、张之万、丁日昌、丁宝桢速派干员，于所属地方将六品蓝翎安姓太监严密查拿。令随从人等，指证确实。毋庸审问，即行就地正法，不准任其狡饰。如该太监闻风折回直境，即着曾国藩饬属一体严拿正法。倘有疏纵，惟该督抚是问。其随从人等，有迹近匪类者，并着严拿，分别惩办，毋庸再行请旨。将此由六百里各密谕知之。钦此。"① 第二天晚上，廷寄到了正在焦急等待的丁宝桢手中。丁宝桢命臬司潘蔚立即批了斩标，由抚标中军绪承监斩。历城知县即刻命人到狱中将安德海提到巡抚衙门，验明正身，几个戈什哈架着被绑的安德海来到西刑场。号筒吹响，刽子手大刀一挥，安德海便身首异处，命归黄泉。为了满足人们的好奇心，安德海被曝尸三日。

安德海被就地正法后，举国震惊，朝野瞩目。时任湖广总督的李鸿章，从邸抄中看到这一消息，极为高兴地赶忙让僚属们传阅，并说："稚璜（此为丁宝桢字。——引者注）成名矣！"② 时在直隶总督任上的曾国藩也兴奋地对门下说："吾目疾已数月，闻是事，积翳为之一开。稚璜，豪杰士也！"③

安德海被杀案从法律史角度来解读有许多可圈可点之处，反映了法律制度与习惯法（即所谓"祖制"）之间的转化、诸多地位各异的行为主体在权力角逐中与制度的复杂对话、新的程序法在世人心目中的认知等问题。首先，历史事实和法律事实的确定值得探讨④。同治八年的上

---

① 中国第一历史档案馆编：《咸丰同治两朝上谕档》第 19 册，广西师范大学出版社 1998 年版，第 212 页。

② 孙文光编：《中国历代笔记选粹》上，华东师范大学出版社 1998 年版，第 107 页。

③ 丁凤麟、王欣之编：《薛福成选集》，上海人民出版社 1987 年版，第 129 页。

④ 从语用学角度而言，我们通常所谓"历史"有两个方面的含义：一是历史学家书写的历史，一是作为客观事实而存在的历史本身。用雷海宗的话来说，就是一指"绝对"的历史，一指"相对"的历史。无论在历史学还是法学中，"实事求是"都是层出叠见的惯常用语。然而，所谓"实事求是"者，出发于"实事"，着眼于"是"，而用力于"求"，这其中本身即深刻体现着客观对象与主观能动之间的复杂关系。史学界有一名言："求真则真无定指，责实则实无尽止。"在历史学中，所谓"历史事实"是包含主观成分的，乃与"客观事实"相对而言。正是在将与"客观事实"存在差异的"历史事实"中主观成分加以放大的基础上，后现代主义史学提出"史学即文学"的耸人听闻口号。和历史学一样，法学　（续下注）

谕这一当时属于"天宪"的文书称安德海是"捏称钦差""擅自远出"的，该案亦是据此定谳的。然而，这种官方的说法似乎并没有被人们所接受。无论是《清宫琐记》《慈禧外纪》《奴才小史》还是《慈禧传信录》《清朝野史大观》，均称安德海的出京是奉了慈禧太后的旨意的，野史的记载在这一点上可以说恰恰揭示出了历史的真相。从此案的处理来看，事实仅仅是权力斗争的说事由头，关键是权力斗争的矛头所指。胡适将历史喻为可以随意打扮的小姑娘，中国历史上宦官在政治斗争中

（续上注）中亦有"法律事实"与"客观事实"的判分。吉尔兹就曾经说过："法律事实并不是自然生成的，而是人为造成的……它们是根据证据法规则、法庭规则、判例汇编传统、辩护技巧、法官雄辩能力以及法律教育成规等诸如此类的事物而构设出来，总是社会的产物。"（克列福德·吉尔兹：《地方性知识：事实与法律的比较透视》，邓正来译，收入梁治平主编：《法律的文化解释》，生活·读书·新知三联书店1994年版，第80页。）由于时间的一维性和不可逆转性，案件事实发生的同时就永久性地不可逆转地消逝于历史长河之中，留下来的只是其对相关事物的影响，所以有学者云：在诉讼案件审理过程中，"法官与历史学家所处的境地相同，即均是对以前所发生事情真相的探求。在此情况下，法官只能也必须在现有证据的基础上结合有关法律规定和证据适用原则来认定事实，这个事实就是法律事实。法律事实也许和所谓的'真实事实'有差距，但如过分追求二者的同一，只会使社会在徒然付出巨大成本之后，却发现所谓的'真实事实'永远无法看清，最终能够看清楚的仍然只有法律事实，而且'法律事实'与'真实事实'的差距在大多数情况下是不存在或者可以忽略不计的"（北京市高级人民法院行政审判庭编：《北京行政诉讼案例研究》，中国审计出版社2000年版，第41页）。在目前法学界，将客观事实与法律事实浑然不分的理论和实践均已逐渐消歇沉响。无论抗辩式还是讯问式诉讼审理模式，"真伪不明"的悬案现象都是不可避免。法律中所谓"以事实为根据"，其实应精确说"以证据为根据"重构起来的"法律事实"，只是依循证据法则重构的"形式真实"（formelle Wahrheit）。和法律中的客观事实一样，曾经存在过的历史情景（本来面目）早已在"时间隧道"里消逝，考据的客观性在很大程度上是一种主观性，在证据主义（evidentalism）下按照一定规则而臻于一种"确信状态"。没有百分之百的纯粹的客观考据，考据亦是主观的。主观的考证并不是"胡证"，而是在学术游戏的严格限制下的建构、截搭与求证。国外证据法的证明标准有两种：一为"超出合理怀疑"的证明标准（proof "beyond reasonable doubt"），另一种为"盖然性占优势"的证明标准（proof "on the balance of probabilities" or "preponderance of the evidence"）。考据学在消除史料不确定性方面能够达到的水准亦不过如此而已，臻于一种相对之"真实"而已。

可以指鹿为马，而对于丁宝桢等人而言也无妨揪住安德海的辫子剪而除之。其次，安德海虽然处在该案的中心，但实际上其案情所波及的司法场域的大人物之间是上不了台面的小角色。当年的宫廷本来就是权争的殊死战场、势竞的无边渊薮，像安德海这样一个太监陷身于多边交错的复杂政治关系网络中，即便保持低调，战战兢兢，也不一定能化险为夷，何况其受宠忘形，不知函藏，其"安全系数"可以说几乎为零！即使慈禧太后心里对宠奴的死于非命痛愤交加，但在投鼠忌器的权衡中也必须隐忍妥协，抛弃这样的鹰犬、走卒。安德海最终成为朝政之争的牺牲品，招致杀身之祸实属咎由自取。再次，在这种后台错综复杂的权力斗争中，安德海招摇过市只是拉大旗作虎皮，狐假虎威，而力持正论惩治安德海一方所拥有的重要资源则是祖制，这其实是真正取安德海首级的"尚方宝剑"。清朝鼎立之初就炯戒于明朝宦官典兵干政、流祸无穷的教训对此严密关防。顺治帝亲自撰写严禁宦官干政的谕旨，并将此谕旨铸成铁牌竖于宫中交泰殿内，悬为厉禁。此后，清朝统治者又颁布了一系列有关太监的治罪条例。例如"太监犯赌治罪条例""逃走太监分别治罪条例""逃走太监私投王公门下治罪条例""太监偷窃官物治罪条例""太监私藏军器治罪条例""太监和女子自戕自尽治罪条例"等。就在道光二十一年（1841），刑部还发出过"嗣后如有逃出远走太监立即严密拿查"的通行。乾隆七年（1742）宫中则例规定："凡宫内等处太监官职，从现今四品为定，再不加至三品、二品以至头品。"[1]自此，太监官职最高为四品遂成定制。正如在处决安德海的上谕声称："我朝家法相承，整饬宦寺，有犯必惩，纲纪至严，每遇有在外招摇生事者，无不立治其罪。乃该太监安德海，竟敢如此胆大妄为，种种不法，实属罪有应得。经此次严惩后，各太监自当益加儆惧，仍着内务府大臣严饬总管太监等，嗣后务将所管太监，严加约束，俾各勤慎当差，如有不安本分、出外滋事者，除将本犯照例治罪外，定将该管太监一并惩办。并通谕直省各督抚，严饬所属，遇有太监冒称奉差等事，无论已

---

[1] 《钦定宫中现行则例》卷四，太监，张友渔、高潮主编：《中华律令集成》清朝卷，吉林人民出版社 1991 年版，第 240 页。

未犯法，立即锁拿奏明惩治，毋稍宽纵。"① 清朝历代制定的各种条禁已经演化为后代不可逾越、不容置疑的祖制，如果没有这种共谕共守的祖制，那么主客形势可能迥然不同，身首异处的大概便不是安德海，而丁宝桢非但不能去之，反而自撄其祸。最后，上谕中明确指示将安德海"毋庸审讯，即行就地正法"。这样，就地正法的程序法则便与其来有自的宦官不得干政的祖制相结合而显示出巨大的铁血威力，同时也通过这一程序法的诛杀又一次擦亮了顺治帝所立铁牌。

《清史稿·刑法志》云："就地正法一项，始自咸丰三年。时各省军兴，地方大吏，遇土匪窃发，往往先行正法，然后奏闻。嗣军务敉平，疆吏乐其便己，相沿不改。光绪七八年间，御史胡隆洵、陈启泰等屡以为言。刑部声请饬下各省，体察情形，仍照旧例解勘，分别题奏。嗣各督抚俱覆称地方不靖，碍难规复旧制。刑部不得已，乃酌量加以限制，如实系土匪、马贼、游勇、会匪，方准先行正法，寻常强盗，不得滥引。自此章程行，沿及国变，而就地正法之制，讫未之能革。"② 关于就地正法的第一篇法学论文是著名法学家陶保霖于 1911 年在《法政浅说报》第十七期发表的《论就地正法》。③ 文章追溯了《就地正法章程》的起因、言官疆吏之间的争执、部臣的主张以及议定的限制之法，并从作者当时的政治角度和理论视野对就地正法进行了分析。④ 目前国

---

① 王先谦：《东华续录》，同治八十，《续修四库全书》编纂委员会编：《续修四库全书》382，史部·编年类，上海古籍出版社 2002 年版，第 185 页。

② 赵尔巽等撰：《清史稿》卷一百四十三，志第一百一十八，中华书局 1977 年版，第 4202—4203 页。

③ 此前有一篇关于就地正法的论文，但主要偏重于政论，尚非严格意义上的学术论文。参见《就地正法》，《新世纪》第七十八期（1908 年），第 8—15 页。

④ 早在 2000 年夏，笔者在研究经济法引入中国问题时，翻阅中国人民大学馆藏的新中国成立前各种旧法学期刊，在《法政浅说报》发现陶保霖的这篇文章，觉得清代就地正法问题值得深入研究，开始关注此问题。笔者当时复印了此文，在我的研究生娜鹤雅选定硕士学位论文时就将此资料交给她，她后来查阅了大量《申报》有关就地正法资料撰写成其硕士学位论文。娜鹤雅在东京大学法律系读博士以后，将其硕士学位论文中一部分修改发表在笔者编辑的《清史研究》2008 年第 4 期、笔者主编的《世界学者论中国传统法律文化》。陶保霖，字惺存，嘉兴人，最早留日学生之一，于 1910 年出版《调查户口章程释义》，为我国第一本 （续下注）

内关于就地正法的论文不是很多，主要有李贵连《晚清"就地正法"考》（《中南政法学院学报》1994 年第 1 期）、邱远猷《太平天国与晚清"就地正法之制"》（《近代史研究》1998 年第 2 期）（邱远猷《晚清政府何时何地开始施行"就地正法之制"》①一文的主要观点已包含其中）、韩广道的《"就地正法"辨析》（《濮阳教育学院学报》2001 年第 2 期）、王瑞成《就地正法与清代刑事审判制度——从晚清就地正法之制的争论谈起》（《近代史研究》2005 年第 2 期）和前揭注释所言娜鹤雅《清末"就地正法"操作程序》（《清史研究》2008 年第 4 期）。这些文章均各抒己见，对本论域的深入研究做出了积极的贡献。其中李贵连的《晚清"就地正法"考》基本上是针对《清史稿》的简短论述进行实证研究，对"就地正法"的起止时间、沿革、产生原因、意义以及存废之争进行了详细的论述，认为：就地正法作为制度是以咸丰三年（1853）三月十三日清朝皇帝谕旨形式正式发布为标志，系专为镇压农民对旧秩序的破坏而发布实施的。太平天国革命爆发后，面对全国性的大动乱，以快速、省事、严厉为特征的就地正法正好能弥补传统的死刑复核制度的缺陷，其出现是时代的必然，但对"生杀予夺唯予一人"的皇帝来说，这是一种权力失控、权威丧失。就地正法始于咸丰，历同、光两朝，争而不停，限而不除，"权宜之法"变成了久行不止之法，腐朽庞大的封建帝国就在这种愈演愈烈的屠杀中被愈来愈多甘弃头颅的反抗者所推翻。邱远猷的《太平天国与晚清"就地正法之制"》是在李贵连教授基础上对"就地正法"的起止时间重新进行论证并提出

（续上注）人口学专著。宣统三年二月（1911 年 3 月），沈钧儒、孟森、张元济、蒲殿俊等有留日背景的法学研究学人发起成立法政杂志社，在上海出版《法政杂志》月刊，旨在研究法律政治现象、参证学理以促进群治，此为清末我国重要的法学期刊。陶保霖担任该杂志主编。在清末资政院弹劾军机处案中，时任议员的陶保霖发挥了重要作用。民国初年，商务印书馆发行的《东方》在社会上影响甚巨，陈独秀为了使《新青年》走出困境，抨击《东方》杂志的保守，揭开了新文化运动序幕。商务印书馆为了应对新形势，遂任命陶保霖继大名鼎鼎的杜亚泉之后担任《东方》杂志的主编。陶保霖有代表性的文章基本都收录在 1922 年由商务印书馆出版的《惺存遗著》中，这是新中国成立前商务印书馆出版的仅有的章学诚、王国维、刘师培、梁启超、梁漱溟、黄远生等 7 个人的文集之一。

①　该文载《历史档案》2000 年第 3 期。

了自己的观点，认为"就地正法"应开始于咸丰元年（1851），而非《清史稿》中所载的咸丰三年（1853）。此外，邱远猷还对"就地正法"的含义、适用对象以及性质、作用进行了阐述，但该文主要是以《清政府镇压太平天国档案史料》为根据，在材料上存在一定局限。韩广道的《"就地正法"辨析》虽系从"就地正法"入手，重点却在于通过"就地正法"与当今"从重从快"刑事政策和死刑复核权的下放的比较，最终证明其主张的"最高人民法院应尽快收回死刑核准权"的观点。王瑞成的《就地正法与清代行事审判制度——从晚清就地正法之制的争论谈起》一文认为，就地正法之制并非始于晚清，而是清代刑事审判制度的组成部分。具体言之，就地正法是相对于死刑审判复核监督制度所做的特殊制度安排，主要适用于紧急情况下，从重从快处理谋反、叛乱和聚众抗官等严重危及统治秩序的案件；而死刑审判复核监督制度是死刑审判的基本制度，适用于平时。这两者共同构成清代的死刑审判制度。该文认为清代刑事法律制度本身的局限决定了就地正法的不可避免，但"就地正法"的随意性和扩大化等诸多弊端也引发了中央与地方之间司法审判与监督的权力论争。除以上几篇专门关于就地正法的论文外，其他的论著中亦有一些相关内容，但均语焉不详，未暇深论。在国外，日本专修大学法学部副教授铃木秀光（すずきひでみつ）是目前日本关于中国法研究的少壮派代表人物，以细腻精深的学术风格见长，于2004年《东洋文化研究所纪要》发表的《清末就地正法考》（东京大学东洋文化研究所《纪要》145），在国际学术界颇受关注。铃木认为不同时期地方实务各有不同，而"就地正法"的目的也随之变动。道光年间随着各类案件的增多，劫狱、审理长期化等因解审而带来的诸多问题日益突显，因此铃木认为，在道光朝，为了缓和解审所带来的压力，"就地正法"这种无须解审到省于当地即可处以死刑的方式应时而生。咸丰朝的"就地正法"则是希望通过速决的方式，在达到对太平军及各种匪盗严惩目的的同时，最终实现社会的稳定。光绪八年（1882），中央与地方在经过争论后，以章程的方式对"就地正法"进行了限定。但根据铃木的研究，各省事实上并未简单地依从光绪八年的章程，而是在其基础上，从各自的地方实际出发，以实现社会安定为目的，与中央又制定了个别具体的"就地正法章程"，并依此运作。学术界过去的研究成果应该成为我们当下进一步研究的资料。

第二节　乾嘉时期恭请王命旗牌先行
正法之制的宽严张弛

萧一山在《清代通史》中将就地正法定义为"先斩后奏"之法。[①] 台湾学者张伟仁在整理"中央研究院"历史语言研究所藏清内阁大库法律档案中积累了大量第一手资料，通过笺注和论文等形式谈及就地正法问题，认为就地正法的前身即清代前期和中期的恭请王命旗牌先行正法之制。[②] 那思陆在《清代中央司法审判制度》一书中主要依据张伟仁的研究成果认为，清代各省督、抚、提、镇皆蒙钦颁"王命旗牌"，所以重节镇之权，崇天室之威。究其源，约同古之"斧钺"，或"尚方剑"，乃皇帝权威的象征，赐颁大臣，使得专征专杀。故清代遇有非常重案（如叛逆），获犯后恐久稽显戮，或生不测者，督、抚、提、镇等员得自神笥恭请王命旗牌，出置行刑之处，将该犯于旗牌前正法，然后具奏缘由。即俗谓"先斩后奏"。那思陆在行文中还提到道光年间的"就地正法"与"先行正法"不尽相同，并称其"实施时颇滋流弊"，至于其间差异却未言明。[③] 恭请王命旗牌先行正法，又称"恭请王命旗

---

①　萧一山：《清代通史》，中华书局 1986 年版，第 1449 页。

②　参见张伟仁：《"中央研究院"历史语言研究所现存清内阁大库原藏法制档案的研究》（抽印本），第 72 页，原文载《食货月刊》第 7 卷，第 7、8 期。张伟仁辑著：《清代法制研究》，先斩后奏（案 156，注 17，册三，台北"中央研究院"历史语言研究所 1983 年版，第 507 页）、特旨授权就地正法（案 49，注 2，册二，第 330 页）、恭请王命旗牌就地正法之程序（案 156，注 17，册三，第 507 页）、清廷收回就地正法权的经过（案 49，注 2，册二，第 331 页）、新疆匪劫仍行就地正法、寻常命盗应复旧制例（光绪十二年，同上）、王命旗牌（案 156，注 17，册三，第 506 页）。

③　那思陆：《清代中央司法审判制度》，台北文史哲出版社 1992 年版，第 227 页。

牌即行正法"，简称"恭请王命正法"，有时亦表述为"一面奏闻，一面恭请王命先行正法"。该制度对于现代人而言，受舞台戏剧的影响似乎充满神秘色彩，在学术界亦由于资料和研究的不足而多未得其详，然而却是清代法律史上颇为重要的问题，故有必要对此考索以成信说。

一、王命旗牌

王命旗牌，在满语中读作"hesei kiru temgetu"。[①] 例如，内阁大库档中原存乾隆五十三年（1788）二月二十二日福建水师提督蔡攀龙恭报接印任事日期题本是满汉合璧的题本。蔡攀龙在该题本汉文部分禀报称："臣……拾玖日抵台湾府城，专差金门镇标左营守备谢恩诏赍领钦颁福建水师提督银印壹颗到，臣随设香案，望阙叩头祗受，即于是日启印任事，业经恭折奏谢天恩在案。所有王命旗牌暨节奉上谕、圣训、书籍并皇舆全图、火牌、文卷等项，俱收存厦门提督衙署，除檄行提标中军参将王祖烈逐一查明看管外，谨将微臣接印任事日期恭疏题报，伏乞皇上睿鉴施行，为此具本，谨具题闻。"在对照题本的满文部分，"王命旗牌"满文读如"hesei kiru temgetu"，意即"奉谕旨之旗牌"[②]。

王命旗牌是清代颁给总督、巡抚、提督、总兵官等高级官员或钦差大臣的标志，用以表示其奉王命有便宜行事之权，俗称八面杆，因旗有四杆、牌有四面而得名。此系明制。在明代，掌旗牌的官称为旗牌官，也简称旗牌。顺治年间，清王朝入主中原不久，文物典章制度采取拿来主义。唐鲁孙是清朝世泽名门之后，熟悉清朝的典故。他在《什锦拼盘》里有关于王命旗牌的直接记述：

舍亲札克丹是清封世袭罔替的铁帽子公爵，每年农历六月初六如果是晴朗好天，他一定在府里银銮殿的月台上，把家藏御赐的金

---

① 乾隆十三年十一月都虞司为抄送钦定清语"王命旗牌"等词事咨盛京佐领，张虹、程大鲲译编，佟永功审订：《乾隆朝"钦定新清语"》三，《满语研究》1995 年第 2 期。

② 庄吉发：《回顾与前瞻——清宫档案的整理出版与档案术语的规范》，资料来源：http：//npmhost. npm. gov. tw/tts/chingⅢ，访问时间：2009 年 4 月 1 日。

甲戌辂、鞍勒衔辔以及服玩珍奇晾晒一番。除了令旗令箭（跟戏台上道具大同小异，只是尺寸稍大，制作精细扎实）外，最引人注目的就是王命旗牌了。王命旗是蓝绸子缝制的，二尺五寸见方，镶有五分宽黑缎子边，两边都是用金线绣的满文"令"字，下方正中钤以兵部朱红大印，这是清代最早的王命旗。到了咸同年间，曾国藩以钦差大臣讨伐洪秀全，朝廷所赐的王命旗虽然加绣汉文令字，可是比起开国时代的王命旗就草窳简陋多了。王命牌，圆形，大有一尺二寸，是榉木制的，朱漆髹金，环以龙纹，镂金列彩，璎珞焕烂，正中也漆上满文"令"字并烙上兵部大印，悬在一枝八尺长丹虬赤缨镂金血档的镶铁鎏金枪上，分量很重，扛着走已经感觉压肩，遑论举起挥舞啦！①

丘馥（1874—1950）之《愿丰楼杂记》中也有类似的记载："清制王命旗牌，旗以蓝缯为之，方二尺六寸，金书令字，钤以兵部印；牌以木制，形圆，高一尺二寸，阔七寸四分，厚一寸，髹以朱漆，中镌令字，饰以金，旁镌号数；枪长七尺，围一寸，亦镌号，备查。"②

比较而言，光绪朝《钦定大清会典事例》卷八百九十三对王命旗牌的记述，更具权威性和准确性。其文曰：顺治初年定王命旗牌，"旗蓝色，方广二尺六寸，两面销金清汉令字各一，清汉令字上各钤兵部印。旗杆一，长如旗，木顶朱纬髦。牌椵木质，通高一尺有二分，圆径七寸五分，厚一寸，朱髹，上刻荷叶形，绿髹。牌两面刻清汉令字各一，悬于枪上。枪长八尺，榆木为之。铁枪枪冒髹以黄，绘龙，垂以朱髦。牌边枪杆，均刻清汉令字第几号，填以金"③。曾国藩于咸同间以钦差大臣与太平军作战，清廷亦赐以王令旗牌，他在同治元年正月初十日记中这样写道："是日申刻接部文，颁到令箭十二支、令旗十二面、箭壶一个、架子一个、王命旗十道，缨杆俱全，牌十面。旗牌均有令字

---

① 唐鲁孙：《什锦拼盘》，广西师范大学出版社 2005 年版，第 11—12 页。

② 资料来源：http://qiulotus.blog.china.com，访问时间：2009 年 4 月 1 日。

③ 光绪朝《钦定大清会典事例》卷八百九十三，工部，军器，台北新文丰出版公司 1976 年依据光绪二十五年（1899 年）原刻本影印版，第 16082—16083 页。

清汉文，旗以蓝缯为之，方二尺许，缯粗与夏布无异。旗杆用小竹、油朱为之，下有铁脚，上有油纸帽缀缨，均极草减，盖近来官物类偷窳矣。令箭长五尺许，令旗黄缎为之，上用泥金写'江南钦差大臣、兵部尚书衔、两江总督'字样，上有黄绸方套一个、画龙黄油布套一个，略精整，不似王命旗之偷减。"① 曾国藩日记所叙与前揭清代官书所载无大出入，可以印证。

关于王命旗牌颁发的范围，据光绪朝《钦定大清会典事例》记载，顺治年间规定，经略十二副，总督、挂印总兵官各十副，巡抚、提督八副，总兵官五副。康熙七年题准，总督十副，提督八副，总兵官五副。巡抚不令管兵，停其给发。康熙九年复题准，甘肃巡抚照旧管兵，仍给旗牌。康熙十二年题准，直省巡抚均令管兵，照例颁给旗牌。这种常例在特殊情况下可能有所变化。史载，台湾镇总兵原有五副王命旗牌，由于台湾为海疆重地，清廷治台一反常规，以武抑文，台湾总兵官于雍正十一年（1733）议照山陕沿边之例升格为挂印总兵，官衔全称为"镇守福建台湾澎湖水陆等处挂印总兵官"。其王命旗牌与总督同，共十副，可行使刑事审判权，便宜调遣，这样不仅有权掌民刑事，而且还具有径奏权，封章主稿不需督抚转奏，可以径呈皇帝。乾隆三十三年（1768），台湾镇总兵王巍赴京陛见，在具题汇报时即有谨将"钦颁镇守福建台湾总兵官银印一颗、王命旗牌十面杆副、未填用火牌三张、节奉上谕圣训钦颁诸书及恩赏生息银两"交接事项之语。② 乾隆二十年（1755）春，清朝任命班第为定北将军，永常为定西将军，分别领兵征伐准噶尔部。军机大臣等遂议奏，应颁敕书王命旗牌各一分，交各该处

① 曾国藩：《曾国藩日记》中，宗教文化出版社1999年版，第4页。李瀚章、李鸿章编纂：《曾国藩全集》，日记，2，中国华侨出版社2003年版，第640页。另可参见高拜石：《清代的"尚方宝剑"与王命旗牌》，高拜石：《古春风楼琐记》第17集，台北新生报社1979年版，第153页。魏崧编：《壹是纪始》，"王命旗牌"，北京图书馆出版社2003年版，第799页。

② "中央研究院"历史语言研究所编：《明清史料》戊编第3册，台北维新书局股份有限公司1972年版，第211页。类似记载亦可参见百吉辑：《台案汇录乙集》下册，沈云龙主编：《近代中国史料丛刊续编》第八十五辑，845—846，台北文海出版社1981年版，第326页。

办给,[①] 是为命将征伐颁授王命旗牌的显例。在清代史料中，亦有对请求颁发王命旗牌而被朝廷驳议不允的情形。例如，道光八年（1828），热河都统提出请援照各省督抚之例，颁发王命旗牌，清廷对此批复：殊可不必，着毋庸议，审办命盗重案，有应将案犯立正典刑者，仍照向例办理。

　　学术界有人认为中国古代法律的源头是祀与戎。"国之大事，在祀与戎"[②]，礼与法就是在对内的祭祀和对外的战争中产生的。所谓"王命旗牌"与战争、法律无疑密切相关，是一种权力授受的象征符号。清朝从重名器、崇威柄出发对于王命旗牌的保管不当制定了一系列的罚则。顺治年间规定，令旗令牌保存不谨以致损折者，罚俸六月，其因水火盗贼等不可抗力损失者免议。康熙年间又复准，旗牌兼书清汉字，前经领过者、缴部换给。有意思的是，由于害怕损坏王命旗牌而受到处分，一些督抚提镇竟然不敢使用部颁旗牌，便干脆将其深藏局固，而使用私自如式仿造的旗牌发号施令。雍正三年（1725），上谕大学士等："各直省督抚提镇，旧例俱有颁发王命旗牌，所以重节镇之权，崇天室之威也。但传守既久，或遇地方卑湿，虫蛀漆剥。或因历岁滋多，形制毁敝。而该督抚提镇等以旗牌损坏，例当参处，但藏之神箇，不敢修整。其有预防损坏，将所颁旗牌收贮，照样另造者，尤为不可。嗣后各督抚提镇，所颁王命旗牌，务须加谨收护，勿致损伤，亦不得另造。其有地方卑湿，历岁滋多，不免虫蛀漆剥，形制毁敝者，从宽免其处分，听其一面照式整修，一面咨照该部。"[③] 乾隆十四年兵部陈奏获准：旗牌金书令字之上。例钤盖兵部印信。目前遵旨改用新铸清篆印，而直省存贮旗牌尚系兵部旧印，应将旗面移送兵部换钤新印，由部行知各督抚提镇委官赴部请领，以昭信守。至于旧领旗面，俟颁发到日，即照数送部缴销。乾隆五十三年（1788），由于久旱不雨，京师附近粮价腾贵，

　　① 参详《清高宗纯皇帝实录》卷四百七十八，乾隆十九年十二月，台北华文书局股份有限公司 1960—1970 年版，第 6946 页。

　　② 杨伯峻编著：《春秋左传注·成公十三年》，中华书局 1981 年版，第 861 页。

　　③ 《清世宗宪皇帝实录》卷三十三，雍正三年六月，台北华文书局股份有限公司 1960—1970 年版，第 498 页。

漕粮趱运任务艰巨，时任山东巡抚的长麟在德州督催漕船驳运，不料家人疏忽以致灯火燃烧，延及房屋，猝不及救，造成抚署失火，延烧大堂、二堂，王命旗牌在此次火灾中亦被付之一炬，乃自请赔修并交部治罪。乾隆帝考虑到长麟赴沿河一带筹办拨运事宜，署中一切细事自不能兼顾，便对其从宽处理，其衙署着照所请赔修，至自请治罪之处竟可宽免，至于所称王命旗牌，亦准其自行咨部请领。乾隆帝在此案件的处理中表现出类似一事不再罚的原则，亦与顺治年间的定例庶几相允协。在鸦片战争期间，浙江提督余步云畏敌避战，不战而逃，导致定海被英军攻陷，两江总督裕谦等人死难。余步云事后奏禀朝廷，声称衙署被毁，请给王命旗牌等件。道光帝在裕谦家人告发后得知余步云罔顾职守临阵脱逃，余氏但知保护家属而于王命旗牌等要紧物件置之不问便又成为其罪加一等的情节。

王命旗牌是皇帝向督抚提镇授权的象征符号，所以被授权的督抚提镇在走马上任、开印视事时均要设香案举行拜印礼，恭迎圣旨王命旗牌，望阙谢恩。康熙十七年（1678），闽中耿变虽平，然漳、泉犹为郑成功抗清武装力量所踞。康熙帝任命杨捷为福建全省水陆提督总兵官，会同康亲王杰书进军。杨捷于是年七月十二日恭报领到等事疏就如是言："敬设香案，宣读敕书，望阙叩头谢恩，开印受事讫，所有王命旗牌尚未赍至。其一切地方事务并整顿兵马、调度防剿机宜，容臣相度情形，悉心筹划，次第入告举行外，谨将开印受事日期，理合奏闻，伏乞皇上睿鉴施行。"[1] 督抚提镇将王命旗牌授予得力的亲信干员，则意味着委托其全权代理行事。例如，咸丰三年（1853），太平军围攻南昌，江忠源率兵一千三百人驰抵赴援。江西巡抚张芾举王命旗牌授予江忠源，战守事悉听指挥。江忠源火城外廛庐，斩逃者，日登城督战，守南昌九十余日，力保危城而卒得解围。[2] 光绪二十六年（1900）庚子俄

---

[1] 杨捷：《平闽纪》卷一，《四库全书存目丛书》编纂委员会编：《四库全书存目丛书》，史部，56，杂史类，齐鲁书社1997年版，第56—242页。此外亦可参见张之洞《张文襄公选集》（《台湾文献丛刊》97，台北银行经济研究室1961年版）卷二、卷三类似的记述。

[2] 赵尔巽等撰：《清史稿》卷四百零七，列传一百九十四，中华书局1977年版，第11943页。

难，黑龙江将军寿山耻堕敌手，宁可玉碎，不愿瓦全，以"疆土不保，负罪甚深"①，决定军覆则死，杀身谢国。在殉节前，他将王命旗牌、印信等交于副都统萨保。此种托付王命旗牌之举乃意味着一种在王权体制下尽忠国事的责任的交代。

有清一代，遇有紧急要务，如处决重囚等，不及请旨，即以王命旗牌传令，恭请王命执行。清自天命建号至宣统退位，共二百九十六年，其间衮衮诸公得谥"文正"两字者，仅汤斌、刘统勋、朱珪、曹振镛、杜受田、曾国藩、李鸿藻、孙家鼐八人。而刘统勋又是清朝大臣中初殁即得谥"文正"的第一人，其一生刚毅笃棐，允值机密，襄赞纶扉，擘画筹谋，察弊利民，实远比目前社会上耳口相传的"刘罗锅"——其子刘墉更加风骨崚嶒。赵翼《簷曝杂记》卷二记载了这样一件事情：乾隆二十六年（1761），黄河在河南阳桥决口，刘统勋奉命往塞决口。时夺流者数百丈，埽工②薪木皆数百里内村民车载而来。县丞某利令智昏，勒索竟不择时，在掌收料物过程中欲借机营利，留难百端，村民有五六日不得交纳者，人马守候，刍粮皆告罄竭，怨声沸腾。有一天，刘统勋易服微行，见薪车千百辆环列河干，秸料山积，牛马杂逻，私下探问，得悉其故，勃然大怒，回到公馆，亟请巡抚奉王命旗牌至，使伍伯③缚县丞来，责以稽留要工之罪，欲先斩后奏。巡抚及司道以下为之长跪求情缓颊，良久始释，免其一死，杖责而罢。而数千辆料物遂一日尽收，民皆驱车得返。④ 赵翼是乾嘉时期以考据见长的著名史学家，下笔不苟，所言绝非小说家流的齐东野语，而且此事亦见《清史稿》等，仅此一事亦可见清朝恭请王命旗牌先行正法之大概。

---

① 嵩崑：《洋事记册》（稿本），"寿山为持照料子侄致嵩崑电"，北京大学历史系中国近现代史教研室编：《义和团运动史料丛编》第 2 辑，中华书局 1964 年版，第 263 页。

② 埽工是用树枝、秫秸、草和土石卷制捆扎而成的河工和水工构件，主要用于护岸、堵口、筑堤等工程。我国先秦时已有类似埽工的建筑物，埽工制作最早的形制是卷埽，至清代乾隆年间演变成厢埽。

③ 即杂职行杖者。

④ 赵翼：《簷曝杂记》卷二，李解民点校，中华书局 1982 年版，第 30—31 页。

二、恭请王命旗牌先行正法的范围

事实上，在鸦片战争以前，恭请王命旗牌先行正法的范围是比较有限的，主要有以下几种情形：

（一）逆伦重犯

乾隆二十六年（1761），常钧奏称"亳州因疯弑母之姜会监毙戮尸，并请画一办理"，乾隆帝就此问题表明了态度："向来各省间遇此等事件，有奏明请旨正法者，亦有径自杖毙，不以上闻者。"① 如此蔑伦孽恶之犯，官员不能为之隐讳，而应迅速奏闻正法。至于案犯在候旨治罪期间以"因病瘐死""畏法自戕"甚至"幸逃显戮"的方式逃脱罪责的，乾隆帝特谕："嗣后各州县设遇有此等事，禀明督抚，一经查实，即照常钧所奏，在省城者，即请出王命；在外属者，即委员赍令箭前往，将该犯立行按法凌迟处死，一面具折奏闻。"② 从而形成这样的表述："凡审办逆伦重案，除子孙殴伤误伤误杀及过失杀祖父母父母，仍各照定例办理外，其子孙殴杀祖父母父母之案，无论是否因疯，悉照本律问拟。如距省在三百里以内，无江河阻隔者，均于审明后，即恭请王命，委员会同该地方官押赴犯事地方，即行正法。若距省在三百里以外，即在省垣正法，仍将首级解回犯事地方枭示。"③

（二）杀一家三命以上

乾隆六十年（1795）定例，凡此种凶犯审明后依律定罪。一面奏

① 中国第一历史档案馆编：《乾隆朝上谕档》第 3 册，乾隆二十一年正月至二十七年九月止，档案出版社 1991 年版，第 610 页。

② 光绪朝《钦定大清会典事例》卷八百，刑部，刑律人命，台北新文丰出版公司 1976 年依据光绪二十五年原刻本影印版，第 15185 页。

③ 张荣铮等点校：《大清律例》卷三十七，天津古籍出版社 1993 年版，第 633 页。亦可参见锡良：《锡清弼制军奏稿》卷一，"参署总兵胥明德欠款片"，沈云龙主编：《近代中国史料丛刊续辑》第十一辑，101，台北文海出版社 1974 年版，第 74 页。

闻，一面恭请王命，先行正法。①　此条例系根据乾隆五十五年（1790）谕旨而形成。

（三）军犯行凶

乾隆三十四年（1769），广东巡抚钟音奏陈，军犯葛大、王宏道、陈兆魁系应发新疆而改发内地之犯，在配所强买争闹，纠殴行凶，请旨即行正法，敕部核拟。上谕军机大臣等，此等应发新疆、改发内地匪犯，情罪本重，乃在配不思守法，仍敢强买争闹，复纠伙持刀，凶殴守堆兵丁，如此怙终肆横，较之在配脱逃，尤为可恶，该抚自应一面奏闻一面即在该处正法，以儆其余。

（四）兵丁逃亡

乾隆四十年（1775），旺保禄、王进泰奏报，拿获逃兵匡中孝一名，请示将军阿桂，奉批示已将匡中孝正法。乾隆帝批示：逃兵一经拿获即就所获地方正法，定例已久。各省巡抚并无统兵之责，然遇有此等逃兵，尚且恭请王命即行正法。旺保禄、王进泰身系提督大员，其在军营带兵驻守获有逃兵，即应以军法从事，再一面具奏一面报知将军，方为正理。②

（五）劫狱反狱

乾隆五十三年（1788），刑部遵旨议定反狱、劫狱、越狱等罪例，规定：嗣后各省遇有劫狱反狱等案，审明实系首恶，情罪重大，决不待时者。该督抚一面具奏，一面将该犯即行正法。其余为从及越狱人犯，按律定拟，统俟部覆后，再行处决。③

---

① 张荣铮等点校：《大清律例》卷二十六，天津古籍出版社 1993 年版，第 450 页。亦见光绪朝《钦定大清会典事例》卷八百零三，刑部，刑律人命，台北新文丰出版公司 1976 年依据光绪二十五年原刻本影印版，第 15210 页。

② 《清高宗纯皇帝实录》卷九百八十九，乾隆四十年八月，台北华文书局股份有限公司 1960—1970 年版，第 14516—14517 页。

③ 《清高宗纯皇帝实录》卷一千三百零二，乾隆五十三年四月，台北华文书局股份有限公司 1960—1970 年版，第 19204—19205 页。

（六）群聚抗官

乾隆十三年（1748），江苏巡抚安宁奏称，苏松产米州县，因地方米价渐昂，而私禁不许贩米出境，至四月间，松江青浦县乃有刁民阻遏米客。差役前去查办，却遭抛石掷打。乾隆帝闻此即降谕旨："刁民缘此挟制官长，不但不知敬畏，一若地方官之去留，可操之由己。不知朕所矜怜者，颠连而无告者也、善良自好之人也。是宜加恩保护。至于聚众抗官，目无国宪，乃王法之所必诛，岂可稍为姑息。唯当下立置重典，则不逞之辈，触目警心，凛然知不可犯。"① 基于过去虽有严究重惩之谕而并未专设科条，清政府于是年颁布惩处刁民的条例。该条例规定：凡直省刁民，因事哄堂塞署，逞凶殴官，聚众至四五十人者，为首依律斩决，仍照强盗杀人例枭示。其同谋聚众，转相纠约，下手殴官者，虽属为从，其同恶相济，审与首犯无异，亦应照光棍例拟斩立决。其余从犯照例拟绞监候。被协同行者，照例各杖一百。如遇此等案件，该督抚先将实在情形奏闻，严饬所属立拿正犯，速讯明确，分别究拟。如实系首恶通案渠魁，该督抚一面具题，一面将首犯于该地方即行斩枭，并将犯事缘由及正法人犯姓名，刻示遍贴城乡，俾愚民咸知儆惕。② 嘉庆十六年（1811），此条例在乾隆五十三年（1788）修订基础上再次加以调整，将犯法行为约会抗粮和借事罢考罢市以哄堂塞署、逞凶殴官为标准区分两种情节。③ 尽管此条例的内容和罪责不断发生变化，但其中"如实系首恶通案渠魁，该督抚一面具题，一面将首犯于该地方即行斩枭"的规定却始终未变。④ 道光五年（1825）关于刁民的法规即继承了这一点，只不过将"一面具题，一面正法"换成了"恭请

---

① 《清高宗纯皇帝实录》卷三百一十四，乾隆十三年五月，台北华文书局股份有限公司1960—1970年版，第4591页。

② 光绪朝《钦定大清会典事例》卷七百七十一，刑部，兵律军政，台北新文丰出版公司1976年依据光绪二十五年原刻本影印版，第14902页。

③ 光绪朝《钦定大清会典事例》卷七百七十一，刑部，兵律军政，台北新文丰出版公司1976年依据光绪二十五年原刻本影印版，第14903页。

④ 光绪朝《钦定大清会典事例》卷七百七十一，刑部，兵律军政，台北新文丰出版公司1976年依据光绪二十五年原刻本影印版，第14903页。

王命先行正法"，形式的改变并未影响过程的实施。道光五年规定：
"若有滋事犯法，抗官拒捕，聚众至四五十人者，即照直省刁民假地方
公事，强行出头，约会抗粮，擅自聚众之例，分别首从、已未殴伤官
弁，拟以斩枭、斩绞，其罪应拟斩情重各犯均于审明后即恭请王命先行
正法。"①

（七）抢劫匪盗

乾隆三十三年（1768），川省啯匪"抢夺有纠伙五人以上，在于场
市人烟凑集之所，横行抢劫者，不论曾否得财，为首者照光棍例拟斩立
决，为从同抢者，俱拟绞监候。若拒捕凶犯杀伤兵役及事主、伤众者，
首犯一面具题一面即行正法枭示"②。嘉庆十六年（1811）定例，粤东
内河盗窃，除寻常行窃仅止一两次，伙众不及四十人，并无拜会及别项
重情，仍照例具题外。如行劫伙众四十人以上；或不及四十人，而有拜
会结盟，拒伤事主，夺犯伤差，假冒职官；或行劫三次以上，或脱逃二
三年后就获各犯，应斩决者，均加枭示，恭请王命，先行正法。③ 道光
十六年（1836），议准，嗣后粮船水手行劫杀人，不分人数多寡，曾否
得财，俱拟斩立决枭示，恭请王命先行正法。④

（八）贩卖鸦片

道光十九年（1839）定例，沿海奸徒，开设窑口，勾通外夷潜买

---

① 席裕福、沈师徐辑：《皇朝政典类纂》卷三百九十三，刑二十五，刑律盗
贼，沈云龙主编：《近代中国史料丛刊续编》第九十二辑，910，台北文海出版社
1982 年版，第 8658 页。

② 席裕福、沈师徐辑：《皇朝政典类纂》卷三百九十三，刑二十五，刑律盗
贼，沈云龙主编：《近代中国史料丛刊续编》第九十二辑，910，台北文海出版社
1982 年版，第 8657 页。

③ 光绪朝《钦定大清会典事例》卷七百八十四，刑部，刑律盗贼，强盗二，
台北新文丰出版公司 1976 年依据光绪二十五年原刻本影印版，第 15031 页。

④ 席裕福、沈师徐辑：《皇朝政典类纂》卷三百九十三，刑二十五，刑律盗
贼，沈云龙主编：《近代中国史料丛刊续编》第九十二辑，910，台北文海出版社
1982 年版，第 8659 页。

鸦片烟土入口，囤积发卖图利，为首拟斩立决，恭请王命先行正法，仍传首海口地方悬竿示众。①

在鸦片战争之前，清朝统治者对于应该恭请王命正法的情况而未施行的官员甚至大加斥责。乾隆十七年（1752），湖北罗田人马朝柱在天堂寨组织反清起义被镇压，乾隆帝叮嘱当时正在会审缉获造反之人的湖广总督永常、两江总督尹继善："此案叛逆显然，幸而早散。该督等断不可存从宽了事之念，不可照寻常聚众之例，但将一二人为首者正法，须视其情重者，多行诛戮数人，庶奸民知所畏惧，所全于后者多矣。除应凌迟犯内，或有与马朝柱应行质对者，暂行牢固监禁，其余应决正法，即应于讯明之日，用王命旗牌将该犯等即行正法，不必久系图圄。"② 嘉庆九年（1804），直隶总督颜检奏审拟永年县民人郭四妒奸杀死郭张氏一家三命一案，业交刑部速议具奏。嘉庆帝批示："此等淫凶重犯，不容一日稽诛。该督既经审讯明确，情真罪当，即一面奏闻，一面恭请王命，按律办理。何必照寻常案件奏请敕部，听候核议？岂此等凶徒尚有可量加宽宥之理？各省督抚俱颁有王命，原为办理决不待时之犯而设。此而不行请用，又待何事始请耶？畿辅距京甚近，文牒往来，尚不致延时日，设较远省份遇有此等案件，俟该省奏到后敕部议奏施行，动须数旬之久。或该犯有病毙等事，岂不幸逃显戮？颜检实属拘泥，着传旨申饬。嗣后倘遇情罪重大，如杀死一家非死罪三人之案，该督于审明后，即恭请王命办理，不可稍存拘执也。"③ 嘉庆二十四年，黑龙江将军松宁等奏，审明旗民爱图保故杀佐领复挟恨解尸，定拟具奏请旨。嘉庆帝对此种处理大为不满，斥责云："爱图保派随同旗佐领讷依保打牲，受其约束，即与本管官无异，乃逞凶将讷依保殴毙，复触起妒奸夙嫌，将尸身支解，凶残已极。松宁等乃谓讷依保亦系犯奸之人，

① 中国第一历史档案馆编：《鸦片战争档案史料》第 1 册，天津古籍出版社 1992 年版，第 566 页。

② 《清高宗纯皇帝实录》卷四百一十四，乾隆十七年五月，台北华文书局股份有限公司 1960—1970 年版，第 6154 页。

③ 《清仁宗睿皇帝实录》卷一百三十四，嘉庆九年九月丙午，台北华文书局股份有限公司 1960—1970 年版，第 1908 页。

援引本管官犯罪之例，将爱图保定拟斩枭，奏明请旨。试思讷依保所犯之罪不过革职，而爱图保支解本官，情罪重大。此而不即行正法，则王命旗牌设之何用？松宁何糊涂背谬至于如此之极！"① 在此案件的处理中，嘉庆帝对松宁的驳斥有理有据，将松宁骂得狗血淋头，而其中尤堪注意的是，此嘉庆帝的上谕在此将恭请王命正法即行正法与请旨即行正法的区别言之极为明切，即：无论恭请王命正法即行正法还是恭请王命正法先行正法，均是先行授权、象征性请旨的即行正法，属于先斩后奏或斩奏同时的范畴，用乾隆帝的上谕言之，这种情况"即当一面具奏，一面办理，又何俟请旨耶？"② 而请旨即行正法属于先奏后斩的范畴，是正常的审转程序，必须真真切切地请旨定夺奉文行刑。

三、恭请王命正法先（即）行正法：从资源角度的解读

学术界通常将就地正法的制度形成归结为太平天国起义等民众反抗和社会动荡。在笔者看来，就地正法的源头固然可以追溯至恭请王命正法先（即）行正法，但如果要确切言之，应该说是乾隆中期以后由于帝国版图的扩大以及随之出现的诸多社会问题。康雍乾时期，清朝开疆拓土，统一台湾和天山南北地区。乾隆时期，清帝国八旗驻防将军共计十四缺，即：绥远将军、江宁将军、成都将军、西安将军、宁夏将军、荆州将军、杭州将军、福州将军、广州将军、盛京将军、吉林将军、黑龙江将军、乌里雅苏台将军、伊犁将军。但是，边疆地区的盛京将军、吉林将军、黑龙江将军、乌里雅苏台将军、伊犁将军五大驻防将军与内地的其他驻防将军权限大不相同。清朝内地实行的是行省制，故内地驻防将军任事简略，专辖本地各驻防八旗，不预民事，不节制绿营，与本地之督抚、绿营各成系统，互不统属，而东北之奉天、吉林、黑龙江，北方之喀尔喀蒙古，西北之新疆，因不设督抚，驻防将军即为本区之最高军政长官，实行的是军政合一的军府制度，官员结构偏重武职，职掌

---

① 《清仁宗睿皇帝实录》卷三百五十七，嘉庆二十四年闰四月戊申，台北华文书局股份有限公司 1960—1970 年版，第 5246—5247 页。

② 《清高宗纯皇帝实录》卷一千三百八十二，乾隆五十六年七月，台北华文书局股份有限公司 1960—1970 年版，第 20542 页。

重心偏于军事，相当于今天我们所说的军事管制政府。左宗棠曾说这样一句话："我朝定鼎燕都……百数十年无烽燧之警，不特前代所谓九边皆成腹地，即由科布多、乌里雅苏台以达张家口，亦皆分屯列戍，斥堠遥通，而后畿甸宴然。盖祖宗朝削平准部，兼定回都，开新疆，立军府之所贻也。"① 清朝治台虽然不采取军府制，但清廷在台的最高武官系正二品的台湾镇总兵官，而最高文官仅为正四品的台厦兵备道。台湾总兵有径奏权及王命旗牌，可干预道台审判权，地方事务的上奏由总兵主稿，形成以武抑文现象已如前述。

特别是在平准以后，将大量罪犯发遣到新疆地区。所谓发遣，据光绪朝《钦定大清会典》的描述性定义就是"发往黑龙江、吉林、伊犁、迪化等处，酌量地方大小，均匀安插，分别当差、为奴"②。从刑罚的轻重程度来说，发遣是仅次于死刑的重刑。"军罪虽发极边烟瘴，仍在内地，遣罪则发于边外极苦之地，所谓屏诸四裔不与同中国者，此军与遣之分别也。"③ 有清一代，新疆和黑龙江为两大发遣地。尤其是乾隆朝统一新疆地区以后，由于罪犯杂处人烟稠密的内地不特约束难周，而且于民风亦大有关碍，非若新疆地方辽阔，外遣人犯易于安插，所以当时实行军府制的天山南北地区如同一座大监狱，成为统治者将为恶者驱逐出社会之外的排污隔离区，将统治者心目中的社会不洁物隐秘化。另外，从经济方面来说，发遣新疆可以移民实边，开发边疆资源，节约清朝为巩固甫经底定的新疆所需要的浩繁支出，"以新辟之土疆，佐中原

---

① 左宗棠：《左宗棠全集》，奏稿，卷五十，上海书店出版社 1986 年版，第 7896 页。

② 昆冈等修，吴树梅等纂：光绪朝《钦定大清会典》卷五十三，刑部，《续修四库全书》编纂委员会编：《续修四库全书》794，史部·政书类，上海古籍出版社 2002 年版，第 515 页。

③ 刘锦藻：《清朝续文献通考》卷二百五十，刑考九，徒流，军遣附，浙江古籍出版社 2000 年版，第 9955 页。薛允升在《读例存疑》中指出："今发新疆遣犯，本罪原系军流，初则因垦种而改发，后则不因垦种而酌量改发，初则仍系军流本罪，后直定为外遣专条。"薛允升：《读例存疑》卷六，名例律下之三，充军地方，光绪三十一年京师翰茂斋刊本，页七十一；亦可参见胡星桥、邓又天主编：《读例存疑点注》，中国人民公安大学出版社 1994 年版，第 123 页。

之耕凿，而又化凶顽之败类，为务本之良民"①。乾隆二十三年（1758）二月初四日，湖广道监察御史刘宗魏率先奏请向新疆东部兵屯地区发遣人犯时就将这种空间分格化和资源配置的帝国建设意义表述得一清二楚，他指出：

> 查近今数十年，卫所多改州县，配往军犯并无应当之差，全与安插流徒无异。况直隶、江南、山东、山西、河南、浙江、江西、湖广、广西、四川、贵州、云南等省俱以陕西为极边；而直隶、山东、山西、河南、陕西、湖广、四川、贵州等省且以江南、浙江为边远、极边，本系腹地，顾加边远、极边之号者，盖最重之军罪，亦止以该犯离家四千里为断，里数既定，法无可加，不得不迁就其名也。直省军流彼此交发，往来如织，日积日多，每一州县编管至数十名、百余名不等，内中盗贼居其大半，若辈因贫为盗，伏辜远徒断无可携之资，往谋生业又无常役束其身心，离家既远并无亲戚顾盼，伊等自视既为异乡罪人，更复无所愧耻。求其任苦作劳甘心俯首，自食其力者盖鲜；而怙恶不悛，试其伎俩鱼肉配地居民者，比比皆是。亦以若辈同类群居，纠合为匪，结伙甚易，且盗贼穿窬之术，千能万状，各有师傅，五方荟萃，衔其所长，勾引彼地无赖子弟转相效法，势所不免，是犹移植稂莠往害嘉禾，不可不重防其弊也。
>
> 臣愚请在巴里坤等处，指一屯垦地亩，另立名色，圈卡以示区别，将嗣后凡犯盗贼、抢夺、挖坟应拟军流人犯，不分有妻室、无妻室，与例应佥妻并例听该犯情愿携带与否者，一概发遣彼处种地。其从前定案业已到配之军流人等，并令督抚查明，除到配年久安静有业者照常安插外，其无业少壮曾有过犯人等，亦一并改发口外种地处所，交与该将军管辖，如有不守法纪为匪脱逃等情，该将军奏明请旨即行正法，毋庸照军流人又犯罪加徒改遣之科条办理。

---

① 《清高宗纯皇帝实录》卷五百九十九，乾隆二十四年十月，台北华文书局股份有限公司 1960—1970 年版，第 8841 页。

夫惕以重法以绝其为恶之心，资其筋力以收此屯田之利，于新辟疆境不无裨益，且使内地人民知所警惧，不敢复为盗贼、抢夺、挖坟等事，其蔓可剪，其流可遏，庶几盗源日靖，而夜不闭户、道不拾遗之风，复再现于今日矣。①

乾隆帝阅折后认为刘宗魏之奏确有所见，要求军机大臣会详议具奏。当时，人口激增，民间谷价有增而无减，乾隆帝自言其焦劳宵旰，每怀尧舜犹病之忧。他认为，将这些罪犯投畀远方，内地淳俗既不为稂莠渐移，而食货亦无虞坐耗，且令匪恶之徒，困心衡虑，力田自给，日久或可化为淳朴良民，于直省生计既多裨益，边疆镇抚要地，生殖渐丰，驻扎军兵役使有赖，即罪人亦渐知改过自新，实为一举两得。

刘宗魏和乾隆帝虽然没有现今的制度经济学的明确的成本—收益分析理念，但是他们都非常明白任何良法美意的实施均是利弊兼具，需要付出代价的。因为大量遣犯聚集在新疆地区，犹如厝火积薪，难免出现管理上的不便，秘密社会的散播和遣犯的伺间脱逃、暴动事件等后遗症在在堪忧。乾隆三十三年昌吉遣犯聚众起事、戕官劫库即是这种可以星火燎原的负面影响的明证。所以刘宗魏在倡议之初就提出此类遣犯"如有不守法纪为匪脱逃等情，该将军奏明请旨即行正法，毋庸照军流人又犯罪加徒改遣之科条办理"，而乾隆帝之所以要求军机大臣会详议具奏严加钤约的条禁，原因即在于此。

清朝入主中原初期便因"逃人法"而令天下骚然不靖，卒于康熙朝禁止，但在实际上，其他性质的"逃人法"终清一朝都像清人的辫子一样保持着。在清朝统治者看来，发遣新疆去死罪只差一间，矜全罪人，开以自新之路，倘复不知悛改，于安插地方生事，或行窃，或脱逃，或传徒惑众，情殊可恶，一经拿获，即应立正典刑，毋致旷时贻误。所谓"此等分发人犯，无论内地新疆，有在遣所脱逃者，一面奏

---

① 中国第一历史档案馆藏：《宫中朱批奏折》档号 04 - 01 - 08 - 0001 - 005，大学士傅恒、来保等奏为盗贼抢夺挖坟应拟军流人犯请敕交办理耕种事务大臣等酌量情形安置事，乾隆二十三年二月十三日。

闻，一面上紧缉拿正法"[1] 的新疆等处之例（又称西域新疆之例、新疆改遣脱逃例、新疆人犯脱逃之例、改遣人犯例、新疆例，等等）。[2] 直到嘉庆四年（1799）才得以修改，照黑龙江之例办理，但由死罪减等者仍然正法。乾隆帝当时解释这种立法的意图时指出：只有"俟将来法制大定，伊等果能各勤生业，奉法安居，遇有一二兔脱之人，尚可量为区别。其原犯本重者，固属法无可宽。如原犯稍轻，即仿古人郊寄遂棘之条，递移远处。倘仍不知改悔，再行正法示众。若此时令在必行，断不得曲为宽贷。盖执法不挠，则远罪者多，而规制可垂永久；奉行不力，则人思狎玩，而抒网愈繁。所谓非以爱之，适以害之也"[3]。在嘉庆十年（1805）伊犁遣犯赵郭馨殴毙马甲花沙布一案中，该案赵郭馨本系棍徒扰害发遣伊犁为奴之犯，到配后于小铺生理，因索讨花沙布钱文，立时毙命。案发后，据伊犁将军松筠请旨将遣犯赵郭馨正法，遭到嘉庆帝的斥责，指出："似此怙恶不悛，自应一面奏闻，一面即将该犯正法以昭炯戒，何待请旨遵行，转致久稽显戮。赵郭馨着即处绞。此后发遣新疆为奴人犯，复于配所杀人，如此情节凶恶者，即着按律正法，一面具奏，毋庸先行请旨。"[4]

清朝统治者不仅对遣犯滋事严惩不贷，而且对整个新疆地区都基于其特殊情况采取了类似陶保霖所说的济一时之变的严刑峻法。例如，乾

---

①　《清高宗纯皇帝实录》卷九百九十二，乾隆四十年冬十月，台北华文书局股份有限公司 1960—1970 年版，第 14557 页。

②　可参见吴翼先编：《新疆条例说略》卷二，乾隆六十年味余书屋重刻本，页二十三至三十七；叶志如：《从罪奴遣犯在新疆的管束形式看清代的刑罚制度》，中国第一历史档案馆编：《明清档案与历史研究论文选》上，国际文化出版公司 1995 年版，第 545—558 页。相关研究亦可参详加藤直人「清代新疆の遣犯について」『清朝と東アジア—神田信夫先生古稀記念論集』神田信夫先生古稀記念論集編纂委員会編、山川出版社、1992 年、219—240 頁。高遠拓児「清朝の監獄と越獄・反獄：乾隆後半期の事例を中心として」『中央大学アジア史研究：菊池英夫教授・山崎利男教授古稀記念：アジア史論叢』第 24 号、2000 年、133−150 頁。

③　《清高宗纯皇帝实录》卷五百九十九，乾隆二十四年十月，台北华文书局股份有限公司 1960—1970 年版，第 6843 页。

④　刘锦藻：《清朝续文献通考》卷二百五十，刑考九，浙江古籍出版社 2000 年版，第 9956 页。

隆三十九年，商民唐进福因欲强奸和硕特妇人博勒椿。该妇人不允，唐即用小刀将其扎死。达色请旨将唐进福拟斩立决。乾隆帝却说："唐进福凶恶已极，既审明情实，自应一面具奏，一面即行正法。达色乃奏请候旨，实属不晓事体。哈喇沙尔系新疆地方，奏折往返，为日太久。倘该犯逃逸病故，不惟幸逃显戮。且此等凶恶之徒，久禁不即正法，使众人不知如何办理，必生疑议。朕平日办事，众所共知。即新疆将军大臣等亦断无贪婪屈枉人命之事。此案既经讯明，何必定俟请旨？况新疆非他处可比，诸事俱当果断，始足儆众。着达色将唐进福即行正法示众，并通行晓谕新疆将军大臣等，嗣后遇有此等凶徒，审明确情，一面具奏，一面即行正法，不必监禁候旨。"① 由此可见，当时清朝在新疆地区一度可以说是军管制下的戒严。

当时在台湾这一笔者所谓"准军管制"地区虽然不存在乾隆朝新疆地区对遣犯惩处军法从事的情形，但也是在林爽文起义后采取从重速办的高压和戒严。清领台湾以后，大量流动人口涌入，尤其无田地房产、单身游食四方的"罗汉脚"平日不务正业，率多嫖赌摸窃，流而为匪，和新疆的遣犯一样被人们视为社会的"垃圾人口"、一切奸宄不法之根源。姚莹曾谓："台湾大患有三：一曰盗贼，二曰械斗，三曰谋逆。三者，其事不同而为乱之人则皆无业之游民也。生齿日繁，无业可以资生，游荡无所归束，其不为匪者鲜矣。"② 边疆移民社会在未完成

---

① 《清高宗纯皇帝实录》卷九百六十一，乾隆三十九年六月，台北华文书局股份有限公司 1960—1970 年版，第 14013 页。乾隆五十四年土尔扈特托辉等偷窃回部马匹一案也与此如出一辙。上谕曰：据德勒格楞贵奏，拿获偷窃回部之土尔扈特托辉、拉嗽、博勒泰、分别定拟请旨等语。凡偷窃马匹十匹以上者，罪即应绞。今土尔扈特托辉等偷窃回部马三十余匹，理应一面正法，一面奏闻。况新疆法禁，尤宜严肃，乃德勒格楞贵奏请旨，殊属拘泥不谙事体。……土尔扈特托辉、拉嗽，着即行正法。嗣后遇此等案件，俱着照此办理，不必候旨。事见《清高宗纯皇帝实录》卷一千三百二十四，乾隆五十四年三月，台北华文书局股份有限公司 1960—1970 年版，第 19635 页。

② 姚莹：《上督抚请收养游民议状》，《东槎纪略·东溟奏稿·中复堂选集》（合订本），《台湾文献史料丛刊》第三辑，台北大通书局 1984 年版，《中复堂选集·东溟文后集》卷三，第 39 页。

土著化之前的动荡性造成台湾"三年一小反，五年一大反""七八年一小斗，十余年一大斗"的局面。为了争夺生活空间、争夺社会经济资源，不仅土客之间纠纷层出不穷，而且不同祖籍地的居民，各分气类，各有畛域，在原乡地域观念的支配下或公开械斗树旗，或秘密结会树党，对清朝的统治秩序构成严重威胁。其次，由于天高皇帝远，台湾地区吏治不清，司法行政的资源供给不足，人民遇事走告无门，也往往不得不寻求互助团体如乡党等进行自立救济，从而与前述因素振荡氤氲。曾亲历"林爽文事件"的谢金銮这样描述道："今之为令者，其视民也，如鱼肉；而民之视令也，如虎狼。凡有下乡，皆为得钱而来；不得钱，不知有百姓也。人之亲鱼肉也，为欲食之也；而其畏虎狼也，畏其食之也。呜呼！安有虎狼而可与人亲，安有人而与虎狼亲者哉？其避之惟恐不速也，固也！上下睽乖，县如无官之县、民如无官之民，自相争、自相掳、自相刑、自相杀。"①

此外，台湾也和新疆一样与京师相距遥远，加之海洋风汛靡常，文报解犯不能与内地一律稽程，事机顷刻变易，全在不失其时，故非成法所能尽。姚莹在鸦片战争前后就道出了台湾这种准军管戒严性质，他指出："此兵刑二律所以于台湾独重也，岂惟今日哉！"②乾隆五十七年，据报告，案犯洪毛抢牛时经事主喊叫，庄邻闻声追赶，该犯等将庄民砍伤，躲入蔗园，值千总蓝国宝带兵巡查塘卡，遇见抢牛贼即督率营兵追捕，该犯等拼命抵拒，用刀将蓝国宝砍伤，终因被蔗根绊倒而被擒。洪毛入狱后复与吴儿等商谋闹监越狱，恰为禁卒陈德在监放饭时所察觉，此次越狱事件因报告及时得以制止。乾隆帝接到此案奏报后指示："此后台湾地方，遇有此等行劫拒捕之犯，该提督等于拿获审明后，即一面

----

① 谢金銮：《亲民》，收录于丁曰健等：《治台必告录》，沈云龙主编：《近代中国史料丛刊续编》第七十六辑，757—758，台北文海出版社 1980 年版，第 108 页。

② 姚莹：《东溟文集》，收录于丁曰健等：《治台必告录》卷二，沈云龙主编：《近代中国史料丛刊续编》第七十六辑，757—758，台北文海出版社 1980 年版，第 149 页。亦见于姚莹：《东槎纪略》卷四，"复笛楼师言台湾兵事书"，沈云龙主编：《近代中国史料丛刊续编》第七十四辑，732，台北文海出版社 1980 年版，第 103 页。

奏明，一面将该犯正法示众，不必奏闻请旨再行办理，以致迟延，人不知畏法。台湾地隔重洋屡有滋事之案。经奎林在彼实力整饬，严加惩创，尚复强劫频闻。哈当阿等惟当照奎林所办，认真整顿，遇事严办，俟一二年后盗风稍熄，民气渐驯，方可照内地之例办理。"① 嘉庆四年，福建水师提督哈当阿等奏，戍兵王良盛因碰倒民人糖水担，损破瓷碗等物，经该管把总李长宁断令赔偿，兵丁廖林不服审断，即纠同戍兵蓝飞雄等执持军器，逞威寻衅，并施放鸟枪伤及本管把总及过路民人。嘉庆帝指示："似此凶悍兵丁，自应于审明后，一面具奏，一面恭请王命，立正典刑，俾营伍知所炯戒。……试思台湾远隔重洋，风信靡常，奏折往还，迟速难定。倘因风阻滞，不能如期奉到批回部覆，致凶犯久稽显戮。且该处戍兵似此骄悍，或见首从各犯日久羁禁囹圄，甚至心生叵测，纠伙劫狱，更复成何事体。如此等重案，尚不恭请王命，又安用王命为耶？"②

在乾隆中后期，广东、福建沿海地区由于械斗和海盗问题和台湾情况非常类似，积案累累，所以清朝统治者也同样放宽了恭请王命先（即）行正法的权限。清人郑振图作为当地人，对闽粤地区的民情极为谙熟，其在《治械斗议》中的分析非常精辟，曾这样写道："或问泉漳械斗，何自昉乎？曰昉于前明之季，海氛不靖，剽劫公行，滨海居民，各思保护村庄，团练乡勇，制造兵戈。逮入国初，耿郑交讧，戈铤蔽野。至康熙三十六年，台寇始定，百姓习于武事。其间聚族之人，挟睚眦之嫌，辄至操戈相向，彼此报复，率以为常。械斗之兴，有自来矣。然则海寇既定以来，曷为斗而不已？曰：漳泉之民多贩海。维时海禁甫弛，岛上诸夷，习尚鲁朴，贩者利皆倍蓰，故二郡之富，甲于通省。富则骄，骄则纵。邑有司黩其货也。有弱肉而强食者，苟苴入则左袒焉。富者扡扡焉，曰：尔奚敢敌我哉？毙尔命直耗我金耳！于是弱者愈益愤，愤而无所诉，则愈益斗。强斗弱以族胜，名曰包。包者必胜之谓。

---

① 《清高宗纯皇帝实录》卷一千三百九十四，乾隆五十七年正月，台北华文书局股份有限公司 1960—1970 年版，第 20735—20736 页。

② 《清仁宗睿皇帝实录》卷四十八，嘉庆四年七月，台北华文书局股份有限公司 1960—1970 年版，第 561—562 页。

惩罚小偷的方式

弱斗强以联族胜，名曰齐。齐者，协力取胜之谓。"[1] 其实，郑振图把闽粤地区的宗族械斗渊源追溯至明末海疆地区的动荡造成的边疆社会军事化，这种边疆社会军事化在笔者过去关于边疆社会特征的论文中已经进行过分析[2]，目前国内崇洋媚外者人云亦云地认为这是太平天国起义以后华南地区的新现象，这并不恰当，太平天国起义事实上只是加剧了这种由来已久的边疆社会军事化趋势。郑振图的文章写于道光时期，揭示了清代前中期与后期械斗与宗族社会经济资源的关系的变化。在乾隆中后期，由于商品经济发展的刺激，群相逐利，经济利益的争夺使海盗和宗族械斗愈演愈烈，而权钱交易复造成政府公信力下降。一方面，据史载，他省之民，良自良，而盗自盗，但闽粤地区则不然，平时耕种之民遇有窃夜纠劫者，但以"发财去"三字随路招呼，鲜不欣然同往，故一同为盗之人，彼此每不相识，即人数亦无可稽，甚至田舍素封、衣冠巨族亦皆乐于一试。惠潮地方则竟有以盗起家，转因党羽太多不能破案，人不敢指、官不得拿者；另一方面，据林则徐介绍，广东积习，官欲获盗，必须先出花红（即如今所谓的悬赏金），从前原为急公，迨后竟成常例。

---

① 郑振图：《治械斗议》，贺长龄辑：《皇朝经世文编》卷二十三，吏政九，守令下，沈云龙主编：《近代中国史料丛刊》第七十四辑，731，台北文海出版社1972 年版，第 884—885 页。

② 参见张世明：《另类社会空间：中国边疆移民社会特殊性透视（1644—1949）》，《中国边疆史地研究》2006 年第 1 期。

盗愈著名，则花红愈重，若稍吝啬，即无从购觅线人。① 其有关于官员处分者，家属亲邻愈以居为奇货，以致政府当局款无所出，花红难继，所以匪盗成灾，萑苻遍地。清政府资源有限，既不能化导矛盾，则只好诉诸以暴易暴的大辟之刑。

笔者的硕士导师马汝珩很早就在《简明清史》第二册中提出，在清朝由盛转衰的过程中，反清斗争首先在边疆和少数民族地区爆发，如乌什的维吾尔族起义，甘肃的撒拉族、回族起义，台湾的林爽文起义，湖南、贵州的苗民起义。因为在这些地区，清朝的行政机构大多是新建的，距中央很远，统治力量较弱，反清斗争首先在这样的地区酝酿和爆发，然后转移到中原地区，燃点起如川楚白莲教起义那样全国规模的抗清斗争②。在太平天国起义这种全国性动乱尚未爆发前，在新疆、台湾以及福建和广东沿海等个别地区，清朝统治者就这种区域性反清活动频繁的情况，曾经发布过类似道光、咸丰年间的就地正法性质的戒严条令，此实其后就地正法之制的先声。在笔者看来，如果用长时段的眼光进行检讨，太平天国起事于广西的深层原因在于人口膨胀和生存空间的矛盾、边疆地区土客的矛盾，从新疆遣戍回来的林则徐在镇压杜秀文起义时获得清朝最高统治者在云南地区就地正法的授权与清前期新疆的军府制下严刑峻法其实一脉相承，而就地正法此后在内地迅速蔓延与新疆在阿古柏之乱以后无法接收遣犯息息相关。

四、谨慎的态度

但是，在鸦片战争之前，清朝最高统治者对于恭请王命先（即）行正法的控制还是比较严格的。清朝对于结伙抢劫、盗匪之类威胁其统治的行为自始至终都保持高压态势，而对于犯奸案则不然，自顺治到清末呈现出了从轻处分的趋势。乾隆五十九年，前面提及过的哈当阿陈

---

① 参详林则徐：《复叶绍本条陈捕盗事宜疏》，邵之棠辑：《皇朝经世文统编》卷四十二，内政部十六，弭盗，沈云龙主编：《近代中国史料丛刊续编》第七十二辑，711—720，台北文海出版社1980年版，第1667—1668页。

② 戴逸主编：《简明清史》第2册，人民出版社1984年版，第382页。该部分由马汝珩教授所撰。

奏，审明因奸谋死本夫之郑月娘、张荣，已经恭请王命，分别凌迟斩决。乾隆帝对此大不为然，指责所办殊属错误。他说："前因台湾民情强悍，又值林爽文滋事之后地方亟须整饬，是以令将续获匪林爽文余党及抢劫械斗案情重大各要犯从严速办，以示惩创而靖海疆。今郑月娘、张荣二犯，虽属法无可贷，但因奸谋死本夫之案，何省无之？若此等寻常案件，亦一律恭请王命，尚有何案应行按例请旨定夺耶？外省办事，非失之不及，即失之太过。哈当阿等办理此案，殊属矫枉过正。着传谕该提督等，嗣后务宜斟酌案情轻重，分别办理，毋得概请王命，致失情法之平。"① 清朝的地方大员每每望风承旨，对于分寸的拿捏时宽时严。嘉庆四年（1799）五月，库车办事大臣伊桑阿奏，拿获在逃年久凶犯，审明请旨即行正法。嘉庆帝在上谕中指示云："向来新疆办理案件，如系寻常斗殴命案，自应按律定拟，请旨遵行。若审有谋故重情，则有恭请王命之例在。此案阿布都尔满系谋财害命之犯，伊桑阿审讯明确，只专引本律请旨。该犯系在新疆犯事，若不按新疆事例办理，又安用王命旗牌为耶？嗣后新疆各处审议谋故重案，乃照旧例恭请王命办理。"② 这是因此前不久嘉庆帝刚刚发布谕旨修改乾隆年间的定例，减轻对新疆遣犯脱逃的惩处力度，所以新疆地方官员就开始趋于缩手缩脚，采取审明请旨即行正法的保守行动，故而嘉庆帝又不得不加以矫正纠偏。嘉庆二十二年（1807），上谕内阁云：前据刘芬奏，客民张喜与无服族嫂张郑氏通奸，后因无力资助，忿其拒绝，遂将该氏扎毙，审明后恭请王命，已将该犯斩决。"彼时朕览奏，觉其办理过当。因批交刑部查明，此等案件即行正法，新疆有无此例。本日据该部查奏，从前新疆办过谋故杀两案，俱仍入于秋审情实。新疆地方遇有情重案件，原准其先请王命正法。若此案张喜与无服族嫂通奸，得以凡论。后因见拒忿杀，只系寻常故杀之案，自当入于秋审情审，勾到时亦必予勾。若一概先请王命正法，则新疆地方竟无秋审情实人犯矣。办理刑名事件，总当

---

① 《清高宗纯皇帝实录》卷一千四百五十，乾隆五十九年夏四月，台北华文书局股份有限公司 1960—1970 年版，第 21481—21482 页。

② 《清仁宗睿皇帝实录》卷四十四，嘉庆四年五月，台北华文书局股份有限公司 1960—1970 年版，第 503—504 页。

细审案情，权衡轻重。近日往往揣摩谕旨，意为宽严。从前因新疆有案犯凶恶异常，仍拘泥本律问拟监候者，曾经降旨训饬。以后遂将寻常谋故之案，俱请王命正法。今奉有此旨，恐又将凶恶异常之犯一概问拟监候，似此怠玩悠游，胸无定见，安能得事理之平。嗣后新疆地方问拟命案，惟当各就案情，分别酌办，勿得畸轻畸重。"① 对于地方大员恭请王命先（即）行正法的这种程序性欠妥（不牵涉失出失入的实体性错误），清朝最高统治者一般仅仅予以申斥而已，不进行实质性的处分，也是为了不使这些地方大员遇事过分拘执，以保留秉承所谓"阃以外将军治之，非朝廷所能遥制"遗绪的自由裁量空间。

乾隆六十年（1795）发生的江南洋盗案，又称杨天相案，值得关注。时署两江总督苏凌阿奏，游击杨天相等前报拿获盗船一只，随提犯审讯，据查所获张茅等均系福建诏安人，一直雇船在上海等处贩运货物，领有诏安县船照腰牌可凭，且查验吴淞进口出口号簿，均与船照及张茅等供词、月日相符，并讯据各行户等均称该船实系装运货物，并非匪船，鉴于该游击杨天相、外委沈春发既不查验船照，又未讯问口供，辄饰词装点具报，业已提同各犯秉公研讯。乾隆帝对此指示："巡洋将弁遇有形迹可疑之船，自应细加盘诘。如果来历不明，或不服盘问，再行拿送地方官究讯。今张茅等现有官给执照腰牌，凿凿可据。该将弁等何得并不查询明白，率将无辜之人擅拿，诬指为盗。此事前经陈大用奏到，朕方以杨天相、沈春发能带兵飞身跳过盗船，砍落风篷，生擒盗犯，尚为奋勉出力，特降旨分别超擢参将、守备，以示鼓励。今据苏凌阿所奏，竟系该将弁饰词装点，其意自以为如此禀报，希冀地方官不加确讯，亦即作为洋盗，恭请王命正法，无可对证，得为伊等邀功地步。此等水师恶习，最为可恶。若不严加惩创，几令良善冤沉莫辨。其何以儆欺饰而整戎行？着传谕苏凌阿，即将杨天相、沈春发革职拿问，提同案证，严审定拟具奏，并究明装点各情节。"② 在这一案件中，杨天相

<hr>

① 《清仁宗睿皇帝实录》卷三百三十，嘉庆二十二年五月，台北华文书局股份有限公司 1960—1970 年版，第 4860—4861 页。

② 《清高宗纯皇帝实录》卷一千四百八十五，乾隆六十年八月，台北华文书局股份有限公司 1960—1970 年版，第 22013 页。

被认定为安拿邀功、诬良为盗，依官司故入人斩决罪例拟斩立决，作为上级的浙江提督陈大用、苏松镇总兵亓九叙也因此遭到参革治罪，而苏凌阿则被乾隆帝认为能够细心研鞫、据实平反受到嘉奖。上述记载见诸《清高宗纯皇帝实录》卷一千四百八十五。

中国大陆的清史研究在改革开放后可以说尚处于起步阶段，论著以《清实录》为依据便往往令人刮目相看，而研究者亦以此沾沾自矜，但随着学术竞争的加剧，征引《清实录》已经稀松平常。但是，《清实录》的一个最大的偏颇就在于以皇帝为中心，这是其性质所决定的。由于历史由权力者所书写，所以《清实录》的记载大多是皇帝的上谕，而地方官员这一面的实情则只能间接地得以折射，连许多封疆大吏在《清实录》中都是处于失语状态。早已八旬有五的乾隆帝在该上谕中对于自己无微不照的眼光极为自信，声称"此案朕一经披阅，种种情节，洞烛靡遗，不特苏凌阿应深钦服，即陈大用、亓九叙等谅亦无能再置一词也"①，但其对于地方情形仍然是处于信息不对称的困境之中。从各种资料综合研判，可以认定杨天相案就是乾隆帝制造的一起冤狱。非官方的记载与乾隆帝认定的事实完全是两个不同的版本。在该案后四年，嘉庆帝亲政，苏凌阿作为和珅的亲信和姻亲在政治上失势，洪亮吉上书对于此前朝廷的秕政提出批评，就为该案打抱不平，指出："如江南洋盗一案，参将杨天相有功骈戮，洋盗某漏网安居，皆由署总督苏凌阿昏愦糊涂，贪赃玩法，举世知其冤，而洋盗公然上岸无所顾忌，皆此一事酿成。况苏凌阿权相私人，朝廷必无所顾惜，而至今尚拥巨资，厚自颐养。江南查办此案，始则有心为承审官开释，继则并闻以不冤覆奏。夫以圣天子赫然独断，欲平反一事而尚如此，则此外沉冤何自而雪乎？"②嘉庆帝在接到洪亮吉的上书后坦承其"在藩邸时，曾闻陈大用盘获洋盗一案。彼时苏凌阿署两江总督，以诬良为盗定拟，遂置杨天相于重辟。而和珅与苏凌阿因系

---

① 《清高宗纯皇帝实录》卷一千四百八十五，乾隆六十年八月，台北华文书局股份有限公司1960—1970年版，第22014页。

② 赵尔巽等撰：《清史稿》卷三百五十六，列传一百四十三，洪亮吉传，中华书局1977年版，第11308页。

姻亲，为之护庇，致成冤狱。"①
其时，陈大用亦借机呈请叩谒乾
隆帝梓宫，明显要求平反昭雪。
但嘉庆帝之所以最后敷衍了事，
声称陈氏专为叩谒梓宫并非欲陈
诉冤，并且怪罪洪亮吉莠言乱
政，就是因为此案系乾隆帝亲自
所铸，苏凌阿固然为该案的始作
俑者，但是乾隆帝指责苏凌阿拟
罪殊属轻纵，屡屡传旨严行申饬
其"即欲作好人，希图将就完
事"②，也是乾隆帝坚持对杨天相
论斩结案。嘉庆帝扳倒和珅只是
采取适度的有限打击策略建立新
权威，并不企图彻底否定前朝，
因为任何过分的否定过去都是对
当下合法性的否定，何况乾隆帝
乃其父亲，子为父隐乃天经地
义，所以嘉庆帝说："凡依附和
珅者，概不必株连。岂有因洪亮
吉一言，复行追究之理。"③

洪亮吉画像

　　事实上，不仅嘉庆帝在藩邸时听到过其中屈抑情事，而且礼亲王昭
梿与苏凌阿相识，熟悉当时的宦海风波和风土民隐，在《啸亭杂录》
中秉笔直言，苏凌阿"劾杨天相诬盗案事，众皆为杨抱屈。杨正法日，

---

　　① 《清仁宗睿皇帝实录》卷四十一，嘉庆四年三月，台北华文书局股份有
限公司1960—1970年版，第460页。
　　② 《清高宗纯皇帝实录》卷一千四百八十六，乾隆六十年九月，台北华文
书局股份有限公司1960—1970年版，第22028页。
　　③ 《清仁宗睿皇帝实录》卷五十，嘉庆四年八月，台北华文书局股份有限公
司1960—1970年版，第611页。

六营合祭，哭声震天，几至激变，赖陈军门大用安抚之始已"①，可见时论弗以为允也。清人汪道鼎与本案举发杨天相的扬州知府家有年谊世交，其《因果选集》对此案的冤情记载尤为详尽，而该记述将人间冤狱与彼岸世界的阴判冥报相联系起来的法律文化上的象征意义更是耐人寻味。② 被曾国藩称道曰"李少荃拼命做官，俞荫甫拼命著书"③ 的晚

---

① 昭梿：《啸亭杂录》卷八，何英芳点校，"苏相国"，中华书局1997年版，第262页。

② 这种报应不爽的"阴司"或者"冥判"的记载不仅象征着对于人间法律的批判，而且也意味着"公平"与"正义"的想象与诉求，对于民众具有"心理补偿"的价值。清代，江南地区民间有所谓的"告阴状"的乡俗。其又被称为"放告""烧王告"，殆与古代和中古时期"冢讼"有关，是民众在官方的司法体系冤抑得不到正义伸张时诉诸、求助于冥界神明（包括城隍爷、东岳大帝、地藏王菩萨和大众爷），希望通过讲求善恶皆有业报的地狱司法体系获得公平审断的神意裁判现象，存在公开放告和私下放告两种做法。据一些学者考证，在宋代官方提高东岳神地位的同时，民间的东岳神形象就已从古代泰山神的地府总管形象，具体化为阴间司法官的形象。南宋洪迈所著《夷坚志》中便有记载一老兵向东岳神告阴状而得到报仇的故事。城隍祭祀在宋初被正式纳入国家官方祭祀大典。降及明清，城隍信仰更是吸收佛教地狱审判、赏善罚恶的观念，不仅是城市的保护神，而且也燮理阴阳，成为阎罗阴司的派出机构的冥官和阴阳两界的司法神，专司人间善恶之记录、通报、死者亡灵审判和移送之职。据史料记载，新县官莅境通常于上任前一日或前三日至城隍庙斋宿，上任日更需在城隍前完成祭礼方可就职。（参见黄六鸿：《福惠全书》卷二，《官箴书集成》编纂委员会编：《官箴书集成》第3册，黄山书社1997年版，第238页；宦乡老人：《新增宦乡要则》卷二，清末石印本，页二。）刘衡《庸吏庸言》中所收录的"到任谒城隍神誓"一文有"维神聪明，维神正直，以佑我民，以福我国"诸语。（资料来源：http://rahaa.bokee.com/viewdiary.19525221.html，访问时间：2010年10月9日。）故而，民间广为流传"皇帝有难上天坛，县官有难到此来"之说。丁日昌曾要求各属首先在城隍庙前竖立告示碑，揆厥所由，当是希望利用城隍神的神圣性以增强文告的庄重性。在明清江南地区民众在向东岳帝、城隍等神祇"告阴状"与执行"冥判"的相关信仰和节庆仪式中，幽明虽殊途，但阴间的生活实与阳间的现实表现出一种不即不离的特色。在人间法律的公力救济缺席的情况下，冥报神判便成为投诉无门的民众可以凭借的最后一点希望，呈现出"王法"与"神法"两种法律秩序之间的支持与背离的互动关系格局。正是这样，从元代开始，地方官吏在审判某些案件时往往会选择地方社会最重要的公共空间——寺庙作为审理案件的场所，明清犹然。这方面司法场域的研究成果可参见巫仁恕《节庆、信仰与抗争——明清城隍信仰与城市群众的集体抗议行为》，《"中央研究院"近代史研究所集刊》34（2000年），第176—180页。

③ 陈景超：《俞曲园事略》，浙江省政协文史资料委员会编：《浙江文史资料选辑》第42辑，浙江近代学术名人，浙江人民出版社1990年版，第132页。

清著名国学大师俞樾在《春在堂随笔》中云："同治初，上海修县志，余参与其间。故老相传，有杨天相事，旧志不载，莫能详也。今读故人汪调生所著《坐花志果》，内有杨协戎一条，颇具本末。……按杨天相之狱既未平反，载笔之士难于叙述，此旧志之所以不载也。然天相死时，提协两标兵皆呼冤击鼓，愿罢伍归农，几成大变。而上海之民为天相焚纸钱，积灰如山阜。至今父老犹能言之，则此事固不可没其实也，因书其大概如此。"①

不绝如缕的非官方历史书写其实构成了对官方定谳的权力话语的反抗，印证了历史是人民书写的沧桑正道。在汪道鼎《因果选集》中云"盗因以十万金贿制府，制府受之，决欲翻案"②，因为当时的江洋大盗饶于赀财，被捕后通过金钱在官场中买通关节的可能性是存在的，而且征诸《啸亭杂录》，苏凌阿本身贪庸异常，每接见属员，辄曰："皇上厚恩，命余觅棺材本来也"③，贪黩性成，这也与汪道鼎《因果选集》的记述若合符契，否则作为两江总督的苏凌阿老态龙钟如是，势必漫不经心，依样葫芦，顺手画诺，焉得无利早起地铁腕翻盘？乾隆帝所说张茅等有官给执照腰牌即可证明其为良的论断本身经不起严格推敲，而其指责"该将弁饰词装点，其意自以为如此禀报，希冀地方官不加确讯，亦即作为洋盗，恭请王命正法，无可对证，得为伊等邀功地步"更是与事实不符的臆测之辞。作为洋盗擅拿充数而"恭请王命正法，无可对证，得为伊等邀功地步"一类诬良冒功伎俩之得逞靠的是速度，先下手为强，稍有稽迟就可能变生不测。

然而，从《清实录》此前的奏报可知，杨天相拿获张茅等十二人

---

①　俞樾：《春在堂随笔》卷四，江苏古籍出版社 2000 年版，第 52—53 页。亦可参见包世臣对此案的记述和分析。参见包世臣：《齐民四术》卷三十一，包世臣：《安吴四种》，沈云龙主编：《近代中国史料丛刊》第三十辑，294，台北文海出版社 1968 年版，第 2228 页。

②　汪道鼎：《因果选集·坐花志果》下卷，"杨协戎"，四川省宗教文化经济交流服务中心 1998 年版，第 247 页。亦可参见梁恭辰：《劝戒录选》卷十，王德毅等编：《丛书集成续编》218，台北新文丰出版公司 1989 年版，第 631 页。

③　昭梿：《啸亭杂录》卷八，何英芳点校，"苏相国"，中华书局 1980 年版，第 262 页。

是在当年七月，而苏凌阿的谳以为诬是在一个月之后，期间并无陈大用恭请王命正法的任何迹象，因此乾隆帝所谓"恭请王命正法，无可对证，得为伊等邀功地步"根本是空口无据的。在拿获张茅等时，陈大用就报告，当将所获盗犯十二名并炮械等件，饬交宝山县严行监禁，听候督臣究办。当时乾隆帝还批评说："陈大用身为提督，于地方审办案件，虽不应干预，但伊现驻扎海口，督缉洋盗，遇有拿获盗匪，自应究明首伙及如何抢劫情形，一面奏闻，一面跟踪追捕，乃仅将盗犯饬县监禁，并不问供词一句。岂以向盗讯供即侵总督之权乎？殊属可笑！"① 这说明，陈大用虽然身为提督，具有王命旗牌，但并不敢恭请王命先行正法所获之人，反而担心造成侵越总督之权的印象，处事非常谨慎。在洪亮吉上书为此鸣不平时，陈大用从遣所返京叩谒乾隆帝梓宫，嘉庆帝命军机王大臣询问陈大用，陈仍然声称："从前巡获闽船张茅等十二人，查有令字旗、竹盔、铁炮、火药、铅子等件，俱系违禁之物。又与浙省吉庆来咨，所获洋盗相符。是以交地方官审办。伊等如何定拟，亦不敢过问。"② 可见其并无恭请王命正法以杀人灭口的动机和事实。英国等西方国家有所谓"国王不能为非"（The king can do no wrong）原则，意指在法律上应推定"国王无过错"，即德语中所谓"Der König steht über dem Gesetz，daβ er selbst erteilt"。在本案中，乾隆帝钦定大狱就等于铁板钉钉，即便错误也只能将错就错，根本无法翻案。

乾隆帝之所以认定本案中杨天相是擅拿充数、又装点情节禀报，是由于在此前一段时间他发现"近年外省谳案，屡有装点情形、捏饰供证之事，足见奸狡之徒，情伪百出。是以不能信其必无疑窦"，这种对于地方情形的信息不对称困境造成乾隆帝的猜疑心理，以至于其想象该案的情弊即在于欲图"恭请王命正法，无可对证，得为伊等邀功地步"。在这个意义上，杨天相冤案是清朝最高统治者信息不足所产生的成本和代价。不过，乾隆帝对于地方官员利用恭请王命正法之制舞弊的这种猜

---

① 《清高宗纯皇帝实录》卷一千四百八十三，乾隆六十年七月，台北华文书局股份有限公司1960—1970年版，第21989页。

② 《清仁宗睿皇帝实录》卷四十一，嘉庆四年三月，台北华文书局股份有限公司1960—1970年版，第460页。

疑并非没有道理。因为一旦法律规定作为游戏规则被确立，在司法场域的各方均力图以此为牟利工具进行各式各样的寻租活动，而一切在政策之下的各种博弈对策均由此衍生。在清代后期，作为其继嗣的就地正法之制就造成了明显的流弊。谭嗣同在《仁学》中言其对于湘军深恶痛绝的原因就在于利用就地正法之制"自屠割其民，而方受大爵，膺大赏，享大名，瞠然骄居"①。就此而言，杨天相冤案也透露出了清朝最高统治者对于恭请王命正法可能导致隐患的戒惧心态以及清后期就地正法为患之厉阶。

乾嘉时期所谓恭请王命先行正法的"先行"是相对意义上而不是绝对意义上的"先行"，是相对于候旨正法、请旨正法而言，故而"先行"的时间幅度是极小的，其准确的表述应为"一面奏闻，一面恭请王命先行正法"，具奏和正法是同时性的，仅仅不必候旨待命而已，所以当时又称之为"恭请王命正法即行正法"，其间"即行"与"先行"是一事二说，分别相对于不同的时间参照物，前者是相对于"奏闻"而言，后者是相对于"候旨"而言。

乾隆五十八年（1793），伊犁将军保宁等奏陆续拿获罪人徐文林等四名，业经审明俱行正法。乾隆帝同意保宁的处理，认为此等人犯俱系内地重犯，免死发遣之人，在伊犁仍不守分，或行窃，或脱逃，情殊可恶，从严办理，庶几众知儆畏。但对于保宁在附片所提出的"嗣后此项罪人拿获正法后，应毋庸节次奏闻，请按季汇奏一次"的请示，乾隆帝断然予以否决，指出："在保宁之意，恐此等事涉繁琐，思图简易。但朕办理天下庶务，宵旰勤求，未尝稍有厌倦之处。今每事具奏，各处驻扎大臣等，尚有不实心出力、奋勉办事之人。若改为按季奏闻，因而疏慢成风，必至因循废弛，关系甚大。着保宁嗣后仍照前按事奏闻。"②嘉庆十年，两广总督那彦成奏，审明洋盗通盗济匪各犯，目下获犯较多，若循旧逐案具奏，囹圄既多拥挤，而逐件具奏，亦未免事涉烦冗，拟将审结之案，或十案或十余案，汇折奏闻一次。嘉庆帝大加呵责云：

① 《谭嗣同全集》，生活·读书·新知三联书店1954年版，第63页。

② 《清高宗纯皇帝实录》卷一千四百三十三，乾隆五十八年七月，台北华文书局股份有限公司1960—1970年版，第21297页。

"所奏殊不成话。该省拿获洋盗及各项匪徒，均系问拟重辟居多。该督
于审明后，自应逐案奏闻，候旨交部核办。此系旧章。岂有汇折具奏之
理？朕日理万机，从不稍惮烦劳。至于刑名案件，人命至重。凡外省奏
到审案及部臣核议奏疏，无不将情节供勘、详细披阅，始行定案。那彦
成到粤以后，朕何尝以该省案件较繁，谕令稍从简便，乃辄称逐件具
奏，事涉繁冗耶？此次一折之中，叙述至十数案，仅列人名，不叙情
节，即交部从何核议，迹似揽权，所办大谬。且此内尚有该督审明后业
经恭请王命正法之犯，**缪辖**不清。若云目下获犯较多，则从前该省获
犯，亦复不少。该督但能迅速审办，由驿驰奏候结，又何患囹圄壅积
乎？督抚为封疆大吏，无此办事之法。看来那彦成竟不免心存惮烦，任
意更改旧章。着传旨申饬，仍交部议处。所有本日汇奏各案一折，着由
四百里发还，交那彦成核明，各归各案，分晰定拟……毋得再有草
率。"① 较诸乾隆帝对于汇奏之议的驳论，嘉庆帝对那彦成的提议劈面
就是一棒，不仅在那彦成奏折上杠头开花猛批，语语扼要，最后将其原
折掷回，而且训斥的内容牵涉面更加广泛，除了乾隆帝所说的废弛疏慢
之外，复言及"迹似揽权""更改旧章"等方面。如果说政务懈弛尚复
余事，但"迹似揽权"则是已经开始上纲上线了。清后期就地正法之争
的核心便在于中央与地方督抚权力分配问题，而清后期就地正法之制与
乾嘉时期恭请王命正法先行正法之制区别的关键就在于前者以按季汇奏
为标志性特征。君权是不可僭越的红线，君上对此甚为敏感。虽然有少
数经过授权的例外，但都是接受君权监督的非常态现象。嘉庆帝之所以
对那彦成之奏雷霆大怒，原因就是其"迹似揽权"和"更改旧章"，踩到
了嘉庆帝视为不可越雷池半步的高压线，触及了嘉庆帝非常敏感的神经。

众所周知，按照清代刑事案件"审转复核"的基本程序，徒刑以
上（含徒刑）的流刑、充军、发遣，立决、斩绞监候案件，均须由州
县初审，再详报上一审级知府复核，知府再详报上一审级按察司，按察
司再详报督抚。由此，地方上的刑事案件一般均须经过县—府—司—督

---

① 《清仁宗睿皇帝实录》卷一百四十八，嘉庆十年八月，台北华文书局股份
有限公司 1960—1970 年版，第 2122—2123 页。

抚四级，如是直隶州的案件，因直隶州地位与府相等，其案件不报府，而是报道员（守道或巡道），由道审转至按察司。死刑案件作地方各级审理死刑案件最重要的是"拟律"，即提出定罪量刑的意见。督抚对逐级的拟律无异议，即可以题本向皇帝具题。《大清律例》"有司决囚等第"条附例（乾隆四十年定例）规定："外省徒罪案件，如有关系人命者，均照军流人犯解司审转，督抚专案咨部核复，仍令年终汇题。其寻常徒罪，各督抚批结后，即详叙供招，按季报部查核。"① 原则上，无关人命徒罪案件（寻常徒罪案件），督抚批结后，与应按季报部查核；有关人命徒罪案件，督抚覆审后，应以专案咨部核复，并应年终汇题；军流罪案件，督抚覆审后，亦应以专案咨部核复，并应年终汇题。雍正三年定例规定："外省人命案件，拟以军流等罪，咨部完结者，俱驳令具题。嗣后不行具题者，将该督抚查议。"② 但此定例于乾隆四年被废止，新规定为：除人命、强盗情罪重大案内，例应发黑龙江、宁古塔等处者，应仍令各督抚特疏具题外，其余因事遣、一切军流等案，如果案犯情节显明、别无疑窦者，俱照诬告反坐等项之例，令各督抚迅速审拟，咨部完结，统于岁底汇题，仍将各案原招，造册送部查核。乾隆五十三年又具体规定，除有关人命拟徒及命案内续获拟徒余犯，均于专案咨部后，入于军流本内，年终一并汇题外。其无关人命罪止拟徒之犯，虽系专案咨部，亦毋庸入于汇题，以免淆混。清代死刑案件中以人命、强盗两种为最多，所以清代的死刑案件又习称"命盗案件"，每一件死刑案件均要向皇帝"专案具题"，只有皇帝才有权力决定死刑，三法司六部等亦不过是皇帝的办事机构。并且需要指出的是，顺治、康熙、雍正年间，一切死罪案件俱用题本具题，随着奏折在康熙和雍正朝以后作用和地位日益凸现，乾隆年间，寻常死罪案件和情节重大死罪案件在公

---

① 张荣铮等点校：《大清律例》卷三十七，天津古籍出版社 1993 年版，第635 页。亦见沈家本等编订：《大清现行刑律案语》卷三十三，收入《续修四库全书》编纂委员会编：《续修四库全书》864，史部·政书类，上海古籍出版社 1996年版，第 747 页。

② 光绪朝《钦定大清会典事例》卷七百五十，刑部，吏律公式，台北新文丰出版公司 1976 年依据光绪二十五年原刻本影印版，第 14704 页。

文重要性的级别上还有所区分，前者以专本具题，后者则须专折具奏。乾隆五十八年发生安徽省徐惟川杀死一家二命之案后，乾隆帝规定，嗣后各省督抚除寻常命案仍照例具题外，如有杀死二命以上重案，俱着专折具奏，以昭慎重。自此死罪案件之具题与具奏遂有区分。其后，规定时有修订，但总体趋势是越来越细密化。恭请王命正法先行正法之制尽管赋予督抚提镇等很大的权限，但权力与约束也相伴相随的，其奏闻的重要性等级在各种刑事案件中也是最高规格的。保宁、那彦成要求将恭请王命正法先行正法之制的"一面奏闻，一面恭请王命先行正法"改为按季汇奏、汇折奏闻，实际上就是将这种制度的奏闻规格下降了若干等级，简直和徒流军罪案件的汇题没有什么分殊。这样的建议和清后期林则徐等奏请实行就地正法之制的文牍制度大同小异，清后期就地正法之制基本上就是照此行事的，但在乾嘉时期，保宁、那彦成显然有些不识时务，在当时邃请王命正法犹私议督抚有权擅杀的年代，[①] 这种请求对于当时恪守"从来生杀予夺之权操之自上"[②] 的清朝最高统治者而言无异于夺权，太阿倒持，而一旦果如所请，则恭请王命正法先行正法之制将根基动摇、性质顿易。笔者反复强调中国作为一个大国的空间特殊性，尤其在集权体制下，最高统治者的一言一行均举足轻重，上行下

① 乾隆五十三年三月上谕，"据富纲等奏，拿获改遣脱逃贼犯帅应祥，审明后即恭请王命正法等语。已批该部知道矣。前因孙永清奏，拿获越狱脱逃之梁美焕，即行正法。该犯罪止越狱，与反狱劫狱者不同，自应奏明再办。该抚邃请王命正法，恐无识之徒，私议督抚有权擅杀，曾降旨训谕。今富纲等所奏系拿获新疆改发脱逃、例应即行正法之犯，自应照例即办。但外省督抚，每多拘泥，非失之太过，即失之不及，或接奉前旨，误会朕意，又将应请王命正法之犯，不即办理，等候批回部复，以致要犯稽诛，或生别故，又属非是。着传谕各督抚，嗣后于拿获人犯，务须斟酌情罪轻重，如系例应恭请王命者，仍照例办理，总期宽严得宜，毋得遇事拘执，以致节外生枝，思虑所及，不惜烦言。将此再行通谕知之。"参详《清高宗纯皇帝实录》卷一千三百，乾隆五十三年三月，台北华文书局股份有限公司1960—1970 年版，第 19177 页。

② 《清高宗纯皇帝实录》卷三百五十，乾隆十四年冬十月，台北华文书局股份有限公司1960—1970 年版，第 5292 页。亦见光绪朝《钦定大清会典事例》卷八百四十七，刑部，刑律断狱，有司决囚等第四，台北新文丰出版公司1976 年依据光绪二十五年原刻本影印版，第 15624 页。

效，而且下必甚焉，朝廷当政者任何政策上的松动都会释放出呈 n 次方的能量。中国古代许多皇帝对此具有深刻的认知，所以嘉庆帝不肯轻易让步是可想而知的。

五、法天而行

早在远古舜的时期，中国人就有"天秩有礼"①、"天讨有罚"② 的思想。周统治者认为，"天有显道，厥类惟彰"③，天代表绝对的真理，人间的秩序来自上天的安排。春秋战国时期，诸子百家争鸣，庄子讲"通天"，阴阳家讲"顺天"，墨子则言"天志"，声称"天子未得恣己而为政，有天正之"④。尤其是孟子首次明确论证了天人合一思想。不过，孟子只是强调弘扬人的主体性，尽心知性知天，通过道德境界的自我提升达到致诚体仁的目的。其天人合一理论缺乏外在理论构架和内在的细密论证。而董仲舒的天人学说以天人感应为核心，企图以天道为师，匡正人德；以天道为尊，摄服人世；甚至以天道为父，辖制天子。其天人合一理论一方面绍继了墨子苦心孤诣构建的"天命约束机制"，以求为制约君主权力寻求形而上的依据，另一方面又以天意论证君王权力的存在根据、社会制度的存在合理性，即"官制法天"⑤；再者，其天人合一理论既在主体内在修养方面继承又超越了孟子的思想，将内圣之学置于服从君王和天的意志的前提下，将个人的内在道德自觉与外在

---

① 《尚书·皋陶谟》，孔令河：《五经注译》上册，山东友谊出版社 2001 年版，第 359 页。文廷式即曾撰《天秩有礼赋》，汪叔子编：《文廷式集》下，中华书局 1993 年版，第 1470 页。

② 孙星衍：《尚书今古文注疏》上，卷二，中华书局 1986 年版，第 86 页。亦可参见《尚书·皋陶谟》，孔令河：《五经注译》上册，山东友谊出版社 2001 年版，第 359 页。

③ 阮元：《十三经注疏》（附校勘记）上，中华书局 1979 年版，第 182 页。亦可参考《尚书·泰誓下》，杨任之译注：《尚书今译今注》，北京广播学院出版社 1993 年版，第 160 页。

④ 吴龙辉等译注：《墨子白话今译》，"天志下"，中国书店 1992 年版，第 139 页。

⑤ 可以参考陈江风：《天文与社会》，河南大学出版社 2002 年版，第 93 页。

的以人随君、以君随天和"天不变道亦不变"的外在律则相联系，从而使内圣之学转变为外王之道。董仲舒天人感应思想对后世产生了深远影响。王朝的鼎立被自封为"膺受天命""奉天承运"，九五之尊的皇帝被称为"天子"，其施政号称是"法天而行"，其刑杀乃曰"代天行罚"。法天立道之人主由于皇天眷命而奄有四海、为天下君，所以其应居至德之位、操杀生之权，当其时以施德、威，是谓"配天""顺天"；相反，设若人主不德，布政不均，则天示之以灾，以诫不治，出现元代关汉卿杂剧中窦娥蒙冤后血飞白练、六月飞雪和亢旱三年那样的灾异谴告，甚至在严重时草莽英雄还会挺身而出"替天行道"，或者鱼书狐鸣，斩木为兵，或者"石人一只眼，挑动黄河天下反"①，以致最终宗社丘墟。由于人道源出于天道，是天道在人类社会的折射，因而天子以天为法，动作有为，必度于天，为政而任刑，谓之逆天，一旦人事乖离天时，天人相背，发生水旱偏灾，就必须检讨政事阙失，清狱恤刑，亡羊补牢，以迓天和。尽管法天和祥刑在一些明清律学著作中可能某种程度上存在内在的紧张关系，但同时也应该看到其逻辑上的相通相济的特性，殆刑名为王朝国家之要务，上关天和，下系民命，法天必贵生，贵生必祥刑，三者之间具有密切的互动关联，法天是形而上的理论，贵生是形而下的准则，而祥刑则为前两者的手段。乾隆末叶，将"惟以一人治天下，岂为天下奉一人"②联匾高悬的清朝最高统治者面临居高不下的滞胀局面，一方面由于生齿激增，社会矛盾突出而不得不大开杀戒。另一方面，灾眚屡见，旱潦不时，又必须按照老规矩省囹圄，去桎梏，恤刑慎杀。作为传统中国社会经济基础的农业，是离自然最近从而也异常脆弱的经济形式。康熙帝称自己临御五十七年中约有五十年祈雨，便活生生道出了整个帝国靠天吃饭的现实。乾隆五十七年（1792）直隶地区旱魃为虐，哀鸿遍野，清政府甚至不得不宣布东北弛禁，允许饥民

---

① 钱谦益：《国初群雄事略》卷一，"宋小明王"，中华书局 1982 年版，第 3 页。亦可参考谢贵安：《中国谣谚文化：谣谚与古代社会》，华中理工大学出版社 1994 年版，第 203 页。

② 清世宗雍正元年正月御书，迄今仍悬于北京故宫养心殿西暖阁；可以参见于敏中等编：《日下旧闻考》卷十四，国朝宫室，北京古籍出版社 1981 年版，第 185 页。

出关求存，北大荒局部开放即肇始于此，以致龙兴重地的满语也从此受到强烈冲击。乾隆帝亲临雩坛祈雨，召集大臣反复推求朝政阙失之处，在上谕中指出："京师自春徂夏，总未得有透雨。朕斋心虔祷，望云瞻礼，宵旰靡宁。节经降旨，屡沛恩施，以冀感召甘和，渥沾澍泽。旬日以来，尚在盼雨未得。朕心实增焦切，日谕军机大臣等：现在政刑，或不无阙失，抚躬循省，乾惕尤深。因思近年来，因台湾海洋盗风甚炽，曾谕该省督抚拿获盗犯，不分首从，概行按律正法，从重示惩，俟数年后盗风少息，再行照旧办理。原期禁戢凶暴，以安良善。乃节年该督抚及附近海洋省分督抚等，奏报拿获洋盗，多系一面奏闻，一面即行正法。虽属辟以止辟之意，第恐督抚等有意见长，或为属员升擢地步。所获之犯，未必尽系正盗。仅将伙党内无关紧要者，拿获充数，甚至设法购求。愚民重利轻生，顶凶认盗，而正犯转致远飏。又或奸民因仇诬指，该督抚既经奏明正法，部臣亦无由复核。其中或竟有冤屈，亦未可知，殊非朕靖盗安民之本意也。即如近日长麟奏，拿获海洋凶盗黄泳林等，结伙多人，在洋面行劫客船，将事主、水手等十二人，掷海身死，凶恶已极。该抚审明后，即将首伙十三犯，押赴海口，分别凌迟斩决示众。此等劫杀多命之凶盗，加以重典，正可肃法纪而快人心，不得谓之过当。昨又据梁肯堂奏，拿获越狱之绞犯瞿套儿一犯，恭请王命，即行正法，则办理未免稍过。该犯止系窃贼满贯，问拟绞候之犯。今因越狱拿获，虽例应加重，亦只应入于情实办理，何至决不待时？外省似此非过则不及者，正复不少。各省用刑失当，虽距辇毂甚远，然皆朕之土之民。京师缺雨，或即由此乎？朕子惠元元，远近岂有歧视？此后台湾地方，拿获盗犯，该督抚审明后，如果系真正首盗害人，赃据确凿者，自应即行正法，以儆凶顽。若止系随从伙党，及把风接赃等犯，仍按照常例分别办理。其附近海洋及各省，凡遇命盗等案，俱应细心研讯，务期情真罪当，按例办理，不得有意从严，株连拖累。此系朕吁天祈泽、夙夜焦劳无聊之极思。各督抚等，尚其敬体朕意，详慎庶狱，以期共迓祥和，庶冀甘霖速需。"① 这道上谕是乾隆帝在雨泽愆期、宵旰焦劳的情

① 《清高宗纯皇帝实录》卷一千四百零三，乾隆五十七年闰四月，台北华文书局股份有限公司 1960—1970 年版，第 20851—20852 页。

况下的内心自白。如前所述江南洋盗案尽管是发生在这道上谕发布后的第三年，但最后之所以杨天相蒙冤而海盗逍遥法外，其实就是乾隆帝在这道上谕中已经提及的其担心恭请王命即行正法"虽属辟以止辟之意，第恐督抚等有意见长，或为属员升擢地步。所获之犯，未必尽系正盗。仅将伙党内无关紧要者，拿获充数，甚至设法购求"，这种心理恰是后来造成乾隆帝误杀杨天相的伏笔。实际上，乾隆帝这样制造的冤案借用此上谕的话来说的的确确"正复不少"，但当时比较强势的皇帝并没有返躬自责，而主要是借机肃清吏治，要求臣工改弦更张，公忠自矢，无负委任，尽人事以仰邀天鉴。在该上谕中，乾隆帝就已经批评直隶总督梁肯堂对于瞿套儿一案恭请王命即行正法办理有些过分，而两年后，亦即江南洋盗案发生的前一年，即将退位的乾隆帝又因为天久不雨、农田望泽维殷之际认为梁肯堂审明劣监抗粮殴官一案致失情法之平。他认为该犯胡发等抗粮不完，复敢聚众殴官，罪无可逭，梁肯堂审明后，即将为首及逞凶各犯先行正法，所办虽是，"但此等聚众重案。该督奏到后，朕尚当特派大臣前往覆审，以昭信谳。直隶距京甚近，该督审拟具奏，自应候旨遵行，乃即恭请王命未免过急。……想总因天久不雨，该督目击情形，过于焦灼，以致所办诸务俱不能权度轻重。朕亦不值加之责备也"[1]。概而言之，法律制度总是镶嵌于一定的文化权利网络关系之中。在当时的法律观念中，人事与天时相结合，天人之际感应不爽，呼吸可通，统治者对于黎民百姓未能道之以德，不得不齐之以刑，就会上干天地之和，下为水旱灾沴，所以恭请王命即行正法之制中的"王命"既是受"天命"所委托，又是受"天命"所限制，即"天监在下"，其实施终究需要法天而行。

综括上文，就地正法的源头固然如同学术界目前未做深入之前模模糊糊地认为可以追溯至恭请王命正法先（即）行正法，但如果要确切言之，应该说是乾隆中期以后由于帝国版图的扩大以及当时随之出现的诸多社会问题。笔者发现恭请王命正法先行正法制度形成过程具有两个

---

[1] 《清高宗纯皇帝实录》卷一千四百五十一，乾隆五十九年四月，台北华文书局股份有限公司1960—1970年版，第21497页。

必须重视的自变量，即空间因素和社会资源的制约。无论就地正法还是恭请王命先行正法，都与帝国边疆社会的特殊局势密切相关。在鸦片战争之前，清朝最高统治者对于恭请王命先行正法的控制还是比较严格的。恭请王命先行正法制度与就地正法的制度仍然存在诸多本质区别，不能像目前学术界所想当然地认为是直通车式的发展，其间在谱系学上的断裂彰彰甚明。

第三节　就地正法的产生

关于就地正法产生的时间，影响最大的说法是在《清史稿·刑法志》中所记述的"始自咸丰三年"说。李贵连在《晚清"就地正法"考》中利用北京大学图书馆藏的《刑部奏案》稿本咸丰三年（1853）三月十三日上谕证明《清史稿·刑法志》的记述。"始于咸丰三年"说在清代当时的刑部和地方督抚的奏章中多次提到。刑部在复奏取消就地正法之制意见时就回顾了该制度产生的历史，声称："臣等查就地正法章程，起于咸丰三年，原因各直省土匪啸聚成群，肆行强劫，故尔权济一时，不为典要，有牧民之责者，但令事在得已，总应力挽积习，规复解勘具奏定例，以慎刑章而重民命，不得借口递解疏脱，监犯滋事等情，率援旧章，致令办理之法，常与军兴时漫无区别，故臣部于议复御史胡隆洵折内，声请饬下各省体察地方情形，将强劫案件，仍照成例，解由该管上司复勘，分别题奏请旨，不得先行正法，迅速妥议具奏，统由臣部汇核办理，奏准通行各省遵办在案。"① 如刘坤一云："溯查咸丰三年钦奉上谕，着各直省督抚饬属随时访查，实力缉拿，如有土匪啸聚

---

① 《遵议盗案就地正法章程拟限停止疏》，盛康辑：《皇朝经世文编续编》卷一百，刑政三，律例下，沈云龙主编：《近代中国史料丛刊》第八十五辑，831—849，台北文海出版社 1972 年版，第 4534—4535 页。

成群，肆行抢劫，该地方官于捕获讯明后，即行就地正法。"① 从史料性质而言，《清史稿·刑法志》是"记述性史料"，而当时的刑部和地方督抚的奏章属于"遗留性史料"，后者是"历史的遗留"，其可靠性几乎是毋庸置疑的，而且从用词和语气来看，《清史稿·刑法志》显然是对于刑部和地方督抚的这些奏章所叙之转写。邱远猷《太平天国与晚清"就地正法之制"》根据中国第一历史档案馆所出版的《清政府镇压太平天国档案史料》中的资料，认为就地正法绝非"始自咸丰三年"太平天国建都南京之后，而是始于金田起义后的 1851 年，始于太平天国革命首先爆发的广西。其实，邱远猷和李贵连的观点在本质上并无分歧，因为李贵连在文章中已经从咸丰三年的谕旨中推断出来，"在该谕旨下达之前，就地正法就已在四川、福建、广东三省部分地区执行"②。

据铃木秀光研究③，"就地正法"一词至少在清代中叶就已经使用。铃木秀光所举的例证为《福建台湾道杨廷桦奏为审明淡水匪凶连杀四命焚屋烧尸支解灭迹先将首凶要犯分别就地正法折》。④ 据笔者所见，康熙四十八年郑克塽母黄氏同媳朱氏叩阍案中，控状吁请皇帝敕差大臣会同闽、广抚臣确审，声言：若"实系奴才之子祖产，照册断还。若所陈

---

① 刘坤一：《滋事土匪游勇请仍照新章按办折》，欧阳辅之辑：《刘忠诚公（坤一）遗集（奏疏）》（一），卷九，第 35 页，沈云龙主编：《近代中国史料丛刊》第二十五辑，252，台北文海出版社 1968 版。

② 李贵连和邱远猷较早研究就地正法问题。笔者的学生娜鹤雅当年的硕士学位论文《"就地正法"制度研究》就是李贵连担任答辩委员会主席。

③ 笔者在德国期间，铃木秀光托笔者的学生、在东京大学法学科攻读博士学位的娜鹤雅送给笔者《清末就地正法考》（「清末就地正法考」『東洋文化研究所紀要』第 145 册、2004 年 3 月）、《"请旨即行正法"考——清代乾隆、嘉庆时期的死刑裁判制度》（「「请旨即行正法」考——清代乾隆 嘉庆期における死刑裁判制度」『専修法学論集』第 98 号、2006 年）、《恭请王命考——清代死刑裁判的"权宜"与"定例"》（「恭请王命考——清代死刑裁判における『権宜』と『定例』」『法制史研究』第 53 号，2004 年）等大作，不胜感谢！由于笔者当时不在国内，这些资料一直放在张凯峰博士处。在笔者完成前述恭请王命部分写作后，获读铃木的著作，对其考证用力之勤深为钦敬。

④ 台北"故宫博物院"编辑：《宫中档乾隆朝奏折》第五十八辑，乾隆四十八年十一月三日，台北"故宫博物院"1988 年版，第 64 页。

虚谬，即着刑部将奴才就地正法，以示众民。"①《鹿洲公案》作者蓝鼎元随族兄蓝廷珍出师入台平定朱一贵起义，于雍正元年所撰《平台纪略》中言："其余在军前擒抚诸贼，先后解到厦门，如黄殿、黄日升、郭国正、刘国基、林曹、江国论、林骞、林琏、陈正达、卢朱、张岳、张看、郑惟晃、郑元长等，总督满保发臬司收禁福州府狱候审，拟就地正法。"② 按照清制，每次军功告葳及有政事之大事，皆收集奏章谕旨，纪其始末，纂辑成书，或曰方略，或曰纪略，随时奏请钦定，以彰显皇朝武功，并为而后用兵之借鉴。《钦定平定台湾纪略》记载乾隆五十一年林爽文起义官方文献甚详，其中卷二十九"所有节次拿获贼匪白润、林得等犯，审明从贼打仗，并未受有伪职，俱就地正法"③ 云云，均说明就地正法之谓其来有自，但使用尚不普及。

在道光年间，"就地正法"一词开始在清代官方文献中逐渐流传。笔者并不愿意将这种普及化归结为某种必然因素，用经济或者政治方面的原因加以解释以致强不解以为解，这种现象毋宁说是一种流行语汇的相互孳乳、文本的转相沿袭，偶然性非常明显，是比较强势的倡导者与弱势的附和群体共同作用的结果。在道光年间，由于中国边疆社会④的特殊性，除台湾地区前述"五年一小反，十年一大反"⑤ 的土著化未完成前动荡不安之外，其他边疆地区的民众为了争夺生存空间和经济资源，加之地方官员又不能秉公办理以息争弥衅，造反暴动事变层出迭

---

① "中央研究院"历史语言研究所编：《明清史料》丁编第 3 册，台北维新书局股份有限公司 1972 年版，第 300 页。

② 蓝鼎元：《平台纪略》，沈云龙主编：《近代中国史料丛刊续编》第四十一辑，405，台北文海出版社 1977 年版，第 64—65 页。

③ 《钦定平定台湾纪略》卷二十九，《台湾文献史料丛刊》第七辑，101，台北大通书局 1987 年版，第 464—465 页。

④ 参见笔者在本书第五卷第五章中有关边疆社会的界定和说明。

⑤ 唐景崧修，蒋师辙、薛绍元纂：《光绪台湾通志》，资料（一），《中国地方志集成》，台湾府县志辑，1，上海书店出版社 1999 年版，第 175 页。亦可参见陈益源《明清时期的台湾民间文学》有关"清治时期的台湾民间谚语"一节，东海大学中文系编：《明清时期的台湾传统文学论文集》，台北文津出版社 2002 年版，第 98 页。

现，而这些地区行政建制疏阔，清政府在军事镇压中屡屡诉诸"就地正法"这一杀手锏。道光二年，青海河南藏民由于地狭人众越界侵占河北蒙古族牧地，① 在办理所谓"番案"中，由于果洛克番民纠抢分赃之案甚多，经成都将军"呢玛善等调集汉土官兵，叠次擒获土目父子及著名凶贼，悉行就地正法"②。道光十二年，嘉义县迤北闽粤庄民，因强牵牛只起衅，形成大规模的民众暴动，台湾镇总兵刘廷斌在镇压过程中很自然地采取了就地正法措施。③ 道光十三年，四川峩边厅汉彝杂居，汉族移民通过各种手段获得土著彝民土地，导致土著彝民生存条件恶化，彝民在马林等领导下"意欲夺回汉民地亩，分给耕种"④，爆发席卷越巂厅、马边厅等地的大规模起义，清政府对于彝民"除首要各犯解省审办外，苟可贷其一死者，交各头人领回管束，余即就地正法"⑤；据清代官方文献记载，道光十八年，雷波、马边厅等处彝民因播种失时，在汉彝交错沿边一带抢掠汉族居民粮食牲畜，当地"文武督率兵勇，击毙多夷，并擒获汉奸凶夷，就地正法"⑥。

"就地正法"一语在道光朝官方文献中开始广泛流传，还可以林则徐在广州禁烟期间的公牍为证。从《信及录》中所收录的《传谕西洋夷目严拒英夷由》来看，"就地正法"一语的使用似乎极为平常。⑦ 如前所述，流行语汇的兴衰往往如同神龙般难以捉摸，有时众口腾播，有

①　参见本书第五卷笔者有关生态环境一章中关于"环海八族"等问题的论述。

②　《清宣宗成皇帝实录》卷四十三，道光二年十月，台北华文书局股份有限公司 1960—1970 年版，第 803 页。

③　《清宣宗成皇帝实录》卷二百二十四，道光十二年十月，台北华文书局股份有限公司 1960—1970 年版，第 4006—4007 页。

④　《清宣宗成皇帝实录》卷二百三十二，道光十三年二月，台北华文书局股份有限公司 1960—1970 年版，第 4146 页。

⑤　《清宣宗成皇帝实录》卷二百五十六，道光十四年九月，台北华文书局股份有限公司 1960—1970 年版，第 4590 页。

⑥　《清宣宗成皇帝实录》卷三百十一，道光十八年六月，台北华文书局股份有限公司 1960—1970 年版，第 5570 页。

⑦　林则徐：《信及录》，"传谕西洋夷目严拒英夷由"，神州国光社 1947 年版，第 174—175 页。

时在沸沸扬扬之后就销声匿迹，不复得闻。"就地正法"一语后来之所以没有湮灭，是因为其与一种制度，即就地正法之制绑定在一起，而就地正法之制的确立恰如铃木秀光所言是与道光二十八年林则徐《审明迤西续获匪犯就地正法片》密切关联的。林则徐如是言：

> 此次迤西一带查拿汉回各匪，呼应较灵，一则借兵练之多，地方县营不虑势孤力弱，再则因臣林则徐亲驻其地，获到之犯，一经提审明确，立时惩办，其情罪重大者，即恭请王命就地正法，毋庸远解到省听候，逐层审转。各文武皆以此次办贼，可免累官，倍见踊跃从事，而汉回百姓目击犯法之被刑，亦皆异常警悚。兹回至省城与臣程矞采备述迤西民情，并公同讲求久安之策，访查滇省向来解犯种种受累，凡重犯一名到省，沿途囚笼抬夫及金派差役兵丁饭食，无非地方官赔垫，距省愈远，则需费愈多。缘滇中幅员辽阔，一县所辖有至七八百里之遥者，而又跬步皆山，夫价较他处数倍。地方官自起解重犯到省以迄审明办决，已不胜赔累之多，设有在省翻供，往还驳审，或调原审官到省随同覆讯，则州县因办理一犯而累月经年，奔驰羁滞，不得回任者有之。且此种匪犯不特于解省后恃无旁证，最易狡翻，即其起解在途，先已难于驯伏。缘有过人膂力，扭断镣铐，攀折木笼，皆为若辈惯技。甚至路僻径歧之处，其匪党暗聚多人，潜谋劫夺。若兵役力不相敌致被杀伤，遂将要犯劫去，长解短解之官，均遭参劾留缉，而要犯终致漏网者有之。大抵地方官实心整顿者少，畏难苟安者多，以为因拿犯而受累无穷，不如阳奉阴违转为得计。即使上司严行督饬，亦只拿获零匪塞责，其于大都巨股结伙多人者，转不敢轻易下手，盗贼之所以滋炽，病根多由于此。[1]

---

① 林则徐：《审明迤西续获匪犯就地正法片》，邵之棠辑：《皇朝经世文统编》卷四十三，内政部十七，刑律，沈云龙主编：《近代中国史料丛刊续编》第七十二辑，711—720，台北文海出版社1980年版，第1705页。亦可参见中山大学历史系中国近代现代史教研组、研究室编辑：《林则徐集》，奏稿，中华书局1965年版，第1062—1063页。

流刑

林则徐在此列举了解审的诸多困难，包括解审费用、由于翻异导致的审理长期化、疏脱、劫囚等，认为将来各属缉捕要务，竟无一刻可任放松，然欲责令官员全力以赴缉盗，先须使之免累，请求将拿到匪犯，内如有患病受伤，易致幸逃显戮，或者党羽甚众，气力过强，沿途实难防范者，拟即准其就近批解道府，审勘明确，由道移明臬司，具详督抚，核明情罪果否允当，即由督抚等咨行该处驻扎之提镇恭请王命就地正法，非独所获凶盗可免长途被劫被盗，而行刑于犯事地方，俾被害者显伸其冤抑，梗顽者共慑于骈诛。道光帝将林则徐的奏片交刑部筹议。据刑部查核具奏："云南迤西一带，界在边隅，嗣后该地方除寻常命盗各案，仍按例办理外。如有党羽众多匪犯，准其批解该管道府，于审明移交臬司具详督抚核准后，就地正法，以儆凶顽。……该处军务甫竣，余匪正当严办，着即予限五年，俟限满后，仍照例由督抚亲提审明题奏，以示限制而昭画一。"[1]

林则徐在从遣戍新疆后重新位居封疆，一方面由于年纪的增长，一方面由于宦海荣辱沉浮的摧折，其出任云贵总督时丝毫没能再现"虎门销烟"时所展露的那种大刀阔斧、雷厉风行的虎虎威势，在查办杜秀文京控案过程中，鉴于惩汉则汉以为偏回、惩回则回以为祖汉的局面，稍有不慎便不可收拾，采取了一种慎而又慎的态度，欲提解人证到省对质，但出现保山县七哨汉民在沈振达等倡导下抗官劫囚事件，不得不檄调军队进行镇压，所以出现前揭奏片中所说"匪党暗聚多人，潜谋劫夺"诸

---

[1] 《清宣宗成皇帝实录》卷四百五十九，道光二十八年九月，台北华文书局股份有限公司 1960—1970 年版，第 7979 页。

语。林则徐所述招解重囚烦费以致吏多讳盗的现象几乎是朝野公开的秘密。

据王思任纂《祁忠敏公年谱》载："明制：官兵获盗，自初审至招解，皆令此兵伴送之；往往畏累，不敢擒贼。先生令获盗即付所司，以其赃为兵赏；将士感奋。故终先生任，获盗多至百倍。"① 可见，解审经费问题在明代就非常突出。清代实行案件逐级审转制度，但地方政府财政的匮乏使这一制度的运转极为艰难。清代递解人犯，一般有审转时的解送、判决后的解回和执行时的解配等等不同情形，在《清史稿·刑法志》被分为定案时之解审、秋审时之解勘②、发遣时之解配三种类

---

① 祁彪佳：《甲乙日历》，《台湾文献丛刊》第 279 种，台北银行经济研究室1969 年版，附录·祁忠敏公年谱。亦见北京图书馆：《北京图书馆藏珍本年谱丛刊》第 63 册，祁忠敏公年谱，北京图书馆出版社 1999 年版，第 406 页。

② 每年秋审是州县招解人犯最繁忙的时候。清律规定：各省每年秋审，臬司核办招册。招册即案犯清册，核办招册是秋审的前期工作，因为监候人犯一般都关押在初审州县，所以造册首先得从州县开始。州县在造册后指派解役将案犯连同清册一起解赴上司衙门核审。清初不论新事旧事秋审案犯一律解省城，由州县到府道到臬司，层层审转。为了避免道路迂回延误时间，乾隆三年定例，改由州县径行解（臬）司，不再经府转。其后解勘规定又屡有变化，旧事案犯"初则三次之后才准停其解勘，嗣后则改为二次"，至乾隆二十五年定例，缓决人犯解审一次后，情罪无可更定者，仅令有司叙由详报，停其解审。但新事案犯因其初次纳入秋审，故仍需一律解省。对于某些距省城遥远的州县，秋审人犯不必解省，而由巡道在冬季巡历时代为审核，加结转报，然非通例。省的秋审犯人或案卷都汇集到省按察司，由按察司逐一审核，将各案的看语、略节先期定稿，有时也需会同布政司及在省道台一起商榷定案，而后即请督抚定期会审。在前述预定的日期，督抚率同在省司道和首府首县一起会审，或审录囚犯，或审录案卷。审录的主要目的是将秋审犯人分为情实、缓决、可矜、留养承祀几大类。学术界一般不了解省级审录的情况，基本上对此默无所述。笔者在翻检资料时无意中发现《云南掌故》对此言之历历，其原文为："人犯到齐，臬司则报知抚院，抚台则定一日期大审，随饬知臬司于大审之日，提集所有人犯，到抚院听候审录。是日，抚台坐大堂，四司道旁坐，亦各有一公案陈列于其前。兵差等押着一班身着赫衣（赫衣，系用红布制成，背上书写着籍贯、姓名、年岁）、项系铁链、脚戴镣铐之人犯，从头二门上之右边一门，鍧锵而入（定制右边一门为罪人出入之门径）。或十人为一排，或八人为一排，匍匐于堂前，书吏则持人犯名牌，高唱其名，下者则应声报到，抚台则在案列名单上逐名加一朱点。书吏又将各犯之犯罪事由，逐一的念诵一遍，问一声："是不是这样？"下者应声曰："是。"抚台则在其名下写"照录原供送部"六字。讯讫录（续下注）

型①。薛允升曰："斩绞人犯，解归督抚审拟具题；军流止解臬司专案咨部；徒犯解府并不解司，按季报部，此定章也。"② 包世臣在《安吴四种》言："至于招解人犯，已由本州县研讯得情，命案有凶器尸伤，盗案有贼具正赃，方始定谳招解；众供确凿，备载文册，解到府司，不过核对正犯供词是否与原审无异。"③ 至于提解十恶之类要犯，州县得迅速解送案犯至省城，添兵加役，沿途严加防范。《钦定六部处分则例》卷

（续上注）讫，使各赏馒头两个、酒一碗、肉一方，随退下堂。第二排人犯又朝上跪，而一切同样。——审毕，抚台与司道等遂退堂，此之谓审录。"（罗养儒：《云南掌故》，王樵等点校，云南民族出版社 1996 年版，第 182 页。）这一记述基本上反映了审录会审的前台仪式情形。对于这种前台仪式的空洞化，雍正帝曾在批评说："向闻外省会审之时，不论案件多寡，务于一日之内悉行定议，一切俱听督抚主张，不特守令不敢置喙，即司道亦无一辞，轻重定于俄顷之间，是非决于一人之口，究其实际，督抚亦未必了然，不过令幕客创一略节，贴于册上，徒饰观瞻而已，况有席毡悬彩，鼓吹喧阗，日甫蹭中，即退而肆筵行酒，竟有似于宴会之礼者，甚至召令优人演剧为乐，近来晓明义理者多各检点，而此风犹未尽革。"（《清世宗宪皇帝实录》卷一百五十五，雍正十三年闰四月，台北华文书局股份有限公司 1960—1970 年版，第 2131 页。）乾隆六年，乾隆帝再次对于各省会审之时于一日之间草率定议、肆筵设席、鼓吹喧阗，有征歌浮白之欢而无恻怛哀矜之意的情形加以申饬。如审录完毕后，督抚将全省本年度秋审案件汇集做一本简明具题，以便皇帝和刑部审阅。除题本外，督抚还缮造黄册奏报，以备皇帝浏览。此外，可以参考清江西按察司编：《西江政要》卷六，"酌定办理秋审事宜"，光绪年间江西按察司衙门刻本，页五至十。

①　笔者指导的来华高级进修生普凯玲（Kathleen Poling）为美国斯坦福大学博士候选人，其《罪犯身体的管理：清代的囚犯递解》（Managing Criminal Bodies：Prisoner Transfer in the Qing）由中国人民大学清史所博士冯永明翻译，收入笔者主编的《世界学者论中国传统法律文化》。普凯玲的观点是：囚犯递解的公开性会带来对清代中国行政机关权力网络广泛的熟识，并且这一熟识亦会加强这些网络。大清帝国不仅重视囚犯的审核，而且还重视押送他们通过公共空间。通过道光时期的谕旨可以看到改善囚犯处理方法的多重努力，这些努力预示着 19 世纪晚期向允许地方官员先处决罪犯然后奏报（所谓的"就地正法"）的转变。太平天国起义期间，出现于惩罚法规中的这一巨大变化尽管与以前的改革努力相背离，但却是长期以来帝国应对超负荷的罪犯审判体系的最好结局。

②　薛允升：《读例存疑》（重刊本）第 5 册，黄静嘉编校，台北成文出版社有限公司 1970 年版，第 1260 页。

③　包世臣：《安吴四种》卷三十一，沈云龙主编：《近代中国史料丛刊》第三十辑，294，台北文海出版社 1968 年版，第 2174—2175 页。

四十六载：寻常解犯，照例金差押送。其情罪重大者，则于批牌之上，注明"此系要犯，应令员弁管押递送"① 字样，令千把总亲自押送出境交替。若该州县并无武弁，则令吏目、典史亲身押送出境交替。如有疏虞，该督抚查明斥革。审解人犯由解役为之。解役分长解、短解两种，犯籍州县金差，名曰长解②；沿途州县派拨兵役护送，名为短解。按照清制，州县向上属递解人犯，例应一犯两解，递解人犯的开支费用很多，如寄押按察使司署监狱的囚粮、医药、灯烛、草纸杂费和沿途的舟车旅费等等，不由上级政府拨款，而由州县自行筹集。特别是雍正朝耗羡归公之后，地方州县并无自身独立的财政，而清代财政原理被日本学者岩井茂樹（いわいしげき）视为不计算经济增长和物价变动的"原额主义"③。随着时间推移，物价逐渐上升，百物昂贵，内外大小臣工，养廉俸糈，无改于旧，各州县因经费不敷，日不遑给，更是赔累难支。

　　幅员广阔的清帝国统治成本的巨大是当代人所难以想象的。清统治者为了维持统治所需要的信息流动的畅通和效率，在驿站、塘铺等方面

---

① 文孚纂修：《钦定六部处分则例》卷四十六，沈云龙主编：《近代中国史料丛刊》第三十四辑，332，台北文海出版社 1969 年版，第 941 页。

② 制度史、法律史研究往往流于静态的描述，不能揭示、解释制度的起承转合的动态变化，以至于如同一具具骷髅，没有血肉，没有灵魂，历史研究竟成为沮灭灵性的事业。由于经费问题，长解在乾隆年间就基本被取消。学术界根据一些记叙性史料进行论述，不加考察其流变，则不免在结论上与历史情形有出有入。乾隆三十年四月，刑部议复：浙江巡抚熊学鹏疏有"乾隆二十九年，案准部咨，直省秋审届期，令各州县酌量人犯数目，遴选佐杂押犯赴审，审毕仍着解回。但州县佐杂多寡不同，概令通行，保无贻误，请止令委员逐程交替，不必长解"等语。查乾隆二十九年五月内，臣部议复广东按察使赫升额条奏秋审案内，委员长解，原属慎重解犯，防范疏虞，是以奏准通行在案，今该抚既称一县之内设立典史，又有县丞、主簿、巡检者，尚无旷误，若典史而外仅设县丞或巡检者，先期差委他出，该县仅止典史一员，更有并无县丞、巡检之县分，倘委典史管解，监狱所关非细，亦属慎重职守，酌量通变之道。应如所奏。嗣后秋审解犯，委员逐程交替，须将人犯解役，觌面点交前站委员，始回本地，以昭慎重。

③ 可参见岩井茂樹『中国近世财政史の研究』京都大学学术出版会、2004年、80—117頁。

投入的力量就已经相当惊人，可以说已经使出吃奶的力气方得帝国筋摇脉注，呼吸贯通。除此之外，在清帝国的广袤空间内，每个省都相当于欧洲的一个中等国家，人犯解递由于比公文奏报之类体积庞大，其所需要动员的资源更非戋戋之数。这种人员流动是对清朝许多社会、政治和法律问题求解的关键。在当时像云南那样的交通条件之下，一案解省，由司而院，动需数月，往返总以半载为期。① 若犯供翻异，或因案情未协，另行委审，则更遥遥无期。由于案件本身情伪百出，其间审办之难易不同，命盗之真伪莫测，加之人犯在审转过程也不是消极地任人摆布，每多自知所犯必死，一经解省，翻异不承，以冀苟延时日，势不得不委员细加复鞫，或提要证到省质审，因而稽延时日，以至于州县往往对于人犯在省时日之久暂不得而知，经费之多寡，无从预定。另一方面，由于解役须承担解审费用，因此正身差役多不敢来，而实际的解役无非雇请贫民乞丐，顶名充数。依靠这些人充当解役的后果可想而知，有的甚至连解役并人犯皆中途逃走，不知所终。这些都无不在一定程度上影响着案件的审理进程，亦是导致案件积压不决的重要因素，从而形成一种恶性循环。清代有人对于当时的情形算了一笔账，指出："往返囚笼扛夫之费、长解差役饭食之费、省监囚粮之费、贴监差役雇送差役饭食之费，半年不转，则一犯有数犯之费，再次审验，则一案有数案之费。故州县每办一案，多则需四五百金，少亦一二百金。若逆伦重案，亲身解省，则需七八百金。以州县廉俸计之，每年所入，不敷办五六案之费矣。"② 但这一估算中还遗漏了作为上级各署吏役之需索等支出，而所经院司道府中需交纳数目极巨的承差规费，③ 这项支出在各省属于

---

① 有资料描述说，云南边境州县，言路程动在二十站内外，用囚车抬一人犯进省，耗费实属不赀，臬司衙门虽发有解费，地方官总得贴赔十之五六。可是人犯经过一切程站，路旁民居无有不受其骚扰，最遭殃者是在路边售小食之人。

② 陈坛：《请拨州县罚俸银两为解案经费疏》，盛康辑：《皇朝经世文编续编》卷一百二，刑部五，沈云龙主编：《近代中国史料丛刊》第八十五辑，831—849，台北文海出版社 1972 年版，第 4693—4694 页。

③ 同治年间，江苏省的这种承差规费每案多至四五十金，解役犯人盘缠饭食尚不在内。

通例。这种事关"司府书差零星使费"①，往往惟解役是问。包世臣记载道光年间"一犯所费以五十七金为率，凡此费用皆由原役赔垫"②。道光二年，江苏学政姚文田在论漕弊问题时也谈到州县收入低下与其负担沉重之间的矛盾，颇为切中肯綮，云："近来诸物昂贵，所得廉俸公项，即能支领，断不敷用。……至其署中公用，自延请幕友而外，无论大小公事，一到面前，即须出钱料理。又如办一徒罪之犯，自初详至结案，须费至百数十金，案愈大则费愈多。复有递解人犯、运送饷鞘，事事皆须费用。若将借用民力，概行禁止，谨厚者奉身而退。其贪恋者，非向词讼事件生发不可，而吏治更不可问矣。"③

由于申解人犯均有地方州县付费，为州县官所最厌苦的事，这样导致州县官为了防止案件驳回必须聘请功夫过硬幕友的因应行为，否则案延未结，所费不赀，且由此而受到听断失误的处分，名利均受损失，故而解审、解勘详文成为刑名老夫子的最大文章。其次，大抵州县盗案一经破获之后解府解省，往返羁留费用，半出自捕役。捕役应得之工食，本官久捆不发。解案之费资，该役无从措办。因此，捕快借豢贼为生路，视获贼为畏途。在这种行政资源短缺的情况下，地方州县往往除了短解以节省费用外，鉴于解省经费无出、办案赔钱，遂每每因循文饰，于命案则欲百姓私和，而盗案则欲百姓改窃，于逆伦重案亦或敢置之不问也，产生林则徐所述招解重囚烦费以致吏多讳盗的现象。光绪元年，

① 赵晓华：《晚清讼狱制度的社会考察》，中国人民大学出版社2001年版，第103页。

② 包世臣：《安吴四种》卷三十一，沈云龙主编：《近代中国史料丛刊》第三十辑，294，台北文海出版社1968年版，第2172页。

③ 姚文田：《论漕弊疏》，贺长龄辑：《皇朝经世文编》卷四十六，户政二十一，漕运上，沈云龙主编：《近代中国史料丛刊》第七十四辑，731，台北文海出版社1972年版，第1601—1602页。张经田《励治撮要》引用老捕役所述如是言："破一案不易，办一案更不易。破一案必多雇帮役，百端踹踩，盘缠饭食，其费从何而出。办一案，于审明后，贼据确实重则拟死，轻则充发解府、解省等候多时，花销不少，费支又从何而出。每结一案，费至一二百金不等，穷役费无所出，是以宁受责毋拿贼也。"张经田：《励治撮要》，《官箴书集成》编纂委员会编：《官箴书集成》第6册，黄山书社1997年版，第59页。

沈葆桢就在反映江苏的情况时再次表述了和其岳丈林则徐一样的观点。① 再次，还有一种情况，就是差役将赔累加以转嫁。差役或者惧其赔累不愿拿贼，或者拿贼必先令其多扳。这固属诈赃，亦为解费计也。解役因无资可赔而取办于案中之被证乃是情理中事，有些差役甚至借此胡作非为，命案则串唆罗织，盗案则教供诬攀，而州县官既知解费无出，不得不稍稍听其所为，以至于凡案内之有名及有名者之亲戚兄弟皆须贴费，流毒闾阎，最终受害者无疑还是寻常百姓。

为了解决解费问题，清政府上上下下除申饬纪律外，也曾在制度上企图加以解决。第一种解决之道是，督抚强迫地方州县提存解费。乾隆四十八年，福建臬司提出，闽省每年命盗案件不下数百起，各县由府州解司审拟，由司解候宪辕亲勘具题，皆有一定例限。鉴于各解役借称盘费口粮不敷而潜回本籍的情况，自应立定章程，以杜恶习。经督抚核议，福建省例规定：嗣后各州县招解命盗案件，悉令按计往返程途及在司上院审题例限月日，备足盘费口粮，携带赴省，送交羁禁之县，代为收贮，每日支发，一俟司审明确，转解宪台勘定，毫无疑义，饬发回批，本司即日转行寄禁之县，将人犯移营，会拨兵役于次早即点交原解役，协同递回，并一体严禁投批、掣批、在狱值宿、索费捱延等弊，将用剩口粮盘费，按月扣清，给还原役领回。其间有情节支离，犯证众多者，责令另备半月口粮，均交寄禁之县封贮。如果前项实不敷用，方准动支。如有余剩，一体发给带回，以备缺乏。倘有留省行提犯证羁省候质定案者，其口粮或有不敷，即令寄禁之县先行垫给，移明补解归款，并饬将该解役年貌、箕斗填入批内，责成按递州县，实力查验。如有雇替及私自潜回情弊，除将人犯一面添拨妥役分别押递前进外，将雇替及逃回之原役，详明提解至省重处，并取金差不慎指名严参。② 第二种解

---

① 沈葆桢：《设法严拿哥老会匪片》，葛士濬：《皇朝经世文续编》卷八十三，兵政二十二，剿匪下，沈云龙主编：《近代中国史料丛刊》第七十五辑，741，台北文海出版社 1972 年版，第 2134—2135 页。

② 《福建省例》刑政例（下），"各属解审人犯选拔正身长解并将本犯解省往回盘费口粮扣足"，《台湾文献史料丛刊》第七辑，台北大通书局 1987 年印行，第935—936 页。

决之道是，在盗案极为严重的情况下，由中央责令各省督抚筹措经费。道光九年，上谕言："朕闻闽广江浙各省洋面，近来虽无大伙匪船，仍时有盗劫之案。地方文武非竟不查拿，每因解省经费无出，遂存化大为小之见，并不认真严办。若果如此，岂非因噎废食？戢暴安良系地方官专责。该督等自应将缉捕及一切经费，豫为筹备。"① 道光帝要求各该督抚接奉此旨后，除向有缉捕等项经费各处、毋庸筹款外，其余俱应一律酌议，量加经费。但地方督抚的因应策略也非常高妙。在接到上谕后，时隔两月，闽浙总督孙尔准等复奏，闽省获解洋盗，毋庸再筹捕盗解费。② 道光帝对于实际情况如何并不能获悉，唯有虚词申饬一番了事，不复再有下文。在笔者目力所及范围内仅见的只有这样一则史料：道光十七年，根据总督钟祥等要求，拨福建盐务每年生息银二万两有奇，为漳泉等处缉捕招解经费。③ 此一举措估计是当时福建盗案突出不得不稍微弥补一下司法资金过大的缺口而已。第三种解决之道是，给事中陈坛所提出的拨州县罚俸银两为解案经费之策。陈坛认为，解费的支出不可避免，然国家经费有常，势不能添此意外之款。而州县摊捐已重，更不能增此浮出之需。"惟查州县罚俸银两，如一官一年而有罚十年之俸者，除一年扣俸外，其九年系由该员解缴藩库，谓之浮俸。此项银两，既解之后，作为动用，各省不同。惟既非国家之正款，又属州县之己资，应请拨出，以为州县招解人犯一切之费。……此项银两，既系解存藩库，即由藩司支发。各州县解案到省，府监因粮及贴监雇送饭食之费，每年若干，即由管监之经历司狱办理核算，赴藩库支领，不经各该上司之手，以免克扣之弊。其囚笼损夫解役饭食之费，每年每州县若干，按道途远近，核定数目，即由该州县书役办理核算，加该州县印

---

① 《清宣宗成皇帝实录》卷一百五十，道光九年正月，台北华文书局股份有限公司 1960—1970 年版，第 2705 页。

② 《清宣宗成皇帝实录》卷一百五十四，道光九年三月，台北华文书局股份有限公司 1960—1970 年版，第 2775 页。

③ 《清宣宗成皇帝实录》卷二百九十五，道光十七年三月，台北华文书局股份有限公司 1960—1970 年版，第 5279 页。

结，赴藩库亲身请领，不经该州县之手，以免克扣侵吞仍派差役贴赔之弊。"① 陈坛的这种以罚筹款是无奈之举，并且其可行性值得怀疑。官俸仍然来自民脂民膏，罚俸最终还是羊毛出在羊身上，而且官员不可能枵腹从公，被罚俸之后势必加倍腹剥民众。第四种解决之道就是林则徐所吁请的就地正法。解费问题也是镇压太平天国起义以后许多督抚在复奏朝廷要求保留就地正法之制的理由之一。嘉庆二十四年五月，御史蒋云宽上陈缉办会匪事宜四条，上谕云："粤省添弟会，久为闾阎之害，查拿不净，近乃蔓延及于湖南永州一带，名为担子会、情义会。党羽既众，遂至抢掠劫夺，肆行无忌，必当认真查拿，痛加惩艾。该御史所陈缉捕事宜四条，亦俱中肯要。会匪横行乡里。……至获犯申解费烦一节，尤系近日实在情形。会匪每破一案，多则百余人，少亦数十人。一经委提差解，往返程途食用盘费，赔累甚巨。州县官费无所出，遂一意化大为小，消弭不办，甚或转将告发之人坐诬。会匪因此益无忌惮，欲清弊源，自当酌予变通。其为首之犯，仍由该州县批差管解赴省听候审办，余犯概令递解，或由本州县发落，并停止委提，以节冗费。"② 在这次改革调整中，尽管尚未提出就地正法的主张，但解决问题的思路已经非常接近。近人曾对于林则徐和曾国藩的经世之学提出批评，认为不无酷吏色彩。例如，宋恕被谭嗣同誉为"后王师"，其传世之代表作首推《六字课斋卑议》，该书曾被梁任公列入《西学书目表》，俞樾则称之为"实《潜夫论》《昌言》之流亚也"③。宋恕在此书中就指出："或问闽人士蓝鹿洲、林文忠、沈文肃之经济？曰：'皆阳儒阴法，酷吏之雄也。于孔孟之经济毫末未有所闻！'"此外，宋恕还在这段文字前将

---

① 陈坛：《请拨州县罚俸银两为解案经费疏》，盛康辑：《皇朝经世文编续编》卷一百二，刑部五，刑政，治狱中，沈云龙主编：《近代中国史料丛刊》第八十五辑，831—849，台北文海出版社1972年版，第4694—4695页。

② 《清仁宗睿皇帝实录》卷三百五十八，嘉庆二十四年五月，台北华文书局股份有限公司1960—1970年版，第5254—5255页。

③ 宋恕：《六斋卑议》，光绪十九年俞樾跋，《续修四库全书》编纂委员会编：《续修四库全书》953，子部·儒家类，上海古籍出版社2002年版，第13页。亦可参见马叙伦：《石屋续沈》，上海建文书店1949年版，第141页。苏春生、房鑫亮主编：《苏渊雷文集》第3卷，上海人民出版社1999年版，第1629页。

矛头对准曾国藩，曰："曾文正外玩雅士而内任酷吏：黄冕、裕麟之筹饷，鲍超、陈国瑞之统兵，古之所谓'民贼'，而文正之所深喜也。"①宋恕的观点可以为解释林则徐通过就地正法解决解费问题提供人格心理学上的原因。曾国藩在《直隶清讼事宜十条》中便沿袭了林则徐的解决之道，直言不讳地提出："既获之后，分别两种办法：赃少而情轻者，仍照旧例招解勘转；一种赃多而情重者，禀请本部堂可否，照军法从事。本部堂审择要犯，批令先行解省，委审明确，立正军法，剧盗之首速枭，群贼之胆自破。"② 迄至清末，这种通过就地正法减轻地方解费困难的主张者实繁有徒，诸如，沈葆桢言"向州县去省稍远者，遇有劫案，定供后督抚批饬，本管道府覆讯相符，即予就地正法，俾人必知警，牧令不致重亏"③。

马克思主义历史唯物论认为，生产关系决定上层建筑，上层建筑的性质是由占统治地位的生产关系所决定，经济基础的变更决定上层建筑的变更，随着经济基础的变更，全部庞大的上层建筑也会或慢或快或迟或早地发生相应的变革。我们在这里将马克思主义历史唯物论用于历史研究的指导并不仅仅是老调重弹，而是要具体深入探究作为上层建筑的清代司法制度由于资源短缺如何不以人的意志为转移在矛盾中向前挪挤的面相，亦即上层建筑制度再生产的连亘性内在逻辑。黄仁宇在《放宽历史的视界》中指出，中国历史上许多朝代用《周礼》那样"间架性的设计"（schematic design）去组织亿万军民，先造成完美的数学公式，下面的统计，又无法落实，就硬将这数学公式自上而下向犬牙相错的疆域及熙熙攘攘的百万千万的众生笼罩着过去，等于"金字塔倒砌"（pyramid built up-side down），在其行不通的地方，则传令用意志力量克服，纯靠政治压力来达成目标。黄仁宇将中国传统政治体制无法实现数

---

① 胡珠生编：《宋恕集》，中华书局 1993 年版，第 61 页。

② 曾国藩：《直隶清讼事宜十条》，《曾国藩全集》14，诗文，岳麓书社 1986 年版，第 449 页。

③ 沈葆桢：《设法严拿哥老会匪片》，葛士濬：《皇朝经世文续编》卷八十三，兵政二十二，剿匪下，沈云龙主编：《近代中国史料丛刊》第七十五辑，741，台北文海出版社 1972 年版，第 2135 页。

目字管理（not mathematically manageable）视为中西方历史发展轨迹迥异的要穴所在。因为道德恰如黄仁宇所说是人世间最高的权威、真理的最后环节，一经提出，就再没有商讨转圜的余地，案情只好就此结束，所以黄仁宇认为，如果历史学家仅仅从道德层面臧否评骘，就还没有完成阐明历史的责任，需要从国家之组织结构和功能着手进行纵深研究。清朝庞大的帝国如同黄仁宇所说先要对付大数目的难题，在技术能力还未完全展开时只好囫囵应付去，次要的因素付诸阙如，其中缺乏质量的管制。清朝司法制度中的解费就是在刚性财政下一直难以解决的资源约束问题，这种体制的矛盾依靠单纯的纪律约束并不能抽刀断水，如同希腊神话中九头蛇①一样难以制服，只有通过规则的改变才能摆脱"囚徒困境"。其中的关键在于成本与收益的权衡。研究财政史的学者一般都将咸丰初年作为清朝财政体制转变的断限时间，这是由于厘金制度等实施形成了地方财政的支配空间。这一时期的财政制度和司法制度的变化息息相关。

　　解费不足的一个解决之道就是就地正法的实施，另一个解决之道就是通过各种名目的临时加征筹措经费。以四川为例，周询《蜀海丛谈》载："光绪二年，丁文诚公莅川督任，鉴于各属夫马局之累民，且多滥用，爰饬令一律裁撤，另设三费局以资公用。三费者：一曰缉捕，二曰招解，三曰相验。在未有三费以前，缉捕奖赏，或出于地方官之捐给，或取之夫马局。招解者，凡定罪达部之人犯，于审讯定供后，须解由本管府或直隶厅、州复讯，再解省由按察使、总督覆讯，均无翻异，始为定谳。每届秋审，各属定谳人犯，又须解本管府、厅、州及省覆讯，始汇入秋审全案，奏报咨部，听候勾缓。一切往返路费及押犯员役所需路资也。未设三费以前，此项招解之费，亦悉出于夫马局。相验者，遇出命案或路毙，地方官均应带领刑仵，亲临所在地方检验呈报。未设三费

---

　　①　源于希腊神话众蛇之王许德拉（Hydra）的传说。许德拉是厄喀德那和堤丰所生的九头蛇，在颈部九个脑袋中，八个头可以杀死，而第九个头，即中间直立的一个却是杀不死的。大力神赫拉克勒斯在与许德拉激战的过程中，每打碎许德拉的一个脑袋，就会在原来的位置又长出一个，最后赫拉克勒斯在侄子伊俄拉俄斯的帮助下，用火把烧伤口，使其再也长不出头来，最终取得胜利。

以前，此事最为民害，因费无所出，一切派之邻近。然出事地方多属旷野，于是以目所能及之人家为邻，择其较有力者担任。此费谓之望邻。有时目所及处皆无人家，则就近随指一二有力者为邻，谓之飞邻。盖由书差、仵作，责诸地方首人，首人遂又择肥而噬。地方官吏精核者，加以约束，所累尚轻；若涉疏纵，则随往之书差、仵作、仆从，任意婪索，小民常有因此破家者，实为当时绝大弊习。文诚莅任后，察悉此情，故将相验所需列入三费之一，由局支给，不得再派邻近分文。三费局收入，悉取之肉厘。"① 然而，这种临时加征引发东乡京控案在本卷有关发审局的论述中已经加以分析，兹不赘述。东乡案中这种大规模的流血事件也反映出解决司法资源不足问题的复杂性，官府在就地正法和临时加征之间作转圜的空间非常有限，普通民众被夹在中间，如堕阿鼻地狱一般，生死流转，无怪乎张养浩在《山坡羊·潼关怀古》中会充满悲情地吟咏："兴，百姓苦；亡，百姓苦。"② 仍然以东乡案为例，东乡案黑箱的盖子之所以最后能够被揭开，不是一般民众的活动，而是川籍京官利用社会关系网络出面说话"翻盘子"的结果。正是这样，清代各省的藩台每年向本省在京任职的大小官员们上一份"人心"，以免出了问题没人说话。这其实是藩台在官场潜规则下为寻求避免这种京官"翻盘子"而付出的成本。据史载，在正常的审转制度下，各省每年必有案件呈报，为此给刑部送辛苦费，四川按察司向例每年送六百两银子，刑部人员才在五六月间派人把秋审奏折的底稿送到四川，以便川臬做准备，应付部驳和皇帝的查问。这被称为"秋审部费"。清末刑部和地方督抚在取消就地正法问题上的立场和观点截然对立，这不仅是中央部院和地方督抚的权力之争，也是存在现实物质利益的因素在内的。在刑部而言，有一分权就有一分利，无权则不会被地方督抚搭理；而地方督抚而言，保留就地正法则可生杀予夺，连孝敬刑部的部费均可省而不呈。明乎此，不难理解双方各执一词的原委所在。

---

① 周询：《蜀海丛谈》，巴蜀书社 1986 年版，第 161 页。
② 参见徐东林：《〈山坡羊·潼关怀古〉的民本思想及其认识价值》，《山东社会科学》2007 年第 9 期。

第四节　就地正法的实际操作

滋贺秀三、张伟仁、谷井俊仁（たにいとしひと）和李贵连等人在此论域的先行研究主要围绕中央和地方的关系对就地正法展开论述。但是对于就地正法在各省具体实施状况的研究还非常薄弱，而且这种研究不能单纯考察纸面上的规定，必须结合"纸面法"和"现实法"两者而研究其间的转换规则。在这里，笔者非常认同铃木秀光的研究路径，力图沿着铃木秀光的研究路径继续加以推进。

李贵连依据《清史稿》的记载按图索骥，发现北京大学图书馆藏手稿本《刑部奏案》中咸丰三年（1853）三月十三日的一道皇帝谕旨，由此将该谕旨作为就地正法之制起始时间的标志。该上谕曰：

> 前据四川、福建等省奏陈缉匪情形。并陈金绶等奏，遣散广东各勇，沿途骚扰。先后降旨，谕令该督抚等认真拿办，于讯明后就地正法。并饬地方官及团练、绅民，如遇此等凶徒，随时拿获，格杀勿论。现当剿办逆匪之时，各处土匪，难保不乘间纠伙，抢劫滋扰。若不严行惩办，何以安戢闾阎？着各直省督抚，一体饬属，随时查访，实力缉拿。如有土匪啸聚成群，肆行抢劫，该地方官于捕获讯明后，即行就地正法，以昭炯戒，并饬各属团练绅民，合力缉拿，格杀勿论，俾凶顽皆知敛戢，地方日就乂安。至寻常盗案，仍着照例讯办，毋枉毋纵。[①]

这道谕旨亦见于《清文宗显皇帝实录》卷八十八。在这道谕旨中，所谓"前据四川、福建等省奏陈缉匪情形"是指咸丰三年二月两道上

---

① 北京大学图书馆藏手稿本，《刑部奏案》前谕旨，李贵连：《沈家本传》，法律出版社2000年版，第161页。

谕。其中一道是针对署理四川总督裕瑞奏陈缉匪情形折，该上谕云：川省近年惩办匪徒，历有就地正法之案。现当办理团练之时，尤应极力整饬，以儆凶顽。着该署督即严饬各属，认真查缉。如有奸细窥探，土匪滋扰，拿获讯明后，即行就地正法，以示炯戒。该地方官，倘有纵匪不拿，仍前讳饰，或枉拿枉杀等弊，着即指名严参。① 另一道谕旨是针对福州将军怡良等奏陈闽省缉匪情形，云："四川惩办匪徒，有就地正法之案。闽省山海错处，奸匪易滋，即可仿照办理，以儆凶顽。"② 咸丰三年三月十三日上谕所谓针对"陈金绶等奏遣散广东各勇"所发上谕是指同年二月直隶提督陈金绶等奏湖北黄梅以下沿途有乡勇骚扰情事等语，咸丰帝怀疑是向荣于九江遣散的广勇所为，指示钦差大臣琦善、向荣等沿途扰害的遣散广勇严行查拿，就地正法，并饬令所过地方官各属团练绅民如遇此等情事，格杀勿论，以肃纪律而靖闾阎。该上谕亦见于《清文宗显皇帝实录》卷八十五。由此可以看出，咸丰三年三月十三日上谕是对于该年二月以来下达就地正法谕旨的总结，将在太平天国起义后四川、福建、广东诸省部分地区执行就地正法临时措施予以认可和推广。李贵连认为，这道谕旨的变化在于：第一，它是针对军事而发，"现当剿办逆匪之时"，说得很明确。第二，旨在稳定地方统治秩序，预防"土匪"滋扰；而不是针对正面军事战场，正面军事战场另有军法。第三，施行地域由三省扩展到全国所有地方。第四，授权范围由总督巡抚扩大到各级地方官。李贵连正是基于上述四点得出了就地正法作为制度的肇端以咸丰三年三月十三日上谕为标志的结论。但是，在光绪年间关于就地正法存废之争时，四川总督丁宝桢就说过："就地正法以靖地方，非尽因军兴，始用重典。"③ 而且无论滋贺秀三、张伟仁、邱远猷，还是笔者前一节的分析都显示出就地正法在道光时期就颇为盛行，这样两种观点似乎各执一词。

---

① 参详《清文宗显皇帝实录》卷八十六，咸丰三年二月，台北华文书局股份有限公司 1960—1970 年版，第 1197 页。

② 《清文宗显皇帝实录》卷八十六，咸丰三年二月，台北华文书局股份有限公司 1960—1970 年版，第 1202 页。

③ 《申报》光绪八年三月初四日（1882 年 4 月 21 日），第 20 册，第 495 页。

　　笔者在指导娜鹤雅的论文时就提示其关注福柯的谱系学思想。福柯的谱系学思想来自尼采。谱系学研究来源（Herkunft）和出现（Entstehung），与传统历史学存在根本的区别。在对待起源问题上，传统历史学形而上学的观点认为，事物总会沿着一条逻辑的线索上溯至事物诞生的源头，在事物和其源头之间的线索环环相扣，毫无分叉、毫无断裂、毫无波折，如同种子和大树的关系一样，是延续性的关系。因此，反起源探索的思想是谱系学的重要特征之一。谱系学抛弃形而上学的连续性，看重断层、裂缝和偶然性，不试图寻求种的进化之类的东西，而是要确定细微偏差、断裂性，与其说是追究起源（Ursprung），不如说它试图勾勒出来源（Herkunft）。正是按照谱系学的思想，笔者和娜鹤雅博士均认为，起源既不是高贵的、珍稀的，也不是真理之所在，在探究沿革、追寻缘起的时候，不应抱着传统的既定思维，试图找到"已然是的东西"，而应将目光和思维放得更开阔，在寻求发展脉络的同时，"驻足于细枝末节，驻足于开端的偶然性"，从而得出一个更为客观的结论。① 无独有偶，铃木秀光也敏锐地看到了就地正法在谱系学上的断裂性。咸丰三年三月十三日上谕规定的目的如咸丰帝自己所说是因为土匪"抢劫滋扰。若不严行惩办，何以安戢闾阎？"其复将团练、绅民对啸聚成群的土匪格杀勿论和地方官即行就地正法等同言之，整个谕旨的着眼点都被放在对滋扰的镇压上。这样，该谕旨所规定的就地正法与道光末年以解审困难为目的的就地正法并不相同，两者之间不存在直接的继承关系。在此，谕旨所规定的就地正法的适用要件为"如有土匪啸聚成群，肆行抢劫"，其内容不够具体。此外，所规定的"地方官于捕获讯明以后，即行就地正法"这一半句表明：对于就地正法的判断，地方官讯问的重要性。该谕旨上述内容没有规定各省就地正法的具体程序，意味着赋予地方官自由裁量权。②

　　为了叙述的方便，笔者将自咸丰三年以后迄于清亡各省就地正法的

---

　　① 娜鹤雅：《"就地正法"制度研究》，中国人民大学硕士学位论文，2004年。

　　② 铃木秀光「清末就地正法考」『東洋文化研究所紀要』第 145 册、2004 年 3 月。

具体操作情况分为如下几个阶段：

（一）从咸丰三年到同治二年

这一阶段正是清政府与太平天国起义军厮杀得如火如荼的时期。咸丰初年，太平天国起义军自广西起事后，所向披靡，势如摧枯拉朽。太平天国起义军与白莲教大起义相比存在明显区别，后者自身没有明确定位，被清朝统治者视为做一天强盗跑一天路的"流贼"，没有建立自己的根据地，而前者则在政治、军事、经济方面都有自己的主张，与清朝分庭抗礼，太平天国起义军俨然敌国，在清朝统治者看来属于"窃号之贼"。对于清朝而言尤其具有威胁性的是，不仅太平天国起义军所到之处，各属民众"从逆如归"，以至湖北巡抚胡林翼慨叹"莠民"每每"兵至为民，贼来从逆"①，而且在太平天国起义后，许多大小不一的反政府武装起义和暴动此起彼伏，风起云涌，围城、抗粮、杀差在在皆是。从语源学角度而言，"毁则为贼，窃贿为盗"②。贼主要指叛逆杀伤之类的犯罪；贿者，财物也，所以窃取财物的行为称之为"盗"。后来，贼的含义逐渐转向于侵财犯罪，但其最初本义仍然没有完全消失。嘉道时期，刘衡在《州县须知》指出："至于擅摘瓜果，律有专条，不得谓之为贼。此乡邻习见之事。情既可原。所当加以矜恤者。"③ 清人王又槐《办案要略》则指出了清代盗、贼在司法实践中语用学意义上的分殊："律载公取窃取皆为盗，是盗之名统强劫偷窃等类而言也，但世俗称谓分为强盗、窃贼，办案亦因之，故凡遇报窃案件文内忌用盗字，恐其混于强也。"④ 中国史上所有的农民起义，都被历代的封建统治者诬为贼为匪、为寇为盗，太平天国和捻军也不例外，均被称为"粤

---

① 沈卓然、朱普材编：《胡林翼全集》上，奏议卷十四，大东书局 1936 年版，第 144 页。汪士铎：《胡文忠公抚鄂记》卷二，岳麓书社 1988 年版，第 72 页。

② 《左传·文公十八年》，管曙光主编：《白话四书五经》下，长春出版社 2007 年版，第 157 页。

③ 刘衡：《州县须知》，"禀缉盗之法用捕役不如使民自捕并严禁诬陷由"，宦海指南本，页六十八。

④ 王又槐：《办案要略》，《官箴书集成》编纂委员会编：《官箴书集成》第 4 册，黄山书社 1997 年版，第 762 页。

匪"和"捻匪"。所以咸丰三年三月十三日上谕等当时清朝关于就地正法官方法律规定文书中所谓的"匪盗"很大程度上是指当时烽火燎原的各地农民起义。① 咸丰帝面对乱局本能地诉诸杀戮政策，加之年轻气

---

① 咸丰帝登基伊始，山东、安徽等地的"捻党"即已十分壮大，多有起事，而太平军的北伐更成为鼓动其揭竿而起的样板。咸丰六年（1855），豫皖边地区各捻军首领在雉河集会盟，决定成立"大汉国"，并建立五旗军制。东南沿海的天地会起义在太平天国定都天京前后亦进入高潮，其中规模较大的有：黄德美等人领导的闽南小刀会起义（1853—1854），自称汉大明统兵大元帅，年号天德，曾占领漳州、厦门等地，后退往海上，坚持与清朝对抗。林万清等人领导的闽中红钱会起义（1853—1858），有会众数万，曾占领德化等十余县，与厦门小刀会起义相呼应，派人与太平天国取得联系，洪秀全封其为烈王（或曰顺义侯）。刘丽川等人领导的上海小刀会起义（1853—1855）占领上海、嘉定等县城，建立"大明国"，后改名"太平天国"，刘氏自称"太平天国统理政教招讨大元帅"，并上书洪秀全，表示愿意接受太平天国领导。何六、陈开、李文茂领导广东天地会起义（1854—1864），起义者头自称"洪兵"，又称"红兵"，围攻广州达半年之久，后移师广西，占领浔州（今桂平县），改称"秀京"，建立"大成国"，年号"洪德"，控制广西四十余州县。朱洪英、胡有禄领导广西天地会起义（1853—1854），会众达数万人，转战湘桂边，建"升平天国"，奉"太平天德"年号。再者，据不完全统计，从1851年至1868年，广西一省见于清朝官书的有组织名号的天地会"反叛"多达175支。其中主要的有：1852 年，广西新宁州壮族吴凌云发动的起义，先后攻克太平府（今崇左县）及龙州等数县，建立延陵国，吴凌云自称延陵王。吴凌云在与清军作战遇难后，余部由其子吴亚终和张三、刘永福等领导。1852 年，壮族黄鼎凤在广西贵县发动起义，后被大成国授为将军、隆国公。大成国失败后，黄鼎凤称建章王。从咸丰四年（1854）起，贵州各族民众纷纷起造反，声势联络，除少数中心城市外，整个贵州均陷入起义的汪洋大海之中，直至同治十一年方告敉定。其中较大的起义有：杨凤等人领导的斋教起义（1854—1855），有部众两万余人，据桐梓等地，建立"江汉"政权。张秀眉、包大度领导的苗民起义（1855—1872）有部众数万，控制黔东南地区。1857 年 8 月，汉族刘义顺、胡二黑在石阡荆竹园起义，称为号军，控制黔北地区。张凌翔等人领导的回民起义（1858—1868）控制着黔西南地区，陶新春等人领导的苗民起义（1860—1867）则控制黔西北地区。自 1856 年起，云南各族民众起义最著名的有：杜文秀领导滇西回民起义（1856—1873），有部众数万，称号"总统兵马大元帅"，开府大理，占据二十余州县。马德新、马如龙领导的滇南回民起义，李文学领导的彝民起义（1856—1872），亦声势浩大，对清朝当局造成强烈震撼。此外，李永和、蓝朝鼎于咸丰九年（1859）在云南起义，后转入四川，据州占县，号称"顺天军"，兵力鼎盛时有数十万，活动范围遍及滇、川、鄂、陕、甘五省，坚持达六年之久，直至同治四年（1865）才最终失败，史称"李蓝起义"。除上述较大的起义之外，各地小股起义难以屈指。在这种伏莽遍地的局势下，清朝官方应对不暇，顾此失彼，岌岌可危。

盛，依靠肃顺等强硬派，本身在其执政期间在政策上趋于严苛。笔者在史料中发现，太平天国起义攻城陷府之后，往往开狱纵囚，这些囚徒本身属于政府暴力机器的受害者，被太平军释放后自然怀着对清政府的仇视发泄怒气，所以清朝当局在太平军兵锋逼近地方，由于行政资源短缺，就通常将监狱重犯先行正法，以防止"匪乱"蔓延。这种大开杀戒其实就意味着统治者图穷匕见，技止此耳。咸丰三年十一月，咸丰帝针对盛京将军奕兴等奏报办理盗犯情形的上谕就带有坦白心迹的意味，云："嗣后奉省匪徒有情法难宥者，均着即行就地正法，庶可稍知儆惧。朕断非先存加严之成见，第时势所迫，不得不然。莠者除之不严，良者何由得安。"① 是年十二月，四川学政何绍基上奏指陈四川总督裕瑞在实施就地正法政策上的缺失云："该督于六月间，复饬各属拿获匪案，必须首伙在十人以外、法无可贷之犯十有七八者，始准照办，与前奏章程不符。用宽用猛，事出两歧。恐地方官讳饰消弭，得所借口。匪党闻风，益滋胆玩。现当团练吃紧之时，难保无外来奸细窥探勾结，岂能以匪犯多寡为办理之轻重？设地方官以解勘费繁，相率讳饰，养痈贻患，咎将谁归？"② 咸丰帝认为裕瑞于地方一切事情，未免宽缓不一，殊少果断，要求其从严执行就地正法章程。太平军北伐部队虽然浴血奋战，但孤军远征，后援不继，在清军围剿堵截之下处境日益困难。咸丰四年五月，河东河道总督长臻奏："逆匪北犯以来，到处勾结土匪，裹胁良民，为数不少。经大兵痛剿，溃散余党。除长发老贼，罪在不赦，亟应立正典刑外，其沿途被贼裹胁，亦须核其情罪，迅速分别办理。……请饬各督抚酌定章程遵行等语。"③ 但咸丰帝的批示认为："所议未免拘执，即如现在河口盘获之杨姓一犯，既经熬审明确，的为凶渠罪魁，即应就地正法，立予枭示。若仍照寻常重犯，押解开封，辗转道途，或致

① 《清文宗显皇帝实录》卷一百一十三，咸丰三年十一月，台北华文书局股份有限公司 1960—1970 年版，第 1866—1867 页。

② 《清文宗显皇帝实录》卷一百一十五，咸丰三年十二月，台北华文书局股份有限公司 1960—1970 年版，第 1915 页。

③ 《清文宗显皇帝实录》卷一百二十九，咸丰四年五月，台北华文书局股份有限公司 1960—1970 年版，第 2248 页。

疏脱，岂不因拘泥转致贻误。嗣后如有拿获此等罪犯，均着随审随办，毋庸转解。其余情罪轻重不等，亦难酌定章程。"① 在这一时期，皇帝上谕对于就地正法的具体程序并没有明确加以规定，而其对于就地正法所采取的立场又是偏向于严苛，对于各省实现就地正法警告毋稍疏懈，不得微涉慈柔。正是这样，曾国藩在执行就地正法过程中就教导部下对于从逆之人不妨"斩刈草菅，使民之畏我，远过于畏贼"②。

这一时期就地正法之制的另一特征即是盗犯不分首从。易言之，程序法上的就地正法与实体法上的"盗犯不分首从"两者是时被联系在一起。这就是同光年间在关于就地正法存废之争时国子监司业孙诒经、御史胡隆洵等主张规复"盗犯分首从"旧制的缘故所在。孙诒经、胡隆洵等人所谓"盗犯不分首从例"是指咸丰五年二月议定的强盗等案从严办理新例。该新订之例以立法贵乎因时为由，基于乾隆年间修改康熙雍正年间盗犯不分首从的定例后，地方官奉行不善，每办一案，把风接赃之人，常倍于入室搂赃之盗，甚或将病故在逃之犯指为法所难宥，现获之犯归入情有可原，以致匪徒漏网，盗风日炽，规定：嗣后凡遇盗劫之案，仍"依强盗已行、但得财者不分首从皆斩本律"俱拟斩决，其中把风接赃等犯虽未分赃，亦系同恶相济，着照为首之罪，一律问拟。如年止十五岁以下被人诱胁随行上盗等实在情有可原之犯者仍照本律问拟。此外，该新订之例还规定，聚众持械抢劫、凶暴众著者，无论白昼昏夜，均照强盗本律，不分首从，一概拟斩。③ 御史唐壬森当时甚至要求照格杀勿论之例，准州县便宜从事，但清朝最高统治者认为此非慎重刑章之道，未予采纳。

咸丰初年，由于太平军先后占领长江中、下游地区，许多省份地丁、盐课、关税、杂赋均无法照旧征收，以致"地丁多不足额，税课仅

① 《清文宗显皇帝实录》卷一百二十九，咸丰四年五月，台北华文书局股份有限公司 1960—1970 年版，第 2248 页。

② 曾国藩：《曾国藩全集》书信，1，岳麓书社 1990 年版，第 541 页。亦可参见罗尔纲：《湘军兵志》，中华书局 1984 年版，第 54 页。

③ 《清文宗显皇帝实录》卷一百五十九，咸丰五年二月，台北华文书局股份有限公司 1960—1970 年版，第 2718 页。

大钱

存虚名"[1]。清政府因军兴财匮，需款孔亟，移缓就急，提后尽前，始则卖官鬻爵以筹集军饷。但劝办捐输三年之后，收入便大减于前，亦不可恃。此外诸如停养廉、开银矿、提当本、收铺租等补苴之术不下数十种，实已无孔不入，无微不尽，罗掘俱穷，但仍然不能供应军需。乃在创设厘金制度之外，发行不兑现的"大清宝钞"和各类大钱以纾其困，通过无异于强盗行径的巧取豪夺来解燃眉之急。马克思《1857—1858年经济学手稿》中就这样说过："如果纸币以金银命名，这就说明它应该能换成它所代表的金银的数量，不管它在法律上是否可以兑现。一旦纸币不再是这样，它就会贬值。"[2] 马克思《资本论》中提到六百八十多个世界各国的人物，其中唯一的中国人便是清咸丰朝户部右侍郎王茂荫。王茂荫当时反对铸造"当百""当五百""当千"等项大钱，指出："最大之患，莫如私铸……若奸人以四两之铜铸两大钱，即抵交一两官银，其亏国将有不可胜计者。旧行制钱每千重百二十两，熔之可得六十两，以铸当千，可抵三十千之用。"[3] 准此，毁制钱一千文可铸成当千大钱三十枚，当三万文之用，这样的高额利润当然让私铸者趋之若鹜。自大钱发行以后，由于大钱"分量过轻，当值过多，获利过厚"[4] 的缘故，"未及一年，盗

---

① 吴兆莘、洪文金遗稿，刘聚星、林宝清续编：《中国财政金融年表》下，中国财政经济出版社1994年版，第420页。亦见巫宝三等编：《中国近代经济思想与经济政策资料选辑：1840—1864》，科学出版社1959年版，第506页。

② 《马克思恩格斯全集》第31卷，中共中央马克思恩格斯列宁斯大林著作编译局编译，人民出版社1998年版，第300页。

③ 席裕福、沈师徐辑：《皇朝政典类纂》卷五十九，钱币。亦可参见王茂荫著：《王侍郎奏议》，张新旭等点校，黄山书社1991年版，第99页。

④ 中国人民银行总行参事室金融史料组编：《中国近代货币史资料》第1辑，上册，中华书局1964年版，第264页。

铸如云。通州所辖之张家湾及长辛店左近、西山之内，并有私炉鼓铸"①，甚至"明目张胆，于白昼闹市之中公然设炉，毫无忌惮。地方官畏其人众，不敢查问"②，甚至于京城"炉匠所用风箱、沙罐，价皆顿长"③。是时，不但百姓铤而走险私自盗铸者前赴后继，地方官府大规模私铸也蔚然成风。咸丰五年（1855）秋，黄钧宰"道过清江，闻车声辚辚然来，视之，钱也。问：何为？曰：铸钱。曰：曷为以钱铸钱？曰：帑金不足，官府费用无所出，今毁制钱为当十大钱，计除工费，十可赢四五，则何为而不铸。是年冬，再过清江，闻车声辚辚然来，视之，大钱也。问：何为？曰：铸钱。曰：曷为又以大钱铸钱？曰：大钱不行，报捐者买之，当十只值一二。今毁大钱为制钱而又小之，和以铅砂，除工费，一可化三四，则何为而不铸？"④ 因为"私铸掺杂，奸商把持，市间渐不行使当十铁钱，小民佣趁，日得一二百文，无处觅食。卖食铺户多有关闭，贫民借端滋闹，竟有情急自尽者"⑤。一方面，民众在集市贸易时公然声称"新咸丰（按：即新铸的咸丰大钱）不要"⑥，物价暴涨，"议论沸腾，一概不使大钱。而私造小钱，俗名水上漂者，今反通行，较国宝易用"⑦。这样一来，"私铸太多，真伪掺杂，小民无知，共怀疑畏，遂致买粮办货，种种难行。银市

---

① 周家楣、缪荃孙等编纂：《光绪顺天府志》卷五十九，经政志六，钱法，北京古籍出版社 1987 年版，第 2093 页。

② 中国人民银行总行参事室金融史料组编：《中国近代货币史资料》第 1 辑，上册，中华书局 1964 年版，第 307 页。

③ 中国人民银行总行参事室金融史料组编：《中国近代货币史资料》第 1 辑，上册，中华书局 1964 年版，第 264 页。

④ 黄钧宰：《金壶遯墨》卷二，"大钱"，上海扫叶山房光绪二十一年石印本，页一。柯灵、张海珊主编：《中国近代文学大系》第 6 集，第 18 卷，笔记文学集一，上海书店 1995 年版，第 568 页。

⑤ 中国人民银行总行参事室金融史料组编：《中国近代货币史资料》第 1 辑，下册，中华书局 1964 年版，第 279 页。

⑥ 柯悟迟：《漏网喁鱼集》，祁龙威校注，中华书局 1959 年版，第 24 页。

⑦ 中国人民银行总行参事室金融史料组编：《中国近代货币史资料》第 1 辑，上册，中华书局 1964 年版，第 271 页。

交易，另定大钱价值，任意轩轾"①。有学者认为咸丰朝币制混乱远远超过新汉王莽时期，其流毒范围之广、为害之烈远驾于厘金之上。咸丰七年定例规定，如查有私铸匪徒，"无分首从，均于讯明后，就地正法，以儆刁风"②。咸丰朝政府的钱法仅仅从政府本位出发，而不是以社会利益和民生为怀，滥发货币无疑饮鸩止渴，最终官民皆病。严刑峻法的本身就标志着私铸现象的滋炽盛行。利之所在，人皆趋之，私铸者见利忘生，这恰恰印证了马克思在《资本论》中所转述托马斯·邓宁（Thomas Joseph Dunning）的那一段精彩名言："一旦有适当的利润，资本就大胆起来。如果有百分之十的利润，它就保证被到处使用；有百分之二十的利润，它就活跃起来了；有百分之五十的利润，它就铤而走险；有百分之百的利润，它就敢践踏一切人间法律；有百分之三百的利润，它就敢犯任何罪行，甚至冒绞首的危险。"③ 俗称："亏本生意没人做，杀头生意有人做。"其间关键在于成本与收益的考量。由于对于私铸者不分首从就地正法，咸丰年间直隶甚至出现了举家被枭首示众的情况。当时就地正法不分首从之残酷性、法律规则与社会资源之间的互动等等即此可见一端。不过，从另一个角度来说，刑罚越重，威慑力越大，而执行的难度也随之加大。刑罚一旦提高到无论首从就地正法，那么，私铸者除部分畏法停手之外，相当一部人则肯定会升级私铸手段，甚至结成团伙共同抵御搜捕。而刑罚加重后，收买政府衙役的贿赂也必然水涨船高。这又成为地方衙役增加收入的一些重要资源。可以推想，为了获取贿赂并忌惮于私铸团伙拘捕时的暴力反扑，基层的执法者反而因为重法而与私铸者达成了一种默契。所以，咸丰七年五月会出现私铸公开作案而兵役人等得贿包庇的现象，本不足为怪。重法增大了私铸的

---

① 中国人民银行总行参事室金融史料组编：《中国近代货币史资料》第 1 辑，上册，中华书局 1964 年版，第 275 页。

② 光绪朝《钦定大清会典事例》卷八百二十三，刑部，刑律诈伪，私铸铜钱二，台北新文丰出版公司 1976 年依据光绪二十五年原刻本影印版，第 15403 页。亦见《清文宗显皇帝实录》卷二百一十八，咸丰七年正月，台北华文书局股份有限公司 1960—1970 年版，第 3529 页。

③ 《马克思恩格斯全集》第 23 卷，中共中央马克思恩格斯列宁斯大林著作编译局编译，人民出版社 1972 年版，第 829 页。

犯罪成本，如同火上浇油，反而对私铸规模和数量的进一步上升产生推波助澜的效果。①

咸丰朝不分首从就地正法的规定层出迭见，在许多方面表现出重刑化峻急趋势。例如，咸丰七年六月，谭廷襄奏，地方枭贩充斥、请变通从严惩办。上谕指示："直隶天津、河间，与山东毗连等属，向多盐枭出没，数百为群。每经商巡拦阻，拒捕抢劫，横行无忌。兵役追缉，亦复此拿彼窜。若不严行惩办，何以除凶暴而靖闾阎。嗣后该二府与山东毗连各属，商巡随同兵役缉匪，着准其携带鸟枪。如遇大伙枭贩，持仗拒捕，准其格杀勿论。其寻常自行缉私，仍照旧章办理。至地方官查拿枭贩，如遇大伙匪徒、数十人及百人以上，横行抢劫，即照拿办土匪之例，审明后先行就地正法。其寻常并非大伙枭贩及偷扒滩坨等案，仍照定例办理，以示区别。"② 咸丰九年五月，咸丰帝鉴于热河出现马贼劫掠案件批准："此后热河地方，如有盗匪持仗拒捕者，准其格杀勿论。如讯明实系大伙匪徒，聚众肆劫，即着不分首从，先行就地正法，加以枭示。其寻常盗犯，仍着各按本例定拟。"③

咸丰三年三月十三日上谕将团练、绅民对啸聚成群的土匪格杀勿论和地方官即行就地正法等同言之，这一点似乎比较突兀，也颇为费解。在前面一段所引咸丰七年关于天津、河间等地盐枭不分首从就地正法的上谕中，咸丰帝仍然强调："该督即通饬各该州县董率团练，加派兵役，无分畛域，合力兜拿，毋任著名枭贩得以幸逃法网。"④ 可见对于咸丰三年三月十三日上谕关于就地正法规定的法律解释从方法论上而言必须进行立法的历史解释，将此谕旨置于当时的语境之中进行解读。事实上，太平天国起义后，清政府动员一切可以动员的统治资源应对危机，

---

① 此处最后一层理蕴的阐发受到我的学生张顿的启发。

② 《清文宗显皇帝实录》卷二百三十，咸丰七年六月，台北华文书局股份有限公司 1960—1970 年版，第 3706 页。

③ 《清文宗显皇帝实录》卷二百八十三，咸丰九年五月，台北华文书局股份有限公司 1960—1970 年版，第 4538 页。

④ 刘锦藻：《清朝续文献通考》卷三十六，征榷考八，盐法，浙江古籍出版社 2000 年版，第 7895 页。

几乎在发布全面实行就地正法之制的谕旨前不久还发布了一个关于大规模举办团练的谕旨，因此这两大举措接踵出台，其间实具有密切联系。团练在嘉庆年间对于清政府镇压白莲教起义发挥了重要作用。咸丰二年，翰林院侍读孙鼎臣在《请责成本籍人员办理团练疏》提出，各省"幅员辽阔，门户尤多，地广而防不足，防多而兵不足，兵增而饷不足，此三者今之大患也。臣愚以为，用兵防贼则不足，用民为兵则有余。以本处之民守本处之地，以本地之资供本地之用，有且守且耕之利，无增兵增饷之烦，由乡及县，由县及府，贼无可掳掠，无从裹胁，不战自溃，况民而济之以兵，守而继之以剿乎"①。孙鼎臣的主张在当时颇具代表性。在咸丰三年三月十三日关于全面实现就地正法上谕的前六天，即咸丰三年三月初六日，咸丰帝在此前各地保甲章程出台基础上进行了动员基层社会力量的第二步，颁布举办团练上谕。此为在全国范围内开始大规模举办团练的标志。上谕全文如下：

前有旨令各直省仿照嘉庆年间坚壁清野之法办理团练，令武英殿刊刻明亮、德楞额筑堡御贼疏、龚景瀚坚壁清野议及示谕条款，颁布通行，复令将本年两次谕旨一并刊刻冠诸简端。本日据惠亲王等奏业已刊板刷印，装成样本进呈，着即颁发各直省督抚广为刊布，督同在籍帮办团练之绅士实力奉行，各就地方情形妥为布置，但期守卫乡间，不必拘执成法。团练壮丁亦不得远行征调，保民而不致扰民，行之日久方无流弊，一切经费均由绅民量力筹办，不得假手吏役，如地方官有借端苛派、勒捐等弊，即着该督抚据实严参。至各省所保绅士人数众多，其中如有办理不善、不协乡评及衰老不能任事者，该地方官查明即令毋庸管理。至近贼地方绅民团练尤须官兵应援，方足以资捍御。统兵大臣暨该督抚等务当相度缓急，拨兵策应，俾兵民联为一体，庶众志成城，人思敌忾，蠢兹小

---

① 孙鼎臣：《请责成本籍人员办理团练疏》，咸丰二年，王延熙、王树敏辑：《皇清道咸同光奏议》卷五十五，兵政类，团练，沈云龙主编：《近代中国史料丛刊》第三十四辑，331，台北文海出版社1969年版，第2817页。

丑，不难克期荡平也。将此通谕知之。钦此。①

据统计，仅咸丰三年（1853）一年中，咸丰帝直接委派的办理团练防剿事宜人员达 58 人，遍及安徽、江苏、河南、山东、直隶、江西、贵州、福建、湖南等省。由于这些人员后来或加以"办理团练"之衔，或直接冠以"团练大臣"之名，而又因其均为皇帝"钦点"，后人习惯上遂统称之为"团练大臣"。当时兴起的团练组织有两种：一种为"奉谕团练"的官团；一为"结寨自保"的民团。在清朝统治看来，如果"团练得力，则人自为战，家自为守，使贼党日孤，盗粮渐绝，然后济以兵力，方无顾此失彼之虞"②。这实际上是与太平天国起义军争夺民众基础的工作。时人所谓"团练多一民，即少一盗"③ 就表达了这样的意思，连曾国藩都认为，团练"目前能杀一著名之匪，将来大军到日，即少数百从贼之人，实属裨益不浅"④。但是，朝廷委托曾国藩等人在本乡主办团练，和其滥发货币一样，也是在走投无路时不得已而为之的下策。团练是一把双刃剑，既可以被用来对付土匪和农民起义军，保护村庄，但它也很容易倒戈一击，矛头指向政府。在太平天国起义期间，许多地方团练私征亩捐，暗设公案，武断乡曲，擅理词讼，"仗势自豪，不但生杀之权，地方官不能专主，甚至乡井山民，只知有团总之尊，不知有官长之令"⑤，官吏不能问，王法不能施。被官方斥为"坏法乱纪"的"伪团"或"黑团"肆行不法、聚众抗官案件比比皆是。清朝统治

① 中国第一历史档案馆：《咸丰同治两朝上谕档》第 3 册，广西师范大学出版社 1998 年版，第 344 页。

② 中国第一历史档案馆编：《清政府镇压太平天国档案史料》第 18 册，社会科学文献出版社 1995 年版，第 441 页。

③ 转引自宋桂英：《晚清山东团练研究》，浙江大学博士学位论文，2006 年，第 62 页。

④ 曾国藩：《曾国藩全集》，奏稿（一），"请饬何桂珍督办楚皖交界团练片"（咸丰五年八月二十一日），岳麓书社 1995 年版，第 515 页。

⑤ 《清穆宗毅皇帝实录》卷八十五，同治二年十一月，台北华文书局股份有限公司 1960—1970 年版，第 2241 页。亦见《曾国藩全集》，奏稿，岳麓书社 1987 年版，第 3678 页。

者甚至在法律文书每每以"团匪"称之，直斥之为"阳名为团，阴实为贼"①，"借团结贼"②，这说明团练俨同巨寇，有时和依靠其缉捕的土匪并无二致。笔者非常同意铃木秀光的观点，即咸丰三年三月十三日上谕关于就地正法规定的规定，不仅使死刑权力由皇帝手中下放到各省督抚，而且下放到州县地方官、绅民、团练，死刑程序简化到极限，从讯明后就地正法到格杀勿论，中间从司法领域到军事杀戮几乎可以说是界限模糊。咸丰三年，曾国藩以当此有事之秋，"不敢不威猛救时"③为由，奏请对包括会匪、教匪、盗匪、痞匪、游匪在内的各种"土匪"不复拘泥成例立行正法，即遭到滥杀无辜的指责，但曾氏还设审案局，派委专人负责研讯，这在各省尚属于比较规范的情况，其他地方团练以咸丰三年三月十三日就地正法上谕为法律依据"奉旨杀人"，触目惊心的情况且加甚焉，绝非少数。据咸丰元年十月广西巡抚邹鸣鹤奏报："计自本年正月迄今，各处兵丁团练，陆续歼擒盗匪、游匪、会匪，除临阵杀毙及因伤身死不计外，凡讯明情罪重大即饬就地正法，已一千五百余名。"④ 仅广西一省便有一千五百余名所谓"土匪"被就地正法，这在雍乾时期是不可想象的。当时的团练甚至连清军本身都敢"就地正法"。例如，在山东，咸丰十一年，章丘水寨团李继和等用铡刀斩杀济阳汛兵高殿元、罗清泰等四人，新城民团杀长山汛官张照远、汛兵王冠等三人。是年八月，邹平西北孙家闸民团孙传秀等，聚民二千余截击僧格林沁所派侦贼武员忠林、图们巴尔雅等，戕害二十六人，夺其乘马衣装，投尸浒山埠湖边。⑤ 因此，授权团练就地正法造成的冤滥可想而

① 王熙远：《会党研究史料的新发现——谈广西田林县杨再江所藏天地会会簿》，《学术论坛》1989 年第 3 期。

② 夏敬颐纂：光绪《浔州府志》卷五十六，纪事，广西壮族自治区博物馆1957 油印本，页十三。

③ 李瀚章、李鸿章编纂：《曾国藩全集》，奏稿，卷二，"严办土匪以靖地方折"，中国华侨出版社 2003 年版，第 39 页。

④ 中国第一历史档案馆编：《清政府镇压太平天国档案史料》第 2 册，光明日报出版社 1990 年版，第 441 页。

⑤ 参见张曜等编：《山东军兴纪略》卷二十二，下，团匪三，沈云龙主编：《近代中国史料丛刊》第五十五辑，543，台北文海出版社 1970 年版，第 1241 页。

知。但是，由于当时关于就地正法的程序规定几乎为零，各地办理已属杂乱无章，而对于这样造成的冤滥，受害者还无从通过申诉获得司法救济。同治三年（1864），太平天国运动失败前夕，也就是就地正法执行十年之后，曾国藩在一份批件中曾十分明确地说：当咸丰年间各省土匪蜂起之时，"州县办理团练，拿获匪党，多系奉有'格杀勿论'之谕，或有'准以军法从事'之札。若事后纷纷翻案，则是非镣辕，治丝愈棼，有碍于政体。本部堂前在湖南办团，及在湖北两江等处，凡州县及团练所杀土匪来辕翻控者，概不准予申理，以翻之不胜其翻也"①。按照这样的处理方式，在咸丰年间的血雨腥风中被就地正法者即便横罹锋刃、冤如窦娥也永无昭雪之时。

对于这一时期就地正法的情况，我们在此可以以如下两起案件加以说明。

案例一：桐子滩抢案

　　兰溪有桐子滩，下有施家滩，每逢水涸，过滩船只拥挤，多雇小船拨运，习惯因而射利。或值岁歉，则米谷不许下滩，以讹索商贾，久之遂至抢劫行李矣。自军兴以来，抢案更多，时有贩猪商人过滩遇抢，来控于余。余已久知此地抢案官不能办，遂带兵勇往查，顺路看南乡团练。大洋蒋姓留余午饭。其子年方弱冠，已食饩矣，亦出陪余，余心爱之。今闻其家已毁，父子俱殁，岂不甚可伤哉！午后，至桐子滩，见行劫之船，多泊北岸。时贼尚踞寿昌，故行劫者亦肆无忌惮。余兵勇在南岸开枪，而无赖之徒，亦从河北开枪。兵勇寻得数船，摇过北岸追之，无赖始奔入大村不（原文如此，似应为"而"。——引者注）去，再着人至河南请余。余知此乃张姓，读书得功名者亦多，平日多不肯还钱粮，年稍歉，则首告灾荒，故无赖尤多。余至门，亦无敢出见余者。余命兵勇大呼曰：不将行劫者送出，则放火烧尔一村。乃有老年数人出跪于地，求余开恩。余曰：尔处犯法久矣，将行抢者送出，不毁尔村房屋，即是

_____

① 《曾国藩全集》13，批牍，岳麓书社1994年版，第388页。

开恩。年老者曰：此辈无赖，刻已远遁，求大人宽限一二日，老民合村之人，必拘犯人到案，以保一村。因泣曰：若辈平日总不肯听老民之言，知有今日久矣。余曰：我知尔姓读书之人很多，取功名者不少，何以平日皆不知守法？此等无赖行抢，皆读书人平日不加约束，有以致之。老民叹曰：大人之言，何尝不是，今闻大人金训，皆知之矣。余谓老民曰：尔等勿自欺，尔族不遵王法久矣，三日不能将犯人送出，勿悔。老民曰：诺。余同兵勇又至施家滩，入施姓宗祠，传宗长至，命其将抢犯捆送。施姓宗长亦愿遵办。兵勇已将河上行劫小船二十余只驾之回严，余亦由水路回严。三日，张、施二家，共送抢犯七名来辕，余将就地正法。严州有与余相善生员谓余曰：此辈杀之不足惜也，但此等时势，杀之不能尽；大人以好生为德，生员与两姓相识者，亦有正派人，大人请缓数日施刑，使此辈家小恸哭而求族中正人，誓痛改前非，正人肯来具保，则大人宽其一死；如正人亦不肯保，则是罪无可逭之人矣。如此，既可使两姓知感，又见大人用刑非滥也。余从之。后数日，两族果来保出五人，只有两人，族中亦不肯保，余遂就其抢处杀之。远近闻之，皆喜曰：今皆无忧此滩难过矣。①

上述案例出自段光清《镜湖自撰年谱》。段光清，字俊明，号镜湖，安徽宿松人。咸丰二年，浙江鄞县官府因催粮事激起民变，段光清受命于危难之际，赴任鄞县后采取减粮价、清盐界、诛首凶、安民心等一系列策略，迅速平息动乱，在民间获得好评。咸丰八年冬，段光清由宁绍台兵备道升任浙江按察使，达到其仕途的顶峰。其《镜湖自撰年谱》记述鸦片战争以后和太平天国革命时期的浙江情况非常详尽。上述案件即是发生在咸丰八年（1858）的段光清经办的一起就地正法案件。在此案件中，连续性武装抢劫按照清朝当时的规定自属应该就地正法的劫匪无疑，符合咸丰三年三月十三日就地正法上谕。段光清在此案的处

---

① 段光清：《镜湖自撰年谱》，咸丰八年戊午（1858），中华书局1997年版，第116—118页。

理也是比较稳妥的，通过就地正法起到了杀一儆百的效果。这起案件固然反映了随着就地正法之制的实行带来死刑权力的下放，但对我们而言，该案件更值得分析的是地方乡绅在其中所发挥的作用。铃木秀光就注意到在就地正法案件中地方官的权宜性，强调有时绅士们的意图反映到这种权宜性之中。铃木秀光在《清末就地正法考》中是以湖南宁远知县刘如玉处理土匪案件中获得士绅协助和向上司报告等资料得出结论的，但没有段光清《镜湖自撰年谱》所述的这一案例那样清楚、细腻地展示地方官和士绅之间的互动关系。

按照《镜湖自撰年谱》所述，段光清本人有守有为，尚属比较强势的地方官。一般而言，地方团练、乡绅应该将就地正法的人犯移交官府处理，即时人所谓"果系惯匪，应由团总禀明地方官集练剿捕，或偶尔相遇缉获，亦应鸣团送官究治，必持械拒捕，方可格杀勿论"[1]。但是，地方团练、乡绅在这一时期具有很大的非正式权力，往往越俎擅断，而地方官则往往阘茸废弛，庸懦无能。咸丰三年六月，咸丰帝在上谕中曾这样申饬："山东黄县东乡地方，土匪张九仔等纠众结盟，聚党至八十余人之多。经该处团练局会同营弁，设法缉拿张九仔等六犯，送县究办。此种土匪，聚集多人，不法已极。既经拿获，即应迅速惩办，何以该县悬宕二十余日，并不严加鞫讯。着该抚即派干员前往，将拿获各犯，提讯明确，就地正法，以儆凶顽。并查明该县延玩情形，有无吏役人等从中徇庇，一并参奏。其未获各伙犯，仍着该地方官协同团练绅士，严拿务获，毋任一名漏网。"[2] 这一案件从反面给我们呈现了当时就地正法应然的正常程序。事实上，清朝最高统治者对于依赖团练、乡绅的副作用一清二楚，所以安徽宿州团练章程就规定"团中军火器械，原为御盗而设，无事不许私行佩带；违者，练长等协同地保拿获送官，

① 刘坤一：《严禁团练借端扰害示》，欧阳辅之编：《刘忠诚公（坤一）遗集》公牍卷一，沈云龙主编：《近代中国史料丛刊》第二十六辑，253，台北文海出版社1968年版，第5209页。

② 《清文宗显皇帝实录》卷九十八，咸丰三年六月，台北华文书局股份有限公司1960—1970年版，第1497—1498页。

该练总鸣官惩罚"①，前引咸丰七年六月直隶天津、河间因盐枭充斥不分首从就地正法的规定中也可以看出，只是由于盐枭过于猖獗，所以才变通准许商巡携带鸟枪巡缉，对其戒备心态昭然若揭。依靠乡绅、团练尽管可以不动官项，但这绝非是无本生意，免费午餐终非易食，清王朝的统治权威在这期间无疑大打折扣。

如果说段光清《镜湖自撰年谱》反映的是浙江的情况，那么方江《家园记》七卷则以日记的形式反映了这一时期皖中官绅的情况。我们将这两部著作相对读，不难发现可以相互印证的史料。据方江《家园记》记载，战乱中，桐城众绅士于县学泮宫募勇起局，名曰"平安局"；各乡诸绅亦大起团练。局政骎骎越俎而取代官方权威竟成积习，各局总不禀命于官，各勇丁不听命于官，威福擅作，生杀自由。出征大事，局中自定，有人或欲告官，局总竟不悦道："告他干什么"；知县夜巡，门勇有不在者，将杖队长，该队长不受，曰："我不以官食，绅管我，官不可管我。"② 局总诸富绅武断弄权，以局谋私，大肆搜刮，并且在战事紧张之际为保护自己的家业馨徙唐家湾，以至民间为万字谣数十韵贴满通街，其中一首曰："好个唐家湾，金银堆成山，美女数十万，稻米百五石。"③ 此外，局绅揽讼，讼必勒罚，与官争利，判决一如在官：愚民震局威，以为有权，故讼者不之官而之局。《家园记》记载许多官府在就地正法中事权旁分的事例。如，该书中叙及："二十三日，斩伙劫轮奸犯一人。犯十余人劫其邻，脱两门扉缚其子夹之，压以巨石，而强奸其养媳，轮逼之。捕获两犯皆严姓，宋令以欲生之，严族公揭请杀之，且曰不诛将有后患。迟数日，迫于公论斩一人，其一则曰待彼父至质之。严族恚曰，天下有污死其子之父耶！"④ 这起案件的死刑决定权操诸县令，但可以明显看出乡绅的态度具有决定性影响。在另一起案件中，局中以乡勇抓获三名出逃的太平军，此三人有两名为壮丁，河南人氏，另外一名为十二岁的湖北小孩。按照当时规定，"逃贼

① 聂崇岐编：《捻军资料别集》，上海人民出版社1958年版，第135页。
② 方江：《家园记》，《安徽史学》1986年第2期。
③ 方江：《家园记》，《安徽史学》1986年第6期。
④ 方江：《家园记》，《安徽史学》1986年第1期。

己在胁从罔治之列"①，"时宫署令有病，县丞代鞫之，问知实是逃于贼者，而非为贼谍，江行恐与贼遇，故某由桐就陆归河南。而局绅多欲杀人为功，谓二壮者必杀。命之语二教师曰：'以与汝'。两人故以杀人为乐事，不肯分，至相詈也"②。县令将小孩带至卧榻前亲审。局总马仲翰飞扬跋扈，致书县令幕宾方某："询谋佥同，吾意必杀，为余幸语居停，不杀，无须团练矣。"该幕宾曰："稍安无躁，即当杀，亦当问。"③ 局总马仲翰的话毋宁是对于官府赤裸裸的威胁要挟。这起案件充分印证了在太平天国起义期间地方政权和士绅之间实际权力的消长盈缩，足见团练倚众要挟不服地方官吏，几有官弱民强之势。

案例二：三桥团丁案

这是沈家本之父沈丙莹用诗记述的一件事，被李贵连作为太平天国起义时期就地正法全盛时期的典型案例，后来有些学者因为翻检李贵连教授著作方便遂多所引述该材料。咸丰十年（1860），沈丙莹由都察院御史任贵州省安顺府知府，由京官改地方官。在安顺府任内，他写了一首名为《三桥团》的纪事诗："三桥团、三桥团，团丁张牙如封貒。谁家乡兵新放逐，五十六人夜投宿。投宿不纳言龃龉，团丁凭怒心胆粗。仓卒缚人同缚猪，磨刀霍霍骈首诛。髑髅满地红模糊。吁磋乎！我朝好生古无比，议狱年年诏缓死。奈何太阿之柄团丁操，杀人如麻敢至此？"④ 从这首诗中可以看出，五十六个团丁天晚投宿，因主人不接纳发生争执，便挥刀杀人。杀了多少人？诗中没有具体指出数目，但从"髑髅满地红模糊"一语可以看出饮刃而死者肯定不是一两个。事实上，沈本家父亲所述三桥团丁滥杀无辜之事，与方江《家园记》所述当时在安徽负责办理团练的周天爵的所作所为只能是小巫见大巫而已。按照方江《家园记》记载，时周天爵在宿州"杀人遏乱，河水尽赤，断残塞道，豺虎厌肉，岸无不悬头之树，树无不悬头之枝，远望离离，

---

①　方江：《家园记》，《安徽史学》1986 年第 3 期。

②　方江：《家园记》，《安徽史学》1986 年第 3 期。

③　方江：《家园记》，《安徽史学》1986 年第 3 期。

④　沈丙莹：《春星草堂集》，诗三，"三桥团"，清光绪间刻本，页四。或可参见李贵连：《沈家本传》，法律出版社 2000 年版，第 21 页。

骤马望之返奔"①，以至连咸丰帝都寄谕周天爵云"辄用极刑，恐人心涣散，亦足召乱"②，令其加倍慎重。李贵连以沈家本父亲的诗歌作为例证，这固然与其长期研究沈家本不无关系，但主要还是李贵连撰写《晚清"就地正法"考》时，这方面研究尚不多见、可以资取的材料甚少所致。但沈家本父亲的这首诗歌反映的团丁取与生杀、为所欲为的情形并非夸大其词，完全可以作为就地正法的合适例证。如果我们采取陈寅恪的"诗史互证"方法，不难证明这首诗歌的可信性。当时的援黔川军统领唐炯有云："窃查黔省自军兴以来，各属地方集团自卫，其中端方得力者固不乏人，而桀骜之徒往往肆其横暴。其始借官以胁众，其继则集众以挟官，致使十余年来官不敢问，吏不敢诘，任其招聚匪徒为之爪牙，部勒小民听其驱策。"③ 他指出，贵州各属团练率多"霸踞田产，毁人坟墓，焚烧掳掠，杀戮奸淫。其名则团，其行实贼。正安、婺川、绥阳、桐梓等处，在在皆是"④。在石阡，当时有所谓"五霸七雄"，历年"争团相攻，树党仇杀，兵连祸结，累年不休"。该县团练"每约昏晚袭杀旧州城苗，抢掠财物，岁习为常"⑤。一旦攻陷义军城池，辄无不争相"尽情搜括，飚忽去来"，"殃民倍甚于贼"。⑥ 由是观之，三桥团丁案只是当时贵州地区就地正法无法无天的一个缩影。

（二）从同治二年到光绪八年

鉴于自咸丰年间军兴以来，各省办团鲜收实效，反滋流弊，咸丰六年清政府上层就对数年来办团状况进行了一次大的检讨。团练产生的种种流弊为时人所诟病，随着军务告竣，连湘军、淮军都面临裁勇问题，

① 方江：《家园记》，《安徽史学》1986 年第 2 期。
② 中国第一历史档案馆编：《清政府镇压太平天国档案史料》第 5 册，社会科学文献出版社 1992 年版，第 63 页。
③ 唐炯：《援黔录》卷三，"禀贵州巡抚夹单"，清刻本，页五。
④ 唐炯：《援黔录》卷三，"禀贵州巡抚夹单"，清刻本，页五至六。
⑤ 成其济：《石阡成其济自撰年谱》。转引自张山：《太平天国时期贵州团练问题初探》，《广西民族研究》1988 年第 3 期。
⑥ 成其济：《石阡成其济自撰年谱》。转引自张山：《太平天国时期贵州团练问题初探》，《广西民族研究》1988 年第 3 期。

各地轰轰烈烈的团练组织也就告一段落，开始趋于低落。与此相伴随，各地团练、士绅在战争非常时期的就地正法非正式权力受到削夺，官方就地正法权力旁落于团练、士绅的格局得到改观。此为这一时期各省就地正法之制值得关注的转型。

同治二年十一月，两广总督毛鸿宾奏请将劫盗重案酌拟章程以便变通办理。上谕云："广东省各属劫盗重案，日常数起而弋获者甚属寥寥，其申报获犯者往往声明带病，旋即报故，总由地方官捕务久弛，甚或以盗案处分綦重，希图搪塞，积习相沿，转致凶恶众著之犯，瘐死狱中，幸逃显戮。……嗣后广东省，除广州府属及佛冈直隶同知拿获逆匪盗犯仍行解省勘审外，其距省较远之各府厅州县，所获拜会从逆、拒敌官兵及迭次行劫、伙众持械、拒捕伤人、罪应斩枭斩决各犯，由各该州县审实后，即解送该管道府覆审，录供具详，该督抚核明情节确实，即行饬令就地正法。一俟军务完竣，盗匪敛戢，即行奏明仍照旧章办理。此外寻常命盗案件，着仍照例勘解，以符定制。"[1] 同治二年十一月批准的广东省就地正法审转复核程序至少具有三方面意义：首先，该程序意味着对于咸丰三年三月十三日就地正法上谕中具体程序付诸阙如的否定，实际上标志着对于就地正法裁量权的收缩和严格化，其中暗藏的玄机就是省级政府和地方州县乃至团练、乡绅之间权力的厘清。其次，该程序在某种程度上是对道光年间林则徐奏定的云南就地正法审转程序、批结权限的遥继和翻版，表现出法律制度复杂的断裂与继承关系。再次，该程序基本上可以视为清末就地正法长期循行的审转复核操作程序常态典型。直到光绪十一年（1885）张之洞奏请的广东省就地正法章程仍然这样规定："其距省较远者，由该厅州县审实后，酌核道路远近，如有道府同城者，解由该管巡道督府覆审。不同城者，即分别解由最近之该管或道或府州覆审。如犯多路远者，即由道府州亲赴所属覆审，均录供通禀。督抚核明情节确实，批饬就地正法。……其广州府属及佛冈、赤溪二直隶同知所获盗匪，仍于审实后录供解府，审明通禀，批交臬司会

---

① 《清穆宗毅皇帝实录》卷八十四，同治二年十一月，台北华文书局股份有限公司 1960—1970 年版，第 2214 页。亦见朱寿朋：《光绪朝东华录》，中华书局1958 年版，总第 56 页。

同营务处司道覆讯明确，禀候核饬，就地正法。"① 比较两个章程，后者在例外地域上多出了赤溪厅，但从《清穆宗实录》卷二百三十一可知，赤溪直隶厅是同治八年才从新宁县分离出来的。尽管后者在就地正法适用对象与前者存在不同，但就地正法的解审规定并无区别，说明同治二年十一月批准的广东省就地正法审转复核程序是一以贯之实施的。

娜鹤雅博士的《清末"就地正法"操作程序》，笔者认为这篇文章对于就地正法常规程序的研究尽管存在忽视时间因素的遗憾，但稽诸同治二年十一月批准的广东省就地正法审转复核程序，我们发现其归纳解析仍然是比较准确到位的。该文如是写道：

> 适用"就地正法"的死刑案件事实上也要经过审转复核程序，且其审转复核程序根据各地方情况的不同略有差异，但大致可被分为两种情况。（1）犯罪发生地距省都较近的州县，仍旧遵循逐级审转复核制的程序，层层解审复核，但解审只到督抚，就地正法施行与否也由督抚决定。（参见表一）（2）犯罪发生地距省都较远的州县，又可分为下面三种情况。（A）距离第二级审判机关府、道较近，且府、道同城的情况。州县官员在审清犯罪事实后，将案犯及其相关文书解审到府、道，由府、道官员对案犯及其所拟刑罚进行覆审，如无疑义，将录供呈交按察使司复核明确，禀候督抚核饬就地正法。（B）距离府、道较近，但府、道不同城的情况。州县官员完成初审后，根据自己距离府、道的远近程度，可将案犯及其相关文书解往最近的第二级审判机关——府或是道进行覆审，覆审如无疑义，由府或者是道，经按察使司详禀督抚，等候批饬就地正法。（C）距离第二级审判机关较远，或者在案犯较多的情况下，还采用下面的方式。州县审问确实后，道、府亲赴所属州县覆审，并将录供交按察使司复核明确，禀候督抚核查批饬。（参见表二）

---

① 王树枬编辑：《张文襄公（之洞）全集》卷十三，《请定盗案就地正法章程折》（光绪十一年十二月一日），沈云龙主编：《近代中国史料丛刊》第四十五辑，452—456，台北文海出版社1982年版，第1193页。

（表一）　　　　　　　　　　　　（表二）

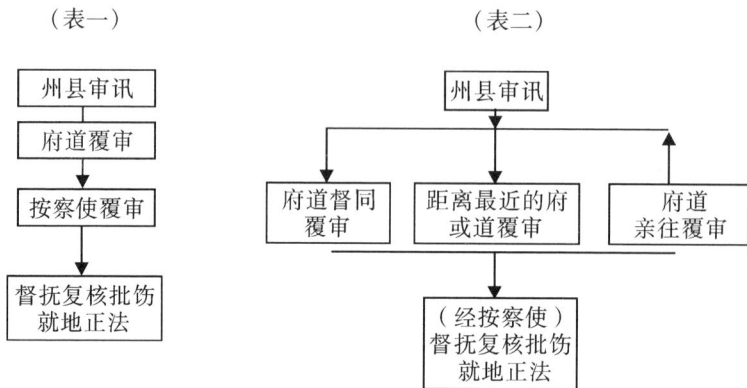

"就地正法"流程图

在上述（1）中，案犯及案件文书从州县开始，要被向上层层递解到府道、按察使和督抚，虽然府道、按察使、督抚的职责是复核罪行及量刑情况，但复核方式实际上与州县初审无异，即对案犯进行直接审理。在（2）的（A）（B）中，案犯以及相关文书只需解审到第二级审判机关——府、道，因此二审府、道采用的仍然是直接审理的复核方式。从第三审按察使司开始，因为解审的被免除，复核方式也变为对案件文书的书面审理。虽然在（2）（C）中，案犯及案件文书自始至终都无须向上解审，但其复核方式同（A）（B）相同，即府、道为直接审理，按察使司和督抚为书面审理。①

笔者认为，同治二年十一月批准的广东省就地正法章程其实只是规范当时就地正法制度的先声。对于团练、乡绅的收权在太平天国起义镇压下去后从史料反映的情况来看还是比较顺利的。但是，对于地方州县官在战争中形成的权力加以收束的难度相对而言似易实难，盖以代理人成本之故也。同治二年，在江苏通州会首盛广大等通贼一案中，由于署通州直隶州知州黄金韶在首犯尚未拿获情况下，辄将已获伙犯蔡之梁等就地正法，经署江苏巡抚吴棠奏参，被交部议处。在盛广大等犯拿获

---

① 娜鹤雅：《清末"就地正法"操作程序》，张世明、步德茂、娜鹤雅主编：《世界学者论中国传统法律文化（1644—1911）》，法律出版社 2010 年版，第 235—241 页。

后，据吴棠奏请，黄金韶前次正法各犯并无屈枉，且查拿尚能迅速，功过相抵，前次应得处分得以免除。① 这一案件表明，尽管可能出于各种其他相关的理由和借口，但地方督抚在镇压太平天国起义战争后期就有约束地方州县官在战争中形成的就地正法实际权力的参劾举措。从同治元年起，御史何福咸奏参江苏署沭阳县知县蒋懋勋贪酷失职玩视民命一案，经过按照所参各款逐一根究，直到同治四年才尘埃落定，最后的结论是：徐德嘉、徐周氏系勾匪扰害地方之犯，该县蒋懋勋"因捻匪逼近"，"据团练公请"，将其就地正法，系未照例详办。上谕云："此案蒋懋勋因徐得嘉等勾匪扰害地方，未经详办，先行正法。虽未照例办理，惟其时捻氛逼近，该员系为除暴安良起见，若遽予革职，恐嗣后地方官遇有紧要事宜，多所瞻顾。蒋懋勋着加恩免其革职，仍交部照例议处，用示原情慎罚至意。"② 值得注意的是，蒋懋勋虽不问责，在该案中侥幸保住乌纱帽，但清朝最高统治者对其的处理是留有尾巴的。其含义有两方面：一则意味该员确实如所参奏那样有失残苛，一则也具有惩戒该员本身和其他地方州县官的意味，只是在战争尚未完全结束之际仍不便处分过严而已，代表了朝廷的一种态度。

吴大廷，字桐云，湖南沅陵人，于同治五年奉调台湾兵备道，兼任按察使。其所著《小西腴山馆主人自著年谱》在同治五年十二月条下便记述了一起地方官在实施就地正法审转过程中的猫腻，其文曰："先是，彰化有拒捕戕官之案，首伙要犯未获，该令撤任留缉，始获案犯数名，以陈文为首犯定谳；由府转详，将处决矣。旧例：决犯必由道过堂画供后，方行处斩；陈文过堂，泣诉其冤。余检卷牍，首犯的系陈鲁，陈文其党；诛之无词而诬为首犯，则不服。发府覆讯，府执前谳者再，并请由道专案奏报了事。余再驳斥，必得首犯治之乃已。久之，首犯未得，该县遂将该犯'案由'尽行更改，倒填年月，通详大吏；暗中属托人在省打点，为规避处分地步。果奉抚部札饬，以该犯情证确凿，即

① 参详《清穆宗毅皇帝实录》卷七十八，同治二年九月，台北华文书局股份有限公司 1960—1970 年版，第 2056 页。
② 《清穆宗毅皇帝实录》卷一百三十五，同治四年四月，台北华文书局股份有限公司 1960—1970 年版，第 3340 页。

由道就地正法，自行奏报；余守初议愈坚，将前后情节明晰详复。抚部无奈何，奏明饬令该县勒限缉拿正犯；而陈文之罪无可谢，其枉则已伸矣。"[①] 和前述同治二年通州直隶州知州黄金韶案件一样，《小酉腴山馆主人自著年谱》中的这起案件也是由于地方官在首犯未获的情况下将从犯就地正法而引发质疑。州县官之所以极力要通过各种手腕对从犯就地正法，目的就在于规避缉盗处分。

丁日昌是晚清洋务派大吏中一位"能致其精"[②] 的佼佼者，其于同治六年（1867）被擢升为江苏巡抚，极力整顿州县官滥用就地正法的权力。当时山阳县发生一起涉嫌挟仇谋命案，案犯之一的田星沅仅因曾为游勇，便在罪据不足、案情尚未审理清楚的情况下，被判为死罪，拟即就地正法，丁日昌接到有关此案的报告后，认为案件情节颇多可疑，乃火速札令山阳县将案犯留监听候提质，但不幸的是，山阳县令已将此事禀报正在严办游勇的漕运总督后把田星沅处决。丁日昌对此十分气愤，饬令将山阳县令记大过一次，且批示淮安府："山阳县如此草菅人命，居心恐不可问，务望明查暗访，将此案实情和盘托出，庶不致田星沅含冤于地下。我辈既为民牧，当仰体上天好生之德，岂可以人命博上司之欢心？该令因漕帅志在严办游勇，遂欲以屠伯自命，然漕帅所欲严办者有罪之人，岂欲严办无罪之人乎？前札业已谆嘱该令不可草率从事，田星沅如果罪不可赦，该令亦何妨稍缓须臾，听候委员复讯明确，乃竟毅然决然，下此辣手乎！明有宪章，幽有鬼神，恐不能为该令宽耳。"[③] 山阳县令在这起案件中不顾本管上司命令急如燃眉般将人犯就地正法，估计存在和前述彰化陈文案中地方官企图规避处分等类似的隐私。有鉴于此类就地正法冤案时有发生，丁日昌向两江总督曾国藩提出

---

① 吴大廷：《小酉腴山馆主人自著年谱》卷一，《台湾文献史料丛刊》第九辑（188），人民日报出版社 2009 年版，第 43 页。

② 郭嵩焘：《伦敦致李伯相》，《清代四星使书牍》，大达图书供应社 1936 年版，第 94 页。亦见朱克敬：《雨窗消意录》（与《儒林琐记》合刊本），岳衡等点校，甲部卷二，岳麓书社 1983 年版，第 126 页。

③ 《山阳县令禀拿获凶犯田星沅禀经漕院批饬正法由》，丁日昌：《抚吴公牍》卷十，《中华文史丛书》之四十七，台北华文书局股份有限公司 1969 年版，第 333—336 页。

咨商，希望联衔通饬各属禁止就地正法。他指出："军兴以来，烽燧频惊，道途多梗，于是有禀请就地正法之事。其始不过将邻封未破各案，皆捏作现获各犯之所为，其弊止于开脱承缉文武处分，尚无大害。既而相沿成习，地方官恃无复审印证之员，遇事心粗手滑，不暇致详，但以一禀杀却了事，稍加审慎，转似迂拘。殊不知死者不可复生，断者不可复续，谁非赤子，我亦苍生，人命所关，岂容轻视！……近来江北禀请正法，饬驳复旋即平反之案不一而足，令人心寒。此就地正法之请，实未能深信不疑也。"① 曾国藩盛赞丁日昌之才，鄙薄丁日昌之德，对丁日昌遽跻封疆不以为然，虽然未能完全接受丁日昌的这项主张，但后来还是与丁日昌会衔发布通告，严饬各管巡道府州对除遣散兵勇纠众抢劫生事之外一般性命盗案件，"按例审转，不得混叙曾当兵勇空言，率请就地正法，以昭详慎"②。据丁日昌的幕僚林达泉所言，在丁日昌任江苏巡抚期间，丁日昌以禀请将犯就地正法案件尚有疑窦而派员复审平反者，仅江北州县就有四十余起之多。③ 丁日昌在江苏的举措一则反映了在战乱后就地正法适用对象在这一时期主要以滋事遣散游勇为主的时代特色，一则反映了在州县一级就地正法拨乱反正的艰巨性。

在太平天国起义被镇压下去以后形成的地方督抚专政使督抚批饬执行就地正法成为常态。这一时期，就地正法之制的另一特征是，就地正法的人数、犯罪缘由等往往需要上报中央。以广东为例，同治二年两广总督毛鸿宾会同署广东巡抚郭嵩焘奏请变通办理劫盗重案酌拟章程，奉上谕着照所拟实施。按照此次奏定章程，决过就地正法人犯数目需每三个月一次缮具清单，陆续汇奏。铃木秀光引述刑部档案"光绪十、二十五等各年广抚循例季报就地正法盗犯清单案由并补具供招案卷"中这样的文字可以说明广东省在同治二年便一直实行按季汇奏的制度："粤东

---

① 《咨商就地正法之案照例办理由》，丁日昌：《抚吴公牍》卷十一，《中华文史丛书》之四十七，台北华文书局股份有限公司1969年版，第364—366页。

② 《会衔严饬不准就地正法》，丁日昌：《抚吴公牍》卷十六，《中华文史丛书》之四十七，台北华文书局股份有限公司1969年版，第473页。

③ 丁日昌：《抚吴公牍》卷二十四，《中华文史丛书》之四十七，台北华文书局股份有限公司1969年版，第744页附注。

审办盗犯，自光绪九年四月二十二日第八十次汇奏期满起，又自四月二十三日起，至五月初八日奏明规复旧例办理止。兹自九年五月初九日起，计至八月初八日第八十一次三个月期满。……所有孥获逆匪、盗犯讯明就地正法，第八十一次期满缘由，谨开各犯罪名清单，恭折具陈，伏乞皇太后、皇上圣鉴。"① 但是，广东按季汇奏的方式不能以偏概全被推论为常态。其理由有三：第一，在《大清会典事例》等官方法律文书没有这样一条普遍使用的定例。第二，光绪年间关于就地正法讨论中，刑部的奏议中明确指出："光绪五年，刑部因各省拿获土匪强劫盗犯。有照例具题者，有声称照章就地正法者，并有寻常盗案，该州县拿获讯明后径行处决，随后始行通详上司，备录供招送部者，办理未能一律，奏请各按距省远近，分别就地正法，并解省审勘。奏准通行，迄今数年之久。各直省就地正法案件，每岁犹不下数千百人，其中法无可宥者，固所必有，情有可原者，亦难保必无。第各省既不按例题奏，而供招又或并不咨送，是否难宥，抑或可原，刑部无从得知。"② 这说明光绪五年刑部的规范并未能解决各省就地正法题奏统一问题。第三，在刑部奏定除甘肃、广西等省外普遍停止就地正法后，一些省份奏准的变通章程对于就地正法奏报中央问题的解决方案依然五花八门。例如，浙江省是于每届年终时将正法各案开单奏报在案；河南省是随时汇奏；山东省是按季汇奏。

兹以这一时期就地正法的一起典型案例加以说明。

案例三：游勇谋杀人命案

敬禀者：案查张前升道任内，据前管带绥靖军袁守闻析禀报：已撤振字营游勇邱阿丁，因鹿港商贩张浪向其强索旧欠，起意谋杀泄忿，商允前在振字营同充勇丁之黄得仔，往诱张浪前来番社算账。邱阿丁随带短刀，伏途伺杀。嗣见张浪在前，黄得仔在后一同

① 铃木秀光「清末就地正法考」『東洋文化研究所紀要』第 145 册、2004 年 3 月。

② 光绪朝《钦定大清会典事例》卷八百五十，刑部，刑律断狱，有司决囚等第七，台北新文丰出版公司 1976 年依据光绪二十五年原刻本影印版，第 15659 页。

走近。邱阿丁赶与张浪觌面接谈，黄得仔乘张浪无备，从后用长镖戳伤其左腰眼，穿透肚腹倒地。张浪喊叫，邱阿丁复用短刀砍伤其项颈一处，登时殒命。邱阿丁与黄得仔因见张浪身畔带有洋银货物，随于事后乘便取去洋银二十三元，并铜手镯等件，分别俵分。用石掩埋尸身，各散。经张浪之同伙黄员目探知，报由分防察家徽等社之左哨副百长把总孟道贤，将邱阿丁、黄得仔先后拿获，解经该守讯认前情，起尸验填棺殓，并追赃给由黄员目认领，录供。请将邱阿丁、黄得仔一并就地正法等情，禀经张前升道，批由前署台湾府孙守寿铭，委据前署凤山县饶令世缨，会同袁守讯据邱阿丁、黄得仔供同前情不讳，禀请仍照原拟，就地惩办等情。复经张前升道以供情犹恐未确，罪关骈诛，不厌详慎。批由接带绥靖军周副将善初，会同卑南同知邓署丞厚成，提犯覆审，供无异词。恳乞仍照原禀，就地处决等情，禀经职道，以邱阿丁、黄得仔二犯，经张前升道先后委员会审，皆曰可杀。惟该犯等均罪关斩决，职道既未亲讯，自不便遽允所请。究竟邱阿丁、黄得仔，是否皆罪所难逭，死不为枉，饬据现署恒春县章令瑞坦驰往卑南绥靖军营次，会同周副将，提犯覆加研讯。据邱阿丁供称：伊因欠还张浪货银，被张浪途遇强索，一时气忿，起意谋杀泄忿，并可免还欠项。商允黄得仔同谋加功。张浪先被黄得仔用镖戳伤左腰眼二处，倒地喊叫。伊即用刀砍伤张浪项颈一处，张浪登时气绝殒命。因见张浪身上带有银钱，乘便取去洋银二十三元，俵分。当时只图泄忿，并非有意图财等语。质之黄得仔，供亦相同。恳乞就地惩办，免稽显戮等情。具禀请示前来。

职道查前奉上谕，各路军营遣散之勇，如有劫夺杀伤人者，即以军法从事等因钦此。该犯邱阿丁、黄得仔为已撤振字营游勇，辄敢逗留番社，挟嫌谋杀人命，实属悍不畏法，罪所难逭。当兹整顿营务，若不遇案重惩，何足以戢凶暴而儆效尤？除批饬将邱阿丁、黄得仔二犯钦遵前奉谕旨，即行就地正法，仍传首犯事地方愚竿示众，以昭炯戒，并令将处决日期专文通报，汇入冬季造报外；理合据情禀请宪台察核。

敬再禀者：窃照已撤振字游勇邱阿丁、黄得仔谋杀商贩张浪殒命案内，有素在后山肩挑佣趁之张阿猫一名，同时被获。讯据供认于张浪气绝后，用刀划伤张浪左额角等语。随案禀经张前升道，以伤系死后所划，似不应与加功者同论。罪名出入攸关，委员会同接带绥靖军周副将善初提犯讯供，禀经张前升道移交，职道饬由现署恒春县章令瑞坦，会同周副将，提犯讯据张阿猫以张浪被邱阿丁等谋杀身死，伊实无下手加功。嗣因帮同埋尸，用刀掘土，不期刀尖划伤张浪左额角一处。质之邱阿丁等，亦供无异词。诚不应与实在加功者同论。惟查邱阿丁、黄得仔二名系游勇杀人，应钦遵前奉谕旨，就地军法从事，为决不待时之犯，毋庸拘于成例。请将张阿猫一犯，变通办理，解由恒春县锁系石礅二十年，以示惩儆等情，随案具禀请示前来。除批饬照拟礅示外，理合随案附禀大人察核。①

上述案件的材料来源于刘璈《巡台退思录》。光绪七年，刘璈任台湾兵备道，成为当时台湾的最高军政长官。此为刘璈关于该案的勘转的禀文，包括"据报""勘验""叙供""审勘"四部分，非常合规范。此案发生在刘璈的前任、已经升授福建按察使的原台湾道张梦元任内。刘璈在看语中引述关于惩处遣散兵勇滋事的上谕，用三段论的法律推论认定杀人犯邱阿丁属于当时严厉打击之列。该案件反映了就地正法与军法从事的密切关联。关于帮同埋尸的张阿猫并未下手加功的法律论证也可以证明传统司法在命案中援引律例的严格法定主义。从程序法角度而论，该案件审理符合当时就地正法审转复核的规定。在该禀文后面附有光绪八年二月十一日、光绪七年十一月二十八日分别接到的闽浙总督何璟、福建巡抚岑毓英的批示。该禀文中就曾言及"将处决日期，专文通报，汇入冬季造报"，与广东省按季汇奏并不相同。

案例四：参将擅杀应死罪盗犯案

---

① 刘璈：《巡台退思录》第三册，"禀请将谋杀人命游勇就地正法由"（光绪七年十一月二十二日），台北文海出版社 1981 年版，第 213—215 页。

刑部咨奏云南革将张润擅杀盗犯一案。查律载：有司于狱囚始而鞫问明白，继而追勘完备，至死罪者，在外听督抚审录，无冤，依律议拟斩绞，法司覆勘定拟奏闻等语。此案已革记名总兵借补镇雄营参将张润奉昭通镇转饬出巡会哨，清查盗贼，该州牛街孀妇王颜氏及民人陈大宗被贼抢劫二案，均经镇雄州陈谥会营勘验通报，派拨兵役协团捕拿，先获盗犯左老六、张海亭等十名，并获原赃，因孙三大等四名拒捕受伤，就近并解牛街知事衙门，由该知事讯明左老六实系纠约孙三大等抢劫王颜氏家，得赃拒伤王联芳身死，张海亭实系纠约孙三大等抢劫陈大宗家得赃远遁，闻拿拒捕各等情。其王四大、李三大、彭九大、王老么俱系共谋为盗、临时畏惧不行、事后亦未分赃之犯，经该知事牒州转报，并传事主认领原赃，拟俟孙三大等伤痊解州审办。嗣以孙三大等先后在押病故，经该州陈谥亲诣验明，实系因病身死，提讯左老六等，仍与该知事所讯口供无异，看役亦无凌虐情事，已将病故缘由具文通报。惟时张海亭、左老六等亦相继患病，陈谥留役在彼协同看守，未即起解，迨犯病已愈，该知事遽闻有匪党在途潜伏劫犯之谣，正在调团协解间，适参将张润行抵牛街，讯孀妇王颜氏以赃未全获，贼尚未办，赴该革将行营喊控。该革将点团后向冯知事查问原委，即以前在军营曾见强盗案犯每由统兵官讯明正法，或由州县官就地惩办，遂亲赴知事署中提犯。该知事虽经拦阻，见其来意已执，恐激事端，未敢与争，该革将当将左老六等六犯提至行营，讯供与冯知事及该州陈谥所讯相同，即将为首行劫盗犯左老六、张海亭二名由营正法，并将左老六首级枭示，又将共谋为盗、临时畏惧不行、事后未分赃之王四大、彭九大、李三大、王老么四名一并取保释放。该督等以已革参将张润误会盗犯有就地正法成案，辄将知事衙门管押应解盗犯左老六、张海亭二名提至行营正法枭示，左老六等罪应斩枭斩决，俱属应死罪人，其王四大等四名取保释放，均罪止满杖，张润除因公科敛，罪止杖八十轻罪不议外，依罪人本犯应死而擅杀律，拟杖一百，声明业经奏参革职，免其发落等因具奏。臣等查命盗案件例应鞫问明白，取具确切供词，审录无冤，始行定拟罪名。近年各省办理强盗等案，有因转辗解审，恐致疏虞，援请章程就地正法，第亦均由各州县录供，详由该管上司通详督抚，或委员会审，或交该管道府覆审，果系赃证明确，始行禀候批饬，就地正法，从无该管地方官擅自决囚之理。今镇雄营参将张润奉派出巡，会哨清查盗贼，于该州兵役协团拿获盗犯左老六、张海亭等十名解归知事衙门羁禁，因案犯患病，该知事尚未押解该州讯供，左老六等是否正盗，王四大等是否临时畏惧不行，事后未分赃，均未据该州讯明定案通详，即因闻有匪党在途潜伏劫犯之谣，亦应会同该州设法严防，一面具禀该管上司，听候批示，乃该革将并未知会该州，率以事主王颜氏赴该营喊控，辄坚执己见，不听该知事劝阻，提犯讯供，擅自将为首行劫盗犯左老六、张海亭二名正法，又将共谋为盗、临时畏惧不行、事后未分赃之王四大等四名一并释放，似此胆大妄为，实属目无法纪，岂得借词于军营盗犯曾由统兵官讯明正法，希图为开脱地步？该督率将该革将张润援照擅杀应死罪人律问拟，罪名殊未允协，臣部碍难率复，相应请旨饬下云贵总督、云南巡抚覆核案情，详绎律意，妥拟具奏，不得稍涉轻纵，以伸法律而惩谬妄。[1]

此案例源自《新增刑案汇览》卷十六。

上述材料虽然是光绪六年部驳，但其事发是在光绪四年。据当时的云贵总督刘长佑云，该案的被控者张润"本系云南练头，打仗出力，历保记名总兵，借补镇雄营参将，到任未久，罔知法律"。这句话是照部驳另拟科罪时所言，所谓"罔知法律"不无开脱之意，而叙写张润的军功也同样在于将此作为考虑减轻处罚的因素。从笔者所收集到材料可以看出，咸丰六年时为训导的张润以拿获云南弥勒逸匪出力获得嘉奖。同治末年云贵总督岑毓英镇压杜文秀起义期间，张润为岑毓英的得力干将，战功卓著。光绪二年，刘长佑接任云贵总督伊始就发现"本地绅

---

① 《新增刑案汇览》卷十六，祝庆祺、鲍书芸、潘文舫、何维楷编：《刑案汇览三编》四，北京古籍出版社2004年版，第733—735页。

练，恃众横行，挟制官长。上下猜忌，法令不行"①。光绪四年，刘长佑奏参劾提督衔记名总兵云南镇雄营参将张润擅将牛街知事衙门管押之盗犯左老六等杀戮二名，释放四名，又借查团为名苛敛使费，并有擅理民词情事。张润被先行革职，从而引发了光绪六年的部驳。张润在战争中养成的刚愎自用的性格令其在仕途上大吃苦头。刑部在驳议中指出："近年各省办理强盗等案，有因辗转解审，恐致疏虞，援请章程就地正法，第亦均由各州县录供，详由该管上司通详督抚，或委员会审，或交该管道府覆审，果系赃证明确，始行禀候批饬，就地正法，从无该管地方官擅自决囚之理。"这是同治二年两广总督毛鸿宾会同署广东巡抚郭嵩焘奏请的变通办理劫盗重案酌拟章程规定的内容。现代法学家往往将这样的章程称为省例，这固然无可厚非，但需要注意的是，我们不能将"省例"视为现在的地方性条例。在清代司法行政实践中，立法并非遵循现代的立法权分权体制，而是关键在于"例"的含义，某个省份奏定的定例或者由于下发各省作为参照执行的规章，或者被其他省份主动沿用追随，中央各部在许多情况下亦视为通例、通行，因为当时不是系统性立法，绝大多数都是缘事而发的"条例"，司法行政则循例而行，可以降低获得皇帝允准的"破例"之立法成本，以致有学者认为当时律法思维是例学思维。刑部以同治二年就地正法章程关于审转规定为依据，质问"岂得借词于军营盗犯曾由统带讯明正法，希图为开脱地步？"最后，云贵总督另拟加重对张润的处罚，于擅杀应死罪人杖一百罪上加一等，拟杖六十，徒一年，发往军台效力赎罪。

　　这样惊动清朝中央政府的类似案件几乎同时在山东也发生过。也是在光绪四年，御史孔宪珏参奏山东陵县知县赵多熙将诉灾平民擅杀二十余命，并无确供录报。由于赵多熙关通巡抚文格，文格奏复称："陵县匪犯蔺汰纠众抗漕，沿庄抢掠。迨官兵往拿，胆敢拒敌。经该署知县赵多熙拿获匪党二十余名正法，并将首犯擒获。惟赵多熙办理草率，请旨议处等语。该员赵多熙拿获匪党，因闻首匪蔺汰率众前来夺犯，仓猝应

---

　　① 朱孔彰：《中兴将帅别传》卷四，《四库未收书辑刊》编纂委员会：《四库未收书辑刊》第2辑，第23册，北京出版社2000年版，第213页。

变，为保卫地方起见，即将该犯马希固等就地正法，未及录供具禀。"[①]
清朝最高统治者对于此奏复颇为怀疑，指出：如果属实，是所办尚无不
合。倘该员办理失当，禀报情形。未尽确实，并不将该犯等审讯明确，
禀候核办，率予骈诛，仅请议处，殊不足以示惩。上谕要求文格再次加
以查明具奏，但文格仍然矢口不易，所处决的"马希固等实系附从蔺
汰，聚众抗粮抢掠。经赵多熙捕拿到案，传闻蔺汰来城夺犯，遂将甘心
入伙匪党马希固等就地正法，原非枉杀无辜。惟因其于饬查后，始将犯
供录送，是以请予议处"[②]。该案既据文格奏复如此，清朝中央政府遂
认为赵多熙将该犯等就地正法，"系为仓猝弥患起见，办理尚无不合。
赵多熙着加恩免其议处。嗣后地方官寻常拿获匪徒，仍当具禀录供，详
由督抚核办，不得稍涉专擅，以昭慎重"[③]。但光绪五年五月，清朝中
央政府通过其他信息管道查明文格所奏诬枉不实，赵多熙以擅杀多命被
革职。赵多熙案和前述参将擅杀应死罪盗犯案一样，均因为不按照规定
程序就地正法而受到处分。在这两起案件中，各省督抚或者重罪轻罚，或
者包庇属僚，从而使中央和地方在就地正法问题上的矛盾日益彰显。刑部
在前述参将擅杀应死罪盗犯案的驳议中几乎就表达了其在光绪七年就地正
法大讨论时的观点。如果我们将该参将擅杀应死罪盗犯案的部驳与在光绪
七年就地正法大讨论串并起来看，不难发现其中的前后因果链条。

第五节　关于就地正法的争论

《清史稿·刑法志》说，停止就地正法之议于光绪七八年由御史胡

---

① 《清德宗景皇帝实录》卷七十八，光绪四年九月，台北华文书局股份有限
公司 1960—1970 年版，第 717 页。

② 《清德宗景皇帝实录》卷八十二，光绪四年十一月，台北华文书局股份有
限公司 1960—1970 年版，第 759 页。

③ 《清德宗景皇帝实录》卷八十二，光绪四年十一月，台北华文书局股份有
限公司 1960—1970 年版，第 759 页。

隆洄、陈启泰提出。其实不然，时间要早得多。同治八年（1869），亦即捻军起义失败后的第二年，御史袁方城便上章请求停止就地正法。袁方城，四川江津人，咸丰三年进士。作为正途出身的袁方城对于太平军兴后待用方亟、朝廷为解决财政困难大开捐纳造成的"但舍厚赀便膺方面"[①] 现象甚为不满，主张对于参革人员以军营为捷径而夤缘保举情况加以整顿。清廷针对袁氏的奏疏下达过一道谕旨："前因军务方殷，各该地方官拿获匪徒，即行就地正法。原属一时权宜之计。除现有军务地方仍准照办外，其业经肃清省份，遇有获案要犯，着仍照旧章，详由该管上司复核办理，以重人命。"[②] 在大规模的"军务"结束后，朝廷自然想集权于中央，但众所周知，辛酉政变后慈禧在最初施政上惩于肃顺等人严苛结怨的覆辙，每多以宽大为治，不愿过分难为军功起家的疆臣。当时的御史袁方城地位资历尚低，直言政事就是其资本所在，也是积累政治资本的较好途径，但终究人微言轻，与当时作为全国督抚之魁的直隶总督曾国藩相比难望其项背。是年五月，曾国藩奏陈："直隶军务虽已肃清，而各匪余孽尚多，凶悍性成，最易煽动，必应迅速严办。若令地方官于拿获匪犯后，仍照例勘转，不特使犷悍之徒，久稽显戮。且羁禁解审，万一疏虞，转致凶犯漏网。请仍照奏定章程办理。"[③] 同治十二年（1873）御史邓庆麟再次上章，请求在军务肃清省份拿获盗贼土匪时，照旧例办理，恢复正常法制，停止就地正法。清朝廷将邓氏奏疏批交刑部核议。刑部十分为难，"各省军务虽早肃清，盗劫之案尚未止息。若速一律改归旧制，窃恐窒碍难行"[④]，不同意以有无军务来确定是否停止就地正法，主张把邓氏奏章咨行各省督抚，由各省根据实际情形决定是否停止就地正法。但各省督抚议复的结果几乎完全一致，

----

① 袁方城：《条陈整饬吏治疏》（同治八年），盛康辑：《皇朝经世文编续编》卷十八，吏政一，吏论上，沈云龙主编：《近代中国史料丛刊》第八十五辑，831—849，台北文海出版社 1972 年版，第 1964 页。

② 《清穆宗毅皇帝实录》卷二百五十三，同治八年二月，台北华文书局股份有限公司 1960—1970 年版，第 5475 页。

③ 《清穆宗毅皇帝实录》卷二百五十九，同治八年五月，台北华文书局股份有限公司 1960—1970 年版，第 5555—5556 页。

④ 朱寿朋编：《光绪朝东华录》，中华书局 1958 年版，总第 56 页。

均反对停止就地正法的执行，主张有保留地继续适用。① 除此之外，给事中王宪成、国子监司业孙诒经、侍郎鲍源深、夏同善等先后奏请复归分别首从旧制，认为"弭灾在恤刑，治狱先平法。……自顷盗风充斥，概用重典，行十余年，案不减少，则知弭盗之术，不在用法之严。"刑部议核俟数年后察看情形，再行奏明办理。② 由此可见，刑部的关注与言官的建言存在一定分歧，言官以中刑为重心，刑部其实也和地方督抚倾向于乱世用重典，但更主要地是从权力本位出发关注就地正法的程序问题。

　　光绪初年，"江宁三牌楼案""豫案"和"杨乃武与小白菜案"相继曝光，而且往往是前案未结，后案踵起，震动朝野上下。同治八年（1869）、十二年（1873）两次废除"就地正法"的奏章由于种种原因都被搁置了，但是在冤案错案接连发生的情况下，关于就地正法的存废之争再次被提上议事日程，御史们停止就地正法的奏章再次被送到御案前。光绪七年（1881）七月，山东道监察御史胡隆洵率先上章，提出了将盗案刑律改复旧制的请求，揭开了关于"就地正法"大争论的序幕。胡隆洵奏章中提出同治年间"军务虽已渐平，而盗风未能尽息，执法者因时制宜，不得不留重典以绳之"③，现在"军务肃清已久，百姓相率归业。凡各直省兴养立教，诸政无不次第举行。是今日之天下，正国家培养元气之时也，复祖制而广皇仁，此时不容缓矣"④。在这份奏章中，胡隆洵并未直接就停止就地正法发表言论，只是建议废除咸丰初年的"强盗已行，但得财者不分首从皆斩"的规定，主张规复"盗犯分首从"的旧制。刑部对此问题却有着不同的看法："查各省盗案向例系由

---

　　① 参详光绪朝《钦定大清会典事例》卷八百五十，刑部，刑律断狱，台北新文丰出版公司 1976 年依据光绪二十五年原刻本影印版，第 15660—15661 页。

　　② 刑部：《御史胡隆洵奏请将盗案仍照旧例分别首从》，《刑部奏定新章》（《增修刑部奏定新章》）（中国人民大学图书馆藏）卷二，光绪七年。

　　③ 刑部：《遵议盗案分别首从章程疏》，盛康辑：《皇朝经世文编续编》卷一百，刑政三，律例下，沈云龙主编：《近代中国史料丛刊》第八十五辑，831—849，台北文海出版社 1972 年版，第 4525 页。

　　④ 《申报》光绪辛巳七月十四日（1881 年 9 月 7 日），第 19 册，第 274 页。

该地方官申详该管上司，解省审勘，由该督抚分别题奏"①，由"大学士会同三法司详议，各该督抚俟奉准部复，始行分别正法发遣"②，但自军兴以来，"因剿办土匪定有就地正法章程"，自此各省相沿，"即寻常盗案，亦不待审转复核，概行就地惩办。题奏之件，十无一二，而成例遂成虚设③。刑部的结论是，"法贵去其太甚，事必急所当先，必欲复情有可原旧例，莫若将就地正法章程，先行停止"④。可见，刑部在这里顾左右而言他，将话锋转移至要求停止"就地正法"的主张，而胡隆洵的上奏只是为刑部和中央重新获得死刑的覆审和决策权制造了一个舆论机会。

早在光绪五年（1879），鉴于"因军务吃紧，变通办理，各省遇有此等案件，有照例具题者，有声称照章就地正法，甚有寻常盗案，该州县拿获讯明后径行处决，随后始通详上司，备录供招送部者，办理未一律。至职官犯罪，均应拟议具奏请旨遵办，今各省亦有先行正法者，办理殊觉纷歧，似非慎重刑章之道"，刑部奏准："嗣后各省拿获马贼土匪，并伙众持械强劫案件，如实系距省窎远，解犯中途堪虞，就近解归该管府道覆审明确，免其解省。由该管道府核明情罪，禀候督抚批饬就地正法，按季汇案具奏。俟盗风稍息，仍照定例办理。其余距省较近州县，获有前项案犯，并职官犯罪，该地方官务须申详该管上司，解省审勘，由该督抚分别题奏，俟奉旨后再行处决，以重人命而慎刑章。"⑤

---

① 刑部：《遵议盗案分别首从章程疏》，盛康辑：《皇朝经世文编续编》卷一百，刑政三，律例下，沈云龙主编：《近代中国史料丛刊》第八十五辑，831—849，台北文海出版社1972年版，第4527页。

② 刑部：《遵议盗案分别首从章程疏》，盛康辑：《皇朝经世文编续编》卷一百，刑政三，律例下，沈云龙主编：《近代中国史料丛刊》第八十五辑，831—849，台北文海出版社1972年版，第4528页。亦见光绪朝《钦定大清会典事例》卷八百五十，刑部，刑律断狱，台北新文丰出版公司1976年依据光绪二十五年原刻本影印版，第15659页。

③ 光绪朝《钦定大清会典事例》卷八百五十，刑部，刑律断狱，台北新文丰出版公司1976年依据光绪二十五年原刻本影印版，第15659页。

④ 光绪朝《钦定大清会典事例》卷八百五十，刑部，刑律断狱，台北新文丰出版公司1976年依据光绪二十五年原刻本影印版，第15659页。

⑤ 光绪朝《钦定大清会典事例》卷八百五十，刑部，刑律断狱，台北新文丰出版公司1976年依据光绪二十五年原刻本影印版，第15658—15659页。

光绪五年（1879）的这项决定即是后来经常提到的《就地正法章程》，全称为《各省拿获土匪并强劫盗犯就地正法章程》。仔细分析这段文字，光绪五年的就地正法章程旨在规范划一程序细节而非取消就地正法之制。

但经过两年的施行，章程并未起到任何效果，刑部作为最高的司法机关处于相当尴尬的境地。"迄今数年之久，各直省就地正法案件，每岁犹不下数千百人。其中法无可宥者，固所必有；情有可原者，亦难保必无。"[1]"各省既不按例题奏，而供招又或并不咨送，是否难宥，抑或可原，臣部无从得知，又复何从核办。"[2] 刑部认为，御史胡隆洵所奏，"举从前成例，即予规复，亦属空言无补"，乃幡然变计，直接主张将就地正法章程先行停止，即"请饬各省督抚将军都统府尹体察地方情形，将伙众持械强劫案件，仍照成例，解由该管上司覆勘，分别题奏请旨，不得先行正法，迅速妥议具奏，统俟刑部汇核办理"[3]。刑部意见遭到所有封疆大吏的反对，各省督抚几乎异口同声强调自己所治地方的特殊性，表示各自辖地不宜停止就地正法。例如，直隶总督李鸿章便复议认为，非将直隶地方"情重之马贼、海盗、枭匪、游勇，审明就地正法"[4]，不足以维持地方秩序。与李鸿章所持理由相似，两江总督左宗棠与江苏巡抚卫荣光亦联衔核议江苏不能停止就地正法，从地理环境和社会效果出发，要求对江苏的伙众持械抢劫情重案犯、江洋巨盗、游兵散勇、积匪盐枭继续适用就地正法章程。吉林将军铭安、署盛京将军盛京户部侍郎恩福、山东巡抚任道镕、安徽巡抚裕禄、广西巡抚庆裕等亦

---

① 刑部：《遵议盗案分别首从章程疏》，盛康辑：《皇朝经世文编续编》卷一百，刑政三，律例下，沈云龙主编：《近代中国史料丛刊》第八十五辑，831—849，台北文海出版社 1972 年版，第 4529 页。

② 刑部：《遵议盗案分别首从章程疏》，盛康辑：《皇朝经世文编续编》卷一百，刑政三，律例下，沈云龙主编：《近代中国史料丛刊》第八十五辑，831—849，台北文海出版社 1972 年版，第 4529 页。

③ 光绪朝《钦定大清会典事例》卷八百五十，刑部，刑律断狱，台北新文丰出版公司 1976 年依据光绪二十五年原刻本影印版，第 15659 页。

④ 《李鸿章全集》，奏稿，卷四十二，"议复盗犯就地正法章程折"（光绪七年十月二十六日），时代文艺出版社 1998 年版，第 1671 页。

相继表示，盗风未息，就地正法章程一时尚难遽复旧制。

光绪八年（1882）二月，御史陈启泰呈递奏折云：

> 各省复奏就地正法章程，皆以势难停止为辞，所陈不过谓盗案尚多，递解虞有疏脱，省监聚处，或恐别滋事端，以外无他说也。夫未有新章以前，何一案不解省？何一犯不在监？今之视昔，情形不相悬绝，护解之不慎，典守之多疏，疆吏不能区划周详，反谓势有阻难，遂置国家成宪于不顾。至谓简便章程行之日久，骤归旧例，州县层层解勘，经费难筹，办盗愈艰，讳盗必愈甚。不知囚粮、役食原准坐支，胥吏陋规，尤干例禁，何得以此借口。况讳盗之习全在上司之整顿，并不视办法为转移，毋庸鳃鳃过虑。若迁就新章，流弊甚大，一案既出，但凭州县禀报，督抚既批饬正法，则其中以假作真、移甲就乙、改轻为重，情事皆所不免。盖地方盗案，登时就获者少，参限届满，躧缉无期，往往别取平民，妄拿充数；或前案人名，窜入后起；或寻常案犯，陷以重情，捏赃教供，刑逼诬服。但以考成为念，上司各怀瞻徇之私，委员会审者不过一公禀销差，道府覆讯者不过一空详塞责。案情既结，则死者不可复生，断者不可复续，覆盆之枉，昭雪无从。且补录供招，成何信谳，按季汇报，亦袤刑章。等祖制若弁髦，视民命为儿戏。若不亟思变计，恐残杀习为故常，怨愤激成事变。从前发捻未平，匪徒蜂起，自不妨权用重典。今海内晏然，几十二年矣，百姓相安，元气未复，休养生息，正在斯时，分别首从之例，纵未能据议改归，而就地正法之章，何不可先行停止？应请饬令仍照旧例解勘，分别题奏，以重刑宪，毋令地方官吏久擅生杀之权，庶人命不至草菅。[1]

在地方督抚纷纷复奏就地正法章程骤难停止之际，陈启泰挺身而出，拍案而起，对地方督抚不规复旧制的原因进行了剖析，一针见血地

---

① 刑部：《御史胡隆洵奏请将盗案仍照旧例分别首从》，《刑部奏定新章》（《增修刑部奏定新章》）（中国人民大学图书馆藏）卷二，光绪七年。

揭示了就地正法带给社会的危害，极言就地正法章程流弊甚大，请饬停止。尽管陈启泰奏折出台的经过和幕后推手已不可考，但显然表现了中央政府部门对于地方督抚异口同声的合谋不肯默尔以息的态度。

继陈启泰之后，御史谢谦亨也疏请停止就地正法曰：

> 以三牌楼之案例之，就地正法章程一日不停，则此一日之冤杀吾民者，不知凡几。在各督抚等，或先朝勋旧，或特旨擢用，无不力图报效，惩咸同间盗匪之害，以为治盗宜严，而后闾阎可靖。然正惟其急于求治，而属员之望风迎合者，益教串诬罔，以显其缉捕勤能；承审之员，又锻炼周内以附之。坦直者轻于信人，果决者亟于除盗。欲其无误能乎？章程本为军务而设，仍应分别有无军务省份，核寔办理。现在有军务省份，惟甘肃缠回时扰，广西越境剿办越南土匪，应暂缓停止。其余各省办理边防海防，皆武备之常，不得假借防务为军务，率请暂缓停止。①

谢疏从三牌楼案入手批评就地正法章程的负面效应，然后以退为进，避开督抚的咄咄逼人锋芒，分析造成冤抑的原因，紧扣章程设立与军务的关联，釜底抽薪。因为既然就地正法本是为军务而设，那么各省的就地正法之制存废，当以各省现在有无军务为断，笔触极为老辣，令督抚借故延拖的理由不攻自破。该奏疏提出一分为二的务实区别处理方式："章程本为军务而设，仍应分别有无军务省份，核实办理。"

光绪八年二月，清廷谕令刑部将陈启泰的奏疏汇入各省复奏御史胡隆洵折一并妥议具奏。光绪八年四月，刑部综核所有条陈权衡利弊之后，提出了一个限制性意见：嗣后除甘肃省现有军务，广西为昔年肇乱之区，且剿办越南土匪，以及各省实系土匪、马贼、会匪、游勇案情重大，并形同叛逆之犯，均暂准就地正法。仍随时具奏，备录供招咨部查核外，其余寻常盗案，现已解勘具题者，仍令照例解勘，未经奏明解勘

---

① 刑部：《遵议盗案就地正法章程拟限停止疏》，王延熙、王树敏：《皇清道咸同光奏议》卷五十七，刑政类·律例，沈云龙主编：《近代中国史料丛刊》第三十四辑，331，台北文海出版社 1969 年版，第 2886—2887 页。

者，统予限一年，一律规复旧制办理。倘实系距省窎远地方，长途恐有疏虞，亦可酌照秋审事例，将人犯解赴该管巡道讯明，详由督抚分别题奏，不准援就地正法章程，先行处决，以重宪典而免冤滥。[①] 光绪八年（1882）关于"就地正法"的刑部章程，是对于光绪五年（1879）《就地正法章程》的一个限制章程。在这一章程中，首先规定了一个全面取消就地正法的过渡期限；其次，规定了适用空间效力的例外（甘肃和广西）以及各省暂时适用就地正法的对象例外（即土匪、马贼、会匪、游勇，案情重大，并形同叛逆之犯六种情况）。这个章程所规定的六种情况语系浑括，收缩性较大，削弱了其可操作性，办理终鲜依据，因此后来各省纷纷又报请制定省例性质的就地正法章程。另一方面，这一章程虽然对于就地正法之制判决为"斩监候"，但六种适用对象的例外情形其实消解了所谓一年的过渡期限，使就地正法成为年复一年的"老缓"。晚清中国如同李贵连所说内忧外患，是"军务"不息的年代，也是"土匪、马贼、会匪、游勇"杀而不绝、愈剿愈盛的年代，因此就地正法停止之期便只能是河清难俟。刑部在复奏该章程时所谓"未便以一时权宜之计，视为经久不易之常"的就地正法，竟然最终构成自食其言的历史吊诡之态。

光绪八年关于就地正法存废之争在清朝统治者上层波及面最为广泛。此后，在光宣之际，争执仍然不绝如缕。光绪二十四年九月，戊戌变法失败，光绪帝被囚禁。再度垂帘听政的那拉氏发了一道谕旨：盗案首从虽同一犯法，究属稍有区别，应如何网开一面，稍施法外之仁，着军机大臣会同三法司妥议具奏。军机大臣和三法司复奏："就地正法章程，乃一时权宜，并未纂为定例。各省地方官，惮于解勘，借图简便，草菅人命，恐所不免。嗣后除现有军务省份及实系土匪马贼会匪游勇情节较重者，仍暂准就地正法外，其余寻常盗案，着一律规复旧制办理。"[②] 宣统元年四月，御史吴纬炳又一次上章请求停止就地正法。宣

① 光绪朝《钦定大清会典事例》卷八百五十，刑部，刑律断狱，台北新文丰出版公司 1976 年依据光绪二十五年原刻本影印版，第 15660 页。

② 《清德宗景皇帝实录》卷四百三十，光绪二十四年九月，台北华文书局股份有限公司 1960—1970 年版，第 3927—3928 页。

统年间关于就地正法存废争论的一个重要特征在于，就地正法存废之争不仅关乎祖制问题，而且与外国在华列强势力因素和西方民主制度的考量相关联。存废双方亦均以此作为立论加强的依据。宣统元年冬十月，针对内阁会议政务处核复本部奏议御史吴纬炳奏寻常盗犯请照例勘解一折，署两广总督袁树勋奏称："粤东盗匪与他省情形迥不相同，其丑类之多，凡会匪土匪游勇无一不备，近且有革党窜入其间，隐相勾串。上年西江商轮被劫，外人竟欲派兵，夺我捕权。现正严饬缉捕，办理断不宜松劲。一经规复旧制，则自州县而府司，自府司而院，逐层审转，至接奉部复正法，总在半年之外，迟之又久，匪徒将何由知儆。……应请暂缓规复旧章，仍照历年变通章程。凡盗匪之罪应立决、与现定部章相符者，一律就地正法。"① 宣统二年十二月，河南巡抚宝棻在表示反对意见时也奏称："中国旧制，管官官多，管民官少，久为政治家所诟病。然遽欲蠲弃一切，以求合于东西各国，则恐未受其益，先承其弊。……若并就地正法章程一概取销，则匪党无所顾忌，地方益将不靖。"因此主张"不可侈言高远，以误大局"。② 1909 年 10 月 14 日广东咨议局正式成立后，陈炯明即以咨议局常驻议员、法律部审查会会员、咨议局议员研究会成员的身份，积极地利用议会讲坛，为改良社会、兴利除弊目标而奋力疾呼。在 1909 年 11 月广东咨议局第一次常年会上，陈炯明提出了《停止就地正法议案》，并指出："就地正法章程原非国家刑典，乃属省例，因咸丰三年盗贼滋炽，权济一时，日久相沿，流弊最多。……今日办盗情形多与部章出入，流弊益甚。"③ 西方法制资源被用为反观中国现实的参照系。

这场争论持续了近四十年，焦点集中于存废与否以及存废的方式上。在这场争论中，形成了明显的中央和地方两派。中央以刑部和御史

---

① 《大清宣统政纪》卷二十三，宣统元年冬十月，台北华文书局股份有限公司 1960—1970 年版，第 409 页。

② 俱见《大清宣统政纪》卷四十六，宣统二年十二月，台北华文书局股份有限公司 1960—1970 年版，第 803—804 页。

③ 段云章、倪俊明主编：《陈炯明集》上，中山大学出版社 2007 年版，第 19 页。

为主，地方则是各省督抚。笔者的硕士研究生娜鹤雅在撰写其硕士学位论文过程中仔细研读《申报》有关就地正法的资料，其利用《申报》作为样本库对于各省要求延续"就地正法"使用的原因加以归纳分类，可以一目了然明悉晚清地方督抚在争论中的大体情形。

各省要求延续"就地正法"使用的原因

省份	上折时间	上折大员	延续原因
湖北	同治十二年六月	巡抚郭柏荫	(1)(6)(7)(10)
盛京	同治十二年六月	将军都兴阿	(1)(2)
安徽	同治十二年六月	巡抚英翰	(2)(3)
直隶	同治十二年八月	总督李鸿章	(1)(2)(4)(6)(8)
盛京	同治十二年八月	宗室奕榕	(2)(6)
热河	同治十二年九月	都统瑞联	(6)(9)
四川	同治十二年九月	总督吴棠	(1)(7)(8)
山西	同治十二年十月	巡抚鲍源深	(1)(6)(10)
山东	同治十二年十月	署理巡抚文彬	(2)(3)
广东	光绪元年三月	巡抚张兆栋	(2)(3)(4)(6)
江苏	光绪元年九月	两广总督署两江总督刘坤一、巡抚吴元炳	(1)(7)
广东	光绪二年九月	两广总督刘坤一	(4)(10)
福建	光绪三年六月	闽浙总督兼署福州将军何璟、巡抚丁日昌	(6)(9)
奉天	光绪六年四月	岐元	(1)(7)
山东	光绪六年十月	巡抚周恒祺	(2)(4)
热河	光绪七年正月	崇绮	(1)(2)(6)(9)
吉林	光绪七年正月	铭安、玉亮	(1)(2)(6)(10)(11)
黑龙江	光绪八年正月	定安、禄彭	(1)(9)(10)
直隶	光绪八年正月	总督李鸿章	(4)(6)(11)
山西	光绪八年二月	巡抚卫荣光	(1)(4)(6)(9)

（续表）

省份	上折时间	上折大员	延续原因
陕西	光绪八年二月	巡抚冯誉骥	（1）（9）（10）
湖北	光绪八年二月	湖广总督李翰章 巡抚彭祖贤	（1）（2）（6）（8）
广西	光绪八年三月	巡抚庆裕	（1）（4）（6）
安徽	光绪八年三月	巡抚裕禄	（3）（6）（9）
广东	光绪八年三月	两广总督张树声 巡抚裕宽	（1）（2）（6）（12）
四川	光绪八年四月	总督丁宝桢	（1）（4）（11）
江苏	光绪八年五月	两江总督左宗棠、漕运总督周恒祺、护理江苏巡抚谭钧培	（1）（4）
河南	光绪八年五月	巡抚李鹤年	（1）（4）（5）
贵州	光绪八年七月	巡抚林肇元	（1）（2）（3）（6）（8）
福建	光绪八年七月	闽浙总督何璟、巡抚岑毓英	（1）（10）
浙江	光绪八年八月	巡抚陈士杰	（1）（2）（4）
山西	光绪九年三月	巡抚张之洞	（1）（6）
湖北	光绪九年六月	湖广总督涂宗瀛 巡抚彭祖贤	（1）（8）

资料来源：《申报》第 4 册到第 22 册。

注：（1）路途远，解押过程中恐疏漏。（2）监狱拥挤，囚禁时间长了，恐劫狱。（3）使用旧例，使匪徒妄思漏网，以致不足以儆凶顽。（4）在当地处决，可以起到泄民愤的作用，同时可使匪盗触目惊心，警示社会。（5）相邻省份匪盗勾结，若规复恐各省因循辗转。（6）民情刁悍，盗案频出，盗匪仍旧很多。（7）照例解勘，会稽延时日，无法达到儆戒匪盗的作用。（8）将案犯解勘至部，案犯有可能狡翻供招，以致牵累地方。（9）所在省份地形复杂、广阔。（10）久稽显戮，不足以昭炯戒，同时难免生事端。（11）所在省份为重要之地。（12）解费难支，因

而讳饰匪盗案。①

笔者认为，在就地正法的争论中，存废双方争论的焦点主要集中在国命、民命、王命三方面。在这里，所谓国命问题，即是指就地正法的存废与治盗等国家统治稳定的权衡；所谓民命问题，即是指民众生命权益与解费等司法成本节约之间考量；所谓王命问题，即是指中央与地方在王命所出和承宣王命之间权力的分割。

光绪八年刑部《遵议盗案就地正法章程拟限停止疏》就用将近一半的篇幅综述各省复议的这种理由："查现在复奏各省份，直隶称西北临边，东路滨海，时有马贼海盗勾结为患，张、独、多三厅，广袤千数百里，匪徒肆行无忌，西南为枭盗出没之区，去年夏间，热河孙振邦等聚至百数十人，盘踞围场，狡焉思逞，虽经擒斩多名，匪首迄未就获。奉天称海疆尚未大定，腹地有遣散未尽之游勇、从前漏网未获之余匪。黑龙江称时有马贼什伯为群。陕西称抚回罔知法纪，江湖等会，党羽动至百数十人之众。湖南北称遣撤勇丁，抢劫为生，刀痞哥会，层见叠出。山西称口外界连新疆，为马贼游勇出没之所。上年四月，叠有白昼肆掠、戕官夺犯重案。山东省称西南为捻幅渊薮，东北滨海，时有马贼枭匪出没。安徽省称降众散处，不一而足，各处撤勇，纷至沓来，哥会斋匪等项，靡地蔑有。广西省称昔年肇乱之邦，犷悍成风，漏网巨憝，欲图起事。广东省称结党拜会，任意横行，甚至倚他族为护符，居山林为窟宅，上年有田冠得等纠众起旂，谋为不轨。四川省称啯匪会匪枭匪，寔繁有徒，加以游勇散练，动多勾聚。江苏省称滨临江海，口岸繁多，华洋辐辏，奸宄溷迹。河南省称归陈南汝光各属，逃捻余孽尚多，河陕汝一带，山径丛杂，游勇劫夺，所在皆有，河北情形亦复如此。江

---

① 娜鹤雅：《"就地正法"制度研究》，中国人民大学硕士学位论文，2004年。当然，这一分类归纳在资料收集方面尚有进一步充实的空间。例如江苏巡抚张之万在这一时期所呈《请劫盗重案就地正法疏》就未被纳入。张之万：《请劫盗重案就地正法疏》，《中国教会新报》第一百四十四期（1871年），第2页。又如，《河南巡抚林绍年奏盗犯就地正法章程变通辩理片》，《政治官报》第一百七十二号，光绪三十四年三月二十一日，《政治官报》第6册，台北文海出版社1965年版，第317页。

西省称，斋匪土匪焚劫杀人，遣散游勇聚众抢劫之案，尚未尽绝。云南省称变乱垂二十年，始就肃清，外匪内奸，时相煽诱，风气所趋，尚难骤改。贵州等省，虽未复奏到部，而与业经复奏各省份壤地相错，情形当不甚悬。"[①] 且不论市言成虎，地方督抚在治盗问题上亦的确可谓气盛宜言，刑部对此既不能表示异议，也不想对此矫然表示异议，因为双方在治盗问题上具有共同的目标，用刑部在该疏中的表述言之，即督抚所奏"自系寔在情形"，与刑部"亦且不谋而合"。在就地正法存废的争论中，尽管刑部和御史可以使用"但书"加以否定，但毕竟力度有限，地方督抚其实在这场争论的理据和气势上均占据上风。

同治十二年（1873），邓庆麟上章之后，刑部即将其奏折下发给各省督抚体查情形妥议具奏。同年七月，浙江巡抚杨昌浚上奏，开篇先表示对邓庆麟原奏的有限认同，云："臣查御史邓庆麟原奏据称，就地正法之案大都无证无赃，仅凭州县一讯，即行处决，岂无诬陷枉屈，系为慎重人命起见。……兹经臣督同臬司详加体察，悉心筹酌，窃谓凶徒害民，固须立时严办，人命至重，诬枉亦不可不防。"尽管杨昌浚在此强调谨防冤抑，但其主旨却在于引出下面的反击。其继续写道：冤案的数量随着"就地正法"程序的规范化和完善逐年递减，"比年以来，各属捕获劫抢匪犯，除循例解勘外，其就地正法情重各犯，数计不过二十余名或三十余名不等，较之同治四五年间，军务甫平，余孽未靖，每年获犯就地处决者，不下百数十各。今昔情形已不相同，且由道府覆讯禀办，尚非仅凭州县一讯之词，遽置重典，所有决过各犯名数递年减少"。杨昌浚进而阐述了浙江无法遽复旧制的原因：

> 滨临江海，界连苏皖，数省匪徒此拿彼窜，在在须防，台温各属风气犷悍，距省窵远，遇有获到重犯，倘办理稍涉纵弛，尤虑潜滋隐患……今若一律改归旧制，诚如部臣所虑，不但凶暴久稽显戮，易启狎玩之渐，且辗转解勘，长途疏脱堪虞，设被幸逃法网，

---

① 刑部：《遵议盗案就地正法章程拟限停止疏》，王延熙、王树敏：《皇清道咸同光奏议》卷五十七，刑政类·律例，沈云龙主编：《近代中国史料丛刊》第三十四辑，331，台北文海出版社1969年版，第2886—2887页。

转非慎重刑章之道。

在巡抚杨昌浚看来，立法要"因时自宜，宽猛兼济"，这样才能达到"辟以止辟"的效果。因此，他在奏折的最后坚持"嗣后如有拿获江洋大盗及外来教匪、哥匪勾结掳抢，并例载放火、杀人六项凶盗有干斩枭，并购获情重土匪寔系罪大恶极，仍准于获讯后，解由该管道府覆审明确，录供通禀，钦遵前奉谕旨就地正法，以昭炯戒"。若遇"赃证未明，案情稍有可疑"，则"派员会讯，或是提省审决，随时确核办理"，至于寻常的命盗案件则是照例分别解勘，以符定制。① 固然依靠镇压太平天国而起家的地方督抚每每具有武夫性嗜杀伐的习气，这是当时地方督抚普遍不愿放弃就地正法这一上手工具的原因之一，但此仅以大较为言，各人情况不尽一致，泛泛而论的臆测可能以偏概全。《清史稿》记载杨昌浚"性和巽，而务为姑息"②，其在杨乃武与小白菜案中因为祖护下属一度被革职。杨氏在这一奏折中通过尽量淡化就地正法手段的负面效应和极力强调治盗问题的重要性构筑起抵御废除论进攻的防线，呈现出以柔克刚的性格。

第六节 就地正法在晚清无法取消的原因

在德国法中，比例原则（德语称作 Grundsatz der Verhältnismäßigkeit，译成英文为 the principles of proportionality）被誉为行政法的"皇冠原则"，犹如"诚信原则"在民法居于"帝王条款"之地位。比例原则按照一般的理解，是求取手段和目的协调，即"国家一切措施之目的和为达到目的所采取手段产生对人民负担间的考量"。在比例原则下，严格

---

① 《申报》同治甲戌八月初九日（1874 年 9 月 19 日），第 5 册，第 280 页。此奏折转引自娜鹤雅《"就地正法"制度研究》，并参考了其对于该奏折的分析。

② 赵尔巽等撰：《清史稿》卷四百四十七，列传二百三十四，中华书局 1977 年版，第 12496 页。

禁止一切为达成目的不择手段的国家行为。按照通说，比例原则有广狭之分，广义比例原则包括三个子原则：适当性原则（principle of suitability，Geeignetheit）、必要性原则（principle of necessity，Erforderlichkeit）和狭义比例原则（Grundsatz der Verhaeltnismäβigkeit i. e. S.）。此种划分方法源自德国1958年的药店判决（Apothekenurteil）。维时巴伐利亚州颁布"药店管制法"（Apothekengesetz），以避免药店间之恶性竞争而有助于人民身体健康之维护为由对开业加以限制，规定以市场有无需求（亦即市场上的药店数目是否已经过多）为入业申请案的准驳要件。德国联邦宪法法院（Bundesverfassungsgerichts，BVerfG）在该案判决中认为，关于国家对工作权的管制，须区分为"职业行使之有关管制""主观的许可要件"与"客观的许可要件"，且国家所为的干涉强度系依如上顺序逐级而上，从而建立了"三阶理论"（die Dreistufentheorie），依次审查对于职业自由的管制手段的"适当性""必要性"及"比例性"原则。以后的法院审判实务遂将这"三阶理论"发展成为比例原则的内容，也称三项"构成原则"（Teilgrundsätze）。其中，适当性原则又称"妥当性原则"，指采取的措施（手段）有助于或能够达成目的，且措施（手段）正确。此原则偏重"目的取向"上的要求。必要性原则，亦称最少侵害原则、不可替代性原则、最温和之手段原则等，它是指行政机关或立法者在有多种方式达到同一目的时，在不违背或减弱所追求目的效果的前提下，应尽可能地选择损害最小的方法，是从"经验的因果律"来考虑诸种手段之间的选择问题。狭义比例原则，亦称为相称性原则、比例性原则、合宜性原则、法益衡量原则、合比例原则或均衡原则，是指一个公权力措施虽然有必要，但该措施不得与所追求的目的失去比例，或是手段必须与所追求的目的具有适当之比例关系。简言之，公权力行为所带来的害处，不可超过追求其目的所带来的好处。公权力在追求社会利益的过程中难免带来不法利益的情形，狭义比例原则要求在宪法的价值秩序（Wertordnung）内，对上述行为的实际利益与人民付出的相应损害之间进行"利益衡量"（Güterabwägung），使人民因此受到的损害，或者说作出的特别牺牲（Opfer）比起公权力由此获得的利益而言，要合算得多，在人民可以合理忍受的程度（Zumutbarkeit）内，否则公权力的行使就有违法、违宪之虞。适当性原则和必要性原则必须以遵循法定目的为前提，而狭义比例原则则不受预定目的的限制，在当追求目的之手段造成副作用过大、严重侵及基本权利时，可以放弃目的追求。德国学者洛塔尔·希施贝格（Lothar Hirsch-berg）认为，适当性及必要性原则是以"实在"的"目的—手段"关系为前提，但"比例性"原则则摆脱了这种"实在因果律"，升到"价值判断"的层次。必要性和适当性是偏向适用经验法则，而狭义比例原则则偏重价值取向。由于必要手段附加上副作用（对人民负担）的考量，使手段产生了价值，得以和目的比较考量。该手段因其具有价值，而提升至目的层次，成为目的和目的间的考量。所以，狭义比例原则调整的关系实际是一种"目的与目的"间的关系，希施贝格教授称其为"目的使手段正当化"（der Zweck heiligt die Mittel）。① 德国学者彼得·莱尔歇（Peter Lerche）对此"三阶理论"的主流观点表示质疑，认为适当性为必要性之前提（Vorfrage），在决定必要手段必以所有适当手段作为考量，适当性原则已经包含于必要手段考量中，因此，仅须就必要性原则和狭义比例原则之划分即可。此种所谓的"二分法"认为：必要性和合比例性之所以能够成立，本质上是以适当性为前提，因而无须再定一个原则作为前提；适当性原则无疑是必要性原则及狭义比例原则的附属物，不具有太多实际功能。在美国，法院判决亦常表现出比例原则的思想，唯名称稍有不同而已，或称"较缓和的手段"（less drastic means），或称"较缓和的选项原则"（less restrictive alternative princi-ple），所以有学者将这种比例原则称为存在于人类心中的自然法则。

尽管比例原则如前所述属于现代大陆法系法学的重要理论，但这种关于手段、目的和不同法益权衡的考量其实晚清就地正法的争论中也有涉及。在治盗的目的和就地正法的手段之间，适当性、必要性和目的性诸多层面被纳入讨论的视域。元代陈天祥曾这样论述说："国家之与百姓，上下如同一身，民乃国之血气，国乃民之肤体，血气完实则肤体康

---

① 参见 Lothar Hirschberg, *Der Grundsatz der Verhältnismäßigkeit*, Göttingen：Schwartz, 1981, S. 72 f. , S. 132 f. S. 153 f. 。

强，血气损伤则肤体羸病，未有耗其血气能使肤体丰荣者。是故民富则国富，民贫则国贫，民安则国安，民困则国困。"① 《尚书》中"民惟邦本，本固邦宁"② 的思想对于中国历代统治者均是警世恒言。国脉与民命休戚与共，国计与民生实相维系，本国之安危恰恰在于民心之向背，所以清朝统治者标举"惟以一人治天下，岂为天下奉一人"，以勤政爱民为鹄的。当然，表达与实践并非一事，而且中国古典解释理论尤其强调"以意逆志"，在许多情况下，统治者所极力宣扬的政治口号其实反映了该方面存在的缺陷和应该加强的改进空间，否则其便不会如此大张旗鼓加以号召。易言之，这种政治口号应该加以"反解""逆解"方能领悟弦外之音。国家的生命在于统治的稳定，这种稳定是以个体的民命为代价和基础。国命固然与民命存在统一性，但两者在特定情势下也存在矛盾。任何国家都如道格拉斯·诺思所说具有"暴力潜能"（violence potential），标榜"恭承民命"的统治者为了维系统治的稳定这一基本需求，往往以民命牺牲作为的代价，表现出嗜血的面相，所谓通过慎恤民命达到"明刑弼教"只是在统治稳固基础上或者为了统治长期稳固而追求更高一层自我实现的需求。在晚清就地正法的争论中，镇压反政府活动以维持统治稳定和慎恤民命的程序考量两相比较，前者无疑是当务之急，而后者则不得不暂置为缓图，为等而末者也。

在 18 世纪中国的人口大爆炸之后，"四万万同胞"这一庞大的数目字对于道光以后的清帝国配置性资源的结构失调无疑影响至巨。这种人满为患的格局造成民不聊生，更使得在命运沼泽中煎熬挣扎的黎民百姓的命价贬值。吴思在《血酬定律》中这样写道："一般来说，物质资源都是'身外之物'，但是，随着资源的匮乏程度逐渐逼近甚至突破维持生存的底线，身外之物便逐渐演变为'等

---

① 陈天祥：《论卢世荣奸邪状》，《元代奏议集录》，陈得芝、邱树森、何兆吉辑点，浙江古籍出版社 1998 年版，第 247 页。亦见宋濂等撰：《元史》卷一百六十八，列传第五十五，中华书局 1976 年版，第 3945 页。

② 《尚书·虞夏书》，陈襄民等注译：《五经四书全译》，中州古籍出版社 2000 年版，第 343 页；亦见杜文澜辑：《古谣谚》卷八十六，中华书局 1958 年版，第 940 页。

身之物'，成为性命所系的'命资'，可以提供'命资'的生产资料则是命产。在资源瓜分完毕的社会格局中，维持生存的底线是一条血线。血线之下，各种物资都获得了命资的意义，一碗饭可以延续一天的性命，一杯水也可以等于一条人命。突破血线必定导致流血，要么自己失血折命，要么博命威胁他人，劫夺活命之资"①。民惟邦本，然而食乃民天。② 在土地作为农民安身立命的根本、"命产"成为物质极端匮缺下，"要钱没有，要命有一条"的庞大无业流民群体衣食不周，谋生乏术，最后往往走上以性命博取命资的活路，落草为匪，视死如归地干起刀头舐血的营生。吴思所谓"血酬"，就是为保存生命愿意付出的费用，亦即是涉及生命的报酬，代表着生存资源的交换关系。正如吴思所说，在维持最低生存底线失守的社会里，官与匪的界限难以划分清楚，土匪和良民的界限也同样很难划清。在清朝与太平天国起义军的殊死搏杀中，玉石俱焚、生灵涂炭就是当时人命如草芥最为明显的例证。正是这样，中国有"宁为太平犬，无为离乱人"③ 之说。许多军功发迹者血染红顶，杀人好像切瓜砍菜，即便

---

① 吴思：《血酬定律：中国历史中的生存游戏》，语文出版社 2009 年版，第34—35 页。

② 联合国大会 1948 年经通过的《世界人权宣言》（*Allgemeine Erklärung der Menschenrechte*，亦称为 *Deklaration der Menschenrechte*）、1966 年 12 月 19 日的《公民权利和政治权利国际公约》（*Der Internationale Pakt über bürgerliche und politische Rechte*; *International Covenant on Civil and Political Rights*，ICCPR）和《经济、社会和文化权利国际公约》（*Der Internationale Pakt über wirtschaftliche, soziale und kulturelle Rechte*; *International Covenant on Economic, Social and Cultural Rights*，ICESCR）等法律文件，规定了作为一个法人（Rechtsperson）的人的承认、生存权、财产权以及具有获得相当的生活水准和免于饥饿的权利等。这些人权的最低保护已经成为国际法中"被文明民族所承认的普遍法律原则"（den Kulturvölkern anerkannten allgemeinen Rechtsgrundsätzen）。参见费肯杰著、张世明译《经济法》第 1 卷有关世界经济宪法部分。中国古代的民本思想仅仅出于道德自觉层面，与当今作为人权法基本生存权相比没有法律约束力。所以，尽管对生命的顾念和尊重保民思想源远流长，但在战争饥馑的年代将人当作"两脚羊"食以果腹的现象亦屡见不鲜。

③ 典出明朝冯梦龙《醒世恒言·白玉娘忍苦成夫》，参见冯梦龙：《醒世恒言》上，长城出版社 2002 年版，第 305 页。或可参考硕果山人：《训蒙增广改本》，徐梓、王雪梅编：《蒙学辑要》，山西教育出版社 1992 年版，第 59 页。

曾国藩也如黄仁宇所说是在对付大数字而无暇实现数目字管理时期的历史经纪人。

近百年来对曾国藩斥骂者在所多有。早在曾国藩镇压太平天国时，即有人责其杀人过多，送其绰号"曾剃头"；辛亥革命后，一些革命党人抨诋其"开就地正法之先河"①，是遗臭万年的汉奸。但褒扬者亦不乏其人，毛泽东早年就说过："愚于近人，独服曾文正。"② 曾国藩在湖南大开杀戒的时候曾经这样袒露自己的心迹："湖南会匪之多，人所共知。去年粤逆入楚，凡入添弟会者，大半附之而去，然尚有余孽未尽。此外又有所谓串子会、红黑会、半边钱会、一股香会，名目繁多，往往成群结党，啸聚山谷，如东南之衡、永、郴、桂，西南之宝庆、靖州，万山丛薄，尤为匪徒卵育之区。盖缘近年有司亦深知会匪之不可遏，特不欲其祸自我而发，相与掩饰弥缝，以苟且一日之安，积数十年应办不办之案而任其延宕，积数十年应杀不杀之人而任其横行，遂以酿成目前之巨寇。今乡里无赖之民，嚣然而不靖。彼见夫往年命案、盗案之首犯常逍遥于法外，又见夫近年粤匪、土匪之肆行，皆猖獗而莫制，遂以为法律不足凭、官长不足畏也，平居造作谣言，煽惑人心，白日抢劫，毫无忌惮。若非严刑峻法，痛加诛戮，必无以折其不逞之志，而销其逆乱之萌。臣之愚见，欲纯用重典以锄强暴，但愿良民有安生之日，即臣身得残忍严酷之名，亦不敢辞；但愿通省无不破之案，即剿办有棘手万难之处，亦不敢辞。"③ 如本书第三卷第十一章所说，中国古代一直认为杀人是"阴事"，清代州县在正常年景处决人犯时，州县官都要到城隍庙拈香，回到县衙要举行排衙仪式。而在镇压太平天国起义期间，恰如胡林翼所说"盗贼充斥之时，非比叛国叛藩，可以栖隐。非我杀贼，即

---

① 柳文郁、唐夫主编：《毛泽东评点古今诗书文章》上，红旗出版社 2002 年版，第 382 页。

② 《毛泽东早期文稿》，中共中央文献研究室、中共湖南省委《毛泽东早期文稿》编辑组编，湖南出版社 1990 年版，第 85 页。

③ 曾国藩：《严办土匪以靖地方疏》，何良栋：《皇朝经世文四编》卷三十九，兵政，地利，沈云龙主编：《近代中国史料丛刊续编》第七十七辑，761，台北文海出版社 1972 年版，第 713—714 页。

贼杀我"①，经世之学演为内战中血腥的"杀人之业"。清朝皇帝和臣工的文牍字里多有杀气腾腾之势，往往秉持"当杀不杀，大乱乃发"的观念，认为狠心惩治才是最大的"仁"，即胡林翼所谓的"以杀人之政，行其不嗜杀人之心而归于以生道杀人"② 理论。按照曾国藩就地正法的算术公式，这些应杀不杀之人如果不加以消灭，则会有更多的生灵罹祸，因此其杀人乃旨在活人，收益大于成本，是"必要的恶"。在太平天国起义军在湖南最为活跃时期，宁远知县刘如玉在咸丰二年至五年期间自称共计"杀匪一千二百四十七名"，不仅行事与杀人成圣的曾国藩如出一辙，而且所言亦与曾国藩酷似，曰："卑职莅任之初，即有匪患，捕获正法。初亦恻然不忍，嗣闻零陵胡令③之言'我辈有杀人之事、无杀人之心'，揆诸本怀，聊用自慰。……每当讯有确供，辄念'今日不杀此人，必致他日数十百人皆罹其害'。"④ 张之洞在主张就地正法理由时也指出："窃谓抚良民，则以煦妪宽平为治；惩乱民，则以刚断疾速为功。地方官果能于讼狱赋敛时，存恺悌之心，不以敲扑拖累，使良懦困毙于无形，则一省之中，一年之内，所全活者，已不下数百千人，正不在稍缓此数十强暴匪徒之死，而后为慎重民命也。"⑤ 这从一个侧面反映了地方官员对于民命价值的损益计算逻辑。

---

① 《胡林翼集》二，书牍 批札 家书 诗文联语，岳麓书社 1999 年版，第 580 页。

② 胡林翼：《大冶县票呈拿获滋事匪徒批》，《胡林翼集》二，书牍 批札 家书 诗文联语，岳麓书社 1999 年版，第 1006—1007 页。

③ 指时任知县的胡廷槐。推断的依据为：《骆文忠公奏稿》卷一，"调兵防剿粤匪情形折"（咸丰四年九月十一日），杨书霖编：《左文襄公（宗棠）全集》，沈云龙主编：《近代中国史料丛刊续编》第六十五辑，641—649，台北文海出版社 1979 年版，第 4085 页。亦可参见刘沛纂：《零陵县志》卷十二，事纪，寇变，光绪二年刻本，杨奕青编：《湖南地方志中的太平天国史料》，岳麓书社 1983 年版，第 714 页。

④ 刘如玉：《自治官书偶存》卷一，"禀复骆中丞批饬严缉逃凶"（咸丰五年九月），刘如玉：《勤慎堂自治官书》，沈云龙主编：《近代中国史料丛刊》第七十七辑，764—765，台北文海出版社 1972 年版，第 21 页。

⑤ 张之洞：《通行保甲法并请定就地正法章程折》，王树枏编辑：《张文襄公（之洞）全集》，奏议，卷六，台北文海出版社 1980 年版，第 638—639 页。

福建和广东地区的宗族械斗自清代中叶就是政府所严厉弹压的重点所在，当时的"恭请王命先行正法"和晚清"就地正法"均与此存在高度关联性，笔者在前面的论述中已经进行了力所能及的分析。咸丰九年（1859）九月，咸丰帝在北京玉泉山清音斋召见前来陛见的福建布政使张集馨，问起福建械斗的情景。这段君臣对话记录见于张集馨《道咸宦海见闻录》。其略云：

> 皇上问："械斗是何情形？"
>
> 张答："……大姓欺凌小姓，而小姓不甘被欺，纠数十庄小姓而与大族相斗。"
>
> 皇上问："地方官不往弹压么？"
>
> 张答："臣前过惠安时，见械斗方起，部伍亦甚整齐。大姓红旗，小姓白旗，枪炮刀矛，器械具备。闻金而进，见火而退。当其斗酣时，官即禁谕，概不遵依……"
>
> 皇上问："杀伤后便如何完结？"
>
> 张答："大姓如击毙小姓二十命，小姓仅击毙大姓十命，除相抵外，照数需索命价，互讼到官……"
>
> 皇上问："命价每名若干？"
>
> 张答："闻雇主给尸亲三十洋元，于祠堂公所供一忠勇公牌位。"①

福建和广东地区宗族械斗的原因非常复杂，主要是肇因于资源争夺，简单地可以分为三类，即争土地、水利；争圩市、码头；争风水、坟场。宗族械斗固然通常导致资源的虚耗和普通族人的贫困化，时人所言"一斗而富者失富，再斗而富者转贫，三斗而贫者流离死亡"②，正谓此耳，但或谓贫困之至而以命相争则不免识见褊狭粗陋。从曾在同光

---

① 张集馨：《道咸宦海见闻录》，杜春和、张秀清整理：中华书局 1981 年版，第 266 页。

② 陈盛韶：《问俗录》（与邓传安著、杨犁夫标点《蠡测汇钞》合刊本），刘卓英标点，书目文献出版社 1983 年版，第 93 页。

年间历任广宁、四会、南海等县知县的杜凤治的日记中可以看出，粤省土地肥沃，物产丰富，谋生不难，但盗贼多，乞丐少，为盗贼者非尽贫苦人。杜凤治分析其原因在于，广东风气奢侈，嗜烟赌者多，加上生育过多，人满为患，父兄管束不严，人心浮动，因此他预见广东不出十年必将大变。征诸张集馨《道咸宦海见闻录》，械斗后对于尸亲赔偿的命价三十洋元（西班牙银元），我们只能推断当时的人命"价格行情"走低是宗族械斗泛滥的因素之一，因为命价的低廉使宗族械斗的成本降低，当时闽粤地区司法审判案件所反映的械斗后买人顶凶风气盛行也是同样道理。正是由于在商品化程度较高的闽粤地区人命不值钱，在宗族械斗中被杀者命贱如草，死后尸亲所获赔偿命价菲薄，遇到官方缉捕时买人顶凶所费无几，故而出现道光年间姚莹描述的"一日之中或十余命，一岁之内伏尸盈千，剖腹刳肠，莫形凶惨。四郊近地，皆为战场"[1] 场景实不足为奇。除当时对宗族械斗照土匪例不分首从一律就地正法外，晚清闽粤地区实行的就地正法章程所打击另一活动"贩卖猪仔"其实也反映了这种令人唏嘘的残酷现实。[2] 命价的低廉既造成械斗、贩卖猪仔等违法行为对于生命的漠视，进而导致就地正法在闽粤地区长期存在，同时也使地方官员在主张和实行就地正法之制过程中，潜意识降低了对于生命的敬畏程度。用前述"比例原则"来衡量，其间的法益权衡不能说没有问题。梁启超作为广东人，对于家乡情形自然见闻较切，其在《李文忠公事略》中有这样一段文字批评李鸿章的市侩气息，我们可以从中看出当时地方官从官僚本位出发在法益权衡上出现

---

① 姚莹：《中复堂全集·东溟文集》卷四，"谢周漳州书"，沈云龙主编：《近代中国史料丛刊续编》第六辑，51，台北文海出版社1974年版，第168页。

② 据李钟珏《禁猪仔议》云：南方以物之稚者曰仔。猪仔者，犹言小猪也，闽广两省生齿繁盛，当海禁未开，南洋群岛如苏门答腊、加拉巴、小吕宋等处，中国人民商贩出洋，家于其地者，不可胜数。海外获利数倍内地，愚民艳之，日趋日众，然皆因其戚友安然无恙，未尝有拐骗贩卖驱良民而置之死地者也。同治初年，泰西英荷诸国，开辟荒岛，乏人垦治，以重赀诱往作工，遂有贩卖猪仔之事。当时闽之厦门、越之香港澳门，公然设馆。被拐者驱入舟中，絷其手足，如载群豕，其苦难言。及至外洋，更遭惨酷，十必死五，而奸民则坐获重利。郑振铎编：《晚清文选》，中国社会科学出版社2002年版，第258页。

偏颇绝非偶然：

> 李鸿章之督粤也，承前李瀚章、谭钟麟之后，百事废弛已极，盗贼纵横，雈苻遍地。鸿章至，风行雷厉，复就地正法之例，以峻烈忍酷行之，杀戮无算，君子病焉，然群盗慑其威名，或死或逃，地方亦赖以小安。而其最流毒于粤人者，则赌博承饷一事是也。粤中盗风之炽，其源实由赌风而来，盗未有不赌，赌未有不盗。鸿章之劝赌也，美其名曰："缉捕经费。"其意谓以抽赌之金，为治盗之用也。是何异恐民之不为盗而以是诲之，既诲之而复诛之，君子谓其无人心矣。孟子曰："及陷于罪，然后从而刑之，是罔民也。"夫不教而刑，犹谓罔民，况劝之使入于刑哉！扬汤止沸，抱薪救火，其老而悖耶？不然何晚节末路，乃为此坏道德、损名誉之业以遗后人也？或曰：鸿章知赌风之终不可绝，不如因而用之，以救政费之急。夫淫风固未易绝，而未闻官可以设女闾；盗风未易绝，而未闻官可以设山泊。此等义理，李鸿章未必不知之，知之而复为之，则谓之全无心肝而已。[①]

在就地正法的争论中，刑部和御史最为充分的反对就地正法存续的理由就是：一旦出现错杀，"则死者不可复生，断者不可复续，覆盆之枉，昭雪无从"[②]。地方官员的心灵天平上实际将慎恤民命看得比节约解费更轻，这一点在光绪二十四年的上谕中被一针见血地戳破。该上谕云："就地正法章程乃一时权宜，并未纂为定例，各省地方官惮于解勘，借图简便，草菅人命，恐所不免。"[③] 由于慎恤民命乃不容置疑的常伦，

---

① 梁启超：《李鸿章传》，江西人民出版社2003年版，第114页。

② 刑部：《遵议盗案就地正法章程拟限停止疏》，盛康辑：《皇朝经世文编续编》卷一百，刑政三，律例下，沈云龙主编：《近代中国史料丛刊》第八十五辑，831—849，台北文海出版社1972年版，第4532页。

③ 刘锦藻：《皇朝续文献通考》卷二百四十四，《续修四库全书》编纂委员会编：《续修四库全书》819，史部·政书类，上海古籍出版社1996年版，第22页。

相形之下以解费困难为由主张保留就地正法权力显然难以立足，所以地方官员在争论中一般都避开锋芒，将解费赔累与基层治盗积极性、捕务之废弛等归拢起来证成己见。李鸿章在其主张保留就地正法之制的奏折中就讲到了"逐级审转复核制"已不能适应时世要求的若干方面，并与"就地正法"进行了比较："若复辗转迁安，久稽显戮，不特解审在途，羁禁在狱，虑滋事变，而被害商民只见其犯法，不见其伏诛，殊不足以平怨愤而儆效尤。"① 在这一点上，四川总督丁宝桢对此也有着相同的认识，他认为："川省自办理就地正法以来已历年所，盗案尚未尽绝，一旦改归旧例，照常招解，则拖累繁费，势所不免。诚恐地方官力难赔累，讳饰消弭，迨发觉严参，地方业已受害，殊非除暴安良，辟以止辟之意。"②

按照一些研究政治制度史学者的观点，中国古代中央集权体制在清代发展到高峰，其重要表现就是形成了大小相制、内外相维的成熟完整的政治体系，形成了以"达权""分寄"为特征的封疆大吏制度。"大小相制"，即统辖和分权，通过统辖关系以大制小，通过分权关系以小制大。"内外相维"即"外则统之以督抚，内则综之以六部"③，在权力分配上实行综理与分寄的结合：中央以六部综理最高行政之权，此为"部臣守经"；外则将治理地方之权分寄于督抚，此为"疆吏达权"④。由于中国自秦朝以后长期是中央专制集权国家，所以国内外学者用分权体制来概括当时的中央与地方的内外相维便不甚恰当。⑤ 从法学角度而

① 《申报》光绪辛巳十二月初九日（1882 年 1 月 28 日），第 20 册，第 110 页。

② 《申报》光绪八年三月初四日（1882 年 4 月 21 日），第 20 册，第 495 页。

③ 朱寿朋：《东华续录》光绪三十九，《续修四库全书》编纂委员会编：《续修四库全书》383，史部·编年类，上海古籍出版社 1996 年版，第 391 页。

④ 刘伟：《甲午前四十年间督抚权力的演变》，《近代史研究》1998 年第 2 期。

⑤ 例如，法国学者巴斯蒂认为，太平天国革命结束后，清政府财政管理是按分权体制来运作。见于 Marianne Bastid, The Structure of the Financial Institutions of the State in the Late Qing, in Stuart R. Schram（ed.），*The Scope of State Power in China*, New York：St. Martin's Press，1985，p. 78。

言，按照权力来源加以划分，联邦制和地方自治制是"分权"的制度，邦联制和中央集权制则是"授权"的制度。基于此，民国学者罗玉东持"散权"说，将"散权"与"分权"加以界分。这是很有道理的①。其所谓散权指政权原属君主，君主不能运用而散于地方当局之手。分权则是地方政府用法律从中央分得一部分权力，而中央除去此项分于地方之权力外，其统治地方之权仍然存在。② 清制，政行于外，则督抚操其要；政成于内，则部臣握其枢。在常规情况下，督抚职权大体维持在察吏理财治安诸方面，一般不会发生权力扩张，但在非常情况下，由于皇帝与内廷难以直接了解下情，督抚就可以奏折请旨方式获得办事权，即超出例行公事的"事权"。易言之，地方督抚的权力源自皇帝的授权，负责承宣王命，但具有通过请旨获得的行动空间。这表明该体制存在一定的弹性和发展余地。在日常例行化过程中，这种体制本身就处于不断的结构化过程之中，而在太平军兴后，原有的许多统治机器都被打乱，为了敉平动乱，清朝统治者不得不动用一切可以动用的资源，赋予地方督抚"就地筹饷"的财政权、"就地正法"的司法权等一系列事权。如曾国藩、左宗棠、李鸿章等地方督抚正是依靠这些事权成就了其将太平天国镇压下去的事功，使清政府危而复安、摇而不坠。但这种对于清王朝等同再造的事功使中兴名臣在朝廷具有举足轻重的话语权，出现曾国藩所说的"疆臣之权日重"的权力格局。曾国藩等固然一再表示对朝廷忠心耿耿，但这种权力格局不是徒托空言可以去嫌释疑的。在康雍乾时期，罪关骈首，出入匪轻，虽封疆大吏亦无专杀之权，生杀予夺乃天子之特权，是即所谓征伐必自天子出、"生杀予夺惟予一人"，非经刑部不得勾决，非经天语不得行刑，而晚清的就地正法之制使承宣王命的行动空间与作为此行动空间权力来源的王命产生严重的矛盾。在杨乃武与葛毕氏一案中，舆论哗然，朝廷也真真切切感受到"今日之督抚，即

---

① 笔者在《中国经济法历史渊源原论》关于税法、财政预算等部分的论述中提出过类似的观点。

② 参见罗玉东：《光绪朝补救财政之方策》，《中国近代经济史研究集刊》第1卷第2期，1933年。

前代之藩镇，责位固不可不专，事权亦不可过重"①，遂抓住时机，先后下达十三道谕旨直接驱使案件的复审直至昭雪，通过具体案件敲打地方督抚，以此昭示朝廷的意图与决心。御史王昕于光绪二年十二月二十七日所呈《承审要案之大吏瞻徇欺罔请旨严惩由奏》中直接抨击云："胡瑞澜、杨昌濬所以敢于为此者，盖以两宫皇太后垂帘听政，皇上冲龄践祚，大政未及亲裁，所以貌法欺君，肆无忌惮。此其罪名岂止如寻常案情，专就故入已决未决比例轻重也？"② 指出"大臣倘有朋比之势，朝廷不无孤立之忧"③，最后建议通过重惩杨昌濬、胡瑞澜"以伸大法于天下，以垂炯戒于将来。庶几大小臣工知所恐惧，而朝廷之纪纲为之一振"④。在河南王树汶案结案后，李鹤年在刑部仍然哓哓置辩，三法司便对其直接批驳说：如是办案"长外省草菅人命之风，其失犹小；启疆臣欺罔朝廷之渐，其罪实大。现在诸事内轻外重，势已积成，尚未有如斯之明目张胆、护过饰非者"⑤。从朝廷对于杨乃武案、王树汶案的处理可以看出，项庄舞剑，其意在沛公，真正目的是要扭转"疆臣藐视朝廷"的局面，避免权力下移、权威下降的恶果。在就地正法存废之争中，刑部更厉辞相诘："试问盗风何时方能止息？似此年复一年，安于简便，致令杀戮之权，操之臣下，亦殊非慎重民命之道。"⑥ 对于外省督抚好杀弄权、草菅人命的指责是反对就地正法之制存续的一个重要理由，虽然这一理由昭然共喻而形诸言辞者不多，但却涉及这一争论的实质问题。

　　根据马斯洛的需求层次理论，如果采取国家有机体的学说立场，和作为自然人的个体一样，安全需求也是一个国家非常重要的需求。

---

　　① 朱寿朋：《光绪朝东华录》，中华书局 1958 年版，总第 4240 页。

　　② 朱寿朋辑：《杨乃武冤狱》，陈尚风整理，岳麓书社 1986 年版，第 5 页。

　　③ 朱寿朋辑：《杨乃武冤狱》，陈尚风整理，岳麓书社 1986 年版，第 6 页。

　　④ 朱寿朋辑：《杨乃武冤狱》，陈尚风整理，岳麓书社 1986 年版，第 6 页。亦可参见陆永棣：《1877 帝国司法的回光返照：晚清冤狱中的杨乃武案》，法律出版社 2006 年版，第 175—176 页。

　　⑤ 赵舒翘：《慎斋文集》卷五，王步瀛编，长安赵氏民国 13 年铅印本。

　　⑥ 朱寿朋：《光绪朝东华录》，光绪八年四月丁巳刑部奏，中华书局 1958 年版，总第 1318 页。

尤其中国作为一个大国，这种政治空间框架决定了安定、稳定的局面对于其他政治价值的超越性。迄今的中国仍然恪守稳定压倒一切的政治原则。在晚清，地方不靖，社会治安状况较差，各种会党、匪盗、械斗对于统治的威胁是不言而喻的，稍有不慎，就可能滋蔓难制，势成燎原，以至于兵连祸结，酿出重大事端。无论主张就地正法存废与否，所谓治盗问题均是不容忽视的头等要务，否则一旦出现问题，孰可任其咎？① 正是这样，晚清地方督抚均将盗案频出作为保留就地正法最为有利的理由。

第七节　从合法性角度解读就地正法

著名法学家庞德曾经指出，法律必须稳定，但又不能静止不变。"法律思想家所致力解决的首要问题，就是如何将法律固定化的思想与变化、发展和制定新法的思想相协调。"② 这实际上也是法律制度和司法实践要解决的首要问题，因而也是法制史关注的重点所在。从现实的角度来看，法律总是处于变化之中。儒家与法家在法律须因时而变这一

---

① 在这里，我们应该注意一个细节，即就地正法制度起源的导火索就是郑祖琛去职事件。光绪《浔州府志》载，道光三十年五月，在太平天国起义初期，"云南巡抚郑祖琛调广西巡抚，以姑息为政，檄府州县吏不得擅杀人，是以所在盗贼蜂起，史辄讳之"。（夏敬颐纂：光绪《浔州府志》卷五十六，"纪事"，广西壮族自治区博物馆1957油印本，页二十。）九月，兵科给事中袁甲三疏劾郑祖琛。（《袁甲三奏参郑祖琛酿乱欺饰请严核功罪以肃军政折》，道光三十年九月初八日，方略稿本），中国第一历史档案馆：《清政府镇压太平天国档案史料》第1册，社会科学文献出版社1992年版，第45页。十一月，命前云贵总督林则徐为钦差大臣。正是清朝上层人物均深切认为郑祖琛心慈手软而酿成燎原大火，所以当时清廷出台就地正法章程势如箭在弦上，不得不发。无论林则徐、曾国藩、胡林翼等封疆大吏还是州县官的，均在这场你死我活的大搏杀中积极主张就地正法。

② 罗思科·庞德：《法律史解释》，曹玉堂、杨知译，华夏出版社1989年版，第1—2页。

点上具有极为一致的认识。法家的治国名言是"法与时转则治"①，儒家则强调"刑罚世轻世重，惟齐非齐，有伦有要"②"宽猛相济"③。成书于战国至汉的《周礼》如此论证时势与法律的关系："刑新国用轻典，刑平国用中典，刑乱国用重典。"④ 追求稳定但不拘泥于条文因此成了中国古代法律的一个特色。就清朝法律这种法与时转的特点而言，与立法变通性相关的另一层面的问题就是统治集团的执法变通性，即"守文定罪"与"法外行刑"两者的平衡。尤其当案件牵涉"政治"或"时势"时，法律的"确定性"就会大打折扣。在中国传统社会政治体制下，统治集团在利益驱使下任何时候都是采取实用主义态度，视世所宜，权而行之，对于作为治天下之具的法律在承继的同时而又有所损益其间，此即所谓"观世而制刑"。正如晋朝刘颂所言，"君臣之分，各有所司，法欲必奉，故令主者守文；理有穷塞，故使大臣释滞；事有时宜，故人主权断"⑤。从理论上讲，清朝最高统治者的治理理念的确应该"法天"，表现出最高决策层为了保持社会稳定对于追求具体目标的变化策略与赋予地方行政管理机构自我发挥的活动空间，而作为各省封疆大吏应当"法人"，在中庸的灵活变通中保持多方的平衡，至于下层州县官则应该"法地"，比较严格遵循朝廷的法律规定。循此而论，清代皇帝的诏令是国家最高的法律渊源，皇帝总揽全国的最高司法权，言出法随，其在就地正法问题上的变通具有一定的合理性，这不单单是专制统

①　唐敬杲选注：《韩非子》，心度，王云五主编：《万有文库》，第一集一千种，商务印书馆 1930 年版，第 134 页。

②　语出《尚书·吕刑》，江灝、钱宗武译注：《今古文尚书全译》，贵州人民出版社 1991 年版，第 441 页。

③　典出《左传·昭公二十年》："仲尼曰：善哉！政宽则民慢，慢则纠之以猛；猛则民残，残则施之以宽。宽以济猛，猛以济宽，政是以和。"孔令河：《五经注译》下册，山东友谊出版社 2001 年版，第 2842—2843 页。

④　语出《周礼·秋官·大司寇》。陈戍国点校：《周礼·仪礼·礼记》，岳麓书社 2006 年版，第 80 页。笔者在此处的引文来自简朝亮：《尚书集注述疏》卷十二，《续修四库全书》编纂委员会编：《续修四库全书》52，经部·书类，上海古籍出版社 2002 年版，第 314 页。

⑤　杨家骆编：《中国法制史料》第 1 辑第 4 册，台北鼎文书局 1979 年版，第 2598 页。

治体制中"人治"所表现出的任意而不任法的消极层面问题。在清代，就地正法作为一项司法制度得以成立的"合法性"即在于君主授权。

　　法律本身是具有暴力色彩的，是"理"与"力"的结合。对于战争与法律的关联，学术界自来即有截然相反的说法。一曰"在武力面前，法律是沉默的"（inter arma enim silent leges），此即所谓"大炮一响，法律遁形"论，古今中外此种情形比比皆是；一曰战争促进法律的发展与产生。德国历史学家和政治家特赖奇克（Heinrich Gotthardt von Treitschke，1834—1896）对此大唱反调的名言即是"战争乃文化之父，创造之母"①。无论如何，战争引起法律变动的说法都是可以成立的。清朝统治者在为了争夺政权生死攸关的利益面前，法律往往被置诸脑后。这样的举措在清朝入关之初就表现得非常明显。与传统的观点不同，笔者并不将合法性问题作为一个形而上的静止研究客体，而是将其视为不断变化的动态过程。"合法性"并非与生俱来，而是当"人民对某政权'具有相当时期的经验'之后，接受了它的训练，从它得到'象征性奖赏'之后，该政权才取得合法性"②。可见"合法性"是一个逐渐习得的过程。正如弗里德曼所言："学习合法性的一个方法是通过举动。有武力威胁为后盾的法律引起行为，行为经多次重复，变得很熟悉了就变成了习惯，建立起一种行为的珊瑚礁。"③ 清朝作为少数民族统治者入主中原建立的王朝，自始就鉴于前明弊政而力图避免重蹈覆辙，最高统治者对自己作为少数民族的身份一直有清醒的认识，采取轻徭薄赋、崇儒右文等一系列政策积极淡化民族矛盾。其中，如同当代西方自由主义主张的那样"缩减政府的尺寸"便是服务于此目的的举措

---

　　① 经济法不仅其产生与战争有不解之缘，而且其发展亦与战争有密切关联。在第二次世界大战期间，美、英、德、日等国因为有第一次世界大战的前车可鉴，经济立法的规模、程度、技术等可谓青出蓝胜、变本加厉。至于朝鲜战争对日本、德国经济法的影响亦至为攸关，唯经济法学界乏人深究而已。参见张世明：《经济法学理论演变研究》（第二次全面修订版），中国民主法制出版社 2009 年版，第 36 页。

　　② Richard Merelman, Learning and Legitimacy, *American Political. Science Review*, LX (September, 1966), pp. 548 – 561.

　　③ 劳伦斯·弗里德曼：《法律制度：从社会科学角度观察》，李琼英、林欣译，中国政法大学出版社 1994 年版，第 144 页。

之一，而康雍乾盛世也是这种励精图治的结果，用社会经济发展的政绩证明了自己的合法性，汉族民众在经过王朝革故鼎新之后也开始认可其统治的合法性。

在清代以前，皇权专制尚未如斯登峰造极。汉时"刺史守令杀人不待奏"①，隋唐地方官尚有权杀人，直至宋朝，"州郡不得专杀之例始严"②。所以，士大夫反对人君亲理刑狱的声音时有所闻。司马光在《应诏论体要》一疏中提出："人君务明先王之道而不习律令，知本根既植，则枝叶必茂故也。"③ 在司马光看来，"夫执条据例者，有司之职也；原情制义者，君相之事也"，"文法俗吏之所事，岂明君贤相所当留意耶?"④ 明正统二年（1437），侍讲刘球上疏曰："古者人君不亲刑狱，而悉付之理官。书所谓：'予曰辟，尔惟勿辟；予曰宥，尔惟勿宥；惟厥中。'盖恐徇喜怒，有所轻重于其间，以致刑失其中也。近者，法司所上狱状，有奉敕旨减重为轻、加轻为重者，法司既不敢执奏；至于讯囚之际，又多有所观望，以求希合圣意，是以不能无枉。臣窃以为一切刑狱宜从法司所拟，设有不当，调问得情，则罪其原问之官。"⑤ 但

---

① 赵翼：《陔余丛考》，"刺史守令杀人不待奏"，栾保群、吕宗力校点，河北人民出版社 1990 年版，第 250 页。

② 赵翼：《陔余丛考》，栾保群、吕宗力校点，河北人民出版社 1990 年版，第 291 页。

③ 司马光：《司马温公文集》卷之六，王德毅等编：《丛书集成新编》61，文学类，台北新文丰出版公司 1989 年版，第 632 页。亦可参见吕祖谦：《皇朝文鉴》卷四十九，《四部丛刊初编》，集部，上海商务印书馆民国年间缩印常熟瞿氏藏宋本，第 588 页。

④ 吕祖谦编：《宋文鉴》卷四十九，上册，上海古籍出版社 1994 年版，第 753 页。

⑤ 孙承泽：《春明梦余录》卷四十五，下册，王剑英点校，刑部二，慎刑，北京古籍出版社 1992 年版，第 917 页。龙文彬纂《明会要》虽然标注转录《春明梦余录》，但文字上颇为不同。参见龙文彬纂：《明会要》卷六十四，中华书局 1956 年版，第 1239 页。《钦定四库全书》中收入的《春明梦余录》的版本亦在文字上不同之处甚多。纪昀、永瑢等编纂：《景印文渊阁四库全书》第八百六十八册，子部，174，杂家类，台北商务印书馆股份有限公司 2008 年版，第 868—799、868—800 页。另见丁守和等主编：《中国历代奏议大典》，哈尔滨出版社 1994 年版，第 890 页。

是，清朝入关以后，皇权专制尽管充满曲折斗争，但非常迅猛地达到前所未有的高度，真正实现在法定程序内"从来生杀予夺之权操之自上"，反对人君亲理刑狱的声音再也不得一鸣。从法律上讲，全国只有皇帝一人握有死刑裁决权，生杀予夺在彼一人。在清代中叶，每一件死刑案件都要先由地方各省督抚向皇帝"专案具题"，皇帝敕下刑部等三法司核拟，刑部等三法司核拟后再次向皇帝具题，最终由皇帝做出裁决。据郑秦估计，清朝一般年份死刑案件三千多件，督抚和刑部两次具题，共计六千多专案题本，除去祭日、郊祀、谒陵、朝庙、拜坛、列祖列宗忌辰、万寿圣节、巡幸、回銮、年节等日不进刑名本，皇帝要每天处理十多件案件，所以形成现存九百多万件清代档案中数量最多的刑科题本。此外，按照清制，全国每一件死刑案件在年底仍须由刑部汇题，分省缮造黄册，分强盗、盐枭、奸淫、谋故杀、斗殴杀、干名犯义六项，每一项都开列案犯姓名、籍贯、简叙案由及审理经过，称为《各省盗斩绞等案清册》。刑部关于司法审判事务的汇题是必不可少的一项法律程序，可将全国的司法审判事务置于皇帝的监督之下，从而最终表明其合法性。正如郑秦所说，清代皇帝对死刑案件的审断绝少发生历史上曾经有过的君主任情生杀的现象，与其说专制权力受到制约，不如说清代高度发展的专制权力已经制度化。清朝的逐级覆审制、秋谳大典等无疑表现出死板的格式、程式化的繁文缛节，但对于保证案件按法定程序、克服官吏的徇私枉法等的确功效显著。[①] 这种对于死刑案件"至慎至详"的实质乃是皇权的触角已经完全延伸到司法领域。唯其如此，道光年间，梅曾亮说："国家炽昌熙洽，无鸡鸣狗吠之警，一百七十年于今。东南西北方制十余万里，手足动静视中国头目。大小省督抚开府持节之吏，畏惧凛凛，殿陛若咫尺。其符檄下所属吏，递相役使，书吏一纸，揉制若子孙，非从中复者，虽小吏毫发事，无所奉行。事权之一，纲纪之肃，推校往古，无有比伦。"[②] 这可以说是清代康雍乾时期皇权

---

① 郑秦：《清代法律制度研究》，中国政法大学出版社 2000 年版，第 75—83 页。

② 梅曾亮：《柏枧山房文集》卷二，"上方尚书"，民国 7 年蒋国榜补修本，页一。

高度集中的真实写照。

我们同意"合法性"（legitimacy）与"合法化"（legitimation）是略有区别的两个概念，正如"现代性"与"现代化"的情形一样，前者是指称从规范层面而言的一种属性，而后者则指称追求此种属性的谋略或过程，但是，哈贝马斯等并未将两者明确区分开来。① 在当代，斯堪的纳维亚国家的法律现实主义法学家在反对被他们称之为"正义方法"（the method of justice）的辩论中更是提出了一种类似于弗里德曼前述关于合法性塑造的观点，认为法律并不是为了实现正义的努力，而是由社会集团压力或必然的社会需要造成的。其代表人物阿塞尔·黑格尔斯多罗姆（Axel Anders Theodor Hägerström，1868—1939）指出，价值判断只是关于其字面形式的判断。应然的科学是不可能的，因而研究真正的正义原则只是一种幻想。② 另一代表人物维尔赫姆·伦德斯特（Vilhelm Lundstedt，1882—1955）则明确宣称，正义只是法律承受者的一种情感，而这种情感是由习惯和支配地位的意识形态引起的，即法律秩序是令人满意的。"正义感并不能指导法律，相反，正义感是由法律指导的。"③ 在合法律性（legality）、合法性（legitimacy）和权威（authority）这三个概念中，主观价值评判的强度呈现阶梯状上升。合法性的主观色彩介乎合法律性与权威两个概念之间。政治统治的合法性基础来自被统治者的"认同"（consent），但这种认同总是一个变量而非常量。清朝的这种逐级覆审制需要的成本与清朝为了缓和汉族反满情绪而厉行刚性政府财政的路线具有张力。这是造成就地正法产生的经济原因之所在。降及清朝末叶，白莲教、太平天国起义将清王朝盛世的华衮予以褫剥，清朝统治的腐朽底里毕露，合法性遭到侵蚀，缘起于军法的就

① "法律正义"这一概念主要有两种含义：其一是指富勒所说的"合法律性（legality）"，其二则主要指司法正义（judicial justice）或"依法正义（justice according to law）"。参见田中成明『法理学講義』有斐閣、1994 年、188 頁以下。

② Axel Hägerström, *Inquiries into the Nature of Law and Morals*, Stockholm：Almqvist & Wiksell, 1953, p. xi.

③ Anders Vilhelm Lundstedt, *Legal Thinking Revised：My Views on Law*, Stockholm：Almqvist & Wicksell, 1956, p. 203.

地正法此时的出现可以说是一种"裸露权力"的凸现。在镇压太平天国起义军兴之初，就地正法作为一种全新的制度被引入到社会生活中，逐渐被民众通过多种途径所知晓和了解。由于执行就地正法的是政府机关，其行政作为被民众视为正当和理所当然而接受，于是就地正法获得了相应的民众基础和法理基础。对于一项全新的制度而言，由于本身存在不完善的方面，所以合法性的根基不是很深，但在俶扰不宁的动乱之中，在人们的心理承受阈值提升之后，就地正法又不期然地被接纳了。

德国法学界有句名言："Notlösungen sind oft Fehllösungen！"① 就地正法作为一种苛猛之法是政府拯救合法性危机的权宜之计，然而权宜之计后来成为难了之局，犹同虎兕出柙，实难就范，遂使处于"囚徒困境"的统治集团顾此失彼，始终画不出一个圆融和圆通。每当社会处于紧急状态之时，统治政权往往采用最有效、最快速的方法和手段把对合法性造成的危害控制和限制到最小的程度。由于是应急所需，所以统治者往往看重措施的效率（快速性以及彻底性），因此这也就决定了手段必将充满暴力的性质。清朝统治者在大面积镇压农民起义军以及各地盗匪的时候，不可避免要大开杀戒，以达到敉暴的目的。这是清朝统治者的暴力之暴利，但与此同时，残酷的镇压也使得就地正法自身成为"裸露的暴力"，无异于饮鸩止渴。恰如古代兵家所言"杀敌一万，自损八千"，其锋颖凛凛难免戕害统治者自身的合法性，成为损害统治合法性的"双刃剑"。不仅如此，在操作过程中，由于失误或者人为因素，这种手段往往被滥用。如上述因就地正法而造成的一系列冤案，即是明证。较诸逐级审转复核制，就地正法虽然因为解审的免除而节约了审判的成本，但其成本的节约却是以死刑受刑者的被救济机会减少作为代价，即案件从直接审理到书面审理的转变，中央司法机关复核过程的缺失，意味着错误判决获得纠正的机会大为减少。就地正法制度的确立使死刑这一最重刑罚失去了应有的控制，原有的一套死刑审理和秋审复核制度几乎失去了作用，能够纳入法定程序的大约十之一二，每年有几千人都在"法外"被处死。就地正法愈演愈烈，使大量刑案绕过正常的

---

① 意为"权宜之计多为失误之策"。

司法复核程序而自行解决，按察使传统的司法审判与检察的职能因而被大大削弱。正如一位外国法学家所言，一个仅仅由法律制裁和正式制裁加以推动的社会，等于是设想一个骨头彼此相互摩擦的社会。所以必须具有某种软骨组织，以期缓和不近人情的突然打击。① 在某种意义上，一个国家的死刑执行的频率以及速度，可以被视为反映其文明程度的尺度。一部死刑充盈的法律，从来就不是海晏河清、太平有象的标志。在暴力充斥的就地正法高压政策之下，法怨于人，惩者自惩，犯者仍犯，劝惩两失。中国古人所谓刑期无刑者，如今变得刑不胜刑，且不啻以刑召刑。然而，当民众彻底绝望之时，民不畏死，奈何以死畏之？一旦到了这田地，百姓抱定"是日曷丧，予及汝偕亡"② 的决心，那么即便刑上加刑，杀人如麻，亦无济于事，只令腥闻上彻于天而裴政之泽斩。"无法无天的法律"（lawless law）的大行其道，不仅造成司法审判权上"外重内轻"格局的存在，③ 甚至对王朝的执政合法性也带来极大的冲击。在一个"不义"（unrecht）的年代里，经常有着太多"不法"（unrecht）判决所造成的悲剧。可见，任何制度或措施都具有两面性即利与弊，当利的优势多于其他制度的同时，它所带来的弊病、对社会的损害程度也会更加深重。

---

① 理查德·A. 爱波斯坦：《简约法律的力量》，刘星译，中国政法大学出版社2004年版，第449页。

② 语出《尚书·汤誓》。江灏、钱宗武译注：《今古文尚书全译》，贵州人民出版社1991年版，第112页。古罗马著名诗人泰伦斯（Publius Terentinius Afer, Terence，前195/185—前159）就指出：严酷的法律常出严酷的不公（Ius summum saepe summa est malitia. Rigorous law is often rigorous injustice）。西方人长期以来也同样认为，法律越多，犯法的人也越多（Much law but little justice），无道的法制造成短命的政权（Wrong law maketh short governance）。

③ 宣统二年，粤督袁树勋、滇护抚沈秉堃会奏：粤滇两省匪徒盛炽，宜规复就地正法之例。法部对此进行奏驳，重申须照例解臬司讯办，如违，应予罚惩，并通饬各省遵守。但这不是电令所能解决的问题。参见《奏驳规复就地正法例》，《大同报》（上海）第十二卷第二十七期（1910年），第30页。

第六章　在他者的凝视下：清末变法修律的启动

第一节　有清一代外国人对中国法律的学术研究

俄国由于地缘和历史的原因，在清代前期出于与中国政府交往的需要，对于清朝法律法规的翻译应该说走在了英、法等国的前面。阿历克谢·列昂季耶夫（А. Л. Леонтьев，1716—1786）堪称 18 世纪最重要的汉学家，于 1743 年作为俄国东正教第三届驻北京传教士团学员来京学习满汉语言，被理藩院认定为接替伊拉里昂·罗索欣（О. К. Россохин，1707—1761）的合适人选，担任满语通译和俄罗斯文馆教师，直到 1755 年离开北京，次年回到俄罗斯进入外交委员会工作。在俄国对中国的认识过程中，列昂季耶夫发挥了比罗索欣更加明显的作用。18 世纪俄国共出版有关中国书籍和论文 120 种，而列昂季耶夫一人就先后发表译作 20 余种，占这一世纪俄国发表的有关中国作品的五分之一。列昂季耶夫的翻译、编译、著述内容非常广泛，涉及中国的历史、地理、刑法、伦理、哲学、民族、行政制度、文化艺术、国家关系等方面。由于适逢俄国 "中国热" 和叶卡捷琳娜二世（Екатерина II Алексеевна，1729—1796）开明专制时期，俄国社会崇尚中国儒家思想和治国方略蔚然成风，列昂季耶夫顺应时代精神，适时地翻译并出版了大量儒家经典和中国法律文献。1778—1779 年，列昂季耶夫节译的《大清律》结成两册出版，此为目前已知的西方人首次将中国法律原典译为西方文字。① 继之，俄国政府希望完整地了解中国的法律，乃命列昂季耶夫全

---

① 关于国外研究中国法律的兴起，在中国人看来往往是一个大问题。这似乎事关中国法律史这个学科的历史书写从何入手。然而，遗憾的是，学者的失考在许多时候都给后来的研究者带来了不少麻烦。众所周知，西方正式研究中国法律应该是从翻译入手的，小斯当东翻译的《大清律例》是不能绕过的。有些学者记述云：在小斯当东之前，德国人亚力克司·里纳德夫（Alexis Leontiev）曾经将一些清朝刑罚方面的内容介绍给西方，并且于 1781 年在柏林出版过德文本的《中国法律》（Code penal des Chinois，st. Petersbourg，1781），其中有选择地翻译了一些清朝法律的片段，但主要仍以与刑法有关内容的介绍为主。这一记述又被此后研究斯当东翻译《大清律例》的学者辗转沿袭，将前述所记亚力克司·里纳德夫的事迹与俄国汉学家列昂季耶夫的翻译工作加以融合敷陈，云：1778 年，俄国汉学家列昂季耶夫选译了《大清律例》部分内容在俄国出版，受到当时女皇叶卡特琳娜的重视。这是目前已知的西方人首次将中国法律原典译为西方文字。1781 年，德国人亚力克司·里纳德夫在柏林出版了《中国法律》一书，其中也选译了《大清律例》中一些与刑法有关的内容，但上述著作只是选译，在翻译过程中，对原作改动较大，加之语言因素，因此，未在西方世界广泛流传，西方人仍然看不到完整的中国法律原典。这样一来，俄国汉学家列昂季耶夫的翻译工作与德国人亚力克司·里纳德夫的翻译工作就并列而置了。然而，翻检有关德国汉学研究著作，并无亚力克司·里纳德夫这样一位学者。果如所云德国人亚力克司·里纳德夫翻译了《大清律例》，则如是开先河的大事必不会在德国汉学界阒然无闻。即便笔者的德语功力不济，诸如专门研究中国法律史的胜雅律（Harro von Senger）教授等的著作对此亦焉得默无所述？此其一。既然云在柏林出版德文本的《中国法律》，可是其后竟然标注的不是德语而是法语，何况 "st. Petersbourg" 其实就是圣彼得堡，只不过记述者估计不了解外语书写惯例，st. 词首未大写，且将 Petersburg 误写为 Petersbourg 而已，足见书不对题、出版地显然自相矛盾而不察。此其二。既然列昂季耶夫选译的《大清律例》出版于 1778 年，而学者们所谓的德国人亚力克司·里纳德夫选译的《大清律例》出版于 1781 年，前后踵继几乎没有间隔，何其巧也？此其三。事实上，所谓的德国人亚力克司·里纳德夫（Alexis Leontiev）就是俄国汉学家阿历克谢·列昂季耶夫（А. Л. Леонтьев，1716—1786），在西方文献中亦通常译作 Alexei Leontyev。所谓德国人亚力克司·里纳德夫在柏林出版了《中国法律》一书，按照这一记述学者不知何据的外文标题 Code penal des Chinois（有误，penal 应为 pénal），其实也不应该译为《中国法律》，而就是《大清律例》。此可证之以小斯当东翻译的《大清律例》的法文译本标题 Ta-Tsitig-Leu-Lée，ou les Lois fondamentales du *Code Pénal de la Chine*，avec le Choix des Statuts Supplémentaires（为了一目了然，笔者将对应部分标注为斜体字）。现代研究中国传统法律文化的法国学者巩涛（Jérôme Bourgon）就将《大清律例》翻译为 Code pénal chinois（Da Qing lli，lois et articles additionnels des grands Qing）。

文翻译《大清会典》。《大清会典》俄译本分三卷于1781、1782、1783年在圣彼得堡出版。由于理藩院的职能之一是处理中俄关系，俄国方面自然对此颇为重视。利波夫措夫（Степан ВасильевичЛиповцов，Stepan Vaciliyevich Lipovtsov，1770—1841）通讯院士所翻译《理藩院则例》（1—2卷）于1828年在圣彼得堡出版。1839年，瑟切夫斯基（Епнфан Иванович Сычевский）[①] 完成了译自满文《中国理藩院关于小布哈拉诸城的法令》和《中国吏部则例摘要》的俄文手稿。

　　小斯当东（Thomas Staunton）是伦纳德·斯当东（George Leonard Staunton，1737—1801）的儿子，后者曾在1793年马戛尔尼使华时任秘书，当时年仅十三岁的小斯当东随父出使，会说中文，颇得乾隆帝喜爱。后来，斯当东在其父安排下，被聘为英国东印度公司驻广州商馆书记员，于1798年再次来到中国，陆续在中国工作生活了十余年。斯当东再次来华后不久赶上了"朴维顿事件"（亦称"天佑号"事件）[②]，正值中西之间贸易争端频发、法律冲突不断的时期，由于西方人对中国的法律缺少了解，对中国官员审理案件颇多非议。小斯当东在接触到清朝的成文法《大清律例》后，认识到这部法典的重要性，认为有必要将这部重要的法典介绍给西方人，以便当时的西方人能够从根本上对中国的法律进行系统的了解。小斯当东从1801年开始，正式着手翻译《大清律例》，前后历时八年

小斯当东像

多，将这部清朝的重要法律翻译成英文于1810年在伦敦出版。斯当东英译本《大清律例》使用清嘉庆初刻本为工作本，这个刻本是在乾隆

----

①　其生卒年份不详，姑且存疑，待考。
②　参见本书第四卷第三章。

五年（1740）律的基础上翻刻而成的。斯当东的翻译主要以其中律文
为主，省略了部分"例文"及按刑罚分编的"总类"部分。① 限于在
翻译时有一些清朝法律的中文术语很难在英文中找到相对应的词语，因
而这个译本还保留了一些中文短语，并依照由法国传教士金尼阁
（Nicolas Trigault，1577—1629）在《西儒耳目资》里采用的注音方法对
一些专有名词作了音注。《大清律例》这四个字除被直译为"Ta Tsing
Leu Lee"外，还意译为"The Fundamental Laws and a Selection from the
Supplementary Statutes, of the Penal Code of China"（中国刑法典的基本
法律和部分补充法规）。小斯当东翻译的《大清律例》被普遍认为是第
一次将中国的成文法典较为完整并且系统地介绍给西方，是西方人对中
国法律的认识与研究步入了一个新阶段的重要标志。《爱丁堡评论》
（Edinburgh Review）、《每月评论》（Monthly Review）、《中国丛报》
（Chinese Repository）等很多重要媒体都报道了小斯当东翻译《大清律
例》的出版消息，把《大清律例》的翻译出版视为一桩具有历史意义
的大事，赞誉其为第一本直接从中文译成英文的著作。当"贬华论"
在英国日盛一日之际，小斯当东在英译本导言中盛赞《大清律例》是
人类智慧的杰作，对《大清律例》条文所表现出来的高度的条理性、
清晰性和逻辑一贯性的技术特点予以肯定，断言清帝国的法律不亚于欧
洲的法律，② 企图矫正西方人对中国法律的一些错误认识。不过，英国
作为强加于中国的治外法权的始作俑者以及他们对中—英/西方在广州
1700 到 1840 年之间法律纠纷的表象，在自 18 世纪 50 年代以来中国法
律的野蛮西方话语的塑造中发挥了主要作用。小斯当东和当时在广东的
英国大部分商务代表的思维模式并无本质区别，这只不过是五十步与百
步的关系。其翻译《大清律例》的目的在于掌握法律武器打开清帝国
贸易的大门，所以无论是在导言还是正文里都一再指出《大清律例》
的实际运作与其理论上的辉煌相去甚远，不时表现出西方强势文明的优

---

① Ernest Alabaster, Notes on Chinese Law and Practice, Preceding Revision,
Journal of the North China Branch of the Royal Asiatic Society, xxxviii. p. 94.

② 转引自 John Francis Davis, *The Chinese: A General Description of the Empire of
China and its Inhabitants*, London：Charles Knights, 1836, p. 54。

越感，批评中国是"没有荣誉感的国家"（a nation without honor）①，尽管他一向标榜西方法制先进，却把在欧洲中世纪曾广泛存在而自 17 世纪已经被废除的领事裁判权制度强加给中国并不足为怪，恰恰与其一以贯之的思维理路是吻合的。斯当东氏这部译作的问世，无疑为西方人了解和研究清代的法律和制度提供了最初步的条件。美国人佑尼干（Thomas Roberts Jernigan，1847—1920）说："公众应感谢乔治·托马斯·斯当东准男爵将律典译成英语。……摆在我面前的这一本是 1810 年的版本。设若没有这个本子，除非熟悉中文，外国人便无法了解统治这个世界上最古老的帝国的法律究竟是个什么样子。"② 斯当东的英译本《大清律例》在当时的欧洲引起强烈的反响，很快由法国人费力格斯（Félix Renouard de Sainte-Croix，1767—1840）将此书译成法文在巴黎出版（*Lois Fondamentales du Code Penal de la Chine*. Traduit du Chinois，par Sir G. T. Staunton，Bart.，mis en Francais，avec des Notes，par M. Felix Renouard de St. Croix. Paris：Lenormant，1812. 2 vols.），稍后又有人将其翻译成西班牙文等出版，③ 成为当时西方人研究中国法律的最重要参考读物。法文译本虽然是经英文本转译的，但据说是为了拿破仑修订《法国民法典》时作为参考，在翻译时已经克服了原来英译本汉文音注等很多缺陷。

　　稍后，光绪二年（1876），法国海军上尉霍道生（Paul-Louis-Félix Philastre，1837—1902，被不知其中文名字者译为"菲拉斯特"）④ 再次

---

　　① George Thomas Staunton，*Notes on the General Spirit and Character of the Chinese Laws，Miscellaneous Notices Relating to China，and Our Commercial Intercourse with that Country；including a few Translations from the Chinese Language 1822* ，Vol. 1，London：J. Murray，p. 401.

　　② T. R. Jernigan，*China in Law and Commerce*，London：Macmillan Co. LTD.，1905，p. 72.

　　③ Charles Sumner Lobingier，A Bibliographical Introduction to the Study of Chinese Law，*Journal of the Society of Comparative Legislation*，New Series，Vol. 15，No. 2（1915）.

　　④ 霍道生为法国驻南圻刑律统察，海军大尉。法国在越南建立殖民统治初期实行"以越治越"政策，建立由都督为首领的南圻军民两事武官体制，（续下注）

将《大清律例》译成了法文在巴黎出版（《新全译考释法典：律例官注初译；中国律例注疏多解摘要》，*Le code annamite: nouvelle traduction complète, comprenant: Les commentaires officiels du code, traduits pour la première fois; de nombreuses annotations extraites des Commentaires du Code chinois.* 2 vols，Études sur le droit annamite et chinois. Paris：E. Leroux，1909）。这个译本较之斯当东的译本更为详尽，不仅包括了乾隆五年《大清律例》的全部律文，而且还翻译了大量的例文与注释。霍道生译本《大清律例》很快取代了小斯当东的译本，一直到 1924 年法国耶稣会传教士鲍来思（P. Gui Boulais，1843—1894）的重译本《大清律例便览》（Gui Boulais，*Manuel du Code Chinois*，Variétés Sinologiques Series，No. 55，Shanghai：Mission Catholique，1924）①出版之前，霍道生的译本一直是西方人了解清朝成文法的主要参考资料。

《洗冤集录》于 1779 年最早由法国传教士韩国英（Pierre-Martial Cibot，1727—1784）介绍节译（Notice du livre Chinois Si Yuen），收入《中国丛刊》（*Memoires concernant l'Histoire，les Sciences，les Arts，les Moeurs，les Usages des Chinois par les Missionaires de Pekin*，北京传教士关

（续上注）霍道生被任命为本地事务监察员（Inspecteur desAffaires Indigènes）。1874 年，霍道生与越南当局签订了所谓"越法联盟和和平条约"，即西贡第二条约（*Le second Traité de Saigon，the Second Treaty of Saigon*），史常称为"甲戌条约"或"Philastre 条约"，旨在割断中越之间的藩属关系，使越南在实际上成为法国的保护国（参见本书第二卷关于中越宗藩问题的论述）。与法律史学界的闭塞不同，一般研究易经的学者都知道霍道生翻译《易经》的法文版（《周易首次法译本——附程子和朱熹的全部传统的注疏及主要注释家的注释摘要》，*Le Yi king，ou，Livre des changements de la dynastie des Tsheou*，traduit pour la première fois du chinois en français par P. -L. -F. Philastre. Paris：Ernest Leroux，1885 – 1893）。

① 鲍来思（Gui Boulais）在笔者所译魏丕信《在表格形式中的行政法规和刑法典》一文中由于不知其中文名字，参照国内学术界著作译为"布莱斯"，并将该书书名 Manuel du code Chinois 参照者的《清朝法典》《中国律例指南》等译名企图更为准确地译为《中国刑法典手册》，但翻检原书，发现应以其书封面的汉文书名《大清律例便览》为准。鲍来思译本的优点在于其翻译质量较高，被认为在前述三个译本中是最准确的。此可以魏丕信前揭文章的比堪为证［张世明、步德茂、娜鹤雅主编：《世界学者论中国传统法律文化（1644—1911）》，法律出版社 2009 年版，第 39—79 页］。

于中国历史、科学、艺术、风俗习惯的备忘录），1855 年，英国医生哈兰（William Aurelius Harland，1822—1858）在香港出版了该书的英译本（W. A. Harland，*Records of Washing away of Injuries*，Hong Kong，1855），1863 年荷兰人格里斯（C. F. M. Grijs）① 在巴达维亚出版荷兰文译本（C. F. M. Grijs，*Geregtelijke Geneeskunde*，Batavia，1863）。② 英国汉学三大星座之一、剑桥大学第二任汉学教授翟理斯（Herbert Allen Giles，1845—1935）曾长期在中国任外交官。据其自述云："1873 年我在宁波任职时第一次听说了《洗冤录》。我发现负责验尸的地方高级官员到达案发现场时总是带有一本我现在翻译的这本书。并且我发现当遇到一个受到严重伤害以至于奄奄一息的人的时候，也要像对待死者一样进行查验。在后一种情形中，任何在验尸官仔细观察和检查之前所进行的扰乱活动都将对公正的解释案件发生非常严重的影响。"③ 翟理斯对这种情形产生了研究兴趣，遂以童濂所刊《补注洗冤录集证》（1843 年）为底本着手翻译。译文题名"洗冤录或检尸官教程"（*The Hsi Yuan Lu，or Instructions to Coroners*），于 1873 年分别于《中国评论》第 3 卷（*The China Review or，Notes and Queries on the Far East*）上分期连载。1924 年又将该文刊于《英国皇家医学会杂志》（*Proceedings of the Royal Society of Medicine*），并以单行本形式出版。翟理斯对《洗冤录》的翻译在《中国评论》上刊登之后就引起了一定的关注，《北华捷报》（*North-China Herald*）评论道："翟理斯所翻译的《洗冤录》一文向我们介绍了中国的法医学。他的解释非常详细，给人以深刻的印象。"

德国学者海因里希·普拉特（Johann Heinrich Plath，1802—1874）在清同治四年（1865）完成了《依据汉语文献的古代中国法典律例》

---

① 其外文全名和生卒年份不详，姑且存疑，待考。

② Peter Kees Bol，Reviewed work（s）：*The Washing Away of Wrongs*［*Hsi Yuan Chi Lu，by Sung Tz'u(1186—1249)*］：*Forensic Medicine in Thirteenth-Century China.* by Brian E. McKnight，*The Journal of Asian Studies*，Vol. 42，No. 3（May，1983），pp. 643－644.

③ H. A. Giles，*The "Hsi Yüan Lu" or "Instructions to Corners"*，London：John Bale，Sons & Danielsson，Ltd.，1924，p. 1.

（Johann Heinrich Plath, *Gesetz und Recht im alten China nach chinesischen Quellen*, München：Verlag der k. Akademie, 1865），这是目前所知西方学者最早的关于中国法制史学的研究。英国历史学家布莱斯顿（C. F. Preston）① 于光绪三年（1877）在《中国评论》上发表了其对于清朝成文法的论文《中华帝国的宪法》②，介绍《大清会典》，认为会典与宪法相似。阿拉巴德（Ernest Alabaster）③ 是曾任英国驻华总领事阿查立（Chaloner Grenville Alabaster, 1838—1898）的儿子、英国著名的内殿寺（the Inner Temple）律师学院的高才生。阿查立具有在中国长期工作的经验，在其有生之年对中国的法律制度及其运作加以诸多繁杂的笺注，主要关于刑法部分，这为其在清朝海关工作的儿子编译《中国刑法评注》（其全称为《关于中国刑法和同类性质论题的评注：与主要案例的特另关系，关于财产法的简要附论，主要基于已故阿查立爵士的论著》，Ernest Alabaster, *Notes and Commentaries on Chinese Criminal Law and Cognate Topics; With Special Relation to Ruling Cases, together with a Brief Excursus on the Law of Property, Chiefly Founded on the Writings of the Late Sir Chaloner Alabaster*, London：Luzac & Co, 1899）奠定了基础。阿拉巴德在书中介绍了中国刑法在传统的成文法典中表现出贯彻始终的趋势，将中国法律和查士丁尼时期的罗马法进行了简单的比较，认为：罗马法与中国法之间具有许多相似之处，尤其在法律的完备性方面。现

---

① 其外文全名和生卒年份不详，姑且存疑，待考。

② C. F. Preston, Constitutional Law of the Chinese Empire, *China Review*, 6（1877）：15 – 29.

③ 法律史学界对此人的译名多种多样，但应该以新华社译名室所编纂的《英语姓名译名手册》为标准，Alabaster 可译为阿拉巴斯特，但该手册（商务印书馆2007 年版）第 9 页 Alabaster 下面就特意注明 "Alabaster, Chaloner（1838—1898）阿查立爵士（英）外交官、曾在华任领事。Alabaster, Ernest（1872—?）阿拉巴德（英）曾在华任海关官员"。阿查立就是洋泾浜北首理事衙门设立之初的首任陪审官，时任英国副领事，参见本卷第三章关于领事裁判权的论述。沈云龙主编《近代中国史料丛刊》（第八十七辑，863，台北文海出版社 1973 年版）收录《理财便览》标明的作者就是 "阿拉巴德"，乃其在北京出版的中文著作，是目前国内较为常见的旧书，不难覆按。

行中国法典的缘起与查士丁尼法典（Justinian's Codes）肇端的形成方式有相同之处，都是皇帝由学识渊博的学者来辅佐。其他的相同之处有：限制《大清律例》之外的出版物的发行（政府除外），而在罗马亦是如此；中国的"例"与查士丁尼法典的补充条款有共同之处；两国都各自以公告、律令和诏书形式立法。在诉讼程序和行政管理方面也不乏共同点。① 在他看来，两个相互隔绝的民族竟能有这样相同的思维和行为方式，这是非常有趣的事情。中国的制度相对来说并不落后，而是极为适合他们；《大清律例》堪称历代经验及法典的总结，不是古代制度的遗迹，而是五千年文明演化的结果。阿拉巴德作为英国四大著名律师学院毕业的辩护律师寝馈于判例法学的经验，判例法学的知识自然会影响其对于中国法律的研究，将中国的"例"与英国法律中的判例联系起来，适应当时国外研究中国法律开始注重"例"、成案的学术发展趋势，将律例与《刑案汇览》《驳案新编》等所收成案以及《六部则例》等均包罗在《中国刑法评注》中，条分缕析，爬梳整理，汇编成一部类似英美法学院教科书的形式，表现出律例与案例并列、注释与评价兼顾的特征。所以此书一经出版遂被视为是那个世纪西方人研究中国法律最具权威性的著作，而且至今仍有着很高的引用率。② 布迪（Derk Bodde，1909—2003）和莫里斯（Clarence Morris，1903—1985）在《中华帝国的法律》（Deek Bodde and Clarence Morris, *Law in Imperial China*, *Exemplified by 190 Ch'ing Dynasty Cases, with Historical, Social, and Juridical Commentaries*, Cambridge, MA：Harvard University Press, 1967）比较公允地评论说：阿拉巴德的长篇巨著《中国刑法评注》"明晰易懂地论述了整个清代的法律。在这一难度极高的研究领域，阿拉巴德作为一名先驱者，其著作值得认真阅读。然而他的著作对于清代法律体系制

---

① Ernest Alabaster, *Notes and Commentaries on Chinese Criminal Law and Cognate Topics; With Special Relation to Ruling Cases, together with a Brief Excursus on the Law of Property, Chiefly Founded on the Writings of the Late Sir Chaloner Alabaster*, London：Luzac & C. , 1899, pp. 615, 616.

② 亦可参见约·罗伯茨：《十九世纪西方人眼中的中国》，蒋重跃、刘林海译，中华书局 2006 年版，第 23—24 页。

度方面（相对于意识形态）的研究却极为粗略，这使其学术价值遭到削弱"①。

　　与19世纪末叶相比较，20世纪前半叶的研究又有了新的提高。1905年出版的前驻上海总领事佑尼干②的《中国的法律与商务》（Thomas Roberts Jernigan, *China in Law and Commerce*, New York：The Macmillan Company，1905）一书可谓对于中国法律的概论。佑尼干于光绪二十三年（1897）在上海挂牌从事律师业务，系清末民初上海著名的外国律师，曾经在1903年发生的"新场党狱"中为营救爱国人士黄炎培提供过帮助，在被称为"民国第一政治刺杀案"的"宋案"中作为宋教仁胞叔聘请的受害人方面律师，在五四运动期间担任上海学生联合会的义务律师，受东吴大学法学院聘请担任教职。作者在写于上海的前言中说："当我自己的观察和经历无法令我满足时，我查考了书中提到的权威性文献，以便我的写作可因材料上的准确而令人信赖。"③ 佑尼干的书共分自然特征及起源、政府、法律、家事法、财产持有及转让、税收、法庭、治外法权、行会、商事习惯、银行、度量衡及货币、陆路运输、水路运输、铁路运输等十五章，内容相对集中于法律和商务两个方面，相对来说论述也比较系统，参考了相当多的相关著作。例如，该书中在第104—110页征引了杰弥逊（James William Jamieson，1867—1946）④ 在1889年发表的译自《刑案汇览》的资料⑤，在第

---

　　① Deek Bodde and Clarence Morris, *Law in Imperial China*, *Exemplified by 190 Ch'ing Dynasty Cases*, Cambridge, Massachusetts：Harvard University Press，1973，p. 55.

　　② 博良（Robert Thomas Bryan，1892—？）著有《佑尼干律师小史》。参见张新：《旧上海的美国法院、法官与律师》，《档案与史学》2001年第3期。

　　③ T. R. Jernigan, *China in Law and Commerce*, New York：The Macmillan Company，1905，Preface.

　　④ 杰弥逊对于大革命时期沙基惨案的发生负有直接责任，其为驻广州英总领事。有许多学者将其与哲美森（George Jamieson）误为一谈。哲美森与刘鹗关系密切，刘鹗《抱残守缺斋日记·壬寅日记》中经常提及此人。

　　⑤ 参见T. R. Jernigan, *China in Law and Commerce*, New York：The Macmillan Company，1905，pp. 104 – 110。可以推断为J. W. Jamieson, Chinese Law：Translation of Leading Cases, *China Review*, xviii. 33（1889）。

116、117、119、124—127 页引述穆麟德（Paul Georg von Möllendorff, 1847—1901）①的论著，在第 116、117、140、142—143、165—166 页引述哲美森（George Jamieson, 1843—1920）的论著，在第 158、159、182 页引述艾约瑟（Joseph Edkins, 1823—1905）②的论著，但全书通篇没有任何注释，被马士在《中华帝国对外关系史》一书称为从最好的第二手资料中汇纂而成的一部简明作品。③ 不过，佑尼干或许本身就不准备将这本书定位为学术著作，而是作为商人在华投资的法律指南，服务于外国资本经济利益的需要，而不是以学术的眼光将中国法律作为审视的主体。这也是该书在国外流播广泛、影响巨大的原因所在。在佑尼干的《中国的法律与商务》出版后第二年 9 月，美国律师钱皮·S. 安德鲁（Champe S. Andrews）④在佑尼干的引见下旁听了一整天的上海会审公廨的案件审理，在 1906 年 11 月 18 日的《纽约时报》上撰文报道此行的情况，其中提及曾被美国政府派往日本的北卡罗来纳州人佑尼干先生，后被克利夫兰总统任命为美国驻上海总领事，著有几本有关清国的书，其中最著名的一本是《中国的法律与商务》。钱皮·S. 安德鲁引述佑尼干的原话论证西方国家在中国建立领事裁判权

---

① 穆麟德系由李鸿章推荐而经朝鲜高宗政府正式聘用的洋顾问，成为朝鲜近代海关的创始者与首任税务司，曾被视为"朝鲜的赫德"，亦有德国人称之为"朝鲜的俾斯麦"（Bismarck von Korea）。国际满语学界通用的转写系统即出自此人之手。可参见 Jürgen Kleiner, *Paul Georg von Möllendorff. Ein Preuße in koreanischen Diensten, Zeitschrift der Deutschen Morgenländischen Gesellschaft*, Bd. 133. S. 393－434（1983）。

② 英国传教士艾约瑟翻译英国人耶芳斯（William Stanley Jevons, 1835—1882）所著《辨学启蒙》，是 19 世纪传入中国的一本逻辑学译本。艾约瑟还与王韬合译过《华英通商事略》《格致新学提纲》。

③ 马士：《中华帝国对外关系史》第 1 卷，张汇文等译，上海书店出版社 2006 年版，第 796 页。

④ 其外文全名和生卒年份不详，姑且存疑，待考。不过，笔者估计此人即是卡多佐法官在著名的堕胎案中涉及的律师钱皮·S. 安德鲁（Champe S. Andrews）。可以参见 Benjamin N. Cardozo, A. L. Sainer, Robert F. Wagner, *Law Is Justice: Notable Opinions of Mr. Justice Cardozo*, New Jersey：The Lawbook Exchange, Ltd., 1999, p. 79。

的原因："清国人对事物的判断常常受到其民族文化传统的影响，也受到个性品格的局限。他们断案，无论是肯定还是否定，通常都根据审案法官的感觉而定，并不重视证据与严密的逻辑推理。英国政府察觉到了这一情况，这成为英国力求在清国乃至全亚洲扩张自己影响的重要原因。"① 佑尼干作为治外法权体制下局内人，其著作、行宜与对于殖民地视野之间的复杂关联不是可以用过去的贴标签式简单类型化处理所能轻易概括的。这或许与其作为外国律师这种自由职业者的特性有关。

鸦片战争后，门户开放使西方人来华变得更为方便，此后的一个世纪里，西方人几乎全方位地对中国的立法与司法活动进行系统的研究。但是，我们且不可自以为是地采取"中国中心观"将这种现象夸大。有些学者根据国外当时研究中国法的情况得出中西方认知上存在不平衡性，其实也是难免自轻自贱。固然，清廷总理衙门曾经反思"洋人往来中国，于各省一切情形，日臻熟悉，而外国情形中国未能周知，于办理交涉事件，终虞隔膜"② 的情形，但是，带有西方知识的外国人来到中国是用其

李提摩太像

"西洋镜"在观察，西方人当时对于中国法律的研究并不是与西法东渐的潮流相背，而且与其汲汲于传播其法律文明的努力相比显然大为逊色。半生心血惟望中国多兴西法的传教士傅兰雅（John Fryer，1839—1928）殚精竭虑，经手的翻译超过百种，一鼓作气翻译了《法

---

①　Capt. Champe S. Andrews，A Day in a Chinese Criminal Court，*The New York Times*，November 18，1906。该报道的中文译文见郑曦原编：《帝国的回忆：〈纽约时报〉晚清观察记》，当代中国出版社 2007 年版，第 81 页。

②　蒋廷黻编：《近代中国外交史资料辑要》上，《民国丛书》第 2 编，27，政治·法律·军事类，上海书店出版社 1990 年版，第 383 页。

律医学》（*Principles of Forensic Medicine*①，1881）、《佐治刍言》
（*Homely Words to Aid Governance*②，1885）、《公法总论》（*International Law*③，1894）、《各国交涉公法论》（*Commentaris upon International Law*④，1894）、《邦交公法新论》（*Manual of International Law*⑤，1901）
等西方法学名著。再以《万国公报》为例，哲美森的《华英谳案定章
考》（*English Law in China*）于光绪十八年（1892）由英国来华传教士
李提摩太（Timothy Richard，1845—1919）译成中文，发表在《万国公
报》，并由上海广学会（the Society for the Diffusion of Christian and General Knowledge Among the Chinese）刊印单行本。⑥ 该文将中英司法审判
制度相对照，是迄今所能看到的第一篇详细比较研究中国与英国司法审

---

①　原书为 William Augustus Guy and David Ferrier，*Principles of Forensic Medicine*，5th ed.，London：Henry Renshaw，1881。中国学术界此前均标注此书原著
书名为 *Principles of Medical Jurisprudence*。例如熊月之：《江南制造局翻译馆史略》，
《出版史料》1989 年第 1 期。卢嘉锡总主编、杜石然本册主编：《中国科学技术
史·通史卷》，科学出版社 2003 年版，第 901 页。据笔者考察，这种说法的来源
可以追溯至 Adrian Arthur Bennett，*John Fryer：The Introduction of Western Science and Technology into Nineteenth-Century China*，Cambridge，Mass.：Harvard University Press，1967，p. 94。但相关外文资料显示，原著者惠连（William Augustus Guy，1810—1885）系英国著名法医学家，曾任皇家医学院法医教授和皇家学会副会
长，其所著《法律医学》第一版出版于 1844 年，后多次再版和修订，是当时英
国法医学的标准著作。

②　原书为 William Chanbers and Robert Chambers，*Political Economy：for Use in Schools and for Private Instruction*，Chamber's educational course，Edinburgh：W. and R. Chambers，1852。

③　其底本为埃德蒙·罗伯逊（Edmund Robertson）在第 9 版《不列颠百科全
书》（*Encyclopedia Britannica*）中的论文“国际法”（International Law）。参见 Rune Svarverud，*International Law as World Order in Late Imperial China：Translation，Reception and Discourse，1847 – 1911*，Leiden：Brill，2007，p. 114。

④　原书为 Robert Joseph Phillimore，*Commentaries upon International Law*，London：Butterworths，1854。

⑤　原书为 Jan Helenus Ferguson，*Manual of International Law for the Use of Navies，Colonies and Consulates*，Vol. 2，London：W. B. Whittingham & Co.，1884。

⑥　哲美森：《华英谳案定章考》，李提摩太、铸铁生译，载姚之鹤编：《华洋
诉讼例案汇编》，商务印书馆 1915 年版，第 750—752 页。

判制度异同之作，其认知上的参照比较特性显而易见，但即便这样以中国法为主题的论著在《万国公报》仍然占据边缘地位，而大量的则是以对于西方法律文化的全面译介为大宗，如毕遮尔《防罪十则》①（艾约瑟译，《万国公报》1879 年 5 月）、艾约瑟《司狱新法》（《万国公报》1882 年 5 月）、《论美国人民权利》（《万国公报》1902 年 8 月）、《美国治法原理》（《万国公报》1903 年 1 月）、《德国修改律例记》（《万国公报》1904 年 4 月）、《英国治理法》（《万国公报》1906 年 9 月）等文章。这时期的许多关于中国法的专门研究都采取隐性的、静态的比较方法，呈现出极力从中国文献入手却无法将中国法的演变予以揭示的窘境，甚至是自觉或者不自觉地彰显中国法的停滞特性。穆麟德在 1878 年皇家亚洲学会北中国支会宣读了《中国人的家法》（*Family Law of the Chinese*），② 几十年后被充实和重印分别以德文（*Das chinesische Familienrecht*，Shanghai，1895③）和英文（*The Family Law of the Chinese*，Shanghai，1896）发表。师克勤（Fernand Georges Francis Scherzer，1849—1886）《中国的父权：中国法的研究》（*La puissance paternelle en Chine: Étude de droit chinois*，Paris：E. Leroux，1878），主题类似，但在论述全面性方面略为逊色，两者均是从比较法的角度。庄延龄（Edward Harper Parker，1849—1926）的《中国家法比较论》（*Comparative Chinese Family Law*，1879）受到梅因《古代法》的影响，在前人的基础上勾勒了中国家法的轮廓，其中对于"初嫁随亲，再嫁随身"等习惯法的研究在今天看来仍具有相当的水准。④ 将西方法律与中国法律

---

① 缺乏此人及其著作的外文资料线索，姑且存疑，待考。

② *Journal of the North China Branch of the Royal Asiatic Society*（Shanghai），vol. xiii. pp. 99 – 121.

③ 罗炳吉云此书出版于 1905 年，尽管罗炳吉的论文发表于 1915 年，距离时间较近，但似乎有误。参见 Charles Sumner Lobingier，A Bibliographical Introduction to the Study of Chinese Law，*Journal of the Society of Comparative Legislation*，New Series，Vol. 15，No. 2（1915）。

④ *The China Review*，vol. viii. pp. 68 – 107（1879—1880）。罗炳吉在《中国法研究的文献学介绍》（Sumner Lobingier，A Bibliographical Introduction to the Study of Chinese Law）还提及黄伯禄（Pierre Hoang，1830—1909）《从法律观点看（续下注）

进行比较不仅在早期西方研究中国法的著作中非常普遍，而且在当时睁眼看世界的中国人中也是如此。这是一种不可去除的认知参照框架，这一层面的认知按照费肯杰的推参阐述方法理论本无可厚非，只是工作的脚手架而已，本身与西方中心观或者中国中心观并无本质联系，关键在于认知者能继续在此基础上进一步照观、推参。

第二节 拆穿西洋镜：外国人对于
清代法律形象的建构

近年来，随着网络的发达、拍卖市场的繁荣和所谓"读图时代"时代的来临，许多关于清代司法的图画、照片纷纷进入人们的视野，无论学术界还是普通民众，对此趋之若鹜，认为这些图画反映了当时历史的真实场景。此外，中国传统法律文化在近代以来变法图强的心理驱使下一直被作为西方法治文明的反衬对象，这些野蛮、血腥的图像遂成为一种有力的证据。但是，笔者通过由画入史的研究路径发现：（1）这种负面形象在一定程度上与外国人长期的建构有关，与钻石作为爱情的象征只不过是50多年来商家通过广告宣传在全世界产生的话语建构一样，是相当晚的事情；（2）外国人的这种建构其实直接或间接地服务

（续上注）中国婚姻》（Pierre Hoang, *Le mariage chinois au point de vue légal*, Variétés sinologiques n° 14, Shanghai, 1898）、《关于中国财产的技术概念》（Pierre Hoang, *Notions techniques sur la propriété en Chine: avec un choix d'actes et de documents officiels*, Shanghai, 1897），认为这两部后来居上的法文著作较之前述穆麟德和师克勤的著作更加注重对中文资料的利用。包括胡适在内的许多人都将黄伯禄误为法国人，或者将其与韩伯禄（Pierre Marie Heude, 1836—1902）混为一谈。方豪在《中国天主教史人物传》（中华书局1988年版）里写道："黄伯禄，字斐默，道光十年生于江苏海门。宣统元年十月八日卒。拉丁文、法文、中文著作不胜枚举，皆在徐家汇出版。"方豪还指出了胡适的错误："胡适之殆将'伯禄斐默'连读，遂误认其为'外人'。"黄伯禄一生曾用中文、英语、法语和拉丁语发表著作三十余种，涉及领域不仅有作为神父本职的宗教哲学，更多的是涉及中国经济和自然科学、法律制度等非宗教的内容。黄伯禄的中国法方面的著作在国外虽然颇有影响，但不应被视为外国人的作品。

于外国在华治外法权的建构和维系；（3）这些被视为真实的图像、照片背后大有玄机，甚至存在严重的扭曲。

一、绘画者的目光：猎奇与构想

（一）梅森《中国的刑罚》来源探微

《中国的刑罚》（*The Punishments of China, Illustrated by Twenty-Two Engravings: With Explanations in English and French*，London，1801）又称作"关于中国司法的二十二幅铜版画"。有学者称该书的作者是威廉·米勒（William Richard Beckford Miller，1769—1844），并且将该书的封面影印于自己的专著，但似乎对于该书封面的内容并未究明，封面下方题作"Printed for William Miller by William Bulmer and Co."。这是印刷商威廉·布尔默（William Bulmer，1757—1830）及其公司为出版商威廉·米勒印制的铭记，[①] 该书标示的作者为乔治·亨利·梅森（George Henry Mason）少校。杨植峰在《帝国的残影》中言，按该书标题页所记，梅森是英军第 102 团的少校，可惜生平已不可考，国内外皆不存他的资料，甚至使人怀疑这名字只是一个假托。当然，杨植峰这种夸张的说法并不等于事实。[②] 笔者在英国 18 世纪的一些文献档案资料中发现此人的一些行踪，此人在 1796、1798 年的时候就在东印度公司

---

① 威廉·理查德·贝克福德·米勒是 19 世纪初英国出版巨商之一。1790 年他在伦敦邦德街开始独立经营自己的事业，其第一本书是他的叔叔爱德华·米勒（Edward Miller）的《配乐〈诗篇〉新版本节选》（*Select Portions of the New Version of the Psalms of David，with Music*）。配有英语和法语解释的各国服装图集的大四开系列出版物是其非常成功的投资，给他带来可观的利润。本书正文提及的就是其中的一种。直到他在 1812 年退休，他的业务由约恩·默里（John Murray）接续。英国诺贝尔化学奖获得者多萝西·克劳福德·霍奇金（Dorothy Crowfoot Hodgkin，1910—1994）就是其后裔之一。威廉·布尔默是在 1786—1817 年期间非常活跃的英国出版商和印刷商。其最初为印刷、出版商约翰·贝尔（John Bell）工作，后来与乔治·尼科尔（George Nicol）在一个偶然机会相遇，合作建立莎士比亚出版社。

② 杨植峰：《帝国的残影——西洋涉华珍籍收藏》，团结出版社 2009 年版，第 55 页。

辖制的英国军队中服役，所以当时东印度公司军队的计划日历、军队人员名册中均可见到此人的名字。① 考虑到东印度公司与中国当时密切的贸易关系，梅森能够收集到这些图像资料是完全具备条件的，而且既然该书的封面直截了当地写着"Esquire, major of His Majesty's（late）102d regiment"，如此郑重其事，显然是不敢造次的，否则对其个人、对英王陛下步兵第 102 团、对其所崇敬的英王陛下岂不是一种亵渎？画册旨在欧洲各国广袤空间流播，以英文和法文双语出版，此后被译为德文，事实上的确在出版后颇有洛阳纸贵的气势，当时的英军步兵第 102 团的官兵均在，如此一个乌有先生岂不是掩耳盗铃的不智之举？而且此书的出版商威廉·米勒当时靠这一系列丛书大发其财，对这套丛书不惜血本，花大价钱雇用威廉·布尔默雕版印制，刻意标榜这套丛书的真实性和珍贵性，也不可能如此冒险假托一个子乌虚有之人来欺世盗名。

《中国的刑罚》首先于 1801 年在伦敦出版，共收辑了二十二幅插图，包括审讯、捉拿罪犯、刑讯及笞、杖、徒、流、死等各种刑罚，甚至还有一些如割脚筋、枷床、站笼等较为独特的酷刑。中国学者近十几年来看到该书的插图后如获至宝，称誉该书具有划时代的意义，刻画精细，人物造型准确生动，刑具与刑罚的场面非常逼真，是西方艺术史上的经典，堪称研究清朝刑罚制度的宝贵资料。在这些学者看来，《中国的刑罚》中所绘的人物形象使我们能够得到一个重温历史的机会，特别是在中国那些伟大的主流画家没有能够给我们留下他们所描述的任何一个这种司法和刑罚的场面的情况下。当中国画家还在热衷描绘着"阑干楼阁帘栊""小桥流水飞红"和"赤马雕鞍，才子佳人"的时候，西方人却忠实地替我们以细致的笔法描绘了从审讯到拷问，从押解到行刑，甚至包括"笞、杖、徒、流、死"的各种场面，这不仅仅让我们为此而感到惊叹，甚至还值得我们深思。②

---

① *The East India Kalendar, or, Asiatic register for Bengal, Madras, Bombay, Fort Marlborough, China, and St. Helena*, London, 1798, p. 112. *East India Company, Headquarters, Choultry Plain, thirteenth July, M. DCC. XCVI. General orders*, by the Commander in Chief, Madras, 1796, p. 6.

② 田涛、李祝环：《接触与碰撞：16 世纪以来西方人眼中的中国法律》，北京大学出版社 2007 年版，第 123 页。

其实，我们不能简单地以某种西方标准来衡量中国文化。用梁漱溟的话来说，文化是人类生活的样法，文化与文化相比没有优劣之分，只有所谓"合不合时宜"问题。中国文化与西方文化各有其内部不同的逻辑，用田忌赛马的方法来进行较量，得出的结论只能是中国事事不如人。福柯认为，19世纪90年代以后，惩罚与酷刑变得越来越隐而不见，越来越少观演性，越来越隐蔽。尽管当今死刑的"观演形态"依然在有些国家可以见到，但死刑保留国的死刑执行方式已由"明刑"转入"隐刑"。中国古代受儒家思想的影响，强调"刑期无刑"。近代以来，由于处在历史转型期，政局动荡，社会矛盾尖锐，中国人将行刑广场化发挥到极致，如今又开始将此隐秘化，国家的暴力没有必要大肆曝光。所以，我们也没有必要贬低中国儒家行刑的主流意识。再次，反映刑狱的图画在中国古代并不是没有，但清代的情况有些特殊。有清一代文字狱频繁，例如庄廷钺《明史辑略》案，近千人因而受刑，庄廷钺本人则被刨棺戮尸。在清朝的文化高压政策下，世人多心有余悸，著书只为稻粱谋，知识分子占主流的艺术只能是以朝廷的价值标准为指南的附庸风雅。是时，官府亦严厉检阅图书违禁之处，像《中国的刑罚》这样的东西在康雍乾盛世期间也并非在文人士大夫眼里是琐细不足录者，而是因为在政府当局看来绝对属于居心叵测的"禁书"之列，简直是给朝廷上眼药膏，在中国本土不可能得以广为播布。

《中国的刑罚》出版后在国外备受关注，在西方有着广泛的影响，长期以来被作为研究中国古代法律的不可多得的重要资料。但并不是没有人对其真实性进行怀疑。在该书出版后，评论就指出，尽管公众不能保证其描绘完全准确，或者取自于现实生活，但该书编辑工作开展得非常谨慎，无论是着色或雕刻都颇具水准。但评论同时也提及该书对读者的感受及其品味的迎合。① 小斯当东在翻译完《大清律例》之后这样写道："有一本带插图的书，这本书显然是从中国原著翻抄过来的，在英国被冠以'中国的刑罚'的名称出版。在一些地方，作者凭着想象，将中国的刑罚描绘成是残酷和野蛮的典型代表。这些描述都是非常错误

---

① *Monthly Magazine or British Register*, Vol. 11, 1, p. 585.

的，虽然，毫无疑问，自古至今，有些时候，某些残暴和专制的帝王会使用这些残酷的手段，而且，直到现在，这种现象在一些特殊的和个别的情况下，依然存在，但是，实际上，在普通的审判中残酷和野蛮的刑罚是不存在的。"① 近年来，加利福尼亚大学伯克利分校的普凯玲（Kathleen Poling）在《处决、理想与真实：19 世纪中国公开处决的考察》（Executions，Ideal and Real：Nineteenth Century Perspectives on Public Executions in China）一文就对于《中国的刑罚》的图像资料进行了细致的解读。在这篇论文中，通过尝试发掘西方人和清朝当局设想的公开处决理想公众，普凯玲力图探讨清代的观众在惩罚中发挥的作用。她的预设前提是：任何政府制度的公开处决代表着权力当局和臣民之间的碰撞、表现和沟通的一个时刻，是权力当局和臣民之间的一项明确表达。她这样写道：我们不知道梅森在何种程度上目睹了酷刑和处决，他提供的资讯在多大程度上是二手资料。我们的确知道，梅森认为他的知识足以写一本关于这一问题的权威性书籍并向国际观众出版。显然，欧洲具有对中国服饰和刑罚的信息需求，否则梅森的书会不会出版。虽然欧洲人在广义上组成了对清代中国公开处决观众的部分，但这个观点在一定程度上是学者的发明，梅森的欧洲观众大概不认为自己和中国处决中任何层次的观众具有可比性。事实上，梅森的读者根本不必考虑中国处罚的在场的观众。在该书提供的 22 幅彩图中，没有描绘旁观者。梅森的刑罚插图其实完全缺乏视觉背景：每幅彩图只显示定罪和官府实施惩罚的空白背景。这种临床医学式呈现留给了读者对体罚的具体工具和做法的详细了解，但对它们被实施的世界的视觉信息完全付之阙如。梅森将那些大概目睹了实施刑法的观众群删除表明，他的欧洲读者更多关注于中国风俗和规训的具体方法的抽象信息，而不是在清代中国刑罚的实际事件、具体经验。在《中国的刑罚》中，旁观者不是简单地被忽略了，而他们都被删除以巩固"现代"欧洲与"古代"中国的规训和

---

① George Thomas Staunton（tr.），*Ta Tsing Leu Lee，Being the Fundamental Laws，and a Selection from the Supplementary Statutes，of the Penal Code of China*，London：T. Cadell & W. Davies，1810，Translator's Preface，pp. XXVI-XXVⅢ.

管理的形式之不可通约。①

不过，《中国的刑罚》虽然在国内外图书馆目录中标明作者为梅森，但其中的图画并不是出自梅森之手。一个拿枪舞刀的人对于这种笔墨丹青的活计必然不在行。与亚历山大的图画相比，《中国的刑罚》的图画虽然人物五官仍带西洋特征，但总体中国风格较浓，匠气十足，两者的区别一望即知，而且画面上的一些汉字写得如此老到，与亚历山大画符式的汉字封条迥然不同，根本不可能是西方绘画艺术体系内部的产物，倒是非常类似中国的国画，用前引小斯当东的话来说，"显然是从中国原著翻抄过来的"。如果我们的这个假设成立，则前述学者遽尔断言其为西人眼中所看到的 18 世纪末期中国法律文化的独到侧面的结论就殊欠允协。事实上，这些年美术史学界的研究成果也证明了我们的怀疑是有道理的。我们可以肯定地说，梅森书中的图画全部出自广州的中国画匠蒲呱之手，原本是汉家故物而非西方的舶来品，这种画叫做外销画。19 世纪来华的许多西方人将这类画误认为"米纸"（rice-paper）画，直到近年，美术史学界的学者通过田野考察，才将这类画正名为通草片水彩画。通草片水彩画可以说是广州人对我国绘画史的一大发明创造。历史上，通草片是用来治病和制作人造花，到 18 世纪末 19 世纪初，广州人发明用通草片来绘水彩画。通草片是由通脱木树茎切割而成。这种由植物茎髓加工而来的"纸张"，质地坚韧，表面光洁，能较好地吸收水分，不会造成笔墨干涩，从而衬托出颜色的鲜明度，适合用于表现水色交融的水彩画。在当时，受到西方绘画技术的影响，随着西方现实主义绘画风格和透视法、明暗法的传入，向中国本土画师匠人展示了一种崭新的表达方式，中国广东一带的画师通过临摹西方铜版画、油画和师从钱纳利等西方来华侨居画家，② 与中国传统绘画技法相结合，形成了一种中西合璧的崭新绘画方式。在当时，来访广州的西方人

---

① 参见 Kathleen Poling, Executions, Ideal and Real: Nineteenth Century Perspectives on Public Executions in China。普凯玲来中国留学期间，笔者忝为其合作导师，当时认为其研究的课题很有价值。

② 参见本书第四卷第三章有关治外法权部分所收录"烈日下的圣保禄教堂前地"插图，此即钱纳利的作品。

士钟爱这种反映中国风土人情的通草片水彩画，在回国时纷纷购买这类画作为留念、转售或馈赠亲朋之用。于是，这类外销画的画室作坊在广州如雨后春笋般涌现，盛极一时。美国传教士卫三畏（Samuel Wells Williams，1812—1884）在 1847 年调查发现，广州通草纸外销画制造业雇用画工达两三千人，[①] 从事这种绘画作品制作的工匠人数在有些记载中甚至高达六千。据历史资料统计，十三行周围挂出了不少诸如周呱、兴呱、法呱、蒲呱之类招牌的外销画室。19 世纪来华西方人称呼这些外销画家时，常在其名号后缀以英文"qua"，而外销画家亦采纳这种称呼在画作中签署名款，如"Puqua""Lamqua""Tingua"等，有时也署以中文姓名如"林呱"或"庭呱"等。[②]

在当时广州为"揾两餐"而绘制外销画的这群优秀画工中，蒲呱是其中的佼佼者。由于文献资料的遗阙，我们对蒲呱的生平知之甚少。不过，文献资料反映，英国马戛尔尼访华使团的随团画家威廉·亚历山大就不止一次参观了用欧洲风格来创作半身雕塑像的中国作坊，并见到

---

① S. W. Williams，*The Middle Kingdom*，New York：John Wiley，1861，p. 175.

② 据 19 世纪 40 年代在广州十三行居住、经商多年的美国商人威廉·亨特《广州"番鬼"录》解释："西方人常误以为'官'这一名号是广州行商姓名的一部分，而实际上它是表示礼貌与尊敬的简称，相当于先生或者阁下，书面意思就是'掌权'或者'控制'。"（William C Hunter，*Fan Kwae at Canton Before Treaty Days, 1825 – 1844*，London，1882，p. 34.）另据研究广州十三行的现代学者梁嘉彬考证，乾隆时期及以后的广州十三行的行商因捐金而获得顶戴花翎，在外人的记录中亦被称为某"官"（quan，qua，quin）。（参见梁嘉彬：《广东十三行考》，广东人民出版社 1999 年版，第 45 页）。行商诸如潘启官（Puankhequa）、沛官（Puiqua）、浩官（Howqua）、茂官（Mowqua）等固然概以"官"（qua）称之，但外销画家属于散商阶层，未曾获得顶戴，社会身份低下，不敢于称号末尾带"官"字，遂以"呱"字替代。以中文"呱"字作为名号的后缀并非后人根据英文"qua"的音译而成，而是当时外销画家本人自定并普遍使用的称号。例如，在香港艺术馆收藏的《林呱自画像》的背后便题有"此相系啉呱五十二岁时自己照镜写的，咸丰四年写"的文字，而在临摹法国古典主义画派代表人物安格尔（Jean-Auguste Dominique Ingres，1780—1867）《大宫女》（*Une odalisque*，又称 *La Grande Odalisque*，1814）的油画作品的正面左下方即分别以中英文题有"林呱"和"Lamqua"两个签名。关于外销画家名号的英文"qua"与中文"呱"字的问题，参详戴华刚：《清代广州外销画家研究》，《艺苑》2009 年第 3 期。

过蒲呱。此外，据威廉·亚历山大日记所述，他于 1793 年 12 月 12 日到达广州后，会见了广州外销画家蒲呱和金芬（Camfou）。随团顾问乔治·斯当东的儿子托马斯·斯当东的手记则补充了他们参观这些作坊时的见闻，他这样写道："在众多的店铺中，我们参观了一间画室和一家泥人店。我们在画室观赏了几幅画着船的油画。这些油画或运用英国手法，或运用中国手法绘制，我们还欣赏了几幅极美的玻璃画。"① 18 世纪末英国人梅森订购了蒲呱

画工仿画

的大批外销画，即便没有包销蒲呱的所有作品，也肯定是蒲呱所遇见的重要主顾之一。应当说明的是，梅森这种大规模购入外销画并非孤例。据笔者所见，在此之前和之后，东印度公司的人都曾到广州将大批外销画购入囊中，而且这种收藏并不仅仅限于中国广州一地，涉及东南亚、日本等地的一些地志画，所以笔者目前可以经眼的反映清代刑罚的外销画并不仅仅限于梅森在《中国的刑罚》所收录的二十二幅彩图，类似的大概有三十多幅。当然，质量和品相参差不齐。

据柯律格（Craig Clunas）的研究，梅森早年在印度马德拉斯服兵役，因 1790 年左右身体受伤，在医生的劝告下到中国南部地区疗养。他选择了广州作为度假地，以英国东印度公司商人费珠富（William

---

① 转引自戴华刚：《清代广州外销画家研究》，《艺苑》2009 年第 3 期。

Fitzhugh）、多林文（James Drummond）的客人的身份，在广州居住了一段时间，其间购买了蒲呱画室出品的三百六十行图册等作品。① 梅森在序言中称，他收集的画作，原来只作私人收藏，无意公之于众。藏了十年后，经不住一帮朋友的怂恿，终于还是将其交给出版商刊印发行。如前所说，出版商威廉·米勒在创业生涯中由于出版配有英语和法语解释的各国服装豪华图集而大发其财，一炮而红。在梅森的《中国的刑罚：二十二幅附有英、法文说明的版画》（The Punishments of China, Illustrated By Twenty-Two Engravings: With Explanations in English and French，1801）出版前一年，梅森的《中国服饰：六十幅附有英、法文说明的版画》（The Costume of China: Illustrated by Sixty Engravings with Explanations in English and French，1800）也是由威廉·米勒出版的，《中国的刑罚》显然是受到《中国服饰》出版成功的鼓舞而再接再厉之作。《中国服饰》画册刊有 60 幅各行各业的彩色点雕画，每幅图下皆署"Pu Qua, Canton, Delin"，表示这套点雕画皆参考蒲呱的三百六十行图而成。尽管《中国的刑罚》没有这样直接署名，但与《中国服饰》应该是如出一辙的。威廉·米勒出版梅森的《中国服饰》是如此成功，威廉·亚历山大尽管跟随马戛尔尼出使中国，且画艺高出蒲呱，但也不得不牵强附会地以同名刊行《中国服饰》（The Costume of China, Illustrated in Forty-eight Coloured Engravings，London：William Miller，1805）。这一点也可以佐证梅森前后两书之间的关联。

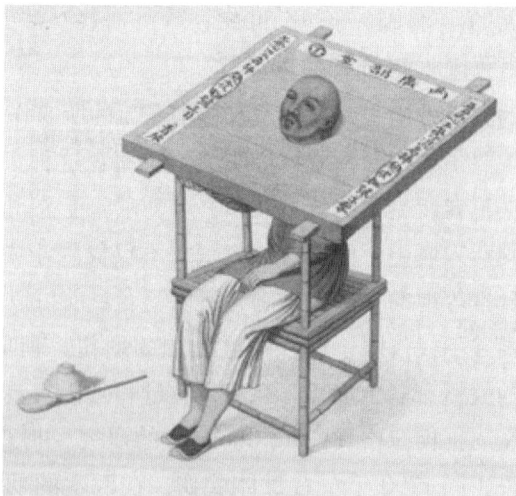

《中国刑罚》图 13·木枷刑

① Craig Clunas, *Chinese Export Watercolours*, London：Victoria and Albert Museum, Far Eastern Series, 1984, pp. 33 – 42.

限于篇幅，我们在此仅以《中国的刑罚》为例加以说明。

从这一幅图可以看出，因沐西风较早，故而其在画作中采用的技巧、观念、内容和布局都有脱离传统中国画窠臼的趋向，采用了西式的透视、明暗、投影等技法，写实特征浓厚，但另一方又融入中国的白描手法，自有一种独特的东方趣味，中国后世的许多连环画其实大体上就是这种风格。这幅画可能在印刷刻版时经过西方匠人的加工，但是其中上面的汉字横贴封条"两广部堂示"、左边竖贴封条"吾恶土豪混名插翅虎枷号示众"、右边封条"吾恶土豪混名插翅虎枷号三日 责放"等汉字绝不是西方人所能照猫画虎达到的境界。梅森给该画题作"木枷刑"（Punishment of the Wooden Collar），其对于该画的图解在全书中是最为详尽者。其文曰：

> 此刑罚被认为是让人非常丢脸的。枷这种刑具是用一些厚重的木板条拼合成方形，在中央留个洞仅容犯人的脖子伸过，当犯人戴上这个刑具时，他既不能看到自己的脚，也不能把手放到自己的嘴上。他不被容许在任何居民聚集的地区居住，甚至也不允许他多歇息一会儿，一个差役监督并且不断地催促他。他不分昼夜都得戴着这个特殊的刑具，刑具的重量，取决于罪犯所犯罪行的性质轻重和受刑人的体质强弱，一般类型的木枷重约五十或六十磅，但是有的重达二百磅。在某些时候，如罪犯因为羞愧、疼痛、缺乏营养或睡觉等原因，难以忍受木枷带来痛苦时候，这种特殊的刑具也会被暂时取下来。不过，犯人也有一些办法来减轻刑罚的痛苦，例如与亲友一起行走，由他们扶着木枷的四角；将木枷支靠在桌子、长凳或树上；或者如本图中所显示的那样，用一把特制的椅子，它们四条腿一样高，可以支撑起木枷的重量，以减少木枷对身体的压力。这个笨重的刑具总是当着下令处以刑罚的地方行政长官的面，立即套在犯人的脖子上。木枷的每个边缘，或者木枷上面用木板条锁固的地方，都会有几张长条形的纸质的封条贴在上面，封条上用醒目的大字写着犯人的姓名、所犯罪行和刑期，并加盖官印，以防木枷被私自打开。对于抢劫者来说，戴枷三个月是惯常的刑罚。对于因不

雅、赌博和寻衅滋事而被判戴枷的犯人，戴枷的时间大约是一两周；破产者会被判戴枷直至清偿债务。犯人被取下木枷的时候，也必须当着判令处罚的地方行政长官的面进行，通常他会在判令摘枷后再打几板子，接着他还要被训斥几句，以便让犯人今后约束自己的行为，随即将其释放。在本图上还可以看到饭盆和特制的羹匙，这是提供给戴枷的犯人进食时使用的。①

枷杻者，本以羁狱因也。从隋代起，各朝均有明确的枷制。按照《大清律例·狱具图》，枷长三尺，阔二尺九寸。枷以干木为之，重二十五斤。斤数刻志枷上，但律例内有特用重枷者不在此限。枷最先是拘系罪人之用，以免犯人逃脱。如果增加枷的重量或改变佩戴方式，枷又可能成为刑讯工具。以枷讯囚在唐代发挥到极致。《旧唐书·刑法志》记载来俊臣等酷吏作大枷，凡有十号：一曰定百脉，二曰喘不得，三曰突地吼，四曰著即承，五曰失魂胆，六曰实同反，七曰反是实，八曰死猪愁，九曰求即死，十曰求破家。唐代张鷟《朝野佥载》卷二亦记述了当时创意百出把枷这种戒具当成刑具整人花样，例如，讯囚引枷柄向前，名为驴驹拔橛；枷头着树，名曰犊子悬车；两手捧枷，累砖于上，号为仙人献果；立高木之上，枷柄向后拗之，名玉女登梯。在宋代，枷号示惩，又称枷号示众，即将受惩治者带了枷，号令示众，简称为"枷号"。枷号作为独立刑种，在明太祖时创立。《大明律》规定，应试举监生儒及官吏人等，但有怀挟文字、银两以及越舍与人换

三位枷号者

---

① 英文原文见于：http://boingboing.net/2008/01/04/the-punishments-of-c.html，访问时间：2009 年 3 月 25 日。

写文字者，俱送法司问罪，仍枷号一个月，满日，发为民。清代枷号的使用频率提高。《清史稿·刑法志》载，明代问刑条例，于本罪外或加以枷号，示戮辱也。有清一代的律例内之杂犯斩绞、迁徙、充军、枷号、刺字、论赎、凌迟、枭首、戮尸等刑，或取诸前代，或明所自创，要皆非刑之正。康熙八年，部议囚禁人犯止用细练，不用长枷，而枷号遂专为行刑之用。其数初不过一月、二月、三月，后竟有论年或永远枷号者。始制重者七十斤，轻者六十斤。乾隆五年，改定应枷人犯俱重二十五斤，然例尚有用百斤重枷者。嘉庆以降，重枷断用三十五斤，而于四川、陕西、湖北、河南、山东、安徽、广东等省匪徒，又有系带铁杆石礅之例，亦一时创刑也。清末修律，枷号之刑被芟削。《清史稿·刑法志》的记述存在许多值得商榷的地方，但大体反映了清代枷号刑的概貌。

就《中国的刑罚》图 13 而言，按照此幅画所作年代法律规定，除律例开载应用重枷枷号者，仍照遵行外，其余枷号俱重二十五斤。① 乾隆元年，议准，内外各衙门，所有刑具，因向无稽察之例，各随意制造，故虽定有成式，终难画一。刑部各司刑具亦系陆续制造，并未较对核准，是以不无轻重长短之殊。雍正十三年十月，刑部派委专员，各司刑具较对改造，始得合式。但外省州县各处一方，随意制造，而该管各上司例无考成，亦不特加察核，以致刑具多轻重之异。嗣后刑具务遵定式，不得滥用短夹棍及大板重枷，仍令该管道府遇赴州县盘查之日，即将所用刑具，详加查验。倘有从前情弊，即照例详揭题参，照擅用非刑例革职。至征比钱粮，本应用小板轻枷，薄以示惩，下限全完，即行释放。嗣后有司官员用大板重枷，将粮户辄行酷责者，该督抚不时察参。乾隆五年定例中并没有"例载夹棍拶指枷号竹板遵照题定尺寸式样，官为印烙颁发"② 的具体规定，所以图 13 没有这种烙印也是可以理解的。按照规定，枷上将该犯等犯事案由标明晓示，俾众触目警心，用昭炯戒。此为封条，亦称"封皮"，不得拆皱。梅森的图说中所言"封条上

---

① 光绪朝《钦定大清会典事例》卷七百二十三，刑部，名例律，五刑，台北新文丰出版公司 1976 年依据光绪二十五年原刻本影印版，第 14429 页。

② 光绪朝《钦定大清会典事例》卷八百三十九，刑部，刑律断狱，故禁故勘平人，台北新文丰出版公司 1976 年依据光绪二十五年原刻本影印版，第 15547 页。

用醒目的大字写着犯人的姓名、所犯罪行和刑期，并加盖官印，以防木枷被私自打开"的记述是比较准确的，但梅森显然不会中文，不了解蒲呱所画的封条上所写的内容。蒲呱所画的封条是不符合清朝法律制度的，并且没官印，而是用红笔画了三个圆圈，倒像是被游街示众者的自我坦白。所谓"吾恶土豪混名插翅虎枷号示众"似乎是蒲呱作画时对某人发泄不满，故意将此人加以诋毁羞辱，讥讽其虎兕入柙插翅难逃。乾隆十三年六月，乾隆帝针对署江苏巡抚安宁办理苏州府城顾尧年等哄闹一案和青浦县朱家角地方罢市一案曾经谕曰：京城积匪，为害地方者，有永远枷号各城门示众之例。此二案从犯内如陆高枣子、坏枣子等，私立此等名字，必系无赖匪棍，皆应永远枷号，以儆凶顽。① 由是观之，图 13 既称"恶土豪混名插翅虎"，则即便不是作为恶迹昭著者被"提至省城，用重枷长远枷号"，也不可能像图中封条所称"枷号三日"。据笔者蠡勺管窥之见，枷号三日的情况在清代文献中并不存在，蒲呱在这里的表现似乎不无游戏笔墨的意味。而征诸梅森的图解所谓"对于抢劫者来说，戴枷三个月是惯常的刑罚。对于因不雅、赌博和寻衅滋事而被判戴枷的犯人，戴枷的时间大约是一两周"云云，两者之间参差若此，尤足见两人是在各说各话，互不搭界。我们从右边封条末尾俗语"责放"二字可以看出，蒲呱作为画匠的文化修养并不高。如果是官府的封条，使用的应该是"责释"这样的字眼。

通观整个画册，合法的刑罚和非法的酷刑浑然不分，过时的资讯和当时正在发生的司法变革杂然纷呈，讹误与难得一见的材料交织纠结。就以前述图 13 而言，梅森声称，犯人戴上木枷后既不能看到自己的脚，也不能把手放到自己的嘴上。他不分昼夜都得戴着这个特殊的刑具，不被容许在任何居民聚集的地区居住，甚至也不允许他多歇息一会儿，一个差役监督并且不断地催促他。这就将常川游示儆众的重罪与催征税粮时朝枷夜放的情形混为一谈了。但是，梅森对本图所显示的用一把有齐肩高支撑柱的特制椅子支撑起木枷的重量从而减少木枷对身体的压力的

---

① 参详《清高宗纯皇帝实录》卷三百一十六，乾隆十三年六月，台北华文书局股份有限公司 1960—1970 年版，第 4640 页。

解释，对于受众的理解是非常有帮助的。因为这幅画乍一看往往使人联想起"匣床"之类非法的刑具，而当时这种减轻服刑痛苦的发明不禁令人折服其穷则变、变则通的智慧。又如，清人周寿昌官至内阁学士兼礼部侍郎，其《思益堂日札》中"本朝历代除去非刑"条云："顺治三年，除割脚筋法。旧制：凡有重辟减等者，杖一百，贯耳鼻。旋奉旨：'耳鼻在人身最为显著，此例永革除之。'十八年，禁匣床、脑箍、毛竹连根大板及竹签、烙铁等刑。康熙三十七年，禁大链、短夹棍长尺许、大枷重一百三十斤、瓦样重板。嘉庆十五年，禁十棒锤。十五年，禁木架撑执、悬吊、针刺手指。"① 据史载，顺治二年闰六月，清廷除割脚筋之刑，从刑科都给事中李士焜请也。割脚筋法在康熙年间一度恢复，但雍正三年二月，世宗复下令停止窃贼逃人等割脚筋例。② 乾隆三年议准，割脚筋法业经除去，其盛京等处刨参人犯，罪应割断两只脚筋者，亦议准改为杖一百流三千里，遵行在案。惟川贩案内窝隐以及护送之人，尚有问拟割脚筋之例自应一律奏明停止。嗣后川贩案内窝隐护送为首之人，罪应割断两只脚筋者，援照刨参案内改准定例杖一百流三千里，为从罪应割断一只脚筋者，照减一等例杖一百徒三年，仍刺字。但是，与周寿昌《思益堂日札》前揭陈述截然不同，《中国的刑罚》将割脚筋刑等当时已经明令废止的一些刑罚加以呈现，如图割犯人脚筋（Hamstringing a Malefactor）。这显然具有迎合西方观众的视觉趣味的意图。不过，梅森在该书对于在割脚筋的时候行刑差役使用一种叫作"春兰"的灰浆给犯人的伤口止血的图说，对于今天我们对中国酷刑的研究还是非常珍贵的资料。又如，清代中叶以后，由于会党组织活动的蔓延，前引《清史稿·刑法志》所载四川、陕西、湖北、河南、山东、安徽、广东等省系带铁杆石磴的刑罚被推广开来。例如，道光六年五月，根据直隶总督那彦成奏请，清廷批准直隶严窃盗治罪之例，规定：如行窃初犯四次以上、再犯三次以上、结伙已有四名并持凶器刀械、计赃科罪亦止杖枷者，于责刺后着加系带铁杆一枝，以四十斤为度，定限

① 周寿昌：《思益堂日札》，中华书局 1987 年版，第 121—122 页。
② 《清世宗宪皇帝实录》卷二十九，雍正三年二月，台北华文书局股份有限公司 1960—1970 年版，第 424 页。

挑断脚筋

带铁杆石礅

一年释放。① 这种较枷号为酷的新兴刑罚在《中国的刑罚》中系带铁杆的犯人（A Malefactor Chained to an Iron Bar）被及时呈现出来了，可以说是这种刑罚当时唯一的图像资料，反映了嘉道年间司法制度自我演化的新变化。

　　如果将此图所产生的年代与清代遗留下来各种文字资料进行比勘，我们可以断定其中反映的内容尽管存在选择上的偏颇，但大体上是可信的。此书在国外出版后仅十年，清朝内部在嘉庆十五、十六年间就进行过一次规模较大的整肃运动。从当时御史揭露的内幕、皇帝在谕旨中点名批评的各种酷刑可以看出，《中国的刑罚》各图所反映的法外非刑基本都被囊括进去了，简直可以说是对《中国的刑罚》各图酷刑名目的复述。嘉庆十六年六月，嘉庆帝甚至得到御史反映的情况：对刑部于应行枷号人犯，皂役等听受贿嘱，有用大眼枷及将枷面斤两任意轻重者，② 经过着派大臣提到新旧枷犯查验，发现刑部枷号斤重均符定例，

────────

　　①　参详《清宣宗成皇帝实录》卷九十八，道光六年五月，台北华文书局股份有限公司 1960—1970 年版，第 1769 页。

　　②　参详《清仁宗睿皇帝实录》卷二百四十五，嘉庆十六年六月，台北华文书局股份有限公司 1960—1970 年版，第 3622 页。

惟因遵例定尺寸，因旧例尺寸较大，以符二十五斤之数，造成枷面较大，板片较薄，厚不及一寸，木插厚仅三四分，难以经久，枷号封条亦易破裂，且犯人两手不能及口，难于饮食，遂量为变通，将枷号定为长二尺五寸、阔二尺五寸，以例载二十五斤为准，并纂入则例。① 不久又覆准：嗣后凡例内应用重枷枷号者，于寻常枷号斤数上酌加十斤，计重三十五斤，其枷面止于加厚，而宽大悉照寻常枷号尺寸。清朝在雍正五年有一个定例规范刑具定式，但比较简单，即凡用刑衙门，不照题定夹棍式样造用者，用刑官照酷刑例治罪，上司各官照徇庇例治罪。此条定例在乾隆五年略微加以补充，于"不照题定夹棍式样造用"后增加"致有一二三号不等"八字。几乎在《中国的刑罚》在欧洲出版的同时，该条定例嘉庆六年遵旨改定。较诸乾隆五年定例，嘉庆六年定例在"小夹棍"下增"木棒棰"三字，在"大锁"下增"并联枷及滥置非刑"八字，形成了嘉庆十五年定例的基本框架。《中国的刑罚》出版和嘉庆六年定例出台的近乎同步本身就很能说明问题。嘉庆十五年定例对于法外用刑问题采取详细的列举和等外等空白概括相结合的方式构成相当严密的法网，规定：凡问刑各衙门一切刑具，除例载夹棍、拶指、枷号、竹板遵照题定尺寸式样，官为印烙颁发外。其拧耳、跪链、压膝、掌责等刑，准其照常行用。如有私自创设刑具，致有一、二、三号不等，及私造小夹棍、木棒棰、连根带须竹板或擅用木架撑执、悬吊、敲踝、针刺手指、或数十斤大锁、并联枷，及例禁所不及赅载、一切任意私设者，均属非刑，仍即严参。照违制律杖一百。因而致毙人命者，照非法殴打致死律治罪。上司各官不即题参，照徇庇例议处。嘉庆十九年，复于并联枷句下增"或用荆条互击其背"八字，将决罚不如法门内永禁荆条击背之例移并于此。② 尽管嘉庆帝通过制定、修改条例完善立法，通谕各省大小问刑衙门将似此滥置非刑速行除毁，强调有犯必惩，以儆残虐，不可稍涉宽纵，但这种痼疾是无法根治的。地方官员往

① 《清仁宗睿皇帝实录》卷二百四十七，嘉庆十六年八月，台北华文书局股份有限公司 1960—1970 年版，第 3648 页。

② 光绪朝《钦定大清会典事例》卷八百三十九，刑部，台北新文丰出版公司 1976 年依据光绪二十五年原刻本影印版，第 15547 页。

往并不以仁存心，而是假刑立威，恣其酷暴，淫刑以逞，诸如画眉架、天平架、失魂牌、猴抱桃、敲脚胫骨、冷水浇背、荆条击背等刑，虽然大干例禁，但至清朝灭亡仍旧被施用不改，被视为常刑。广东由于天高皇帝远，在全国一直都是司法腐败比较突出的省份，本书第四卷前面关于班馆一章提及的因官场斗争而被牵扯出或者受害人冒死挺身具控而披露出的广东司法黑幕即其明证。《中国的刑罚》在欧洲出版的前两年，即嘉庆四年（1799），广东英德县知县陈寅以押毙寻常案犯至四十余名之惨刻异常而被督抚等参奏，嘉庆帝当时义愤填膺，着将该犯发往伊犁充当苦差，并令先于省城枷号三个月，切齿谕以"枷毙亦不足惜"，俾各直省劣员知所儆戒。① 粤省当时各县的酷刑借此可见一端。这些酷刑之所以进入清朝上层的视野而得到强烈关注，说明这一段时间在地方州县已经发展到极为猖獗的程度。《中国的刑罚》的画工身处广东一带，其描绘的内容可以说是后来孙中山 1897 年在英国《东亚》（East Asia）创刊号上发表的题为《中国的司法改革》（Judicial Reform in China）一文所言晚清"严刑拷打的种类相当繁多，大部分不见于法典，但在通常做法上是全国人所共知的"② 图画版。

　　像蒲呱这样的大多数广州外销画家均名不见经传，作为民间职业画师生活在城市市井的底层，他们设画室于广州十三商行，有着良好的国画功底，为西方人临摹西方画稿或者绘制各种题材的画作，卖画为生，如同年画画工、乡村乐手、陶瓷工人一般依靠手艺谋生，隶属于小商品经济环节中的手工艺行业。他们的通草水彩画模仿西洋画风格，同时又夹杂着中国工笔画技法，形成写实而极富装饰美的艺术特色。对于我们长期几乎都是使用白纸黑字的文字资料做研究的人来说，透过这些图像尝试去在没有摄影机、照相机的时代里面追溯历史的面貌，的确是难得机会。视觉图像似乎使我们觉得这个世界比事实上更好把握，但是这实际上要求解读者需要更加深刻的解读能力。一方面，绝大多数历史照片

---

① 《清仁宗睿皇帝实录》卷一百三十七，嘉庆九年十一月，台北华文书局股份有限公司 1960—1970 年版，第 1950 页。

② 孙中山、埃德温·柯林斯：《中国之司法改革》，贺跃夫、周黎明译，《中山大学学报（社会科学版）》1984 年第 1 期。

上没有文字说明，时间、地点、人物、事件等要素极容易张冠李戴；另一方面，本来在社会文本中沉默无语的图画因其含义的多义性和不确定性而从原初历史中的物质关系中发生位移。已经有学者警告我们，在这个读图时代，图像所产生的信息比文字更为直白却更不可捉摸，把理性的决定权交付图像来处理是极为危险的。阿莱达·阿斯曼（Aleida Assmann）就指出："如果将来'只凭借因为增加了许多图片、影片和回忆录而变得更丰富的档案材料'来讲话了，那么操作方法就会变得特别重要，它们必须让回忆不断摆脱固定化和刻板化的漩涡。"① 在图像的汪洋大海之中，儿童在看图识字年代幼稚化阅读不仅无法使这些绘画资料的学术价值凸显出来，而且对于学术研究而言也是一种退化。因为这些图像资料是绘图者呈现他的历史观的方式，非常主观，连相片都可以动手脚瞒天过海，更何况是画作。这就意味着我们需要使图像作者和编者背后遮蔽的东西在场，从而把表述者的历史情境引入到图像和文本理解的在场状况，把作者的历史情境调入由图像和文本所形塑的空间中来理解，通过探查其背后的历史情境进行时间和空间的交流。

如前所说，在清代文字狱高压政策下，主流知识分子不可能畅所欲言，很可能是基于自我保护本能，刻意回避某些敏感话题，而处于社会边缘的底层外销画画家心态上不属于朝廷体制中人，这种心态上的"化外人"与来华的货真价实的"化外人"相遇，遂将帝国司法黑暗的糗事从广东这一口岸传播出去。由于这些市井画家具有就近观察的优长，可以揭示西方人所难以涉笔的现象，所以《中国的刑罚》不像西方人长期仅仅局限审案、打板子、戴枷这老三样的窠臼之中，而是表现了名目空前繁多的酷刑样态。但另一方面，由于这些出身民间市井的广州外销画家毕竟文化修养较低，对于清代司法场域的复杂生态在认识上存在局限性，所以其表现的范围仍然是有限的，深度仍然是肤浅的，无法深入到清代司法制度从放告、批词、勘验、捕盗、审案到解审的内部运作机理。在《中国的刑罚》各画中，画工的"平民"目光借此得以浮现。

---

① 阿莱达·阿斯曼：《回忆有多真实？》，哈拉尔德·韦尔策：《社会记忆：历史、回忆、传承》，北京大学出版社 2007 年版，第 70 页。

我们可以将此视为中国下层工匠对于官府司法制度的一种批判。

另一方面，随着西方当时殖民扩展，环球旅行、历险、观光成为欧洲的社会风尚。中国是当时西方亟待探索的人文新大陆。而在摄影术发明以前，图画是帮助西方人了解中国事物的最佳媒介。这些写实的外销画犹如现代旅行者购买的旅游明信片，非常真实地反映了当时广州生活的一些情况。蒲呱等外销画家属于民间艺人群体，从事外销画制作并非出于艺术兴趣的自觉创作，而主要是受商业利益的驱使。其最大的主顾就是来华西方人，在创作取向上依赖艺术消费者的金钱支持，受主、雇间买卖关系的制约，汲汲于迎合西方雇主的观念。他们运用正面的、侧面的透视法则绘制英国样式、法国样式或荷兰样式的作品，都是根据西方顾客的要求与审美口味而定，并非画家自身文化理念和艺术创造的主动发挥。他们描绘中国酷刑也主要不是本着追求艺术或关注民生的观念，而是费尽心思研究如何满足顾客的口味，以获得商业上的最大的成功。这种题材被"追捧"的原因很简单，就是因为它比较极端化、比较强烈，让受众毛骨悚然，且给创作者提供了很多影像视觉表现的空间，具有极好的"卖点"，因此也就很容易"入画"，被当时来华西方人所看重并远销海外。清政府当时对于此辈止趋重利、情甘犯法的活动即有所觉察。正如卜正民（Timothy Brook）等所说，中国的水彩画家很快就学会了卖什么，和乐于让欧洲的审美和伦理品味决定"中国"应该看起来像什么，不啻是决定了中国生活的各层面被在视觉上恰如所愿地被审视。①

仍然以《中国的刑罚》枷号图为例来加以分析。枷号从法学角度而言属于耻辱刑。"耻辱刑"不同于"耻辱性刑罚"，是以身体的物理性侮辱性标记为特征，通过视觉符号的强制性传播使受者产生愧服感。从传播媒介的种类划分上看，耻辱刑属于实物传播，媒介则可能是犯罪人的身体、文字、图形、颜色、特殊的物体（如枷）、大众传媒等。在耻辱刑的实施过程中，刑罚符号的发出者是国家，受传者是犯罪人，讯

---

① Timothy Brook, Jérôme Bourgon, Gregory Blue, *Death by a Thousand Cuts*, Cambridge, Massachusetts：Harvard University Press, 2008, p. 25.

息是刑罚，而反馈则是犯罪人和社会公众对耻辱刑的反应。就犯罪人来说，国家期待的反馈是耻辱感。就社会公众而言，这种刑罚使犯罪和刑罚之间的联系的必然性极为直观地予以呈现，对公众产生强烈的视觉效果和心理冲击，使公众对刑罚的认知更为直观。① 这种国家性侮辱刑罚往往给人留下深刻的印象，很容易成为西方人的"看点"。可以说，《中国的刑罚》中的画便是这么出笼的：蒲呱按梅森的订单来作画，属于西方人眼光锚定景观的来料加工。出于市场推广的考虑，梅森将这些画结集出版，在西方开创了这类出版物的先河。果然，在此书出版后，西方世界对这些插图的兴趣长盛不衰，至今还是招贴画网站的常销货。该图册的读者群广泛，再加上盗版翻印，读者更是数不胜数。这些画不会使人厌恶，因为画家绘画的风格同绘画中国日常生活的风格一样，而且并不乏魅力。它们也不是那时流传的中国刑罚的仅有图像，有两个漫画式的中国人正在锯开一个人之类的平版印刷画，也出现在当时欧洲和美国的杂志上。② 在某种意义上，欧洲人的认知构造（the European epistemology structure）是蒲呱画室和这类图像产生背后的发生学力量，使得欧洲在原产性上几乎等同于蒲呱的图画及其画室本身。③ 其观察的角度以及标准的设定如此受制于某种异域的眼光，中国人的绘画中随处可见的是"西洋景"。只有符合西方公众趣味，才让画家有驰骋笔墨、摹绘成图的绝好机会。

西方人近代对于中国刑法的早期刻板印象很大程度上就源自乔治·亨利·梅森的《中国的刑罚》的雕版图像。马熙乐（Shelagh Vainker）认为这些被印刷的图版有两个西化的阶段（two stages of Westernization），第一阶段出现在蒲呱的工作室画成水彩画，第二阶段出现在英国画家和雕版家戴德利（James Dadley）将其制成雕版时的许多地方的修

---

① 李立景：《诉诸舆论的司法：耻辱刑的现代流变及启示》，《南京师大学报（社会科学版）》2006 年第 5 期。

② 何伯英：《旧日影像：西方早期摄影与明信片上的中国》，张关林译，东方出版中心 2008 年版，第 114 页。

③ Eric Hayot, *The Hypothetical Mandarin: Sympathy, Modernity, and Chinese Pain*, Oxford, New York：Oxford University Press, 2009, p. 82.

改。通草水彩画的面积通常不超过 30 厘米×20 厘米，故不适宜绘画太复杂的题材，所以画面聚焦人物本身，背景被彻底虚化。其中原因固然可以如同外国学者所解释的那样，是由于在这些图像中，中国传统的表现远景时将景物放在框架较高位置的方法似乎表现为与西方透视法的杂交，而背景空白的习惯仍然保留了中国人的审美偏好。不过，这也可能与成本、商业利润等有关。无论如何，《中国的刑罚》没有置于场景之中，而且场景被隐秘化、空虚化。这种从场景中剥离出来的图像势必给受众留下抽象的认知，产生对中国刑罚四方同风的普遍性误解。按照罗兰·巴特（Roland Barthes，1915—1980）的观点，文字并不能总是复制或者复述图片，其与图片的组合会产生两者之外的另一个论述空间，有可能发展出别的"意涵"。在阅读本书时，读者在图画与文字之间的认知跳跃不是单纯由书的形式所产生的效果，而是由于其生产的模式所致。因为梅森试图对一个产生于不同审美和文化语境中形象加入自己的解释，而与此同时，蒲呱的画作无论如何源于欧洲审美的商业要求，起着中国艺术实例的作用。我们简单将梅森视为西方殖民主义思想的代表亦未见确当。在决定收入哪些彩色画像时，梅森声称，他曾试图避免欧洲人对真正的暴力行为的刑罚描绘自然产生的"暴力感觉"。从现在遗留下来的通草水彩画来看，与蒲呱画作相比，风格不甚相同且更为粗糙、血腥的中国刑罚绘画仍复时有。但事实上，蒲呱似乎更加卖力地对清廷司法实践的阴暗面加以曝光，而梅森的态度相对而言比较温和一些，在书中一直对试图将具体的刑罚方法与中国整个社会和意识形态联系起来，力图从一些此前西方文献中对于儒家思想的介绍来对这些绘画图景予以更深层次的解读。他在《中国的刑罚》的序言中对于中国的法律制度作出了他的最终评价："这些刑罚不仅带给我们新奇的信息，这些新奇的信息还具有一种基本精神——出于对于安全感的需要，要阻止性恶者危害他的同胞，防止违法者继续作恶。中国人以主宰世界的抱负，创造了这个基本精神；人们被保护免于漫长的痛苦折磨；一个人是否清白不由他忍受痛苦的意志力和体力来评判；专制、狂热、独裁不能够得以随心所欲地实施残暴；死刑仅作为维护社会秩序的必要一环而设置和存在。在英国，这些追求已经取得了回应，富有同情心的人们能够接受最短暂最少血腥的处决犯人。这种对遭受折磨的痛苦的关注更进一步反映出人类的坚强的天性。"① 但是，蒲呱无背景的绘画和阅读者的视觉影像的直接接触，使梅森的一些旁白似乎无足轻重。无论士兵、商人、传教士还是科学家，他们从中国回到本国时都带回一些故事和记录，因而构成一种观看方式。当地人通过这些意念框架，对中国这个地方、人民及其风俗形成想象的观念和看法。在理论上，每个人在观看图像中都有无穷选择的空间，然而这种选择无疑充满了各种想象和情绪的宣泄。阅读者在与作者和编者的视线交织之中，将自己的模糊预期与作者在书中展现的意义以及作者身处的文化之源投射到书中的意义进行辩证认同。如果阅读者期待得越多，那么，其在此后的阅读中带入文本空间的在场因素就越多。从根本上说，在殖民事业中，这些图画的作用甚至不是取决于图画的制造者，也不是取决于图画本身。相反，它取决于对图像的挪用而形成的发送与阐释的结构，或者说取决于图像传播。一整套的呈现要求与满足此种要求的实践之间的互动，表明了通过纯粹的呈现客体自身的即物性在 18 世纪和 19 世纪欧洲与中国贸易所实施的商业权力、通过表征着跨文化关系的美学和认知的范畴的"翻译"问题。

（二）威廉·亚历山大图画考证

马戛尔尼赴华使团带有随行的科学家、技师和艺术家，有意识地以詹姆斯·库克的太平洋航行为榜样。其中，当年随团画家威廉·亚历山大（William Alexander，1767—1816）以强烈的好奇心，捕捉在这个新世界所见的一切，作品大多是素描和水彩，画了大量的速写和水彩画，回英国后创作了一系列有关中国的风俗画，再现中国的人物和景物。马戛尔尼使团回国后，与此行有关的书籍纷纷以威廉·亚历山大的作品为插图的底本，以铜版雕刻印制。这些书，包括了使团秘书斯当东所作的《英使谒见乾隆纪实》（Sir George Staunton, *An Authentic Account of an Embassy from the King of Great Britain to the Emperor of China*, London：G.

① Mason, *The Punishments of China, Illustrated By Twenty-Two Engravings：With Explanations in English and French*, London：William Miller, 1801, preface.

Nicol，1797）① 及巴罗的《中国旅行记》（John Barrow，*Travels in China: Containing Descriptions, Observations, and Comparisons, Made and Collected in the Course of a Short Residence at the Imperial Palace of Yuen-Min-Yuen, and on a Subsequent Journey Through the Country from Pekin to Canton*，London：T. Cadell and W. Davies，1804）等。后来，威廉·亚历山大出版了彩色的《中国服饰》（*The Costume of China, Illustrated in Forty-eight Coloured Engravings*，London：William Miller，1805）及《中国衣冠举止图解》（*Picturesque Representations of the Dress and Manners of the Chinese. Illustrated in Fifty Coloured Engravings with Descriptions*，London：John Murray，1814）两部画集。威廉·亚历山大虽算不上一流画家，却受过严格科班训练，画技纯熟，画风与梅森的《中国服饰》和《中国的刑罚》的插画迥异，繁复而灵动，现场感强，形象栩栩如生，是西方主流风格。但是，如前所述，梅森的《中国服饰》《中国的刑罚》和威廉·亚历山大的《中国服饰》都是由出版商威廉·米勒出版发行的。这套各国服装的图册是当时威廉·米勒赚钱的王牌，由于出版梅森的《中国服饰》后大获成功，所以威廉·米勒翌年又推出了梅森的《中国的刑罚》这一姊妹篇，在五年后又将威廉·亚历山大的绘画牵强附会地以《中国服饰》的同名刊印出版，纳入自己的产品系列之中。这表明出版商业利益的驱动使威廉·亚历山大对于自己的画作结集出版在很大程度是身不由己的。后来又基本上依据这些画作出版"中国衣冠举止图解"的伏因，估计就在此时已经埋下了。《中国衣冠举止图解》很可能是威廉·米勒将连同威廉·亚历山大《中国服饰》的版权在内的一应业务转让给新的出版商约翰·默里（John Murray，1778—1843）后，后者为了营销上的考虑改头换面或者更加名副其实地将原威廉·亚历山大的《中国服饰》仅仅增加两幅图改名出版而已。

　　现代中国学者往往认为马戛尔尼使团来华较早，所以想当然地将该

---

　　① 可以参考的中译本主要有斯当东：《英使谒见乾隆纪实》，叶笃义译，商务印书馆 1963 年版；斯当东：《英使谒见乾隆纪实》，叶笃义译，上海书店出版社 1997 年版；斯当东：《英使谒见乾隆纪实》，秦仲龢译，沈云龙主编：《近代中国史料丛刊》第八十八辑，871，台北文海出版社 1973 年版。

使团的文字和绘画资料视为英国人了解清帝国的最早的一手资料。但是，我们在前面已经考订出梅森来华大约是 1790 年，这本身就早于马戛尔尼使团，而且梅森的《中国服饰》《中国的刑罚》也早于威廉·亚历山大的《中国服饰》，所以从英国人认知清帝国司法的图像资料谱系而言，中国学者所谓的亚图其实应该排在梅图之后。这并不是一个简单的时序问题，而是关系到这样一个问题：英国人对于中国酷刑的话语建构在早期与中国人自己的曝光有关。康雍乾盛世的帷幕尚未彻底落下，底层社会的民间艺人蒲呱之流就已经将其对于官府的暴虐广播四海。这些来自民间艺人的中国刑罚水彩画在一个虚拟社会现场空间中展开中国社会的底层叙事，本身就具有草根性以及某种程度上的现实批判性。西方人对这种充满东方风情的外销画具有浓厚的兴趣，视之为瑰宝。这就如同西方人初来乍到某个未知领域时必定得依靠当地人的知识地图测绘的情形一样，西方人在获得当地人知识而完成地图测绘后反而可以利用这些精确的地图达到殖民征服的目的。[①] 中国的治外法权的建立何尝不是如此？

有些学者认为，从北京返回时，随团画家将沿途所见的各种官府、衙门的设置，司法活动中的审讯、用刑，乃至于对于罪犯施加的"枷号示众""贯耳站街"与"发配""徒刑"等大量内容通过油画、水彩画、素描等加以表现，其作品不但内容广泛，而且人物形象刻画生动，不仅成为当时西方人观察了解中国司法活动的形象记录，也是我们今天研究清代司法活动的直观而又宝贵的资料。但是，综观亚图，关于清帝国司法的图画总量并不太多，根本无法与梅森《中国的刑罚》相提并论。由于使团在打道回府时从北京沿京杭运河南下途中，乾隆帝三番五次密谕护送官弁及沿途封疆大吏严密监视，留心防范，毋使停泊潜越所指地方、借词登岸逗留，所以使团的行动是受到严格控制的，亚历山大绝对不可能到"中国各地访问写生"，不可能像蒲呱等底层社会的民间艺人那样了解很多清帝国司法黑暗的内幕，所以亚图其实存在袭用蒲呱

---

① Bruno Latour, *Science in Action: How to Follow Scientists and Engineers Through Society*, Cambridge, Massachusetts: Harvard University Press, 1988, pp. 219 – 228.

画作的可能性。其出版的密切关系如前所述如此息息相关，威廉·亚历山大应该是看过由同一个出版商威廉·米勒出版的蒲呱画作的。亚图可以说是英国人不借助于从中国进口的绘画而完全自己创作的对于中国酷刑建构的"民族化"尝试，在画风上进入了西方绘画的主流，但其中的一些内容却似乎与外销画不无关联。

非常有意思的是，在威廉·亚历山大绘制的水彩画中，也有一幅称作《戴木枷的刑罚》。画面中一个罪犯正坐在所谓"特制的椅子上被枷号示众"。这幅画的构图与蒲呱画作大同小异，只是增加了背景。其背景是威廉·亚历山大所有绘画中非常常见的运河边的塘铺之类屋舍、旗幡和模糊的远山表现出跨文化的再造因素。画中囚犯身处一高阜，服饰与蒲呱画作类似，但面部轮廓却似乎是威廉·亚历山大笔下带有西方人色彩的诸多类似人物，被台湾清华大学历史研究所的黄一农教授所说的其画作"常会发生每幅图的人物长得非常相似的情况"[1] 在这里又一次得到证明。在威廉·亚历山大画中，用于支撑木枷的椅子被描绘为一个"椅子"状的特制的枷，被一些不研究法律史的中国学者译作"枷椅"，让人感觉是过去小孩坐的"枷椅"的。犯人后面有一个木牌，上面写着他的罪行和应得的处罚，但是亚历山大显然不会中文，他只是模仿中国的方块字在牌子上横竖画了些黑色的线条，形成画符似的不但英国人看不懂、中国人也看不懂的假文字。亚历山大在这幅图的下面写了一段题记："枷锁的惩罚可能可与我们的颈手枷类似。在中国，如果犯的罪责较轻或行为不端，有时会被判在脖子上戴几个星期或几个月的木板。有时一只手、甚至两只手都要和脖子一样卡在木板的洞里。图中的样子不典型，比一般的情形轻得多。通常是双肩要承受沉重木板的压力。图中的枷锁只是限制犯人活动，而不用顶住沉重的木板。犯罪的情况通常用大字写在枷锁边上，或者像图中，写在另附的木板上。"[2] 但是，威廉·亚历山大在创造这幅画时存在明显的漏洞，如果果真是枷椅而不是

---

① 黄一农：《英国画家 William Alexander（1767—1816）眼中的大清帝国》，资料来源：http://common.tnnua.edu.tw，访问时间：2010 年 1 月 25 日。

② 此段译文引自刘潞、吴芳思：《帝国掠影：英国访华使团画笔下的清代中国》，中国人民大学出版社 2006 年版，第 133 页。

西方专门研究中国酷刑的专家那样解释为"Cangue supported by pillars"，则"图中的样子不典型，比一般的情形轻得多"就不可能说得通，其作用类似于站笼（又称立枷），是无法自由走动的，比起一般枷号的处罚更为严酷，犯人也不可能孤零零自己来到河边一个高阜。而且威廉·亚历山大将蒲呱画作中囚犯旁边的碗和吃饭特制的长勺替换为小竹篮和木棍，即便加上远山、在另一幅图中曾经出现的

戴木枷的刑罚（威廉·亚历山大绘）

兵站和旗幡等背景，反而不如无背景的蒲呱画作对这一场景刻画得深刻。这也显示出西方人对于清帝国司法实践的不甚了了。当然，笔者也并不认为这种图画纯属向壁虚构。例如，乾隆二十五年，江西臬司就通饬州县官员在兵役拿获闯舱匪窃后，对于杖罪以下之犯，枷号一个月，于就近水次码头，或于设立塘汛之所，枷号示众。①

　　从威廉·亚历山大的绘画来看，上述所谓"枷椅"图是描绘非常简单的一类，与下面我们即将分析的《被流刑的男子》那种精细的描绘用笔大不一样。这估计就是在临近出版之前仿蒲呱画作比较仓促所致。其实，威廉·亚历山大的绘画不能像照片般将景象完全记录下来中国所见到的一切。他在中国一幅画都没有完成，只是将所有小小的元素，比如说女人的一只脚和服装、小孩、塔等加以素描，回国后再重新把这

———————

　　① 清江西按察司编：《西江政要》卷二，光绪年间江西按察司衙门刻本，页十四。

些东西在摆在一块进行创作。严格来说，他是在从事创作，是一种印象的追忆，跟使团其他人写作访华回忆录本质上并无区别。即便如此，按照真实的景象，威廉·亚历山大的绘图方式也如黄一农教授所言只能配称为"历史绘画"（historic painting）。在许多历史博物馆中展示的历史绘画顾名思义就是要用图像来诉说历史，每一幅画里面都会有作者想要呈现的东西，与真实的场景存在很大距离。黄一农教授对于威廉·亚历山大绘画中最为重要的涉及马戛尔尼使团在承德避暑山庄觐见乾隆帝过程的几幅历史图画的详尽分析就很能说明问题。这几幅画事关清朝乃至中西关系史上著名的礼仪之争，被中外史学界拿来作为重要的证据。但威廉·亚历山大当时并不在场，并不是这个历史重要时刻的见证人。黄一农教授从光影、方位以及人物的位置、补服等细节发现了其中许多错误，令人心服口服。① 这样最为重要的几幅画的真实性都存在如此多的我们现在所说的穿帮露馅的地方，其他图画又怎能不让人产生疑窦？

从符号学角度而言，绘画被视为属于指挥图像（prescribing icon），其间景物布局安排均受制于画家所处的时代以及画家自身的观念和其对情节的安排，所反映的信息极有可能出自画家凭空虚构或者是对现实做艺术的提炼加工后产生的，并不一定是对真实景物的描绘，不可深信不疑。以被一些学者认为当时西人观察了解中国司法活动的形象记录、我们今天研究清代司法活动的直观而又宝贵的资料的"贯耳站街"一图来说，这并不是什么可以目为炫世之异宝，相反，在笔者看来这很可能是蒲呱之类外销画家的另一幅关于贯耳刑的再演绎。清朝在入关前的确存在贯耳穿鼻之刑，但如前揭周寿昌《思益堂日札》，早在顺治三年即已经被诏除。因为贯耳穿鼻将给人留下终生难以消失的痕迹。这种做法不仅是对人身体的摧残，更重要的是与儒家文化的严重对立。《孝经》云："身体发肤，受之父母，不敢毁伤。"② 即便清代地方官肆意妄为，也一般以现代学者所说的瘐毙等"合法"伤害权，不可能冒天下之大不韪授人以柄。我们可以以清代命令禁止联枷，但这种刑具仍然在晚清

---

① 黄一农：《英国画家 William Alexander（1767—1816）眼中的大清帝国》，资料来源：http：//common. tnnua. edu. tw，访问时间：2010 年 1 月 25 日。

② 汪受宽：《孝经译注》，上海古籍出版社 1998 年版，第 2 页。

照片中偶尔出现作为反证。可是，这种联枷的照片上的人物假如果真是被一些中国学者所断言的为太平天国女囚，[1] 那么也是针对特殊时期的特殊对象。据笔者研究，这三人联枷其实是英国摄影师威廉·桑德斯（William Saunders，1863—1888）在晚清摆拍的照片，与笔者所见其另一幅两人联枷照片是在同一地方照的，不足为据。贯耳穿鼻之刑不像联枷那样，毕竟会留下证据，只要受害人上控，则实施这种刑罚的官员本身也难逃法律的追究，违法成本太大。在清人段光清的《镜湖自撰年谱》中记载了这样一件事情：辖区内"忽一日有开烟馆者，余知民情多弗顺也，即拘其人枷号以惩之，城中欣然。本府初闻之，亦以为是。旋与幕友商之，幕友乃谓鸦片烟既已不禁，彼将人枷号，何以了结此案。本府次日见余，述其友言，余笑曰：朋友在署中但知读律，我日行市上，但顺民情也，枷一卖烟者，以顺合郡人之心，有何不可。况枷之我，释之亦惟我乎？"[2] 段光清是一个敢说敢当的官员，也是被人们作为颇谙所谓"合法"伤害权的行家里手，在太平天国起义期间适用已经作废的禁烟律例枷号卖烟者，虽说大快人心，但刑名师爷却生怕东家惹出麻烦，说明地方官行事并不是没有底线地可以随意乱来的。即便辛亥革命前反清思潮弥漫全国，诸如署名韩菼所撰《满清入关暴政》等亦仅仅诋斥顺治三年之前存在贯耳穿鼻之刑，并不曾言及此后有这种现象。据威廉·亚历山大贯耳刑图的图说，该画所绘的是一个冒犯了马戛尔尼使团成员的中国人，在被判打五十大板后，又立刻受到加刑，是一种先用烙铁烙耳朵，再用手将尖钉刺穿耳朵的惩罚。首先，根据《大清律例》，最多杖一百，以四折十，并除不及五之零数，故杖一百，止折责四十板，不会有被实际打五十大板的情况。其次，这种所谓加刑是不可能的，正如威廉·亚历山大的《审妓女》图中地方官竟然胸前佩戴圆形补子、不在官衙花厅而在平野旷地审讯妇女一样令人难以置信。按照清制，

---

①　此种以讹传讹源自美国作家约翰·斯塔德（John Lawson Stoddard，1850—1931）的《约翰·斯塔德演讲录》（*John L. Stoddard's Lectures*，Boston：Balch Brothers Co.，1905）中第 3 卷中国部分（曾被国内翻译为《1897 年的中国》，李涛译，山东画报出版社 2004 年版）。当时约翰·斯塔德在论述太平天国起义时使用了此照片。

②　段光清：《镜湖自撰年谱》，中华书局 1960 年版，第 14 页。

只有属于皇族成员且等级在贝子以上者，朝服胸前所佩戴之补子才为圆形。但他们果真为皇族成员，则必然不会到图画中所绘的江南出任地方官。这样的常识性错误在此后 19 世纪西方人的绘画中屡见不鲜。例如在一幅水彩画《中国刑罚》男性受刑者上身裸体在西方式的十字架前被手上施以拶指刑，可见这幅画的作者并不懂得清代的拶指之刑是针对女性供词不实而实施这一常识。梁漱溟的父亲梁济在晚清曾任内阁中书，其《梁巨川遗书》中有这样一段话颇为精警，曰："大抵俗人每以悬隔之境传说约摸，或居下位而测政府，或在京中而度外省，或以南人而论北方，或坐中国而谈外洋，或由今日而说从前。自负周知时事而不顾其真，好为议论而不求其实，尽有绝无之事而群以为真，极好之人而群指为坏者，传之愈广，则因小而加大，征虚成实，士女毁颂发为歌谣，稗史游谈误入方册，种种情形，不可殚数。吾以为总宜将自己身分立高，力争上游。"① 这段话对于我们解读目前遗留下的一些光怪陆离的关于古代中国刑罚绘画的西方作者所具有的文化间性是极富启发意义的。

桑德斯摆拍三人联枷　　　　　桑德斯摆拍二人联枷

现代中国学者看到威廉·亚历山大的图画后总是指责古代中国的画家们更乐意去关注风花雪月和花鸟鱼虫，而不情愿降低身价去直观地描绘刑罚中的场面，对于传统刑罚中"五刑"的描述多见于文字记载而鲜见以绘画的形式进行形象的描绘，似乎不如此则无法凸显威廉·亚历

---

① 梁济：《梁巨川遗书》，黄曙辉编校，华东师范大学出版社 2008 年版，第 125 页。

山大的《被流刑的男子》
等作品的价值。《被流刑
的男子》曾被塞缪尔·
霍姆斯（Samuel Holmes）
的《在中国和鞑靼之旅：
扈从马戛尔尼勋爵使团》
（Samuel Holmes et Wil-
liam Alexander, *Voyage
en Chine et en Tartarie*, *à
la suite de l'ambassade de
Lord Macartney*, Traduit de
l'anglais et notes de L.
Langlès L., Paris：Del-
ance et Lesueur, 1805）①
作为插图，后收入威廉·
亚历山大的《中国服饰》
图集。在这幅画中，差役
正在押解带着木枷的人发
配到"远离城市的地方"。
罪犯一只手被锁在架中，
另一只手扶在腰上，借以
支撑沉重的木枷，赤脚跣

被流刑的男子

《大清刑律图说》

足，被在前面的衙役用一条铁链牵着向远方走去。画面的背景为一座被
城墙围绕着的城池，很多具有中国风格的建筑掩映在高大的城墙后。威
廉·亚历山大的图画的确对于研究清代司法具有重要价值，但古代中国
却并不是没有反映"五刑"的绘画，只是路向完全不同。例如，徐文
达、黄仁济《大清刑律图说》就是一个很好的例证。与威廉·亚历山

———————

① 此书的英文原版为 Holmes, Samuel. *The Journal of Mr. Samuel Holmes, Ser-
jeant-Major of the XIth Light Dragoons, during his Attendance, as one of the Guard on Lord
Macartney's Embassy to China and Tartary, 1792－1793*, London：W. Bulmer, 1798。

大的《被流刑的男子》相比，《大清刑律图说》中的五刑图关于军流徒的描绘也折射出刑罚的严厉，但不是像《被流刑的男子》诉求于描绘清代刑罚的残酷，而是为了宣传明刑弼教的思想。由此可见，绘画者的动机、观念和意图相去径庭。

（三）托马斯·阿罗姆铜版画分析

根据钱锺书的研究，英国在 17、18 世纪对中国的兴趣只是偶发的、半心半意的、处于"冷漠中心（the centre of indifference）"的边缘。① 甚至连后来出任香港总督的德庇时（John Francis Davis，1795—1890）在 1822 年也喟叹英国对中国的了解较之欧洲大陆方面不无相形见绌之感，指出："在我们英国人总体的知识成就中，关于中华帝国的知识是微不足道的。我们与中国进行着如此频繁的贸易往来，但在马戛尔尼使团之前却对这个民族几乎一无所知。而法国人在几乎一个世纪之前就已孜孜不倦地开展了对这个民族的研究，并取得了一定的成绩。英国在这一领域表现出一种出奇的漠视。"② 马戛尔尼使团来华无疑使英国人对中国的了解迈向了一个新台阶。在近代，西方殖民者和史学家习惯于把鸦片战争前的中国称为"旧中国"，以相对称于在不平等条约之下向西方列强开放的近代中国。美国人威廉·亨特（William C. Hunter，1812—1891）于 1825 年还是年仅 13 岁的小孩时便到广州，1829 年在广州加入美商旗昌洋行，后来成为该行合伙人，直到 1842 年歇业返回美国，但后来又再次返回中国，在广州、澳门、香港等地活动达二十年，并创设亨特洋行。这位在鸦片战争前就长期在旗昌洋行工作的外商在晚年所写的一部广为流传的著作就叫作《旧中国杂记》（*Bits of Old China*，K. Paul，Trench，& Co.，1885）。在当时，即便像威廉·亨特这样号称"中国通"的一类人物对于中国的有些认识亦仍未见确当。例如，

---

① Ch'ien Chung-shu, China in the English Literature of the Seventeenth Century, in Adrian Hsia（ed.），*The Vision of China in the English Literature of the Seventeenth and Eighteenth Centuries*, Hong Kong：The Chinese University Press, 1998, p. 30.

② J. F. Davis, *Chinese Novels, Translated from the Originals：To Which Are Added Proverbs and Moral Maxims*, London：J. Murray, 1822, pp. 1 – 2.

他在书中对中国审判制度中没有律师和陪审员大加赞誉，写道："中国人的民事制度中有一个显著的特点，就是没有陪审，因而也没有律师。这是西方国家应该学习的一个好榜样。在西方，审判是要由这一方或那一方付钱的，因而成了昂贵的奢侈品。陪审员不能取得一致是常有的事，于是需要建立一个新的班子，直到囚犯被判绞刑或无罪释放。一个案件由一个法庭移送到另一个法庭，当陪审员的人丧失很多时间，人人都觉得不方便，常常搞得很复杂，而到头来，判决未必会比由一个法官或地方官单独主持的小案法庭更加准确无误。"① 鸦片战争前后，英国的媒体对于中国的战争宣传等使中国成为公众视野中的热点之一。《伦敦新闻画报》（The Illustrated London News，ILN）在战争期间就发表了关于英国的胜利、带回的战利品以及中国工艺的独创性、中国与英国工业相比较的劣势等等许多文章和图片。就在鸦片战争结束前一年，在海德公园就举办了一次规模盛大的中国藏品展览，使参观者可以近距离地接触中国，获得比任何书可以提供的更明确、更真实的中国印象。② 鸦片战争结束后，对中国的视觉呈现开始大量向维多利亚时代的人们提供这一新开放的"天朝大国"的全面认知。费舍尔父子公司当时便出版了托马斯·阿罗姆（Thomas Allom，1804—1872）绘图、纽厄纳姆·赖特（George Newenham Wright，1794？—1877）图解的《中华帝国图景：展现那个古代帝国的风景、建筑和社会风俗》（G. N. Wright and Thomas Allom，China, in a Series of Views, Displaying the Scenery, Architecture, and Social Habits, of that Ancient Empire，London：Fisher，Son and Co.，1843），加入到了维多利亚时代人们对于新开放的和似乎可进入的中国兴趣，声称可以提供"原始和真实的"（original and authentic）天朝视野，成为19世纪关于中国最知名的作品之一。

据戴安娜·布鲁克斯（Diana Brooks）言，在此期间，中等阶级对此种绘图本的需求不断增加，特别是地志旅游书籍越来越流行，越

---

① 亨特：《旧中国杂记》，沈正邦译，广东人民出版社1992年版，第131页。

② Dawn Jacobson，Chinoiserie，London：Phaidon Press，1993，p. 199.

来越多的人可以有条件环游英国或出国旅行。对于费舍尔父子公司出版的这部关于中国的图集来说，托马斯·阿罗姆的确是比较理想的人选。他是一位建筑设计师，英国皇家建筑师协会（Royal Institute of British Architects，RIBA）创始成员之一，参与过国会大厦（又称威斯敏斯特宫，Palace of Westminster）重建和海克利尔城堡（Highclere Castle）改建等许多项目。其设计的大量教堂、图书馆、贫民习艺所等建筑，至今仍矗立在伦敦、利物浦等地。与此同时，他还是地志学插画设计家，画得一手好风景，尤其擅长精细的风景与建筑工笔描摹，曾经在安娜托利亚、叙利亚、巴勒斯坦等地游历考察。其《中华帝国图景：展现那个古代帝国的风景、建筑和社会风俗》①，皮面金口精装，1843 年在伦敦出版，内收钢版画 128 幅，印制精美，装订考究，以欧洲人的眼光从风景、建筑、社会风俗等方面图文并茂地介绍中国。

有些中国学者将托马斯·阿罗姆的图画作为西方人在广州居留期间对当地的司法情况进行的直观描绘的例子，言阿罗姆曾来华旅游，回英后与传教士纽厄纳姆·赖特合作出版此书。又有学者言阿罗姆来华的情况在西方记载中有很多争议，但从其作品中所反映的场景和面貌而言，应当在 19 世纪初期的中国有过生活的经历。在这些学者看来，托马斯·阿罗姆的图画精细之极，若非亲历中国，又岂能如此知其详？然而，这样关键的史实竟然以想当然的推测轻而易举地断言，且不交代所谓西方记载中的争议的具体情况，不免过于草率。事实上，他从未到过中国，只是基于其他艺术家的画稿重新描画 19 世纪

---

① 在 1843 年，该书的德文版出版，即《中国——历史的、浪漫的和魅力入画的》（*China-historisch, romantisch, malerisch. Nach Berichten und Zeichnungen von Mitgliedern der letzten englischen Expedition. Aus dem Englischen. Mit 36 Stahlstichen nach Th. Allan. Carlsruhe 1843*），德文版以文字为主，只用了 36 幅插图，尽管所有插图同样采用了阿罗姆的画作，但所用的钢版均为德国人另行刻制，因此，该书便有了独立存在的价值。另外，可以参阅托马斯·阿罗姆绘图，李天纲编著：《大清帝国城市印象：19 世纪英国铜版画》（*Impressions of* 19 *th Century Chinese Cities，Allom's Painting*），上海古籍出版社、上海科学技术文献出版社 2002 年版。

的中国世态风情。① 这些图画借鉴了其他人的画作，其中包括中尉弗雷德里克·怀特（Frederick White）、上尉斯托达特（R. N. Stoddart）、瓦恩汉姆（R. Varnham）的速写和奥古斯特·博格特（August Borget，1809—1877）在《中国和中国人速写集》（*Sketches of China and the Chinese*，1842）的铅笔画、威廉·亚历山大的绘画等。托马斯·阿罗姆虽然地不可得躬诣、事又不可得亲访，但竟然就敢图写中国风物，这和此前在19世纪初从未到过中国的日本画家冈田玉山（おかだぎょくざん，？—1808）等编绘《唐土名胜图会》（『唐土名勝図会』）（共六集）的情形颇为类似。冈田玉山凭借想象图写所谓的"帝京胜景"，"皆用'识略''会典''盛典'诸书，以为其据"②，除山川名胜、苑囿寺观外，还涉及典章制度、器物风俗等，刻画之精细，令人叹为观止。由此可见，画家在本质上是"画其所知（know）"而不是"画其所见（saw）"。正如贡布里希（Ernst Hans Josef Gombrich，1909—2001）所言："一切艺术都源出人类的心灵，出自我们对世界的反应，而非出自可见世界的本身。"③ 画家若能亲临其境就近观察，固然是最好不过的事情，但假如无法脚蹋实地，借助相关资料神游冥想，这也未必完全不行。换言之，这主要不是与其地理距离的远近而是作者心态有关。

阿罗姆的图画存在的主要问题并不是像有些中国学者所说的那样因不是亲身经历的，所以细节处难免有所偏颇。恰恰相反，对插图的细节考究和各种对象与该书的总体化视野背道而驰。他的浪漫情怀使他对现实美化过度。而希腊、罗马传统的影响，又使他偏爱崇高静穆，替中国的场景染上太多欧洲古典色彩。洛朗·热弗洛（Laurent Gervereau）在

---

① Diana Brooks，Allom，Thomas（1804 – 1872），in *The Oxford Dictionary of National Biography*，Oxford：Oxford University Press，2004，资料来源：http：// www.oxforddnb.com/view/articl，访问时间：2010 年 2 月 16 日。

② 皆川愿：《唐土名胜图会序》，冈田玉山等编绘：《唐土名胜图会》，北京古籍出版社 1985 年版。

③ 贡布里希，林夕、李本正、范景中译：《艺术与错觉——图画再现的心理学研究》，浙江摄影出版社 1987 年版，第 105 页。

他的图像乌托邦的分析中解释，反乌托邦（counter-utopias）完全建立在精度和叙述之上。"他们纠缠于每一个噩梦般的细节，他们放大痛苦和灾难的远景。"① 阿罗姆把不同风格和题材的原画再创作为自己风格的水彩画，其笔下的形象包含大量的细节。阿罗姆的图画不仅是其他艺术家在可能影响其构图的不同时空背景下所创造作品的翻译，而且是通过从源图像中元素的汇编虚构出的图片。阿罗姆的画作的钢版雕刻由不同的雕工完成，工艺精湛，这一过程其实是又被其他艺术家翻译成了钢版画。这些不同层次的翻译造成注入多元和潜在冲突的意义，因为每个阿罗姆插图中被翻译的元素带有与原始图像相关的意义，是收藏者与真实的中国知识疏离。作为虚构的中国场景，阿罗姆的图画完全是并不存在而被标榜为真实的看视的建构。路易斯·马林（Louis Marin）声称："乌托邦不是一个图像或呈现。它不属于一个明确的意识形态。"② 对于洛朗·热弗洛而言，乌托邦的真正呈现从完全不存在的图像（以避免固定性）或在看视的多样性中产生。③ 乌托邦的呈现固定乌托邦，或在确定性上否定乌托邦，因为它应该是一个不具有任何确定性的地方。通过提供声称为中国原始和真实的审视，插图为维多利亚时代的人们提供的实际上是一个民族幻想的中国概念。中国一些学者认为，由于阿罗姆对细节的执著，这些画作完全具备了历史文档的价值，但这些学者没有考虑这一论断其实和这些画作的氛围都似人间仙境的描述是存在矛盾的。阿罗姆的插图和该书本身的努力旨在提供维多利亚时代的人们对于中国当时这一新开放的国家的全面了解，但是，图像经常出现显示超出所呈

---

① Laurent Gervereau, Symbolic Collapse: Utopia Challenged by its Representations, trans. Nadia Benabid, in Roland Schaer, Gregory Claeys and Lyman Tower Sargent (eds.), *Utopia: The Search for the Ideal Society in the Western World*, New York and London: New York Public Library / Oxford University Press, 2000, p. 366.

② Louis Marin, Frontiers of Utopia: Past and Present, *Critical Inquiry* 19, no. 3 (1993): 413.

③ Laurent Gervereau, Symbolic Collapse: Utopia Challenged by its Representations, trans. Nadia Benabid, in Roland Schaer, Gregory Claeys and Lyman Tower Sargent (eds.), *Utopia: The Search for the Ideal Society in the Western World*, New York and London: New York Public Library / Oxford University Press, 2000, p. 367.

现的空间，过多的图像以及在图像和文本的细节都有助于冲击这种对中国总体视野的欲望。

托马斯·阿罗姆绘制了一幅"笞杖刑"（Punishment of the Pan-Tze or Bastinado）的图画。目前通常所见的钢版画系由韦瑟黑德（W. Weatherhead）所刻。此图已经在当今西方国家成为中国古代杖笞之刑的代表性符号。笞杖被译作"巴斯蒂那多"（Bastinado）的刑罚，本来是一个西班牙词汇（法语中为 bastonnade，意大利语为 bastonata，德语中译为 Prügelstrafe），从字面意义讲是用棍子殴打或类似的实施的刑罚，本身专门用来指一种用棍棒、鞭等物殴打罪犯的脚底的刑罚。西方学者往往将中国的笞杖刑与中东地区使用的、在阿拉伯词语中被称为 عقاب الفلكـــة（被转写为 falaka、falaqa、falanga，等等）的刑罚相提并论，显然是将中华帝国与奥斯曼帝国的刑罚手段之残酷作为反衬西方文明的镜子。在托马斯·阿罗姆这幅笞杖图中，中心的图景是笞杖，这是从此前的其他画家的一幅比较简单的笞杖图中移植过来的。一个衙役手执木杖，屈膝用力向犯人身上打去，而犯人正如砧板上的鱼肉一般，任人杖责却毫无办法。被笞杖者的形象与被临摹的原图几乎完全相同，但

笞杖刑（托马斯·阿罗姆绘）

刑具更长，更为不合乎清朝的杖式，原图的大竹板基本上变成了一个非常随意的、弯曲的棍子。不过，托马斯·阿罗姆图画加入了众多的人物与复杂的背景，画面中最为突出的核心人物不是被杖责者，而是在牌楼外面正在监督行刑的官员。右边的大概是犯人的亲友，跪地向官员老爷们苦苦哀求，其中一人还被衙役推搡。画中的人有的低头哀叹，有的掩面而泣，受罚者的哀号声和围观亲友的哀求声不难想见。发号施令的官员站立在匍匐于地的被杖责者面前，行刑官员及其身后的随从与右边的犯人及其亲友构成两组判然对立的人群，呈现出统治权力在社会中的出没和运作。从图片中明晰可辨远处的仅在南方才有的椰树，这似乎表明是当年广州城司法状况一角，但是其中的牌楼则似乎是为此前威廉·亚历山大所绘杭州一带的建筑图案。按照马乔里·摩根（Marjorie Morgan）的研究，维多利亚时代的人们认为英国景观"表现出克制和适度，与戏剧性、雄伟和极端相反"[1]。英国人习惯于从丘陵放眼望去和可以接近的、无障碍的景观。不直刺云天的山脉与维多利亚时代人们的比例和规模意识相冲突，因为其巅峰不像英国小山那样容易接近，而且他们也创造了障碍，被认为是英国的。阿罗姆的描画像试图提供一个景观的乌托邦视野，尝试致力于空间所呈现的完整知识。在托马斯·阿罗姆这幅笞杖图中，行刑官员及牌楼后面的高耸城墙、守卫士兵依稀可见，城池之后的远山更令人遐想。在这里，山脉破坏散佚于一个普遍的地平线，视野被消失于远方的迷雾山峦完全阻碍了，使观众通过轮廓以及超越山脉试图到达地平线的总知识。山脉城墙、城楼的边界与山脉消失在水平线象征着中国的遥远与难以进入，可能意味着中国作为非英国异域性空间、受限制的状态、官僚主义和腐败现象限制贸易和人民。[2] 但是，作者仍然为这种想象的乌托邦留下了进入的通道，即场景背后的牌楼，表明阅视者可以由此进入但对于其间深不可测的空间永远无法完全

---

① Marjorie Morgan, *National Identities and Travel in Victorian Britain*, New York：Palgrave，2001，p. 47.

② 参见 Amanda Sciampacone, From Utopian Visions to Tourist Scenes：Thomas Allom's Representations of China, 资料来源：http://bronwenwilson.com，访问时间：2010 年 3 月 21 日。

把握。在这种意义上，尽管事实上阿罗姆从未去过中国，而是根据其他艺术家创作的形象加以描绘，但其企图展现清帝国空间的版画里的确蕴藏着清帝国的历史。

托马斯·阿罗姆的作品"枷号刑"（Punishment of the Tcha or Can-gue，Ting-hai）在当时是较为著名的一幅铜版画。现代中国学者没有注意到作者在标题中就明确将此画发生地点定在定海（Ting-hai），故而，所谓这毫无疑问正是中国大清朝广州繁华市井正在进行"枷号"刑罚的情况画面的说法，完全是由于不懂汉语拼音或者根本没有检视原图标题而想当然臆断。由于此前斯当东在《英使谒见乾隆纪实》中把定海比作是"东方的威尼斯"，描述该城"街道很狭，好像小巷，地面铺的是四方石块。房子很矮，大部分是平房"①，等等，托马斯·阿罗姆极力想在此幅画中表现定海城的这些特点，还将梅森和威廉·亚历山大书中所强调的带枷者与亲友一起行走由他们扶着木枷的四角减轻木枷沉重的痛苦、无法吃饭需要人喂、差役监督并且不断地催促等内容加以综合表现。图中一个男人正带枷示众，旁边的官员一手拿皮鞭，一手执枷锁，正在对犯人执行刑罚。而图右的妇人想必是犯人的家室，正在给自己受罚的亲人喂饭，犯人右边的孩子用稚嫩的双肩奋力举托着沉重的枷锁，为其减轻负担。妇人给带枷者喂饭的图像是将此前他人的一幅妇人为桶枷中囚犯喂饭的画作移植进来的。这种画面足以让我们想象，那个木枷该有多重。由于是西方人的作品，因此从人物服饰上看，带有很明显的西方特征。不过，托马斯·阿罗姆在此幅画中呈现出其一贯的风格，驰骋想象，把画面弄得很漂亮，构成舞台戏剧化的视觉景象，但从法律史角度来看，其表现的刑罚内容还是与清朝法律制度比较吻合的。鞭责在清代的广泛应用主要与满族有关。清朝肇造之初，重罪有斩刑，轻罪用鞭责。各衙门应责人犯悉遵入关前鞭责旧制，亦无明律分别差等绞斩互用之制，罪应死者止用斩刑。后来，摄政王多尔衮采纳顺天巡按柳寅东建议，认为鼎革以来政教未敷，鞭责似觉过宽，不足以威众，明

---

① 斯当东：《英使谒见乾隆纪实》，叶笃义译，商务印书馆1963年版，第216页。

枷号刑（托马斯·阿罗姆绘）

罚乃所以救法，自后问刑，准依明律，以副刑期无刑之意。至是始有用明律之制。但是，旗民分治，同罪异罚。对于旗人旗下家奴犯应笞者，以鞭代之，定以三鞭准一板。凡旗下人犯罪，笞杖各照数鞭责；军流徒免发遣，分别枷号。徒一年者枷号二十日，每等递加五日。流二千里者枷号五十日，每等亦递加五日。充军附近者枷号七十日、边卫者七十五日、边远极边烟瘴沿海边卫者俱八十日、永远者九十日。顺治十三年六月，刑部议奏更定律例：旗下人犯充军流徒罪者，止行鞭责，以致奸宄无所创惩。今后犯军罪者，枷号三月。犯流罪者，枷号两月。犯徒罪者，枷号一月，仍照数鞭责。这样，"枷号鞭责"连在一起，实为满汉法律融合的产物。例如，按照雍正三年增例的规定，凡旗人赌博事发，开场抽头及容留房主，俱照光棍为从例，拟绞监候。赌博之人枷号四个月，鞭一百①。但是，在当时此地是定海镇总兵辖区，并无驻防八旗。

① 光绪朝《钦定大清会典事例》卷八百二十六，刑部，刑律杂犯，台北新文丰出版公司 1976 年依据光绪二十五年原刻本影印版，第 15426 页。

考虑到这一点，此图作者似乎对于清帝国内部满汉多元的法律结构并无了解。

二、摄影师的镜头：汤姆森与桑德斯

照片一向被认为是"历史文献"，可作为对"现/史实"的证明材料。视觉图像的现场感、确定感给人带来的视觉冲击，往往是任何语言的描绘所不能企及的。图像给人这样一种先入为主的印象，即现实中定有或曾有什么事与图像相印证，它可以主持公正，是特定事物曾发生过的铁证。正如布迪厄所说："摄影之所以被认为是对于可见世界完全现实、客观的记录，是因为它（就其根源而言）被指定的社会性使用被认为是'现实的''客观的'。并且，如果它直接将其'无句法的符号交流'简言之作为一种'自然的语言'的面貌直接地呈现于大众，它就更加如此。"① 人们对视觉图像的入迷与这样一种感觉相连，即图像的意义是透明的、直接性的、瞬时性的。透过图像，这个世界似乎直白易懂，因而更易于被认知和支配。社会越来越广泛地被媒体覆盖，世界正在被拍摄。海德格尔早在 1938 年的《世界图像的时代》（Martin Heidegger, Die Zeit des Weltbildes, in Martin Heidegger, *Holzwege*, Frankfurt a. M. ：Vittorio Klostermann, 1972, S. 69 – 104）一文中就说："从本质上看来，世界图像并非意指一幅关于世界的图像，而是指世界被把握为图像了。"② 在这里，所谓世界被把握为图像，即是指世界借助于技术被视觉化了。

事实上，一直被认为是对原始形象真实再现的图像固然把人们从阅读文字的烦琐中解救出来，但对于人们的思维往往并不是有利的，反而更容易使人认为"关于世界的影像被认为就是世界本身"③。越来越多的图像滋长了人们重图轻文的阅读习惯，导致某种程度的所谓"浅阅

① 顾铮编译：《西方摄影文论选》修订版，浙江摄影出版社 2007 年版，第 63 页。

② 海德格尔：《世界图像时代》，孙周兴编：《海德格尔选集》，上海三联书店 1996 年版，第 899 页。

③ 彭亚非：《图像社会与文学的未来》，《文学评论》2003 年第 5 期。

读"。在许多情况下，我们所深深沉醉的是图像而非真实本身，表现出一种带有审美意味的消费主义。图像可能在影响情感的同时阻碍理解。"图像是一种不被当成符号的符号，伪装成（或者对于相信的人来说，实际上）具有自然的直接性和呈现性。语词则成为它者，通过将非自然的成分引入时间、意识、历史的世界之中，并运用符号思维的外在干预，造成自然呈现的中断，形成人为而任意的对人的愿望的生产。"①在《图像时代》（*Towards the Image*）一书中，前国际美学学会主席阿莱斯·艾尔雅维茨（Aleš Erjavec）就探讨了在当今"读图时代"继西方现代哲学、文化、艺术的"语言学转向"之后出现的"图像转向"（pictorial turn）造成的"词语钝化"问题。按照阿莱斯·艾尔雅维茨的分析，图像不同于词语，是反对整体化的，欲以图画形式表现普遍思想的企图，只能产生各种怪诞的寓言形式。图像以平面的方式呈现信息，而语言以线性方式逐步展示信息，是以点和线的方式复合展现。当图像越来越充斥着我们的视觉和思维空间时，现代人对信息的获取方式也越是依赖于不费脑不费力的图像，在某种程度上降低了人们的语言智商，不利于理性思维和逻辑推理的开展。

罗兰·巴特将摄影视为曾经存在过的一个不可能再触摸的真实。让·波德里亚（Jean Baudrillard，1929—2007）在《消费社会》（*La Société de consommation: ses mythes, ses structures*，Paris：Éditions Denoël，1970）中说得更是坚决："所见到的、拍上电视的、录进录音带的事实真相，指我并不在场，但却是最真实的，是具有重要意义的事实。换句话说，就是实际不存在但又偏偏存在的事实，再换句话说，就是幻影。"② 人们觉得图像具有再现真实场景的特征，然而，其是否真的有助于我们认识世界还很值得怀疑。局部的客观性本身难以说明世界的普遍性，只能说明那一时刻的场景，无法在理论上解决因果关系。虽然照片记录了某一历史时刻，但其真实性在于它所记录的是谁的时间、谁的

---

① William J. Thomas Mitchell, *Iconology: Image, Text, Ideology*, Chicago：The University of Chicago Press, 1986, p. 43.

② 让·波德里亚：《消费社会》，刘成富、全志钢译，南京大学出版社 2001年版，第 12 页。

历史本。摄影师在端起相机、选取什么事件时，已经被意识形态所锚定，会加上自己的品位、标准、要求、取态、偏见，甚至主题的程序。照片首先离不开"看"这一眼睛的机制。看并非单纯的视觉生理活动，而是荷载理性和思考的心灵运演。你看到什么，取决于你是什么人，在什么时候看见。① 世界的真实情况并不体现在影像中。照片本身不具有意义，其意义是摄影者所赋予的。摄影跟其他表现形式一样，同样囿于摄影者观念的规限。

摄影术传入中国前，人们为了保存容貌的形象，只有借助传统画师的手绘。画活着的人叫"小照"，画死者谓之"影像"；"照相"的前身——"照像"，就是两个名词合起来的。② 1826—1827 年，法国人约瑟夫·尼埃普斯（Joseph Nicéphore Niépce，1765—1833）用一台针孔照相机拍摄了人类有史以来第一张照片，而巴黎舞台布景画家路易·雅克·芒戴·达盖尔（Louis-Jacques-Mandé Daguerre，1787—1851）在前人的一系列科学发现和研究成果的基础上最终发明了具有实用价值的银版摄影法。法国著名艺术哲学家、艺术史家于贝尔·达弥施（Hubert Damisch）就认为："摄影真正的诞生日是值得怀疑的，因为往前看，摄影的基本原理（'暗箱'原理）远远早于摄影术的诞生，作为'理念'，作为'概念'，摄影早就存在了。"③ 摄影技术在它被发明出来之后，就伴随着西方殖民主义者们的坚船利炮传入了中国，见证了中国近代历史的起伏跌宕。可以说，摄影技术在中国经历的发展历程与西方近乎同步。尽管有报告称早于第一次鸦片战争晚期，银版摄影法已传入中国，但法国人于勒·埃及尔（Jules Alphonse Eugène Itier，1802—1877）的作品是保存下来的中国最早的照片，他于 1844 年作为与中国进行"贸易谈判"的代表，随同法国特使兼全权公使拉萼尼

① 何伯英：《旧日影像：西方早期摄影与明信片上的中国》，张关林译，上海东方出版中心 2008 年版，第 63 页。

② 陈申、胡志川、马连增、钱章表、彭永祥：《中国摄影史：1840—1937》，台北摄影家出版社 1990 年版，第 2 页。

③ 于贝尔·达弥施：《落差：经受摄形的考验》，董强译，广西师范大学出版社 2007 年版，第 23 页。

（Théodore de Lagrené，1800—1862）等官员来华，参与了黄埔条约的签署，并使用十分笨重的摄影器材拍摄了签约双方代表拉萼尼及两广总督耆英的照片。埃及尔在中国拍摄的这批银版照片（daguerréotype）和他本人亲手写的文字说明，至今仍保存在法国摄影博物馆里。埃及尔在回国后发表的《中国之旅》（*Journal d'un voyage en Chine*，Paris：Chez Dauvin et Fontaine，1847）中，详细地记录了其在中国的拍摄及活动的情况。在某种意义上，摄影技术的传入与近代治外法权的建构自始就如影随形。无论法国思想家居伊·德波（Guy Ernest Debord，1931—1994）在 20 世纪 60 年代提出"景观社会"（la société du spectacle）还是阿莱斯·艾尔雅维茨在《图像时代》中所论述的"图像社会"（society of the image），都揭示了一种新的社会控制形式。在面对如同山呼海啸般的摄影图像扑面而来时，我们固然为现在的视觉文化研究所提出的许多深刻理论所折服，但是，这种图像宰制人们现代生活的现代性的建构过程却需要认真研究，而不是动辄将"拟像"之类概念挂在嘴边，仿佛这才是真实世界的本原。如果将西方的"凝视"本身置于与行政控制同等重要的地位，这不免陷于云山雾罩的表象之中而难以参透其中运行原理。无论如何，在本质上，"拟像"这种人造世界也是一种结构，这种视觉结构并不是无头之怪的狂舞，历史唯物主义所强调的经济资源的争夺、法律制度的制约等在这类"拟像"体制的形成过程中所发挥的决定性作用在摄影技术在中国的传入和中国近代包括治外法权在内的条约法律制度的形成两者之间关系上表现得再清楚不过了。

丹尼尔·海德里克（Daniel Headrick）在《帝国的工具》（*The Tools of Empire: Technology and European Imperialism in the Nineteenth Century*，Oxford：Oxford University Press，1981）一书中探讨了 19 世纪的诸多发明，这些发明使欧洲人拓展其帝国势力成为可能。他描述了后膛枪、格林机关枪、轮船和金鸡纳霜，这些发明均被视为不可或缺的殖民工具。同样的，可以说，在海德里克看来，图片生产的技术也是帝国的工具。各通讯社的新闻图片、彩色石印画、幻灯片、体视镜、私人摄影、电影以及不计其数的明信片，都被传向远方，将新帝国主义的影像散播到西方大众面前。①　长期的闭关自守使中国这样一个古老的东方大国在西方人的想象中充满着神秘色彩。继于勒·埃及尔之后，又有不少西方摄影者怀着猎奇的心态来到中国，积极地寻找拍摄的"新大陆"。远东的中华帝国为这些摄影师提供了丰富的视觉资源，而这些西方摄影师的照片中体现着一个共同的特征，即对异国的一切都充满好奇。许多后现代主义思潮影响下的激进学者将西方人在殖民时代的枪支与相机联系起来，极力揭露这样的一武一文交互为用的征服世界的殖民活动之间的关联。苏珊·桑塔格（Susan Sontag，1933—2004）就曾经指出，表示摄影与狩猎的用语时有重合，装药/上胶卷、跟踪、瞄准、扣扳机/按快门、砰/咔嚓，都是它们共用的词汇与概念，甚至在"快照"意指抓拍之前，所指示的也是一种军事技术。保罗·兰度（Paul Landau）则在《图像与帝国：殖民与后殖民非洲的视觉性》（*Images and Empires: Visuality in Colonial and Postcolonial Africa*）中进一步加以引申和发挥。②笔者在此不太同意将西方人在近代中国的摄影活动描述为与枪支的使用一样的方式瞄准、狩猎行为。但是，正如何伯英在《旧日影像：西方早期摄影与明信片上的中国》中所言，"殖民时代照相机记录的中国，与其说是忠实复制了当时的中国，不如说它是一种选择性的对中国的诠释'③。这些在外国人镜头里被拍摄记录下来的生存图景不仅构建了当时西方人对于中国这样一个遥远国度及人民的观感，强化了当时西方人对于中国文化的模式化想象，而且在跨越百年之后强迫着我们今天的中国人用这些图像去阐释过去。

　　以著名的英国摄影师约翰·汤姆森（John Thomson，1837—1921）为例。在1869—1871年间，汤姆森从香港启程，经过广州、台湾、汕

---

　　①　转引自 Paul Landau and Deborah Kaspin, eds. , *Images and Empires: Visuality in Colonial and Postcolonial Africa*, Berkeley: University of California Press, 2002, p. 142。

　　②　Paul Landau and Deborah Kaspin, eds. , *Images and Empires: Visuality in Colonial and Postcolonial Africa*, Berkeley: University of California Press, 2002, p. 147.

　　③　何伯英：《旧日影像：西方早期摄影与明信片上的中国》，张关林译，东方出版中心2008年版，第3页。

头、厦门、福州、上海、宁波、南京等地，带着沉重的摄影器材游历了中国的许多地方，与中国社会进行了广泛的接触，将自己看到风土人情精心摄入镜头。回国后，汤姆森把自己的摄影作品用柯罗版制成插图，放入他撰写的四卷本游记《中国与中国人的图像》（*Illustrations of China and its People*，London：Sampson Low，Marston，Low，and Searle，1873 - 1874）中，向西方介绍遥远中国的"内在的、核心的景象"①，给西方的读者以强烈的直观感受。1860年以前，摄影在中国的传播只限于南方沿海通商口岸，中国北方还不许外国人随意进入。《照相新编》的作者杜就田在该书序言中说："考吾国初得其术，尚属湿版旧法，手术繁杂，能者无几。迨干片法流行以后，法简用繁，借以营业者日众。今则荒村僻野，时有其人。能者不奇，见者不怪。"②

但是，在采取湿版（Wet-collodion）摄影技术时，除了笨重不便携带，另一局限是玻璃底片感光性强且易碎，存放的保护木盒需要许多脚夫来搬运。玻璃底片先要弄干净，然后浸入化学感光溶液，才装入相机曝光。由于曝光时间甚长，被拍对象必须长时间不动。是时，短途旅行者可以轻轻松松地带着双筒野外望远镜和一支猎枪上路，但三脚架和装着包有玻璃感光版的重箱子却让人头疼不已，严重地影响着当时户外摄影。汤姆森由于当时使用的是湿版法，需要携带大批器材，因此雇用了八个背负笨重照相器材的"苦役"。在当时，深入中国内地的西方人很少，而能把所见情景用镜头记录下来的更是凤毛麟角，确实没有其他摄影师比他拍摄的中国更真实、更直接。他视野所及远远超过此前西方观众所能接触的中国的文化和民众，他的摄影作品给足不出户的英国维多利亚时代"安乐椅旅行者"（the "armchair travellers" of Victorian Britain）带来鲜活的远东国家、文化和人民资讯，成为西方人认识中国最感性的材料，在欧洲引起了巨大反响并产生了深远影响。汤姆森对19世纪中国的摄影，作为文化纪实的价值是无与伦比的。从摄影艺术的角度来看，汤姆森拍摄的照片在构图、用光等方面都有独到之处，形成独

---

① 苏生文：《晚清摄影人闻知录》，《中国历史文物》2007年第2期。

② 转引自胡志川、马运增主编：《中国摄影史：1840—1937》，中国摄影出版社1987年版，第69页。

特的"约翰·汤姆森风格"。

汤姆森先难后获，其以人类学研究的路径从事的对于东方国家的跨文化空间探索最终得到了大英帝国的认可。他于 1881 年被维多利亚女王任命为英国皇室摄影师，维多利亚女皇为他的中国之旅颁发了金奖，法国政府则由于他在柬埔寨的摄影探索颁发了奖章。他后来的工作集中在为富裕的社会上流人士照相的工作室，成为皇家地理协会的终身会员。他死后，为了表彰他一生的工作，乞力马扎罗山（Mount Kilimanja-ro）一个高峰被命名为汤姆森峰（Point Thomson）。像汤姆森这样的西方摄影家对中国社会有多么深刻的了解可另当别论，但其之所以能够在西方和东方社会目前都比较认同，其对于中国人比较亲善、友好和脚踏实地的研究态度是关键因素。汤姆森来中国不是为了要看各种野蛮风俗，不像另一些人以"殖民式凝视"的态度观看。他的裹脚照片不是为了引起震撼或惊叹，更不是要鼓吹好色淫乱，而是与当时英国流行的人种学和科学探索精神有关。[①] 尽管由于汤姆森对于中国的态度比较友善，在伦敦赢得了"中国的汤姆森"（China'Thomson）的绰号，甚至当今有些中国收藏家将其称为"人类的汤姆森"，但其摄影作品显然带有西方人猎奇的性质，仍然只是欧洲对中国观感的一部分。它们反映的中国，很少是中国人眼中的中国。在当时，梅森十分受欢迎的《中国的刑罚》也对包括汤姆森在内的摄影师产生了深刻影响。正如英国维康姆图书馆（Wellcome Library）的威廉·斯霍普巴赫（William Schupbach）博士指出的那样，汤姆森没有也没想要摆脱这些出版物的影响，梅森生活在一个宇宙的秘密不仅被揭开，而且给予标签分类的时代。好奇、对知识的渴望，激励皇家学会成员寻求合理解释的态度开始渗透社会。在梅森的时代，英格兰的重要城市都有博物馆、流通图书馆或订阅书籍。汤姆森继承了这些，更参与推广，通过出版、演讲和教学，积极参与皇家地理协会和皇家人种协会的活动来传播他的愿景。威廉·斯霍普巴赫博士写道，汤姆森的四卷本《中国与中国人的图像》是豪华的制作

---

①　参详何伯英：《旧日影像：西方早期摄影与明信片上的中国》，张关林译，东方出版中心 2008 年版，第 55—67 页。

（烫金装印），是为退休的对华商人和中国瓷器收藏家而制作的。按照罗兰·巴特的分析，照片是一种完美的"拟似物"（perfect analogon），传递被摄物的外观是一种表面上的真实（literal reality）。摄影除了对景物直接描述的"意指"（denotation）外，还有照片中隐藏的意义，即"意涵"（connotation）的信息，而后者的产生和解释牵涉整个社会如何彼此沟通的问题。我们不能将西方人用文字、绘画、照片和电影记录中国的人情风貌、地理风俗统统简单地定性为捕捉典型的"中国佬"（Chinaman）的标本后钉在自己的人种志标本簿上的行为而苛以深文，但汤姆森拍摄的这些晚清照片在作为遗留物的同时给人看尤其是给西方人看的色彩是非常明显的，其中关于上海的枷号等照片在本质上与下面我们将要分析的威廉·桑德斯（William Saunders，1832—1892）的作品并没有区别。

　　汤姆森和桑德斯都是 19 世纪来华的最优秀的西方摄影师。桑德斯是在中国照相馆业中活跃时间最长的西方摄影师。在 2005 年华辰秋季拍卖中，拍出一套（五张）1870 年左右上海的晚清纪实蛋白照片（25 厘米×21 厘米左右），即系由当时在上海的英国人威廉·桑德斯所开的森泰像馆所摄。但是，汤姆森和桑德斯两人可以说在很大程度上是两类人。如果说汤姆森表现为求名，那么桑德斯则表现出强烈的、直接的求利取向，以致西方学者后来在介绍桑德斯是往往称其为"商业摄影师"（commercial photographer）。桑德斯于 1862—1887 年期间在上海开设"森泰像馆"，从事人像拍摄，同时拍摄了很多诸如官员出行、罪犯行刑等新闻时事和社会风俗照片，制成明信片，并定期向《远东》（*Far East*）、《伦敦新闻画报》（*Illustra-*

枷号（汤姆森摄）

ted London News）等西方杂志供稿。他是一个地地道道的商人，曾在日本横滨开连锁店，曾有日本人专门到上海来找过森泰的资料。① 他到中国开的照相馆，是外国人来华最早开设的照相馆之一。其他照相馆的开业时间都很难确定，但目前学术界竟然从同治二年正月初八（1863 年 3 月 7 日）的《上海新报》中找到了此人开设照相馆的开业广告，宣称："本馆印照上等小像，上午十点起至晚三点钟为止，价钱甚为公道。行在头壩礼查行隔壁便是，如有贵商欲印小照者，请至本馆可也。"② 这则广告虽然语词比较鄙俗，但对于顾客心理的把握却是非常准确的。他和汤姆逊不一样。后者的行宜与其流传甚广的一本书《带着摄影机走遍中国》（Through China with a Camera，London and New York：Harper & Brothers，1898）③ 的书名是名副其实的，是卖掉照相馆到中国内地进行旅游拍摄，而桑德斯主要躲在照相馆里闭门造车，用低廉的成本向伦敦等地的报纸供稿，可以称之为"坐商"。虽然他也曾到日本摄影，但使他成名的作品是"中国的生活和人物"（Portfolio of Sketches of Chinese Life and Character）系列，他在上海布置和拍摄了共 50 多帧照片，雇用中国人在镜头前扮演角色，在照相馆的地板上铺上稻草拍摄出乞丐。

寄往报纸的照片给桑德斯带来多少丰厚的利润，我们无从考证，但这种商业趋利下的拍摄使桑德斯声名远播却是不争的事实。如果反观汤姆森、方苏雅（Auguste François，1857—1935），这些人的作品都没有被印制为明信片，甚至长期默默无闻，直到目前才被发现，只有桑德斯的这几幅照片印制成明信片向来沪旅游的外国人士广泛发售，到处流传。从这种流传的状况来看，笔者甚至怀疑这几幅照片的拍摄动机就是用于明信片印制的。即便没有这种专一的目标指向性，桑德斯定期向伦敦等地供稿，也说明这些照明是为了给公众看的而并非视为枕秘。当

---

① 张伟：《得风气之先的上海早期照相业》，《档案与史学》2002 年第 4 期。

② 林乐知、傅兰雅主编：《上海新报》，沈云龙主编：《近代中国史料丛刊三编》第五十九辑，581—590，台北文海出版社 1990 年版，第 398 页。亦可参见张伟：《得风气之先的上海早期照相业》，《档案与史学》2002 年第 4 期。

③ 该书由杨博仁、陈宪平译，题作《镜头前的旧中国——约翰·汤姆森游记》，中国摄影出版社 2001 年版。

时，去非洲、印度和远东旅游的西方人越来越多，对异国风情照片的需求日渐增长。除了裹小脚和抽鸦片，中国刑罚显然是西方摄影追逐的内容，而砍头和戴木枷的照片迎合了市场需求。桑德斯上海的照相馆善于布置场景，他在经营方向上是仔细斟酌过的，他知道自己作品的商业潜力。事实上，即便是赖阿芳等华裔摄影师的作品也主要是为西方人而不是中国观众而创作的。作为商人的商业策略，这些华裔摄影师的照片也往往反映建筑（欧式的和中式的）、通商口岸的城镇风景、社会生活和重要历史事件等等顾客所青睐的主题。毫无疑问，桑德斯在做这些事时始终没忘西方观众。他的作品被制成雕版出版后为更多西方人看到，当中喜欢窥探隐私的人更是对这类照片趋之若鹜。这种摄影师与杂志编辑、普通观众一拍即合恰恰反映了桑德斯作品的投机性。这也就可以确定桑德斯是在"导演电影"。桑德斯之所以能够成为第一个拍摄到处决人犯现场的照片，就昭示着其强力逐利的心态。

与桑德斯的庸俗的摄影路线不同，汤姆森似乎颇具雄略，深谙计利应计天下利、求名应求万世名之道，其采取的是一条高档产品路线，摄影偏重于学术性的田野调查，尽量以比较客观、真实的镜头反映中国社会的各个层面。汤姆森还写了大量关于摄影的论著，向《英国摄影杂志》（*British Journal of Photography*）等摄影刊物提供了许多文章，编译了后来成为权威著作的加斯东·蒂桑迪耶（Gaston Tissandier，1843—1899）《摄影的历史与手册》（*History and Handbook of Photography*，London：Sampson Low，Marston，Searle & Rivington，1876）。在伦敦，他与记者阿道夫·史密斯（Adolphe Smith，1846—1924）[1] 致力于《伦敦街市生活》（*Street Life in London*）的月刊（1876 年），为新闻摄影流派（photojournalism）的先驱。[2] 尽管汤姆森在当时由于缺乏资金未能举办任何展览，但最终修成正果，得享殊荣。相反，桑德斯关于中国司法活动的照片虽然至今仍被各种书籍和网站时常转载，却只能蒙蔽没有眼力的浅薄之人，其下面这种照相馆内设公堂的照片的破绽实在是令人难以

---

① 此人真名应为 Adolphe Smith Headingley。

② Elliott S. Parker，John Thomson，1837 – 1921 RGS Instructor in Photography，*The Geographical Journal*，Vol. 144，No. 3（Nov.，1978），pp. 463 – 471.

恭维。

图《公堂一》和图《公堂二》在经营中国老照片的权威顾丹尼（Dennis George Crow）的个人网站中均题作"A Courtroom Scene"，标明拍摄时间为1865—1872年。这两幅画以前从被人们直接拿来作为历史事实的描述，但若仔细观察，问题非常多。图《公堂一》和图《公堂二》背景后面的门都是一样的，已经带有西式的风格，似乎就是桑德斯所拍摄联柳的背后房屋的室内。图《公堂一》和图《公堂二》正面依墙的棍子的功用就在于将画挂上去，背景上可以明显看出挂画、对联的线绳。按理说，这个挂物的带叉木棍是应该移走而不应出现在画面中，但拍摄者在两幅照片中居然都任其斜倚于此。一般而言，知县公案、公座后正面屏风为可供开启的福扇，上绘有《海水朝日图》，象征着官员"清似海水，明如日月"，屏风上挂"明镜高悬"匾，公案上放文房四宝、堂签、惊堂木。[①] 图《公堂一》和图《公堂二》的公案上并无这

公堂一

---

① 见本书第四卷第七章第三节关于州县衙署的论述。

公堂二

些物品，而照相馆里常见的水烟壶却赫然耸立。图《公堂二》的三尺公案竟然和椅子的宽度差不多，似乎就是桑德斯拍摄的家庭吃饭图（Studio Portrait of a Family Eating）① 中的四方饭桌，而图《公堂一》中的公案只是在前面搭上了"月光之大"的布围，从漏出部分可以看出仍然是同一张饭桌而已。图《公堂一》背后悬挂的画轴是一幅版画，而对联乃清代大书法家邓石如（1743—1805）曾经自题于安徽省怀宁县邓宅铁砚山房卧室的楹联"春风大雅能容物，秋水文章不染尘"②。

---

① 资料来源：http：//www. dennisgeorgecrow. com，访问时间：2010 年 2 月 1 日。

② 上联"春风大雅能容物"中的"春风"典出《论语·先进》中曾皙的名言"暮春者，春服既成，冠者五六人，童子六七人，浴乎沂，风乎舞雩，咏而归"，下联"秋水"典出《庄子·秋水》，取开头"秋水时至百川灌河。泾流之大，两涘渚崖之间，不辨牛马"的头两字。此联十分巧妙地嵌入《论语》和《庄子》中的两篇名文，形象地写出了这两种经典文献中所体现的儒家的处世风范和道家的为文境界。资料来源：http：//lin. wenqi. blog. 163. com，访问时间：2010 年 5 月 9 日。

邓石如曾在在两湖总督毕沅处做过幕友。曹文植誉其"四体书皆国朝第一"①，包世臣在《艺舟双楫》中则将其书法列为"神品"，并向其学习书法。由于邓石如以书法享誉书坛，而此联又语朴味长，精警动人，所以在当时流传甚广是完全可能的。但是，按照中国对联的规则，上联的最后一个字为仄声，下联的最后一个字为平声；上联应该贴在右边，下联应该贴在左边。而图《公堂一》中却将下联挂在右边，这显然违背常识，在当时中国士人国学底子如此深厚的晚清只有不懂中国传统文化的外国人才会犯这种低级的错误，只能说明这种照片针对的对象是远在千里之外的外国人，而拍摄者也浑然不觉自己的破绽。即便在二堂，悬挂的也应该是内容多为标榜光明正大、爱民善政意愿的衙署联，而"春风大雅能容物，秋水文章不染尘"一般被归入题赠联、装饰联、胜迹联中。但是，如果果真是官署二堂（亦称后堂）的暖阁，则摄影者就没有登堂入室的机会了。

按照清制，礼帽俗称"大帽子"，其式有二：一为冬天所戴的暖帽，一为夏天所戴的凉帽。凉帽之形制如圆锥，无檐，俗称喇叭式，材料多为藤、竹。外裹绫罗，多用白色，亦有用湖色、黄色者。暖帽之形制多为圆形，周围有一道檐边，材料多为皮制，亦有用呢制、缎制及布制者，视其天气变化而定。清代富察敦崇《燕京岁时记·换季》："每至三月，换戴凉帽，八月换戴暖帽，届时由礼部奏请。"② 在当时百官须从宫门抄获知皇帝降旨后应制应节一律换戴，法律一向严谨，绝不类于当下徜徉市衢的年轻人随心所欲混搭乱穿，矜奇斗巧。③ 然而，在图《公堂二》中主审官戴暖帽、穿便服，而右侧陪审的官员却戴凉帽、穿

---

① 亦可参见陈康祺：《郎潜纪闻初笔二笔三笔》二笔，卷十一，晋石点校，中华书局 1984 年版，第 527 页。葛虚存编，琴石山人校订：《清代名人轶事》，马蓉点校，书目文献出版社 1994 年版，第 139 页。

② 富察敦崇：《燕京岁时记》（与潘荣陛《帝京岁时纪胜》等合刊本），"换季"，北京古籍出版社 1981 年版，第 60 页。

③ 龚汝富个人收藏无题名抄本（线状，纸面缺，宽 11.6 厘米，长 20 厘米，其中经常出现"湖南长沙府湘潭县左堂加五级记录五次"，有"锦忠"的书信落款）就有一份"换季牌"样稿，示谕书役士庶人等知悉听候，本县于某月某日一体更换冬凉帽无违。

公服，这样既不符合官员相见礼，也不符合官员审案冠戴衣着的规矩。进而言之，既然这两幅照片中都有人手拿折扇，自然是时届盛夏，则可以断言官员戴暖帽、凉帽共聚一堂事属荒唐。上海当时已经设立会审公廨，不可能是这般滑稽场景。这分明是在演戏。其实，当时官员主要是在刑场监斩时戴墨镜表示不忍视刑。但在后一张照片中，这在室内的一般性的升堂理事，主审官却一边戴上墨镜，一边和我们现在在一些电影中所见到的黑社会老大一样杀气腾腾，似乎令人不可思议。

当摄影诞生时，人们都认为这是一个可以记录且从不会说谎或扭曲的神奇工具。但事实很快就证明，一张照片是从来都和它的作者一样不诚实的，也不会比在看它的人更为诚实。相片就像绘画一样，也可能扭曲、理想化、美化或简单化其所拍摄的对象。从技术上说，照片可以作伪，也可能产生"赝品"，可以篡改历史。1961 年，美国历史学家丹尼尔·布尔斯廷（Daniel Joseph Boorstin，1914—2004）出版了《图像》（*The Image: A Guide to Pseudo Events in America*，New York：Harper Colophon Books，1961）一书，就对"伪事件"（pseudo event）进行了清晰的界定。法国研究中国早期照片的专家雷吉娜·蒂里耶（Régine Thiriez）在《19 世纪的照片作为一种现实的反映》（The 19th Century Photograph as a Reflection of Reality）一文中认为，尽管由于拍摄程序的限制，威廉·桑德斯的许多关于中国人日常生活的场景都是摆姿势的，但它们提供了 19 世纪中国生活的准确场景，推动了中国习俗和传统知识在西方的传播。雷吉娜·蒂里耶的理由在于，因为最初几十年所有照片都是摆姿势的，而且往往被摄影师所人为建构。在纯粹的摄影层面，这个问题可以概括为：晚期中华帝国司法可靠记录是（1）摆姿势和/或（2）重新建构场景？场景既是摆姿势的又是重新建构的事实，乃由于摄影过程中的局限性所致。取景一律是静态建筑，因为那时的技术无法捕捉动态人物，要满足长时间曝光就需要保持不动（因此"摆姿势"），其次，缺乏电力照明辅助，所有重要细节必须清晰可见，便需要大量的自然光。这使得安排每一个细节以达到最优、从而创造有效的场景成为习惯。虽然桑德斯后来的拍摄是在上海租界的街道进行的，包括一些枷号处罚，但他在 1865 年至 1870 年期间的几乎所有早期作品，都是在他的工作室的私人环境和院子拍摄的，其图像无疑是在讨好西方公众。但雷吉娜·蒂里耶将桑德斯准确地反映了中国的风俗这个问题改写为："桑德斯是可靠吗？"根据桑德斯一般的工作表现，雷吉娜·蒂里耶给出了肯定的答案。①

对于雷吉娜·蒂里耶的观点，笔者不敢苟同。的确，照相机发明之后的几十年里，由于技术原因，摆姿势和重新建构都是可以理解的，迄今仍然不乏摆拍的作品。但是，这中间存在一个建构的限度问题。如前笔者所分析的那样，上述两幅在照相馆里面设公堂的照片实在存在雷吉娜·蒂里耶这样的外国专家所不了解的不胜缕析的严重失实之处，如果是一个缜密的摄影师，是不会这样敷衍潦草的。这显然与桑德斯急功近利的浮躁心态分不开，或者即便我们如雷吉娜·蒂里耶认定桑德斯是可靠的，但这些照片的瑕疵已经足以说明其不懂得中国文化的一些常识。由于对中国传统文化未能窥其门径，其人品格的可靠性也无法保证其照片品质的可靠性。这如同法律上故意杀人和过失杀人虽然性质不同，但造成被害人的死亡这一结果并无不同。笔者在方法论上和雷吉娜·蒂里耶并无本质区别。雷吉娜·蒂里耶认为，判断桑德斯所拍摄照片唯一可能的方式是通过比较几个摄影师拍摄相同风俗的图像，最好是在不同的地理区域。例如，剃头匠在上海、香港、北京、汉口同样的方式表现出了没有？在雷吉娜·蒂里耶看来，诸多例子表明，桑德斯是真实反映。这意味着，理发师活动的重建是根据事实，不只是一个摄影师对顾客希望找到东西的臆想。雷吉娜·蒂里耶也承认，这种方法对于司法的照片不是最佳的研究手段。首先，样本不是很大。其次，可能是由于在当代外国头脑中充斥有关中国正义的既有特定气氛，司法场景变成一般最不可靠。但是，如果说当时技术条件的限制无法在室外拍摄，那么汤姆森在此期间的且行且拍，就足以有力地反证这种解释是难以成立的。关键是桑德斯没有汤姆森那种脚踏实地深入中国社会的愿望和认真负责的态度，主要从商业角度而不是尽其可能地逼真反映原汁原味的中国司法

① Régine Thiriez, The 19th Century Photograph as a Reflection of Reality，资料来源：http://turandot.ish-lyon.cnrs.fr，访问时间：2010 年 1 月 15 日。

实践活动。

在跨文化传播的舆论宣传中，视觉传播有其超越语言与文化障碍的优势，往往备受重视，成为当时外宣的重要手段。实际上，只有通过书面文字和印制的图片，大多数的欧洲人才得知他们的同胞忙于统治的地方的情形。杂志的发行量越大，它就越明显地决定了照相机的镜头指向。《远东》《伦敦新闻画报》等西方杂志的编辑口味决定了桑德斯作品的商业定位。桑德斯正是基于这样的背景，才去刻意地将中国的社会景观搬到照片当中。在这种拍摄活动之后的西方人的口味、媒体的商业利益驱使等背景如同桑德斯照相馆里建立的公堂场景背后照相的幕布一般清晰可见。这些专门满足西方人猎奇心态的"人文风俗照"虽然在某种程度上也反映了当时的社会生活，在客观上也起到一定意义上的"纪实"作用，但它们与其说是一种"纪实摄影"，倒不如说是一种"观念摄影"。摄影师更像一个电影导演，在街头找来一些乞丐、妓女或是长工来做演员，每张照片都有一个摄影师想要表达的主题，并且大都在室内拍摄。拍摄这些屋史照片也未尝不可，关键是质量应该过硬一些。桑德斯一方面费尽心思以迎合西方民众的心理，另一方面在西方人不懂的地方又大量采取海外奇谈的胡编乱造方法加以忽悠，称其诗张为幻亦不为过。

保罗·兰度（Paul Landau）在《图像与帝国：殖民与后殖民非洲的视觉性》中指出："西方的摄影将非洲殖民地人民物化了，这一观点尽管已是陈词滥调，但却是正确的。说摄影，以及在此之前的透视画，已经把观察者物化了，这不是什么难事。照片具有的固定的观察点，将观看者凝滞在单一位置上：让眼睛保持'静止不动，视线集中'。更为重要的是，当把非洲人置于一个舞台场景加以表现时，他们通常总想参与其中。"① 我们固然可以指责西方人对于中国司法的表象存在失实，但是，这一过程并不仅仅是由西方人单方面所致，中国人本身也脱不了干系。这既有诸如维新派对于司法腐败的揭露，也有像刘鹗之类与西方

---

①　Paul Landau and Deborah Kaspin（eds.），*Images and Empires: Visuality in Colonial and Postcolonial Africa*，Berkeley：University of California Press，2002，p. 159.

人关系密切的文学家所创作的谴责小说，还有像模仿桑德斯作品的中国摄影师迎合西方人趣味的东施效颦。雷吉娜·蒂里耶的分析是颇为发人深省的。她指出：中国摄影师，特别是创造了他们自己的场景却复制桑德斯的构图。这是几十年后的事情。他们大胆，一般很少尊重他们自己的习惯。效果有时被凌驾于事实。他们从 19 世纪 80 年代和 90 年代的"法庭"显然受到了桑德斯的启发，但他们仿制的"法庭判决"照片是桑德斯作品的拙劣模仿，缺乏原始的静穆，乍一看接近于司法礼仪哑剧，得其形而失其信。[1] 有些摄影师在照相馆地板上铺上仿街头实景，而有些则连经常使用的绣花地毯也不撤去，结果是街头赤脚乞丐居然不协调地出现在豪华的场所。与前述在 18 世纪末和 19 世纪初蒲呱等画匠的水彩画对清朝司法黑暗的曝光与西方画家的创作一样，清末中国摄影师和桑德斯等西方摄影师镜头下的中国司法活动记录均存在互动关系。例如，在下面的照片中，公座后正面屏风的确比桑德斯的同类照片随意采用的版画、邓石如对联更为地道，为常见的《海水朝日图》，也还有县衙暖阁在公案后面高悬的象征官由吏部铨选、奉天子之命宰邑为治的包裹敕文的黄布卷，显然摄影者对于中国典章制度较之西方人更为谙熟，但所有这些都是如同舞台布景一样是粘贴上去的。这张照片上有非常俊逸的毛笔书写的横幅题款，略谓奇冤异狱俱得昭雪，果是阖邑春生，真为万家生佛德泽及民，阖邑绅民敬颂云云。显然，这是中国摄影师的作品，摄影者对于官府是廉价的阿谀奉承，不同于西方人此时对于中国司法制度的大力抨击。但整个画面非常滑稽，中间的所谓衙役如同戏剧中的小丑，似乎是雇佣稚气未脱的小孩扮演的，无怪乎为雷吉娜·蒂里耶等贬之为仿佛是在演哑剧而不像司法审判。这张照片被香港的印刷厂商斯滕伯格（M. Sternberg）制成明信片后更是给人俗不可耐的感觉。

又如，戴枷者出现在 18 世纪的装饰构成的高档摄影工作室，后面是具有洛可可风格的窗户和希腊或罗马的凹槽石柱，甚至右边戴枷者身

---

① Régine Thiriez, The 19th Century Photograph as a Reflection of Reality，资料来源：http://turandot.ish-lyon.cnrs.fr，访问时间：2010 年 1 月 15 日。

斯滕伯格发行的明信片

后的富丽堂皇的座钟也历历在目。有些中国学者在著作中不暇详考，在说明这张照片时不明其故，竟然有失水准地点评说这些囚犯是视死如归的好汉，临刑前仍然气宇轩昂，殊不知这本身就是一些"顶着石臼做戏"的演员，并且是表演得不甚肖似的客串演员而已。众所周知，阿拉伯数字是世界上最完善的数字制，由于其笔画简单、结构科学、形象清晰、组数简短，所以成为国际通行的数字体系。但是，长期以来，我国印刷出版物和日常书写都是竖行，使用阿拉伯数字是极不方便的。清宫档案里乾隆帝的演算草稿用的都是汉字数码。直到 20 世纪初，随着推行新政，通过日本的影响，近代数学在中国兴起，国人才比较普遍使用阿拉伯数字。《清稗类钞》记载了这样一则逸闻："黄漱兰督学江苏时，有某生者，廪生也，试算学，用数目处，以亚拉伯字书之。黄阅之大怒，即悬牌曰：'某生以外国字入试卷，用夷变夏，心术殊不可问。着即停止其廪饩。'某遂以发狂死。"① 该逸闻带给我们以下两方面的信

① 徐珂：《清稗类钞》第 5 册，考试类，上海商务印书馆 1918 年版，第四四页。

息：一个是从一个侧面反映了阿拉伯数字在清末已经被一些新潮人物所接触到，否则该生也不会以阿拉伯数字替代汉字中的数目字；另一方面，在算学试卷中应用阿拉伯数字竟被考官认为是"用夷变夏"之举，在官府司法活动中是断然不可能出现这种阿拉伯数字的。由此可见，这张照片中小纸片上的编号"600"肯定是自作聪明的败笔。被印制为明信片后，上面写着"中国众多酷刑之一"（One of the Many Modes of Chinese Torture）。在这张照片的另外一种着色版本明信片上，则写着"戴木枷的囚犯，他们这样被示众"（Prisoners wearing wooden collar. They are thus paraded before the people）。

三、处决人犯的聚焦：中西方法律文化互动管窥

正如著名的文化学者苏珊·桑塔格（Susan Sontag, 1933—2004）在《关于他人的痛苦》（*Regarding the Pain of Others*, New York：Picador/Farrar, Straus and Giroux, 2003）一书中所说，"自 1839 年发明照相机以来，照片就一直和死亡为伍"[①]，"在传达大规模制造的死亡的恐

照相馆内摆拍的图像被制成明信片

---

① 苏珊·桑塔格：《关于他人的痛苦》，黄灿然译，上海译文出版社 2006 年版，第 20 页。

怖时，这种直接性和权威性远胜于文字记述"①。"捕捉一次实际发生的死亡并为它做永久的防腐，是只有照相机才能做到的。"②

真实的砍头场面到了 19 世纪 90 年代才被允许现场拍摄。但是，在此之前，威廉·桑德斯由于资金雄厚，雇用中国人在镜头前摆拍了在商业市场上出现的第一张中国斩首刑罚照片，以满足西方市场的需求。在照相馆布置拍摄，桑德斯有许多模仿者，但安排砍头示众这类场景所花的时间、精力和金钱，是大多数摄影师办不到的，何况涉及的人数达六十个之多。如此昂贵的成本，即使较小规模的，模仿者也可能力所不逮，所以这一张照片从未被竞争对手模仿。他的许多印刷品，特别是处决人犯的照片被视为无时间性的，在五十年后还再次使用，作为说明时事图像。他的作品出现得够早而且够多，在商业上是如此成功，足以成为其他摄影师拍摄中国"人文风俗照"的长期的拍摄模式。这种在 1870 年左右就开始通过报纸、明信片之类各种版本流传的照片因为是写实的，容易为人们所相信，助长了西方人集体的东方主义想象，其对人们观念的影响是可想而知的。继桑德斯开先河之后，刑罚和砍头场面图像数不胜数，可以说达到了泛滥成灾的程度，以致 2006 年在欧洲巡回明信片集市上的一位经销商介绍说，东方死刑场面几乎和维多利亚时代的祖胸妇女照片及小狗一样流行。这种随处可见的刑罚和砍头场面图像与其说透露了中国的情况，不如说反映了西方人的口味。明信片画面的拍摄、印制者多为外国人，他们的视角自然是西方的视野，因而选题往往聚焦在东西方文化差异的区域。这些在欧洲民间广泛流传的中国照片完全是一种预定的部署，无疑沾染着历史性暗影，与治外法权的舆论建构具有根深蒂固的关系，但至今仍被西方学者视为经典瞬间，并认为保持到今天是非常令人回味的和成功的。通过这些作品，我们也可以看到 19 世纪摄影进入了大众传播领域，并开始发挥其效用，从而含蓄却生动地为帝国主义统治的合理性提供影像支援，成为大英帝国得心应手

① 苏珊·桑塔格：《关于他人的痛苦》，黄灿然译，上海译文出版社 2006 年版，第 21 页。

② 苏珊·桑塔格：《关于他人的痛苦》，黄灿然译，上海译文出版社 2006 年版，第 54 页。

处决人犯

的重要工具，引导西方民众产生一种基于虚假层面上的真实幻觉，构建西方民众对于一个遥远国度及人民的观感，并能强化对其文化的模式化想象。

继桑德斯之后，拍摄中国处决人犯的照片逐渐增加，以致成为充斥各种报刊书籍、博物馆、档案馆的视觉图像。在何伯英《旧日影像：西方早期摄影与明信片上的中国》中，有一幅照片标题为"1891 年 5 月 11 日，南澳亚（Namoa）① 海盗在香港被处决，西方观众围观"②。在同一页，这张照片被翻拍制作成一张缩小尺寸的明信片，只是手工加上了颜色。何伟亚《英国的课业》（James Louis Hevia, *English Lessons: The Pedagogy of Imperialism in Nineteenth-Century China*, Durham, N. C. : Duke University Press, 2003）中也有这张照片，③ 不过是翻拍自纽约出

---

①　南澳亚（Namoa），通称南武，是广州的旧称。

②　何伯英：《旧日影像：西方早期摄影与明信片上的中国》，张关林译，东方出版中心 2008 年版，第 81 页。

③　James Louis Hevia, *English Lessons: The Pedagogy of Imperialism in Nineteenth-Century China*, Durham, N. C. : Duke University Press, 2003, p. 190.

待决囚犯

版的《莱斯利图画周报》（*Frank Leslie's Illustrated Weekly*，21 July 1900）
的一个版面，该画报将此照片取名为"嗜血的中国佬"（The Thirst of
Chinaman for the Human Blood）。

　　如前所述，明清时期，东南沿海的海盗问题就开始凸现。乾隆时期
江洋行劫大盗律例的制定就与沿海地区海盗猖獗的现实密切关联。特别
是嘉道以后，西方海盗和中国海盗交相肆虐为恶。第二次鸦片战争爆发
的导火索"亚罗号"事件即与海盗问题有关。"亚罗号"事件的发生，
是因为广州水师营上船缉拿海盗所引起的。法律问题与军事问题在此相
互纠缠。海盗在"亚罗号"事件之后行劫方法的一大改变是，往往采
取里应外攻的策略。他们扮作搭客登上轮船，到了约定的时间地点，海
盗船从外进攻，而扮作搭客的海盗则在船上动手威胁船长和船上主要人
员。这种内外夹攻的方式，一直到 1931 年仍有发生。

　　最轰动一时的，应推光绪十六年（1890）的"南武号"轮船被劫
案（the S. S. Namoa Hijack case）。"南武号"系得忌利士轮船公司（the
Douglas，Lapraik，and Co）所属的一艘客轮。是年 12 月 10 日，该轮由

香港起程往汕头，载头等客五名、大舱客二百二十名。① 一伙扮作旅客的海盗持械占据驾驶台、机房，船长室，海面上另有六艘贼船接应。船长、二副及一名西人旅客因反抗被打死，海盗劫物而去。据统计，此次劫案中该船损失达五万多港元。事后，香港当局请求中国政府协助缉盗。1891 年 4 月 17 日九龙城大鹏协副将方裕通知港府已将十九名劫匪俘获，在处决劫持"南武号"轮船的海盗时，请香港英方官员前往监斩。香港当局派出警务处长、船政司、华民司等五人前往九龙城监斩，于是就有了我们现在看到的"港方官员在现场的合影"等照片。② 何伯英书中的这幅照片取自于 1890 年时任香港警察司的田尼（Walter Meredith Deane，1840—1906）向香港总督呈送的报告。该报告的内容显示：被捕的五名海盗嫌疑人是居住于香港岛东边筲箕湾的客家人。而对同一事件，清政府方面所提供的消息则更为详细：海盗中至少有五名疑犯是筲箕湾的居民。这次行刑在九龙城外的海滩上进行，特地从福建请来一个刽子手执行。从维多利亚湾到九龙的许多香港岛的居民赶来观看。

在这张广为流传的照片中，海滩上横躺的是刚被砍下头颅的八具尸体，张大的眼睛茫然地朝向天空，尸体的后面站着同样数目的八个围观者。由于照片拍摄在行刑后，前述的福建刽子手已经离开，或者是故意避开。那些英国围观者脚下是像被猎杀的动物般的身首异处的八具血淋淋的尸体，而他们看起来就像在进行星期天的郊游。照片昭示西方殖民势力高高在上的优越地位的命意是比较明显的，大英帝国殖民统治下的香港（实际上是九龙半岛）在照片中呈现出了东方学家所谓的异国胜景。明信片较诸照片进行了加工改造，在意境的营造上更为淋漓尽致。其中主要的变动在于，作为背景的山峦被人为地修饰上颜色，刻意增加了一层静谧的美丽。死去的海盗的衣服也被点染以不同的颜色，看起来更加真实可信，一面带有标志的旗帜飘扬在明信片的右上部。这样的取景使明信片在具有图画般的美感，给人一种东方国度遥远神秘的气氛的

---

① John Kleinen, Piracy Through a Barbarian Lens: The Namoa Piracy Case (1890—1891), in *People and the Sea* Ⅲ, 2005, Centre for Maritime Studies. 赵文林主编：《旧中国的黑社会》，华夏出版社 1987 年版，第 357—358 页。

② 吴群：《中国摄影发展历程》，新华出版社 1986 年版，第 72 页。

行刑后

同时，向人们暗示着大英帝国在远东的统治权力。是时，英国殖民者还把九龙当作殖民前线，欧洲人很少，主要作为兵营。维多利亚湾作为延伸的缓冲区把九龙和香港岛分开。在香港岛的顶峰和半山腰，西方人修建了房屋，占据了风景最佳的位置。远远的，整个九龙半岛一直向北，都掩映在一派原始景象中：满山的树木、绵延起伏的山峦和栖息其中的动物。当时许多明信片都是将风景、花草之类与斩首、站笼等酷刑融为一体。这张明信片亦不例外。这些照片被翻拍复制在杂志和明信片上，印刷传播给英语国家的大量读者，吸引他们以安全舒服的距离来观看血腥的暴力杀戮。在这张照片被制成标题为"中国人处决海盗"明信片后，一张遗留下来的实寄明信片上竟然有这样令人震惊的文字："你务必不要得出这样的结论：中国人留辫子的原因是必要时方便砍头。"①笔者在此无意用一种后殖民主义的批判立场抨击殖民者的冷漠或重新书写这段历史。法律在任何时候都存在报偿性，"南武号"轮船被劫案中遇害的旅客也是时近年关打工返乡的福建一带的普通民众，海盗的被处决固然咎由自取，存在其合理性，但是这被用于标以"嗜血的

---

① 参详何伯英：《旧日影像：西方早期摄影与明信片上的中国》，张关林译，东方出版中心 2008 年版，第 55—67 页。

中国佬"大肆宣传，使我们不禁要探询：血淋淋的砍头现实和复制的杂志、明信片之间，说明了什么问题？在这种公开行刑中，英国课业（English lessons）何在？西方标榜的优雅"文明"在这种血淋淋的场景中何以得见？谁是学生？① 笔者认为，这种"西人每訾为不仁"的形象却不能不说是西方近代殖民主义话语的长期建构。

如果说南澳亚海盗是不遵王化，处于帝国边疆地带，那么下述案件涉及朝廷命官，发生在北京城。这时的北京俨然狂飙突起的风暴中心。下面的义和团造反和朝廷内部王公大臣你死我活的权利斗争交织在一起，刑人于市成为家常便饭。从光绪二十六年六月十九日至七月初六日（1900 年 7 月 15 日至 7 月 31 日）短短半月之间，就毫无根据地以所谓白莲教谋反的"罪名"在菜市口刑场惨杀无辜百姓达一百多人。

杨典诰《庚子大事记》载：

> 今日刑人于市，计男妇老幼七十八名；先是据义和团云，烧某教堂时搜出纸人纸马，密访得白莲教约同天主教等，将于八月十五日起事谋叛。② 并得白莲教花名册，按册搜索，有为君者，有皇后文武官吏之目，率皆居于德胜门内外一带。捕获七十八名，送提督衙门，问官不录口供，径送刑部；该部亦不讯究实情，率尔点名，绑赴市口处斩。团民拥护至法场，时有言以京蚨二十串买得白莲教之名；有言得罪于义和团；有言勒捐不遂，致受诬陷者；皆泣下喊冤。该团意气扬扬，帮同行刑，以逞一时之快。市口两旁铺户门外，无首之尸堆满，向来杀人无如是之多也。③

---

① 参见 James Louis Hevia, *English Lessons: The Pedagogy of Imperialism in Nine-teenth-Century China*, Durham, N. C.: Duke University Press, 2003, p. 3。

② 这可以与《高柟日记》（又名《高给谏庚子日记》《庚子日记》）的记载相印证："（义和）团在武清界奶子房拿八十余人，皆有纸画人马形，赶庙会者谓是白莲教谋不轨。……刑部未审，杀六十余人。"中国社会科学院近代史研究所《近代史资料》编辑室编：《庚子纪事》，科学出版社 1959 年版，第 154 页。

③ 中国社会科学院近代史研究所《近代史资料》编辑室编：《庚子记事》，中华书局 1978 年版，第 89 页。

从这条史料可以看出，六月十九日（7 月 15 日）这天，一下子就杀死男女老幼七十八人，使得"市口两旁铺户门外，无首之尸堆满，向来杀人无如是之多也"。恽毓鼎《崇陵传信录》对此则如是言："（义和团）乃躁而出永定门，乡民适趋市集，七十余人悉絷以来，伪饰优伶冠服儿童戏物，指为白莲教。下刑部，一夕未讯供，骈斩西市。"① 恽毓鼎《崇陵传信录》虽非日记，但作者恽毓鼎曾为此事上疏力争，并在书中节录疏语，也应当是真实的。恽毓鼎在奏疏中说："谋乱当有据，羸翁弱妇，非谋乱之人；优装玩具，非谋乱之物。而不分首从，不分男女，尤非我皇上好生如天之德，应饬刑部详谳，分别以闻。"② 然而，不幸的是，"疏入，狱已具。时赵舒翘长秋官，未鞫囚，遂罗织附成其狱"③。这条史料和前述杨典诰《庚子大事记》揭示了刑部当时的立场和态度。刑部其实已经被绑架了，成为打击政治对手的工具，不审而杀，冤案迭出。七月初六日（7 月 31 日），在菜市口第三次杀"白莲教"男女老幼三十余人，"大半皆乡间愚民，临刑时呼儿唤父，觅子寻妻，嚎痛之声，惨不忍言。其中恐不无冤屈，诚义和团之大孽也"④。对这些人的处决，"谳曹皆知其冤"⑤。史载："拳匪之杀白莲教也，狱不具，即反有迹，案律妇女不同谋，不缘坐，舒翘心知其冤，私窃叹，然不敢言。"⑥ 当时即有人指出，赵氏天性速化取容。杨典诰《庚子大

---

① 杨家骆编：《义和团文献汇编》第 1 册，台北鼎文书局 1973 年版，第 50 页。

② 章伯锋、顾亚主编：《近代稗海》第 13 辑，四川人民出版社 1989 年版，第 499 页。

③ 杨家骆编：《义和团文献汇编》第 1 册，台北鼎文书局 1973 年版，第 50—51 页。章伯锋、顾亚主编：《近代稗海》第 13 辑，四川人民出版社 1989 年版，第 499 页。

④ 仲芳氏：《庚子记事》，中国社会科学院近代史研究所《近代史资料》编辑室编：《庚子记事》，中华书局 1978 年版，第 27 页。

⑤ 胡思敬：《驴背集》。转引自戚其章：《关于义和团运动评价的若干问题》，义和团运动史研究会：《义和团运动史论文选》，中华书局 1984 年版，第 134 页。

⑥ 龚书铎主编：《中国通史参考资料：近代部分》下，修订本，中华书局 1985 年版，第 158 页。

事记》载：

> 廿八日，又有白莲教党三十余口须斩者，乃日晡而事寝，既知刑部凡交人犯，十七司轮流收禁发落，故白莲教案送到时，是日某司当月，即由某司审讯。前两次所谓白莲教者，送到即绑赴市口处斩，并不审究情实。本日一起白莲教，归江苏司发落，该司印稿回堂，以人命至重；若不严究确情，率尔处斩，则请改派别司可也。堂官纳其言，该印稿提犯会审，全是冤枉诬陷，并非真是白莲党；于是回生释放，而责义和团之诬罔。然以前所斩之百余口，岂不冤哉。该团以勒索不遂，故入人罚，杀戮平民，波及妇稚，亦罹大辟，良可伤已。①

刑部的审理几乎是大清帝国司法的最后一道司法防线，然而，在如火如荼的义和团奉旨造反的运动中，这道防线可以说被冲垮了，整个朝廷也几乎纲纪荡然。刑部江苏司官员持法不阿，洵可谓"最后的良心"。这次所捕获的三十余人之所以未杀，一是由于刑部当日主事者江苏司官员，办事认真，认为人命至重，反对不严究确情，率尔处斩，结果提犯会审，全是冤枉，才判决无罪释放的；二是由于此时整个局势开始发生微妙的变化。

在八国联军进京后，昔日支持义和团的大臣又纷纷被作为惩凶的对象。这一时期所谓义和团被处决的照片有许多存世，构成中国历史上血腥的一页。不过，这些籍籍无名的义和团被斩首者的身世目前已经不可详考，他们留下的也只是无名尸，湮没在历史的黄土烟尘中。这些照片的拍摄者、拍摄经过和背景也几乎无从考证。我们可以从文字材料中加以印证的只是下面这段记述：

> 正月初八日午后，日本兵官桥口等四人，领兵四百余人，带同

---

① 中国社会科学院近代史研究所《近代史资料》编辑室编：《庚子记事》，中华书局 1978 年版，第 90 页。

翻译，以二肩舆送启①、徐②二公至署，先息舆于大堂前，兵各持枪围绕四面若方城，署中各门各路口均有日兵看守。维时奉命监视行刑右堂景（沣）、右堂梁（仲衡）③及派出之办事官、监斩官二十余人，已由顺天府署日本人所设之警务衙门先到，乃延兵官于档房茶坐。经翻译官往返传语，告以本部现拟办法。议定后，日兵围送启、徐二公至提牢厅东偏屋内严守，阻中国官役入室。启公夫人携女仆来与启公诀别，译员向兵官言明，始准夫人入见，语片时即出。日人来文大抵言以兵解送之事，于中国复文之外，更索一中文执照，加书日文，盖用印信，仍交中国收存，未解何意。诸文备齐互交后，日兵复围绕启、徐二公易车赴市。是日，洋人聚观如堵，拍相者纷纷。④

　　白曾焜《庚辛提牢笔记》的记述非常细致。这次刑场摄像是西方列强为了留下这次战争胜利结局的重要环节。征服和刑人的关系是如此紧密地结合在一起，以至于必不可缺。外交使团和军队首领们正在筹备

---

①　指启秀。

②　指徐承煜。

③　景沣于光绪二十六年五月任刑部满侍郎；梁仲衡时为刑部汉侍郎，于光绪二十七年十月改任工部右侍郎。参见钱实甫编：《清代职官年表》，第1册，中华书局1980年版，第722—723、878页。

④　白曾焜：《庚辛提牢笔记》，沈云龙主编：《近代中国史料丛刊续编》第三十七辑，365—366，台北文海出版社1977年版，第44—46页。恽毓鼎《崇陵传信录》记载，在义和团运动高潮期间，五大臣就刑于西市，刑部侍郎徐承煜监斩，有得色。或请用诛大臣礼，怒斥曰："此汉奸，杀之犹轻，何恤为？"这令数姓孤儿衔恨入骨。八国联军进入北京城后，其为人所告发于日本军官，与尚书启秀均被捕。"次年议和条约惩祸首，诏俱斩西市，就刑日，西人用快镜摄影去。"中国史学会主编：《中国近代史资料丛刊·义和团》第1册，上海人民出版社1957年版，第53页。岳超《庚子——辛丑随銮纪实》虽属事后的回忆，并且是得之于传闻，但对此的记述大致相同："在北京方面，大学士徐桐已病故不问外，礼部尚书启秀、刑部左侍郎徐永煜（煜）均革职正法。闻当辛丑正月初八日（1月26日）执行时，外人因中国处决大臣，多赴刑场参观行刑经过，并摄影。"岳超：《庚子——辛丑随銮纪实》，中国人民政治协商会议全国委员会文史资料研究委员会编：《文史资料选辑》第34辑，中华书局1963年版，第240页。

进行一场有计划的惩罚，战胜国的政府、君主乃至普通民众都在期待着这一幕。西方列强的外交官、前线军事指挥者和拍摄者自然不敢怠慢，显宦受戮似乎也是他们享受胜利的盛宴，采取拍照的铭写形式本身就是这个惩罚体系的组成部分。正是这样，官犯被朝廷应各国公使照会下令处斩时，有关资料记载："是日各国派队伍两旁守护。……西人之来观者，咸登于屋，并照相三次，一在棚内，一在谢恩时，一在临刑时。"①这种情景被一些学术著作称为菜市口辟为刑场五百多年来的第一次，也是这场血腥风暴的最高潮。笔者基本上认定上述三张照片即是启秀、徐承煜被斩的纪实。有些资料题名为"英军监杀义和团民"和"义和

菜市口刑人

团民在菜市口刑场被杀"似乎不太正确。②从第一幅照片上受刑者年龄、装束以及送行者的恭敬态度来看，这位受刑者绝对不是义和团民，而是清朝的高官。第一幅照片上，送行者捧碗为受刑者所饮用的估计就是通常所说的"鹤顶血"。第二幅照片、第三副照片的背景和拍摄角度都证明这三副照片是出自一个系列，而第二幅照片中已经被斩者用上等席子掩盖，正在被处斩者身旁的几名行刑辅助人员跪在地上的细节也透露出就刑者的身份非同一般。与其他同类的义和团民被斩的照片相比，

①　杨典诰：《庚子大事记》，北京大学历史系中国近现代史教研室编：《义和团运动史料丛编》第1辑，中华书局1964年版，第41页。

②　例如，刘北汜和徐启宪编的《故宫珍藏人物照片荟萃》收集了故宫收藏的许多照片，其中包括布莱尔敦出版物里的两张照片，其标题即为"英军监杀义和团民"和"义和团民在菜市口刑场被杀"。参见刘北汜、徐启宪：《故宫珍藏人物照片荟萃》，紫禁城出版社1994年版，第243、245页。

菜市口行刑之后

受刑者的年龄、待遇的差别一目了然。所以，笔者认为有的资料中将第一幅、第二幅照片分别单独标示为"一位高官即将就刑""八国联军斩首中国官员"是正确的。这两幅照片之所以在同期同类照片中流传最为广泛，原因也在于其反映内容的特殊性。何伟亚在《英国的课业：19 世纪中国的帝国主义教程》中也从英国方面的文献资料的记载发现这是公开处决中被砍去头颅的清朝官员。位于渥太华的加拿大战争博物馆衣饰与徽章部主任罗斯·威尔逊（Ross M. A. Wilson）研究该照片后认为，照片上三名英国士兵都是军士，可能属于皇家马炮部队。①

何伟亚在《英国的课业：19 世纪中国的帝国主义教程》中所分析的这几张照片收在英国南部著名海滨度假地布莱尔敦的游客问讯处（Visitor's Inquiry Association in Brighton）出版的一本小册子里。小册子深红色的封面上，赫然印着黑色的标题：处决中国义和团民的珍贵照片。在照片后面一整版的署名为 R. N. 的讨论文章在开头虽然提及中国人勤劳的优良品质，但虚晃一枪，笔锋一转，立刻断言：中国人是一群"不讲信义"的人，没有宗教感情和宗教信仰，不讲道德，是彻头彻尾的物质主义者。这些品性结合在一起，就使得中国人"不在文明的范畴

---

① James Louis Hevia, *English Lessons: The Pedagogy of Imperialism in Nineteenth-Century China*, Durham, N. C. : Duke University Press, 2003, p. 2.

之内"①。文章接着列举了中国人的其他一些恶劣品性的清单，诸如冷漠无情，对官府天天在大街上公开进行的肉体折磨和处决熟视无睹、无动于衷等。作者还栩栩如生地详细描述了公开处决过程中的种种残忍行为，并且原文照抄道格拉斯（Robert Douglas）为《大不列颠百科全书》（*Encyclopedia Britannica*）第十版所写的有关中国的文章，声称："蒙古人种被公认为感觉迟钝、有勇气、对痛苦不敏感……因此，中国的罪犯几乎感觉不到同样条件下那些更为敏感的种族成员所感觉到的痛苦。"②文章没有一字一句提到，英帝国的所作所为会不会与这些照片所记录的事情有着某种联系，甚至都没有这方面的任何暗示。相反，文章从种族优越的立场极力渲染"中国佬对中国佬进行的各种极其讲究的残酷行为"③，在进行评论的时候一再向读者申明英国在华行动的正当性，即"欧洲军官在'处决'现场监刑，阻止了一些不必要的残酷虐待——每个英国人对这样的虐待都会深恶痛绝"④。人们被告知"这些罕见的图片尽管令人厌恶，但生动地描述了对义和团的惩罚。对于义和团，我们不能有丝毫的怜悯，即便我们中间那些最仁慈的人也只能说'他们完全是咎由自取'"⑤。这是因为他们犯下了文章简要描绘的那些"嗜血的"和"魔鬼般的"罪行。按照作者的论述，复杂的国际因素促成了清廷和义和团的勾结以及随之而来的灾难。但起义被镇压后，中国政府就改变了政策，转而努力讨好联军，开始大肆屠杀义和团，使得北京街道上血流成河，形成照片中那些血淋淋的场景。文章作者呼吁人们克制对于这些图片病态的好奇心，强调在这本小册子中公布这些照片并不是为了

---

① James Louis Hevia, *English Lessons: The Pedagogy of Imperialism in Nineteenth-Century China*, Durham, N. C. : Duke University Press, 2003, p. 278.

② James Louis Hevia, *English Lessons: The Pedagogy of Imperialism in Nineteenth-Century China*, Durham, N. C. : Duke University Press, 2003, p. 279.

③ James Louis Hevia, *English Lessons: The Pedagogy of Imperialism in Nineteenth-Century China*, Durham, N. C. : Duke University Press, 2003, p. 279.

④ James Louis Hevia, *English Lessons: The Pedagogy of Imperialism in Nineteenth-Century China*, Durham, N. C. : Duke University Press, 2003, p. 279.

⑤ James Louis Hevia, *English Lessons: The Pedagogy of Imperialism in Nineteenth-Century China*, Durham, N. C. : Duke University Press, 2003, p. 279.

利用它们："看到这些非同寻常的照片，不能不让人感到痛苦和厌恶。然而，把这些照片公之于众，并不是为了满足那种病态的好奇心，而是为了三重目的：让我们去同情一个不幸的民族，让我们的心中充满对于酷刑的强烈痛恨，让我们对生活在一个正义受到仁慈制约的国度而心生感念。"① 该小册子宣称，中国人的数量如此庞大，要把他们全部消灭掉是一件非常困难的事，而教化中国人则是白人的负担。正是通过这样的一些媒介，中国法律的野蛮形象构成英国人头脑中的基本知识，英国公众由此得以了解到使那些侵犯"文明"的"野蛮"民族"文明起来的使命"以及对这些民族的惩治。

　　这一幕提供文字和图像资料被永远定格在中国近代历史上。中国的历史学家痛心于中国主权受到列强的严重蹂躏，但是对于这段历史细节的研究似乎还不够深入。笔者在此需要特别指出的是，这种拍摄行为成为清末变法修律的契机，赫然出现在沈家本请求变法修律的奏折之中，成为强化其论证的有利证据。沈家本在奏折中指出，此前公开执行死刑的做法本示众以威，俾以怵目而警心，但渐失古代明刑弼教之义，使法律之威渎不行，"稔恶之徒，憨不畏死，刀锯斧钺，视为故常；甚至临市之时，谩骂高歌，意态自若。转使莠民感于气类，愈长其凶暴之风；常人习见习闻，亦渐流为惨刻之行"②，有妨教育。特别是京师菜市口，"决囚之际，不独民人任意喧呼拥挤，即外人亦诧为奇事，升屋聚观，偶语私讥，摄影而去。既属有乖政体，并恐别酿事端"③。据此，沈家本主张采用西方大多数国家死刑秘密执行的方法，既可防卫严密而免意外，亦可使百姓罕睹惨酷情状，足以养其仁爱之心。从表面上看，菜市口处决人犯本身就是京师街谈巷议的新闻，何况身居要津的命官之受刑，加之西方摄影在这种场合的介入，在当时的信息传播技术条件

---

　　① James Louis Hevia, *English Lessons: The Pedagogy of Imperialism in Nineteenth-Century China*, Durham, N. C.：Duke University Press, 2003, p. 280.

　　② 沈家本：《变通行刑旧制议》，沈家本：《历代刑法考》，邓经元、骈宇骞点校，中华书局 1985 年版，第 2061 页。

　　③ 沈家本：《变通行刑旧制议》，沈家本：《历代刑法考》，邓经元、骈宇骞点校，附寄簃文存，卷一，中华书局 1985 年版，第 2061 页。

下绝对是朝野上下关注的
焦点所在，所以笔者仅见
的白曾焯《庚辛提牢笔
记》、杨典诰《庚子大事
记》、沈家本《变通行刑
旧制议》等私家笔记乃
至朝章奏牍均提及这一摄
影行为。沈家本《变通
行刑旧制议》这段文字
可以说是对于庚子事变期
间西人在菜市口照相一事
痛定思痛的反省。不过，
如果我们对此进行深层的

处决人犯（估计为清朝官员）

解读，就不难得出这样的结论：沈家本《变通行刑旧制议》将这种摄
影行为和变法修律联系起来并非简单的修辞手段。这种摄影建构起来
的清代法律的嗜血形象成为一种客观事实，形成一种集体意识，深入
人心，最终导致变法修律的启动。制度性事实的建构在此过程中可以
得到清晰的反映。而后一层深意则是笔者所欲揭示的问题关键所在。
引述沈家本《变通行刑旧制议》这段文字的学者不乏其人，但一般对
此均未凝思。

小　结

对于通过各种媒介传播自己的研究成果，美国哲学家约翰·塞尔抱
以仿佛是在传播福音一般的热诚，所以其文笔非常明快。塞尔在自己研
究生涯的后期也是在进行糅合的工作，着手在自己的作品之间牵线搭
桥，使之连成一个融贯的整体，并把它们作为一个协调贯通的体系展现
在世人面前，凝练出自己的学术特色。塞尔认为，普遍的理论正是西方

文明的伟大成就之一。他说："我认为在理智的生活中，你永远也不应当就仅仅满足于支离破碎的信息以及理解。你还需要去知道它们是怎样全都结合在一起的。"①

在塞尔的理论体系中，有三个基本概念。他曾经这样写道："为了说明社会实在的客观性，我需要三个基本概念。第一个是建构性规则概念，我在《言语行为》（1969 年）中较为详细地说明了这个概念。第二个是集体意向性概念，指的是人们相互合作开展工作的能力。第三个是功能强加（the imposition of function），人们具有把功能强加于那些本质上不具备该功能的实体的能力。我认为，由集体意向性而建构制度实在，其关键要素就是把一定种类的功能强加于实体，在这时候实体不能或不能仅仅按照它们的物理构造来发挥功能，而只能按照足够多的共同体成员对它们做出的持续的集体接受和承认（即承认它们具有一定地位，并由于该地位而具有一定功能）来发挥功能。它们也都是属于'地位功能'（status functions）的情况——在这种情况下，这些事实只有凭借集体的接受或者承认，才能够行使它们的功能。"② 塞尔通过意向性统摄其所有理论，又改造、化用伊丽莎白·安斯库姆（Elizabeth Anscombe）在《论无情性事实》（On Brute Facts）③ 中的一个观点，将事实区分为无情性事实（brute fact）和社会事实（social fact）。无情性事实指立足于其物理存在、完全独立于观察者的态度、活动而存在的最原初的事实，如力、地球引力、质量、洋流和电压等，无情性事实在本体论上都是客观存在的。虽然塞尔本人为明示自己不同于物理主义、行为主义等唯物主义，声称其哲学是"自然主义的"而不是"唯物主义的"，但他同时认为，社会事实存在于无情性事实中，无情性事实对社会事实享有逻辑上的优先权，制度性事实存在于无情性物理事实之上。

---

① 约翰·塞尔：《实在论》，朱立安·巴吉尼、杰里米·斯唐鲁姆编：《哲学家在想什么?》，王婧译，上海三联书店 2006 年版，第 184 页。

② John R. Searle, Meaning, Mind and Reality, *Revue internationale de philosophie* 2001/2（n° 216）.

③ G. E. M. Anscombe, On Brute Facts, *Analysis*, Vol. 18, No. 3（Jan., 1958），pp. 69 - 72.

塞尔将制度性事实看作是社会事实的一个特殊子类（sub class），其社会本体论主要是制度性事实建构论。塞尔关于社会现实的建构理论超出一般社会理论的地方在于，他坚持社会实在是通过集体意向赋予具体的物理实在以功能属性和地位属性而建构起来的，所以，社会现象是以物理现象为基础的，是外在于人的实在，带有浓烈的唯物主义色彩。为了解释在安斯库姆的概念术语中的社会现象，他认为，社会可以被解释为制度性事实，制度性事实产生于集体意向性，通过表现为"X 在 C 中算作 Y"的逻辑规则。在塞尔的理论中，构造制度事实的建构性规则具有"X counts as Y in context C"的逻辑结构形式，意谓"在情境 C 中 X 被认作为、接受为、用作为、视为 Y"。其中，X 是无情性事实，Y 是人们通过集体意向性将地位功能施加、归属于 X 后形成的制度事实。"被认作为、接受为、用作为、被视为"是指凭借集体意向性对 X 项施加了地位功能，则 X 项便过渡到 Y 项，并由此具有与 X 项不同的功能。按照塞尔的理论，功能对于某些物理现象来说绝不是内在的属性，而是由外在的有意识的观察者和使用者赋予给它的。简言之，功能是观察者相关的特征。

　　出于对塞尔的不满，格罗斯（Neil Gross）声称，塞尔的工作是在分析的语汇重新表述涂尔干的想法（其他论者也有类似的主张）。格罗斯认为，塞尔关于社会本体论的讨论并没有超越一个多世纪以前的涂尔干。在格罗斯看来，塞尔和涂尔干都承认存在集体表征，都将能够强加新的地位、权力和意义到某些对象的特征看作是集体表征的关键特征，都认为社会制度是由个体参与者构成，而个体参与者的行为则是建立在集体对地位功能的强加的基础上。具体言之，笔者认为相似之处表现为：其一，和塞尔继承启蒙运动遗产的立场相一致，涂尔干自己承认："称为唯心主义或者唯物主义都不能准确地说明我们的方法，唯一合适的大概可以说是理性主义。……人们称我们的实证主义是理性主义的产物。"[①]　其二，和塞尔理论中的意向性概念相似，涂尔干理论中个人和

---

　　① 迪尔凯姆：《社会学研究方法论》，胡伟译，华夏出版社 1988 年版，第 3 页。

社会关系研究的核心概念是"集体表象"（la représentation sociale，collective representation）或"集体意识"（la conscience collective，collective conscience）概念。涂尔干把不是人从直接经验中取得的而是社会环境强加于人的观念称为集体意识，或者集体观念。他将集体生活视为一种宗教信仰、道德规则、思想类型、价值等的生活，是任何个人所不能创造的，自主于社会的物质实体。涂尔干指出："集体意识根本不同于个人意识，它是社会全体成员反复感知和作为一种制度固定下来的东西，是可以经验、实证的'社会事实'（le fait social）。"① "在个人之外，存在着一个由集体的行为和思维所组成的实体，个人在每时每刻都与之相适应。这些集体的思想和行为方式按它们自身的权力而存在着。集体的表象乃是无穷无尽的协作的产物，这种协作不仅超越空间，而且也超越时间，大量的头脑把他们的观念和情感加以联系，结合和组织起来，以形成集体的表象，通过集体的表象，无数的世代积累起他们的经验和知识。"② 比如，语言就是传统的、普遍的和强制的，是一种集体的、自发的和客观的现象，有其为操这种语言的人很不明了的历史、结构和功能。对于涂尔干来说，社会事实被等同于集体意识，是"个体外部的一切行为、思想和感觉的方式"③。社会学研究的主要对象就应该是这样的社会事实。如果要用严格科学的、实证的方法来研究社会现象，其出发点就是要用符合客观的研究方法考察社会事实。其三，和塞尔所谓"功能强加"概念相似，涂尔干提出，要完整地解释社会现象，首先要找出事物产生的原因，然后研究事物的功能。涂尔干论述了原因分析和功能分析之间的相互关系，认为不仅应分别研究原因和功能，而且应当把原因分析放在功能分析之前。但是，事物之所以能够存在，必须有存在的效用功能，事物的功能是事物的特征，解释社会现象只知道原因是不够的，还必须了解其功能。其四，与塞尔所谓的"X在C中算作Y"的建构性规则相似，涂尔干致力于在可观察的事实世界背后发现

---

① 迪尔凯姆：《社会学研究方法论》，胡伟译，华夏出版社1988年版，第81页。

② 怀特：《文化科学》，曹锦清等译，浙江人民出版社1988年版，第85页。

③ 转引自施正一：《西方民族学史》，时事出版社1990年版，第28页。

那些按照象征原则运动着的集体表征。他认为，集体观念并非事实的反映，在陈述事物的过程中被投射了社会的传统认识模式、社会的价值和意义，社会价值与意义的投射归根结底是一个象征的过程。由此，涂尔干提出了象征主义原则，即集体表征从加诸意义和价值于外在世界之上而转变了它。

作为回应，塞尔提出对涂尔干的十点驳斥。塞尔认为他和涂尔干在很多地方都不相同。例如，塞尔认为集体意向性是来源于个体内在心智，而涂尔干认为这种集体行为中的信念是来自于外部集体，独立于个体的心智。并且，塞尔认为涂尔干对社会事实的讨论并不充分，没有达到探讨社会本体的目的，因为他并未区分制度性事实和社会事实、调节性规则和构成性规则、认识论上的主客观性和本体论上的主客观性、观察者独立的特征和观察者依赖的特征等①。事实上，涂尔干明确地表明，社会学要和哲学划清界限。而塞尔主要是从语言哲学角度去探索社会本体，不同于涂尔干从社会学角度去探索社会本体。这或许是他们之间最大的不同。塞尔的有些反驳作为对于《社会学研究方法论》（*Les Règles de la Méthode sociologique, The Rules of Sociological Method*）和涂尔干关于个人和集体表象论述的一个批判是令人信服的。塞尔是正确的，即涂尔干缺乏与观察相关和与观察者独立的现象之间、本体论意义上的和认识论意义上的客观/主观区别。塞尔写道，涂尔干没有"看到，我们可以在一个本体论是主观的领域而在认识论上是客观的科学"（to see that we can have an epistemically objective science of a domain that is ontologically subjective）②。对此，笔者不无怀疑。塞尔称涂尔干"认为，集体表象不是在个体行动者的心灵之中"③，但他本人引述涂尔干论著在提及集体心理的同时却有"公共意识"（conscience commune）"只是在

---

① 参见 John R. Searle，Searle versus Durkheim and the Waves of Thought：Reply to Gross，*Anthropological Theory* 2006，Vol 6（1），pp. 57 – 69。

② John R. Searle，*Consciousness and Language*，Cambridge University Press，2002，p. 23.

③ 参见 John R. Searle，Searle versus Durkheim and the Waves of Thought：Reply to Gross，*Anthropological Theory* 2006，Vol 6（1），pp. 57 – 69。

个人中意识到的"① 之类很多这样的断言。涂尔干的确看到了塞尔说他所未曾看到的地方，只是他不像作为分析哲学哺育下成长起来的塞尔那样具有诸多分析概念工具去解决问题。塞尔自己就说过，涂尔干无法揭示集体表象的确切细节，因为他缺乏逻辑工具"②。不过，虽然笔者同意塞尔的这一说法，但塞尔对涂尔干的批评缺乏公平性。诚然塞尔在随后的分析哲学的进步与涂尔干无关，但如格罗斯所正确指出的那样，塞尔未能完全理解涂尔干的社会学视野解释力。

从总体上看，塞尔理论的特点在于立足于语言哲学而向社会哲学领域挺进，从语言着手探讨制度性事实的建构，并借此追寻社会本体。1995 年，塞尔出版了《社会实在的构造》（The Construction of Social Reality）一书，将语言哲学和心灵哲学的研究成果用于对社会现实的研究，试图说明人如何通过意向性表征世界，从而创造出一个客观的社会实在社会事实身上渗透着观察者的态度、目的和意志。塞尔发现，"语言除了交流的功能外，还起着额外的一个作用，那就是部分地构成制度性实在"③。制度性实在由制度性事实（institutional facts）构成，而大部分制度性事实都能通过显式行为式话语得以建构。塞尔超越之前语言分析哲学家的地方在于，他不再为语言而语言，而是把语言分析当作阐释其哲学思想一种研究方法，将这种方法延伸到对心灵、对社会、对文化等领域的研究上，从语言哲学入手把握胡塞尔所说的人的"生活世界"（Lebenswelt）。他指出："正如我们拥有一门语言哲学，拥有一门心灵哲学那样，我们也应当拥有一门社会哲学，而社会政治哲学也将会从社会哲学中相当自然地衍生出来。"④ 塞尔尽管希望能够逃脱还原论，

---

① 参见 John R. Searle，Searle versus Durkheim and the Waves of Thought：Reply to Gross，*Anthropological Theory* 2006，Vol 6（1），pp. 57 – 69。

② 参见 John R. Searle，Searle versus Durkheim and the Waves of Thought：Reply to Gross，*Anthropological Theory* 2006，Vol 6（1），pp. 57 – 69。

③ John R. Searle，Social Ontology and Political Power，in Frederick F. Schmitt，*Socializing Metaphysics：The Nature of Social Reality*，Lanham：Rowman & Littlefield，2003，p. 203.

④ 约翰·塞尔：《实在论》，朱立安·巴吉尼、杰里米·斯唐鲁姆编：《哲学家在想什么?》，王婧译，上海三联书店 2006 年版，第 183 页。

也偶尔摆脱了它，但他似乎总是被拉回来，似乎从事的主要还是在语言方面。他关于这一社会建构的现实是什么的企图在很大程度上取决于语言方面的，而事实上他在试图将一切都还原到这方面，谈的主要是关于事情的"事实"，而不是事物本身。① 他将社会现实还原为语言的倾向，体现在他的文本的措辞之中。他承认"语言在制度性事实中的特殊作用"②，将其理论重点基于"X 在 C 中算作 Y"这样的公式。笔者认为，塞尔对于语言的强调是有道理的。在过去，笔者就论述了语言对于中西方政治空间结构乃至法律、思维模式的影响，而最近笔者又进一步认识到，在时间维度上，语言其实对于历史的传承至关重要。中华文明的传承之所以一直不曾中断，与文字的特性不无关系。在今天，除非是专攻语言的人士，现代西方人基本上已经不可能阅读五百年前的文章了，而在中国稍微受到过一点国语教育的人，却依然可以看得懂两千年前的文章，这中间最主要的原因就是英语（拼音文字）较诸汉字（形意文字）具有更大的变异性。中国的文字有利于文化的传承，但书写困难是其最大的问题，也不利于汉语在国际上的推广以及文化的传播。但是，我们要质问的是，塞尔在自己的理论体系中将一切归结为语言合适吗？

从学术发展的脉络而言，奥斯汀"说话就是做事"③ 之观点的核心就是要求把语言当作人类行为的组成部分，而塞尔的理论正是沿着这一

---

① 参见 On John Searle's *The Construction of Social Reality*，资料来源：http：// www. dooy. salford. ac. uk/ext/john. searl，访问时间：2010 年 12 月 17 日。

② 参见 On John Searle's *The Construction of Social Reality*，资料来源：http：// www. dooy. salford. ac. uk/ext/john. searl，访问时间：2010 年 12 月 17 日。

③ 韦森在《语言行为与制度的生成》中认为，维特根斯坦在《哲学研究》（*Philosophische Untersuchungen*）中所说的"Worte sind auch Taten"。这句话的英译文为"Words are also deeds"。李步楼的《哲学研究》译本把这句话翻译为"言也是行"。陈嘉映的译本则把这句话翻译为"话语也是行为"。联系这一节的上下文，这两种直译法都有道理，但仍存在斟酌的余地。首先，此处的德文"Worte"和英文的"words"翻译为"语词"可能更贴近一些。其次，维特根斯坦这里所说的"行"，不是用的德文的"Akt"和英文的"act""conduct"或"behave"，而是用德文词"Taten"，其相对应的英文词是"deeds"。德文的"Tat"和英文的"deed"均是指已完成的行为。因此，这里的德文"Worte sind auch Taten"和英文"Words are also deeds"，均有说了某句话即会造成一定后果且要为之负责之意。（续下注）

进路以语言哲学为立足点，改造、吸收不同的元素，建构起新的理论体系，对语言与社会的互动关系做出了新的思考。按照塞尔的理论，无情性事实独立于人类的态度、情感、表征（包括语言表征）而存在，而制度性事实却离不开人类的表征，制度性结构的独特之处在于具有符号表征的特征，即使某种东西象征（或者是意谓，或者是表达）某种超出自身之外的东西。符号表征（主要是通过语言表征）的结果创建了制度性事实。正如苏珊·桑塔格所说："资本主义社会需要一种建立在影像基础之上的文化。它需要提供极其大量的消遣娱乐来刺激购买和麻痹阶级、种族和性的伤痛。它还需要搜集无尽的信息，更好地榨取自然资源，提高生产率，维持秩序，发动战争，为官僚们提供工作。照相机的双重功效，将现实主观化和将其客观化，理想地满足和强化了这些要求。照相机以两种方式限定现实，这两种方式对于一个发达的工业化社会的运作是必不可少的：将其作为一种景观（对大众而言）和作为一种监督对象（对统治者而言）。影像的生产也提供了一种统治性的意识形态。社会的变革被在影像中的变化取代了。"①普通的西方人是无暇也无力了解中国传统的明刑弼教理念的，所见到并且喜闻乐见的就是那些吸引眼球的景物。相机成为西方批判中国法律文化的武器。在西方文明之光的投射下将清代法律文化落后长辫子的影子表现得极为强烈。文字陈述、图像叙事乃至各种凭空想象堆积日久，陈陈相因，重建了一个充满新意的意义王国。曾几何时，具有悠久历史和灿烂文明的中国及其国民已成为冷漠、嗜血、野蛮的可怜对象，需要西方列强进行救赎。

　　尽管塞尔并不是对构成性规则（constitutive rule）和调节性规则

（续上注）特别是如果把这句话置放在法律文本的制定以及在法庭调查的场景中，这种意思尤为明显。基于此，维特根斯坦这句话的精确意思在韦森看来应该理解为："言出（什么）也就做了（什么）。"韦森：《语言行为与制度的生成》，《北京大学学报（哲学社会科学版）》2005 年第 6 期。参见 Ludwig Wittgenstein, Gertrude Elizabeth Margaret Anscombe, *Philosophical Investigations: The German Text, with a Revised English Translation*, Oxford: Wiley-Blackwell, 2001, p. 124。

　　① 约翰·伯杰著，向娟娟译：《摄影的用途——献给苏珊·桑塔格》，顾铮编译：《西方摄影文论选》，浙江摄影出版社 2007 年版，第 105 页。

（regulative rule）做出区别的第一人，这是其引入了罗尔斯①分析的产物，但却是塞尔发现了构成性规则的独特重要性。调节性规则对先前存在或独立存在的行为方式进行调节和规范，构成性规则不仅仅调节行为方式，而且还创建或确立新的行为方式。② 当然，我们同意法国学者苏波特尼克（Michael Soubbotnik）的观点，即从逻辑上将构成性规则与调节性规则区别开来是不可能的，两者之区别仅仅是程度问题，构成性规则同样制定规范，而调节性规则同样会构成新的行为方式，不过，我们有理由认为，语言（包括图像语言）不仅用来描述事物，而且参与建构事实。中国传统法律文化的落后在某种程度上具有人为建构的成分。谣言尚且可以造成三人成虎的效果，而中国在 19 世纪以来政治上腐败、经济上的落后，就足以使得这个国家成为时代灰头土脸的弃儿。在这种意义上，用经济的发展解决问题的确是一种硬道理。中国变法修律的目的在于富强，带有法律救国的色彩，是将变革法律作为臻于富强的一种资源。革命或者改良为了证明自己的合法性，就必然要对传统法律进行否定性描述。这种否定性描述造成对于传统法律负面因素的放大，与西方人的西洋镜所建构起来的形象自觉或者不自觉地交融。这种共识可能存在偏颇，但会构成一种社会事实，是一种用语言建构起来的晚近传统的发明，其意向性在于追摹国人雾里看花所产生的西方富强印象，这种通过各种无情性事实（"器物"）和制度性事实建构的"西洋镜"成为现代化进程的导引。这种以法律作为救国工具的实用的意向性存在造成体与用之间脱节的危险，历史发展的后效也证明了这一点。就此而言，我们应该对全盘西化的立场予以同情的理解。全盘西化是不可能的，但社会变迁必然是一种"格式塔"（gestalt）。按照完形心理学，个体之人尚且被视为具有不同部分分离特性的有机整体，我们又何尝不应该对作为有机体的社会作如是观。笔者在前面基本上将这种渗入意识的外部影响作为一种资源，探讨清末变法修律的建构性规则产生、引入的机理。

---

① John Rawls, Two Concepts of Rules, 1955 *The PhilosophicalReview* 64（1）：3 – 32.

② John Searle, *Speech Acts: An Essay in the Philosophy of Language*, London：Cambridge University Press, 1974, p. 33。

这样的阐释路径使我们相对于法律经济学而言独树一帜。

第三节　晚清变法修律改革肇端于
　　　　废除领事裁判权乎？

近几年来，法律史学术界新人辈出，不囿成说，对于前人的观点提出了许多挑战。例如，关于清末修律的诱因即是其中引起争议的话题。长期以来，许多学者都将目光聚焦于领事裁判权上，认为晚清司法改革的主因在于领事裁判权问题，由于光绪二十八年（1902）清政府在与各国修订商约期间，英国做了有条件的承诺，如清政府改良司法现状"皆臻完善"[1]，可以放弃治外法权，清政府为帝国主义者的谎言所迷惑而随即下诏，派沈家本、伍廷芳为法律大臣，筹设修订法律馆，按照与各国交涉情形，参酌各国成规，悉心修订现行律例。江庸早在 1922 年为《申报》创刊 50 周年纪念特刊撰写了《五十年来中国之法制》这篇著名论文中对清末修律有这样的叙述："光绪二十八年，政府派吕海寰、盛宣怀在上海修订各国商约，英、日、美三国均有中国律例与外国一例时，允弃其领事裁判权之议，至是，直隶总督袁世凯会同湖广总督张之洞、两江总督刘坤一奏保派员修订法律，光绪二十八年遂派沈家本、伍廷芳为修改法律大臣，然自光绪二十八年至三十一年此数年间仅从修改旧律及译书着手。"[2] 江庸早年曾在日本早稻田大学留学，1906 年回国后先后任清朝北洋政法学堂教习、修订法律馆协修，民国年间又历任北洋政府北京政法专科学校校长、京师高等审判厅厅长、司法总长、修订

---

[1] 《中英续议通商行船条约》第十二条，《大清法规大全》，外交部，条约，台北考证出版社 1972 年版，总第 2160 页。亦见朱寿朋编：《光绪朝东华录》，中华书局 1958 年版，总第 4914 页。

[2] 江庸：《五十年来中国之法制》，《申报》1922 年创刊 50 周年纪念特刊。此文亦见许章润主编：《清华法学》第 8 辑，法典化研究专辑，旧文新识栏目，清华大学出版社 2006 年版，第 244—264 页。

法律馆总裁以及法权研究会会长等职。由于他曾经躬历清末修律活动，在司法和法学研究领域德高望重，他的这段话颇具权威性，为后来大多数著作所引用。《清史稿》对于清末修律记载云："光绪庚子以后，各国重立和约，我国断断争令撤销，而各使借口中国法制未善，靳不之许。迨争之既亟，始声明异日如审判改良，允将领事裁判权废弃。载在约章，存为左券。故二十八年设立法律馆，有'按照交涉情形，参酌各国法律务期中外通行'之旨。盖亦欲修明法律，俾外国就范也。"① 笔者也一直认为这种表述的确存在不够妥帖之处，值得商榷，曾经收集张之洞在签订《中英续议通商行船条约》中的一些史料准备逐渐积累成文。2004 年，笔者由于在《清史研究》编辑部工作，很早就看到了此前曾在清史研究所攻读博士学位的陈亚平教授的投稿《〈中英续议通商行船条约〉与清末修律辨析》，由于涉及法律史，在征求意见时表示此文颇具见识，同意刊发。在陈文于是年《清史研究》第 1 期发表后，笔者在负责该年第 4 期组稿时发现时为中国政法大学博士生的高汉成《晚清法律改革动因再探——以张之洞与领事裁判权问题的关系为视角》一文分析颇为细腻，与陈文颇为声气相通，欣赏其勇于探索的学术精神，所以经过坚持使该文得以发表。前述两位学者的主要论据和论点是，《中英续议通商行船条约》（又称为《马凯条约》，*Mackay Treaty*）签订的时间是光绪二十八年八月初四日（1902 年 9 月 5 日），但早在光绪二十六年十二月初十日（1901 年 1 月 29 日），慈禧在庚子事变后结束流亡生活还京途中就发布了"变法诏书"，两者相差一年又八个月，而且距离光绪二十八年二月初二日（1902 年 3 月 11 日）清廷颁布《修订法律上谕》也已经过了半年时间，时间顺序秩然不可倒置，故而据此否定了废除领事裁判权是清末修律的直接原因，认为清廷的修律决策不是《马凯条约》第十二条影响的结果，传统的观点使该条款占据了中国法律史和近代史上本不具有的重要位置，将后来发生的事件当成过去行为的成因，把以后产生的条约条款当成此前决策的宗旨，有悖于基本

---

① 赵尔巽等撰：《清史稿》卷一百四十四，刑法志，中华书局 1977 年版，第 4216—4217 页。

的历史逻辑，严重影响了对晚清修律活动性质的判断。据高汉成在稿件编辑过程中与笔者进行沟通时自言，其文章受到陈文的影响，此前一个月曾将自己文章提交法律史年会。陈、高两人的论文各有千秋，陈文的写作机缘是在其对于商人社会、商律进行研究过程涉及这一问题，可以看出明显受到柯文中国中心史观的影响，而高文的写作机缘主要是其对大清刑律草案及其签注的研究过程涉及这一问题，所以其文章除了在陈文基础上论证张之洞《马凯条约》与清廷修律决策在因果关系上不可前后颠倒外，主要分析后来张之洞与沈家本在修律问题上所谓礼教派与法理派之争。在陈、高二文的基础上，笔者希望阐述自己这些年一直企图回应这种新观点的一己之见。

一、清末变法修律的启动

笔者认为，《清史稿·刑法志》所载下面的这段话似乎与前引的表述凿枘不合，很可能在统稿时未加细致的整合，但更为符合历史实际："逮光绪二十六年，联军入京，两宫西狩。忧时之士，咸谓非取法欧、美，不足以图强。于是条陈时事者，颇稍稍议及刑律。二十八年，直隶总督袁世凯、两江总督刘坤一、湖广总督张之洞，会保刑部左侍郎沈家本、出使美国大臣伍廷芳修订法律，兼取中西。旨如所请，并谕将一切现行律例，按照通商交涉情形，参酌各国法律，妥为拟议，务期中外通行，有裨治理。自此而议律者，乃群措意于领事裁判权。"[1] 在庚子事变以后，1901 年 1 月 29 日，流亡西安的慈禧太后以光绪帝的名义发布了一道"变法诏"，表示决心破锢习，更法令，取外国之长，补中国之短，浑融中外之迹，要求军机大臣、大学士、六部九卿、出使各国大臣及各省督抚，各就现在情形，参酌中西政要，举凡朝章国故、吏治民生、学校科举、军政财政，当因当革，当省当并，各举所知，各抒所见，详悉条议以闻。此可谓晚清举行新政、变法修律的动员令，但当时慈禧虽然镇压了戊戌变法、在借助义和团排外撞了南墙，不得不变通政

---

[1]　赵尔巽等撰：《清史稿》卷一百四十四，刑法志，中华书局 1977 年版，第4178 页。

治，却一时尚无法完全转过弯来，其主要意图还主要是在传统政治的套路内补苴一番，对于西法其实并不汲汲于怀。由于两年前戊戌政变的阴影仍然笼罩在人们心中，封疆大吏们不得不费心揣摩朝廷的意旨。工于宦术的张之洞一生都在努力造时势却又都在被时势摆布，出入乎是非和利害之间，自然难以超脱这一基本的历史情境。在此上谕发布前几日，张之洞通过端方和袁世凯的来电就获悉大概内容。接到上谕之后，他又从多种渠道获悉此谕出自"圣意"，由军机大臣荣禄和户部尚书鹿传霖"赞成"，甚至还了解到此谕系由荣禄的幕僚，即他自己的门生樊增祥起草。张之洞致电军机大臣鹿传霖时坚持应提"西法"，云："去腊变法谕旨，海内欢欣鼓舞，咸谓中国从此有不亡之望矣……嗣闻人言，内意不愿多言西法……不觉废然长叹：若果如此，'变法'二字，尚未对题，仍是无用，中国终归渐灭矣。"[①] 他认为，变法者，非泛泛改章整顿之谓也。采用西法，见诸煌煌上谕明文。此后一线生机，或思自强，或图相安，非多改旧章、多仿西法不可。若不言西法，仍是旧日整顿故套空文，在传统体制中讨出路有何益处？不惟贫弱，各国看我中国，乃别是一种顽固自大之人，将不以平等与国待我，日日受制受辱，不成为国矣。欲救中国残局，唯有变西法一策。当时，正如鹿传霖回电所言，此大举动大转关，尤要一篇大文字，方能开锢蔽而利施行。当时，刘坤一致电张之洞、袁世凯，首先正式提出联衔会奏的主张，建议会合东南各帅联衔入告。袁世凯等人互通声气，均认为此等文字以同为贵，人多尤善，可见公论，较易动听。包括两广总督陶模、广东巡抚德寿、安徽巡抚王之春、四川总督奎俊、闽浙总督许应骙、江西巡抚李兴锐、贵州巡抚邓华熙、浙江巡抚余联沅、湖南巡抚俞廉三、署理云贵总督丁振铎、江苏巡抚聂缉椝、漕运总督张人骏、山西巡抚岑春煊等欣然加盟。但这等于集体向慈禧施压。后来从陕西"行在"友人来电得知，上面的意思不愿意各省督抚联衔会奏，所以张之洞等改变策略，决定仅仅江、鄂两处联衔。两江总督刘坤一和湖广总督张之洞于五月二十七日

---

① 苑书义、孙华峰、李秉新编：《张之洞全集》第 10 册，"致西安鹿尚书"（光绪二十七年二月初五日辰刻发），河北人民出版社 1998 年版，第 8526 页。

（7 月 12 日）、六月初四日（7 月 19 日）、六月初五日（7 月 20 日）陆续奏上的新政纲领性文件《江楚会奏三折》，系由张之洞在郑孝胥、梁鼎芬、黄绍箕的协助下主稿。其主要思想来源仍是以《劝学篇》为中心的变法思想主张，终于得到最高统治者慈禧太后的首肯，为清末新政如何展布措施起到了一锤定音的作用，达到了在两宫回銮之前在西方列强面前塑造一个维新政府形象的目的。①

《江楚会奏三折》包括《变通政治人才为先遵旨筹议折》《遵旨筹议变法谨拟整顿中法十二条折》《遵旨筹议变法谨拟采用西法十一条折》三折。这三折的主旨各有偏重，步步递进，将整顿中法与采用西法分别开来呈奏，颇具匠心，显示出当时以不忤慈禧意为要着的稳健建言策略，并且不忘记批判所谓全未通晓西政、西学精要的康有为乱纪纲为诡谋之邪说谬论，表彰所拟各条皆与之判然不同。其中，第二折提出了恤刑狱问题。个中的论述耐人寻味，云："鲁曹刿之论战也，谓小大之狱必以情为可战之具，遂一战而胜强齐，诚以狱为生民之大命，结民心、御强敌，其端皆基于此，非迂谈也。我朝列圣皆以哀矜庶狱为心，大清律例较之汉隋唐明之律，其仁恕宽平相去霄壤，徒以州县有司政事过繁，文法过密，经费过绌，而实心爱民者不多，于是滥刑株累之酷、囹圄凌虐之弊，往往而有。虽有良吏，不过随时消息，终不能尽挽颓风。外国人来华者，往往亲入州县之监狱，旁观州县之问案，疾首蹙额，讥为贱视人类。驱民入教，职此之由。盖外国百年以来，其听讼之详慎、刑罚之轻简、监狱之宽舒，从无苛酷之事，以故民气发舒，人知有耻，国势以强。夫中外情形不同，外国案以证定，中国案以供定，若照众证确凿，即同狱成之例，罕有不翻控者，故外国听讼从不用刑求，重罪罕至大辟两端，中国遽难仿照，然而明慎用刑不留狱，大易之文，圜土教职事，周礼之典，疑狱与众共，王制之法，此皆中国古典旧章，与西法无涉。今酌拟九条……"② 首先，此折将军事的胜败与司法活动

---

① 参详李细珠：《张之洞与〈江楚会奏变法三折〉》，《历史研究》2002 年第 2 期。

② 丁守和等主编：《中国历代奏议大典》，"遵旨筹议变法谨拟整顿中法十二条折"（光绪二十七年六月初四日），哈尔滨出版社 1994 年版，第 588 页。

联系起来，将司法活动与"民气""国势"联系起来，通过众所周知的曹刿论战典故，指出司法对于结民心、御强敌的重要意义，这是非常有见地的，也深刻反思了治外法权、教案诸多社会现实问题与庚子之乱的关联，抓住了问题的症结，是说服慈禧的有力的突破口。本书之所以将司法和军事两卷联系起来纳入自己的理论框架，也旨在探求其间不为人们关注的联系。其次，这段论述在通过历史的纵向比较在给大清律例戴高帽子的同时，非常深刻地揭示了州县有司政事过繁、文法过密、经费过绌等本书所力图论证的配置性资源和权威性资源的紧缺而导致滥刑株累、图圄凌虐等现象。这是基于对清代地方政府长期实践经验中寝馈而来的切身体会。最后，采取中西横向比较，以外人"亲入州县之监狱，旁观州县之问案，疾首蹙额，讥为贱视人类"[1] 的外部眼光作为内部司法改革的压力，间接地触及治外法权与国内修律变法的互动问题。

另外，刘坤一与张之洞联衔会奏的第三折在劝工艺部分还提出了编纂矿律、路律、商律和交涉刑律的方案，指出：刑律中外迥异，猝难改定，然交涉之案，华民西人所办之事，轻重不同，审讯之法亦多偏重，除重大教案新约已有专条无从更定外，此外尚有交涉杂案及教案尚未酿大事者，亦宜酌定一交涉刑律，令民心稍平、后患稍减，则亦不无小补，拟请由总署致电驻各国公使，访求各国著名律师，每个大国一人，充当该衙门编纂律法教习，博采各国矿务律、铁路律、商务律诸书，为中国编纂简明矿律、路律、商律和交涉刑律若干条，分别纲目，限一年内纂成，然后由该衙门大臣斟酌妥善，请旨核定，照会各国，颁行天下，一体遵守。嗣后所有民、刑案件悉按所定新律审断。两造如有不服，可上控京城矿路商务衙门，或在京审断，或即派编纂法律教习，前往该省会同关道审断。一经京署及律法教习覆审，即为定谳，再无翻异。[2] 这里没有明确提出收回治外法权，但其旨意一目了然，即在于为

---

[1]　丁守和等主编：《中国历代奏议大典》，"遵旨筹议变法谨拟整顿中法十二条折"（光绪二十七年六月初四日），哈尔滨出版社 1994 年版，第 587 页。

[2]　"遵旨筹议变法谨拟采用西法十一条折"（光绪二十七年六月初五日），《张文襄公全集》卷五十四，《海王邨古籍丛刊》第一册，中国书店 1990 年版，第 943—945 页。

废除治外法权奠立法律基础。清廷接受了编纂新律的建议，众所周知的 1902 年 3 月 11 日发布的第一道修律上谕，宣布："中国律例，自汉唐以来，代有增改。我朝《大清律例》一书，折衷至当，备极精详。惟是为治之道，尤贵因时制宜，今昔情势不同，非参酌适中，不能推行尽善。况近来地利日兴，商务日广，如矿律、路律、商律等类，皆应妥议专条。着各出使大臣，查取各国通行律例，咨送外务部，并着责成袁世凯、刘坤一、张之洞，慎选熟悉中西律例者，保送数员来京，听候简派，开馆编纂，请旨审定颁行。总期切实平允，中外通行，用示通变宜民之至意。"① 显然，这是清政府对于江楚会奏第三折的回应，主要还是从因应发展经济的新形势角度来谈修律的理由的。学术界往往只引述变法修律的这道上谕，因为许多论著中可随手翻捡，不复根究其针对的呈奏，所以不了解为何特意要求张之洞等举荐修律人才的缘故。而在学术界提出对于变法修律最初开始于废刑讯之说也是因为没有认真解读《江楚会奏三折》原始文本所致，实际上均肇端于《江楚会奏三折》的推动。在袁世凯、刘坤一、张之洞等疆臣保举秋曹老手沈家本、西律专家伍廷芳等人后，5 月 13 日，清廷又颁布了一道上谕："现在通商交涉，事益繁多，着派沈家本、伍廷芳，将一切现行律例，按照交涉情形，参酌各国法律，悉心考订，妥为拟议，务期中外通行，有裨治理。俟修定呈览，候旨颁行。"② 这一系列的朝廷与疆臣的反复磋商和互动，变法修律决策的出台脉络一环接一环是非常清楚的。这两道谕旨虽然没有提到领事裁判权的问题，也不能武断地认为所谓"交涉情形"即确指两个月后武昌会谈时由张之洞与马凯谈判时提出的收回领事裁判权一事，但我们也不能说此时的清政府根本就没有在谈判中提出领事裁判权问题的想法，因为庚辛之际，清朝统治遭受重创，变法修律者恰恰希冀使内治改观，次第收回政权利权，赫德在此次谈判中提出的方案中就涉及治外法权问题。

---

① 《清德宗景皇帝实录》卷四百九十五，光绪二十八年二月，台北华文书局股份有限公司 1960—1970 年版，第 4556 页。

② 《清德宗景皇帝实录》卷四百九十八，光绪二十八年夏四月，台北华文书局股份有限公司 1960—1970 年版，第 4584 页。

二、《中英商约》第十二款的产生

在庚子事变之前，中英双方关于修订税则的谈判就已经提上日程，并成立了启动谈判的委员会。[①] 1901 年的《辛丑条约》第十一款规定："大清国国家允定，将通商行船各条约内，诸国视为应行商改之处，及有关通商其他事宜，均行议商，以期妥善简易。"[②] 据此，中英议定在上海进行商约谈判。1901 年 9 月 28 日，英国政府首先派出以马凯（James Lyle Mackay，1852—1932）为首的代表团赴中国进行商约谈判。是年 10 月 1 日，清廷由于议和之后偿款方急，财力奇窘，也希望利用修约这一机会提高关税、增加收入，遂谕令委派盛宣怀为办理商税事务大臣，议办通商行船各条约及改定进口税则一切事宜，并着就近会商刘坤一、张之洞妥为定议。次年 2 月 23 日，清廷复增派吕海寰为会议商约大臣。这次谈判的核心问题是"加税免厘"问题，最终达成的条约文本第八款对裁厘加税所做出的详细规定也说明了这一点，共分为十六节，占了整个条约一半以上的篇幅。

光绪二十七年十二月初一日（1902 年 1 月 10 日）开始第一次谈判。在这一阶段，中英双方共举行了十九次会议，统计马凯在谈判中提出了二十四款要求，中方坚决驳拒不允七款，议定后马凯翻悔又删除的一款，以议而借为抵制者五款，实际二十四款中最后只有十一款达成协

---

① 赫德在 1900 年 9 月所发表的《中国及其对外贸易》（China and her Foreign Trade）中这样写道："1899 年秋天，一个专门的委员会奉旨商讨税则修改和与此相关的问题，委员会希望通过这次修改，能够开始一个有利于可接受的商业关系的新时代。这个委员会的成员有盛宣怀（一个朝廷命官，电报、铁路总办，中国轮船招商局督办）、聂缉椝（江苏布政使兼署理江苏巡抚）、鹭宾·赫德（海关总税务司兼邮政总办）。他们在去年 5 月之前进行了几次会议，10 月又聚首会议。不久，义和团进了北京，政府的混乱使一切计划泡了汤。本来委员会可能已为中国政府和条约国家的贸易利益精心准备好了各种建议。不过现在把那时讨论中的一些观点，以及过去的经验告诉我们值得再考虑的一些要点提出来，不会是无益的。"赫德：《这些从秦国来——中国问题论集》，叶凤美译，天津古籍出版社 2005 年版，第 51 页。

② 王铁崖编：《中外旧约章汇编》第 1 册，生活·读书·新知三联书店 1959 年，第 1007 页。

议。需要注意的是，在英方提出但被中方驳拒不允的七款中，关于"设海上律例并设商律衙门"和"上海会审衙门宜整顿"两款内容，明显暴露了英国企图从政治上加强对中国控制、干预中国法律事务的目的。是时，马凯提出英国人可以任便在中国无论何处买地、租地、买房、租房，以便居住、贸易、制造并安装机器，并云英国并不限制中国商人前往英国任何地方经商，盛宣怀就明确表示拒绝，以"中国人在英国并没有享受到治外法权"① 相抵制。"盛宣怀认为提出这一要求时机过早，而且只要治外法权存在一天，中国决不能答应。他说中国的法律不久即将修订，以与各国的法律更相接近。将来外国人如能像在日本一样受地方官吏的管辖，即可准给这项权利。"② 在此，盛宣怀已经谈到中国自己已经有准备修订法律的决策准备。而且，他把清政府即将修订的决策作为拒绝马凯要求的理由提出来。显而易见，清廷做出修订法律的决策早于《中英商约》谈判时对于治外法权问题的讨论，但治外法权并不是张之洞在马凯来鄂之后才首次提出的话题。

到光绪二十八年五月末，双方已经聚议六十余次，其间允而复翻，议而复改，成效不彰。由于商约谈判中的裁厘方案主要涉及长江流域，并非封疆大吏的盛、吕根本做不了主，而英方代表马凯又急着束装就道，返棹而归，故盛宣怀等邀同马凯偕赴江、鄂与督臣刘坤一、张之洞面谈。正是在武昌期间，会谈有了大的进展，关于裁厘的一系列悬而未决的主要障碍得以突破。在武昌会谈的最后一天，张之洞主动提出要求谈判英国放弃领事裁判权问题。张之洞是这样叙述当时的谈判情况的：

> 洞因告马使曰："到鄂后，数日内议定之条款甚多。今又将无关加税之事，索我与议。皆是英国所要索于中国者。中国亦应向英国要索数端，方为公平。若不肯商，我便不与议。今日不开谈矣。"

---

① 中国近代经济史资料丛刊编辑委员会：《辛丑和约订立以后的商约谈判》，"1902 年 1 月 28 日戴乐尔致赫德呈文第 1338 号及第六次会议记录"，中华书局1994 年版，第 33 页。

② 中英修约第一次会议记录，《中国近代经济史资料丛刊》编辑委员会：《辛丑和约订立以后的商约谈判》，中华书局1994 年版，第 21 页。

马使初以为甚难，谓"此约只应英向中索，不应中向英索"。力争始允。因与索商两条：一、中国修改法律后，英人归我管辖。一、请各国派员，会同中国官员，考查各省教务，妥筹办法。因与定议入约，法律列为第十二款。①

海关副总税务司裴式楷（Robert Edward Bredon，1846—1918）写给总税务司赫德（Robert Hart，1835—1911）的报告更加具体地记载了当时（1902 年 7 月 17 日）马凯在武昌纱厂与张之洞讨论此问题的会谈情况：

马凯：我想今天最好先讨论第十一节。盛宫保原先说只要我在汉口留两天，我现在已经耽搁得够久了。梁敦彦：您费了八个月时间并没有能解决什么！而这几天内已经谈妥了很多款！人们会说盛吕两位大人很慎重，而张制军容易说话，答应了您的一切条件！张制军说，您必须让他能有可以拿出来的东西。他提出两款来。一款是关于治外法权的。我们想修订我们的法律，我们即将指派委员研究。您是否可以同意，在我们的法律修改了以后，外国人一律受中国法律管辖。另外一款是关于传教的……马凯：你们是否可以用书面提出呢？张之洞：在最初几年内中国也许要聘用外国法官。
……

马凯（递过拟好的英文条款）：这是不是他所要求的意思？（梁敦彦朗读并翻译）。我想你们从来没有那样的条约。我也应当电告我的政府，请特准把这一条放进去。我也要说明这是张制军特别要求的。

张之洞：自然你须向你的政府请示，但希望能在请示的时候说明你赞成增加这一款。

---

① 苑书义、孙华峰、李秉新编：《张之洞全集》卷八十四，河北人民出版社1998 年版，第 2251 页。亦可参见王彦威、王亮编：《清季外交史料》卷一百五十九，沈云龙主编：《近代中国史料丛刊三编》第二辑，16，台北文海出版社 1985 年版，第 2652 页。

马凯：我必定向兰士丹勋爵说明这是张制军提出的。我本人也必定极力赞助这件事……①

六月十七日（7 月 21 日）张之洞将商谈情况致电军机处、外务部、户部和两江总督刘坤一，并汇报了和《中英商约》正式文本基本一致的该条款内容。六月二十日（7 月 24 日），清廷批准了张之洞的建议："拟以修改法律及各国派员考查教务两条一并入约。"② 最终约文为："中国深欲整顿本国律例，以期与各西国律例改同一律，英国允愿尽力协助以成此举。一俟查悉中国律例情形及其审断办法及一切相关事宜皆臻妥善，英国即允弃其治外法权。"（China having expressed a strong desire to reform her judicial system and to bring it into accord with that of Western nations, Great Britain agrees to give every assistance to such reform, and she will also be prepared to relinquish her extra-territorial rights when she is satisfied that the state of the Chinese laws, the arrangement for their administration, and other considerations warrant her in so doing.）③ 这里的 "英国允愿尽力协助以成此举" 一语表明，即为列强已经开始对修律活动的支持，变法修律的决策在此之前早已有之。尽管列强的允诺在很大程度上只是一个画饼，可望而不可即，但毕竟为列强承诺放弃条约特权开了先河，这是首次将废除治外法权载诸对当事双方均有法律约束力的条约，

---

① 裴式楷：《1902 年 7 月 17 日马凯在武昌纱厂与张之洞等会议简记》，《辛丑和约订立以后的商约谈判》，中华书局 1994 年版，第 137—139 页。此与《鄂督张之洞致外部与英使商收回法权补救教案电》（光绪二十八年六月十七日，王彦威、王亮编：《清季外交史料》卷一百五十九，沈云龙主编：《近代中国史料丛刊三编》第二辑，16，台北文海出版社 1985 年版，第 2653 页）所叙经过可以吻合，不存在有些学者所谓花架子的文饰姿态。

② 王彦威、王亮编：《清季外交史料》卷一百五十九，"外部致刘张吕盛修改法律考查教务两条一并入约可照行电"，沈云龙主编：《近代中国史料丛刊三编》第二辑，16，台北文海出版社 1985 年版，第 2656 页。

③ 该条约以英文版为正式文本。笔者所使用的英文版见于 T'oung Pao, Second Series, Vol. 3, No. 5 (1902), pp. 324 - 335。其中文版本见王铁崖编：《中外旧约章汇编》第 2 册，生活·读书·新知三联书店 1959 年版，第 109 页。

无疑为收回领事裁判权带来了一线希望，为修律提供了助推力。张之洞对马凯竟允此条亦甚感意外，将此视为重大收获，兴奋地指出："查日本三十年前，始创修改法律管辖西人之谋，商之于英，赖英首允，彼国君臣从此极力设法修改法律，有志竟成。至今西人皆遵其法令，日本遂与欧美大国抗衡。以中国今日国势，马使竟允此条，立自强之根，壮中华之气，实为意料所不及。"① 沈家本、伍廷芳也认为是"变法自强之枢纽"②。这一条款对清政府是一个极大的鼓舞，使法律改革的目标开始明确起来。

在复原《中英商约》第十二款谈判过程和清末修律的进展情况后，可知《中英商约》第十二款是由中国方面提出来的，而不是英国方面为了改造中国首先伸出的橄榄枝。作为清末修律的主要策划者之一，张之洞提出这一条款的目的正是配合当时正在进行的法律改革，通过自强变法达到取消治外法权本是这场改革从一开始虽未明言但确实有的远景目标，只是商约第十二款使这一问题明确无疑，大大鼓舞了变法修律的积极性。我们承认《中英商约》在清末法律改革中本来不具有后来研究者所想象的那样重要的枢纽地位，不应该将《中英商约》第十二款作为新政期间引发变法修律的契机，但在清朝最高统治者以及张之洞而言，在当时考虑问题时也并非像现在提出反对意见的学者那样，从一维的线性时间角度厘析得如此前后相续，尽管商约签字画押时间是在清廷提出变法修律之后，但治外法权废除的意图是早就包含在变法修律启动之中的，乃是变法修律的题中应有之义，否则张之洞提出这一问题便成为突发奇想的无源之水。而修约和委派沈家本、伍廷芳基本上同时进行，这两件事情都在清朝最高统者、张之洞乃至沈家本、盛宣怀等的萦

---

① 王彦威、王亮编：《清季外交史料》卷一百五十九，"鄂督张之洞致外部与英使商收回法权补救教案电"（光绪二十八年六月十七日），沈云龙主编：《近代中国史料丛刊三编》第二辑，16，台北文海出版社1985年版，第2653页。亦见苑书义、孙华峰、李秉新编：《张之洞全集》，河北人民出版社1998年版，第2251页。

② 《删除律例内重法折》，沈家本：《沈寄簃先生遗书·寄簃文存》卷一，民国年间刻本，第2页。亦可参见《续修四库全书》编纂委员会编：《续修四库全书》1563，集部·别集类，上海古籍出版社2002年版，第438页。

怀和照观之中，张之洞在就修律事与刘坤一、袁世凯商议保举沈家本、伍廷芳的电文中就明确言及修律与即将进行的商约谈判局势问题。在这种意义上，江庸的记述虽然与事实不符，但历史相生相引的复杂性却不应该在对于传统观点进行挑战时被简单化。由于该条款对英方而言实际上是一个没有风险、不需要承担任何具体义务的空头诺言，所以马凯痛快地答应了中方的这一要求。在这种情况下，双方一致同意在条约上增加这一条款。这只是一种框架性协议，而这种框架性协议迄今在国际法律实践中都是非常重要的。在海德格尔看来，人只能为周遭的事务操心，不可能对于长久的规划做出细致入微的安排。笔者不同意张之洞提出治外法权这一条是为了堵住反对签约者之口而采取的花样文章，避重就轻，以显示"此约中国毫不吃亏"①，使清廷尽快签订和批准条约。

三、赫德此前已主张和推动修律以取消领事裁判权

笔者在坚持发表高汉成《晚清法律改革动因再探——以张之洞与领事裁判权问题的关系为视角》时就曾经明确表示不认同其结论，认为历史考据的方法是要求我们全面考镜源流的，关于废除领事裁判权作为迫使中国法律近代化的诱因的传统观点并不能由此遽尔否定，必须将视野放得更宽一些，似有必要考虑此前人们的认知。笔者此前曾审校叶凤美所译《马凯条约》重要关系人赫德的《这些从秦国来——中国问题论集》一书，因此建议高汉成可以对于赫德的相关资料进行检讨。笔者对此的不同意见在《世界学者论中国传统法律文化（1644—1911）》的导论中曾经提及，② 但当时笔者在德国马克斯－普朗克知识产权法、竞争法和税法研究所做访问学者，手头缺乏相关中文资料，所以语焉不详。近日重新检读赫德《这些从秦国来——中国问题论集》中译本，发现叶凤美在后记中所引述我当时在评议书中所写到的一段话："《论集》具有重要的史料价值，详细描述了义和团期间使馆被围困的情形，由此

---

① 苑书义、孙华峰、李秉新编：《张之洞全集》，河北人民出版社 1998 年版，第 8849 页。

② 张世明、步德茂、娜鹤雅主编：《世界学者论中国传统法律文化（1644—1911）》，法律出版社出版 2009 年版，第 19 页。

深入分析了其中所反映的中西方博弈过程中诸多幽微复杂的纠葛，内容涉及中外贸易、条约制度、中国内政改革等方面的问题，颇具卓识与洞见。例如其关于治外法权的主张无疑对后来的《马凯条约》、清末修律等产生了一定的影响。因此赫德的这部著作的翻译出版必将惠泽国内学界，实属十分有意义的基础性工作。"① 由于没有保留底稿，我自己几乎都已经遗忘了当时曾经写过这段文字。尽管赫德《这些从秦国来——中国问题论集》中译本出版已有数年，也有一些学者开始参考此书，但对于赫德该文所论述的主题的关系似乎仍然无人谈及。

赫德在鸦片战争结束以后的第十二个年头（1854 年）便来到中国，并且抓住了幸运女神，自 1863 年起正式担任清朝海关总税务司（Inspector-General of Chinese Maritime Customs Service）一直到清王朝覆灭之前三年（1908 年）才离职回国，作为外国人空前绝后地被清廷赏加太子少保衔。他一生中有百分之七十以上的时间在中国度过，三分之二的时间掌握着清帝国海关（Imperial Maritime Custom Service，IMCS）的大权。在西方有关中国近代史的著作中，有所谓"赫德中心论"之说。这个命题实际上来源于赫德自己。在卸任海关总税务司前两年（1906年），赫德在给其得意僚属马士（H. B. Morse）的一封私人信中这样写道："我知道我对以往四十八年当中做成的每一件事的发轫和倡议，几乎都有所接触。"② 因此，"我的名字和经历，或许可以作为一个适当的中心"，只要将以往五十年中国"从闭关和排外向着世界强国的演进"，做成"逻辑的、编年的和艺术化了的分类"，这个中心就自然出现。③

---

① 叶凤美是笔者老师一辈的学者，笔者素来敬重其学问，曾反复研读其所译本杰明·史华兹（Benjamin Schwartz）名著《寻求富强：严复与西方》（叶凤美译，江苏人民出版社 1990 年版），时叶老师估计刚刚从国外访学归来，加之中文功底深厚，故译文在笔者所见到的学术译著中实属上乘之作。笔者为自己能够为赫德《这些从秦国来——中国问题论集》中译本的润色出版尽绵薄之力而感到荣幸。叶凤美的后记所标明写作时间为 2004 年 9 月，故我写的评议书至少当在我 2004 年 9 月编发高汉成《晚清法律改革动因再探——以张之洞与领事裁判权问题的关系为视角》一文的前一年。

② 卢汉超：《赫德传》，上海人民出版社 1986 年版，第 290 页。

③ 转引自汪敬虞：《赫德与近代中西关系》，人民出版社 1987 年版，第 1 页。

事实上，无论所谓"赫德中心论"还是所谓"无鸿章，无清朝"的赞论，都具有天然的缺陷，无法准确反映具有多元性的晚清历史，尤其"赫德中心论"难免让人觉得具有费正清"冲击—反应"模式的西方中心观的色彩。他在长达近半个世纪的时间中，始终处于权力与地位的矛盾冲撞之中，正如其自己所言"在很多事情方面不过是演进过程的'车轮上面的一只苍蝇'"① 而已。但另一方面，无可否定的是，赫德是近代中西关系史上一个举足轻重的人物。纵观中国近代历史，肯定找不出第二位来华洋人，曾经像赫德那样对近代中国的外交、政治、经济与文化教育等各方面，施加了如此全方位的、深刻的影响。作为认识近代中国历史的一种方法，"赫德中心论"亦未可厚非。②

此外，赫德作为一个在中国海关掌权的英国人，尽管凭借自己的坚定持重取得了赫赫声望，其势倾动中外，被清朝秉政者称为"我们的赫德"，但难免类似夹心饼干一样，以致腹怨"四十余年食毛践土，极思助中国自强，前后书数十上，无一准行者，大约疑我不实不公耳"③。尤其在中英矛盾时期，他自然便会处于十分尴尬的位置，必须小心翼翼适应才能生存。对于这两者，他谁也得罪不了，从感情上他谁也不想得罪，从实际上他谁也不敢得罪。赫德也算得上是中国的行政官员，食人之禄，忠人之事，自是天经地义，但是，本身是英国之人，岂能不关顾本国？正如赫德在回答郭嵩焘对他"帮中国，抑帮英国"的提问时所言，"我于此都不敢偏袒。譬如骑马，偏东偏西便坐不住，我只是两边调停"。然而，郭嵩焘直刺要害，以"无事可以中立，有事不能中立，将奈何"相问，赫德被逼到死角，只好坦白相告，"我固英国人也"，④大有明人面前不说暗话之意味。有学者据此称之为赫德的"骑马理论"。

------

① 詹庆华：《记忆的历史——解读海关洋员眼里的赫德》，中国海关学会编：《赫德与旧中国海关论文选》，中国海关出版社 2004 年版，第 87 页。

② 汪敬虞：《赫德与近代中西关系》，人民出版社 1987 年版，第 5 页。

③ 翁同龢：《翁同龢日记》，中华书局 1998 年版，第 318 页。

④ 郭嵩焘：《伦敦与巴黎日记》，钟叔河主编：《走向世界丛书》，岳麓书社1984 年版，第 15 页。

　　据笔者愚见，赫德处于这种文化边缘，其特殊的"客卿"身份又使他在某些问题上的观点成为调和中西方对立的折中主张。在赫德的早期日记中，有许多关于他自己翻译国际法供总理衙门参考的记述，而且丁韪良翻译惠顿《万国公法》及其后得以顺利付诸刊印就与赫德的鼎力引荐、资助不无关系。赫德既是参与了许多将不平等条约强加于清朝并诱导清朝恪守这些条约的"刑名师爷"，对于中国政府和人民不满意不平等条约的心理和情绪一清二楚，但由于其所处的海关总税务司的位置恰恰是中外矛盾聚焦点，也从自身的特殊立场出发希望能够解决治外法权所引发的中西法律冲突。曾经为赫德立传的中国最后一任海关总税务司李度（Lester Knox Little，1892—1981）在费正清等所编《总税务司在北京：赫德的信件》导言中指出：赫德"是以坚决废除（外国在华的）治外法权而著称的"。"他认为中国和外国列强之间产生的困难，绝大部分来源于治外法权的存在。"① 赫德自己也一直以此矜夸于世。

　　1876 年 1 月 23 日，年届不惑的赫德向总理衙门提出了《整顿通商各口征抽事宜遵议节略》②，系统表达了这一时期他对中国问题的基本看法。该节略共有 50 节，分为引论、商务、诉件、政务和末论五个部分。在商务、诉件、政务三个部分，都是先说中外双方怨言，再说他的各类建议，这些建议集中反映在第一组的建议中，其他各组建议都是退而求其次的选择。他是折中主义的崇拜者，站在折中调和的立场上，他利用逻辑学知识对每一问题进行了条分缕析，从双方的对立的怨言中，试图寻找解决矛盾的妥协方案。赫德首先在引论中指出，中国人对于外国有那么多的怨恨和愤怒，主要原因在于过去所定的条约没有使中国人

　　① John King Fairbank, Katherine Frost Bruner, Elizabeth MacLeod Matheson (eds.), *The I. G. in Peking: Letters of Robert Hart*, *Chinese Maritime Customs*, *1868 – 1907*, Cambridge, Mass.: Belknap Press of Harvard University Press, 1975, Introduction by L. K. Little, p. 27.

　　② 中国海关编：《中国海关的起源、发展和活动文件汇编》第 4 卷，1938 年版，第 402—454 页。赫德：《这些从秦国来——中国问题论集》，叶凤美译，天津古籍出版社 2005 年版，附录二，第 147—190 页。白话文译本亦见马士：《中华帝国对外关系史》第 2 卷，"附录"（四），题作《总税务司条陈改善对外关系》，张汇文等译，上海书店出版社 1963 年版，第 493—537 页。

和外国人站在同等的地位。外国人享有优惠，这不公平，纠正方法在于实行互惠主义。而外国人不但没有互惠精神，而且还不满足他们已经享有的特权，竟然要求在整个中国经营各种商业的完全自由，并且在享用这种自由的同时，还要享受领事裁判权的保护。他认为，"治外法权"这个名词含义过于模糊，造成了许多误会。它或许是不必要地横梗在两造之间；外国人在中国所真正愿望的所谓治外法权这事的某一部分，或许是那一些东西，外国人并不真的来索要或期望获得的。这种字眼是可以放弃的，应当代之以准确的具体的名词，保留那些真正有用于一方而无害于另一方的东西。在双方面，治外法权里总有一些没有价值的东西，随便哪一方都能够放弃了它，借以获得随着那留下来的部分而来，在改进了的交往关系中存在着的那些有价值的东西。互相让步是首要的事情；但是没有共同的谅解，互相让步是不可能的——至于共同谅解，除非双方把心事说出，也是不可能达成的。赫德在这个节略的"讼件"部分，对于中外双方在司法管辖方面各有怨言的情况进行了归纳整理。他说："两国相涉讼件如人案者，若问洋人，中国官如何办理？洋人则谓：中国官或不为之追拿、究问，或拿问不为之办理，或宜从重办而从轻办，或应匦拿者而故纵之使逸，或应拿之犯罪人延搁久而反以无辜、无照拂之人替代充数，或此案应全数惩办者只拿一、二人以了案，各等怨言。若问华人，洋官如何办理？华人则谓：遇有洋人欺侮华人，洋官多系置之不为之理。倘遇有命案，洋官则代洋犯或为之庇宥，或订以误杀。若系照中国律应订以抵偿之罪者，而洋官不过监押多日而释之。若遇有洋人被害毙命者，则洋官必立急克期索华犯而抵命。若遇有华人被洋人害命者，则洋官每欲出以银两为赡其身家之资，则洋犯即可不抵其命，各等怨言。"[1] 中外都有怨言，原因何在呢？赫德的答案是："中外与讼事，非无律例，非无罪名，实遇中外涉讼事，无一通同审办之法耳。"[2] 人命案件如此，财产纠纷案件亦复如此。他说："两国相涉讼

---

[1]　赫德：《这些从秦国来——中国问题论集》，叶凤美译，天津古籍出版社 2005 年版，附录二，第 170 页。

[2]　赫德：《这些从秦国来——中国问题论集》，叶凤美译，天津古籍出版社 2005 年版，附录二，第 170 页。

件，如因产涉讼者，彼此犹有怨言。洋人则谓中国官员故延时日，庇护华人，不肯秉公办理。中国人则谓洋官或不敢得罪其本国之人，或信其本国人之言而不信中国人之质证，或不按情节定案。且遇华人欠洋人债之案，洋人则控告不休，时为呈催，若必使欠债之华人家产已尽，中保代还，罄其资而后已。至洋人欠华人债之案，华人则一经控告，领事必曰，欠主已无银钱可还，即无法追索，华人则以此为尤不公平者。再财产等事，每有华人自相争产，原不涉于外国事者，乃有原告从中稍费些许资财，故为之牵连外国讼务，以冀领事官代为追办，不但原告不出其名，即借此致使无辜之人并受其害。中国人以此更为不服。"① 其实，郑观应后来也说过赫德类似的话，指出：在刑事方面，华官以华法治华人，命案必抵，且偿以银；西官以西法治西人，仅议罚镪，从无论抵。如华官稍公论，执公法条约以争，西官即回护放纵，并薄罚而不加。在民事财产案件方面也是如此，如果华商负欠洋人，一经控索，家产封填，甚或扰及亲邻。而洋商若有同类情事，虽饶私蓄，循例报穷便自逍遥事外。② 不过，赫德将外国人的抱怨也予以兼筹并顾。这倒不是过去前辈学者受意识形态影响指责赫德以各打五十板的态度摆出一副公正无私的面孔，而是其一贯的"骑马理论"的必然结果，认为设若中、外均以和好是期，彼此能体察情势，彼此相让自不难，由是得一中道而行之。事实也是如此，中外双方当时对治外法权均不免咸感不便，不但中国不胜其扰害，而且外国人被强使趋于狭辙中而不克行其自然。

显然，领事裁判权是一种不合理的制度，应予以废弃。但中外双方其时均无此意向，唯感到有补救、改进的必要。有鉴于此，赫德接着提出四种建议，第一组是为了建立一种共同的法律程序。建议凡是不牵涉中国人在内的外国人之间的争端应继续由外国官员审讯和调处；凡遇案件系华洋相涉者，应另立一详细规条为通行之章，即"共同的法典"；应在每一条约口岸设立一理案署（即会审法庭）以执行共同的法典；

① 赫德：《这些从秦国来——中国问题论集》，叶凤美译，天津古籍出版社2005年版，附录二，第170—171页。

② 郑观应：《易言二十篇本》，夏东元编：《郑观应集》上册，上海人民出版社1982年版，第184—185页。

该法庭由本省督抚拣委一候补道员主持，并由支领中国薪俸之洋员一人会同任审判官，实行陪审员和律师制度，讯问证人不用刑罚，对于被控诉人不得逼供。如果这一建议未被采纳，赫德的第二组的建议是，在所有牵涉外国人和中国人的混合案件中，领事和地方官以审判官与陪审官的身份会同开庭审讯。如被告人是外国人，则由领事主持审讯；如被告人是中国人，则由中国官员主持审讯。这是又一种变通形式的混合法庭制度，没有统一的法律，适用的是被告所属国的法律。也就是说，每一方被告在他的本国法庭受审。第三组假设前两类都不被采用，无法采用共同的程序，那么，只有规定一切人命案件，地方法庭应作完备的审讯，并将全案移交北京判决，罪犯应受惩罚，不许以金钱代罚。第四组的建议，则只有把诉状情况通知对方。从以上四个建议看，赫德希望实行第一个建议，即采用共同的法典、共同的程序、共同的处分方法和共同的法庭。① 该方案是对现存领事裁判权的一种有益的改进，有助于削弱和限制这一特权，并议及外国人归地方官管理之条。在赫德看来，伴随着那没有改进希望的将来，外国人保留着他的不受限制的治外法权；而伴随着那具有改进希望的将来，外国人仅有一种受到限制的治外法权。赫德信仰折中主义，他再三强调自己所拟的办法，完全出于公心，本意在使中外各得其利益、各有尽让处，祛其狭隘，而使游其宽裕之路。

在 1869 年《天津条约》修约谈判之时，阿礼国（Rutherford Alcock，1809—1897）就提出过类似的主张。他认为解决这一问题的办法仅仅有两个步骤而已，即：其一，建立在欧洲标准之上的商法以至民法和刑法；其二，由一个国际法庭来处理所有外国人和本地人之间的混合案件。一旦完成了这两个步骤，治外法权就会成为不必要，从而内地居留的最大障碍以及中国官员之对于外国人士在内地各省居留的不乐意，均会烟消云散。正如赫德在准备递交总理衙门前致信金登干（James Duncan Campbell，1833—1907）所言："我曾多次考虑过这份报告，所

---

　　① 赫德：《这些从秦国来——中国问题论集》，叶凤美译，天津古籍出版社 2005 年版，附录二，第 172—175 页。

以现在'把它一挥而就'，没有定型，读起来不免'枯燥乏味'。然而，它会引起许多具体问题的讨论，而那些想以中国为题材写作的人们可以投身其间，猎取无穷无尽的素材！"① 由此可见，赫德似乎对于清廷采纳其建议并无把握，只是想抛砖引玉而已，并且果然不出其所料，其建议当时并未被采择，后世学者对其建议的评价歧见纷纭迭出。总理衙门对赫德的条陈甚为重视，特向李鸿章等大吏征求意见。李鸿章认为，中西律例迥殊，本难合一，若照赫德的第一项建议立通行章程详细规条，势须舍中就西；欲参用中律，西人必不能遵。现在似可向英、美等国索取律例成书，派人译出，斟酌损益。凡通商各口交涉讼案，皆按西律判断，其内地交涉重案亦可比照定谳，则罪名轻重均归一律，华民可免吃亏，西人亦无借口。唯向来领事断案多先与洋商私议，商人肯遵，需要方敢定断，否则惟拘商人之请多方狡执。夫领事尚不能强制洋商，如果成立理案衙门延聘外国律师担任审判，即称公正，亦难免偏护洋人之弊；但既立有通行定章，循照酌办，自较领事会审稍有把握。他主张北洋三口讼案较少，可暂缓设，应俟上海等处试行有效，再为仿办。关于开放内地等问题，如外国人归中国官衙管理，"其注意在行各项新法，于内地断不愿与华人同守中国之法，其势似难于骤行"②。此事若准办则须大变更，必各省皆自用机器开矿，自造铁路、电线，必讼件通行规条议定，必内地裁并厘卡等而后可。如果照目前规制，洋人断不遵改，万一肯遵，则流弊百出，口舌滋多。他认为，现在中外政教、法律迥异，既不能强洋人以就我，又不便改华法以就洋，似不若仍旧贯之为愈。也就是说，内地目前尚不能开放，司法管辖问题仍维持以前的状态。显然，李鸿章的意见赞同与反对参半，他不支持开放内地，但赞成赫德的第一项建议，主张在通商口岸先行试办，并采行西方法律。

对于赫德的建议，光绪三年八月，驻英公使郭嵩焘由于受命处理镇

① 中国第二历史档案馆、中国社会科学院近代史研究所编：《中国海关密档：赫德、金登干函电汇编：1874—1907》第1册，"1876年1月17日赫德致金登干信"，中华书局1990年版，第342页。

② 顾廷龙、戴逸主编：《李鸿章全集》第31册，"议复赫德条陈"（光绪二年四月初二日），安徽教育出版社2008年版，第387页。

江辰船一案，深感海商法的重要性，估计赫德的节略传到驻英公使馆较晚，所以郭氏颇有同感，乃上呈《请纂成通商则例折》，主张援照西洋公法，奏请敕下总理衙门参核各国所订通商律法，分别条款，纂辑通商则例一书。郭嵩焘在奏折中高度赞颂赫德的方案统筹全局，于其中分析商情、交际、词讼三者，实为中外相接紧要关键，允宜明定章程，廓然示以大公，不独以释中国之猜疑，亦且使各口地方官晓然于朝廷，用法持平，明慎公恕，遇事有所率循，庶不至以周章顾虑，滋生事端。他认为，历年办理洋案，艰烦冗剧，棘手万分，各口领事与各地方官之所以交互抵难，辗转避就，无一能持平处断者，系由仅恃通商条约为交接之准，而条约定自洋人，专详通商事例，于诸口情状皆所未详，每遇中外人民交涉事件，轻重缓急，无可依循。而中国律例与各国相距太远，又无能究知西洋律法，以致遇有辩论事故，无例案之可援，观望周章，动为所持。基于此，郭嵩焘提出：择派章京内实任户部刑部司员二人，另请通知西洋律法二人，专司编纂之责，仍饬总税务局及南北洋大臣参酌，由总理衙门审定颁发各省，并刊刻简明事例，略述大纲，颁送各国驻京公使，庶一切办理洋案有所依据，免致遇事张皇，推宕留难，多生枝节。[1]

对于郭嵩焘提出的方案，总理衙门的下述奉旨议复是有一定道理，即："今欲明定公共之条，归于划一，既为中外公共之律，应由各国使臣画押允行，揆之各国使臣之用心，恐未必就我范围。"[2] "非各国使臣力除成见，共矢实心，各奏其主，一律愿行，必无成局。"[3] 易言之，正如总署所言："欲订中外共守律例，则其权不尽自我操。"[4] 这不是中

---

① 王彦威、王亮编：《清季外交史料》卷十一，"使英郭嵩焘奏请纂成通商则例折"（光绪三年八月二十七日），沈云龙主编：《近代中国史料丛刊三编》第二辑，11，台北文海出版有限公司 1985 年版，第 209—211 页。

② 《拟纂通商则例以资信守折》，丁守和等主编：《中国历代奏议大典》，哈尔滨出版社 1994 年版，第 640 页。

③ 《拟纂通商则例以资信守折》，丁守和等主编：《中国历代奏议大典》，哈尔滨出版社 1994 年版，第 640 页。

④ 王彦威、王亮编：《清季外交史料》卷十一，沈云龙主编：《近代中国史料丛刊三编》第二辑，11，台北文海出版社 1985 年版，第 219 页。

国一厢情愿的事情，牵涉到既定条约的遵守和修改，修律与修约息息相关，对于清朝而言，前者以后者为前提。而修约对于西方列强而言，无异于与虎谋皮，必然以修律为抵制的盾牌。这样便陷入了一个无限循环的怪圈，形成难以解开的死结。总理衙门当时有两个担心：其一，中国律重，外国法轻，难以划一。若均从中国律例，各国必不能允从。如照西方法律，则中国人民欲快心于彼者久矣，讵无甘蹈监禁，愿出多金以求一报积怨者。律减犯多，或至办不胜办。其二，尽管赫德反复强调，凡事计利者亦须计弊，计益者亦须计损，但总理衙门认为赫德的《节略》用意有因此及彼，此利而彼弊，此益而彼损，并行则我有所难，专办则彼非所愿，且悔不可追，又不得不审慎图维，相机筹议。同样，总署认为郭氏奏折虽是为了通商则例，而其意重在兼及内地的命盗律例。通商则例办理在各口岸，有各国领事官会办；命盗律例则兼及内地，而内地不得设领事官。领事官在口岸经办事件，于理于势于条约，均不应令其赴内地审办案件。若仅将洋犯解赴口岸，交领事官办理，则事无质证，未由定谳，在彼有辞，恐滋拖累。因此，各国使臣即允同订是例，遇事即肯照办，亦恐启内地添设领事之渐，未便允行。总署在奏《拟纂通商则例以资信守》的奏折中指出："溯当同治年间，预筹各国换约事宜，经臣等饬令各章京查核各国条约，据章京周家楣呈议：其中外办罪，生死出入不得其平，拟请定约时将中外命案定一公例，凡系交涉之案，彼此照办以得其平，于条约内载明遵守。虽在彼族诸多狡展，而在我总宜力争。前大学士文祥亦以为可行，仍恐启内地设洋官之端，不如各照中外律例自行办理。"[①] 在清末修律期间，大理寺正卿张仁黼谓：欲收回领事裁判权，仅制定西式法律尚不足，还要看"国势兵力之富强若何？人民教育之程度若何？内外文武人材之担任若何？"[②] 如果这些"尚待培养，则虽法律精允，足与列强同符，而欲治外法权遂能一一收

---

① 《拟纂通商则例以资信守折》，丁守和等主编：《中国历代奏议大典》，哈尔滨出版社 1994 年版，第 640 页。

② 蔡冠洛编：《清代七百名人传》第一编，政治，政事，张仁辅，沈云龙主编：《近代中国史料丛刊》第六十三辑，623，台北文海出版社 1971 年版，第 483页。

回，不待智者而知其未易言矣"①。张之洞也明确指出："所谓一切相关事宜皆臻妥善十字，包括甚广，其外貌则似指警察完备，盗风敛戢，税捐平允，民教相安等事。其实则专视国家兵力之强弱、战守之成效以为从违。"② 但是，由于矛盾依然存在，双方的反思性对话就会再次浮出水面，正如张之洞与马凯的对话其实是文祥与阿礼国的对话③的翻版一样，此后在清末修律期间张之洞反对沈家本所表达一些理由其实已经在总理衙门的奉旨议复中昭然可见。《总署奏拟纂通商则例以资信守折》云：各国使臣于条约之利于彼者，力为之争；利于中国者，曲为之说。西方各国"竞尚兵力，其于中国，情势亦然。力所不能胜，而欲以条例口舌争胜焉，难矣。是各国使臣即允订此例，中国遇事恐未必能照行"。④ 由此可见，清末礼教派与法理派争论的一些议题在光绪初年就已有之，只是我们当今的学者不去深入探讨而已。修律固然与修约密不可分，而修约又须以实力为后盾，但瞻顾徘徊、因循守旧只能是在不温不火的所谓反复审慎筹维、率由旧章中的慢性自杀。实力固是一个问题，但锐意坚志的积极作为而产生的气贯长虹的态势尤为重要。如果自身并无破釜沉舟之决心去大刀阔斧斩断藤葛牵缠，冲破网罟，那么等待的命运必然是刀俎鱼肉。

问题没有得到解决。地火仍然在地下运行奔突，而熔岩一旦喷出，将山崩地坼。治外法权和教民冲突最终导致义和团的盲目排外。当时，赫德的家在第一时间内就被义和团烧掉。他半夜里从家里逃出来，什么东西都没带，穿着内衣内裤逃到英国公使馆。在京的外国人纷纷成为难

---

① 故宫博物院明清档案部编：《清末筹备立宪档案史料》，中华书局 1979 年版，第 837 页。

② 故宫博物院明清档案部编：《清末筹备立宪档案史料》，中华书局 1979 年版，第 837 页。

③ 参见前文阿礼国的观点以及张玉法主译：《剑桥中国史》11，晚清篇 1800—1911（下），台北南天书局 1987 年版，第 208 页。

④ 王彦威、王亮编：《清季外交史料》卷十一，"总署奏拟纂通商则例以资信守折"（光绪三年九月二十日），沈云龙主编：《近代中国史料丛刊三编》第二辑，11，台北文海出版社 1985 年版，第 218 页。

民，要靠使馆的围墙来保命。① 每一个钟点里都有事情发生。人数众多，而食宿条件有限，根本谈不上私人空间、舒适或一般的方便，这一切都使北京的这个夏天显得格外难熬。② 年逾花甲的赫德在使馆中受了八个星期的围攻，可以说经历了生与死的严峻考验。他本身就是学文学出身的，在断断续续的枪炮声中冷静地反思这次事变的原因，分析未来发展趋势，将所思所想形诸文字，用电报发到《双周评论》（The Fortnightly Review）、《世界杂志》（Cosmopolitan）、《北美评论》（North American Review）等欧美著名时事评论刊物上发表，成为当时西方在纷乱的局势中了解北京使馆被围困以及联军占领北京后的消息的重要来源。这几篇连续发表的论文于 1901 年 4 月 3 日由英国《双周评论》杂志社结集出版，题名《这些从秦国来——中国问题论集》（These from the Land of Sinim: Essays on the Chinese Question），为赫德生前公开出版的唯一一本书。

联军占领天津之后，使馆内已有人开始讨论这次事件的解决办法。这次事件会导致清廷统治被颠覆吗？列强会像个人忘记牙痛或晕船般忘记这事吗？赫德通过对义和团排外思想的起源的分析，认为目前已经发生的事情乃是以前的行为的合乎逻辑的结果，在瓜分中国、改朝换代或者修补满洲人的统治这三种战后可供选择的方案中，前两种都不具有可行性，只有采取第三种办法，即把现存的王朝作为一个还在呼吸运转的王朝接受下来，并且充分利用它。在赫德看来，清王朝还远没有衰老，其命令还通行于全中国，承认这个王朝将会是所有国家都同意的最容易的解决办法，而给予其支持会达到成本收益最大化的效果，能更迅速、更有效地恢复全面的安宁。③ 他认为，民族感情是一个永久性的因素，这是必须承认的，在研究一个民族的实际状况时，绝不能排除这个因

---

　　① 赫德：《这些从秦国来——中国问题论集》，叶凤美译，天津古籍出版社 2005 年版，第 8 页。

　　② 赫德：《这些从秦国来——中国问题论集》，叶凤美译，天津古籍出版社 2005 年版，第 17 页。

　　③ 赫德：《这些从秦国来——中国问题论集》，叶凤美译，天津古籍出版社 2005 年版，第 32 页。

素；而在中国唯一普遍存在的感情，就是对中国制度的自豪和对外国一切的轻视。与外国发生的条约关系并没有改变这一情况，如果说有什么改变的话，那反而是强化了这种感情，而未来也不会不受到这种感情的影响。① 目前的这段插曲不是没有意义的，那是一个要发生变革的世纪的序曲，是远东未来历史的主调：公元 2000 年的中国将大大不同于1900 年的中国。无论如何，外国的发号施令有一天必须停止，外国有一天必须离开中国，而目前引起注意的这段插曲就是今天对于将来的暗示。今后数年可能平静无事，这八个星期的噩梦会渐渐消失于往事之中，为人们所淡忘。但表层的下面埋着的种子，迟早会开花结果。这次运动失败的目标会被今天志愿运动参加者的儿孙们牢记在心，并逐步向这些目标推进，最终很可能会由他们使用其他的武器来实现。将来的爱国者将拥有金钱所能买到的最好的武器，那时，"黄祸"就再也不能等闲视之了。② 将使外国人不可能再在中国居住下去，将从外国人那里收回外国人从中国拿走的每一样东西，将额外加价报复过去的怨恨，将把中国国旗和中国武器带到许许多多现在想象不到的地方，这样就为将来准备了以前做梦也没想到过的骚乱和灾难。③ 可以断言，将来肯定会面对一个"黄"的，或许是黄"祸"的问题，它正如太阳明天将会出来一样，一定会出现。问题是怎样才能推迟它的出现，或在它出现后怎样与之战斗，或者从现在起就怎样采取一切行动将之引导至无害。只要不给予中国一视同仁的没有差别的对待，情况就只会恶化下去。对于八国联军进京后惩凶问题，赫德主张，不应该逞一时之愤，法办名单应该仔细审核，也应该适当允许考虑减轻处罚，免得被处死者在将来的历史上被当成烈士，成为正义长袍上的一个污点和世代相传的仇恨的种子。④

---

① 赫德：《这些从秦国来——中国问题论集》，叶凤美译，天津古籍出版社2005 年版，第 31 页。

② 赫德：《这些从秦国来——中国问题论集》，叶凤美译，天津古籍出版社2005 年版，第 33 页。

③ 赫德：《这些从秦国来——中国问题论集》，叶凤美译，天津古籍出版社2005 年版，第 35 页。

④ 赫德：《这些从秦国来——中国问题论集》，叶凤美译，天津古籍出版社2005 年版，第 66 页。

　　赫德在这些文章中基本上又一次重复了自己在向总理衙门所提出的《整顿通商各口征抽事宜遵议节略》中所表达的观点。他认为，在条约关系开始后，"治外法权"是包含在一系列条约中的中心思想，这也许可以为本地官员解除一些令人烦恼的职务，当初清政府让与这一权利也是出于这样一种考虑，但外国人后来利用这一权利为所欲为，只能使中国人看到对外交往更黑暗的一面。治外法权的原则被各条约国视为对华条约中最重要、最有价值，而且从外国立场看来也是最为根本的一点。很不幸，就是这一原则造成一切损害的根源。它始终叫人觉得它是一种冒犯和蔑视，并且一直是一种分裂的因素，一方面，导致人民看不起他们自己的政府和官员，另一方面，嫉妒和不喜欢外国人不受本地政府的管辖。① 无论如何，外国人绝不能期望永远保持他们的治外法权地位，换一条更为圆通、合理而又言行一致的路线也许能产生比较好的结果。只要我们放弃治外法权，关系立刻就会改变过来，积怨就会消除，友好善意就会随之而来，贸易会到处不受限制，资产投资和资源开发也可避免不必要的障碍。② 这样说绝不是意味着没有国家未曾虑及准备放弃治外法权这一外国人一致公认的利益无限的权益。外国人往往声称，中国没有法律、中国的法官是腐败的、公正是可以买卖的、酷刑代替了经宣誓做出的供词，因此他们要求并且取得治外法权是合理的。③ 他们往往都会主张，首先中国必须废除酷刑，必须制定新法律，必须重建司法制度，必须遵循基督教国家的习惯做法，然后他们的基督教子民才能接受本地的司法管辖，中国公堂才能处理通商章程中的复杂问题。针对外国人以日本为例要求中国效法，赫德认为：中国也可能会照要求去做，"但与此同时，旧的伤痛仍会时时发作，并且还存在诱导误用正在成长中的力量去摆脱束缚而不去耐心等待改进的结果的情况，这些就将是经

---

　　① 赫德：《这些从秦国来——中国问题论集》，叶凤美译，天津古籍出版社2005年版，第43页。

　　② 赫德：《这些从秦国来——中国问题论集》，叶凤美译，天津古籍出版社2005年版，第92页。

　　③ 赫德：《这些从秦国来——中国问题论集》，叶凤美译，天津古籍出版社2005年版，第79页。

常性存在的危机，即使不是一种正在增长的危机。另一方面，也许可以说，服从中国的司法管辖，会使每个外国人都注意去避免做冒犯之事，会重视中国人的偏见，会遵守中国的法律，这样做的结果，外国人就能不受中国的偏见和法律的困厄。而最可能出现的情况是，外国人相对来说人数太少，不仅有必要出现在公堂上的情况极为罕见，而且中国官员会对他们特别留神，官员还可能得到中央政府的最明确的指示，因而在处理涉及外国人的事情上不仅会极为谨慎，而且会避免使他们受到任何可能引起抗议的对待。做出放弃治外法权的让步时，不应有保留和限制性条件，从而达不到应有的效果。除此之外，也许还要做出一项规定，即只采用宣誓后作出的证词和给予某种上诉权。这样可以说，中国因为是用国家的名誉作担保，因此会依照怀柔远人这一准则，充分调动中国思想和教诲的综合力量来为外国人谋取利益。在制定条约时做出这样的原则变动，将会给商人和传教士拓宽活动范围，而不会给他们带来更多的限制；将会使领事和公使的工作变得简单易处理，而不使更复杂化。"① 在赫德看来，从外国人的观点和商业的需要而言，在中国领土上维持治外法权和外国人自己的法庭，一直是、还仍将是权宜之计，甚至是必不可少的；但在中国人眼里，这是一支矛，而不是一面盾。不撤走这支矛，就不能保证外国人在中国过得舒适自在，中外交往就不会得到中国人的真正欢迎。恢复中国的司法权，那么，中国提供保护的责任感和对相互交往的评价都将上升到一个更高的层面。赫德在此引述此前文祥说过的非常经典的一句话："废除你们的治外法权条款，商人和传教士就可以住在他们任何想住的地方；但如果保留它，我们必须尽我们的可能把你们以及我们的麻烦限制在条约口岸！"② 与此前《整顿通商各口征抽事宜遵议节略》仅系向总理衙门提出的内部资料不同，赫德的这些文章在当时的西方各大媒体广泛传播，对于国外朝野政治态度不能说没有影响，事实上我们从此后马凯的商约谈判中就明显看出这

① 赫德：《这些从秦国来——中国问题论集》，叶凤美译，天津古籍出版社2005 年版，第 93 页。
② 赫德：《这些从秦国来——中国问题论集》，叶凤美译，天津古籍出版社2005 年版，第 45 页。

一点。如果借用理论旅行的概念，这其实是文祥的观点对于赫德产生影响，经过赫德在国际上的带有自己思想特色的吸收消化、加工改造和宣传弘扬，又反过来影响到中英商约谈判、英国方面放弃治外法权的承诺。

这些文章对西方的舆论和政府的对华政策产生了影响。金登干电告赫德：您的《插曲》文章，引起了很大轰动，遭到各报，特别是《泰晤士报》的严厉批评。赫德复电称：该文是在枪炮声中用铅笔写成，当时，我们不知道是否能脱出险境，因而可能含有感情用事的内容。会招致尖锐的批评，但事实仍旧是中国将沿着一条新路前进，积蓄力量，下次将以另一种方式来反对外国的侵略，以更严肃的态度来进行，将来打交道的将是一个与今不同的中国。①　赫德曾接到过有关的内部报告："一份来自镇江的报告说听到《泰晤士报》的姬乐尔②在英国说，这篇文章对英国公众有着'巨大的影响'，这样就使政府对待中国采取更温和的态度，并且政府的一位阁员曾对《泰晤士报》的一个人说——'莫理循③可以随意谩骂，但面对赫德爵士的文章，我们完全不能照他（指莫理循。——引者注）的建议办。实有裨益。"④　赫德与《马凯条约》之间的关系及其在谈判中的幕后策划在前面已经零星提及。他可以说奠定了中英双方谈判的思想基础，或者或他的意见如同李鸿章此前认定赫德的《整顿通商各口征抽事宜遵议节略》所持主张必与英国公使同谋那样，反映了英国的某些态度。而且谈判中最为关键的裁厘加税之所以能够达成协议，正是以赫德在《子口税论》的立论为依据。赫德在该节略中引用了当时（1858 年）英国外交大臣克莱雷顿（George William Frederick Villiers，4th Earl of Clarendon，1800—1870）和驻华公使阿礼国对英国商界的答复。克莱雷顿说："政府认为：洋货进入流通和消费过程以后，以及土货在洋商采购以前，中国可以在口岸或内地征

---

①　王宏斌：《赫德爵士传》，文化艺术出版社 2000 年版，第 376 页。

②　即 Ignatius Valentine Chirol（1852—1929）。

③　即 George Ernest Morrison（1862—1920）。

④　中国第二历史档案馆、中国社科院近代史所译编：《中国海关密档——赫德、金登干函电汇编》第 7 卷，中华书局 1995 年版，第 165 页。

收任何税捐。法律上并没有不许这样做的规定。"① 阿礼国说："不论在口岸或内地，货物一离洋商之手，就要同中国货物一样照完中国当局征收的任何税捐，这是英国政府对于各该条款的正式解释。"② 盛宣怀的照会，特别是赫德引述的英国政府的解释，有力地挫败了马凯妄图威胁中国无条件屈服达到其既裁撤厘金且少加关税甚至不加关税的企图。马凯不得不有所让步，与中方谈妥了《马凯条约》第八款的核心内容。赫德不仅在那年战火纷飞的仲夏里探讨战后裁厘加税问题的框架，而且在《这些从秦国来——中国问题论集》中为后来马凯条约的谈判方式进行了规划。他反复指出：过去中国的条约被说成是协商签订的，或许有关的外国人是这样看待的。而事实上，首先，它们是由外国谈判者起草的，假如说不是命令式的话，也是如此匆忙地草拟和缔结的，以至于他们忽视了，或者说根本没有把麻烦的问题和有关省份的情况调查清楚。所以条约在外国人看来显得公平且合适，而被中国人从过去到现在一直指责为有害的和无法操作的。这些在中国获取权益的做法引起了恶感并将以失败告终，因为在获取权益时没有考虑国家的组成部分——各省，也没有得到各省的赞同。③ 有关商业贸易的谈判不应在任何程度上有命令式的性质。谈判应是一个缓慢的、谨慎的过程，不仅对有关的实际情况要有透彻的了解，而且能够充分地、友善地考虑不同意见和要求。没有哪个国家比中国更需要这样做了，因为中国有二十来个省，每个省本身就是一个王国，有自己的预算和税收制度。来中国的谈判者，如要公正地做任何事情并制定出一个可操作的有效果的规则，必须把自己放在对方的位置，用对方的眼睛观察问题。④ 马凯后来赴江、鄂与督臣刘坤一、张之洞面谈就是遵循了赫德此前提出的谈判路线图。不仅盛

① 《中国近代经济史资料丛刊》编辑委员会主编、中华人民共和国海关总署研究室编译：《辛丑和约订立以后的商约谈判》，中华书局 1994 年版，第 15 页。

② 《中国近代经济史资料丛刊》编辑委员会主编、中华人民共和国海关总署研究室编译：《辛丑和约订立以后的商约谈判》，中华书局 1994 年版，第 16 页。

③ 赫德：《这些从秦国来——中国问题论集》，叶凤美译，天津古籍出版社 2005 年版，第 48 页。

④ 赫德：《这些从秦国来——中国问题论集》，叶凤美译，天津古籍出版社 2005 年版，第 52 页。

宣怀在谈判初期关于治外法权的磋商立论依据源于赫德的思想，而且马凯以及英国政府后来同意张之洞的反建议也是受到赫德观点的影响。英方在最初谈判提出的二十四款中有"设海上律例，并设商律衙门"① 的条件。赫德根据其一贯主张向清廷提出："此议亦属甚善，若拟专条定约，应添载云：'俟律例定妥，衙门开设后即将不管归辖各条删除。'"② 正是根据这个建议，张之洞在武昌纱厂与马凯会谈中正式提出增加两个条款入约，其中之一即为治外法权问题，以此作为答应马凯各项要求的交换。非常有意思的是，赫德在《这些从秦国来——中国问题论集》中提出战后只有一条金律可能值得一试，即革除现存的不正常情况，让"己所不欲，勿施于人"通行于国际关系中，③ 而这竟然被写入《马凯条约》第十四款："中国历代皇帝屡经庄严承认，耶稣教宗旨原为劝人行善，凡欲人施诸己者，亦必如是施于人。"④ 这益足见赫德《这些从秦国来——中国问题论集》对于《马凯条约》影响之深。

赫德在《这些从秦国来——中国问题论集》中站在新世纪的门槛进行回顾和展望，指出："不管是作为旧世纪的最后一年，还是新世纪的第一年，即将过去的这一年，将永远被记住是北京外国公使馆被围攻的年份。"⑤ "当然，时间会以它自己的方式平息事态，智慧和克制也许会幸运地阻止冲突和灾难，而各种改革，如抚台曾铄在两年前保守浪潮中将他冲下台之前的奏折中建议的那样，制定一部新法典，将会逐步使中国的法律程序与文明世界的其他地区趋向一致，那时，西方也许会愿

---

① 苑书义、孙华峰、李秉新主编：《张之洞全集》，电牍，"盛大臣来电并致刘制台"（光绪二十七年十二月初三日申刻到），河北人民出版社 1998 年版，第 8695 页。

② 转引自王栋：《中英〈马凯条约〉的谈判与签订》，《学术月刊》1996 年第 4 期。

③ 赫德：《这些从秦国来——中国问题论集》，叶凤美译，天津古籍出版社 2005 年版，第 90 页。

④ 《中国近代经济史资料丛刊》编辑委员会主编、中华人民共和国海关总署研究室编译：《辛丑和约订立以后的商约谈判》，中华书局 1994 年版，第 168 页。

⑤ 赫德：《这些从秦国来——中国问题论集》，叶凤美译，天津古籍出版社 2005 年版，第 74 页。

意用另一种眼光来看待中国，从而废除眼下为了保护在华外人而必须坚持的那些区别对待，并且，通过承认和重建的和谐，彻底拔除失和的根子。"① 在中国政府与其他国家的条约关系已经历了一个甲子后，缝缝补补旧衣裳是无济于事的，需要的是一身新衣裳!② 赫德在该书中收入的《中国、改革和列强》这一其自我期许为诸篇中最好的、也是最有用的论文则进一步指出，承认治外法权的政府就有权作出声明，采取适当的措施，在将来最终把它废除。同时，绝对禁止在治外法权继续有效的时期里对它的任何滥用。中国可以广泛而自由地解释治外法权，并要实际去做出这样的解释；另一方面，那些充分享受治外法权的人，公平地说也应该十分注意他们一方做出的同样自由的解释中，不允许包含干预中国行使其他任何不被治外法权禁止的权力的内容，即使仅是从文字上解释的一种权力。注意到这一点，也是在这个意义上，对于抵消中国政府在对外交往中所怀有的无论什么不快都会起到很大的作用。由类似治外法权这种强求的让与而引起的刺痛，不是那种时间可以使之减弱的刺痛，相反，在它继续存在的每一年里，力量和知识的不断增加和获得，都会加强这种刺痛感，这是一个迟早要归还或撤销的赠予物。同时，应该鼓励中国政府在条约口岸设立法庭供领事使用，在审理案子时法官与领事同坐以便熟悉法庭用语，鼓励有充分资格的中国籍律师在法庭做辩护，以便为构建一部法典收集资料，并为中国在治外法权终止时，不得不承担起对外国人的司法管辖权而需做的法律工作培养合适的人员。③ 不难看出，《马凯条约》第十二款被英国政府所认同正是对赫德呼吁西方列强声明采取适当的措施在将来最终废除治外法权的遥相呼应。赫德在《中国、改革和列强》一文末尾这样写道："正当我在写上面最后一句话时，西安的中国报务员将一份上谕全文发向这个帝国的各

① 赫德：《这些从秦国来——中国问题论集》，叶凤美译，天津古籍出版社2005 年版，第 107 页。

② 赫德：《这些从秦国来——中国问题论集》，叶凤美译，天津古籍出版社2005 年版，第 83 页。

③ 赫德：《这些从秦国来——中国问题论集》，叶凤美译，天津古籍出版社2005 年版，第 126 页。

个地区。上谕陈述问题的形式和口气是地地道道的中国式，但它的意思是很明显的。"① 文祥的抱怨、义和团运动的如火如荼、赫德的呼吁、清廷的新政上谕、《马凯条约》签订、沈家本的修律……这诸多事件交织在一起，使我们认为，无论是费正清"冲击—反应"模式还是柯文"从中国内部发现历史"的研究取向，都无法全面揭示这中间的复杂图景，这中间既有冲突，也有妥协；既有摩荡互动，亦存在不谋而合，甚至迫使我们甘心于以兰克史学"如实直书"为遁词，放弃括而言之的模式建构。

四、中国朝野此前曾谋划修律以废除领事裁判权

在前面，我们证明了近年来对于传统观点的挑战是有一定道理的，但不可以一眚掩大德，对于传统观点全面否定，否则抓住一点不及其余就会使自己在纠谬过程中矫枉过正，反而成为浅薄的表现，修律与取消治外法权的讨论基本上在赫德《这些从秦国来——中国问题论集》就曾予以详细的讨论，而且这些话题在光绪初年就已经在总理衙门、赫德的节略、李鸿章的议复中展开了。治外法权是历史之结，和许多其他问题一样，只要问题没有得到化解，总会在以后被提上日程待决。治外法权和变法修律这两者在清廷最高统治者和张之洞在清末新政期间都是同时被纳入视野之中的，存在复杂的联系，并不能截然分开。如果我们将视线进一步延伸，将视野进一步拓展，就会发现两者之间的复杂性远不止于此。有些学者此前已经注意到在清末新政之前中国朝野关于主张摆脱治外法权的羁绊和呼吁变法修律的诸多论述，说明这种思想渊源有自，不能凭借《马凯条约》签订时间晚于修律上谕的颁布简单否定传统观点，但是这存在一个尤为复杂的问题是：我们不能凭借一些片段的论述建构出一套相继相续的线性发展路线途径，不能完全为某些片段的论述所迷惑以致人云亦云，丧失自己的认识主体性。

王韬早年对西方的反感几乎是不分青红皂白的，但这种状态的持续

---

① 赫德：《这些从秦国来——中国问题论集》，叶凤美译，天津古籍出版社2005年版，第138页。

为时不长。在接受西方教育后，王韬对西方的不满就很快就变得甚具辨识力，而对国家主权和控制的特定问题亦随之尤为敏感。这种敏感经常表现在他对明显蔑视或侵犯中国主权所作出的反应中。王韬被柯文称为第一个提出废除治外法权的人，其对治外法权不行于欧洲，而独行于土耳其、日本与中国深表愤慨。① 王韬当时创出"额外权利"这一名词，用以指称治外法权，并撰专文讨论废除此项"额外权利"的途径与方法，认为："既已开埠通商，至一处无异于至各处，我之所宜与西国争者，额外权利一款耳，盖国家之权系于是也，此后日仁人志士之所宜用心也。"② 在王韬看来，外人通商传教，尽可许其自由往来，惟外人来华后即必须受中国法律管辖，所有特权必须废除。有忠君爱国之忧的官民对此势所必争，且必屡争而不一争，不达目的不止。"此所谓争其所当争也，公也，直也。"③ 在具体做法上，王韬主张通过外交谈判，利用西法，收回利权。他说："夫我之欲争额外权利者，不必以甲兵，不必以威力，惟在折冲于坛坫之间，雍容于敦槃之会而已。事之成否不必计也，而要在执持西律以与之反复辩论，所谓以其矛陷其盾也。"④ 王韬的心路历程被柯文作为其中国中心史观建构的重要史事基础，柯文正是在研究王韬的基础上进一步反思此前以费正清为代表的前辈学者从外部看中国的客位研究。无论如何，思想在人与人之间的交往中具有传染性，许多主张摆脱治外法权的羁绊和呼吁变法修律的中国近代史上著名人物都与王韬发生过联系，研究这一话语空间的建构以王韬为切入点自然不失为一种可行的选择。

先后和王韬等人结为文字密友、深受王韬影响的郑观应弃举业而习商，虽然厕身洋行，但一直关心时务，热心西学。他在《盛世危言》

---

① 参见柯文：《在传统与现代性之间——王韬与晚清革命》，雷颐、罗检秋译，江苏人民出版社 1998 年版，第 210 页。

② 王韬：《弢园文录外编·除额外权利》，陈恒、方银儿评注，中州古籍出版社 1998 年版，第 150 页。

③ 王韬：《弢园文录外编·除额外权利》，陈恒、方银儿评注，中州古籍出版社 1998 年版，第 150 页。

④ 王韬：《弢园文录外编·除额外权利》，上海书店出版社 2002 年版，第 74 页。

中对中国的法律制度提出了自己的看法，通过对中西法律的比较，认为领事裁判权的形成，在很大程度上是由于西人每论中国用刑残忍，不若外国宽严有制，故不得不舍中而言外，取外而酌中。在他看来，讼之为字，从言从公，谓言于公庭使众共闻以分曲直耳。案既未定，何遂用刑？果其有罪，自招者罪故在；既不自招，其罪仍在；果其无罪，用刑而招，其枉愈甚。用刑而不招，是谓刑非其罪。约在1882年以前，郑观应就已实质上批评外人在华的法权问题，主张洋人既入中国营生，则当依中国规矩。针对领事裁判权，他劝告清廷毅然改图，定则例以持讼狱之平。具体言之，即"请外国上等有名大律师、中国老成有声望之申韩幕友，再延深通律例之华人翻译，将彼此中西刑律会同参订，至公至当，为中西通商各口律例，分华洋文刊布各埠，凡在通商口案所有交涉案件，皆准此编判断，无事刑求以归一律。庶我民不至独受其亏，西人不得独蒙其利，并可徐图西旅归我有司管辖，以渐复我中国自有之权"①。郑观应强调："惟最要者，须重定新律，收回治外法权。拟暂照日本律例颁行，华洋一律，毋许歧视。如是，则外人均受治于我法权之下，应无他虞。"② 仔细细绎，郑观应心目中的上策是由通西律、娴清例且人品学问素为中西所佩服者权宜应变，其律法参用中西，与洋官互商，务臻妥善，立一公允通行之法，庶中外遵守，永远相安。如犹以为不合，下策则为专用洋法以治之。以洋法治洋人使之无可规避，以洋法治华人罪亦同就于轻，庶几一律持平，无分畛域。遇有交涉事务，秉公审断，按律施行。③ 这是郑观应针对西方人在华享有治外法权情况提出的两种对策。事实上，国际上解决国际民商事法律冲突的途径除了实体法解决方法外，还可以运用冲突法解决方法。冲突规范（conflict of rules）由"范围"（或"连接对象"，object connection）、"系属"（或"冲突原则"）和"关联词"三部分构成，其最常见的系属公式有属人法（lex personalis）、物之所在地法（lex rei sitae 或 lex loci situs）、行为地法（lex loci actus）、当事人合意选择的法律（lex voluntatis）、法院地

---

① 夏东元编：《郑观应集》上，上海人民出版社1982年版，第503页。
② 夏东元编：《郑观应集》下，上海人民出版社1988年版，第414页。
③ 夏东元编：《郑观应集》上，上海人民出版社1982年版，第119页。

法（lex fori）、旗国法（law of the flag）、最密切联系地法（law of the place of the most significant relationship）等，① 对于适用冲突规范选择准据法的过程产生冲突可以通过反致、转致等制度加以解决。郑观应近乎全盘西化的舍己从人解决方案不仅不符合历史法学所谓法律是民族精神的反映的主张，而且会在实施过程中遭到不小的阻力。

如果我们仅仅根据郑观应的上述表述撮其要旨加以诠释，自然可以作为建构出一个平滑的历史演进线路的有力注解，但是，如果将上述表述验诸行事，就会发现郑观应所作概括尽管反映了一部分实事真相，但在文章中将同一倾向的案例过于集中渲染，从而得出上述结论，则又未必反映了口岸城市中西方人共处一地的全部的真实状况。无论当时西方人极力渲染中国法律的野蛮，还是中国人激烈抨击西方人在中国的横行霸道，都是为了一定的权利主张服务的。易惠莉教授在《郑观应评传》中认为，郑氏在《论传教》《论交涉》诸篇一开始就突出御外侮的主题，谓外国传教士侦探华人之情事，阳托修和，阴存觊觎，实中国召衅之由。这两篇代表着郑观应对当时国内尤其是口岸城市中西方人共处社会的公开评价，这种公开评价与上卷《论公法》篇所代表的思想基本上背道而驰，这种突然的转向令人感觉这不是郑观应的真实思想。易惠莉教授举了19世纪70年代后期，在连续数年的华北五省大灾荒赈济活动中，口岸城市尤其是上海的寓华西人纷纷解囊。慕维廉（William Muirhead，1822—1900）、李提摩太（Timothy Richard）等劝捐施赈，不辞劳苦，郑观应因在上海主持赈务而与包括李提摩太在内的西方传教士建立了联系，他在给李提摩太的信中高度称赞其利济存心，乐施不倦，为灾区子遗拯危救溺，备历艰苦。易惠莉教授认为，从1870至1880年代《申报》关于上海社会生活的报道中，人们并不能得到郑观应在《论交涉》一文中所渲染情况的印象，因为在当时中西方相涉的案例中处理的结果并不全是偏向西方人。如1875年招商局福生轮在外海与怡

① Kurt Lipstein, *Principles of the Conflict of Laws: National and International*, The Hague, Nijhoff, 1981, pp. 38 – 47, p. 70. Albert A. Ehrenzweig, The "Most Significant Relationship" in the Conflicts Law of Torts: Law and Reason Versus the Restatement Second, 28 *Law and Contemp. Probs.* 700 (1963).

和洋行的澳顺轮相撞而沉没，涉讼两月，而商局得直；又如，1879年《申报》转载西方报纸有损郭嵩焘声誉的文章，郭嵩焘欲诉讼，后来《申报》馆主英国人美查（Ernest Major，约1830—1908）自知于西洋律应得科罪，遂邀求英领事从中斡旋，愿意登报道歉，以求得和解。此事被称为近代中国史上"华字报最初最巨之交涉"①，郭嵩焘也因此成为近代中国历史上学习西法，拿起法律武器维护自己声誉而状诉新闻报刊的第一人。至于中西方商务纠纷，华商及洋行买办在与洋行涉讼于会审公廨时，华人获胜诉的情况并不在少数。从这样的意义上言之，郑观应对口岸中西方人共处社会的描述是不完全的。② 我们从易惠莉教授的研究可以获得许多启发并进一步申论。首先，任何一个社会群体都是各色人等具有的，未许一例相看，西方人当时见诸书刊的文献中也呼吁不要将一些害群之马在中国的擅作威福、飞扬跋扈等同于全体在华西人的集体行为。就是同一个人在不同场合下也可能表现迥异，而且被人加以不同的解读。以易惠莉教授提及的慕维廉而言，历史上有名的"青浦教案"即与此人有关。传教士赈灾的善举固然如郑观应在致李提摩太信中所言洵系云天隆谊，不惟中国官民感谢无已，即五大洲各友邦亦称慕翕然，但这种上帝爱怜的施舍如山西巡抚曾国荃所言掺杂着"盗窃中国人的心"③ 的目的，乃以此为传教的手段之一。其次，中西方人士在合作共事常见的情谊融洽的同时，由于文化差异等原因形成的隔阂也是司空见惯的。恰恰是像郑观应这样的处于中西方文化交锋断面的人最容易产生主张废除治外法权的强烈愿望。郑观应的论述不可能没有主观情绪的倾诉，尤其在国家实力无法于西方列强争衡时，这种对于外侮的敏感性尤为凸现。所以，郑观应在此对于传教士在中国的活动不予善评是可以理解的，其主要目的也不是在于对于评价这些口岸城市中西方人共处一地的真实状况，而是在表达一种权利诉求。但是，我们今天在重构当时

① 王心文：《中国新闻史上第一起名誉纠纷——郭嵩焘与〈申报〉的一段纠葛》，《档案天地》2010年第4期。

② 参见易惠莉：《郑观应评传》，南京大学出版社1998年版，第181—184页。

③ Timothy Richard, *Forty-five Years in China, Reminiscences*, New York：Frederick A. Stokes，1916，p. 88.

国人关于废除治外法权的话语空间时不应该简单化处理这些文献中表达倾向性。

在中国近代史上，黄遵宪是主张废除西方在华治外法权的重要人物，几乎所有追溯治外法权问题的论著都不可能绕过他，因为"治外法权"这一名词的最早使用者即是黄遵宪。光绪五年（1879），曾上书太平天国的策士王韬在东京与黄遵宪一见如故，朝夕纵论天下大事，无所不谈，极为相得。李鸿章曾通缉王韬，令王氏不得已亡命日本。黄遵宪与王韬交好后，曾密电李鸿章代为缓颊，方使得其无事归国。黄遵宪的观点对于领事裁判的祸害痛心疾首，指出："夫天下万国，无论强弱，无论大小，苟为自主，则践我之土，即应守我之令。今乃举十数国之法律，并行于开港市场一隅之地。明明为我管辖之土，有化外之民，干犯禁令，掉臂游行。是岂徒卧榻之侧容人鼾睡乎！"[1] 外国人在中国领土犯罪，既然不受中国法律制裁，那么"刑罚固有彼轻此重之分，禁令又有彼无此有之异，利益又有彼得此失之殊，彼外人者，盖益便利极矣"[2]。有鉴于此，黄遵宪坚决要求收回治外法权，其在具体方法上的主张与郑观应的见解颇为接近，主张先可移我就彼，"举各国通行之律，译采其书，别设一词讼交涉之条，凡彼以是施，我以是报，我采彼法，以治吾民，彼虽横恣，何容置喙"，然后待吾国势强盛，则依照国际惯例，"悉使商民归地方官管辖"。[3] 法律归根结底须以实用为旨归，如果说清朝当初轻易让渡出领事裁判权是出于便于管理的考虑，然而当这种法律的多元化形成冲突后，需要从这种体制下超脱出来却没有强大的国力作为倚恃时，国人选择的道路仍然是出于实用的考虑以西法为法，企图通过这种方式形成对于西方领事裁判权的解构。清末修律就是这种思维逻辑的历史后效。从这个当时知识分子普遍认同的方法加以推阐，所谓主权云云过高的陈义其实是对抗西方强权的工具。然而，国人关于废除治外法权的话语复杂性还不止于此。如前所述，在甲午战争之前，中

---

① 陈铮主编：《黄遵宪全集》下，中华书局 2005 年版，第 986 页。

② 黄遵宪：《日本国志》卷七，光绪十六年羊城富文斋刊刻版，页二十一至二十二。

③ 黄遵宪：《日本国志》卷七，光绪十六年羊城富文斋刊刻版，页二十三。

国在日本也是享有领事裁判权的。那么，我们不免有一个疑问：黄遵宪、郑孝胥等都是当时曾经久驻东瀛的使节，与这种领事裁判权的实施密切相关，那么他们幽深的内心如何调处这种悖反关系？古人云：天下人心总是责人则明，责己则暗，身受其害便觉难堪，施之于人绝不措意。难道国人当时对于废除治外法权的态度也是如此？人们或许会说，这仅仅是关乎黄遵宪、郑孝胥等驻外领事，无妨大局，但我们认为这种清朝在国外的领事裁判权起码对于朝廷高官应该或多或少略知一二。而且关键不在于人数多少，而在于这种复杂心态本身焉得不令人掩卷长思！

1871 年，中日与日本签订的《修好条约》，其中第八条规定："两国指定各口，彼此均可设理事官，约束己国商民。凡交涉财产词讼案件，皆归审理，各按己国律例核办。两国商民彼此互相控诉，俱用禀呈。理事官宜先为劝息，使不成讼。如或不能，则照会地方官会同公平讯断。"[1] 第十一条复规定："两国商民在指定各口，彼此往来，各宜友爱……并须各安本分，无论居住久暂，均听己国理事官管辖。不准改换衣冠，入籍考试，致滋冒混。"[2] 从此约所引该款即可看出，两国在国籍问题上的基本认识与处理方式完全一致，这就是，不准彼此国家之人民相互入籍。按照该条约，两国在开放口岸互派领事，管理本国臣民，行使领事裁判权。这与中国与日本当时在处理国际关系过程中都偏重于属人主义的法律取向有关。日本在《兵库条约》开国之后，也在通商口岸设有和类似于中国租界那样的居留地；各该国的领事，也都享有领事裁判权，审理本国侨民和当地居民间的诉讼、纠纷。正是这样，中国在日本的理事府也享有这种权利，有关在日中国人的一切法律诉讼均不受日本的法律制裁，而由驻日领事根据清朝的律令定罪裁决。这种局面一直到甲午之战以后才形势顿易，而其他各国在日本的领事裁判权则直

---

① 褚德新、梁德主编：《中外约章汇要：1689—1949》，黑龙江人民出版社1991 年版，第 191 页。

② 王铁崖：《中外旧约章汇编》第 1 册，生活·读书·新知三联书店 1957 年版，第 318 页。外务省编『日本外交年表竝主要文書（上）』日本国際連合協会、1955 年、45—46 頁。

到明治 32 年（1899）才正式撤废。1877 年 1 月，清政府任命何如璋为首任驻日公使。他于同年 10 月和副使张斯桂、参赞黄遵宪等一行人抵达日本，受到长期以来居住在日本的华侨的欢迎。① 从《使东述略》可以看出，何如璋在下车伊始便立即开始和日本外务省当局进行交涉，要求按照对等待遇，在中国侨民集中的日本通商口岸设立理事府（领事馆），以便专理侨务。② 温廷敬在此后所作的《清詹事府少詹事何公传》中记述说："公虽笃邦交，而尤重国权，始至，即议设领事，自听商民诉讼。日人靳不肯与，公据约与争，卒设三口领事馆，与泰西各国及日人在我国者均权。"③ 所谓三口者，系指横滨、神户、长崎三个口岸。这三地的理事官由候选同知范锡朋和刘寿铿等分别充任。在神户理事府的档案中，可以见到大清国驻扎神户理事府成立以后，所收到对手方的第一件公文是日本大阪府知事渡边升（わたなべのぼり，1838—1913）的照会，通知准备移交华侨的版籍等事务，足见版籍在当时国际法律观念中地位之重要。这些在日本届留、经商的华侨，此前并没有受到本国政府的任何保护和管理，而是由日本地方官厅管辖；遇有诉讼等，亦由日本官厅办理。华侨等为了自己保护自己，所以慢慢地就成立了以乡里为单位的同乡团体，将调解纠纷、与日本官厅之交涉等均委托给这些同乡团体。理事府成立后，在日本官厅与侨民之间，有了一层中间机构。此后中国侨民之间的一切诉讼事件均归理事府办理，即使华侨和日本人民之间的诉讼，也由理事府审理。侨胞因客居他乡，远离故土，不免有寄人篱下之感，大多希望得到本国政府的有力保护，遂视何如璋等如同父母官。④ 如果说黄遵宪在日本期间还是随行参赞，不像郑孝胥后来在

---

① 佐藤保：《日本残存黄遵宪相关资料初探》，刘柏林、胡令远编：《中日学者中国学论文集：中岛敏夫教授汉学研究五十年志念文集》，复旦大学出版社 2006 年版，第 573 页。

② 参见杨雨青：《中日关于设立领事问题的早期交涉》，《近代史研究》1992 年第 2 期。

③ 温廷敬：《清詹事府少詹事何公传》，温廷敬辑：《茶阳三家文钞》，补读书庐 1925 年刻本，第 1 页。

④ 参见汪向荣：《日本教习》，生活·读书·新知三联书店 1988 年版，第 276 页。

日本那样独当一面、几乎无日不理词讼，那么其在后来任新加坡总领事期间则积极行使领事裁判权，我们在新加坡也发现了类似当年清朝在日本行使领事裁判权的情况，举凡财产、钱债、赌博、斗殴之事，依据大清律例由各处承审官一体遵办。① 我们对于清政府当时在日本的领事裁判权固然必须放在当时的具体国际政治生态中加以考察和解读，但我们对于西方和中国当时的领事裁判权的评价也不能采取双重标准，在批判西方列强在华领事裁判权的同时却对中国当时的领事裁判权褒扬有加，只能采取费肯杰教授的推参阐述方法进行多层面的分析，否则将导致对中国人本身废除领事裁判权斗争正义性的自我否定。从这一点来说，我们可以认为当时清政府对于西方殖民带到远东的领事裁判权制度既在极力抵制，又本身在利用这种制度谋取国家利益，如同鸟儿既在笼中扑腾跳跃，又力图冲破束缚振翅九霄。这不独清朝之于领事裁判权为然，是所有结构化过程中共通的情况。正是在这种充满艰辛的结构化冲突之中，国际法的各项制度趋向于更为合理。

其实，到这一个层面，我们对于黄遵宪的思想所包含的复杂性还可以进一步深入探讨。众所周知，包括黄遵宪在内许多中国人都曾抨击西方列强在华租界形成"国中之国"，批判西方列强领事裁判权对于国家司法主权的破坏。但是，民族冲突问题往往掩盖阶级冲突。诸如康有为等主张废除领事裁判权的志士仁人都曾诽诋列强在华领事裁判权为罪犯逋逃的渊薮，但当他们遭遇清廷追捕通缉而托庇于这种罪恶制度时，正

---

① 时人刘善涵这样写道："国朝海禁既开，通商口岸各国设领事以治其民，无论籍隶何国，民商旅居其地，即归其官管辖，此泰西通例也。独至中国则不然。凡与中国立约之各国，仍隶本国官吏之辖治，而不使隶于华官。如或身冒不韪，华官不得而治之。所以然者，各国议案，大略从同，惟华官则有刑讯之例，此西人所以不甘俯就也。近之言时务者，辄欲于换约年内，据理以争。西人之旅华者，宜隶华官管辖，而华人旅居外洋者，亦设领事，以享自治民人之权利。无论隶华官管辖，西人万难允从，即使设立领事，然遇事照会西官，欲按公法以审其是非，援和约以判其曲直，事亦扞格而难通。何也？华民一出外洋，悉归洋官主理，虽设领事，无管理赏罚之权，直赘疣而已。"（江标编校：《沅湘通艺录》卷三，中华书局1985 年版，第 135 页。）刘氏这段话可以使我们得觇当时国人对于驻外领事的期待。

是依靠外国租界、治外法权才得以免遭缧绁之苦，我们不难设想其内心深处的五味杂呈的窘迫。一种主流社会价值取向的形成必定是充满了斗争和张力的；在取消西方列强领事裁判的主题下，不同社会地位的中国人的认知、感观、态度和立场必定是千差万别的。光绪十五年（1889），张之洞在奏折中就阐述了这样的思想："近来万国辐辏，风气日开，其溺于西人之说喜新攻异者固当深戒，然其确有实用者，亦不能不旁收博采，以济时需……泰西各国以邦交而立公法，独与中国交涉恒以意要挟，舍公法而不用。中国亦乏深谙公法能据之与争者。又，凡华民至外洋者，彼得以其国之律按之，而洋人至中土者，我不得以中国之法绳之，积久成愤，终滋事端。夫中外之律，用意各殊，中国案件，命盗为先，而财产次之。泰西立国，畸重商务，故其律法凡涉财产之事论辩独详，及其按律科罪，五刑之用，轻重之等，彼此抑或异施。诚宜申明中国律条，参以泰西公法，稽其异同轻重，衷诸情理至当，著为通商律例，商之各国，颁示中外。如有交涉事出，无论华民及各国之人在中土者，咸以此律为断，庶临事有所依据，不致偏枯。"[①] 张之洞在此已经明确提出了日后在《江楚会奏三折》所阐发的通过变法修律取消治外法权的基本思想。在庚子事变之后，张之洞之所以如此积极用世，显然有取代李鸿章而为督抚之魁首的意图。李鸿章在甲午之役后就声威大挫，张之洞和袁世凯在清末被国内外公认是南北两大改革派地方实力人物代表。张与袁在许多问题上彼此声援，遥相呼应，即此之故也。张之洞积极与刘坤一合作，是因为刘乃湘系的老班底的代表，可以与淮系争衡的砝码，而刘在文事上的谦退也是双方可以互补和合作的良好条件。他与李在议和期间的矛盾表现无遗，以致朝廷不得不发文予以批评。作为清末修律的主要策划者之一，张之洞在《马凯条约》中提出治外法权条款的目的是配合其倡导的法律改革的推进。光绪二十九年苏报案发生后，张之洞鉴于租界的存在已经成为革命党人进行革命宣传活动的避风港，企望借此机会，收回法权，使革命党无藏身之地，使国民受此震

---

　　① 张之洞：《增设洋务五学片》，《张文襄公全集》卷二十八，《海王邨古籍丛刊》第一册，中国书店 1990 年版，第 533—534 页。

撼而俯首帖伏，无所举动。其复端方密电云："查历年以来，上海租界工部局遇事侵我主权，不遵条约，不有公理，视为固然。闻此次上海洋人私议，深虑此案中国必向其公使及外部理争，一经揭破，恐将工部局历年攘夺之权从此减削，可见外人亦自知理屈。我能趁此极力争回此项治权，将来再有缉拿匪犯之事，便于措手。利益所关甚巨，所包甚广，其有益尚不仅此六犯一案也。"① 为此目的，张之洞甚至声言愿不惜一切代价，不立正典刑，不能定国事而遏乱萌。但是，其谋算甚深的意旨早为侵略者所窥破，西方列强亦担心由此进而影响其在华领事裁判权，并由于清廷在沈荩案中滥施惨刑在道义上的失败加深了西方列强的不信任，乃以保护国事犯免遭清朝廷处死为借口，拒不交人。为此，张之洞等亦不得不退而求其次，声明只要能引渡，愿以"监禁免死之法"处置六人，并表示"此正专为争回主权计，非鄙意不欲重办此六犯也"。② 从张之洞的取消西方治外法权的言论可以看出，这一问题与其他权力斗争是交织在一起的。

应该指出的是，近代中国废除治外法权运动肇兴很大程度上受到日本在这方面成功经验的鼓舞。如前所述，张之洞在议定《马凯条约》第十二条之后，兴奋地将此事与日本修约、取消治外法权的经历相联系，指出：查日本三十年前，始创修改法律管辖西人之谋，商之于英，赖英首允，彼国君臣从此极力设法修改法律，有志竟成。至今西人皆遵其法令，日本遂与欧美大国抗衡。以中国今日国势，马使竟允此条，立自强之根，壮中华之气，实为意料所不及。③ 的确，《马凯条约》的签署和日本当年改约交涉经历颇为类似。在明治政府成立伊始、百端待举

---

① 苑书义、孙华峰、李秉新主编：《张之洞全集》第 7 册，电牍，"致武昌端署制台"（光绪二十九年闰五月二十七日寅刻发），河北人民出版社 1998 年版，第 9073 页。此处所谓"六犯"指邹容、章炳麟、陈仲彝、钱允生、陈吉夫、龙积之。

② 端方、张之洞电文均见中国史学会主编：《中国近代史资料丛刊·辛亥革命》第 1 册，苏报鼓吹革命清方档案，上海人民出版社 1957 年版，第 435 页。

③ 王彦威、王亮编：《清季外交史料》卷一百五十九，"鄂督张之洞致外部与英使商收回法权补救教案电"（光绪二十八年六月十七日），沈云龙主编：《近代中国史料丛刊三编》第二辑，16，台北文海出版社 1985 年版，第 2563 页。亦见苑书义、孙华峰、李秉新编：《张之洞全集》，河北人民出版社 1998 年版，第 2251 页。

之际，岩仓①使节团便于明治 4 年（1871）出访欧美各国，阐明并洽商日本政府希望依据万国公法修不平等条约的意愿，以制定独立不羁之体制。明治 9 年（1876），外务卿寺岛宗则（てらしままむねのり，1832—1893）动议开始主持交涉税权问题，标志着日本的改约进入具体交涉的时期。在明治 12 年（1879）寺岛因改约交涉失败引咎辞职后，井上馨（いのうえかおる，1836—1915）继任外务卿，继续进行新一轮的改约交涉。井上将更正条约视为关系国家命脉的头等大事，全力以赴，一反寺岛前外务卿以恢复税权为重点的方针，而将是法权和税权问题同时提出来，废除治外法权、收复税权，使日本逐渐拥有与欧美各大国同等的地位。②和《马凯条约》围绕裁厘加税和取消治外法权一样，日本在井上时期致送驻日各国公使的修改条约草案要点也是主要包括财务和审判两大部分，即税权和法权两大问题。《马凯条约》的交涉情形似乎就是当年日本修约交涉的再版，所以张之洞将两者不期然而然地联系在一起，而晚清第一任出使日本大臣何如璋当年获悉该修改条约草案之后，就将此视为亚洲各国与西方列强订立条约的模本。以参赞身份随行出使日本的黄遵宪在何如璋与朝鲜派往日本的修信使金弘集商谈应对日本修约一事时是重要当事人，③他在《日本国志》中介绍了日本在明治以后深知治外法权之弊而亟亟议改的情况。在何如璋驻日期间的外交策略和主张中，有许多都出自黄遵宪的手笔或谋划。其中何如璋的《与刘岘庄制府论日本议改条约书》即疑出黄遵宪之笔。此信也汇报了日本修约交涉的情况。④刘坤一在给何如璋的回信中曾说："日本近颇自知前失，

---

①　指岩倉具視（いわくらともみ，1825—1883）。

②　井上馨侯伝記編纂会『世外井上公伝』第 3 巻、内外書籍株式會社、1934 年、290 頁。

③　参见《何如璋、黄遵宪等和朝鲜金弘集的笔谈》（1880 年），李庆编注：《东瀛遗墨——近代中日交流稀见史料辑注》，上海人民出版社 1999 年版，第 14 页。

④　何如璋：《与刘岘庄制府论日本议改条约书》，温廷敬辑：《茶阳三家文钞》卷三，沈云龙主编：《近代中国史料丛刊》第三辑，23，台北文海出版社 1967 年版，第 101—105 页。亦见梅州市政协文史资料委员会、大埔县何如璋研究会合编：《梅州文史》第 6 辑，何如璋专辑，1992 年印刷，第 106—108 页。

欲将加增进口货税、管理流寓洋人两层，与泰西各国商办，冀以稍自振作。此谋国者所不得不尔，亦足见彼中之有人。弟恐泰西各国，持清议则咸以治外法权为极不公平，办条约又不愿以既得利益还之于人，必且相互推诿，不肯首先答应，以致久搁无成，此彼族之惯技，亦即彼族之深谋也。执事谓中国刻下方有俄事，未可呸呸于此，洵切时势以立言。然日本此举果能如愿以偿，他日中国踵而行之，似亦未尝不可得手，而要必自能自强始。"① 在当时全球化趋势就已经彰彰甚明的背景下，中国当时散布在世界各地的外交使臣纷纷很快获悉了不少有关日本改约交涉的情报。光绪五年四月十六日（1879 年 6 月 5 日），曾纪泽从日本驻英公使吴雅娜②处得知："日本现语西洋各国，言日本刑律久已改从西洋之式，欲将前订条约更改数处，俾西人犯法者，即由日本官办理，不令领事等官与闻。英国已显拒之。然日本此议未息，召驻英、法、德之各公使回国，将大议此条，期于必行也。"③ 薛福成在作于光绪七年（1881）的《筹洋刍议·约章》接续赫德的节略阐述自己的观点，明确指出："近闻美国与日本议立新约，许归复其内治之权，外人皆归地方官管辖。中国亦宜于此时商之各国，议定条约。"④ 当时新闻媒体也敏锐地注意到了日本谋求解决治外法权等不平等条约的动向。1874 年 7 月 28 日，《申报》所载《东洋将议立新章》一文报道了这方面的情况，称："东洋志在寄居伊国之异民须概归伊国管辖，不可有畛域之分。……美国钦使已以其事移咨于本国之外务大臣，外务部覆曰：东人之审办案件须有四者能从，则始可准其请。一审案须迅速，不可迁延时日，使或无辜而被审者久羁于狱内；二审问官须公正廉明，按情酌断；三国例须有明载之条，不可少有私意；四所载之例不可残惨也。"⑤ 诸如

① 刘坤一：《复何子峩》（光绪六年七月二十七日），见中国科学院历史研究所第三所主编：《刘坤一遗集》第 5 册，中华书局 1959 年版，第 2487 页。

② 即上野景范（うえのかげのり，1845—1888）。

③ 曾纪泽：《曾纪泽遗集》，喻岳衡点校，岳麓书社 1983 年版，第 375 页。

④ 薛福成：《筹洋刍议·约章》，丁凤麟、王欣之编：《薛福成选集》，上海人民出版社 1987 年版，第 529 页。

⑤ 《东洋将议立新章》，《申报》1874 年 7 月 28 日。

《西国近事汇编》（*Summary of Foreign Events*）等刊物上有关日本拟与各国签订新的平等条约以收回治外法权、废除不平等条约的情况相同性质的文章此后不断时有所见，说明日本要求废除治外法权的情况已经开始引起中国舆论界的关注。①

　　任何弱小的势力在发奋赶超时总会被虚骄自大的"上大人"所热嘲冷讽。在甲午之战前，不少中国人对日本正在进行的明治维新也是傲然睥睨，认为其国小民嚣，往往视之蔑如，批评日本的维新改革固有志于富强，但往往求效太急、变古太速，认为治国之道在有恒，必以循序渐进为能，不以见小欲速为贵，若朝令夕改，废兴迥异，国令同于儿戏，则必非长治久安之道也。但是，也有不少人洞察到日本勇于兴事赴功，略无疑阻，其举动议论，亦妙能应弦赴节，对日本尽除其旧的泱泱霸国之风赞赏不已，不同程度地流露出仿日维新之意。《上海新报》在 1871 年就指出"日本人学习西国诸法后于华人，而华人所学究不若日本人"②，驳斥了日本于西法仅学其皮毛的论调，举例证明日本学习西法确实已经臻于惟妙惟肖之境。③ 中法战争前，王韬就对日本亟思变计、力图能和西方强国周旋的投袂奋起颇为欣赏，云："日本海东之一小国耳，一旦勃然有志振兴，顿革平昔因循之弊，其国中一切制度，概法乎泰西，仿效取则，惟恐其入之不深，数年之间，竟能自造船舶，自制枪炮，练兵训士，开矿铸钱……彼以为此非独厚于泰西也，师其所长而掩其所短，亦欲求立乎泰西诸大国之间，而与之较长契短，而无所馁也。"④ 中法战争后，郑观应亦曾称赞日本政府改弦更张，言其近年来痛革积习，大为振作，更定刑章，仿行西例，全国君臣上下所最注意者唯在于改正条约、收回法权，认为这种做法值得中国仿效。他强调："惟最要者，须重定新律，收回治外法权，拟暂照日本律例颁行，华洋一律，毋许歧视。如是，则外人均受治于我

① 参见《西国近事汇编》，乙亥春季卷，第 64 页；丁亥夏季卷，第 26 页；戊子夏季卷，第 25 页。

② 《日本人有志学西国诸法》，《上海新报》新五〇四号。

③ 《横滨信息》，《上海新报》新七九一号。

④ 王韬：《弢园文录外编·变法自强》，中华书局 1959 年版，第 40 页。

法权之下，应无他虞。"①

到甲午之战以后，国人对于日本在取消治外法权方面的成就均翕然叹服。在戊戌变法中，康有为上书光绪帝，建议设立法律局，指出："外人来者，自治其民，不与我平等之权利，实为非常之国耻。彼以我刑律太重而法规不同故也。今宜采罗马及英、美、德、法、日本之律，重定施行；不能骤行内地，亦当先行于通商各口。其民法、民律、商法、市则、舶则、讼律、军律、国际公法，西人皆极详明，既不能闭关绝市，则通商交际势不能不概予通行。"② 在《上清帝第六书》呈上七个月后，康有为又上一道奏折《请开制度局议行新政折》，内云："吾国法律，与万国异，故治外法权，不能收复。且吾旧律，民法与刑法不分，商律与海律未备，尤非所以与万国交通也。今国会未开，宜早派大臣及专门之士，妥为辑定，臣前所亟亟请开法律局为此也。"③ 康有为的这些主张在很大程度上借鉴了日本改革的经验，与赫德当年向总理衙门提出的节略中的主张有某些相同之处，所以赫德此时也对康有为的上述主张表示赞同。但是，官僚体系中各人都在站位、卡位，中国的政治决策的出台往往不在于建议者的主张多么高妙、合理，而关键是以权力和利益在政治场域中分配格局为准绳，否则即便天经地义的公理也会遭到理直气壮的反对或者不阴不阳的抵制。易言之，往往不是是非之争，而是利益之争。康有为等躐等求进，触犯一些人的既得利益或者相对利益，造成水火不相容的结局在所难免。戊戌变法期间，康有为力主设待召所，许天下人上书的条陈。在礼部阻挠王照上书引发光绪帝震怒以后，允许司员士民不受限制地向皇帝上书这一重大改革举措得以启动。据茅海建教授研究，在大约六个月的时间里，共有四百五十七人次至少递交了五百六十七件上书，现存二百七十五件

---

① 《盛世危言后编》卷四，政治，夏东元编：《郑观应集》下，上海人民出版社 1988 年版，第 414 页。

② 康有为：《上清帝第六书》（一八九八年一月二十九日），汤志钧编：《康有为政论集》上册，中华书局 1981 年版，第 214—215 页。

③ 康有为：《请开制度局议行新政折》（一八九八年八月三十日前），汤志钧编：《康有为政论集》上册，中华书局 1981 年版，第 352 页。

上书的原件和抄件。① 在司员士民上书中，关于师法日本修改法律的建策颇为引人注目。例如，户部候补主事陶福履②在上书中言："查西例，全国通商，虽内地亦准各国人往来居住，惟悉听本国管辖。""日本现与西人立约，即用此例。"③ 陶福履的建策在相当大的程度上是仿效日本的经验，主张改革刑律、礼节，斟酌参用西律、西礼，使中西可以通行，以求西方列强没有借口行使领事裁判权，仅有护商之权而不能管理民事。浙江绍兴府山阴县举人何寿章④根据《万国公法便览》⑤，异邦人入某国，必遵守其法律，而东方诸国却有"辖外之权"（治外法权），于所辖之地之外而有行法之权。这种治外法权在通商口岸的存在，导致华洋交涉一旦涉讼，案律定拟，大都彼轻我重，同罪异科，动相龃龉。日本自改律法，已变更旧约。今既奉旨删改六部则例，拟请旨下出使大臣，译采各国通行之律，咨送总理衙门，酌中拟议，奏定后咨会各国公使，颁发通商口岸，专办交涉案件，则各国辖外之权，不革自革，他日

---

① 参见茅海建：《戊戌变法期间司员士民上书研究》，《明清论丛》第 5 辑，紫禁城出版社 2004 年版；氏著《救时的偏方：戊戌变法期间司员士民上书中军事外交论》，《近代史研究》2005 年第 1 期。

② 陶福履（1853—1911），字稚箕，江西新建人。光绪十八年进士，入翰林，后改户部主事，历任湖南慈利、沅江、益阳知县，著有《远堂文集》《稚箕远堂诗录》等。所编《豫章丛书》分为三集，刊刻成书于光绪二十一年（1895），是江西地方文献中卷帙最多、内容最丰富的古籍丛书。

③ 国家档案局明清档案馆编：《戊戌变法档案史料》，户部候补主事陶福履片，中华书局 1958 年版，第 41 页。该书亦被收入沈云龙主编：《近代中国史料丛刊》第三十一辑，317，台北文海出版社 1976 年版，唯表明作者"佚名"，在当时的政治局势下，这种情形在大陆和台湾出版界比较常见。

④ 何寿章（1865—1904），原名樟，又号章，字豫才，山阴（今浙江绍兴）人。光绪二十九年癸卯科进士。工篆刻，著有《苏甘室读说文小识》等。光绪二十八年（1902），何寿章创设绍兴府学堂，与蔡元培等多所来往。

⑤ 并无《万国公法便览》一书，只有惠顿《万国公法》（Henry Wheaton, *Elements of International Law*，丁韪良等译，京都崇实馆同治三年）和吴尔玺《公法便览》（Theodore Dwight Woolsey, *Introduction to the Study of International Law*，丁韪良等译，光绪三年，同文馆聚珍版），作者估计在此表述不够严谨。参见本书第二卷第一章。

换约，再援各国互市之例，以正地方管辖之权，自当易易也。① 何寿章的逻辑包括两个环节，其一，清朝刑律太苛，势难强人就我；其二，舍我从人，先更律法，以为他日条约更正张本。其在该条陈中也谈到了日本的条约改正经验，同时比陶福履更为明确地提出了废除领事裁判权，而且其此时显然对于黄遵宪《日本国志》中对此问题的论列已经极为谙熟，而且观点和论据基本上均出自黄遵宪《日本国志》卷七。候选知州前内阁中书涂步衢②在条陈中则言："商民任居何地，即受治于本地之有司，此地球各国通行之公法。因中西律法轻重迥殊，遂议华、洋各以其法治其民。而洋员多方袒护，轻法亦不曾施，华人不平，由此多事。案烟台条款有照会各国议定审案章程之约，赫德亦谓华、洋讼件，宜定一通行之讯法、通行之罪名。闻美与日立约，许复其内治之权，外人皆归地方官管辖。今日商务既盛，教民又伙，似宜商诸各国定一通行之讯法、罪名，平华人，所以保洋人也。"③ 刑部学习主事张宝琛在条陈中建议将中外交涉事件编定则例，以便能援案办理："考日本初与泰西通商，凡有词讼，由驻日西官审断；近年日人仿改用西律，遂改归日官审断，可见参考西律实为办理交涉案件之要义。"根据这一经验，张宝琛指出：中西刑法轻重不同，"若欲以华法治西人，则西人不服，或欲以西法治华民，则中国向无此律例"。他提议：请谕令法司，会同编考西国律例及条约公法等书，比照中国律例，定为中外交涉则例简明表，遇有交涉事件，华人西人办从一例。每届年终，将交涉各案勒成一书，分送各国领事及各国外部，兼发各省理刑衙门，著为成案，如此办

---

① 杨家骆主编：《戊戌变法文献汇编》第5册，"浙江绍兴府山阴县举人何寿章呈"，台北鼎文书局1973年版，第83页。

② 涂步衢，江西奉新人，光绪二十年进士。光绪二十五年（1899）任永宁知州。当时著名的红岩碑拓本腾价国内，京朝达官贵人，多以得一纸展玩，相炫风雅，纷纷向贵州首宪相索，而首宪更转索之于涂氏。光绪二十七年（1901），涂氏命红岩附近团首罗光堂，拓以应征，结果致使崖面斑剥落离，字迹漫漶难辨。涂氏著有《宦黔纪略》。

③ 《军机处录副·补遗·戊戌变法项》，3/168/9452/26。转引自茅海建：《救时的偏方：戊戌变法期间司员士民上书中军事外交论》，《近代史研究》2005年第1期。

理，庶各得其平矣。① 由此可见，邻邦日本之所以能收回领事裁判权，当时实予中国知识分子以强烈刺激。张宝琛由于是刑部官员，所以刑部传统的整理律例的方式删繁就简，将西方各国的法律、国际法、条约编成一种则例简明表。这种主张在当时清朝中枢机关是占统治地位的。

综核众论，在当时的外交认识以为最急需交涉与解决的重大问题中，收回治外法权实应列居第一。正如《外交报》论说所谓，中国最要害、最致命之病源非他，曰：他国得行其治外法权也。即最扼要、最效验之方药非他，曰：收回治外法权也。② 收复治外法权是清末刑法改制的根本动因之一，旨在消除中西法律适用的隔阂和矛盾之处，以建立"中外通行"的法律制度。戴丹诚的意见可谓典型，其言曰："夫东洋日本为小国耳。自明治维新后，痛革积气，变更刑章，仿行西例，近年与西人立约，首去其领事治西旅人之权，竟得与公法而列为平等。乃中国不如焉，可耻孰甚。"③ 西方列强的以中国法律改制为放弃领事裁判权条件的允诺也大大刺激了刑法改制派的改制信念和步伐。奕劻在奏定新律请旨交议折中从国家存亡的角度说明变法修律重要性，强调英、日、美、葡商约皆以中国改用各国刑律著之条约，以此为撤去领事裁判权之本，援引日本、暹罗以修改刑律收回法权为例证，指出："土耳其等国不能改者，则各国名曰半权之国，韩、越、印度、西域诸回之用旧律者则尽亡矣。"各国商约订后，盟府昭然，必应力践。如果用同一之法律，收回法权可望有成。④ 由此可见，这一改革借鉴了日本的经验，

① 《军机处录副·补遗·戊戌变法项》，3/168/9456/17、3/168/9456/18。转引自茅海建：《救时的偏方：戊戌变法期间司员士民上书中军事外交论》，《近代史研究》2005 年第 1 期。亦见牛大勇、柯伟林主编：《中国与世界的互动：国际化、内化与外化》，河南人民出版社 2007 年版，第 88 页。

② 《外交报》，第四十九期（癸卯第十五号），1903 年 7 月 9 日（光绪二十九年闰五月十五日）。

③ 江标：《沅湘通艺录》卷四，光绪二十三年长沙使院刊本，页二十、二十一。

④ 《宪政编查馆和硕亲王奕劻等奏为核定新刑律告竣请旨交议》（光绪三十三年），刘锦藻撰：《清朝续文献通考》第 3 册，商务印书馆 1936 年版，卷 245，刑考四，第考 9893—9894 页。

主要包括采用西法、革新旧律等内容，其考量的基点是利于领事裁判权的收回，可以说是在急于取消领事裁判权的背景下应时之作。又如，沈家本、伍廷芳认为：日本旧行中律，维新而后，踔武西法，终使各国侨民归其钤束，借以挽回法权。推原其故，未始不由于裁判、诉讼咸得其宜。而在中国，外人以清廷审判制度与西方不同为借口，时存歧视；商民又不谙外国法制，往往疑为偏袒，积不能平，每因寻常争讼细故，酿成交涉问题，比年以来，更仆难数。若不变通诉讼之法，纵令事事规仿，极力追步，大体虽充，大用未妙，于法政仍无济也。其中，亟应取法者有陪审制度和律师制度两者，尤为挽回法权最要之端。① 由于西人对中国之重法每訾为不仁，新派修律的目的在于徇外人之见和收回法权，其后中国的法律改革正是在许多人"修律以收回领事裁判权"的幻觉中前行，以致当代法学界将此视为一场持续时间甚久的立法秀。

当时报纸上诸如《收回领事裁判权与改良法律之关系》（《申报》1908 年 7 月 5 日）、《论政府议撤领事裁判权》（《申报》1910 年 7 月 24 日、《广益丛报》1910 年 9 月 13 日） 等时论也在所多有。当时在考试中以治外法权问题作为考题的事例并不鲜见，本书关于治外法权一章就论及清末举行经济特科考试将如何区分领事裁判权与治外法权为考题之事。黄炎培在其自述《八十年来》回忆了年轻时在南洋公学特班追随蔡元培学习和 1902 年赴南京应江南乡试的情形。他在谈他的考试结果得益于在特班的训练经历时说：

> 过去考试都叫人做"八股"文，这年开始改八股策论。许多人做惯八股，不会做散文，这一群特班学生，散文的锻炼，经过了一年半，当然没有什么困难。而我个人还有一点，江南乡试有一个试题："如何收回治外法权？""治外法权"在万国公法上说："于驻在国所治之地外，得管辖其民之权。"是限于使馆所在地和使馆人员的。自五口通商，各国在我国开辟租界，把领事裁判权，假名着"治外法权"，是完全违反万国公法的。这一道理，一般人不尽

---

① 丁贤俊等编：《伍廷芳集》上册，中华书局 1993 年版，第 279—280 页。

能正确分析，研究过万国公法，当然能信笔直书，我就在这上边得了便宜。①

在《马凯条约》谈判后第二年（光绪二十九年），《苏报》案的发生更加引发了朝野对于治外法权的关注，而且此后光绪三十一年上海发生的"大闹公堂案"又引发一场文明排外运动。为何出现"大闹公堂案"以及所谓文明排外运动？这一个学术界未曾深入思考的问题，必须与此前《马凯条约》第十二条的签订相联系起来考虑，与当时报纸关于修律以收回领事裁判权宣传相联系起来考虑。由于吸取义和团盲目排外的教训，中国民众变得更为理性和成熟，转而以近代民族国家观念、主权观念以及国际社会公认的外交准则为思想资源，折之以信，屈之以义，通过和平、理性的方式排拒外侮。这种文明排外的民间运动有力地推动着朝廷的变法修律的步伐。此外，清末修律时为何聘请不少外国专家参与修律？这一点往往为人们习知而不察。其实，这是由于清末许多奏章和社会普遍舆论都强调须有外国人介入修律，以求增强所制定法律的公信力，易为外人所遵循，所以清末修律期间聘请了不少外国专家参加修律工作。胡思敬《国闻备乘》卷四"督抚趋时"条描述了这一副图景："新定法律草案出自日本律师冈田之手。其引证历朝沿革，则取之薛允升稿本，法部郎中董康笔也。稿既定，颁示各省，皆知其谬妄，决不可行，次第指驳复奏，不谋而同。唯山东巡抚袁树勋变一说曰：'是皆枝叶之论也，别有所谓根本之说者。其旨安在？曰不改从新律，不能收回治外法权。'内外相煽以浮言，遂恃为改律铁证。新政兴，各省皆以筹款为虑。浙江巡抚增韫议复赵炳麟折，独曰：'吾国非无财也，农林矿产遍地皆是，工艺制造尽人可学。印花本正当之税，至今尚未推行。外国之财产税、所得税、营业税皆入款大宗，而吾国不能仿办。'折凡千余言，其词甚辩，皆所谓趋时之论也。闻树勋延沈同芳入幕，增韫延张一麈入幕。奏稿尽出其手。两人皆江苏名士，薄有才华，而议论

① 黄炎培：《八十年来》，中国文史出版社 1982 年版，第 40 页。

乃狂悖如是。甚矣！辩言乱政之可畏也。"① 修律不仅可以说是一场立法秀，而且官僚体制中的封疆大吏在众声喧哗中为了抢人眼球更是极力在秀出自我。

中国人当时以日本为师，但中国的情形与日本不同。日本当初汲汲于修律取消领事裁判权，关键在于日本最初被迫开国而与西方签订的不平等条约里就明确规定领事裁判权只是过渡措施，五年之后日本法律改良则将予以取消。正如黄遵宪这样写道，当初日本立约时，幕府官吏未谙外情，任其鼓弄。而美国公使为定约稿，犹谆谆告之曰："此治外法权，两国皆有所不便，而今日不能不尔，愿贵国数年后急改之。"② 换句话说，西方列强对于日本判处的有期徒刑，而对于中国判处的则是无期徒刑。日本取消领事裁判权自始具有比较明确的时间表和路线图，容易激发其朝野众志所趋，为此目标而精诚团结、积极努力，反观中国则难以快刀断乱麻、一拳碎黄鹤。即便《马凯条约》第十二条等的规定也极为浑括，给列强提供了可以任意否定中国收回领事裁判权要求的硕大空间，又使得中国法律司法改革处于自我矛盾的两难境地。刑律草拟后，清廷征询内外大臣的意见。两广总督张人骏、安徽巡抚冯煦、署直隶总督杨士骧、浙江巡抚增韫、湖广总督陈夔龙、署邮传部右丞李稷勋等纷纷指责新刑律有妨礼教，将中国旧律精义弃置不顾，全袭外国文法格式，不合民情，刑律过轻，妨碍内治，其结果必将适得其反，将造成不可收拾的局面。大学堂总监督刘廷琛奏称："法律馆专意摹仿外人，置本国风俗于不问，既取平等，自不复顾纲常，毫厘千里之差，其源实由于此。"③ 按照这种观点，新律一概准乎外邦，期借此以收回领事裁判权，殊不知收回领事裁判权，首在国势强盛，次须审判公平。法律原以治己，非为他人而设，今不为本国四万万人计，专为流寓数千人计，民情扞格，诟怨繁兴，势必使作奸犯科日多，伏莽遍地，外人将视之为

① 胡思敬：《国闻备乘》卷四，中华书局 2007 年版，第 122 页。
② 黄遵宪：《日本国志》上，天津人民出版社 2005 年版，第 176 页。
③ 故宫博物院明清档案部编：《清末筹备立宪档案史料》下册，"大学堂总监督刘廷琛奏新刑律不合礼教条文请严饬删尽折"（宣统三年二月二十三日），中华书局 1979 年版，第 888 页。

乱邦，尤不肯以裁判权拱手相予。劳乃宣认为"泰西各国，凡外国人居其国中，无不服从其国法律，不得执本国无此律以相争，亦不得持本国有此律以相抗，今中国修定刑律，乃谓为收回领事裁判权，必尽舍固有之礼教风俗，一一摹仿外国，则同乎此国者，彼国有违言，同乎彼国者，此国又相反，是必穷之道也。总之，一国之律，必与各国之律相同，然国乃能令国内居住之外国人遵奉，万万无此理，亦万万无此事。……故一意摹仿外国，而于旧律义关伦常诸条弃之如遗，焉用此法为乎？"① 不难看出，收回领事裁判权的谋划是为了解决法律文化冲突，但这种因为力量对比不得不舍我从人的改革实际上又会陷入不易解套的困境，引发更深层面的法律文化冲突。应该说，这种法律文化冲突的矛盾在 19 世纪 70、80 年代就已经被李鸿章敏锐地察觉了。李鸿章多次表示领事裁判权于公法最为不合，洋人刑罚从轻，每怪中国拷讯、斩、绞之属太苛，如果不有所更改，而强西人归我管辖，虽巴西、秘鲁小邦亦不愿也，遑论西方列强之放弃业已攫取的领事裁判权。所以，他主张仿效日本的做法，认为日本开户之初虽然也丧失了治外法权，但很快知耻近勇，先将向用刑章改就西洋，尽量屈从西人，终于换回了领事裁判权的废除。另一方面，李鸿章又很现实地认识到，由于中外刑律迥异，要达到这一目的，就须将数千年相传之刑法大变，"试问中国刑部及内外各衙门能将祖宗圣贤刑制尽改乎？"② 清廷颇为震动，谕令重新删并修改，谓："刑法之源，本乎礼教，三纲五常实为数千年相传之国粹，立国之大本。"因此对于旧律义关伦常诸条，不可率行变革，庶以维天理民彝于不敝。该谕旨修正了修律宗旨，变"中外通行"为禁止变革旧律义关伦常诸条，并予以强调。

有学者认为，就修律以收回领事裁判权问题而言，《马凯条约》第十二条是张之洞有意制造的一面"政治盾牌"。张之洞所追求的主要是其政治意义而非其实际价值。在清末修律启动以后，张之洞从 1907 年

---

① 赵尔巽等撰：《清史稿》卷一百四十二，志一百一十七，刑法志一，中华书局 1977 年版，第 4190—4191 页。

② 李鸿章：《李鸿章全集》卷十九，朋僚函稿，"复曾劼刚星使"（光绪五年九月初五日），时代文艺出版社 1998 年版，第 3765 页。

就开始放弃了自己首倡的这一说法，自戳"盾牌"了。但在我们看来，张之洞并非仅仅如人们所想象的那样是虚晃一枪而已，其次，其前后的言行并不是矛盾的，而是其一贯坚持的中体西用的思想的映射。张之洞认为，改制派"原奏所注意者，只收回治外法权一事，自是今日急务。查外国人所以深诋、中国法律必须改订者，约有数事：一曰刑讯无辜，一曰非刑残酷，一曰拘传过多，一曰问官武断，一曰监羁凌虐，一曰拖累破家。果能将此数端积弊严禁痛改，而国势实力日见强盛，然后属地主义之说，可以施行，外人自不能干我裁判之权。并非必须将中国旧律精义弃置不顾，全袭外国格式文法，即可立睹收治外法权之效也。盖收回治外法权，其效力有在法律中者，其实力有在法律外者。"① 张之洞详尽批驳了沈家本、伍廷芳在《进呈诉讼律拟请先行试办折》中所阐述的立法理由。在张之洞看来，"修律以收回领事裁判权"说企图通过变通诉讼制度以撤去治外法权，其意固甚善，但事实上，列强并不愿轻易放弃领事裁判权。近年与英、美、日本订立商约，诸国虽允他日弃其治外法权，然皆声明俟查悉中国律例情形、审断办法及一切相关事宜皆臻妥善等语。"所谓一切相关事宜皆臻妥善十字，包括甚广。其外貌则似指警察完备，盗风敛戢，税捐平允，民教相安等事。其实则专视国家兵力之强弱、战守之成效以为从违。"② 易言之，收回这一特权需要其他综合条件。西方国家以为此为所作承诺的预设条件，范围甚广，且无具体的标准以资判定。对于仅仅彻底改革法律能否收回领事裁判权，当时还有不少人表示出不同程度的质疑。例如，大理寺正卿张仁黼谓：欲收回领事裁判权，仅制定西式法律尚不足，尚需要看"国势兵力之富强若何？人民教育之程度若何？内外文武人材之担任若何"，等等。如果这些"尚待培养，则虽法律精允，足与列强同符，而欲治外法权遂能一一

---

① 转引自罗志渊：《近代中国法制演变研究》，台北中正书局1981年版，第201页。

② 《张文襄公全集》卷六十九，"遵旨核议新编刑事民事诉讼法折"（光绪三十三年七月二十六日），《海王边古籍丛刊》第二册，中国书店1990年版，第153页。

收回，不待智者而知其未易言矣"①。因此，他主张循序渐进，不可急于实行，应该大其规模，宽其岁月，务求精详允备，厘然胥当于人心，然后择其易晓易从者，试行一二端，以渐推而广焉。即迟之十年二十年，亦不为晚。如果贸然颁行，将不惟龃龉纷纠而已，诚恐治外无期，实先无以治内。若不能治内，外人借口干涉，其为隐患何可胜言，此乃不得不深虑而熟筹者也。② 光绪三十年（1904）七月，伍廷芳向朝廷力陈治外法权之宜收回，奏请谕令外务部大臣筹商收回之法。而此时各种条件显然未达列强所要求的皆臻妥善，《东方杂志》发表时评即对此持怀疑态度，预测各国恐未易允从。

---

① 蔡冠洛编：《清代七百名人传》第一编，政治，政事，张仁辅，沈云龙主编：《近代中国史料丛刊》第六十三辑，623，台北文海出版社 1971 年版，第 483 页。

② 故宫博物院明清档案部编：《清末筹备立宪档案史料》下册，"大理寺正卿张仁黼奏修订法律宜妥慎进行不能操之过急片"（光绪三十三年五月初一日），中华书局 1979 年版，第 837 页。

第七章　19世纪中国法律规则演变的总体透视

第一节　学科底层语法规则：考据学与法律实践的关系

中国政法大学王宏治《试论中国古代史学与法学同源》一文是非常有创见的力作。据王宏治研究，学术起源于巫史，是在世界各大文明古国的历史上具有共性的规律，也是学术界的共识。这两者最初是浑然不分的，都是代表鬼神在人间的发言人，起着沟通人世与上帝之间的桥梁的作用，指导人们的生产、生活，乃至国家的政治、军事及司法活动。随着社会的发展，巫与史的分工逐渐明确。"巫"专注于卜祝活动，偏重于鬼神之事，以从事舞蹈、音乐、绘画及医药、疗病为其特色，是鬼神文化的代表；"史"则偏重于人事，记载人们重要的日常社会活动，掌握规范人们活动的制度，成为制度文化的代表。范文澜认为，夏代由于刚跨入文明的门槛，鬼神意识还不强，处于较原始的"尊命文化"阶段；商代统治者已有意识地使用鬼神作为统治工具，可称为是"尊神文化"；西周进入较发达的社会阶段，人类用自己规定的礼仪、法律规范社会，故可称为"尊礼文化"。① 如果说殷商时代是巫史并重，那么到西周时，史官的地位就已经超过了巫祝，史官文化与最高统治者的直接利益紧密结合，成为主导文化，而巫祝文化则遭到官方排

---

① 可参见范文澜：《中国通史》（修订本）第一编第四章第八节，人民出版社1964年版，第190页。

斥，逐渐淡化，进入民间，成为平民文化的主体内容之一，在历史舞台上仅担任配角。人们今天所说的"历史"，在古代仅称为"史"，"历"指的是"历法"。《说文解字》云："史，记事者也。从又持中。中，正也。"① 又，指的是手；中，本来指的是古代的簿书，即竹简、牍、版之类的书写材料。以手持"中"，即为用手将各种需要记录的事务记在"中"上，所记之事，即为"史"。江永说："凡官府簿书谓之中，故诸官言治中、受中，及小司寇'断庶民狱讼之中'，皆谓簿书，犹今之案卷。"② "中"，就是史册、档案、案卷，或者就是记载法律的文书。所谓"中，正也"，是将后人对史的理解，要求历史应当公正，真实，合乎正义，而这也正是对法律的要求。宋人欧阳修说："伏以史者，国家之典法也。自君臣善恶功过，与其百事之废置，可以垂劝戒、示后世者，皆得直书而不隐。故自前世有国者，莫不以史职为重。"③ 欧阳修将史等同于典法，这一观点实际上是古代学者的共识。《周礼·春官·大史》载："大史掌建邦之六典，以逆邦国之治；掌法以逆官府之治；掌则以逆都鄙之治。"④《礼记·月令》又云："乃命大史守典奉法。"⑤ 典即六典（指治典、教典、礼典、政典、刑典、事典六典），法为八法（指官属、官职、官联、官常、官成、官法、官刑、官计八法）。《韩诗外传》称："据法守职而不敢为非者，太

<hr>

① 许慎撰：《说文解字》卷三下，徐铉校定，中华书局 2002 年版，第 65 页上。此外，还可以参见王国维：《观堂集林（外二种）》卷第六，艺林六，释史，河北教育出版社 2003 年版，第 129 页。罗振玉：《罗雪堂先生全集》三编，册二，文字第五，台北大通书局有限公司 1989 年版，第 485 页。朱希祖：《中国史学通论》，《民国丛书》第二编，历史·地理，上海书店 1990 年版，第 1 页。
② 江永：《周礼疑义举要》卷五，"秋官"，纪昀、永瑢等编纂：《景印文渊阁四库全书》第一百零一册，经部，九五，礼类，台北商务印书馆股份有限公司 2008 年版，第 408 页。
③《欧阳修全集》第 4 册，李逸安点校，卷一百一十一，奏议卷十五，《论史馆日历状》，中华书局 2001 年版，第 1687 页。
④ 王云五主编：《周礼今注今译》，台北商务印书馆股份有限公司 1972 年版，第 271 页。
⑤ 孔令河：《五经注译》上册，山东友谊出版社 2001 年版，第 1412 页。

史令也。"① 由此可见，国家的法律是作为档案掌管在史官手中，史官从某种程度上讲，就是从事立法活动的官员。而有关法律的学问在当时掌握在史官手中，成为史官文化的一个重要的组成部分。中国古代的所有学问几乎都渊源于史官文化，而经学、史学与法学的分袂乃在魏晋南北朝时期，不过在图书分类领域，史学与法学始终密切相关，法典与法学著作一直是列于"史部"。这既说明法学与史学同源，也说明史学是法学之源。②

笔者的论证核心不在于说明法学与史学同源，而在于试图证明中国传统的考据学和传统律学的方法实际上是相通的。胡适在这一问题上已经为我们开启了研究的门径，其见识极为精粹，发人所未发。胡适认为，考据学中的"校勘"两字都原本是法律名词，都含有审判的意思，朱熹的考据学方法之所以产生是受到了其法律实践活动的影响，其考证的活动与担任福建同安县主簿、知漳州处理案件的人生经历具有关联性。笔者对于这一点在本书中已经进行论列，③ 兹不赘述。对于程朱哲

---

① 今本《韩诗外传》未见，此转引自刘知几著，张振珮笺注：《史通笺注》卷之十一，《史官建置》，贵州人民出版社1985年版，第393页。

② 王宏治：《试论中国古代史学与法学同源》，《政法论坛》2003年第2期。刘师培《古学出于史官论》一文论曰："《汉书·艺文志》叙列九流，谓道家出于史官，吾谓九流学术皆源于史，匪仅道德一家。儒家出于司徒，然周史六弢以及周制周法皆入儒家，则儒家出于史官。阴阳家出于羲和，然羲和苗裔为司马氏，作史于周，则阴阳家出于史官。墨家出于清庙之守，然考之周官之制，大史掌祭祀，小史辨昭穆，有事于庙，非史即巫，则墨家出于史官。纵横家出于行人，然会同朝觐以书协礼事亦太史之职，则纵横家出于史官。法家出于理官，名家出于礼官，然德行礼义，史之所记，则法名两家亦出于史官。杂家出于议官，而孔甲盘盂亦与其列；农家出于农稷，而孔安国书册参列其中；小说家出于稗官，而虞初周说杂伺其间，则杂家、农家、小说家亦莫不出于史官，岂道家云乎哉？盖班志所言，就诸子道术而分之，非就诸子渊源而分之也。仁和龚氏有言，诸子学术，皆周史之孽小宗，后世子与史分，古代子与史合，此周史之所以职掌者二也。"陈桐生：《中国史官文化与〈史记〉》，汕头大学出版社1993年版，第75—76页。

③ 参见本书第二卷第三章。例如，朱熹曾言："看文字如捉贼，须知道盗发处，自一文以上赃罪情节，都要勘出。若只描摸个大纲，纵使知道此人是贼，却不知何处做贼。"这些语言都显示出其司法经历与做学问的关系。参见黎靖德编：《朱子语类》卷第十，王星贤点校，中华书局1986年版，第164页。

学尤其是朱熹哲学的方法论，胡适加以肯定的主要有两方面，一是朱熹的"怀疑"的精神，二是"假设"与"归纳"的方法，在其看来，"朱子所说的话归结起来是这样一套解决怀疑的方法：第一步是提出一个假设的解决方法，然后寻求更多的实例或证据来做比较，来检验这个假设——这原是一个'未可便以为是'的假设，朱子有时叫做'权立疑义'"①。清代朴学虽然是对宋学流弊的矫正，但乾嘉考据学的兴起实际上是在宋学前期研究基础上的进一步推进。② 乾嘉考据学使用的所谓"参伍""取证"的归纳和演绎两种逻辑方法，源于朱熹的提炼和总结可谓有目共睹。③ 胡适在《清代学者的治学方法》一文中，举了训诂学、音韵学、校勘学等方面的例子，系统地介绍了清代学者（乾嘉学派代表人物）的治学方法，明确指出：清代学者的治学方法是先归纳后演绎。这种方法本身是有局限的，很多问题不是这种方法能够容纳的。因

---

① 《胡适全集》第 8 卷，安徽教育出版社 2003 年版，第 500 页。

② 皮锡瑞在其《南学会讲义》（第七讲）中所论甚详，其文云：汉学出自汉儒，人皆知之；汉学出自宋儒，人多不知。国朝治汉学者，考据一家、校勘一家、目录一家、金石一家、辑录古书一家，皆由宋儒启之。宋以前著书讲考据者，如《颜氏家训》《匡谬正俗》之类甚少，至宋，此等书极多，《容斋五笔》《野客丛书》《考古质疑》《能改斋漫录》《学林》之类，指不胜屈，是考据一家始于宋儒也；古无刊板，故无校勘，至宋，乃有宋公序校《国语》，三刘校《汉书》，是校勘一家始于宋儒也；古无目录之学，至宋，乃有《崇文总目》、晁公武《读书志》、陈振孙《书录解题》、高似孙《子略》，是目录一家始于宋儒也；古无金石之学，至宋，乃有欧阳公《集古录》、赵明诚《金石录》、洪氏《隶释》《隶续》、娄氏《汉隶字源》，是金石一家始于宋儒也；古无搜辑佚书之学，至宋，乃有王厚斋考《三家诗》，辑郑《易注》，是搜辑古书一家始于宋儒也，汉学专门精到之处，自视较宋儒所得更深，然觞源导自前人，岂宜昧其所出！则汉宋两家之交哄，夫亦可以解纷矣。参见《皮鹿门学长南学会第七次讲义》，《湘报》第 37 号。此段文字亦见皮锡瑞《师伏堂未刊日记（1897—1898 年）》，但颇多歧异。参见皮锡瑞：《师伏堂未刊日记（1897—1898 年）》，湖南历史考古研究所近代史组整理，《湖南历史资料》1958 年第 4 期，第 122 页。

③ 朱熹指出："错、综，自是两事。错者，杂而互之也；综者，条而理之也。参伍、错综又各自是一事。参伍所以通之，其治之也简而疏；错综所以极之，其治之也繁而密。"见朱熹：《晦庵先生朱文公文集》卷第五十四，"答王伯丰"，《四部备要》，子部，第五十七册，《朱子大全》一，中华书局 1989 年版，第 943 页。

此胡适对于"归纳"和"演绎"做了解释，改变了"先归纳后演绎"方法的本色，述古而翻新，以述为作，将其改造为"大胆的假设，小心的求证"这一方法论公式：先根据少数同类的例提出"假设"，再用"充分满意"的"演绎"来"证实"。从"演绎"到"大胆假设—小心求证"，尽管削弱了推理的谨严性，不过压缩了的考察范围却发挥了推测和想象的作用，成为一种以退为进的变革，在"假设—求证"中所提出的问题常常超出了"归纳—演绎"的范围，加强了考据的开拓性。正如胡适在红学中创立的"自传说"，考察甚少而匆匆提出假设，固然有失于谨严，但其"自传说"打开了很多研究者的思路，促使学术界注意"红楼梦"研究与"曹雪芹研究"之间的关系，从而在"红学"之外又出现了"曹学"，给考据学带来了新的生机。由于胡适仅仅话锋略略涉及于考据学与法律实践的关系，且仅仅以朱熹为例，就实质而言，尚属于胡适自己所说的"大胆的假设"，所以笔者在此主要想接着胡适的话头继续以证据坐实其论并且扩而充之、引而申之。

一、考据学方法与律学方法

胡适所说朱熹的考据学方法与其法律活动实践存在关联是不无道理的。尽管法律史学界有人认为宋代以后律学就开始衰微，由显学向偏学、小学的方向转变，但对此论持相异者亦不甚少焉。笔者对于宋代历史并无专门研究，不敢对于各家学说妄加评骘，不过认为宋代在科举和选官制度上与明清时期的差异实应予以格外重视。南宋陈亮曾经说过："汉，任人者也；唐，人法并行也；本朝，任法者也。"[①] 宋代有意将法律考试变成为入仕升迁的重要条件，以激劝习法用法的风尚，其法律考试的种类之多、规模之大、范围之广在中国历史上罕有其伦，不仅"明法""新科明法""试刑法""铨试"等的名目繁多自不待言，即便进士、武学、算学、画学等科目亦需试律断案。是时，出官试可以约略分为两类：一是有出身人考试律义、断案然后注官，二是吏部组织的大规

---

① 《陈亮集》卷十一，人法，邓广铭编校增订本，中华书局1987年版，第124页。

模的出官考试即铨试。与吏部对选人和奏补初出官人的铨试不同，试刑法又称为"试法官""试刑名""试断案"等，是对京、朝官、幕职州县官等明于格法者的考试，由刑部、大理寺等中央司法机构主持，从中选拔出合格官员以入值上述主试的高级司法机构。宋朝与明清时期的这种考试制度上的差异自然会形成不同的社会习尚，故而研究宋代法律史的专家陈景良就极力表彰宋朝士大夫群体既饱读四书五经、俨然儒雅，又熟谙律令、工于吏事，具有兼文章、经术、吏事于一身的特征。① 就朱熹本身而论，他把三纲五常作为分辨是非的核心，并将其上升到天理的高度，把所谓的天理作为评判是非的最高标准，并以此指导司法活动，把义理凌驾于法律之上。朱熹不仅有大量关于法律问题的论述，其法律学术和思想一向为后世所关注。② 朱熹明确指出：读书有疑问，必需如老吏断狱，直是推勘到底。后来史家常云"治史如断狱，必先具两造之平实，始可望平亭之裁判"③，这一话语的繁殖就源于此。断狱之法与治学之道在此被丝丝入扣地铆合在一起了，足见胡适所言不虚。

其实，如果我们沿波讨流，将眼光伸展至汉代，这种考据学与律学犹如水乳交融的关系更是彰彰其明。汉时的儒者不仅用儒家经义来阐述法律文意，而且用经学方法来诠释法律概念。④ 程树德《九朝律考》所辑两汉律家凡得七十五人，其中西汉的董仲舒、叔孙通、郑昌和郑弘兄弟以及东汉马融、郑玄等人尤为名世，每多兼经学大师与律学家于一身。例如，郑玄遍注群经，不仅熔今文古文于一炉，而且凌驾各派之上，所注释的经传斐然于世，形成了为世人所知的"郑学"，但郑玄所撰《汉律章句》称得上汉代一部完备的律学著作，注经的方法被其运用到了注律的活动中。据《晋书·刑法志》载，对汉代的律文"后人

---

① 陈景良：《文学法理，咸精其能——试论两宋士大夫的法律素养》，分载《南京大学法律评论》1996 年秋季卷、1997 年春季卷。

② 可参见徐公喜：《朱熹理学法律思想研究》，江西人民出版社 2004 年版。

③ 梁敬錞：《史迪威事件》，商务印书馆 1973 年版，自序第 4 页。

④ 西汉诸儒以《禹贡》行河，以《洪范》察变，以《春秋》断狱，以《三百五篇》当谏书。可以参见《魏源全集》编辑委员会编校：《魏源全集》第 13 册，岳麓书社 2004 年版，第 121 页。《唐英集》，张发颖、刁云展整理，辽沈书社 1991 年版，第 887 页。

生意，各为章句。叔孙宣、郭令卿、马融、郑玄诸儒章句十有余家，家数十万言"①。如果说西汉的律学研究因为克服了一味用刑的缺陷而培植了较为厚实的理论基础，那么东汉的律学研究则通过训诂方法的运用变得更为系统、周密和严谨。汉代鸿儒以经解律、以经注律，采用训诂学的方法分析汉律，和乾嘉汉学"以狱法治经"交相辉映，灼然可证笔者此处提出的论点。清末民初国学大师章太炎所言"今之学者，非特可以经义治狱，乃亦可以狱法治经"，可谓是对此种现象的权威性总结。

对章学诚在《文史通义》中所倡六经皆史之说，章太炎誉之为"真是拨云雾见青天"②。章太炎申论说："六经都是古史……经外并没有史，经就是古人的史，史就是后世的经"③，"六经"无一非史，后人于史以外别立为经，实乃推尊过甚。但有清一代的考据学在本质上大半在证经，故而邓实在《国学今论》中云："本朝学术，实以经学为最盛。其余诸学，皆由经学而出。"④ 陈寅恪则更是严厉针砭说："清代经学发展过甚，所以转致史学之不振也。"⑤ 胡寅撰《读史管见》论经学与史学的关系，认为二者是"道"和"器"的性质。胡寅之侄胡大壮为此书作序，准确地把握了他的思想，言："后圣明理以为经，纪事以为史。史为案，经为断。史论者，用经义以断往事者也。"⑥ 在清人这种经本史末的话语中，治狱之法的隐喻跃然纸上。清代以经义治狱、以狱法治经的学者不乏其人。例如，孙星衍（1753—1818）字渊和，号

① 房玄龄等撰：《晋书》卷三十，志第二十，刑法，中华书局 1974 年版，第923 页。亦见马端临：《文献通考》卷一百六十四，刑考三，刑制，中华书局 1986 年版，第 1424 页。

② 章太炎：《章太炎的白话文》，台北艺文印书馆 1972 年版，第 44 页。

③ 章太炎：《论经的大意》，《教育今语杂志》1914 年第 2 期，第 134 页。另一方便的史源为《章太炎学术史论集》，傅杰编校，中国社会科学出版社 1997 年版，第 26 页。

④ 邓实：《国学今论》，《国粹学报》第一年第五号，1905 年 6 月 23 日。

⑤ 陈寅恪：《陈垣〈元西域人华化考〉序》（1935 年 2 月），陈寅恪：《金明馆丛稿二编》，生活·读书·新知三联书店 2001 年版，第 270 页。

⑥ 胡寅：《读史管见》卷首，《胡大壮〈读史管见序〉》，《四库全书存目丛书》编纂委员会编：《四库全书存目丛书》，史部，第 279 册，齐鲁书社 1996 年版，第 757 页。

伯渊，阳湖（今江苏武进）人。于经史、文字、音训、诸子百家，皆通其义，博极群书，勤于著述，系乾嘉时期学界不容忽视的重要人物，缪荃孙将他列为经学家、小学家、校勘学家、骈体文家、金石学家。少年时与洪亮吉等以文学见长，袁枚称他为"天下奇才"。家有藏书楼"平津馆"，贮书极富，以校勘精审见称，编撰有《孙氏家藏书目》，分外编三卷、内编四卷。《廉石居藏书记》一卷、《平津馆鉴藏书籍记》三卷，续编一卷，补遗一卷。嘉庆五年（1800），刊行《祠堂书目》。他深感《古文尚书》为东晋梅赜所乱，曾辑《古文尚书马郑注》，遂积二十余年之功力，览古人之传记，质近代之异同，存其是而去其非，削其繁而增其简，多采汉魏人佚说，合王鸣盛、江声、段玉裁之所长，为《尚书古今文注疏》三十卷。此书正文下列注，注下为疏，考证翔实富赡，凡唐以前诸子、笺注、类书等材料无不广搜博引，信而有征，凡治《尚书》之学者莫不视此为最完善之本。再者，孙星衍自称是孙武第七十五代孙，他根据华阴《道藏》所校辑的《孙子十家注》辑注谨严，文字精深，是中国近代史上成就最大、流传最广、影响也最大的《孙子兵法》版本。尽管孙星衍被阮元誉为"实本朝不可废大家"①，但很少有人注意和阐发孙氏的考据学成就与其法律实践的关系。《清史稿》这样记载道：孙氏于乾隆五十二年（1787）进士及第，授翰林院编修，散馆后"官刑部，为法宽恕，大学士阿桂、尚书胡季堂悉器重之。有疑狱，辄令依古义平议，所平反全活甚众。退直之暇，辄理旧业，洊升郎中"②。嘉庆元年，代理山东"按察使凡七，阅月平反数十百条，活死罪诬服者十余狱。潍县有武人犯法，贿和珅门，嘱托大吏。星衍访捕鞫之，械和门来者于衢"③。当时有一则案例：湖广地区有一人，为保护

---

① 阮元：《阅问字堂集赠言》，孙星衍：《问字堂集》（与《岱南阁集》合刊），骈字骞点校，中华书局 1996 年版，第 9 页。

② 赵尔巽等撰：《清史稿》卷四百八十一，列传二百六十八，儒林二，中华书局 1977 年版，第 13224 页。

③ 赵尔巽等撰：《清史稿》卷四百八十一，列传二百六十八，儒林二，中华书局 1977 年版，第 13225 页。特别应该参见阮元：《揅经室集》，二集，卷三，中华书局 1985 年版，第 405 页。

已改嫁之母，伤害他人，被判处死刑。皇帝下令将这则案例交有关部门审议。有人以为，按照礼制，子为嫁母所服丧服，比子为母所服丧服要减一个等次，因此改嫁之母不同于母，则护嫁母不得与护母同科，因此伤人者该严惩。孙星衍则提出：古时如果父在，子为母服丧亦仅为期丧，这是因为父之地位更尊，故为母丧只能降一等次；而子为嫁母服丧，也只服一年的期丧，这是因为宗子在主祭，而不是因为子与嫁母之间的情分降等。他又引宋代王博文请封嫁母，又为行服，谓子无绝母理；又引唐代律法，凡父卒母嫁，有心丧三年之制，子无绝母道故也。因此，孙星衍认为，护嫁母出母，均当与护母同，故主张减死罪为斗杀罪。[①]

正如笔者在本书第四卷第二章提及，清人曾自豪地宣称律例之细、弈艺之工、窑器之精三事远胜古人。清代考据学的发达与律学的精细化不无关系。清代刑部司曹的专业化在本书第四卷已经论列，孙星衍官刑部直隶司主事，总办秋审，有机会遇到各种疑难案件，在乾嘉时期以善法律闻名一时，考据与断狱两者之间对其而言事异理同。事实上，明清时期大量的学案著作问世，这中间的喻体是一望而知的。清人邹鸣鹤在《刑部说帖揭要序》中就一语道破其间的意味，并表达了一种现代法学中教义法学（Dogmatik）的趋向，他说："夫治律犹治经也。经以正文为宗主，注即注是经者也，疏即疏是经者也。推之名儒学案，诸家荟说，皆发明是经、羽翼是经者也。本此意以治律，不充其类于至繁至多，不足以阐律学之至精；不参其解于至深至浅至奇至正至无常至有主，不足以得律学之至当。而所谓至精至当者，本天理，笾人情，仍可以惟简乃孚之一言蔽之也。"[②] 法学界多推崇清末薛允升、沈家本的律学思想和成就，但鲜人问津其律学方法。无论薛允升的《读例存疑》，

① 李元度：《国朝先正事略》，沈云龙主编：《近代中国史料丛刊》第十二辑，111，台北文海出版社1967年版，第1623—1624页。张晶萍：《论孙星衍的学术思想与用世精神》，《湘潭大学学报（哲学社会科学版）》2007年第3期。

② 邹鸣鹤：《刑部说帖揭要序》，盛康辑：《皇朝经世文编续编》卷九十九，刑政二，律例上，沈云龙主编：《近代中国史料丛刊》第八十五辑，831—849，台北文海出版社1972年版，第4420页。

还是沈家本的《历代刑法考》，所使用的方法均是乾嘉考据学的方法。纵观清代律学著作，除判例汇编（如乾隆年间全士潮校刊的《驳案新编》，道光年间祝庆琪纂、鲍书芸订的《刑案汇览》等）以外，主要包括三个系统：一是以解释律例为特点的辑注本系统，代表作有康熙年间沈之奇所著《大清律例辑注》、乾隆年间万维翰所著《大清律例集注》；二是以考证律例源流为特点的考证本系统，代表作有乾隆年间吴坛所著《大清律例通考》、光绪年间薛允升所著《读例存疑》；三是以方便司法实践为特点的司法应用本系统，代表作有康熙年间王明德所著《读律佩觿》、于琨所著《祥刑要览》。不难看出，清代律学之大宗或曰主流乃在于考据学的方法。

二、法律与历数

乾嘉汉学大师和思想家戴震曾经说："古今学问之途，其大致有三：或事于理义，或事于制数，或事于文章。事于文章者，等而末者也。"[①]这段话经常被学术界引用以解释义理、考据、辞章三者的关系。对于所谓"制数"，学术界解释云，主要指的是经典中形而下的典章制度，也就是训诂、考据的对象，有时也可以指代考据或考核。笔者不敢相信这种解释，甚是狐疑满腹。直到读完杨鸿烈的《中国法律思想史》，笔者才发现了对于戴震上述所言进行理解的突破口。杨鸿烈早年毕业于北京师范大学外文系，后入清华大学国学研究院师从梁启超、王国维研究历史，后来留学于日本东京帝国大学研究院，获博士学位。在抗日战争期间，杨鸿烈在汪伪控制下之南京中央大学史学系任教授，并兼任伪中央宣传部编审司长及国史编纂委员，落水沦为汉奸。新中国成立后，一度任广东文史馆馆员，但在 1957 年被划为"右派"，在广东从化九里步农场"监督劳动"，晚景颇为凄凉。尽管杨鸿烈在民族气节上具有洗刷不掉的污点，不过我们不能因人废言。应该承认，在学术上，杨鸿烈和乃师梁启超在学术风格和治学路径方面非常相似，在近代学科建制的诸多领域都是捷足先登的开山人物，充实和发展了梁启超曾经提出的一些新

---

① 《戴震集》，汤志钧校点，上海古籍出版社 1980 年版，第 189 页。

领域的研究，以"文学法理，咸精其能"言之殆非虚誉。在文学方面，商务印书馆 1928 年出版的杨鸿烈的《中国诗学大纲》是第一部中国诗学著作，其在此前一年同样为商务印书馆出版的《袁枚评传》迄今具有生命力。在史学方面，杨鸿烈著《史学通论》《历史研究法》由长沙商务印书馆出版，系中国现代史学方法论的奠基之作。在法学方面，杨鸿烈撰写的《中国法律发达史》《中国法律思想史》和《中国法律在东亚诸国之影响》三书，是民国法学史上不可绕过的标志性著作。著名科学家李约瑟在谈到中国法律史时，曾高度评价了杨鸿烈的著作，赞曰："关于法律史，最好的中文专著是杨鸿烈的《中国法律发达史》和《中国法律思想史》。"① 尤其在《中国法律思想史》一书中，杨鸿烈第一次系统地论述了殷周至民国初期中国法律思想发展的全过程，建立了中国法律思想史学的体系，从而成为中国法律思想史学的当之无愧的奠基人。在近代学科转型时期，杨鸿烈受到科学主义思潮的影响，对治学方法等科学性看得很重，他甚至认为史学"科学"身份的界定，正如法律上"嫡子"与"庶子"、"妻"与"妾"的分别一般所系非小。他在《中国法律思想史》中就其研究方法进行阐释时指出，法律的自身本来就是一种有系统、有组织的科学，在科学比较不发达的中国，唯有研究刑名（法律）和数理的学者才富于科学精神。杨氏引用其旧著《袁枚评传》中的一段话说："数学与法学，可说是有清一代科学方法的总源头。清代最大多数的汉学家不是深懂得勾股开方，就是擅长刑律。数学之为科学方法，可毋庸多说；而法律的本身最是讲究条理的明晰，而在审判案件应用它的时候，又最注重搜集及调查证据。"② 杨鸿烈在此所言发人深省。清代汉学家梅文鼎、阎若璩、惠士奇、江永、戴震、孔广森、钱大昕、凌廷堪、李锐、焦循、焦廷琥、吴兰修、董祐诚、许宗彦、程恩泽、俞正燮、阮元、李兆洛等数十人都与天文算学结下了不解之缘。研治历算学对于促进考证方法的严密极有关系，因为研究数学、天文、历法，讲求充分的证据、严密的判断，对于训练严格的归纳和演

---

① 李约瑟：《中国科学技术史》第 2 卷，科学思想史，何兆武等译，科学出版社、上海古籍出版社 1990 年版，第 559 页。

② 杨鸿烈：《袁枚评传》，商务印书馆 1933 年版，第 168—169 页。

绎的方法大有裨益，从而更能自觉地遵守实证研究的原则，力求排除主观臆测、穿凿附会，更加符合于近代科学方法。这可以说是"数"的方面对于考据方面的影响，过去学术界一般论述乾嘉考据学时往往也会提及这些学者在历算学、音律学等方面的贡献，但几乎所有学者都没有将法律实践、法学研究与乾嘉考据学之间联系起来考虑。"制"者，典章制度也；杨鸿烈氏前揭论述阐明了所谓"制数"的另一方面，即乾嘉考据学与对于政治、法律制度的研究在方法论上的关联。

尽管王明德的《读律佩觿》在考据之精严方面可能算不上清代考据律学中的翘楚，但其流传和影响在清代律学中可谓佼佼者。他在该书卷首阐述了研读法律知识的方法，即其所谓"读律八法"，分别为扼要、提纲、寻源、互参、知别、衡心、集义、无我。他这样写道："律义精严，难容冗集复著。故其义意所在，每为互见于各律各条中，即如窝藏强盗，坐家分赃，不系主谋造意共谋为盗者，止发边卫充军，而不同强盗以立斩，迹而视之，似觉太纵，若其定律之义，则已先著于盗贼窝主正条内之主谋造意，及谋反叛逆条内之隐匿反叛各条矣。……若非互参而互证之，将何以致其论断欤？"① 这些读律的方法从本质而言都是考据学中所谓参伍错综、求同法、析异法之类不二法门，无须赘言。这里值得我们特别关注的是，据台湾学者邱澎生研究，王明德在《读律佩觿》中极力证明"刑律""历律"与"乐律"这三种学问之所以被冠以"律"的名称，其实正反映了这三种知识具有共同的起源和本质②。易言之，法律之"律刑"与天文历法之"律历"、音乐之"律乐"一样，都是人们对"自然之气"的体会与模仿。王明德这样写道：

> 刑律之名何昉乎？舜典曰：同律度量衡。孟氏曰：师旷之聪，不以六律，不能正五音。是律之为具，乃开物成务，法天乘气所必由，万古圣王不易之匦度也。……尝考往古，统乎律为用，惟历与乐，刑则未之前闻。三代而上，勿论已。……子思子曰：仲尼祖述

---

① 王明德：《读律佩觿》，何勤华等点校，法律出版社2001年版，第4页。

② 邱澎生：《祥刑与法天：十七世纪中国法学知识的"信念"问题》，资料来源：http://idv.sinica.edu.tw，访问时间：2009年5月12日。

尧舜，宪章文武，上律天时，则刑之以律著也。其殆有取乎法天之
意云耶？或曰：于何言之？曰：古昔圣王，垂世立教，托迹简编，
寄情锥竹，固不可以亿万计，然详考其以律者，历、乐之外，惟刑
而已。历以象天，征乎地；地者，气之钟也。乐以导和，征乎言；
言者，心之声也。刑以平情，征乎心；心者，人之主，世之极，天
之道也。故正历以目，正乐以耳，而正刑则必以心。……故明刑必
本乎律天，天听高而体圆，故郊见乎圜丘，圆数六，奠极于五，故
气至六而极。律历之数六，律乐之数六，故律刑之数亦以六，六
曹、六杀、六赃是也。证灾祥于五星，审治乎于五音，而祥五刑，
明五听，简五辞，服五罚，正五过，何一非极于五而正其失哉。然
而岁有僭差，气有盈缩，节奏有登降，风雅有正变，世有兴替之递
迁，道有污隆之异制，人有赋性刚柔强弱之不等，俗有淳固浮浇之
不一，习有温良悍犷之异齐……则不得不各致其闰，以恰合天自然
之气。此刑所以一同夫历与乐，而功用固毫发其不爽者也[1]。

　　按照王明德的观点，法律之律与历律、音律一样都是"法天乘气"
的结果，同属"法天之学"的展现，法律之数只是模拟或挪用历律之
数和音律之数，作为法律之源泉的人心与天道有着深切的关系。他认
为，前人立法，字字斟酌，字字周详，呈现的数学般的"折算精微"，
因此他不仅在此段论证文字中采用"五、六"等数字来不断铺陈例举
法律、天文、音乐中展现的"天"与"自然之气"，而且在解释法律条
文时也表现出了对数字某种程度的着迷。例如在对清代"官司出入人
罪"律例中"原包杖、原包折杖"术语进行解释时，便直接使用"数
学还原之法"加以说明。王明德对于数字的执著也许不无訾议之处，但
其关于刑律、历律、音律的贯通解读无独有偶，附和其议者在所多有。
徐旭龄在康熙二十年（1681）所撰《引用律例疏》中亦云："古者乐律
曰律，法律亦曰律，其义一也。律差累黍，则声音即变，故立法者取

① 王明德：《读律佩觽》，何勤华等点校，法律出版社2001年版，本序第1—
5页。

之，言一定而不可移易也。"① 清末孙兆熊《中西律例繁简考》的阐述显然是出自徐旭龄前揭所言的文字孳乳："然律之名昉于虞书，盖度量衡爰法于律，积黍以盈，无锱铢之爽，凡度之长短、衡之轻重、量之多寡，莫不于此取正律以著法，欣以裁制群情，断定诸罪，亦犹六律正度量衡也。古者乐律曰律，法律亦曰律，其义一也。律差累黍，则声音即变，故立法者取之，言一定而不可移易也。"② 此外，徐忠明还从《史记》中依次编排的礼书→乐书→律书→历书的著述体例和《汉书》中律历志→礼乐志→刑法志，相继排列的编撰结构出发，认为如此谋篇布局意味深长，不单单是一种关于知识本身的组织问题，而且也关乎人间社会的秩序问题，更涉及人间秩序与宇宙秩序的关系问题。徐忠明由此得这样出结论：在传统中国的知识谱系中，律是表述包括历法、音乐、法律在内的通用概念，三者都有计算、规范、原理和秩序的丰富意蕴。③

三、进一步的论证

中国自近代引入西方学科体制后，分科设学，务为专家，与传统通人通儒之学大相违异。学科是文化的复杂建构物，绝非永恒的金科玉律，因时而变，因地而殊。在西方，直到 18 世纪晚期以后，知识的学科化得到重大推进，但是当时的学科划分和归类与今天相比差别颇大，例如，经济学就有时被归在法学院，有时又被归入哲学院。"学科"（discipline）这个词包含的学科、学术领域、纪律、规训、戒律等多种含义，和权力之间具有复杂关涉，具有"规训世界"的力量。学科的划分不仅是学术研究积累自身发展的结果，不只是知识本身的问题，而是一种复杂的社会实践形式，具有深刻的利益牵连。研究对象不是自在的存在，而是建构出来的。这种建构的目的难以避免地与特定学术群体

---

① 贺长龄辑：《皇朝经世文编》卷九十一，刑政二，律例上，沈云龙主编：《近代中国史料丛刊》第七十四辑，731，台北文海出版社 1972 年版，第 3253 页。

② 陈忠倚辑：《皇朝经世文三编》卷六十，刑政三，沈云龙主编：《近代中国史料丛刊》第七十六辑，751，台北文海出版社 1972 年版，第 914 页。

③ 徐忠明：《道与器：关于"律"的文化解说》，《吉林大学社会科学学报》2008 年第 5 期。

的利益相联系。在学术场域中，自由竞争的资本主义市场竞争制度成为现代学科知识生存与发展的"拣选—淘汰"机制。这种市场机制以"经济—利益"为标准和力量，左右着现代学科的生存与发展。正如沙姆韦（David R. Shumway）、梅瑟－达维多（Ellen Messer-Davidow）在《学科规训制度导论》（Disciplinarity：An Introduction, *Poetics Today*, Vol. 12, No. 2, Summer, 1991）中所说，知识的分门划界有多种目的。"当建立界限保护某学科时，边界就标志着所有者的领土，外人不得擅入，以便跟其他学科划清界限"①；"当界限是用来指导学科规训的执业者时，分门划界就决定要包括哪些方法和理论，哪些要排除，哪些可以引进"②。学科发展是一个在研究对象领域不断进行"分门划界（boundary-work）"的过程。各学科在此过程中依据"排他性"方式使学科的边界清晰透明，分别建立自己的学术组织，规训本学科领域的执业者，分割学科利益和左右学科的发展方向，成为资源分配与身份定位的强有力的因素。正是这样，学科划分的话语中地理比喻比比皆是，诸如领域、探索、范畴、边疆（frontier），等等，不一而足。不同的学科边界的渗透性各不相同，越是具有高度的稳定性、整合性的学科，其边界就越稳固，领域越封闭，渗透性亦越差；反之亦然，诸如地理、文学等松散分布广泛的学科边界渗透性就相对较高。不言而喻，近代学科制度在规范学科发展的同时亦对知识生产的边界人为地予以刚性限定，不可避免地导致学术研究盲点，使得人类社会的知识生产出现板结化现象。③ 作为

---

① 华勒斯坦等：《学科·知识·权力》，刘健芝等编译，生活·读书·新知三联书店 1999 年版，第 22 页。

② 华勒斯坦等：《学科·知识·权力》，刘健芝等编译，生活·读书·新知三联书店 1999 年版，第 23 页。

③ 因为人不是全知全能的神，由于时间、精力和智力的限制，专家系统是现代性的主要特征，但也具有不得不然的无奈。英国历史学家汤因比就从起源上说明了这一点："我们至少在原始社会的生活里也还能看得见初步的分工。王、巫师、工匠和歌手全是'专家'——希腊传说里的工匠赫菲斯托斯是个跛子，希腊传说里的诗人荷马是个瞎子。这些事实也可能表示在原始社会里只有生理上有缺陷的人，不能够全面发展或成为'万能先生'的人，才能成为'专家'。"参见汤因比：《历史研究》，曹未风等译，上海人民出版社 1997 年版，第 60 页。

对这种学科专业制度弊端的反动，试图通过跨学科跨专业研究进行矫正者不乏其人，但是僵化的学科专业体制远非简单的跨学科研究所能可奏肤功，缺乏前提批判反思的、简单的跨越学科专业边界的研究只不过是一种攻击力微弱的知识弋猎游击。是故，日本公共哲学运动的重要代表人物山脇直司（やまわきなおし）提出"后专业主义"概念，以求克服学术界缺乏横向联系而力倡学术开放意识。

在人文社会科学领域，单纯意义上的专业研究是不存在的，分无可分，学科专业间在概念、理论、方法等方面的互相借鉴很早就已存在，即在本质上是跨学科的。目前的中国学界颇好以跨学科研究进行自我表彰，往往心浮气躁地略观两本别的学科著作就摭拾片言人文，自诩曰"跨学科研究"，以致令学问潜沉者闻之退避三舍，恐妨笃深之名。笔者长期游走于法学和史学两者之间，对于其中的甘苦冷暖自知甚悉，深知真正的"跨学科研究"需要经过严格的正规训练，犹如文火炖肉一样需要假以时日方能入味于内。笔者在本书中并不标举所谓的"跨学科研究"，相反所欲探求的法学和史学两者的底层语法规则。这样的取径主要是基于如下两点考量：首先，正如钱穆曾经指出，近世学术界重于明道而疏于辨术，"所争皆在宗旨与目标上，所提出的尽是些理论，亦可说所争者用'道'。但大家并不曾有一套方法来亲切指导人，使人不注意到落实用力之一面，因此只是徒争门面，绝少内容，竟可说尽是提出意见，却无真实的学问成绩。即所谓'科学方法'，亦只是一句口号。换言之，'科学方法'四字亦成为一'道'"①。与其凌空蹈虚地高喊跨学科研究的口号，不如脚踏实地研究学科间的语法规则，这样或可有裨益于实际研究的推进。再者，夫学问之道，当观其会通。学术界往往强调中西会通乃至古今会通，但学科间的会通，即在若干不同学科领域均深造有得者，探索其中内部底层的通条贯则，可能对于学术研究尤其具有发凡起例的重要意义。

---

① 钱穆：《泛论学术与师道》，钱穆：《中国学术通义》，台北学生书局1976年版，第218页。

　　"齐物论"是庄学的核心理论所在，其要旨是分合与融通。分与合，又称毁与成，《庄子·齐物论》云："其分也，成也；其成也，毁也。凡物无成与毁，复通为一。"① 在庄子看来，唯达者能知通为一，不起分别心。这一点可以和马克思主义哲学中世界是普遍联系的观点不谋而合。马克思主义哲学把世界看成由相互联系的事物构成的有机整体，认为联系是普遍的、绝对的，没有孤立存在的事物。辩证法与形而上学在认识方法上的区别就在于，前者旨在全面地、整体地、联系地看问题，后者乃片面地、局部地（孤立地）、分离地看问题。马克思主义哲学的这种辩证法思想可以作为我们探索学科间底层语法规则的出发点和指南针。德国古典哲学的开山祖康德提出了认识的本质问题、人类知识的分类问题以及科学研究的方法论等问题，而新康德主义继承康德为科学尤其自然科学和文化科学奠立基础的纲领而努力，其中马堡和巴登学派以柯亨（Hermann Cohen，1842—1918）、那托普（Paul Natorp，1854—1924）、卡西尔（Ernst Cassirer，1874—1945）等人为代表，注重研究逻辑与认识方法论问题，认为哲学的主要任务是阐明数学和数学的自然科学的可能性，并进而阐明包括道德、艺术、宗教在内的其他一切知识部门的可能性，揭示它们的逻辑前提，发现各门学科的一般逻辑结构。易言之，各学科尽管研究对象不同，但是都有共同的逻辑结构，使知识具有统一性。哲学就是要探讨这些逻辑结构，而不是探究认识的心理基础或具体的方法。哲学就是科学认识的逻辑，或者说纯粹认识的逻辑，而这种纯粹认识的逻辑就是一种独特的哲学方法，即先验方法，它是一种把认识、科学事实、存在当作是意识、思维不断创造的发展过程的方法。正因如此，柯亨认为："法理学是数学的类比。或许可以说，法理学是人性的逻辑，尤其对于伦理学，法理学可看作是伦理的数学。"② 马堡学派的观点几乎与福柯的知识型理论如出一辙，亦与笔者在本书中的致思取向非常契合。

---

　　①　张耿光译注：《庄子全译》，贵州人民出版社1991年版，第26页。
　　②　徐觉哉：《社会主义流派史》，上海人民出版社1999年版，第275页。

其实，福柯在《词与物》中提出的知识型理论可以在列维－布留尔（Lucien Lévy-Bruhl，1857—1939）《原始思维》（*La Mentalité primitive*，Alcan，1922）一书中找到其先声。列维—布留尔认为，原始人用与现代人相同的眼睛来看，但是用与现代人不同的意识来感知。原始人的思维具有自己特殊的规律，使用一种不同于文明人的逻辑方式，即所谓"前逻辑"（prélogique），受"互渗律"（principe de participation）的支配，以集体表象（représentations collectives）为形式，相信人与外界事物之间有着部分或整体的等同，二者可通过神秘的方式来彼此参与、相互渗透，形成极为独特的认识过程。这种思维方式不太注意空间位置、空间意义，但是非常重视时间意义，认为宇宙间的一切都充满着灵魂，任何一种存在、一种客体都不是偶然性的，都是相互联系、相互作用的，都可能是另一个客体、另一种存在的原因或结果。如果两件事情在时间上前后发生，构成了时间性的前后顺序，那么不管这两件事情在性质上是如何的相异，在空间上是如何的遥远，都能构成原始民族的特有的因果联系。列维－布留尔这样写道："一切奇异的现象都被看成是稍后必将发生的灾难的征兆，同时也是它的原因；但是，以另一个观点看来，这个灾难也同样可以被看成是那个奇异现象的原因。所以，假如我们用因果律来解释这些集体表象，那就是歪曲了它们，因为因果律要求前件与后件之间的不变和不可逆的时间次序。实际上，这些集体表象服从于互渗律——原逻辑思维的固有的规律。任何奇异现象和以它为征兆的灾难之间是靠一种不能进行逻辑分析的神秘联系联结起来的。"①从上述可以看出，福柯的知识型理论很大程度上延续了其在法兰西学院的前辈列维－布留尔的研究，而在时间段主要集中于 16 世纪以来的知识底层的思维模式嬗变。如果没有列维－布留尔、涂尔干等人开创的集体表象的研究传统，福柯的知识型理论很可能无法如此气贯长虹。

---

① 列维－布留尔：《原始思维》（汉译世界学术名著丛书），丁由译，商务印书馆 1981 年版，第 501 页。

第二节　资源与法律规则的演变

乾隆五十一年九月二十三日，暂署湖广总督李侍尧、湖北巡抚李封呈奏，① 据署汉阳府知府王希曾到任后检查案卷，见有孝感县民控诉亲属被埋之案，前守行县，数月不复。复经该署府严札催查，始据接任知县高为济复称：前署县秦朴任内，有县民刘务孝、刘金立、邬老么等，因上年歉收乏食，各携器皿，向本处村民及伊等族姓借贷不遂，即将谷麦等物搬抢。旋有并未被抢之革生梅调元虑及被累，令伊子梅应奇邀同杨维智及各湾居民刘成烈等，公立议单，派人防守。嗣有抢夺粮食之刘金立被殴身死，经刘成烈等认明，赴刘金立家搜起原抢粮食，复捉获刘大么等四人，捆至僧寺，邀接梅调元等至寺拷问，逼令各报同伙，照写姓名，即着多人分途捉获张又咏等一十九人。梅调元父子起意，商同刘成烈、刘金云、刘金鸾、杨维智等，于三月初十日主使村民将两次捉获之刘大么、张又咏等二十三人，活埋于查家山地内。其被抢粮食等物及死者家中什物，悉行抢回，存贮僧寺，并将刘金立等房屋烧毁。复拿尸亲，逼令具结。经小河溪巡检袁学澄查知其事，禀报该署县秦朴，竟不严速查拿，亦不通报。李侍尧、李封认为，村民混抢谷麦，该县应即查拿惩治，以儆其余。至劣绅纠众惨埋多命，闻之无不发指，乃该署县竟置不办。且抢夺粮食各犯除已遭埋毙外，其余有无盗劫为匪各情，均应速为根究。更恐所埋人数，未尽系抢夺之人。由于案关多命，必得大吏前往查办，随委令按察使王廷奕，率同署汉阳府王希曾等一同密赴该处先拿要犯，再行刨验埋骸，以期就近确加访察。湖北省当局查明的事实是：

该邑因去岁歉收，村民乏食。乾隆五十一年二月初八日，有刘金

---

① 中国第一历史档案馆：《乾隆末湖北孝感富户活埋抢粮农民案》，"署湖广总督李侍尧等为特参纵凶不究之知县并讯办孝感活埋多命案情形事奏折"（乾隆五十一年九月二十三日），《历史档案》1997 年第 2 期。

立、刘务孝、刘金贵、刘金升、姚全道会遇，叙及上年领得赈恤银谷俱已食用无存，展赈尚未给放，贫难度日。刘金立起意纠约本地及外来无籍之人，向本处村民及伊等族姓借贷粮食。即于是日邀同姚么苟、张于姜、张又咏、梅文显、傅得俭等十人，各携口袋箩筐，赴伊族人刘勉孝家借贷不遂，即将谷麦搬抢，并攫取衣物回家分散。是月十六日，又有刘能宽起意纠同刘金立、刘大么、刘金秀、姚全道、姚二伢、姚么苟、张于姜、张又咏等九人，至张潮举家借贷不遂，抢得粮食等物。梅调元家业丰饶，素行刁恶，各湾民户俱听其指使。且伊子捐职州同，把持乡里，其势愈横。维时，梅调元闻知两家被抢，虑及己家，随于二十二日令伊子梅应奇邀同杨维智并附近村民刘成烈、刘子元、梅可珍、李思伦、刘茂孝等公议，各于村内派人防守，遇有强借强抢，立即协力捉拿，并写立议单，各执一纸。是月二十三日，刘金立又邀同刘能宽、陈金至、张添健、张万年、傅得勤、刘大么、刘金秀、刘金升、刘金贵、刘豹子、刘大章、姚全道、姚二伢、姚么苟、祝四、吴云彩等十七人，至曹特章家借贷，抢得谷米牛只。又二十六日，刘金立邀同邬老么、周胜走、吴正名、张大得、吴志云、陈丁对、刘大么、刘金秀、刘金贵、张于姜、张又云、姚全道、姚二伢等十四人，至熊廷贵家强借粮食不遂，即将谷麦衣物抢夺。熊廷贵护阻，被邬老么拳殴左胁，至次日殒命。伊子熊正奇外出未报。又二十八日，刘金立约同刘务孝、傅得勤、刘金贵、刘金升、张于姜、张又咏、姚么苟、姚全道、梅先扬等十人至刘叙华家借贷，抢得刘叙华并同居之张金元家谷米衣物。又三十日，刘金立约同刘务孝、刘豹子、刘大章、姚全道等五人，至刘贤则家借贷粮食，抢得驴只谷麦等物。又三月初八日，刘金立复邀同邬老么、刘务孝、刘能宽、汤跨人、汤文榜、吴邦庆、吴正名、刘金世、张麻子、陈丁对、刘大么、刘金秀、刘金升、刘金贵、刘豹子、刘大章、姚全道、姚二伢、姚应儿、姚么苟、张于姜、张又咏、祝四、高甚安、王老十等二十六人，至黄存义家借贷，抢得谷米牛只衣物。经防守之人追及，有刘昆玉用棍殴伤刘金立身死，邬老么等携赃奔逸，将牛只寄存徐会东家。次日，刘金立之族人刘成烈认明系刘金立尸身，同众赶赴刘金立家，搜起抢取赃物，拿获刘大么、刘金秀、姚全道、姚应儿四人，捆至高家庙内，邀接梅调元、梅应奇及刘金云、刘金鸾至庙，一同拷问。刘大么等报出同伙之人。梅调元随使令众人分途先后拿获张又咏、张又云、张于姜、刘豹子、刘大章、姚么苟、高甚安、吴云彩、梅文显、梅先扬、刘金升、刘金贵、祝四、姚二伢并收存牛只之徐会东。及傅得俭之父傅辅万、汤文榜之父汤石安，并未随同伊子抢夺，再刘廷于、吴运儿二人亦未抢夺，而梅调元因疑其同伙，一并捉拿。以上十九人连刘成烈等先捉之刘大么等四人，共二十三人，概行捆缚拷问，俱各承认因借不遂抢夺属实。

梅调元同子梅应奇以刘大么等俱系近村之人，叠次行抢，必至贻害己家，随起意埋毙。商之刘成烈、刘金云、刘金鸾，俱以为是。梅调元随用言恐吓，逼同周焕彩、刘能恕、刘幅亨于查家山地内分刨土坑。初十日早，梅调元令刘金云、刘金鸾，并喝令刘云耀、刘能仲、刘思孔、刘幅亨、李勤道、张大任、傅四儿、杨维智、张虔元、张大棕、张如华、刘谷训、刘谷顺、张大庆、梅魁玉等三十三人，将刘大么等二十三人分起抬赴坑内活埋。梅调元复与刘成烈等前赴张又咏、汤文榜、吴云彩等家，将所抢各家粮食等物并死者家中什物，悉行抢回，存贮庙内。并将刘金立、刘金秀、姚全道、汤石安、张又咏、吴云彩、吴正名、高甚安、梅先扬等各住屋烧毁。又逼勒尸亲姚祥泰等出具甘结。梅调元虑及官司查案，随令刘金云将已埋之人及报出同伙并捏添死者亲属等七十五人开入布单，并书写"同心竭力，誓同生死"字样，赖称系已埋之刘庭于等自行开写，并滴洒鸡血，诬为歃血订盟之据，以此挟制尸亲，预留事发卸罪之地。所有各尸亲及乡保等俱畏惧未报。嗣经小河溪巡检袁学澄查知其事，禀报该署县秦朴，并不严速查拿，亦不通报。事后，刘金立之母刘傅氏以伊子被殴身死，赴府具控。

李侍尧等在奏折中认为，梅调元父子并未被抢，特以家拥厚赀，恐致将来受累，即纠约刘成烈等同日捆埋二十三命之多。尸身多有殴缚伤痕，尸骨俱有闷蒸血晕，甚至绝人父子，残及无辜，狠戾已极。该署任知县秦朴玩视多命，纵凶不究，酿成重案，理合先行恭折参奏，请旨将前署孝感县事汉川县知县秦朴革职，以便严讯在任之日与梅调元有无贿结庇护情事，按律究拟。乾隆帝对于李侍尧将汉川县知县秦朴革职的临时措施朱批道：岂只止此。不仅我们乍看此案感到大为震惊，就连乾隆帝也朱批曰：大奇。乾隆帝在谕旨中指出：昨年湖北荒歉，已发五百余万帑金赈恤，若地方官办理得宜，何致尚有抢掠之事？即以为发帑不足用，何妨再请，朕岂惜而不与乎？此必有贪官污吏侵冒其间，以致饥民有不受实惠者耳。此案虽系该署县心存隐匿，未经禀报，然为督抚者安民察吏是其专责，所属有惨杀多命之案，且孝感距省不远，岂不闻见，乃竟同聋聩，形如木偶。若以州县未经禀报即诿为不知，则朕日理万机，于民隐无不洞悉。且伊犁、云南不啻数万里，朕亦付之不问不知，可乎？① 乾隆帝雷霆震怒，湖北省当局司法行政机构快速运作，对该案做出从重从速的处理。湖北当局司法行政机构审拟的看语援用的法律依据有：其一，杀一家非死罪三人者凌迟处死，财产断付死者之家，为从加功者斩。其二，谋故杀一家非死罪四命以上，致令绝嗣，凶犯依律凌迟处死，仍按其所杀人数，将凶犯之子照数抵罪。其子无论年岁大小，概拟斩立决。妻女改发伊犁给厄鲁特为奴。其三，谋杀人从而加功者绞监候，不加功者杖一百，流三千里。白昼抢夺杀人者，拟斩立决。其四，粮舡水手伙众十人以上执持器械抢夺，为首照强盗律治罪，为从减一等。知人犯罪事发而藏匿在家者，减罪人罪一等。湖北当局拟议如下：此案刘金立等因借贷粮食不遂，叠次抢夺，固属不法，但首犯刘金立业被捕殴身死。至刘大么等十九人虽经随同抢夺谷麦，但俱罪不应死，且系梅调元等近处村邻，兼有族人在内。其傅辅万、汤石安并未随子抢夺，又吴运儿、刘庭于亦系因疑受害。梅调元父子并未被抢，却起意商同刘成烈等埋毙竟至二十三命之多。内有姚全道、姚应儿、姚二伢系一家三命，吴彩云、吴运儿及刘大么、刘金秀均系一家二命。梅调元依杀一家非死罪四命以上凌迟处死例，应凌迟处死。其梅调元之子梅应奇及刘成烈、刘金云、刘金鸾，俱系伙同商谋活埋多命，均应照杀一家非死罪三人为从加功斩律，拟斩立决。最后，梅调元等被恭请王命绑赴

---

① 中国第一历史档案馆：《乾隆末湖北孝感富户活埋抢粮农民案》，"着将重惩原湖广总督特成额等缘由明白通谕上谕"（乾隆五十一年十月初二日），《历史档案》1997 年第 2 期。

市曹分别凌迟、斩决、戮尸。①

康乾盛世出现这样的奇案固然令人惊讶不已，但更应该引起我们的反思。康乾盛世号称民殷物阜，累洽重熙，但在灾年之后却出现抢劫富户被活埋数十人的惨案。一方面，说明了配置性资源的紧缺。在人口急剧增长、贫富分化扩大的情况下，这种贫富之间的对立和杀掠其实是不足为奇的；另一方面，这也说明了清王朝权威性资源的紧缺。康乾盛世时期中央专制集权被史家称为顶峰，本案却显示出清朝地方政府自然灾害赈济不力和国家公权力在司法救济中的缺位以致民间诉诸丛林法则，穷人抢掠大户人家，富人则动用私刑活埋饥民。笔者在此所举的案例决非孤例，在调查梅调元活埋多命案同时，李谷祥等因被小功服弟李道亨抢夺谷麦等物，遂将其刨坑埋毙的案件也被查处。另外，下面的案例也可以说明配置性资源的紧缺使人性中的自私、残忍、卑劣、短视彰显无遗而个体为苟且图存对道德、法律不遑顾及。《清稗类钞》中记述了这样一个故事："夏邑多盗，报案而若干年不获，县官有三参四参之处分，至四参，须褫职矣。一日，获一人，令提案严讯，盗曰：'吾为是二十余年，案累累不可胜数，既至此，有死而已。此间苟有年久不破之案，小人悉承之，官可免四参矣。惟小人有父母，当拯之。'令依其言，并案解府，录供通详。钉封至，兵役拥之出，将赴刑场，其父母哭送之。盗曰：'勿哭，父母犹忆某年之大荒乎？儿以为农多饥寒，不如为盗，请于父母，父母允之，自是而两弟授室，两妹遣嫁，父母得称小康。儿志毕矣，虽砍头，亦何怨哉？'遂引颈就刑。"② 由于生存条件如此恶劣、生存欲望如此强烈，迫使人们将任何可以出售的资源（如肉体、信任、正义原则、公共利益）作为交换的筹码以换取微薄的生存资源。配置性资源的紧缺在某种程度上即构成权威性资源短缺的直接原因，因为抢劫、偷盗、卖淫等都会因贫困而生，社会秩序的动荡要求

---

① 中国第一历史档案馆：《乾隆末湖北孝感富户活埋抢粮农民案》，"署湖广总督李侍尧等为孝感活埋多命两案审明定拟事奏折"（乾隆五十一年十月十六日），《历史档案》1997 年第 2 期。

② 徐珂：《清稗类钞》第 18 册，孝友类，"夏邑盗之孝友"，商务印书馆1918 年版，第 11 页。

权威性资源相应增加供给，并使权威性资源供给相形之下更加缺口扩大。

嘉庆年间的李毓昌查赈被鸩案（亦称"山阳案"），也可以说明资源配置与行为规则之间的微妙关系。事情是这样的：嘉庆十三年（1808）淮阳水灾，嘉庆帝发帑金赈济饥民，山阳县令王伸汉冒开饥户，领赈银入私囊。即用知县李毓昌，受总督铁保之命委查山阳县赈事。查得山阳县知县王伸汉捏报冒赈，将行具册禀揭藩司。李毓昌赴山阳时，李祥、顾祥、马连升三仆从行。而李祥与王伸汉之仆包祥素识，因以具册消息密告包祥。包祥转告伸汉。伸汉惧，赂以重金，毓昌廉洁自励，不为所动，执意秉公办事。王伸汉使包祥嘱李祥等谋窃其册，亦不可得，由是益惧，谋毙毓昌以纾祸，乃召李祥至县署，授计使鸩之。是年六月七日，李毓昌自县署夜饮归寓，口渴索茗。李祥以信末汤进。毓昌一饮而尽，就寝后须臾药性发作，捧腹呼痛。包祥从后持其颈，马连升解己所系带缢之。既死，李祥等联手举尸悬于梁，以"自缢"赴县请验。王伸汉即趋见淮安知府王谷，告知实情，口称求其保全，不敢忘恩。王谷伙同掩饰，与伸汉同往相验，役言尸口有血。谷怒，杖验者，遂以毓昌自缢状禀报铁保等，草率了结。后来，毓昌族叔李泰清迎枢回籍，伸汉于临行时，赠给路费银一百五十两，借此建好，希冀不生疑虑。旋将李祥荐与淮安通判，马连升荐与宝应县，力为安置，以结其心。李泰清持丧归，毓昌妇感异梦，查见行箧内皮裘血迹，疑之。开验尸棺，尸身青黑，始知被毒身死。李泰清赴京上控都察院，于十四年五月奏闻。上谕军机大臣等，责成山东巡抚吉纶提毓昌尸棺至省详验具奏，并谕令铁保将王谷及李祥等解赴山东，归案办理。在复验时，发现毓昌遍体青黑，毒伤致命有据。吉纶寻奏复。奉谕提各犯入京，交刑部讯。王伸汉供认向毓昌商量虚增户口不允，欲行禀揭，因而谋毙是实。李祥等亦供认同谋下手不讳。旋将李祥、顾祥、马连升均凌迟处死，并派刑部司官一员，解赴山东交地方官押至李毓昌坟前，先行刑夹一次，再行处死，仍摘心致祭，以慰孤魂。王伸汉斩立决，王谷绞立决。总督以下皆贬谪有差。特旨赠李毓昌知府衔；赐其嗣子希佐举人，一体会试。嘉庆帝御制《悯忠诗三十韵》勒石表墓加以旌扬。嘉庆年间查赈的李毓昌被害案件的发生后，嘉庆帝愤怒地说这是"从来未有之奇"①。归根结底，李毓昌的被害在于他的清廉违背官场潜规则。正如昭梿在《啸亭杂录》卷八"李毓昌"条中所说，查核故事，"凡委员往，漫不省察，惟收其陋规而已"②。尽管陋规是不合法的惯例，但众人均已经习以为常，几乎成为合法的收入。当时的官场形势是贪赃要钱是常规，不贪污受贿是越轨。在众官员均循例将冒赈视为利薮时，以官为市，李毓昌却出淤泥而不染，将这种捞取黑心钱的官场规则打翻，这样，薰莸不同器，李毓昌的死就不是偶然的了。

步德茂（Thomas Buoye）是塔尔萨大学历史系主任，其代表作为《过失杀人、市场与道德经济：18世纪中国的财产权暴力纠纷》（*Manslaughter, Markets, and Moral Economy: Violent Disputes over Property Rights in Eighteenth-Century China*），由诺贝尔经济学获奖者、世界著名经济学家诺思等亲自审订，2000年由剑桥大学出版社出版，是目前美国"新法制史"研究的一部功力深厚的学术代表著作。该书中文译本由笔者等翻译，业已作为国家清史编纂委员会编译丛刊中的一种由社会科学文献出版社出版。一些年轻的博士在接触到该书中译本后自发展开学术讨论，遂构成《内蒙古师范大学学报（哲学社会科学版）》2008年第3期共计6篇围绕该书集中讨论的文章。而此前已有在《清史研究》2007年第3期上发表的山西大学经济与工商管理学院石涛的《民间社会冲突与清代中国的经济变迁——步德茂眼中的18世纪中国产权制度与暴力纠纷》和内蒙古工业大学法学系刘亚丛的《资源与法律：解读清代中叶社会变迁的法律经济学新视角》两篇文章。这样的反响在中国法学界和史学界也并不多见。笔者应《内蒙古师范大学学报》编辑部之邀在关于步德茂著作讨论中所撰的简短按语中这样写道："该书以清朝刑科题本素材，从人口增长、商业化、财产权、交易成本以及文化意识形态等方面入手，论证18世纪广东、四川等地农村受市场经济冲击

---

① 赵翼：《簷曝杂记》卷六，"冒赈大案"，李解民点校，中华书局1982年版，第112页。

② 昭梿：《啸亭杂录》，何英芳点校，《清代史料笔记丛刊》，中华书局1980年版，第245页。

而来的社会变动，致力分梳 18 世纪中国经济与社会结构变迁中寻常百姓的日常冲突，并充分地运用了诺思理论等经济学原理研究法律问题，将人命案件、产权分析导入了道德经济（moral economy）与新制度经济论（new institutional economics）等学术课题的讨论范畴，丰富了法律经济学思想，成为结合经济史与法制史研究的一种新尝试，开辟了广阔的话语空间。""从今后学术发展角度而言，笔者和步氏非常契合的思想可能更希望法律史乃至法学界关注'法律—资源'的问题。这……也是今后的研究值得努力以赴的方向所在。"① 台北"中央研究院"邱澎生《当经济碰上法律：简介明清史研究的一些新趋势》也对步德茂等人著作表述了和笔者类似的看法。

在咸丰年间，著名学者汪士铎就这样描述人口膨胀所导致的资源枯竭："人多之害，山顶已殖黍稷，江中已有洲田，川中已辟老林，苗洞已开深菁，犹不足养，天地之力穷矣。种植之法既精，糠核亦所吝惜，蔬果尽以助食，草木几无孑遗，犹不足养，人事之权殚矣。"② 生存空间的狭窄、资源的枯竭势必引发对资源和财富的争夺越发激烈和残酷，最终导致诉讼的增多。和步德茂在书中分析的诸多命案类似，笔者在《徐公谳词》中看到这样一个非常具体和生动的案件：

> 卑府会同饶府沈同知，率领彭望二县，亲诣交界处所，履河确勘。杨湾一河，长六十余里，上通大江，下抵长河，南属彭泽，北属望江。是以康熙二年以及十年，望邑洲地，部册俱载南至河。是疆界井然。望民不得越河而南，彭民亦不得越河而北也。只缘彭邑民人周辅臣居临河岸，报鱼课四钱三分，遂觊觎河北洲地，捏称河面淤生，于康熙十五年间，越河占洲，与望民计胜等构讼。望邑陈令，不查老册，蒙混妄断，改以车路为界。自此一误，至康熙十九年、二十三年丈地，亦依样照造，将从前部册，尽行抹杀，致两县

---

① 张世明：《在拓展学术话语空间中构建新法律史的探索》，《内蒙古师范大学学报（哲学社会科学版）》2008 年第 3 期
② 汪士铎：《乙丙日记》卷三，明斋丛刻本，页二十八。亦可参见赵靖、易梦虹编：《中国近代经济思想资料选辑》上，中华书局 1982 年版，第 308 页。

疆界混淆，周辅臣得借蔓延，遂越垦河北张字一号计胜地一百八十九亩。康熙三十二年，计胜控县详宪，蒙前督宪傅①饬委安徽前臬司高②、前饶九道张会同履勘，详覆批断，照依康熙二年部册，仍以河为界，将周姓越垦之地，断归计姓管业，内给周姓二十亩，以为开垦之资，仍在望邑纳课，俱经达部升科结案。是疆界至此一定矣。无如判墨未干，周辅臣蒙断生奸，于康熙三十四年间，更名周应相，在江西捏报河北淤生地四顷四十五亩，计图摇动成案。讵九江朱守偏徇袒详，遂于三十九年达部升科。至四十四年，经安庆府何守，同九江府朱守，奉委会勘，详称四顷四十五亩内，有前断望邑升科之一百八十九亩，其余俱属汪高等姓有主之洲头。随蒙前督宪阿③查核康熙二年部册，并从前各案，烛照奸民肆虐，断令以河为界，彭民不得越河强占；其周应相捏报升科地，饬令彭邑查有未垦荒地，拨给开垦，以抵此项钱粮；仍将周辅臣之侄周玉枷责示儆。是疆界至此又一定矣。至四十六年，周玉又以粮悬江西，地割江南，具控前督宪邵④。又饬四府会勘，彼此观望，会勘未果，以致悬案二十余年。

今钦奉上谕，清理疆界，蒙宪台饬委会勘，卑府敢不矢公矢慎，以仰副宪台委任之至意？但查河面淤生者，皆因流沙淖泥，壅滞于河心，旁溢于河沿，滩与岸连，更无高墩。今阅杨湾北岸一带高墩，并无淤滩形迹；即康熙三十二年各宪会勘，去伊等构讼之始，不过十余年，彼时验看地势，实非淤生，言之确凿矣。据周玉称康熙二年、十年之河岸，即康熙十五年之车路，是河淤在康熙十年之后也。查康熙三十三年卷内，周辅臣词称，万历三十六年，河

---

① 此处"督宪傅"指两江总督傅拉塔。傅拉塔任两江总督的时间是康熙二十七年七月至三十三年闰五月，并在其任上去世。

② 此处"安徽前臬司高"应指安徽按察使高起龙，据钱实甫编《清代职官年表》，高起龙于康熙三十一年五月癸酉二十四日迁四川布政使。钱实甫编：《清代职官年表》第3册，中华书局1980年版，第2008—2011页。

③ 指两江总督阿山。

④ 指两江总督邵穆布，康熙四十五年十一月至康熙四十八年七月在任。

淤成洲。夫河淤于康熙十年之后，则二年、十年之册不足为据。河淤于万历三十六年，而康熙二年、十年之册所载南至河者，犹不足为凭乎？设使康熙十年后而始淤，河滨父老，岂无一人记忆？而未淤之前，汪洋巨浸，周玉祖父，又胡为承佃数十里之水面，只输四钱三分之鱼课耶？以是知淤生之说，断乎不可信。既非淤生，是望地，非彭地矣。与周姓何与？至于车路一断，更属荒唐。陈令因江右鱼课册，载有浅草，随改以车路为界。卑府同饶厅细阅九江府顺治十一年鱼课册，内载周姓浅草四至，俱属挖补；即康熙十九年望邑册车路二字，亦属挖补。此中诡弊，多历年所，实难究诘。且车路原非往来通衢，不过洲民冬月载苇经过而已；遇旱则移于下，遇潦则移于高，纵横迁就，原无定所。岂天造地设之河岸，不足分疆，而可南可北之车路，反足定界乎？且康熙十九年、二十三年丈册，计姓地改为南至车路，而计姓地之东张字三号，系高姓地，则仍载南至河也；计姓地之西张字二十二、四、五等号，系王姓、舒姓、汪姓地，则仍载南至河也。计性洲头之河面，未尝加窄，汪高等姓洲头之河面，未尝加宽。而上下一样之河面，独割一段洲地，以为淤生，恐断断无此形势也。又据周玉供称，九江卫芦洲，以及彭邑龙船洲，现在河北等语。查九江卫洲地，系彭宿接界之处，去计姓洲地二十余里。杨湾河上口，又有朱富沟，以分望宿二县之界。是河以北，沟以东，实无彭邑寸土。立界分疆，就地论地，不得借邻邑犬牙相错之处，一例混牵。而龙船洲又在杨湾河下口之东北，名曰长河，两水夹洲，望彭二邑，并安庆卫三处分管，各有界址，与杨湾河毫无干涉。牵扯抵饰，犹见其狡矣。且周姓，奸民之尤者也。望彭分界，风马牛不相及。

自车路一断，适启衅端，而越垦一顷八十九亩，踞计姓之业以为业，继而捏报四顷四十五亩，又复踞众姓之业以为业。借沧桑之妄说，以紊版章，逞鬼蜮之奸谋，以遂吞并，部册不足凭，宪断不足畏，反复争夺，望民之受其荼毒者，五十余年矣。若不绝断根苗，将来借此无定之车路，东西影射，势必割尽沿河一带之洲地，指为淤生，尽为己有而后快。讦讼格斗，流毒殆不可胜言。现今奉旨清界，莫若照依康熙二年、十年部册，仍以河分界。彭民越占之地，仍归望民，江西报升之课，转移江南，庶疆域清而争端息，永斩五十余年之葛藤者也。奈饶厅、彭令，仍执车路二字，以丈量内外弓口为词，欲以四项四十五亩，仍付周玉管业，是以未能会稿。但此案原系奉旨清界，不必论计、周地亩之多寡，先当论彭望疆界之是非。依河分界，册案炳据。河北即有坍塌，彭民不肯代为赔课；河北即有余亩，望民亦应自为升科。倘执偏徇之意见，长豪占之习风，翻历年之成案，紊两省之版图苟且一时，贻害将来，俾府所就就不敢者也。①

徐士林，字式儒，山东文登人，康熙五十二年进士及第，授内阁中书。雍正五年，授江南安庆知府。② 十年，擢江苏按察使。③ 徐士林是清代著名的能吏，品端学粹，治狱精审，注意按律酌情，力求法情允协，深得百姓爱戴，死后以巡抚职第一人破格入祀国家贤良祠，有《守皖谳词》《巡漳谳词》等遗世，被乾隆帝誉为"卓然一代之完人"④，评价之高，在有清一代的名臣中未见几人！前引文献反映徐士林在安庆知府任上经手的一宗互争洲地案件，从康熙十五年（1676）起，此案历经反复，持续半个世纪，甚至将争讼双方当事人所属诸多地方官员也卷了进来。随着明清鼎革的完成，社会趋于稳定，人口数量逐步攀升，山头地角、水浜河尾乃至深山大壑均无不开辟之地，无不居人之境。资源的稀缺导致人们以性命相搏。本案就是这种时代背景的缩写。

沙田是指沿海濒江因水流冲击而淤泥积淀形成的田地，并不是指含

① 徐士林：《徐公谳词：清代名吏徐士林判案手记》，陈全伦等编，齐鲁书社2001年版，第79—81页。

② 赵尔巽等撰：《清史稿》卷三百零八，列传九十五，中华书局1977年版，第10569页。

③ 《清世宗宪皇帝实录》卷一百二十五，雍正十年十一月，台北华文书局股份有限公司1960—1970年版，第1855页。

④ 光绪《文登县志》卷九，谕祭徐士林文，徐士林：《徐公谳词：清代名吏徐士林判案手记》，陈全伦等编，齐鲁书社2001年版，第657页。

沙质多的土地。明清时代的广东沿海有句俗语谓"沙田之利甲天下"①。这是因为，一则整个广东地区多山，沙田地势平坦，土地集中，土质肥沃，特别适于种植水稻、甘蔗等农作物；二则官方对于沙田在当时的技术条件下难以准确地在鳞册上记载并进行征税，漏税的可能性较大。所以清代广东珠江三角洲的沙田主要是相对于"民田"而言，是一种法律性质的定义。加拿大英属哥伦比亚大学藏手钞本《广东清代档案录·沙坦》云："然沙坦与民田，历年既久，壤土相连，即各业户，食业有年，自问亦未能辨别。现拟就税论田，如系升税，即属沙田，如系常税，即系民田，如有田无税，则显系溢坦。"② 另一方面，在利益驱使下，明清时期的沙田天然积成者少，大部分系人工造成，人工筑沙田成为珠江三角洲造田的主要形式。据清人龙廷槐《敬学轩文集》记载，在珠江水流与潮水顶托而形成的水静流下的环境，淤泥下坠，淤积日久，各河道不断淤浅，围垦者在沙坦的"鱼游"阶段就开始规度可以成坦者，报官承垦，视水势之缓、急、广、狭以定其纵、横、长、短之数，着手进行围垦。时人采用种草、沉放石块或者修筑拦沙堤等方式实行人工促淤，在广阔水面上布下铁牛等标志作为日后报税承垦的依据，与海争田，出现了围海造田前所未有的高潮。在广东珠江三角洲地区，海滨微露滩形，民间谓之"水坦"，渐生青草，谓之"草坦"，徐成耕壤，方谓之"沙坦"。围垦之后的沙坦称为"母沙"，若干年后可以在堤围之外潜滋暗长为"子沙"，或称为"沙裙"，可以形成百亩至数百亩的冲积地。"民之报垦者，每案或数人，或数十人，以至数百人不等，自数顷以至数十顷、百顷亦不等。"③ 刘志伟主要分析了伴随珠江三角

---

① 李启成：《"常识"与传统中国州县司法——从一个疑难案件（新会田坦案）展开的思考》，《政法论坛》2007 年第 1 期。

② 《广东清代档案录·沙坦》，转引自刘志伟《地域空间中的国家秩序——珠江三角洲"沙田—民田"格局的形成》，该文刊载于《清史研究》1999 年第 2 期。由于笔者系当时刊发该文的责任编辑，所以对此文很早就先睹为快，具有非常深刻的印象。

③ 龙廷槐：《敬学轩文集》卷一，"与瑚中丞言粤东沙坦屯田利弊书"，杨健主编：《北京师范大学图书馆藏稀见清人别集丛刊》第 12 册，广西师范大学出版社 2007 年版，第 397 页。

洲地理空间的自然发育过程中社会空间格局的形成。可以看出，早期定居的强宗大族控制地方社会的资源，利用种种国家制度和文化象征，处于一种特殊的垄断性的地位，全部控制了明清时期潜在的沙田开发权和占有权，以致在广州方言里有"埋边人"和"开边人"两个相对的称谓，被用来指称和区分住在民田区的乡村聚落，并拥有控制沙田资源权利的大族和在沙田区耕种沙田的农民，含有基于社会身份差别的社会歧视的含义。① 有清一代，当地"豪右"每每在家谱中详列将要淤积的沙坦，告诫子孙勿失时机围垦，足见资源争夺的激烈。

资源的争夺必然引起民间法和政府制定法的一系列变化。笔者曾强调由于开发沙田引起中国古代法人制度的一些变化。② 中国目前一些流传广泛的民法教科书在论述所有权制度时往往引用法家慎到的"兔子理论"，强调所有权制度的定分止争功能。其原文曰："一兔走，百人逐之。非一兔足为百人分也，由未定。……积兔于市，行者不顾。非不欲兔也，分已定矣。"③ 明代广东南海地方的权势人物霍韬也引用这种"兔子理论"分析沙田产权制度的供给状况，指出：顺德、香山多争沙田，"盖沙田皆海中浮土，原无税业，是民所由争也。语曰，一兔在野，众共逐焉，无主故也。积兔在市，过而不问，有主也。海中沙田，野兔之类也。其争也，逐兔也"④。如霍氏般的仕宦势族对于犹如在野之兔的沙田开发权每每捷足先得，但如前所述，由于产权制度的规制比较模糊，所以明清时期围绕沙田的宗族械斗现象比较突出。正是由于资源的稀少性，个人需要依自利性与极大化来选择财货的配置方式，并且时常与其他人发生竞争。由于人口密集的生存空间导致个体间的摩擦、冲突

① 刘志伟：《地域空间中的国家秩序——珠江三角洲"沙田－民田"格局的形成》，《清史研究》1999 年第 2 期。

② 参见张世明、步德茂、娜鹤雅主编：《世界学者论中国传统法律文化（1644—1911）》，法律出版社 2009 年版，第 9 页。

③ 陈奇猷校释：《吕氏春秋校释》下，审分览，学林出版社 1984 年版，第1109—1110 页。

④ 霍韬：《霍文敏公全集》卷十，下，"两广事宜"，清同治元年刻本，页十三。亦可参见陈绍闻主编：《中国古代经济文选》第 2 分册，上海人民出版社 1981 年版，第 301—302 页。

频率剧增，因此为了维护集体的"和谐"，必须迫使每个个体更严格地约束自我行为，由此外在的强迫性约束成为迫切需要。从历史上看，历朝历代对于沙田垦殖的法律规定在民间争利构讼的推动下从简到繁，日趋严密。在宋代以前，珠江三角洲人口不多，有许多未开垦的土地等待人们去开发，因此沙田的开发还未受到重视，可以自由开垦，因此也谈不上政府规制，只是到了宋代，取得浮生沙田权益问题才提到议事日程上来，才开始有沙田向官府纳价之法令，但因当时沙田垦筑未多，人口稀少，所以只要报税承垦，基本没有限制，报无不允，属于自由报承阶段。明万历九年（1581）张居正主持全国性的田亩清丈工作，是为珠江三角洲已知最早的田亩清丈。万历四十三年以后，当地政府开始刊发填给业户执照，以便稽查。申报人必须以乡老作担保，将承筑沙坦之位置、面积、成色、邻界、生熟等列明申报书内，呈县审批，县主簿唤同申报人，亲诣沙所丈量勘验，核对无误，方许承筑，发给执照。这大致可视为珠江三角洲地区沙田统一契证的开始，亦即最初发放的临时性的土地凭证。但降及清代，开始限制垦沙数量，民有田十顷以上，毋许围筑，以杜豪占。凡私筑围坝，强作成田，壅塞水道，例禁綦严。嘉庆二十三年（1818），嘉庆帝颁旨厉禁开垦沙坦占筑水道时指示：近来土豪多从沙坦拦江圈筑，遂使河道日窄，水潦涨发，停阻不消，嗣后凡有濒河沙坦，毋行违例圈筑基堤桩坝，与水争地，其开垦沙田亦必须无碍水道，方准报承。[1] 尤其在清末，地方豪右为占筑围坝牟利的构衅争控案件频繁，甚至在中央任职的言官也为原籍家族专利营私之计饰词妄奏，从而构成宏阔的司法场域空间。[2] 陈鸿钧《碑事三题》报道的 2003 年广州市芳村区花地街花地河口旁发掘出古碑，就反映了清代珠江三角洲的沙田争讼引起官方法律规定加强的历史风貌。该碑刻立于清光绪十七年五月十七日（1891 年 6 月 23 日），碑文曰：

---

[1] 《广东清代档案录·沙坦》（抄本）。转引自陈鸿钧：《碑事三题》，《羊城古今》2004 年第 1 期。

[2] 参详《清德宗景皇帝实录》卷二百三十七，光绪十二年十二月，台北华文书局股份有限公司 1960—1970 年版，第 2186 页。

钦加知府衔补用直隶州署理番禺县事即补县正堂加十级纪录十次李为出示晓谕永禁事。案照得县属铺民李庆辉呈控郭存善瞒承土名自岸沙栏坦亩，有碍河道，乞请追缴执照等情一案，控奉藩宪批行，当经前署县杨移请沙田局查明案由，示期诣勘，即于光绪十六年七月十四日案诣查勘。郭存善不到，因饬原告李庆辉等引勘，自小蓬仙馆至策头乡天后庙一带，均系河面，并无坦形。据铺民均称此河面即系花地河面，郭存善瞒垦之坦形即系此处。督饬弓役勘丈，河旁两岸均铺户居民，河身逼窄，宽处不过十七八丈，窄处只十五六丈，为西北两江往来通津。复询土名自岸沙栏与花地河面是一是二。据称郭存善所承之坦地实系河地河面，并非土名自岸沙栏。查勘该处河之两岸皆系民房，其东岸有村名副其实曰自岸村，临河房屋比邻，并无坦田，何从开垦？郭存善所承自岸沙栏各为自岸村前之河道，实即李庆辉等所谓花地河面，河身小，岂可再令奸巧之徒借垦影占、致碍商民往来水道？杨前署县断令不准开垦，绘图存卷，未及详销，卸事。本署县抵任，按准移交，当经查案详销。现奉藩宪批行如详示禁，追照缴销等因。正在遵办间，据沙螺、西朗等堡崇文局绅衿李庆辉等请禁郭存善填筑之后，自在小蓬仙馆后便沙栏新设石坝，私自占筑，禀请谕禁前来，除饬差查禁押拆并吊郭存善所领部照呈销外，合行出示晓谕。为此，示谕该处铺民人等知悉：尔等须知花地河面一带系经杨前署县勘，河面狭窄，有碍水道，不准郭存善填筑，即附近居民李庆辉等亦不得私行占据。自出示后，如有奸徒市侩巧立名目，擅行填筑，借图自利，一经访闻或被控告，定即严拿究办，立即押拆，决不姑宽。其各凛遵毋违，特示。光绪十七年五月十七日示。①

从该碑文可以看出，由于生存空间的狭窄，瞒承沙坦现象在所多见，造成干碍水道、生态环境恶化等后果。② 在这种资源争夺中，被告

---

① 陈鸿钧：《碑事三题》，《羊城古今》2004 年第 1 期。

② 这方面的问题在本书第五卷最后一章进行了探讨，可以参阅，在此不过多重复。

郭存善影射牟利，当地铺民李庆辉则捕蝉于螳螂之后，官方作为个人利益与公共利益之间的平衡力量介入，做出司法判决并立碑示谕以杜将来，反映了资源矛盾所引起的法律制度变迁。[①] 除此之外，清朝各地大量涌现的"水案"此起彼伏，甚至引发大规模的械斗和龚汝富论文所描述的大面积团体诉讼，都与人口膨胀、资源稀缺息息相关。本书第五卷就探讨了移民社会另类空间中土客矛盾尖锐的问题，这其实也是由于争夺资源所引发的。从菊池秀明文中[②]，我们也可以看到，太平天国起义等均与移民社会土客问题密切相关。许文濬系浙江吴兴人，曾于光绪

---

①　其实，现代经济法学在第一次世纪大战前后在德国最早出现就与当时资源问题密切相关。这一点在拙著《经济法学理论演变研究》（中国民主法制出版社2009 年第二次全面修订版）已经言之甚详。从本质上看，资源调控是经济法律规则的核心问题。费肯杰在其两卷本《经济法》中指出，如果整个法律有关自由经济秩序，那么获得和拥有的这种二分法就贯彻始终。在此，两者互相制约：人们必须拥有某些东西，以便在市场上能够出现。原子论式竞争不是竞争（Atomischer Wettbewerb ist kein Wettbewerb）。竞争秩序没有"小型垄断"（kleine Monopole）就不可能得以建立。规制经济法是由于短缺引起的，这种匮乏在概念上不是被视为等同于在"紧缺但无价的财产"意义上的紧缺性。短缺（Mangel）在这个意义上毋宁是不充足的物品供应，是由于一种在供需规律中结构性制约的干涉所形成的。规制经济是功能经济法（＝总体调整），其中干预在自由经济发展中由于匮乏被制约的市场保持平衡而被推动。规制经济法目的并不在于排除匮缺本身，而毋宁是在于对其尽可能地加以公平分配。通过规制经济法律措施消解短缺可以相对简单、机械地加以引导：人们对于商品、服务和资本或者调控（增加或减少）其供给，或者调控其需求。"发展经济法"（Entwicklungswirtschaftsrecht）则是一项导致克服"匮乏的分配"的经济政策。经济法逐渐地渗透于最初"不合适所有"之物的范围。然而，法律尚未至于开启一个具有竞争可能性和财产可能性的市场经济。出于正义的考虑，社会成本的范围被保留在市场秩序之外并且服从于总体调控。因为竞争构想和财产构想无法实行，人们既不能称其为"规制经济"，也不能称其为"发展经济"。这可以说是总体调控的第三个范围，人们可以称其为"社会成本经济法"（das Recht der Sozialkostenwirtschaft）。经济监督法（Wirtschaftsaufsichtsrecht）为所有一般可能的调控提供准备、收集数据并因而是丰富对于干预地方的知识。参见费肯杰著、张世明译《经济法》相关部分论述。

②　菊池秀明：《太平天国前夜的广西社会变动——以台北"故宫博物院"所藏档案史料为中心》，张世明、步德茂、娜鹤雅主编：《世界学者论中国传统法律文化（1644—1911）》，法律出版社 2009 年版，第 327—371 页。

年间担任江苏句容县令，《塔景亭案牍》乃其在任上审案的原始记录，涉讼案件包括立继、争遗产、赡养和抚养、婚姻、分家、赎典、借贷、抵押、租赁租佃、争水等类型。《塔景亭案牍》反映了句容县在太平天国起义失败后土客之间为争夺资源的情形，其中有这样的叙述："客民之上控，非缘以土民之众，欺客民之寡。乃缘以客民之富土民之贫。以客民之强，欺土民之弱也。洪杨之乱，句属适当兵冲，最苦。肃清后，人少地多，田畴小治。客民之应募而至者，汴鄂最伙，皖南次之，浙之温台又次之。其人皆悍骜耐劳。遇荒即耕，有主亦占。土民与之力争，则有老拳与之理论。"① 在另一份文件中，许文濬又分析："客民之惯于上控者，何也？有所恃也。土民即在本籍，无所谓乡亲也，而财力又绌。鄂、皖南、温、台艺民，莫不各有其乡人焉。由商贾而幕丁而官僚，但有因缘，即有门径。但有线索，即有系援。最贪黠者厮仆，此辈所为何来？一遇钱财官司，如蚁附膻，如蚊嘬血。唆骗之巧，运动之神，消息灵通，有控必准。此客民上控之所由多也。"② 由此可见，土客之间为争夺资源的矛盾和诉讼涉及错综复杂的社会关系网络，诉讼双方所争控的是资源，所依赖的也是资源。这也印证了资源问题在清代法律活动中的核心地位。③ 就婚姻继承法律而言，"继嗣"（继承人格）、

---

① 许文濬：《塔景亭案牍》，北京大学出版社 2007 年版，第 8 页。

② 许文濬：《塔景亭案牍》，北京大学出版社 2007 年版，第 3 页。

③ 这种情况在当今仍明显看出。梁治平在《乡土社会中的法律与秩序》一文中引述了《中国审判案例要览》（1992 年综合本）第 737—741 页所收录的这样一个案例：原告路建设、杨秀萍系夫妻。路、杨二人于 1982 年结婚，婚后不久，即一起到杨秀萍原居住地贺兰县常信乡新华村九社居住。其间，路曾向新华村提出入户申请，但村里以地少为由不同意，因此也没有批给其宅基地。1988 年，村里召开社员大会讨论路的入户问题，结果仍以地少以及男方不应随女方落户为由否决了路的申请。同年，村、社研究决定，将原告借住的宅基地批给九社农民杨某，并动员原告搬迁。原告拒绝。后乡政府和村委会调解，原告同意搬迁，但随后又反悔。村干部就此情况向县领导反映，后者责成有关部门处理，仍让原告搬迁，并由乡政府督促执行，未果。1990 年，被告杨学成等十三人，以社员大会不同意原告在村中居住为由，将原告居所强行拆毁，造成经济损失若干。该案一审和二审法院均认为，原告民事权利受《中华人民共和国宪法》《中华人民共和国民法通则》以及《中华人民共和国婚姻法》保护，被告以"出嫁女子随夫迁移户口"的乡（续下注）

"承祀"（承担祭祀）、"承业"（继承财产）在中国传统社会中是三位一体的，但在 18 世纪，由于人口膨胀和资源稀缺，立嗣的形式虽存，而其实际意义已开始发生变化，在很大程度仅为养老的必要手段，维系祖宗祭祀的观念则渐退居次要位置，以致兼祧在乾隆年间被纳入《大清律》。清代中叶以后，按照人口膨胀——资源紧张——讼案增加、积案久滞的司法场域生态链条的自然延伸逻辑，监狱人满为患洵为势所必然。清朝各级地方监狱率多狭逼，乾嘉时期为秋审审实人犯留禁省监与发回各县籍分禁之事右翻左覆，摇摆不定，当时受权威性资源与配置性资源限制的捉襟见肘事实较多，自不待智者而知。监狱设施不足势不得不利用衙署科房为羁押场所而启班馆之渐。乾隆以后，凡缘事发往军台的官犯被称为废员，这些坐台废员被发往军台效力赎罪，一则可以保障军事驿传，一则令其按限交纳一定的台费，凡台费在十台内者，每月银四十三两，在十台外者，每月银三十三两，以期缓解国家需费孔殷的财政压力。这种法律制度设计本身就具有明显的出于弥补行政资源不足的动机。

（续上注）俗为由致原告财产损害，应负民事责任。后，当地乡政府在法院判决的基础上，由乡牧场为原告划拨了宅基地和责任田，同时为其解决了落户问题。本案中的问题如梁治平所说的确是非常地具有代表性的，不过，前揭梁文（王铭铭、王斯福主编：《乡土社会的秩序、公正与权威》，中国政法大学出版社 1997 年版，第 415—487 页）的论述主要是从正式制度与非正式制度之间以及国家与社会之间的关系出发，考察民间惯习在新的社会条件之下被重新安排和制度化，认为农民们秉有很强的实用理性，善于灵活地运用各种可以利用的资源去追求自己的目标，对于在乡土社会的背景之下借助于国家法律的强制力量来实现个人权利的恰当性和有效性提出质疑。而笔者在此所关注的问题在于，目前随着城区范围扩大、土地资源日益稀缺和地区间发展不平衡的加剧，各地农村如何利用"从夫居"的婚姻形式这一传统资源加以转化形成应对资源紧张状况的限制性规则问题。在吉登斯结构化理论中，结构在最基本的意思上就是规则与资源。资源内在于一定社会结构当中，一方面构成行动者行动的媒介，另一方面，资源又是社会再生产通过具体行为得以实现的常规要素。正是通过对资源的反复运用，行动者又再生产出资源的结构性特征。不论在何种情况下，任何具有能动性的行动者总是能针对特定的情境而动员相应的资源来服务于自己的目的。从梁文所揭示的一些地方明确规定赘婿不得参与分配、对招婿上门者施以限制（如规定有多个女儿者只准招婿一人，或者招婿者须居住满一定年限后方可参与分配）以及在出具婚姻状况证明时收取高额押金以确保女方婚后把户口迁走等等"群定"的民间法可以看出，资源作为社会再生产的常规要素应该引起法学界的充分重视。

　　国内外法学家往往从法文化的角度批评中国传统法律重刑轻民、民刑不分，殊不知近代以前的西方同样没有真正达致严格的民刑分离，这种情形可以从传统社会配置性资源和权威性资源不充分得到一定的诠释。传统社会按照吉登斯的观点处于生存性矛盾（existential contradiction）之中。在刚性财政制度下的汲取能力的有限性及其权威性资源的稀缺，使清王朝司法资源配置只能以命盗刑案为要务而将户婚田债视为细故，并不自觉地偏好于以低成本的刑事手段处理民事案件，导致民事案件刑事化或泛刑化，正如寺田浩明所说，为了在有限的资源下实现和平共存，有时候除了社会的全体成员各自忍耐之外并无其他更好办法。给事中陈坛在《请拨州县罚俸银两为解案经费疏》中所披露的情况，也可以证明由于司法行政资源短缺是大量案件被敷衍了事的原因："州县审理命案及一切杂案，自获犯拟罪后，徒流以上，皆须招解府省。往返囚笼扛夫之费，长解差役饭食之费，省监囚粮之费，贴监差役，雇送差役饭食之费，半年不转，则一犯有数犯之费；再次审驳，则一案有数案之费。故州县每办一案，多则需四五百金，少亦一二百金。若逆伦重案，亲身解省，则需七八百金。以州县廉俸计之，每年所入不敷办五六案之费矣。此州县之所以命案则欲百姓私和，而盗案则欲百姓改窃，逆伦重案亦或敢置之不问也。"① 魏丕信精深的版本目录功力令人敬钦，其《在表格形式中的行政法规和刑法典》是一篇极为有趣的论文，既具有中国传统考据学的风范，又可见当代法国表象史的韵致。该文虽然阐述的是以图表式表现的大清律例和处分则例，但由表及里解释这种书籍在 18 世纪以后开始出现并继续蓬勃发展的原因云："无论是具有注释的刑法典，还是定例（变为增律始自 1740 年刑法典），还是行政处分规则，都不是发明于清朝。不过毫无疑问的是，雍正帝在统治期间（1722—1735）努力整饬官箴和使帝国的行政秩序井然是众所周知的，标志着增加的规制工具集中化和系统化过程的开始。这个一直持续到王朝末年的过程和其中为直接后果的急剧繁殖的文本，不只反映了制定

---

　　①　陈坛：《请拨州县罚俸银两为解案经费疏》，盛康辑：《皇朝经世文编续编》卷一百零二，刑部五，沈云龙主编：《近代中国史料丛刊》第八十五辑，831—849，台北文海出版社 1972 年版，第 4693—4694 页。

'法律'以加强王朝权力而延伸至于中央对于官员工作最小细节的控制。它主要是源于18世纪初叶几十年中国的人口和经济的迅速增长，管理总量史无前例，控制和规范的问题大幅增加。"① 魏丕信认为，由于人口增长造成的管理总量的增加进而形成行政资源的紧张，但由于可支配的行政工作力量在省级政府以候补官员（见习人员）的形式急剧增长，特别是在19世纪犹然，而数量更多的有真才实学的专业人士在担任实缺的地方行政官员幕府中充当幕友，国家仍然"一直能够保持活力，并在事实上增加其在社会性规制领域的抱负，尤其是在法律领域。增长的法规和判例被错误地认为与现实割裂开来和仅仅有利于吏役玩法舞弊的一种现象，而最直接和呈几何数增长的教育著作和地方官员使用的工具与此同时显然是齐头并进的"②。魏丕信在此也从法律表格文本的现象洞察到背后资源问题的影响，这种分析堪称醍醐妙论，发人深省。

　　清代县政府衙门如鄂尔泰所说"设官分职，专司而外，原有佐理。如州牧县令以下，设有州同、州判、吏目、县丞、主簿、典史等官。而县分大者，则添设县丞，为之征比钱粮，审理词讼；乡镇多者，则分设巡检，为之缉捕匪类，查拿盗贼"③。按照光绪朝《钦定大清会典》的规定，县衙的佐杂人员可以分为三类：一是佐贰，主要有县丞（正八品）、主簿（正九品）；二是属员，有掌稽检狱囚的典史（未入流，百姓往往称之为"四老爷"），掌缉捕盗贼、盘诘奸伪的巡检（从九品）；三是杂职官，包括管理邮传夫马的驿丞、征收商税的税课大使、掌守仓庾的仓大使、看管运河各闸储泄启闭的闸官等。按照当时因官设衙的原

　　① 魏丕信著，张世明译：《在表格形式中的行政法规和刑法典》，张世明、步德茂、娜鹤雅主编：《世界学者论中国传统法律文化（1644—1911）》，法律出版社2009年版，第78—79页。

　　② 魏丕信著，张世明译：《在表格形式中的行政法规和刑法典》，张世明、步德茂、娜鹤雅主编：《世界学者论中国传统法律文化（1644—1911）》，法律出版社2009年版，第79页。

　　③ 鄂尔泰：《议州县不必设副官乡官疏》，贺长龄辑：《皇朝经世文编》卷十八，吏政四，官制，沈云龙主编：《近代中国史料丛刊》第七十四辑，731，台北文海出版社1972年版，第686页。

则，其他因需而设的首领官（典史）、教官（教谕和训导）、佐贰官（县丞和主簿）、杂职官（巡检、盐大使等）等大多照例建置衙门。从理论上讲，少量"佐杂之官"是知县的"佐理"，县丞被称为"二尹"或"左堂"（因其在官衙的左厅主持政务），主簿被称为"三尹"，在主印官知县出境时，丞、簿可以署理其事，代行其政，但从清代县政的实际运行来看，佐杂官在州县政权中逐渐被淡出了以知县为首的主干行政系统，并没有成为知县的副职或下属职能性官员。他们"系补佐印官，并非与印官分权"①，其职责在很多时候是不确定的，除了职衔前加上某种特定的差事外，大多处于闲置状态，沦为品卑俸薄、有责无权的微末剩员，被清代官方文献公开称为"闲曹冗官"。尽管他们都有所谓"一命之荣"②，均由吏部铨选、皇帝任命，故称命官，列入封建政府正规编制，但他们的权力甚至还不如属于充役性质的衙门书吏。如清人所说，自汉朝以来"丞治钱谷，簿治文书、尉治狱"③的传统，在明初犹然，其后，丞簿尉皆废为闲曹。这是因为，一方面，清代的绝大多数知县为了避免对杂佐稍假事权所可能导致的大权旁落现象，均不愿意借重国家制度配备的佐杂之官；另一方面，法律亦规定"刑名钱谷，盗贼之大者，民辞之重者"④，佐贰不得一问。州县官是地方一切事务的唯一受托人和责任人，纳入国家行政系统的佐杂官员或者因为地方主官揽权而不能发挥作用，或者因朝廷出于龙多失靠的考量通过法律规定限制了其职责，千头万绪、冗杂繁多的县政遂由县令一人独荷其任，形成瞿同

---

① 戴炎辉：《清代台湾之乡治》，台北联经出版事业公司1979年版，第623页。

② 参见独逸窝退士辑：《笑笑录》，武铭点校，浙江古籍出版社1985年版，第204页。

③ 吴铤：《因时论》，六，官制，盛康辑：《皇朝经世文编续编》卷二十，吏政三，官制，沈云龙主编：《近代中国史料丛刊》第八十五辑，831—849，台北文海出版社1972年版，第2105页。亦见祝秀侠、袁帅南：《清文汇》，台北中华丛书编审委员会1960年版，第228页。

④ 鲁一同：《胥吏论三》，葛士濬：《皇朝经世文续编》卷二十二，吏政七，吏胥，沈云龙主编：《近代中国史料丛刊》第七十五辑，741，台北文海出版社1972年版，第611页。

祖所谓的知县"一人政府"的局面。

　　然而，这种地方州县官的"一人政府"却极易陷入独木难支的尴尬境地。知县掌握的资源毕竟有限，不可能动辄使用国家力量对付数以十万计的编户齐民。盖官有更替，不如绅之居处常亲。官有隔阂，不如绅士之见闻切近。士绅阶层在本地自有其权威，加上熟悉地方情况，掌握了宗族、里甲、书院、公局等组织，形成了虽非法定而实际存在的以声望为基础的社会权力（soziale Macht）。知县必须倚重士绅的权力网络才能实现对全县的治理；地方很多兴作事项离不开士绅的参与和配合，有时甚至由士绅代行其事。汪辉祖便曾以自身的经历现身说法云："民情土俗，四境不同，何况民之疾苦，岂能画一？好问察迩，是为政第一要著。书役之言，各为其私，不可轻信。阍人之说，往往为书役左袒。绅士虽不必尽贤，毕竟自顾颜面，故见客不可不勤。余初到官，见客先问其里居风土，再见则问其里中有无匪类盗贼讼师。如有其人，并其年貌住处皆详问之，而告以迟迟发觉，必不使闻风归怨，故绅士无不尽言者。"[①] 曾任清代知州的叶镇也指出："地方利弊，生民休戚，非咨访绅士不能周知。……况邑有兴建，非公正绅士不能筹办；如修治城垣、学宫及各祠庙，建育婴堂，修治街道，俱赖绅士倡劝，始终经理。"[②] 长期以来，除了前述因为司法资源有限只能以命盗刑案为要务而将户婚田债视为细故之外，州县官还往往因为没有足够的人员与资源对各种案件都进行调查取证，将大量户婚田债案件交由地方士绅处理，两造不服时再加以复讯，以期节省行政司法资源。特别是清代中叶以后，源源不断地涌向县衙的诉讼案件数量扶摇直上，由于县衙的审案能力有限，狱讼淹滞情形尽管被奏请勒限清厘，但治标不治本，固有的诉讼制度面临失效的结构性危险。案件审结遥遥无期，不但不能为诉讼当事人提供预期的救济，反而使诉讼成本增加，使诉讼成为畏途。在这种情形下，将大量户婚田债案件交由地方士绅处理无疑可以起到分流疏滞的作用。

---

　　① 汪辉祖：《学治臆说》，贺长龄辑：《皇朝经世文编》卷二十二，吏政八，守令中，沈云龙主编：《近代中国史料丛刊》第七十四辑，731，台北文海出版社1972 年版，第 820 页。

　　② 叶镇：《作吏要言》，徐栋：《牧令书》卷七，道光二十八年刊本，页四。

此外，中国传统法律重要特征之一就在于集体责任制（或称连带责任制）的发达。其一表现为连坐制度，其二表现为保甲制度。中国堪称连带责任实施的范围最广、时间最长、最严厉、对这一工具的依赖性最强的国家。① 这种连带责任制的起源和早期社会中的井田制密切联系。管仲实施的什伍之制是中国保甲制度的最早起源。如果管仲"保甲制"的发明，为的是齐桓公的霸业，是典型的"霸道"，那么"连坐法"却是商鞅的创造。《史记·商君列传》记商鞅变法言："令民为什伍，而相牧司连坐。不告奸者腰斩，告奸者与斩敌首同赏，匿奸者与降敌同罚。"② 商鞅变法的这种制度设计一方面通过什伍制度将人们分为法定的群体，五家为伍，十家为什；另一方法采用了所谓牧司制度。司马贞《索隐》云："牧司谓相纠发也。一家有罪，而九家连举发，若不纠举，则十家连坐。"③ 这样，从商鞅时代的秦国开始，正式确立了刑事上的连坐制度④。什伍制度决定了民众应当关心和监督的范围和边界，是责任承担的基础，而牧司制度则是一种激励手段，以株连的方式，强制地在老百姓之间实施横向的水平监视，两者相互耦合，使秦国成为一个以

---

① 中国传统法律的一个重要特征就是连带责任法律关系的发达和复杂。这一点鸦片战争后来华的许多西方人立即就察觉到了。例如，马士在《中华帝国对外关系史》第 1 卷就专门谈及中国人的责任理论。参见马士：《中华帝国对外关系史》，第 1 卷，1834—1860 年冲突时期，张汇文等译，上海书店出版社 2000 年版，第132—133 页。佑尼干《中国的法律与商务》也曾经对这种责任论从学理上和实践上加以分析。参见 Thomas Roberts Jernigan，*China in Law and Commerce*，New York：The Macmillan Company，1905，p. 76。这种责任论可能与近代以来从西方传来的法学理论格格不入，但笔者认为并非毫无可取之处。这和佑尼干的论点有些接近。即便我们不认同于古人的责任制度设计，但这种制度设计作为法学研究问题是应该下大力气认真梳理的，否则中国传统法律文化的研究可以说终未逮其津梁。

② 司马迁：《史记》卷六十八，商君列传第八，中华书局 1959 年版，第 2230 页。

③ 司马迁：《史记》下，中华书局 2005 年简体字版，第 1765 页。

④ 连坐，又称为缘坐、株连、族诛，尽管都是连带责任的表现，但其中存在着些许差异。株连之说既混淆了族诛与连坐的差别，亦曲解、错用了商鞅立法的原本意愿。族诛以血亲为纽带，借刑威止重罪；而连坐则多以相居为伴属，相司察互监督。族诛是刑律，严惩重罪，犯律必刑；连坐是互约，以预防犯禁为要，刑惩后伺为辅，应属行政监管的方式。资料来源：http://hi. baidu. com/% BA% C3% C8% CB% CD% F8/blog；访问时间：2009 年 8 月 8 日。

警察权为主的国家，① 有着迫使全民充当"业余警察"的功能，因而也有"省俭治理"的功效，② 以保安息之政。管仲和商鞅的变法目的都在于解决大统一国家所面临的控制能力低下以及信息严重不对称的制约瓶颈。在传统农业社会中，亲属和邻里之间朝夕相见，信息的分布呈现出明显的内部和外部的不对称，内部相互之间的沟通多，人们之间的空间距离包括时间距离微乎其微，而作为外部控制者政府获得信息的能力相对不足。而连坐和保甲制度则成为小政府在有限的信息约束下控制大国家的有效手段，其让信息成本较低的人群行使监督的权力就可以大大地节约监督成本，进而将涣散而无系统的民众，以一定的数字与方式精密组织之，居家相察，出入相司，建构一种"全民监督"的有系统的政体，以期实现有效的社会控制，克服由于疆域、政府规模、官员数量所带来的信息成本问题。清政府也沿用这种行之有效的社会控制网络，极力提倡"一族之长管一族之子弟"③，以节省有限的行政资源。④

　　在这种族治之下，清代大量户婚田债案件交由地方士绅处理便不难理解了。张海珊《聚民论》有言："凡劝道风化以及户婚田土争竞之

---

① 参见黄仁宇：《黄仁宇全集·中国大历史》，九州出版社 2007 年版，第 26 页。

② 魏丕信将之定义为节约型政府（gouvernement à l'économie），参见 Jérôme Bourgon，"Sauver la vie"，De la fraude judiciaire en Chine à la fin de l'empire，*Actes de la Recherche en Sciences Sociales*，Année 2000，Volume 133，Numéro 1。该文已经翻译为中文，《内蒙古师范大学学报（哲学社会科学版）》2009 年第 4 期"世明国际学术工作站"。

③ 由于某些不法的族人不会俯首受缚，有些宗族可能会从强壮从令的族人中挑选数人充任"族丁""祠丁""祠壮"，专司拘捕之职。个别宗族甚至请求官府发给号服，使这些族丁俨然官府的衙役一般，并有置设木枷、微锁等专门的家刑惩戒器具者。《宁乡熊氏续修族谱》就有光绪十年甲申十二月初八日请刑禀词一份。参见《宁乡熊氏续修族谱》卷八，"祠规""禀词"，光绪十年江陵堂木活字本。许多家庭、宗族都置有以"正家法"的棍棒，致使"家法"的又一重含义即是持指此种棍棒。参见费成康主编：《中国的家法族规》，上海社会科学院出版社 1998 年版，第 68、160 页。

④ 有关保甲制度在清代乡村社会中的作用可以参见 Kung-Chuan Hsiao，*Rural China：Imperial Control in the Nineteenth Century*，Seattle：University of Washington Press，1960，pp. 43 – 83。

事，其长与副先听之，而事之大者，方许之官。"① 官府对于宗族的支持使许多宗族将士绅的民间调解权视为理所当然。许多族规家法往往三令五申，族内纠纷须先由族长剖决是非，不得轻易告官涉讼。例如，安徽桐城《祝氏宗谱》规定："族众有竞争者，必先鸣户尊、户长理处，不得遽兴讼端，倘有倚分逼挟恃符欺弱及遇事挑唆者，除户长禀首外，家规惩治。"② 清代州县官积极推行各种形式的调处，将"调处息讼"原则贯彻始终，不仅仅是由于儒家政简刑轻等等思想的道德教化，而且也是司法行政资源短缺情非得已所致。在地方上出现所谓户婚、田土、钱债等纠纷时，民不告而官不纠，允许和鼓励民间自我调节，即便争控到官，也往往批令亲族人等加以调处息讼。因此，在实践中，大量纠纷在启动司法程序以前，即已在家族、乡里之内得到消化处理，真正呈送官衙的是极小的一部分，从而极大地节约了官方的司法行政资源，降低了纠纷解决成本。在民间调解中，法律之外的社会资源和非法律性的社会关系（如亲朋、邻里、熟人等关系）被纳入进来，促使当事人对此加以考量，达成共识，使原有的社会关系得以恢复和维持。清代司法中大量存在的"官批民调"被一些学者称为"第三领域的调解"或者"中间领域的调解"，其介于官府调解和民间调解之间，具有半官方性质，是堂上堂下相结合解决民间纠纷的一种形式。州县官对"官批民调"解决民间纠纷有着强烈偏好，由于认为事属细微，不必在堂上处理，或者认为违背家庭伦理与当地风俗，不便公开传讯，就批令乡里亲族去调解，或者加派差役协同乡保秉公处理，自己只进行原则性的指导，调处后禀县衙销案。经官批民调了结的案件，官府衙门一般都要求原被告双方具结，以表示悔过、和解、服输等，从而达到抑制两告反悔之目的，日后如有一方翻控，即可以此为理由概行批斥，乃至按法惩处。如清嘉庆十六年《宝坻县全宗》有如下对甘结的批文：

---

① 张海珊：《聚民论》，贺长龄辑：《皇朝经世文编》卷五十八，礼政五，宗法上，沈云龙主编：《近代中国史料丛刊》第七十四辑，731，台北文海出版社1972年版，第2136页。

② 转引自郑秦：《清代司法审判制度研究》，湖南教育出版社1988年版，第223页。

甘结。具甘结人胡瑞，今于与甘结事，依奉结得：武宽禀身赖伊耕毁豆子争吵一案，蒙恩审讯完结，身回家安分度日，再不敢争吵滋事。所具甘结是实。

嘉庆十六年元月二十四日

胡瑞（画押）

批：准结。①

在杜凤治的日记中也可以看到，杜凤治在收呈日往往会收到二三十张状纸，其对民事案件经常下"谕单"邀请公正绅士出来妥为圆处了结，或者两边开导，劝谕销案。例如，同治九年（1870）十一月，对扶溪江昆聘与江清源争山案，杜凤治命当地江姓绅耆理处，判词称"扶溪绅富耆老最多，生长于斯，必能深悉，着秉公查明详禀，以凭复断，抑或两造绅耆均同一本，念切同宗，绅等为公平调处了结，则更简捷"②。由此可见，官府和乡邻或绅权与官权共同动员资源调处息讼，极大地扩展了政府控制空间范围。

过去学术界为了将中华法系与西方法律文化相对照，往往采取一种类型化的简单概括，认为中国传统法律强调无讼以致造成民众权利意识淡漠，等等。其实，西方也有"官司是无底坑"（Law is a bottomless pit）之类谚语。日本法学家大木雅夫说："一般说来，诉讼会吞噬时间、金钱、安逸和朋友（Lawsuits consume time, and money, and rest, and friends），对于东西方而言，都是一种常识。国民性中的所谓'好讼'或'厌讼'倾向之说，恐怕归根结底还是起因于学者的分类癖。"③ 正是由于这种空洞的刻板概括造成学术界的描述和理论与历史事实、官方教谕表述于民间实践活动的严重脱节。韩非子云："医善吮人之伤，含人之血，非骨肉之亲也，利所加也。故舆人成舆，则欲人之

① 郑秦：《清代司法审判制度研究》，湖南教育出版社 1988 年版，第 210 页。

② 《杜凤治日记》第 16 本，《广宁回任日记》，同治九年十一月十六。转引自邱捷：《知县与地方士绅的合作与冲突——以同治年间的广东省广宁县为例》，《中国人民大学复印报刊资料·中国近代史》2006 年第 8 期。

③ 大木雅夫：《比较法》，范愉译，法律出版社 2006 年版，第 125 页

富贵；匠人成棺，则欲人之夭死也。非舆人仁而匠人贼也。人不贵，则舆不售；人不死，则棺不卖，情非憎人也，利在人之死也。"① 孟子曰："矢人岂不仁于函人哉？矢人唯恐不伤人，函人唯恐伤人。巫匠亦然。故术不可不慎也。"② 尽管两人的观点、立场和意旨大相径庭，但都说明了一个道理，即不同的利益驱动造成不同的行为方式。任何社会都必须在由于资源稀缺而产生的相互竞争的不同需求之间作出某种选择。根据资源稀缺这一支配性的限制，每一个新的法律改革都应该用某种对社会资源的配置改善的方式，去获得自己存在的理由。成本和激励之间的良好平衡，是法律"简约"的关键。实现了成本和激励之间的有益平衡，也就实现了法律的"简约"。对于一个十分复杂的法律规则体系的迷恋往往使成本的支出如同投入了无底之渊。当法律制定以及法律实行的复杂是连绵不断的时候，大量投入也是不断的。这样，社会财富的转移在这里是静悄悄的，然而又是有去无回的，同时还是滚滚不断的。③学术界过去往往认为康乾盛世期间法律完善达到集大成，但"无钱无法成就"这一素朴常识告诉我们，在任何法律制度中，权利的维持需要成本。乾隆中叶以后诉讼的爆炸性增长在某种程度上恰恰是当时经济繁荣和律例严密的产物。按照爱波斯坦《简约法律的力量》中的分析，法律制定的复杂以及自然伴随而来的法律实行的复杂必然需要增加立法、司法、执法还有诸如律师的"辩法"的大量投入。乾隆中叶以后律例的精密化培育了以此谋生的律学专家，引起司法制度的诸多变化。尽管幕友和讼师在诉讼中往往构成对抗力量，但其两者的日益壮大实属同因异果。事实上，法律简约实际上非常难以达到的境界，包含简而不陋、简而有效等等层面，乾隆中叶以后出现的许多法律制度问题恰恰就在于简而不当或者繁简失宜造成成本—收益率低下。

　　"生活机会"（die Lebenschance，life-chance）这一概念最早由韦伯

---

① 韩非：《韩非子集释》，备内，第十七，陈奇猷校注，上海人民出版社1974年版，第290页。

② 张以文译注：《四书全译》，湖南大学出版社1989年版，第321页。

③ 理查德·A. 爱波斯坦：《简约法律的力量》，刘星译，中国政法大学出版社2004年版，第30页以下，第424页。

提出，其不仅意味着在不同形式的社会以及社会的不同区域中，人能够生存下来的机会，同时也指一系列范围广泛的倾向和能力。权力资源的占有状态决定"生活机会"的大小。凡是掌握权力者，都有以权力寻租的冲动。通过获取权力占用资源，实现个人利益最大化，可以说是中国政治的经济学本质所在。如前所述，清代地方州县的制度设计其实非常简单，是州县官"一人政府"。财政体制充分体现了权力资源的配置格局。在耗羡归公之后，清政府的刚性财政使得少有薪酬及绝大多数完全没有薪酬的书吏胥役、"带肚子"① 而来的长随、官俸之低"亘古未有"的知县，在一个有约束力的规范空间内收取陋规以维系正常的政务活动。俗语云："省了钱，无好货。"此言虽小，足以喻大。这种简单的设计其实意味着大量隐性成本的存在，造成体制外财政体系一种由下自上、资源与利益再分配的合法循环。清朝官方的道德教谕尽管高标"政简刑清"，清代地方州县官也的确朝着这个目标全力以赴，但马克思说过，"'思想'一旦离开'利益'，就一定会使自己出丑"②。沈葆桢在光绪元年《设法严拿哥老会匪片》中谈及地方政务经费缺乏导致盗案累累的情形时说："伏莽以江北为最多，而地方官之缺，亦以江北为最苦。有极力俭啬而始免亏累者，有极力俭啬而尚不免亏累者。一盗案出，捕役有费，眼线有费，其大者非捕役眼线所能为力也。会营有费，雇勇有费，案之破不破未可知，牧令之力竭矣。幸而破案，上司拘牵文法，必令招解。去省或数百里，或千余里，犯到省必翻供。翻供必发还，舟车之费不赀，牧令益无以为计矣。故始而讳盗，继而纵盗，相

----

① 清代候补官员的生活艰难，往往陷于债台高筑的境地，每多借贷于专门从事长随行当者以解燃眉之急。这在乾隆以后逐渐形成了所谓"带肚子"现象。汪辉祖云："选官初至省城，及简县调繁，间遇资斧告匮，辄向幕友、长随假贷子钱，挈以到官，分司职事。"（汪辉祖：《学治臆说》卷上，"勿令幕友长随为债主"，《官箴书集成》编纂委员会编：《官箴书集成》第 5 册，黄山书社 1997 年版，第 271 页。）方大湜《平平言》云："借用长随银钱，携之赴署，派以重任，俗名'带驮子'，又名'带肚子'。"方大湜：《平平言》卷二，"勿借用家丁银钱"，光绪十八年资州官廨刊本，页二十二。

② 《马克思恩格斯全集》第 2 卷，中共中央马克思恩格斯列宁斯大林著作编译局编，人民出版社 1957 年版，第 103 页。

习成风。讳盗者以为权宜，纵盗者以为阴骘。况自有署事一年期满之例，官署如传舍。彼以五日京兆自待，人亦以五日京兆待之。谁愿以缉捕自累，且兼以为后任累者。盗如入无人之境，而会匪之根蒂不可动摇矣。"① 沈葆桢向清朝中央政府反映的经费长期虚悬无着的境况，说明了这种制度设计的激励机制造成"政简刑清"的扭曲现象，即地方州县官员讳盗、纵盗的不作为。这样的糊纸顶棚的表面活计无法包住燎原烈火，刑名案件势必越积越多，社会矛盾势必愈演愈烈。对于在司法场域的诸多参与者中，刑名案件和户婚田债诉讼正是其牟利赖以维持生计的"生活机会"。每遇命盗重案，书役、讼师视为利薮，尸亲、事主居为奇货。官吏凡有下乡，皆为得钱而来；不得钱，不知有百姓也。② 仵

---

① 沈葆桢：《设法严拿哥老会匪片》，邵之棠辑：《皇朝经世文统编》卷七十，经武部一，沈云龙主编：《近代中国史料丛刊续编》第七十二辑，711—720，台北文海出版社 1980 年版，第 2919—2920 页。

② 参见谢金銮：《亲民》，见丁曰健等：《治台必告录》，沈云龙主编：《近代中国史料丛刊续编》第七十六辑，757—758，台北文海出版社 1980 年版，第 108 页。马锡五审判方式历来在法学界为人们所津津乐道。1950 年评剧《刘巧儿》演出后，在剧中饰巧儿的演员新凤霞的精彩唱段长期唱传不衰，全国老百姓对于其中"马专员"的形象迄今仍然记忆犹新。马锡五从 1943 年起担任陕甘宁边区高等法院陇东分庭庭长，在司法工作中，贯彻党的群众路线，创造了贯彻司法民主的审判方式，被边区人民赞颂为"马青天"。"马锡五审判方式"主要特点在于深入农村，调查研究，依靠群众，依法合理判决案件，方便群众诉讼，手续简便。这种巡回审判固然非常了不起，但是，我们在清代史料中也可以发现类似的例证。《听雨楼随笔》载："李光谦，号撝之，直隶任丘人。乾隆庚子举人，嘉庆十四年署中江。宿案山积，升堂皇视事，膳饮皆在公座，判决如流，数月后案无留牍，无枉无纵，顽民受责者，亦无不呼青天。已补荣昌，民赴大府恳留，不可。攀舆送者无算……既至荣昌，不携眷，爱才士，择子弟者入署亲教之，威以夏楚，多所成就。抑强暴，扶良懦。其相验也，单骑从，刑件二人，一役张盖，不设棚及公案，坐胡床，问毕，须再审者进城，否则立与结案。久之讼稀。好游市廛，询风土，问民间疾苦。有因事诉者，就所在剖决，或劝谕息事。往往不经书差，不存案，百姓竞伺其出来质曲直。"（王培荀：《听雨楼随笔》，魏尧西点校，巴蜀书社 1987 年版，第 93 页。）李光谦在蜀二十余年，勤于听断，中夜闻呼冤声立即起问，廉明之声冠西蜀。（徐世昌：《大清畿辅先哲传》下册，北京古籍出版社 1993 年版，第 1135 页。）即便拿今天的水准来衡量，李光谦的审判方式也极为难能可贵。话说至此，我们所要表达的意思并不在于强调李光谦的审判方式可以与马锡五审判方式相提并论，而在于申明个人的魅力、力量是有限，制度设计制度对于"中人"的导引作用更为关键。

作以命案为市，马快以盗案为市。唯钱办案，办案为钱。一符下乡，十家闭户。柔弱循良百姓成为刀俎鱼肉，一旦涉讼，非至倾家荡产不止。

刘衡，字廉舫，江西南丰人，为官公正，循声卓著，学务经世，所著《庸吏庸言》《蜀僚问答》《读律心得》等书尤为洞悉闾阎休戚，于兴利除弊之道，筹尽详备，后世服官者咸奉为圭臬焉。刘衡在《严除蠹弊告示》中揭露了棍蠹借讼渔利的各种手腕。其中包括：一曰勾控。这是指，民间些小事故，两造本无讦讼之心，却被棍蠹等从中挑拨，自夸熟识书差，包告包准，哄得人告了状，却样样都要花钱，百般敲剥。一年半载，借债卖田。家赀已尽，案犹未结，致使许多人为此元气大伤。一曰歧控。这是指，争端本属细故，却被棍蠹等引领这个衙门一状，那个衙门又一状。四五处衙门差役，一齐承票捉人，闹得鸡犬不安。此处结了，彼处未结，因此限于恶讼泥潭难以自拔，为害于民，莫此为甚。一曰串合。这是指，见差役承票唤人，便借机插入，替差人说合钱文，多则数十千，少亦数千。每千向差人抽分背手钱二三百文，事后又向出钱人自称帮忙强索酬谢。一曰冒证。这是指专以充当干证为事，得了这边的银钱吃喝，便帮这边，得了那边的银钱吃喝，又帮那边。若两边都得，则两边都帮，供词含混，一味骑墙。甚有冒认为人祖父母父母者。至于兄弟妻子，无不可以假借。其余冒认尸亲，冒领贼赃不一而足。一曰放恶债。一些人囊有余财，打听得某案某人被差等锁押，觅钱如渴，便张网以待，主动许借。诉讼者正在危急之时，饥不择食，再也难逃网罟。据刘衡访闻得知，以上五种蠹弊，各行各业，俱有其人，绰号燕儿毛，又曰滚刀皮。其替人做呈词，名曰画猫猫。其串通索诈，名曰敲钉锤，曰起二黄篑，名色不一，而统名曰斗方法，又曰管闲事。乡间处处都有，城市一带尤多。① 董沛，字孟如，号觉轩，光绪三年进士，曾任江西上饶知县，其在《吴平赘言》中所收录的公文中对于地方讼棍唯利是图而推波助澜、兴风作浪的情形也有这样的揭示："民间每因些小微嫌，动辄讦告。推原其故，皆由奸恶棍徒从中播弄。盖愚民忿起一

---

① 刘衡：《庸吏庸言》卷下，"严除蠹弊告示"，同治七年楚北崇文书局刻本，页七至八。亦可参见杨一凡、王旭编：《古代榜文告示汇存》第8册，社会科学文献出版社2006年版，第526—528页。

时，情非甚迫，其势尚在得已。一遇讼棍，视为奇货，鼓舌摇唇，多方煽惑，遂至良懦小民中心无主，或离间骨肉，致操同室之戈；或怂恿宗亲，隐起萧墙之祸；或造伪契而侵人产；或借命案而累无辜；或通窃盗以扳供；或结胥差以敛贿；或借端生事，半出铺张；或捉影捕风，全无踪迹。种种变化，不胜缕言，徒使愚民荡产破家，废时失业。该棍徒私囊已饱，为害殊深。"① 咸丰年间曾于浙江会稽、安吉等县任官的牟述人发布告示对教唆词讼的讼师提出指责如下："润笔而攫其金，抗颜无愧；下井而投之石，举手何劳。覆为雨而翻为云，共被其诪张之幻；横成峰而侧成岭，自运其变化之神。旗鼓逢用武之时，敌人胆落。刀笔托斯文之末，学者心倾。巧出机关，颠倒六州之铁；暗通线索，搜罗两国之金。访有不法匪徒，挟其制人之术，长于诱敌之才，用笔墨以结因缘，借扛帮以谋衣食。明于法纪，恃刀生劣监之符；潜入公门，结蠹役玩书为友。记三八收呈之日，批语抄来；索十千润笔之资，谢仪收到。砌词上控，以挟制官府为能。造语飞传，以恐吓乡愚为事。"② 牟氏上述指责和前述韩非子所言匠人成棺而欲人之夭死的逻辑完全是一致的，即出于不同的地位和立场而追求个人利益最大化，清人所谓的"棍蠹"正是乾隆中叶以后诉讼爆炸的推手。

刘衡在其著作中详尽分析了诉讼成本对于平民百姓在资金方面造成的沉重负担，指出：富民涉讼，不必命盗大案被诬，即寻常细故，列名邻证，便可破家。假如有家累千金之人于此，古人有言曰：百金者，十家中人之产也；千金十倍于百金，近乎富矣。然千金之家，其每年产业所得子息不过三五十金，多亦不过七八十金，而每年事畜衣食及工匠雇倩，与戚友往来酬应，在在需钱。是每年子息，仅能敷用。一经涉讼，

---

① 董沛：《吴平赘言》卷五，"严禁讼棍示"，光绪七年刊本，页二。
② 牟述人：《牟公案牍存稿》卷一，"访拿讼师示"，咸丰壬子西湖公寓开雕本。转引自邓建鹏：《清代讼师的官方规制》，《法商研究》2005年第3期。晚清曾在山东任官的戴杰也出示类似晓谕指责说："尔等具有知识，何事不可营生，奈何澌灭天良，作此忍心事业，纵暂图温饱，亦贻害儿孙，即幸漏刑章，仍难逃天谴。自示之后，务宜洗心涤虑，猛省回头，痛改前非，另图正业。"戴杰：《敬简堂学治杂录》卷三，"严拿讼棍示"，光绪十六年刊本，页二十三。

往来盘费，在城饭食，及书差临时之索诈，私锁私押，百般凌辱威吓，非钱不行。有事后之酬谢，案结后仍然私押，不肯释令归家。种种花销，大约一讼之费，至少亦须数十金。而此数十金者，富民未必储之于家也，必临时借贷。而放债者大率乘人之危急，多索子息，扣去本钱，往往七折八扣。良民需用甚急，图救目前之厄，不得已含泪书券。大抵讼者借得实在钱不过三五十千文，而券必浮书八九十千或百数十千不等。此债既借之后，变为附骨恶疽，偿过本钱，又将尾欠之利息卷算作本，勒令另换一券，不出十年，积至四五百金，而富民鬻产矣。① 汪辉祖对当事人讼费支出则这样论述道：一词准理，差役到家，有馈赠之资；探信入城，则有舟车之费。及示审有期，而讼师词证，以及关切之亲朋，相率而前，无不取给于具呈之人；或审期更换，则费将重出，其他差房陋规，名目不一。谚云："在山靠山，在水靠水。"有官法之所不能禁者，索诈之赃，又无论已。"乡民有田十亩，夫耕妇织，可给数口。一讼之累，费钱三千文，便须借子钱以济，不二年必至鬻田，鬻一亩则少一亩之入，辗转借售，不七八年而无以为生。其贫在七八年之后，而致贫之故，实在准词之初。"② 戴炎辉据晚清档案认为，当事人需购买官定状纸，代书与吏差、家丁勾结，提高价钱分肥。启动诉讼后，当事人所交的讼费包括买批费（或送稿执笔费）、出票费、鞋钱（或车马费）、到案费、带案费、堂礼、分班费，等等。状纸费零点四至零点五吊（相当于大约同样数量的元），送审费与此大致相等，缮写费零点四至零点七元。这样，整个起诉的费用是一块二至一块七元。如果正式开堂审讯，原告还得花上三四元至十元的"堂礼"；一个大的案子更需花上多至一百元乃至更高的费用。③ 由此可见，一讼之兴，未见

---

① 刘衡：《蜀僚问答》，盛康辑：《皇朝经世文编续编》卷二十五，吏政八，守令中，沈云龙主编：《近代中国史料丛刊》第八十五辑，831—849，台北文海出版社 1972 年版，第 2602—2604 页。

② 汪辉祖：《佐治药言》，"省事"，中华书局 1985 年版，第 5 页。

③ 戴炎辉：《清代台湾之乡治》，台北联经出版事业公司 1979 年版，第 706—708 页。笔者从龚汝富处获睹题为《抄录本省县城进纸各规例》的抄本，此系光绪丁酉二十三年夏月下浣日谷旦香泉晓山氏抄录，反映了当时湖南从州县　（续下注）

曲直，而吏有纸张之费，役有饭食之需，证佐之亲友必须酬劳，往往所需多于所争。涉讼不仅对仅具薄产的当事人而言是容易倾家荡产的危途，即便家财雄厚者也难多耗于讼累，守候公门，费时失业，赢了官司输了钱，赢了猫儿卖了牛，贷债鬻田，膏华殆尽，不数年而无以自存。

　　如前所述，资源的争夺既是诉讼的原因和目的，诉讼双方的博弈也以各自掌控的资源为手段和依据。所谓"健讼"和"惧讼"在司法场域中均不是某类社会群体固定的集体特征，参与者仅仅依据自己在一个具体的场域中所掌握的社会资源、所处的诉讼攻防地位等作出特定的实用理性选择。富人固然有钱有势，为富不仁、以强凌弱的现象在司法中比比皆是；但穷人也拥有自己反抗、反制的权利和资源，光脚的不怕穿鞋的，而且往往造成"一夫拼命，万人难敌"的态势。严酷的生存条件往往增大了贫困者的压力意识和危机意识，而压力意识和危机意识又每每诱致贫困者极为强烈的竞争意识，因此贫困状态可能导致贫困者的多种行为特征，诸如：形成柔弱与残暴的双重人格、衍生贫困者既强烈追求"公有"又强烈追求"私有"的两极心态、诱发机会主义价值取向。由于对自然的索取效率极低，贫困者往往更加注重对人的"索取"心态，蔑视既有的制度规则，而一旦将富人的财产"公有"，也就有了自己间接的一份，可以增加自身的效用水平。为了争夺经济资源，借命案进行诬告、图赖的"穷斯滥矣"现象是不难想象的。当时"自尽图诈"和"移尸陷人"等均旨在择肥而噬。晚清光绪年间曾任广东阳山、

（续上注）到省城正堂衙门由进头张纸起至审结止各项费用，主要包括进纸审规、相验下厂、戎捕踏看、戎捕审规，可以与台湾地区的情形加以比较。该抄本开列在州县衙门，原告补原差六名挂红发脚钱见人各付钱三百文，路近照减。被告原差六名路费钱见人一里路各付钱三文，若是大案外加。被告配案付抄纸钱壹百文交保户手。官坐堂问案，有坐堂礼规费、门房钱等，甚至有打扫公堂钱二百文。署外经差各项费用有招房钱、经承钱、原差钱、民壮、六班、茶房钱、夜烛钱等。差役下乡勘验拘人等公干，原告开支水礼、挂红礼、草鞋钱、火把钱则是必不可免的。其中水礼包括一副顶上白米一斗、一副腰方净肉六斤、一副上大鸡一只、一副鸡宝丹三十元（即鸡蛋春卵）。被告开夫马水礼一概同钱。该抄本还记载说："审后结费，目今俗例也。若妙手尽可与他公论，致若得胜，谅付奖赏可也。"从这一抄本可以看出，打官司步步皆须花钱，官员劝勉息讼绝非无的放矢。

电白两县知县的褚瑛在《州县初任小补》中这样描述，当地"不法之徒名曰沙鱼贩，专以借尸讹诈为务。不论远近，凡有路毙无名乞丐，或江海浮尸，或年老无依、孤贫无人埋葬者，甚至有穷苦不堪之人病将垂死者，卖与沙鱼贩做假伤讹诈，百奇千怪，丧尽天良，实堪发指。一有死尸，即串通本地烂衿奸匪，买嘱无赖男子、无耻妇女，或为死者之父母伯叔兄弟，或作儿子媳妇子侄亲属。本属乞丐孤独，忽而儿孙媳妇俱全，男尸则哭父号爷，女尸则呼妈唤母。一见官到，即假号喊叫，诉说冤苦。问其情由，无不含糊支离，茫然莫对。且距死尸甚远竚立遥望，不敢近前伏视。掩面假号，毫无悲伤。种种虚诬，难以言喻。尝见路旁死尸数日无过问者，迨至地保报验，忽有哭儿者、哭夫者、伯父者，男男女女号叫不已，亦惟遥望，不敢近前。既验明，乃无名乞丐病故者，皆烂棍串通买嘱，希图讹诈也。诸如此类，当未经报案之前，奸匪烂衿人等，开列各乡富户弱族姓名，某某为正凶，择肥而噬，任意讹诈"①。褚瑛在书中还讲到其任广东电白县知县时所遇到的一起借死尸诬指仇人案。该案原委是：某人患疯疾多年，族亲以为已无药可治，乃与该疯疾者商量："尔早晚是死，又不能入宗祠，倘能自己服毒而死，具控争水被殴致命，若官司得赢，准入祠堂。"此人遂服毒身亡。由于"疯毒发变"，致使尸身"块块青黑"类似殴伤，故死者族亲企图以此诬陷正在与其争水源的外族人，但最终因褚瑛洞烛其奸而未得逞。② 在很多情况下，民间一词到官，往往牵率富户以为讼费所自出之地，所以许多地方命案一旦发生，事主尸亲往往并不究心孰为真凶，动辄株累多人，以为讹诈地步，正凶不获，则株累者无已时，故以钱财贿嘱苦主私行和息者，事所常有。据《广东省调查诉讼事习惯第一次报告书》，广东"潮

---

① 褚瑛：《州县初任小补》上卷，"假命讹索"，《官箴书集成》编纂委员会编：《官箴书集成》第 8 册，黄山书社 1997 年版，第 746—747 页。这目前在西方法律界被称为"可怜的原告理论"（the theory of the pathetic plaintiff），利用的是对于社会弱势群体的同情心理。参见唐·布莱克：《社会学视野中的司法》，郭星华等译，法律出版社 2002 年版，第 31 页。

② 褚瑛：《州县初仕小补》卷上，"伤毒命案"，《官箴书集成》编纂委员会编：《官箴书集成》第 8 册，黄山书社 1997 年版，第 753—754 页。

属命案大都以钱财贿嘱苦主、私行和息。其贿嘱约分数种：由嬉戏致毙者，其贿无多，即可和息。由私愤格毙者，其贿稍多，即可和息。由乡界、族界斗毙者，其贿必多，方能和息。然命案之起初呈诉于官，而真凶先已远距，其差拘及勒族绅捆送者，非无赖之徒，则贫弱之辈，极少正凶、故苦主每愿以钱财了事，甚有牵连殷富多人、图充欲壑者"①。在普宁县，"普民命案报验后，官即就控开等名，指拘被告者。无论真凶、波累，概逃匿不前，旋乃有人居间代恳苦主，或赔贴丧葬，或赔赡养香火。又代为恳于官，准予苦主自悔息事，谓之外结。其陋习如此"②。在饶平县，"命案之牵连隐忍，原因最为复杂。有视为奇货可居而希索重贿者，故凡凶手亲属，苟为家挟厚货，则不指之为主令，即控之为凶手，反置真凶于不问，以为图诈地步；有自安良弱，因迫挟而隐忍者；有被告阳张声势，以恫吓阴局公人以请和。苦主既惧其势，且为薄利所箭，故依此两端之结果。命案之因钱财贿嘱苦主私行和息者，几于数见不鲜"③。在潮阳县，"命案数百年来未有不私行和息者，特分迟早而已，此不独近世为然。书也、差也、绅与衿也、间阎之细民也，均习为固然矣，官其如彼何？人命至重也，而相习若斯，责成难逭，顾有难尽责者。则苦主所控之正凶，非正凶，而有财者也。既被控为正凶，不敢家居，走南洋，案悬矣。即久而获之，按诸情实，案亦难定，所谓真正凶者，反逍遥法外焉。此所以未由办抵，而以钱财贿和之相沿为例也"④。在兴宁县，"邑属命案，无论伤痕多少，控凶必列某某主使、某某正凶、某某帮凶、某人庇纵、某人坐视不救，甚有死者仅至一伤，而

---

① 《广东省调查诉讼事习惯第一次报告书》，转引自赵娓妮：《平息讼争、适从习惯——晚清广东州县的诉讼解决之道》，《西南民族大学学报（人文社科版）》2004 年第 7 期。

② 《广东省调查诉讼事习惯第一次报告书》，转引自赵娓妮：《国法与习惯的"交错"：晚清广东州县地方对命案的处理》，《中外法学》2004 年第 4 期。

③ 《广东省调查诉讼事习惯第一次报告书》，转引自赵娓妮：《平息讼争、适从习惯——晚清广东州县的诉讼解决之道》，《西南民族大学学报（人文社科版）》2004 年第 7 期。

④ 《广东省调查诉讼事习惯第一次报告书》，转引自赵娓妮：《国法与习惯的"交错"：晚清广东州县地方对命案的处理》，《中外法学》2004 年第 4 期。

控凶多至七八人以至十余人者。其中挟恨牵控者十之一，择肥图噬十常四五。被告虑及拖累，以钱财贿嘱私和者最多。然多系被诬者出钱，而真正凶手反逍遥事外，尸亲亦不过问也"[1]。如前所述，由于官府司法行政资源不足，所以地方州县官对命案的介入并不主动，奉行民不告官不究、告诉才处理的主义，而在现实物质利益的驱使下，尸亲将金钱报偿作为第一位价值取向，而死者长已矣，其冤抑的伸张遂无人问津，所以家赀殷实者花钱消灾、私行和息的情况实繁有徒，不足为奇。另一方面，地方州县官对于民间诉讼即便纤微之事亦无不捏架大题的情况也是司空见惯，一般状不轻准，而州县地方官消极不作为，又恰好为讼师的舞文弄法留下了大有作为的空间。讼师驾词耸听，利用"原词虽虚，投状近实"[2] 的谎状，以四字珠语夸大案情引起判官的注意，从而获得审判的资格，当代人看来不易理解的所谓"管准不管审"成为是时一种普遍流行的诉讼行为规则。司法场域的变动不居，归根结底是由于资源的分布和竞争所致。我们在前面讲过宗族在地方政府司法行政资源有限的情况下通过调解纠纷起到了缓解涌向衙门的诉讼压力的作用，但是，另一方面，由于资源的争夺，宗族也可以在某些场合成为推动诉讼大爆炸的动力，表现出"法律合作主义"（legal corporatism）的理性选择。这符合现代西方法社会学的观点，即组织是法律领域里的"主要肇事者"（the primary wrongdoers）。例如，江西民人有合族建祠之习。本籍城乡暨其郡郭并省会地方，但系同省同府之同姓，即纠敛钱财修建祠堂。出钱者连秦越为一家，不出钱者置亲支于局外。所建祠堂率皆栋宇辉煌，规模宏敞，而平日闲置的祠堂又成了歇讼、聚赌、藏奸的滋事窝点，甚至查出有私铸案犯者。另外，这种联合宗祠大量置产收租，累积而成的大量族费遂成为好事之徒妄图侵渔、滋事生讼的客观诱因。不肖

---

[1] 《广东省调查诉讼事习惯第一次报告书》，转引自赵娓妮：《国法与习惯的"交错"：晚清广东州县地方对命案的处理》，《中外法学》2004 年第 4 期。

[2] 李渔：《论一切词讼》，徐栋辑：《牧令书》卷十九，道光二十八年刻本，页二。亦见李渔：《李渔随笔全集》，京华出版社 2000 年版，第 626 页。或可参见贺长龄辑：《皇朝经世文编》卷九十四，刑政五，治狱下，沈云龙主编：《近代中国史料丛刊》第七十四辑，731，台北文海出版社 1972 年版，第 3341 页。

之徒从中觊觎，每以风影之事妄启讼端，借称合族公事，开销祠费，以祠中公租，作通族之讼费，逞忿肆横，县讼不胜，即赴府翻，府审批结，又赴省控。何处控诉，即住何处祠堂，即用何处祠费。用竣，复按户派出私财，任意侵用。由此观之，同姓立祠，竟为聚讼之地；祠堂有费，实为健讼之资。宗族为了各自的利益和名分，在自己的族人涉讼时，动辄动用族产支持诉讼。一些在外经商的族人遇乡里之讼也从经济上给予支持，不啻身尝之，醵金出死力，使诉讼具有充足的经济后盾。

面对讼案急剧增加，清政府官方首先诉求于"无讼"的道德教谕这一传统资源，以求弥补自身司法行政资源的不足。[1] 孔子说："听讼，吾犹人也，必也使无讼乎。"[2] 这在后世阐扬儒家思想过程对中国历史产生了深刻影响。固然，语言可以成为主、客观交融的"第三世界"，但观念的接受者的主体性和对观念的建构不容忽视。从一种空泛的中西方文化差异解释清代中后期的"无讼"观念首先有失于肤浅，在某种程度上也有违于历史唯物主义存在决定意识的基本原理。改革开放以后，学术界在将中国人因为"无讼"观念的影响而权利意识淡漠与西方权利意识发达而"好讼"截然对立起来，对中国传统的"无讼"思想批判不遗余力，以图为培育现代中国的法治理念、权利意识鸣锣开道。其主观动机无可厚非，但存在严重误区也是无可讳言的。按照吉登斯的观点，结构是一种各种关系脱离了时空所构成的虚拟秩序。只有在处于具体情境中的人类主体运用各种知识完成的活动中获得了具体体现，结构才能得以存在。正是通过这些活动，结构被再生产为根植在时空跨度中的社会系统的结构性特征。论述中国传统的法律观念却以现代西方法律中的权利观念为参照物，时空错置姑且不论，关键是不能从法律的根本问题着手而拿文化说事，这样在隔靴搔痒的迂回论证中又容易陷入前面所说的"明希豪森三重困境"。笔者所见的西方法律也并非以"好讼"著称，学术界近些年的研究也表明：被人们毫无质疑地接受的

---

① 民间亦有大量的劝善书极力凸显诉讼的危害。例如，富平翟步霄镜波氏集注、山阴余旭初晓山氏重订：《关圣帝君亲判回头岸下集》，龚汝富教授藏本，页十八至十九。

② 邓球柏：《论语新解》，湖南大学出版社2009年版，第263页。

关于中国古人的所谓"厌讼"观念，其实是由文化精英用其关于法律的理想话语构建起来的一个法律文化史中的"神话"。按照费肯杰的"推参阐述"理论，不同的法律文化尽管形形色色，但存在可以对话、沟通的"元思维方式"。对于秩序的追求等等在不同法律文化中都是一样，任何政府不可能鼓励浪费社会资源的争斗。世界著名的比较法学家勒内·达维德在《当代主要法律体系》（René David, *Les grands systèmes de droit contemporains*, Paris：Dalloz，1964）说："法律并不是解决人与人之间争端的正常方法。法律可以向人们提供行为的准则，或者对违反社会利益的行为人构成威胁，从而起有益的作用，但并不存在必须按照字面严格遵守法律的问题；在法律的实施和运用上，必须十分慎重。最理想的是根本不需要援用法律，法院也根本不需要做出什么判决。"①众所周知，在很多法律制度中，纠纷解决的途径是多元并存的，诉讼解决冲突并不是其中最好的、唯一的方式②，相反，它可能是成本高、耗

---

① 勒内·达维德：《当代主要法律体系》，漆竹生译，上海译文出版社 1984 年版，第 127 页。

② "法化"（legalization；Verrechtlichung）又被一些学者译为法现象化、法律化、法制化、规范化，这是与"非法化"（delegalization；Entrechtlichung）、"反法化"（anti-legalization；Gegenvertechtlichung）等概念相对而言的。德国学者自 20 世纪 70 年代以来对过分法律化问题展开的争论，寻找各种能自我治愈创伤的社会力量，具有对法律万能主义和法律系统负荷过重的症候的反思意义。"法之极，恶之极"（Summum ius summa iniuria）的流弊值得中国法学界关注。在法律中，法密如织并非好事，相反应该是如常言所说，"天网恢恢，疏而不漏"，简而不陋。在改革开放之初，当时人们为了强调向西方学习，提出培养几百万律师、几百万会计师等等目标，拿美国平均多少人有一名律师、而中国平均几百万才有一名律师之类数据为证。其实，这样的目标模式是存在问题的。所谓西方的概念就是一个泛概念，欧洲大陆国家和英美国家就是两种迥然异质性的文化。从哲学角度而言，英美是经验主义哲学发达的国度，而欧洲大陆国家则以理性主义为其传统；从经济制度而言，英美国家推崇自由主义，欧洲大陆国家的计划色彩则较为明显；从法律制度而言，一为判例法系，一为大陆法系。律师只是在美国比率才比较高，这是因为其采取"大司法调整主义"所致。而在采取抑制诉讼、鼓励调解、限制司法规模的"小司法调整主义"路线的日本、甚至英国的律师都没有那么多，与美国的"大司法调整主义"模式迥然不同。所以，以西方为范式的法制建设不能单纯以美国的情况为蓝本。这一点，笔者在拙著《经济法学理论演变研究》第二次全面 （续下注）

时长且收效甚微的权利救济方式，本身属于一种激烈的对抗，对诉讼双方容易留下深刻的心灵创伤，所以当事人在选择诉讼之前应当理性地评估成本与收益，而不是为了诉讼而诉讼。由于对于传统的"无讼"的全盘否定，前些年中国各地诉讼案件远远超过各级法院的负荷能力，消耗了原本紧张的司法资源，这已经证明不能如同经济学家们用 GDP 来衡量一个国家的经济增长指数一样，将"好讼"作为一个社会的法治成熟程度标志。近年来，由于中国社会运行中矛盾重重和政府倡导构建"和谐社会"的理念，无讼是求、调处争息的主张忽然之间又成了众人的香饽饽，一些学术人又翕然趋附风云，依声和韵地探讨"无讼"观念对于构建和谐社会的借鉴意义。由此可见，在不同的具体语境中的人们关于"无讼"观念的话语建构也是因时而变的。

笔者对于乾隆中叶以后的官方"无讼"道德教谕主要是从空间和

<hr>

（续上注）修订版（中国民主法制出版社 2009 年版，第 348 页）已经有所论列。2009 年，荷兰著名法学家范华顿（Frans van Waarden）在《从社团主义到律师暴政：论自由化与法制化》（From Corporatism to Lawyocracy? On Liberalization and Juridification，*Regulation & Governance*，Volume 3 Issue 3）一文中认为，与美国抗辩法律主义风格相对立，荷兰传统上以非正式和协商一致的解决冲突著称，在 20 世纪 80 年代之后作为经济自由化的新自由主义的"里根经济学"的产物，目前呈现出法制化和法律主义加强的趋势，产生了一个由社团主义向律师暴政转移的重大变化。范华顿在给笔者的来信中对于这一在某种程度上是"美国出口产品"（American export product）的现象提出质疑，笔者则向其介绍了张艺谋导演的电影《秋菊打官司》在中国法学界的讨论，足见国际法学界对于这种美国范式并不完全认同。事实上，目前欧美法治社会中替代性纠纷解决（Alternative Dispute Resolution，ADR）运动日益高涨，其宗旨即在于使纠纷解决在法律规定的基本原则框架内，可以有较大的灵活运用和交易的空间。哈佛大学前校长德瑞克·C. 伯克（Derek Curtis Bok）在向大学最高评议会提出的 1983 年度报告书中也曾以日本为参照物批评美国法律制度，认为美国培养了太多的律师，而日本更重视培养工程师，并指出："工程师可以把馅饼做得大些，但律师只能决定馅饼的分割方法。"（参见 Derek C. Bok，A Flawed System of Law Practice and Training，*Harvard Magazine*，May-June 1983，p. 41。）关于替代性纠纷解决问题，可以参考如下文献：小岛武司「紛争解決制度と法文化」『民事紛争をめぐる法の諸問題：白川和雄先生古稀記念』白川和雄先生古稀記念論集刊行委員会編、信山社、1999 年、4 頁。田中成明『現代日本法の構図』悠悠社、1992 年（増補版）、194 頁以下。再者，社会科学的学科划分本身是没有客观标准的。以美国和德国相比较而言，德国是社会学的　（续下注）

社会资源这两个维度加以解读的。笔者长期以来主张不能将中国作为大国的空间性仅仅作为无须赘言的背景衬托，而对其在社会各层面的深刻影响概未之见。庞大的帝国按照诺思的国家暴力潜能学说是在暴力方面具有比较优势的组织，是为获取收入以一组被称之为"保护"或"公正"的服务作为交换制度。统一的多民族国家在提供法律保护、促进经济发展方面较诸四分五裂的政治格局具有更大的利益产出潜能，这也是中国百姓"宁为太平犬，不为离乱人"牢不可破的原因所在。[1]正是由于中国在历史上很早就出现"大一统"政治格局，在古代世界历史上是超大型国家，与西欧小国林立格局迥异，而治理大国与治理小国存在显著区别。古训"治大国若烹小鲜"[2]就生动形象地说明了稳定对于大国尤其至关重要的道理。中国历朝历代统治者勤求至治，多主以定静为

（续上注）发祥地之一，马克斯·韦伯即其代表，但目前在德国，社会学并不像美国那样发达，这就是存在学科替代性的问题。德国人是先规则后行动，如德语云，Erst wägen, dann wagen! 美国人则是实用主义的摸着石头过河的探索，是判例法国家。所以德国人花很大力气研究法律，其法律实际上起到了一部分社会学的功能。且不说本身法社会学的问题，德国的法律研究就是在进行社会工程的设计与校正。而美国人不拘一格地大胆探索，等到出现问题在进行社会学的事后校正。在我看来，美国的律师其实起着社会工作者的功能。这一趋势其实在美国建国后表现的比较明显。法国历史学家、社会学家托克维尔（Alexis de Tocqueville，1805—1859）经历美国之旅后在其名著《论美国的民主》（De la démocratie en Amérique）一书中就指出：美国司法制度如此深入人心，以至于"复杂的社会政治问题，最终都可转化为法律问题，并随时间逐渐降温"。此外，学科的建构其实很大程度取决于人力资源结构的分布，德国许多人文社会学科的研究者在其大学主修和辅修专业制度下往往具有法学训练的知识储备，所以在研究成果的空间分布中表现出地地道道的法律帝国主义。

① 费肯杰在其两卷本《经济法》中就谈道：国际卡特尔在世界经济中的作用颇为混沌复杂，有一部分是类同国家卡特尔方式对自由竞争的干扰，但某些国际卡特尔也是世界所有国家干涉主义经济政策的工具，因为可以利用的这样干预的"世界机构"（Weltbehörden）不存在。人们可以在某种程度上将卡特尔列入"在世界经济范围之内间接的国家管理"（mittelbaren Staatsverwaltung im weltwirtschaftlichen Bereich）。这说明，如同国家统一产生的制度收益一样，国际卡特尔在当今世界经济中也具有产生一定范围合理经济秩序的比较优势，是一种在目前世界格局下的合理选择。这中间的道理和诺斯的国家暴力潜能学说是相同的。见费肯杰著，张世明译两卷本《经济法》。

② 典出《老子》第六十章，"治大国若烹小鲜"。黄瑞云校注：《老子本原》，人民文学出版社 1995 年版，第 86 页。

宜，贵和尚中，其最重要的社会目标即在于追求"天下太平，长治久安"。稳定和谐的社会是中国历朝历代统治者营营孳孳的鹄的，历代君主的贤愚功过均以社会的治乱为准绳加以评判。① 《周易·讼卦第六》云："讼：有孚窒惕，中吉，终凶。"② 在崇尚和谐的传统社会中，理想社会的标志是"刑措""无讼"。这种追求和谐稳定的政治价值取向反映在司法行政中就必然要求无讼是求。在乾隆中叶以后，各地州县开始无法消化如山积案，从清朝中央到地方各级政府官员不得不诉诸劝说当事人止讼、无讼，为讼以害，为讼以耻，通过提倡"贱讼"达到缓解压力的目的。

在清朝统治者看来，"政简刑清"是体现某地吏治清明的原则之一，而讼狱纷繁则无疑说明了该地方官不尽职责或无能。官箴书也反复告诫州县官员说："公堂一点朱，下民千滴血。"安民之道，要在息讼，下笔时多费一刻之心，涉讼者已受无穷之惠，应该促使邻里、家庭自相慈爱，以忍为先，委曲求全，方可心底清静，相安无事，以免倾家荡产，亲友失欢。学术界目前往往以传统法律重狱轻讼作为"无讼"观念的产生原因，这其实是从实然推论应然，倒果为因，陷于"明希豪森三重困境"③，成为一种无意义的循环论证。如前所说，中国传统法律中重刑轻民很大程度上是由于维系庞大帝国而司法行政资源不足、不得不将户婚田债案件视为民间细故而集中精力于刑名案件的结果，地方州县官通过将大量纠纷批交宗族缙绅等调处也是由于司法行政资源的缺乏而采取的案件分流方略。这些措施恰是在"无讼"观念指导下进行的。④ 为了缓解司法

① 参见张世明：《空间、经济法与和谐之美：从费肯杰先生两卷本〈经济法〉审视中国经济法体系的建构》，《山西大学学报（哲学社会科学版）》2009年第2期。张世明：《经济法学理论演变研究》（第二次全面修订版），中国民主法制出版社2009年版，第328页。

② 孔令河：《五经注译》上册，山东友谊出版社2001年版，第14页。

③ 参见本书第四卷第一章。

④ 西方法谚亦云：de minimis non curat lex（the law does not concern itself with trifles，法律不管小事）。又言：boni judicis est lites dirimere，et interest reipublicae ut sint fines litium（a good judge should end litigation，and it is of interest to the state that litigation should end，好的法官应该结束诉讼，为了国家的利益，诉讼应该结束）。我们不能将中西法的差异绝对化。

行政资源相对于急剧增长的诉讼案件而言捉襟见肘的局面，清朝官府对于讼师加以妖魔化宣传，从法律制度设计上进行抑制、防范和打击，目的在于杜绝推动诉讼案件增长的重要乱源。嘉庆二十五年七月，嘉庆帝在上谕中切齿痛恨地指出："民间讼牍繁多，最为闾阎之害。而无情之词，纷纷赴诉，则全由于讼棍为之主谋。此等刁恶之徒，陷人取利，造作虚词，捏砌重款，具控者听其指使，冒昧呈递。迨审出虚妄，诬告反坐之罪，皆惟控诉之人是问，而彼得置身事外。至被诬之人，一经牵涉，业已陷身失业。即幸而审明昭雪，而其家已破。因此伤身殒命者，更不知凡几。在讼棍反局外旁观，自鸣得意。种种鬼蜮情形，实堪痛恨。"[1] 在许多官员看来，讼师为了中饱私囊，在当事人之间从中作梗，使诸多词讼未能及时审结，似乎天下本无事，讼师自扰之，故每每对之大兴挞伐，抨击讼师之流"豺狼为性，鬼蜮为情，把持衙门，武断乡曲，以刁生劣监为羽翼，以奸胥蠹役为爪牙，人或有隙可乘，彼即挺身而入。或谋人财物，或破人婚姻，或败人身家，或误人性命，或与乡邻为敌，或与官府为仇。一谋足以害两家，一人可以唆两造。索谢不遂，反而相攻；毒手既施，转与交好。有时明目张胆，皆惊使笔之如刀；有时匿迹藏形，尽伏射人之暗箭"[2]。对于普通民众，官方通过各种渠道进行宣传教育，强调：讼乃破家灭身之本，骨肉变为冤仇，邻里化为仇敌，虽胜亦负，不祥莫大焉。其里邻口角、骨肉参商，不过一时竞气，小有蒂芥，不相能事，则执为终身之憾，不知讲信修睦，不能推己及人，以致冒昧启讼而媒孽讦告不止。此讼之所以日繁而莫可止也。人生在世，如何保得一生无横逆之事。大家抬头不见低头见，非亲即故，非故即邻，平日皆情之至密者，若是平日有人情在乡里，他自众共相与遮盖，大事也成小事；一旦告官讦讼，与乡邻仇隙不解，小事也成大事矣。殊不知一讼之兴，未见曲直，而吏有纸张之费，役有饭食之需，证佐之亲友必须酬劳，往往所需多于所争。我之所欲胜，其彼之所肯负

---

① 《清仁宗睿皇帝实录》卷三百七十三，嘉庆二十五年七月，台北华文书局股份有限公司 1960—1970 年版，第 5470—5471 页。

② 李璋煜：《视已成事斋官书》卷一，"访拿讼棍示"，道光二十八年刻本，页一。

乎？案一经官断，须有输赢，从此乡党变为讼仇，薄产化为乌有。因此讼则终凶，贻祸无穷，切齿数世，冤冤相报，何时是了。正是这样，地方州县官多倾向于调停息处户婚田债案件，化解矛盾，以期两造复归辑睦。地方州县官在实践中经常采取延迟时日的手法使矛盾经过冷却后消弭于无形。只要在官员的忍受限度内，只要不激起民变、不发生大规模的械斗或人命，尤其对于州县自理案件，往往就会熟视无睹，多一事不如少一事。清政府为了节约司法行政资源，也从法律制度的时间安排设计上限制民间诉讼。清朝法律规定，每年四月一日至七月三十日，为"农忙止讼"期。在此期间内，除谋反、大逆、盗贼、人命等重大案件外，其他的诉讼一律不予受理。是时，地方政府要在衙门两侧树立"农忙""止讼"两块大木牌，禁止民间起诉。这种制度设计所潜涵的理念在于："治生不暇，况治讼乎？"① 在其余月份里，也不是每天都可以起诉。只能在政府所指定的"词讼日"（也叫"放告日"），官府才受理讼事。清初是每月逢三、六、九日为"词讼日"，清中后期改为逢三、八为"词讼日"。如此算来，每月才六天，一年也不过四五十天而已。事实上，董仲舒所期望的"天下无一人之狱"② 的境界是可望而不可即的。清代经学家崔述就指出："自有生民以来莫不有讼也。讼也者，事势所必趋也，人情之所断不能免也，传③曰饮食必有讼。""两争者，必至之势也，圣人者其然，故不责人之争，而但论其曲直。"④

由于清朝官府过分宣扬无讼观念，地方官一味贱讼、恶讼，认为老

---

① 魏禧：《救荒策》，贺长龄辑：《皇朝经世文编》卷四十一，户政十六，荒政一，沈云龙主编：《近代中国史料丛刊》第七十四辑，731，台北文海出版社1972年版，第1472页。或可参见徐栋原辑、丁日昌选评：《牧令书辑要》卷四，《续修四库全书》编纂委员会编：《续修四库全书》755，史部·职官类，上海古籍出版社2002年版，第498页。

② 顾元、李元：《无讼的价值理想与和谐的现实追求——中国传统司法基本特质的再认识》，《中国人民公安大学学报（社会科学版）》2008年第1期。

③ 指《易经·序卦传》。或可参见陈襄民等注译：《五经四书全译》1，中州古籍出版社2000年版，第273页。

④ 崔述：《讼论》，转引自杨鸿烈：《中国法律思想史》，范忠信、何鹏校勘，中国政法大学出版社2004年版，第28页。

百姓一忍不为少，百忍不为多，每每不察其曲直，而概不欲使讼，以致陵人者反无事，而陵于人者反见尤，造成法律被束之高阁、正义被湮没不彰、当事人诉讼权利被漫然漠视。当事人不得已而讼之于官，则官以为好事，而里党亦共非之。整个社会似乎都沉浸在一片温情脉脉的和谐气氛中，但被侮辱与被损害者忍泣而喑哑无声，而豪强愈加暴戾恣睢，社会矛盾仅仅被敷衍了事地障蔽文饰而已。所以崔述感叹："无讼则无讼矣，吾独以为反不如有讼之为善也。"① 一般而言，陵人者常不讼，而陵于人者常讼，争而甘于让者，惟贤与孤弱者耳。如果概不欲使讼，这样不惟是非颠倒，而且会如同吴经熊所说的那样，天下事往往因理想太高其结果适得其反。因为，人非草木，孰能无情，忍耐至极，就会怒不可抑地大发雷霆起来，而且压迫程度愈高，其反作用力亦愈烈，卒至一发难收，不顾三七二十一地作村妇的谩骂。推而论之，这种谩骂其实便是禁止争讼的道德的私生子。② 在前面一章，笔者已经指出，在拉德布鲁赫的法哲学中，法律的理念由三项价值构成：正义、合目的性和法的安定性。拉德布鲁赫的相对主义法哲学并没有赋予在这个法律理念的价值序列中的任何一项价值以绝对的、排他性的主导地位，这三项价值根据具体的条件和环境而在某一特定的历史时期可能侧重于其中的一项。拉德布鲁赫从新康德主义的立场出发认为，如何在各种相互冲突的价值观和世界观中做出取舍不属于认识问题，而属于信仰问题。拉德布鲁赫的理论其实也并没有将这一问题圆满解决，所以我们也不可能对于清人过事苛求。

第三节　堂上与堂下：司法场域的日常生活

民非政不治，政非官不举，官非署不立。建筑是一定的民族心态、

---

① 崔述：《讼论》，转引自杨鸿烈：《中国法律思想史》，范忠信、何鹏校勘，中国政法大学出版社 2004 年版，第 28 页。

② 参见吴经熊：《法律哲学研究》，清华大学出版社 2004 年版，第 65 页。

文化背景的反映。西方建筑大都浸淫在汹涌的激情之中，以超人的巨大尺度、强烈的空间对比、神秘的光影变化、出人意表的形体等特征著称于世，而中国古代建筑，无论是金碧辉煌的宫殿，还是平民百姓的寻常屋宇，一般都具有沉静幽思的情调和呈现出冷静而自制的内向形态，在具体建造上利用围墙有效地分割为内部与外部空间，体现出布局上的内聚性。中国古代州县衙署的建设也体现着情理法三者形塑的空间结构。从情理角度而言，州县衙署修建大多根据《周礼·考工记》的设计思想进行布局，同时受风水理论影响。衙署作为一方或一座城市的主宰，按照风水观念，通常都位于城市中央，即所谓"正穴"之所在，古人有"京都以朝殿为正穴，州郡以公厅（大堂）为正穴，宅舍以中堂为正穴，坟墓以金井为正穴"的说法。按照"吉地不可无水"的观念，衙署应该接山近水，建于高阜之处，这样才有居高临下控制全局的含义，同时亦能防患水灾。此外，中国的政治文化也有"南面"的传统，历代帝王的统治之术被称为"南面之术"。《易经》即云："圣人南面而听天下，向明而治。"[1] 古代天子、诸侯、卿大夫及州府官员等升堂听政都是采取坐北向南的式位，中国历代的都城、皇宫、州县官府衙署一般来说都是南向的。穴是聚气的焦点，南向为正，居中为尊，隐喻的是"居中而治"之意，故又有"衙门口朝南开"[2] 之说。在俗谚"八字衙门朝南开，有理无钱莫进来"中，衙门朝南开，指的是方位；旧时官署大门都是呈八字形，此乃官衙定制，故是之谓也。至于"有理无钱莫进来"一语，其寓意颇丰，一是指打官司须交诉讼费太昂贵；二是指

---

[1] 朱熹：《周易本义》，宋卿、陈鹏点校，杨军主编：《十八名家解周易》第2辑，长春出版社2009年版，第89页。

[2] 笔者承认，不是所有的县衙都是南向的。例如，山东茌平县衙历经金、元、明、清、民国，一直是朝东，甚至在新中国成立后，在旧县衙原址修建的县人民政府几次改建、扩建，仍复如此，堪称一个典型的反例。这种格局的形成估计与茌平所处的交通位置有关。长期以来，茌平可谓从北京到江南的南北陆路通道的要冲之地，衙门建在南北大街上，衙门口朝东，自然便于县官迎送南来北往的大员。故而俗称："南京到北京，茌平的衙门朝正东。"参见中国人民政治协商会议山东省茌平县委员会文史科编：《茌平县文史资料》第1辑，1988年内部发行，第12—13页。不过，我们应该恰当看待常例与特例、正例与反例的辩证关系，山东茌平县衙这类反例的存在并不能否定衙门朝南开的常例。

"衙门深似海"，官场险恶叵测，关系盘根错节，一般平民百姓是打不起也打不赢官司的。这种坐北朝南、居中而治的设计思想，要求主体建筑必须集中在一条南北中轴线上，自南而北依次为照壁、大门、仪门、戒石亭。戒石亭的左右通常为六房。衙署主体建筑由大堂、二堂、三堂等构成，是长官及其所属人员办公的地方，佐贰官、属官不能位于中轴线上，而只能居于东西副线上，以彰显身份地位的尊卑。此外，衙署建筑尚需体现"文左武右""前衙后邸"等设计思想。在风水学中，公堂属皇气，是至阳之地。东南为巽地，较为尊贵，故宾馆多设县衙仪门东南。而地方衙门的监狱之所以都设在大堂西南仪门之外，就是因为按照《易经》及八卦学说，这一位置属于"坤位"，即所谓"阴之极"，故称为"南监"。

在明代初年，中国古代地方州县的官衙建筑格局发生了一个显著的变化，即明初太祖颁行了地方衙署建设应遵循的范式。据洪武《苏州府志》载，这一规制与前朝的主要不同在于"府官居地及各吏舍皆置其中"[1]。洪武初年，名臣王祎在《义乌县兴造记》中记载曰："今天子既正大统，务以礼制匡饬天下。乃颁法式，命凡郡县公廨，其前为听政之所如故，自长贰下逮吏胥，即其后及两旁列屋以居，同门以出入，其外则缭以周垣，使之廉贪相察，勤怠相规，政体于是而立焉。命下郡县，奉承唯谨。"[2] 李志荣据《永乐大典》等史志资料记载和对八个衙署案例的实地考察断定，明初衙署依式修盖是全国性的。这样的建筑格局反映了朱元璋惩前元之旧弊、力图整顿吏治的思想。《大明律·工律·营造·有司官吏不住公廨》规定，有司官吏必须居于官府公廨，不许杂处民间，"凡有司官吏，不住公廨内官房，而住街市民房者，杖八十[3]。虽然受历史遗留下来的衙署格局的影响或者限于经济条件，各地并不一定完全符合新的规制，但大多数衙署均四周以高墙与外界相

---

① 转引自李志荣：《元明清华北华中地方衙署建筑的个案研究》，北京大学博士学位论文，2004 年，第 22 页。

② 王祎：《王忠文集》卷九，中华书局 1985 年版，第 156 页。

③ 雷梦麟：《读律琐言》，怀效锋、李俊点校，"有司官吏不住公廨"，法律出版社 2000 年版，第 508 页。

隔，构成封闭性空间。清承明制，但亦表现出较大的改造。据李志荣研究，这种改造的原因主要在于，清代地方官员设置简化，机构裁并，使原来曾经存在的僚属办公和住宅被废弃，而又由于主任官员的权力较明代有所扩大，在机构裁并腾出来的土地上，建设供主任官员使用的花厅和供其幕客居住的宅院遂成为重要的新建置，特别是主任官员的后宅在衙署中的地位日益显著。内乡县衙自顺治以来布局的变化就是这一过程的一个明证。① 从法律史角度来看，清代州县衙署正是形成封闭的空间后，才出现在诉讼中通门子的现象比比皆是，围绕州县衙署形成包括茶馆饭歇之类诉讼产业链条，各色人等麋集于此，或打探消息，或乞书状纸，或商谈交易，不一而足，甚至在附近开药铺也能大发利市，因为上衙门受审挨板子者就是其刚性需求的消费群。

长期以来，中国就流行着"官不修衙、客不修店"的民谚，其最早始于何时已经难以稽考。客人住店仅系羁旅暂时憩息，对客店不拥有所有权而仅具有限时段的使用权，基于"临时观念"和缺乏经济利益，自然不热衷于帮房主修店，亦无修店的义务。在明清流官制度下，"铁打的衙门流水的官"，州县官员任期甚短，流动性大，即使能够任满而迁，至多也不过三年五载，何况为官一任三年，大多数不能终其一任，宦途匆匆，衙门修得再好，也不能跟随官员搬走，因而清代"官不修衙而修志"的倾向非常明显。此外，州县官职务一般只是官员仕途上的一级台阶，把台阶擦得太亮在州县官们看来并无必要，普遍感觉犯不上为修衙而大兴土木，甚至认为热心修衙的官员会被钉在这个职位上无法迅速升迁。受到风水理论的影响，官员们普遍认为，衙门建筑讲风水，前人既是请了堪舆家"相地"之后建造的，后人不能随意改动，改动则不利于官。在当时，各级衙署规格皆有序差格局的定制，多大尺寸的衙门里，坐着多大的官，不是像当今这样随意可以超标修建豪衙的，如果把衙门修得很大，修得与官位不相称，那便是僭越违法，弄不好甚至会

①　李志荣：《内乡县衙建置沿革与现存遗迹考》，《中原文物》2006 年第 1期。

脑袋搬家呢![1] 修衙门就会靡费钱粮，轻则官声不好，重则容易造成亏空。所以，官箴书中每每提醒官员对衙署不可过于修饰，但取门户牢固、墙壁坚完而已。例如，《钦颁州县事宜》第一条"到任"中讲到，初登仕籍的州县官，最应该崇尚节俭，而只有那些俗吏才以到任为荣，将衙门重新修饰一新，轿、伞等另行置办，所有陈设，务求华丽。一切装饰完毕后，长官扬扬入署，快意当前，不知此举派累行户，苛敛里民，已种下他日祸患。因此，释褐方新的官员在到任之前，一定要禁止修衙，严切发谕，禁止铺垫，使得吏胥不敢借名暗诈，侵蚀分肥。这就是说，如果官员上任伊始就修缮衙门，往往与朝廷所倡导的节俭美德相背离，以致先声狼藉，民口难防，官员往往会因此落得坏名声。按照雍正二年定例，州县官员等修饰衙署而肆行科敛扰累小民者将依据科敛律治罪，这样便堵住了官员通过摊派修衙的通道。而且更为重要的是，在清朝刚性财政体制下，实行耗羡归公以后，养廉银实际包含了薪金补贴及地方杂项支出两部分，因此清政府不希望在养廉银之外另拨款项修缮衙署，只允许州县衙门动用闲款，但必须在三年之内从其养廉银中坐扣。其中省级衙署修缮，因其养廉银丰厚，仍不许动用闲款。地方州县政府不仅如瞿同祖所说是一人政府，而且在财政上公共性中潜含着私人性，州县官养廉银受益人是官员个人，除了不得不用于修葺官衙之类公事之外，能够多省一两银子就会多一两银子落入州县官员的个人腰包。这样把养廉银一旦固定下来，要修衙必须官员自己掏腰包，只有傻瓜才会为修衙之事取怀而予，与当今喜事兴功的地方官员为了面子政绩建设所谓"景观政府"花的是国库公帑迥然不同。这种真金白银攸系的大关节乃是清代"官不修衙"的真实原因所在。[2]

---

① 中共中央办公厅、国务院办公厅多次颁布严格控制党政机关办公楼等楼堂馆所建设的通知，但党政机关违规修建楼堂馆所的奢豪之风仍然无法得到有效的遏制，以至于中南海像乡镇政府大院，县乡政府像白宫，这种现象的深层制度性原因是值得认真检讨的。

② 清代，当时四川著名的盐号协兴隆的陕帮掌柜权力极大，待遇极厚。黄植青等《自流井李四友堂由发轫到衰亡》载："掌柜的一切应酬费以及他雇佣的抬轿子大班，都由号上开支。掌柜应酬时穿戴的衣服、帽子也由号上提供，但（续下注）

当然，官不修衙也会带来一些负面影响。乾隆元年，上谕云："各省州县，与民最亲。凡大小案件，无不始终于州县衙门。是以旧制钱粮刑名等项，分委承办，设有六房。即附于州县公堂之左右，使经制胥吏居处其中。既专一其心志，亦慎重其防闲，立法最善。乃闻近年以来，多有六房倾圮，不加修葺。胥吏栖身无所，往往挟其卷牍，收藏于家。每遇急需检阅之案，无以存贮，悉以胥吏之口为凭。而隐匿抽换之弊，不可枚举。前后印官虽心知其弊，而因循苟且，或修理无资，遂沿习而不知整理。此亦有关吏治之一端也。着各省督抚通行所属州县，验明六房屋宇，或有未备者，各于旧基，如式建造，将一应案牍慎密收藏，并分别号件，登记总簿，以备稽考。傥胥吏换班，有私带文卷出署者，从重治罪。若本官失察，一并议处。其修造之费。着该督抚藩司于本省公用银内确估给发。"①乾隆年间，云南等省试图将修缮衙署的费用固定化，列入地方财政支出，但被否决。乾隆四十八年（1783），陕甘总督李侍尧在分析"官不修衙"的原因时，一针见血地指出：官员之所以将衙署视同传舍，甚至朽坏不堪，也不愿动支修葺，就是因为人情各顾其私，恐将来坐扣竭蹶。据史料记载，内乡县衙在咸丰年间遭捻军奔袭毁于兵燹，知县章炳焘在光绪年间为了修建内乡县衙的诸多集资方法中就包括"赢捐输罚"。凡是到县衙打官司的人，赢了官司就要捐出一点钱，输了官司则须承担罚款。这种做法在今天看来的确不无乱收费、乱摊派的嫌疑，但在当时似乎又别无良策，不得不尔。章炳焘后来丢官，就是有人控告他"大兴土木，穷奢极糜"②，这恰恰又证明了清朝官场经年累

（续上注）鞋子却自备，因此有些陕帮掌柜的帽子和衣服尽管全新又极漂亮，而鞋子却补了又补，疤上重疤。"（见于中国人民政治协商会议四川省自贡市委员会文史资料研究委员会编：《自贡文史资料选辑》第6—10辑合刊本，1982年内部发行，第91页。）这种令人忍俊不禁的怪现象其实并不是陕帮商人俭啬、不喜欢奢侈所致，否则不会"帽子和衣服尽管全新又极漂亮"，而是与官不修衙事异理同，应该从制度设计上加以分析。

① 光绪朝《钦定大清会典事例》卷八百七十，工部，公廨，修理公廨，各省公廨，台北新文丰出版公司1976年依据光绪二十五年原刻本影印版，第15846页。

② 参见姚伟：《一座内乡衙，半部官文化》，大河报社编：《厚重河南》第4辑，中州古籍出版社2004年版，第224页。

月形成的规矩是不可违抗的。

现存的内乡县衙可以为今人清代州县衙门的实物标本和历史见证；而曾在清代州县衙门担任过幕友的陈天锡对湖南麻阳县衙署建筑规制的描述也可以引导我们穿越历史时空的旅行：

> 衙署坐北朝南，大门前有一道照壁，画一只四脚兽，其名谐音"贪"，意思是警戒做官的不可贪婪。照壁稍后，东南两方，各有牌坊为东西辕门。由辕门进来，正中是大门。大门有三个，一个正门，两个侧门，上面画有门神。门的上方有一个匾，写有"麻阳县"三个字。正对着大门，隔开一个相当的距离，便是二门，也是三个。正门上有匾额，写"仪门"二字，取"有仪可象"的意思。仪门之内是一个大天井，正中有一个牌坊，横额写着"尔俸尔禄，民脂民膏，下民易虐，上天难欺"，这就是通常所说的戒石铭。天井的两旁便是书吏办公的地方，通常依吏、户、礼、兵、刑、工六房的次序分左右排列。有的州县六房之外，再添出两三房，如承发房、粮房、仓房等。如果还有空房间，便给差役们用。由牌坊直入，经过相当距离便是大堂。大堂中央是暖阁，暖阁当中横摆着公案和高背椅。公案前面垂着桌围，桌上放有砚台、笔架、签筒等常用办公品。

> 暖阁下的前面及左右两旁都有相当大的空间，右边放着一张小桌和凳子，是在问案时给书吏做笔录用的。左边有一只木架，上面放着一只大鼓，县官升堂退堂时都要鸣鼓。暖阁前的空间则是给当事人、证人跪着听审的。衙役也在此及左右两旁站着应役。

> 从大堂正中再入一道大门，便是二堂。大门之右陈设一磬，主官经此到大堂时，便有差役在此鸣磬。二堂中央的暖阁及暖阁上的公案等陈设，和大堂完全相同，但没有鼓。事实上公案及公案上陈设的签筒、笔架、砚台与右方高架所置印箱、诰轴，只有一套，经常摆在二堂暖阁上，主官在大堂问案，就移在大堂。从二堂后壁正中再入一门，便是三堂，这是主官家属所在的内宅。

> 邻接这些建筑，通常另有几处房屋、院落，供主官平时治事、

会客及幕宾、门丁居住之用，但没有一定规制。①

　　冯友兰的父亲在清末新政期间得缺署理湖北崇阳县，当时年幼的冯友兰便随父母搬到了崇阳县衙内居住。在中国人民大学出版社出版的《冯友兰自述》中，冯友兰如是写道：

　　　　我跟着父亲在衙门里住的时候，对衙门的建筑也作了一些观察。建筑是朴素的，但是有一定的格局、体制。这种格局和体制表示县官在一县中的地位。衙门的大门上边，挂了一块竖匾，上写"崇阳县"三个大字。竖匾表示以上临下的意思。进了大门，绕过仪门，就是大堂。大堂前面两侧各有一排房子，这是县衙门的六房办公之地。东边一排三房是吏、户、礼；西边一排三房是兵、刑、工。在里边办事的人，叫"书办"。他们都是"吏"，吏和官不同。官是朝廷派来的；吏是土生土长的。官是经常变动的，常来常往的；吏是永久性的，几乎是世袭的，如果不是父传子，也是师传徒。大堂正中，有一座暖阁。暖阁中间有一张桌子、一把椅子，这就是县官的公座公案。暖阁的上边有三个大字："清慎勤"。
　　　　后来我才知道，这三个字是明太祖规定的，清朝也把它继承下来了。暖阁的前边有两个高脚架子，一个架子上边放一个黄布卷，另一个架子上边放一个黄布包着的盒子。我猜想，这个盒子里面应该是印，那个黄布卷里面应该是敕。这两件东西，表示县官是皇权的代表，他是代表皇帝在这里办事的。照原来的制度，县官是由吏部选派的，他应该是奉敕来的。可是到了清朝末期，各省长官权力越来越大，县官实际上是由省里委派，就是吏部派来的县官，省里也可以叫他不到任，而委派有"遇缺先"资格的人。就我所看见的，大堂上那两个架子上的东西都是空的：那个黄布卷里面就是一根木棍，盒子里也是空的。就是这两个空的象征，也是等县官坐大

---

① 参见张伟仁：《清季地方司法：陈天锡先生访问记》上，俞瑜珍纪录，《食货月刊》第1卷第6期（1971年）。

堂的时候才摆出来，以吓唬人民。[①] 大堂后边，就是"宅门"。这个称号表示此门以内就是县官的私宅。宅门进去，是二堂。二堂后边，还有三堂。进了宅门，往西边拐，就是花厅，是县官会客的地方。花厅西头，有一个套间，叫签押房，是县官办公的地方。花厅后边，隔一个院子，就是上房。母亲领着我们都住在上房里面。还有厨房和其他零碎房屋，都在东边的院子里。这个格局和体制，大概各州县衙门都是一样。这表示这个衙门的主人也就是这一县的主人。就一县说，县官就是这一县范围之内的统治者。从前人说，县官是"百里侯"，衙门的格局和体制就表示他是"百里侯"。从前有两句诗：

不睹皇居壮，安知天子尊！

皇居之壮，还不仅在于它建筑上的伟大宏丽，更重要的还在于它的格局和体制。当时我有这一点想法，后来到北京见了故宫，我的这种想法就更明确了。像北京故宫这样伟大宏丽的建筑，当然要比一个县衙门高出千百倍，简直是不能比，但是故宫和一座县衙门在格局、体制上是一致的，可以说县衙门是一个具体而微的皇宫，皇宫是一个放大了千百倍的县衙门。

就北京的故宫说，皇宫的本体是紫禁城，紫禁城的外围是皇城，皇城的正门是天安门。天安门还有一段前卫的皇城，横断长安街，一直延伸到离前门门楼不远的地方。这段城墙现在已经拆了，成为天安门广场。这段城墙横断长安街的地方，东西各留有三个门洞，称为"三座门"。这段墙的南端又有一座门，明朝称为"大明门"，清朝称为"大清门"，清朝亡了以后改称"中华门"。现在都已经拆了。"大明门"或"大清门"这些称号的意义，就等于县衙门大门竖匾上写的"某某县"的意义。"大明门"或"大清门"，表示这个门内的主人是明朝或清朝的最高统治者，如同县衙门大门竖匾上写的"某某县"，表示这个衙门的主人就是这个县的统治

---

① 此处可以与罗养儒《云南掌故》的记载相印证。参见罗养儒：《云南掌故》，王樵等点校，云南民族出版社 1996 年版，第 184 页。

者。在天安门和大清门中间那段前卫墙的外边，东西各有三座大衙门，东边三座就是吏、户、礼三部，西边三座就是兵、刑、工三部。这相当于县衙门大堂前边的东西两侧那两排房子。从天安门进去，经过端门、午门到太和殿，太和殿就是"大堂"，是皇帝正式坐朝的地方。从太和殿进去，中和殿是"二堂"，保和殿是"三堂"。保和殿后边是乾清门，乾清门就是"宅门"，此门以内，是皇帝的私宅。乾清门以外是外朝，以内是内廷。从乾清门进去，就是皇帝的私宅乾清宫，乾清宫就是"上房"。就格局和体制说，皇宫和县衙门是一致的。县衙门的格局和体制，表示县官在封建社会中的地位。县官是封建政治机构中直接跟老百姓打交道的官职，旧时称为"亲民之官"，它的地位很重要，权力也很大，是封建社会政治机构中的一个主要部分，至少在原来制订官制的人的意图中是如此。在每个朝代的末期，政治越来越腐败，当权的人不知道怎么样从根本上改变这种现象，而只是在上面多加机构，多设管官之官，在县官之上又增加些重叠机构，于是县官的地位就显得低了，县官的权力就显得小了，这是叠床架屋的政治机构造成的结果。①

陈天锡和冯友兰的追忆资料均具有权威性，关于印箱、诰轴等在其他文献中默无所述的记载可以互相印证。虽然冯友兰当时尚属幼年，但作为中国当代哲学研究领域的权威人物、北京大学知名教授，命笔立意自然颇为峻拔高妙，力图一方面展示清末王权衰微，一方面揭示县衙与紫禁城在格局、体制上的相同范式。在冯友兰看来，县衙大堂前东西两侧的六房其实相当于在天安门和大清门中间这段前卫墙的外面东西分布的吏、户、礼、兵、刑、工六部，县衙的"大堂"相当于太和殿，"二堂"相当于中和殿，"三堂"相当于保和殿。简而言之，州县衙门是缩小了的皇宫，而皇宫是放大了的县衙。这其实并不奇怪，因为北京紫禁城和明清时期各地州县的衙署均秉承相同的设计理念。我们可以通过北

---

① 冯友兰：《冯友兰自述》，中国人民大学出版社2004年版，第12—14页。亦见冯友兰：《三松堂自序》，生活·读书·新知三联书店1984年版，第13—16页。

京紫禁城与内乡县衙的对比清楚看出其间的同构性。北京故宫在总体规划和建筑形制上力图体现"法先王之制"的思想，用建筑语言来烘托和显示帝王的无上权威。在规划中，充分体现了《周礼》中所谓"五门三朝"之制。按周制，天子有五门，曰皋、曰库、曰雉，曰应、曰路。又以门为标志分为外朝、治朝、燕朝。外朝的位置在雉门之外。相对于外朝而言，治朝、燕朝称内朝，其区分以路门为标志，在路门外称治朝，在路门内称燕朝。治朝的功能有处理众臣奏事、万民上书，是天子与三公六卿、大夫群吏处理国务的地方。燕朝的功能主要是"图宗人嘉事"①，更多地涉及了王室的家事，私密性较强。这种"五门三朝"之制还可以用一种更为概括的方式表述为"前朝后寝"之制，因为路门之内又称路寝，是天子及其后妃、子女生活居住的区域；路门之外是天子办理国务、接受朝见的区域。从北京紫禁城来看，天安门可视为"天子五门"中的皋门，端门可拟"天子五门"之库门，午门相当于雉门。依周礼，雉门之外均属外朝。清代凡出兵征讨，凯旋后，皇帝要在午门楼上行受俘礼，午门之前，也是颁朔宣旨、百官常朝的地方，符合周制外朝的内容。太和门按"五门"之制为应门。太和门内自南向北依次排列着太和、中和、保和三大殿，从使用功能上看，在这三大殿进行的多是与国家大典、政务有关的活动，符合治朝的范围。如果说太和门是前朝的正门，乾清门就是后寝的正门，即路寝之门，是为天子五门中的最后一道门——路门，区分了前朝与后寝，划分了治朝与燕朝，与太和门并称为"御门"，表明由此二门可直达皇帝面前。顺治以降，直至咸丰，除大朝、常朝之外，清帝御门听政之制奉行不替，尤其康熙、雍正、乾隆几位皇帝孜孜图治，御乾清门以听政，裁决庶务，岁以为常。这些活动也符合治朝的内容，而且，其位置也在路门之外，符合治朝应处的位置。路门之内，就是燕朝，与"前朝"相对应而称为"后寝"。乾清门以北是乾清宫，是明代和清初皇帝的寝宫兼处理日常政务的地方。乾清宫以后的建筑的功能，更多地涉及了节日宴会、大婚洞

---

① 王鸣盛：《蛾术编》卷六十七，商务印书馆 1958 年版，第 1081 页。或可参见王玉树：《经史杂记》卷七，"天子诸侯朝门之制"，《续修四库全书》编纂委员会编：《续修四库全书》1156，子部·杂家类，上海古籍出版社 2002 年版，第 443 页。

房、皇后千秋等皇帝的家务，属于燕朝的范围。

与此相对照，现存的内乡县衙建筑也是以中央甬道为中心，将主要建筑放在中轴线上，加上辅助建筑，构成前后贯通的数进四合院，遵循左文右武、左尊右卑、前衙后邸的布局思想进行设计，每进院落以主要建筑为中心，左右对称设置配房、厢房，廊房、过厅等次要建筑，从而每个院落自成一体，层层牵制，院院界定。根据严格的封建等级制度，内乡县衙的规格较诸北京的紫禁城当然不能相比，不可能存在属于天子的"五门"之制，但也隐约可见其影子：从宣化坊算起，县衙也有五道门，即宣化坊、大门、仪门、屏门、内宅门。而"三朝"及"前朝后寝"的制度却可以在县衙的建筑格局中得到充分地反映，也就是县衙的"前衙后邸"（前堂后宅）制度。宣化坊是县衙大门的木牌楼式建筑，知县在每月初一、十五于此宣讲圣谕、教化百姓，部分体现了"外朝"的功用，依稀可见皋门的影子。内乡县衙大门面阔三间，东次间放置喊冤鼓，是百姓击鼓鸣冤的地方，与审理狱讼有关，又是县衙的第一道正门，亦属"外朝"所涉及的范畴。仪门是通过百米甬道与大门遥相呼应的衙署的第二道正门，也是县衙的礼仪之门，平时关闭，只有新任县令上任行拜仪门之礼、迎接上级或同级官员、举行重大政务活动和典礼、审理重大案件让百姓到大堂观看时才能打开。可见，仪门的活动也属于"外朝"的范畴。在仪门两旁，东为"入门"（亦称"生门"），平常均开启以供人出入；西为"鬼门"（亦称"死门"），平时关闭，唯有处决人犯时使用，人称"鬼门关"。这又不禁令人想到北京紫禁城有所谓"推出午门斩首"[①]的典制，足见仪门似乎也具有与午门相似的地位，依稀具有雉门的影子。仪门以北是大堂，又称正堂，系知县办公的地方，也是县衙举行重大活动的场所。其地位相当于太和殿在北京故宫中的地位。县衙大堂有一个向前延伸较远的大台基，被称之为"月台"。月台的正面有三路台阶，中间的台阶一般不使用，上下月台的规矩也是东上西下。相传古代宫殿前的石头台阶是红色的，号为"丹

---

① 对于这种民间传说的真伪，可以参详朱金甫：《午门与"推出午门斩首"考》，《紫禁城》杂志社编：《故宫新语》，上海文化出版社1984年版，第207—217页。

陛"，而县衙门大堂台阶虽然并不是红色的，但其雅称亦为"丹陛""丹墀"。天气晴朗时，诉讼当事人便跪在月台上受审，挨打受刑讯时也在月台上。月台的地面上有两块石板，东面的一块是原告跪的位子，西面的一块是被告跪的位子。

　　仪门与大堂围成的庭院内按照文东武西之制分列县衙的职能办事机构，即"六房"。县衙至少分设六房，乃延续了自宋以来"府分六曹，县分六案"的传统，与中央政府的吏部、户部、礼部、兵部、刑部、工部六部体制遥相对应，其工作性质没有多大差别，只是衙门口小了一些。即如中央六部之下又有各司，州县各房之下又设分科，但以地方政务之繁简因地因朝或有变通。六房设在大堂的两侧，东列吏、户、礼，西列兵、刑、工，即左文吏、右武兵，户、刑二房为中行，礼、工二房为后行。这是传统的"左文右武"空间思想的产物，与中央六部官署的布局并无二致。二堂，又称公署，由于它是一个过渡性的建筑，相对较小，亦名曰"穿堂""川堂""过堂"等，系知县处理日常政务的地方，部分案件也在此审理。内乡县衙的二堂曾几度易名，先后被冠名为"退思堂""思补堂""琴治堂""双柏堂"等，其中，"琴治堂"取《吕氏春秋·察贤篇》"宓子贱治单父，弹鸣琴，身不下堂，而单父治"① 之意，颇合"居此应治天下"之意，由此可见二堂前的宅门（或称屏门）相当于"应门"。二堂后为内宅门，以此划界而构成"前衙后邸"（又称"前堂后宅"）的格局。内宅门的功能堪比拟于"路门"。此门之外为知县对外处理公务的地方，此门之内为知县的内宅。三堂，又称知县廊、后堂、便堂，是知县的内邸，也是知县接待上级官员、商议政事、办公起居的场所，一些事关机密的案件也在三堂审理。三堂的功能与乾清宫在紫禁城中的功能相仿。通过上述比较可以看出，内乡县衙与北京故宫尽管在建筑规格、装饰图纹、屋脊的形制等方面大不相侔，体现了不得僭越的严格等级制度与观念，但在建筑格局、体制及功能上有诸多相似之处。中国古代衙署建筑大都再现了工程的"做法"：木构架建筑中的柱、梁、枋、檩、斗拱，砖石作中的台基、踏步、

---

① 吕不韦等撰，刘文忠译注：《吕氏春秋选译》，巴蜀书社 1991 年版，第 196 页。

墙、屋面，瓦作中的筒瓦、板瓦，均有其不可紊乱的法度，既须体现各级衙署的应有权力与威严，又与其所处行政级别的恰当身份相匹配。杨联陞在《帝制中国的作息时间》这篇饶有趣味的文章中也这样认为，即：一个地方衙门就像皇帝的宫殿，其中，大堂相当于皇帝的正殿，主要用来执行仪式和其他正式的事情；二堂相当于皇帝的其他殿堂（特别是后殿），主要用来完成每日的职务；衙门后面的部分用作长官家庭的住所，则相当于皇帝后妃的后宫。

按照杨联陞前揭论文的观点，由于最高统治者集权程度加强，皇帝对待他的官员越来越像一个严厉的主人，所以中国历史上官员的例假日呈现出不断削减的趋势。与唐朝等王朝"做公人"有旬假或旬休之制不同，明清时期官员的休假时间大大缩短，不过每年冬季从十二月二十号前后开始，有一个月左右的"封印"时间，作为春假，似是对这种削减某种程度的补偿。① 杨联陞在此所依据的史料为清末富察敦崇所著《燕京岁时记》"封印"条："每至十二月，于十九、二十、二十一、二十二四日之内，由钦天监选择吉期，照例封印，颁示天下，一体遵行。封印之日，各部院掌印司员必应邀请同僚欢聚畅饮，以酬一岁之劳。"② 及"开印"条："开印之期，大约于十九、二十、二十一三日之内，由钦天监选择吉日吉时，先行知照，朝服行礼。开印之后，则照常办事矣。"③ 有学者认为杨联陞的概括失宽，明代不尽如此，但此言清末习俗则当无异议。据《大清律例》卷三十七"死囚复奏待报"条所附之条例："凡遇庆贺穿朝服，及祭享、斋戒、封印、上元、端午、中秋、重阳等节，每月初一、初二并穿素服日期，俱不理刑名；四月初八日不宰牲，亦不理刑名；内外一体遵行。"④ 从清人杨恩寿所著《坦园日记》可以看出，在清明、端午、中秋、重阳等传统节日，州县官皆无休务的

---

① 参见杨联陞：《国史探微》，辽宁教育出版社1998年版，第48页。

② 潘荣陛：《帝京岁时纪胜》（与富察敦崇《燕京岁时记》合订本），北京古籍出版社1981年版，第93页。

③ 潘荣陛：《帝京岁时纪胜》（与富察敦崇《燕京岁时记》合订本），北京古籍出版社1981年版，第48页。

④ 张荣铮等点校：《大清律例》，天津古籍出版社1993年版，第652页。

明确记载，甚至照样批阅告期呈词，但腊月"封印"则与京师百司并无二致。是时，正印官员每将官印放入印箱之中，用两条写有"封印大吉"等字样朱红纸交叉贴于箱口处，行香礼拜，然后手捧印箱进入内宅，交由夫人锁入密室保管。在各署封印期间，官员"并非不办公事，预用空白印片若干份备用"①，如有紧急文件，亦有径书"开印补文"者，② 但是司法案件完全停止处理。

除政府规定的假日外，县衙按照常规每日清晨开始办公署事，日暮时方才散衙。清初黄六鸿出任山东郯城知县时，制定过这样一个有关上班时间和堂规：本县内衙，黎明击云板七声，外传头梆，该役领城门钥匙，各书、房齐集公廨办事。击云板五声，外传二梆，各房齐集二堂，依次领签押；各役齐集，按班伺候。击云板三声，外传三梆，承印吏一名、门子二名，至宅门俟候。再击云板一声，把门皂隶请钥匙开宅门，承印吏入捧印箱，门子入捧卷匣、仪门各钥匙，升堂。③ 按，清代县衙的空间格局与各种各样的音响信号相匹配形成有规律的衙门活动的时间节奏。其中主要有鼓、梆、云板，等等。④《公门要略》等书就详细记

---

① 崇彝：《道咸以来朝野杂记》，北京古籍出版社 1982 年版，第 91 页。更为权威的资料见故宫博物院编：《钦定总管内务府现行则例二种》第 3 册，海南出版社 2000 年版，第 288 页。

② 岳超：《晚清京师杂忆》，文安主编：《晚清述闻》，中国文史出版社 2004 年版，第 7 页。

③ 黄六鸿：《福惠全书》卷二，《官箴书集成》编纂委员会编：《官箴书集成》第 3 册，黄山书社 1997 年版，第 238 页。

④ 县衙的鼓一般有三种，即：设在谯楼上的"更鼓"，设在大堂内的"堂鼓"和挂在大门屋檐下的"门鼓"或俗称的"喊冤鼓"。更鼓用于报时，古人将从黄昏至破晓的夜晚平均划为五更，每更的时间按照季节而不同。在每天晚上转更之时，就擂一通更鼓报时。县衙大堂里的堂鼓挂在一个高高的鼓架上，用来宣布长官升堂问事、退堂回衙，击鼓为令分为坐衙之前的升堂鼓和公毕之后的退堂鼓（又称散堂鼓）两种形式。门鼓并非每个州县衙门都设，有的衙门会改挂一面铜锣，均是用作报讯，亦有些衙门两者均无，由当事人大声"喊禀"。不过，衙门里使用最普遍的音响工具是梆。大的梆子挂在木架上，称"悬梆"，但大多数是手持的。南方的梆子大多是一个配有把手的竹筒，北方的梆子往往是用挖空的木头制成。由于手持的梆子轻便易制，衙门里衙役巡逻、传信均击梆子为号。云板，俗称"点"，为一块两端云头状的扁形铁片，类似船上的铁锚，但其体薄而呈扁平，悬于木架上，用梆头敲击可发出清脆的声音，被官署或贵族大家庭普遍用为报事、集众的信号。

载了州县衙门中人如何围绕"梆鼓声"安排日常起居的事例。由于明清时期官府中吏典、隶兵及各种杂役每日卯时须至承发房画押报到，是为点卯；下午酉时方散衙归家，是为画酉，① 故"书画卯酉"便成为指称挣"衙门钱"的"做公人"上下班签到签退生涯的代名词。黎明日出，内衙宅门即州县官休憩的官邸要传头梆，② 打点七下，据说其含意是"为君难为臣不易"。头梆是衙门开始准备上班的信号。前衙守大门的衙役在此时要请内衙用转筒将大门钥匙递出来，打开大门，当班的书吏、衙役要起床来衙门报到，称为"应卯"。到了早晨，掌印的主官起床，衙宅门内又打点五下，据称其含意是"臣事君以忠"，或是"仁义礼智信"，或是"恭宽信敏惠"。宅门、穿堂门、仪门、火门、大门上的衙役听到这一信号赶紧依次敲梆，是为传"二梆"，表示长官已起床梳洗，准备到签押房办公。挂名卯簿的书吏们此时理所当然必须全部到位"点卯"上班，并将当天长官需要处理的公文送至签押房，同时将前一日已批下的各类公文分派各房办理。值日的书吏要将自己的姓名及接办稿件填写在号簿上以备核查。如果这一天为"放告日"或

①　在当时，衙门为了管理胥吏而实行换班制度。两班或名为头班、二班，也被称为上班、下班。轮班时称该班，又称上班，换班时则称为下班。正在工作中的班称为内班，正在休息中的班称为外班。这是上班和下班的另一个意思。参详宫崎市定：《清代的胥吏和幕友》，刘俊文主编：《日本学者研究中国历史论著选译》第6卷，中华书局1993年版，第512页。

②　如果是府、道以上衙门要依次擂鼓或放爆竹。这与清朝中央的体制相一致。梁章钜《枢垣纪略》引述赵翼《簷曝杂记》中的资料如是云："上每晨起必以卯刻，长夏时天已向明，至冬月才五更也。时同直军机者十余人，每夕留一人宿直舍。又恐诘朝猝有事，非一人所能了，别每日轮一人早入相助，谓之早班，率以五更入。平时不知圣躬起居，自十二月二十四日以后，上自寝宫出，每过一门，必鸣爆竹一声。余辈在直舍遥闻爆竹声，自远渐近，则知圣驾已至乾清宫，计是时尚须燃烛寸许始天明也。余辈十余人，阅五六日轮一早班，已觉劳苦，孰知上日日如此。"（梁章钜：《枢垣纪略》，何英芳点校，中华书局1984年版，第327页，赵翼原文见《簷曝杂记》卷一，李解民点校，中华书局1982年版，第6页。）盖视朝虽常例，惟过门鸣爆竹则在十二月二十四日之后者，非有除旧布新之意，亦谓灶神已送，恐有邪魔为祟，欲借爆竹以惊走之也。高宗之迷信由此可见一斑（参见《清朝野史大观》第1卷，《清宫遗闻》，上海书店出版社1981年版，第39页）。

"听审日"，听到传二梆后，大门上的衙役就须举出"放告牌"或"听审牌"，把早已排队等候在照壁前的诉讼当事人带入大堂院落，在月台下排队等候。等到长官梳洗完毕、用完早餐，内衙便击点三声，喻义"清慎勤"，宅门、穿堂门、仪门、大门依次传"三梆"。此时，长官走出内衙，书吏、衙役肃立。长官进入签押房，一天的工作正式开始。需要指出的是，传点发梆在一年四季中会按照黎明天晓的早晚加以调整。据何耿绳《学治述略》记载，春、冬二季，每日卯正一刻发头梆，辰正一刻发二梆，申初三刻发晚梆，酉正三刻宅门上锁。夏、秋二季，卯初一刻发头梆，辰初一刻发二梆，申正三刻发晚梆，戌初三刻宅门上锁。①

　　县官每日升堂分为早堂（早衙）、中堂（中衙、午堂、午衙）、晚堂（晚衙）。在大多数情况下，早堂为卯时至辰时，中堂为巳时至未时，晚堂为申时至酉时后方才是击鼓散堂。各州县官对作息时间表的安排，根据各地的不同情况和各自的性情能力，不尽一致。但代代相传的官箴书均告诫堂事须有定规，俾各役人犯方便伺候遵守。若初仕者无经验，投文听审，俱无定时，自朝至暮，纷纷扰扰，吏役终朝伺候，势将疲于奔命。据载，如果是升早堂，梆一传，诉讼当事人全体下跪。衙击点一声，喻义"升"，大堂值班衙役擂响堂鼓，以三击为令，意为"奉王命"，排列大堂两侧的皂隶拉长调子齐声高喊："升——堂——哦——！"长官在这气势的烘托下，慢慢踱进大堂，进暖阁，在公座上入座，堂鼓和喊叫声这才停止。一般早堂一个时辰（约合今两个小时），长官起身，宣布退堂。这时衙役又擂响堂鼓四通，据说这叫"谢主隆恩"，长官在鼓声中回到内衙。衙门开始午休。如果长官出下午内衙办公，仍然要传三点三梆，升堂理事还要再擂升堂鼓。到傍晚时，内衙击点三声，各门依次传"晚梆"，表示一天的工作结束。际此之时，书吏们将当天已处理、未处理的所有文件汇总编号，交由承发房登记封存，而不值夜的书吏、衙役即可以散班各自回家。在这个意义上，这种

---

　　①　参见完颜绍元：《中国式官场：回望千年潜在规则》，中央党校出版社2007 年版，第 12 页。

时间信号其实具有仪注性质。① 王凤生（1776—1843）在嘉庆、道光年间在浙江、广东等地担任地方官，是当时践履经世致用思想的名臣，与俞德渊、姚莹、黄冕诸人颇受陶澍的赏识倚借，许为济时之才。时地方官多忙于迎来送往的虚应故事，积案累累即由于此。而王凤生精究法律，治狱矜慎，敢于任事，通常每天早晨要阅读和修改案牍公文，下午听审前要检阅案卷，退庭后要阅读当天送到他案上的全部卷宗。他在不得不出衙门去迎送钦差或其他经过本地的上司时，总是携带着案卷并在舟车旅途中阅读，回衙门后便连夜进行审判。这样夙夜在公、勤劳罔懈的州县官并不多见。所以雍正年间同样饶有干局的才臣田文镜就说过，虽然知县们都不能躲避主持午堂和晚堂，但许多懒惰不愿早起的知县并不遵守开早堂的规例，只有十分之一二的知县开了早堂，并且每十天中只开一两次。县衙的作息时间根据时令的变化而不同。②

唐宋时期法律的规定，在农忙季节里，州县官府停止受理田宅婚姻等民事案件。这个规定称为"务限"，自农历每年的二月初一开始进入农忙季节，称为"入务"，至十月一日限满方可受理民事案件，叫作"务开"。这种"农忙停讼"制度在以农为本的中国传统社会被清政府所相沿不改，规定：每年自四月初一日至七月三十日，时正农忙，一切民词，除谋反、叛逆、盗贼、人命及贪赃坏法等重情，并奸牙铺户骗劫

---

① 清人庄友恭《偏途论》如是记载"传点发梆仪注"："黎明大堂发梆，放亮炮；内宅门传点七下，堂口、二门、头门各应梆一次。此曰头梆、二梆、晓梆也。凡升大堂，不在寻常大典，例发三梆，其头、二梆同上。惟三梆由内宅门传点三下，堂口、头、二门各应梆一次。三梆已毕，外厢伺候齐全，官府升堂，内宅门传点一下，外击堂鼓三下；公座已毕，退堂击鼓四下。此升堂仪注。每逢大典、考试、封印开期，照礼房仪注而行。凡公出，于辰时以前回署，仍补发二梆。日常在署，以及公出门，自子至亥，均不发梆点。封印至开印止，概不发；出门惟有击堂鼓而已。开印如常。所有朝贺万寿、朔望拈香、一切祭祀，均不传点击鼓；鸣锣喝道回署，仪注如常。"（章伯锋、顾亚主编：《近代稗海》第11辑，四川人民出版社1988年版，第625页。）为了避免舛误，各州县官每每令礼房开进忌辰单子，自己用一牌子写"忌辰"二字，逢忌辰之日，隔晚提前将小牌子挂于点上，免其传点发梆。

② 田文镜：《钦颁州县事宜》，韩秀桃点校，郭成伟主编：《官箴书点评与官箴文化研究》，中国法制出版社2000年版，第118—119页。

客货查有确据者俱照常受理外，其一应户婚、田土等细事，一概不准受理。自八月初一日以后，方许听断。若农忙期内受理细事者，该督抚指名题参。正是这样，每年时届四月初一，州县衙门的大门两侧就会竖起"农忙""止讼"的大木牌。"农忙停讼"这一制度历来被学术界誉为中国古代官府的善政。这种制度尽管具有"但书"和例外，也和其他任何制度安排一样是有成本的。康熙五十二年三月，赵申乔疏言京师于每岁农忙期间当遵例停讼，上谕曰："农忙停讼，听之似有理，实乃无益。民非独农也，商讼则废生理，工讼则废手艺。地方官不滥准词状，准则速结，讼亦少矣。若但四月至七月停讼，而平日滥准词状，又复何益？且此四月至七月间，或有奸民诈害良善，冤向谁诉？八月以后，正当收获，亦非闲时。福建、广东四季皆农时，岂终岁停讼乎？"① 乾隆二年十月，湖北按察使阎尧熙奏言：旧例农忙停讼，本欲安民，而民情反致阻抑不达，应请量为变通，分别缓急轻重，随时酌准，以达民情。该建言得到乾隆帝的赞同。翌年，川陕总督查郎阿、安徽按察使张坦麟等又针对农忙停讼提出修改变通意见。乾隆四年三月，刑部议准：农忙停讼之时，凡有婚姻内觊少艾而谋夺、贪财利而改婚，田土旧荒新淤抢种争获，渠塘水利争引灌溉等事，该地方官立刻剖断，不得以停讼借词推诿。在清代前期，州县衙门多以每月三六九日（初三、初六、初九、十三、十六、十九、二十三、二十六、二十九等九天）为放告期日，人称"三六九放告"，而在清代后期多以每月三八日（初三、初八、十三、十八、二十三、二十八等天）为放告期日，称"三八放告"，放告时间进一步减少。放告日呈控谓之期呈。非放告日呈控则被称为传呈。重大案件得随时呈控。黄六鸿曰："凡告期必以三六九日为定……至于盗命重情，则有不时之喊告；豪憝巨蠹，则有抱牌之冤鸣，原不在三六九之限。是则无定期以伸大屈，有定期以息小争，不又两得之哉。"② 事实上，有的地方是逢三、六、九日，有的地方则是逢三、八日。因此刊刻

① 赵尔巽等撰：《清史稿》卷二百六十三，列传五十，中华书局 1977 年版，第 9914—9915 页。

② 黄六鸿：《福惠全书》卷十一，《官箴书集成》编纂委员会编：《官箴书集成》第 3 册，黄山书社 1997 年版，第 328 页。

于乾隆五十九年的《州县须知》专门强调，"州县放告，不可拘三六九日期"。但是，据笔者所见材料，有些理讼高明的州县官并不按照上述日期收呈，而是随到随收；而刘衡从压制兴讼的角度坚持"寻常案件，定于三八放告日当堂收呈，此外各日切勿滥收也"①。时间上限制起诉的措施事实上并不能够平息民间纠纷，也不能够打消百姓诉讼的念头，只是把人们的起诉压缩到了这仅有的几天。按照上述的规定，清朝州县官每年只有几十天放告日，所以每届告期，案件就如同开闸放水一般涌向衙门，州县长官是日收到的状纸多者盈千，少者亦累百，几无暇细览。比如清朝人张我观在康熙年间曾任浙江会稽知县，这是个"冲繁"的中缺，他在《覆瓮集》收录自己当时的一件告示中就提及"本县于每日收受词状一百数十纸"②。汪辉祖在乾隆末年任湖南宁远知县，在其回忆录《病榻梦痕录》里说，当时每到放告日，要收两百张左右的状纸。《清稗类钞》里记载道光年间张琦署山东丘县知县，一个月六次放告，收到诉状两千多份。呈状如此之多，州县官纵使仅仅枯坐大堂一言不发地收状也需个把时辰，遑论向起诉人刨根究底。

放告通常由州县官亲自收呈。黄六鸿记载其收呈情形曰："凡遇告期，乡民远来城市，免令守候，升堂宜早，先为放告，后收投文。放告时，官坐卷棚，桌置墀砌上，安放重压纸一枚，东角门放告状人鱼贯而进，不许投文混入其内。逐名挨次将状展开，亲压桌上，仍退跪阶下，随命直堂吏点明张数，高声报若干张，逐张唤名点过，甬道西，由西角门鱼贯而出。点名时有应名不对及举动可疑者，即取状审讯，如系顶替匿名，立时差牌拘拿，雇请匿名之人，一并究惩。收状已完，即将白纸封束，写明内共若干张，呈堂朱笔点封，门子接置文匣内，俟转堂时连匣带进内衙。"③王凤生亦记载其坐大堂收呈情形曰："先谕堂书置收呈

---

① 刘衡：《理讼十条》，徐栋辑：《牧令书》卷十七，刑名上，道光二十八年刊本，页四十。

② 张我观：《覆瓮集》卷一，雍正刻本，页三。亦见张我观：《覆瓮集刑名》，《续修四库全书》编纂委员会编：《续修四库全书》974，子部·法家类，上海古籍出版社2002年版，第432页。

③ 黄六鸿：《福惠全书》卷十一，《官箴书集成》编纂委员会编：《官箴书集成》第3册，黄山书社1997年版，第328—329页。

簿一本。届告期，发交代书，将各名下告期姓名，挨次填写簿内，并令随侍堂侧，以备识认。其告状人排十名为一起，分起点名，免令久跪守候，所收呈词逐张查问。"[1] 未审之前，州县衙门或悬牌示审，或各按都图出示，或传唤原被两造，使之到审。王凤生总结自己的审判经验时说："近时编审案件，每以原告两月不到，辄为照例详销，及其以前情上控，又作新案办理，亦属了而未了。夫编期示审，乡民未尽周知，且恐差役受被告贿属，不为传知原告，故意捱延，豫为注销地步，其弊不可不防。余所莅之邑，先谕各房，查明积案若干，造总册一本，再从中摘出某都某图计有若干起，分造各册，各按都图出示，注明某起系原告某控被告某事由，限于某月日带审，并于示首声明，如果原告外出，速令家属赶传，如不愿终讼，或赴案具息，或具结交差保代销。经此次晓谕之后，倘再迟延两月不到，明系情虚畏审，即予照例注销等语，就近实贴，仍汇集通县积案，挨叙编审日期，晓示大堂。自是所编之案，无不如期投案，每日三数起，随到随审，有审必结。"[2] 据《清代州县故事》载，两造到审之后，"原差送进到单……若人证齐，（门房）即将到单归插卷面上，连卷送交签稿房，由签稿送交值堂，值堂呈官看，请示先问某案。如官看卷毕发出，交值堂者，即速传齐站堂书役，令原差先带某案，再行请官坐堂审案"[3]。

州县衙门的建筑模式体现了司法开放的姿态。古代州县官衙都是坐北朝南，在其大门左右，照例要分列两道砖墙，沿门侧呈斜线往左右前方扩散开去，呈"八"字形状，所谓"八字衙门"即由此而来。此八字墙上可张贴告示、榜文或者公布科举考试录取结果。有的八字墙还加上顶棚和栅栏，称"榜廊"或"榜棚"。现存的清代河南内乡县衙署、

① 王凤生：《放告审呈》，徐栋辑：《牧令书》卷十八，刑名中，道光二十八年刊本，页十三。

② 王凤生：《从政要言》，盛康辑：《皇朝经世文编续编》卷一百零一，刑政四，沈云龙主编：《近代中国史料丛刊》第八十五辑，831—849，台北文海出版社1972 年版，第 4592—4593 页。

③ 蔡申之：《清代州县故事》，蔡申之主编：《清代州县四种》，台北文史哲出版社 1975 年版，第 23 页。

山西平遥县衙署等就是这样的建筑格局。衙门前的这种建筑格局表示衙门是敞开的，民众有了冤屈和纠纷可前来告诉。"为士为农，有暇各勤尔业，或工或商，无事休进此门"①这一古代县衙门口常见的对联，只是从节约社会资源的角度进行劝谕而已。不过，正如民谚所说，"八字衙门朝南开，有理无钱莫进来"。黎民百姓将这种司法场域的开放可能性化为现实，自然需要具有一定的社会资源的支持。诚然，黄六鸿曾记述其审讯情形云："午时升堂，将公座移置卷棚，必照牌次序唤审，不可临时更改，恐听审人未作准备，传唤不到，反觉非体。开门之后，放听审牌，该班皂隶将原告跪此牌，安置仪门内，近东角门。被告跪此牌，安置仪门内，近西角门，干证跪此牌，安置仪门内甬道下。原差将各犯带齐，俱令大门外伺候，原差按起数前后进跪，高声禀：某一起人犯到齐听审。随喝令某起人犯进，照牌跪。把守大门皂隶，不许放闲人进大门，把守两角门皂隶，不许放闲人进角门，如有在外窥探、东西混走及喧哗者立拿，并门皂陪责。动刑皂隶俱归皂隶房伺候，唤刑乃出，堂上门子二人，供执签磨墨，靠柱远立。堂左侧，招书一人，听写口供。"②但是，黄六鸿在《福惠全书》中又这样写道："讼人临审，亲族朋友远来看审，俱要款待。"③这样看来，当时似乎也有亲友旁听涉讼人官司开庭之俗，同族亲友等民众齐聚围观某些案件审判应是当时公堂审案实景。在一些情况下，特别是审理比较有教化意义的民刑案件时，州县官不仅在大堂公开审理案件，而且也是欢迎民众前来旁听的。闻声而来的民众可以穿过仪门到大堂前旁听案件的整个审理过程。针对有些州县官不愿意在大堂审案的现象，汪辉祖就曾主张听讼应在大堂公开为之，极力强调大堂听讼断狱所具有的重要教化作用。其言曰："顾

---

① 梁漱溟：《乡村建设理论》，钟离蒙、杨凤麟主编：《中国现代哲学史资料汇编》第3集，第1册，《抗日时期哲学思想战线上的斗争》，辽宁大学哲学系1982年刊印，第236页。参见梁漱溟：《中国文化要义》，中国文化书院学术委员会编：《梁漱溟全集》第3卷，山东人民出版社2005年版，第158页。

② 黄六鸿：《福惠全书》卷十一，《官箴书集成》编纂委员会编：《官箴书集成》第3册，黄山书社1997年版，第337页。

③ 黄六鸿：《福惠全书》卷十一，《刑名部·审讼》，《官箴书集成》编纂委员会编：《官箴书集成》第3册，黄山书社1997年版，第336页。

听讼者，往往乐居内衙，而不乐升大堂。盖内衙简略，可以起止自如，大堂则终日危坐，非正衣冠、尊瞻视不可。且不可以中局而止，形劳势苦，皆以为不便。不知内衙听讼，止能平两造之争，无以耸旁观之听；大堂则堂以下伫立而观者，不下数百人，止判一事，而事之相类者，为是为非，皆可引申而旁达焉。未讼者可戒，已讼者可息。故挞一人，须反复开导，令晓然于受挞之故。则未受挞者，潜感默化。纵所断之狱，未必事事适惬人隐，亦既共见共闻，可无贝锦蝇玷之虞。且讼之为事，大概不离乎伦常日用，即断讼以申孝友睦姻之义，其为言易入，其为教易周。余前承乏宁远，俗素嚣健，动辄上控，兼好肆为揭帖，以诬官长。……余唯行此法，窃禄四年，府道未受一辞，各宪因为余功，乃知大堂理事，其利甚溥也。"① 由此可见，民众进入大堂后，在诉讼的过程中接受教化，其实是衙门外教化活动的延续。实际上，堂内堂外在审案的过程中没有截然的界限，都是"法庭"，既是司法场所，亦是教化之域。州县官在衙内审案过程中，有时为了扩大教化的效果，更是将教化的活动扩展至衙外。例如，州县官经常将涉及不孝罪的案犯遣出头门重杖，或者戴枷闹市，其目的即在于通过有目共睹这种方式，令所有的民众引以为戒，悚然心惊。不难想象，在州县官公开问案时，堂阶之下院子里，两边挤满了县民。县官与原被告的问答皆在众人侧耳倾听之中进行。若是当堂结案，无论堂谕是否公正、恰当，更是在大众倾听之中宣布。一旦问话与堂谕有显然偏颇不公之处，不无引起大众哄堂之虞。更有甚者，民众怒不可遏，罔听公差弹压，竟轧公堂，为首者固然要受严惩，县官亦难辞其咎责而大干处分。

我们不妨想象一下当年州县官典型的审案场景。以内乡县衙为例，大堂是知县发布政令、举行重大典礼和公开审理大案要案的地方。大堂

---

① 汪辉祖：《学治臆说》卷上，"亲民在听讼"，《官箴书集成》编纂委员会编：《官箴书集成》第 5 册，黄山书社 1997 年版，第 275 页。汪辉祖在《病榻梦痕录》又自叙其在湖南宁远县等地任职时，"日升堂，邑人及外商，环伺而观者，常三四百人，寒暑晴雨无闲。余欲通民隐，不令呵禁；谬致虚声，传播近远。"汪辉祖：《病榻梦痕录》卷下，乾隆五十八年（1793）条，道光三十年龚裕刻本，页四十七。

中央用固定的屏风拦出一个三面隔断、正面开放的暖阁，设知县公案、公座，正面屏风为可供开启的福扇上绘有"海水朝日图"，象征着官员"清似海水，明如日月"。屏风上挂"明镜高悬"匾。暖阁左右陈列有县官的仪仗青旗、蓝伞、青扇、桐棍、皮槊、肃静牌以及堂鼓、刑具等物。在纸张发明以前，法律条文被书写在三尺长的竹简上，有"三尺法"之称。是故，州县官根据法律审理案件的桌案俗称"三尺公案"。长官坐堂时，公案上放文房四宝、堂签（亦称"火签""板签"）等审案所需之物。公案右角上两个签筒分别放着红、绿头签，即刑签和捕签。在州县官临时差遣衙役执行紧急公务时，就发一根火签，代表授予执行公务的权力，犹同将军的令箭；有些州县官为了具体说明执行公务的内容，还会在衙役的肩膀上用朱笔写上几个字。当州县官在审理案件时，觉得有必要动用刑讯，就抽几支火签扔下去，是为"洒签"，每支签表示责打受讯人五下。审案时，公案上还有一块红木或檀木的长方形木块，俗称"惊堂木"，雅称是"气拍"或"怒棋"，有棱有角，取"规矩"之意，具有严肃法堂、提振官威、震慑人犯的作用。雨天、冬天审讯往往在室内进行，因而大堂内也有两块跪石，东为原告石，西为被告石。县官在大堂审案时穿着礼服，戴着大帽，帽上的亮晶顶，或暗蓝顶或亮蓝顶，表示其为七品、六品或五品官。帽后是单眼花翎。这顶戴是朝廷赏赐的，亦就是县官代表朝廷审理词讼的象征。审讯时，刑书、差役、值堂随同知县上堂，知县坐公案后方，刑书在公案两侧，值堂立侍，以备知县使唤，差役在堂上两侧，听命用刑。公案之上，层层叠积着案卷。县官每问一案，书吏便将该案的案卷展开在县官面前。原告、被告及证佐均双膝跪地，接受讯问，如有顶戴，则不必下跪。正如斯普林克尔（Sybille Van Der Sprenkel）所言，"法庭的设计是为维护法律的尊严，维护州县官作为皇帝代表的地位，也是为了强调所有其他的人都微不足道"①。当事人空间位置的安排除了强化朝廷威仪这一点之外，还隐含着这样的判断：诉讼本来就是不应该的事情，聚讼于衙门者

---

① 斯普林克尔：《清代法制导论：从社会学角度加以分析》，张守东译，中国政法大学出版社2000年版，第84页。

受到这样的屈辱是理所应当的。如果说法庭的设计和当事人位置的空间安排只是制造了一种"在这里一切官员说了算"的外观，那么司法权力与当事人诉讼权利之间的对比关系则在实质上确认了这种"一边倒"① 的局面。州县官为了获得纠纷解决可以在任何时候向当事人以及有关证人进行调查、询问，甚至可以使用刑讯手段来获得口供。站堂的皂隶在审案过程中要看长官眼色行事，恰到好处地齐声高喝，这叫作"喊堂威"。在官员洒出红签时，皂隶们便会齐声大吼，瞋目厉容，将手里的刑具狠命往月台上摔，震天价一阵乱响，然后一拥而上揪住受讯者，七手八脚地摁脑袋、扒裤子，一五一十一顿痛打，打得受讯者连声叩首求饶，以期在这种场合能够大显八面官威。按照清律规定，州县正印官被赋予除以大竹板（竹讯）、夹棍、拶指拷讯的权力外，尚准许以拧耳、跪链、压膝（压杠、趷杠）、掌责（掌嘴）等方式拷讯，故有"县令之威不过杖百"的说法。②

事实上，州县官问案地点并不固定，可在大堂、二堂或花厅问案。大堂、二堂审理通常公开，花厅审理则不公开。据陶希圣记述，县官问案通常是在二堂公开进行。坐大堂问案是极其严重而且极其少见的事情。陈天锡的记述也大体相同，声言

压杠

① 参见吴泽勇：《诉讼程序与法律自治——中国古代民事诉讼程序与古罗马民事诉讼程序的比较分析》，《中外法学》2003 年第 3 期。

② 可以参详森田成满（もりたしげみつ）《清代土地所有权法研究》（『清代土地所有権法研究』）第 144—157 页关于州县官审理案件活动的阐述。该书在一般的文献中均记载为劲草出版サービスセンター 1984 年 12 月刊，但笔者所依据的版本系森田成满教授于 2008 年所惠赠，出版年月不详，但从其中引证的文献包括了 2000 年以后的一些资料可以推断，此系森田成满出版的一个修订版。参见郑端等撰：《为官须知》（外五种），岳麓书社 2003 年版，第 155 页。

问案在大堂或二堂均可，但在大堂者绝少，因坐大堂的仪式过于隆重，甚不方便。而州县官在二堂和花厅审案时"可茶、可烟、可小食"①，既无案牍劳形之苦，且在空间上造成应付裕如的氛围。从前述可见，衙门建筑采取严格对称的院落布置办法，有节奏地安排建筑物的体量和空间形式，大堂、二堂、三堂按使用功能区别，采用天井间隔，两侧又以回廊相连，且每座建筑台基一座比一座高一步至三步，寓"步步高升"之意。这种一门又一门、一院又一院的建筑布局很明显会让人感受到"衙门深似海"的不测之威。由于二堂不准一般公众进入，堂内造成屈打成招的冤假错案的情形自然比在大堂之上的刑讯逼供难更仆数。陶希圣这样写道：有两种案子是在花厅讯问。一种是牵涉本县绅士或在乡官员者，县官可邀请其到县衙，在花厅讯问。县官坐在炕上的主位，受讯问者或坐客位，或在炕旁另设座位，主位左侧站立着长随及书吏二三人。此为一种表示礼貌的问法。一种是秘密讯问，对于奸情花案即采取如此讯问之法。书吏差役排列厅中，县官坐在炕上的主位。右边的客位当然无人敢坐。若是讯问当地的官绅，亦可采取会客的方式，花厅里只有二一长随，不用书吏，而且县官亦穿便服陪客。如有一言不合，县官端茶送客，则长随传话"送客"，由二堂到大堂传来一片"送客"之声，颇觉得威严无比。被讯问者遂惊慌失措而去。无论官绅或生员，如其犯法有据，县官仍得出签传唤，在二堂问案。被传到案者如有顶戴，则不必下跪。有时县官讯问至罪状昭彰处，则申褫权着革除功名，② 以便推鞠行刑，被告遂势不得不下跪。节妇不上公堂。若是节妇为原告，

① 汪辉祖：《学治臆说》卷上，《非刑断不可用》，张廷骧编：《入幕须知五种》，沈云龙主编：《近代中国史料丛刊》第二十七辑，269，台北文海出版社1968年版，第281页。

② 王又槐《办案要略·论详报》载："生员犯杖、笞轻罪褫革者，只详学院与本府本州，徒罪以上方用通详。若因重案牵连应褫革者，虽罪止杖、笞亦应通详。廪生并详藩司以便开除廪粮。贡、监生应褫革者，无论笞、杖、徒罪，均应通详，兼详学院。考职吏员及捐职人员有犯应通详者，不报学院。学院批审生、监事件录报院司道府，俟审拟定案再行通详。生员犯赌博、私宰、奸盗、诈伪一切不法事，取教官失察职名开报。僧道犯事，取僧纲道纪失察职名开报。"王又槐：《办案要略》，华东政法学院语文教研室注译，群众出版社1987年版，第121页。

或证人，县官不得不传其到案，则堂上特设布垫，命其坐下备讯。传讯青年妇女是必慎重考虑，方可决定的。妇女上公堂，有损害其名节之虞。或在道路，或在监所，忍辱含羞以至于自尽，县官纵令免于法令上的处分，亦难免于道德上的疚责。① 我们仍然以内乡县衙为例，权力活跃地在大堂、二堂和花厅之间游走。如果案件情况简单明了，大堂即可定断；如果事案复杂，关乎重大，云里雾里难以看透庐山真貌，则要走一个过程，先经二堂预审，分寸拿捏准确后，再回到大堂上公布；如果情事透着机巧，神龙见首不见尾，悠悠然似有"天意"暗来，或者事涉机要，则移至花厅研鞫定夺。花厅所定之事可以宣示于大堂公庭，亦可就此而止，竟或压而了之，拖而了之，不了了之。

布迪厄这样写道："一个场域可以被定义为在各种位置之间存在的客观关系的一个网络，或一个构型。正是在这些位置的存在和它们强加于占据特定位置的行动者或机构之上的决定因素中，这些位置得到了客观的界定，其依据是这些位置在不同类型的权力（或资本）——占有这些权力就意味着把持了在这一场域中利害攸关的专门利润的得益权——的分配结构中实际的和潜在的处境，以及它们与其他场域之间的客观关系（支配关系、屈从关系、结构上的对应关系，等等）。"② 有清一代，原告（或原造）在案件审理过程中又被称为"控告人""首告人""告诉人"或"具告人"等。被告（或被造）亦曰"被论"。此外，命案原告常称苦主，盗案原告常称为事主。据淡新档案，被告提出辩诉时，普通用"具诉呈人"字样。依实例，往往坊乡、街庄、番社、郊、商铺、地方公益团体或公号（业户）等，亦为原告或被告。尤以具有民案性质的诉讼为然。③ 清律对于具有特定身份之人的诉讼能力特加以限制，规定：其年八十以上，十岁以下，及笃疾者，若妇人，除谋

<hr />

① 陶希圣：《清代州县衙门刑事审判制度及程序》，台北食货出版社 1972 年版，第 32 页。

② 布迪厄等：《实践与反思》，李康、李猛译，中央编译出版社 1998 年版，第 133—134 页。

③ 戴炎辉、蔡章麟、陈世荣等原修，张雄潮整修：《台湾省通志》卷三，政事志司法篇，台湾省文献委员会 1972 年印行，第 28 页。

反、叛逆、子孙不孝，或己身及同居之内为人盗、诈、侵夺财产及杀伤之类听告，余并不得告；（以其罪得收赎，恐故意诬告害人。）官司受而为理者，笞五十。（原词立案不行。）① 准此，年八十以上之人、十岁以下之人、笃疾之人、妇人等四类人，其诉讼能力受限制，除特定犯罪外，不得为控告。此等人既不得为控告，故其呈控时，必须由人代告（或曰抱告）。清律又有这样的规定：年老及笃疾之人，除告谋反叛逆，及子孙不孝，听自赴官陈告；其余公事，许令同居亲属通知所告事理的实之人代告。② 学术界对于中国传统社会的"厌讼"与"健讼"的争论大多是一种本质主义的宏大叙事。近些年的研究通过大量的健讼现象证伪了传统的关于中国人厌讼的刻板印象，但我们应该注意的是，关于"健讼"的话语主体大多是官府当局，普通百姓仍然处于失语状态。这中间存在官民立场不同甚至官民之间严重对立的问题。如果说"厌讼"是官方代民立言，旨在形成一种舆论导向，老百姓并不见得果如其言，那么"健讼"其实也是官方对讼事的厌忌畏累的心态的表述。易言之，健讼者，官府所厌之讼也，其间的谴责意味极其浓烈，而一些所谓的"健讼"刁民也并不见得真正就是惹是生非之人，往往只是不服冤抑、欲讨个说法，为地方官所蹙额生厌而已。健讼与否应是具体地域、具体人而言，必须通过具体案例加以确定，不可泛泛空论，只有像笔者主持翻译的步德茂的《过失杀人、市场与道德经济：18世纪中国的财产权暴力纠纷》（*Manslaughter, Markets, and Moral Economy: Violent Disputes over Property Rights in Eighteenth-Century China*）那样通过对于刑科题本档案的细致研究命案发生的时空分布，③ 才有可能获得比较有说服力的结论。即便从地方志片言只语的记载进行推论，也应该注意这种经过深度加工的材料背后编撰者的主体性。

对于健讼抑或厌讼，笔者在此置诸不论，所欲强调的是：在司法场

---

①　光绪朝《钦定大清会典事例》卷八百十九，刑部，刑律诉讼，台北新文丰出版公司1976年依据光绪二十五年原刻本影印版，第15362页。

②　光绪朝《钦定大清会典事例》，卷八百十九，刑部，刑律诉讼，台北新文丰出版公司1976年依据光绪二十五年原刻本影印版，第15362页。

③　参见张世明、刘亚丛、陈兆肆译，社会科学文献出版社2008年版。

域的角逐中，每个参与其间的个体均会动员一切资源谋求自身利益最大化。例如，清代徽州等地以健讼为武，告讦成风，"词讼到官，类是增撰，被殴曰杀，争财曰劫，入家谓行窃，侵界谓发尸。一人诉词，必牵引其父兄子弟，甚至无涉之家，偶有宿憾，亦辄扯入"①。所以，明清时"无谎不成状"之说洵非虚语。许多官员因此纷纷指责民众为了一些很小的事情或一时之愤而滥用诉讼资源，或因口角微嫌而架弥天之谎，或因睚眦小忿而捏无影之词，相兴忿争不已，致使有司执法之地，竟为此辈侮法之场。殊堪注意者，清代民间为财产、婚姻之类民争纠纷以及轻微伤害案件而提起诉讼，往往并不是真的为了要得到官府的裁断，而是为了在纠纷争执中争取主动，先声夺人，作为一种威胁对方、逼迫对方妥协的手段加以使用。② 有时起诉后就自行调解"和息"，两造再向官府呈递"息词"（或"息结""和息甘结""遵依结状"）销案。正是这样，州县长官往往并不急于启动诉讼审理的程序，而是静俟民间自行消弭纠纷。③ 史料中还可以发现，许多州县还奉行这样的"土政策"，即凡起诉一方在起诉三个月后没有再行起诉、或双方无故不投审（出庭），案件就被视同注销，诉讼就此终结。④ 但另一方面，在"抬头不见低头见"的熟人社会里，人们实际上往往存在着赢得了官司却输了钱的顾虑，虽然可能暂时取得了"国法"上的优势，但却失去了邻里之间原有的和睦相助的"人情"，而这正是他们赖以生存的社会

---

① 赵吉士：《寄园寄所寄》卷上，大达图书供应社 1935 年版，第 223 页。

② 例如，李渔就曾言：许多当事人"且侥幸于未审之先，作得一日上司原告，可免一日下司拘提。况又先据胜场，隐然有负隅之势，于是启戟森严之地，变为鼠牙雀角之场矣。督抚司道诸公，欲不准理，无奈满纸冤情，令人可悲可涕。又系极大之题，非关军国钱粮，即系身家性命，安有不为所动者。及至准批下属，所告之状，与所争之事绝不相蒙"。参详李渔：《论一切词讼》，贺长龄辑：《皇朝经世文编》卷九十四，刑政五·治狱下，沈云龙主编：《近代中国史料丛刊》第七十四辑，731，台北文海出版社 1972 年版，第 3340 页。

③ 参见奥村郁三「中国における官僚制と自治の接点—裁判権を中心として」『法制史研究』第 19 号、1969 年。

④ 郭建：《帝国缩影：中国历史上的衙门》，学林出版社 1999 年版，第 204页。

资源，这方面的考虑又成为诉讼双方在一定场合可以接受调解的因素。

　　本来，民事案件的调解必须双方完全自愿，州县调处息讼不能带有一定的强制性。但在实践中，讼清狱结是政绩的主要标准，自理的案件的审理必定是先着眼于调处，只有确实不能达成和解的，才做出强制性的审判。州县官所奉行的是"堂上堂下"结合的原则，即：动员绅权与族权资源，为调处息讼而做的共同努力，使司法场域从公堂延伸到四野八方。当事人的意志往往要服从官府的意志。当事人吁请息讼的甘结都申明自己是"依奉结得"，是遵照县官的审判结论才具结息讼的。经过审理后，不仅败诉方具结保证不再滋事，胜诉方也具结承认官府审理的结果。息讼在这样的情况下明显被打上了州县审判意图的烙印。有时，州县为了促成和解，还不准状，批明不准的原因，掷还兴讼者，迫使其考虑官府的意图，与对方和息。州县地方官的抑讼策略恰好为讼师、代书、吏役和乡绅的介入留下了大有作为的空间。"讼师驾词耸听，管准不管审"①，欲出人于罪则满纸冤枉，欲入人于罪则架词诬告，诳告滥讼，利用四字珠语夸大案情以引起官府的注意，通过"原词虽虚，投状近实"的策略规避法律处罚、获得审判的资格。然而，讼师是一个非常复杂的社会群体，固然不乏见利忘义的恶棍，但为民伸张权利的智能之士间亦有之，何况时人就已经将讼师与讼棍别为两途。麦柯丽（Melissa Macauley）和巩涛（Jérôme Bourgon）等学者根据讼师在小说、戏剧和20世纪30年代上演的电影的形象称之为司法竞技场上的"罗宾汉"。② 丁治棠《仕隐斋涉笔》所记的下面的案例就说明了讼师的良莠不齐现象："有民争田界，系甲之田塍，堕下乙田，甲齐堕处截为界，约占乙丈宽地面。乙不服，讼于官，福公（指福润田。——引者注）以为就堕处筑田塍，便而近理，不计占界，转斥乙诬，几受笞。案定，

---

　　① 不著撰者：《治浙成规》卷八，臬政，严肃吏治各条，道光十七年刊本，页三十四。

　　② Melissa Macauley, *Social Power and Legal Culture: Litigation Masters in Late Imperial China*, Stanford：Stanford University Press，1999，p. 206. 亦可参见巩涛：《"求生"——论中华帝国晚期的"司法欺诈"》，徐悦红、刘雅玲译，《内蒙古师范大学学报（哲学社会科学版）》2009年第4期。

有讼师扛请复讯，挺身代乙伸屈。公大怒，立为提讯，盛气向讼师曰：'案已了，尔敢翻案，真恶棍也！'讼师昂然曰：'公断甚偏，小民实难心服。'公诘其故，对曰：'此界易明，小民当罕譬喻之，如堂上公案一幅地，甲界也；小民所跪一幅地，乙界也。倘公案一倒，便占所跪地；如将公案移大堂外，便占大堂许多地，有是理乎？理合将甲之田塍，仍归甲界，不得因其堕而占乙若干界，方持平。'福公恍然悟，遽悔前判，从之。"①

古代讼师在法律博弈中往往将诉讼与兵法方略相提并论，揭示出司法场域中各方参与者之间如同战场上用兵打仗一样的计策。许多讼师秘本都将书状写作比喻为如良将用兵，以孙子兵法知己知彼百战不殆为理想境界，强调在司法场域中按照情理法三方面权衡利弊，在博弈用计中料敌制胜，一字一笔，俨若刀剑，在在足以左右其事，生杀其人。讼学和兵学在这一点上都充分体现了中国传统的谋略思想。讼师秘本《法家体要》即将代人出谋与写状的诉讼过程比喻成棋盘上的相互对决，云："大凡治世有情、理、法三者。在我兴讼告人，须防彼人装情敌我；如小事可已则已，不宜起衅，必不得已，迫切身家，然后举笔。先原情何如，次据理、按法何如，熟思审料，如与人对弈然。酌量彼我之势、攻守阖辟之方，一着深于一着，末掉如何结局；智炳机先，谋出万全，则制人而不受制于人，此百战而百胜也。"② 《三尺定衡法家新书》云："凡构讼之事与行兵无异。我若决告，反示以不告之形，使不防备我；我若不告，则虚张以必告之状，使之畏怯。所谓用而计之不用，能而示之不能，虚实实虚之诡道也。"③ 另一著作中在阐述做词时亦云，要"如大将出征，主意定了，着着摆布，面面可以应敌。做词如用兵，要

---

① 丁治棠：《仕隐斋涉笔》卷七，讼师猾吏，四川人民出版社 1985 年版，第146 页。

② 乐天子编：《按律便民折狱奇编》卷首，法家体要。转引自邱澎生：《当法律遇上经济：明清中国的商业法律》，台北五南图书出版股份有限公司 2009 年版，第 95 页。

③ 金陵昊天民汇编：《三尺定衡法家新书》首卷，"法家管见"，同治元年新镌，页三。

精要整，若敌手有快着，我一时难应，须静以镇之。久久自然有主意，不可动摇。主将一动，从风而靡矣。如古人挑战不出，辱骂不出，诚所谓守如处女也。俟他破绽尽出，我可以操必胜之权，则出如脱兔，攻其不备，一鼓可擒"。该书在《进攻》一节中甚至告诫做词者在对方有破绽时，应该"先把虚笔抱处了，使他无处可走，用一二语攻之足矣，不可用通篇纯去攻人，不顾自己。倘自失检点，一扑即跌"①。在官员看来，大抵此辈住房总不离官衙左右，专在衙门钻刺打点，靠官府司法活动夤缘牟利，贪图一时润笔之资，唆讼架词，兴风作浪，所以对此长期保持严打态势，叱责此辈为讼棍、棍徒。但讼师活动长期禁而不绝，仍然以各种身份及存在方式活跃在诉讼展开的每个环节。州县官如果真的依据朝廷法律规定严厉查拿讼师，甚至还会因讼师反击而影响自己的官场前途。在官府司法标榜的天理、人情、国法三者之中，所谓"人情"者，不仅仅是抽象的人伦常情，更多的是参与司法场域游戏之中的人际网络关系。

　　胥吏于当地之民情风俗知之甚稔，对于所典掌之成案惯例无不精熟，隐操州县政务，州县官不得不多方迁就胥吏，甚至为胥吏所挟制，制人者反受制于人。② 曾任巴县知县颇具贤声的刘衡论析衙蠹之弊有五：曰勾控，曰歧控，曰串合，曰冒证，曰放恶债。③ 白德瑞在其《爪牙：清代县衙的书吏与差役》（Bradly W. Reed, *Talons and Teeth: County Clerks and Runners in the Qing Dynasty*）一书中根据巴县档案的研究也表明，胥役的收入来源主要为在诉讼的解决过程中利用手中的权力进行寻租获取的各项差房陋规。胥役收受陋规与舞弊贪墨，名目极多。代书盖戳有戳记费，告期挂号有挂号费，传呈有传呈费，准理而交保者

①　龚汝富个人收藏题名残缺（《□□四柱头》）刻本（线装，纸面缺，宽11.2厘米，长15.8厘米），原书无页码。

②　参见宫崎市定「清代の胥吏と幕友—特に雍正朝を中心として」『東洋史研究』第16卷4号、1958年。

③　刘衡：《庸吏庸言》卷下，"严除蠹弊告示"，同治三年四川藩署刊本。亦可参见杨一凡、王旭编：《古代榜文告示汇存》第8册，社会科学文献出版社2006年版，第526—528页。

有取保费，房书送稿有纸笔费，结案有出结费，请息有和息费。呈词数日不批，便索买批费；又隔数日无票，便索出票费；又隔数日不审，便索升堂费。例如，诉讼当事人估计自己在受审时免不了棰楚之苦，就要拿出银子来恳求站堂的皂隶手下留情，是为"杖钱"；有时诉讼的对方当事人为了陷害怨家，也会到皂隶这里来使"倒杖钱"，请求皂隶下手狠一点，令其多吃点苦头。在清代刚性财政体制下，汪辉祖等人也认为这些陋规只能去其太甚而已，不宜轻言革除，否则目前自获廉名，迨用无所出，公事棘手，势复取给于民，且有变本而加厉之势，不自爱者，因之百方揞克，奸究从而借端，长贪风，开讼衅，害将滋甚极之。

在诉讼活动中，大量官批民调案件是乡绅介入官府司法场域活动重要媒介。一般老百姓打官司找门子往往借助于乡绅之力。士绅拥有古代社会最重要的两种社会资源——知识和土地，常常自许为"地方元气"。人们往往将士绅区分为正绅与劣绅两种类型，这固然无可厚非，但我们也应该看到即便同样的人在不同场景下的行为也可能判若两人，或许在守法时为民间调解讼事的核心人物，而坏法时却往往沦为教唆词讼的讼师恶棍。① 作为地方宗族的权威人物，他们通常需要为本族的生存谋取更大的利益空间。从一些乡绅地主的生活日记中就可以清晰地看到，这些人的日常活动中有很大一部分时间就是在帮助乡邻打理与官府的纠纷。乡绅倚恃衣顶前去求见长官，嘱托公事，代表当事人讨价还价，以期一个双方能接受的价码成交。白花花的银子直接送进衙门会被人发现，也唐突了"老父母"的脸面，所以还是由"通关节"的乡绅出面，以送点心、花彩、土产之类为掩护，点心里藏珠宝，酒坛里放银锭，送入内衙；而士绅拿着请托人的经费打点衙门中人，在某种程度上又反过来强化了自己作为牵线搭桥者的地位。没有面子，请不动乡绅，找不到官亲，就只好求送达牌票的捕快"过龙"。实际上，捕快也是要再找随侍长官的门子、长随等再"过龙"，几经转手，雁过拔毛，花费更大。② 土劣武断乡曲，多与吏役关通，借吏役为护符，而吏役亦须结

---

① 参见龚汝富：《明清讼学研究》，商务印书馆 2008 年版，第 81—83 页。

② 郭建：《帝国缩影：中国历史上的衙门》，学林出版社 1999 年版，第 204 页。

纳豪强，以之为爪牙。除了人际关系成本、胥役的科索之外，诉讼的时间成本也是老百姓在面对纠纷时所要考虑的因素。案件如果存在拖延时间太长，审理次数过多的可能，老百姓也可能考虑到时间成本而不采用诉讼方式来解决问题。漳州地区械斗频仍，地方官难以治理。知府李赓芸上任后，召集乡约、里正等调查民情，问之曰：何不告官而私斗为？皆称告官或一二年狱不竟，竟亦是非不可知，先为身累。① 这段话说明，时间成本对百姓在对簿公堂前望而却步的非诉讼选择的影响，以致私力救济存在很大的活动空间。

在许多情况下，坐在堂后听审的师爷是诉讼活动真正的"主心骨"，一旦发现当事人的证供有问题，就差人递条子；偶遇大老爷意气用事，更要及时提醒。故曰：审判之名在官，审判之实在幕。有清一代，上自督抚，下至州县，无不礼聘幕友，佐理政务。这并非基于法律之规定，而是由于事实之需要。州县衙门，庶务繁杂，迎送来往，谒上官，接寮属，日有应理公事，簿书凌杂，势有不暇。征比钱粮、批结词讼，无一不悬为考成。此虽龙马精神，亦有所不济，所以幕友是当时州县官所必不可少的一种私人顾问，延请幕宾的幕脩支出也就成了州县官的成本费用之一。宾利主之脩，主利宾之才，双方实为"利交"。州县官称幕友为"老夫子"，而对一般胥吏而言，由于这些幕友是自己长官的师宾，故尊称其为"师老爷"，简称为"师爷"。至于师爷对于主官，也并不以顶头上司相待，只称为"东家"或"东主""居停""主人"，等等；当面则客气地称作"东翁"。缪全吉指出："幕府就形式而言，以其于法律无据，自不发生强制作用。然探索有清一代官府之事实，确能于隐约之中，发见其有牢不可破之传统作支持，构成其虽属无形而至为明晰之权利义务关系。此种未经正式公议之约，已积数百年成熟智慧之拒接与接收，俾成流行之惯习。因此，幕府之能称为制度……特无待朝廷典章之规定耳。"② 万枫江在《幕学举要》中说："幕中流品最为

---

① 赵尔巽等撰：《清史稿》卷四百七十八，列传二百六十五，中华书局1977年版，第13045页。

② 缪全吉：《清代幕府馆务述要》，台北《中央学术文化集刊》第7集（1971年3月），第57页。

错杂。有宦辙覆车，借人酒杯，自浇块垒；有贵胄飘零，摒挡纨绔，入幕放鸴；又有以铁砚难磨，青毡冷淡，变业谋生；又有胥钞谙练，借栖一枝，更有学剑不成，铅刀小试。"① 许多阻于功名的读书人屡踬棘闱，家贫亲老，不得已为负米计，乃就馆入幕，游佐官府，既可以以幕济贫，又可以以幕养学，一举两得。事实上，就聘从幕的要求很高，竞争性强，淘汰率高，没有一番真功夫是难以在错综复杂的官场中立足的。在清代幕业中，幕友们相互之间的介绍、推荐以至援引，无疑是他们获得就业机会的主要手段。然而他们相互介绍、推荐和援引的根据并不在于他们同为幕友，而在于诸如父子、伯侄、兄弟、亲戚、朋友、师徒以及同乡等等具体而微的关系，或因学缘，或因地缘，或因亲缘，呼朋引类，互通声气，纵横上下，盘根错节，甚至形成了一家一族的幕业者盘踞把持一方衙门幕府的"族幕"情形。② 李伯元说："绍兴府有一种世袭的产业，叫做作幕。……说也奇怪，那刑名老夫子，没有一个不是绍兴人，因此，他们结成个帮，要不是绍兴人就站不住。"③ 道光时人梁章钜就曾指出，当时有"绍兴三通行"④ 之说，即绍兴师爷、绍兴口音和绍兴酒。许多绍兴士人栖身托足于幕业，天下的刑名、钱谷幕友大多是绍兴人，"父诏其子，兄勉其弟，几于人人诵法律之书，家家夸馆谷之富"⑤，"绍兴刀笔"与"徽州算盘"一样闻名天下，以至于"无湘不成军，无宁不成市，无徽不成镇，无绍不成衙"成了尽人皆知的一句

---

① 万枫江：《幕学举要》，张廷骧编：《入幕须知五种》，沈云龙主编：《近代中国史料丛刊》第二十七辑，269，台北文海出版社 1968 年版，第 27 页。

② 参见瀧川政次郎『支那法制史研究』有斐閣、1940 年、326 頁。

③ 李伯元：《文明小史》第 30 回，"办刑钱师门可靠，论新旧翰苑称雄"，江西人民出版社 1983 年版，第 252—253 页。

④ 郑天挺：《清代的幕府》，见明清史国际学术讨论会秘书处论文组编：《明清史国际学术讨论会论文集》，天津人民出版社 1982 年版，第 213 页。

⑤ 罗信北：《公余拾唾》卷首，光绪廿年家刊本，自序。引自刘声木：《苌楚斋随笔》卷十，"论幕派骄横"，参见刘声木：《苌楚斋随笔续笔三笔四笔五笔》，中华书局 1998 年版，第 221 页。亦可参见郭建：《师爷当家》，中国言实出版社 2007 年版，第 49 页。郭润涛：《官府、幕友与书生："绍兴师爷"研究》，中国社会科学出版社 1996 年版，第 255 页。

名谚。衙门里的师爷是浙江人，在当时就像钱庄掌柜是山西老乡一样顺理成章。① 俗语有之曰：江西多讼师，而浙江出师爷。官场中除了"京片子"，带有绍兴口音的"绍兴官话"居然由被人讥讽的南蛮鴃舌变得大行其道，直到清末，绍兴师爷一直都是幕学的"正宗"。

被誉为清代幕学经典教科书的《秋水轩尺牍》行世甚广。该书作者许思湄就是绍兴府业幕者中最为有名的安昌师爷代表人物，其于清乾隆、嘉庆、道光年间游幕半个多世纪，幕望隆盛，且其兄、子、侄、婿、外孙等亲属从幕者三代、十人，堪称师爷世家。从《秋水轩尺牍》可以看出，除了许思湄所说通过师徒之间"谋馆""荐馆"精心编织的网络外，师爷群体网络的形成还靠以下几种关系：首先是血缘关系。许思湄的哥哥们大多在直隶、山东一带游幕，如二哥在山东东昌府冠县，四哥在直隶保定府，侄儿恬园在直隶深州饶阳县，其余如外甥、表舅等也都在各地游幕。其次是姻缘关系。许思湄的三女儿就是由同乡幕友沈一斋和陈笠山牵线，与师爷沈漪园之子联姻，这种门当户对的联姻，在幕友中非常普遍。再次是互拜金兰。《秋水轩尺牍》中保留了三份换帖结拜的尺牍，即《复龚未斋换帖》《复黄馥堂、秦云阶订盟》《却周松涛称呼》。② 关于互结金兰的具体情况，《秋水轩尺牍》中有二十封左右的信函可资探讨。由于刑名钱粮等政务的专业性，幕友的师徒关系除了道义上礼敬和关照之外，还往往表现为幕师分润于其幕徒馆谷的固定"幕例"，在上级衙门望高势重的名幕、权幕则与其门徒在业务上声应气求，以余光分照，几乎相当于当今的传销模式。在作邑致治者持筹争迎幕友佐治的情况下，上下各级衙门中幕友关系网其实与官员自身体系的人际网络相辅相成，官员对于自己延请的幕友遇隆师视，亦旨在取其能与上级衙门通声气的招呼便利。正是有了幕友襄助之力，权力运行的自由度增大了，权力的阴柔氛围增加了。权力可以在权力的轨道上运行，也可以跳跃轨道另辟蹊径，腾挪跌宕，运用之妙，存乎一心。

---

① Byron Brenan, The Office of District Magistrate in China, *Journal of the North China Branch of the Royal Asiatic Society*, vol. xxxii (1897), p. 45.

② 许葭村：《秋水轩尺牍》，萧屏东校注，湖南文艺出版社1987年版，第56、277、279页。

　　恰如一代名幕汪辉祖所说的那样，律之为书，各条具有精蕴，仁至义尽，解悟不易，非就其同异之处，融会贯通，鲜不失之毫厘、去之千里。而"神明律意者，在能避律，而不仅在引律。如能引律而已，则悬律一条以比附人罪，一刑胥足矣，何借幕为？"① 汪氏所谓的"避律"，是指能够"活用"法律条文来解决司法难题，无须将法律奉为神圣、严格遵守，在符合法律解释的正当范围之内避免援用过重的法条判决人犯。中国古人向有"礼法出于人情"的说法，情理兼顾、情法两尽乃是衡量纠纷解决水平的基本尺度。汪辉祖认为，"幕之为学，读律尚己。其运用之妙，尤在善体人情。盖各处风俗往往不同，必须虚心体问，就其俗尚所宜，随时调剂，然后傅以律令，则上下相协，官声得著，幕望自隆。若一味我行我法，或且怨集谤生"②。相对而言，幕友在明处，讼师在暗处，两类人物都透过幕学与讼师秘本的出版来传播并增强自己对于法律的看法与立场。他们的法律价值观念透过全国各类细事与重案司法审判的发生，以及相关案件调解与诉讼程序的进行，既左右着民众权益，也影响了官员审判。在他们心中，司法诉讼其实像竞技场，法律知识则是他们用来击败对手的工具。故此，如前所言，讼师秘本谈论如何在诉讼百战不殆的问题，而幕友所夙夜萦怀者乃追求案子办得稳妥贴切，使东翁免受上司斥责，不致有害主官考成仕进。讼师受雇于民间委托人，其对手是敌对的涉案当事人以及负责审案的官员，探求如何求胜求奇；幕友受聘于官员，其对手则是负责审转复核雇主官员送呈审判书的中央与地方各级长官，所研究的"幕道"以确保东家在官场上立于不败之地为旨归，探讨各种办案程序如何做到四平八稳，无所疑窦。正

　　① 汪辉祖：《佐治药言》，"读律"，《官箴书集成》编纂委员会编：《官箴书集成》第 5 册，黄山书社 1997 年版，第 319 页。胡文炳：《折狱龟鉴补》卷三，见《续修四库全书》编纂委员会编：《续修四库全书》，973，子部・法家类，上海古籍出版社 2002 版，第 134 页。相关比附的研究参见中村茂夫「中国旧律における比附の機能」『法政理論』（新潟大学）第 1 卷第 1 号、1968 年 10 月、22—50 頁。收入同氏『清代刑法研究』東京大学出版会、1973 年、第 2 章（比附の機能）。
　　② 汪辉祖：《佐治续言》，贺长龄辑：《皇朝经世文编》卷二十五，吏政十一，幕友，沈云龙主编：《近代中国史料丛刊》第七十四辑，731，台北文海出版社 1972 年版，第 935 页。

是这样，清代道光末年任云贵总督的吴文镕在批驳地方申报上来的案件中，就曾经尖锐地痛斥师爷"做案"的俗套。这两类人物深深地嵌入于当时的司法体系，既受制于当时的司法体系，又同时形塑着当时的司法体系以及整个社会的法律秩序。他们在同一案件可能各为其主，拿人钱财，与人消灾，立场各异，构成司法场域中官民之间、审判者与受审者之间博弈的幕后推手。两类人在人格和技巧上难评说高下。如果说讼师常以刀笔杀人，那么刑名师爷方寸稍移的话杀人更甚。而且，这也只是一个大概的分别。如果说到各个人，却尽有例外。我们不能将这两类人的身份角色固定化，似乎彼此一成不变，壁垒分明，而应该从场域中的互动关系网络加以把握。例如，刑名师爷在解馆落幕之后，赋闲在家，乡邑民人遇有诉讼求助他们，或者其本人迫于生计，难免不为之操刀涉讼，利用自己稔习讼事的绝技去谋求利益，两者之间存在很大的身份发生转换空间。实际上，刑名幕友的幕学和幕品不一，但是有些刑名师爷本身就是躲避在衙门中的幕僚讼棍，垄断案件准驳，上下其手，翻手为云，覆手为雨，被人们称为"恶幕""劣幕"。①

第四节　情理法：司法场域的基本规则与资源

对于中国古代人的内心世界的探究的确是难窥堂奥的。处在线装书繁体字世界的中国古代人司法活动中对于天命的敬畏、对于鬼神世界的想象与当代学人的内心世界相比不可同日而语。古人传统与现代之间的断裂使得我们对于古人而言在一定意义上也是文化上的他者。福柯在《词与物》论述知识型②就提及在西方在文艺复兴时期的相似性知识型。相似性的比物联类思维在古代许多民族中都是存在的。吉尔兹对

---

① 参见邱澎生：《法律遇上经济：明清中国的商业法律》，台北五南图书出版股份有限公司 2009 年版，第 131 页；亦参见龚汝富：《明清讼学研究》，商务印书馆 2008 年版，第 81—83 页。

② 参见本书第二卷关于福柯知识型问题的论述。

印度尼西亚巴厘岛人斗鸡习俗的研究已成为人类学中对符号研究的经典代表，启迪我们如何把握在一个文化体系内部观念之间的复杂关联性，以一种近于白描的手法切入情景并揭示清人司法实践中的观念之间的意义关联。我们的工作旨在将信仰权威纳入司法场域的考察，重绘当时司法场域的介入者看待世界、思考世界、察觉世界的空间文化地图。

有些西方学者认为在中国古代法律文化中没有出现过"超世法"与"世俗法"的对立，缺乏一个"神圣域的超越概念"（a transcendental concept of the divine realm）[①]。但是，正如我们在本卷开篇的论述中所谈到的那样，拉德布鲁赫将法律作为一种价值关联的文化现象。他认为，法律作为人类的杰作，它既带有尘世的重负，也具有天堂的引力。[②] 费肯杰的推参阐述方法对于我们进行中西方法律的比较法学研究具有指导意义，而沈家本认为中西法"大要不外于情理二字，不能舍情理而别为法"[③] 的观点可谓笃论。牟宗三、徐复观、张君劢、唐君毅诸先生在现代新儒家的纲领性宏文《为中国文化敬告世界人士宣言——我们对中国学术研究及中国文化与世界文化前途之共同认识》（又称《中国文化与世界》）中指出："真正研究中国学术文化者，其真问题所在，当在问中国古代人对天之宗教信仰，如何贯注于后来思想家之对于人的思想中，而成天人合一一类之思想，及中国古代文化之宗教的方面，如何融合于后来之人生伦理道德方面及中国文化之其他方面。如果这样去研究，则不是中国思想中有无上帝或天，有无宗教之问题，而其所导向之结论，亦不是一简单的中国文化中无神、无上帝、无宗教，而是中国文化能使天人交贯，一方面使天由上彻下以内在于人，一方亦使人由下升上而上通于天，这亦不是只用西方思想来直接模拟，便能得一决定之

---

① 许章润：《说法、活法、立法：关于法律之为一种人世生活方式及其意义》，清华大学出版社 2004 年版，第 28 页。

② 参见本书第四卷第一章的相关论述。亦见拙著《经济法学理论演变研究》（第二次全面修订版），中国民主法制出版社 2009 年版，第 352 页。

③ 沈家本：《寄簃文存》卷六，法学名著序，沈家本：《历代刑法考》（附寄簃文存），中华书局 1985 年版，第 2240 页。

了解的。"① 尽管我们不能将中国古代强调情理法视为在本质上与西方文明截然不同的观念，但言其在中国古代司法实践中具有不同寻常且不容忽忽的重要意义则应无异议。

所谓情理法的定义因人而异。我们没有必要将不同的言说之间的参差不齐的内涵与意义牵强附会地加以弥合。一般而言，"理"可以理解为"事理，天理"。《诗经》云："天生烝民，有物有则。"② 远古的对于天的自然崇拜使得天神固然是赫赫在上，如有其人，所谓天威、天罚、天讨、天诛等等，显然是直接的天意政治。然既称天为"帝"。为"上帝"，即多少带有几分人情味。这个天神，统治一切，连君主也在其内。在《书经·咸有一德》中，伊尹告太甲曰："呜呼，天难谌，命靡常，常厥德。保厥位，厥德匪常，九有以亡。"③ 天子只是上帝的代理人，不是上帝的代表者。迨后民智渐开，更倾于人事的磨炼，无须乎用宗教来维持一切。于是抽象的天意观念渐露头角，将一具有意识的人格神，蜕变而为人事上的自然神。当虞夏时代，即有这种观念，天叙有典、天秩有礼的话头都有了。④ 周朝强调以德配天，将人事与天意所归联系起来。由于"德"更强调"天道"与人事的互动性，"天界"与人世的距离进一步缩小，"天视自我民视，天听自我民听"⑤。西汉时期董仲舒提倡天人感应论。自是以后，重视天人合德、天人合一、天人不二、天人同体之观念遂弥久而固。在著名的《春秋繁露·四时之副》

① 该宣言于1958年在香港和台湾发表于《民主评论》和《再生》，后来以附录形式（题为《中国文化与世界》）收录于唐君毅：《说中华民族之花果飘零》，台北三民书局1974年版，第125页以下；张君劢：《中西印哲学文集》，台北学生书局1981年版，第849页以下。

② 程俊英、蒋见元注译：《诗经》，大雅·烝民，岳麓书社2000年版，第302页。

③ 江灏、钱宗武译注：《今古文尚书全译》，贵州人民出版社1991年版，第147页。

④ 陈顾远：《中国固有法系与中国文化：陈顾远法律史论集》，中国政法大学出版社2006年版，第23页。

⑤ 《孟子·万章上》引用了这两句话。今通行本《尚书·泰誓》伪古文采之。转引自《梁启超法学文集》，范忠信选编，中国政法大学出版社2000年版，第89页。

中，董仲舒言道："王者配天，谓其道。天有四时，王有四政。四政若四时，通类也，天人所同有也；庆为春，赏为夏，罚为秋，刑为冬。庆赏刑罚之不可不具也，如春夏秋冬之不可不备也。"① 按照董仲舒天人感应论的逻辑，由于各种治理手段都是上天有意的安排，负有沟通天人之任的天子自应依天意行事，否则有悖于天道，则"天命殛之"。新儒学派炮制的这种"天造谴告说"固然带有强烈的客观唯心主义色彩，但其中也含有约束统治者暴虐的意图。西汉一反秦代"四时行刑"、刑滥法密之制，代之以秋冬行刑，顺天行政。尽管在历史上有些君主对此不以为然，然而这些君主在政治上的失败便成为证明天人感应理论的反面教材，所以四时行政、秋冬行刑经过不断的反复被建构为一种历史上矜慎刑狱的司法传统。既以天为法，动作有为，必度于天。天之所欲则为之，天所不欲则止。② 统治者的法律必须具有合法性，而合法性的渊源在于天命、天意。在整个社会上，人命关天的说法广为流传。这与古代的民本思想和天人合一思想相关联，表示"人命"的重要性与死刑的严肃性。连作了儿皇帝的后晋皇帝石敬瑭也坚持认为，刑狱之难，古今所重，但关人命，实动天心，或有冤魂，则伤和气。因为在统治者为自己生杀予夺大权合法性辩护的话语中，死刑的运用被统治者解释为是在行天道，是则"天"理狱、则"天"行刑。故从古刑罚克当，则天心协应，而和气致祥。所以，清代每次秋审勾决人犯时，内阁都要饬钦天监择定日期。③

较之宋代以前，明清时期中国人从饮食习惯到家族理念都大不相同。我们不应该将中国人关于情理法的观念视为没有生命的骸骨，至少应该考虑到佛教影响。因果报应，也称果报，"因"是种因，为能生；

---

① 董仲舒：《春秋繁露今注今译》，赖炎元注译，中华文化复兴运动推行委员会、编译馆中华丛书编审委员会主编，台北商务印书馆股份有限公司 1984 年版，第 325 页。

② 参见《梁启超法学文集》，范忠信选编，中国政法大学出版社 2000 年版，第 91 页。

③ 董康：《清秋审条例》，何勤华、魏琼选编：《董康法学文集》，中国政法大学出版社 2005 年版，第 438 页。

"果"是结果，为所生。由因得果即为因果。《十善业道经》曰："一切众生，心想异故，造业亦异，由是故有诸趣轮转。"① 就普通世俗百姓而言，因果报应简单地说就是"业"与"业报"，即人们最常说的"种瓜得瓜，种豆得豆"。佛教因果报应论认为，世间一切事物都不是无缘无故生灭的，而是由因果关系支配的。人死后，根据各自生前的所作所为，善恶不同，分别进入天、人、神、畜生、饿鬼、地狱六道，一切众生永远在六道中轮回。《涅槃经·憍陈如品之余（上）》说："善恶之报，如影随形，三世因果，循环不失。"② 东汉初年佛教传入中国，东晋名僧慧远写出了《三报论》指出："业有三报：一曰现报，二曰生保，三曰后报。现报者，善恶始于此身，即此身受。生报者，来生便受。后报者，或经二生、三生、百生、千生，然后乃受。"③ 即在佛家看来，人们的前生、今世、来世互为因果，个人行为的善恶成为主宰因果报应的力量，并且这种报应屡试不爽，对一切人都具有同等公平的作用。清中后期，宝卷和善书的合流，促使讲述佛道故事，宣传因果报应观念摒弃以往的方式，采取人们喜闻乐见的说唱形式。这一时期《立愿宝卷》《孟姜女宝卷》《昧心恶报宝卷》等说唱脚本纷纷涌现。佛教救人一命胜造七级浮屠的思想成为司法官员和幕友"救生"的思想资源。另一方面，中华帝国晚期的酷刑泛滥也与佛教的地狱图景密切关联。沈家本在《历代刑法考》引述致堂胡氏的论述曰："自古酷刑，未有甚武后之时，其技与其具皆非人理，盖出于佛氏地狱之事也。佛之意本以怖愚人，使之信也，然其说自南北朝澜漫至唐，未有用以治狱者，何独言武后之时效之也？佛之言在册，知之者少，形于绘画，则人人得见，而惨刻之吏智巧由是滋矣。阎立本图《地狱变相》至今尚有之，况当时群僧得志，绘事偶像之盛从可知矣。是故惟仁人之言其利溥。佛本以善

① 《十善业道经》，大正新修《大藏经》第 14 卷·经集部 2，台北佛陀教育基金会 1990 年印赠本，第 157 页。

② 《涅槃经·憍陈如品之余（上）》，大正新修《大藏经》，第 12 卷·宝积部下，涅槃部，台北佛陀教育基金会 1990 年印赠本，第 901 页。

③ 石峻等编：《中国佛教思想资料选编》第 1 卷，中华书局 1981 年版，第 87 页。

言之，谓治鬼罪于幽阴间耳，不虞其弊使人真受此苦也。吁！亦不仁之甚矣。"① 历史似乎开了一个玩笑：佛家借地狱图景劝导慈悲为怀，却在一定程度上提供了酷吏变本加厉放辟邪行的新思路。世上各大宗教也都有根据生前的行为，而决定死后上天堂入地狱之说。依照这些说法，人之为善，无不希望报酬，都是功利的。至于说到自私，各大宗教虽然也鼓吹牺牲自我普度众生的思想，但只指望教主以及少数高级僧侣和教士去这么做，对于一般信徒则仅要求其个别为善、自身得救而已。我国传统思想则不保证个人的善行可以使其自身获得善报，而强调可以为其子孙厚植福基。虽然二者都是自私，但是前者只为一己，后者为了整个家族。同是为我，而大小有别。二者相较，便顾得前者自私更甚。五十步与百步，毕竟还是有差别的。② 可以说，中国人的果报思想是与家族观念息息相关的。

再者，宋明理学对于天理的阐发对清朝官方情理法思想具有重要影响。较之以往朝代，清朝最高统治者更加强调所行之政、所发之令应该准乎天理，体乎人情。可以说，如果没有清代统治者的大力阐扬，情理法在司法实践中能够得到如此高度重视是难以想象的。当代中国人对于情理法的认知很大程度上是以中华帝国晚期的情形为模板加以源而溯之。清朝最高统治者一直秉承"敬天法祖"的治国理念。"敬天法祖"之所以被确立为有清一代的基本原则，是由于清朝统治者特殊的身家背

---

① 沈家本：《历代刑法考·刑法分考十七》，中华书局 1985 年版，第 515 页。

② 张伟仁：《清代的法学教育》，贺卫方编：《中国法律教育之路》，中国政法大学出版社 1997 年版，第 234 页。费孝通在探讨中国社会关系的特点时用"差序格局"这一概念来解释这种以个人为中心的社会关系网络。他认为中国社会关系的格局"是好像把一块石头丢在水面上所发生的一圈圈推出去的波纹。每个人都是他社会影响所推出的圈子的中心，被圈子的波纹所触及就发生联系。每个人在某一时间、某一地点所运用的圈子是不一定相同的"（费孝通：《乡土中国生育制度》，北京大学出版社 1998 年版，第 30 页）。在差序格局中，中国人不仅在人际关系上注重"情"，而且还把"情"建立在家庭的基础之上，以"亲亲"为中心。唯其如此，中国人不但注重人情，而且还将人情分成亲疏远近的等差，形成人情的特殊主义取向。情与理的内在对立被"情大于理"的观念所融化，"达理"不如"通情"，感情的地位高于理性和理性的附着物（法律）。

景，作为崛起于白山黑水的少数民族的满族贵族入主中原，取明而代之，尤其面临奉天承运合法性的建构问题与对于保持自己国祚垂诸久远的危机感，另一方亦潜含着对于自身民族传统及其民族能够凌驾于汉族的骄傲。而且，清朝前期极力加强中央集权，标榜自己代表昭昭天理，与其政治诉求相呼应。加之在 18 世纪以后，中国人口大爆炸引发诸多社会问题和生态问题，康乾盛世实际上危机四伏，整个社会如鼎之沸，奇灾大祲接连不断。清朝最高统治者为了解决这些棘手问题绞尽脑汁，对于天命的凛然可畏自是不为无因。

在情理法三者并举为辞的语境中，所谓"情"是指人情。① 人情者，乃人之常情也，与人们将"理"通常理解为天理、天道相对而言。在这样的相互定义之中，一般说来，"理"应该具有更多的客观意义，比"情"抽象，主要指当时人们认识到的各种规律和长久形成的关于天地宇宙的整体看法。它指某种超越时间和空间的、具有永恒意义的客观真理，它是人为人处世的指导原则。易言之，"理"更宏观、更抽象，而"情"是具体的；"理"是概括的，而"情"是分散的；"理"须以"情"为基，否则"理"无由产生；"情"须"理"来统御，否则就是屈就"小情"而非"大情"。天道幽而难知，人情显而易见，可以从人情向背得觇天意去就之隙。这种相互定义的对举实以天人合一思想为基础。清人在《天理人情论》中云："宇宙内事至显至繁而莫可纪极，要不外情理两字尽之，人人莫不言情理，而究未深知情理。其尤甚者，不知理而以非理为理，不知情而以非情为情，遂至昧理以明情，伸情以屈理，似入情理之中，实出情理之外。噫！是未明理原于天，情发于人，本一以贯之者也。天之生人也，诞降之初，蠢然一物，与之气以

---

① 在有关中国古代的司法文献中，"情"从语义学上看可分为事实性的"事情"与规范性的"人情"。在前一种意义上，"情"指的是一种客观意义上的事实，即狱情、案情。如《左传·庄公七年》曹刿论战中的"小大之狱，虽不能察，必以情"。但笔者认为，在情理法三者并举联称时，"情"主要是指与"国法"相对而言的规范性的"人情"。不过，林端在《中西法律文化的对比——韦伯与滋贺秀三的比较》（《美中法学评论》2004 年 12 月号）一文中就指出，"事情"与"人情"亦可相通，不但人与事可借一"情"字相通，而且事实与规范，实然与应然之间，也不是截然二分的。

成形，即与之理以成性，是理得于天，具于性，现乎情。情由理出，本非二物。可知有理始有情，无理则无情。顺乎天理，自合乎人情。"①一般而言，在情理法三者之中，情与理二者并不构成对立，而是法与前两者之间或有错位、背离与牴牾，所以在习惯用法中，"情理"往往被连用而云"合情合理"，但"合法不合理""合理不合法"之类熟语则在在皆有。受到董仲舒的思想影响，当人们将三纲五常的伦理道德视为天经地义时，"理"不仅是指天理，而且也是基于人性、人情基础上的伦理道德的原则规范。道德律与自然律被互释互训，"天理"与作为道德理性的"礼"或者说"伦理"相辅相成，甚且合二为一，以"礼"诂解"理"也无不可，未有不合人情而能得天理。在这种意义上来说，天理无非人情，礼顺人情，情理贯通一致，通情则达理。

然而，人性既有恶的一面，也有善的一面。弗洛伊德（Sigmund Freud, 1856—1939）被世人誉为"精神分析之父"，他在《精神分析法引论》（*Vorlesungen zur Einführung in die Psychoanalyse*: *Introduction to Psychoanalysis*, Wien, 1917）中认为心智并非具单一与同构型之物，人格或人的精神主要分成三个基本部分，即本我（das Es, id）、自我（das Ich, ego）和超我（das Über-Ich, superego）。本我即原我，是指原始的自己，包含生存所需的基本欲望、冲动和生命力。本我是一切心理能量之源，本我按快乐原则行事。但本我往往受到道德、社会法规等现实条件的制约（超我），超我与本我一样是非现实的，是人格结构中代表理想的部分，代表社会引发生成的良心，以道德及伦理思想反制本我，其特点是追求完美，所遵循的是"道德原则"。大部分属于意识层次的自我则存于原始需求与伦理、道德之间，以为平衡。健康的自我具

---

① 佚名：《天理人情论》，邵之棠辑：《皇朝经世文统编》卷一百零七，杂著部三，情理说，沈云龙主编：《近代中国史料丛刊续编》第七十二辑，711—720，台北文海出版社 1980 年版，第 4531 页。陈顾远的看法与此颇为相似，陈氏强调说：法学家所说的"习惯法"以及经验法则上的"事理"就是中国人所说的"人情"，而王道不外人情，法律不出乎人身，因为人是社会生活的主体，法是社会生活的规律，所以，凡不近人情的法律会失去法律之所以为法律的道理。参见陈顾远：《天理·国法·人情》，《法令月刊》第 6 卷第 11 期（1955 年），第 7—9 页。

有适应现实的能力，以涵纳本我与超我的方式与外在世界互动。自我的机能是寻求"本我"冲动得以满足，而同时保护整个机体不受伤害，它遵循的是"现实原则"，为本我服务。虽然人情所不能止者，圣人亦弗禁，但我们也不能疏忽问题的另一个方面，这就是所谓儒家的礼，在其问世之初具有逆戕人情、违背理性的性质。[1]"父子君臣、夫妇昆弟朋友，理也，以情合焉；饮食衣服、声色货利，情也，以理制焉。"[2]理与情其实究属有间，不可混为一谈。如果两者之间不存在张力，则中国历史将如黑格尔所说的那样寂然枯窘而了无生机矣，也不可能有理学所谓"存天理、灭人欲"的高调。

滋贺秀三（しがしゅうぞう）在《清代中国的法律与审判》（『清代中国の法と裁判』創文社、1984 年）中指出：国家的法律是部分情理的实定化，一般而言，情理所引起的作用，具有提供线索的性质。因此，法律是根据情理的解释或变通。"夫律，国法也，即人情也。"[3]"若以大海与冰山譬喻之，亦极为贴切。由情理之水的一部分所凝聚成的冰山，恰恰是法律。"[4] 在中国古代的礼法社会中，统治者强调制定要法律因天时，顺人情，根基于天理民彝，称量人情世故，则天立法。人情所在，法亦在焉。王者观象于天，观法于地，本人情以出治，以期仰承天意、俯协人情。中国许多王朝都秉承这样一种理念，即做事必准乎人情，则推行鲜窒；求治必因乎时势，斯成效可循。反是，则有可能

---

① 宫崎市定：《宋元时期的法制与审判机构——〈元典章〉的时代背景及社会背景》。杨一凡主编：《中国法制史考证》丙编第 3 卷，《日本学者考证中国法制史重要成果选译：宋辽西夏元卷》，姚荣涛等译，中国社会科学出版社 2003 年版，第 2 页。

② 佚名：《情理说》，邵之棠辑：《皇朝经世文统编》卷一百零七，杂著部三，情理说，沈云龙主编：《近代中国史料丛刊续编》第七十二辑，711—720，台北文海出版社 1980 年版，第 4533 页。

③ 徐士林：《徐公谳词：清代名吏徐士林判案手记》，陈全伦等编，齐鲁书社 2001 年版，第 319 页。

④ 参见滋贺秀三：《清代诉讼制度之民事法源的概括性考察——情、理、法》，滋贺秀三、寺田浩明等：《明清时期的民事审判与民间契约》，梁治平、王亚新等编译，法律出版社 1998 年版，第 40 页。

上干天和，下拂人情，不可以为法于后世矣。但是，正如明代张居正所说，"盖顺情者，因人情之所同欲而施之。《大学》所谓'民之所好好之，民之所恶恶之'是也。若徇情则不顾理之是非、事之可否，惟人情之是便而已。振作者谓整齐严肃，悬法以示民而使之不可犯。孔子所谓'道之以德，齐之以礼'是也。若操切，则为严刑峻法，虐使其民而已。故情可顺而不可徇，法宜严而不宜猛"①。乾隆帝在御制《大清律例序》中揭橥了"揆诸天理，准诸人情，一本于至公而归于至当"② 的立法宗旨。正如孟子所说，徒善不足以为政，徒法不能以自行。③ 唯其如此，法律迄今仍被视为理与力的结合。清朝最高统治者强调法律与天理和人情之间的统一性，实际上宣示的是清朝法律秉承天理的权威性，标榜以人情为基础的法律代表了民意舆情，是民意的浓缩和升华。

近年来，学术界关于情理法的研究大抵存在这样两种趋势：一是不免抽象的玄论，往往脱离历史语境进行情理法抽象的宏观思辨和概括，这类研究的空洞与浮泛本是情理中事。一是近几年来中国学术界关于黄宗智与寺田浩明等人的学术争论，主要集中在清代州县司法审判中情理法的角色究竟如何，在方法上呈现出通过统计州县衙门审判档案材料得出结论的显著特点。滋贺秀三及其弟子寺田浩明认为，清代地方官在处理民事纠纷时，更多的是依据情理对当事人之间的关系进行全面的调整，而非运用法律对事实加以单方面的判断，但这并不意味着法律就被轻视或无视，因为法律本身即是基于情理而定的；并且在法律条文的适用中，尚需通过情理加以解释或变通。与此相对立，黄宗智不仅反驳了滋贺的"情理说"，同时也否定了滋贺的"调定说"，进而提出了自己"审判说"④，认为滋贺秀三之所以把清代县衙的民事司法理解为调解，

---

① 《明实录·穆宗实录》卷二十三，隆庆二年八月，台北"中央研究院"历史语言研究所 1962 年校印本，第 629 页。亦可参见丁守和等主编：《中国历代奏议大典》，哈尔滨出版社 1994 年版，第 1248 页。

② 张荣铮等点校：《大清律例》，天津古籍出版社 1993 年版，第 669 页。

③ 语出《孟子·离娄上》。引自杨伯峻译注：《孟子译注》，中华书局 2008 年版，第 162 页。

④ 参详徐忠明：《小事闹大与大事化小：解读一份清代民事调解的法庭记录》，《美中法律评论》2004 年 12 月号（总第 1 卷第 1 期）。

是受到当时官方表达的影响，从而把情理法看作法官处理民事纠纷的基本方式，从清代四川巴县档案等材料所显示的事实来看，清代州县官处理纠纷过程中绝少在庭上进行调解，而大多恰如汪辉祖所言，属于依法断案。笔者大体上倾向于滋贺秀三及其弟子寺田浩明的分析，但也同意黄宗智的下述看法：“民间处理纠纷强调协调，维持原有的社会秩序，但也不是没有公正感，它们也强调情、理、法的结合，但与官方的概念有差别，官方的‘情’是事实与仁义道德。‘理’是朱熹以来的天理；‘法’则是指《大清律例》。而民间的‘情’则是人情，‘理’则人们所谓的一般性‘道理’。”①

所谓情理法的研究不能脱离特定的主体、特定的语境进行研究者自己的思辨。学术界已经有人觉察到，情理法判案方式的研究目前被引向了一个过于狭窄的地方，即中国古代的法官是否依法判案，② 而且也有学者已经注意到诸如情理法的结构问题、讼师的情理问题等都需要认真研究。③ 笔者在此的研究重心不在于州县官是否依法断案，而是企图将在司法场域中不同的主体对于情理法的表述视为多声部的争夺话语权予以展示，并不单纯局限州县官这一层面。法律场域中的诉讼是一个资源动员、资源对抗资源的过程。当事人在司法场域中通过复杂的斗争、进行利益的争夺和分配。谁占有法律解释，谁就占有了相关的资源和利益。法者，王法也；情者，人情或者说民情也。法来自于上，情发乎下，朝廷和民间都在从自身有利的立场出发为自己的行为提供辩护的依据。人情与国法的最大不同和优势即在于，它与构成案件的事情密不可分，与案件内外的人们的观念和议论息息相关，实际上是社会和诉讼当事人影响判决的主要途径，因此也是形成判决的基本因素。正是这样，我们经常在史料中看到大量讼民夸大其

① 黄宗智：《中国法律制度的经济史、社会史、文化史研究》，《北大法律评论》1999 年第 1 期。

② 张正印：《事实的敞开：情理法判案模式的合法性构造》，《东方法学》2008 年第 3 期。

③ 详见霍存福在西南政法大学所作的学术报告“情理法与中国人的法哲学思维”，资料来源：http://kyw.swupl.edu.cn，访问时间：2010 年 3 月 28 日。

辞，虚张声势，或睚眦而妄指奇冤，或事皆虚诞而捏砌重情，或诉肤受，或乞哀怜，或以妇女老稚出头，无论事情大小，动称死不离台，指责对方如何欺人太甚、恃强凌弱，自己又是怎样申冤无门，千方百计从情理上占据制高点，将对方置于道德上的劣势地位。当事人通过将个人事件与天理良心联系起来，将所诉事件纳入一个宏伟叙事中，以构成当事人对自身诉求的合法性证明，证明自己并非无理取闹、无事生非，而是确系冤屈莫白。日本学者佐立治人（さだちはるひと）探讨作为判断基准的制定法与人情两者在南宋民事性审判中在空间上处于何种关系，把人情与诉讼当事人的法律解释联系起来。① 在笔者看来，这种研究路径就很值得借鉴。曾衍东的笔记《小豆棚》与袁枚的《子不语》、纪昀的《阅微草堂笔记》齐名，其卷八载："湖州有嫠妇，号'疙瘩老娘'，能刀笔，为讼师，远近皆耳其名。凡有大讼久年不结者，凭其一字数笔，皆可挽折，虽百喙不能置辩。因之射利，计利厚则蔑理甚。邑有富甲之媳早孀，欲改适，翁不许，强其贞守。媳丐于老娘，老娘索其一千六百金，弁其状十六字曰：'氏年十九，夫死无子。翁壮而鳏，叔大未娶。'官遂令其他适。"② 讼师作词的刀笔功夫就在于别出心裁，一剑封喉，不容半点拖泥带水，或一语入罪，或一字定论，或半字翻案，或一笔反复，使对方虽有百喙亦难自辩。按照《解铃人语》等讼师秘本中的做状十段锦，《小豆棚》所记"疙瘩老娘"的上述十六个字应该是状词的第八段，名曰截语，乃一份状词之总断也，必须句句合律，字字惊奇，言语壮丽，情理惨伤。"疙瘩老娘"的这十六个字实在是叫人拍案叫绝，利用人伦大防做文章，把无子少艾的妙龄寡妇与如虎如狼的光棍翁、叔对照起来，说明在此环境下守寡之不易，巧妙地点破了家内三个孤男寡女难免瓜田李下之嫌这层危险，言简意赅，入情入理，使翁叔二人乃至主审官员均被逼入就范的死角，自然容易取得官方的认可。讼师秘本《解铃

---

① 佐立治人「『清明集』の「法意」と「人情」－訴訟当事者による法律解釈の痕跡」『中国近世の法制と社会』、京都大学人文科学研究所、1993 年。

② 曾七如：《小豆棚》卷八，"疙瘩老娘"，南山点校，荆楚书社 1989 年版，第 150 页。

人语》认为："讼之道，有三要诀：曰'情'、曰'理'、曰'法'。"
在兴讼之前，先平心静气，暝然而思之，"度情而情不虚，度理而理
不亏，度法而法无犯"，这时方可稳操胜算。① 《萧曹遗笔》亦云：
"词讼者，心不平之鸣也。凡举笔必须情真理真，然后量事陈情。不
可颠倒是非，变乱曲直，以陷人于非罪也。天鉴在兹，不可不慎。"②
徐珂编《清稗类钞·狱讼类》有"讼师有三不管"一节，说到一个
名为宿守仁的讼师，曾对人宣称他自己受理案件的原则是："刀笔可
为，但须有三不管耳。一，无理不管。理者，讼之元气，理不胜而讼
终吉者未之前闻；二，命案不管。命案之理由，多隐秘繁，恒在常情
推测之外，死者果冤，理无不报；死者不屈，而我使生者抵偿，此结
怨之道也；三，积年健讼者为讼油子，讼油子不管。彼既久称健讼，
不得直而乞援于我，其无理可知，我贪得而助无理，是自取败也。"③
这位善刀笔的讼师宿守仁一生无踬蹶，显示意在说明在诉讼中讲求情
理法的业报问题。

　　其实，黄宗智与寺田浩明的争论虽然集中在民事审判，但这样争
论其实在中国刑法学界早已是聚讼百年而迄难定论，不过这一争论是
以关于中国古代法是否存在罪刑法定原则问题的形式出现的，大致上
可归为三种观点，即肯定说、否定说以及介于二者之间的中间说。中
国古代罪刑关系在立法上是表现为法定化的，即罪刑规范法定化，但
在司法上罪刑之法定与非法定长期并存，形成了法吏实行罪刑"法
定"、大臣实行罪刑"非法定"、人主实行罪刑擅断的三者互补互济
的司法体系。也就是说，在传统社会司法体系中，法吏、中下级官员
守文据法，罪刑关系在这个层次上是法定主义的；大臣、高级官员以
经传原情定罪，"议事以制"，罪刑关系在这个层次上是非法定主义

---

① 诸馥葆：《解铃人语》，平襟亚编著：《中国恶讼师》三编，襟霞阁主
1919 年印行，第 113 页。类似表述亦见《惊天雷》，卷之下，道光三十年新刊，
龚汝富教授藏本，页二。

② 无名氏：《洗冤便览萧曹遗笔》卷一，词家体要，上海校经山房石印本，
页七。

③ 徐珂：《清稗类钞》第 3 册，中华书局 1984 年版，第 1190 页。

的；君主可以"权道制物"，任意裁断，罪刑关系在这个层次上是擅断主义的。① 目前清代法律史中一些研究秋审制度的著作虽然不曾言明但实际上遵循的就是这种解释框架。秋审大典被称为"秋审衡情"或"秋谳衡情"就是这个道理。笔者认为这种解释框架是一种理想类型，尽管与实际情形可能存在较大出入，但作为我们考察问题的指导图像（Leitbild）并无不可。如前所说，清朝最高统治者在立法时就反复宣扬所制定的王法已经参之情理，无不曲尽，把王法与天理、人情三位一体化。口含天宪的最高统治者强调情理法的统一，这不仅仅是一种单纯的话语表达，也是一种争夺司法场域制高点的权力斗争实践。从表面上看，既然王法已经根基于天理民彝，则王法即是天理、人情的反映，臣民只有服从的义务。但当时从最底层的民众到九五之尊的皇帝，事实上都基本上可以认同的前提有三个：其一，天道昭明，与人事感孚，捷于影响。人在做，天在看，一言一动，皆在上苍降鉴之中，而绝非"一若天下事皆可以人力致，而天无权。即有志图治者，亦徒详其法制禁令，为人事之防，而无复有求端于天之意……人情意见，但觉天自天，人自人，空虚寥廓，与人无涉"②。其二，民心之所向，即天心之所归。在统治者看来，天心不远，以民为心者也。抚民即所以奉天也，祸民者天必祸之。这种观念与长期以来的民本思想相勾连。其三，科条有限，而人情无穷。尽管长期以来伦理入于法，亲

---

① 彭凤莲：《中国古代罪刑规范法定化研究》，《北京师范大学学报（社会科学版）》2008 年第 5 期。晋代与张斐、杜预齐名的著名律学家刘颂的主张就是大体如此。他认为，法轨既定则行之，应当行之信如四时，执之坚如金石。君臣之分，各有所司。人主规斯格以责群下，大臣小吏各守其局。法欲必奉，故令主者守文；理有穷塞，故使大臣释滞；事有时宜，故人主权断。否则，法多门，令不一，则吏不知所守，下不知所避，苟断不一，则居上者难检其下，于是事同议异，狱犴不平，有伤于法。（房玄龄等撰：《晋书》卷三十，志第二十，刑法，中华书局 1974 年版，第 935—938 页。）从后效历史角度看，刘颂的这一主张的精神是被肯定并制度化的了。

② 赵翼著，王树民校证：《廿二史札记校证》上，订补本，中华书局 1984 年版，第 40 页。

情义务法律化，但所谓"情伪无穷，而律条有限"① 这一点连清朝最高统治者也不能不承认。进而言之，不独中国古代为然，实乃古今中外之普遍现象。这种现实恰恰是清朝最高统治在极力强调情理法三位一体时无法回避的。这种"应然"与"实然"的矛盾就如同价值判断最后仍然悄悄从后门溜入凯尔森的实证主义法学内部一样。② 诚然，从州、县正印官乃至朝廷大臣、皇帝，在具体的审案过程中，常以"执法原情"为由，直接改变对法律的正常适用，而"屈法伸情"。在情与法发生冲突的情况下，确立了一条情法并立、互为轻重、共同为治的解决方式既不以法伤情，又不以情淹法，而是区别不同情况，分别采取法就于情、情让于法、或情法互避等解决模式，其基本依据是各自所反映的社会关系在社会政治生活中的地位。在情情冲突的情况下，则一般遵循于重情压轻情的原则。③ 但是，从类型学和语用学上看，清朝最高统治者在阐述情理法三位一体关系往往与官员的角度不同，其情理法的话语重心在于强调王法之平，凸现中央专制集权，在很多时候是以情理法三位一体的话语作为反对官员的徇私枉法的权杖。法律实践是在一个关系性空间中所展开的竞争与争斗的行动。在这个意义上，话语建构又是一种独特的权力技术。话语"意味着一个社会团体依据某些成规将其意义传播于

---

① 《清高宗纯皇帝实录》卷一百五十二，乾隆六年十月，台北华文书局股份有限公司 1960—1970 年版，第 2259 页。亦见光绪朝《钦定大清会典事例》卷七百四十，刑部，名例律，台北新文丰出版公司 1976 年依据光绪二十五年原刻本影印版，第 14599 页。按，此语自 20 世纪 80 年代末以来迄今被法学界各种论著所辗转引用，但均不注明出处且将顺序倒乙作"律条有限，而情伪无穷"，应予注意。

② 参见本书第四卷开头部分的方法论论述。此外，经济学理论和简单的观察均显示，法律规则几乎都是包含过渡性的：从字面理解，它们禁止了制定该规则的立法机关或法院事实上并不想禁止的某些行为。由于人类预见力的局限和人类语言固有的模糊性，将规则准确适用于意图禁止的行为需要高成本。立法机关试图对禁止的行为描述得越细致，漏洞就出现越多。如果不折不扣地实施，包含过度的规则就可能产生非常高的社会成本。情、理、法相互杂糅正是中国古代法律的真实写照。徐昕：《论私力救济》，中国政法大学出版社 2005 年版，第 247—248 页。

③ 参见朱勇：《论中国古代情与法的冲突》，《中国社会科学》1996 年第 1期。

社会之中，以此确立其社会地位，并为其他团体所认识的过程"①。对话语的控制就是一种对权力的控制，是一个人、一个群体在社会上建构自我与他人权力关系的重要组成部分。大抵用法之最高境界，并非单纯守法，乃是通其隐、达其变而不为律例所驱役，也就是"无法之法"。但这种"无法之法"却不是人臣所宜逾越僭权的，否则司法官员弁髦国法本身按照情理法的理论逻辑是悖逆于情、理、法三者的。在清朝最高统治看来，律令为民命攸关，颁行四方，较若画一。夫贵为天子尚不敢私其法，况其下焉者乎！在情理与法发生冲突时，设方便法门者仍不可阿柄倒持，解铃仍需系铃人。大凡非常之断、出法赏罚唯人主专之，非奉职之臣所得拟议。问刑官吏，唯当谨守宪章，征文据法，以事为断耳。

雍正帝谕刑部："刑名关系民命。死者不可复生，断者不可复续。故礼记王制曰：刑者侀也。侀者、成也，一成而不可变。故君子尽心焉。朕于刑名更加慎重。书曰：天讨有罪。五刑五用哉。五刑有轻重之等，无一非天理之当然。故当轻当重，必须至公至平，乃为钦承天道。若应严而宽，便是逆天。稍宽且不可，而况于严乎？朕为人君，尚不可宽严稍失其平，况人臣居法司之任者乎？凡有案件，始之以听断，继之以研讯，定之以律例。若稍有不公不平之处，则情罪之轻重不得其宜，而用法之宽严皆失其当矣。盖鸱鸮不除，无以致鸾凤。稂莠不剪，无以植嘉禾。司刑名者姑息养奸，则小人无所惩戒，必不能改恶以从善。此所谓妇人之仁。其害岂浅小哉！故刑法者，使人迁善远罪、所以辅教化者也。舜之勉皋陶曰：汝作士，明于五刑，以弼五教，期于予治。刑期于无刑，民协于中。夫持法之平，可以成协中之化。故居法司之任者，不但重罪不可疏忽，即轻罪亦当详慎，务操其至公至平之心。而时凛天监在兹之惧，使用法之宽严悉当、情罪之轻重允孚，则不愧明允之司，而成无刑之治矣。"② 又云："盖事之纯乎天理者，即以讨罚刑威、加之于人，而其实乃所以为善。事之违乎天理者，即以庆赏赐予、加之于

---

①　王治河：《福柯》，湖南教育出版社 1999 年版，第 159 页。

②　《清世宗宪皇帝实录》卷六十一，雍正五年九月，台北华文书局股份有限公司 1960—1970 年版，第 961 页。

人，而其实乃所以为不善。故凡违道干誉，煦煦为仁，自谓不愧于天者，乃悖天之尤者也，可不慎乎。又若刑名之官，职司邦宪，为天下生命所关，操生杀出入之大柄，尤不可不知天道之精微。凡议重议轻，皆宜准之国法，推之人情，无枉无滥，协于咸中，乃可以为敬天畏天之实也。故非特徇私利己之念，毫不可萌，即揣摩朕意，妄为迎合，亦万万不可。夫人命至重，自古帝王所最慎。在朕之权衡成谳，斟酌详审，原无成见于胸中。诸臣有一毫迎合之见，则私意障蔽。天理无自而彰，势必宜宽而或严，宜严而或宽。既不能殚对越之诚，又安能适合朕意之所在乎？尔诸臣果能以循理为矜恤，以执法为常经，宽猛咸宜，至公至当，则天理之所昭垂，即必为朕心之所孚合。是揣摩迎合之私，原可以不事也。朕念一德一心、明良交泰之道，无有大于事天者，是以不惮谆详缕晰而著明之。"① 雍正帝一再强调，天人相感之理，至微而实至显。凡果实尽诚敬，自能上格天命，日鉴在兹，应报昭彰，丝毫不爽。人君之事天，即如人臣之事君也。刑者，民之司命也。用刑必须体现上天好生之德，无冤无枉，罚必当罪。"朕代天以出治，督抚受职以理民，凶暴在所当惩，良善在所当恤，所谓天命天讨也。"② "从来明刑所以弼教，除暴所以安民。何恩何怨，何宽何严。处之无心，并非二事。准乎天理，善亦不为慈。协乎人情，杀亦不为忍。"③ 正如雍正帝所时常宣扬的那样："天下惟有一个公字，公则好恶是非俱出于至正。"④ "存一点私，断无不取愧之理，此天道也。"⑤ 雍正帝在位期间的一个重要特征就是以天意为自己的居心行事进行辩护，但这种情理法的思想实际上

---

① 《清世宗宪皇帝实录》卷七十五，雍正六年十一月，台北华文书局股份有限公司 1960—1970 年版，第 1145 页。

② 《清世宗宪皇帝实录》卷六十三，雍正五年十一月，台北华文书局股份有限公司 1960—1970 年版，第 997 页。

③ 《清世宗宪皇帝实录》卷一百三十六，雍正十一年十月，台北华文书局股份有限公司 1960—1970 年版，第 1963 页。

④ 中国第一历史档案馆编：《雍正朝汉文朱批奏折汇编》第 5 册，江苏古籍出版社 1990 年版，第 377 页。

⑤ 中国第一历史档案馆编：《雍正朝汉文朱批奏折汇编》第 4 册，江苏古籍出版社 1990 年版，第 107 页。

与雍正帝的公诚论密不可分。可见，在雍正帝的情理法的思想中，占据核心地位的是公正而不是情恕。乾隆帝对于情理法的表述尤其值得玩味，他这样说道："秋审为要囚重典，轻重出入，生死攸关。直省督抚俱应详慎推勘，酌情准法，务协乎天理之至公，方能无枉无纵，各得其平。朕于情实招册，皆反复省览，再三究极情状，毫不存从宽从严之成见。所勾者必其情之不可恕，所原者必其情之有可原。惟以一理为权衡。"① 嘉庆帝更是强调一切皆有法式，应该事决于法，明确将实行临时处治的无法之法权限明确宣示为皇帝本人神圣不可侵犯的权力。上谕曰："人情万态，事变千端。狱讼之成，原有律例所不能该者，法司随案声请，朕权衡轻重，区示宽严。或执不宥之律，或施法外之仁。所谓惟齐非齐，以成协中之治。此明慎用刑之精义。"②

黄宗智在与滋贺秀三、寺田浩明的争论中坚持认为清代州县官在民事审判中严格依循律例办事，地方官只是在"表达"中反复宣传儒家伦理道德，把自己包装成一个以"仁政"教育来感化子民的父母官，"实践"中却是依据法律，频繁而有规则地处理民事纠纷。对于其中的原因，黄宗智的解释是：处于这个庞大官僚机构最底层的地方官员，受到等级规则的严格限制，面对种种考察程序，不得不奉行复杂难详的规则以保住官职。而滋贺氏则认为，在判语中很少引用律文正说明是"情理法"在发挥着实际的作用，而不单纯是"依法办案"。清代江西龙南县衙内柱的一副对联，对听讼准情酌理的要求写得非常到位，文曰："难言听讼无差，只就事酌情，尽乎力之可到；敢恃推敲有法，但平争息讼，行其心之所安。"③ 这样的对联悬诸县衙，固然是一种明志的表达，可以视为州县官的座右铭，但按照"言即行事"的语用学观点，这种表达本身就是一种实践，是具有独立品行的话语建构。《清律·刑

---

① 《清高宗纯皇帝实录》卷三百五十一，乾隆十四年十月，台北华文书局股份有限公司 1960—1970 年版，第 5304 页。

② 《清仁宗睿皇帝实录》卷二百七十，嘉庆十八年六月，台北华文书局股份有限公司 1960—1970 年版，第 3979 页。

③ 何品玉：《两龙琐志》卷七，"杂联"，光绪二十六年刊本。转引自龚汝富：《明清讼学研究》，商务印书馆 2008 年版，第 15 页。

律·断狱》"官司出入人罪"条分别"故""过"两种性质。首先规定了审判枉法的刑事责任："凡官司故出入人罪，全出全入者，以全罪论，若增轻作重，减重作轻，以所增减论。至死者，坐以死罪。"继之，同条后段又规定了审判失误之刑事责任："若断罪失于入者，各减三等；失于出者，各减五等；并以吏、典为首，首领官减吏、典一等，佐贰官减首领官一等，长官减佐贰官一等科罪。若因未决放，及放而还获，若囚自死，各听减一等。"① 揆诸律文，审判失误又可分为承问失入或者承问失出，失出即拟定之罪较实际为轻，即重罪轻判，失入则反之，乃轻罪重判。在法律上，就州县官履行审判职责的过程而言，必须如法以决罚，称得上是"事事有规程，步步皆掣肘"，可以回旋的空间相当有限。目前有学者已经从司法管辖责任、词讼受理责任、听讼回避责任、缉捕人犯责任、现场查勘责任、违法刑讯责任、故勘平人责任、状外求罪责任、援法断罪责任、出入人罪责任、按谳不实责任、决罚失法责任、纵囚失囚责任、审断违限责任等方面专门研究了清代州县官的司法责任问题。② 并且需要指出的是，由于明清时期已取消了官当、上请的制度，一旦出入人罪，相关官员往往要受实刑，并附加行政处分。③ 凡问刑衙门，敢有恣任喜怒，引拟失当，或移情就例，或入人罪，苛刻显著者，各依故失出入律坐罪。失入者通常是罚俸一年、降级或撤职；失出者，则由罚俸六月至降级不等；其上级的覆审官员则需受到纪律处分。法律上所规定的州县官对于刑名案件误判的责任相当沉重，所以各地官员自然不敢掉以轻心，而州县官对所谓"自理词讼"具有定案权，无须上级长官的覆审，尽管通常也必须按月向上司以"循环簿"形式汇报他所经手的已结（包括如何结案）与未结的案件，但监察力度毕竟和审转案件相比逊之甚远，势必不可能如同后一类案件严格依法判决，否则就是真正"不理性"、不合人情之常了。其次，虽然州县自理

---

① 张荣铮等点校：《大清律例》，天津古籍出版社1993年版，第621页。

② 参见李凤鸣：《清代州县官吏的司法责任》，中国政法大学博士学位论文，2006年。

③ 参见郭建：《古代法官面面观》，上海古籍出版社1993年版，第70、75页。

的案件仍有上控的可能，州县官自不敢忽视律例之存在，但正如滋贺秀三所言，由于律例本身对各种户婚田债纷争常常缺乏明确的规定，所以州县正堂官之未完全引用律例断案，实在是"不能"，而非"不为"也。在现代西方法学中，法律固然按照实证主义的观点可以被视为一个规则的体系，但是，规则存在空缺结构（open texture），也就是有规则不能涵盖的地方。在规则的空缺地带，如果法律的权威资源（规则）被耗尽，法官必然要求助于规则之外的资源的帮助。德沃金就认为，在疑难案件中，当原有的规则已经耗尽的时候，法官应该求助于抽象的法律原则（概念）以明确具体情境下的新的法律规则（具体观念）。这是一种"概念提升"（conceptual ascent）的法律推理模式。复次，清末御史吴钫言：当时审判制度"层层节制，顾忌良多，未免曲徇人情，无独立不挠之志"[1]，严格的考成、审转等制度固然可以引向依法断案的行为取向，官员在这种制度中固然可能受到某种程度的限制，但人的主体性在制度的压力下恰恰可能另辟蹊径，产生新的应对模式，未必就是尽断于法。

　　台湾学者林端强调不要以今人的民、刑判然异途的思维模式审视自理词讼与审转案件，对于中国传统法律文化中的"王法"与"情理""习惯"之间的关系也不适合用"制定法"与"习惯法"这样的二元分类标准来加以看待。林端从上述立场出发，极力要阐述这样一种观点：对清代州县官而言，"国法"并不是与"情理"是相互对立的，王法不外人情，州县官依"情理"自理词讼时，心中未必无"国法"，同样的，依"国法"审判时，心中未必无"情理"。只是在进行刑事审判时，受"国法"束缚程度较重，而在进行民事审判时，则受"情理"影响较多。无论如何，它们之间的差异是"量"上的，而非"质"上的，州县官所依循的法律规范，情、理、法等诸种法源彼此之间是相通的，都深受儒家伦理的影响，同中有异，而且其差异亦不是二元对立、截然划分开来的。州县官在听讼断案时追求的是中国式的衡平正义的

---

[1]　故宫博物院明清档案部编：《清末筹备立宪档案史料》下册，御使吴钫奏厘定外省官制请将行政司法严定区别折，中华书局 1979 年版，第 823 页。

"法感"（"仁义"或"情义"），而不是西方式的个人权利的伸张（"正义"，Recht）。① 林端的阐述在于说明州县官对于情理法的倚赖在户婚田债与命盗重案中其实并无二致。如果说林端采取迂回策略从根本上否定了黄宗智的研究结论，那么邓建鹏通过对于黄岩诉讼档案的实证研究发现，除了知县竭力地追求息讼、抑讼外，很难从裁判中感受到知县致力于贯彻儒家仁政思想、体民之情及履行社会职责等努力。他们在处理案件时，遇到法有明文规定的事件时未必依法办理；在法的规定不很明确时，亦未颇费心思地寻找成案或惯例作为处理同类案件的依据。黄岩知县做出的简短裁判几乎不以律例为依据，也很少如以往学者所提及的那样，大量诉诸礼、法或情理，不过是一种彻底务实的、基于衙门自身利益的、受限于知县能力的司法实践而已。与张伟仁主要基于刑部档案得出的结论截然相反，邓建鹏的研究表明，在黄岩诉讼档案中，州县官弃置可以遵循的规则不用而翻云覆雨的现象确实存在。② 即便在现代西方实证主义法学鼎盛时期，德国法学专注于"依概念而计算（das Rechnen mit Begriffen）"，以纯粹形式逻辑推演法律，法官也不可能法条的"自动售货机（Vending Machine）"，而且法律续造（Rechtsfortbildung）是目前在德国法学中的一个重要概念，是法官造法的观念的反映，可以分为在法典内在体系内的法律续造（gesetzesimmanente Rechtsfortbildung）和超越法典的法律续造（gesetzesübersteigende Rechtsfortbildung）。③ 正是这样，有些学者将传统法学相信法律确定性视为是一种恋父情结。目前后现代法学已经不再将成文法的不确定性作为成文法的例外情形，而是作为成文法的一般性质加以肯定。从邓建鹏的研究可以明显看出，法官的道德准则、个人素质和非理性的因素影响都不可能是整齐划一地依据法律条文断案。我们从许多史料中所反映的科举出身的

---

① 林端：《中西法律文化的对比——韦伯与滋贺秀三的比较》，《法制与社会发展》2004年第6期。

② 参见邓建鹏：《清代州县讼案的裁判方式研究——以"黄岩诉讼档案"为研究中心》，《江苏社会科学》2007年第3期。

③ 参见沃尔夫冈·费肯杰：《经济法》第1卷，张世明、袁剑、梁君译，中国民主法制出版社2009年版，第9页译者注。

地方官在律学修养方面的薄弱这种事实佐证滋贺秀三的观点。光绪年间方大湜的一段话大抵是符合实际状况的："自理词讼，原不必事事照例，但本案情节，应用何律何例，必须考究明白。再就本地风俗，准情酌理而变通之，庶不与律例十分相背。否则上控之后，奉批录案，无词可措矣。"① 在笔者看来，实践的图景恰恰不是黄宗智所说的那样"不管儒家的理想制度如何，在实践中起指导作用的是道理、实情、律例三者。三者当中，法律的地位最高"②，这种图景恰恰是清朝最高统治者所期冀的理想图景，俨然是清朝最高统治者如前所说的一种凸现王法地位的口吻。中国人不能离开、也没能离开法律，但他们更是生活在情理之中的。对于一般人而言，法律在其文化习得中相对来说距离较远，而情理则是非常熟悉和切近的度量人与事的准据，是其日常讲论最频繁的话题。谚云："吃的盐和米，讲的情和理。"③ "不会做官，也会评情。"④ 即此之谓也。律例固然是司法博弈中一个至关重要的因素，有时甚至决定了审判后果的边界与底线。但州县官通常采取的是一种实用理性主义的天然态度和取向，将这种律例规则与其他各方面的因素弹性结合起来作为审判的依据，以期满足各个方面的合法性要求。

正如布迪厄所言，根据场域概念进行思考就是从关系的角度进行思考。场域是一种力在斗争中相互较量、相互转换的关系网络。这种关系是独立于行动者意志的客观存在，又与行动者所占位置、所掌握的资本和行动者的禀赋及其采取的策略有关。因为有了力的较量，场域才具有意义。这种"力"表现为资本最终化约为权力。在司法场域中，按照福柯的观点，权力无所不在，不是说它包容万物，而是它来自四面八方。权力为每个人实施，通过一些细微管道起作用。这些权力并不像光

① 方大湜：《平平言》卷二，"本案律例须考究明白"，光绪十八年资州官廨刊本，页六十三。
② 黄宗智：《清代的法律、社会与文化：民法的表达与实践》，上海书店出版社 2007 年版，第 84 页。
③ 黄彦等编：《古今中外谚语大全》，中国旅游出版社 1988 年版，第 384 页。
④ 兰州艺术学院文学系 55 级民间文学小组编：《中国谚语资料》上册，上海文艺出版社 1961 年版，第 127 页。

一样畅通无阻地触及行动者，它们同样遭到了来自四面八方的抵制、反抗和阻挠。这些抵抗的点、结、中心以强度不同的方式散布于场域各处。正是这些抵抗力量的存在，凸显了权力的存在，加速了权力场域的形成。就我们目前的论域而言，情、理、法既是当事人诉讼请求正当化的依据，也是州县官裁判正当化的重要理由。官方与双方当事人都在司法过程这一场景中争取/争夺对情、理、法的共同理解，或提供自认为更加权威、准确的阐释，为其他两方确立可以或应当接受的案件裁判的说理基础。情、理、法没有客观外在的、可以明确感知的具体内容，其本身有赖于诉讼参与者对具体案件的认知过程加以明确化。① 天理为公，人情多私；公事到官，有理与法。法律的功用即在于：用天下之公理制裁、约束人情私欲的泛滥。在案件审理中，州县官一般从整体上考虑和照顾到案件涉及的各种关系，但于法特别是作为其坚强信念之天理并不会作根本牺牲，相反，对情和法的运用和修正都围绕天理进行，都须在天理上说得过去。理在宇宙论上讲是客观的，但在司法的实际运用上却表达于法官的儒家化的个人信念之中。也就是说，这个信念在表面是个人的，却是社会通过儒家式的教育内化于个人内心的。它在理学中表达为"理一分殊"，情与法都是理在特殊情境下的表现，是特定之理，这些特定之"理"在其与统摄之"理"的关系上地位相侔，且均须在统摄之理上建立根据，从而情对法的牵制功能在宋学的理一分殊的宇宙论中获得根本安顿。在这种援法据理判案思维中，理在情与法的对冲中具有居间调停的作用，发挥了收束和整理情与法的功能，从而使得对情的考虑既不过分褊狭，也不致漫无边际，以致泪于私情或者挠于私请。② 除了理作为维持法律和司法体系的均衡和稳定的力量之外，州县官权轻责重和考成严苛的法、情也无疑会强化依法断案的取向。法有一定，而情别于端，准情用法，庶不干造物之和。这是清朝官方上下乃至民间都广泛播布的思想，但是，司法场域本身即竞争垄断法律决定权的

---

① 参见邓建鹏：《清代州县讼案的裁判方式研究——以"黄岩诉讼档案"为研究中心》，《江苏社会科学》2007年第3期。

② 参见张正印：《事实的敞开：情理法判案模式的合法性构造》，《东方法学》2008年第3期。

场所，与清朝最高统治者关于情理法的话语表述不同，除了酷吏以外，许多州县官在阐述情理法时俨然以作为亲民之官了解民情自居，主张对法须守须据，对情则参之酌之，更加强调的是情恕而非事事至公。康熙年间，应城知县魏定国所书衙联曰："情理法不外乎恕是已，清慎勤再加以忍何如。"① 这副对联堪称地方官员对于情理法理解的典型表述。州县官以情理法的话语在司法场域中朝着有利于自身的方向趋近，通过强调"近人情"的层面为自己的治事扩充活动空间，又因为在法律上自理词讼等已经赋予其自由裁量断案的空间。贾明叔曰："人情所在，法亦在焉。谓律设大法，礼顺人情，非徇情也。徇情即坏法矣。听断总要公正，著不得一毫意见，为两造设身处地，出言方平允能折服人。尤戒动怒，盛怒之下，剖断未免偏枯，刑罚不无过当，后虽悔之，而民已受其毒矣。昔人云：'上官清而刻，百姓生路绝矣。古今清吏，子孙或多不振，正坐刻耳。'此言可为矫枉过中之鉴。总之，凡事留一分余地，便是积阴德于子孙也。程子曰：'一介之士，苟存心于爱物，于人必有所济。'身居民上，操得为之权，必须做有益生民之事。立德立功，皆在于此，若簿书无误，听讼犹人，皆余事也。"②

康熙年间，王明德著有《读律佩觽》一书，强调："法乃天下之公，即天子亦不容私所亲，夫贵为天子尚不敢私其法，况其下焉者乎！慕慈仁之虚誉，殉不易之大公，生者幸矣，彼被其害者将如之何！"③ "若夫迷惑于浮屠邪教，不问理之是非，惟曰做好事，活得一个是一个，日为记功自负，意谓其后必昌者，是又我中寓我、贪鄙迷谬之流，其所谓功德，是乃孽德，非功德也。功德可自做乎？"④ 其所强调的法天之学需要具备"无我"的心态，方能做到心志虚公，大公即真正的正义，

① 政协应城市委员会文史资料委员会编：《应城文史》第 25 辑，上，2005 年内部发行，第 137 页。

② 万维翰：《幕学举要》，张廷骧编：《入幕须知五种》，沈云龙主编：《近代中国史料丛刊》第二十七辑，269，台北文海出版社 1968 年版，第 101 页。

③ 王明德：《读律佩觽》，"读律八法"，何勤华等点校，法律出版社 2001 年版，第 8 页。

④ 王明德：《读律佩觽》，"读律八法"，何勤华等点校，法律出版社 2001 年版，第 8 页。

而不会沦落到功过格"私其法"的积善论理。王明德的论述略似康熙、雍正、乾隆诸帝圣旨对于臣工的训谕。例如，乾隆帝多次指出：天之眷顾与否，亦捷于响应。顺天者存，逆天者亡。故求天于天，不若求天于己。人事尽而天理见。外省习气，往往惑于救生不救死的钦恤之说，以此为积阴功而来福报。殊不知凶徒漏网，致令死者含冤地下，宁不拂人情而伤天理乎？又如，嘉庆十年九月，嘉庆帝指出："刑名事件所以不准从重者，原以科罪自有定律，不得于律外加等问拟，致失平允。若按律科断之事，则律文所载罪名，援情定法，历久遵行。即朕亦不能稍为增减，况臣工等岂得任意偏畸？近来外省办案，往往欲博宽厚之名，于律载案犯应得罪名，置之不论，转援引他条，思为末减，是乃姑息之见。各省皆然。而马慧裕之在河南及从前颜检之在直隶为尤甚。"① 嘉庆帝点名批评河南巡抚在处理案件时轻纵态度，同时又点出了刑官受阴德观念之惑的情况。"外省锢习，总存刑名可积阴功之见，遇事辄欲从轻。殊不知生者幸逃显戮，则死者含冤地下，其造孽更多矣。朕钦慎庶狱而于法无可贷之犯，无不明示刑诛。若亦狃于因果之说，则将合直省每年秋录人犯，概予免勾，以是为可积阴功，有此理乎？"② 这等于皇帝亲自出面与官员积阴德的风气进行阻击。但是，中国从古到今许多现象都必须反读、反悟方可略见其概，这正是黄宗智所说的表达与实践之间的矛盾问题。因为清朝最高统治者不断予以申饬，就表明这种被批判和强调的现象在当时非常普遍，大行其道。相反，如果清朝统治者大力倡导，恰恰就表明该现象尚未蔚然成风。《读律佩觽》出版后不久，盛鲁得就撰《读律辩讹》，对王明德的观点提出反驳，表现出一种抵抗的倾向。其主张的核心为"仁慈"，认为当司法官员强调公平而忽略"生人之意"时，法律即沦为杀人工具。当时民间有句流行语云："衙门里头好修行。"地方官员往往在表达情理法三者允协时每每强调积善行德，不可刻薄寡恩，滥施辣手，从苛论刑，服膺忠恕违道不远之说，以求不

---

① 《清仁宗睿皇帝实录》卷一百五十，嘉庆十年九月，台北华文书局股份有限公司 1960—1970 年版，第 2152 页。

② 《清仁宗睿皇帝实录》卷一百五十，嘉庆十年九月，台北华文书局股份有限公司 1960—1970 年版，第 2153 页。

至于自己方寸有亏、阴骘损坏。这种"狱贵情断""察狱以情"的情恕思想在州县官当中颇为流行且不免偏颇，故而，清代文献中经常可以看到这样的记述：问刑衙门多溺于救生不救死之说，往往通过所谓"整卷""简招"等手段移情就例，或者装点情节，避重就轻，叠经皇上训诫谆谆，而积习总难骤改。

众所周知，州县官员断案幕后是拿捏主意的师爷。那些做刑名幕友的人常有一种负罪感，或叫"原罪感"，而他们又深信"种瓜得瓜，种豆得豆；夙业牵缠，因缘终凑"① 的说教。因为有一个"救生不救死，救官不救民，救大不救小，救旧不救新"的心经在幕友中被奉为圭臬，因此被人称作"四救先生"。② 汪辉祖具有由幕而仕的经历，在初欲习刑幕时，其嫡母、生母以及同学好友皆同声诫止，认为刑乃不祥之物，业此必然有损阴德，而汪为三世单传，恐其无后。汪氏自己的行为以及他给别人的教诲，都有一个最终的目的，即在于说明天道好还，捷如桴鼓，只有积阴德、避天谴，才能否泰不穷。汪氏著作里记载了许多善恶果报的故事，或是亲身领受，或是投诸子孙身上，可谓天网恢恢，疏而不漏，所以他常常说做幕是"吃儿孙饭"。③ 汪辉祖强调为幕之道的要诀在于"避律"而非"引律"，即以此故。汪辉祖因为几乎总能于千钧一发之际成功地救人性命而自矜，把在长达二十六年的职业生涯中仅仅判决了六名罪犯斩绞立决作为自己的辉煌业绩。"宁宽勿刻"也往往令刑名师爷在办案时坠入宽纵游移的地步，也为此颇受訾议。有些人就批评刑名师爷拘于"宁宽勿刻"等俗说，给自己以调整的回旋余地，他们自认为没有"贿纵""私庇""干请""瞻顾"，只是"略为减省之，

---

① 纪昀：《阅微草堂笔记》卷十八，董国超标点，重庆出版社 2000 年版，第 429 页。亦见周炳麟辑：《公门惩劝录》卷下，王德毅等编：《丛书集成续编》第 54 册，台北新文丰出版公司 1989 年版，第 643 页。

② 郭建：《帝国缩影：中国历史上的衙门》，学林出版社 1999 年版，第 134 页。西方法律文化中其实也有这种理念。英谚曰："（法的）律条处人死刑，而（法的）精神给人生命。"（The letter killeth but the Spirit giveth life.）

③ 张伟仁：《清代的法学教育》，贺卫方编：《中国法律教育之路》，中国政法大学出版社 1997 年版，第 232 页。

移其重以就其轻则可救"①，但实际上是曲解"圣人之仁术"，对于活着的凶徒实行"救生不救死"，便是对于无辜死者的不公平，因为从法的实质正义来说，"死者之含冤甚于生者之求脱"②。虽然表面上，法自君出，为证据确凿的罪犯施行特赦的权力在理论上归属于皇帝，但这只是一种"表达"，司法权力和立法权力之间存在着明显的差异，在某些情况下，真正的实践活动却是州县地方官员、刑名师爷们却窃取了皇帝的这种权利。由于情理法的性同实异的表述，如同巩涛在《"求生"——论中华帝国晚期的"司法欺诈"》（Jérôme Bourgon，"Sauver la vie". De la fraude judiciaire en Chine à la fin de l'empire）一文中所说，司法制度被集权化，本是为了在终审时皇帝能够在大量的威慑性刑罚中御笔钦定哪些死刑犯将要被处决；但与此同时成千上万的法官用手中的判笔对于死刑案件做出不属于"情实"之列的判决，以求罪犯由此而得到特赦，这种对于死刑案件的"放水"行为削减了御笔的权力。如同倾泻而下的瀑布因支流泄水而水势减弱，皇帝主持正义的理想在实践中受到威胁。在三类法学家之间传播的"求生"的训诫甚至使三者形成职业上的同谋关系成为可能：讼师准备证据，刑名幕友据此判决案犯死刑监候，而中央部门的官员最终会把案件归入到按部就班获得特赦之列。案犯本该进入死刑判决和获得皇帝特赦的轮回之中，却被这些法学家们以伦理训诫的名义作为暗中施行了恩典的形式。③ 在布迪厄看来，场域不

---

① 裕谦：《裕忠节公（鲁山）遗书》卷一，"救生不救死论"，沈云龙主编：《近代中国史料丛刊》第四十三辑，423，台北文海出版社 1969 年版，第 16 页。

② 裕谦：《裕忠节公（鲁山）遗书》卷一，"救生不救死论"，沈云龙主编：《近代中国史料丛刊》第四十三辑，423，台北文海出版社 1969 年版，第 18 页。相关研究或可参考金连：《浅谈裕谦的法学思想》，江河主编：《近代蒙古族哲学及社会思想史论文集》，民族出版社 1999 年版，第 221—222 页。

③ 参见巩涛：《"求生"——论中华帝国晚期的"司法欺诈"》，徐悦红、刘雅玲译，《内蒙古师范大学学报（哲学社会科学版）》2009 年第 4 期。巩涛在此的分析似乎受到"新文化史"经典之作、美国历史学家纳塔莉·泽蒙·戴维斯（Natalie Zemon Davis）的学术名著《档案中的虚构：16 世纪法国的宽恕故事和它们的叙述者》（Fiction in the Archives: Pardon Tales and their Tellers in Sixteenth-Century France，California：Stanford University Press，1987）的影响。戴维斯在书中利用 16 世纪法国的司法档案中的赦免状，将叙述本身作为研究的中心，描述和　（续下注）

仅仅是一种社会空间，而且是一种具有相对独立性的社会空间，这种相对独立性既是不同场域相互界分的标志，也是不同场域得以存在的依据。场域的自主性与独立性表现为不同的场域依据于不同的逻辑和必然性，具有自身的逻辑、规则和常规，并且这些逻辑和规律不可化约为其他领域的决定因素。这种场域自主化的作用在于该自主性能够成为社会政治统治的有利条件，使统治阶级的统治方式由直接变成间接的、由外显的变为隐蔽的。但是，布迪厄的这种理论对于中国传统司法体系可能并不具有有效性。中国古代只有基于国家统治职能的需要而在不同的国家机构间进行"职责"分配，而当今从西方传入立法、行政、司法三权分立的结构性划分在中国古代实不得见。现代人运用这套话语分析中国古代权力，例如说中国古代行政与司法不分，只不过是一种外缘式的类比解读。钱穆就曾指出："西方论政重权，中国论政重职。一官即有一职，职官即是政府组织中之职位分配。我们此刻称'君权''相权'云云，实由西方观念来。实际中国政府中只有职位之分，无权力之争。"[1]他接着还这样写道："中国人称权，乃是权度、权量、权衡之意，此乃各官职在自己心上斟酌，非属外力之争。故中国传统观念，只说君职相职。凡职皆当各有权衡。设官所以分职，职有分，则权自别。非在职位之外别有权。"[2] 在传统中国这样一个法律场域弱自主性的社会中，法律从功能上来说是作为国家治理的工具的意义上使用的。因而法律的实践往往受到权力场域的影响与左右，司法运作的逻辑类似于行政的逻辑，即便最高的司法机构刑部也不例外。清末刑部尚书赵舒翘被赐死便很能说明刑罚权运行的内在逻辑。

（续上注）评估这些充满暴力和恩典的司法故事情节的规则，在展示赦罪状运作流程的同时生动揭示了其背后的文化逻辑。从国王、衡平法院的法官及代理人、受害者家属以及请求赦免者等各色演员沆瀣一气所完成的赦罪秀，戴维斯揭示了赦罪状高核准率现象所折射出的 16 世纪法国君主权力高涨、政权与神权抗争的历史进程。

① 钱穆：《中国历史研究法》，生活·读书·新知三联书店 2001 年版，第 26 页。

② 钱穆：《中国历史研究法》，生活·读书·新知三联书店 2001 年版，第 26 页。

先是上年①十二月二十五日上谕，本欲定为斩监候罪名，已由
臬司看管，家属均往臬署待候。先一日太后谓军机曰："其实赵舒
翘并未附和拳匪，但不应以奉民'不要紧'三字复我。"赵闻，私
幸老太后可以贷其一死。廿九日，外面纷传西人要定赵舒翘斩决之
罪，于是西安府城内绅民咸为不服，联合三百余人，在军机处呈
禀，愿以全城之人保其免死。军机处不敢呈递。刑部尚书薛允升，
本赵之母舅，谓人曰："赵某如斩决，安有天理！"至初二日，风
信愈紧，军机处自早晨六点钟入见太后，至十一点始出，犹不能定
赵之罪。而鼓楼地方，业已聚集人山人海，有声言欲劫法场者，有
声言："如杀大臣，我们即请太后回京城去！"又有看热闹者。军
机处见人情汹汹如此，入奏太后不如赐令自尽。至初三日，而赐令
自尽之上谕下矣。是日早八点钟降旨，定酉刻复命。于是岑中丞衔
命前往。宣读毕，赵跪谓中丞曰："尚有后旨乎？"岑曰："无。"
赵曰："必有后旨也！"其时赵夫人谓赵曰："我夫妇同死可耳！必
无后命矣！"遂以金进，赵吞少许。午后一点至下午三点钟，毫无
动静，犹精神大足，与家人讲身后各事，又痛哭老母九十余岁，见
此大惨之事。其时赵之寅友及亲戚，往视者颇多。岑中丞始止之，
既而亦听之。赵谓戚友曰："这是刚子良害我的！"岑见赵声音宏
朗，竟不能死，遂命人以鸦片烟进。五点钟，犹不死。又以砒霜
进。至是始卧倒呻吟，以手捶胸，命人推抹胸口，但口说难过而
已。其时已半夜十一点钟，岑急曰："酉时复命，已逾时矣！何为
仍不死！"左右曰："大人何不用皮纸蘸烧酒扣其面及七窍？当气
闭也。"岑如法，用皮纸蘸烧酒扣之，共扣五张，久之不闻声息，
而胸口始冷。夫人痛哭后，遂亦自尽。按赵之身体最为强旺，故不
易死，又有意候旨，大约鸦片烟所服有限也。②

时人或有论者，谓晚清律例执掌，实秉于刑部三司寇之手，晚清之

---

① 指光绪二十六年（1900）。

② 吉田良太郎、八咏楼主人编：《西巡回銮始末记》，《中国史学丛书续编》，
27，台北学生书局1973年版，第46—47页。

律学，亦以三司寇为翘楚。三司寇者，薛允升、赵舒翘、沈家本也。薛允升久官刑曹，凡四十余年，精研律学，为时人所推重。赵舒翘、沈家本继薛允升而起，其学本于允升，而分汉、宋二途。近世之法家，未尝有不叹服于赵展如义理之渊深，沈子敦考据之精核者。此三人者，诚可谓为我国律学之殿军。① 赵舒翘居刑曹十年，究意律学，多所纂定，博贯淹通，超迈时流，其议服制及妇女离异诸条，能傅古义，为时所诵。其所著《提牢备考》为中国历史上第一部监狱学专著。晚清历史上著名的"豫案"（即河南王树汶呼冤案）② 的平反就是由赵舒翘承旨研办的。是时，赵舒翘方以郎中总办秋审，潘祖荫专以是狱属之，研鞫数月始得实，而李鹤年使其属某道员入都为游说。该道员为潘祖荫门下士，潘为其说耸动，态度发生转变，仍欲依维持原谳具奏。赵抗颈相争，几乎与潘祖荫决裂。铮铮有声曰："舒翘一日不去秋审，此案一日不可动也。"③ 由于赵舒翘以去留力争，最后还了冤屈者一个公道。光绪十二年，赵以一麾出守，任安徽凤阳知府，颇得循声，后擢浙江温处道，再迁浙江按察使，同年冬补授浙江布政使。二十年，擢江苏巡抚。在赵舒翘任浙江按察使时，鲁迅的祖父周福清以科场代人行贿罪入狱，此案即由赵舒翘查拿到案办理。二十三年，清朝为了加强中央权威，纠正就地正法之流弊，提倡矜慎庶狱，以舒翘谙律令，召为刑部左侍郎。二十四年，戊戌政变后，籍康有为、梁启超家，赵晋升为刑部尚书，并且会同王文韶督办矿路总局。宋玉卿《戊壬录》如是载：清朝成例，凡捕罪犯，必加讯鞫，廉得其实，然后杀之，盖犹有慎刑之意也。当康广仁等六人被逮后，曾由清廷命刑部，于八月十三日讯鞫。届期，刑部各官方到堂，坐待提讯，而忽有毋庸讯鞫，即缚赴市曹处斩之命，闻者颇讶之，而不知其间之实有主动力也。盖是时赵舒翘正为刑部尚书，于六人被捕时，慈禧太后召见赵，命严究其事。赵对曰："此等无父、无君之

---

① 资料来源：http：//cache. baidu. com/c? m = 9f65cb4a8c8507ed4f，访问时间：2010 年 2 月 8 日。

② 参见本卷关于就地正法一章的相关论述。

③ 李岳瑞：《春冰室野乘》，《清代野史》第 5 辑，巴蜀书社 1987 年版，第 121 页。

禽兽，杀无赦，不必问供。"① 赵有门生，四川人，时任职于提牢厅，与杨锐、刘光第同乡，稔知其冤，求赵按律审讯，赵初唯唯。越数日，闻将处决，大骇，谒赵，力请老师奏请分别审讯，声泪俱下。赵悍然曰："汝所言者，友谊也。我所执者，国法也。南山可移，此案不可动。汝速出，旨即下矣。"有顷，果命毋庸讯鞫，即赴市曹处斩。② 布迪厄的分析在场域（field）—资本（capital）—惯习（habitus）三者的互动关系中展开，习惯和资本是布迪厄场域理论的核心概念。一般而言，在司法场域相对稳定的时候，由于法律职业惯习较稳定，在一定习惯的作用下，遵循的往往是司法场域内部的斗争逻辑；而在场域变迁的过程中，则更多被考虑的是司法场域与其他场域之间尤其是与元场域，即国家场域的关系。赵氏执掌刑曹固然有忠实于法律的一面，但其出于感激慈禧的拔擢，为了自己往上爬，未必没有自私、残忍等多重人性。赵舒翘既是职业司法官员，同时又是清帝国的政治行政官僚，实际上作用其身的不仅有法律职业习惯，亦不乏政治官僚望风希旨的习惯或者说性情倾向。赵氏为了向慈禧表示效忠而不循法亦是习惯使然也。慈禧以光绪帝变乱祖宗成法的罪名而大张挞伐，赵舒翘以"我所执者，国法也"而道貌岸然，精通刑律的刘光第引颈就戮前高呼"祖宗法度，临刑鸣冤者，即使盗贼命犯，亦当代陈堂上，请予复审。何况我等大臣，不讯而诛，如祖宗法度何？尔等更将何以昭示天下臣民？"③ 显而易见，这时的祖宗成法受到权力斗争支配表现出不同论证逻辑和语义内涵。生杀所系必求情理之平，赵舒翘在河南王树汶呼冤案中可以反复研究、详慎推勘，而在戊戌六君子案中却悍然违背祖制，对于自己在刑部的僚属刘光第等的临刑呼冤

---

① 蒋芷侪：《都门识小录》，《清代野史》第 2 卷，巴蜀书社 1998 年版，第 1040 页。或可参见周传儒：《戊戌政变轶闻》，《辽宁大学学报（哲学社会科学版）》1980 年第 4 期。后者在文字上略有不同。

② 宋玉卿：《戊壬录》，《清代野史》第 1 辑，巴蜀书社 1987 年版，第 345—346 页。

③ 钟德彪：《百年血祭》，中国人民政治协商会议四川省富顺县文史资料委员会编：《富顺文史资料选辑》第 13 辑，1999 年内部发行，第 97 页。

薄情寡义至于此极。连赵舒翘这样赫赫有名的律学家、作为专掌天下之刑名总汇的刑部尚书尚且未必守法不阿，情理法之平允又谈何容易！

赵舒翘临终之际终于发出"这是刚子良（刚毅字）害我的"哀怨，堪称沉痛之语。清季朝野耸动的浙江余杭杨乃武与小白菜案便是由刚毅所平反的。赵舒翘和刚毅在刑部曾长期为秋审处同事。总办秋审处设四坐办、四提调，均由资深郎中、员外郎担任，号称"八大圣人"。这八位司员都深通律例，在刑名案件的审理中具有很大的话语权，倘与律例不合，虽由太后或军机大臣授意，亦决不曲法画诺。赵舒翘虽与刚毅为同事，但因为刚毅是满人，凡事唯刚之马首是瞻，不敢立异。正因为赵舒翘同刚毅有这样一层关系，所以赵舒翘乘时干进，因刚毅之推毂荐举得入中枢，成为一条政治路线上的同道中人，故不敢与之立异，事刚尤谄。在戊戌政变以后，清朝中枢出现保守势力的回潮，"诸公拔茅贞吉，以其属并登于朝，故尝矫首顿足于庙堂之上，曰：'今而后吾辈得政，庶几可致三十年太平！'天下亦翕然称之"①。赵在思想上的保守性可以从许多材料得到佐证，这也是其在戊戌政变后能够得到慈禧太后赏识的基础，其后来对于义和团问题上态度首鼠两端也与此种思想倾向密切相关。在义和团兴起后，刚毅一意庇拳，赵舒翘与顺天府尹何乃莹同行奉旨前往涿州进行调查。何乃莹原来是刑部司员，为人很干练，其与赵舒翘调查回京后，都认为朝廷不可以期待义和团的力量。何乃莹还为赵舒翘拟就一奏折，分析此事利弊，十分透彻。但赵舒翘当初进入军机处是刚毅所推荐，所以他对此事的态度踌躇不决，审阅再三，称说"上折太着痕迹，不如面陈为妥"②。他颇有心机地先后向荣禄和慈禧讲了义和团法术殊不足用之类的话，但见到慈禧太后辞色颇不怿后，又以刚势出己上，且审此系内廷之意，与辩之无益，乃言不由衷，模棱两可。这时才有"拳民不要紧""拳匪无能为乱"等模棱两可含糊搪塞之复语。

---

①　中国历史研究社：《庚子国变记》，上海书店 1982 年版，第 120 页。

②　吴永：《庚子西狩丛谈》，中国史学会主编：《中国近代史资料丛刊：义和团》3，上海人民出版社 2000 年版，第 439 页。

"六月，联军集大沽。时端王①、庆王②、荣禄、刚毅、赵舒翘皆值军机，大沽失守后，孝钦召见军机，传谕单叫起，问战守之策。首端王力陈战利；次庆王，请圣明决断，依奴才愚见，则和利；次荣禄，力陈和利；次刚毅，力陈战利；最次为赵，奏对最久，有不如先战，战北再和，亦未为迟之语。且谓现在大军会集京师，各省勤王之军亦将到，即使战败，外人亦绝不能长驱直入，慷慨激昂，语极动听，孝钦意遂决。"③ 卒致清廷宗庙污潴，百官徒跣，生民涂炭。至清末民初论国是者，追原祸始，犹有人叹息痛恨赵之一言几丧邦也。清人龚自珍揭露官场的习气说："官益久则气愈偷，望愈崇则谄愈固，地益近则媚亦益工。"④ 赵舒翘也不例外。义和团之原委，赵舒翘固然知其究竟，本可据实复命，但为了持禄保位，竟然违背自己意旨随声附和，大错铸成，成为八国联军指名欲杀的主战派。本来，刚毅才是庚子事件真正的主要主战派，或者说是第三号。第一号是慈禧太后，次之是储君大阿哥溥儁之父端王载漪，言其为第三号主战派，并不冤枉。赵舒翘在军机处资望甚浅，较之刚毅相去甚远。但刚毅在随銮西窜途中腹泻死去，幸逃显戮。大倒其霉的便是赵舒翘和毓贤等次等主战派，何况时人一度"刚赵"并称！凶德交会，至斯可知。尽管赵舒翘一向以谨慎著称，字展如，号慎斋，留下了以"慎"字命名的多部著作：《慎斋文集》《慎斋别集》《慎战要言》《慎疾箴言》等，自"内用任枢要，抱骑墙宗旨，以为庶几可免祸"⑤，但政局似弈棋，赵舒翘走的是"人身依附"的升迁之路，其固然堪称刑部的律学业务上的翘楚，但这种经过长期刑曹历练影响的人往往固执于条例章程，以律学鸣于时未必就以调和鼎鼐见长，将不合适的人放在不合适的位置上，凶多吉少自不待筮卜，赵邯郸

---

① 指载漪。
② 指奕劻。
③ 孙静庵：《栖霞阁野乘》卷下，重庆出版社1998年版，第64页。
④ 龚自珍：《明良论二》，《龚自珍全集》，上海人民出版社1975年版，第31页。
⑤ 葛虚存编、琴石山人校订：《清代名人轶事》，马蓉点校，书目文献出版社1994年版，第318页。

学步地在官场上逢迎谄媚终于将自己送上了黄泉路，其在被赐尽时感叹刚毅成也萧何败也萧何为时已晚。

在赵舒翘被赐自尽前，赵之母舅、刑部尚书薛允升谓人曰"赵某如斩决，安有天理"一语殊堪深思。薛氏以科举正途出身而出任刑部司曹，迄至光绪二十三年（1897）十一月因受其侄薛济关说通贿案件株连贬官，担任刑部堂官凡十七年。八国联军攻陷北京后，慈禧太后和光绪帝逃至西安，薛允升前往谒见，被授予刑部侍郎，尔后又升任刑部尚书，耋年仍任繁剧，兼理陕西赈济事。光绪二十七年（1901），慈禧太后与光绪帝回京，随驾至河南，因病卒于汴梁（今河南开封）。薛允升这样的著名律学家长期尽忠王事，以刑名为其生平志业，此时又以年迈之躯仆仆奔驰，其以天理为词时情理法三者对其而言究竟如何？即使在清朝上谕中，论及赵舒翘之咎时只含糊其词地说其涿州查团"次日即回，未免草率，惟回奏尚无饰词"①，依律本就没有死法。所谓李鸿章幕僚以危言耸听的理由唆使李把赵列入"祸首"名单借刀杀人之说虽系孤证，不足为据，但至少也可以说明赵舒翘之被"赐死"，当时不少人认为是冤案，还可看出赵舒翘之死是统治集团内部矛盾斗争的产物。鲍心增在《赵尚书被冤述略》一文中就认为，"被祸诸王大臣，人知其非尽袒拳者也，而赵尚书展如之冤尤甚"②。史馆编修叶昌炽在其日记中写道："平心论之，展翁之咎止于尸素而已，未可与刚（毅）启（秀）同科。"③慈禧太后西逃时，曾在其身边办理支应的怀来知县吴永在其《庚子西狩丛谈》中记述更详。其中写道：赵舒翘之被赐死，"终不能不谓之冤，青史是非，悠悠众口，吾尤愿为死者一洗之也"④。当时在刑部任职的律学名家吉同钧确信："当时好恶相蒙，百年后信史一

① 《李鸿章全集》，电稿，卷二十八，时代文艺出版社 1998 年版，第 6793 页。

② 赵舒翘：《慎斋文集》，王步瀛编，附录，长安赵氏民国 13 年铅印本。

③ 中国史学会主编：《中国近代史资料丛刊：义和团》第 2 册，上海人民出版社 1957 年版，第 476 页。

④ 吴永口述，刘治襄记：《庚子西狩丛谈》，上海书店出版社 1996 年版，第 108 页。

出，必有能雪其冤者。"① 在八国联军侵华期间，滞留于保定的沈家本一度被侵略者拘禁，后来辗转前往西安，以原衔待命。沈家本在西安候补期间来到长安县大元村赵舒翘家中吊唁，赋长诗《大元村哭天水尚书》描绘其与赵舒翘的深厚情谊，认为本来是众亲贵们昧于形势，鲁莽从事而贾祸，赵舒翘因之而死，实为天大的冤案，云："始祸众亲贵，误国魄应褫。君乃罹此难，系铃铃谁解！""万恨何时平！千龄终已矣。拭泪强回辙，就车还嘘唏。言之愧不文，奋笔畴为诔。"② 薛允升、沈家本、吉同钧这些近代长期寝馈于刑名之学研究，以往他们为了《大清律例》的每一条款每一字句费尽心思，总求"情法两不失"，而如今也只能在口头上无力地为赵舒翘之死抱不平。所谓"援法据理""酌以人情参以法意""情法两尽"这些惯常的习语似乎全然不起作用。赵舒翘这样的"八大圣人"、刑部当家堂官也并非优入圣域，都是活生生的血肉之躯，处于君臣伦理、亲情、朋友、师生等各种关系网络之中，所以赵舒翘在被赐令自尽之际仍怀有强烈的求生本能，不时询问有恩诏没有，至死仍在希冀"慈眷"发挥作用。他没有像庄亲王载勋临死前那样愤愤不平地放言到了阎王老子跟前也要誓与此算账，但前引其"痛哭老母九十余岁，见此大惨之事"③、其妻心甘情愿地吞金殉夫，赵氏当时可以说百感交集。

其实，在近代以后，中国的朝政就与外国的侵略战争密切相关，第二次鸦片战争英法联军火烧圆明园与咸丰帝避难承德以及辛酉政变、中日甲午战争与戊戌政变、八国联军侵华与清末新政的肇端等，均呈现出内部与外部力量的相荡相摩的空间关联态势。在政局的杌陧不安中，一批又一批的朝臣被政治这种嗜血成性的老虎所吞没，从辛酉政变中的顾

---

① 资料来源：http://www.tianxiaqiwen.com/Html/? 5912. html，访问时间：2010 年 11 月 13 日。

② 沈家本：《沈碧楼偶存稿》卷十一，"大元村哭天水尚书"，《沈寄簃先生遗书》二编六种，中国书店 1958 年版，页十五。亦可参见钱仲联主编：《清诗纪事》19，光绪宣统朝卷，江苏古籍出版社 1989 年版，第 13066—13067 页。

③ 佚名：《西巡回銮始末记》，王独清辑录：《庚子国变记》，神州国光社1946 年版，第 106 页。

命八大臣到戊戌政变喋血菜市口的六君子，再到庚子年间吏部左侍郎许景澄、太常寺卿袁昶、兵部尚书徐用仪、内阁学士联元、户部尚书立山五人在半个月连续被杀。① 这种政坛上的杀戒大开之后几成惯例。而上述历次的杀戮都与慈禧的对内对外权力斗争相关。在八国联军占领北京后，慈禧也未尝不想将赵舒翘保护下来，曾经抱怨列强未免太不留中国主权，电令奕劻、李鸿章于细订约章时婉商力辩，持以理而感以情，云："赵舒翘查办拳匪，亦系兼管顺天府任内照例派往，两日即回，颇有解散。复奏并无庇纵之词，情实可原。着盛宣怀将此中情节，会商刘坤一、张之洞，与各国外部切实剖明，务从末减。"② 但是，侵略者当时已经把死亡之剑悬在了最高统治者的头上，慈禧太后都颇有泥菩萨自身难保之势。瓦德西曰："吾等所列罪魁，皆其从者，为全中国体面，其首罪名，尚未提出也。此而不允，则吾将索其为首者。"③ 其意盖指太后也。在这种情况下，连当年唐朝安史之乱期间，"三千宠爱在一身"的杨贵妃尚且由于"六军不发无奈何，宛转蛾眉马前死"，而"君王掩面救不得，回看血泪相和流"④，而如今强兵压境之际，以慈禧太后的性格和赵舒翘在慈禧太后心目中的位置，其最终结局只能是死路一条。身与此事的王文韶即认为办理"祸首"事，"理为势屈，事与愿违，天理国法人情三者皆无所用，惟有长叹息而已"⑤。其实，这是哪个人情占上风的问题。1901 年 1 月 3日，在前方主持议和的奕劻和李鸿章十分焦急，再次电报清廷要求加重"祸首"处分。这份电文开头即称："如此重案，若不戮一人，无

---

① 参见本书第三卷第十一章。

② 《李鸿章全集》，电稿，卷三十一，时代文艺出版社 1998 年版，第 6947页。亦见国家档案局明清档案馆编：《义和团档案史料》，中华书局 1959 年版，第 953 页。

③ 罗惇曧：《庚子国变记》，王独清辑录：《中国内乱外祸历史丛书》第 34册，神州国光社 1936 年版，第 16 页。

④ 白居易：《长恨歌》，苏仲翔选注：《元白诗选》，古典文学出版社 1957年版，第 159 页。

⑤ 转引自郭晓勇：《庚子、辛丑之际的"惩凶"问题探析》，《广东社会科学》2007 年第 3 期。

以持情法之平"，难以餍彼族之意。① 在司法场域中，西方列强的要挟力量是连慈禧也无可违拗的。在西方列强压力面前，强权即真理，尽管西安城内当时人情汹汹，军机大臣为该案颇为踌躇，但"从未有若此案之迫于外敌致令诸大臣翩翩毕命者"②，清政府已经失去了最后的一点自主能力，刑赏必须听命于人，惕于外人之威，凡所要求，不得不曲意徇之，正如上谕所言"朕受祖宗付托之重，总期保全大局，不能顾及其他。诸王大臣等谋国不臧，咎由自取。当亦天下臣民所共谅也"③。在这个案件中，法律问题已经不再仅仅是一个法律问题，已经溢出法律的边界而演化为一个政治问题。国之重器与赵之性命，孰轻孰重，在慈禧太后心目中自是较然分明。杀赵而安天下，舍卒保车，虽然屈法，似乎可以取谅于世。何况慈禧太后是时也颜面尽失，心中为"如蜩如螗，如沸如羹，小大近丧"④ 的混乱局面懊恼不已，而此前赵如前引文中慈禧太后所言"不应以拳民'不要紧'三字复我"，本身即可构成所谓"欺君之罪"，而欺罔为人臣之极罪，纪纲乃驭下之大权，这已经是"大清律做衣穿——浑身是罪"，由此而论，让赵当替罪羊，恰恰是合情合理之举。倘使刚毅、徐桐等不先死，赵舒翘或许会得到减免的机会，可是在刚毅等死后，他在中枢便跻身头号主战派之列，非杀不可。清廷赐令其自尽实际上只不过免去了绑赴刑场、有失体面地当众处死，如此而已。这一特殊死刑的施行其中体现了既须满足西方列强立决要求的无奈又顾念赵氏有可原之情的矜恤。正是赵舒翘被赐死、薛允升逝世，晚清司法场域受政治权力场域或国家场域这样的元场域的影响发生急剧变迁，沈家本由此脱颖而出，成为在清末修律中担纲的关键人物，参与形塑了新的社会空间。

---

① 《李鸿章全集》，"寄西安行在军机处"（光绪二十六年十一月十三日酉刻），时代文艺出版社1998年版，第6872页。

② 王步瀛编：《赵慎斋先生年谱》，民国13年陕西酉山书局铅印《慎斋文集》附录本，赵继声序。

③ 李鸿章：《李鸿章全集》，电稿，卷二十七，"盛京堂转太原来电"（光绪二十六年闰八月初七日未刻到），时代文艺出版社1998年版，第6707页。

④ 周啸天主编：《诗经鉴赏》，四川辞书出版社2007年版，第363页。

第五节　清代中叶以后司法体制的六大变革

　　笔者认为晚清法律的变革必须从鸦片战争之前清代社会本身的一些预设前提出发，采取费肯杰所倡导的推参阐述方法开展考镜源流的工作。随着个人研究的深入，笔者日益感到，如果追溯清代司法后期的司法制度演变的渊源，必须从乾隆朝开始，其中乾隆晚期的议罪银制度必须纳入视野。学术界一谈及清代历史，雍正朝开始实施的养廉银制度自然众口称誉，但对于乾隆朝的议罪银制度却不甚明了。而在笔者看来，乾隆朝的议罪银制度实为此后清代司法体制变迁的一个关键所在。议罪银又称"自行议罪银""自请认罚银""自议罚银""认缴银""上交银"，等等。在清代官书如《清史列传》《清高宗实录》及其他后人著述中，又通常称为"罚银""罚款""罚项"，等等。推源追本，这一每每被直指其疵的弊政，究竟是谁厉之阶？《清史稿》如是载："高宗季年，督抚坐谴，或令缴罚项贷罪。"[①] 20 世纪 30 年代，清宫军机处《密记档》公之于世，人们开始对乾隆朝"议罪银"制度的内幕有较为明晰的了解。《文献丛编》在公布《密记档》时所加按语指出："密记档为军机处档册之一，所记皆为各大员自行议罪认交银两事件……自议之款，不由户部承追，而由军机处查催交内务府，是自行议罪银两，实为内务府特别收入之一项。又册中所记自行议罪文件后，有'前件交密记处存'或'前件交密记处领讫'，是当日尚有此专为经理自行议罪银两文书之组织，而以密记名之。"[②] 香港学者牟润孙认为，《密记档》虽然未曾发现全部，但最早议罪罚银的记录是从乾隆四十五年（1780）起，似乎这种做法即肇始于斯时，和珅得宠是乾隆四十年（1775）以后，

---

　　① 赵尔巽等撰：《清史稿》卷三百二十二，列传一百零九，中华书局 1977 年版，第 10799 页。

　　② 故宫博物院文献馆编：《文献丛编》第二十五辑（1935 年），《密记档》（乾隆四十七年至五十三年）。

四十二年（1777）任户部左侍郎，四十五年（1780）任户部尚书，这种自行议罪罚银作法极可能是和珅在乾隆四十五年任户部尚书后，替乾隆帝策划出来的。[①]

其实，罚议罪银之例至迟在乾隆二十八年（1763）即已见诸《宫中档》。是年，果亲王弘曕私托织造及税监督购买蟒袍、朝衣、优伶一事被揭发出来，《宫中档》则有如下记载：乾隆二十八年六月十七日接到军机大臣传谕，乾隆二十八年六月十日"奉上谕：萨载代贝勒弘曕购办缂丝朝衣等件，并垫借置买戏子银两，匿不奏闻，甚属徇私无耻，已降旨来京候旨……其萨载应作何自拟罪之处，并着高恒传旨代为陈奏。"据萨载跪称，其"自愿纳赎银一万两，仰乞圣恩宽限，匀作二年交全"[②]。除用词不如日后规范外，从乾隆帝命萨载"自拟赎罪"、萨载遵旨"自愿纳赎银"的情形来看，议罪银的基本特征都已经完全具备了。在督抚中第一个奉旨罚议罪银者似乎为高晋。乾隆三十三年（1768）两淮提引案中，两江总督高晋以其弟高恒之故自请交部严加治罪，奉朱批："交部议罪，不过革职留任，汝自议来！"[③]高晋遵旨复奏："惟阙廷伏地，仰求皇上准奴才捐银二万两，以赎奴才之罪……只以奴才之产计值不过二万两，一时变卖又恐不能得价，查以前奴才承审段成功之案，办理舛谬，叨蒙皇恩，准奴才将赎罪银分四年完缴在案，今次赎罪银两并恳圣主天恩，俯准奴才照段成功赎罪之案，每年于养廉银内扣解银五千两，分作四年完缴。"[④]按，该奏折所言苏州同知段成功纵仆扰民案，时在乾隆三十一年（1766）。可见议罪银是乾隆帝独出心裁的创造，早在和珅得宠秉政之前就已开始实行。所谓和珅创立了议罪银制度的说法乃袭讹踵谬，于史不符。和珅固然后来在相当长的时期内是"议

---

①　参见牟润孙：《注史斋丛稿》，中华书局1987年版，第445—462页。

②　台北"故宫博物院"编辑：《宫中档乾隆朝奏折》第十八辑，台北"故宫博物院"1983年版，第279页。

③　台北"故宫博物院"编辑：《宫中档乾隆朝奏折》第三十一辑，乾隆三十三年六月至三十三年九月，台北"故宫博物院"1984年版，第281页。

④　台北"故宫博物院"编辑：《宫中档乾隆朝奏折》第三十一辑，乾隆三十三年六月至三十三年九月，台北"故宫博物院"1984年版，第537页。

罪银"交纳的实际办理者，挖空心思为乾隆帝充实小金库，但其绝非该制度的始作俑者。按照清代的奏折制度，凡未具直接向皇帝上奏之权的官员及已被革职的总督、巡抚等，须由其他大臣代奏，自行议罪罚银。从中国第一历史档案馆庋藏的《密记档》所反映情况来看，和珅代奏的自行议罪罚银案件最多，但福长安、阿桂、福康安、明兴、富勒浑等也都充当过代奏大臣这一角色，而未见后世对阿桂的人品道德有所诟病的。

　　乾隆帝曾否认议罪银是一项制度，声称议罪罚银"亦不过偶尔行之，非定例也"①。但实际上，议罪罚银固然初期草创时制度不甚健全，但随着在日常实践的反复重演，加之和珅等为此进一步制定管理细则，不仅设有专门的办事机构和人员，有严格的值班、检查和定期汇奏、呈报规定，有特定的议罚对象和交纳银库，而且有一套完备的自行议罪罚银手续持续实行了很长一段时间，因此，其作为一种制度是无可否认的事实。首先，与有清一代奉行不替的罚俸制度不同，议罪银制度仅仅是乾隆后期一个特定历史阶段的产物。其次，议罪银制度与罚俸制度的办理机构不同。罚俸权在吏部，款由户部承追，但议罪银却是由军机处及其直接掌握的"密记处"办理，军机大臣和珅、福长安等亲自负责。从《密记档》中可以看出，密记处是一个具有特殊性质的非正式机构，设有笔帖式和库使等职位，归军机处直辖。一般而言，罚俸制度是针对所有各级官吏，议罪银制度则主要是针对督抚等地方高级官员。在《密记档》中，议罪银的对象还包括布政使、盐政、织造、税关监督以及其他一些官员，甚至包括个别富裕商人，如盐商、参商等。有些议罪银事还勉强算得上罚出有名，但有些则名目滑稽，几乎谈不上是什么正当的理由。被罚议罪银的人多夸张希冀能够"稍赎罪愆于万一"②，仿佛真犯了弥天大罪似的，其实不过是

---

　　①　王先谦撰：《东华续录》，乾隆一百一十二，《续修四库全书》编纂委员会编：《续修四库全书》374，史部·编年类，上海古籍出版社 2002 年版，第 213 页。

　　②　郭成康、郑宝凤：《乾隆年间侵贪问题研究》，中国人民大学清史研究所编：《清史研究集》第 8 辑，中国人民大学出版社 1997 年版，第 65 页。

以小过而甘重罚，随便找个借口认缴巨额银两，向皇上表示严于律己的诚恳态度，希冀通过这种踊跃"捐输"形式贿买平安而已。这种未曾奉旨议罪而主动自请缴银以稍赎罪愆的情况越到乾隆晚年越是普遍，渐呈泛滥之势。例如，乾隆四十八年（1783）河南巡抚何裕城以奏折玷污香灰，遂声言惶惶不可终日，积极要求"请罚银三万两"，奉旨："加恩宽免银二万两，其余一万两着解交内务府"，何裕城仍觉"犬马赎罪微忱，究未能稍伸"，又奏请"除臣遵旨先缴银一万两外，其余二万两合再仰恳鸿仁，准臣仍行陆续解交内务府充公"。① 罚俸制度的缴纳方式，基本上是由官员俸禄中扣抵。议罪银制度的缴纳方式有所不同，主要有三种：一是自议自交，二是自议而由亲属承认代交，三是自己与亲属分摊缴纳。②

罚议罪银与《大清律例》中赎刑的"纳赎"及"捐赎"性质不同。清承明制，赎刑分纳赎、收赎和赎罪。雍正三年（1725）定例载："凡文武官革职有余罪，及革职后另有笞杖徒流杂犯死罪，俱照有力图内数目纳赎，不能纳赎者，照无力的决发落，其贪赃官役概不准纳赎。"③ 由此可见，允许纳赎的对象就文武官而言，是触犯了刑律、应照律拟罪量刑者；而罚议罪银的缘由无非是一些轻微之误。按照雍正三年完赃减等定例，凡侵盗钱粮入己，自一千两以下者，仍照监守自盗律拟斩，准徒五年；数满一千两以上者，拟斩监候，秋后处决，遇赦不准援免。凡侵盗挪移等赃，一年内全完，将死罪人犯比免死减等例再减一等发落；军、流、徒罪等犯免罪；追完三百两以上者，承追督催等官计案议叙。若不完，交部分别议处，俱戴罪督催。犯人暂停治罪。再限一年追赔。完者，死罪人犯免死减等发落，军流徒罪亦减等发落。若不完，军流徒罪犯人，即行充配。死罪照原拟监

---

① 台北"故宫博物院"编辑：《宫中档乾隆朝奏折》第五十七辑，乾隆四十八年七月至四十八年十月，台北"故宫博物院"1987年版，第331页。

② 参见林新奇：《论乾隆时期议罪银制度与罚俸制度的区别》，《故宫博物院院刊》1986年第3期。

③ 光绪朝《钦定大清会典事例》卷七百二十四，刑部，名例律，赎刑，台北新文丰出版公司1976年依据光绪二十五年原刻本影印版，第14440页。

追。承追及督催等官，再交部分别议处。[①] 极为严峻的监守自盗罪本律，经过此番修正变得颇为宽弛。乾隆帝即位后认为，完赃免死减等条例殊不足以惩儆贪墨，若徒辗转勒限，似反以催追帑项为重，而以明示国法为轻，刑章难肃，怠玩易启，对吏治产生严重危害，但无奈考虑到祖上成法不可轻易变动，遂暂时曲相容隐。乾隆二十二年（1757），乾隆帝在秋审批阅湖南官犯册时，发现在任时侵扣粮价银三千余两而被判拟斩监候的原湖南布政使杨灏，以限内完赃被归入缓决，不胜手战愤栗，赫然震怒，谕令将杨灏于湖南即行正法，原拟之湖南巡抚蒋炳革职抄家，并解京交部治罪，三法司及参与审之九卿、科道等亦一律交部议处，复降旨斥责此条例对吏治的危害，云："藩司大员狼藉至此，犹得以限内完赃，概从末减，则凡督抚大吏，皆可视婪赃亏帑为寻常事，侵渔克扣，肆无忌惮，幸而不经发觉，竟可安然无恙，即或一旦败露，亦不过于限内完赃，仍得保其首领，其何以饬官方而肃法纪耶？"[②] 在乾隆帝看来，限内完赃姑从末减，在微员犹或可言，而藩司则为阖省表率、方岳大员，竟然婪赃累累一至于此，其肥囊橐者乃民之脂膏也，而遽以限内完赃欲贷其死，是于情于理难以通融的。翌年九月，乾隆帝从吏治的大局出发就原任道员钮嗣昌侵贪案宣谕曰：该犯"以方面大员，侵亏库项仓储入己，至一万余两，问拟斩候。因限内完赃，减等发往军台效力。此虽向例，但思侵亏仓库钱粮入己限内完赃准予减等之例，实属未协。苟其因公挪移，尚可曲谅。若监守自盗，肆行无忌，则寡廉鲜耻，败乱官方已甚。岂可以其赃完限内遂从末减耶？且律令之设，原以防奸，匪以计帑，或谓不予减等则孰肯完赃？是视帑项为重而弼教为轻也。且此未必不出于文吏之口，有是迁就之辞，益肆无忌之行，使人果知犯法在所不赦，孰肯以身试法？其所全者，当更多耳。嗣后除因公挪移及仓谷霉浥、情有可原等案，仍照旧例外，所有实系侵亏入己者，限

[①]　光绪朝《钦定大清会典事例》卷七百八十一，刑部，刑律贼盗，监守自盗仓库钱粮，台北新文丰出版公司 1976 年依据光绪二十五年原刻本影印版，第 15001 页。

[②]　《清高宗纯皇帝实录》卷五百四十六，乾隆二十二年九月，台北华文书局股份有限公司 1960—1970 年版，第 7966 页。

内完赃减等之例，着永行停止。至该犯钮嗣昌事犯在定例前，姑从宽免死，着仍留军台三年，再行请旨"①。历经二十年之久曲折反复，乾隆帝终于克服各种阻力，将纵容、姑息贪污贿赂的"完赃减等例"正式从《大清律例》中予以删除，而代之以"完赃不能减等"的新例。他在此后几十年内坚持定见，不为浮议所动，使"完赃减等"旧例一直不能复立，致使乾隆中叶以后众多的贪婪大吏身陷重辟，骈首就戮的高官显宦数目居清朝之首。②

既然乾隆帝如此坚定不移地反贪，一方面将"完赃减等例"正式从《大清律例》中予以删除，强调不可为贪官开幸生之路，严刑峻法，穷治不稍贷，可谓严矣，但另一方面却创立了议罪银制度，简直让人匪夷所思。乾隆帝如此前矛后盾，其故何在？何以通释？我们不能以年老糊涂简单地加以解释。六十年的时间的确不是一个短暂的执政期，任何年届耄耋的政坛风云人物通常都会犯糊涂，但我们看到这种制度在乾隆

---

① 《清高宗纯皇帝实录》卷五百七十，乾隆二十三年九月，台北华文书局股份有限公司1960—1970年版，第8361—8362页。

② 雍正三年完赃减等定例于乾隆二十三年被删除，但在嘉庆六年（1801）又复归旧例，并且大大向后倒退了一步。从例文的实际内容上看，雍正三年条例虽有完赃免死减等发落的内容，却无使贪婪之罪永无正法之日的明文规定。当时，三年限内未完赃，只要法司拟入情实，有些罪犯也难逃被处斩的命运。然而，按照嘉庆六年修并的新例，不但可以在三年限内完赃免死减等，即便"三年限外不完者，死罪人犯永远监禁"。这无异于明文规定贪污罪的最高刑为无期徒刑，使"侵盗仓库钱粮入己数在一千两以上者拟斩监候"的正例成为虚文。职是之故，谙熟清律沿革的薛允升评价嘉庆初年修并的这一条例时指出："此以侵欺之罪为轻，而以帑项为重也。乾隆年间官犯侵贪正法者不少。此例定后，绝无此等案件，而户律'虚出通关'各条例俱有名无实，亦刑典中一大关键也。"（薛允升著，王庆西等编写：《读例存疑点注》卷二十五，刑律·贼盗上，中国人民公安大学出版社1994年版，第413—414页。）自此以后到清末因侵贪之罪而被处斩的官犯极少，即由于此。学术界往往对于嘉庆帝在乃父崩逝后尸骨未寒便复归旧例不以为然，但又无法令人信服地揭示其中反复的缘由。在笔者看来，这并不是嘉庆朝君臣对于贪污姑息纵容，而是恰恰建立在对于乾隆朝对于惩贪刑事政策的反思基础上的理性选择。这种乾隆和嘉庆两朝的惩贪刑事政策的比较相当于费肯杰推参阐述方法的第二层次，即推参阐述Ⅱ。斯又可证笔者所谓乾隆时期议罪银制度与雍正三年完赃减等定例一脉相承之论诚非无稽矣。乾隆朝之所以贪风竞长，与刑事政策呈现出过于紧张态势有关。

中叶之前就已经存在，并非在晚年，与废止完赃减等定例几乎没有时间上间距。如果辩证地看待这一问题，乾隆帝创立议罪银制度，似乎正是其整饬朝纲的一种工具。对立的两极是曲径通幽的，相反相成。乾隆帝曾解释说："朕之简用督抚，皆因一时无人，而又非犯侵贪徇庇之过者，以爱惜人才起见，偶有过误，往往弃瑕录用……而所获之咎，尚非法所难宥，是以酌量议罚，用示薄惩。"① 乾隆帝曾直言不讳地宣称："督抚等坐拥厚廉，以其尸位素餐，故议罚充公之项，令其自出己赀，稍赎罪戾。"② 随着乾隆中期施政愈苛、执法趋严，皇帝觉得罚俸数额太少，不足以警戒其心，又法外加罚，偶有蹈触，厥罚动辄上万，改称"议罪银"。皇帝的初衷，不过是想让官员"肉痛"一下，用一种看似存其颜面的处罚方式彰显自己的不测君威，并没有想把它制度化为一项财源。如果采用费肯杰的推参阐述方法，我们可以从乾隆帝自身的思维模式逻辑看出，乾隆帝秉政后要颠覆的就是在《礼记·大学》中"与其有聚敛之臣，宁有盗臣。此谓国不以利为利，以义为利也"③ 的思想，主张盗臣与聚敛厥罪唯均，改变官场宁盗毋贪的取向，将蠹蚀于官之"侵"与渔利于民之"贪"同等并重，所以在乾隆二十三年宣布将完赃减等定例坚决永行停止，而创建议罪银在某种意义上与乾隆帝致力于从《大清律例》中删除雍正三年完赃减等定例是一脉相承的，前者是后者的逻辑推衍。

　　如果认为废除雍正三年完赃减等例与设立议罪银两者一严一宽，似乎说不通，必须从乾隆帝自身的思维模式去理解这种制度设计。为了集权体制的高速运转，清朝的法律不断加补丁，不断加密。在乾隆帝看来，盗臣和贪臣密不可分，只要是盗臣，那么对于黎民百姓必定也不会放过。但如果说雍正帝施政尚严，那么乾隆帝不仅废除雍正三年完赃减

---

　　① 《清高宗纯皇帝实录》卷一千三百六十七，乾隆五十五年十一月，台北华文书局股份有限公司 1960—1970 年版，第 20314—20315 页。

　　② 故宫博物院文献馆编：《文献丛编》第二十五辑（1935 年），《密记档》（乾隆四十七年至五十三年）。亦见《清高宗纯皇帝实录》卷一千三百六十七，乾隆五十五年十一月，台北华文书局股份有限公司 1960—1970 年版，第 20314 页。

　　③ 朱熹：《四书章句集注》，中华书局 1983 年版，第 13 页。

等例使侵贪之罪无所遁，而且设立议罪银制度，摘抉细微，达到了水至清而无鱼的境地。但是，这种制度设计详悉推勘起来很成问题，存在渗漏与错误导向。因为议罪银的责任主体是官秩甚高的疆臣，这一层次的人才的确难得其选，非才干优长者无法胜任，所以皇帝的考虑有一定道理，但是这种罚金刑非但不会使这些自议罚罪银的疆臣洗心涤虑，知过从新，反而会使之成为官场上具有危险倾向的人物。只要罚在其身而人在其位，既有封疆之寄，就可以易如反掌地以上索下，以权力大肆聚敛钱财。易言之，议罪银制度的效果不是惩前毖后，治病救人，促使官员改过迁善，而是将官员变为官僚机器中更为严重的病菌携带者和传染者。就此而论，此非缘木求鱼，又当何谓？这是费肯杰推参阐述方法后效历史层面的考察。这种制度在本质上存在两个致命伤：其一，违反了抓大放小的原则，以不意误犯的些微眚过罪人，显然有失泛滥之嫌；其二，违反了重义轻利的原则，鼓励疆臣拿出钱来同国家法律做交易。

郑玄所著《易赞》里说易一名而含三义：易简，一也；变易，二也，不易，三也。① 《韩非子》亦云：以骨去蚁，蚁愈多，以鱼驱蝇，蝇愈至。② 从法律经济学的角度来看，服从法律更多的是一个利益刺激问题而不是敬重和尊重法律的问题。正如卡多佐《法律的成长》所言"法律有如旅者，须以翌日而准作"（The law，like the traveler，must be ready for the tomorrow）③，简约的法律是在管制成本和社会激励之间的一种平衡，考虑不周而造成的激励就会导致低效的资源配置。由于这种制度引起的一种"弹簧效应"不仅可以被自议罚罪银者向低层官员递相转嫁，根本起不到对于督抚大吏的惩戒教育作用，而且产生反弹效应，逼清为贪，引导封疆大吏一切向钱看，诱发疆臣的逐利性行为，转启变本加厉进行堤外损失堤内补之渐，以金钱规避法律的避风港，甚至精明的乾隆帝本身也陷入迷津，自后观之防弊适为滋弊之薮，殆势使

① 参见《山东省志·诸子名家志》编纂委员会编：《郑玄志》，山东人民出版社 2003 年版，第 124 页。

② 《韩非子·外储说左下》，《诸子集成》7，岳麓书社 1996 年版，第 240 页。

③ Benjamin N. Cardozo，*The Growth of the Law*，New Haven：Yale University Press，1924，pp. 19－20.

然也。

仅从现存的《密记档》统计，在短短十三年中，重大的议罪银案件即有六十八件，平均每年五件。其中，督抚认议罪银为三十七人次，即全国平均不到三个督抚中就有一个人认议罪罚银。尹壮图指出"近有严罚示惩而不觉反邻于姑纵者，如督抚自蹈愆尤，皇上不即罢斥，仅罚银数万以充公用。因有自请罚银若干万两者。……其桀骜之督抚借口以快其饕餮之私，即清廉自矢者不得不望属员之佽助。日后遇有亏空营私重案，不容不曲为庇护。"① 乾隆年间功令森严，除了亏缺官项一律令官员赔补外，罚议罪银与罚交养廉时有并行的案例屡见不鲜。对于督抚等大员来说，往往赔项、扣廉、罚廉、议罪银等丛集一身，以致官员们

①　赵尔巽等撰：《清史稿》卷三百二十二，列传一百零九，中华书局 1977 年版，第 10799 页。这种议罪银制度与乾隆晚年的其他秕政互动交织。兹举一例试为析之：乾隆三十七年（1772），宜良知县朱一深向户部揭告云南布政使钱度贪婪勒索为数不赀诸款，刑部侍郎袁守侗奉旨赴云南会同云贵总督彰宝、巡抚李湖按治查办，在贵州截获钱度送京进贡箱笼四只，"内贮金器大小八件，称重四百两零，玉器十一件"。钱度系在布政使任内三四年停给养廉之人，苟非婪索属员，取自暮夜，安能有此？其为贪赃败检，已可概见，办案人员以此为突破口未尝不可，但不该这般聚焦于此。乾隆帝得知袁守侗等严讯钱度"金玉器件价值，何处置买，何处打造"后却大怒，严旨诘问该侍郎等"将以此为能问事乎，抑别有意见乎？"并不顾天子之尊晓晓置辨："上年恭逢圣母万寿，各省藩臬职分原不当贡祝，业已通谕饬禁，嗣因福建藩司钱琦代母进贡，曾酌留香锦一二事，然因其列有金器，即降旨申饬，并因督抚中有以金器为贡者，亦明降谕旨，严切申禁，乃中外所共知。至钱度上年亦因其代母恭进，准留如意、藏香等五件，以备慈览，余俱发还，其贡单现在，收存之件，有圈可考，并着发去令伊等看，不知该侍郎等玷沾以此为首务，是诚何心？"为此，乾隆帝责令袁守侗、彰宝等明白回奏，并要求"各议奏罚来！"（《清高宗纯皇帝实录》卷九百零七，乾隆三十七年四月，台北华文书局股份有限公司 1960—1970 年版，第 13084 页。）是时，督抚们为固宠而竞相以贡品表示"恋主之情"，位高权重如阿桂、耿直如窦光鼐、博学如纪晓岚、明智如朱珪等亦群相贡献，不甘人后。然而，大臣簠簋不饬固当按律治罪，进贡却是个关系"圣德"的十分敏感的问题。无论乾隆帝就此作多少次自责或怎样自责，那是皇上自己的事，臣子绝不能说三道四。设若不知投鼠忌器的趋避之理，置喙其间，轻则自讨没趣，大拂圣心，重则严旨申饬、各自议罚。结果，袁守侗、李湖因为考虑到皆新进之人，不谙事体轻重，取得皇帝的逾格施恩宽宥，侥幸躲过了一劫，而彰宝竟则因此被罚了议罪银一万两。

"无廉可养"，枵腹办公。但这些议罪银对于疆臣而言岂皆自己出资，必挟强佩势而取之州县，而州县又必取之百姓，稍不足数，敲扑随之，以闾阎有限之脂膏，供官吏无穷之朘削。结果是一级压一级，一级送一级。此金非从天降，非从地出，而欲守令之廉，得乎？所以，不仅州县之所以剥削小民者，不尽自肥己橐，大半趋奉上司，而督抚大吏之所以勒索属员者，不尽安心贪渎，无非交结和珅，是层层朘削，公行贿赂，剥下媚上，有同交易。在乾隆朝，人与制度的对抗实在是太激烈了，一方面是严刑峻法，但一方面却是官员前仆后继最大限度地贪污。是时各省贪污亏空案件之所以层出不穷，溯厥由来，不能不说与议罪银制度的实行有着密切关系。可以说，议罪银制度是集权体制达到顶峰的标志，也是动摇集权体制根基的原因。乾隆朝的集权体制竟至斯极，然亦败落招乱于斯。贾谊所谓事有招祸、法有起奸者，亦是此意。

　　国家之败，由官邪也；官之失德，宠赂章也。[1] 晚清时薛福成这样指出：在乾隆朝，督抚如国泰、王亶望、陈辉祖、福崧、伍拉纳、浦霖之伦，赃款累累，屡兴大狱，侵亏公帑，抄没赀产，动至数十百万之多，为他代所罕睹。"高宗英明，执法未尝不严……然诛殛愈众，而贪风愈甚。或且惴惴焉，惧罹法网，惟益图攘夺刻剥，多行贿赂，隐为自全之地。非其时人性独贪也，盖有在内隐为驱迫，使不得不贪者也。"[2] 他是在论及和珅贪黩时说这番话的。从逻辑上推论，所谓"在内隐为驱迫"，是指督抚为了寻求和珅庇护，被迫大贪其污，輦货权门，以求结为奥援，迨罪状败露，自然难辞其咎，相率伏法。但是，如果说大小臣工确实有"在内隐为驱迫"情事的话，那么，当时令他们苦不堪言而又苦不敢言的最大的"驱迫"，恰恰来自乾隆帝本人。皇帝批准将议罪银制度化，并且将罚银的范围大大扩展，从财政亏空之类的重大错误到在奏折中写错几个字，都可以责令自议罚罪银。在集权体制下，孰法之人往往即为定法之人。乾隆帝本人的某些作为实际也在助长着贪污的泛滥。巨额议罪银的缴纳，不仅有悖于养廉银制度的本义，对养廉银制度

---

① 杨伯峻编著：《春秋左传注·桓公二年》，中华书局1981年版，第89页。
② 薛福成：《庸庵笔记》卷三，轶闻·入相奇缘，南山点校，江苏古籍出版社2000年版，第52页。

构成非常明显的危害，而且随意性很大的议罪银使他们的钱包随时有被和珅以各种借口打劫的危险，超出其经济承受能力，使得官员沦落成为鸬鹚般的境地。尽管我们不能由于养廉银制度的实行而将雍正朝官场想象为一片澄风，但乾隆朝正值皇朝景运之隆，议罪银制度却造成贪污受贿之风势不可遏，其间的经验教训堪资垂鉴。官员的腐败极为可怕，对于此后的司法体制变迁影响至为深远。

　　法律制度史研究是历史研究中的基础。古人非常注重对于典章制度的研究，无论训诂还是治史、治事，胥以此为提纲挈领的工具。但是，制度史研究之难有两端：一是过去制度史多依官书政典等敷陈而来，往往流于对典章制度的简单叙述，深入制度内部的肌里与精髓的难度极大，故将制度的外在样式与内在特质结合起来臻于传统史学所谓"圆神方智"的境界殊非易事。二是制度史、法律史研究往往流于静态的描述，不能揭示、解释制度的起承转合的动态变化，以至于如同一具具骷髅。制度史的写作和书法一样以俊逸灵动、神采飞扬为尚，要将制度史写得活灵活现实乃戛戛其难。笔者非常同意邱澎生的观点，即超越侧重静态描写的"典章制度史"格局而转向"动态制度史"，让司法审判史研究真能接近足以呈现司法"游戏规则"实际操作与不断演化的"动态制度史"。① 在本卷中，笔者反复强调的一个法律史研究旨趣就在于将超越"纸面法"与"活法"的二元对立。早在现代中国法律史研究草创时期，杨鸿烈等人主要集中在对于历史发展的宏观问题，强调法制史研究不能只注重于静的方面，也须关照其"动的"和"运用"的方面，但这不过意味着在律典之外也重视"敕""令"和"条例"一类材料而已，限于当时的条件却无法真正践履对于社会中的"活法"的探讨。瞿同祖的《中国法律与中国社会》（1947 年由商务印书馆出版）在当时的法律史可为异数，该书由于作者的专业训练的缘故呈现出试图以社会学立场和方法观察中国传统法律的取向，注意于律文之外之后的观念、意识、民俗、风情，被称为"社会史意义的法律史"（legal history

---

　　① 邱澎生：《"动态制度史"研究如何可能？——评介〈明代中央司法审判制度〉》，《明代研究通讯》2003 年第 6 期，第 130 页。

as social history)。作者虽然以历史为研究对象，但只注意"重大的变化"，"试图寻求共同之点以解释法律之基本精神及其主要特征，并进而探讨此种精神及特征有无变化"，"将汉代至清代二千余年间的法律作为一个整体来分析"。① 作者在该书导论里强调指出："这种将秦汉以至晚清变法这两千余年间的事实熔于一炉的态度实基于一基本信念——认为这一长时间的法律和整个的社会政治经济一样，始终停滞于同一的基本类型而不变（即在异族统治的时代亦鲜例外，以汉法治汉人几为各朝一贯的统治原则）。如此前提是对的，则我们或不妨忽略那些形式上枝节的差异，而寻求其共同之点，以解释我们法律之基本精神及主要特征。"② 显而易见，尽管作者并不否认历代法制的因革损益，但其重点分明不在其变而在其不变，旨在于变中见不变，在现象中求本质。易言之，作者所真正感兴趣的，是一个植根于特定社会中的法律制度的"基本形态""精神特征"。瞿同祖这种观察和处理历史的方法从学术渊源而言是出自马凌诺夫斯基（Bronislaw Kasper Malinowski，1884—1942）、吴文藻一脉相传的人类学的功能学派。众所周知，功能学派擅长的其实是共时性的（synchronic）社会结构内各部门互赖关系的研究，并不是贯时性的（diachronic）历史变迁的研究，甚至被有些学者误解为具有反对历史研究的倾向。瞿同祖将中国古代法作为一个超越时间之箭的静态整体而纳入功能主义的解释范式之中加以分析，无疑具有一定的局限性。

　　中华人民共和国成立以后，大陆关于中国法律史研究长期以来主要是教科书的编撰占据统治地位。受到主流的中国历史分期断限的影响，中国大陆地区甚至包括台湾学术界一般都将清代前期历史以 1840 年鸦片战争为分界线与近代史划若鸿沟、隔如胡越地截然断裂开来。由于清朝处于中华帝国的王朝历史最后阶段，在历经近两千年的发展之后，传统法制辗转相承，形成了相当完备而又系统的法律体系。其立法之详密，制度之完备，程序之齐全，调整对象分工之细密，均臻于中国传统

---

① 瞿同祖：《〈中国法律与中国社会〉导论》，《瞿同祖法学论著集》第 2 版，中国政法大学出版社 2004 年版，第 9 页。

② 瞿同祖：《中国法律与中国社会》，台北里仁书局 1982 年版，导论第 2 页。

法制史的顶峰。例如，在历代的律文中，诉讼条款也比刑罚条款在数量上逊之甚远。在《明律》突破《唐律》"斗讼"门的框架而专辟"诉讼"门基础上，由于"诉讼"门原有的律文已经容纳不下司法审判活动的要求，因此《清律》尽管没有改变《明律》的门类，但又不拘泥于《明律》，而是采取了变通的做法：在"诉讼"门、"断狱"门及其他门类的各条及其他门类的各条"律"文后又纂修了大量因时制宜的"条例"，极大地丰富了诉讼法规的内容。与以往朝代相比，清朝法律处于"古今绝续之交"的地位。鸦片战争以后，清朝的法律一方面在西方法律的渗透、冲击下已经开始驶离传统法律轨道，华洋之间的刑事、民事、商事等诉讼纠纷日多一日。另一方面，随着中国社会向近代转型，许多有识之士从办理洋务的角度出发提出了变法改制的思想主张，有的已经付诸实施。这些都使清朝的法律史具有以往有法律史不可能具有的内容。然而，遗憾的是，在晚清变革年代，沈家本等处于时代激流裹胁之中的历史创造者们无暇对其所处朝代的法律进行系统的研究。① 由于研究力度不够，修成于民国初年的《清史稿·刑法志》对鸦片战争之后清代司法仅有晚清修律之一端笔诸书焉，而对于此前的来龙去脉则或一带而过，或完全略而不提，使得晚清后期本来十分丰富且带有时代标识的法律变迁在很大程度上被遮蔽了。这不能不说是一个极大的缺憾。长期以来，清代历史以鸦片战争对断限被前后割裂开来，在学科体制上，"清史"表面上和"明史"等断代史属于中国古代史，但其通常明示或默喻地被用于指称鸦片战争以前的前清史。这样所形成的学术资源分配格局的后果是，"后段"的"近代史"学者不了解前段的"古代史"，"前段"的"古代史"学者不了解"后段"的"近代史"。清代前期的康雍乾盛世既为史家所津津乐道，清末修律亦在历史上可圈可点，唯独嘉道咸以降至清末修律之前的法律史研究依然荒天僻地，一望平芜，乏人问津。

　　从时间观念角度而论，中国大陆地区甚至包括台湾学术界所谓"清

---

　　① Derk Bodde and Clarence Morris, *Law in Imperial China, Exemplified by* 190 *Ch'ing Dynasty Cases* (*translated from the Hsing-an hui-lan*) *with Historical, Social, and Juridical Commentaries*, Cambridge, Mass.：Harvard University Press，1973，p. 54.

史"和"中国近代史"两个被建构起来的学科概念的时间蕴意殊堪玩味。费肯杰是法律人类学方面的巨擘之一，将中国等国家称之为"分割破碎型文化"（fragmentierter Kulturen）。这也就是笔者多年前所探讨的"正统""道统""法统""学统"问题的思想关怀所在。[1]中国法律史学界占据学坛统治地位的观点以八股文式的起承转合线性发展的通套之词描述了这样一个发展路径，即中华法系历史源远流长，早在公元前21世纪的夏朝便产生了习惯法，殷商进一步发展了奴隶制法律制度，至西周则臻于完善，西周的礼乐刑罚制度，为中华法系的形成奠定了基础。春秋战国是一个社会的大变动时期，也正是社会的大变动引发了法律思想的百家争鸣，并推动了奴隶制法制文明向封建制转型。自秦至汉，法制文明由以法家思想为主导向以儒家理论为独尊逐步转变，再经大总结与大融合的魏晋南北朝法制，和兼取南北之长的隋法制，在中国法制文明的舞台上推出了中华法系成熟与定型的唐法制。自两宋至明清，中国法制在中央集权与君主专制方面逐步发展到顶峰。清朝是我国最后一个传统王朝，清代的法律制度可以说是封建法律之集大成者。《大清律例》是中国历史上最后一部封建成文法典。《大清律例》以《大明律》为蓝本，是中国传统封建法典的集大成者。汉唐以来确立的封建法律的基本精神、主要制度，在《大清律例》中都得到充分体现；《大清律例》的制定充分考虑了清代政治实践和政治特色，在一些具体制度上，对前代法律制度有所改进。鸦片战争以后，在内外诸多因素的共同作用下，延续了两千余年的中华法系开始解体，走上了法律现代化的道路。在这种强势话语中，清朝法律在康乾时期达到所谓的"完善""集大成""鼎盛"，而嘉道以后被想当然地视为因循陈规，是清朝法律发展的空白时段，从而顺理成章可以为其所说的中国法律近代衰落和西方法律冲击之阶阶。然而，这种将存在明显断层却又以平滑流畅的线条勾勒的历史轮廓仍然不免令人疑窦重重，恰如俗谚所谓"高山打鼓，不通不通"。我们的疑惑是：法律的良窳兴衰与政治体制、经济发展究属有间，如果清代法律康雍乾时期如此体式完备、臻于顶峰，则其在近代

---

[1]　参见本书第二卷关于"正统的结构与法统的重建"一章的论述。

衰微应当不若彼其速耶！

　　中国近代的法律移植毋宁应该说是法律嫁接。我们不应该仅仅看到法律移植的行为。因为法律移植后新规则制造问题的能力。一旦问题被制造出来，这个新问题便又成为当务之急，使问题空间变大。我们应该放长考察的时段，既要考察法律引进前的基础，也必须审视法律引进后是如何变化的，否则没有其前身，也没有其后世。清代法律史是一种"两段相加论"，以清代前期康雍乾时期的法律为描述模板，形成一种关于传统法律的刻板印象，这种刻板印象遮前掩后，似乎这种法律此后一成不变，然后加上清末新政期间的修律，从而剪辑为所谓清代法律发展的历史轨迹。这种模式的清代法律叙述的缺陷在于中间的过程被云山雾罩而难窥其究竟。清朝的法律自雍正之后基本定型，逐渐呈现出清代法律具有鲜明特色的独特轮廓。清朝中央集权达到空前的程度。在中央，皇帝一人乾纲独断，而在直省一级，总督权力日益膨胀，以至于巡抚、布政使、按察使等在实际上存在属吏化的倾向。至于州县一级，瞿同祖所说的"一人政府"现象也表现出清政府从上至下的各级机关集权的现象，可以说一人负责制是清朝各级政府一以贯之的结构特性。钱粮征解、词讼受理唯州县官是赖，俨然当地的土皇帝。这种体制保证了清政府作为比较高效精干的官僚机构的运作，但在刚性财政体制的约束下，许多矛盾由此衍生滋长。资源越紧缺，权力的掠夺性就越强烈。清代在乾隆中期以后直至清末的许多制度变革均看上去是不得不然，无论合法的变革还是违法的规避，都紧紧围绕资源进行博弈。到清末修律之前，清朝的司法制度已经与康雍乾时期的所谓定型的模板相去甚远，可以说已经改变得面目全非。如果我们再拿康雍乾时期的司法制度来说明传统与现代的更迭，不免产生刻舟求剑的错误。正是清朝法律制度潜滋暗长的变化，所以清末在取消流刑这种由来已久的中国古代五刑之一时，一场意义深远的变革却呈现出这里黎明静悄悄的无声无息，以至时至今日学术界均对此视若无睹，这种情况本身就值得我们认真反思。

　　笔者在《世界学者论中国传统法律文化（1644—1911）》的导论就简单地阐述了自己这些年来坚持的一个观点：长期以来关于清代司法制度叙述是一种静态的范式，似乎从明朝到清初是一个变革时期；清代的司法制度到康雍乾时期已经成熟和固定，集大成之类说法不一而足。不论是专书还是论文，所谓清代司法制度的摹本均是康雍乾以前的所谓成型的制度，然后再加以清末修律期间的尾声变革，以致对于清代司法的一条龙的演变过程难窥全貌。这其实是对清代法律演变研究不深入的表现。在光绪二十六年十二月初十日颁布实行新政的那篇出自樊增祥手笔的著名上谕中，为了阐释改弦易辙的合法性，其中这样论述说："我朝列祖列宗，因时立制，屡有异同，入关以后，已殊沈阳之时。嘉庆道光以来，岂尽雍正乾隆之旧？"① 研究清末新政期间变法修律的人都应该非常熟悉这句话，其可谓形象地说明清代法律自身一直新旧递嬗不断的历程。笔者一直坚持对清代司法制度演变自况而下首尾贯通考察观点，主张考察清代司法的内在演变逻辑，尤其要关注乾隆以后清代司法的不断变革，认为清代司法制度乾隆时期所谓成熟之后直到清末修律之前，依然代有嬗变，举其荦荦大端者言有以下六大变革：（1）乾隆末期班房开始凸现；（2）嘉庆初年京控开放；（3）道光年间领事裁判权的确立；（4）道咸时期就地正法产生；（5）同治时期发审局的引入；（6）光绪末年间流刑废除与监狱改革。清代司法在乾隆以后不断变革，过去复核审转，但嘉庆年间京控解禁，此乃中央往下伸，道光年间出现就地正法，此乃中央权力往下放，这说明其司法本身已出现脉象散乱的迹象，已经开始逸出于乾隆时期的框架体系。发审局又称"谳局"，专门办理全省案件之复核以及秋审和其他司法事务，非常类似于近代之"省高等审判厅"，是清代司法自身现代化、专业化的表现。在清末司法改制过程中，各省审判厅骤然建立，发审局便自然而然成为各地堪资利用的司法资源。过去人们都对这些大变大革没有深刻全面的认识。② 笔者的上述观点系自己这些年来体味清代司法制度所得出的粗浅之见，迄今并无根本性的改变。本书第四卷的主要目的就在于论证这样一种"蛇蜕皮式变迁"，意在探讨清代司法演变内在逻辑方面能够对学术发

---

① 《清德宗景皇帝实录》卷四百七十六，光绪二十六年十二月，台北华文书局股份有限公司1960—1970年版，第4378页。

② 张世明、步德茂、娜鹤雅主编：《世界学者论中国传统法律文化（1644—1911）》，法律出版社2009年版，第25—26页。

展尽个人的绵薄之力。

乍看上去，笔者的观点似乎有些线性史观的意味。不可否认，笔者这种观点的形成与大学期间接触到的中国近代史主线问题的争论在记忆中影响深刻有关。笔者 20 世纪 80 年代初上大学期间，中国近代史的教科书主要使用的是胡绳的《从鸦片战争到五四运动》。这部著作是此前以范文澜、胡绳为公认的代表人物的占据学术主导地位的"阶级斗争史观"（或称为"革命史观""反帝反封建史观"）的范式之作。由于 20世纪 80 年代初改革开放正方兴未艾，黎澍、李时岳等先生为代表的"近代化史观"一派的著作便开始激起吾侪莘莘学子的心中的层层涟漪。按照早已为人们所熟知的"范胡学派"的观点，中国近代史的核心内容是"两个过程"：一个是帝国主义和中国封建主义相结合，使中国沦为半殖民地半封建社会的过程；一个是中国人民反抗帝国主义及其走狗——封建势力，把中国拉出半殖民地半封建泥沼的过程。前一过程是向下沉沦，后一过程是向上发展。后一过程中有三次革命高潮（太平天国运动、戊戌维新和义和团运动、辛亥革命），其构成近代史的主要内容和分期标志。这种以"八大事件""三次革命高潮"为基本内容的结构体系突出了中国近代历史发展中阶级斗争和进步势力的作用。在"文化大革命"结束后，在学习西方、实现现代化成为舆论宣传主题的国内"大气候"发生变化的背景下，蒋廷黻早在 1938 年出版的《中国近代史》一书中就提出的"近代化史观"自然而然出谷迁乔，对"阶级斗争史观"产生了有力冲击。尤其 1980 年《历史研究》第 1 期发表的李时岳《从洋务、维新到资产阶级革命》一文在青年学生中间引起强烈的震撼力。黎澍、李时岳等先生当时则致力于勾画以"近代化史观"为指导，以资本主义发展（近代化）为主线，以洋务运动、戊戌维新、辛亥革命为三大阶梯的中国近代史新体系的基本轮廓。事实上，无论"革命史观"还是"近代化史观"，这些解释框架都与费正清的"冲击—反应"模式具有异曲同工之效。在改革开放以后，中国学术界受到美国汉学界"中国中心观"研究取向乃至风靡全球的后现代主义思潮等的影响，所谓"复线的历史""分叉的历史"等概念几乎被本科大学生们耳熟能详。笔者在此对于清代司法场域变迁的研究虽然具有改革开放初期关于中国近代历史基本线索讨论的认知上的个人记忆，但本身并无意构建一种线性发展历史图景。正如沈其新在《上海社会科学》1987 年第 2 期上发表的迄今看来颇具后现代主义的色彩《非体系化研究方法和中国近代史研究》一文中所言："中国近代历史是具有世界性广泛联系的历史。辩证法指出：世界性联系的事物，既有时间要素，也具有空间属性。近代史发展的时间一维性，决定了历史发展观的客观性及对其进行线性研究的必要性。近代历史发展的空间多维性，决定了近代历史运动的立体性、结构的多样性、多层次性和发展的动态性。"①笔者在本卷采取的是传统的考据学方法，将班馆、京控、治外法权、就地正法、发审局等制度变迁并联而非串联起来，而且在各种制度变迁中均与线性史观坚决划清了界限。

不宁唯是，笔者认为恰恰是由于传统的近代史研究过分注意于历史表面的、纵向的发展，将注意力集中在革命、战争等重大事件及少数重要人物上，却很少花力气对冰山山尖下巨大深厚的社会基础做深入的分析研究，其深层次的、横向的联系遭到忽视。法律史研究之所以存在许多未深度发掘的领域，就是这种线性史观的偏颇的必然结果。或许重大事件的历史如布罗代尔所说是一种表层上的激荡，是潮汐在其强烈运动中掀起的波浪起伏跌宕的历史，而结构的变迁则相对节奏缓慢，其律动相对难以察觉，所以法律史在嘉道以降迄止清末修律以前似乎有时间而无历史。不同场域的历史变迁具有不同的节律，法律史研究具有一定的特殊性。法律的滞后性是法学界所公认的特点，中国近代变法之难及其争论之激烈在世界上亦复罕有伦比，就足以证明这一点。但是，中国本土社会并不是一个惰性十足的物体，而是自身不断变化的实体，具有自己的运动能力和强有力的内大方向感。② 清代司法制度绝不是自乾隆朝定型以后就是一种"超稳定结构"。而与近年来社会史研究等在中国学术界受到年轻人追捧的情况不同，法律史由于涉及问题比较专业，所以

---

① 沈其新：《非体系化研究方法和中国近代史研究》，《上海社会科学》1987年第 2 期。

② 柯文：《在中国发现历史——中国中心观在美国的兴起》，林同奇译，中华书局 1989 年版，第 78 页。

一直在史学界不能普罗大众化，而法律史研究本身往往翕然追从于从传统到现代的理论叙事进行疏阔的重复，将重心放在清末修律这一仅占清代近三百年历史微乎其微的短时段，在犹抱琵琶半遮面的现代主义情结的支配下无法超脱于事件史的窠臼，无法梳理清楚清代司法场域历史新陈代谢的演变脉络及其在日常时间中的整体结构化网络关系。